中国人口普查
CHINA POPULATION CENSUS

2020

中国人口普查
分乡、镇、街道资料

TABULATION ON 2020 CHINA POPULATION CENSUS BY TOWNSHIP

国务院第七次全国人口普查领导小组办公室　编

Compiled by
Office of the Leading Group of the State Council
for the Seventh National Population Census

中国统计出版社
China Statistics Press

图书在版编目（CIP）数据

中国人口普查分乡、镇、街道资料. 2020 = Tabulation on 2020 China Population Census by Township / 国务院第七次全国人口普查领导小组办公室编. -- 北京 : 中国统计出版社, 2022.11
ISBN 978-7-5037-9773-6

Ⅰ. ①中… Ⅱ. ①国… Ⅲ. ①乡镇－人口普查－统计资料－中国－2020②城市人口－人口普查－统计资料－中国－2020 Ⅳ. ①C924.25

中国版本图书馆 CIP 数据核字(2021)第 275272 号

中国人口普查分乡、镇、街道资料—2020
Tabulation on 2020 China Population Census by Township

作　　者/国务院第七次全国人口普查领导小组办公室
责任编辑/郭　栋
执行编辑/吕仁睿
封面设计/李雪燕
出版发行/中国统计出版社有限公司
通信地址/北京市丰台区西三环南路甲 6 号　邮政编码/100073
发行电话/邮购（010）63376909　书店（010）68783171
网　　址/http://www.zgtjcbs.com/
印　　刷/三河市双峰印刷装订有限公司
经　　销/新华书店
开　　本/880mm×1230mm　1/16
字　　数/1440 千字
印　　张/60.5
版　　别/2022 年 11 月第 1 版
版　　次/2022 年 11 月第 1 次印刷
定　　价/500.00 元

《中国人口普查分乡、镇、街道资料—2020》编委会和编辑工作人员

编 辑 说 明

《中国人口普查分乡、镇、街道资料—2020》是第七次全国人口普查编辑出版的专题数据资料之一，是人口普查资料开发利用的重要成果。它是自2000年以来历次人口普查都公开发布的一套反映中国小区域人口分布和人口规模的数据集，为进行微观人口研究，加强人口管理和开展社会调查提供了丰富的基础数据。为便于读者使用本资料，现将有关情况说明如下:

1. 本资料是第七次全国人口普查实际登记直接汇总的数据，不包括漏登的人口(事后质量抽查表明，人口漏登率为0.05%)，不包括200万现役军人。

2. 本资料人口数均为2020年11月1日零时的常住人口。

3. 本资料乡级单位采用第七次全国人口普查统计用区划，读者在进行历史比较时请注意。

4. 本资料中空项表示无数字或数字很小。

目　录

表1 北京市乡、镇、街道人口

单位：人

地　　区	总人口	分年龄人口				居住本乡、镇、街道，户口在本乡、镇、街道
		0-14岁	15-59岁	60岁及以上	#65岁及以上	
北京市	**21893095**	**2591507**	**15002998**	**4298590**	**2912060**	**8277744**
市辖区	**21893095**	**2591507**	**15002998**	**4298590**	**2912060**	**8277744**
东城区	**708829**	**98290**	**423011**	**187528**	**129249**	**419008**
东华门街道	38090	4512	23733	9845	7082	21032
景山街道	25374	2849	15095	7430	4976	16228
交道口街道	31951	4518	19093	8340	5547	21078
安定门街道	32173	4063	19136	8974	5850	21875
北新桥街道	55449	7473	32890	15086	10037	36334
东四街道	33670	4654	20289	8727	5880	20747
朝阳门街道	30473	4332	18306	7835	5378	18065
建国门街道	33094	3870	20429	8795	6201	19470
东直门街道	46712	7039	28966	10707	7623	26107
和平里街道	102227	15481	59983	26763	19575	62020
前门街道	9081	778	5963	2340	1535	4344
崇文门外街道	44545	6646	26569	11330	7870	23031
东花市街道	47864	8375	27678	11811	8276	27593
龙潭街道	53930	9002	30402	14526	10133	33487
体育馆路街道	31977	3626	19201	9150	6189	18092
天坛街道	27429	2915	15995	8519	5726	17048
永定门外街道	64790	8157	39283	17350	11371	32457
西城区	**1106214**	**157912**	**660981**	**287321**	**201032**	**642058**
西长安街街道	36645	4892	22575	9178	6434	21077
新街口街道	84866	11604	52463	20799	14307	46303
月坛街道	97771	14672	54235	28864	21438	67431
展览路街道	114831	15556	70086	29189	20674	66116
德胜街道	116338	21237	67531	27570	20451	73453
金融街街道	54849	7970	35070	11809	8494	31377
什刹海街道	75447	9433	46089	19925	13389	45367
大栅栏街道	28985	2766	18531	7688	4780	16369
天桥街道	34427	4028	19322	11077	7634	22921
椿树街道	27417	4097	17005	6315	4266	14789
陶然亭街道	42231	6928	24286	11017	7518	26094
广安门内街道	60318	7638	35108	17572	12487	36518
牛街街道	51410	6164	30080	15166	10728	27352
白纸坊街道	82022	11177	47319	23526	16007	47638
广安门外街道	198657	29750	121281	47626	32425	99253
朝阳区	**3452460**	**395192**	**2348399**	**708869**	**492775**	**1303732**
建外街道	36414	3057	26758	6599	4498	11219
朝外街道	33212	3494	21981	7737	5468	12922
呼家楼街道	53018	5591	33198	14229	10302	28228
三里屯街道	32347	4067	19372	8908	6663	16942
左家庄街道	70245	7485	43620	19140	13879	35113
香河园街道	43002	4861	24931	13210	9883	21174

表1 续表 1

单位：人

地 区	总人口	分年龄人口				居住本乡、镇、街道，户口在本乡、镇、街道
		0-14岁	15-59岁	60岁及以上	#65岁及以上	
和平街街道	81180	7063	52012	22105	16685	45233
安贞街道	57016	5887	34071	17058	12742	26032
亚运村街道	67745	7155	43503	17087	12981	27936
小关街道	61966	5100	43738	13128	9380	27316
酒仙桥街道	63910	5505	40889	17516	13367	30618
麦子店街道	30143	3264	19809	7070	4964	12486
团结湖街道	32091	2925	19465	9701	7220	16753
六里屯街道	75229	7548	47575	20106	14019	33120
八里庄街道	98084	10297	62225	25562	18144	47712
双井街道	93962	10446	62132	21384	15360	37624
劲松街道	103316	11823	64342	27151	19515	48620
潘家园街道	100272	9636	60043	30593	22055	47678
垡头街道	78952	8644	50500	19808	12912	25638
南磨房地区	127268	14607	88294	24367	15835	43569
高碑店地区	109631	11236	77882	20513	13757	35482
将台地区	53714	5809	38662	9243	6515	16078
太阳宫地区	86935	14120	55656	17159	11628	40999
大屯街道	132457	19155	86095	27207	19564	58619
望京街道	146220	21804	97176	27240	19036	64098
小红门地区	83675	9058	62820	11797	7589	24991
十八里店地区	178177	13226	145744	19207	12051	32092
平房地区	85581	9858	60947	14776	9778	29525
东风地区	63236	7225	42522	13489	9073	23546
奥运村街道	109688	14717	71355	23616	16963	41746
来广营地区	163970	24638	112695	26637	17756	54334
常营地区	113891	14329	77628	21934	13875	31409
三间房地区	109672	10170	77756	21746	14544	41201
管庄地区	93273	14308	59916	19049	13130	38436
金盏地区	82756	6499	66711	9546	6149	21093
孙河地区	31288	3722	21836	5730	3853	15059
崔各庄地区	107029	8261	87066	11702	7571	19168
东坝地区	124163	18322	81680	24161	15480	40983
黑庄户地区	49983	5009	36011	8963	6065	13925
豆各庄地区	53766	8359	35998	9409	6252	13845
王四营地区	54679	5314	42124	7241	4710	13693
东湖街道	62467	9854	40381	12232	8838	30017
首都机场街道	16837	1744	11280	3813	2726	7460
丰台区	**2019764**	**219680**	**1321098**	**478986**	**320020**	**760579**
右安门街道	73499	6842	45649	21008	14149	27881
太平桥街道	74275	8175	48190	17910	12397	20843
西罗园街道	83815	7663	49570	26582	18400	32421
大红门街道	177946	17683	117155	43108	27920	52150
南苑街道	61926	6784	41912	13230	8302	18876
东高地街道	42705	3907	24429	14369	11139	25880
东铁匠营街道	152873	14664	96812	41397	27151	54860

表1　续表 2　　　　单位：人

地　　区	总人口	分年龄人口				居住本乡、镇、街道，户口在本乡、镇、街道
		0-14岁	15-59岁	60岁及以上	#65岁及以上	
卢沟桥街道	223304	25789	145486	52029	34828	66075
丰台街道	137290	15780	86244	35266	22996	66278
新村街道	204697	24209	143477	37011	24055	57650
长辛店街道	85636	9186	51514	24936	17143	46576
云岗街道	34537	3437	20747	10353	7844	20158
方庄地区	74999	8519	44916	21564	15783	31617
宛平城地区	46208	5376	32331	8501	5679	13917
马家堡街道	111470	12236	69490	29744	19542	37498
和义街道	40108	4275	25307	10526	6524	14315
卢沟桥地区	112087	13558	77214	21315	13762	53461
花乡地区	119171	12895	86244	20032	12760	42613
南苑地区	59408	5637	43584	10187	6511	22386
长辛店镇	44358	4660	31682	8016	5139	20732
王佐镇	59452	8405	39145	11902	7996	34392
石景山区	**567851**	**64509**	**365574**	**137768**	**93020**	**238529**
八宝山街道	61211	8744	39163	13304	9438	21710
老山街道	40023	3649	25596	10778	7909	16869
八角街道	110929	12647	72708	25574	17812	46975
古城街道	67685	6645	47303	13737	8952	25068
苹果园街道	97543	11223	62966	23354	14979	40486
金顶街街道	67734	7740	39621	20373	12901	38170
广宁街道	14684	1147	10261	3276	2324	5320
五里坨街道	41248	4663	26303	10282	6605	17094
鲁谷街道	66794	8051	41653	17090	12100	26837
海淀区	**3133469**	**371111**	**2184011**	**578347**	**409319**	**1359276**
万寿路街道	121453	18232	71996	31225	22845	75427
永定路街道	90879	11168	55459	24252	18009	51867
羊坊店街道	120302	16950	71479	31873	22814	66734
甘家口街道	117946	14232	75034	28680	21175	64905
八里庄街道	133400	15851	90309	27240	19335	58073
紫竹院街道	129367	12943	92640	23784	17504	64342
北下关街道	146366	14718	102576	29072	21328	75988
北太平庄街道	163920	15261	118661	29998	21625	73434
学院路街道	226315	18560	176533	31222	22778	93222
中关村街道	130672	19743	87266	23663	18111	68417
海淀街道	123191	17543	86095	19553	13906	65668
青龙桥街道	84221	8740	59022	16459	11616	36189
清华园街道	56592	3713	44973	7906	6448	30790
燕园街道	29779	1434	25510	2835	2328	16800
香山街道	27614	2352	20196	5066	3486	9602
清河街道	147395	22758	100158	24479	16497	57060
花园路街道	139362	14262	95053	30047	22649	73346
西三旗街道	157643	21951	107512	28180	18426	53584
马连洼街道	119022	15911	83897	19214	13119	38558
田村路街道	108088	14423	73734	19931	13236	36292

表1 续表 3 单位：人

地 区	总人口	分年龄人口				居住本乡、镇、街道，户口在本乡、镇、街道
		0-14岁	15-59岁	60岁及以上	#65岁及以上	
上地街道	67139	8000	49735	9404	6523	21693
万柳地区	2022	113	1674	235	145	246
东升地区	58151	7914	40847	9390	6282	16209
曙光街道	86181	13387	55576	17218	12317	46781
温泉地区	69165	8135	47557	13473	9144	21718
四季青地区	162700	16777	119905	26018	17412	49409
西北旺地区	164795	18031	127154	19610	12353	39372
苏家坨地区	78235	8974	53842	15419	9761	30717
上庄地区	71554	9035	49618	12901	8147	22833
门头沟区	**392606**	**44760**	**259087**	**88759**	**57934**	**144096**
大峪街道	87097	10009	54202	22886	15233	35221
城子街道	44644	4782	29089	10773	7022	11615
东辛房街道	36076	3895	24978	7203	4348	9246
大台街道	3728	291	2329	1108	759	1745
王平地区	7013	488	4104	2421	1677	3619
永定地区	106112	14380	74967	16765	10247	29497
龙泉地区	52072	5707	36047	10318	6555	16683
潭柘寺镇	11053	1346	7004	2703	1826	7162
军庄镇	16128	1592	10393	4143	2768	8561
雁翅镇	5160	311	2562	2287	1708	3880
斋堂镇	7486	548	4095	2843	2091	5569
清水镇	6025	443	3142	2440	1768	4550
妙峰山镇	10012	968	6175	2869	1932	6748
房山区	**1312778**	**169217**	**883401**	**260160**	**173448**	**562440**
城关街道	121242	16078	82756	22408	14998	49423
新镇街道	10681	966	6575	3140	2441	4341
向阳街道	19142	2110	13011	4021	2674	3128
东风街道	22556	2055	14052	6449	4157	11059
迎风街道	34721	3502	22412	8807	5903	15086
星城街道	21663	1852	11893	7918	5885	13990
良乡地区	24317	2857	17284	4176	2811	12583
周口店地区	41868	4903	26227	10738	7017	25576
琉璃河地区	66787	7820	41770	17197	11681	43235
拱辰街道	214622	25635	158814	30173	19589	58434
西潞街道	75903	11679	51880	12344	8361	21065
阎村镇	77621	9549	55574	12498	8148	28786
窦店镇	96184	12447	64389	19348	12993	37003
石楼镇	32131	3436	20319	8376	5913	22994
长阳镇	241691	38703	168152	34836	21076	55342
河北镇	18895	1941	11037	5917	3960	12754
长沟镇	22002	2913	13278	5811	4002	17714
大石窝镇	31000	3781	18309	8910	6160	25892
张坊镇	18299	2141	11100	5058	3505	15051
十渡镇	9132	975	4996	3161	2205	7332
青龙湖镇	52319	6805	34163	11351	7672	33902

表1 续表 4

单位：人

地 区	总人口	分年龄人口				居住本乡、镇、街道，户口在本乡、镇、街道
		0-14岁	15-59岁	60岁及以上	#65岁及以上	
韩村河镇	37435	4801	22791	9843	6775	30036
霞云岭乡	4885	454	2505	1926	1405	4133
南窖乡	3190	391	1930	869	606	2414
佛子庄乡	6183	588	3533	2062	1438	4935
大安山乡	2871	275	1760	836	576	1838
史家营乡	3364	404	1933	1027	732	2724
蒲洼乡	2074	156	958	960	765	1670
通州区	**1840295**	**222726**	**1301593**	**315976**	**211856**	**559556**
中仓街道	66803	7471	46078	13254	9038	19961
新华街道	37286	4688	27512	5086	3246	5699
北苑街道	108840	14106	75604	19130	13028	24881
玉桥街道	115813	16512	80317	18984	12431	26934
潞源街道	8472	1214	6747	511	309	860
通运街道	49613	6586	34147	8880	6088	8043
宋庄镇	145247	14870	105527	24850	16416	56384
张家湾镇	127992	14752	89468	23772	16241	49708
漷县镇	68466	7968	43332	17166	11959	44629
马驹桥镇	175794	19747	133146	22901	14802	45550
西集镇	46678	5178	27409	14091	10046	34320
台湖镇	151735	16596	114556	20583	13185	43471
永乐店镇	43308	5123	26487	11698	8430	32115
潞城镇	69288	8461	46688	14139	9825	35065
永顺镇	304781	34189	223144	47448	30791	56581
梨园镇	285445	41020	198543	45882	30827	54603
于家务回族乡	34734	4245	22888	7601	5194	20752
顺义区	**1324044**	**155318**	**949975**	**218751**	**143567**	**405342**
胜利街道	46494	7009	31014	8471	5818	11590
光明街道	70609	11840	46478	12291	8212	17032
仁和地区	67391	7220	51196	8975	5752	14512
后沙峪地区	74841	8139	59024	7678	4666	12559
天竺地区	32979	2817	25113	5049	3253	5153
杨镇地区	64578	7234	43734	13610	9306	34037
牛栏山地区	54687	6393	38755	9539	6461	21261
南法信地区	54195	3006	47880	3309	1893	4968
马坡地区	38547	4133	29170	5244	3349	11234
石园街道	68302	10828	44873	12601	8573	10888
空港街道	99297	14043	71016	14238	9134	17804
双丰街道	68176	11445	47967	8764	5339	9695
旺泉街道	94415	14488	67237	12690	7825	13429
高丽营镇	80840	6454	64921	9465	5920	19640
李桥镇	97059	8782	73858	14419	9199	29436
李遂镇	22538	2331	14671	5536	3730	13329
南彩镇	73163	6602	54959	11602	7584	28091
北务镇	13980	1411	9174	3395	2304	7871
大孙各庄镇	23712	2223	14010	7479	5287	17222

表1 续表 5

单位：人

地区	总人口	分年龄人口				居住本乡、镇、街道，户口在本乡、镇、街道
		0-14岁	15-59岁	60岁及以上	#65岁及以上	
张镇	24795	2721	15336	6738	4675	16046
龙湾屯镇	14212	1339	8278	4595	3147	10640
木林镇	34114	3553	20654	9907	6816	24370
北小营镇	42805	5069	28384	9352	6271	25255
北石槽镇	15109	1438	9323	4348	2985	9817
赵全营镇	47206	4800	32950	9456	6068	19463
昌平区	**2269487**	**235965**	**1694351**	**339171**	**220534**	**466730**
城北街道	228561	27827	165061	35673	23387	67067
南口地区	82146	6996	59951	15199	9890	31891
马池口地区	87506	9071	65857	12578	8034	26177
沙河地区	294408	26637	240101	27670	16705	37988
城南街道	88963	10553	67150	11260	6870	16283
东小口地区	85874	5208	74359	6307	3702	7699
天通苑北街道	142707	13868	98547	30292	20423	21954
天通苑南街道	116529	12623	81752	22154	15103	15012
霍营街道	93545	12382	66690	14473	9166	13072
回龙观街道	166074	20963	120877	24234	15719	23736
龙泽园街道	181906	23080	129033	29793	20194	26696
史各庄街道	64910	4278	56101	4531	2712	11127
阳坊镇	26470	3201	17996	5273	3498	12033
小汤山镇	80273	7750	56567	15956	10748	25368
南邵镇	65403	8249	47232	9922	6399	16545
崔村镇	24630	2516	16141	5973	3953	11149
百善镇	36546	3975	26567	6004	3790	11534
北七家镇	308907	28364	242626	37917	23937	36861
兴寿镇	34139	3109	23331	7699	5115	16528
流村镇	18139	1645	11218	5276	3601	12702
十三陵镇	34085	3003	22826	8256	5724	18880
延寿镇	7766	667	4368	2731	1864	6428
大兴区	**1993591**	**236916**	**1457467**	**299208**	**193527**	**510449**
兴丰街道	79851	10689	55477	13685	9247	19255
林校路街道	81389	10521	58152	12716	8431	16219
清源街道	147810	20065	103769	23976	15617	33227
亦庄地区	108255	13872	76663	17720	11269	25175
黄村地区	176890	15626	143670	17594	11147	35282
旧宫地区	189300	20340	136756	32204	20669	29313
西红门地区	179974	17557	139507	22910	14074	24014
瀛海地区	102463	12919	75193	14351	8879	22958
观音寺街道	111225	12964	79814	18447	11989	17809
天宫院街道	87415	12483	63115	11817	6996	12520
高米店街道	99959	15238	69678	15043	9418	18760
荣华街道	49881	7323	34034	8524	5905	9837
博兴街道	5499	922	4001	576	370	641
青云店镇	69612	7345	51799	10468	6826	27655
采育镇	54690	6963	36939	10788	7103	27747

表1 续表 6

单位：人

地 区	总人口	分年龄人口				居住本乡、镇、街道，户口在本乡、镇、街道
		0-14岁	15-59岁	60岁及以上	#65岁及以上	
安定镇	30764	4480	19415	6869	4804	23790
礼贤镇	40930	4996	28354	7580	5129	23786
榆垡镇	71812	9020	50279	12513	8384	39107
庞各庄镇	74912	9215	51447	14250	9552	37498
北臧村镇	35391	3117	27567	4707	3265	11606
魏善庄镇	46661	6261	31862	8538	5818	24837
长子营镇	34588	4344	23357	6887	4684	21714
北京经济技术开发区	92765	9532	77176	6057	3427	7656
中关村国家自主创新示范区大兴生物医药产业基地	10201	669	8973	559	298	8
国家新媒体产业基地	9827	439	8977	411	216	35
大兴国际机场	1527	16	1493	18	10	
怀柔区	**441040**	**51932**	**302892**	**86216**	**56289**	**180451**
泉河街道	78632	10955	55120	12557	8059	26931
龙山街道	74596	10273	51327	12996	8007	26823
怀柔地区	41990	4702	30882	6406	3943	14066
雁栖地区	38483	4851	28134	5498	3421	10859
庙城地区	40883	4551	29175	7157	4520	14162
北房镇	33712	4449	23415	5848	3775	13105
杨宋镇	31270	3663	21663	5944	3847	12991
桥梓镇	25076	2713	15478	6885	4660	14634
怀北镇	22487	1355	18012	3120	1979	7098
汤河口镇	5445	503	2793	2149	1534	4070
渤海镇	12702	1101	7092	4509	3158	9853
九渡河镇	12533	1147	6869	4517	3280	10074
琉璃庙镇	4312	279	2089	1944	1384	3408
宝山镇	6246	513	3136	2597	1868	4716
长哨营满族乡	5378	463	2635	2280	1617	4300
喇叭沟门满族乡	4034	321	2004	1709	1201	3331
北京雁栖经济开发区	3261	93	3068	100	36	30
平谷区	**457313**	**60760**	**286687**	**109866**	**75146**	**276960**
滨河街道	50541	7209	35055	8277	5687	18184
兴谷街道	61949	9071	43656	9222	6160	18613
渔阳地区	62694	8848	41470	12376	8331	29608
峪口地区	28385	3630	16615	8140	5598	21184
马坊地区	29601	4487	19133	5981	4063	17094
金海湖地区	25376	3016	14316	8044	5541	21363
东高村镇	28406	3531	16606	8269	5833	22787
山东庄镇	16315	1925	9637	4753	3246	12535
南独乐河镇	18847	2093	10557	6197	4343	15517
大华山镇	15209	1489	8537	5183	3509	12986
夏各庄镇	26185	3507	15681	6997	4710	19163
马昌营镇	16794	2280	10212	4302	2909	11531
王辛庄镇	30586	3891	17994	8701	6045	23050
大兴庄镇	23739	3602	14687	5450	3691	14549
刘家店镇	7155	670	3940	2545	1719	5987

表1　续表 7

单位：人

地　区	总人口	分年龄人口				居住本乡、镇、街道，户口在本乡、镇、街道
		0-14岁	15-59岁	60岁及以上	#65岁及以上	
镇罗营镇	7610	673	4229	2708	1903	6360
黄松峪乡	5062	575	2798	1689	1126	4034
熊儿寨乡	2859	263	1564	1032	732	2415
密云区	**527683**	**66747**	**338830**	**122106**	**80135**	**272919**
鼓楼街道	154739	23032	104479	27228	17528	62722
果园街道	88764	14257	61679	12828	8105	23871
檀营地区	15466	2137	10741	2588	1588	4431
密云镇	20392	2234	14939	3219	1981	6856
溪翁庄镇	20438	2138	12347	5953	4038	13412
西田各庄镇	33702	3573	19828	10301	6712	25557
十里堡镇	29824	3673	20531	5620	3498	13269
河南寨镇	24155	2819	14962	6374	4119	17069
巨各庄镇	22032	2413	13161	6458	4293	15466
穆家峪镇	23084	2252	14198	6634	4369	16177
太师屯镇	22388	2307	12524	7557	5056	17354
高岭镇	9967	860	5161	3946	2659	8555
不老屯镇	12705	1032	6459	5214	3526	10666
冯家峪镇	4485	258	2039	2188	1519	3679
古北口镇	7170	583	4554	2033	1399	4538
大城子镇	9443	761	4810	3872	2747	8087
东邵渠镇	9495	837	5063	3595	2558	7679
北庄镇	5993	621	3202	2170	1455	4865
新城子镇	6528	540	3233	2755	1913	5535
石城镇	4014	300	2302	1412	999	3131
北京密云经济开发区	2899	120	2618	161	73	
延庆区	**345671**	**40472**	**225641**	**79558**	**54209**	**175619**
百泉街道	36013	4949	25288	5776	3710	10110
香水园街道	48251	6709	32175	9367	6357	17444
儒林街道	28230	4017	19383	4830	3188	8659
延庆镇	54790	6347	38513	9930	6545	23740
康庄镇	32815	3479	22144	7192	4877	17812
八达岭镇	10024	1089	6819	2116	1437	5675
永宁镇	23483	2351	14110	7022	4842	16345
旧县镇	17676	1858	10392	5426	3768	13415
张山营镇	24259	2246	15419	6594	4626	16051
四海镇	4343	341	2324	1678	1199	3453
千家店镇	6273	483	3298	2492	1729	5157
沈家营镇	16661	2497	10544	3620	2480	7943
大榆树镇	16166	1868	10258	4040	2735	9502
井庄镇	9500	842	5495	3163	2251	7084
大庄科乡	4202	379	2407	1416	1003	3148
刘斌堡乡	4497	376	2381	1740	1243	3547
香营乡	6019	474	3403	2142	1509	4546
珍珠泉乡	2469	167	1288	1014	710	1988

表2 天津市乡、镇、街道人口

单位：人

地区	总人口	分年龄人口				居住本乡、镇、街道，户口在本乡、镇、街道
		0-14岁	15-59岁	60岁及以上	#65岁及以上	
天津市	**13866009**	**1868056**	**8995265**	**3002688**	**2045692**	**7310748**
市辖区	**13866009**	**1868056**	**8995265**	**3002688**	**2045692**	**7310748**
和平区	**355000**	**51694**	**224816**	**78490**	**55789**	**163623**
劝业场街道	59386	8419	37037	13930	9740	29028
小白楼街道	42416	5318	27330	9768	6887	17705
五大道街道	55690	9341	34702	11647	8367	27183
新兴街道	78763	9887	51647	17229	12394	33890
南营门街道	62557	8891	38436	15230	10977	30185
南市街道	56188	9838	35664	10686	7424	25632
河东区	**858787**	**99014**	**512075**	**247698**	**167091**	**425681**
大王庄街道	71747	7656	43125	20966	14460	35112
大直沽街道	75771	7151	43869	24751	16709	37653
中山门街道	89824	10168	51473	28183	17916	53797
富民路街道	52873	6189	32287	14397	9851	21742
二号桥街道	75361	8602	47321	19438	12976	30338
春华街道	72750	8904	42271	21575	14644	38170
唐家口街道	57600	7038	33263	17299	11921	29001
向阳楼街道	81678	9157	48829	23692	16023	41264
常州道街道	69864	7885	42027	19952	12839	30524
上杭路街道	69447	8568	41694	19185	13144	30613
东新街道	72187	7826	40025	24336	16416	44958
鲁山道街道	45444	6285	30049	9110	6144	17392
天津铁厂街道	24241	3585	15842	4814	4048	15117
河西区	**822174**	**100357**	**491641**	**230176**	**160176**	**452885**
大营门街道	31570	4167	18876	8527	6065	17339
下瓦房街道	50776	6865	29649	14262	10093	28570
桃园街道	47199	5298	28929	12972	9032	25644
挂甲寺街道	82033	9969	48010	24054	16516	49561
马场街道	44943	6128	25296	13519	9696	27079
越秀路街道	57870	6501	32412	18957	13254	35419
友谊路街道	71852	8136	40184	23532	16572	44301
天塔街道	67995	7285	39202	21508	15432	35246
尖山街道	68471	8124	41328	19019	13220	35232
陈塘庄街道	63689	8529	38571	16589	11201	33341
柳林街道	92534	7676	64066	20792	14247	39865
东海街道	70380	8790	39613	21977	15049	48009
梅江街道	49068	8071	29846	11151	7741	24001
太湖路街道	23794	4818	15659	3317	2058	9278
南开区	**917106**	**109396**	**548929**	**258781**	**181065**	**475673**
长虹街道	58794	6361	34767	17666	11731	29976
鼓楼街道	49523	9533	31071	8919	6183	26176
兴南街道	41275	5376	23811	12088	8079	22680
广开街道	68079	9420	39547	19112	13195	43368
万兴街道	124794	14026	73733	37035	25910	66731

表2 续表 1

单位：人

地 区	总人口	分年龄人口				居住本乡、镇、街道，户口在本乡、镇、街道
		0-14岁	15-59岁	60岁及以上	#65岁及以上	
学府街道	81651	6383	56839	18429	14006	37249
向阳路街道	114979	12692	65700	36587	23941	60758
嘉陵道街道	82027	8700	45254	28073	19028	45871
王顶堤街道	127470	14858	76652	35960	25687	67707
水上公园街道	42936	4487	25308	13141	9769	19845
体育中心街道	73292	9123	45867	18302	13170	26097
华苑街道	52286	8437	30380	13469	10366	29215
河北区	**647702**	**70855**	**376166**	**200681**	**133754**	**354363**
光复道街道	38898	5150	23097	10651	7263	20193
望海楼街道	59484	6955	33266	19263	13132	38267
鸿顺里街道	60139	6636	34466	19037	13230	35230
新开河街道	79001	9792	47473	21736	13639	39384
铁东路街道	74733	8291	45407	21035	13918	35973
建昌道街道	102993	11411	63118	28464	18738	49599
宁园街道	34163	3520	20404	10239	6737	18222
王串场街道	81671	8511	44142	29018	18906	51530
江都路街道	49342	4404	27596	17342	11702	26498
月牙河街道	67278	6185	37197	23896	16489	39467
红桥区	**483130**	**50918**	**283743**	**148469**	**98877**	**234654**
西于庄街道	58626	5888	34382	18356	12274	29577
双环村街道	44885	4359	26760	13766	8957	19327
咸阳北路街道	63503	5953	35750	21800	14769	37431
丁字沽街道	66032	5454	40249	20329	13480	37069
西沽街道	72445	9628	41864	20953	14039	36992
三条石街道	31851	4200	19826	7825	5245	10723
邵公庄街道	44781	4166	25431	15184	10023	24946
芥园街道	34696	4060	20493	10143	7088	15298
铃铛阁街道	36381	3923	20998	11460	7786	16397
和苑街道	29930	3287	17990	8653	5216	6894
东丽区	**936322**	**118817**	**656312**	**161193**	**103264**	**324506**
张贵庄街道	45588	5517	28894	11177	7435	17409
丰年村街道	26453	3748	17155	5550	3667	7555
万新街道	154935	17900	99441	37594	24437	37172
无瑕街道	42959	5974	29682	7303	5023	21222
新立街道	113520	14768	81393	17359	10740	38757
华明街道	149461	19917	102771	26773	16368	59621
金钟街道	100536	14092	69661	16783	10853	35606
军粮城街道	87866	10595	62574	14697	9613	40594
金桥街道	48158	6527	32190	9441	6242	27700
华新街道	25002	3741	16804	4457	2709	5264
东丽湖街道	45594	8505	31788	5301	3243	13118
天津经济技术开发区西区	30372	317	29642	413	267	1274
天津航空物流区	351	4	330	17	6	15
天津空港经济区	48519	6873	37743	3903	2383	16538
东丽区经济技术开发区	4251	150	3919	182	111	49
综合保税区	53	6	41	6	5	3
服务滨海新区建设管理委员会	12704	183	12284	237	162	2609

表2　续表 2

单位：人

地　　区	总人口	分年龄人口				居住本乡、镇、街道，户口在本乡、镇、街道
		0-14岁	15-59岁	60岁及以上	#65岁及以上	
西青区	**1180770**	**141098**	**851390**	**188282**	**123414**	**408920**
西营门街道	53258	6077	35311	11870	7331	11458
李七庄街道	199560	21660	143514	34386	22053	53143
赤龙南街道	15507	1419	10780	3308	1797	536
中北镇	224049	29747	152592	41710	26510	60507
杨柳青镇	132899	16043	92276	24580	16969	81094
辛口镇	46555	5786	30548	10221	7338	32305
张家窝镇	151670	18480	116535	16655	11012	50908
精武镇	133124	12549	107643	12932	8741	40756
大寺镇	149646	19226	107282	23138	15213	41711
王稳庄镇	56795	9700	38134	8961	6111	35139
天津经济技术开发区微电子小区	4369	50	4251	68	49	489
新技术产业园区	7961	260	7425	276	190	845
西青区开发区	5377	101	5099	177	100	29
津南区	**928066**	**125196**	**655328**	**147542**	**95387**	**426069**
双新街道	41228	6024	27804	7400	4305	7316
双林街道	66601	5622	48905	12074	7270	7790
咸水沽镇	197141	29283	133315	34543	22667	113749
葛沽镇	71179	9549	47627	14003	9416	47044
小站镇	102672	15853	69031	17788	11679	57409
双港镇	97801	13549	65889	18363	11989	38746
辛庄镇	72926	10673	50972	11281	7441	32668
双桥河镇	34304	4709	22848	6747	4495	21891
八里台镇	85805	15426	57586	12793	8122	47363
北闸口镇	52871	8084	36082	8705	5697	28092
津南开发区东区	1149	54	1029	66	40	2
津南开发区西区	3218	283	2488	447	271	83
海河教育园区	99902	5930	90724	3248	1955	23741
津南国家农业园区	1269	157	1028	84	40	175
北辰区	**909643**	**111329**	**611524**	**186790**	**121843**	**311819**
果园新村街道	52549	6747	33470	12332	7904	16982
集贤里街道	23502	2480	14544	6478	4601	9761
普东街道	88626	11517	53248	23861	15069	15192
瑞景街道	50131	6952	30957	12222	8098	9385
佳荣里街道	49886	5007	31562	13317	8388	5620
青源街道	7779	770	5492	1517	877	440
广源街道	40527	4895	27292	8340	4680	3919
天穆镇	146434	13911	99104	33419	21723	42013
北仓镇	59797	8822	39183	11792	8152	28163
双街镇	80797	12893	55683	12221	8222	31776
双口镇	64034	6491	46460	11083	7414	34836
青光镇	39992	5465	27769	6758	4352	20668

表2 续表 3

单位：人

地 区	总人口	分年龄人口				居住本乡、镇、街道，户口在本乡、镇、街道
		0-14岁	15-59岁	60岁及以上	#65岁及以上	
宜兴埠镇	61901	7321	44269	10311	6705	17740
小淀镇	52216	7055	38934	6227	4003	19706
大张庄镇	28669	3939	18138	6592	4601	23291
西堤头镇	50077	6140	34444	9493	6481	31641
科技园区北区	562	22	423	117	101	1
科技园区南区	5021	192	4634	195	136	23
天津医药医疗器械工业园	885	54	798	33	23	
天津陆路港物流装备产业园	920	43	840	37	25	1
天津风电产业园	5214	605	4204	405	257	579
红旗农场	20	1	11	8	7	20
曙光农场	104	7	65	32	24	62
武清区	**1153235**	**171175**	**753329**	**228731**	**160702**	**765528**
杨村街道	69345	11668	46674	11003	7600	35845
下朱庄街道	74421	14527	51029	8865	5782	33339
东蒲洼街道	135040	25769	90291	18980	12650	60689
黄庄街道	31231	4686	20337	6208	4351	23271
徐官屯街道	19293	2557	13357	3379	2360	9445
运河西街道	88168	14080	57073	17015	12074	53259
梅厂镇	39225	5178	24839	9208	6583	26954
大碱厂镇	19298	2538	11783	4977	3562	15877
崔黄口镇	50504	6500	31060	12944	9146	43204
大良镇	37390	4594	22968	9828	7158	31394
下伍旗镇	20895	2719	12288	5888	4244	18378
南蔡村镇	48553	6100	32000	10453	7287	33137
大孟庄镇	19835	2265	11990	5580	3939	17209
泗村店镇	18202	2551	11344	4307	3149	13432
河西务镇	43623	5708	27280	10635	7729	33759
城关镇	25717	3186	15932	6599	4842	20928
东马圈镇	15859	2282	9636	3941	2873	12785
黄花店镇	22047	2928	13463	5656	4095	18927
石各庄镇	24050	3544	15181	5325	3707	18855
王庆坨镇	52882	8290	35063	9529	6546	36578
汊沽港镇	50228	8087	33781	8360	5566	34386
河北屯镇	26090	3270	15834	6986	4869	23503
上马台镇	23019	3070	15785	4164	2874	13952
大王古庄镇	26960	4728	16676	5556	3940	21377
陈咀镇	33704	5061	21150	7493	5154	25270
豆张庄镇	20066	2715	11945	5406	4004	17568
曹子里镇	25789	3383	16731	5675	4181	20111
大黄堡镇	14971	2047	9166	3758	2769	13377
高村镇	22870	3423	14308	5139	3653	16392
白古屯镇	20367	2682	12681	5004	3592	17747
天津经济技术开发区逸仙科学工业园	1922	18	1881	23	17	223
武清经济技术开发区	22339	344	21603	392	145	4019
天津京滨工业园	3588	255	3084	249	123	153
天津京津电子商务产业园	645	12	618	15	12	

表2 续表 4

单位：人

地 区	总人口	分年龄人口				居住本乡、镇、街道，户口在本乡、镇、街道
		0-14岁	15-59岁	60岁及以上	#65岁及以上	
天津武清汽车产业园	1734	33	1660	41	34	45
天津京津科技谷	2205	137	1965	103	62	84
京津高村科技创新园	217	7	194	16	9	
武清农场	943	233	679	31	21	56
宝坻区	**722367**	**106903**	**456830**	**158634**	**114316**	**525252**
海滨街道	55379	9048	38021	8310	5872	23666
宝平街道	106181	18069	70385	17727	12183	47271
钰华街道	46252	7751	31223	7278	4984	23480
周良街道	34253	3240	27294	3719	2646	14474
潮阳街道	24254	3774	15044	5436	3858	20229
朝霞街道	41459	6776	25319	9364	6549	36036
大口屯镇	44061	5524	26222	12315	8975	38707
王卜庄镇	27156	3604	15856	7696	5694	24668
方家庄镇	26014	3777	15449	6788	4885	22966
林亭口镇	24894	3107	15001	6786	5073	22485
八门城镇	20957	2852	12397	5708	4304	19346
大钟庄镇	28796	4031	17456	7309	5419	25619
新安镇	26336	3781	15498	7057	5191	23444
霍各庄镇	20369	3277	12013	5079	3718	17552
新开口镇	22408	3520	13015	5873	4315	19796
大唐庄镇	12372	1900	7440	3032	2119	10936
牛道口镇	41759	7062	24173	10524	7609	37675
史各庄镇	22128	3454	13147	5527	4072	20049
郝各庄镇	16105	2073	9457	4575	3456	14677
牛家牌镇	14636	1880	8661	4095	3027	13218
尔王庄镇	9814	1551	5855	2408	1780	8706
黄庄镇	9855	1455	6012	2388	1766	8713
口东镇	24397	3458	14270	6669	4794	22487
大白庄镇	12328	1717	7975	2636	1875	8974
宝坻经济开发区	9318	217	8812	289	137	78
京津中关村科技城	886	5	835	46	15	
滨海新区	**1973752**	**287338**	**1336528**	**349886**	**237584**	**987471**
塘沽街道	62115	8565	40002	13548	9066	31485
杭州道街道	183495	24636	119720	39139	26457	92040
新河街道	82173	12808	54109	15256	10030	32019
大沽街道	97854	14120	64481	19253	13192	46720
新北街道	119608	20677	84627	14304	8665	44037
北塘街道	70356	12088	49610	8658	5294	26172
胡家园街道	143498	23390	98889	21219	13499	57803
新港街道	68586	10336	49003	9247	6159	23216
新村街道	70045	10299	41751	17995	12752	44509
天津经济技术开发区东区泰达街道	149470	20311	115281	13878	8696	71978
汉沽街道	67931	8528	43027	16376	11104	39734

表2 续表 5

单位：人

地 区	总人口	分年龄人口				居住本乡、镇、街道，户口在本乡、镇、街道
		0-14岁	15-59岁	60岁及以上	#65岁及以上	
寨上街道	57791	7008	36316	14467	9322	32206
茶淀街道	69844	8408	42569	18867	13030	44458
大港街道	166134	19886	119106	27142	19015	79949
古林街道	99235	18087	67270	13878	9134	44747
海滨街道	177962	21013	116060	40889	31806	123915
新城镇	20547	2356	14340	3851	2488	9872
杨家泊镇	14157	1933	8214	4010	2798	11829
太平镇	32429	5185	19429	7815	5622	25598
小王庄镇	21969	3226	13434	5309	3920	15759
中塘镇	53514	8825	34636	10053	6716	32622
天津经济技术开发区(其他片区)	6255	25	6077	153	56	133
天津港保税区	19100	1346	17013	741	336	2040
天津滨海新区高新技术产业开发区	21293	1786	16347	3160	2358	5318
东疆保税港区	3495	363	2893	239	116	1039
中新天津生态城	94896	22133	62324	10439	5953	48273
宁河区	**395333**	**62323**	**243754**	**89256**	**60768**	**315113**
芦台街道	86933	13104	55141	18688	13001	58464
桥北街道	55595	9244	36051	10300	6724	35740
宁河镇	17525	2339	9936	5250	3657	15864
苗庄镇	13100	1603	7284	4213	2933	11952
丰台镇	20113	2512	11305	6296	4497	17939
岳龙镇	12680	1959	7122	3599	2516	11607
板桥镇	8130	1043	4395	2692	1899	7307
潘庄镇	31613	5222	19866	6525	4441	26231
造甲城镇	26070	5065	15999	5006	3356	23790
七里海镇	24192	4384	14581	5227	3490	22155
大北涧沽镇	12551	2214	7287	3050	2065	11267
东棘坨镇	23204	3757	13541	5906	4057	21446
北淮淀镇	20799	4067	12850	3882	2497	19522
俵口镇	18017	3137	10995	3885	2628	16460
廉庄镇	13874	2122	7988	3764	2481	12715
宁河区贸易开发区	311	42	184	85	57	19
宁河区经济开发区	2898	244	2547	107	55	33
天津未来科技城天津经济技术开发区片区	19	3	13	3	2	
天津未来科技城滨海高新区片区	5726	107	4964	655	348	2369
天津未来科技城宁河片区现代产业区组团	1309	140	1081	88	48	233
天津未来科技城宁河片区潘庄工业区组团	674	15	624	35	16	
静海区	**787106**	**128386**	**511829**	**146891**	**104724**	**485510**
华康街道	5958	1090	4312	556	346	1139
静海镇	226423	40102	151493	34828	23910	119181
唐官屯镇	42257	6481	24637	11139	8188	33867
独流镇	42236	6133	25730	10373	7577	31339
王口镇	31009	5219	18496	7294	5298	26723
台头镇	23946	4102	14292	5552	4125	20725
子牙镇	34053	6909	20429	6715	4702	27710

表2 续表 6 单位：人

地　　区	总人口	分年龄人口				居住本乡、镇、街道，户口在本乡、镇、街道
		0-14岁	15-59岁	60岁及以上	#65岁及以上	
陈官屯镇	28312	4302	16253	7757	5803	23116
中旺镇	33301	5394	19163	8744	6446	26740
大邱庄镇	79546	14583	53970	10993	7459	35063
蔡公庄镇	23661	4091	14703	4867	3491	16069
梁头镇	22888	3287	14637	4964	3703	15734
团泊镇	17622	3565	11407	2650	1770	9305
双塘镇	19914	3206	12708	4000	2892	12453
大丰堆镇	18949	2855	12436	3658	2628	10700
沿庄镇	32076	6405	18412	7259	5170	27758
西翟庄镇	13684	2384	8077	3223	2307	10058
良王庄乡	20825	3049	12524	5252	3775	14977
杨成庄乡	24859	4284	15374	5201	3758	18638
天津静海经济开发区	13425	642	12207	576	379	1443
天津子牙循环经济产业区	1237	39	1125	73	48	10
团泊新城	30925	264	29444	1217	949	2762
蓟州区	**795516**	**133257**	**481071**	**181188**	**126938**	**653681**
文昌街道	141882	25781	95923	20178	13793	69982
渔阳镇	65247	11370	40408	13469	9382	54128
洇溜镇	21637	3518	12752	5367	3709	19897
官庄镇	29730	5145	17544	7041	4749	27459
马伸桥镇	30589	4999	17552	8038	5488	27962
下营镇	17519	2591	10337	4591	3063	15713
邦均镇	27715	4688	15844	7183	5073	25557
别山镇	31409	4983	18205	8221	5798	28170
尤古庄镇	22011	3692	12785	5534	3906	20228
上仓镇	31029	4712	18123	8194	5865	26971
下仓镇	34978	4962	19940	10076	7180	32519
罗庄子镇	10541	1541	6158	2842	1934	9681
白涧镇	17227	2805	10253	4169	2871	15336
侯家营镇	31643	5458	18381	7804	5595	29642
桑梓镇	32252	5425	18752	8075	5771	30091
东施古镇	13711	13711	7799	3606	2582	12632
下窝头镇	22574	3500	13101	5973	4271	21330
杨津庄镇	30238	5019	17180	8039	5717	27504
出头岭镇	30391	5471	17342	7578	5354	28208
西龙虎峪镇	24106	4468	13602	6036	4422	22772
穿芳峪镇	12477	1904	7301	3272	2264	11534
东二营镇	14591	2283	8300	4008	2842	13235
许家台镇	14127	1718	10210	2199	1478	9245
礼明庄镇	21736	3678	12502	5556	3861	20179
东赵各庄镇	17436	2726	10041	4669	3327	16179
州河湾镇	41213	7325	25989	7899	5616	31984
孙各庄乡	5833	1042	3304	1487	988	5428
天津市蓟州区京津州河科技产业园管理委员会	1674	147	1443	84	39	115

表3　河北省乡、镇、街道人口

单位：人

地　区	总人口	分年龄人口				居住本乡、镇、街道，户口在本乡、镇、街道
		0-14岁	15-59岁	60岁及以上	#65岁及以上	
河北省	**74610235**	**15088968**	**44709219**	**14812048**	**10387937**	**54629087**
石家庄市	**11235086**	**2168697**	**6991115**	**2075274**	**1444856**	**7296138**
长安区	**1059572**	**186635**	**712376**	**160561**	**110120**	**445908**
建北街道	50026	7956	34214	7856	5291	17320
青园街道	26628	3219	16875	6534	4906	15308
广安街道	31976	4197	20038	7741	5673	16729
育才街道	40032	4824	26554	8654	6448	19769
跃进街道	52913	9318	35204	8391	5683	21420
河东街道	62786	8764	40084	13938	10131	30106
长丰街道	157005	31927	106949	18129	11445	50356
谈固街道	130786	23623	89634	17529	11623	54248
中山东路街道	16319	2449	10415	3455	2565	8457
阜康街道	27306	4337	19238	3731	2409	8483
建安街道	51596	9001	33265	9330	6389	24772
胜利北街道	84684	11275	59902	13507	9251	35984
西兆通镇	87055	17873	58035	11147	7609	40766
南村镇	46482	9261	28824	8397	6081	36636
高营镇	96686	20206	65903	10577	6937	33393
桃园镇	97292	18405	67242	11645	7679	32161
桥西区	**979646**	**155669**	**672269**	**151708**	**104979**	**393916**
东里街道	58957	10303	36069	12585	8712	31555
中山街道	6369	885	4753	731	441	1425
南长街道	38177	5681	25232	7264	4847	13470
维明街道	29207	4048	18029	7130	5254	15664
友谊街道	51093	7365	31564	12164	9283	30061
红旗街道	169817	20043	135704	14070	9478	46131
新石街道	65761	9848	46154	9759	6596	21374
苑东街道	61026	10278	37945	12803	8980	34186
西里街道	64032	12123	40840	11069	7785	36672
振头街道	120611	22721	81744	16146	10728	43939
留营街道	72532	13375	49350	9807	6680	27761
长兴街道	52053	7891	38191	5971	4029	17076
彭后街道	41761	6837	26111	8813	6088	20295
东风街道	24854	3850	15401	5603	4133	13002
东华街道	20451	3387	13652	3412	2278	7677
休门街道	15771	2338	10272	3161	2193	7983
汇通街道	87174	14696	61258	11220	7474	25645
新华区	**802057**	**136494**	**545025**	**120538**	**83491**	**311121**
革新街街道	26031	4113	16329	5589	4084	12244
新华路街道	19787	3159	14392	2236	1529	4910
宁安街道	37417	5914	23356	8147	5964	20026
东焦街道	39746	5797	26059	7890	5467	17302
西苑街道	43758	8630	26833	8295	5958	23237
合作路街道	46893	8325	29411	9157	6764	25256
联盟街道	67883	11821	44500	11562	7921	29523
石岗街道	62317	11408	40334	10575	7345	24239

表3　续表 1

单位：人

地　　区	总人口	分年龄人口				居住本乡、镇、街道，户口在本乡、镇、街道
		0-14岁	15-59岁	60岁及以上	#65岁及以上	
天苑街道	29679	5363	19065	5251	3678	11594
北苑街道	35545	5711	24114	5720	3939	16176
赵陵铺路街道	98972	20953	65817	12202	7798	33814
西三庄街道	72010	12631	50927	8452	5515	22288
大郭街道	71973	11743	50611	9619	6648	24696
杜北街道	97878	10862	78575	8441	5874	26824
赵佗路街道	52168	10064	34702	7402	5007	18992
井陉矿区	**77015**	**12154**	**47021**	**17840**	**11499**	**44680**
矿市街道	37375	6013	23392	7970	5310	15692
四微街道	31	1	26	4	4	21
贾庄镇	20804	3364	12618	4822	2957	14471
凤山镇	7442	923	4200	2319	1512	6625
横涧乡	11363	1853	6785	2725	1716	7871
裕华区	**771255**	**131553**	**532614**	**107088**	**75406**	**329789**
裕兴街道	55698	10914	36327	8457	5825	25688
裕强街道	94887	19866	62633	12388	8295	43718
东苑街道	76224	12671	48291	15262	10904	41574
建通街道	63766	11027	43180	9559	6489	22279
槐底街道	100805	14522	71059	15224	11229	44730
裕华路街道	54951	8723	34452	11776	8882	31442
裕东街道	112155	20961	75384	15810	11006	54532
裕翔街道	84559	6583	73967	4009	2749	12399
建华南街道	44908	9845	29971	5092	3442	17854
方村镇	83302	16441	57350	9511	6585	35573
藁城区	**741068**	**155308**	**441013**	**144747**	**100908**	**601988**
廉州镇	164842	35809	102224	26809	18552	99821
兴安镇	45532	9804	25179	10549	7330	43005
贾市庄镇	43306	9010	24977	9319	6875	39604
南营镇	38763	7991	21733	9039	6434	37614
梅花镇	56152	12910	31209	12033	8602	53839
岗上镇	41435	7820	25587	8028	5653	31449
南董镇	35057	7156	20004	7897	5361	31488
张家庄镇	57710	10062	37476	10172	7054	43945
南孟镇	37791	7723	21770	8298	5739	32880
增村镇	48897	11132	27506	10259	7015	47098
常安镇	49727	11439	28080	10208	7076	47959
西关镇	34012	7098	19309	7605	5051	32508
九门回族乡	37291	8194	21307	7790	5376	35158
石家庄经济技术开发区	50553	9160	34652	6741	4790	25620
鹿泉区	**588279**	**113903**	**373977**	**100399**	**67729**	**349352**
获鹿镇	125202	25363	79661	20178	13571	62882
铜冶镇	114838	22548	75734	16556	11260	62580
寺家庄镇	48289	10519	28311	9459	6484	36567
上庄镇	82483	18706	51353	12424	7942	41347
李村镇	30069	5680	16848	7541	5088	27433
宜安镇	23093	3922	13269	5902	4139	20718
黄壁庄镇	13899	2553	7776	3570	2459	13109
大河镇	43845	8282	25836	9727	6680	35589

表3　续表 2　　　　单位：人

地　　区	总人口	分年龄人口				居住本乡、镇、街道，户口在本乡、镇、街道
		0-14岁	15-59岁	60岁及以上	#65岁及以上	
山尹村镇	13765	2573	8432	2760	1919	11170
石井乡	7545	1066	4215	2264	1611	6752
白鹿泉乡	5468	743	2885	1840	1286	4867
上寨乡	7686	1385	4248	2053	1425	7211
河北鹿泉经济开发区	72097	10563	55409	6125	3865	19127
栾城区	**378689**	**75240**	**239308**	**64141**	**46879**	**262614**
栾城镇	113544	23805	73575	16164	11566	57940
冶河镇	60371	12565	37706	10100	7206	41256
窦妪镇	45962	9340	27317	9305	6845	42321
楼底镇	60234	12495	39381	8358	6025	38613
南高乡	19630	3950	10933	4747	3606	18664
柳林屯乡	44568	6535	30698	7335	5516	30801
西营乡	34380	6550	19698	8132	6115	33019
井陉县	**250989**	**41814**	**144744**	**64431**	**44439**	**200508**
微水镇	86262	16589	54691	14982	9969	49883
上安镇	14284	2065	7971	4248	2947	13492
天长镇	23871	3507	12886	7478	5152	22216
秀林镇	19029	3209	10699	5121	3444	17280
南峪镇	7712	838	4098	2776	2015	7344
威州镇	24289	4172	14076	6041	4307	19370
小作镇	10952	1819	5978	3155	2146	10131
南障城镇	5458	580	2707	2171	1572	5159
苍岩山镇	4269	506	2019	1744	1260	3943
测鱼镇	7150	885	3628	2637	1915	6807
吴家窑乡	9922	1832	5603	2487	1676	9397
北正乡	6704	994	3716	1994	1272	5737
于家乡	4131	482	2159	1490	1065	3878
孙庄乡	12094	2284	6790	3020	2058	11785
南陉乡	5137	890	2833	1414	961	4895
辛庄乡	4208	440	1955	1813	1346	3931
南王庄乡	5517	722	2935	1860	1334	5260
正定县	**549321**	**109182**	**342319**	**97820**	**67797**	**360858**
诸福屯街道	48536	6830	35367	6339	4426	28048
三里屯街道	14798	3123	8868	2807	1979	10979
正定镇	241999	50570	156259	35170	24267	109955
新城铺镇	31015	6218	18043	6754	4633	27297
新安镇	33648	6331	19209	8108	5745	29295
南牛乡	39028	7904	22586	8538	5949	34782
南楼乡	36692	7234	20327	9131	6177	34977
西平乐乡	16621	3515	9186	3920	2724	15145
北早现乡	44663	8866	27840	7957	5475	31753
曲阳桥乡	42321	8591	24634	9096	6422	38627
行唐县	**376627**	**83986**	**211105**	**81536**	**56753**	**322345**
龙州镇	84863	19153	51575	14135	9915	52663
南桥镇	25893	5397	14566	5930	4150	23963
上碑镇	13339	3012	7111	3216	2234	12683
口头镇	20721	4970	10774	4977	3479	19287
独羊岗乡	33043	7506	17960	7577	5359	31526

表3　续表 3

单位：人

地　　区	总人口	分年龄人口				居住本乡、镇、街道，户口在本乡、镇、街道
		0-14岁	15-59岁	60岁及以上	#65岁及以上	
安香乡	24214	5600	13384	5230	3563	22780
只里乡	38876	8236	22396	8244	5638	32117
市同乡	22040	4740	13031	4269	2812	18528
翟营乡	28117	6343	15255	6519	4461	27219
城寨乡	16018	3489	8515	4014	2822	15315
上方乡	21098	4929	11234	4935	3527	19973
玉亭乡	16545	3468	8634	4443	3112	15830
北河乡	5207	1091	2588	1528	1060	4993
上闫庄乡	4636	1056	2248	1332	955	4444
九口子乡	11948	2700	6185	3063	2242	11503
开发区	10069	2296	5649	2124	1424	9521
灵寿县	**309121**	**62693**	**182933**	**63495**	**43975**	**246922**
灵寿镇	81212	18186	49737	13289	9229	51149
青同镇	23009	4465	13647	4897	3495	19718
塔上镇	8688	1888	4702	2098	1437	7989
陈庄镇	15877	2942	8432	4503	3150	14320
慈峪镇	26972	6374	14427	6171	4234	25740
岔头镇	13174	2953	6891	3330	2227	12558
三圣院乡	40312	4813	30704	4795	3342	20961
北洼乡	17091	3834	9593	3664	2434	16378
牛城乡	18154	3809	10079	4266	2938	17427
狗台乡	19144	4242	10737	4165	2847	17687
南寨乡	12456	2429	7049	2978	2114	11793
南燕川乡	9663	2234	5181	2248	1505	9190
北谭庄乡	8475	1792	4599	2084	1455	7949
寨头乡	8994	1783	4331	2880	2004	8429
南营乡	5900	949	2824	2127	1564	5634
高邑县	**178368**	**41691**	**99475**	**37202**	**26209**	**144312**
高邑镇	67269	16582	40092	10595	7334	39503
大营镇	26133	5764	13946	6423	4530	24976
富村镇	33188	7510	17878	7800	5557	30846
万城镇	33716	8156	17967	7593	5325	31690
中韩乡	18062	3679	9592	4791	3463	17297
深泽县	**215806**	**39659**	**120567**	**55580**	**39724**	**197151**
深泽镇	54338	9827	33560	10951	8027	41367
铁杆镇	32308	5299	16547	10462	7424	30822
赵八镇	27788	5771	15529	6488	4562	27173
白庄乡	33815	5896	17700	10219	7438	32456
留村乡	26832	5174	14842	6816	4695	26130
桥头乡	40725	7692	22389	10644	7578	39203
赞皇县	**242549**	**65553**	**132754**	**44242**	**29156**	**198383**
赞皇镇	87947	25424	51520	11003	7093	49898
院头镇	15584	3676	7958	3950	2647	14922
南邢郭镇	20745	5483	11216	4046	2688	19872
嶂石岩镇	4757	957	2381	1419	918	4593
西龙门乡	23587	6879	12427	4281	2816	22528
南清河乡	18527	5287	9904	3336	2187	17913
西阳泽乡	21199	5755	11207	4237	2748	20398

表3　续表 4　　　　单位：人

地　区	总人口	分年龄人口 0-14岁	15-59岁	60岁及以上	#65岁及以上	居住本乡、镇、街道，户口在本乡、镇、街道
土门乡	11287	2739	5963	2585	1717	10853
黄北坪乡	8702	1687	4556	2459	1675	8308
许亭乡	16634	4232	8460	3942	2655	16012
张楞乡	13580	3434	7162	2984	2012	13086
无极县	**451377**	**96454**	**260097**	**94826**	**64873**	**401030**
无极镇	103849	21846	65991	16012	10845	68541
七汲镇	35153	7391	19351	8411	5726	33719
张段固镇	38926	8700	22002	8224	5662	37279
北苏镇	46233	9987	26279	9967	6844	43978
郭庄镇	34605	7279	19112	8214	5489	33116
大陈镇	25583	5167	14088	6328	4213	24649
高头回族乡	25311	5807	13841	5663	3985	24110
郝庄乡	47716	10942	27571	9203	6304	45975
东侯坊乡	41468	8614	23406	9448	6648	39659
里城道乡	32714	6662	17735	8317	5705	30848
南流乡	19819	4059	10721	5039	3452	19156
平山县	**423333**	**89507**	**239167**	**94659**	**64834**	**323659**
平山镇	180850	43782	107334	29734	19950	103127
东回舍镇	28310	5511	16109	6690	4533	24859
温塘镇	16554	3249	8913	4392	3036	15130
南甸镇	24242	5434	14490	4318	2840	19488
岗南镇	21967	4363	12066	5538	3849	20533
古月镇	12555	2039	7199	3317	2330	10435
下槐镇	9301	1348	4779	3174	2238	8884
孟家庄镇	3625	400	1756	1469	1099	3448
小觉镇	10043	1682	5238	3123	2153	9436
蛟潭庄镇	3210	275	1395	1540	1163	2944
西柏坡镇	4790	902	2668	1220	855	4185
下口镇	3763	478	1915	1370	984	3546
西大吾乡	16274	3303	8846	4125	2740	15135
上三汲乡	16897	3682	9392	3823	2613	16217
两河乡	17052	3752	9556	3744	2475	15575
东王坡乡	16474	3414	8876	4184	2857	15506
苏家庄乡	5904	1099	3059	1746	1243	5507
宅北乡	8081	1539	4037	2505	1762	7687
北冶乡	9512	1507	4826	3179	2162	9048
上观音堂乡	1912	164	821	927	686	1778
杨家桥乡	4556	619	2358	1579	1104	4204
营里乡	4852	645	2254	1953	1433	4551
合河口乡	2609	320	1280	1009	729	2436
元氏县	**392710**	**82392**	**235231**	**75087**	**52775**	**312600**
城区街道	75682	19007	49981	6694	4382	23532
槐阳镇	45451	9680	26462	9309	6546	40155
殷村镇	24986	4641	14797	5548	3960	22863
南佐镇	13604	2654	8060	2890	2002	12118
宋曹镇	23157	4605	13201	5351	3827	22344
南因镇	26534	5012	15481	6041	4404	24770
姬村镇	30692	5099	20632	4961	3491	22187

表3　续表 5

单位：人

地　　区	总人口	分年龄人口				居住本乡、镇、街道，户口在本乡、镇、街道
		0-14岁	15-59岁	60岁及以上	#65岁及以上	
北褚镇	17061	3239	9704	4118	2869	16199
马村镇	30420	5876	17987	6557	4662	27129
东张乡	28286	6199	15977	6110	4297	27262
赵同乡	21648	4575	12478	4595	3229	20812
苏村乡	11327	2609	6260	2458	1814	10958
苏阳乡	18759	4420	10564	3775	2600	18122
北正乡	8997	1892	4866	2239	1549	8698
前仙乡	6505	1133	3510	1862	1333	6247
黑水河乡	9601	1751	5271	2579	1810	9204
赵县	**505366**	**108692**	**292516**	**104158**	**76579**	**446363**
赵州镇	137016	29646	86088	21282	15666	91711
范庄镇	62159	14472	35312	12375	8866	60576
北王里镇	36511	7801	20819	7891	5873	35242
新寨店镇	25438	4934	14469	6035	4565	23695
韩村镇	39279	8540	21829	8910	6639	37801
南柏舍镇	33046	7286	18265	7495	5629	32069
沙河店镇	25062	5080	13608	6374	4646	24476
前大章乡	35284	7364	19378	8542	6272	33823
谢庄乡	61127	13507	35545	12075	8602	58243
高村乡	29043	5690	15618	7735	5661	28245
王西章乡	21401	4372	11585	5444	4160	20482
石家庄高新技术产业开发区	**304675**	**61322**	**210385**	**32968**	**21892**	**132401**
长江街道	123500	26012	85662	11826	7456	45017
太行街道	20816	3605	14324	2887	2084	10901
宋营镇	125634	24541	88554	12539	8234	50008
郄马镇	34725	7164	21845	5716	4118	26475
石家庄循环化工园区	**56147**	**11079**	**33036**	**12032**	**8538**	**45646**
丘头镇	56147	11079	33036	12032	8538	45646
辛集市	**594628**	**95912**	**343393**	**155323**	**112558**	**429588**
辛集镇	273810	49618	179390	44802	31991	126030
旧城镇	26596	3796	13635	9165	6732	24332
张古庄镇	18904	2986	9099	6819	5012	18246
位伯镇	29763	4708	16427	8628	6262	26838
新垒头镇	21804	3493	11675	6636	4776	20211
新城镇	15411	1550	8052	5809	4165	13679
南智邱镇	28424	4544	15235	8645	6262	27235
王口镇	23996	2667	11989	9340	6762	23432
天宫营乡	18657	2741	9022	6894	5163	18058
前营乡	20221	2798	9894	7529	5520	19580
马庄乡	16973	1757	7963	7253	5289	16428
和睦井乡	22622	3052	11291	8279	5976	20987
田家庄乡	35491	5512	18573	11406	8402	33765
中里厢乡	14878	2354	7313	5211	3739	14396
小辛庄乡	16547	2618	8304	5625	4121	16084
辛集经济开发区	10531	1718	5531	3282	2386	10287
晋州市	**507959**	**104190**	**290514**	**113255**	**78386**	**433601**
晋州镇	152712	32138	93309	27265	18671	101750
总十庄镇	46646	10373	25786	10487	7250	44515

表3 续表 6

单位：人

地 区	总人口	分年龄人口				居住本乡、镇、街道，户口在本乡、镇、街道
		0-14岁	15-59岁	60岁及以上	#65岁及以上	
营里镇	27984	6155	14854	6975	4860	26825
桃园镇	47365	10257	26307	10801	7525	45493
东卓宿镇	37620	7184	20491	9945	6956	35391
马于镇	39221	7657	21972	9592	6628	37419
小樵镇	51544	10652	28220	12672	8825	48833
槐树镇	43270	8378	23212	11680	7897	41294
东里庄镇	43836	8644	24688	10504	7424	40474
周家庄乡	17761	2752	11675	3334	2350	11607
新乐市	**478529**	**107615**	**289276**	**81638**	**55357**	**361403**
长寿街道	168601	38436	110872	19293	12969	74128
化皮镇	14897	3092	8258	3547	2450	14168
承安镇	57527	13561	32575	11391	7556	54535
正莫镇	18068	4240	10288	3540	2374	17464
南大岳镇	16101	3799	8841	3461	2345	15706
杜固镇	24282	6246	13564	4472	2980	23556
邯邰镇	62296	11645	39187	11464	7844	51022
东王镇	22519	5225	12546	4748	3209	21760
马头铺镇	31013	7036	17282	6695	4665	29322
协神乡	29462	6129	16864	6469	4508	27265
木村乡	17566	4267	9886	3413	2243	16952
彭家庄回族乡	16197	3939	9113	3145	2214	15525
唐山市	**7717983**	**1278373**	**4678975**	**1760635**	**1232975**	**5409428**
路南区	**334204**	**47471**	**208065**	**78668**	**54492**	**173534**
学院南路街道	35556	4552	21074	9930	6989	20525
友谊街道	40911	5372	25661	9878	7123	20944
广场街道	38727	5875	23530	9322	6460	22957
永红桥街道	13960	1636	7972	4352	2890	7763
小山街道	16751	2161	10872	3718	2539	6500
文北街道	34661	5147	22441	7073	4608	13897
钱营街道	4914	760	2980	1174	805	2249
惠民道街道	37501	5443	23522	8536	5831	16834
梁家屯路街道	43466	7502	28011	7953	5418	19650
稻地镇	30213	3910	18159	8144	5874	21798
女织寨乡	37544	5113	23843	8588	5955	20417
路北区	**784667**	**110695**	**485778**	**188194**	**131688**	**437846**
乔屯街道	38058	4025	21472	12561	9195	25922
文化路街道	55465	6611	32432	16422	11873	33960
钓鱼台街道	70000	8985	41893	19122	13122	40097
东新村街道	2821	280	1931	610	368	1102
缸窑街道	50836	5872	30497	14467	9959	23894
机场路街道	64785	8356	38381	18048	13127	40112
河北路街道	34406	4855	19835	9716	6901	21435
龙东街道	44537	6354	27110	11073	7598	26157
大里街道	76243	10572	48172	17499	11993	41530
光明街道	94011	13794	59693	20524	14340	48592
翔云道街道	111252	19032	72999	19221	13043	54299
韩城镇	73534	12643	45931	14960	10632	46408
果园乡	68719	9316	45432	13971	9537	34338

表3 续表 7

单位：人

地区	总人口	分年龄人口				居住本乡、镇、街道，户口在本乡、镇、街道
		0-14岁	15-59岁	60岁及以上	#65岁及以上	
古冶区	**317932**	**36520**	**184734**	**96678**	**65366**	**229170**
林西街道	76623	9333	44478	22812	15115	57869
唐家庄街道	34221	3159	18843	12219	8107	26072
古冶街道	16433	1990	10065	4378	2812	8924
赵各庄街道	35715	3011	19051	13653	9004	29682
京华街道	54457	8618	34624	11215	7200	18780
范各庄镇	40661	4309	24265	12087	8564	34743
卑家店镇	20895	2435	11643	6817	4831	19178
王辇庄乡	21118	1875	12013	7230	5161	18378
习家套乡	8379	811	4576	2992	2194	7361
大庄坨乡	9430	979	5176	3275	2378	8183
开平区	**279432**	**39991**	**169694**	**69747**	**48119**	**174254**
马家沟街道	20557	1975	11635	6947	4728	13329
开平街道	55644	10608	36296	8740	6009	20642
税务庄街道	22409	2294	13982	6133	4092	9721
陡电街道	1609	64	1003	542	376	1074
荆各庄街道	4296	392	2553	1351	913	3583
开平镇	51287	6644	30510	14133	9863	37211
栗园镇	26133	3777	15032	7324	5163	21903
郑庄子镇	19355	2707	11509	5139	3557	14073
双桥镇	11063	1536	6242	3285	2340	10090
洼里镇	15326	1906	8893	4527	3218	13580
越河镇	51753	8088	32039	11626	7860	29048
丰南区	**552532**	**87792**	**340475**	**124265**	**88255**	**398340**
小集镇	29698	4046	16827	8825	6301	27252
黄各庄镇	45374	6726	26267	12381	9039	38290
西葛镇	20319	2928	11784	5607	4068	18920
大新庄镇	45842	6449	25992	13401	9659	42977
钱营镇	34531	6002	19776	8753	6189	32473
唐坊镇	14221	1927	8171	4123	2924	12151
王兰庄镇	32194	5319	18045	8830	6093	29899
柳树酄镇	24058	3844	14309	5905	4238	21594
黑沿子镇	19481	3018	12677	3786	2662	14735
胥各庄镇	211686	36076	144548	31062	21821	90388
大齐各庄镇	12332	1906	7081	3345	2329	10916
岔河镇	22912	3707	12899	6306	4603	20748
南孙庄乡	15881	2284	8728	4869	3416	15382
东田庄乡	11319	1530	6125	3664	2506	10747
尖字沽乡	12684	2030	7246	3408	2407	11868
丰润区	**800740**	**135775**	**486131**	**178834**	**125540**	**579610**
太平路街道	75411	10990	50715	13706	9030	38437
燕山路街道	64540	10082	39922	14536	9701	36272
浭阳街道	107496	18592	72250	16654	11643	45457
丰润镇	75333	14370	44547	16416	11461	60919
任各庄镇	28345	4566	17121	6658	4855	22479
左家坞镇	32195	5426	17998	8771	6053	29037
泉河头镇	20593	3819	11137	5637	4047	18761

表3 续表 8

单位：人

地　　区	总人口	分年龄人口				居住本乡、镇、街道，户口在本乡、镇、街道
		0-14岁	15-59岁	60岁及以上	#65岁及以上	
王官营镇	31362	5635	17995	7732	5365	28465
火石营镇	21774	3889	11621	6264	4404	20191
新军屯镇	35572	5802	20172	9598	7120	30861
小张各庄镇	14293	2420	7977	3896	2797	13105
丰登坞镇	34969	6705	19069	9195	6798	32272
李钊庄镇	19543	3581	10579	5383	3938	18079
白官屯镇	35902	6728	19740	9434	6794	32821
石各庄镇	20243	3765	11053	5425	3944	18303
沙流河镇	30743	5542	17467	7734	5797	28497
七树庄镇	15675	2722	8868	4085	2909	13707
杨官林镇	22233	4283	11999	5951	4205	20636
银城铺镇	55345	6421	41480	7444	4997	22983
常庄镇	20572	3582	12231	4759	3165	15209
姜家营乡	14108	2651	8233	3224	2152	11519
欢喜庄乡	13241	2297	7392	3552	2563	11967
刘家营乡	11252	1907	6565	2780	1802	9633
曹妃甸区	**352069**	**45005**	**253424**	**53640**	**37072**	**146632**
唐海镇	112660	20759	74996	16905	11403	42919
滨海镇	9872	955	4973	3944	2809	8948
柳赞镇	11468	2009	6619	2840	1844	10936
曹妃甸区第一农场	6034	578	3338	2118	1514	5613
曹妃甸区第三农场	4475	356	2490	1629	1146	3701
曹妃甸区第四农场	5541	671	3136	1734	1292	3950
曹妃甸区第五农场	4219	467	2295	1457	1085	3582
曹妃甸区第六农场	3571	345	1938	1288	868	3266
曹妃甸区第七农场	1585	185	926	474	358	1456
曹妃甸区第八农场	18649	2259	10160	6230	4574	17588
曹妃甸区第九农场	9884	1144	5369	3371	2466	9470
曹妃甸区第十农场	6973	696	3781	2496	1868	6659
曹妃甸区第十一农场	4763	499	2644	1620	1215	4445
曹妃甸区第八里滩养殖场	317	11	266	40	29	
曹妃甸区第十里海养殖场	241	22	115	104	83	210
南堡经济开发区	50371	9294	35824	5253	3618	19481
曹妃甸工业区管理委员会	45404	3655	40147	1602	682	1862
曹妃甸新城管理委员会	56042	1100	54407	535	218	2546
滦南县	**508538**	**74136**	**296929**	**137473**	**97802**	**416785**
友谊路街道	102044	18192	71972	11880	8183	33668
倴城镇	54074	7468	32856	13750	9723	44160
宋道口镇	36494	4552	19527	12415	8761	34932
长凝镇	26299	3516	14459	8324	5975	25279
胡各庄镇	25199	2733	13555	8911	6272	24442
坨里镇	13061	1459	6940	4662	3349	12639
姚王庄镇	12552	1436	6724	4392	3096	12058
司各庄镇	30647	3819	16540	10288	7457	29563
安各庄镇	20431	2928	11397	6106	4423	19471
扒齿港镇	29820	4629	16414	8777	6270	28532
程庄镇	38293	6137	20793	11363	8136	36950
青坨营镇	23643	3722	13333	6588	4813	22626

表3 续表 9 单位：人

地区	总人口	分年龄人口				居住本乡、镇、街道，户口在本乡、镇、街道
		0-14岁	15-59岁	60岁及以上	#65岁及以上	
柏各庄镇	36716	5207	19960	11549	8412	35708
南堡镇	12354	1919	7123	3312	2286	11519
方各庄镇	20608	2222	11211	7175	4993	20013
东黄坨镇	13412	2066	7322	4024	2888	12684
马城镇	12891	2131	6803	3957	2765	12541
乐亭县	**389198**	**41638**	**226199**	**121361**	**88416**	**287886**
乐安街道	116749	18284	79691	18774	13940	48486
乐亭镇	26917	2219	13970	10728	7789	24668
汤家河镇	16458	1326	8266	6866	5006	15381
胡家坨镇	14515	1215	7415	5885	4261	13478
阎各庄镇	24005	1961	12075	9969	7299	22538
马头营镇	15944	1458	8087	6399	4595	14881
新寨镇	17427	1534	9057	6836	5000	16319
汀流河镇	17685	1636	9217	6832	4904	16665
姜各庄镇	35251	3678	18720	12853	9298	33703
毛庄镇	21284	1783	10751	8750	6406	20029
中堡镇	19626	1434	9542	8650	6455	18815
庞各庄乡	14934	1115	7606	6213	4541	13904
大相各庄乡	14687	1433	7620	5634	4108	14167
古河乡	14911	1531	7786	5594	4033	14232
河北乐亭经济开发区	12956	496	11735	725	355	613
乐亭县城区工业聚集区管理委员会	5849	535	4661	653	426	7
迁西县	**365615**	**74827**	**212986**	**77802**	**51290**	**272131**
迁西县栗乡街道	90806	21695	59232	9879	6296	23017
兴城镇	45457	8322	26190	10945	7415	37414
金厂峪镇	12136	2432	6864	2840	1823	11354
洒河桥镇	16636	3505	9506	3625	2406	14181
太平寨镇	26952	5906	14743	6303	4077	25943
罗家屯镇	18045	3620	9584	4841	3237	16974
东荒峪镇	10780	1990	5855	2935	1945	9887
新集镇	19863	3488	10720	5655	3853	18360
三屯营镇	22724	4271	13277	5176	3355	20374
滦阳镇	13977	2731	7746	3500	2201	13203
白庙子乡	15087	2865	8703	3519	2377	13138
上营乡	9179	1935	5037	2207	1445	8738
汉儿庄乡	17054	3414	9737	3903	2497	16170
渔户寨乡	7474	1422	4049	2003	1309	7204
旧城乡	8305	1814	4729	1762	1125	7048
尹庄乡	14459	2731	8125	3603	2449	13496
东莲花院乡	8718	1367	4767	2584	1750	8084
新庄子乡	7963	1319	4122	2522	1730	7546
玉田县	**664906**	**121191**	**393579**	**150136**	**110982**	**560759**
无终街道	116264	23441	78708	14115	10251	58976
玉田镇	63678	10469	39116	14093	10614	53880
亮甲店镇	33991	5880	19341	8770	6583	31351
鸦鸿桥镇	57041	11433	32874	12734	9464	49106
窝洛沽镇	44374	7918	24882	11574	8440	41607

表3 续表 10

单位：人

地区	总人口	分年龄人口				居住本乡、镇、街道，户口在本乡、镇、街道
		0-14岁	15-59岁	60岁及以上	#65岁及以上	
石臼窝镇	31266	5857	17528	7881	5890	30093
虹桥镇	27762	4849	15447	7466	5559	25409
散水头镇	23061	4002	12857	6202	4587	21880
林南仓镇	19659	3061	11923	4675	3496	16259
林西镇	24396	3943	13926	6527	4897	23218
杨家板桥镇	22239	4136	12655	5448	4058	21447
彩亭桥镇	17800	3244	10359	4197	3090	16212
孤树镇	22310	4292	12653	5365	3915	21157
大安镇镇	25400	4856	14405	6139	4378	23968
唐自头镇	15913	2887	8948	4078	2975	15248
郭家屯镇	28675	5177	16270	7228	5322	26771
杨家套镇	25158	4635	14320	6203	4632	22773
林头屯乡	17559	3167	9676	4716	3466	16675
潮洛窝乡	18943	3112	10424	5407	3886	18347
陈家铺乡	13331	2312	7502	3517	2629	12665
郭家桥乡	14571	2481	8339	3751	2830	13715
河北玉田经济开发区	1033	11	993	29	9	
河北唐山国家农业科技园区	482	28	433	21	11	2
河北唐山芦台经济开发区	**43558**	**6624**	**27872**	**9062**	**6205**	**31283**
芦台开发区海北镇	26627	5084	16208	5335	3604	22915
芦台开发区新华路街道	16931	1540	11664	3727	2601	8368
唐山市汉沽管理区	**52550**	**7405**	**32868**	**12277**	**8617**	**29400**
汉沽管理区汉丰镇	19634	3038	10866	5730	4036	17024
汉沽管理区兴农街道	1719	114	855	750	594	967
汉沽管理区振兴街道	31197	4253	21147	5797	3987	11409
唐山高新技术产业开发区	**169923**	**22463**	**116613**	**30847**	**21385**	**90558**
街道	112083	12688	83087	16308	11113	44013
老庄子镇	25728	4547	14605	6576	4678	22241
庆北办事处	17646	2609	10960	4077	2747	10604
三女河办事处	14466	2619	7961	3886	2847	13700
河北唐山海港经济开发区	**98218**	**17069**	**61542**	**19607**	**13238**	**48312**
唐山海港经济开发区王滩镇	32791	2659	17035	13097	9259	30375
河北唐山海港经济开发区综合执法大队	60632	13969	41510	5153	3022	13848
唐山湾国际旅游岛	1980	285	1165	530	344	1711
大清河	2815	156	1832	827	613	2378
遵化市	**707047**	**139388**	**418446**	**149213**	**104464**	**551677**
遵化镇	163470	36053	105613	21804	15094	69439
堡子店镇	33017	6150	18780	8087	5700	30448
马兰峪镇	20571	4087	11755	4729	3285	19348
平安城镇	43796	8350	24769	10677	7674	41747
东新庄镇	31803	5616	17829	8358	6043	29787
新店子镇	42039	7685	24275	10079	7273	38227
党峪镇	21237	3666	12236	5335	3788	20248
地北头镇	17953	2901	10126	4926	3614	16932
东旧寨镇	17931	2882	9830	5219	3748	17106
铁厂镇	14308	2192	8010	4106	2895	13676

表3 续表 11

单位：人

地 区	总人口	分年龄人口				居住本乡、镇、街道，户口在本乡、镇、街道
		0-14岁	15-59岁	60岁及以上	#65岁及以上	
苏家洼镇	26464	5343	15563	5558	3708	23720
建明镇	27062	5737	15565	5760	3796	25365
石门镇	26994	5197	15179	6618	4602	25317
西留村乡	28506	5955	17453	5098	3577	20878
崔家庄乡	16561	3285	9484	3792	2654	15370
兴旺寨乡	17586	3158	10165	4263	2952	16271
西下营满族乡	9326	1842	5240	2244	1444	8873
汤泉满族乡	8092	1586	4826	1680	1067	7170
东陵满族乡	19379	3890	10990	4499	3077	18424
刘备寨乡	16808	2806	9278	4724	3430	15994
团瓢庄乡	22379	4082	12281	6016	4477	21092
娘娘庄乡	15010	2446	8030	4534	3171	14260
西三里乡	43395	9981	27870	5544	3756	20126
侯家寨乡	11751	2417	6794	2540	1645	10858
小厂乡	11609	2081	6505	3023	1994	11001
迁安市	**776752**	**171153**	**459886**	**145713**	**98595**	**536646**
永顺街道	138066	30349	89267	18450	12305	62653
兴安街道	200716	49844	124602	26270	17304	84585
滨河街道	49676	10043	30880	8753	6288	33411
杨店子街道	27917	5927	16132	5858	3983	21906
夏官营镇	24137	4749	13360	6028	4099	22838
杨各庄镇	26681	4943	14248	7490	5101	25445
建昌营镇	32881	6639	17745	8497	5783	31327
赵店子镇	17690	3982	9718	3990	2584	16165
野鸡坨镇	30684	6596	17324	6764	4525	28751
大崔庄镇	18503	4176	9785	4542	3006	17589
蔡园镇	18234	3566	10359	4309	2981	15698
马兰庄镇	15350	3145	9009	3196	2246	12699
沙河驿镇	22894	5156	12850	4888	3347	20832
木厂口镇	21436	4739	12221	4476	3101	18377
扣庄乡	33146	6802	18430	7914	5340	31423
彭店子乡	16996	3454	9419	4123	2834	16264
上射雁庄乡	17789	3635	9613	4541	3122	16882
闫家店乡	17352	3748	9344	4260	2880	16452
五重安乡	19863	4369	10689	4805	3237	18830
大五里乡	13796	2672	7597	3527	2472	12467
太平庄乡	12945	2619	7294	3032	2057	12052
滦州市	**520102**	**99230**	**303754**	**117118**	**81449**	**444605**
滦河街道	74070	16793	48296	8981	6198	38957
古城街道	36295	5462	22449	8384	5941	26687
滦城路街道	56648	10875	33299	12474	8532	46509
响堂街道	33782	5803	19459	8520	5923	31176
东安各庄镇	55136	11904	30700	12532	8572	51921
雷庄镇	30751	5977	17367	7407	5066	28955
茨榆坨镇	22956	3509	13533	5914	4280	20884
榛子镇	47026	8813	26629	11584	7998	44004
杨柳庄镇	17890	2755	9976	5159	3588	16985
油榨镇	37499	8055	20972	8472	5975	36135

表3　续表 12　　单位：人

地　区	总人口	分年龄人口 0-14岁	15-59岁	60岁及以上	#65岁及以上	居住本乡、镇、街道，户口在本乡、镇、街道
古马镇	26370	4694	14400	7276	5005	25023
小马庄镇	31298	5558	17992	7748	5576	29735
九百户镇	28390	5412	16238	6740	4696	26810
王店子镇	21991	3620	12444	5927	4099	20824
秦皇岛市	**3136879**	**475914**	**1928327**	**732638**	**509121**	**2101720**
海港区	**1024876**	**149451**	**681018**	**194407**	**133318**	**487300**
文化路街道	43347	6325	27128	9894	7080	23342
海滨路街道	42873	6255	25373	11245	7778	30943
北环路街道	80939	14137	51556	15246	10344	40073
建设大街街道	44946	5797	28943	10206	7308	21851
河东街道	44124	4860	28244	11020	7669	19931
西港路街道	91897	14405	58303	19189	13423	45077
燕山大街街道	42809	6803	27388	8618	6005	19098
港城大街街道	49466	9100	28881	11485	8370	32835
东环路街道	105679	15905	70825	18949	13005	45145
白塔岭街道	200908	22270	155230	23408	15879	55938
东港镇	13422	1684	8346	3392	2205	8481
海港镇	26915	4148	17239	5528	3690	12715
西港镇	35532	4831	24365	6336	4269	15939
海阳镇	18794	3079	11752	3963	2579	9709
北港镇	18088	2966	11009	4113	2729	13010
杜庄镇	44630	9517	28340	6773	4428	20452
石门寨镇	36823	4877	21612	10334	7109	32955
驻操营镇	17020	1971	9313	5736	3885	15633
秦皇岛临港物流园区管理委员会	8255	1087	5348	1820	1230	4195
海港经济开发区	58409	9434	41823	7152	4333	19978
山海关区	**164989**	**20074**	**102523**	**42392**	**29363**	**87987**
南关街道	39412	5193	24624	9595	6701	16809
古城街道	7145	582	4206	2357	1676	3024
西关街道	16456	1946	10218	4292	2988	6291
路南街道	45537	5416	28971	11150	7709	23117
第一关镇	15664	1787	9608	4269	2995	10737
石河镇	25240	3254	15664	6322	4264	15793
孟姜镇	15535	1896	9232	4407	3030	12216
北戴河区	**130104**	**14070**	**85644**	**30390**	**21287**	**71635**
西山街道	24328	2362	16224	5742	4143	12391
东山街道	8613	776	4949	2888	2007	4451
海滨镇	15996	2135	9463	4398	3011	11336
戴河镇	54145	5276	39589	9280	6330	22817
牛头崖镇	27022	3521	15419	8082	5796	20640
抚宁区	**291211**	**43349**	**170360**	**77502**	**55267**	**229413**
骊城街道	66483	11623	45216	9644	7053	25601
抚宁镇	66779	9777	38102	18900	13376	57384
留守营镇	38316	4709	21450	12157	8929	34473
榆关镇	30530	4545	17553	8432	5830	28185
台营镇	29851	4462	15819	9570	6813	28326
大新寨镇	25996	3785	13763	8448	5991	24345

表3 续表 13 单位：人

地　区	总人口	分年龄人口				居住本乡、镇、街道，户口在本乡、镇、街道
		0-14岁	15-59岁	60岁及以上	#65岁及以上	
茶棚乡	26330	3350	14384	8596	6103	24885
深河乡	6926	1098	4073	1755	1172	6214
青龙满族自治县	**431138**	**86837**	**238358**	**105943**	**70682**	**376655**
都阳路街道	70577	17978	45787	6812	4343	35184
青龙镇	38852	7867	22829	8156	5384	30810
祖山镇	15959	2509	8620	4830	3309	15293
木头凳镇	21987	3951	11501	6535	4366	21406
双山子镇	15272	2752	7938	4582	3073	14487
马圈子镇	16486	2960	9457	4069	2648	15491
肖营子镇	27493	5892	14900	6701	4546	26367
大巫岚镇	22133	4158	11590	6385	4352	21475
土门子镇	18540	3665	9749	5126	3291	17955
八道河镇	24046	5645	12923	5478	3517	23459
隔河头镇	18111	3325	9568	5218	3474	17670
娄杖子镇	18528	3974	9765	4789	3183	17974
凤凰山乡	7214	1181	3622	2411	1670	6965
龙王庙乡	13420	2605	7268	3547	2322	12918
三星口乡	8873	1580	4512	2781	1891	8596
干沟乡	4933	698	2441	1794	1230	4756
大石岭乡	7892	1470	3975	2447	1603	7605
官场乡	6796	979	3473	2344	1586	6623
茨榆山乡	11849	1877	6219	3753	2532	11525
平方子乡	7250	1195	3676	2379	1670	7037
安子岭乡	9154	1459	4622	3073	2094	8768
朱杖子乡	9738	1813	5169	2756	1857	9438
草碾乡	6336	1039	3209	2088	1491	6104
七道河乡	6878	1469	3518	1891	1303	6605
三拨子乡	8233	1621	4310	2302	1574	8001
凉水河乡	14588	3175	7717	3696	2373	14143
昌黎县	**487989**	**69007**	**286611**	**132371**	**93809**	**400574**
昌黎镇	157959	23187	103306	31466	22397	94814
靖安镇	37070	5407	21839	9824	6808	33757
安山镇	36682	5463	20222	10997	7585	35037
龙家店镇	33303	4371	17900	11032	7926	31349
泥井镇	21225	2897	11560	6768	4886	19910
大蒲河镇	9463	1170	5100	3193	2358	8514
新集镇	24872	3040	13429	8403	6081	23299
刘台庄镇	19130	2729	10480	5921	4217	17970
茹荷镇	12984	1718	6910	4356	3121	12182
朱各庄镇	28288	4800	16049	7439	5228	26103
荒佃庄镇	24368	3270	13182	7916	5594	22723
团林乡	5767	833	3205	1729	1255	5323
葛条港乡	19960	2507	11731	5722	4103	16522
马坨店乡	29411	3914	16047	9450	6670	27941
两山乡	16757	2218	9579	4960	3424	15241
十里铺乡	10750	1483	6072	3195	2156	9889
卢龙县	**333942**	**50984**	**189426**	**93532**	**65962**	**297316**
卢龙镇	78317	14376	48951	14990	10427	55657

表3 续表 14

单位：人

地　　区	总人口	分年龄人口				居住本乡、镇、街道，户口在本乡、镇、街道
		0-14岁	15-59岁	60岁及以上	#65岁及以上	
潘庄镇	18915	2834	10736	5345	3743	17636
燕河营镇	23598	3045	12227	8326	5973	22660
双望镇	20804	2703	11222	6879	4917	19965
刘田各庄镇	31918	4165	17264	10489	7442	29726
石门镇	34484	5615	19682	9187	6638	32088
木井镇	33974	4757	18949	10268	7286	32246
陈官屯镇	19461	2627	10624	6210	4372	18877
蛤泊镇	21053	2771	11182	7100	5019	19803
下寨乡	11967	1710	6636	3621	2554	11265
刘家营乡	12796	2300	7117	3379	2279	12295
印庄乡	19351	2789	10746	5816	3969	18539
河北卢龙经济开发区	7304	1292	4090	1922	1343	6559
秦皇岛市经济技术开发区	**197898**	**31447**	**130984**	**35467**	**24489**	**89890**
船厂路街道	19254	2990	10886	5378	3782	15691
珠江道街道	83095	13897	55865	13333	9181	31166
黄河道街道	38360	6419	25867	6074	4148	12551
腾飞路街道	29079	4216	19905	4958	3444	17723
渤海乡	28110	3925	18461	5724	3934	12759
北戴河新区	**74732**	**10695**	**43403**	**20634**	**14944**	**60950**
南戴河街道	30101	3962	17564	8575	6267	21515
大蒲河管理处	17022	2942	9734	4346	3070	15411
团林管理处	13512	2085	7947	3480	2440	11603
留守营管理处	14097	1706	8158	4233	3167	12421
邯郸市	**9413990**	**2416185**	**5382849**	**1614956**	**1124913**	**7684974**
邯山区	**614303**	**126021**	**389613**	**98669**	**68860**	**368038**
火磨街道	8701	1595	5642	1464	988	4025
陵园路街道	10212	1835	5936	2441	1724	7508
光明路街道	16203	2668	9977	3558	2517	9432
滏东街道	37485	6935	22884	7666	5396	18545
罗城头街道	102946	13046	75828	14072	10072	36650
渚河路街道	40597	7993	23539	9065	6392	28933
浴新南街道	36677	7001	23142	6534	4400	20478
农林路街道	10818	1733	5998	3087	2329	7389
贸东街道	16453	3361	9601	3491	2462	10676
贸西街道	16611	2629	10389	3593	2601	11849
盛和路街道	53993	12729	36231	5033	3067	21597
北张庄镇	32111	8147	18664	5300	3711	27716
河沙镇镇	39846	10603	21989	7254	5129	37359
马庄乡	31697	6944	19924	4829	3290	17352
南堡乡	121638	27814	78419	15405	10581	72691
代召乡	38315	10988	21450	5877	4201	35838
丛台区	**572175**	**114014**	**352279**	**105882**	**74144**	**379485**
丛台西街道	14539	2123	9219	3197	2328	9652
联纺西街道	34604	4272	23366	6966	4974	19615
联纺东街道	53465	8747	33104	11614	8444	27788
光明桥街道	42340	7658	25269	9413	6727	31670
丛台东街道	51014	9721	29222	12071	8820	38507

表3 续表 15

单位：人

地区	总人口	分年龄人口				居住本乡、镇、街道，户口在本乡、镇、街道
		0-14岁	15-59岁	60岁及以上	#65岁及以上	
四季青街道	29642	5393	19238	5011	3350	13691
和平街道	11694	1996	8003	1695	1081	4152
中华街道	8880	1299	5371	2210	1629	6060
人民路街道	14546	2390	8165	3991	3007	11745
柳林桥街道	33700	6991	20029	6680	4670	20066
黄粱梦镇	57422	14341	34921	8160	5551	48664
苏曹乡	54015	9809	35523	8683	5766	31179
三陵乡	25444	6320	14522	4602	3184	23537
南吕固乡	36410	10829	20155	5426	3877	34289
兼庄乡	104460	22125	66172	16163	10736	58870
复兴区	**319980**	**61041**	**199384**	**59555**	**41735**	**192159**
胜利桥街道	40699	7651	26523	6525	4484	19393
百家村街道	54915	10495	36090	8330	5937	25708
铁路大院街道	14931	2246	9381	3304	2314	8480
化林路街道	51337	9015	32257	10065	7150	29406
庞村街道	6208	957	3657	1594	1153	2608
二六七二街道	13241	1930	8140	3171	2537	10626
石化街道	4625	825	2721	1079	886	2077
户村镇	30016	7207	17368	5441	3701	25343
彭家寨乡	82656	15811	51638	15207	10276	48392
康庄乡	21352	4904	11609	4839	3297	20126
峰峰矿区	**429245**	**78798**	**262207**	**88240**	**59019**	**346736**
滏阳东路街道	107517	21355	66695	19467	13215	81149
临水镇	51967	9885	33777	8305	5218	31491
峰峰镇	61587	8686	38002	14899	10029	52389
新坡镇	23932	5516	13983	4433	2904	20672
大社镇	29425	5209	17903	6313	4326	25491
和村镇	33380	5965	19537	7878	5267	30884
义井镇	33953	5969	19931	8053	5389	31535
彭城镇	50006	8331	30311	11364	7606	40381
界城镇	18451	3570	11117	3764	2613	15525
大峪镇	9803	2065	5679	2059	1316	8641
西固义乡	9224	2247	5272	1705	1136	8578
肥乡区	**372265**	**99478**	**209167**	**63620**	**45797**	**336495**
肥乡镇	95443	23716	58507	13220	9308	72497
天台山镇	39163	10450	21201	7512	5243	38008
辛安镇镇	36449	9720	21010	5719	4202	32725
大寺上镇	34218	9535	19026	5657	4180	32468
东漳堡镇	31921	8731	17376	5814	4157	30958
毛演堡乡	38641	11290	21106	6245	4393	37557
元固乡	40383	10931	21604	7848	5671	38422
屯庄营乡	26045	6967	13436	5642	4274	24956
旧店乡	30002	8138	15901	5963	4369	28904
永年区	**851227**	**228541**	**491608**	**131078**	**91525**	**741886**
临洺关镇	219819	53942	140313	25564	17362	142533
大北汪镇	32452	8569	17956	5927	4252	31622
张西堡镇	42825	13332	22491	7002	4954	41811
广府镇	46434	12344	26336	7754	5500	45509

表3 续表 16

单位：人

地 区	总人口	分年龄人口				居住本乡、镇、街道，户口在本乡、镇、街道
		0-14岁	15-59岁	60岁及以上	#65岁及以上	
永合会镇	34161	8410	19149	6602	4412	31591
刘营镇	51525	13014	30973	7538	5490	42733
西苏镇	61511	16790	35049	9672	6759	58507
讲武镇	40753	11154	22469	7130	5050	39859
东杨庄镇	41741	12052	22957	6732	4547	41076
界河店乡	37716	9349	23314	5053	3426	29423
刘汉乡	38404	10458	21414	6532	4656	37514
正西乡	34162	8915	18737	6510	4594	33494
曲陌乡	32427	8740	17805	5882	4254	31666
辛庄堡乡	35381	11171	18257	5953	4227	34614
小龙马乡	48319	14886	25449	7984	5463	47510
西河庄乡	30043	8808	15792	5443	4062	29343
西阳城乡	23554	6607	13147	3800	2517	23081
临漳县	**589003**	**176617**	**309870**	**102516**	**72326**	**503540**
临漳镇	159695	44422	97751	17522	11985	87787
南东坊镇	24609	7413	12997	4199	3044	23837
孙陶集镇	49280	14659	25047	9574	6758	47614
柳园镇	48355	14138	24866	9351	6667	46867
称勾集镇	37312	10617	19329	7366	5237	36313
邺城镇	26340	9018	12459	4863	3348	25699
章里集镇	31658	9650	16100	5908	4207	30639
狄邱乡	26394	8018	13446	4930	3579	25400
张村集乡	42307	12643	20711	8953	6455	41027
西羊羔乡	17702	5807	8161	3734	2624	17144
杜村集乡	32603	10756	14869	6978	4951	31255
习文乡	29689	8547	15795	5347	3725	28800
砖寨营乡	32081	10377	14571	7133	5017	31053
柏鹤集乡	30978	10552	13768	6658	4729	30105
成安县	**401052**	**110766**	**217907**	**72379**	**51541**	**341161**
成安镇	109540	30777	65713	13050	8926	63857
商城镇	61198	16587	34150	10461	7282	55856
漳河店镇	31837	8599	16120	7118	5196	30763
李家疃镇	37234	11071	18405	7758	5527	36102
北乡义镇	34969	9100	17666	8203	6203	34111
辛义乡	39657	11002	20755	7900	5633	38020
柏寺营乡	20738	5706	10135	4897	3551	20123
道东堡乡	41887	10709	22600	8578	6022	39483
长巷乡	23992	7215	12363	4414	3201	22846
大名县	**726396**	**194730**	**399542**	**132124**	**94875**	**640042**
大名镇	107114	29106	64650	13358	9312	51694
杨桥镇	36621	9330	19744	7547	5550	35935
万堤镇	26505	6993	14192	5320	3715	24013
龙王庙镇	45058	12386	24972	7700	5417	44289
束馆镇	33990	9062	18849	6079	4419	33515
金滩镇	38811	10387	19984	8440	6121	38191
沙圪塔镇	30151	7629	15897	6625	5035	29570
大街镇	33114	8510	18286	6318	4606	30895
铺上镇	21642	5747	11719	4176	2910	21218

表3 续表 17

单位：人

地　　区	总人口	分年龄人口				居住本乡、镇、街道，户口在本乡、镇、街道
		0-14岁	15-59岁	60岁及以上	#65岁及以上	
孙甘店镇	31927	9416	16652	5859	4051	31284
王村乡	28387	7560	14372	6455	4795	27721
黄金堤乡	31388	7982	17523	5883	4359	31044
旧治乡	42402	10790	24320	7292	5119	37296
西未庄乡	38432	9758	23255	5419	3808	25715
西付集乡	37510	10385	19651	7474	5457	36894
埝头乡	40390	11278	21491	7621	5463	39686
北峰乡	27622	7844	14449	5329	3723	27132
张铁集乡	34665	10077	18012	6576	4784	34064
红庙乡	27827	7177	14765	5885	4255	27278
营镇回族乡	12840	3313	6759	2768	1976	12608
涉县	**379559**	**92291**	**218802**	**68466**	**45629**	**270500**
平安街道	72483	20787	44922	6774	4205	19712
河南店镇	26182	5853	15347	4982	3351	22401
索堡镇	17328	3847	9334	4147	2803	16329
西戌镇	11773	2845	6806	2122	1419	10339
井店镇	36031	8762	20394	6875	4535	32192
更乐镇	21076	4827	12024	4225	2826	17927
固新镇	14878	2998	8028	3852	2599	13858
西达镇	9407	2006	4952	2449	1668	8942
偏城镇	6654	1251	3358	2045	1365	6264
神头乡	9077	1678	4893	2506	1778	8499
辽城乡	13350	3057	7229	3064	2053	12720
偏店乡	10636	2406	5712	2518	1693	10102
龙虎乡	14739	3552	8123	3064	2059	13885
木井乡	14198	3885	7763	2550	1640	13683
关防乡	8251	1638	4403	2210	1502	7905
合漳乡	11531	2286	6152	3093	2083	11137
鹿头乡	10829	2419	5573	2837	1928	10273
涉城镇	71136	18194	43789	9153	6122	34332
磁县	**426345**	**105361**	**250776**	**70208**	**48541**	**360739**
磁州镇	203341	48750	127292	27299	18805	145034
讲武城镇	45375	12536	24414	8425	5944	43555
岳城镇	30512	8402	16867	5243	3561	29669
观台镇	25302	6060	14351	4891	3259	24635
白土镇	15549	3096	8576	3877	2725	15076
黄沙镇	11608	2920	6647	2041	1362	11200
路村营乡	23088	6159	13412	3517	2450	22001
时村营乡	23552	6530	12702	4320	3018	22809
陶泉乡	12606	2593	6787	3226	2318	12239
都党乡	12552	2933	7052	2567	1765	12257
北贾壁乡	22860	5382	12676	4802	3334	22264
邱县	**210998**	**58640**	**116048**	**36310**	**24182**	**180418**
新马头镇	86040	23078	50603	12359	8154	57492
邱城镇	24383	7048	12360	4975	3370	24031
梁二庄镇	21144	6193	10636	4315	2814	20748
香城固镇	26070	7569	13668	4833	3182	25650
古城营镇	27839	7689	15149	5001	3354	27408
南辛店乡	20489	5618	10923	3948	2710	20163
陈村回族乡	5033	1445	2709	879	598	4926

表3 续表 18

单位：人

地区	总人口	分年龄人口				居住本乡、镇、街道，户口在本乡、镇、街道
		0-14岁	15-59岁	60岁及以上	#65岁及以上	
鸡泽县	**297425**	**89911**	**161363**	**46151**	**31569**	**270042**
鸡泽镇	88420	25046	51881	11493	7699	68604
小寨镇	39771	12274	20546	6951	4742	38068
双塔镇	34929	10878	18593	5458	3807	33684
曹庄镇	37353	12227	19025	6101	4251	35863
浮图店乡	48263	14921	25565	7777	5282	46868
吴官营乡	25214	7553	13206	4455	3163	24417
风正乡	23475	7012	12547	3916	2625	22538
广平县	**264025**	**77927**	**140930**	**45168**	**31297**	**236979**
广平镇	86749	23689	51023	12037	8309	63360
平固店镇	30603	9821	15139	5643	3998	30021
胜营镇	38855	10746	20444	7665	5432	37854
南阳堡镇	26059	7752	13587	4720	3274	25769
十里铺镇	35255	10731	18099	6425	4287	34469
南韩镇	24747	7825	12031	4891	3369	24228
东张孟镇	21757	7363	10607	3787	2628	21278
馆陶县	**307912**	**85471**	**171879**	**50562**	**36791**	**272695**
馆陶镇	85734	23921	51234	10579	7316	60501
房寨镇	22378	5771	11999	4608	3406	21543
柴堡镇	40155	12125	21069	6961	5086	39188
魏僧寨镇	32183	9031	17811	5341	3862	30543
寿山寺乡	42816	11431	24395	6990	5081	38759
王桥乡	30243	8222	16125	5896	4359	29569
南徐村乡	23363	6484	12454	4425	3348	22663
路桥乡	31040	8486	16792	5762	4333	29929
魏县	**796806**	**224554**	**431792**	**140460**	**98361**	**708257**
魏城镇	167678	41720	105145	20813	14252	97109
德政镇	23052	6333	12660	4059	2777	21225
北皋镇	60958	18754	31213	10991	7847	59950
双井镇	40101	11066	21831	7204	5019	36530
牙里镇	49764	15188	26336	8240	5628	48758
车往镇	35867	10057	18912	6898	4784	34485
回隆镇	39297	10546	20670	8081	5537	38579
张二庄镇	53558	15541	28755	9262	6428	52769
东代固镇	28858	7875	15786	5197	3655	28347
院堡镇	18736	5952	9376	3408	2439	18309
棘针寨镇	23236	6980	11968	4288	3035	22903
南双庙镇	36164	10220	19102	6842	4777	34250
沙口集乡	39396	11792	20021	7583	5184	38753
野胡拐乡	17542	5028	9125	3389	2356	17219
仕望集乡	18434	5226	9627	3581	2606	17944
前大磨乡	21329	6501	10137	4691	3560	20930
大辛庄乡	22527	6313	11424	4790	3473	22015
大马村乡	12214	3486	5820	2908	2098	11975
边马乡	39134	11638	19307	8189	5816	38289
北台头乡	18564	5342	9474	3748	2634	18303
泊口乡	30397	8996	15103	6298	4456	29615

表3 续表 19

单位：人

地 区	总人口	分年龄人口				居住本乡、镇、街道，户口在本乡、镇、街道
		0-14岁	15-59岁	60岁及以上	#65岁及以上	
曲周县	**463727**	**141841**	**243138**	**78748**	**55095**	**419841**
曲周镇	106314	29810	62181	14323	9692	71401
安寨镇	55389	17287	28147	9955	7079	54240
侯村镇	55758	17634	28462	9662	6886	54844
河南疃镇	43358	13315	21760	8283	5731	42040
第四疃镇	38471	12360	19138	6973	4872	37458
白寨镇	52452	16345	26412	9695	6900	50503
槐桥乡	27891	8846	14250	4795	3375	27019
南里岳乡	33099	10433	16931	5735	4048	32301
大河道乡	24082	7491	12150	4441	3144	23548
依庄乡	26913	8320	13707	4886	3368	26487
邯郸经济技术开发区	**294436**	**73781**	**180145**	**40510**	**29090**	**238030**
开发区街道	95128	22834	59573	12721	8797	66556
尚璧镇	57557	11603	40350	5604	4098	35674
南沿村镇	54993	14643	31518	8832	6408	53738
小西堡乡	40197	11602	22495	6100	4350	39193
姚寨乡	46561	13099	26209	7253	5437	42869
邯郸冀南新区	**285480**	**73147**	**164773**	**47560**	**33558**	**264441**
城南街道	46911	12128	27649	7134	4936	43603
高臾镇	38560	10517	21795	6248	4683	37774
西光禄镇	24440	6936	14140	3364	2355	23653
林坛镇	27840	7125	15714	5001	3303	27016
马头镇	34983	7369	21111	6503	4661	28501
辛庄营乡	26045	7395	14460	4190	3070	24443
花官营乡	40101	9935	23545	6621	4710	35251
台城乡	26459	6760	15498	4201	2927	24697
南城乡	20141	4982	10861	4298	2913	19503
武安市	**811631**	**203255**	**471626**	**136750**	**90978**	**613490**
武安镇	182798	45728	115496	21574	13919	78154
康二城镇	12704	2706	7247	2751	1887	10649
午汲镇	58480	14688	34651	9141	6086	36162
磁山镇	27816	5058	17749	5009	3513	23126
伯延镇	16318	3306	8940	4072	2899	15163
淑村镇	18893	4178	10346	4369	3121	18018
大同镇	42555	11954	23566	7035	4428	38691
邑城镇	36625	11000	19168	6457	4252	35246
矿山镇	36011	9459	19989	6563	4427	33553
贺进镇	19983	4730	10890	4363	2905	18968
阳邑镇	39684	9763	22578	7343	4977	36765
徘徊镇	20408	4273	11271	4864	3426	19026
冶陶镇	18449	4265	10239	3945	2727	17580
上团城乡	30097	7526	17035	5536	3660	27137
北安庄乡	12229	2358	6871	3000	2108	10961
北安乐乡	28567	8148	15412	5007	3235	27641
西土山乡	88529	23631	53958	10940	6866	51606
西寺庄乡	32562	8687	17617	6258	4201	31326
活水乡	18844	4797	10026	4021	2553	18065

表3　续表 20

单位：人

地　区	总人口	分年龄人口				居住本乡、镇、街道，户口在本乡、镇、街道
		0-14岁	15-59岁	60岁及以上	#65岁及以上	
石洞乡	17734	4109	9947	3678	2532	16731
管陶乡	12494	2760	6650	3084	2027	11769
马家庄乡	13733	3004	7655	3074	2199	13101
河北武安工业园区	26118	7127	14325	4666	3030	24052
邢台市	**7111106**	**1714425**	**4087191**	**1309490**	**921416**	**5757938**
襄都区	**426224**	**87334**	**271719**	**67171**	**45702**	**216674**
南长街街道	64542	11807	42523	10212	7046	31266
北大街街道	41584	7825	27091	6668	4537	16133
西大街街道	51543	9418	32129	9996	7115	25026
西门里街道	47748	9093	29797	8858	6130	21678
泉东街道	64201	11615	46662	5924	3826	18372
豫让桥街道	20789	5230	11979	3580	2363	15617
东郭村镇	34295	7863	21370	5062	3391	17357
祝村镇	42578	10584	24905	7089	4810	36010
晏家屯镇	30202	7421	17305	5476	3628	23357
大梁庄乡	28742	6478	17958	4306	2856	11858
信都区	**798770**	**158196**	**493606**	**146968**	**101081**	**507887**
钢铁路街道	64076	13421	39982	10673	7533	31825
中兴路街道	54510	9959	35218	9333	6739	28059
达活泉街道	61169	12556	38854	9759	6258	27749
张宽街道	32992	6829	19036	7127	5100	25444
章村街道	20080	3386	12836	3858	2702	14002
中华大街街道	57954	10517	36458	10979	7747	31198
团结路街道	66152	11967	41083	13102	9478	34879
泉西街道	89245	12704	68110	8431	5566	36337
南大郭镇	47501	10165	30327	7009	4620	24507
李村镇	34864	8122	20484	6258	4231	28628
南石门镇	62682	15058	37293	10331	6892	39426
羊范镇	24472	5765	13575	5132	3472	23133
皇寺镇	28619	5487	16501	6631	4604	24332
会宁镇	35182	6748	20774	7660	5408	28752
西黄村镇	14631	3278	7479	3874	2594	13801
路罗镇	12678	2997	6643	3038	2059	11645
将军墓镇	11334	2565	5867	2902	1987	9971
浆水镇	22033	4369	12954	4710	3115	18945
宋家庄镇	13526	2782	7008	3736	2557	12770
太子井乡	8865	1559	4594	2712	1926	8331
龙泉寺乡	9210	2196	4855	2159	1438	8758
北小庄乡	6137	1161	3045	1931	1302	5826
城计头乡	6966	1707	3509	1750	1178	6597
白岸乡	7241	1590	3764	1887	1187	6671
冀家村乡	6651	1308	3357	1986	1388	6301
任泽区	**342869**	**84985**	**197463**	**60421**	**43594**	**302445**
任城镇	91632	23686	56303	11643	8154	58692
邢家湾镇	41165	10123	23258	7784	5710	39243
辛店镇	35408	9017	19888	6503	4720	34348
天口镇	41883	10346	23080	8457	6224	40810

表3 续表 21 单位：人

地区	总人口	分年龄人口				居住本乡、镇、街道，户口在本乡、镇、街道
		0-14岁	15-59岁	60岁及以上	#65岁及以上	
西固城乡	34441	8298	19495	6648	4836	33568
永福庄乡	29055	6837	16669	5549	4143	28270
大屯乡	41152	9877	23046	8229	5747	39898
骆庄乡	28133	6801	15724	5608	4060	27616
南和区	**350384**	**86843**	**204155**	**59386**	**42531**	**299079**
和阳镇	89146	22689	55419	11038	7617	49278
贾宋镇	46503	11433	26746	8324	5919	44216
郝桥镇	51643	12837	29286	9520	6989	50292
东三召乡	40161	9428	23025	7708	5655	39167
阎里乡	31233	7507	17536	6190	4457	30500
河郭乡	34178	8484	20095	5599	3968	29699
史召乡	31273	7825	17520	5928	4332	30512
三思乡	26247	6640	14528	5079	3594	25415
临城县	**199793**	**43716**	**115393**	**40684**	**28422**	**167171**
临城镇	74029	16488	45983	11558	8002	47513
东镇镇	24475	5268	14152	5055	3660	23226
西竖镇	15416	3434	8602	3380	2353	14688
郝庄镇	12591	3112	6636	2843	1893	11982
黑城乡	23633	4881	13361	5391	3803	22417
鸭鸽营乡	25710	5196	13799	6715	4857	24553
石城乡	8950	1799	4872	2279	1549	8537
赵庄乡	14989	3538	7988	3463	2305	14255
内丘县	**258260**	**60938**	**147359**	**49963**	**33970**	**209252**
内丘镇	95593	24473	58230	12890	8593	52106
大孟村镇	27342	6223	15592	5527	3717	26181
金店镇	49961	11442	27326	11193	7819	48733
官庄镇	25049	5800	14283	4966	3449	24458
柳林镇	17396	4093	9255	4048	2725	16717
五郭店乡	20757	4417	10943	5397	3706	19759
南赛乡	8647	1812	4595	2240	1481	8257
獐獏乡	5304	1232	2899	1173	763	5084
侯家庄乡	8211	1446	4236	2529	1717	7957
柏乡县	**168761**	**36835**	**94521**	**37405**	**27328**	**151719**
柏乡镇	53497	11972	31688	9837	7113	39931
固城店镇	30515	6905	16570	7040	5161	29791
西汪镇	25798	5737	14240	5821	4151	25038
龙华镇	28668	5680	15737	7251	5504	28022
王家庄乡	16205	3636	8811	3758	2734	15277
内步乡	14078	2905	7475	3698	2665	13660
隆尧县	**480447**	**116773**	**270769**	**92905**	**66090**	**447766**
隆尧镇	105059	24881	62872	17306	12172	81481
魏家庄镇	30116	7427	16546	6143	4372	28940
尹村镇	46091	10987	26442	8662	6143	44993
山口镇	32581	8004	18530	6047	4346	31420
莲子镇镇	38979	8916	22110	7953	5638	37534
固城镇	40995	10360	22587	8048	5956	40496
东良镇	48097	12560	26059	9478	6636	47403
北楼乡	28259	7177	15313	5769	4066	27662

表3 续表 22

单位：人

地区	总人口	分年龄人口				居住本乡、镇、街道，户口在本乡、镇、街道
		0-14岁	15-59岁	60岁及以上	#65岁及以上	
双碑乡	25621	6504	13756	5361	3857	25093
牛家桥乡	22971	5497	12608	4866	3418	22414
千户营乡	28783	6603	15485	6695	4797	28387
大张庄乡	30644	7304	17074	6266	4469	30238
柳行农场	2251	553	1387	311	220	1705
宁晋县	**745389**	**189134**	**420526**	**135729**	**98130**	**660106**
宁北街道	36972	8810	22826	5336	3914	30517
凤凰镇	158324	41721	95127	21476	15409	101891
河渠镇	54548	13808	29778	10962	8279	53242
北河庄镇	43083	10775	23097	9211	7025	41701
耿庄桥镇	44337	10471	23706	10160	7440	43133
东汪镇	30101	7269	16617	6215	4536	29116
贾家口镇	46993	12879	25340	8774	6186	45333
四芝兰镇	53095	12415	29778	10902	7537	50443
大陆村镇	44127	11345	24738	8044	5576	41432
苏家庄镇	61128	16499	33415	11214	7744	59018
换马店镇	36636	9107	20427	7102	5307	35209
唐邱镇	44900	12402	25038	7460	5328	43248
侯口乡	21152	4930	11562	4660	3438	20695
纪昌庄乡	22494	4872	12244	5378	3872	21835
北鱼乡	7494	1802	4002	1690	1284	7326
徐家河乡	18782	4488	10623	3671	2732	18336
大曹庄乡	15793	4152	8887	2754	1991	15213
大曹庄管理区	5430	1389	3321	720	532	2418
巨鹿县	**346007**	**85013**	**191075**	**69919**	**48924**	**290629**
巨鹿镇	109719	28636	65454	15629	10821	64992
王虎寨镇	24162	5934	13224	5004	3503	22587
西郭城镇	12870	2960	7117	2793	1984	11681
官亭镇	26896	5987	14323	6586	4647	25743
阎疃镇	20904	4651	10418	5835	4088	20220
小吕寨镇	18916	4553	10184	4179	2884	17919
苏家营镇	25850	5910	13037	6903	4843	24802
堤村乡	43967	11277	23896	8794	6270	42308
张王疃乡	35067	8527	18653	7887	5541	33838
观寨乡	27656	6578	14769	6309	4343	26539
新河县	**134095**	**25232**	**76716**	**32147**	**23082**	**105518**
新河镇	62835	13800	38912	10123	7102	36609
寻寨镇	14688	2353	7663	4672	3291	14322
白神首乡	11936	2086	6465	3385	2455	11332
荆家庄乡	14831	2921	7850	4060	2984	14446
西流乡	14694	2011	7706	4977	3658	14246
仁让里乡	15111	2061	8120	4930	3592	14563
广宗县	**280603**	**71290**	**156091**	**53222**	**37807**	**256526**
广宗镇	67157	16656	41095	9406	6751	48105
冯家寨镇	39694	10388	22835	6471	4639	38723
北塘疃镇	46460	13072	25720	7668	5289	45229
核桃园镇	25782	5939	12771	7072	5080	25206
葫芦乡	22912	6320	12247	4345	3154	22537

表3 续表 23

单位：人

地　　区	总人口	分年龄人口				居住本乡、镇、街道，户口在本乡、镇、街道
		0-14岁	15-59岁	60岁及以上	#65岁及以上	
大平台乡	37202	8920	20162	8120	5741	36353
件只乡	23294	5661	12137	5496	3738	22783
东召乡	18102	4334	9124	4644	3415	17590
平乡县	**323675**	**82971**	**184842**	**55862**	**40107**	**290933**
平乡县中华路街道	97356	24294	59479	13583	9697	72993
平乡镇	35973	9080	19953	6940	4895	34770
河古庙镇	45114	12313	26119	6682	4704	42161
节固乡	40807	10152	22888	7767	5663	39535
油召乡	42982	11157	23298	8527	6230	41847
田付村乡	29926	8175	16299	5452	3821	28982
寻召乡	31517	7800	16806	6911	5097	30645
威县	**496230**	**134441**	**264071**	**97718**	**68757**	**439001**
洺州镇	107029	29573	65051	12405	8522	57789
梨园屯镇	25220	6889	13156	5175	3580	24755
章台镇	28489	7681	14458	6350	4588	27515
侯贯镇	24720	6002	12670	6048	4406	24261
七级镇	22974	5489	11244	6241	4377	22576
贺营镇	30384	8720	15727	5937	4199	29373
方家营镇	24525	6812	12887	4826	3361	23973
常庄镇	23478	6135	12510	4833	3456	22949
第什营镇	34239	10482	17433	6324	4489	33823
贺钊镇	29948	8416	15222	6310	4488	29558
赵村镇	18092	3761	8769	5562	3940	17472
枣园乡	31379	8238	16953	6188	4388	30848
固献乡	27318	7495	14144	5679	3886	26843
张家营乡	21884	5925	11146	4813	3437	21614
常屯乡	26743	7445	13529	5769	3969	26224
高公庄乡	19808	5378	9172	5258	3671	19428
清河县	**421582**	**116723**	**235718**	**69141**	**48975**	**350553**
葛仙庄镇	185458	51252	110991	23215	16199	123028
连庄镇	52214	14805	27942	9467	6651	50799
油坊镇	47641	13542	24955	9144	6516	46212
谢炉镇	49041	13660	26193	9188	6657	46824
王官庄镇	51303	14184	27016	10103	7130	48726
坝营镇	35925	9280	18621	8024	5822	34964
临西县	**326968**	**87100**	**184194**	**55674**	**39352**	**281873**
临西镇	46928	11366	29064	6498	4428	30874
河西镇	42902	11082	25120	6700	4682	39413
下堡寺镇	26872	7635	13751	5486	3865	26203
尖冢镇	29947	8079	16408	5460	3841	29371
老官寨镇	33624	9064	18380	6180	4484	32945
吕寨镇	25488	6314	13622	5552	3954	24065
东枣园乡	23898	6288	13305	4305	3137	23358
摇鞍镇乡	33518	9417	17902	6199	4418	33045
大刘庄乡	32193	8847	17621	5725	4129	31602
轴承工业园区	31598	9008	19021	3569	2414	10997
河北邢台经济开发区	**182585**	**46977**	**107732**	**27876**	**18833**	**134267**
东汪镇	39608	10393	23655	5560	3692	25313

表3　续表 24　　　　　　　　　　　　　　　　　　　　　　　　　　　　单位：人

地　　区	总人口	分年龄人口				居住本乡、镇、街道，户口在本乡、镇、街道
		0-14岁	15-59岁	60岁及以上	#65岁及以上	
王快镇	37759	9651	21797	6311	4220	33316
沙河城镇	16691	3967	9591	3133	2249	15252
留村镇	51585	13172	29946	8467	5866	47527
市高新技术开发区	36942	9794	22743	4405	2806	12859
南宫市	**396718**	**89433**	**215207**	**92078**	**64552**	**332083**
凤岗街道	108165	21893	69718	16554	11071	53387
南杜街道	8807	1569	4653	2585	1803	7453
北胡街道	11844	1832	5766	4246	3014	11412
西丁街道	7015	1145	3570	2300	1652	6442
苏村镇	11219	1643	4958	4618	3393	10603
大高村镇	13022	2665	6325	4032	2871	12703
垂杨镇	35895	9742	18766	7387	5098	35093
明化镇	28268	7627	14281	6360	4496	27774
段芦头镇	52102	14886	28116	9100	6453	49501
紫冢镇	40319	11067	20867	8385	5885	39687
大村乡	12329	1775	5734	4820	3479	12085
南便村乡	15418	2817	6920	5681	4089	14941
大屯乡	14264	2413	6989	4862	3363	13905
王道寨乡	15374	2794	7596	4984	3586	14910
薛吴村乡	22677	5565	10948	6164	4299	22187
沙河市	**431746**	**110491**	**256034**	**65221**	**44179**	**314456**
褡裢街道	67149	15041	42742	9366	6428	32209
桥东街道	87188	22595	55500	9093	6185	38465
桥西街道	28981	7313	17776	3892	2605	16824
赞善街道	33510	8280	19931	5299	3626	30220
周庄街道	20142	5386	11703	3053	2160	14719
新城镇	38767	10531	22211	6025	3985	36454
白塔镇	37481	9955	21011	6515	4285	34821
十里亭镇	26960	7945	14829	4186	2819	25217
綦村镇	26502	7350	14713	4439	2960	24881
册井乡	21240	5354	11710	4176	2905	19657
刘石岗乡	17931	4249	9819	3863	2647	16432
柴关乡	12042	2725	6702	2615	1863	11317
蝉房乡	13853	3767	7387	2699	1711	13240
保定市	**11544036**	**2284551**	**6990334**	**2269151**	**1615573**	**8956101**
竞秀区	**522813**	**81633**	**337572**	**103608**	**74528**	**288948**
先锋街道	66150	9592	40394	16164	12200	39012
新市场街道	82207	11567	53201	17439	12655	46570
东风街道	48986	5463	32747	10776	7752	21617
建南街道	70747	10792	45884	14071	10445	32679
韩村北路街道	80523	11547	52849	16127	11347	38256
颉庄乡	24638	4162	15743	4733	3334	17939
富昌乡	35939	6355	23320	6264	4307	21813
韩村乡	50765	9658	35954	5153	3272	17259
南奇乡	22955	4122	13924	4909	3536	19676
江城乡	39903	8375	23556	7972	5680	34127

表3 续表 25　　　　单位：人

地区	总人口	分年龄人口				居住本乡、镇、街道，户口在本乡、镇、街道
		0-14岁	15-59岁	60岁及以上	#65岁及以上	
莲池区	**913541**	**143944**	**635271**	**134326**	**93053**	**433579**
和平里街道	44965	6554	29477	8934	6383	26003
五四路街道	131537	22898	89474	19165	13168	71980
西关街道	34965	4936	22556	7473	5335	19110
中华路街道	35175	5964	22101	7110	5043	18634
东关街道	74469	9612	51884	12973	9166	30950
联盟街道	37828	5574	25188	7066	5035	15423
红星街道	19755	2689	12700	4366	3094	10235
裕华街道	14423	2303	9400	2720	1898	8144
永华街道	36047	6609	22745	6693	4714	21246
南关街道	59403	9508	42182	7713	5294	16085
百楼镇	56739	5610	46686	4443	3155	22175
韩庄乡	94013	18095	64850	11068	7276	46519
东金庄乡	36502	5835	25572	5095	3425	21064
杨庄乡	26126	4316	17595	4215	2768	13673
南大园乡	92732	15025	67878	9829	6467	31591
焦庄乡	48550	8414	32647	7489	5156	29475
五尧乡	70312	10002	52336	7974	5676	31272
满城区	**391359**	**78479**	**234469**	**78411**	**55363**	**319310**
惠阳街道	1672	106	772	794	662	2
满城镇	152133	30642	97947	23544	16796	93440
大册营镇	33712	7465	19767	6480	4488	31917
神星镇	34074	7043	19452	7579	5353	32880
南韩村镇	37591	6925	21358	9308	6682	35721
方顺桥镇	38394	7691	22151	8552	6089	36685
于家庄乡	21183	4309	12145	4729	3331	19904
要庄乡	20868	4595	11719	4554	3152	19781
白龙乡	14610	2830	8329	3451	2395	13863
石井乡	19536	4017	10919	4600	3171	18754
坨南乡	13372	2391	7500	3481	2300	12731
刘家台乡	3828	465	2041	1322	939	3623
河北满城经济开发区	386		369	17	5	9
清苑区	**625246**	**132620**	**364411**	**128215**	**92456**	**552935**
清苑镇	109993	22027	72509	15457	11293	64682
冉庄镇	32241	6727	18078	7436	5474	30580
阳城镇	32371	6407	17844	8120	5860	30693
魏村镇	34664	6866	19661	8137	5904	32998
温仁镇	42261	8568	23727	9966	7108	40510
张登镇	34069	7352	19193	7524	5402	32355
大庄镇	22748	5169	12763	4816	3405	21924
臧村镇	32463	7590	18942	5931	4024	30490
望亭镇	38526	9330	22206	6990	4782	36793
白团乡	30825	5996	17404	7425	5522	29135
北店乡	24737	5263	13748	5726	4187	22626
石桥乡	40981	8814	23875	8292	6115	38848
李庄乡	22974	4079	13223	5672	4081	21262
北王力乡	20276	3893	11072	5311	3763	19321
东闾乡	40931	9665	22643	8623	6437	39210
何桥乡	25887	5903	14660	5324	3968	24575

表3 续表 26

单位：人

地 区	总人口	分年龄人口				居住本乡、镇、街道，户口在本乡、镇、街道
		0-14岁	15-59岁	60岁及以上	#65岁及以上	
孙村乡	17889	4027	10486	3376	2385	16819
阎庄乡	21410	4944	12377	4089	2746	20114
徐水区	**604275**	**119521**	**369350**	**115404**	**84004**	**502434**
安肃镇	171523	33314	110200	28009	20789	113627
崔庄镇	64651	13992	37549	13110	9352	60450
大因镇	53771	12570	30700	10501	7463	51250
遂城镇	46160	8561	27769	9830	7082	41024
高林村镇	38592	7078	22264	9250	6810	35369
大王店镇	61692	10449	41956	9287	6751	44270
漕河镇	35172	7122	21052	6998	5026	32205
东史端镇	31902	6513	18430	6959	5138	30077
留村镇	26243	4893	15556	5794	4242	24206
正村镇	25153	4970	15077	5106	3664	23167
户木乡	21322	4626	12236	4460	3186	20059
瀑河乡	9451	1705	5554	2192	1585	9005
东釜山乡	11492	2311	6774	2407	1802	10959
义联庄乡	7151	1417	4233	1501	1114	6766
涞水县	**315753**	**57800**	**188328**	**69625**	**49504**	**259244**
城区社区管理办公室街道	61209	13899	40715	6595	4447	26188
涞水镇	38208	7057	23107	8044	5795	32116
永阳镇	22616	4133	13203	5280	3763	21695
义安镇	26402	3877	15906	6619	4894	22830
石亭镇	28992	5328	16780	6884	4769	27522
赵各庄镇	15985	2598	8594	4793	3362	15055
九龙镇	12689	2307	7173	3209	2216	11669
三坡镇	10812	2007	6108	2697	1892	9804
一渡镇	7901	1411	4636	1854	1299	7377
明义镇	15357	2572	8552	4233	3189	14587
王村镇	16630	2908	9663	4059	2906	15691
娄村镇	22204	3800	12872	5532	3866	21362
东文山乡	14780	2584	8876	3320	2341	12644
其中口乡	4060	596	2110	1354	979	3844
龙门乡	6474	835	3470	2169	1560	6116
胡家庄乡	11434	1888	6563	2983	2226	10744
阜平县	**194004**	**40339**	**108710**	**44955**	**32512**	**143905**
阜平镇	70174	15919	42302	11953	8190	41823
龙泉关镇	5521	942	2724	1855	1435	5178
平阳镇	21017	5185	11180	4652	3413	20062
城南庄镇	15224	3069	7772	4383	3196	14320
天生桥镇	8718	1727	4602	2389	1728	8122
王林口镇	11128	2443	5829	2856	2095	10431
台峪乡	4425	838	2332	1255	901	4109
大台乡	7372	1390	3852	2130	1544	6892
史家寨乡	4737	689	2297	1751	1294	4453
砂窝乡	7468	1363	3759	2346	1744	6892
吴王口乡	2376	265	1172	939	688	2234
夏庄乡	3590	526	1769	1295	989	3397
北果元乡	15100	3146	7990	3964	2886	14404
河北阜平经济开发区	17154	2837	11130	3187	2409	1588

表3 续表 27

单位：人

地区	总人口	分年龄人口				居住本乡、镇、街道，户口在本乡、镇、街道
		0-14岁	15-59岁	60岁及以上	#65岁及以上	
定兴县	**512765**	**102027**	**304898**	**105840**	**77491**	**442468**
定兴镇	127593	25390	82441	19762	14247	76665
固城镇	42751	8494	24186	10071	7318	40709
贤寓镇	34048	6058	19592	8398	6113	32883
北河镇	20361	3565	12511	4285	3214	16812
天宫寺镇	31218	6713	18009	6496	4661	29731
小朱庄镇	29432	6454	17514	5464	4029	28473
姚村镇	16646	3531	9352	3763	2724	16029
东落堡乡	23135	4243	13965	4927	3605	20700
高里乡	39096	6826	21943	10327	7620	37762
张家庄乡	14874	2839	8449	3586	2685	14433
肖村乡	19511	3781	11041	4689	3473	18779
柳卓乡	20345	4166	11668	4511	3359	19674
杨村乡	26710	5606	15273	5831	4261	25470
北田乡	32700	6871	19048	6781	5011	31423
北南蔡乡	18424	4129	10877	3418	2604	17794
李郁庄乡	15921	3361	9029	3531	2567	15131
唐县	**505849**	**107358**	**295843**	**102648**	**72576**	**437808**
仁厚镇	121133	25736	79109	16288	11348	68890
王京镇	39853	7432	22664	9757	6988	38360
高昌镇	28717	5751	16285	6681	4701	27398
北罗镇	40568	8813	23694	8061	5445	39392
白合镇	24804	5858	13408	5538	3927	23699
军城镇	18163	4181	9788	4194	2962	17400
川里镇	6865	1522	3677	1666	1216	6206
长古城镇	34553	6810	20079	7664	5491	33060
罗庄镇	31370	7583	17955	5832	4137	30107
都亭乡	21112	4250	12375	4487	3088	19843
南店头乡	20018	4242	11839	3937	2799	19508
北店头乡	27126	5843	15178	6105	4315	26130
雹水乡	14593	2973	8648	2972	2096	14106
大洋乡	17964	3640	9946	4378	3052	17198
迷城乡	9282	2185	4930	2167	1533	8880
齐家佐乡	19896	4209	10493	5194	3753	19038
羊角乡	7795	1534	4150	2111	1569	7482
石门乡	6771	1721	3544	1506	1106	6491
黄石口乡	12372	2597	6557	3218	2387	11910
倒马关乡	2894	478	1524	892	663	2710
高阳县	**318986**	**65864**	**188125**	**64997**	**46570**	**265148**
高阳县锦华街道	97434	18867	62623	15944	11499	59528
庞口镇	44860	9602	25508	9750	7083	40902
西演镇	42193	8827	23929	9437	6635	39646
邢家南镇	33351	6837	19206	7308	5198	30044
晋庄镇	31074	6640	17480	6954	5026	28781
小王果庄镇	26594	5570	15241	5783	4125	25296
蒲口乡	22145	4681	12921	4543	3202	20622
庞家佐乡	21335	4840	11217	5278	3802	20329

表3 续表 28

单位：人

地区	总人口	分年龄人口				居住本乡、镇、街道，户口在本乡、镇、街道
		0-14岁	15-59岁	60岁及以上	#65岁及以上	
容城县	**273164**	**53732**	**169818**	**49614**	**36096**	**220157**
容城镇	102852	16708	70486	15658	11492	64290
小里镇	27296	5776	16185	5335	3879	23995
南张镇	44618	9478	25840	9300	6889	41973
大河镇	5881	1239	3485	1157	832	5070
晾马台镇	26842	6103	15924	4815	3406	23496
八于乡	17832	3900	10051	3881	2796	16851
贾光乡	23406	4991	13455	4960	3646	22026
平王乡	24437	5537	14392	4508	3156	22456
涞源县	**248890**	**48533**	**145952**	**54405**	**38568**	**163417**
涞源镇	140219	30960	87544	21715	14959	63033
银坊镇	8679	1500	4702	2477	1822	8306
走马驿镇	9046	1539	4714	2793	2070	8569
水堡镇	3658	550	1819	1289	959	3453
王安镇	10040	1697	5556	2787	1887	9275
杨家庄镇	5263	665	2865	1733	1258	4822
白石山镇	14230	2447	7741	4042	2889	11695
南屯镇	5411	851	2880	1680	1255	5091
南马庄乡	5581	914	2867	1800	1348	5331
北石佛乡	11592	1985	6134	3473	2501	10521
金家井乡	7431	1148	3914	2369	1781	7061
留家庄乡	3161	427	1605	1129	797	2863
上庄乡	7799	1109	4177	2513	1798	7440
东团堡乡	8107	1281	4586	2240	1580	7840
塔崖驿乡	4551	814	2578	1159	834	4234
乌龙沟乡	3602	594	1971	1037	709	3425
烟煤洞乡	520	52	299	169	121	458
望都县	**233790**	**43131**	**136603**	**54056**	**37444**	**180260**
望都镇	83588	17608	52160	13820	9599	44260
固店镇	20071	3012	11170	5889	4166	18870
贾村镇	19604	3488	10860	5256	3518	19072
中韩庄镇	19687	3361	10807	5519	3896	18998
寺庄镇	22971	3831	12410	6730	4707	22027
赵庄镇	20324	3192	11891	5241	3642	18382
黑堡乡	19506	3150	10956	5400	3646	18651
高岭乡	27920	5488	16235	6197	4269	20000
望都经济开发区	119	1	114	4	1	
安新县	**453723**	**103079**	**265382**	**85262**	**62093**	**402126**
安新镇	84769	17283	53274	14212	10169	58449
大王镇	19415	4245	11390	3780	2814	18951
三台镇	43673	8630	29069	5974	4407	31892
端村镇	37146	8287	20668	8191	6044	35027
赵北口镇	17472	4525	9089	3858	2847	16541
同口镇	29612	7098	16228	6286	4600	28510
刘李庄镇	44222	10440	24865	8917	6499	42619
安州镇	36027	8325	21182	6520	4673	34853

表3　续表 29　　　　单位：人

地　区	总人口	分年龄人口				居住本乡、镇、街道，户口在本乡、镇、街道
		0-14岁	15-59岁	60岁及以上	#65岁及以上	
老河头镇	41114	10777	23351	6986	4965	39560
圈头乡	20922	4852	11396	4674	3463	20236
寨里乡	33702	8109	19144	6449	4693	31958
芦庄乡	18551	4486	10512	3553	2576	17602
龙化乡	27098	6022	15214	5862	4343	25928
易县	**485536**	**92501**	**283628**	**109407**	**76421**	**401159**
易州镇	133084	28772	85607	18705	12650	67672
梁格庄镇	24326	4735	14041	5550	3654	23096
西陵镇	13032	2318	7272	3442	2426	12297
裴山镇	26926	5329	14984	6613	4604	25854
塘湖镇	32132	5936	17962	8234	5868	30653
狼牙山镇	12581	2105	6767	3709	2625	12090
良岗镇	8064	1354	4239	2471	1818	7609
紫荆关镇	14980	2246	8410	4324	3065	14100
高村镇	28063	5461	15803	6799	4698	26506
桥头乡	23327	4138	13886	5303	3749	20462
白马乡	12816	2382	7490	2944	2013	11896
流井乡	14077	2798	7969	3310	2319	13385
高陌乡	34495	6011	19325	9159	6546	32981
大龙华乡	9793	1869	5412	2512	1743	9314
安格庄乡	7580	1335	4192	2053	1485	7297
凌云册乡	23242	4219	13224	5799	4075	22334
西山北乡	18124	3466	10224	4434	3058	17321
尉都乡	12118	2341	6775	3002	2098	11592
独乐乡	8195	1488	4574	2133	1495	7839
七峪乡	1680	188	876	616	456	1581
富岗乡	4122	656	2319	1147	845	3889
坡仓乡	4071	673	2214	1184	841	3837
牛岗乡	3725	604	1966	1155	872	3543
桥家河乡	2837	389	1568	880	656	2612
甘河净乡	934	91	458	385	289	847
蔡家峪乡	1695	191	971	533	382	1644
南城司乡	9517	1406	5100	3011	2091	8908
曲阳县	**573975**	**149109**	**329213**	**95653**	**66351**	**506817**
恒州镇	125371	31762	79181	14428	9854	82450
灵山镇	58193	16722	31431	10040	7009	55391
燕赵镇	40621	10052	23109	7460	5225	37653
羊平镇	39754	11086	22490	6178	4165	38072
文德镇	37053	9295	20899	6859	4768	35478
晓林镇	34545	8609	19895	6041	4141	33003
邸村镇	21820	5713	12261	3846	2661	21149
齐村镇	13987	3621	7661	2705	1899	13505
孝墓镇	23070	6188	12542	4340	3004	22234
路庄子乡	19053	3863	12208	2982	2122	13997
下河乡	28779	7491	15853	5435	3875	27197
庄窠乡	10239	2703	5710	1826	1234	9764
东旺乡	32323	8288	17890	6145	4246	31140
产德乡	28873	7237	15858	5778	3978	27786

表3 续表 30 单位：人

地 区	总人口	分年龄人口				居住本乡、镇、街道，户口在本乡、镇、街道
		0-14岁	15-59岁	60岁及以上	#65岁及以上	
党城乡	22014	6404	11795	3815	2715	21100
郎家庄乡	20234	5159	10889	4186	2944	19662
范家庄乡	7736	1967	4210	1559	1074	7428
北台乡	10310	2949	5331	2030	1437	9808
蠡县	**488152**	**105647**	**283877**	**98628**	**71449**	**450169**
蠡吾镇	113931	22478	70716	20737	15194	90865
留史镇	51509	11934	29644	9931	7007	49067
大百尺镇	53054	11827	30907	10320	7436	50881
辛兴镇	45229	9314	26230	9685	7017	43207
北郭丹镇	19544	4477	11304	3763	2734	18470
万安镇	26110	5860	15264	4986	3493	25287
桑园镇	25601	5960	14544	5097	3746	25027
南庄镇	33672	7044	18376	8252	6073	32626
大曲堤镇	22997	5474	13094	4429	3114	22037
鲍墟镇	37364	8954	20833	7577	5450	35983
小陈乡	19683	3959	10952	4772	3495	18925
林堡乡	18695	4121	10714	3860	2871	17955
北埝头乡	20763	4245	11299	5219	3819	19839
顺平县	**269678**	**49197**	**158790**	**61691**	**43202**	**229963**
蒲阳镇	88297	17358	54647	16292	11454	57117
高于铺镇	44198	8366	26060	9772	6733	41244
腰山镇	29689	5515	17137	7037	4875	28590
蒲上镇	26599	4678	15340	6581	4660	25007
神南镇	7818	1175	4462	2181	1599	7569
白云乡	20442	3177	11432	5833	4046	19557
河口乡	13515	2481	7659	3375	2345	13114
安阳乡	12802	1919	7177	3706	2613	12329
台鱼乡	14048	2684	8093	3271	2261	13576
大悲乡	12270	1844	6783	3643	2616	11860
博野县	**225065**	**44793**	**129074**	**51198**	**37037**	**202324**
博野镇	67518	13258	41541	12719	9392	51724
小店镇	25103	5007	14123	5973	4276	23859
程委镇	36010	6877	19647	9486	6816	34383
东墟镇	20375	4247	11163	4965	3637	19362
北杨镇	21657	4250	12403	5004	3587	20704
城东镇	26601	5605	14985	6011	4228	25695
南小王镇	27801	5549	15212	7040	5101	26597
雄县	**478553**	**108034**	**287527**	**82992**	**59114**	**392937**
雄州镇	133068	28591	85361	19116	13405	85097
昝岗镇	37593	7447	24393	5753	3968	28546
大营镇	36053	8222	21106	6725	4644	32339
龙湾镇	47389	10998	27914	8477	6266	43613
朱各庄镇	40725	9636	24566	6523	4563	32023
米家务镇	35943	8471	20814	6658	4606	33603
鄚州镇	25991	5914	14416	5661	4004	23735
苟各庄镇	28024	6463	15747	5814	4273	26102
北沙口乡	21738	5367	12437	3934	2715	20256
双堂乡	19956	4751	11231	3974	2882	18607

表3 续表 31　　单位：人

地　区	总人口	分年龄人口				居住本乡、镇、街道，户口在本乡、镇、街道
		0-14岁	15-59岁	60岁及以上	#65岁及以上	
张岗乡	26367	5837	15182	5348	4085	25384
七间房乡	25706	6337	14360	5009	3703	23632
保定高新技术产业开发区	96301	21702	59689	14910	10243	60157
贤台乡	20790	4679	12134	3977	2734	17930
大马坊乡	18434	4340	10995	3099	2204	15150
保定国家高新区	57077	12683	36560	7834	5305	27077
保定白沟新城	153132	34932	102347	15853	10629	52092
白沟镇	153132	34932	102347	15853	10629	52092
涿州市	**667678**	**120653**	**410398**	**136627**	**96282**	**484159**
双塔街道	84797	15230	53792	15775	11176	53562
桃园街道	47155	7628	29567	9960	7162	30252
清凉寺街道	96567	18248	61991	16328	11243	49381
松林店镇	49340	7607	29440	12293	9068	37555
码头镇	36318	6724	21766	7828	5440	31080
东城坊镇	38678	6916	22941	8821	6074	34788
高官庄镇	23330	4305	13443	5582	3924	21289
东仙坡镇	33181	5707	20437	7037	4892	27329
百尺竿镇	37875	6637	22233	9005	6157	34677
义和庄镇	34718	6485	20469	7764	5467	31073
刁窝镇	32894	6546	19331	7017	5003	29269
林家屯镇	31423	5898	18063	7462	5351	29084
豆庄镇	32838	6439	19176	7223	5190	29826
孙家庄乡	14770	2524	8533	3713	2569	14131
高新技术产业开发区管理委员会	63429	10771	42788	9870	6981	26788
京南经济开发区管理委员会	10365	2988	6428	949	585	4075
定州市	**1095986**	**212349**	**659786**	**223851**	**156845**	**863998**
南城区街道	105500	20643	67263	17594	12226	57690
北城区街道	119791	21369	82302	16120	11448	51834
西城区街道	132494	26986	85726	19782	13850	56464
长安路街道	52042	10405	31840	9797	6988	44600
留早镇	34972	6510	19484	8978	6352	33692
清风店镇	34550	6148	19533	8869	6235	33043
庞村镇	36474	7042	21077	8355	5752	34661
砖路镇	42836	8881	24806	9149	6356	41496
明月店镇	36376	8080	20798	7498	5099	34903
叮咛店镇	45009	9134	25536	10339	7214	42575
东亭镇	27704	4598	16195	6911	4886	24968
大辛庄镇	25376	4941	14656	5779	4163	24474
东旺镇	24440	4199	13624	6617	4752	23672
高蓬镇	35065	7593	19965	7507	5238	33701
邢邑镇	27872	5460	15487	6925	4801	27056
李亲顾镇	37324	6706	22082	8536	5946	32633
子位镇	36411	6723	21061	8627	6144	35166
开元镇	36947	7497	21523	7927	5379	35713
周村镇	41202	9425	23947	7830	5349	39480
息冢镇	32528	6895	18769	6864	4674	31568
东留春乡	22286	3459	12400	6427	4543	20965
号头庄回族乡	29398	5817	16494	7087	5096	27655

表3 续表 32 单位：人

地区	总人口	分年龄人口				居住本乡、镇、街道，户口在本乡、镇、街道
		0-14岁	15-59岁	60岁及以上	#65岁及以上	
杨家庄乡	25014	4421	14238	6355	4572	23696
大鹿庄乡	35078	6190	20070	8818	6168	33932
西城乡	19297	3227	10910	5160	3614	18361
安国市	**363091**	**60482**	**217504**	**85105**	**61831**	**286980**
药都街道	73239	13165	47635	12439	8693	41652
祁州路街道	89167	15423	59622	14122	10162	51501
伍仁桥镇	24507	4036	13231	7240	5432	23907
石佛镇	26874	5071	14670	7133	5327	26113
郑章镇	27896	4268	15391	8237	5933	26288
大五女镇	16567	2349	8875	5343	3875	15972
西佛落镇	18070	2992	10188	4890	3411	17337
西城镇	20550	3356	11432	5762	4299	19845
明官店乡	22392	3027	12104	7261	5450	21667
南娄底乡	25768	3884	14073	7811	5914	24995
北段村乡	18061	2911	10283	4867	3335	17703
高碑店市	**532731**	**107092**	**323769**	**101870**	**73911**	**413607**
和平街道	39498	7406	24844	7248	5285	28842
军城街道	11341	1986	6561	2794	2075	10218
东盛街道	53430	11207	34924	7299	4908	29061
北城街道	28928	5623	18370	4935	3602	18918
兴华路街道	119661	21248	78811	19602	13458	66220
方官镇	38802	7878	22113	8811	6648	36219
新城镇	39622	8140	22890	8592	6528	37317
泗庄镇	31138	7073	17903	6162	4555	28993
辛立庄镇	34446	7250	19511	7685	5774	31841
东马营镇	26621	6295	15451	4875	3501	23666
辛桥镇	30223	6189	16868	7166	5337	28416
肖官营镇	24204	4639	14095	5470	4005	21730
张六庄镇	32561	7277	18575	6709	4844	30867
梁家营镇	22256	4881	12853	4522	3391	21299
张家口市	**4118908**	**626893**	**2460012**	**1032003**	**726615**	**2548480**
桥东区	**279616**	**37828**	**168582**	**73206**	**50376**	**160620**
红旗楼街道	63992	8763	38901	16328	11366	31988
胜利北路街道	58708	8268	35130	15310	10446	35805
五一路街道	52256	6377	32096	13783	9251	25460
花园街街道	24675	3102	14522	7051	5020	15351
工业路街道	31481	4064	19852	7565	5155	16507
姚家庄镇	16928	2744	10360	3824	2552	9819
大仓盖镇	20599	3219	11824	5556	3850	16110
东望山乡	10977	1291	5897	3789	2736	9580
桥西区	**279033**	**37827**	**177611**	**63595**	**43317**	**111052**
新华街街道	59296	8889	37416	12991	8691	18707
大境门街道	33914	4584	24305	5025	3291	9762
明德北街街道	31157	3541	20947	6669	4809	13242
明德南街街道	30387	3049	18035	9303	6584	13012
堡子里街道	9696	1046	5728	2922	1926	2971

表3 续表 33

单位：人

地　　区	总人口	分年龄人口				居住本乡、镇、街道，户口在本乡、镇、街道
		0-14岁	15-59岁	60岁及以上	#65岁及以上	
南营坊街道	58139	8165	36937	13037	8774	23907
工人新村街道	30529	4733	18729	7067	4811	16860
东窑子镇	25915	3820	15514	6581	4431	12591
宣化区	**542358**	**76752**	**335550**	**130056**	**91662**	**314827**
天泰寺街道	48091	6863	30791	10437	7167	25767
皇城街道	60559	9336	40546	10677	7251	29679
南关街道	44178	4958	28198	11022	8002	23212
南大街街道	36882	4538	22523	9821	6822	20106
大北街街道	34979	4518	23333	7128	4888	13213
工业街街道	41988	6577	27076	8335	6017	16423
建国街街道	82000	12819	53624	15557	10672	40795
庞家堡镇	9835	939	4938	3958	2860	8509
深井镇	16563	1872	8165	6526	4853	15121
崞村镇	11292	1171	5815	4306	3201	10102
洋河南镇	36772	7273	22588	6911	4868	19564
贾家营镇	13241	1450	7181	4610	3275	11646
顾家营镇	11044	1333	6739	2972	2096	8806
赵川镇	23357	3685	12803	6869	4883	18789
河子西乡	15757	2210	9414	4133	2830	11581
春光乡	7835	975	4912	1948	1312	4130
侯家庙乡	14076	1810	8446	3820	2590	8999
李家堡乡	5883	626	3004	2253	1598	5077
王家湾乡	2542	232	1244	1066	807	2144
塔儿村乡	4657	432	2296	1929	1456	4002
江家屯乡	20827	3135	11914	5778	4214	17162
下花园区	**64216**	**6784**	**40107**	**17325**	**11589**	**42554**
城镇街道	37182	4428	24270	8484	5536	21447
煤矿街道	10670	828	6821	3021	2048	6939
花园乡	7399	848	4432	2119	1395	6072
辛庄子乡	3097	223	1699	1175	821	2632
定方水乡	4710	388	2298	2024	1442	4392
段家堡乡	1158	69	587	502	347	1072
万全区	**216795**	**35147**	**130172**	**51476**	**36642**	**127141**
孔家庄街道	94377	20010	63928	10439	7065	28579
孔家庄镇	27354	4345	15953	7056	5028	17206
万全镇	8820	1169	4783	2868	2040	7472
洗马林镇	4003	153	1698	2152	1583	3542
郭磊庄镇	14908	1802	7925	5181	3774	12910
膳房堡乡	5056	301	2357	2398	1768	4612
北新屯乡	3364	160	1566	1638	1244	3152
宣平堡乡	20870	3350	12358	5162	3478	15018
高庙堡乡	5966	425	2713	2828	2082	5464
旧堡乡	6431	575	3202	2654	2021	5919
安家堡乡	15514	1887	8414	5213	3711	13783
北沙城乡	10132	970	5275	3887	2848	9484
崇礼区	**105501**	**12680**	**65107**	**27714**	**19131**	**61676**
西湾子街道	46355	7278	31246	7831	5068	20819
西湾子镇	6316	486	4079	1751	1196	3873

表3 续表 34

单位：人

地 区	总人口	分年龄人口				居住本乡、镇、街道，户口在本乡、镇、街道
		0-14岁	15-59岁	60岁及以上	#65岁及以上	
高家营镇	23211	3575	13261	6375	4449	15681
四台嘴乡	9258	167	7344	1747	1169	2880
红旗营乡	2905	155	1249	1501	1083	2571
石窑子乡	2687	153	1136	1398	1024	2528
驿马图乡	3201	170	1449	1582	1150	2960
石嘴子乡	4284	294	2089	1901	1419	3738
狮子沟乡	2472	124	1106	1242	871	2181
清三营乡	2228	136	1032	1060	739	2088
白旗乡	2584	142	1116	1326	963	2357
张北县	**308880**	**48357**	**182446**	**78077**	**55116**	**134556**
张北镇	209908	41566	135796	32546	21694	46234
公会镇	5769	342	2701	2726	2019	4896
二台镇	12985	1332	6733	4920	3530	10652
大囫囵镇	7228	584	3494	3150	2213	6782
小二台镇	5787	399	2717	2671	1927	5377
油篓沟镇	9634	712	4742	4180	3051	8269
大河镇	4176	210	1749	2217	1637	3796
台路沟乡	3867	179	1689	1999	1530	3471
馒头营乡	5704	301	2690	2713	2009	5135
二泉井乡	6437	413	2860	3164	2372	6015
单晶河乡	2978	143	1179	1656	1298	2704
海流图乡	4564	241	1921	2402	1876	4216
两面井乡	4883	245	2048	2590	1932	4491
大西湾乡	3544	159	1500	1885	1441	3271
郝家营乡	5621	347	2659	2615	1875	5085
白庙滩乡	4815	266	2340	2209	1620	4372
战海乡	4660	375	2299	1986	1383	4308
三号乡	6320	543	3329	2448	1709	5482
康保县	**138205**	**14239**	**74181**	**49785**	**35611**	**92732**
康保镇	69709	10304	43230	16175	11405	29411
张纪镇	7624	513	3399	3712	2747	7074
土城子镇	5099	294	2289	2516	1879	4494
邓油坊镇	5825	410	2612	2803	2077	5441
李家地镇	4544	214	2078	2252	1610	4221
照阳河镇	3243	199	1544	1500	1022	2990
屯垦镇	6437	281	2932	3224	2264	5998
闫油坊乡	4958	252	2252	2454	1740	4681
丹清河乡	4889	270	2226	2393	1751	4533
哈咇嘎乡	3896	211	1676	2009	1478	3650
二号卜乡	6125	336	2633	3156	2242	5710
芦家营乡	3604	205	1614	1785	1272	3365
忠义乡	3918	267	1842	1809	1307	3599
处长地乡	3963	268	1789	1906	1359	3698
满德堂乡	3982	203	1827	1952	1364	3576
康保牧场	359	10	215	134	91	264
屯垦林场	30	2	23	5	3	27
沽源县	**160995**	**24170**	**91569**	**45256**	**30853**	**105208**
平定堡镇	91000	17538	56759	16703	10908	40072

表3 续表 35 单位：人

地　区	总人口	分年龄人口				居住本乡、镇、街道，户口在本乡、镇、街道
		0-14岁	15-59岁	60岁及以上	#65岁及以上	
小厂镇	6455	689	3194	2572	1757	5847
黄盖淖镇	7289	736	3636	2917	2034	6714
九连城镇	8759	735	4322	3702	2664	8107
高山堡乡	3479	231	1780	1468	981	3246
小河子乡	5643	323	2507	2813	2012	5291
二道渠乡	6159	834	3306	2019	1376	5692
大二号回族乡	2039	345	1100	594	397	1894
闪电河乡	5676	641	2972	2063	1434	5344
长梁乡	5086	462	2430	2194	1504	4874
丰源店乡	4579	447	2228	1904	1271	4364
西辛营乡	6115	467	3030	2618	1884	5421
莲花滩乡	2211	125	1000	1086	773	2132
白土窑乡	6505	597	3305	2603	1858	6210
尚义县	**104247**	**11679**	**56146**	**36422**	**26807**	**73601**
南壕堑镇	49483	7949	30383	11151	8016	25460
大青沟镇	11575	1307	6387	3881	2766	8950
八道沟镇	5152	307	2332	2513	1849	4818
红土梁镇	3786	162	1670	1954	1515	3233
小蒜沟镇	4097	237	1790	2070	1587	3607
三工地镇	3694	206	1853	1635	1210	3310
满井镇	3576	192	1439	1945	1467	3295
大营盘乡	4881	287	2298	2296	1705	4540
大苏计乡	4569	319	2200	2050	1459	4051
石井乡	3467	158	1399	1910	1480	3257
七甲乡	2799	142	1302	1355	970	2520
套里庄乡	2737	141	1164	1432	1111	2510
甲石河乡	2892	194	1291	1407	1043	2657
下马圈乡	1539	78	638	823	629	1393
蔚县	**411824**	**82138**	**234877**	**94809**	**71081**	**289868**
蔚州镇	133531	31999	82697	18835	13131	60192
代王城镇	23269	4494	12758	6017	4559	19293
西合营镇	52278	11263	30465	10550	7948	36784
吉家庄镇	16927	3354	8847	4726	3668	15162
白乐镇	13912	2612	7291	4009	3204	12632
暖泉镇	11144	1908	6025	3211	2496	10007
南留庄镇	20376	4016	11717	4643	3475	14541
北水泉镇	7667	1170	4003	2494	1914	6989
桃花镇	13797	2219	7261	4317	3339	12671
阳眷镇	6323	702	3406	2215	1679	5806
宋家庄镇	19938	3476	11121	5341	3994	16161
下宫村乡	13251	2049	6951	4251	3220	12389
南杨庄乡	10527	1765	5553	3209	2460	9050
柏树乡	6206	877	3088	2241	1716	5725
常宁乡	6411	1149	3175	2087	1653	5862
涌泉庄乡	19952	3895	11537	4520	3408	13508
杨庄窠乡	9463	1492	5024	2947	2259	8595
南岭庄乡	6639	841	3301	2497	1964	6122
陈家洼乡	4821	633	2536	1652	1283	4404

表3 续表 36

单位：人

地 区	总人口	分年龄人口				居住本乡、镇、街道，户口在本乡、镇、街道
		0-14岁	15-59岁	60岁及以上	#65岁及以上	
黄梅乡	5975	861	2960	2154	1674	5519
白草村乡	4403	626	2512	1265	936	3786
草沟堡乡	5014	737	2649	1628	1101	4670
阳原县	**205773**	**33247**	**119502**	**53024**	**39320**	**151311**
西城镇	89723	18805	57783	13135	9221	49642
东城镇	11693	1952	6584	3157	2348	10148
化稍营镇	20089	3743	11442	4904	3626	15303
揣骨疃镇	12953	1433	6905	4615	3489	11582
东井集镇	15689	1629	7711	6349	4856	14505
要家庄乡	10198	1031	5370	3797	2798	8916
东坊城堡乡	4024	252	2055	1717	1290	3657
井儿沟乡	5170	443	2733	1994	1491	4756
三马坊乡	6279	818	3424	2037	1514	5427
高墙乡	8976	894	4590	3492	2716	8135
大田洼乡	2606	205	1255	1146	914	2386
辛堡乡	7813	1001	4111	2701	2068	7187
马圈堡乡	4768	537	2520	1711	1304	4317
浮图讲乡	5792	504	3019	2269	1685	5350
怀安县	**179949**	**26513**	**103298**	**50138**	**35624**	**146401**
柴沟堡镇	83604	14815	51925	16864	11877	59204
左卫镇	31291	5370	18358	7563	5205	27055
头百户镇	8318	875	4338	3105	2229	7695
怀安城镇	17673	2183	9581	5909	4212	16175
渡口堡乡	7990	604	3756	3630	2700	7421
第六屯乡	5979	729	3155	2095	1452	5528
西湾堡乡	3473	179	1566	1728	1250	3224
西沙城乡	4589	373	2182	2034	1478	4287
太平庄乡	4543	344	2169	2030	1480	4183
王虎屯乡	5825	460	2889	2476	1778	5319
第三堡乡	6664	581	3379	2704	1963	6310
怀来县	**348746**	**60294**	**211637**	**76815**	**51883**	**245397**
沙城镇	161347	31055	104790	25502	17084	86178
北辛堡镇	13429	2319	7677	3433	2309	12232
新保安镇	10421	1357	5645	3419	2421	9013
东花园镇	18479	2959	11589	3931	2562	13392
官厅镇	7247	886	3954	2407	1639	6568
桑园镇	19128	2745	11318	5065	3416	18270
存瑞镇	20938	3427	11444	6067	4104	17174
土木镇	25086	4714	14812	5560	3741	16560
大黄庄镇	12167	1873	6952	3342	2204	11339
西八里镇	14440	2139	7975	4326	2930	13406
小南辛堡镇	13024	2141	7422	3461	2384	11707
狼山乡	8569	1512	4803	2254	1530	7735
鸡鸣驿乡	6042	855	3352	1835	1253	5420
东八里乡	7456	1041	4186	2229	1509	6532
瑞云观乡	4071	549	2228	1294	913	3591
孙庄子乡	2507	242	1320	945	672	2319
王家楼回族乡	4395	480	2170	1745	1212	3961

表3 续表 37 单位：人

地　区	总人口	分年龄人口				居住本乡、镇、街道，户口在本乡、镇、街道
		0-14岁	15-59岁	60岁及以上	#65岁及以上	
涿鹿县	**294013**	**49699**	**169111**	**75203**	**52322**	**232481**
涿鹿镇	103979	19896	65090	18993	13112	57150
张家堡镇	17350	2393	10125	4832	3259	14409
武家沟镇	7802	909	3997	2896	2076	7458
五堡镇	20496	3461	11445	5590	3805	19394
保岱镇	20428	3136	11098	6194	4330	19282
矾山镇	17456	2912	9882	4662	3348	16156
大堡镇	10160	1635	5253	3272	2380	9716
河东镇	8482	1385	4646	2451	1776	7346
东小庄镇	24427	3682	13769	6976	4801	20684
辉耀镇	7372	1155	3745	2472	1697	7008
大河南镇	7102	1144	3874	2084	1404	6827
温泉屯镇	10397	1798	6084	2515	1705	10108
蟒石口镇	6504	1106	3462	1936	1336	6279
栾庄乡	12429	2007	6247	4175	2984	11927
黑山寺乡	8156	1399	4271	2486	1756	7798
卧佛寺乡	7587	1088	4034	2465	1711	7211
谢家堡乡	3886	593	2089	1204	842	3728
赤城县	**197919**	**30446**	**107420**	**60053**	**41803**	**150899**
赤城镇	80074	15010	50107	14957	10087	42435
田家窑镇	9878	1216	4943	3719	2560	9206
龙关镇	21337	4044	11447	5846	4079	18028
雕鹗镇	9182	1246	4642	3294	2265	8476
独石口镇	3123	327	1486	1310	923	2926
白草镇	6266	909	2910	2447	1767	5789
龙门所镇	5342	541	2424	2377	1696	4999
后城镇	10019	1506	4838	3675	2607	9527
东卯镇	8814	1045	4020	3749	2643	8572
炮梁乡	3505	322	1892	1291	851	2976
大海陀乡	5184	532	2658	1994	1389	4686
镇宁堡乡	4251	267	1790	2194	1621	4024
马营乡	3744	237	1587	1920	1376	3513
云州乡	7266	633	3362	3271	2279	6793
三道川乡	3896	503	1786	1607	1140	3723
东万口乡	6745	813	3057	2875	2037	6377
茨营子乡	4692	601	2221	1870	1338	4527
样田乡	4601	694	2250	1657	1145	4322
张家口经济开发区	**257331**	**35744**	**177901**	**43686**	**29755**	**99164**
南站街道	71363	7433	55100	8830	5703	11466
马路东街道	35498	5026	25201	5271	3625	8097
老鸦庄镇	36276	5606	22607	8063	5487	17556
沈家屯镇	55445	8783	36496	10166	6928	23841
姚家房镇	26366	4235	15884	6247	4464	20708
沙岭子镇	32383	4661	22613	5109	3548	17496
张家口市察北管理区	**16915**	**2405**	**10493**	**4017**	**2793**	**6452**
沙沟镇	2645	216	1485	944	647	1966
宇宙营乡	2256	186	1184	886	641	2056
黄山管理处	11411	1973	7332	2106	1445	2204

表3 续表 38

单位：人

地区	总人口	分年龄人口				居住本乡、镇、街道，户口在本乡、镇、街道
		0-14岁	15-59岁	60岁及以上	#65岁及以上	
石门管理处	76	11	47	18	13	22
乌兰管理处	135	9	92	34	27	120
金沙管理处	163	6	146	11	8	39
白塔管理处	229	4	207	18	12	45
张家口市塞北管理区	**6592**	**944**	**4302**	**1346**	**930**	**2540**
榆树沟管理处	6392	924	4163	1305	905	2450
沙梁子管理处	44	4	24	16	12	25
小城子管理处	62	8	41	13	5	34
东大门管理处	94	8	74	12	8	31
承德市	**3354444**	**594157**	**2022493**	**737794**	**472399**	**2348086**
双桥区	**358431**	**55314**	**227294**	**75823**	**49091**	**193867**
西大街街道	18996	2384	11407	5205	3497	11321
头道牌楼街道	27854	3508	18168	6178	4069	15673
潘家沟街道	27853	4280	17053	6520	4298	15513
中华路街道	13704	1791	7552	4361	3058	9684
新华路街道	17126	2554	10291	4281	2931	10673
石洞子沟街道	43685	6953	27474	9258	6169	22290
桥东街道	46055	7030	29132	9893	6189	21804
水泉沟镇	21854	3630	13874	4350	2696	10903
狮子沟镇	32087	4630	21036	6421	4047	15044
牛圈子沟镇	52895	8673	34483	9739	6136	26920
大石庙镇	33500	5223	23418	4859	3009	13500
双峰寺镇	22822	4658	13406	4758	2992	20542
双滦区	**187361**	**35902**	**118406**	**33053**	**21175**	**88087**
元宝山街道	44156	7938	29334	6884	4531	14417
钢城街道	24456	3339	15648	5469	3974	11044
秀水街道	51096	11914	33204	5978	3537	10501
双塔山镇	22272	4445	13931	3896	2302	14039
滦河镇	5016	694	2878	1444	937	3271
大庙镇	8050	1246	4783	2021	1297	5953
偏桥子镇	6736	1319	3863	1554	932	6053
西地镇	14944	2834	8908	3202	2018	12757
陈栅子乡	10635	2173	5857	2605	1647	10052
鹰手营子矿区	**54730**	**7039**	**33976**	**13715**	**9159**	**35739**
鹰手营子矿区铁北路街道	33222	4614	21246	7362	4820	18699
鹰手营子镇	4288	498	2456	1334	857	3657
北马圈子镇	4941	743	3066	1132	826	3050
寿王坟镇	7907	772	4765	2370	1572	6750
汪家庄镇	4372	412	2443	1517	1084	3583
承德县	**340579**	**58552**	**197545**	**84482**	**53060**	**265381**
下板城镇	117050	23581	74575	18894	11578	58528
甲山镇	13367	1584	7850	3933	2328	11167
六沟镇	23773	4059	13843	5871	3687	21283
三沟镇	15482	2753	8345	4384	2771	14128
头沟镇	19303	3413	10680	5210	3269	18090
高寺台镇	9967	1659	5692	2616	1699	8734
鞍匠镇	11820	2103	6478	3239	2000	11151

表3 续表 39

单位：人

地区	总人口	分年龄人口				居住本乡、镇、街道，户口在本乡、镇、街道
		0-14岁	15-59岁	60岁及以上	#65岁及以上	
三家镇	13592	2168	7351	4073	2628	12779
磴上镇	10462	1631	5753	3078	1983	10031
上谷镇	12168	1519	6456	4193	2710	11395
新杖子镇	9455	1613	5204	2638	1590	8961
石灰窑镇	13451	2211	7174	4066	2682	12746
东小白旗乡	5916	922	3245	1749	1154	5623
刘杖子乡	7491	1263	3977	2251	1396	7094
孟家院乡	6393	804	3471	2118	1348	5946
大营子乡	6040	800	3213	2027	1296	5854
八家乡	5359	557	2982	1820	1125	4903
满杖子乡	5117	557	2675	1885	1163	4838
五道河乡	5096	741	2688	1667	1059	4818
岔沟乡	9997	1621	5355	3021	1940	9295
岗子满族乡	6070	1038	3323	1709	1070	5641
两家满族乡	6968	1126	3891	1951	1196	6588
仓子乡	6242	829	3324	2089	1388	5788
兴隆县	**271628**	**44686**	**160296**	**66646**	**43294**	**222812**
兴隆镇	93013	16935	59818	16260	10268	58413
半壁山镇	19923	3931	11589	4403	2844	17155
挂兰峪镇	10333	1793	6098	2442	1553	9621
青松岭镇	9562	1289	5372	2901	1961	9151
六道河镇	10989	1503	5866	3620	2413	10385
平安堡镇	9950	1197	5726	3027	2028	8662
北营房镇	8528	1023	4774	2731	1788	7728
孤山子镇	8366	1451	4901	2014	1283	7815
蓝旗营镇	11563	2144	6387	3032	2047	10650
雾灵山镇	10509	1253	6760	2496	1626	8570
李家营镇	6848	867	3627	2354	1510	6358
大杖子镇	12373	1844	6819	3710	2341	11653
三道河镇	12870	2286	7046	3538	2271	12221
蘑菇峪镇	12263	1966	6578	3719	2507	11715
大水泉镇	8926	1166	4755	3005	1992	8529
南天门满族乡	5165	802	2907	1456	974	4863
八卦岭满族乡	11792	2266	6874	2652	1629	11105
陡子峪乡	3731	455	1977	1299	920	3587
上石洞乡	1377	74	618	685	498	1300
安子岭乡	3547	441	1804	1302	841	3331
滦平县	**268647**	**49591**	**159861**	**59195**	**37465**	**191426**
中兴路街道	81855	18155	52767	10933	6445	30436
滦平镇	25489	4524	16867	4098	2581	13017
长山峪镇	14710	2598	8348	3764	2470	13990
红旗镇	11870	2233	6869	2768	1705	10113
金沟屯镇	11459	1873	6274	3312	2096	10848
虎什哈镇	12996	2213	6889	3894	2444	12192
巴克什营镇	13188	2444	7592	3152	2043	11779
张百湾镇	16746	2800	9606	4340	2735	15615
付营子镇	13533	2557	7705	3271	2017	12660

表3 续表 40

单位：人

地区	总人口	分年龄人口 0-14岁	15-59岁	60岁及以上	#65岁及以上	居住本乡、镇、街道，户口在本乡、镇、街道
大屯镇	13827	2307	7835	3685	2364	12536
火斗山镇	8166	1178	4434	2554	1704	7600
平坊满族乡	3470	421	1808	1241	810	3169
安纯沟门满族乡	7280	987	3945	2348	1589	6718
小营满族乡	10781	2033	6747	2001	1236	8944
西沟满族乡	3826	547	1986	1293	843	3614
邓厂满族乡	1277	179	632	466	286	1211
五道营子满族乡	2235	270	1136	829	554	2133
马营子满族乡	4241	531	2045	1665	1122	4041
付家店满族乡	2564	364	1365	835	561	2365
两间房乡	5619	899	3135	1585	1050	5270
涝洼乡	3515	478	1876	1161	810	3175
隆化县	**347707**	**68102**	**202144**	**77461**	**49804**	**271473**
安州街道	62607	13716	40193	8698	5431	26795
隆化镇	62051	13087	39123	9841	6046	34271
韩麻营镇	15610	3101	8796	3713	2343	14417
中关镇	7615	1436	4382	1797	1074	6928
七家镇	8994	1696	4966	2332	1483	8421
汤头沟镇	19141	3625	10493	5023	3234	17992
张三营镇	16700	3087	9542	4071	2617	15618
唐三营镇	17031	2985	9370	4676	3046	16185
蓝旗镇	12073	2332	6485	3256	2131	11285
步古沟镇	10240	1760	5711	2769	1844	9790
郭家屯镇	15610	2891	8790	3929	2560	14696
荒地乡	11454	2289	6180	2985	1837	10941
章吉营乡	10908	2083	5888	2937	1900	10318
茅荆坝乡	7134	1329	4019	1786	1145	6599
尹家营满族乡	5886	1079	3299	1508	1018	5596
庙子沟蒙古族满族乡	3687	637	1928	1122	795	3538
偏坡营满族乡	8070	1449	4571	2050	1344	7766
山湾乡	5507	923	2922	1662	1078	5306
八达营蒙古族乡	7896	1409	4265	2222	1484	7408
太平庄满族乡	5778	966	3116	1696	1093	5551
旧屯满族乡	4310	795	2244	1271	891	4096
西阿超满族蒙古族乡	5681	977	3035	1669	1126	5436
白虎沟满族蒙古族乡	4805	915	2580	1310	843	4513
碱房乡	3872	614	2048	1210	839	3683
韩家店乡	9183	1785	5080	2318	1539	8751
湾沟门乡	5864	1136	3118	1610	1063	5573
丰宁满族自治县	**326353**	**57925**	**191336**	**77092**	**50663**	**230047**
新丰路街道	105710	22942	68708	14060	8722	41871
大阁镇	37199	6521	23129	7549	5000	20778
大滩镇	13739	2005	7579	4155	2711	12698
鱼儿山镇	9062	1421	5063	2578	1712	7827
土城镇	11880	1867	6339	3674	2550	10181
黄旗镇	9305	1428	4941	2936	2015	8675
凤山镇	27866	4845	15545	7476	4907	24809

表3 续表 41 单位：人

地　　区	总人口	分年龄人口				居住本乡、镇、街道，户口在本乡、镇、街道
		0-14岁	15-59岁	60岁及以上	#65岁及以上	
波罗诺镇	7366	1309	3929	2128	1385	6877
黑山咀镇	12731	2242	6906	3583	2305	11673
天桥镇	5474	914	2884	1676	1064	5205
胡麻营镇	10167	1707	5419	3041	1993	9357
万胜永乡	2083	217	1233	633	407	1847
四岔口乡	4468	324	3095	1049	714	2625
苏家店乡	3011	399	1635	977	624	2833
外沟门乡	3383	533	1871	979	624	3156
草原乡	3007	379	1651	977	588	2790
窟窿山乡	1405	131	666	608	416	1266
小坝子乡	1728	175	942	611	408	1583
五道营乡	4769	581	2517	1671	1158	4529
南关蒙古族乡	11341	1892	6104	3345	2370	10813
选将营乡	7997	1264	4259	2474	1690	7652
西官营乡	6947	996	3758	2193	1463	6646
王营乡	3329	478	1752	1099	725	3131
北头营乡	4372	593	2373	1406	932	4111
石人沟乡	9914	1704	5200	3010	1971	9453
汤河乡	4302	540	2026	1736	1220	4043
杨木栅子乡	3798	518	1812	1468	989	3618
宽城满族自治县	**240579**	**51778**	**140451**	**48350**	**30826**	**171711**
宽城镇	111414	27327	70043	14044	8463	52521
龙须门镇	14616	2548	7819	4249	2749	13607
峪耳崖镇	19254	3899	10939	4416	2947	17290
板城镇	16924	3326	9314	4284	2802	14657
汤道河镇	13126	2294	6931	3901	2565	12481
桲罗台镇	5408	932	3021	1455	968	4972
碾子峪镇	11668	2542	6391	2735	1785	11185
亮甲台镇	5073	897	2769	1407	934	4789
化皮溜子镇	6926	1271	3816	1839	1151	6500
松岭镇	4990	1141	2842	1007	663	4575
塌山乡	3422	456	1792	1174	706	3122
孟子岭乡	4608	792	2380	1436	946	4292
独石沟乡	813	91	426	296	214	752
铧尖乡	5760	1232	3389	1139	723	5296
东黄花川乡	4542	989	2532	1021	687	4250
苇子沟乡	4271	719	2108	1444	919	4076
大字沟乡	3440	603	1761	1076	683	3252
大石柱子乡	4324	719	2178	1427	921	4094
围场满族蒙古族自治县	**423676**	**79372**	**255447**	**88857**	**55277**	**316466**
围场镇	139683	29665	92201	17817	10689	54168
四合永镇	22883	3712	14889	4282	2683	16770
克勒沟镇	12707	2487	7138	3082	1842	12092
棋盘山镇	14397	2352	8195	3850	2431	13300
半截塔镇	7897	1390	4429	2078	1342	7174
朝阳地镇	12261	2337	6934	2990	1743	11672
朝阳湾镇	12522	2217	7196	3109	1887	11878

表3 续表 42

单位：人

地　区	总人口	分年龄人口				居住本乡、镇、街道，户口在本乡、镇、街道
		0-14岁	15-59岁	60岁及以上	#65岁及以上	
腰站镇	15344	2785	8802	3757	2315	14531
龙头山镇	8283	1564	4830	1889	1125	7507
新拨镇	10507	1794	6026	2687	1677	9928
御道口镇	3484	612	2066	806	474	3138
城子镇	7171	1102	3904	2165	1426	6801
道坝子乡	6325	1027	3617	1681	1067	5953
黄土坎乡	7615	1172	4356	2087	1370	7299
四道沟乡	5668	921	3229	1518	985	5404
兰旗卡伦乡	7846	1485	4462	1899	1234	7505
银窝沟乡	11478	2221	6445	2812	1819	10974
新地乡	14542	3131	8254	3157	1910	14043
广发永乡	6801	1317	3918	1566	972	6585
育太和乡	4567	867	2580	1120	662	4365
郭家湾乡	6727	1122	3799	1806	1182	6466
杨家湾乡	7300	1306	4138	1856	1150	6983
大唤起乡	6064	925	3555	1584	999	5688
哈里哈乡	6518	993	3819	1706	1027	6237
张家湾乡	3411	590	1901	920	574	3164
宝元栈乡	5771	1016	3257	1498	938	5485
山湾子乡	6921	1322	3881	1718	1125	6226
三义永乡	5645	871	3117	1657	1047	5437
姜家店乡	5040	937	2841	1262	774	4757
下伙房乡	5373	908	2918	1547	1033	5087
燕格柏乡	3460	550	1897	1013	622	3240
牌楼乡	6071	975	3303	1793	1126	5577
老窝铺乡	1969	314	1127	528	338	1843
石桌子乡	3842	591	2147	1104	755	3637
大头山乡	6797	1099	3776	1922	1233	6309
南山嘴乡	3060	528	1765	767	526	2881
西龙头乡	3266	561	1803	902	561	3094
塞罕坝机械林场	667	58	497	112	65	281
国营御道口牧场	3793	548	2435	810	549	2987
承德高新技术产业开发区	**135375**	**19826**	**98436**	**17113**	**10364**	**55046**
冯营子镇	105453	15206	80262	9985	5822	28454
上板城镇	29922	4620	18174	7128	4542	26592
平泉市	**399378**	**66070**	**237301**	**96007**	**62221**	**306031**
平泉镇	161915	29763	106870	25282	15823	84003
黄土梁子镇	13233	2095	7374	3764	2388	12434
榆树林子镇	21306	3023	12026	6257	3993	20688
杨树岭镇	18240	2316	9626	6298	4326	17442
七沟镇	18033	2960	9770	5303	3483	17405
小寺沟镇	15572	2322	8393	4857	3226	14949
党坝镇	16225	2368	8474	5383	3549	15585
卧龙镇	26891	4931	15460	6500	4146	21750
南五十家子镇	14484	1790	8735	3959	2698	11670
北五十家子镇	8718	1514	4921	2283	1487	8486
桲椤树镇	13389	2528	7010	3851	2553	12978

表3 续表 43 单位：人

地　区	总人口	分年龄人口				居住本乡、镇、街道，户口在本乡、镇、街道
		0-14岁	15-59岁	60岁及以上	#65岁及以上	
柳溪镇	7838	1358	4352	2128	1312	7575
平北镇	11284	1796	6219	3269	2132	10803
青河镇	8691	1048	4472	3171	2099	8318
台头山镇	13804	2257	7522	4025	2602	13359
王土房乡	3289	433	1811	1045	687	3091
七家岱满族乡	5632	877	3110	1645	1046	5472
茅兰沟满族蒙古族乡	11539	1482	6454	3603	2423	11133
道虎沟乡	9295	1209	4702	3384	2248	8890
沧州市	**7300783**	**1629144**	**4231680**	**1439959**	**1031848**	**5701672**
新华区	**253222**	**49664**	**161050**	**42508**	**30472**	**120052**
建设北街街道	41363	7162	26104	8097	5976	22818
车站街道	20143	3957	12732	3454	2420	8635
南大街街道	38028	7415	24309	6304	4430	17447
东环街道	73529	15944	48858	8727	6125	22280
道东街道	32486	4513	20386	7587	5652	16275
小赵庄乡	47673	10673	28661	8339	5869	32597
运河区	**511086**	**96413**	**340693**	**73980**	**51240**	**250400**
水月寺街道	20519	3730	12508	4281	3114	11485
南环中路街道	202787	37892	143553	21342	14602	82714
南湖街道	9540	1413	5955	2172	1520	4637
市场街道	8744	1503	5797	1444	1026	3191
西环中街街道	80376	15001	51353	14022	9967	45809
公园街道	103745	17978	70070	15697	10577	41557
小王庄镇	37629	7663	23466	6500	4512	25305
南陈屯乡	47746	11233	27991	8522	5922	35702
沧县	**626011**	**142599**	**352249**	**131163**	**95461**	**580741**
旧州镇	20989	4214	11932	4843	3696	19409
兴济镇	41917	9163	23554	9200	6784	39450
杜生镇	38106	9122	21380	7604	5401	35741
崔尔庄镇	50491	12666	27854	9971	7120	48712
薛官屯乡	21721	5208	11788	4725	3508	20630
捷地回族乡	32874	6547	20199	6128	4538	25190
张官屯乡	39852	8732	22425	8695	6303	37966
李天木回族乡	36611	8852	20389	7370	5462	35090
风化店乡	39976	8663	23068	8245	6035	35802
姚官屯乡	32037	7363	17718	6956	5082	30048
杜林回族乡	41949	9470	24223	8256	5811	37817
汪家铺乡	30476	6606	16696	7174	5303	28123
刘家庙乡	22357	4765	12279	5313	4001	21493
仵龙堂乡	26607	5887	14476	6244	4565	25399
大官厅乡	37399	9244	20435	7720	5377	36191
高川乡	26581	6046	14853	5682	4243	25669
黄递铺乡	21253	4990	11606	4657	3413	20298
大褚村回族乡	24379	5638	14018	4723	3436	21931
纸房头乡	40436	9423	23356	7657	5383	35782

表3 续表 44

单位：人

地区	总人口	分年龄人口				居住本乡、镇、街道，户口在本乡、镇、街道
		0-14岁	15-59岁	60岁及以上	#65岁及以上	
青县	**420878**	**90259**	**243697**	**86922**	**60482**	**347300**
清州镇	152786	32493	96540	23753	16450	96679
金牛镇	38293	8297	20824	9172	6494	36231
新兴镇	32105	7273	17221	7611	5311	30884
流河镇	33359	7135	18443	7781	5391	31410
木门店镇	24700	5465	13248	5987	4161	23764
马厂镇	41584	8793	23667	9124	6391	36103
盘古镇	25448	5215	14184	6049	4149	24158
上伍乡	17640	3998	9343	4299	3074	16714
曹寺乡	35792	7787	19534	8471	5781	33841
陈嘴乡	15288	3071	8384	3833	2672	14424
青县农场	3883	732	2309	842	608	3092
东光县	**340288**	**75275**	**191229**	**73784**	**54343**	**275464**
东光镇	119506	29019	73405	17082	12507	62763
连镇镇	33319	6632	18348	8339	6041	30825
找王镇	20926	4225	11336	5365	4051	20102
秦村镇	21646	4333	11494	5819	4215	21048
灯明寺镇	23888	4995	12626	6267	4614	23118
南霞口镇	31953	7106	17296	7551	5710	30835
大单镇	35074	8134	18090	8850	6288	34217
龙王李镇	27254	5282	14293	7679	5837	26708
于桥乡	26722	5549	14341	6832	5080	25848
海兴县	**189273**	**42664**	**104149**	**42460**	**30944**	**159726**
苏基镇	65329	15603	39638	10088	7353	42021
辛集镇	16487	3701	8533	4253	3097	15682
高湾镇	21628	4848	11130	5650	4127	20286
赵毛陶乡	26318	5559	13734	7025	5093	25126
香坊乡	14172	3270	7262	3640	2702	13515
小山乡	19253	3898	10456	4899	3550	18487
张会亭乡	22365	5054	11328	5983	4379	21460
海兴县农场	1888	385	1036	467	348	1697
青先农场	902	145	564	193	136	629
青锋农场	931	201	468	262	159	823
盐山县	**411356**	**107413**	**222584**	**81359**	**58146**	**336698**
盐山镇	139444	38518	83356	17570	12351	74014
望树镇	21418	5734	10725	4959	3599	20656
庆云镇	31756	8644	16105	7007	4906	30751
韩集镇	27186	6630	13713	6843	4915	26397
千童镇	18165	4566	9305	4294	3060	17609
圣佛镇	33807	8439	17286	8082	5788	33035
边务乡	26703	6720	14460	5523	3896	25221
小营乡	20879	5274	10871	4734	3439	20248
杨集乡	22249	5545	11391	5313	3816	21619
孟店乡	31409	7914	16055	7440	5482	29885
常庄乡	13835	3566	6795	3474	2543	13450
小庄乡	24505	5863	12522	6120	4351	23813
肃宁县	**341919**	**76715**	**193988**	**71216**	**50305**	**289992**
肃宁镇	90267	19669	57660	12938	9131	53014

表3　续表 45　　　　　　　　　　　　　　　　　　　　　　　　　单位：人

地　　区	总人口	分年龄人口				居住本乡、镇、街道，户口在本乡、镇、街道
		0–14岁	15–59岁	60岁及以上	#65岁及以上	
梁家村镇	44225	10028	23792	10405	7232	42750
窝北镇	30146	6746	16154	7246	5084	29033
尚村镇	34689	7617	19996	7076	5065	29541
万里镇	32527	7535	17696	7296	4968	31405
师素镇	32034	6921	16992	8121	5732	30274
河北留善寺镇	30718	7449	16528	6741	4725	29769
付家佐乡	25833	5669	13850	6314	4653	23753
邵庄乡	21480	5081	11320	5079	3715	20453
南皮县	**347473**	**78974**	**195161**	**73338**	**52252**	**294467**
南皮镇	93685	22573	57377	13735	9772	53176
冯家口镇	37407	8604	20475	8328	6041	35735
寨子镇	42513	9783	22635	10095	7047	41414
鲍官屯镇	26871	5979	13992	6900	4931	26197
王寺镇	29535	6244	15534	7757	5450	28853
乌马营镇	20751	4327	11310	5114	3719	19719
大浪淀乡	24851	5035	13493	6323	4537	24205
刘八里乡	28413	5687	17237	5489	4052	22623
潞灌乡	43447	10742	23108	9597	6703	42545
吴桥县	**217986**	**37806**	**119887**	**60293**	**44454**	**184303**
桑园镇	71763	13889	45274	12600	9173	42625
铁城镇	22967	3625	11772	7570	5634	22377
于集镇	15590	2305	7576	5709	4195	15180
梁集镇	13615	2215	7052	4348	3137	13230
安陵镇	14225	1930	7002	5293	4016	13762
曹家洼乡	14602	2517	7619	4466	3234	13899
宋门乡	17876	3450	9273	5153	3840	17320
杨家寺乡	14877	2811	7780	4286	3292	14485
沟店铺乡	15801	2280	8033	5488	4023	15339
何庄乡	16415	2775	8297	5343	3888	16073
吴桥经济技术开发区	255	9	209	37	22	13
献县	**568418**	**142329**	**313325**	**112764**	**80950**	**490409**
乐寿镇	131601	32108	81933	17560	12423	71179
淮镇镇	38056	9860	21216	6980	4960	36044
郭庄镇	27670	7496	14574	5600	3979	26847
河城街镇	37359	9573	19941	7845	5747	34517
韩村镇	44428	11851	23176	9401	6739	43344
陌南镇	34190	8608	17990	7592	5426	33105
陈庄镇	25776	5869	13485	6422	4671	24603
段村镇	22829	5912	11691	5226	3774	22395
高官镇	24755	6164	13772	4819	3569	24161
商林乡	22859	5659	11889	5311	3744	22104
张村乡	19942	4863	10597	4482	3180	19574
临河乡	23377	5775	11483	6119	4289	23003
小平王乡	14775	3430	7881	3464	2557	14260
十五级乡	20980	5447	10696	4837	3563	20580
垒头乡	18275	4838	9495	3942	2811	17830
南河头乡	15471	3831	8193	3447	2528	14081

表3 续表 46 单位：人

地　区	总人口	分年龄人口				居住本乡、镇、街道，户口在本乡、镇、街道
		0-14岁	15-59岁	60岁及以上	#65岁及以上	
西城乡	21779	5384	11304	5091	3670	21415
本斋回族乡	13689	3489	7437	2763	1983	13293
国营梅庄洼农场	522	149	299	74	53	483
献县经济开发区	10085	2023	6273	1789	1284	7591
孟村回族自治县	**203507**	**50637**	**114081**	**38789**	**27489**	**175420**
孟村镇	74379	18996	43824	11559	8273	52774
新县镇	25074	5820	13563	5691	4064	24193
辛店镇	27198	6871	14940	5387	3776	24391
高寨镇	20879	5050	11345	4484	3159	20184
宋庄子乡	26376	6282	14019	6075	4262	25696
牛进庄乡	29601	7618	16390	5593	3955	28182
河北沧州经济开发区	**31524**	**5855**	**21643**	**4026**	**2967**	**16672**
开发区乡	31524	5855	21643	4026	2967	16672
沧州高新技术产业开发区	**14953**	**3270**	**9818**	**1865**	**1202**	**8867**
高新乡	14953	3270	9818	1865	1202	8867
沧州渤海新区	**153135**	**30645**	**99611**	**22879**	**16372**	**93450**
南大港管理区	48181	9085	28767	10329	7663	42851
国营中捷农场	58638	10057	39134	9447	6927	38095
港城街道	46286	11502	31684	3100	1781	12504
临港化工园区	30	1	26	3	1	
泊头市	**573842**	**128825**	**333064**	**111953**	**80092**	**473272**
解放街道	63054	12817	42349	7888	5603	30670
河东街道	51554	10867	32770	7917	5507	25376
鼓楼街道	42112	7529	29312	5271	3665	19984
泊镇	45102	10840	26080	8182	5787	38130
交河镇	37592	8086	20681	8825	6539	35748
齐桥镇	49568	12119	27880	9569	6596	48593
寺门村镇	27451	5859	14760	6832	4974	26341
郝村镇	28432	6165	14716	7551	5605	27898
富镇镇	30261	7107	16107	7047	5046	28829
文庙镇	34540	8424	19204	6912	5018	33517
洼里王镇	36481	9027	20385	7069	4971	35383
王武庄乡	27552	6174	15240	6138	4369	26729
营子乡	38715	9717	20803	8195	5822	37792
四营乡	23890	5431	12539	5920	4318	23362
西辛店乡	29720	7013	15430	7277	5272	28922
河北泊头经济开发区	7818	1650	4808	1360	1000	5998
任丘市	**816401**	**181006**	**476108**	**159287**	**115994**	**608456**
新华路街道	100859	21174	65877	13808	9680	47371
西环路街道	51642	11239	32161	8242	5605	26552
永丰路街道	26834	4773	14821	7240	5416	18660
中华路街道	58316	12252	38329	7735	5378	25049
渤海路街道	41688	4440	23443	13805	10750	22917
油建路街道	17268	2790	9483	4995	3984	7181
会战道街道	38114	5138	23119	9857	7748	17874
出岸镇	36723	8742	20175	7806	5508	33689

表3　续表 47　　　　　　　　　　　　　　　　　　　　　　　　单位：人

地　　区	总人口	分年龄人口				居住本乡、镇、街道，户口在本乡、镇、街道
		0-14岁	15-59岁	60岁及以上	#65岁及以上	
石门桥镇	45857	10941	25764	9152	6490	41558
吕公堡镇	40290	10761	22365	7164	5104	37686
长丰镇	48459	13274	26636	8549	6124	45841
梁召镇	43714	11458	24260	7996	5822	40719
辛中驿镇	41086	9786	22828	8472	6011	37796
麻家坞镇	40330	9888	22459	7983	5871	37502
北辛庄镇	32481	7586	18447	6448	4757	30040
议论堡镇	39606	9774	22043	7789	5704	36258
青塔乡	30930	7095	17287	6548	4709	27933
北汉乡	29576	7546	16117	5913	4241	27778
于村乡	39886	9759	22159	7968	5816	37590
开发区管理委员会	7799	1914	4692	1193	846	5916
河北任丘雁翎工业园区	4943	676	3643	624	430	2546
黄骅市	**484313**	**98509**	**293751**	**92053**	**66074**	**309662**
骅东街道	21914	4585	15468	1861	1296	4512
骅中街道	17442	3789	11456	2197	1577	4161
骅西街道	141750	30630	100368	10752	7243	32013
黄骅镇	50490	9981	29858	10651	7747	30824
南排河镇	38360	7125	22314	8921	5907	36624
吕桥镇	27624	5346	15007	7271	5310	26394
旧城镇	26598	5025	13685	7888	5831	25532
齐家务镇	33256	7217	17859	8180	5962	31505
滕庄子镇	35336	7422	19616	8298	6000	32002
羊二庄回族乡	30549	4845	15592	10112	7403	28756
常郭乡	31467	6385	16577	8505	6270	30079
官庄乡	21766	4529	11497	5740	4269	20981
羊三木回族乡	7761	1630	4454	1677	1259	6279
河间市	**795198**	**190286**	**445592**	**159320**	**112609**	**686321**
瀛州路街道	88673	18015	56774	13884	9781	41383
城垣西路街道	75544	16056	48246	11242	7829	42080
米各庄镇	49059	12871	26398	9790	6887	46426
景和镇	26476	6374	14926	5176	3723	23924
卧佛堂镇	44722	11843	23959	8920	6355	42821
束城镇	46738	12250	25126	9362	6676	44890
留古寺镇	26563	6160	14258	6145	4496	25815
沙河桥镇	39599	10461	21222	7916	5524	38302
诗经村镇	52817	12096	28631	12090	8734	50545
尊祖庄镇	33195	8733	17527	6935	4883	31883
兴村镇	51818	12239	28023	11556	8128	50084
故仙乡	32045	7685	17490	6870	4877	30140
黎民居乡	40892	10734	21557	8601	5963	39283
沙洼乡	32037	7841	17343	6853	4797	30875
西九吉乡	27740	6313	14947	6480	4525	26721
北石槽乡	20016	4751	10766	4499	3185	19354
时村乡	22948	5635	12009	5304	3751	22177
行别营乡	39312	10173	21579	7560	5390	37507
龙华店乡	23870	5281	13047	5542	3958	23089
果子洼回族乡	20633	4767	11287	4579	3138	19008
河北河间经济开发区	501	8	477	16	9	14

表3 续表 48

单位：人

地区	总人口	分年龄人口				居住本乡、镇、街道，户口在本乡、镇、街道
		0-14岁	15-59岁	60岁及以上	#65岁及以上	
廊坊市	**5464087**	**1083072**	**3460521**	**920494**	**638332**	**3628057**
安次区	**479826**	**92280**	**306522**	**81024**	**55248**	**270803**
银河南路街道	44702	8622	29728	6352	4194	11361
光明西道街道	88573	17062	61178	10333	7024	29084
永华道街道	41242	7929	27260	6053	4044	11910
落垡镇	21150	3437	12224	5489	4023	18665
码头镇	33324	5928	19504	7892	5459	29627
葛渔城镇	37217	7179	21952	8086	5448	34039
东沽港镇	30557	6249	18515	5793	3993	27560
调河头镇	21508	3801	12136	5571	3733	19667
杨税务乡	41936	8338	26717	6881	4711	24156
仇庄乡	26729	5142	15770	5817	4172	21751
北史家务乡	34167	7145	22379	4643	2988	13364
廊坊龙河高新技术产业开发区	37680	7186	26908	3586	2320	10364
河北廊坊高新技术产业开发区	8464	1705	4957	1802	1233	7816
河北廊坊龙港经济开发区	5499	1126	3233	1140	808	5018
河北安次经济开发区	7078	1431	4061	1586	1098	6421
广阳区	**538798**	**89123**	**351001**	**98674**	**69770**	**284028**
银河北路街道	26422	3953	17075	5394	3865	13369
爱民东道街道	73098	12284	47447	13367	9289	32920
解放道街道	60452	8905	38993	12554	8964	29755
新开路街道	90587	13246	60110	17231	12617	47329
新源道街道	52172	7946	37318	6908	4554	21184
南尖塔镇	89423	16564	61934	10925	6807	27542
万庄镇	72109	11427	41977	18705	14279	58110
九州镇	39163	7915	23632	7616	5230	33223
北旺乡	35168	6852	22368	5948	4147	20560
新世纪步行街管理委员会	204	31	147	26	18	36
固安县	**576344**	**127343**	**353859**	**95142**	**63974**	**389198**
固安镇	295379	65510	193638	36231	23585	129487
宫村镇	36221	7916	20947	7358	4934	31647
柳泉镇	43190	9251	25043	8896	6171	39990
牛驼镇	36526	7789	20388	8349	5685	34576
马庄镇	29727	7104	16785	5838	3854	27856
东湾乡	36006	7659	20580	7767	5388	33311
彭村乡	21982	4468	12495	5019	3556	20399
渠沟乡	27976	6521	15835	5620	3858	26673
礼让店乡	18202	4046	10121	4035	2798	17313
固安温泉休闲商务产业园区	31135	7079	18027	6029	4145	27946
永清县	**384767**	**80229**	**230870**	**73668**	**51108**	**314135**
城区街道	49954	10322	33021	6611	4542	16834
永清镇	75987	16259	44464	15264	10750	69604
韩村镇	26962	5385	15793	5784	4151	23845

表3　续表 49　　　　单位：人

地　　区	总人口	分年龄人口				居住本乡、镇、街道，户口在本乡、镇、街道
		0-14岁	15-59岁	60岁及以上	#65岁及以上	
后奕镇	22583	4692	13150	4741	3240	21468
别古庄镇	24383	4527	14085	5771	3978	22682
里澜城镇	24735	4791	14182	5762	3922	23268
管家务回族乡	10077	2230	5771	2076	1442	9318
曹家务乡	26507	5269	16307	4931	3397	21653
龙虎庄乡	26977	5989	15645	5343	3786	25299
刘街乡	32066	7688	18136	6242	4459	29958
三圣口乡	29809	6428	17240	6141	4147	28028
河北永清经济开发区	15837	3233	10271	2333	1513	10444
北京亦庄.永清高新技术产业开发区	18890	3416	12805	2669	1781	11734
香河县	**449038**	**82837**	**281991**	**84210**	**59042**	**269115**
淑阳镇	192418	38090	128020	26308	18095	75999
蒋辛屯镇	16886	3014	9840	4032	2814	13044
渠口镇	42254	7033	24888	10333	7435	34814
安头屯镇	25318	4106	15404	5808	4124	19390
安平镇	47821	9667	30313	7841	5250	25629
刘宋镇	29482	4452	17065	7965	5813	25030
五百户镇	32597	5493	19081	8023	5727	28049
钱旺镇	24762	4382	14797	5583	3884	19510
钳屯镇	18900	3169	10844	4887	3507	16347
香河开发区	905	46	806	53	25	48
香河新兴产业示范区	17695	3385	10933	3377	2368	11255
大城县	**481902**	**117417**	**277576**	**86909**	**60029**	**420927**
平舒镇	100770	22239	64380	14151	9871	66468
旺村镇	40707	9361	23144	8202	5693	37145
大尚屯镇	61989	15647	34608	11734	8094	58398
南赵扶镇	42540	10241	23914	8385	5894	39683
留各庄镇	42895	11185	23957	7753	5291	39689
权村镇	33300	8409	18563	6328	4337	31253
里坦镇	23181	5710	12732	4739	3249	21708
广安镇	37596	9675	20588	7333	5022	35173
北魏镇	44127	11856	24476	7795	5329	42067
臧屯镇	41553	9768	23074	8711	6037	38913
河北大城经济开发区	13244	3326	8140	1778	1212	10430
文安县	**544778**	**124847**	**329446**	**90485**	**64662**	**469499**
文安镇	106857	22181	69250	15426	11159	81511
新镇镇	37058	9248	22157	5653	3975	31705
苏桥镇	35215	8212	20553	6450	4605	31817
大柳河镇	39535	8535	24472	6528	4660	34775
左各庄镇	41228	7188	29310	4730	3256	24661
滩里镇	33915	7547	20740	5628	3952	29910
史各庄镇	25156	6040	14872	4244	3104	23717
赵各庄镇	49181	12965	27647	8569	6111	45054
兴隆宫镇	28577	7018	16590	4969	3711	27373
大留镇镇	43088	11494	23974	7620	5316	40642
孙氏镇	53966	12641	29992	11333	8078	51234
德归镇	19514	3951	11662	3901	2823	17510
大围河回族满族乡	31488	7827	18227	5434	3912	29590

表3 续表 50 单位：人

地　区	总人口	分年龄人口				居住本乡、镇、街道，户口在本乡、镇、街道
		0-14岁	15-59岁	60岁及以上	#65岁及以上	
大厂回族自治县	**171366**	**31435**	**107612**	**32319**	**22553**	**101896**
北辰街道	38010	6776	25795	5439	3849	16505
大厂镇	22165	3879	12573	5713	4054	19644
夏垫镇	31768	5655	19441	6672	4831	25792
祁各庄镇	22453	3794	13164	5495	3985	19224
邵府镇	12737	1811	8495	2431	1756	8302
陈府镇	9499	1547	5352	2600	1893	8439
河北大厂高新技术产业开发区	34734	7973	22792	3969	2185	3990
廊坊经济技术开发区	**128967**	**17130**	**100235**	**11602**	**7557**	**42813**
耀华道街道办事处	58703	10186	42222	6295	4127	24273
云鹏道街道办事处	70264	6944	58013	5307	3430	18540
霸州市	**743226**	**154787**	**469167**	**119272**	**84081**	**567794**
裕华街道	84291	16908	56854	10529	7235	53110
霸州镇	96606	22241	58801	15564	11240	71782
南孟镇	38752	7464	23525	7763	5516	32689
信安镇	32305	6647	19975	5683	4089	27274
堂二里镇	38272	7869	23985	6418	4392	31136
煎茶铺镇	43878	9739	26340	7799	5810	39292
胜芳镇	149289	27674	100774	20841	14430	92224
杨芬港镇	40221	8053	24816	7352	5185	35619
康仙庄镇	49000	11079	28391	9530	6809	44848
王庄子镇	39801	8814	25032	5955	4476	33370
岔河集乡	50013	10929	29697	9387	6266	43710
东杨庄乡	24227	5499	14601	4127	3027	21356
东段乡	56571	11871	36376	8324	5606	41384
三河市	**965075**	**165644**	**652242**	**147189**	**100308**	**497849**
鼎盛东街道	25362	4229	16658	4475	3242	7396
泃阳西街道	77088	15234	52686	9168	6112	19593
行宫东街道	137021	25667	94123	17231	11032	49470
迎宾北路街道	166591	27002	122852	16737	10572	64328
燕顺路街道	113880	16988	88545	8347	4791	33984
康城街道	79174	13307	53632	12235	8945	36808
泃阳镇	49247	9173	29197	10877	7697	41780
李旗庄镇	24751	3916	15349	5486	3853	18841
杨庄镇	23348	4121	13531	5696	4125	20351
皇庄镇	35217	6357	20144	8716	6251	31719
新集镇	34530	6161	19980	8389	6316	32011
段甲岭镇	17246	2792	9778	4676	3313	14900
黄土庄镇	26804	4568	15157	7079	4978	24088
高楼镇	36363	6602	21783	7978	5554	29145
齐心庄镇	20228	3647	11430	5151	3643	17911
燕郊镇	86978	15410	57101	14467	9691	55311
燕郊经济技术开发区	9547	423	8672	452	171	175
三河市农业高新技术园区	1700	47	1624	29	22	38

表3 续表 51　　单位：人

地区	总人口	分年龄人口 0-14岁	15-59岁	60岁及以上	#65岁及以上	居住本乡、镇、街道，户口在本乡、镇、街道
衡水市	**4212933**	**817557**	**2475722**	**919654**	**669889**	**3196493**
桃城区	**608586**	**125974**	**393471**	**89141**	**65169**	**387281**
河西街道	88440	19582	54668	14190	10416	64132
河东街道	99372	21431	66283	11658	8429	54651
路北街道	134799	30532	92462	11805	8404	63813
中华大街街道	153608	32746	100467	20395	14953	106064
郑家河沿镇	37972	6440	22251	9281	6887	30105
赵家圈镇	31578	4932	16986	9660	7015	26888
邓庄镇	20173	3288	10506	6379	4900	18725
何家庄乡	42644	7023	29848	5773	4165	22903
冀州区	**304854**	**46986**	**178450**	**79418**	**58056**	**210909**
冀州镇	37093	6549	20694	9850	7219	34326
官道李镇	12919	1351	6485	5083	3832	12418
南午村镇	21086	2586	10093	8407	5920	20226
周村镇	15398	1781	7752	5865	4280	14496
码头李镇	17925	1820	9220	6885	5169	17404
西王镇	22098	3921	11577	6600	5003	21435
门家庄乡	13473	1406	6756	5311	4027	13057
徐家庄乡	15227	1824	7523	5880	4157	14704
北漳淮乡	11554	1398	5501	4655	3383	11139
小寨乡	17923	1914	8645	7364	5541	17331
衡水市冀州区社区建设办公室	120158	22436	84204	13518	9525	34373
枣强县	**365640**	**76727**	**208731**	**80182**	**59708**	**279845**
枣强镇	153158	32384	96772	24002	17785	83006
恩察镇	10228	1950	5164	3114	2275	9976
大营镇	79783	20876	44880	14027	10208	68000
嘉会镇	7471	1434	3819	2218	1650	7275
马屯镇	22900	3232	11667	8001	6180	22314
肖张镇	9661	1776	5091	2794	2155	9338
张秀屯镇	17603	2395	8325	6883	5091	17086
新屯镇	30478	7876	16009	6593	4819	29412
唐林镇	10769	1257	5272	4240	3196	10466
王均乡	11554	1601	5841	4112	3130	11241
王常乡	12035	1946	5891	4198	3219	11731
武邑县	**265962**	**47560**	**156611**	**61791**	**46847**	**201520**
武邑镇	118772	23295	79857	15620	11553	58260
清凉店镇	21634	3465	11697	6472	4937	20407
审坡镇	20450	2883	10870	6697	5048	19916
赵桥镇	22043	4106	11079	6858	5238	21611
韩庄镇	25166	4923	13024	7219	5547	24644
肖桥头镇	17412	2729	9199	5484	4305	17134
龙店镇	15649	2424	8082	5143	3917	15262
圈头乡	13467	2226	7005	4236	3170	13132
大紫塔乡	11369	1509	5798	4062	3132	11154
武强县	**176672**	**33228**	**99462**	**43982**	**30803**	**152363**
武强镇	65231	12227	40048	12956	9210	44491
街关镇	24491	4244	13439	6808	4774	23351
周窝镇	18315	3208	9807	5300	3661	17818

表3 续表 52　　单位：人

地　区	总人口	分年龄人口				居住本乡、镇、街道，户口在本乡、镇、街道
		0-14岁	15-59岁	60岁及以上	#65岁及以上	
东孙庄镇	25207	4831	13174	7202	5038	24589
豆村乡	21373	4187	11397	5789	3973	20720
北代乡	22055	4531	11597	5927	4147	21394
饶阳县	**254613**	**48470**	**139973**	**66170**	**47370**	**223841**
饶阳镇	73739	14011	45006	14722	10428	49529
大尹村镇	20116	4164	11064	4888	3430	19496
五公镇	29342	5316	15147	8879	6403	28313
大官亭镇	34598	7301	18104	9193	6449	33636
王同岳镇	24715	4581	13153	6981	4954	22892
留楚乡	40615	7166	21055	12394	9119	39386
东里满乡	31488	5931	16444	9113	6587	30589
安平县	**327496**	**60812**	**191181**	**75503**	**53704**	**231043**
安平镇	42934	8909	22678	11347	8155	38248
马店镇	36739	6483	19366	10890	7619	35503
南王庄镇	25840	4299	13368	8173	5930	24664
大子文镇	23563	4100	11858	7605	5498	22201
东黄城镇	24114	4423	13119	6572	4711	20765
大何庄乡	23194	3739	12166	7289	5246	22473
程油子乡	22258	3710	11555	6993	5054	21096
西两洼乡	22597	4182	13385	5030	3668	16175
河北安平高新技术产业开发区	11293	88	10189	1016	510	1
安平县社区建设办公室	94964	20879	63497	10588	7313	29917
故城县	**444493**	**95742**	**253969**	**94782**	**68637**	**375758**
郑口镇	150046	31920	95349	22777	16261	96839
夏庄镇	37288	7802	21777	7709	5485	32381
青罕镇	20114	4091	10888	5135	3785	19090
故城镇	20519	4025	10888	5606	4018	19345
武官寨镇	28713	6910	15370	6433	4646	28052
饶阳店镇	28968	6734	15816	6418	4823	26404
军屯镇	14900	3690	7882	3328	2441	14596
建国镇	37292	8363	20258	8671	6140	36564
西半屯镇	30693	6748	16651	7294	5284	30021
房庄镇	22793	4717	11371	6705	5004	21995
三朗镇	18454	3603	9493	5358	3920	17963
辛庄乡	20138	3996	10674	5468	3976	18924
里老乡	14575	3143	7552	3880	2854	13584
景县	**463949**	**97582**	**264747**	**101620**	**75185**	**369436**
景州镇	117051	28251	73741	15059	10881	54044
龙华镇	45952	9792	27111	9049	6750	33778
广川镇	24493	5394	13062	6037	4447	23834
王瞳镇	20764	4374	11310	5080	3643	20199
洚河流镇	17659	3388	9781	4490	3242	17389
安陵镇	16120	2887	8574	4659	3485	15688
杜桥镇	26769	5716	14260	6793	4981	25934
王谦寺镇	20579	4380	10794	5405	4025	20049
北留智镇	23785	4714	13154	5917	4385	22576
留智庙镇	39185	7944	23178	8063	5797	30297

表3 续表 53

单位：人

地区	总人口	分年龄人口				居住本乡、镇、街道，户口在本乡、镇、街道
		0-14岁	15-59岁	60岁及以上	#65岁及以上	
梁集镇	27556	4542	15954	7060	5362	23331
刘集乡	14901	2481	7500	4920	3795	14521
连镇乡	15877	3268	8285	4324	3309	15583
温城乡	14768	2830	7883	4055	3059	14503
后留名府乡	18083	3236	9514	5333	4030	17672
青兰乡	20407	4385	10646	5376	3994	20038
阜城县	**293877**	**60415**	**167380**	**66082**	**48664**	**240513**
阜城镇	101069	19960	65776	15333	11251	51690
古城镇	29691	6218	15609	7864	5530	28918
码头镇	29673	6431	15575	7667	5816	29044
霞口镇	25703	5573	14125	6005	4449	24960
崔家庙镇	31906	6740	16881	8285	6126	31286
漫河镇	18187	3876	9650	4661	3518	17828
建桥乡	10891	2288	5328	3275	2421	10709
蒋坊乡	16152	3384	8199	4569	3332	15881
大白乡	13443	2553	7008	3882	2917	13244
王集乡	17162	3392	9229	4541	3304	16953
河北衡水高新技术产业开发区	**144731**	**30813**	**94791**	**19127**	**13801**	**78972**
大麻森乡	33539	6155	20413	6971	5099	23587
衡水高新技术产业开发区	91656	21892	61744	8020	5615	43187
新型功能材料产业园	6489	220	5990	279	162	37
苏正办事处	13047	2546	6644	3857	2925	12161
衡水滨湖新区	**79771**	**11663**	**56304**	**11804**	**8726**	**43327**
魏家屯镇	14968	2921	7938	4109	3049	14197
彭杜村乡	52388	8001	36745	7642	5641	28956
滨湖新区教育园区	12415	741	11621	53	36	174
深州市	**482289**	**81585**	**270652**	**130052**	**93219**	**401685**
唐奉镇	35414	6639	19223	9552	6918	32591
深州镇	114415	22016	73071	19328	13385	63121
辰时镇	29495	5369	15108	9018	6543	28841
榆科镇	19781	3470	10468	5843	4237	18907
魏家桥镇	19629	2947	10065	6617	4667	19034
大堤镇	16731	2689	8742	5300	3775	16205
前磨头镇	17920	2381	9959	5580	4060	15821
王家井镇	24115	2719	12622	8774	6349	22956
护驾迟镇	16376	2194	8754	5428	3967	15596
大屯镇	18570	2251	9485	6834	4976	17860
高古庄镇	17934	1815	10550	5569	4004	16707
兵曹乡	24356	4587	12224	7545	5461	23631
穆村乡	21321	4394	11143	5784	4102	20780
东安庄乡	30206	5705	15760	8741	6256	28369
北溪村乡	23926	3999	12540	7387	5294	23387
大冯营乡	22381	3741	11552	7088	5169	21726
乔屯乡	13649	1987	7064	4598	3361	12939
深州市城市新区管理委员会	9985	2389	6768	828	536	3150
经济开发区	6085	293	5554	238	159	64

表4　山西省乡、镇、街道人口

单位：人

地　区	总人口	分年龄人口				居住本乡、镇、街道，户口在本乡、镇、街道
		0-14岁	15-59岁	60岁及以上	#65岁及以上	
山西省	**34915616**	**5709895**	**22598696**	**6607025**	**4504674**	**21916766**
太原市	**5304061**	**824735**	**3624825**	**854501**	**564480**	**2274997**
小店区	**1139798**	**182466**	**812082**	**145250**	**94864**	**398503**
坞城街道	176143	22342	129786	24015	16326	64973
营盘街道	152381	22225	102999	27157	18304	61229
北营街道	133617	22298	97826	13493	8520	30255
平阳路街道	153813	21660	108557	23596	15830	65591
黄陵街道	75880	11091	56313	8476	5628	19502
小店街道	216500	44517	149116	22867	14054	65793
龙城街道	141366	25196	104382	11788	6954	39779
北格镇	23244	4261	14617	4366	2976	15531
西温庄乡	29208	2667	24566	1975	1303	7303
刘家堡乡	37646	6209	23920	7517	4969	28547
迎泽区	**592747**	**88404**	**391253**	**113090**	**75384**	**268640**
柳巷街道	37925	4597	25496	7832	5186	15992
文庙街道	65531	9533	42409	13589	8992	29982
庙前街道	58953	7900	36623	14430	10097	31047
迎泽街道	97668	13110	63230	21328	14708	54293
桥东街道	127618	17473	85209	24936	16377	54784
老军营街道	68494	10960	42558	14976	10234	41879
郝庄镇	136558	24831	95728	15999	9790	40663
杏花岭区	**765816**	**117781**	**501028**	**147007**	**96098**	**318782**
巨轮街道	111635	15932	72144	23559	15531	44617
三桥街道	78210	10538	49193	18479	12830	44083
鼓楼街道	33921	5064	21164	7693	5366	18096
杏花岭街道	32925	5466	20084	7375	4947	18542
坝陵桥街道	42140	5762	26835	9543	6408	18942
大东关街道	80826	10945	56421	13460	8315	23890
职工新街街道	58360	8264	38779	11317	7039	21305
敦化坊街道	121771	21392	77176	23203	15401	62247
涧河街道	60714	7700	38927	14087	8911	32203
杨家峪街道	90560	16307	63482	10771	6521	17486
中涧河乡	44991	8724	30594	5673	3595	11935
小返乡	9763	1687	6229	1847	1234	5436
尖草坪区	**530499**	**75484**	**366722**	**88293**	**58993**	**215785**
尖草坪街道	34929	4238	22474	8217	5184	14874
光社街道	27649	3867	18956	4826	3025	9698
上兰街道	44696	2985	38028	3683	2536	13920
南寨街道	72664	7820	50955	13889	10331	34374
迎新街道	26593	3570	17520	5503	3753	12187
古城街道	74485	10628	52357	11500	7290	18563
汇丰街道	95875	15279	65569	15027	9853	29438
柴村街道	67408	13348	45073	8987	5786	33090
新城街道	24270	4008	16144	4118	2785	9962
向阳镇	26311	4355	17008	4948	3293	14145

表4 续表 1

单位：人

地　区	总人口	分年龄人口				居住本乡、镇、街道，户口在本乡、镇、街道
		0-14岁	15-59岁	60岁及以上	#65岁及以上	
阳曲镇	17549	2986	11193	3370	2283	12376
马头水乡	1637	187	822	628	469	1407
柏板乡	11466	1661	7319	2486	1642	8603
西殢乡	4127	508	2534	1085	757	3148
太原中北高新技术产业开发区	840	44	770	26	6	
万柏林区	**951238**	**151091**	**649282**	**150865**	**98339**	**373312**
千峰街道	53957	6263	39869	7825	5338	21357
下元街道	84357	11406	59523	13428	9200	30590
和平街道	108074	15126	76356	16592	11132	44516
兴华街道	74037	13439	48311	12287	8007	35193
万柏林街道	56683	8816	36441	11426	8120	27719
杜儿坪街道	36896	5402	23569	7925	4878	16522
白家庄街道	21970	3118	14203	4649	3161	11548
南寒街道	114284	16905	75789	21590	13594	51768
东社街道	47013	10431	31779	4803	2861	14829
化客头街道	4318	571	2618	1129	821	2376
小井峪街道	162173	28743	112889	20541	12901	56395
西铭街道	41408	7243	27505	6660	4329	10445
长风西街街道	107547	16741	75082	15724	9760	35322
神堂沟街道	37800	6774	24859	6167	4148	14213
王封乡	721	113	489	119	89	519
晋源区	**316445**	**54898**	**213633**	**47914**	**31122**	**155073**
义井街道	110928	19333	78531	13064	8185	34079
罗城街道	18886	2876	12099	3911	2728	10392
晋源街道	59851	11660	38220	9971	6462	35529
金胜镇	50902	8240	35482	7180	4546	22793
晋祠镇	50455	8273	33256	8926	5910	31759
姚村镇	25423	4516	16045	4862	3291	20521
清徐县	**325509**	**52180**	**212492**	**60837**	**41676**	**243511**
清源镇	122877	22578	81610	18689	12632	81925
徐沟镇	55417	7970	38296	9151	6446	36050
东于镇	28010	4010	19233	4767	3281	21938
孟封镇	27283	3815	16571	6897	4654	25202
马峪乡	20059	3328	13049	3682	2502	14860
柳杜乡	16402	2324	10010	4068	2691	15075
西谷乡	17031	2541	9998	4492	3012	15424
王答乡	22059	3083	13991	4985	3548	17977
集义乡	16371	2531	9734	4106	2910	15060
阳曲县	**121218**	**16992**	**76427**	**27799**	**19364**	**70685**
黄寨镇	18494	2078	12068	4348	3049	9594
大盂镇	7583	643	4436	2504	1756	6508
东黄水镇	6262	427	3494	2341	1675	5400
泥屯镇	13470	1510	7727	4233	3046	12166
高村乡	6462	518	3730	2214	1499	5494
侯村乡	5714	484	3394	1836	1296	4481
凌井店乡	5516	347	3259	1910	1280	4965
西凌井乡	693	26	386	281	189	462

表4 续表 2

单位：人

地　　区	总人口	分年龄人口				居住本乡、镇、街道，户口在本乡、镇、街道
		0-14岁	15-59岁	60岁及以上	#65岁及以上	
北小店乡	1277	60	683	534	405	1056
杨兴乡	1936	92	904	940	688	1685
中心镇	53811	10807	36346	6658	4481	18874
娄烦县	**91208**	**15618**	**56535**	**19055**	**13335**	**56069**
娄烦镇	52039	11514	33189	7336	4996	22452
静游镇	10700	971	6448	3281	2348	9406
杜交曲镇	2637	246	1454	937	675	2396
庙湾乡	1768	122	901	745	551	1605
马家庄乡	10815	1567	6837	2411	1766	8177
盖家庄乡	2309	158	1388	763	517	2035
米峪镇乡	4569	389	2576	1604	1101	4189
天池店乡	6371	651	3742	1978	1381	5809
山西转型综合改革示范区	**258826**	**33483**	**204187**	**21156**	**13926**	**73232**
唐槐园区街道	144094	16719	122003	5372	3303	21787
学府园区街道	17360	2803	12829	1728	1098	6115
阳曲产业园区街道	22419	3871	15514	3034	1967	5864
潇河园区街道	60378	7389	43738	9251	6408	33568
科创城街道	14575	2701	10103	1771	1150	5898
古交市	**210757**	**36338**	**141184**	**33235**	**21379**	**101405**
东曲街道	42382	7886	28289	6207	3688	19942
西曲街道	14038	2452	9487	2099	1250	6101
桃园街道	70129	13796	48704	7629	4762	20001
屯兰街道	13384	2232	9207	1945	1142	5490
河口镇	13153	2233	8210	2710	1870	9879
镇城底镇	8227	1255	5357	1615	1056	5074
马兰镇	16242	2432	11174	2636	1871	10500
阁上乡	733	52	479	202	145	479
加乐泉乡	4739	514	3215	1010	689	2935
梭峪乡	11698	1668	7878	2152	1338	6598
岔口乡	4622	576	2546	1500	1061	4250
常安乡	4093	442	2441	1210	836	3765
原相乡	2640	311	1452	877	660	2278
邢家社乡	4677	489	2745	1443	1011	4113
大同市	**3105591**	**459258**	**2005432**	**640901**	**437083**	**1813707**
新荣区	**88664**	**10421**	**56589**	**21654**	**14833**	**51239**
新荣镇	32290	4714	21892	5684	3733	12566
古店镇	11673	1371	7678	2624	1727	5951
破鲁堡乡	5201	488	2943	1770	1271	4097
郭家窑乡	6361	592	3639	2130	1524	5025
花园屯乡	10675	1019	6416	3240	2323	7412
西村乡	7512	713	4827	1972	1322	4862
上深涧乡	4726	506	2974	1246	858	3595
堡子湾乡	10226	1018	6220	2988	2075	7731
平城区	**1101942**	**172837**	**746229**	**182876**	**118771**	**532462**
南关街道	85304	10967	57484	16853	11085	48421
北关街道	97096	11803	67086	18207	11730	45080

表4 续表 3

单位：人

地 区	总人口	分年龄人口				居住本乡、镇、街道，户口在本乡、镇、街道
		0-14岁	15-59岁	60岁及以上	#65岁及以上	
东街街道	51227	12206	33593	5428	3386	36665
西街街道	5789	399	4148	1242	787	2798
南街街道	7277	710	4720	1847	1168	4109
北街街道	47726	8343	32509	6874	4498	22755
新建南路街道	47700	6527	30904	10269	6830	28431
新建北路街道	35558	4248	23291	8019	5396	19380
大庆路街道	56254	8050	37409	10795	7405	23780
新华街街道	76090	8661	48618	18811	12670	39186
向阳里街道	77549	11794	51928	13827	8924	43853
振华南街街道	108082	14923	72329	20830	13521	54260
新旺乡	62281	9883	43319	9079	5730	15575
水泊寺乡	209229	39644	148472	21113	13247	100465
马军营乡	91419	15936	62139	13344	8158	25362
开源街街道	43361	8743	28280	6338	4236	22342
云冈区	**684753**	**89412**	**445467**	**149874**	**101849**	**331725**
新胜街道	68986	8302	48619	12065	7581	37963
新平旺街道	58604	7994	38712	11898	7830	34408
煤峪口街道	6331	570	3749	2012	1454	3897
永定庄街道	4029	385	2104	1540	1171	3606
同家梁街道	2714	161	1299	1254	908	2216
四老沟街道	1835	150	1012	673	523	1385
忻州窑街道	1364	72	759	533	353	808
白洞街道	464	35	222	207	166	402
雁崖街道	710	47	382	281	201	323
挖金湾街道	920	88	471	361	291	885
晋华宫街道	10576	906	6935	2735	1913	7824
马脊梁街道	2330	235	1506	589	398	1498
大斗沟街道	433	61	210	162	121	222
王村街道	491	44	314	133	99	261
姜家湾街道	7245	687	3966	2592	1734	4411
新泉路街道	19038	2506	12174	4358	2948	7866
民胜街道	19129	2381	12974	3774	2416	7607
口泉街道	19873	2142	12746	4985	3444	9557
马口街道	421	43	274	104	63	187
燕子山街道	4644	297	3058	1289	901	2821
杏儿沟街道	122	11	89	22	7	20
青磁窑街道	921	101	619	201	155	454
平泉路街道	56689	6513	36914	13262	8879	30363
四台沟街道	4150	265	2591	1294	975	2349
和顺街道	72428	10854	47784	13790	9466	21392
和瑞街道	64218	9491	41232	13495	9520	29301
平盛路街道	80308	12370	53346	14592	9871	22107
清泉街街道	28666	4424	18104	6138	4024	13192
西花园街道	22820	2353	13677	6790	5343	16267
老平旺街道	27875	3693	18943	5239	3697	6237
高山镇	4910	570	3293	1047	658	2207
云冈镇	7850	1152	4986	1712	1127	4515

表4 续表 4

单位：人

地区	总人口	分年龄人口				居住本乡、镇、街道，户口在本乡、镇、街道
		0-14岁	15-59岁	60岁及以上	#65岁及以上	
口泉乡	35298	4431	21790	9077	5846	23506
西韩岭乡	21599	2661	13418	5520	3739	14876
平旺乡	24036	3187	15667	5182	3375	15061
鸦儿崖乡	2726	230	1528	968	652	1731
云州区	**138035**	**18522**	**85159**	**34354**	**24006**	**90302**
西坪镇	60337	10050	39828	10459	7248	30588
倍加造镇	15258	2451	9306	3501	2336	11354
周士庄镇	14077	1672	8672	3733	2548	9830
吉家庄乡	5521	415	2909	2197	1584	4828
峰峪乡	4813	318	2333	2162	1614	4064
杜庄乡	12330	1179	7846	3305	2226	8886
党留庄乡	10171	1191	6019	2961	2101	7812
瓜园乡	3577	272	1913	1392	991	2923
聚乐乡	3849	320	2029	1500	1101	3226
许堡乡	8102	654	4304	3144	2257	6791
阳高县	**191981**	**27332**	**114177**	**50472**	**35551**	**144511**
龙泉镇	103061	18268	65394	19399	13592	62485
罗文皂镇	16721	2103	9426	5192	3753	15395
大白登镇	10369	1165	5864	3340	2275	9820
王官屯镇	11402	998	5938	4466	3133	10291
古城镇	7629	707	4134	2788	2012	6987
东小村镇	5108	430	2697	1981	1403	4618
友宰镇	5589	550	3097	1942	1422	5117
长城乡	1689	119	864	706	538	1541
北徐屯乡	8580	929	4954	2697	1880	7979
狮子屯乡	8168	817	4447	2904	1988	7534
下深井乡	7497	661	4081	2755	1932	7027
鳌石乡	6168	585	3281	2302	1623	5717
天镇县	**160691**	**23480**	**97458**	**39753**	**28398**	**110274**
玉泉镇	81563	15883	52900	12780	8914	40240
谷前堡镇	15504	2175	9601	3728	2625	11883
米薪关镇	7174	524	3913	2737	2008	6636
逯家湾镇	5976	310	2907	2759	2071	5546
新平堡镇	6546	605	3444	2497	1878	5946
卅里铺乡	11702	1273	6765	3664	2549	10557
南河堡乡	11187	962	6324	3901	2751	10200
贾家屯乡	3223	192	1618	1413	1034	2955
赵家沟乡	2676	202	1429	1045	800	2516
南高崖乡	2060	132	1158	770	546	1837
张西河乡	5422	426	2969	2027	1484	4929
马家皂乡	7658	796	4430	2432	1738	7029
广灵县	**154253**	**24025**	**97352**	**32876**	**23581**	**137918**
壶泉镇	73960	13642	48394	11924	8425	62984
南村镇	17049	1976	10202	4871	3671	15667
一斗泉乡	7585	1062	4750	1773	1277	7219
蕉山乡	11487	1688	7082	2717	1909	10494
加斗乡	12400	1686	7679	3035	2221	11695

表4　续表 5　　单位：人

地　区	总人口	分年龄人口				居住本乡、镇、街道，户口在本乡、镇、街道
		0-14岁	15-59岁	60岁及以上	#65岁及以上	
宜兴乡	7389	914	4446	2029	1463	7041
作疃乡	12732	1525	7711	3496	2449	11943
梁庄乡	7531	1051	4619	1861	1322	7112
望狐乡	4120	481	2469	1170	844	3763
灵丘县	**212771**	**39862**	**128255**	**44654**	**31513**	**143405**
武灵镇	131431	27486	82984	20961	14281	70348
东河南镇	20109	3232	11401	5476	3869	18218
上寨镇	12072	2141	6773	3158	2325	11030
落水河乡	18305	3140	10599	4566	3298	16629
史庄乡	3783	523	2054	1206	866	3319
赵北乡	5982	664	3105	2213	1607	5263
石家田乡	5094	692	2899	1503	1134	4078
柳科乡	3295	378	1928	989	754	3041
白崖台乡	2318	227	1133	958	724	2142
红石塄乡	2414	391	1238	785	571	2151
下关乡	3967	554	2041	1372	981	3621
独峪乡	4001	434	2100	1467	1103	3565
浑源县	**237749**	**36986**	**142944**	**57819**	**40662**	**190608**
永安镇	115893	19733	73286	22874	15963	80147
西坊城镇	9175	1493	5182	2500	1715	8524
蔡村镇	8414	1192	4983	2239	1616	7044
沙圪坨镇	14035	2210	8156	3669	2522	13130
王庄堡镇	10304	1643	5810	2851	2028	9512
大磁窑镇	1728	261	1036	431	327	1482
东坊城乡	18112	2722	10489	4901	3450	14910
裴村乡	10241	1539	5754	2948	2084	9455
驼峰乡	6973	931	3910	2132	1466	6658
西留村乡	7391	1034	4267	2090	1438	7025
下韩村乡	7065	1026	3961	2078	1471	6320
南榆林乡	5118	567	2781	1770	1260	4645
吴城乡	4959	556	2841	1562	1066	4684
黄花滩乡	3494	447	2219	828	624	3292
大仁庄乡	2390	239	1298	853	646	2239
千佛岭乡	4862	567	2722	1573	1142	4411
官儿乡	3911	339	2100	1472	1077	3749
青磁窑乡	3684	487	2149	1048	767	3381
左云县	**117943**	**14024**	**79705**	**24214**	**16426**	**74914**
云兴镇	61665	9772	40963	10930	7350	35159
鹊儿山镇	8006	686	5654	1666	1076	5482
店湾镇	4617	381	3428	808	504	2987
管家堡乡	6286	535	3754	1997	1381	5828
张家场乡	10252	704	7164	2384	1615	6761
三屯乡	6007	503	3536	1968	1396	5304
马道头乡	8132	707	5633	1792	1204	6143
小京庄乡	10486	557	7891	2038	1475	5302
水窑乡	2492	179	1682	631	425	1948
山西大同经济开发区	**16809**	**2357**	**12097**	**2355**	**1493**	**6349**
经济技术开发区乡级单位	16809	2357	12097	2355	1493	6349

表4 续表 6　　单位：人

地　区	总人口	分年龄人口				居住本乡、镇、街道，户口在本乡、镇、街道
		0-14岁	15-59岁	60岁及以上	#65岁及以上	
阳泉市	**1318505**	**189897**	**853822**	**274786**	**186034**	**799790**
城区	**225443**	**29612**	**147872**	**47959**	**32803**	**120987**
上站街道	47750	6060	30046	11644	8034	31375
下站街道	19453	2650	11982	4821	3342	11739
北大街街道	29722	3729	19265	6728	4458	14712
南山路街道	67193	8733	44751	13709	9425	37188
义井街道	31749	5011	22429	4309	2866	7442
坡底街道	1307	140	758	409	323	525
义井镇	28269	3289	18641	6339	4355	18006
矿区	**230691**	**31441**	**149085**	**50165**	**34724**	**160467**
平潭街街道	51873	7017	33389	11467	7529	36094
蔡洼街道	34411	4203	22425	7783	5604	22127
赛鱼街道	53160	7729	34891	10540	7361	40011
沙坪街道	28529	3581	17538	7410	5281	20791
贵石沟街道	12062	1511	7710	2841	2060	8111
桥头街道	50656	7400	33132	10124	6889	33333
郊区	**275094**	**36159**	**187155**	**51780**	**34088**	**145987**
荫营镇	70040	8434	46723	14883	10081	51711
河底镇	27950	2298	17235	8417	5849	24797
平坦镇	12276	1269	8479	2528	1748	6509
西南舁乡	8527	739	4926	2862	1929	7505
杨家庄乡	7392	806	4519	2067	1454	5967
李家庄乡	23337	3199	16192	3946	2532	10571
旧街乡	4703	566	2934	1203	868	3779
开发区	120869	18848	86147	15874	9627	35148
平定县	**306228**	**45578**	**195157**	**65493**	**44106**	**184876**
冠山镇	203217	34986	139304	28927	18601	92513
冶西镇	7863	898	4648	2317	1582	6622
锁簧镇	16521	2109	9276	5136	3425	15138
张庄镇	19217	1802	10765	6650	4646	17131
东回镇	10377	912	4707	4758	3495	9763
柏井镇	7782	889	3923	2970	2050	7094
娘子关镇	9468	916	5386	3166	2162	8259
巨城镇	13276	1177	7316	4783	3391	11880
石门口乡	10042	1161	5605	3276	2274	8914
岔口乡	8465	728	4227	3510	2480	7562
盂县	**281049**	**47107**	**174553**	**59389**	**40313**	**187473**
秀水镇	126666	25194	83069	18403	12048	63268
孙家庄镇	25437	3940	16832	4665	3134	15670
路家村镇	14344	1872	8727	3745	2465	12264
南娄镇	28870	5124	18402	5344	3491	18547
牛村镇	14833	1832	9272	3729	2517	11783
苌池镇	13315	1726	7430	4159	2962	12289
上社镇	8218	908	4041	3269	2322	7669
西烟镇	15158	2483	8749	3926	2769	14369

表4　续表 7　　　　　　　　　　　　　　　　　　　　　　　　　　　　　　单位：人

地　区	总人口	分年龄人口				居住本乡、镇、街道，户口在本乡、镇、街道
		0-14岁	15-59岁	60岁及以上	#65岁及以上	
仙人乡	6980	734	3626	2620	1833	6359
北下庄乡	5239	566	2681	1992	1414	4891
下社乡	3975	406	1992	1577	1126	3683
梁家寨乡	5206	606	2671	1929	1392	4753
西潘乡	5142	556	2608	1978	1427	4725
东梁乡	7666	1160	4453	2053	1413	7203
长治市	**3180884**	**524264**	**2047350**	**609270**	**412263**	**2210283**
潞州区	**895280**	**147429**	**603187**	**144664**	**96371**	**511582**
东街街道	78846	13923	53905	11018	7237	42068
西街街道	65251	10706	44512	10033	6716	31753
英雄南路街道	51648	8681	34747	8220	5424	27029
英雄中路街道	34657	5572	23018	6067	4108	19613
紫金街街道	34636	5727	22379	6530	4472	22187
太行东街街道	79559	11433	57333	10793	7145	37990
太行西街街道	87752	13477	59886	14389	9644	42436
延安南路街道	85811	13017	56324	16470	11279	49008
常青街道	25891	4532	17314	4045	2556	15203
五马街道	28826	4963	19579	4284	2746	15766
长北街道	13536	1115	8514	3907	3000	9249
故县街道	45812	6904	31091	7817	5646	30099
老顶山镇	41900	7086	27258	7556	4959	29124
堠北庄镇	50270	9530	32985	7755	5092	34800
大辛庄镇	96074	18680	65911	11483	6968	47832
马厂镇	35445	5792	23369	6284	4069	26501
黄碾镇	28501	4551	17925	6025	4008	22430
西白兔乡	8290	1305	5453	1532	993	6758
长治市老顶山旅游开发管理中心	2575	435	1684	456	309	1736
上党区	**319660**	**53795**	**201725**	**64140**	**43665**	**234845**
韩店街道	110941	22062	74555	14324	9088	51165
苏店镇	41623	7080	26342	8201	5579	32362
荫城镇	34101	5045	21011	8045	5574	31705
西火镇	16904	2596	10257	4051	2799	15658
八义镇	14383	1758	8451	4174	3022	13273
贾掌镇	10502	1482	6114	2906	2025	9856
郝家庄镇	23277	3905	14462	4910	3326	21234
西池乡	15017	2071	8803	4143	2960	13864
北呈乡	14679	2098	8327	4254	2939	13683
东和乡	12221	1575	6791	3855	2738	11080
南宋乡	11579	1619	7160	2800	2001	10551
振兴新区	1183	184	791	208	134	943
信义开发区	13250	2320	8661	2269	1480	9471

表4 续表 8

单位：人

地　区	总人口	分年龄人口				居住本乡、镇、街道，户口在本乡、镇、街道
		0-14岁	15-59岁	60岁及以上	#65岁及以上	
屯留区	**253756**	**47032**	**162602**	**44122**	**29672**	**203823**
麟绛街道	78942	18221	51957	8764	5777	50247
上村镇	18648	3474	11900	3274	2222	16936
渔泽镇	23712	4405	15899	3408	2176	16625
余吾镇	15701	2263	10235	3203	2276	13894
吾元镇	11112	1436	6737	2939	1983	10390
张店镇	15480	2469	9379	3632	2418	14591
丰宜镇	7211	1170	4401	1640	1133	6713
李高乡	15255	2598	9750	2907	1955	13083
路村乡	26938	4510	17286	5142	3466	23594
河神庙乡	12567	1679	7803	3085	2094	11835
西贾乡	9809	1729	5868	2212	1534	8919
西流寨开发区	2873	339	1665	869	627	2689
康庄工业园区	12779	2516	8028	2235	1483	11767
上莲开发区	2729	223	1694	812	528	2540
潞城区	**219256**	**33590**	**144730**	**40936**	**27593**	**155539**
潞华街道	99765	18520	68339	12906	8240	57246
成家川街道	21136	2341	13628	5167	3726	16982
店上镇	27254	3275	18648	5331	3478	20271
微子镇	13202	1555	7994	3653	2549	11019
辛安泉镇	9055	1128	5210	2717	1920	8021
翟店镇	19138	3073	12364	3701	2473	16442
史回镇	15231	2025	10003	3203	2173	12611
合室乡	6103	689	3700	1714	1222	5312
黄牛蹄乡	8372	984	4844	2544	1812	7635
襄垣县	**260081**	**41715**	**168944**	**49422**	**33373**	**176804**
古韩镇	120928	23781	81456	15691	10339	68711
王桥镇	26030	3710	17031	5289	3621	20226
侯堡镇	42929	7119	28731	7079	4584	26716
夏店镇	19428	2359	12163	4906	3427	16540
虒亭镇	9518	828	5494	3196	2176	8417
西营镇	5800	545	3134	2121	1479	5198
王村镇	8569	662	4706	3201	2204	7724
下良镇	9804	842	5889	3073	2190	8658
善福乡	6325	724	3917	1684	1140	5386
北底乡	5885	728	3556	1601	1109	4853
上马乡	4865	417	2867	1581	1104	4375
平顺县	**115927**	**15716**	**71954**	**28257**	**19497**	**95295**
青羊镇	38596	7319	24716	6561	4352	24403
龙溪镇	10960	1270	6730	2960	2081	10253
石城镇	9833	1282	6330	2221	1424	9042
苗庄镇	6155	747	3726	1682	1184	5721
杏城镇	6929	754	4255	1920	1393	6357
西沟乡	4600	397	2847	1356	943	4193
东寺头乡	5440	523	3167	1750	1228	4835

表4 续表 9 单位：人

地区	总人口	分年龄人口				居住本乡、镇、街道，户口在本乡、镇、街道
		0-14岁	15-59岁	60岁及以上	#65岁及以上	
虹梯关乡	4641	451	2784	1406	1027	4099
阳高乡	6458	728	4032	1698	1160	5883
北耽车乡	6554	594	4020	1940	1369	6064
中五井乡	4673	485	2683	1505	1028	4327
北社乡	11088	1166	6664	3258	2308	10118
黎城县	**134186**	**23260**	**81006**	**29920**	**20182**	**99527**
黎侯镇	63652	13317	40207	10128	6706	36698
东阳关镇	9143	1022	5153	2968	2067	8631
上遥镇	10201	1024	5791	3386	2318	9323
西井镇	17675	2779	10184	4712	3175	16769
黄崖洞镇	10915	1911	6759	2245	1438	10243
西仵乡	5475	807	3262	1406	931	4653
停河铺乡	8322	1523	5023	1776	1205	4994
程家山乡	4211	377	2141	1693	1239	3993
洪井乡	4592	500	2486	1606	1103	4223
壶关县	**240109**	**41794**	**148279**	**50036**	**34401**	**171941**
龙泉镇	108962	24117	71312	13533	8633	51603
百尺镇	20670	3063	12270	5337	3680	19402
店上镇	16050	1968	9169	4913	3427	15046
晋庄镇	15190	2184	8655	4351	3118	14334
树掌镇	5777	553	3075	2149	1494	5451
大峡谷镇	5421	725	3165	1531	1027	5096
集店乡	19300	3125	11883	4292	2990	17959
黄山乡	14996	1742	9050	4204	3063	13780
东井岭乡	9730	1081	5556	3093	2180	9063
石坡乡	6200	619	3315	2266	1694	5806
五龙山乡	4300	409	2317	1574	1163	3865
鹅屋乡	3312	424	1710	1178	846	3091
常平开发区	10201	1784	6802	1615	1086	7445
长子县	**298690**	**49800**	**187245**	**61645**	**42491**	**235980**
丹朱镇	105866	22467	67843	15556	10305	61244
鲍店镇	17642	3030	10796	3816	2602	16871
石哲镇	18959	2434	11035	5490	3817	18049
大堡头镇	27720	3828	17274	6618	4693	24495
慈林镇	23485	2464	16123	4898	3442	17362
色头镇	12248	1756	7708	2784	1941	11256
南漳镇	18353	2693	11416	4244	3033	16947
岚水乡	12427	1989	7299	3139	2140	11814
碾张乡	10412	1828	5978	2606	1804	10014
常张乡	10304	1254	6192	2858	2030	9840
南陈乡	13375	1561	7961	3853	2702	12445
宋村乡	27899	4496	17620	5783	3982	25643

表4 续表 10

单位：人

地 区	总人口	分年龄人口				居住本乡、镇、街道，户口在本乡、镇、街道
		0-14岁	15-59岁	60岁及以上	#65岁及以上	
武乡县	**155386**	**24522**	**93100**	**37764**	**26269**	**116994**
丰州镇	66135	14242	42243	9650	6554	37653
洪水镇	14965	1852	8598	4515	3198	12914
蟠龙镇	14128	1606	8095	4427	3235	12432
监漳镇	6117	792	3210	2115	1467	5604
故城镇	12500	2125	7294	3081	1988	11715
墨镫乡	4718	347	3206	1165	802	3271
韩北乡	7498	754	4475	2269	1616	6196
大有乡	5967	519	3218	2230	1572	5585
贾豁乡	4636	383	2367	1886	1338	4389
故县乡	2515	298	1347	870	590	2249
上司乡	3706	213	1732	1761	1278	3448
石北乡	3370	343	1961	1066	735	3090
涌泉乡	5304	642	3164	1498	1039	4890
分水岭乡	3827	406	2190	1231	857	3558
沁县	**138578**	**21856**	**86455**	**30267**	**20323**	**111490**
定昌镇	64692	13105	42677	8910	5944	43143
郭村镇	6822	881	3837	2104	1497	6412
故县镇	8769	1144	5208	2417	1546	8292
新店镇	9603	1077	5745	2781	1899	8819
漳源镇	8012	916	4674	2422	1659	7654
册村镇	8803	1215	5016	2572	1720	8062
段柳乡	10222	1185	6294	2743	1854	8609
松村乡	6324	626	3926	1772	1207	5937
次村乡	2235	144	1226	865	597	2138
牛寺乡	4372	524	2721	1127	746	4149
南里乡	5024	631	2873	1520	1007	4786
南泉乡	1777	183	1097	497	302	1702
杨安乡	1923	225	1161	537	345	1787
沁源县	**149975**	**23755**	**98123**	**28097**	**18426**	**96463**
沁河镇	69932	14998	45502	9432	5993	37337
郭道镇	14301	2104	9203	2994	1910	9901
灵空山镇	5342	455	3647	1240	788	3970
王和镇	9174	1136	5936	2102	1401	6867
李元镇	9315	807	7016	1492	959	4696
王陶镇	9721	1051	7168	1502	1007	6206
中峪乡	3206	281	1984	941	661	2867
法中乡	5037	603	2881	1553	1046	4678
交口乡	5525	647	3221	1657	1082	5037
聪子峪乡	5330	551	3917	862	546	3127
韩洪乡	4637	363	2573	1701	1224	4310
官滩乡	2030	206	1170	654	449	1822
景凤乡	1545	115	909	521	348	1301
赤石桥乡	4880	438	2996	1446	1012	4344

表4 续表 11

单位：人

地　　区	总人口	分年龄人口				居住本乡、镇、街道，户口在本乡、镇、街道
		0-14岁	15-59岁	60岁及以上	#65岁及以上	
晋城市	**2194545**	**301599**	**1447550**	**445396**	**305198**	**1548897**
城区	**574665**	**95015**	**399782**	**79868**	**52247**	**292566**
东街街道	51810	8249	34918	8643	5832	30061
西街街道	74585	13448	51276	9861	6359	37146
南街街道	58742	9290	41721	7731	4859	26555
北街街道	45053	7027	31485	6541	4397	21883
钟家庄街道	133191	22358	95076	15757	9753	60490
西上庄街道	49107	8324	33258	7525	4971	24358
开发区街道	73961	11944	54758	7259	4435	29635
北石店镇	88216	14375	57290	16551	11641	62438
沁水县	**196528**	**22430**	**130842**	**43256**	**29835**	**143598**
龙港镇	70438	9750	48874	11814	7802	46370
中村镇	10362	1155	6819	2388	1639	9027
郑庄镇	12417	1073	7682	3662	2568	9873
端氏镇	25711	3244	17082	5385	3810	18966
嘉峰镇	27893	3191	19630	5072	3432	17583
郑村镇	14503	1540	10074	2889	2083	10822
柿庄镇	7137	485	4019	2633	1901	6695
樊村河乡	940	37	508	395	291	871
土沃乡	4105	205	2496	1404	945	3544
张村乡	2995	199	1818	978	709	2468
苏庄乡	842	19	402	421	304	750
胡底乡	8411	774	5353	2284	1621	6550
固县乡	4671	360	2709	1602	1144	4323
十里乡	6103	398	3376	2329	1586	5756
阳城县	**350474**	**39056**	**229865**	**81553**	**55059**	**282050**
凤城镇	160986	21578	111471	27937	18127	112551
北留镇	36645	5153	24088	7404	4972	30515
润城镇	25704	2789	16560	6355	4322	23250
町店镇	12331	933	8134	3264	2305	10211
芹池镇	12072	1015	7613	3444	2399	11033
次营镇	8471	494	4992	2985	2098	7809
横河镇	2208	92	1179	937	674	1976
河北镇	7994	416	4314	3264	2315	7454
蟒河镇	13979	1300	8610	4069	2783	13279
东冶镇	14484	1061	8785	4638	3265	13861
白桑乡	12082	963	7752	3367	2282	10871
寺头乡	6328	460	3701	2167	1464	6033
西河乡	13636	1259	9108	3269	2235	11566
演礼乡	10049	903	6181	2965	1992	9135
固隆乡	6040	402	3711	1927	1300	5587
董封乡	3489	96	1805	1588	1141	3123
驾岭乡	3976	142	1861	1973	1385	3796
陵川县	**204825**	**30116**	**127509**	**47200**	**32202**	**168285**
崇文镇	85146	15006	56024	14116	9152	56830

表4 续表 12

单位：人

地　　区	总人口	分年龄人口				居住本乡、镇、街道，户口在本乡、镇、街道
		0-14岁	15-59岁	60岁及以上	#65岁及以上	
礼义镇	21618	3287	12800	5531	3825	20303
附城镇	21643	2822	12753	6068	4231	20356
西河底镇	13167	1646	7673	3848	2761	12285
平城镇	16792	2181	10615	3996	2731	15350
杨村镇	12288	1925	7560	2803	1895	11502
潞城镇	8317	815	4812	2690	1857	7736
夺火乡	2939	260	1730	949	637	2742
马圪当乡	3346	320	1892	1134	772	3064
古郊乡	5068	493	2985	1590	1139	4413
六泉乡	6605	517	3888	2200	1550	6294
秦家庄乡	7896	844	4777	2275	1652	7410
泽州县	**414999**	**51938**	**267052**	**96009**	**67027**	**319200**
南村镇	72062	10537	50705	10820	7030	39035
下村镇	34551	4873	22507	7171	4878	29894
大东沟镇	22181	2777	13372	6032	4272	21043
周村镇	18617	1996	11450	5171	3606	17136
犁川镇	7496	714	4036	2746	1947	6980
晋庙铺镇	8300	869	4429	3002	2189	7912
金村镇	69657	9358	49310	10989	7543	37186
高都镇	28961	3477	17343	8141	5730	27067
巴公镇	56257	6709	38396	11152	7768	43730
大阳镇	18405	2306	11113	4986	3500	16838
山河镇	10808	882	5620	4306	3159	10211
大箕镇	11952	1136	6708	4108	2943	10925
柳树口镇	6683	457	3371	2855	2080	6313
北义城镇	21110	2823	12436	5851	4077	19971
川底乡	16790	2081	10621	4088	2898	14726
李寨乡	6630	585	3357	2688	1991	6278
南岭乡	4539	358	2278	1903	1416	3955
高平市	**453054**	**63044**	**292500**	**97510**	**68828**	**343198**
北城街道	48061	7943	32208	7910	5252	27712
东城街道	51057	9134	34284	7639	4999	28021
南城街道	75309	13472	50654	11183	7233	45591
米山镇	30218	2822	20354	7042	5099	22530
三甲镇	21083	2844	13559	4680	3412	18068
神农镇	17916	2325	10943	4648	3413	16133
陈区镇	22542	2897	13968	5677	4160	20753
北诗镇	21089	2318	12498	6273	4459	19889
河西镇	38352	4956	23603	9793	6954	34197
马村镇	26632	3312	17047	6273	4571	23775
野川镇	15654	1730	9367	4557	3377	14648
寺庄镇	33783	3062	21987	8734	6398	26819
建宁乡	14608	1952	9194	3462	2444	13640
石末乡	11428	1496	6557	3375	2462	10841
原村乡	16086	1748	10501	3837	2840	13073
永禄乡	9236	1033	5776	2427	1755	7508

表4　续表 13　　　　单位：人

地　区	总人口	分年龄人口				居住本乡、镇、街道，户口在本乡、镇、街道
		0-14岁	15-59岁	60岁及以上	#65岁及以上	
朔州市	**1593444**	**273994**	**1029198**	**290252**	**199294**	**793141**
朔城区	**493331**	**95456**	**322103**	**75772**	**51954**	**205518**
北城街道	86516	17693	59378	9445	6334	35218
南城街道	155673	36334	103772	15567	10389	31173
神头街道	3565	515	2170	880	583	2569
北旺庄街道	132355	25841	90882	15632	10617	41004
神头镇	19298	2324	11036	5938	4105	16358
利民镇	4499	522	2463	1514	1083	3650
下团堡乡	17936	2907	10831	4198	2893	12781
小平易乡	19570	3057	11697	4816	3305	15844
滋润乡	9189	1021	4974	3194	2264	8285
福善庄乡	8481	1121	4762	2598	1885	7566
南榆林乡	6139	512	3123	2504	1844	5154
贾庄乡	9560	1245	5499	2816	1989	8481
沙塄河乡	8745	1019	4877	2849	2002	7495
窑子头乡	8029	947	4520	2562	1781	6920
张蔡庄乡	3776	398	2119	1259	880	3020
平鲁区	**148212**	**24074**	**95337**	**28801**	**19968**	**78349**
井坪镇	93752	18176	61232	14344	9631	36295
凤凰城镇	3513	370	2033	1110	835	3201
白堂乡	6967	798	4859	1310	875	3738
陶村乡	7173	785	5194	1194	811	4262
下水头乡	4318	423	2544	1351	1009	3969
双碾乡	1589	67	805	717	516	1298
阻虎乡	2941	244	1726	971	700	2600
高石庄乡	3055	231	1617	1207	857	2670
西水界乡	2840	221	1556	1063	761	2443
下面高乡	9287	1434	5877	1976	1425	7861
下木角乡	2500	311	1476	713	533	2303
向阳堡乡	5620	470	3170	1980	1409	4908
榆岭乡	4657	544	3248	865	606	2801
山阴县	**199505**	**31157**	**125237**	**43111**	**29860**	**125598**
玉井镇	9457	897	6247	2313	1624	5573
北周庄镇	13952	1972	8304	3676	2562	11701
古城镇	12114	1485	7252	3377	2325	11010
岱岳镇	17007	3099	10114	3794	2656	10223
吴马营乡	2096	250	1000	846	613	1916
马营乡	9461	884	7072	1505	995	5066
下喇叭乡	2320	219	1303	798	602	2120
合盛堡乡	6234	689	3431	2114	1472	5551
安荣乡	7584	912	4293	2379	1625	6981
薛圐圙乡	7542	848	4533	2161	1492	6930
后所乡	10603	1193	6586	2824	2090	9901
张家庄乡	4949	514	2823	1612	1096	4426
马营庄乡	9358	1129	5363	2866	2110	8690
山阴农牧场	1942	139	1388	415	281	1080
东城	51941	10616	34180	7145	4847	20628
西城	32945	6311	21348	5286	3470	13802

表4 续表 14

单位：人

地　区	总人口	分年龄人口				居住本乡、镇、街道，户口在本乡、镇、街道
		0-14岁	15-59岁	60岁及以上	#65岁及以上	
应县	**243970**	**36957**	**149437**	**57576**	**39564**	**164356**
金城镇	109481	20841	72417	16223	11038	47802
南河种镇	25755	3341	14881	7533	5190	22872
下社镇	13848	1754	7871	4223	2922	12306
镇子梁乡	14406	1950	8716	3740	2578	10703
义井乡	11327	1184	6114	4029	2784	9869
臧寨乡	15505	1601	8814	5090	3550	13205
大黄巍乡	7613	875	4365	2373	1564	6500
杏寨乡	11099	1287	6352	3460	2354	9969
下马峪乡	7369	873	4289	2207	1510	6461
南泉乡	8778	951	5031	2796	1939	7751
大临河乡	15778	1915	9004	4859	3369	14514
白马石乡	3011	385	1583	1043	766	2404
右玉县	**88212**	**12903**	**54057**	**21252**	**14845**	**38760**
新城镇	62895	11646	40497	10752	7319	21834
右卫镇	4398	199	1891	2308	1668	3573
威远镇	3439	138	1480	1821	1332	2950
元堡子镇	7113	446	5614	1053	595	1616
牛心堡乡	1907	114	820	973	730	1686
白头里乡	1991	113	1016	862	620	1470
高家堡乡	2399	96	1066	1237	924	1971
丁家窑乡	837	22	361	454	319	706
杨千河乡	972	37	407	528	381	848
李达窑乡	2261	92	905	1264	957	2106
山西朔州经济开发区	**71744**	**14936**	**49583**	**7225**	**4863**	**17380**
山西朔州经济开发区街道	71744	14936	49583	7225	4863	17380
怀仁市	**348470**	**58511**	**233444**	**56515**	**38240**	**163180**
云中镇	201027	37094	139447	24486	16032	84683
吴家窑镇	4940	661	3284	995	708	2775
金沙滩镇	14699	2031	8517	4151	2874	10998
毛家皂镇	10292	1313	5937	3042	2128	8060
何家堡乡	26492	5071	17162	4259	2934	10633
新家园乡	23417	2847	14974	5596	3918	15596
亲和乡	22991	3900	14088	5003	3387	12250
海北头乡	33973	4664	24308	5001	3370	9498
马辛庄乡	3864	340	2116	1408	994	3194
河头乡	6342	524	3333	2485	1831	5339
金沙滩农牧场	354	55	226	73	53	142
金沙滩林场	79	11	52	16	11	12
晋中市	**3379498**	**554750**	**2183905**	**640843**	**438839**	**2106572**
榆次区	**904518**	**128939**	**631688**	**143891**	**96177**	**444033**
北关街道	33003	5221	20499	7283	5134	19493
锦纶街道	75293	13271	50868	11154	7086	39813
新华街道	56777	9364	38193	9220	6124	24047
西南街道	30976	4544	20396	6036	4008	11832

表4 续表 15

单位：人

地　　区	总人口	分年龄人口				居住本乡、镇、街道，户口在本乡、镇、街道
		0-14岁	15-59岁	60岁及以上	#65岁及以上	
路西街道	37700	6166	25085	6449	4300	13612
经纬街道	24126	3570	15184	5372	3929	15659
安宁街道	187228	14119	158646	14463	9392	53324
新建街道	71170	11476	49640	10054	6602	20040
晋华街道	48587	7010	31822	9755	6571	24656
乌金山镇	40768	6874	27135	6759	4393	26326
东阳镇	25360	4096	15229	6035	4149	21859
什贴镇	11350	1439	6448	3463	2397	10256
长凝镇	9075	1093	5131	2851	1993	7822
北田镇	19235	2730	11445	5060	3467	16338
修文镇	29483	5025	17913	6545	4430	23910
郭家堡乡	72142	13286	47394	11462	7345	37008
张庆乡	51770	6292	37934	7544	5258	29084
庄子乡	11512	1578	6679	3255	2244	9650
东赵乡	10656	1444	6213	2999	2044	9029
山西转型综合改革示范区						
晋中开发区	231	1	227	3	2	22
榆次区使赵乡社会事务管理中心	58076	10340	39607	8129	5309	30253
太谷区	**322099**	**44347**	**214483**	**63269**	**44267**	**188054**
明星镇	10180	1497	6299	2384	1700	8326
胡村镇	35335	5430	21023	8882	6145	30723
范村镇	10770	1414	6192	3164	2171	9716
侯城乡	21625	2889	13063	5673	3955	18094
北汪乡	14633	1531	8676	4426	3113	13563
水秀乡	17867	2502	11067	4298	2957	14626
阳邑乡	13694	1539	7992	4163	2861	12488
小白乡	13191	1697	7872	3622	2465	11775
任村乡	11957	1575	7050	3332	2308	10904
白塔区	41993	6932	27930	7131	5082	16925
北城区	69985	10568	52153	7264	5013	21304
南城区	60869	6773	45166	8930	6497	19610
榆社县	**111714**	**19985**	**68161**	**23568**	**16028**	**74877**
箕城镇	28815	5632	17739	5444	3695	20510
云簇镇	10940	1663	6233	3044	2101	10107
郝北镇	6792	806	3898	2088	1405	6068
社城镇	3902	436	2180	1286	873	3723
河峪乡	6913	898	3998	2017	1373	6581
北寨乡	3118	168	1497	1453	1024	2977
西马乡	5086	581	2733	1772	1185	4796
岚峪乡	2253	202	1215	836	582	2130
讲堂乡	1125	73	617	435	306	1033
城区	26638	5820	17831	2987	1952	11920
移民新区	16132	3706	10220	2206	1532	5032
左权县	**144519**	**26070**	**89060**	**29389**	**19436**	**80013**
辽阳镇	17445	3133	10724	3588	2325	10104
桐峪镇	4963	614	2715	1634	1066	4518
麻田镇	12154	2114	6811	3229	2150	11499
芹泉镇	7540	1245	4221	2074	1301	7167

表4 续表 16

单位：人

地 区	总人口	分年龄人口				居住本乡、镇、街道，户口在本乡、镇、街道
		0-14岁	15-59岁	60岁及以上	#65岁及以上	
拐儿镇	6087	758	3192	2137	1438	5775
寒王乡	6847	757	4067	2023	1392	5354
石匣乡	4441	280	2009	2152	1511	3998
龙泉乡	3131	188	1722	1221	865	2393
粟城乡	3958	683	2146	1129	748	3696
羊角乡	3482	496	1879	1107	704	3375
城区	74471	15802	49574	9095	5936	22134
和顺县	**121617**	**17980**	**78167**	**25470**	**17194**	**66707**
义兴镇	31448	4901	20109	6438	4330	20801
李阳镇	9137	817	5565	2755	1936	7611
松烟镇	6781	706	3755	2320	1569	6397
青城镇	3712	301	1916	1495	1071	3565
横岭镇	2424	189	1277	958	671	2226
喂马乡	4251	228	3021	1002	688	2238
平松乡	3443	312	1819	1312	918	3182
牛川乡	3042	227	1682	1133	790	2282
马坊乡	2112	138	1164	810	548	1903
阳光占乡	1889	133	940	816	559	1776
城区	53378	10028	36919	6431	4114	14726
昔阳县	**190861**	**27830**	**112884**	**50147**	**34602**	**126639**
乐平镇	21855	2594	12607	6654	4689	17867
皋落镇	6219	596	3274	2349	1618	5890
冶头镇	7406	754	3744	2908	2099	6920
沾尚镇	3796	209	1863	1724	1231	3611
大寨镇	18177	1654	10720	5803	4069	14793
李家庄乡	8048	960	4233	2855	1937	7713
界都乡	5814	344	2793	2677	1821	5329
三都乡	3671	205	1933	1533	1078	3067
赵壁乡	11469	932	5520	5017	3540	10957
孔氏乡	6449	876	3209	2364	1702	6090
闫庄乡	4719	430	2389	1900	1325	4522
西寨乡	2086	68	1055	963	713	1772
城区社区	91152	18208	59544	13400	8780	38108
寿阳县	**200352**	**25506**	**129750**	**45096**	**31936**	**124324**
朝阳镇	118632	19720	81825	17087	11641	57982
南燕竹镇	9402	806	5326	3270	2383	8539
宗艾镇	7699	510	4716	2473	1800	5915
平头镇	14789	1875	8881	4033	2832	12673
松塔镇	5074	251	2723	2100	1550	4324
西洛镇	5724	299	3078	2347	1734	5274
尹灵芝镇	5002	196	2370	2436	1813	4547
平舒乡	9794	632	6382	2780	1982	6669
解愁乡	6734	345	4537	1852	1343	4502
温家庄乡	5175	305	3529	1341	936	3220
景尚乡	3325	221	1820	1284	930	2632
上湖乡	2558	92	1310	1156	851	2241
羊头崖乡	3309	111	1549	1649	1209	3110
马首乡	3135	143	1704	1288	932	2696

表4 续表 17 单位：人

地区	总人口	分年龄人口				居住本乡、镇、街道，户口在本乡、镇、街道
		0-14岁	15-59岁	60岁及以上	#65岁及以上	
祁县	**254535**	**41365**	**159171**	**53999**	**37354**	**196684**
昭馀镇	27038	4576	17202	5260	3636	21557
东观镇	48803	7833	30526	10444	7163	42270
古县镇	24062	3133	14051	6878	4687	22641
贾令镇	20615	2708	11780	6127	4272	19386
城赵镇	27028	4143	15564	7321	5147	25354
来远镇	1374	34	624	716	495	1193
西六支乡	17662	2873	10451	4338	3059	16150
峪口乡	7032	620	4174	2238	1518	6597
昌源城区	24179	5423	16447	2309	1606	9603
丹枫城区	31870	5773	21667	4430	3032	17360
麓台城区	24872	4249	16685	3938	2739	14573
平遥县	**450697**	**89214**	**270215**	**91268**	**63948**	**357130**
古城街道	10845	1509	6271	3065	2301	7259
城东街道	20664	4144	13842	2678	1857	6550
城西街道	55532	11688	36757	7087	4750	24486
古陶镇	73148	18221	45846	9081	6067	52358
段村镇	23685	4379	13760	5546	3904	22049
东泉镇	11566	1484	6092	3990	2955	10918
洪善镇	28705	5329	16903	6473	4519	26869
宁固镇	25534	4838	13853	6843	4897	24243
南政乡	35730	7244	21383	7103	4953	32385
中都乡	33997	7247	20277	6473	4500	29007
岳壁乡	41329	7827	24229	9273	6475	35403
卜宜乡	22312	3797	12735	5780	4055	20777
孟山乡	1117	47	473	597	443	1082
朱坑乡	17636	2436	9869	5331	3751	16785
襄垣乡	17016	2747	10029	4240	2977	16352
杜家庄乡	13938	2716	7885	3337	2399	13396
香乐乡	17943	3561	10011	4371	3145	17211
灵石县	**246491**	**47107**	**158836**	**40548**	**27660**	**161107**
翠峰镇	40280	8059	25973	6248	4147	24112
静升镇	34877	6720	23087	5070	3525	19804
两渡镇	20870	3340	13709	3821	2647	16303
夏门镇	7866	1018	5034	1814	1238	6159
南关镇	26215	4405	16798	5012	3489	21089
段纯镇	13573	2569	8809	2195	1487	10284
马和乡	8054	1695	4771	1588	1065	6811
英武乡	4030	226	3094	710	500	2190
王禹乡	4543	608	2684	1251	876	3835
坛镇乡	4047	464	2513	1070	769	3344
梁家焉乡	4420	520	2552	1348	934	4079
交口乡	4481	483	2957	1041	714	3314
东城社会事务服务中心	33701	8088	21419	4194	2724	18687
西城社会事务服务中心	24052	5488	15403	3161	2208	13631
北城社会事务服务中心	15482	3424	10033	2025	1337	7465

表4 续表 18

单位：人

地区	总人口	分年龄人口				居住本乡、镇、街道，户口在本乡、镇、街道
		0-14岁	15-59岁	60岁及以上	#65岁及以上	
介休市	**432095**	**86407**	**271490**	**74198**	**50237**	**287004**
北关街道	35751	8066	22598	5087	3587	16498
西关街道	52642	11601	34350	6691	4404	22928
东南街道	20963	4124	13175	3664	2427	9438
西南街道	27900	4008	17971	5921	4107	13790
北坛街道	51822	11544	35701	4577	3026	15240
义安镇	44510	8510	26798	9202	6304	40611
张兰镇	33896	6302	19843	7751	5380	30884
连福镇	22795	3940	13593	5262	3628	20093
洪山镇	7385	1033	4389	1963	1357	6759
龙凤镇	9355	1402	5710	2243	1534	8621
绵山镇	25608	4915	15611	5082	3428	21451
义棠镇	23727	4503	14649	4575	3146	19993
城关乡	23385	5152	14581	3652	2318	17838
宋古乡	36644	8233	23031	5380	3454	28531
三佳乡	15712	3074	9490	3148	2137	14329
运城市	**4774508**	**802712**	**3018752**	**953044**	**654104**	**3614267**
盐湖区	**928334**	**165358**	**626406**	**136570**	**92228**	**451809**
中城街道	26918	3878	18663	4377	2908	8890
东城街道	123761	22481	84481	16799	11358	61885
西城街道	36803	6458	25445	4900	3332	12577
南城街道	53422	9241	35985	8196	5764	26054
北城街道	195209	39901	136398	18910	11893	58191
安邑街道	130346	28746	86586	15014	9509	52205
大渠街道	23629	4625	15752	3252	2152	10528
姚孟街道	50038	11012	34633	4393	2720	16116
解州镇	38524	5637	22699	10188	7111	35340
龙居镇	26739	3846	15318	7575	5366	25202
北相镇	60334	6821	46636	6877	4824	32221
泓芝驿镇	12224	2336	6235	3653	2615	11673
三路里镇	5698	495	2823	2380	1763	5478
陶村镇	31314	6322	19137	5855	3961	21252
东郭镇	10073	1483	5647	2943	2137	9643
席张乡	9860	1454	5523	2883	2033	9258
金井乡	12984	1499	7112	4373	3139	12388
王范乡	12051	1822	6972	3257	2290	11652
冯村乡	12603	2035	6751	3817	2607	11975
上郭乡	12489	1809	6772	3908	2812	12124
上王乡	5780	642	3148	1990	1394	5483
运城经济技术开发区	37535	2815	33690	1030	540	1674
临猗县	**482559**	**73645**	**302223**	**106691**	**73607**	**420484**
猗氏镇	34864	5435	21916	7513	5201	30380
嵋阳镇	18700	2392	11401	4907	3425	18298
临晋镇	30979	4305	19392	7282	4948	30041
七级镇	23722	3608	15002	5112	3411	23342

表4　续表 19　　　　单位：人

地　　区	总人口	分年龄人口				居住本乡、镇、街道，户口在本乡、镇、街道
		0-14岁	15-59岁	60岁及以上	#65岁及以上	
东张镇	27415	4632	16797	5986	3991	27013
孙吉镇	41367	6899	24202	10266	7217	40423
三管镇	14413	1891	8565	3957	2824	14127
牛杜镇	26488	3648	16093	6747	4664	25290
耽子镇	28477	3695	17227	7555	5299	27757
楚侯乡	26405	4166	16143	6096	4316	25571
庙上乡	25623	3784	15793	6046	4048	25259
角杯乡	30007	4094	17935	7978	5412	29364
北辛乡	22916	2846	13690	6380	4505	22211
北景乡	44877	5311	26860	12706	9055	43918
临猗县城市社区	86306	16939	61207	8160	5291	37490
万荣县	**361956**	**59518**	**220630**	**81808**	**56921**	**320195**
解店镇	87770	17192	56844	13734	9423	53012
通化镇	22543	3731	13679	5133	3649	21972
汉薛镇	16471	1812	9714	4945	3520	15616
荣河镇	34896	5241	21231	8424	5903	33620
裴庄镇	21768	3759	13212	4797	3373	21338
万泉乡	10694	1573	6222	2899	2063	10438
里望乡	18771	3165	10999	4607	3215	18155
西村乡	12187	1740	6877	3570	2522	11837
南张乡	24383	4166	14798	5419	3754	24017
高村乡	25077	3820	15199	6058	4118	24565
皇甫乡	16335	2164	9396	4775	3340	15843
贾村乡	20268	3252	11938	5078	3489	19921
王显乡	22798	3181	13612	6005	4103	22276
光华乡	27995	4722	16909	6364	4449	27585
闻喜县	**355269**	**60006**	**220725**	**74538**	**50710**	**291410**
桐城镇	64405	10410	39683	14312	9829	57645
郭家庄镇	24571	3393	14685	6493	4466	23434
畖底镇	19277	2907	10999	5371	3715	18719
薛店镇	8826	1287	5012	2527	1719	8597
东镇镇	44640	8086	28514	8040	5359	34668
礼元镇	23940	4275	14574	5091	3466	23390
河底镇	25292	4236	14858	6198	4224	24523
神柏乡	6122	768	3286	2068	1421	5713
阳隅乡	7800	1025	4249	2526	1735	7562
侯村乡	16124	2709	9872	3543	2474	15551
裴社乡	14506	2213	8724	3569	2467	14050
后宫乡	12067	1993	6954	3120	2109	11715
石门乡	3259	393	1914	952	643	3147
闻喜县社区	84440	16311	57401	10728	7083	42696
稷山县	**316114**	**58427**	**194743**	**62944**	**42493**	**268702**
稷峰镇	87157	16484	54059	16614	10889	82505
西社镇	23116	4042	14174	4900	3311	22262
化峪镇	33701	6463	20075	7163	4884	32688
翟店镇	30815	5392	17935	7488	5325	28737
清河镇	25308	4400	15132	5776	3907	24952

表4 续表 20

单位：人

地区	总人口	分年龄人口				居住本乡、镇、街道，户口在本乡、镇、街道
		0-14岁	15-59岁	60岁及以上	#65岁及以上	
蔡村乡	23763	4235	13779	5749	4006	23295
太阳乡	36404	5514	21364	9526	6594	35678
稷山县社区	55357	11897	37741	5719	3571	18581
稷山县经济技术开发区	493		484	9	6	4
新绛县	**282230**	**48546**	**173267**	**60417**	**40939**	**236376**
龙兴镇	40374	7449	24349	8576	5793	35472
三泉镇	32787	5731	19848	7208	4869	31974
泽掌镇	21358	3314	12718	5326	3601	20668
北张镇	17359	2953	10161	4245	2893	17002
古交镇	29433	5594	17288	6551	4332	28570
万安镇	13682	2170	7845	3667	2578	13197
阳王镇	16582	2432	9530	4620	3267	16150
泉掌镇	12995	2399	7341	3255	2198	12661
横桥镇	33094	5393	19837	7864	5317	31444
新绛县社区	63179	11078	43044	9057	6077	29176
新绛县经济技术开发区	1387	33	1306	48	14	62
绛县	**226871**	**38712**	**137930**	**50229**	**33967**	**195548**
古绛镇	51236	8944	31744	10548	6974	40677
横水镇	37077	7047	22096	7934	5237	35450
陈村镇	5974	865	3527	1582	1034	5620
卫庄镇	9366	1527	5428	2411	1558	8622
磨里镇	3961	502	2255	1204	812	3774
南樊镇	16592	2486	9844	4262	2829	16048
安峪镇	20559	2921	12648	4990	3259	19677
大交镇	17188	2682	10232	4274	2861	16597
郝庄乡	13600	2823	7734	3043	2074	13347
冷口乡	5319	721	3020	1578	1101	5177
绛县社区	40734	7588	26121	7025	5100	26452
山西绛县经济开发区	5265	606	3281	1378	1128	4107
垣曲县	**197772**	**31383**	**125921**	**40468**	**26921**	**138404**
新城镇	19977	3900	12346	3731	2435	13962
历山镇	6664	718	4024	1922	1289	5963
古城镇	10975	1207	6505	3263	2239	10612
王茅镇	5734	641	3521	1572	1005	5043
毛家湾镇	4256	537	2588	1131	759	3927
英言镇	12430	2051	7729	2650	1759	12010
蒲掌乡	7878	1167	4644	2067	1422	7641
解峪乡	2281	285	1527	469	290	1379
华峰乡	12851	1489	8055	3307	2183	12420
长直乡	6645	815	3918	1912	1290	6258
皋落乡	10718	1589	6488	2641	1794	9002
垣曲县城市社区	97363	16984	64576	15803	10456	50187
夏县	**287938**	**50867**	**170180**	**66891**	**46787**	**266315**
瑶峰镇	83068	15050	51660	16358	11435	68014
庙前镇	21840	3788	12484	5568	4009	21166
裴介镇	41231	7232	24174	9825	7037	39447
水头镇	36230	6768	21042	8420	5798	34706

表4 续表 21

单位：人

地 区	总人口	分年龄人口				居住本乡、镇、街道，户口在本乡、镇、街道
		0-14岁	15-59岁	60岁及以上	#65岁及以上	
埝掌镇	9542	1728	5610	2204	1522	9136
泗交镇	5612	878	3140	1594	1121	5375
尉郭乡	18697	3236	10516	4945	3489	18356
禹王乡	23913	4007	13815	6091	4237	23497
胡张乡	28335	5020	16560	6755	4580	27693
南大里乡	14470	2497	8500	3473	2336	14067
祁家河乡	5000	663	2679	1658	1223	4858
平陆县	**205080**	**30895**	**125734**	**48451**	**34380**	**157123**
圣人涧镇	57352	9477	36785	11090	7782	37692
常乐镇	25993	3278	14457	8258	6047	25264
张店镇	12011	1559	7048	3404	2450	11565
张村镇	16735	2103	9802	4830	3520	16322
曹川镇	13329	1671	7777	3881	2718	12406
三门镇	4308	510	2288	1510	1086	4126
洪池乡	9704	1282	5496	2926	2086	9400
杜马乡	7789	901	4565	2323	1664	7643
部官乡	10173	1251	6020	2902	2054	9792
坡底乡	4206	371	2357	1478	1070	4064
平陆县社区	43480	8492	29139	5849	3903	18849
芮城县	**342889**	**48433**	**220676**	**73780**	**51069**	**268296**
古魏镇	48386	8635	30098	9653	6486	33539
风陵渡镇	55508	8871	34430	12207	8452	54295
陌南镇	31737	3902	19217	8618	6156	31020
西陌镇	13752	1186	8530	4036	2910	13252
永乐镇	15822	1533	9885	4404	3093	15437
大王镇	18657	2138	10974	5545	3861	18274
阳城镇	26885	3306	16204	7375	5209	26255
南礑镇	22331	2109	13975	6247	4363	21718
东垆乡	13978	1224	8892	3862	2837	13745
学张乡	14267	1041	8962	4264	2976	13840
芮城县社区	68694	11698	50300	6696	4195	25017
山西风陵渡经济开发区	12872	2790	9209	873	531	1904
永济市	**394935**	**65437**	**246339**	**83159**	**56902**	**322660**
城西街道	76179	13395	49919	12865	8830	43301
城北街道	53286	9097	35462	8727	5863	33863
城东街道	49417	8798	30959	9660	6702	34773
虞乡镇	28094	4193	16122	7779	5464	27300
卿头镇	33403	4365	19887	9151	6278	32419
开张镇	28773	4188	17103	7482	5167	28212
栲栳镇	42645	7398	26251	8996	6038	41728
蒲州镇	33456	5651	19822	7983	5365	32536
韩阳镇	18741	3236	11045	4460	3076	18277
张营镇	26934	5055	16266	5613	3813	26533
伍姓湖农场	1590	14	1421	155	102	1521
虞乡农场	1149	17	999	133	97	1038
董村农场	1268	30	1083	155	107	1159

表4 续表 22

单位：人

地区	总人口	分年龄人口				居住本乡、镇、街道，户口在本乡、镇、街道
		0-14岁	15-59岁	60岁及以上	#65岁及以上	
河津市	**392561**	**71485**	**253978**	**67098**	**47180**	**276945**
城区街道	151570	30688	103163	17719	11949	80610
清涧街道	37369	6655	25713	5001	3380	20083
樊村镇	33735	5329	21006	7400	5255	30738
僧楼镇	37659	6189	23025	8445	5968	35182
柴家镇	23444	4549	13783	5112	3521	22665
小梁乡	21127	3340	11921	5866	4265	20370
赵家庄乡	24595	4231	14623	5741	4067	23388
下化乡	8395	839	5901	1655	1222	5998
阳村乡	20206	3732	12449	4025	2803	18417
山西铝厂	34461	5933	22394	6134	4750	19494
忻州市	**2689668**	**428424**	**1650182**	**611062**	**428457**	**1662380**
忻府区	**577089**	**90731**	**370828**	**115530**	**78532**	**355636**
秀容街道	48586	8500	31295	8791	6020	22458
长征街街道	187512	32769	128597	26146	17102	99592
新建路街道	78933	14079	53000	11854	8075	39208
云中路街道	50211	8199	35396	6616	4313	21136
九原街街道	36289	6132	22524	7633	5191	19968
旭来街街道	22923	3169	14942	4812	3369	16297
奇村镇	20690	2593	11029	7068	5013	18843
三交镇	3598	227	1642	1729	1211	3371
庄磨镇	6606	589	3405	2612	1888	6098
豆罗镇	12479	1428	6979	4072	2813	11301
董村镇	15465	1830	8357	5278	3642	14437
西张镇	18305	2085	10187	6033	4086	16469
曹张乡	13584	1567	8222	3795	2585	12469
高城乡	11034	1493	6297	3244	2154	10241
合索乡	11223	1173	5811	4239	3029	10151
阳坡乡	1062	37	412	613	469	950
兰村乡	11992	1472	6787	3733	2648	10347
东楼乡	16062	2117	10081	3864	2626	12671
北义井乡	10535	1272	5865	3398	2298	9629
定襄县	**193997**	**31401**	**112256**	**50340**	**34472**	**149865**
晋昌镇	34782	6582	20924	7276	4895	27065
河边镇	19671	2723	10819	6129	4325	17780
宏道镇	19387	2523	10322	6542	4619	17352
杨芳乡	12214	1767	6758	3689	2486	10859
南王乡	17716	2079	9532	6105	4244	15548
蒋村乡	10325	1281	5312	3732	2575	8624
神山乡	10035	1198	5311	3526	2413	8552
季庄乡	12035	1338	6645	4052	2686	11359
受禄乡	11911	1150	6649	4112	2738	10977
定襄县居民办事处	45921	10760	29984	5177	3491	21749
五台县	**216178**	**32373**	**122974**	**60831**	**43403**	**163461**
台城镇	59316	13042	36677	9597	6590	27762
耿镇镇	8287	897	4494	2896	2096	7773
豆村镇	16470	1804	8974	5692	4105	14619

表4 续表 23 单位：人

地区	总人口	分年龄人口				居住本乡、镇、街道，户口在本乡、镇、街道
		0-14岁	15-59岁	60岁及以上	#65岁及以上	
白家庄镇	5859	716	3433	1710	1206	5149
东冶镇	34741	5960	20135	8646	6201	27323
沟南乡	15975	1999	9413	4563	3259	12274
东雷乡	6925	666	3585	2674	1934	5180
高洪口乡	4412	478	2389	1545	1076	3966
门限石乡	5936	699	3307	1930	1378	5510
陈家庄乡	7513	720	3729	3064	2270	6969
建安乡	10585	1344	5620	3621	2594	9767
神西乡	3600	316	1935	1349	1009	3150
蒋坊乡	6031	604	3153	2274	1653	5549
灵境乡	1117	96	568	453	323	1019
阳白乡	12581	1126	6214	5241	3815	11848
茹村乡	16830	1906	9348	5576	3894	15603
代县	**178870**	**28199**	**106637**	**44034**	**30668**	**126420**
上馆镇	78609	16283	49957	12369	8260	43813
阳明堡镇	14282	1842	7804	4636	3301	12212
峨口镇	21628	2881	12368	6379	4469	18870
聂营镇	9806	906	6657	2243	1575	5959
枣林镇	12522	1677	6774	4071	2844	10434
滩上镇	3137	183	1818	1136	843	2349
雁门关镇	4370	432	2444	1494	1065	3704
新高乡	12737	1501	7185	4051	2860	10475
峪口乡	11073	1215	5904	3954	2805	9551
上磨坊乡	8178	1046	4387	2745	1954	6845
胡峪乡	2528	233	1339	956	692	2208
繁峙县	**250409**	**48982**	**150990**	**50437**	**35705**	**139773**
繁城镇	38877	7928	23316	7633	5287	20315
砂河镇	60341	13566	37490	9285	6431	32089
大营镇	11175	1616	6177	3382	2426	9286
平型关镇	6447	759	3456	2232	1634	5678
下茹越乡	4430	453	2107	1870	1367	3831
杏园乡	15346	2464	8706	4176	2921	10104
光裕堡乡	4945	367	2498	2080	1535	4365
集义庄乡	6771	740	3480	2551	1932	5829
东山乡	13237	1875	7447	3915	2884	10986
金山铺乡	8259	813	4662	2784	2067	6451
柏家庄乡	3206	203	1690	1313	972	2915
神堂堡乡	2035	135	1154	746	568	1573
岩头乡	3288	215	2019	1054	743	2292
繁峙县居民事务中心	72052	17848	46788	7416	4938	24059
宁武县	**136470**	**22442**	**87058**	**26970**	**18936**	**76413**
凤凰镇	22632	3512	15658	3462	2373	8701
阳方口镇	10589	1333	7110	2146	1445	5932
东寨镇	9562	1436	5583	2543	1819	8251
石家庄镇	2306	269	1246	791	578	2082
薛家洼乡	1443	121	874	448	306	1048

表4 续表 24 单位：人

地　区	总人口	分年龄人口				居住本乡、镇、街道，户口在本乡、镇、街道
		0-14岁	15-59岁	60岁及以上	#65岁及以上	
余庄乡	3091	285	1731	1075	769	2818
涔山乡	1190	87	659	444	333	1107
化北屯乡	6460	728	3994	1738	1205	4970
西马坊乡	3443	357	1838	1248	907	3102
新堡乡	3156	394	1785	977	708	2966
迭台寺乡	1180	96	621	463	350	1051
圪廖乡	1408	121	797	490	352	1286
怀道乡	2315	205	1234	876	647	2091
东马坊乡	2898	286	1533	1079	800	2668
阳方口煤矿	5257	792	3259	1206	899	3786
宁武县居民办事处	59540	12420	39136	7984	5445	24554
静乐县	**119277**	**19784**	**73095**	**26398**	**18556**	**70952**
鹅城镇	69331	14909	44236	10186	6914	26937
杜家村镇	7665	784	4822	2059	1465	6039
康家会镇	3660	314	2121	1225	849	3203
丰润镇	3569	425	2055	1089	782	3245
堂尔上乡	1116	67	567	482	342	1024
中庄乡	2153	214	1061	878	658	2005
双路乡	4334	477	2494	1363	990	4123
段家寨乡	5220	601	2890	1729	1239	4803
辛村乡	2952	252	1604	1096	783	2537
王村乡	4826	482	2572	1772	1267	4583
神峪沟乡	2862	228	1540	1094	792	2658
娘子神乡	4719	432	3128	1159	841	3495
娑婆乡	3103	221	1820	1062	762	2752
赤泥洼乡	3767	378	2185	1204	872	3548
神池县	**75757**	**10198**	**46783**	**18776**	**13366**	**51790**
龙泉镇	30168	5122	19368	5678	4026	14334
义井镇	6562	557	3801	2204	1569	5663
八角镇	5330	420	3184	1726	1237	5006
东湖乡	4794	376	2678	1740	1269	4305
太平庄乡	3394	230	2123	1041	754	2529
虎北乡	3237	358	1713	1166	813	3063
贺职乡	4327	330	2500	1497	1072	3996
长畛乡	2185	126	1248	811	596	1954
烈堡乡	2398	231	1419	748	512	2293
大严备乡	2006	127	1145	734	520	1836
神池县城镇街道	11356	2321	7604	1431	998	6811
五寨县	**100220**	**15046**	**62908**	**22266**	**16018**	**59184**
砚城镇	57574	10725	37357	9492	6888	26667
小河头镇	2254	201	1243	810	585	2081
三岔镇	8843	1105	5647	2091	1482	6279
前所乡	12040	1571	7912	2557	1788	6621
李家坪乡	1773	136	970	667	466	1642
孙家坪乡	2843	217	1608	1018	751	2489
梁家坪乡	1539	144	887	508	367	1441

表4 续表 25 单位：人

地 区	总人口	分年龄人口				居住本乡、镇、街道，户口在本乡、镇、街道
		0-14岁	15-59岁	60岁及以上	#65岁及以上	
胡会乡	3375	197	1856	1322	950	3085
新寨乡	2882	260	1533	1089	789	2697
韩家楼乡	2850	243	1654	953	683	2352
东秀庄乡	2482	135	1307	1040	775	2242
杏岭子乡	1765	112	934	719	494	1588
岢岚县	**69324**	**9586**	**44539**	**15199**	**10628**	**42693**
岚漪镇	23770	4048	15536	4186	2849	14461
三井镇	4212	284	2691	1237	854	3354
神堂坪乡	3340	238	1993	1109	788	3099
高家会乡	3198	160	1992	1046	723	2686
李家沟乡	523	30	286	207	146	461
水峪贯乡	1300	101	736	463	347	1156
西豹峪乡	628	29	394	205	139	534
温泉乡	725	49	406	270	214	631
阳坪乡	616	32	420	164	102	428
大涧乡	1479	92	796	591	418	1225
宋家沟乡	2242	145	1292	805	586	1979
王家岔乡	719	27	416	276	190	547
岢岚县居民办事处	26572	4351	17581	4640	3272	12132
河曲县	**123505**	**19298**	**75786**	**28421**	**20510**	**61068**
文笔镇	37773	7035	24889	5849	4086	16648
楼子营镇	4821	425	2570	1826	1331	3805
刘家塔镇	4118	158	2307	1653	1192	3052
巡镇镇	6972	387	3351	3234	2382	5937
旧县镇	3537	149	2467	921	631	1743
沙泉镇	4596	189	2573	1834	1371	3851
鹿固乡	2771	107	1164	1500	1154	2323
前川乡	1569	45	619	905	675	1433
单寨乡	1531	53	655	823	640	1325
土沟乡	1307	58	644	605	431	1162
沙坪乡	1809	58	779	972	731	1655
社梁乡	2478	145	1210	1123	838	2341
河曲县居民办事处	50223	10489	32558	7176	5048	15793
保德县	**144218**	**27287**	**92948**	**23983**	**16934**	**56084**
东关镇	31002	7063	20501	3438	2331	10728
义门镇	6788	685	3688	2415	1700	5841
桥头镇	6270	601	3714	1955	1429	5104
杨家湾镇	3453	211	1900	1342	981	3013
腰庄乡	3083	249	1702	1132	836	2659
韩家川乡	1830	150	896	784	607	1583
林遮峪乡	1202	101	551	550	428	1053
冯家川乡	1360	78	741	541	421	1164
土崖塔乡	1102	82	522	498	383	966
孙家沟乡	4022	154	2968	900	662	1926
窑洼乡	1207	69	610	528	393	1017
窑圪台乡	1395	64	808	523	400	1053
南河沟乡	2551	232	1328	991	755	2042
保德县居民事务中心	78953	17548	53019	8386	5608	17935

表4　续表 26　　　　单位：人

地　　区	总人口	分年龄人口				居住本乡、镇、街道，户口在本乡、镇、街道
		0-14岁	15-59岁	60岁及以上	#65岁及以上	
偏关县	**73382**	**9966**	**44243**	**19173**	**13777**	**48286**
新关镇	10708	1360	5824	3524	2585	8045
天峰坪镇	3276	250	1659	1367	1005	3020
老营镇	3584	292	2000	1292	921	3361
万家寨镇	3217	204	1823	1190	879	2918
水泉镇	2249	147	1291	811	589	2083
窑头乡	6513	559	3747	2207	1656	5927
楼沟乡	4331	312	2343	1676	1218	4068
尚峪乡	1904	126	1007	771	572	1816
南堡子乡	1748	130	1005	613	438	1626
陈家营乡	2573	131	1315	1127	849	2343
偏关县居民办事处	33279	6455	22229	4595	3065	13079
五台山风景名胜区	**17050**	**2167**	**11331**	**3552**	**2439**	**10843**
台怀镇	10706	1259	7655	1792	1167	6000
金岗库乡	2427	352	1499	576	414	1710
石咀乡	3917	556	2177	1184	858	3133
原平市	**413922**	**60964**	**247806**	**105152**	**74513**	**249912**
北城街道	75590	14572	51215	9803	6436	17988
南城街道	72433	14417	48360	9656	6505	23783
轩煤矿区街道	29194	4498	19475	5221	3632	20470
东社镇	17662	1447	8034	8181	6028	16635
苏龙口镇	8974	683	4423	3868	2843	8030
崞阳镇	22399	2743	12243	7413	5302	18008
大牛店镇	11461	872	5741	4848	3513	10125
闫庄镇	15080	1820	7874	5386	3882	13787
长梁沟镇	5451	386	2836	2229	1628	4695
轩岗镇	10370	1025	6319	3026	2132	7322
新原乡	42295	7565	26045	8685	5980	23159
南白乡	4343	283	1977	2083	1548	4113
子干乡	11163	1156	5890	4117	2962	10255
中阳乡	7797	584	3792	3421	2499	7043
沿沟乡	12167	1301	6139	4727	3409	10831
大林乡	9739	870	4908	3961	2908	8840
西镇乡	23104	2919	12815	7370	5290	16911
解村乡	8835	1112	4746	2977	2210	6876
王家庄乡	9075	976	4870	3229	2225	7947
楼板寨乡	3729	298	1755	1676	1261	3379
段家堡乡	8232	772	4714	2746	1947	7096
山西鲁能晋北铝业工矿区	1696	468	1164	64	29	292
原平市石豹沟煤矿工矿区	981	107	657	217	173	858
原平农场	2152	90	1814	248	171	1469
临汾市	**3976481**	**689892**	**2567663**	**718926**	**484063**	**2951098**
尧都区	**959198**	**163478**	**645561**	**150159**	**100695**	**571709**
解放路街道	40388	6974	26158	7256	4914	27703

表4 续表 27

单位：人

地 区	总人口	分年龄人口				居住本乡、镇、街道，户口在本乡、镇、街道
		0-14岁	15-59岁	60岁及以上	#65岁及以上	
鼓楼西街街道	60740	9027	46253	5460	3485	22159
水塔街街道	30764	6393	20174	4197	2821	20870
南街街道	43337	7118	29894	6325	4260	22783
乡贤街街道	60259	10653	41193	8413	5510	27216
辛寺街街道	35324	6303	23926	5095	3379	15473
铁路东街道	106821	18420	72675	15726	10553	55742
车站街街道	33369	5114	22186	6069	4175	20725
汾河街道	10755	1843	7814	1098	717	4482
滨河街道	63705	11509	45332	6864	4290	21969
屯里镇	27979	5200	18982	3797	2565	16806
乔李镇	18038	3459	10982	3597	2459	16648
大阳镇	17886	2459	10602	4825	3242	17125
县底镇	27800	3403	17606	6791	4810	23049
刘村镇	81933	14569	56332	11032	7097	45258
金殿镇	53647	9442	33287	10918	7380	50760
吴村镇	18141	2643	10590	4908	3370	17267
土门镇	20121	2874	12573	4674	3321	18243
魏村镇	9119	1311	5494	2314	1620	8099
尧庙镇	54608	11582	36710	6316	4067	26711
段店乡	60548	10437	42516	7595	4984	30848
贾得乡	54511	9412	35529	9570	6499	36950
贺家庄乡	3323	258	1674	1391	1026	3109
一平垣乡	7698	618	4937	2143	1528	6021
枕头乡	11556	1451	7564	2541	1784	10009
河底乡	6828	1006	4578	1244	839	5684
曲沃县	**216595**	**36489**	**138808**	**41298**	**27613**	**184295**
乐昌镇	76593	14180	50707	11706	7679	54447
史村镇	34372	5642	21164	7566	5127	33001
曲村镇	19616	3160	12256	4200	2900	18932
高显镇	26634	3871	18016	4747	3146	21576
里村镇	14930	2495	9378	3057	2107	14138
北董乡	27936	4699	16670	6567	4342	26851
杨谈乡	16514	2442	10617	3455	2312	15350
翼城县	**264181**	**42484**	**164315**	**57382**	**38658**	**203313**
唐兴镇	119313	23013	79244	17056	11028	67924
南梁镇	32085	4333	18952	8800	5984	30265
里砦镇	20208	3219	12037	4952	3394	19120
隆化镇	19576	2110	11034	6432	4486	18522
桥上镇	4610	312	2700	1598	1125	4073
西阎镇	3976	392	2558	1026	717	3181
中卫乡	20126	2659	11492	5975	4041	19063
南唐乡	20683	3318	12454	4911	3316	19305
王庄乡	20028	2775	11887	5366	3681	18475
浇底乡	3576	353	1957	1266	886	3385
襄汾县	**425553**	**73165**	**261808**	**90580**	**62514**	**367924**
新城镇	118007	21801	78361	17845	12112	71878

表4 续表 28

单位：人

地 区	总人口	分年龄人口				居住本乡、镇、街道，户口在本乡、镇、街道
		0-14岁	15-59岁	60岁及以上	#65岁及以上	
赵康镇	27813	4804	16363	6646	4556	27093
汾城镇	45296	7694	27900	9702	6761	42749
南贾镇	24933	4377	14382	6174	4233	24285
古城镇	34685	5636	20609	8440	5993	33563
襄陵镇	32473	5980	19297	7196	4863	31834
邓庄镇	35005	5241	21231	8533	5959	32637
陶寺乡	12667	1494	7193	3980	2809	11833
永固乡	20650	3976	12561	4113	2733	20106
景毛乡	13036	2059	7837	3140	2179	12431
西贾乡	17203	3187	9940	4076	2854	16949
南辛店乡	31996	5323	19173	7500	5203	31140
大邓乡	11789	1593	6961	3235	2259	11426
洪洞县	**637812**	**121760**	**399048**	**117004**	**76708**	**559195**
大槐树镇	182261	38021	118005	26235	16870	129748
甘亭镇	33220	6411	20695	6114	4186	31027
曲亭镇	39465	7603	23838	8024	5271	38338
苏堡镇	18891	3163	11711	4017	2687	18437
广胜寺镇	40140	7256	25134	7750	4982	36999
明姜镇	39913	8289	24026	7598	4885	38186
赵城镇	64686	12795	40349	11542	7389	60320
万安镇	44958	7469	28027	9462	6286	43787
刘家垣镇	19155	3064	12043	4048	2852	18611
淹底乡	27166	4934	16071	6161	4160	26186
兴唐寺乡	11590	2164	7047	2379	1564	11223
堤村乡	39108	7377	24434	7297	4871	37476
辛村乡	50619	9387	31096	10136	6526	44265
龙马乡	18092	2713	10748	4631	3132	17364
山头乡	3367	403	2342	622	426	2802
左木乡	5181	711	3482	988	621	4426
古县	**79816**	**13563**	**52707**	**13546**	**9024**	**62146**
岳阳镇	40916	8461	26947	5508	3614	27959
北平镇	9444	1198	6667	1579	992	7363
古阳镇	8276	975	5755	1546	1012	6677
旧县镇	7430	1122	4660	1648	1140	7125
石壁乡	3254	323	2020	911	647	3090
永乐乡	4167	724	2649	794	519	4004
南垣乡	6329	760	4009	1560	1100	5928
安泽县	**75574**	**12757**	**49375**	**13442**	**8832**	**56240**
府城镇	38961	8354	25071	5536	3657	26361
和川镇	7567	920	4743	1904	1244	6716
唐城镇	9551	973	7293	1285	824	5509
冀氏镇	7016	1077	4440	1499	991	6364
马必乡	4277	458	2642	1177	803	3861
杜村乡	4141	498	2623	1020	642	3702
良马乡	4061	477	2563	1021	671	3727

表4 续表 29

单位：人

地 区	总人口	分年龄人口				居住本乡、镇、街道，户口在本乡、镇、街道
		0-14岁	15-59岁	60岁及以上	#65岁及以上	
浮山县	**98833**	**14740**	**61179**	**22914**	**15690**	**77419**
天坛镇	51443	9661	33323	8459	5743	34377
响水河镇	8343	927	4917	2499	1727	7739
张庄乡	12119	1333	7093	3693	2550	10592
东张乡	7790	1046	4706	2038	1381	6821
槐埝乡	4247	393	2470	1384	931	4017
北王乡	6482	697	3787	1998	1376	6013
北韩乡	2789	201	1610	978	661	2566
米家垣乡	2179	101	1169	909	652	2079
寨圪塔乡	3441	381	2104	956	669	3215
吉县	**87374**	**14499**	**56427**	**16448**	**11533**	**63410**
吉昌镇	49535	9988	32642	6905	4769	29236
屯里镇	9342	1495	5991	1856	1320	8215
壶口镇	2114	222	1325	567	410	1904
车城乡	6007	710	4107	1190	827	4638
文城乡	4526	471	2707	1348	965	4368
东城乡	2875	225	1714	936	663	2697
柏山寺乡	5218	465	3147	1606	1163	4914
中垛乡	7757	923	4794	2040	1416	7438
乡宁县	**206892**	**38211**	**136646**	**32035**	**21432**	**161842**
昌宁镇	84826	18558	56703	9565	6243	53056
光华镇	16792	2787	10963	3042	2084	15812
台头镇	9692	1679	6692	1321	853	7566
管头镇	15155	2430	10226	2499	1651	12006
西坡镇	13229	2136	9276	1817	1209	10068
双鹤乡	15295	2345	9508	3442	2424	14846
关王庙乡	17043	2913	10781	3349	2237	16275
尉庄乡	7390	885	4794	1711	1139	7091
西交口乡	7144	1014	4628	1502	996	6790
枣岭乡	20326	3464	13075	3787	2596	18332
大宁县	**52166**	**8006**	**34514**	**9646**	**6569**	**39952**
昕水镇	32984	5812	22101	5071	3410	21830
曲峨镇	5486	629	3566	1291	907	5190
三多乡	4763	546	3144	1073	749	4455
太德乡	2769	372	1741	656	432	2668
徐家垛乡	4014	424	2542	1048	719	3683
太古乡	2150	223	1420	507	352	2126
隰县	**91394**	**16618**	**57913**	**16863**	**11461**	**62385**
龙泉镇	51473	11969	32710	6794	4605	27660
午城镇	6160	640	3852	1668	1141	5244
黄土镇	7028	1068	4275	1685	1213	6626
阳头升乡	4054	381	2493	1180	765	3670
寨子乡	4096	446	2592	1058	728	3907
陡坡乡	2172	285	1318	569	372	2100
下李乡	4890	520	3002	1368	938	4277
城南乡	11521	1309	7671	2541	1699	8901

表4 续表 30

单位：人

地区	总人口	分年龄人口				居住本乡、镇、街道，户口在本乡、镇、街道
		0-14岁	15-59岁	60岁及以上	#65岁及以上	
永和县	**49946**	**8791**	**32129**	**9026**	**6090**	**33062**
芝河镇	31011	6831	19942	4238	2865	14963
桑壁镇	3332	372	2130	830	537	3174
阁底乡	4837	525	3099	1213	854	4673
南庄乡	2817	292	1850	675	454	2679
打石腰乡	2246	224	1465	557	353	2126
坡头乡	2840	308	1830	702	465	2695
交口乡	2863	239	1813	811	562	2752
蒲县	**95679**	**16752**	**64606**	**14321**	**9995**	**72462**
蒲城镇	35388	7759	23224	4405	3073	23743
薛关镇	5659	857	3513	1289	929	5146
黑龙关镇	14993	2215	10497	2281	1573	11846
克城镇	13044	2383	8662	1999	1373	12136
山中乡	2616	340	1639	637	434	2554
古县乡	3175	452	2004	719	519	3052
红道乡	2458	325	1471	662	500	2284
乔家湾乡	10810	1530	7895	1385	946	7066
太林乡	7536	891	5701	944	648	4635
汾西县	**104627**	**19584**	**65151**	**19892**	**13763**	**74936**
永安镇	15548	2026	10057	3465	2411	12456
对竹镇	6672	662	4310	1700	1182	6326
勍香镇	9664	1613	5825	2226	1519	9057
和平镇	7382	1206	4284	1892	1353	6999
僧念镇	7799	1111	4858	1830	1304	7385
佃坪乡	5666	813	3464	1389	956	5453
团柏乡	7336	1426	4267	1643	1154	6899
邢家要乡	4621	702	2865	1054	726	4503
社区管理委员会	39939	10025	25221	4693	3158	15858
侯马市	**257854**	**39003**	**169439**	**49412**	**33258**	**182903**
路东街道	40785	6590	26911	7284	4648	26120
路西街道	29888	4126	19432	6330	4579	19790
浍滨街道	65093	9257	44825	11011	7152	34630
上马街道	22693	3323	14223	5147	3669	20640
张村街道	24024	3648	15906	4470	2916	20163
新田乡	43064	7023	27701	8340	5608	32386
高村乡	14843	2380	9290	3173	2153	13914
凤城乡	17464	2656	11151	3657	2533	15260
霍州市	**272987**	**49992**	**178037**	**44958**	**30228**	**177905**
鼓楼街道	30356	6207	20119	4030	2557	16540
北环路街道	32834	6478	22751	3605	2349	12740
南环路街道	15292	2876	10007	2409	1608	7593
开元街道	39497	8643	26541	4313	2756	13956
退沙街道	18368	3400	12099	2869	1867	12915
白龙镇	23392	4361	15464	3567	2419	17734
辛置镇	39420	5942	25509	7969	5720	33049
大张镇	31161	6198	19915	5048	3296	23056
李曹镇	17661	2683	10927	4051	2731	16715
陶唐峪乡	12080	1878	7494	2708	1864	11499
三教乡	9890	1074	5723	3093	2127	9297
师庄乡	3036	252	1488	1296	934	2811

表4 续表 31　　单位：人

地区	总人口	分年龄人口				居住本乡、镇、街道，户口在本乡、镇、街道
		0-14岁	15-59岁	60岁及以上	#65岁及以上	
吕梁市	**3398431**	**660370**	**2170017**	**568044**	**394859**	**2141634**
离石区	**456355**	**104851**	**307090**	**44414**	**29503**	**160551**
滨河街道	94504	23001	62341	9162	6069	44881
凤山街道	134666	36075	89268	9323	5890	26125
莲花池街道	94865	22884	64001	7980	5117	26513
城北街道	22218	5353	14714	2151	1483	8879
田家会街道	22306	4250	15078	2978	1992	11261
交口街道	27109	6593	17881	2635	1669	11410
西属巴街道	40238	5492	31694	3052	2087	14861
吴城镇	3966	182	2188	1596	1150	3620
信义镇	6594	485	3849	2260	1654	6000
红眼川乡	974	125	624	225	159	734
枣林乡	3981	239	2370	1372	998	3206
坪头乡	4934	172	3082	1680	1235	3061
文水县	**372580**	**71094**	**228177**	**73309**	**51573**	**291446**
凤城镇	160972	36859	103020	21093	14592	93937
开栅镇	21431	2965	12994	5472	3809	20122
南庄镇	15659	2429	9474	3756	2548	14890
南安镇	27489	4604	16530	6355	4454	26050
刘胡兰镇	30489	4857	17941	7691	5489	28474
下曲镇	25140	4346	13561	7233	5254	23908
孝义镇	22256	3342	14091	4823	3401	18738
南武乡	14625	2596	8599	3430	2428	13904
西城乡	18858	3353	11291	4214	2936	18132
北张乡	16573	2561	9519	4493	3250	15365
马西乡	8232	1341	4775	2116	1475	7572
西槽头乡	10856	1841	6382	2633	1937	10354
交城县	**226768**	**42160**	**143307**	**41301**	**28307**	**147161**
天宁镇	132828	27944	86537	18347	12246	71832
夏家营镇	25787	3753	15886	6148	4262	21048
西营镇	22528	3881	13793	4854	3354	20300
水峪贯镇	5350	586	2928	1836	1309	4743
西社镇	5701	678	3171	1852	1341	5046
庞泉沟镇	1578	60	982	536	360	1274
洪相乡	24353	4601	15316	4436	3021	15964
岭底乡	2958	283	1811	864	602	2199
东坡底乡	2428	139	1178	1111	850	2202
会立乡	3090	234	1547	1309	957	2551
夏家营生态工业园区	167	1	158	8	5	2
兴县	**183484**	**31569**	**114533**	**37382**	**26533**	**112342**
蔚汾镇	98047	22897	62653	12497	8679	46443
魏家滩镇	10492	840	7140	2512	1811	7505

表4　续表 32　　　　单位：人

地　　区	总人口	分年龄人口				居住本乡、镇、街道，户口在本乡、镇、街道
		0-14岁	15-59岁	60岁及以上	#65岁及以上	
瓦塘镇	6451	634	3805	2012	1450	5213
康宁镇	7031	569	4042	2420	1713	6284
高家村镇	4474	302	2504	1668	1203	3988
罗峪口镇	2549	216	1372	961	724	2338
蔡家会镇	4923	573	2782	1568	1120	4629
交楼申乡	4018	289	2418	1311	943	3315
恶虎滩乡	2585	246	1448	891	645	2363
东会乡	3377	346	1863	1168	833	3160
固贤乡	3783	272	2201	1310	943	3066
奥家湾乡	7600	727	4852	2021	1426	5495
蔡家崖乡	17366	2777	11463	3126	2159	8644
贺家会乡	2859	233	1602	1024	761	2581
孟家坪乡	4134	359	2410	1365	1016	3830
赵家坪乡	1581	90	785	706	536	1391
圪垯上乡	2214	199	1193	822	571	2097
临县	**394713**	**68373**	**243678**	**82662**	**58989**	**321103**
临泉镇	106731	26629	68146	11956	8384	53843
白文镇	25915	4662	15364	5889	4245	25156
城庄镇	16257	2597	9938	3722	2757	14239
兔坂镇	13193	1846	8259	3088	2102	12668
克虎镇	8002	1311	5003	1688	1162	7765
三交镇	31145	5042	18874	7229	5246	29178
湍水头镇	9937	1305	6394	2238	1583	9153
林家坪镇	15069	2142	9168	3759	2689	13321
招贤镇	5843	512	3662	1669	1179	4889
碛口镇	16356	2195	9761	4400	3091	15784
刘家会镇	13955	1635	8189	4131	2979	13546
丛罗峪镇	9422	1304	5742	2376	1713	9121
曲峪镇	13752	1729	8530	3493	2422	13385
木瓜坪乡	11808	1792	7510	2506	1772	9436
安业乡	17649	3299	10546	3804	2691	13341
玉坪乡	8761	1235	5154	2372	1716	8469
青凉寺乡	7653	938	4579	2136	1558	7295
石白头乡	9462	1080	5853	2529	1834	9195
雷家碛乡	10094	1534	6323	2237	1560	9752
八堡乡	7365	1133	4562	1670	1207	7214
大禹乡	20363	2584	12362	5417	3929	19678
车赶乡	7032	809	4343	1880	1384	5976
安家庄乡	8949	1060	5416	2473	1786	8699
柳林县	**287969**	**58900**	**187205**	**41864**	**28623**	**177354**
柳林镇	142687	36193	94185	12309	7980	67075
穆村镇	34620	7580	23604	3436	2233	19383
薛村镇	11312	1716	7016	2580	1763	9697
庄上镇	10612	1805	6879	1928	1370	6785
留誉镇	7914	1094	4692	2128	1518	7571

表4 续表 33

单位：人

地　区	总人口	分年龄人口				居住本乡、镇、街道，户口在本乡、镇、街道
		0-14岁	15-59岁	60岁及以上	#65岁及以上	
三交镇	7815	1012	4474	2329	1688	7398
成家庄镇	9200	1307	5868	2025	1389	7239
孟门镇	9125	963	6225	1937	1323	6599
李家湾乡	9018	1339	5726	1953	1369	7764
贾家垣乡	4802	441	2765	1596	1142	4259
陈家湾乡	13079	1770	8640	2669	1872	9673
金家庄乡	6744	1218	4102	1424	978	5699
高家沟乡	7002	692	4071	2239	1669	6720
石西乡	4433	544	2587	1302	918	4219
王家沟乡	9606	1226	6371	2009	1411	7273
石楼县	**96808**	**19945**	**61660**	**15203**	**10373**	**64267**
灵泉镇	62940	15571	40533	6836	4653	31730
罗村镇	4953	590	2979	1384	955	4775
义牒镇	3610	510	2285	815	530	3251
小蒜镇	6177	888	3902	1387	939	5980
辛关镇	4023	442	2545	1036	689	3914
龙交乡	4124	460	2526	1138	798	3954
和合乡	4353	601	2764	988	666	4229
曹家垣乡	2728	372	1734	622	448	2664
裴沟乡	3900	511	2392	997	695	3770
岚县	**148315**	**28423**	**92841**	**27051**	**18902**	**90384**
东村镇	89032	21600	57561	9871	6618	38116
岚城镇	5016	540	2784	1692	1206	4623
普明镇	15183	2451	9293	3439	2462	13618
界河口镇	2269	249	1294	726	492	2065
土峪乡	3077	313	1764	1000	734	2909
上明乡	5761	491	3370	1900	1400	5317
王狮乡	6017	863	3524	1630	1149	5793
梁家庄乡	6545	464	4462	1619	1148	4137
顺会乡	3741	395	2136	1210	885	3563
河口乡	2137	183	1067	887	625	1975
社科乡	7193	670	4322	2201	1549	6069
大蛇头乡	2344	204	1264	876	634	2199
方山县	**112692**	**20929**	**71722**	**20041**	**13894**	**92615**
圪洞镇	44489	10032	28441	6016	4261	34061
马坊镇	11201	2024	6794	2383	1614	10560
峪口镇	18927	2926	12281	3720	2561	16179
大武镇	23508	3787	15448	4273	2967	18424
北武当镇	4108	607	2480	1021	688	3815
积翠乡	4800	724	2838	1238	869	4423
麻地会乡	5659	829	3440	1390	934	5153
中阳县	**138498**	**27549**	**90620**	**20329**	**14119**	**79700**
宁乡镇	88550	21600	59162	7788	5294	38286
金罗镇	24994	4119	16148	4727	3226	20800
枝柯镇	4929	396	3220	1313	926	4225

表4　续表 34　　　　　　　　　　　　　　　　　　单位：人

地　区	总人口	分年龄人口				居住本乡、镇、街道，户口在本乡、镇、街道
		0-14岁	15-59岁	60岁及以上	#65岁及以上	
武家庄镇	4766	374	2769	1623	1171	4223
暖泉镇	7472	706	4302	2464	1732	6564
下枣林乡	4867	232	3267	1368	1029	3289
车鸣峪乡	2920	122	1752	1046	741	2313
交口县	**95313**	**18204**	**60494**	**16615**	**11276**	**65090**
水头镇	35035	7844	23243	3948	2606	17192
康城镇	10954	2064	6728	2162	1453	9345
双池镇	17684	3779	10925	2980	2076	12911
桃红坡镇	10156	1484	6327	2345	1606	8224
石口乡	6078	668	3616	1794	1181	5246
回龙乡	9081	1501	5763	1817	1284	6719
温泉乡	6325	864	3892	1569	1070	5453
孝义市	**477289**	**93707**	**308758**	**74824**	**50919**	**254399**
新义街道	140630	30483	93208	16939	11152	49827
中阳楼街道	76922	18841	49080	9001	5751	28017
振兴街道	13879	2549	8478	2852	1915	11379
胜溪湖街道	30493	4182	21806	4505	3073	10930
崇文街道	61172	14528	41090	5554	3703	29070
兑镇镇	19303	2373	11900	5030	3673	15567
阳泉曲镇	16029	1863	10254	3912	2739	13442
下堡镇	9726	1055	5561	3110	2188	8007
西辛庄镇	5119	528	2855	1736	1204	4874
高阳镇	25362	3573	15934	5855	4193	22460
梧桐镇	36977	8260	23618	5099	3558	23894
柱濮镇	2181	125	1182	874	622	1950
大孝堡乡	24961	4530	15111	5320	3672	22958
下栅乡	6480	423	4024	2033	1386	5307
驿马乡	3040	154	1853	1033	714	2360
南阳乡	2397	102	1405	890	594	1999
杜村乡	2618	138	1399	1081	782	2358
汾阳市	**407647**	**74666**	**259932**	**73049**	**51848**	**285222**
文峰街道	71393	17938	45971	7484	5179	27331
太和桥街道	62919	10868	44164	7887	5570	29846
贾家庄镇	20458	3519	12657	4282	3091	18986
杏花村镇	30001	5468	19598	4935	3454	26720
冀村镇	29553	4757	18212	6584	4761	28552
肖家庄镇	23888	3918	14653	5317	3871	22885
演武镇	19634	3251	11598	4785	3467	18672
三泉镇	22083	2764	13317	6002	4325	20402
石庄镇	4505	361	2625	1519	1098	4228
杨家庄镇	6876	514	3879	2483	1768	6426
峪道河镇	15618	1973	9230	4415	3167	14517
西河乡	50393	10924	33203	6266	4254	21234
阳城乡	33761	6063	20808	6890	4814	30519
栗家庄乡	16565	2348	10017	4200	3029	14904

表5 内蒙古自治区乡、镇、街道人口

单位：人

地区	总人口	分年龄人口				居住本乡、镇、街道，户口在本乡、镇、街道
		0-14岁	15-59岁	60岁及以上	#65岁及以上	
内蒙古自治区	**24049155**	**3377673**	**15914249**	**4757233**	**3138918**	**12500329**
呼和浩特市	**3446100**	**479255**	**2345550**	**621295**	**412099**	**1266548**
新城区	**699672**	**102483**	**486597**	**110592**	**71760**	**241892**
海拉尔东路街道	85653	9425	63032	13196	8877	30325
锡林北路街道	28183	3276	18186	6721	4723	13275
中山东路街道	16791	2244	10582	3965	2812	8315
东街街道	43614	7287	27503	8824	6145	23306
西街街道	45854	9620	27458	8776	6091	26387
东风路街道	98468	13750	68448	16270	10533	38678
迎新路街道	62823	7185	46550	9088	6236	16774
成吉思汗大街街道	306174	48440	217933	39801	23529	75703
保合少镇	11733	1226	6604	3903	2792	9128
新城区鸿盛高科技园区	379	30	301	48	22	1
回民区	**436042**	**57403**	**306811**	**71828**	**47363**	**127461**
新华西路街道	33933	3483	23321	7129	4971	13725
中山西路街道	21869	2570	15398	3901	2609	7374
光明路街道	42752	5352	28555	8845	5972	14321
海拉尔西路街道	43167	5843	29452	7872	5454	14895
环河街街道	46725	6221	31083	9421	6584	18124
通道街街道	19719	2222	12467	5030	3490	9691
钢铁路街道	35084	5178	23808	6098	4113	9913
攸攸板镇	192793	26534	142727	23532	14170	39418
玉泉区	**524573**	**76931**	**372971**	**74671**	**47265**	**106195**
小召前街街道	24070	2980	15655	5435	3778	8884
兴隆巷街道	45544	6199	31975	7370	4907	12255
长和廊街道	23766	4042	16129	3595	2263	6479
石东路街道	45134	6712	30356	8066	5376	13641
大南街街道	24109	3081	16277	4751	3167	8080
鄂尔多斯路街道	53998	7975	38256	7767	4844	5909
西菜园街道	82742	12112	60826	9804	5781	12525
昭君路街道	152442	22108	113311	17023	10296	23446
小黑河镇	72216	11705	49726	10785	6803	14976
裕隆工业园区	552	17	460	75	50	
赛罕区	**885321**	**121711**	**618551**	**145059**	**94461**	**326703**
人民路街道	67748	10506	43637	13605	9399	34289
大学西路街道	53797	5386	39358	9053	6450	19947
乌兰察布东路街道	55180	7779	36949	10452	7129	24671
大学东路街道	60967	6031	45383	9553	6586	20825
中专路街道	95753	14722	65762	15269	9727	40258
昭乌达路街道	247828	40851	171967	35010	21081	78742
巴彦街道	80781	4570	67677	8534	5803	18799
敕勒川路街道	127971	19408	87800	20763	12629	41157
榆林镇	9768	593	4662	4513	3313	8281
黄合少镇	21198	1606	12175	7417	5534	16850
金河镇	16975	2037	10524	4414	2986	11567
金桥经济技术开发区	47355	8222	32657	6476	3824	11317

表5 续表 1

单位：人

地区	总人口	分年龄人口				居住本乡、镇、街道，户口在本乡、镇、街道
		0-14岁	15-59岁	60岁及以上	#65岁及以上	
土默特左旗	**263131**	**30749**	**160931**	**71451**	**49858**	**165058**
察素齐镇	84950	11563	54386	19001	13125	54338
毕克齐镇	21801	1980	11901	7920	5560	18814
善岱镇	19119	1192	9347	8580	6424	17052
台阁牧镇	49290	8328	33907	7055	4423	12081
白庙子镇	24744	2726	13449	8569	5976	20815
敕勒川镇	19571	1273	10117	8181	5690	16888
北什轴乡	16151	1162	8720	6269	4428	14475
塔布赛乡	11889	760	6164	4965	3639	10353
呼和浩特金山经济技术开发区	15616	1765	12940	911	593	242
托克托县	**166192**	**24100**	**101490**	**40602**	**28606**	**94555**
双河镇	106107	19854	68693	17560	12105	46043
新营子镇	28224	2539	16371	9314	6579	21137
五申镇	11783	484	5304	5995	4423	10794
伍什家镇	6336	327	3164	2845	2051	5513
古城镇	11756	824	6193	4739	3345	10766
托县工业园区	1986	72	1765	149	103	302
和林格尔县	**162476**	**20939**	**102227**	**39310**	**26980**	**83603**
城关镇	65316	11496	41689	12131	8345	26701
盛乐镇	18905	2254	9983	6668	4753	16356
新店子镇	4534	238	2035	2261	1574	4043
巧什营镇	7468	698	3732	3038	2079	6677
舍必崖乡	12548	939	6267	5342	3566	11192
大红城乡	7060	260	3115	3685	2516	6430
羊群沟乡	2130	77	883	1170	817	1861
黑老夭乡	2809	144	1151	1514	1094	2549
盛乐经济工业园区	41706	4833	33372	3501	2236	7794
清水河县	**76674**	**9660**	**43982**	**23032**	**15854**	**47759**
城关镇	44271	7743	27259	9269	6430	20415
宏河镇	5319	304	2837	2178	1456	4309
喇嘛湾镇	8337	979	4813	2545	1736	6223
老牛湾镇	2750	74	1315	1361	918	2517
窑沟乡	5134	201	2609	2324	1590	4532
北堡乡	3873	127	1866	1880	1307	3548
韭菜庄乡	3910	135	1913	1862	1303	3552
五良太乡	3080	97	1370	1613	1114	2663
武川县	**95869**	**9843**	**55606**	**30420**	**21288**	**49714**
可可以力更镇	61933	8860	39947	13126	9221	19358
哈乐镇	4593	120	2105	2368	1628	4104
西乌兰不浪镇	4827	151	2178	2498	1763	4268
大青山乡	2075	72	970	1033	700	1822
上秃亥乡	7929	217	3696	4016	2702	7342
得胜沟乡	1815	52	875	888	625	1629
二份子乡	4314	102	1910	2302	1677	3933
哈拉合少乡	3384	83	1474	1827	1361	3097
耗赖山乡	4607	138	2189	2280	1560	4108

表5　续表 2

单位：人

地　　区	总人口	分年龄人口				居住本乡、镇、街道，户口在本乡、镇、街道
		0–14岁	15–59岁	60岁及以上	#65岁及以上	
内蒙古武川经济开发区	104	5	71	28	17	
武川金三角经济开发区	288	43	191	54	34	53
呼和浩特经济技术开发区	**136150**	**25436**	**96384**	**14330**	**8664**	**23608**
如意工业园区	17063	2461	12697	1905	1145	4664
金川工业园区	102518	20801	73735	7982	4419	6959
呼和浩特出口加工区	1024	192	730	102	56	36
沙尔沁工业区(如意南区)	15531	1979	9214	4338	3041	11949
呼和浩特白塔空港物流园区	14	3	8	3	3	
包头市	**2709378**	**355298**	**1807061**	**547019**	**371292**	**1141555**
东河区	**484218**	**57623**	**318318**	**108277**	**70893**	**202638**
和平路街道	17529	1961	11341	4227	2694	8707
财神庙街道	16434	1924	10782	3728	2435	6097
西脑包街道	38208	4601	25369	8238	5286	16847
南门外街道	35046	4339	23580	7127	4432	12982
南圪洞街道	36186	3921	23257	9008	6299	18061
东站街道	41972	3822	25525	12625	8564	26430
回民街道	13222	1290	8383	3549	2336	6313
天骄街道	20748	2146	13346	5256	3312	7367
河东街道	47488	7550	32391	7547	4643	16144
铁西街道	42914	5214	31165	6535	4302	10451
东兴街道	20768	1608	13853	5307	3991	12056
杨圪塄街道	56953	6252	36614	14087	9287	16219
河东镇	59174	9375	40127	9672	6005	14999
沙尔沁镇	36516	3594	21617	11305	7266	29961
铝业工业园区	1060	26	968	66	41	4
昆都仑区	**787681**	**110338**	**538834**	**138509**	**96293**	**299545**
少先路街道	55722	6770	33415	15537	12179	35074
沼潭街道	59145	3767	48031	7347	5095	16404
林荫路街道	19704	2183	12475	5046	3732	11017
友谊大街街道	39861	5471	27028	7362	5549	15070
阿尔丁大街街道	43326	6872	26812	9642	6953	24750
团结大街街道	49200	7996	34331	6873	4499	15471
鞍山道街道	53520	7435	35364	10721	7523	24803
前进道街道	56034	9593	37157	9284	6241	26007
市府东路街道	27287	3601	18025	5661	3867	15178
白云路街道	32797	3928	21446	7423	5465	15073
黄河西路街道	98507	14163	67004	17340	12319	40758
昆工路街道	33298	4711	22027	6560	4983	14475
昆北街道	77605	12909	54408	10288	6150	18234
昆河镇	117026	17838	84735	14453	8569	18041
卜尔汉图镇	24634	3098	16567	4969	3166	9190
包钢厂区办事处	15	3	9	3	3	
青山区	**535128**	**67541**	**364763**	**102824**	**72967**	**218901**
先锋道街道	34904	4008	23561	7335	5422	15433
幸福路街道	32361	4261	20965	7135	4871	16877

表5 续表 3

单位：人

地区	总人口	分年龄人口				居住本乡、镇、街道，户口在本乡、镇、街道
		0-14岁	15-59岁	60岁及以上	#65岁及以上	
万青路街道	59666	8296	40091	11279	7625	22512
富强路街道	47307	5912	29703	11692	8972	28276
科学路街道	64217	8068	40736	15413	11016	33039
青山路街道	54768	6602	35183	12983	10100	29198
自由路街道	74153	8420	52061	13672	10156	35130
乌素图街道	38636	2310	30903	5423	4065	11508
青福镇	80499	12336	57643	10520	6320	19146
兴胜镇	47670	7328	33025	7317	4399	7782
包头市装备制造产业园区	947		892	55	21	
石拐区	**24745**	**1892**	**16291**	**6562**	**4530**	**7508**
石拐街道	1918	163	1302	453	310	686
大发街道	10104	1051	6560	2493	1746	870
大磁街道	415	8	171	236	194	93
五当沟街道	627	29	409	189	147	341
白狐沟街道	694	25	479	190	115	258
大德恒街道	4317	442	2708	1167	782	2316
五当召镇	2380	97	1272	1011	664	1725
吉忽伦图苏木	1650	49	881	720	528	1219
工业园区管理委员会	2640	28	2509	103	44	
白云鄂博矿区	**22681**	**2212**	**16924**	**3545**	**2551**	**8863**
矿山路街道	9367	920	6876	1571	1222	4019
通阳道街道	13314	1292	10048	1974	1329	4844
九原区	**245190**	**36836**	**168914**	**39440**	**25035**	**65822**
沙河街道	86377	14980	59130	12267	7802	21408
赛汗街道	27140	4150	19463	3527	2026	4998
萨如拉街道	5345	643	3252	1450	941	2869
白音席勒街道	46859	5683	35095	6081	3979	5673
麻池镇	47696	8129	32550	7017	4253	10257
哈林格尔镇	19043	2045	11885	5113	3380	11117
哈业胡同镇	10489	1081	5823	3585	2407	8732
阿嘎如泰苏木	2241	125	1716	400	247	768
土默特右旗	**237421**	**29433**	**143684**	**64304**	**43564**	**161809**
萨拉齐镇	111416	20318	73023	18075	11878	52456
双龙镇	17390	1313	9185	6892	4734	16370
美岱召镇	15989	1162	8445	6382	4383	15017
沟门镇	24878	1936	17393	5549	3739	15200
将军尧镇	21980	1522	11075	9383	6477	20565
海子乡	15370	937	8212	6221	4189	14121
明沙淖乡	15020	1182	8184	5654	3845	13950
苏波盖乡	13669	1009	7210	5450	3828	12961
九峰山生态管理委员会	1709	54	957	698	491	1169
固阳县	**118624**	**12779**	**70999**	**34846**	**23859**	**79587**
金山镇	75768	10445	48256	17067	11694	41395
西斗铺镇	7360	450	4104	2806	1865	6661
下湿壕镇	9589	345	4590	4654	3225	8734
银号镇	8516	527	4975	3014	2030	7371
怀朔镇	9062	482	4726	3854	2632	8006
兴顺西镇	8329	530	4348	3451	2413	7420

表5　续表 4

单位：人

地　　区	总人口	分年龄人口				居住本乡、镇、街道，户口在本乡、镇、街道
		0-14岁	15-59岁	60岁及以上	#65岁及以上	
达尔罕茂明安联合旗	**69563**	**6756**	**42707**	**20100**	**13454**	**40679**
满都拉镇	870	48	710	112	49	504
希拉穆仁镇	1352	47	888	417	233	937
百灵庙镇	38011	5343	24459	8209	5812	15568
石宝镇	8716	606	5000	3110	2020	6522
乌克忽洞镇	6773	238	3259	3276	2226	5932
明安镇	1528	75	1109	344	188	1153
巴音花镇	1178	68	919	191	109	905
达尔汗苏木	1258	48	930	280	138	910
查干哈达苏木	800	41	615	144	68	576
巴音敖包苏木	1749	83	1250	416	230	1027
西河乡	3571	59	1751	1761	1170	3129
小文公乡	3757	100	1817	1840	1211	3516
包头稀土高新技术产业开发区	**184127**	**29888**	**125627**	**28612**	**18146**	**56203**
稀土路街道	112885	19207	79539	14139	8300	32058
民馨路街道	36979	5506	23185	8288	5951	10403
万水泉镇	34263	5175	22903	6185	3895	13742
乌海市	**556621**	**74750**	**390376**	**91495**	**63875**	**231978**
海勃湾区	**339155**	**47323**	**237932**	**53900**	**36702**	**140951**
凤凰岭街道	64052	9465	43920	10667	7324	33753
海北街道	58916	8820	40216	9880	6820	31558
新华街道	40890	5552	29431	5907	4212	16747
新华西街道	43118	5864	30767	6487	4429	16262
滨河街道	59626	8881	43386	7359	4632	20082
林荫街道	52367	6761	35500	10106	7056	17155
千里山镇	15757	1899	10574	3284	2123	5198
乌海市海勃湾千里山工业园区	4429	81	4138	210	106	196
海南区	**94770**	**13197**	**66985**	**14588**	**10042**	**34695**
拉僧仲街道	68904	11266	47993	9645	6720	25404
西卓子山街道	5450	521	3854	1075	776	2037
公乌素镇	9174	811	7533	830	471	1122
拉僧庙镇	1234	18	1055	161	97	174
巴音陶亥镇	10008	581	6550	2877	1978	5958
乌达区	**122696**	**14230**	**85459**	**23007**	**17131**	**56332**
三道坎街道	2878	187	2203	488	287	982
五虎山街道	5949	420	4556	973	647	1622
新达街道	34575	4270	23005	7300	5579	17468
巴音赛街道	24656	3866	17557	3233	2291	9873
梁家沟街道	25154	2308	16461	6385	5106	15547
苏海图街道	4573	210	3438	925	653	1958
滨海街道	21893	2808	15955	3130	2211	7805
乌兰淖尔镇	1681	142	1009	530	350	1076
乌达经济开发区	1337	19	1275	43	7	1

表5 续表 5

单位：人

地　　区	总人口	分年龄人口				居住本乡、镇、街道，户口在本乡、镇、街道
		0-14岁	15-59岁	60岁及以上	#65岁及以上	
赤峰市	**4035967**	**619079**	**2567308**	**849580**	**534224**	**2437535**
红山区	**469079**	**73763**	**314320**	**80996**	**52517**	**156027**
西屯街道	25704	4507	17017	4180	2692	9329
三中街街道	16239	2744	10419	3076	2082	6700
永巨街道	30727	5089	20330	5308	3640	12406
东城街道	41392	6427	28844	6121	3830	8303
南新街街道	36090	5988	23202	6900	4754	13013
站前街道	44808	7553	28974	8281	5449	15703
铁南街道	36292	5152	24754	6386	3895	7561
长青街道	32756	4811	21439	6506	4411	12803
哈达街道	34093	5391	22278	6424	4306	13974
西城街道	57980	8081	42044	7855	4835	14127
桥北街道	69167	11912	47592	9663	6069	12795
红庙子镇	14374	1895	9025	3454	2280	10490
文钟镇	29457	4213	18402	6842	4274	18823
元宝山区	**284990**	**37486**	**186268**	**61236**	**40877**	**167359**
西露天街道	10279	678	6624	2977	2325	6802
平庄城区街道	33258	4929	22110	6219	4224	16829
平庄东城街道	44274	6647	29181	8446	5641	22208
平庄西城街道	57329	9442	41084	6803	4699	15539
马林街道	4694	389	3159	1146	835	2636
云杉路街道	32368	4410	21436	6522	4668	17550
风水沟镇	10895	1243	6648	3004	1923	9522
元宝山镇	25713	2710	16268	6735	4334	19908
美丽河镇	12230	1235	7382	3613	2249	10998
平庄镇	43354	4881	26416	12057	7562	35983
五家镇	7901	767	4466	2668	1758	6972
小五家乡	2695	155	1494	1046	659	2412
松山区	**706312**	**117242**	**464255**	**124815**	**77947**	**300524**
振兴街道	71466	14033	50089	7344	4666	9791
向阳街道	75096	15269	51365	8462	5173	10538
松州街道	56611	11039	38928	6644	4255	9157
铁东街道	46949	7906	34189	4854	2957	7200
穆家营子镇	62517	10735	41311	10471	6405	28254
初头朗镇	17273	2246	10010	5017	3210	14506
大庙镇	16006	2105	9306	4595	2937	13930
王府镇	14224	1752	8035	4437	2818	12726
老府镇	18226	2274	10257	5695	3544	16654
哈拉道口镇	17366	2603	10075	4688	2967	16275
上官地镇	9255	898	5196	3161	1956	8428
安庆镇	18403	2486	11184	4733	3056	16637
太平地镇	26530	3411	15960	7159	4520	24871
当铺地满族乡	26182	3334	15965	6883	4417	20779
夏家店乡	20824	2570	12169	6085	3796	18561
城子乡	14921	1628	8553	4740	2951	13806

表5　续表 6　　　　　　　　　　　　　　　　　　　　单位：人

地　　区	总人口	分年龄人口				居住本乡、镇、街道，户口在本乡、镇、街道
		0-14岁	15-59岁	60岁及以上	#65岁及以上	
大夫营子乡	9234	906	4979	3349	2243	8388
岗子乡	6319	483	3379	2457	1624	5757
玉龙街道	64542	11797	43910	8835	5447	18310
全宁街道	48089	8336	32164	7589	4552	16125
兴安街道	66279	11431	47231	7617	4453	9831
阿鲁科尔沁旗	**240360**	**32427**	**157752**	**50181**	**30887**	**156726**
天山镇	21059	2057	13251	5751	3496	16864
天山口镇	15556	1288	9430	4838	2920	14626
双胜镇	13026	1488	7909	3629	2252	12169
坤都镇	6784	940	4740	1104	643	5744
巴彦花镇	14418	1397	9229	3792	2388	12213
绍根镇	15010	2008	10171	2831	1692	13405
扎嘎斯台镇	6549	753	4655	1141	682	5775
新民乡	7178	486	4228	2464	1551	5930
先锋乡	7100	729	4110	2261	1407	6684
罕苏木苏木	4993	677	3492	824	465	4448
赛罕塔拉苏木	4609	616	3238	755	436	4118
巴拉奇如德苏木	9475	1023	6154	2298	1367	8794
乌兰哈达乡	5858	469	3305	2084	1305	5503
巴彦温都尔苏木	10751	1469	7646	1636	970	9845
罕乌拉街道办事处	54614	9430	38240	6944	4352	15540
欧沐沦街道办事处	43380	7597	27954	7829	4961	15068
巴林左旗	**277522**	**40043**	**177853**	**59626**	**36469**	**177846**
林东镇	37317	4507	22233	10577	6453	32327
隆昌镇	26695	3240	15754	7701	4803	25609
十三敖包镇	17887	2126	10459	5302	3189	16812
碧流台镇	25685	3346	15167	7172	4468	24478
富河镇	11741	1431	7167	3143	1881	10790
白音勿拉镇	5965	817	4312	836	498	3271
哈拉哈达镇	7022	716	4054	2252	1341	6709
查干哈达苏木	4579	583	2881	1115	642	4320
乌兰达坝苏木	3570	496	2472	602	342	2885
三山乡	6358	835	3845	1678	984	6114
花加拉嘎乡	10126	1317	6168	2641	1604	9804
上京高新技术产业集中区	80	3	62	15	7	
凤凰山工业集中区	69	1	63	5	2	
林东西城街道	69701	11361	49927	8413	5246	20557
林东东城街道	50727	9264	33289	8174	5009	14170
巴林右旗	**155027**	**23054**	**102261**	**29712**	**18232**	**87213**
大板镇	8728	782	5796	2150	1254	7671
索博日嘎镇	9938	1165	5988	2785	1606	9058
宝日勿苏镇	9979	1358	6623	1998	1174	8871
查干诺尔镇	6603	633	4024	1946	1171	6065
巴彦琥硕镇	3075	286	1806	983	568	2652

表5 续表 7　　单位：人

地　区	总人口	分年龄人口				居住本乡、镇、街道，户口在本乡、镇、街道
		0-14岁	15-59岁	60岁及以上	#65岁及以上	
西拉沐沦苏木	8830	1148	5969	1713	985	8008
巴彦塔拉苏木	5541	493	3724	1324	776	4827
幸福之路苏木	5858	615	3915	1328	753	5167
查干沐沦苏木	3674	334	2406	934	540	3271
大板煤电化基地	223	6	200	17	10	1
赛罕街道	48881	8814	32809	7258	4755	19249
达尔罕街道	43697	7420	29001	7276	4640	12373
林西县	**186663**	**24650**	**116154**	**45859**	**28333**	**112057**
林西镇	17432	2606	10708	4118	2459	9222
新城子镇	10178	899	5849	3430	2161	8772
新林镇	11767	1067	7049	3651	2246	10731
五十家子镇	15591	1783	9316	4492	2794	13816
官地镇	9462	900	5335	3227	1939	8358
大井镇	7387	587	4398	2402	1464	6453
统部镇	12147	1238	6984	3925	2427	10510
大营子乡	11246	1130	6337	3779	2311	9653
十二吐乡	5826	446	3279	2101	1298	5011
城北街道	52782	8633	35164	8985	5527	18362
城南街道	32709	5352	21636	5721	3694	11169
内蒙古林西工业园区	136	9	99	28	13	
克什克腾旗	**186143**	**24434**	**116610**	**45099**	**27878**	**111393**
经棚镇	14293	1348	8175	4770	2970	10466
宇宙地镇	9745	1024	5624	3097	1927	8355
土城子镇	12066	1318	6491	4257	2751	10952
同兴镇	7268	670	4252	2346	1455	6273
万合永镇	9022	677	4843	3502	2236	8340
芝瑞镇	14710	1233	8336	5141	3206	13362
达来诺日镇	3752	455	2481	816	474	3005
新开地乡	6664	842	3563	2259	1378	5958
红山子乡	4583	555	2800	1228	711	4095
达日罕乌拉苏木	7234	576	5924	734	411	4098
巴彦查干苏木	7105	865	5349	891	503	5331
浩来呼热苏木	3446	314	2416	716	422	2394
乌兰布统苏木	2869	324	1905	640	374	2313
应昌街道	32276	5233	20755	6288	4003	10218
热水塘街道	1205	145	756	304	198	192
西拉沐沦街道	49905	8855	32940	8110	4859	16041
翁牛特旗	**333970**	**47907**	**204352**	**81711**	**51566**	**248760**
乌丹镇	21726	2012	13195	6519	3996	19931
乌敦套海镇	23422	3625	14042	5755	3648	21333
五分地镇	13333	1468	7574	4291	2789	12710
桥头镇	31169	4018	18393	8758	5551	29622
广德公镇	14571	1510	8097	4964	3161	13732
梧桐花镇	20684	2063	12466	6155	3965	19192
海拉苏镇	6691	912	4514	1265	735	4816
亿合公镇	16220	1998	9217	5005	3063	15087
解放营子乡	10724	1075	5968	3681	2253	10139

表5 续表 8

单位：人

地　　区	总人口	分年龄人口				居住本乡、镇、街道，户口在本乡、镇、街道
		0-14岁	15-59岁	60岁及以上	#65岁及以上	
阿什罕苏木	4690	585	3001	1104	683	4438
新苏莫苏木	22586	3445	14343	4798	2904	21152
白音套海苏木	14295	2346	8821	3128	2035	13630
毛山东乡	8791	1186	4891	2714	1707	8363
格日僧苏木	5862	869	3942	1051	630	5236
玉龙工业园区	3694	311	1888	1495	1026	
紫城街道	31586	5085	19862	6639	4151	17105
全宁街道	83926	15399	54138	14389	9269	32274
喀喇沁旗	**262792**	**40279**	**161383**	**61130**	**38010**	**192592**
锦山镇	10970	1351	6508	3111	1945	10338
美林镇	20843	3249	12380	5214	3221	19801
王爷府镇	21430	2594	12528	6308	3991	20224
小牛群镇	16939	1988	9710	5241	3280	16038
牛家营子镇	38780	5623	23451	9706	6193	34462
乃林镇	23385	3146	14072	6167	3756	21564
西桥镇	19264	2574	11451	5239	3200	17820
十家满族乡	14929	1594	8927	4408	2742	13557
南台子乡	8090	1126	4635	2329	1407	7609
乃林果树农场	149	22	93	34	13	121
马鞍山羊场	325	15	179	131	73	293
喀喇沁经济开发区	6364	960	4389	1015	627	29
锦山工业园区	64	4	44	16	9	
河北街道	22606	3824	14343	4439	2831	11325
河南街道	58654	12209	38673	7772	4722	19411
宁城县	**484397**	**82486**	**297238**	**104673**	**64882**	**380731**
天义镇	39077	6541	23936	8600	5326	33662
小城子镇	20435	3152	12126	5157	3178	18992
大城子镇	24196	3914	14331	5951	3574	22653
八里罕镇	26161	4580	15388	6193	3913	23523
黑里河镇	16674	2612	9724	4338	2692	15680
右北平镇	31015	5419	17982	7614	4834	29252
大双庙镇	19121	3116	11714	4291	2626	18193
汐子镇	40933	6038	24574	10321	6304	37781
大明镇	26560	4208	16005	6347	3865	25110
忙农镇	25270	3613	14941	6716	4199	24107
五化镇	15704	2399	8962	4343	2754	14879
三座店镇	21535	3733	13064	4738	2848	20538
必斯营子镇	19028	3008	10875	5145	3260	17989
一肯中乡	24433	3796	14458	6179	3808	22604
存金沟乡	11551	1704	6940	2907	1827	10998
铁西街道	66307	13935	44807	7565	4663	19290
铁东街道	51244	9696	34228	7320	4657	21117
温泉街道	5153	1022	3183	948	554	4363

表5 续表 9

单位：人

地区	总人口	分年龄人口				居住本乡、镇、街道，户口在本乡、镇、街道
		0-14岁	15-59岁	60岁及以上	#65岁及以上	
敖汉旗	**448712**	**75308**	**268862**	**104542**	**66626**	**346307**
新惠镇	32104	4470	18863	8771	5527	24549
四家子镇	28601	4226	16507	7868	5095	27231
长胜镇	27197	4025	15747	7425	4912	25347
贝子府镇	31234	4844	17816	8574	5546	29547
四道湾子镇	21205	3228	12408	5569	3247	19683
下洼镇	22218	3490	13000	5728	3530	20981
金厂沟梁镇	21589	3383	12886	5320	3467	19902
兴隆洼镇	22503	3634	13101	5768	3679	21517
黄羊洼镇	15259	2047	9061	4151	2667	13732
古鲁板蒿镇	22581	3196	13261	6124	3947	21668
牛古吐镇	23915	3321	13761	6833	4321	22662
木头营子乡	19922	2587	11416	5919	3821	18944
丰收乡	14234	1882	8128	4224	2610	13634
玛尼罕乡	10806	1246	6331	3229	2018	10091
萨力巴乡	11319	1556	6609	3154	1976	10571
敖润苏莫苏木	2983	385	1826	772	526	2739
工业园区	345	4	313	28	18	2
人民政府新州街道	41571	9322	26035	6214	3984	15754
惠州街道	79126	18462	51793	8871	5735	27753
通辽市	**2873168**	**417081**	**1918926**	**537161**	**345357**	**1995772**
科尔沁区	**718665**	**88963**	**484975**	**144727**	**93194**	**397948**
科尔沁街道	37370	5355	25461	6554	4258	11931
西门街道	65141	6924	48544	9673	6324	18590
永清街道	53935	6938	37725	9272	6137	25082
明仁街道	16795	2108	11971	2716	1778	5338
施介街道	32314	4253	21820	6241	4165	10095
团结街道	57303	6602	39701	11000	7249	21155
东郊街道	26654	3241	18307	5106	3348	6656
铁路街道	43855	5314	30115	8426	5320	21532
红星街道	42586	5108	29875	7603	4760	14593
霍林河街道	37967	4570	25526	7871	5166	9836
建国街道	30804	4212	21036	5556	3370	13536
大林镇	52982	6606	33923	12453	8049	47827
钱家店镇	35674	4609	22039	9026	5786	32049
余粮堡镇	22955	2893	14819	5243	3325	19911
木里图镇	32500	4175	21480	6845	4187	26181
丰田镇	21166	2749	13410	5007	3211	18699
清河镇	25572	3003	16199	6370	4004	22285
育新镇	23162	2594	14575	5993	3755	20454
庆和镇	16636	2272	10617	3747	2460	14896
敖力布皋镇	17591	2336	10972	4283	2786	15774
莫力庙苏木	13066	1731	8403	2932	1865	11163

表5　续表 10　　　　单位：人

地　　区	总人口	分年龄人口				居住本乡、镇、街道，户口在本乡、镇、街道
		0-14岁	15-59岁	60岁及以上	#65岁及以上	
国有哲南农场	1923	208	1243	472	288	1482
三义堂农场	2451	211	1685	555	384	1937
通辽市高林屯种畜场	3193	360	2182	651	432	2668
胡力海原种繁殖场	3380	389	2197	794	547	2912
莫力庙种羊场	1147	135	775	237	165	899
半截店牧场	543	67	375	101	75	467
科尔沁左翼中旗	**399631**	**57791**	**269138**	**72702**	**46437**	**344263**
保康镇	21653	3136	14483	4034	2503	20165
宝龙山镇	42531	5777	28710	8044	5070	35287
舍伯吐镇	41294	6409	27342	7543	4793	34337
巴彦塔拉镇	25826	3865	17126	4835	3127	24334
门达镇	14113	1967	9230	2916	1904	13070
架玛吐镇	25881	3715	17046	5120	3259	24341
腰林毛都镇	19747	2620	13407	3720	2385	18365
希伯花镇	22030	3170	14654	4206	2717	20720
花吐古拉镇	15820	2229	10631	2960	1949	14800
代力吉镇	12317	1614	8443	2260	1387	11486
努日木镇	13047	1880	8659	2508	1567	12340
花胡硕苏木	12111	1756	8293	2062	1336	11563
协代苏木	10829	1834	7263	1732	1065	10077
白兴吐苏木	11276	1601	7532	2143	1346	10454
图布信苏木	17267	2279	11828	3160	1999	16451
敖包苏木	10179	1565	6709	1905	1232	9367
胜利乡	14589	2301	9714	2574	1680	13885
白音塔拉农场	4746	681	3183	882	592	4317
珠日河牧场	11199	1424	7953	1822	1129	10395
丰库牧场	2274	297	1543	434	272	2141
保康街道办事处	50902	7671	35389	7842	5125	26368
科尔沁左翼后旗	**321438**	**48867**	**210421**	**62150**	**41169**	**262372**
甘旗卡镇	98285	14631	65451	18203	11917	62693
吉尔嘎朗镇	19058	2889	12730	3439	2236	17473
金宝屯镇	23470	3852	15091	4527	2999	19044
常胜镇	20014	3324	12880	3810	2542	18301
查日苏镇	27082	4504	18038	4540	3052	23360
双胜镇	23307	3564	13902	5841	3983	21284
阿古拉镇	12145	1776	8176	2193	1398	11328
朝鲁吐镇	8494	1238	5509	1747	1176	7756
努古斯台镇	7710	1049	5148	1513	934	6984
海鲁吐镇	17481	2758	11452	3271	2137	16135
阿都沁苏木	13750	2257	8975	2518	1681	12786
茂道吐苏木	9301	1369	6109	1823	1214	8669
巴胡塔苏木	10831	1395	7250	2186	1422	9525
散都苏木	13903	2185	8915	2803	1911	12585
巴彦毛都苏木	4880	724	3173	983	654	4464
胜利农场	4836	516	3047	1273	914	4106
孟根达坝牧场	1296	156	886	254	166	1205
查金台牧场	1562	154	1036	372	284	1335

表5 续表 11

单位：人

地区	总人口	分年龄人口				居住本乡、镇、街道，户口在本乡、镇、街道
		0-14岁	15-59岁	60岁及以上	#65岁及以上	
原种场	1826	241	1173	412	268	1677
大青沟管理局	362	28	261	73	47	300
哈日乌苏种畜场	91	10	67	14	10	81
乌兰敖道渔场	190	37	121	32	17	163
金宝屯林场	650	111	424	115	73	380
朝鲁吐林场	130	11	87	32	22	82
茂道吐林场	158	17	102	39	19	118
伊胡塔林场	101	8	71	22	18	63
乌旦塔拉林场	525	63	347	115	75	475
开鲁县	**313364**	**44691**	**204230**	**64443**	**41046**	**254118**
开鲁镇	125440	17636	85192	22612	14388	82460
大榆树镇	16220	2301	10342	3577	2307	15234
黑龙坝镇	14898	2424	9289	3185	2052	13833
麦新镇	25435	4552	15699	5184	3115	23744
义和塔拉镇	20733	2829	13310	4594	2912	19312
建华镇	20784	2567	13276	4941	3140	18479
小街基镇	33608	4923	20617	8068	5130	31197
东风镇	16217	2048	10696	3473	2299	13866
吉日嘎郎吐镇	14128	1766	9107	3255	2093	13036
东来镇	13245	2120	8428	2697	1674	12007
清河牧场	2533	278	1711	544	344	2091
辽河农场	3693	480	2322	891	594	3343
保安农场	6430	767	4241	1422	998	5516
库伦旗	**151133**	**22543**	**98323**	**30267**	**19745**	**123045**
库伦镇	30569	4421	19964	6184	4058	27834
扣河子镇	17357	2776	10880	3701	2356	15702
白音花镇	10560	1432	7238	1890	1258	9887
六家子镇	14772	2642	9063	3067	2021	13555
额勒顺镇	8786	1164	5743	1879	1245	8269
茫汗苏木	8476	1254	5449	1773	1183	7784
先进苏木	8118	1137	5328	1653	1080	7518
水泉乡	10180	1641	6236	2303	1463	9174
库伦街道办事处	42315	6076	28422	7817	5081	23322
奈曼旗	**375312**	**62718**	**240573**	**72021**	**46468**	**315995**
大沁他拉镇	45970	7179	29250	9541	5865	40772
八仙筒镇	41112	6541	25750	8821	5801	37668
青龙山镇	21316	3260	13100	4956	3248	20044
新镇	32595	6213	20455	5927	3755	31073
治安镇	14018	2342	8672	3004	1969	12924
东明镇	34716	6333	21459	6924	4486	32679
沙日浩来镇	11767	1787	7455	2525	1638	10907
义隆永镇	14523	2436	8789	3298	2128	13725
固日班花苏木	10695	1518	6813	2364	1544	10068
白音他拉苏木	10547	1553	6662	2332	1499	9714
明仁苏木	19807	3358	12342	4107	2713	18579
黄花塔拉苏木	12509	1998	8070	2441	1519	11579
土城子乡	9391	1594	5794	2003	1291	8847

表5 续表 12 单位：人

地 区	总人口	分年龄人口				居住本乡、镇、街道，户口在本乡、镇、街道
		0-14岁	15-59岁	60岁及以上	#65岁及以上	
苇莲苏乡	10967	1889	6849	2229	1423	10617
国有六号农场	3020	429	1955	636	400	2679
大沁他拉街道	82359	14288	57158	10913	7189	44120
扎鲁特旗	**251806**	**37718**	**170320**	**43768**	**28124**	**183920**
鲁北镇	123506	20159	83998	19349	12429	71051
黄花山镇	5623	743	3760	1120	677	3312
嘎亥图镇	14732	2251	10208	2273	1418	13819
巨日合镇	14806	1950	9329	3527	2357	13470
巴雅尔吐胡硕镇	5636	852	3956	828	504	4863
香山镇	11571	1408	7280	2883	1881	10472
阿日昆都楞镇	3766	384	3061	321	200	2216
巴彦塔拉苏木	10416	1212	6669	2535	1641	9107
乌力吉木仁苏木	6921	1028	4759	1134	691	6224
道老杜苏木	6855	869	4900	1086	676	6242
格日朝鲁苏木	9258	1424	6462	1372	838	8354
前德门苏木	4841	682	3310	849	552	4519
乌兰哈达苏木	4509	712	3175	622	380	4237
查布嘎图苏木	4631	644	3227	760	483	4092
乌额格其苏木	8084	1142	5441	1501	996	7361
乌额格其牧场	7631	1025	4954	1652	1127	6805
香山农场	4862	652	3164	1046	715	4497
乌日根塔拉农场	2610	395	1629	586	370	2122
嘎达苏种畜场	1548	186	1038	324	189	1157
通辽经济技术开发区	**203143**	**30805**	**142169**	**30169**	**18909**	**69944**
河西街道	42755	6270	29827	6658	4234	12984
电厂街道	6336	603	4392	1341	944	1232
新城街道	75318	13479	51550	10289	6240	22087
滨河街道	49814	6360	37451	6003	3775	10161
辽河镇	28920	4093	18949	5878	3716	23480
霍林郭勒市	**138676**	**22985**	**98777**	**16914**	**10265**	**44167**
珠斯花街道	48038	8098	34330	5610	3438	16698
莫斯台街道	45283	8316	32131	4836	3028	15448
宝日呼吉尔街道	25086	4559	17768	2759	1574	5681
沙尔呼热街道	9242	989	6728	1525	987	2453
达来胡硕苏木	10710	1002	7578	2130	1203	3834
霍林郭勒市军马场生态保护区管理委员会	317	21	242	54	35	53
鄂尔多斯市	**2153638**	**389275**	**1440422**	**323941**	**211059**	**700060**
东胜区	**574242**	**113362**	**394406**	**66474**	**41912**	**113946**
交通街道	57051	9865	39991	7195	4563	13708
公园街道	40058	8301	26273	5484	3585	11530
林荫街道	47587	11714	31026	4847	3149	13090
建设街道	26962	5739	17926	3297	2017	6177
富兴街道	38533	8073	26581	3879	2390	5549
天骄街道	36198	7022	25230	3946	2441	8876
诃额伦街道	43379	9760	29521	4098	2606	6633
巴音门克街道	55715	12822	36942	5951	3586	12828

表5 续表 13 单位：人

地 区	总人口	分年龄人口				居住本乡、镇、街道，户口在本乡、镇、街道
		0-14岁	15-59岁	60岁及以上	#65岁及以上	
幸福街道	56409	12056	37686	6667	4209	4090
纺织街道	45457	10129	30864	4464	2742	8301
兴胜街道	34646	4753	27345	2548	1628	3119
民族街道	41038	8560	28238	4240	2508	5735
泊尔江海子镇	6703	274	3756	2673	1741	4252
罕台镇	23781	3120	15362	5299	3691	8213
铜川镇	13965	805	11626	1534	902	1629
鄂尔多斯市装备制造基地	4256	102	4033	121	46	185
东胜区轻纺工业园区	477	43	363	71	42	4
铜川汽车博览园	2027	224	1643	160	66	27
康巴什区	**118796**	**24637**	**83733**	**10426**	**5783**	**26554**
哈巴格希街道	16578	2615	12254	1709	1072	2935
青春山街道	65575	14855	45781	4939	2684	17404
滨河街道	22811	5423	15092	2296	1240	6105
康新街道	13832	1744	10606	1482	787	110
达拉特旗	**328593**	**57358**	**202046**	**69189**	**46279**	**132647**
工业街道	20870	4601	13658	2611	1747	5170
昭君街道	25023	5970	16065	2988	2027	5674
锡尼街道	41316	9417	27298	4601	3165	8790
白塔街道	31736	7397	20669	3670	2570	4422
西园街道	42985	8785	28991	5209	3420	8585
平原街道	22716	5975	14863	1878	1199	2569
树林召镇	58697	9140	34647	14910	9722	29968
吉格斯太镇	8347	664	4450	3233	2214	6833
白泥井镇	9709	1164	4992	3553	2383	8421
王爱召镇	16016	960	7716	7340	5002	14466
昭君镇	13754	793	7724	5237	3489	10172
恩格贝镇	7195	513	3432	3250	2226	6267
中和西镇	4824	319	2516	1989	1366	4149
风水梁镇	9052	702	4967	3383	2311	6604
展旦召苏木乡	12786	840	6778	5168	3370	10487
达拉特经济开发区	3432	113	3190	129	45	33
鄂尔多斯市生态示范区管理委员会	135	5	90	40	23	37
准格尔旗	**359184**	**61936**	**236530**	**60718**	**40596**	**133721**
兴隆街道	38988	8831	26013	4144	2523	9451
迎泽街道	71193	17036	47765	6392	4111	11595
蓝天街道	36018	7410	23883	4725	3020	13187
友谊街道	32069	6670	21914	3485	2179	4360
薛家湾镇	39609	3589	28981	7039	4612	14819
沙圪堵镇	59324	11049	35270	13005	9070	31871
大路镇	4145	393	2085	1667	1157	3365
纳日松镇	16984	1116	12507	3361	2171	6680
龙口镇	16878	1739	10057	5082	3677	11979
准格尔召镇	10637	616	8053	1968	1250	3004
魏家峁镇	12627	1407	8681	2539	1699	6776
暖水乡	3999	283	2388	1328	945	2314

表5 续表 14

单位：人

地　区	总人口	分年龄人口				居住本乡、镇、街道，户口在本乡、镇、街道
		0-14岁	15-59岁	60岁及以上	#65岁及以上	
十二连城乡	12254	1405	6747	4102	2842	10570
布尔陶亥苏木乡	4459	392	2186	1881	1340	3750
鄂托克前旗	**92724**	**14455**	**64049**	**14220**	**9259**	**45956**
敖勒召其镇	52565	9810	34802	7953	5353	24620
上海庙镇	19144	1958	15649	1537	924	5015
城川镇	13861	2032	8548	3281	2102	11382
昂素镇	7154	655	5050	1449	880	4939
鄂托克旗	**162726**	**27840**	**114457**	**20429**	**13277**	**50976**
乌兰镇	44949	8130	29552	7267	4955	20209
棋盘井镇	83161	15717	60836	6608	4115	13756
蒙西镇	18059	2501	13308	2250	1450	4530
木凯淖尔镇	6138	397	3401	2340	1581	4881
苏米图苏木乡	3839	437	2622	780	483	2995
阿尔巴斯苏木乡	6580	658	4738	1184	693	4605
杭锦旗	**110824**	**16914**	**69504**	**24406**	**16537**	**63073**
锡尼镇	66814	12693	41416	12705	8885	30654
巴拉贡镇	7458	991	4648	1819	1232	5205
吉日嘎朗图镇	6575	646	4078	1851	1235	5746
独贵塔拉镇	15934	1651	9360	4923	3342	12556
呼和木独镇	3787	355	2383	1049	672	3208
伊和乌素苏木乡	7207	528	4699	1980	1142	5686
杭锦旗独贵塔拉工业园区管理委员会	2506	14	2447	45	14	3
鄂尔多斯新能源产业示范区	543	36	473	34	15	15
乌审旗	**158566**	**28683**	**109273**	**20610**	**13303**	**60693**
嘎鲁图镇	91046	21239	61078	8729	5589	25263
乌审召镇	9002	1250	6156	1596	1069	4676
图克镇	21686	1949	17277	2460	1570	7360
乌兰陶勒盖镇	8370	722	6300	1348	877	4036
无定河镇	20122	2464	12924	4734	3054	13193
苏力德苏木乡	8340	1059	5538	1743	1144	6165
伊金霍洛旗	**247983**	**44090**	**166424**	**37469**	**24113**	**72494**
阿勒腾席热镇	141983	32603	91916	17464	11101	31773
札萨克镇	20271	2927	13217	4127	2730	11508
乌兰木伦镇	39271	5272	30034	3965	2492	7603
纳林陶亥镇	17463	1200	14551	1712	1043	3527
苏布尔嘎镇	5796	374	2716	2706	1828	4511
红庆河镇	10755	997	5092	4666	3127	8792
伊金霍洛镇	6896	617	3653	2626	1714	4735
鄂尔多斯江苏工业园区	888	17	838	33	14	8
鄂尔多斯圣圆煤化工基地	4019	79	3822	118	52	20
鄂尔多斯蒙古源流文化产业园区	88		75	13	4	
伊金霍洛旗札萨克物流园区	269		257	12	2	
鄂尔多斯空港物流园区	284	4	253	27	6	17

表5 续表 15

单位：人

地区	总人口	分年龄人口				居住本乡、镇、街道，户口在本乡、镇、街道
		0-14岁	15-59岁	60岁及以上	#65岁及以上	
呼伦贝尔市	**2242875**	**261899**	**1520968**	**460008**	**307643**	**1365950**
海拉尔区	**365012**	**38284**	**253815**	**72913**	**47789**	**166083**
正阳街道	64663	6396	45671	12596	8360	33328
健康街道	71646	8311	49723	13612	8621	30144
靠山街道	18837	1228	11829	5780	3986	10558
胜利街道	40141	5182	25681	9278	6183	24370
呼伦街道	48054	5580	32692	9782	6441	22279
建设街道	6343	458	4466	1419	969	2867
东山街道	30260	2573	21324	6363	4080	4456
哈克镇	9871	729	6581	2561	1778	7174
奋斗镇	75197	7827	55848	11522	7371	30907
扎赉诺尔区	**84424**	**7005**	**56624**	**20795**	**14072**	**46380**
第三街道	27840	1849	18414	7577	5230	14581
第一街道	9579	939	6334	2306	1513	4666
第二街道	3341	153	2117	1071	687	1883
第四街道	34326	3637	23849	6840	4566	19263
第五街道	4239	201	2663	1375	949	2466
灵泉镇	5099	226	3247	1626	1127	3521
阿荣旗	**257815**	**40308**	**169386**	**48121**	**31775**	**171846**
那吉镇	129852	21655	88382	19815	13139	62002
六合镇	12132	1492	7648	2992	1999	11071
亚东镇	18644	2890	11875	3879	2529	15668
霍尔奇镇	16806	2396	10745	3665	2411	15319
向阳峪镇	16141	2042	10044	4055	2725	14368
三岔河镇	12663	2262	7895	2506	1718	11495
复兴镇	11202	2010	6710	2482	1620	9819
兴安镇	9458	1329	6136	1993	1272	8700
得力其尔鄂温克民族乡	7200	1102	4573	1525	992	6242
查巴奇鄂温克民族乡	6907	1136	4279	1492	933	5528
音河达斡尔鄂温克民族乡	7310	975	4599	1736	1180	5974
新发朝鲜民族乡	8002	896	5465	1641	1047	4685
阿荣旗林业和草原局	1498	123	1035	340	210	975
莫力达瓦达斡尔族自治旗	**228822**	**35306**	**151698**	**41818**	**26861**	**167196**
尼尔基镇	104914	18055	70485	16374	10513	61831
宝山镇	12496	1887	8100	2509	1648	11280
哈达阳镇	3207	478	2196	533	335	2762
阿尔拉镇	3991	573	2745	673	388	3508
汉古尔河镇	10887	1712	6925	2250	1480	9942
西瓦尔图镇	13982	2187	8967	2828	1785	12137
腾克镇	7628	1031	5242	1355	843	5998
奎勒河镇	6224	579	4202	1443	946	5124
塔温敖宝镇	14612	2216	9660	2736	1772	12552
登特科镇	8563	1157	5582	1824	1153	7539
红彦镇	8454	910	5562	1982	1255	6743
库如奇乡	3074	376	2137	561	348	2575

表5 续表 16 单位：人

地　　区	总人口	分年龄人口				居住本乡、镇、街道，户口在本乡、镇、街道
		0-14岁	15-59岁	60岁及以上	#65岁及以上	
额尔和乡	5257	530	3449	1278	862	4650
杜拉尔鄂温克民族乡	3949	501	2682	766	510	3368
巴彦鄂温克民族乡	21584	3114	13764	4706	3023	17187
鄂伦春自治旗	**174023**	**20238**	**115721**	**38064**	**26564**	**120863**
阿里河镇	32853	2823	22568	7462	5386	26619
大杨树镇	71907	11337	47058	13512	9262	39319
甘河镇	14106	745	9355	4006	2976	12153
吉文镇	8749	551	5912	2286	1754	7636
诺敏镇	14686	2385	9593	2708	1788	11561
乌鲁布铁镇	7809	520	4998	2291	1504	5654
宜里镇	11286	1172	7439	2675	1702	8337
克一河镇	8227	465	5654	2108	1570	6829
古里乡	2891	156	1977	758	450	1849
托扎敏乡	1509	84	1167	258	172	906
鄂温克族自治旗	**141102**	**16326**	**96205**	**28571**	**18142**	**83377**
巴彦托海镇	28685	3624	19320	5741	3721	15218
大雁镇	37684	3080	24209	10395	6945	32413
伊敏河镇	24324	2528	16510	5286	3254	15584
红花尔基镇	3382	295	2418	669	423	2146
巴彦嵯岗苏木	1063	103	837	123	78	790
锡尼河西苏木	2538	324	1808	406	235	2022
锡尼河东苏木	3169	351	2337	481	291	2340
巴彦塔拉达斡尔民族乡	1076	89	751	236	161	819
伊敏苏木	2348	244	1647	457	259	1678
辉苏木	3187	362	2369	456	265	2555
巴彦托海经济开发区	314	22	226	66	39	111
呼伦贝尔新城区	33332	5304	23773	4255	2471	7701
陈巴尔虎旗	**50556**	**4908**	**36014**	**9634**	**6302**	**31440**
巴彦库仁镇	22359	2737	15308	4314	2780	14291
宝日希勒镇	11560	1120	8364	2076	1336	5378
呼和诺尔镇	2676	167	1909	600	364	1892
西乌珠尔苏木	1311	116	1048	147	77	709
鄂温克民族苏木	1808	204	1394	210	119	1255
东乌珠尔苏木	1258	77	986	195	109	818
巴彦哈达苏木	2874	157	2050	667	500	1957
陈巴尔虎旗哈图达国营农牧场	1794	85	1448	261	168	1251
内蒙古自治区国有浩特陶海牧场	1490	89	1012	389	272	1031
陈巴尔虎旗特泥河农牧场	3426	156	2495	775	577	2858
新巴尔虎左旗	**37007**	**4818**	**26300**	**5889**	**3672**	**21130**
嵯岗镇	5463	472	3905	1086	687	4002
阿木古郎镇	20562	3252	14124	3186	2011	8904
新宝力格苏木	3195	319	2384	492	314	2410
乌布尔宝力格苏木	3704	403	2789	512	286	2960
罕达盖苏木	1109	98	864	147	89	672
吉布胡郎图苏木	1448	122	1119	207	133	1069
甘珠尔苏木	1526	152	1115	259	152	1113

表5 续表 17

单位：人

地 区	总人口	分年龄人口				居住本乡、镇、街道，户口在本乡、镇、街道
		0-14岁	15-59岁	60岁及以上	#65岁及以上	
新巴尔虎右旗	**38358**	**4601**	**28358**	**5399**	**3241**	**20274**
阿拉坦额莫勒镇	26614	3679	18694	4241	2613	14237
阿日哈沙特镇	2495	129	2224	142	73	877
呼伦镇	2329	107	1958	264	129	786
贝尔苏木	1388	158	1030	200	122	954
克尔伦苏木	3039	279	2514	246	137	1754
达赉苏木	1120	84	903	133	74	619
宝格德乌拉苏木	1373	165	1035	173	93	1047
满洲里市	**150508**	**19031**	**106416**	**25061**	**15804**	**58814**
东山街道	56941	7206	40957	8778	5415	23563
道南街道	29304	3116	20417	5771	3648	9596
道北街道	27292	3802	18764	4726	3083	11546
兴华街道	32290	4640	23188	4462	2791	11532
敖尔金街道	521	23	438	60	39	55
新开河镇	4160	244	2652	1264	828	2522
牙克石市	**256396**	**18661**	**172890**	**64845**	**45371**	**171438**
胜利街道	23906	2379	15588	5939	4006	14260
红旗街道	23659	2013	15904	5742	4039	13781
新工街道	27311	2306	18872	6133	4354	15847
永兴街道	36238	3708	23376	9154	6421	22538
建设街道	20152	1673	13726	4753	3278	10688
暖泉街道	9103	679	6476	1948	1364	3878
免渡河镇	17193	989	11655	4549	3180	14307
博克图镇	13849	706	8957	4186	2849	11479
绰河源镇	6470	403	4421	1646	1172	5539
乌尔其汉镇	17125	801	12097	4227	3116	14683
库都尔镇	10177	407	7407	2363	1801	8848
图里河镇	12636	457	8659	3520	2426	11673
乌奴耳镇	4232	217	2852	1163	789	3220
塔尔气镇	9901	484	6852	2565	1958	8957
伊图里河镇	6059	137	4069	1853	1278	4774
牧原镇	15682	1194	10055	4433	2892	5121
莫拐农场	1289	39	1008	242	152	733
牙克石农场	1414	69	916	429	296	1112
扎兰屯市	**318933**	**41727**	**209016**	**68190**	**45886**	**212392**
兴华街道	23447	2460	15462	5525	3745	12031
正阳街道	37785	4731	25544	7510	5170	15154
繁荣街道	30046	3905	20149	5992	4018	13195
向阳街道	19000	2034	12412	4554	3108	9190
高台子街道	13009	1422	9090	2497	1655	6574
铁东街道	6851	632	4472	1747	1165	4451
河西街道	20578	2262	14526	3790	2499	5206

表5 续表 18 单位：人

地区	总人口	分年龄人口				居住本乡、镇、街道，户口在本乡、镇、街道
		0-14岁	15-59岁	60岁及以上	#65岁及以上	
蘑菇气镇	26645	4420	16669	5556	3692	23472
卧牛河镇	21161	2782	13439	4940	3344	18746
成吉思汗镇	27703	3681	17354	6668	4501	23532
大河湾镇	16311	2064	10298	3949	2688	14650
浩饶山镇	3357	599	2162	596	401	2794
柴河镇	5574	592	4026	956	638	3921
中和镇	27103	4313	17066	5724	3885	24602
哈多河镇	8580	1668	5406	1506	976	7538
达斡尔民族乡	6732	933	4221	1578	1060	5703
鄂伦春民族乡	8532	908	5450	2174	1465	7264
萨马街鄂温克民族乡	6500	995	4277	1228	751	5412
洼堤乡	6526	1236	4199	1091	695	5931
成吉思汗牧场	3160	70	2554	536	379	2792
公安部后勤供应处农场	58	3	43	12	5	33
柴河林业局	275	17	197	61	46	201
额尔古纳市	**68482**	**6565**	**47417**	**14500**	**10047**	**46986**
拉布大林街道	39549	4785	26561	8203	5680	24912
上库力街道	3479	261	2296	922	624	2531
黑山头镇	1424	100	1017	307	185	976
莫尔道嘎镇	9498	448	6840	2210	1650	7800
恩和哈达镇	14	1	10	3	2	
三河回族乡	5326	416	3560	1350	984	3827
恩和俄罗斯族民族乡	1686	107	1282	297	188	1362
蒙兀室韦苏木	1000	55	772	173	102	814
奇乾乡	96	3	83	10	6	
内蒙古拉布大林农牧场	2426	129	1883	414	241	1745
内蒙古三河种马场	1429	90	1131	208	126	1031
内蒙古上库力农场	1250	67	951	232	144	929
内蒙古苏沁农牧场	1305	103	1031	171	115	1059
根河市	**71437**	**4121**	**51108**	**16208**	**12117**	**47731**
河东街道	12173	805	8486	2882	2108	6268
河西街道	6960	503	4822	1635	1217	3906
森工街道	21961	1348	15179	5434	3948	11768
好里堡街道	793	17	509	267	192	676
金河镇	7345	326	5468	1551	1236	6568
阿龙山镇	7348	418	5304	1626	1213	6524
满归镇	5820	199	4520	1101	835	4832
得耳布尔镇	8764	488	6608	1668	1339	6978
敖鲁古雅鄂温克民族乡	273	17	212	44	29	211
巴彦淖尔市	**1538715**	**194698**	**1018937**	**325080**	**221370**	**827099**
临河区	**582206**	**79502**	**398119**	**104585**	**70548**	**238211**
团结街道	39521	7440	26718	5363	3638	15431
车站街道	24947	4319	16595	4033	2684	10426
先锋街道	37417	5179	26502	5736	3791	11297
解放街道	32979	5184	23874	3921	2689	9139
新华街道	45394	8677	30204	6513	4341	19123

表5 续表 19

单位：人

地区	总人口	分年龄人口				居住本乡、镇、街道，户口在本乡、镇、街道
		0-14岁	15-59岁	60岁及以上	#65岁及以上	
东环路街道	31180	4422	21778	4980	3178	7153
铁南街道	18030	1973	12495	3562	2426	6294
西环路街道	34782	5627	24685	4470	2982	8439
北环街道	36087	5502	26131	4454	2886	8226
金川街道	58222	9441	41797	6984	4534	13060
汇丰街道	38802	5932	28814	4056	2618	7593
狼山镇	16680	1225	9788	5667	3950	14353
新华镇	22178	1664	13028	7486	5282	19579
干召庙镇	23553	1507	13805	8241	5706	20605
乌兰图克镇	14835	1029	8803	5003	3509	12870
双河镇	20753	1191	15191	4371	2982	10534
城关镇	17355	2058	11553	3744	2523	9267
白脑包镇	16550	965	9616	5969	4149	14607
曙光乡	25206	3301	17602	4303	2901	6859
八一乡	20402	2189	14629	3584	2379	8573
狼山农场	2737	250	1612	875	561	2206
临河农场	4596	427	2899	1270	839	2577
五原县	**224809**	**28855**	**144373**	**51581**	**35524**	**142793**
隆兴昌镇	137192	22708	92591	21893	15105	63797
塔尔湖镇	20944	1720	12442	6782	4629	18618
巴彦套海镇	13950	1017	8257	4676	3332	12260
新公中镇	13617	795	7913	4909	3352	12692
天吉泰镇	7814	492	4811	2511	1684	6750
胜丰镇	10683	706	6136	3841	2619	9874
银定图镇	7091	505	4298	2288	1491	6441
复兴镇	6614	501	3883	2230	1585	6052
和胜乡	5414	293	3196	1925	1404	5069
巴彦淖尔市建丰农场	1490	118	846	526	323	1240
磴口县	**90196**	**8927**	**59366**	**21903**	**15038**	**57808**
巴彦高勒镇	54546	7004	36346	11196	7701	30281
隆盛合镇	8365	444	5147	2774	1912	7350
渡口镇	5021	245	2885	1891	1417	4540
补隆淖镇	4198	231	2448	1519	1102	3303
沙金套海苏木	6824	357	4930	1537	955	4247
乌兰布和农场	2640	138	1832	670	432	1881
巴彦套海农场	1353	61	904	388	262	926
哈腾套海农场	2499	159	1611	729	476	2053
包尔盖农场	1934	112	1350	472	302	1547
纳林套海农场	1708	112	1095	501	338	1336
中国林业科学研究院沙漠林业实验中心	1108	64	818	226	141	344
乌拉特前旗	**257826**	**32606**	**163802**	**61418**	**42585**	**155302**
乌拉山镇	139073	23974	92065	23034	16517	58080
白彦花镇	5606	531	3502	1573	1029	3109
先锋镇	21741	1708	12212	7821	5370	18984
新安镇	21159	1469	12219	7471	5265	19664
西小召镇	13812	758	8149	4905	3346	12678
大佘太镇	16697	1581	10112	5004	3267	14248

表5 续表 20 单位：人

地　　区	总人口	分年龄人口				居住本乡、镇、街道，户口在本乡、镇、街道
		0-14岁	15-59岁	60岁及以上	#65岁及以上	
明安镇	11312	807	6450	4055	2817	10162
小佘太镇	5226	314	3274	1638	1093	3982
苏独仑镇	6374	552	3921	1901	1262	5374
额尔登布拉格苏木	4665	176	3724	765	433	1742
沙德格苏木	1903	52	1586	265	149	753
巴彦淖尔市中滩农场	2507	172	1688	647	427	1237
巴彦淖尔市西山咀农场	2577	240	1598	739	514	1221
巴彦淖尔市新安农场	830	52	462	316	223	603
巴彦淖尔市苏独仑农场	1616	76	1016	524	380	1448
巴彦淖尔市大佘太牧场	761	28	519	214	133	518
巴彦淖尔市乌梁素海渔场	1967	116	1305	546	360	1499
乌拉特中旗	**112159**	**12015**	**75134**	**25010**	**16629**	**62844**
海流图镇	53502	8041	35570	9891	6886	20851
乌加河镇	15911	1169	9902	4840	3359	13667
德岭山镇	16634	1455	10638	4541	2954	13119
石哈河镇	7482	206	4411	2865	1861	5790
甘其毛都镇	6182	401	5370	411	187	816
温更镇	2533	114	2040	379	187	1370
呼勒斯太苏木	2170	153	1485	532	334	1774
川井苏木	1095	84	802	209	115	765
巴音乌兰苏木	2579	170	1928	481	249	1995
新忽热苏木	2839	155	2162	522	279	1861
牧羊海牧场	853	50	550	253	172	608
同和太种畜场	379	17	276	86	46	228
乌拉特后旗	**53946**	**6570**	**37895**	**9481**	**6214**	**26058**
巴音宝力格镇	37794	5511	25809	6474	4312	17448
呼和温都尔镇	8250	552	6044	1654	1131	3906
潮格温都尔镇	2520	173	1844	503	261	1694
获各琦苏木	2591	86	2286	219	113	818
巴音前达门苏木	1114	119	823	172	95	850
乌盖苏木	1677	129	1089	459	302	1342
杭锦后旗	**217573**	**26223**	**140248**	**51102**	**34832**	**144083**
陕坝镇	136536	21346	91597	23593	16289	73094
头道桥镇	11294	750	6844	3700	2466	9640
二道桥镇	14562	747	8872	4943	3368	12954
三道桥镇	7652	490	4570	2592	1724	6621
蛮会镇	12067	715	7011	4341	2899	10812
团结镇	7941	660	4765	2516	1722	7177
双庙镇	9001	475	5423	3103	2122	7960
沙海镇	9935	578	5910	3447	2303	8662
蒙海镇	7427	412	4495	2520	1717	6303
太阳庙农场	1158	50	761	347	222	860
乌兰察布市	**1706328**	**188519**	**1006828**	**510981**	**355166**	**937922**
集宁区	**425059**	**53808**	**290630**	**80621**	**52459**	**143246**
新体路街道	41046	4616	26873	9557	6023	16846
桥东街道	35487	4157	23191	8139	5274	13850

表5 续表 21

单位：人

地区	总人口	分年龄人口				居住本乡、镇、街道，户口在本乡、镇、街道
		0-14岁	15-59岁	60岁及以上	#65岁及以上	
前进路街道	55400	6241	37138	12021	8191	22317
常青街道	30777	3882	20900	5995	3851	10430
虎山街道	80049	11408	55856	12785	8564	24183
桥西街道	17648	2284	11187	4177	2771	5892
新华街街道	20433	2606	14153	3674	2329	5398
泉山街道	94576	14223	69293	11060	6507	24716
白海子镇	41144	3821	27269	10054	6784	14383
马莲渠乡	8499	570	4770	3159	2165	5231
卓资县	**85648**	**6788**	**44712**	**34148**	**24418**	**58166**
卓资山镇	49225	5174	28527	15524	10959	28155
旗下营镇	10726	826	6317	3583	2495	6853
十八台镇	7230	205	2546	4479	3324	6576
巴音锡勒镇	3403	81	1259	2063	1510	3046
梨花镇	4704	142	1789	2773	2036	4237
大榆树乡	4832	150	2034	2648	1944	4152
红召乡	1779	48	723	1008	695	1646
复兴乡	3749	162	1517	2070	1455	3501
化德县	**95273**	**9658**	**55180**	**30435**	**20755**	**54114**
长顺镇	67488	8648	42742	16098	10687	30333
朝阳镇	8654	374	3819	4461	3122	7842
七号镇	4559	187	1957	2415	1686	4123
德包图乡	3917	107	1571	2239	1602	3536
公腊胡洞乡	3922	102	1528	2292	1663	3664
白音特拉乡	5386	209	2354	2823	1939	4609
长顺工业园区	1347	31	1209	107	56	7
商都县	**173926**	**17868**	**96518**	**59540**	**42796**	**113230**
七台镇	107472	15885	69038	22549	15475	52352
十八顷镇	8242	279	3476	4487	3329	7603
大黑沙土镇	10095	407	4290	5398	3913	9295
西井子镇	8169	209	3268	4692	3595	7451
屯垦队镇	9165	214	3636	5315	3978	8432
小海子镇	11669	415	5259	5995	4289	10864
大库伦乡	4974	146	2086	2742	2040	4560
卯都乡	3533	78	1354	2101	1569	3207
玻璃忽镜乡	6522	121	2480	3921	2892	5976
三大顷乡	4085	114	1631	2340	1716	3490
兴和县	**167881**	**21788**	**90797**	**55296**	**39089**	**111549**
城关镇	104201	19239	65357	19605	13338	51308
张皋镇	5106	201	1875	3030	2234	4925
赛乌素镇	10490	343	3983	6164	4483	9949
鄂尔栋镇	9147	319	3623	5205	3817	8433
店子镇	7447	443	3253	3751	2686	7020
大库联乡	9858	409	4025	5424	3793	9446
民族团结乡	11029	434	4546	6049	4326	10431
大同夭乡	5678	256	2290	3132	2250	5374
五股泉乡	4925	144	1845	2936	2162	4663

表5　续表 22

单位：人

地　　区	总人口	分年龄人口				居住本乡、镇、街道，户口在本乡、镇、街道
		0-14岁	15-59岁	60岁及以上	#65岁及以上	
凉城县	**119061**	**12820**	**62603**	**43638**	**31078**	**79192**
鸿茅镇	68269	10507	40882	16880	11785	34804
六苏木镇	11392	460	5150	5782	4060	10093
麦胡图镇	9324	431	4052	4841	3514	8093
永兴镇	4547	209	1986	2352	1649	3887
蛮汉镇	7835	461	3157	4217	3054	7019
岱海镇	5067	238	2253	2576	1909	4054
天成乡	8219	347	3522	4350	3129	7298
曹碾满族乡	4408	167	1601	2640	1978	3944
察哈尔右翼前旗	**125172**	**11681**	**70262**	**43229**	**30726**	**77736**
土贵乌拉镇	39980	3729	24456	11795	8354	28022
平地泉镇	33268	5001	21588	6679	4502	11887
玫瑰营镇	9907	398	3911	5598	4153	8563
巴音塔拉镇	8813	380	3736	4697	3421	7469
黄旗海镇	11983	1465	7684	2834	1808	4559
乌拉哈乌拉乡	5626	177	2701	2748	1974	4195
黄茂营乡	5448	179	1962	3307	2466	4869
三岔口乡	7257	270	3170	3817	2747	5695
老圈沟乡	2890	82	1054	1754	1301	2477
察哈尔右翼中旗	**86108**	**6812**	**45970**	**33326**	**23039**	**60876**
科布尔镇	44245	5383	27048	11814	8186	22778
铁沙盖镇	5650	208	2501	2941	1981	5229
黄羊城镇	4950	115	2165	2670	1887	4578
广益隆镇	5022	133	2230	2659	1744	4537
乌素图镇	4122	277	2231	1614	1043	3692
大滩乡	4195	120	1786	2289	1661	3943
宏盘乡	4850	127	2033	2690	1848	4399
巴音乡	3089	194	1535	1360	945	2739
库伦苏木	731	55	462	214	138	590
乌兰哈页苏木	3841	43	1573	2225	1596	3326
土城子乡	3896	100	1658	2138	1507	3698
辉腾锡勒园区管理委员会	1517	57	748	712	503	1367
察哈尔右翼后旗	**103599**	**9892**	**58301**	**35406**	**24826**	**63784**
白音察干镇	64289	8391	41248	14650	10095	29798
土牧尔台镇	10309	513	4841	4955	3606	8162
红格尔图镇	6162	233	2820	3109	2170	5144
贲红镇	6466	215	2495	3756	2659	6032
大六号镇	5091	200	2020	2871	2076	4583
当郎忽洞苏木	4394	126	1906	2362	1607	4091
乌兰哈达苏木	3311	128	1520	1663	1151	2796
锡勒乡	3577	86	1451	2040	1462	3178
四子王旗	**129372**	**13702**	**78832**	**36838**	**24854**	**65912**
乌兰花镇	87464	11987	56575	18902	12955	28943
吉生太镇	7387	255	3745	3387	2238	6885
库伦图镇	4608	122	2042	2444	1676	4274
供济堂镇	4630	127	1932	2571	1729	4340

表5 续表 23

单位：人

地区	总人口	分年龄人口				居住本乡、镇、街道，户口在本乡、镇、街道
		0-14岁	15-59岁	60岁及以上	#65岁及以上	
白音朝克图镇	1975	149	1511	315	185	1507
红格尔苏木	2189	168	1469	552	342	1673
江岸苏木	1446	90	1102	254	120	805
查干补力格苏木	1456	106	1016	334	172	1079
脑木更苏木	994	97	724	173	87	767
东八号乡	5770	148	2820	2802	1946	5189
忽鸡图乡	5140	155	2517	2468	1626	4746
大黑河乡	5461	216	2753	2492	1703	5072
巴音敖包苏木	744	78	558	108	56	561
乌兰牧场	108	4	68	36	19	71
丰镇市	**195229**	**23702**	**113023**	**58504**	**41126**	**110117**
新城区街道	75746	13828	48305	13613	9116	26011
旧城区街道	10517	1075	6939	2503	1708	5211
北城区街道	8458	836	5159	2463	1705	4476
工业区街道	23701	3377	15313	5011	3392	11444
南城区街道	12704	1368	7179	4157	2768	9971
隆盛庄镇	10876	414	4565	5897	4394	9419
黑土台镇	8673	365	3784	4524	3348	7825
红砂坝镇	4630	114	1951	2565	1883	3831
巨宝庄镇	15068	1286	7925	5857	4062	11588
三义泉镇	4823	140	1858	2825	2126	4383
浑源窑乡	2436	120	1009	1307	1004	2266
元山子乡	5499	160	2136	3203	2315	4818
官屯堡乡	9662	608	4596	4458	3238	8869
丰镇高科技氟化学工业园区	2436	11	2304	121	67	5
兴安盟	**1416929**	**205356**	**956381**	**255192**	**163348**	**967515**
乌兰浩特市	**356035**	**47873**	**245738**	**62424**	**40674**	**173358**
爱国街道	22085	2751	14977	4357	2856	8343
和平街道	53459	8189	36465	8805	5547	24289
兴安街道	32437	5236	21480	5721	3993	19711
胜利街道	23304	3530	15723	4051	2630	12766
铁西街道	11326	1174	7789	2363	1630	4608
都林街道	39860	5185	27341	7334	4828	15853
五一街道	29305	3294	20305	5706	3926	13249
城郊街道	65946	8979	48323	8644	5488	25800
新城街道	27215	2950	19442	4823	2990	9076
乌兰哈达镇	14580	1868	9923	2789	1730	10386
葛根庙镇	19701	2690	12712	4299	2792	16747
太本站镇	2416	294	1455	667	419	1869
义勒力特镇	10486	1416	6940	2130	1345	8327
呼和马场	3915	317	2863	735	500	2334
阿尔山市	**32301**	**2762**	**23985**	**5554**	**3757**	**22568**
林海街道	6951	522	5016	1413	1049	5450
新城街道	6595	467	4882	1246	829	5201
温泉街道	5006	537	3989	480	281	2675

表5　续表 24　　　　单位：人

地　区	总人口	分年龄人口				居住本乡、镇、街道，户口在本乡、镇、街道
		0-14岁	15-59岁	60岁及以上	#65岁及以上	
伊尔施街道	3825	346	2772	707	497	2551
天池镇	1145	57	936	152	94	458
白狼镇	1524	113	1179	232	154	1117
五岔沟镇	3926	428	2836	662	430	2684
明水河镇	3329	292	2375	662	423	2432
科尔沁右翼前旗	**285392**	**42933**	**189973**	**52486**	**32952**	**201328**
科尔沁镇	71429	11450	49117	10862	6767	19081
索伦镇	14102	2143	9159	2800	1849	11328
德伯斯镇	18420	2894	12544	2982	1774	16548
大石寨镇	22776	3193	14454	5129	3305	20470
归流河镇	21196	3168	13924	4104	2585	19230
居力很镇	19048	2338	13114	3596	2190	11226
察尔森镇	14543	2344	9923	2276	1334	13002
额尔格图镇	14106	2072	9488	2546	1536	12335
俄体镇	14451	2072	9010	3369	2138	13124
满族屯满族乡	3164	375	2370	419	232	2332
乌兰毛都苏木	4402	785	3054	563	331	3188
阿力得尔苏木	23080	4050	14938	4092	2552	20705
巴日嘎斯台乡	29911	4301	18547	7063	4582	27160
桃合木苏木	2926	417	2157	352	212	2397
跃进马场	4396	569	2910	917	646	3653
索伦牧场	3641	420	2479	742	512	3099
阿力得尔牧场	1231	146	866	219	124	887
公主陵牧场	1382	146	916	320	217	1259
绿水种畜场	481	40	368	73	41	303
科右前旗工业园区	495	9	451	35	19	1
科右前旗现代农牧业园区	212	1	184	27	6	
科尔沁右翼中旗	**207380**	**31601**	**141303**	**34476**	**21480**	**159187**
巴彦呼舒镇	91059	14001	62055	15003	9474	55553
巴仁哲里木镇	9334	1512	6559	1263	713	8099
吐列毛杜镇	15850	2590	10806	2454	1542	14264
杜尔基镇	14102	2297	9468	2337	1432	12411
高力板镇	18397	2882	12312	3203	1987	16803
好腰苏木镇	7431	1128	5058	1245	755	6779
代钦塔拉苏木	6993	945	4847	1201	719	6115
新佳木苏木	8748	1346	6063	1339	829	8066
哈日诺尔苏木	2452	250	1852	350	183	1776
额木庭高勒苏木	11167	1790	7236	2141	1318	10428
巴彦茫哈苏木	6533	914	4522	1097	677	6138
巴彦淖尔苏木	7024	1010	4767	1247	771	6446
布敦化牧场	4275	488	3129	658	408	3083
吐列毛杜农场	2115	260	1508	347	221	1742
孟恩套力盖矿区工作部	1087	105	659	323	243	889
布敦化矿区工作部	813	83	462	268	208	595
扎赉特旗	**315153**	**49167**	**213885**	**52101**	**33201**	**243013**
音德尔镇	134892	22346	92208	20338	13125	81407
新林镇	20658	3691	13213	3754	2421	18367

表5 续表 25

单位：人

地区	总人口	分年龄人口				居住本乡、镇、街道，户口在本乡、镇、街道
		0-14岁	15-59岁	60岁及以上	#65岁及以上	
巴彦高勒镇	28397	3919	18685	5793	3697	25717
胡尔勒镇	10912	1829	7569	1514	923	9779
阿尔本格勒镇	13596	2339	9279	1978	1193	12192
巴达尔胡镇	13238	2311	9107	1820	1137	12037
图牧吉镇	10420	1262	7251	1907	1233	9208
好力保镇	29071	3272	19567	6232	4040	25384
巴彦乌兰苏木	13882	2359	9682	1841	1079	12571
宝力根花苏木	9398	1500	6528	1370	837	8611
阿拉达尔吐苏木	8522	1400	5945	1177	696	7785
巴彦扎拉嘎乡	9699	1261	6486	1952	1248	8881
努文木仁乡	7281	1017	4767	1497	940	6568
种畜场	2167	388	1544	235	144	1915
八一牧场	1541	115	1056	370	257	1299
巴达尔胡农场	1479	158	998	323	231	1292
突泉县	**220668**	**31020**	**141497**	**48151**	**31284**	**168061**
突泉镇	103161	15074	67848	20239	13197	64846
六户镇	27896	3910	17255	6731	4373	25239
东杜尔基镇	13708	1945	8358	3405	2234	12017
永安镇	14631	2029	9012	3590	2388	13043
水泉镇	12495	1562	8230	2703	1724	10828
宝石镇	13584	2086	8302	3196	2089	12232
学田乡	10585	1380	6246	2959	1924	9568
九龙乡	7953	1010	4996	1947	1218	6969
太平乡	14870	1809	10085	2976	1857	11752
东杜尔基国营农场	1785	215	1165	405	280	1567
锡林郭勒盟	**1107075**	**155628**	**753668**	**197779**	**127696**	**528048**
二连浩特市	**75794**	**11982**	**53767**	**10045**	**6145**	**26249**
格日勒敖都苏木	1542	167	1140	235	114	1047
二连浩特市社区建设管理局	73207	11766	51861	9580	5927	25189
二连边境经济技术合作区	1045	49	766	230	104	13
锡林浩特市	**349953**	**51144**	**244771**	**54038**	**34886**	**111553**
希日塔拉街道	60584	9489	40714	10381	6837	25601
宝力根街道	30911	4403	20935	5573	3718	8585
杭盖街道	67101	9636	47157	10308	6492	14225
楚古兰街道	59920	8322	41856	9742	6478	16631
额尔敦街道	52854	7815	36081	8958	5893	17561
南郊街道	880	16	575	289	166	254
巴彦查干街道	64247	10352	46677	7218	4395	21051
巴彦锡勒街道	3005	144	2379	482	284	2279
阿尔善宝拉格镇	2473	152	2133	188	107	629
宝力根苏木	3081	317	2470	294	163	1602
朝克乌拉苏木	1824	259	1423	142	83	1460
巴彦宝拉格苏木	1159	145	919	95	51	764
白银库伦牧场	1013	56	760	197	129	625
贝力克牧场	332	12	251	69	46	113
毛登牧场	569	26	441	102	44	173

表5 续表 26

单位：人

地　区	总人口	分年龄人口				居住本乡、镇、街道，户口在本乡、镇、街道
		0-14岁	15-59岁	60岁及以上	#65岁及以上	
阿巴嘎旗	**38589**	**4587**	**27710**	**6292**	**4005**	**21137**
别力古台镇	24294	3302	16214	4778	3152	11332
洪格尔高勒镇	3187	251	2460	476	280	2193
查干淖尔镇	3336	306	2642	388	220	2650
那仁宝拉格苏木	2262	230	1820	212	117	1586
伊和高勒苏木	1373	149	1095	129	73	1005
吉尔嘎郎图苏木	1356	140	1085	131	68	935
巴彦图嘎苏木	2366	208	2002	156	85	1422
玛尼图煤矿	415	1	392	22	10	14
苏尼特左旗	**33643**	**4531**	**24286**	**4826**	**3042**	**20626**
满都拉图镇	21865	3159	14948	3758	2486	11545
查干敖包镇	961	121	757	83	46	731
巴彦淖尔镇	3700	431	2857	412	206	3203
巴彦乌拉苏木	2783	238	2357	188	93	1553
赛罕高毕苏木	1205	162	910	133	76	960
洪格尔苏木	1390	189	1089	112	64	1175
达来苏木	1693	230	1328	135	67	1443
恩格尔河灌区	46	1	40	5	4	16
苏尼特右旗	**62402**	**7300**	**42348**	**12754**	**8360**	**35350**
赛汉塔拉镇	45909	5699	30125	10085	6781	23409
朱日和镇	5837	342	4182	1313	825	3585
乌日根塔拉镇	3244	316	2509	419	247	2059
桑宝拉格苏木	2324	282	1722	320	177	1896
额仁淖尔苏木	1612	199	1217	196	102	1318
赛罕乌力吉苏木	2052	269	1549	234	131	1831
阿其图乌拉苏木	1424	193	1044	187	97	1252
东乌珠穆沁旗	**70610**	**10750**	**50767**	**9093**	**5475**	**38789**
乌里雅斯太镇	48011	7672	33061	7278	4502	23186
道特淖尔镇	2511	397	1888	226	130	2063
嘎达布其镇	1993	282	1588	123	72	1517
满都胡宝拉格镇	3520	420	2844	256	134	1235
额吉淖尔镇	3028	439	2290	299	149	2418
呼热图淖尔苏木	3786	571	2907	308	151	3138
萨麦苏木	3154	421	2516	217	111	2123
嘎海乐苏木	2371	239	1942	190	103	1480
阿拉坦合力苏木	2057	301	1577	179	111	1522
宝格达乌拉总场	179	8	154	17	12	107
西乌珠穆沁旗	**99255**	**13783**	**72968**	**12504**	**7697**	**42619**
巴拉嘎尔高勒镇	51950	8812	34092	9046	5747	19510
巴彦花镇	26441	2633	22228	1580	881	7724
吉仁高勒镇	5904	488	4907	509	288	3544
浩勒图高勒镇	5064	509	3981	574	318	3747
高日罕镇	2537	332	2006	199	128	2101

表5 续表 27

单位：人

地区	总人口	分年龄人口				居住本乡、镇、街道，户口在本乡、镇、街道
		0-14岁	15-59岁	60岁及以上	#65岁及以上	
巴彦胡舒苏木	3608	508	2802	298	172	2919
乌兰哈拉嘎苏木	3751	501	2952	298	163	3074
太仆寺旗	**109370**	**12148**	**61833**	**35389**	**23918**	**80419**
宝昌镇	62762	9412	39110	14240	9554	36994
千斤沟镇	13877	859	6806	6212	4247	13072
红旗镇	10877	461	5094	5322	3601	10229
骆驼山镇	7808	671	3931	3206	2118	7322
永丰镇	6735	330	3256	3149	2141	6254
幸福乡	5020	229	2131	2660	1882	4716
贡宝拉格苏木	2103	170	1377	556	348	1679
万寿滩良种场	188	16	128	44	27	153
镶黄旗	**27399**	**3461**	**18661**	**5277**	**3376**	**15572**
新宝拉格镇	18563	2569	11958	4036	2665	8673
巴彦塔拉镇	3500	287	2712	501	292	2269
翁贡乌拉苏木	2472	248	1934	290	153	2076
宝格达音高勒苏木	2864	357	2057	450	266	2554
正镶白旗	**42950**	**4276**	**28328**	**10346**	**6830**	**27255**
明安图镇	26434	3252	17722	5460	3647	12746
星耀镇	6273	223	2952	3098	2138	5501
伊和淖尔苏木	3468	276	2592	600	351	3110
乌兰查布苏木	3196	210	2413	573	320	2893
宝拉根陶海苏木	3121	293	2294	534	323	2671
额里图种畜场	406	21	307	78	48	309
哲日根图林场	52	1	48	3	3	25
正蓝旗	**69908**	**9485**	**47197**	**13226**	**8482**	**39537**
上都镇	44202	6902	29461	7839	5132	17668
桑根达来镇	6766	840	4875	1051	626	5349
哈毕日嘎镇	4939	330	2744	1865	1259	4204
宝绍代苏木	3072	312	2227	533	287	2768
那日图苏木	2372	173	1674	525	318	2050
赛音呼都嘎苏木	3647	479	2705	463	237	3253
扎格斯台苏木	2285	262	1716	307	172	2036
五一种畜场总场	1435	96	1010	329	239	1277
黑城子示范区	1190	91	785	314	212	932
多伦县	**103736**	**18479**	**65028**	**20229**	**13119**	**58304**
大北沟镇	7990	925	4451	2614	1761	7410
多伦诺尔镇	78059	15736	50023	12300	7930	35341
滦源镇	5984	777	3492	1715	1070	5435
蔡木山乡	6372	597	3770	2005	1338	5823
西干沟乡	4739	437	2749	1553	1001	4294
多伦新型工业化化工区	592	7	543	42	19	1
乌拉盖管委会	**23466**	**3702**	**16004**	**3760**	**2361**	**10638**
巴彦胡硕镇	19387	3442	12726	3219	2022	9233
哈拉盖图农牧场	2034	164	1501	369	251	955

表5　续表 28　　单位：人

地　　区	总人口	分年龄人口				居住本乡、镇、街道，户口在本乡、镇、街道
		0-14岁	15-59岁	60岁及以上	#65岁及以上	
贺斯格乌拉牧场	1218	37	1106	75	39	147
乌拉盖牧场	827	59	671	97	49	303
阿拉善盟	**262361**	**36835**	**187824**	**37702**	**25789**	**100347**
阿拉善左旗	**176744**	**23636**	**125176**	**27932**	**19307**	**72039**
温都尔勒图镇	1753	186	1267	300	208	1369
巴润别立镇	4946	351	3423	1172	771	3250
巴彦浩特镇	4047	384	2715	948	618	2088
嘉尔嘎勒赛汉镇	6339	786	4518	1035	709	3713
吉兰泰镇	11890	998	9001	1891	1255	5893
宗别立镇	5062	103	4542	417	240	871
敖伦布拉格镇	4173	356	3089	728	438	1922
腾格里额里斯镇	2533	79	2221	233	124	583
巴彦木仁苏木	1809	217	1260	332	225	1378
乌力吉苏木	1091	79	863	149	91	399
巴彦诺日公苏木	1835	85	1396	354	215	1182
额尔克哈什哈苏木	842	42	625	175	108	581
银根苏木	584	55	445	84	50	403
超格图呼热苏木	551	40	399	112	81	379
巴彦浩特额鲁特街道办事处	47023	7592	32128	7303	5087	19317
巴彦浩特南环路街道办事处	48861	7429	33925	7507	5320	17820
巴彦浩特新华街道办事处	14345	2038	10070	2237	1649	5738
巴彦浩特王府街道办事处	19060	2816	13289	2955	2118	5153
阿拉善右旗	**22647**	**2570**	**16297**	**3780**	**2764**	**11983**
巴丹吉林镇	16411	2285	11385	2741	2041	8379
雅布赖镇	2053	68	1647	338	268	1028
阿拉腾敖包镇	945	61	689	195	128	606
曼德拉苏木	793	48	578	167	112	514
阿拉腾朝格苏木	600	35	461	104	63	418
巴音高勒苏木	604	28	493	83	58	428
塔木素布拉格苏木	1241	45	1044	152	94	610
额济纳旗	**35756**	**6199**	**25133**	**4424**	**2873**	**14264**
航空街道	2242	882	1210	150	76	500
东风街道	4752	1567	2682	503	321	2409
达来呼布镇	22749	3492	16080	3177	2130	10001
东风镇	765	49	634	82	54	375
哈日布日格德音乌拉镇	557	4	529	24	18	37
赛汉陶来苏木	727	34	611	82	40	208
马鬃山苏木	98	6	76	16	10	28
苏泊淖尔苏木	2481	90	2212	179	99	274
巴彦陶来苏木	966	57	749	160	93	340
温图高勒苏木	402	17	338	47	29	92
巴音陶海苏木	17	1	12	4	3	
内蒙古阿拉善经济开发区	**27214**	**4430**	**21218**	**1566**	**845**	**2061**
乌斯太镇	27214	4430	21218	1566	845	2061

表6 辽宁省乡、镇、街道人口

单位：人

地　　区	总人口	分年龄人口				居住本乡、镇、街道，户口在本乡、镇、街道
		0-14岁	15-59岁	60岁及以上	#65岁及以上	
辽宁省	**42591407**	**4737939**	**26899001**	**10954467**	**7417481**	**26642879**
沈阳市	**9070093**	**1033638**	**5928324**	**2108131**	**1403246**	**4651379**
和平区	**730785**	**101506**	**466671**	**162608**	**107618**	**411478**
浑河湾街道	48532	3839	30151	14542	9646	22816
新华街道	66001	9918	40880	15203	10016	44638
马路湾街道	87118	9276	50837	27005	18794	55066
南湖街道	102608	10337	71943	20328	14239	49990
长白街道	100658	21867	62962	15829	10080	63205
太原街街道	75922	8859	51631	15432	10021	38537
北市场街道	51432	4629	32512	14291	9206	26869
南市场街道	81027	9793	49928	21306	14475	50354
沈水湾街道	68787	17166	43064	8557	5298	48125
浑河站西街道	48700	5822	32763	10115	5843	11878
沈河区	**782628**	**88183**	**498081**	**196364**	**131562**	**394013**
滨河街道	114248	13059	71079	30110	19667	66687
万莲街道	70523	6349	43128	21046	14852	36032
朱剪炉街道	79399	5688	50045	23666	15655	44375
北站街道	36881	2191	24650	10040	6518	19220
风雨坛街道	95605	12594	58778	24233	16080	59797
皇城街道	32612	2902	19971	9739	6434	20021
五里河街道	45308	6773	28969	9566	6812	27457
南塔街道	89299	9050	59591	20658	14252	31747
泉园街道	66610	6834	42398	17378	11988	21074
马官桥街道	36553	2757	24642	9154	6286	9639
东陵街道	115590	19986	74830	20774	13018	57964
大东区	**754952**	**74615**	**476564**	**203773**	**132464**	**361600**
大北街道	101815	9774	64728	27313	18024	55051
万泉街道	66084	5683	40166	20235	13651	36255
文官街道	59714	4428	39153	16133	9813	29818
二台子街道	84200	10048	55430	18722	11299	22933
津桥街道	104475	10260	63920	30295	19638	57377
东站街道	83929	9735	55088	19106	12032	31839
长安街道	50162	4828	29800	15534	10554	31924
东塔街道	78048	6121	48308	23619	16049	41838
上园街道	94191	10141	57192	26858	17771	44741
前进街道	32334	3597	22779	5958	3633	9824
皇姑区	**877287**	**105359**	**552554**	**219374**	**145919**	**472790**
三台子街道	64220	5878	38256	20086	14569	40824
黄河街道	100145	14728	59109	26308	17360	74602
华山街道	122729	8902	79578	34249	21954	60248
明廉街道	151636	20645	95125	35866	22331	84954
新乐街道	54757	6088	34502	14167	10351	31618
舍利塔街道	100725	14467	59568	26690	18049	68876
北塔街道	93274	9072	58018	26184	18092	49705
陵东街道	101863	12475	65352	24036	15978	31923
鸭绿江街道	33489	4057	22789	6643	4304	8084
四台子街道	54449	9047	40257	5145	2931	21956

表6　续表 1

单位：人

地　　区	总人口	分年龄人口				居住本乡、镇、街道，户口在本乡、镇、街道
		0-14岁	15-59岁	60岁及以上	#65岁及以上	
铁西区	**1335935**	**158908**	**861357**	**315670**	**202510**	**648875**
昆明湖街道	209701	30935	154702	24064	14223	56013
工人村街道	104263	10325	62052	31886	20555	58473
启工街道	88581	12125	57767	18689	10705	34838
笃工街道	97792	15049	62799	19944	12235	53897
兴华街道	125636	14126	78250	33260	21668	70071
霁虹街道	105970	14302	67139	24529	16144	50838
凌空街道	150615	15407	89797	45411	29826	84463
重工街道	125320	12128	75103	38089	24475	73591
兴顺街道	130488	13669	79173	37646	24331	77560
大青中朝友谊街道	59194	5747	46319	7128	4574	12452
翟家街道	47226	6168	32315	8743	5704	11957
大潘街道	31381	3726	21022	6633	4407	15566
彰驿站街道	8849	761	5126	2962	2114	6312
高花街道	11052	966	6460	3626	2510	8412
沈阳市经济技术开发区	39867	3474	23333	13060	9039	34432
苏家屯区	**524336**	**52126**	**343189**	**129021**	**87171**	**257656**
解放街道	117334	10703	77688	28943	19836	54116
民主街道	106171	13270	71626	21275	14176	36841
中兴街道	88075	10292	63678	14105	8648	27714
林盛街道	22299	1416	13252	7631	5259	14860
沙河街道	13574	1118	7804	4652	3194	9888
十里河街道	19000	1466	11022	6512	4613	15292
陈相街道	24129	1883	13904	8342	5867	17783
永乐街道	11301	902	6504	3895	2689	9375
佟沟街道	21582	1212	16187	4183	2894	9877
八一红菱街道	35925	2790	21891	11244	7578	23660
沈水街道	49371	5962	31113	12296	8253	25129
白清姚千街道	15575	1112	8520	5943	4164	13121
浑南区	**798765**	**99484**	**558103**	**141178**	**92202**	**331679**
东湖街道	59520	8087	41441	9992	6496	23985
五三街道	223605	28818	161112	33675	21909	78319
浑河站东街道	141261	20606	98090	22565	14008	57326
高坎街道	26317	2215	18098	6004	4117	15215
满堂街道	29827	2484	17529	9814	7023	16418
深井子街道	11826	1250	7305	3271	2253	7621
祝家街道	16636	1513	10129	4994	3466	12375
白塔街道	154124	18703	116994	18427	11664	56113
桃仙街道	27978	3792	18034	6152	4081	10458
李相街道	65348	7456	42084	15808	10047	27608
汪家街道	30486	3500	20555	6431	4337	16555
王滨街道	11837	1060	6732	4045	2801	9686
沈北新区	**619375**	**59841**	**453229**	**106305**	**71443**	**222395**
新城子街道	92374	9411	59773	23190	16516	54013
清水台街道	21110	1356	12729	7025	5162	12549
辉山街道	71687	7180	53385	11122	7520	20551

表6 续表 2

单位：人

地 区	总人口	分年龄人口				居住本乡、镇、街道，户口在本乡、镇、街道
		0-14岁	15-59岁	60岁及以上	#65岁及以上	
道义街道	83806	11214	59895	12697	7504	19865
虎石台街道	117527	9403	90430	17694	12132	40613
财落街道	17036	1383	10075	5578	3798	11540
马刚街道	9994	619	5343	4032	2774	8216
黄家街道	9488	529	5275	3684	2518	8007
兴隆台街道	17629	1421	10230	5978	4037	12307
正良街道	178724	17325	146094	15305	9482	34734
于洪区	**1066062**	**130973**	**720530**	**214559**	**138806**	**336253**
迎宾路街道	206916	26397	140770	39749	24985	58113
陵西街道	188655	17908	122422	48325	33130	47226
北陵街道	236161	34029	161107	41025	25422	78849
沙岭街道	72222	9392	51578	11252	7262	19933
南阳湖街道	68800	8477	48320	12003	7357	15743
城东湖街道	148838	20336	101243	27259	16594	36271
平罗街道	26736	1378	19325	6033	3986	23056
马三家街道	38482	3697	23588	11197	7813	20795
造化街道	61329	8032	41819	11478	7913	23220
光辉街道	14753	1143	8545	5065	3522	11223
光辉农场	3170	184	1813	1173	822	1824
辽中区	**395017**	**38525**	**250523**	**105969**	**72962**	**285934**
蒲西街道	114047	12338	77423	24286	17170	61349
蒲东街道	26360	2960	18209	5191	3482	10881
茨榆坨街道	54872	6404	36053	12415	8275	36363
城郊街道	10132	735	5782	3615	2484	8240
于家房镇	14171	1333	8309	4529	3061	13273
朱家房镇	19289	1544	11463	6282	4307	17793
冷子堡镇	19450	1623	11726	6101	4259	17784
刘二堡镇	13667	1207	8146	4314	2898	12052
满都户镇	12729	1105	7358	4266	2942	11995
杨士岗镇	11547	1113	7278	3156	2085	9690
肖寨门镇	27998	2436	16805	8757	6068	24788
六间房镇	16674	1059	9993	5622	3865	13298
养士堡镇	11025	784	6716	3525	2457	8919
潘家堡镇	10791	845	6364	3582	2440	9426
老大房镇	9656	815	5618	3223	2252	9116
大黑岗子镇	9287	831	5535	2921	2061	8499
牛心坨镇	13322	1393	7745	4184	2856	12468

表6 续表 3

单位：人

地 区	总人口	分年龄人口				居住本乡、镇、街道，户口在本乡、镇、街道
		0-14岁	15-59岁	60岁及以上	#65岁及以上	
康平县	**278384**	**32185**	**178170**	**68029**	**47378**	**227428**
北三家子街道	13260	1333	8739	3188	2221	11867
胜利街道	89512	10453	60765	18294	12740	53803
东关街道	18721	1844	11706	5171	3638	16086
小城子镇	14686	1870	9376	3440	2423	13617
张强镇	18311	2311	11186	4814	3340	17159
方家屯镇	13203	1358	7983	3862	2749	12135
郝官屯镇	13773	1386	8345	4042	2849	12767
二牛所口镇	15454	1795	9566	4093	2828	14496
北四家子乡	13108	1610	8272	3226	2266	12027
两家子乡	10193	1079	6372	2742	1865	9332
海洲窝堡乡	11324	1441	7268	2615	1810	10639
沙金台蒙古族满族乡	12934	1661	7967	3306	2228	12077
柳树屯蒙古族满族乡	10806	1211	6546	3049	2135	10072
西关屯蒙古族满族乡	10390	1268	6363	2759	1873	9537
东升满族蒙古族乡	12709	1565	7716	3428	2413	11814
法库县	**340933**	**33783**	**213099**	**94051**	**66104**	**279628**
吉祥街道	102994	12415	69048	21531	15309	58819
龙山街道	18117	1709	11316	5092	3547	15032
大孤家子镇	13298	1180	7815	4303	3003	12348
三面船镇	13245	1105	7718	4422	3154	12448
秀水河子镇	21543	2160	13190	6193	4350	19969
叶茂台镇	16161	1641	10033	4487	3218	15286
登仕堡子镇	11380	947	6875	3558	2531	10675
柏家沟镇	13228	1101	7705	4422	3118	12208
丁家房镇	13482	1130	7908	4444	3166	12518
孟家镇	9846	914	5955	2977	2059	8914
十间房镇	10410	936	6169	3305	2329	9678
冯贝堡镇	10641	903	6294	3444	2355	9874
依牛堡子镇	15784	1256	9847	4681	3387	14774
包家屯镇	17419	1682	10716	5021	3473	16524
慈恩寺乡	11315	1016	6936	3363	2312	10679
和平乡	6375	560	3782	2033	1451	5914
四家子蒙古族乡	10715	899	6376	3440	2350	10160
双台子乡	11228	1056	6875	3297	2255	10737
卧牛石乡	13752	1173	8541	4038	2737	13071
新民市	**565634**	**58150**	**356254**	**151230**	**107107**	**421650**
东城街道	11520	899	6782	3839	2813	10452
辽滨街道	53871	6245	37190	10436	7534	22195
西城街道	19956	1785	12951	5220	3769	11806
新柳街道	69469	6919	47524	15026	10723	29046
大红旗镇	14931	1220	8549	5162	3701	13639
梁山镇	18688	1786	11345	5557	3915	17047
公主屯镇	26350	2841	15930	7579	5363	24294
兴隆镇	19714	1658	11782	6274	4439	18032
前当堡镇	17817	1549	11022	5246	3697	15385
大民屯镇	29494	3234	18177	8083	5822	25021

表6 续表 4

单位：人

地　　区	总人口	分年龄人口				居住本乡、镇、街道，户口在本乡、镇、街道
		0-14岁	15-59岁	60岁及以上	#65岁及以上	
大柳屯镇	19847	2004	12193	5650	4053	18329
兴隆堡镇	24572	2439	15126	7007	4792	20281
胡台镇	44138	5998	30485	7655	5124	20845
法哈牛镇	26541	2914	16569	7058	4726	21268
柳河沟镇	17930	1791	10670	5469	3973	16625
高台子镇	9631	906	5764	2961	2206	8762
张家屯镇	12571	1328	7713	3530	2485	10808
罗家房镇	18117	1414	10718	5985	4326	16578
三道岗子镇	14211	1161	8504	4546	3283	12844
东蛇山子镇	17500	1783	10448	5269	3691	16192
陶家屯镇	7570	673	4511	2386	1636	6367
周坨子镇	10720	1200	6262	3258	2263	10050
金五台子镇	12183	1210	7216	3757	2712	11343
新农村镇	9057	922	5345	2790	1928	8290
红旗乡	8670	820	5100	2750	1950	8058
卢家屯乡	9695	1029	5717	2949	2111	8829
姚堡乡	12944	1628	7763	3553	2440	11932
于家窝堡乡	7927	794	4898	2235	1632	7332
大连市	**7450785**	**867942**	**4741653**	**1841190**	**1257193**	**3867837**
中山区	**388564**	**45362**	**242443**	**100759**	**68861**	**197481**
海军广场街道	71450	8716	43796	18938	12760	37048
人民路街道	51305	7134	35549	8622	5581	17608
青泥洼桥街道	54257	7515	35263	11479	8003	27861
葵英街道	80868	7985	49337	23546	16181	42888
桃源街道	72450	8338	43592	20520	14132	40889
老虎滩街道	58234	5674	34906	17654	12204	31187
西岗区	**305317**	**33140**	**189958**	**82219**	**55945**	**153346**
香炉礁街道	47598	4528	30904	12166	8081	20775
日新街道	77070	9920	49016	18134	12152	37464
八一路街道	54482	5340	32812	16330	11094	29623
人民广场街道	77128	9003	48275	19850	13432	38336
白云街道	49039	4349	28951	15739	11186	27148
沙河口区	**670310**	**72298**	**417649**	**180363**	**124616**	**404187**
春柳街道	82395	6939	49641	25815	17149	49023
马栏街道	107708	8556	68391	30761	20610	58289
南沙河口街道	86517	12210	52607	21700	15506	62210
黑石礁街道	83868	7732	57633	18503	13418	47448
李家街道	115741	14043	70705	30993	20791	59509
星海湾街道	94535	9702	57703	27130	19182	58884
西安路街道	99546	13116	60969	25461	17960	68824
甘井子区	**1798458**	**232415**	**1198289**	**367754**	**239972**	**703082**
周水子街道	107161	17337	65984	23840	16261	67058
椒金山街道	99725	15108	62176	22441	14498	49122
甘井子街道	80776	9212	50193	21371	14217	38427
南关岭街道	83754	9201	60177	14376	9458	24913
泡崖街道	131119	14708	87489	28922	18390	47531

表6 续表 5

单位：人

地 区	总人口	分年龄人口				居住本乡、镇、街道，户口在本乡、镇、街道
		0-14岁	15-59岁	60岁及以上	#65岁及以上	
中华路街道	193808	22954	123636	47218	31758	91244
机场街道	71979	9654	42909	19416	13267	32604
辛寨子街道	176808	28564	118212	30032	18944	61549
红旗街道	146650	17820	95089	33741	22085	62643
凌水街道	193990	22625	141029	30336	20316	70223
大连湾街道	160682	18774	112135	29773	18581	43075
泉水街道	149932	23017	96876	30039	18190	51466
革镇堡街道	49027	4736	35724	8567	5668	11751
营城子街道	82720	8379	54791	19550	13568	26744
七贤岭街道	69746	10282	51476	7988	4673	24563
大连华侨果树农场	581	44	393	144	98	169
旅顺口区	**398579**	**41277**	**262065**	**95237**	**65837**	**160190**
登峰街道	56910	6300	35186	15424	10685	27839
得胜街道	57310	6130	33997	17183	11850	35635
水师营街道	45869	5734	29740	10395	7271	19263
龙王塘街道	40897	5385	28928	6584	4070	10741
铁山街道	24194	1827	14283	8084	5852	12168
双岛湾街道	12082	926	6876	4280	3020	6836
三涧堡街道	25391	2208	14676	8507	6081	14532
长城街道	15311	1334	9036	4941	3521	7240
龙头街道	30129	1347	24189	4593	3246	7214
旅顺经济开发区	87944	10001	63766	14177	9469	17378
大连奶牛场	2255	82	1116	1057	766	1344
龙头分园	287	3	272	12	6	
金州区	**1545491**	**202967**	**1040765**	**301759**	**206525**	**615206**
拥政街道	55456	7606	37319	10531	7192	18766
友谊街道	72085	10229	48486	13370	9162	22940
马桥子街道	249495	38599	180934	29962	19084	83881
海青岛街道	63889	9315	45914	8660	5919	18058
大孤山街道	69723	11296	46534	11893	7882	26411
站前街道	100074	13435	69581	17058	11242	26469
先进街道	132865	21322	90862	20681	13197	47406
董家沟街道	27371	2621	18373	6377	4473	11297
金石滩街道	57238	6159	41027	10052	6915	16558
湾里街道	203700	29193	154428	20079	13174	43023
二十里堡街道	52330	5647	35510	11173	7915	19883
亮甲店街道	24702	1918	13605	9179	6582	16306
登沙河街道	30945	2382	17504	11059	7860	20667
大魏家街道	22736	1595	13415	7726	5442	13797
杏树街道	23049	1628	12346	9075	6494	17106
七顶山街道	15814	1008	8269	6537	4634	11487
华家街道	17213	1323	8762	7128	5141	11686
向应街道	11861	724	5786	5351	3764	9128
大李家街道	15068	1484	9477	4107	2899	7364
得胜街道	17643	1815	10338	5490	3874	10244
炮台街道	41696	4342	23892	13462	9562	32944
复州湾街道	24831	1768	13334	9729	6901	22045

表6 续表 6

单位：人

地　区	总人口	分年龄人口				居住本乡、镇、街道，户口在本乡、镇、街道
		0-14岁	15-59岁	60岁及以上	#65岁及以上	
三十里堡街道	64303	7326	38229	18748	13356	35292
石河街道	37112	3989	23609	9514	6712	18841
光中街道	114292	16243	73231	24818	17149	53607
普兰店区	**629664**	**62455**	**369426**	**197783**	**139042**	**451193**
丰荣街道	107987	11495	65982	30510	21680	72699
铁西街道	46302	5422	28900	11980	8234	24659
太平街道	116120	16659	76980	22481	15119	45491
皮口街道	66915	6605	39164	21146	14982	53259
城子坦街道	45719	3363	24673	17683	12589	40919
大刘家街道	10188	628	5198	4362	3180	8130
杨树房街道	25819	2650	15275	7894	5693	18058
大谭街道	17291	1147	9127	7017	5140	15456
唐家房街道	20228	1336	10496	8396	6119	17042
莲山街道	18027	1420	9717	6890	4902	15802
安波街道	27682	2408	15505	9769	6674	24425
沙包街道	18304	1435	9782	7087	4946	16773
星台街道	31128	1975	16354	12799	9104	27828
墨盘街道	13620	773	7010	5837	4101	12386
同益街道	13241	968	6876	5397	3779	12166
乐甲街道	12791	938	6852	5001	3427	11619
双塔街道	23237	2093	13279	7865	5467	21230
四平街道	15065	1140	8256	5669	3906	13251
长海县	**66824**	**5956**	**43127**	**17741**	**12353**	**43348**
大长山岛镇	27953	2559	18327	7067	5010	18750
獐子岛镇	8680	729	5029	2922	2048	6517
广鹿岛镇	10363	926	6252	3185	2242	7387
小长山岛镇	13759	1254	9168	3337	2223	7852
海洋岛镇	6069	488	4351	1230	830	2842
瓦房店市	**905082**	**102910**	**536778**	**265394**	**183590**	**612959**
新华街道	48301	4711	30142	13448	9671	29835
文兰街道	97856	13481	63143	21232	13935	45393
岭东街道	19200	1696	13522	3982	2849	6717
共济街道	48152	5772	30403	11977	8330	25395
铁东街道	41720	4260	26030	11430	7644	21834
祝华街道	34402	3829	20362	10211	7111	17142
岗店街道	43878	5266	27908	10704	7014	18116
太阳街道	23240	2549	13016	7675	5346	18907
长兴岛街道	74031	10712	49682	13637	9749	36753
九龙街道	22355	2129	12370	7856	5511	17985
交流岛街道	12204	1306	6759	4139	3032	9648
复州城镇	54369	7864	32575	13930	9528	38255
松树镇	20134	1365	10270	8499	5909	17939
得利寺镇	16816	1514	8880	6422	4228	14695
万家岭镇	16771	1645	8860	6266	4303	15412
许屯镇	24159	2420	12838	8901	6218	22002
永宁镇	27102	3448	14950	8704	6075	24681
谢屯镇	22692	2308	12452	7932	5550	16505

表6 续表 7

单位：人

地　区	总人口	分年龄人口				居住本乡、镇、街道，户口在本乡、镇、街道
		0-14岁	15-59岁	60岁及以上	#65岁及以上	
老虎屯镇	21753	2678	12434	6641	4525	16848
红沿河镇	17922	1709	11802	4411	3121	11818
李官镇	18760	2324	10190	6246	4263	16322
仙浴湾镇	10042	797	5732	3513	2490	7786
元台镇	32630	3012	18051	11567	8118	26035
瓦窝镇	15363	1180	8056	6127	4306	12770
赵屯乡	23799	2850	12998	7951	5443	21896
土城乡	14362	1812	8018	4532	3140	13296
阎店乡	18860	2314	10292	6254	4365	16929
西杨乡	20702	2162	11102	7438	5177	18612
驼山乡	17172	1833	9181	6158	4327	14824
三台满族乡	17110	1758	9149	6203	4330	14467
泡崖乡	13402	998	7148	5256	3654	11036
杨家满族乡	15823	1208	8463	6152	4328	13106
庄河市	**742496**	**69162**	**441153**	**232181**	**160452**	**526845**
城关街道	106747	15046	70741	20960	14251	43745
新华街道	85994	10975	57593	17426	11720	35261
兴达街道	31717	3104	19615	8998	6230	17371
昌盛街道	41756	3855	33167	4734	3170	10430
明阳街道	46283	4757	25353	16173	11315	40611
青堆镇	37600	2838	21325	13437	9360	32763
徐岭镇	23782	1925	13432	8425	5870	19140
黑岛镇	22807	1511	12951	8345	5654	19451
栗子房镇	36761	2639	19508	14614	10209	33478
大营镇	14566	1040	7667	5859	3970	12609
塔岭镇	13409	1096	7222	5091	3450	12339
仙人洞镇	20388	1650	10918	7820	5375	18936
蓉花山镇	23573	2067	13144	8362	5849	21571
长岭镇	17212	1367	9235	6610	4631	15952
荷花山镇	7459	544	3856	3059	2140	6759
城山镇	21537	1319	11254	8964	6302	19658
光明山镇	34112	2406	18213	13493	9447	31223
大郑镇	37325	2403	20290	14632	10321	32548
吴炉镇	25500	1735	13937	9828	6945	21759
王家镇	3813	235	2492	1086	681	2487
鞍子山乡	28832	1959	15303	11570	7958	25946
太平岭满族乡	14887	1205	8326	5356	3690	12763
步云山乡	12455	1114	6971	4370	2955	11811
桂云花满族乡	11423	794	6010	4619	3221	10780
兰店乡	16573	1250	9311	6012	4115	12453
石城乡	5985	328	3319	2338	1623	5001
鞍山市	**3325372**	**347577**	**2071271**	**906524**	**612861**	**2301646**
铁东区	**511574**	**46626**	**310982**	**153966**	**102197**	**322926**
解放街道	59693	4408	35712	19573	12242	38072
山南街道	47718	4748	27976	14994	9730	31759
园林街道	43112	4772	24239	14101	9901	31886

表6 续表 8 单位：人

地区	总人口	分年龄人口				居住本乡、镇、街道，户口在本乡、镇、街道
		0-14岁	15-59岁	60岁及以上	#65岁及以上	
站前街道	46899	5686	28866	12347	8261	37204
和平街道	68671	5973	40233	22465	15372	52998
湖南街道	67644	5635	38813	23196	16079	49049
新兴街道	75959	8265	50242	17452	11432	26890
旧堡街道	13986	988	8877	4121	2590	8310
大孤山街道	28967	1778	17438	9751	6255	20486
长甸街道	58908	4372	38575	15961	10332	26271
玉佛山风景区	17	1	11	5	3	1
铁西区	**408118**	**34535**	**259473**	**114110**	**72730**	**238938**
繁荣街道	68309	5498	41412	21399	13685	48860
八家子街道	43023	2464	25274	15285	9717	32155
共和街道	32275	2469	19121	10685	6593	21890
永乐街道	48139	3661	29468	15010	9398	29670
南华街道	34251	2165	22849	9237	5518	14086
大陆街道	41832	4767	28353	8712	5254	25922
永发街道	41568	3734	25077	12757	8756	22366
宁远街道	27816	2664	17778	7374	4877	14296
达道湾街道	70905	7113	50141	13651	8932	29693
立山区	**529275**	**48529**	**327416**	**153330**	**98986**	**339664**
友好街道	53168	5222	31566	16380	10638	40395
双山街道	59589	5053	35809	18727	11970	43187
立山街道	43512	2596	26979	13937	8458	26012
曙光街道	63478	6533	39191	17754	10969	34223
灵山街道	60753	4169	37606	18978	12092	33670
深沟寺街道	71957	3501	39147	29309	20025	57278
沙河街道	54223	6277	33279	14667	9272	32191
千山街道	65912	6458	47885	11569	7756	34852
齐大山街道	56683	8720	35954	12009	7806	37856
千山区	**94729**	**9093**	**55439**	**30197**	**20846**	**72147**
汤岗子街道	16423	1521	9516	5386	3713	11600
东鞍山街道	17980	1477	10287	6216	4204	10322
唐家房镇	17273	1565	9869	5839	3970	13289
大屯镇	26657	2935	16324	7398	5152	22813
甘泉镇	16396	1595	9443	5358	3807	14123
台安县	**300764**	**31436**	**189362**	**79966**	**56059**	**231376**
八角台街道	49523	5675	34009	9839	6962	21173
台东街道	67580	7943	45874	13763	9721	39394
西佛镇	18799	1868	11160	5771	4030	17252
新开河镇	24272	2091	13942	8239	5919	22448
黄沙坨镇	24464	2314	14398	7752	5345	22858
高力房镇	27760	2987	16995	7778	5421	25711
桑林镇	19641	1968	12086	5587	3903	18078
富家镇	11134	842	6503	3789	2648	10504
达牛镇	17343	1739	9895	5709	4048	16518
台安县韭菜台镇	10296	927	6290	3079	2058	9565
新台镇	11399	1168	7075	3156	2202	10481
桓洞镇	10782	1110	6460	3212	2211	10089
新华农场	3892	385	2346	1161	789	3674
洪家农牧场	3879	419	2329	1131	802	3631

表6 续表 9

单位：人

地 区	总人口	分年龄人口				居住本乡、镇、街道，户口在本乡、镇、街道
		0-14岁	15-59岁	60岁及以上	#65岁及以上	
岫岩满族自治县	**413007**	**51356**	**249220**	**112431**	**78951**	**350095**
阜昌街道	106574	13574	69536	23464	15894	72133
兴隆街道	23144	3362	14196	5586	3911	16760
雅河街道	18452	2388	10831	5233	3594	16392
三家子镇	12559	1626	7348	3585	2571	11583
石庙子镇	11419	1204	6712	3503	2544	10603
黄花甸镇	17863	2193	10480	5190	3658	16529
大营子镇	15853	1429	9329	5095	3612	14895
苏子沟镇	10140	1153	5849	3138	2202	9376
偏岭镇	24157	3829	14827	5501	3812	20979
哈达碑镇	21924	3291	13063	5570	3980	20504
新甸镇	16173	2103	9632	4438	3089	15041
洋河镇	12221	1178	6937	4106	2880	11476
杨家堡镇	9188	910	5242	3036	2164	8443
清凉山镇	11005	1233	6309	3463	2542	10233
石灰窑镇	16368	2138	9726	4504	3199	15353
前营子镇	10181	1140	5889	3152	2251	9539
龙潭镇	10985	1280	6129	3576	2535	10005
牧牛镇	12299	1667	7330	3302	2359	11089
药山镇	9058	1136	5370	2552	1852	8465
大房身镇	9690	1111	5726	2853	2071	8907
朝阳镇	11049	1265	6178	3606	2569	10552
红旗营子乡	10023	1019	5586	3418	2457	9178
岭沟乡	6208	533	3382	2293	1609	5970
哨子河乡	6474	594	3613	2267	1596	6090
海城市	**1067905**	**126002**	**679379**	**262524**	**183092**	**746500**
海州街道	154644	16734	103327	34583	23782	93332
兴海街道	180591	22801	122743	35047	23694	87009
响堂街道	64589	7023	44009	13557	9210	27617
东四街道	21390	2737	13022	5631	4022	18596
温泉街道	9315	740	5107	3468	2510	8278
孤山镇	15115	2094	8172	4849	3619	14184
岔沟镇	15892	1765	8554	5573	3978	14909
接文镇	16741	2244	9612	4885	3439	15446
析木镇	22557	2950	12772	6835	4867	20245
马风镇	23730	3031	13558	7141	5017	21696
牌楼镇	35793	4242	22403	9148	6118	28749
八里镇	25365	3014	14953	7398	5276	21893
毛祁镇	15299	1510	8672	5117	3666	12361
英落镇	26514	2980	15410	8124	5628	24045
感王镇	35825	4526	21607	9692	6877	29513
西柳镇	67970	8784	47186	12000	8071	34485
中小镇	18603	2113	11161	5329	3859	16020
王石镇	32724	3734	19604	9386	6627	27969
南台镇	55058	6756	35036	13266	9396	42999

表6 续表 10

单位：人

地区	总人口	分年龄人口				居住本乡、镇、街道，户口在本乡、镇、街道
		0-14岁	15-59岁	60岁及以上	#65岁及以上	
腾鳌镇	89642	11126	59206	19310	13254	56053
耿庄镇	29388	2869	16692	9827	7258	27143
牛庄镇	27230	2812	16567	7851	5606	25136
西四镇	21344	2299	12469	6576	4473	20108
望台镇	18767	1918	10940	5909	4280	17488
温香镇	30452	3761	18652	8039	5754	28495
高坨镇	13367	1439	7945	3983	2811	12731
抚顺市	**1861372**	**167959**	**1130189**	**563224**	**369985**	**1349978**
新抚区	**222984**	**18212**	**130171**	**74601**	**48360**	**178515**
站前街道	60758	5137	36602	19019	12346	49424
福民街道	25900	1366	14927	9607	5904	20570
新抚街道	24544	1742	14828	7974	4893	17136
榆林街道	21755	1424	12492	7839	5320	16512
永安台街道	50939	6134	28662	16143	11043	44086
刘山街道	27218	1505	15834	9879	6007	21001
千金乡	11870	904	6826	4140	2847	9786
东洲区	**236731**	**15339**	**136860**	**84532**	**54532**	**179087**
东洲街道	63329	5281	38382	19666	13306	44998
搭连街道	17619	1210	10380	6029	3857	11214
龙凤街道	28215	1301	16036	10878	6401	22932
新屯街道	22763	955	12601	9207	5550	17787
万新街道	14520	767	8174	5579	3134	12040
老虎台街道	28329	1288	15955	11086	6871	23410
章党街道	24827	1908	14579	8340	6117	15508
章党镇	10254	613	5549	4092	2776	8578
哈达镇	14048	1066	8014	4968	3380	12719
碾盘乡	8479	562	4633	3284	2205	6324
兰山乡	4348	388	2557	1403	935	3577
望花区	**396257**	**33969**	**252212**	**110076**	**71338**	**252109**
工农街道	28444	1886	17269	9289	6025	21786
建设街道	57964	4260	41152	12552	7958	31659
和平街道	48657	4746	29363	14548	9626	38561
光明街道	49916	4636	30282	14998	9793	35863
朴屯街道	31434	1935	18039	11460	7401	25496
演武街道	38540	2390	21981	14169	8792	27122
李石街道	119136	12268	81476	25392	16419	53058
塔峪镇	11794	912	6799	4083	2796	9331
拉古满族乡	10372	936	5851	3585	2528	9233
顺城区	**466126**	**44334**	**282188**	**139604**	**91605**	**293993**
长春街道	98949	11765	63942	23242	15178	57159
葛布街道	68058	4972	39024	24062	15000	43285
将军堡街道	90925	7610	53327	29988	19491	60995
新华街道	74156	7712	44464	21980	15184	53036
抚顺城街道	53610	3972	31940	17698	11485	36460
前甸镇	55117	6510	34932	13675	9168	24143
河北乡	14232	885	8179	5168	3503	9651
会元乡	11079	908	6380	3791	2596	9264

表6　续表 11

单位：人

地　　区	总人口	分年龄人口				居住本乡、镇、街道，户口在本乡、镇、街道
		0-14岁	15-59岁	60岁及以上	#65岁及以上	
抚顺县	**83125**	**7711**	**48160**	**27254**	**18748**	**72231**
石文镇	18054	1739	11060	5255	3719	14497
后安镇	12195	1190	6935	4070	2817	10914
上马镇	13515	1216	7557	4742	3298	12160
救兵镇	15122	1394	9044	4684	3159	13248
马圈子乡	3898	373	2192	1333	876	3448
峡河乡	6286	564	3633	2089	1456	5666
海浪乡	8528	636	4546	3346	2239	7255
汤图满族乡	5527	599	3193	1735	1184	5043
新宾满族自治县	**217259**	**23294**	**133290**	**60675**	**41271**	**182299**
新宾镇	62374	6948	39806	15620	10664	49153
旺清门镇	9020	828	5462	2730	1829	6920
永陵镇	29518	3222	17806	8490	5882	25773
平顶山镇	12229	1292	7336	3601	2427	11444
大四平镇	12649	1253	7729	3667	2484	11751
苇子峪镇	11154	1342	6724	3088	2060	10203
木奇镇	11699	1182	6777	3740	2619	10533
上夹河镇	10663	1094	6230	3339	2316	9917
南杂木镇	17741	2141	11078	4522	3008	12223
红升乡	4915	460	2912	1543	1038	3758
响水河子乡	5638	599	3491	1548	1073	4665
红庙子乡	8798	814	5252	2732	1761	7172
北四平乡	5541	586	3371	1584	1080	5036
榆树乡	8963	959	5506	2498	1729	7880
下夹河乡	6357	574	3810	1973	1301	5871
清原满族自治县	**238890**	**25100**	**147308**	**66482**	**44131**	**191744**
清原镇	97488	11519	63451	22518	14954	64146
红透山镇	19848	1554	11876	6418	4137	17309
草市镇	9654	1099	5789	2766	1801	8736
英额门镇	9482	794	5718	2970	1927	8582
南口前镇	13586	1286	7701	4599	3146	12248
南山城镇	16264	1562	9863	4839	3251	14846
湾甸子镇	9272	899	5491	2882	1956	8553
大孤家镇	11042	1116	6340	3586	2356	10017
夏家堡镇	18654	2156	11089	5409	3575	17649
北三家镇	9428	788	5871	2769	1866	7592
土口子乡	9099	888	5347	2864	1865	8055
敖家堡乡	5887	651	3425	1811	1227	5529
大苏河乡	5105	489	2951	1665	1166	4755
枸乃甸乡	4081	299	2396	1386	904	3727
本溪市	**1326018**	**119200**	**822107**	**384711**	**253394**	**886384**
平山区	**226059**	**18423**	**138177**	**69459**	**45963**	**153511**
南地街道	52055	4178	32330	15547	9871	30408
平山街道	26813	2882	16305	7626	5221	20457
东明街道	26391	2505	15951	7935	5660	20625

表6 续表 12

单位：人

地　　区	总人口	分年龄人口				居住本乡、镇、街道，户口在本乡、镇、街道
		0-14岁	15-59岁	60岁及以上	#65岁及以上	
崔东街道	33847	2598	20993	10256	6764	25623
站前街道	23287	1937	14229	7121	4743	14579
千金街道	34286	2191	20571	11524	7074	20333
桥北街道	29380	2132	17798	9450	6630	21486
溪湖区	**204660**	**12980**	**130691**	**60989**	**38081**	**113849**
河东街道	40358	2886	24349	13123	7812	23803
河西街道	24048	1339	13820	8889	5167	13220
彩屯街道	40301	2895	24256	13150	8163	26888
东风街道	29260	1595	17577	10088	6061	18316
石桥子街道	40732	2705	32284	5743	4001	12140
日月岛街道	20946	1149	13406	6391	4463	13677
火连寨街道	9015	411	4999	3605	2414	5805
明山区	**378936**	**36804**	**236668**	**105464**	**69361**	**229373**
北地街道	82853	8473	51272	23108	15900	59331
高峪街道	65186	7991	42213	14982	9179	29341
明山街道	68779	7921	44010	16848	10922	48033
新明街道	105814	7549	65291	32974	21649	54894
牛心台街道	9707	666	5784	3257	2159	7250
卧龙街道	19437	1321	11375	6741	4629	14426
高台子街道	27160	2883	16723	7554	4923	16098
南芬区	**55560**	**3473**	**32937**	**19150**	**12279**	**44286**
南芬街道	35362	2088	21167	12107	7420	29151
思山岭街道	10104	605	5888	3611	2479	7646
下马塘街道	10094	780	5882	3432	2380	7489
本溪满族自治县	**230850**	**21115**	**142558**	**67177**	**45901**	**174585**
观音阁街道	102860	11856	70198	20806	14202	61448
小市镇	17187	841	8986	7360	5038	14400
草河掌镇	6243	380	3531	2332	1589	5463
草河城镇	8259	641	4542	3076	2166	7496
草河口镇	15066	1055	8661	5350	3615	12987
连山关镇	8348	539	4628	3181	2256	7677
清河城镇	7286	529	3894	2863	1968	6627
田师傅镇	16426	1107	9508	5811	3891	14558
南甸镇	8969	618	5150	3201	2191	7943
碱厂镇	18718	1917	11220	5581	3796	16931
高官镇	13881	991	7750	5140	3537	12260
东营房乡	7607	641	4490	2476	1652	6795
桓仁满族自治县	**229953**	**26405**	**141076**	**62472**	**41809**	**170780**
八卦城街道	99054	14412	65418	19224	12535	56036
桓仁镇	19053	1815	10993	6245	4257	15572
普乐堡镇	7887	786	4651	2450	1677	6761
二棚甸子镇	12700	898	7445	4357	2799	10929
沙尖子镇	10170	902	5793	3475	2439	9230
五里甸子镇	6542	606	3905	2031	1382	5846
八里甸子镇	10882	1047	6654	3181	2178	9563
华来镇	26354	2527	15174	8653	5834	23988
古城镇	11986	1146	6776	4064	2725	10595

表6 续表 13

单位：人

地区	总人口	分年龄人口				居住本乡、镇、街道，户口在本乡、镇、街道
		0-14岁	15-59岁	60岁及以上	#65岁及以上	
雅河朝鲜族乡	9772	825	5428	3519	2375	8476
向阳乡	4886	442	2768	1676	1221	4482
黑沟乡	6398	519	3550	2329	1559	5660
北甸子乡	4269	480	2521	1268	828	3642
丹东市	**2188436**	**214285**	**1338580**	**635571**	**437576**	**1521555**
元宝区	**202325**	**17506**	**122174**	**62645**	**42198**	**131549**
七道街道	36609	2573	21929	12107	8073	24390
广济街道	47016	3938	27381	15697	10510	33197
九道街道	17290	1209	10310	5771	3752	9841
兴东街道	62563	6624	35894	20045	13740	43482
金山镇	38847	3162	26660	9025	6123	20639
振兴区	**423538**	**42730**	**255204**	**125604**	**86120**	**273660**
站前街道	54429	6313	30215	17901	12372	43299
临江街道	78905	6467	45376	27062	18906	53577
帽盔山街道	45791	5804	27979	12008	8109	29037
纤维街道	68291	5683	41426	21182	14802	42016
永昌街道	43637	5432	25337	12868	8855	31941
花园街道	34768	3355	21383	10030	6671	18379
江海街道	8853	706	5445	2702	1819	6792
浪头镇	53693	5483	36311	11899	7881	23220
安民镇	13337	1372	8080	3885	2588	8767
汤池镇	21834	2115	13652	6067	4117	16632
振安区	**189995**	**17812**	**116517**	**55666**	**38111**	**110231**
鸭绿江街道	50552	5302	32774	12476	8282	21602
金矿街道	2659	133	1728	798	541	1830
珍珠街道	34253	3601	21875	8777	5796	11645
太平湾街道	7196	534	4506	2156	1574	4584
同兴镇	21558	2029	13061	6468	4506	11186
五龙背镇	23365	1680	13649	8036	5539	18116
楼房镇	13067	1180	7505	4382	3046	10937
九连城镇	22383	2167	12973	7243	5047	17587
汤山城镇	14962	1186	8446	5330	3780	12744
宽甸满族自治县	**334636**	**34130**	**203449**	**97057**	**67020**	**262530**
宽甸镇	94470	11966	61129	21375	14124	56241
灌水镇	19639	1895	11718	6026	4221	17984
硼海镇	8796	761	5308	2727	1932	7455
红石镇	12846	1007	7617	4222	2999	12094
毛甸子镇	10674	963	6160	3551	2484	9729
长甸镇	21203	2179	12587	6437	4411	19379
永甸镇	16157	1389	9183	5585	3855	14572
太平哨镇	12677	1162	7298	4217	2952	11594
青山沟镇	7227	711	4199	2317	1673	6729
牛毛坞镇	10046	869	5900	3277	2252	9347
大川头镇	6859	603	4005	2251	1577	6129
青椅山镇	9237	883	5475	2879	2022	8226
杨木川镇	8626	792	4740	3094	2190	7976

表6 续表 14

单位：人

地 区	总人口	分年龄人口				居住本乡、镇、街道，户口在本乡、镇、街道
		0-14岁	15-59岁	60岁及以上	#65岁及以上	
虎山镇	8963	728	5204	3031	2125	8106
振江镇	7842	732	4722	2388	1673	7034
步达远镇	11167	1111	6202	3854	2719	10204
大西岔镇	8798	789	5078	2931	2038	8090
八河川镇	6672	705	3900	2067	1478	6041
双山子镇	8817	891	5270	2656	1891	8172
石湖沟乡	29434	2566	19280	7588	5225	14757
古楼子乡	7043	741	4134	2168	1496	6266
下露河朝鲜族乡	7443	687	4340	2416	1683	6405
东港市	**568566**	**55713**	**356368**	**156485**	**108344**	**380950**
大东街道	102715	12073	70642	20000	13788	43470
新兴街道	93498	13882	65226	14390	9661	33007
新城街道	36951	3641	24617	8693	5865	17525
孤山镇	58844	5284	36369	17191	12051	46221
前阳镇	52087	4927	32560	14600	9868	41383
长安镇	9676	705	5338	3633	2558	8618
十字街镇	17304	1261	9728	6315	4357	15315
长山镇	29418	1731	16611	11076	7721	25194
北井子镇	22224	1643	12898	7683	5238	19415
椅圈镇	23385	1531	13413	8441	5869	20779
黄土坎镇	17130	1195	9578	6357	4471	15593
马家店镇	20744	1448	12041	7255	5161	18795
龙王庙镇	13754	1097	8046	4611	3292	12156
小甸子镇	16274	1264	9078	5932	4212	14771
菩萨庙镇	16710	1266	9487	5957	4295	15108
黑沟镇	9396	697	5163	3536	2507	8444
新农镇	10583	769	5743	4071	2801	9650
合隆满族乡	13999	1047	7716	5236	3702	12463
示范农场	437	11	263	163	111	353
黄土坎农场	355	21	205	129	83	262
海洋红农场	328	20	163	145	89	274
兴隆农场	645	43	345	257	148	542
五四农场	2109	157	1138	814	496	1612
凤城市	**469376**	**46394**	**284868**	**138114**	**95783**	**362635**
凤凰城街道	130760	13804	84995	31961	21769	81990
凤山街道	55972	6069	35169	14734	9930	31800
草河街道	14216	1250	8641	4325	3047	10533
宝山镇	13585	1248	7737	4600	3327	12430
白旗镇	8788	711	4907	3170	2255	7626
沙里寨镇	8455	711	4577	3167	2300	7917
红旗镇	13738	1170	8007	4561	3191	12717
蓝旗镇	11771	1045	6924	3802	2605	10830
边门镇	18411	1527	10308	6576	4779	16399
东汤镇	16689	1563	9577	5549	3859	15095
石城镇	12994	1100	7402	4492	3214	12255
大兴镇	6367	611	3666	2090	1458	5926
爱阳镇	23702	2699	14205	6798	4665	21059

表6 续表 15

单位：人

地　　区	总人口	分年龄人口				居住本乡、镇、街道，户口在本乡、镇、街道
		0-14岁	15-59岁	60岁及以上	#65岁及以上	
赛马镇	23091	2750	13958	6383	4344	20612
弟兄山镇	10702	941	6069	3692	2611	9441
鸡冠山镇	15164	1230	8491	5443	3864	13457
刘家河镇	15250	1353	8721	5176	3657	13596
通远堡镇	24036	2373	14810	6853	4713	17377
四门子镇	9919	975	5666	3278	2346	9086
青城子镇	21197	2043	12958	6196	4099	19286
大堡蒙古族乡	14569	1221	8080	5268	3750	13203
锦州市	**2703853**	**262032**	**1668855**	**772966**	**537232**	**1912216**
古塔区	**252209**	**22440**	**159633**	**70136**	**47790**	**145990**
石油街道	51277	5325	31232	14720	10009	30651
古城街道	52654	4346	31262	17046	11638	36395
敬业街道	54125	4215	39978	9932	6900	22236
保安街道	70104	6238	41841	22025	15131	42910
士英街道	24049	2316	15320	6413	4112	13798
凌河区	**402038**	**36396**	**253353**	**112289**	**76002**	**228456**
石桥子街道	64414	5975	39552	18887	12904	35894
龙江街道	93079	8103	57771	27205	18466	56260
榴花街道	57566	5344	35348	16874	10900	34052
康宁街道	73363	4527	51958	16878	11241	32098
锦铁街道	64369	7555	36991	19823	14007	47513
紫荆街道	49247	4892	31733	12622	8484	22639
太和区	**457602**	**49246**	**306234**	**102122**	**68689**	**257591**
太和街道	46564	6144	32328	8092	5124	15489
大薛街道	17820	931	9819	7070	4882	14118
新民街道	37636	2908	23925	10803	7109	27494
营盘街道	45052	5370	29617	10065	6750	17466
女儿河街道	28026	1964	16533	9529	6754	22956
天桥街道	66623	6021	51219	9383	6225	26883
杏山街道	12122	862	6865	4395	3165	10195
娘娘宫街道	21323	1867	12778	6678	4725	19135
凌南街道	145832	19842	101620	24370	15768	72636
松山街道	30445	2902	17945	9598	6706	26492
锦州市果树农场	6159	435	3585	2139	1481	4727
黑山县	**451206**	**41557**	**265346**	**144303**	**102889**	**369627**
黑山街道	106218	12376	69584	24258	17611	56014
大虎山街道	32408	2693	19176	10539	7327	24652
芳山镇	19389	1571	10642	7176	5056	18105
白厂门镇	11175	1119	6450	3606	2585	10363
常兴镇	14773	1140	7909	5724	4057	13636
姜屯镇	14029	1269	7705	5055	3658	13053
励家镇	16041	1410	8900	5731	4222	15042
绕阳河镇	16021	1442	9112	5467	3912	15271
半拉门镇	13080	1370	7723	3987	2826	12230

表6 续表 16

单位：人

地区	总人口	分年龄人口				居住本乡、镇、街道，户口在本乡、镇、街道
		0-14岁	15-59岁	60岁及以上	#65岁及以上	
无梁殿镇	15234	1367	8714	5153	3662	14428
胡家镇	14699	1036	8067	5596	3909	13746
新立屯镇	17252	1306	9876	6070	4361	15537
八道壕镇	27005	1907	15134	9964	7094	24427
四家子镇	14459	1322	8560	4577	3144	13745
新兴镇	11246	1247	6731	3268	2365	10160
太和镇	15529	1115	8550	5864	4124	14220
镇安镇	20689	1461	11326	7902	5573	18166
英城子乡	13397	1128	7791	4478	3220	12341
段家乡	16346	1179	8998	6169	4405	14797
大兴乡	6785	630	3799	2356	1655	6493
薛屯乡	12725	1037	7125	4563	3143	11886
辽宁省锦州市小东种畜场	22706	2432	13474	6800	4980	21315
义县	**305996**	**32037**	**180834**	**93125**	**65767**	**239652**
义州街道	45850	4885	29579	11386	7830	27357
城关街道	53247	7052	33983	12212	8689	19458
刘龙台镇	4698	376	2543	1779	1209	4330
七里河镇	21207	1809	12042	7356	5139	19336
大榆树堡镇	20598	2196	11718	6684	4735	19469
稍户营子镇	17017	2083	9814	5120	3616	15991
九道岭镇	23299	2352	13964	6983	4860	21595
高台子镇	16552	2007	9672	4873	3422	15454
瓦子峪镇	17825	2140	10156	5529	3922	17012
头台镇	7575	633	4346	2596	1827	6963
前杨镇	14130	1043	7999	5088	3636	12472
张家堡镇	17687	2102	10162	5423	3843	16762
头道河镇	7944	458	4280	3206	2300	7320
留龙沟镇	6691	460	3400	2831	2062	6255
聚粮屯镇	11835	904	6582	4349	3112	11038
地藏寺满族乡	3923	248	2010	1665	1184	3780
大定堡满族乡	4104	226	2101	1777	1302	3769
白庙子乡	11814	1063	6483	4268	3079	11291
凌海市	**412513**	**38317**	**250056**	**124140**	**86892**	**324114**
大凌河街道	122092	15883	82483	23726	16633	63535
金城街道	25591	1688	15397	8506	5871	21605
八千街道	16773	1385	10378	5010	3306	15000
石山镇	17723	1123	10231	6369	4596	15099
余积镇	15478	1114	8371	5993	4151	14277
双羊镇	20787	1756	12216	6815	4762	17963
班吉塔镇	9228	849	5038	3341	2413	8460
沈家台镇	13963	1510	7532	4921	3511	13089
三台子镇	28724	2557	16326	9841	7031	26867
右卫满族镇	11534	810	6525	4199	2934	10490
阎家镇	9096	639	5468	2989	2020	8397
新庄子镇	19479	1292	11611	6576	4701	16842
翠岩镇	8752	767	4596	3389	2411	7894

表6　续表 17

单位：人

地　　区	总人口	分年龄人口				居住本乡、镇、街道，户口在本乡、镇、街道
		0-14岁	15-59岁	60岁及以上	#65岁及以上	
安屯镇	7587	686	4834	2067	1341	6687
大业镇	14735	924	8292	5519	3864	13485
建业镇	19964	1736	11910	6318	4183	18558
温滴楼满族镇	13689	1098	7961	4630	3306	11797
白台子镇	19214	1179	10904	7131	5072	17771
板石沟乡	5086	466	2661	1959	1379	4748
谢屯乡	9867	679	5614	3574	2510	8741
辽宁省金城原种场	3151	176	1708	1267	897	2809
北镇市	**422289**	**42039**	**253399**	**126851**	**89203**	**346786**
北镇街道	68164	8428	46034	13702	10079	35904
富屯街道	14367	1175	7942	5250	3592	13074
广宁街道	24214	2072	13647	8495	5980	21013
沟帮子街道	64692	7342	41718	15632	10819	39930
大市镇	8321	864	4820	2637	1793	7845
罗罗堡镇	17926	1568	9881	6477	4578	17042
常兴店镇	16566	1735	9457	5374	3765	15723
正安镇	19360	2135	11371	5854	4052	18539
闾阳镇	21219	2044	12042	7133	5051	20166
中安镇	53121	4900	30294	17927	12576	50697
廖屯镇	24747	2033	13786	8928	6354	23395
赵屯镇	17671	1386	10405	5880	4162	16584
青堆子镇	15815	1358	9141	5316	3733	14435
高山子镇	16383	1302	9829	5252	3678	15282
吴家镇	8348	778	4859	2711	1890	7805
鲍家乡	9283	951	5252	3080	2149	8702
大屯乡	10903	932	6128	3843	2721	10275
柳家乡	8644	771	5203	2670	1813	8076
新立农场	2545	265	1590	690	418	2299
营口市	**2328582**	**269137**	**1475067**	**584378**	**402789**	**1445371**
站前区	**261439**	**28821**	**162344**	**70274**	**47965**	**163293**
八田地街道	32075	3832	18688	9555	6814	23478
建丰街道	82911	9985	53093	19833	13413	46939
建设街道	37504	4180	22519	10805	7374	26672
跃进街道	34632	3360	21197	10075	6834	21967
新建街道	4294	131	3054	1109	848	3483
东兴街道	70023	7333	43793	18897	12682	40754
西市区	**212913**	**18949**	**139167**	**54797**	**37246**	**105589**
清华街道	50356	5260	30702	14394	9796	30602
滨海街道	76345	6586	52836	16923	11170	29924
得胜街道	17371	1646	10893	4832	3188	9680
五台子街道	39449	3608	24144	11697	8342	23432
渔市街道	22013	1713	13423	6877	4700	11899
辽宁自贸区营口片区	1108	67	1004	37	24	
辽宁(营口)沿海产业基地	6271	69	6165	37	26	52

表6 续表 18 单位：人

地区	总人口	分年龄人口				居住本乡、镇、街道，户口在本乡、镇、街道
		0-14岁	15-59岁	60岁及以上	#65岁及以上	
鲅鱼圈区	**541113**	**74331**	**362342**	**104440**	**70152**	**280915**
红海街道	118177	18149	81324	18704	11904	52865
海星街道	111775	16257	76055	19463	12956	60424
望海街道	98428	13811	67605	17012	11465	40944
熊岳镇	118017	14194	76735	27088	18463	75732
芦屯镇	48054	5665	30208	12181	8576	30041
红旗满族镇	46662	6255	30415	9992	6788	20909
老边区	**146748**	**16101**	**96670**	**33977**	**23086**	**59027**
老边街道	40164	4584	27155	8425	5898	17156
路南镇	73192	8635	49184	15373	10155	18543
柳树镇	15775	1305	9300	5170	3604	12536
边城镇	16948	1536	10499	4913	3368	10792
营口辽河经济开发区	669	41	532	96	61	
盖州市	**559271**	**60576**	**335335**	**163360**	**115550**	**423553**
鼓楼街道	31664	3564	20374	7726	5415	15188
西城街道	64248	7961	42452	13835	9427	37021
东城街道	44130	3929	25923	14278	10103	26711
太阳升街道	44682	5103	28477	11102	7882	24363
团山街道	22411	2680	13636	6095	4279	18557
西海街道	16561	1540	10162	4859	3446	12019
九垄地街道	25594	3347	15753	6494	4540	19965
归州街道	24383	3033	14280	7070	5146	21043
高屯镇	14365	1706	8180	4479	3255	12684
沙岗镇	16509	1621	9662	5226	3845	14263
九寨镇	30102	3370	17140	9592	6768	25623
万福镇	25632	2654	14555	8423	5943	22245
卧龙泉镇	11315	973	6589	3753	2655	10152
青石岭镇	17916	1671	10162	6083	4386	16401
暖泉镇	10511	876	5836	3799	2717	9042
榜式堡镇	16183	2041	9374	4768	3339	14555
团甸镇	8569	794	4983	2792	2053	7373
双台镇	15465	1727	8929	4809	3471	12066
杨运镇	17709	1654	10590	5465	3812	16104
徐屯镇	14673	1571	8765	4337	3099	12180
什字街镇	20254	1901	11704	6649	4665	18244
矿洞沟镇	16600	1629	9445	5526	3856	14926
陈屯镇	18059	1995	10446	5618	3973	15087
梁屯镇	18358	1881	10374	6103	4241	16578
小石棚乡	6027	536	3406	2085	1469	5302
果园乡	870	64	519	287	231	370
二台乡	6481	755	3619	2107	1534	5491
大石桥市	**607098**	**70359**	**379209**	**157530**	**108790**	**412994**
金桥街道	32740	3252	20365	9123	6405	18333
钢都街道	115267	15854	78318	21095	14273	46228
百寨街道	64422	7792	42557	14073	9454	36237
镁都街道	87256	10388	59161	17707	11928	41358
水源镇	26554	2078	15359	9117	6270	22405

表6　续表 19　　　　单位：人

地　　区	总人口	分年龄人口				居住本乡、镇、街道，户口在本乡、镇、街道
		0-14岁	15-59岁	60岁及以上	#65岁及以上	
沟沿镇	26680	2968	15986	7726	5274	24256
石佛镇	15667	1617	9288	4762	3114	14295
高坎镇	35370	3713	20175	11482	7956	32221
旗口镇	41179	5078	24966	11135	7706	38499
虎庄镇	22415	2190	13004	7221	5163	18820
官屯镇	22679	2210	13157	7312	5179	17557
博洛铺镇	23559	2523	13895	7141	5073	19734
永安镇	19834	2179	11741	5914	4240	16699
汤池镇	29579	3631	16942	9006	6518	26706
建一镇	11649	1369	6456	3824	2673	10529
黄土岭镇	16814	1724	9405	5685	3938	15361
周家镇	15091	1777	8255	5059	3513	13451
大石桥市水稻良种场	343	16	179	148	113	305
阜新市	**1647280**	**171577**	**1042303**	**433400**	**286866**	**1252817**
海州区	**234029**	**22183**	**146656**	**65190**	**42851**	**164814**
和平街道	45321	6223	27954	11144	7460	33866
西山街道	35199	3909	21662	9628	6428	24989
河北街道	44001	3467	29495	11039	7555	26283
站前街道	52666	5292	32147	15227	9751	36575
五龙街道	22733	1359	14498	6876	4293	16671
平安西部街道	24183	1331	15092	7760	4959	18033
韩家店镇	9926	602	5808	3516	2405	8397
新邱区	**66769**	**5078**	**41912**	**19779**	**12265**	**47939**
街基街道	27007	1999	16956	8052	4963	17810
新发屯街道	24428	1851	15438	7139	4340	17660
长营子蒙古族镇	15334	1228	9518	4588	2962	12469
太平区	**142171**	**10768**	**88057**	**43346**	**27458**	**99841**
红树街道	51646	4808	32111	14727	9295	35192
高德街道	40012	3019	25009	11984	7437	29731
孙家湾街道	41618	2375	25710	13533	8689	27812
水泉镇	8895	566	5227	3102	2037	7106
清河门区	**51394**	**4911**	**33071**	**13412**	**9311**	**36959**
清河街道	20173	2314	13441	4418	3089	12481
新北街道	20147	1828	12975	5344	3739	14974
河西镇	5479	357	3306	1816	1229	4598
乌龙坝镇	5595	412	3349	1834	1254	4906
细河区	**273525**	**31777**	**183153**	**58595**	**39399**	**141250**
玉新街道	46915	5874	31376	9665	6315	21147
玉龙街道	103863	9588	69289	24986	17624	66605
玉丰街道	72641	9749	47314	15578	10198	33848
四合镇	18932	2231	12558	4143	2630	9453
六家子管委会	31174	4335	22616	4223	2632	10197
阜新蒙古族自治县	**545749**	**58844**	**341698**	**145207**	**96644**	**479022**
城区街道	74042	8559	51115	14368	9631	37115

表6 续表 20 单位：人

地 区	总人口	分年龄人口				居住本乡、镇、街道，户口在本乡、镇、街道
		0-14岁	15-59岁	60岁及以上	#65岁及以上	
阜新镇	24020	2311	14808	6901	4600	21818
东梁镇	17286	1536	10227	5523	3756	15313
佛寺镇	8804	915	5414	2475	1616	8312
伊吗图镇	18225	1773	11235	5217	3562	16518
旧庙镇	19151	2350	11869	4932	3077	18333
务欢池镇	21037	2383	12933	5721	3841	20150
建设镇	18425	2111	11445	4869	3206	17432
大巴镇	15873	1556	9643	4674	3043	14871
泡子镇	20009	1807	11990	6212	4350	18656
十家子镇	16127	1744	9714	4669	3282	14666
王府镇	17954	1822	11372	4760	3117	16472
于寺镇	13039	1618	8252	3169	1998	12195
富荣镇	15228	1569	9280	4379	3001	14237
新民镇	12024	1103	7279	3642	2494	11110
福兴地镇	14168	2022	8814	3332	2076	12866
平安地镇	15119	2060	9491	3568	2250	14396
沙拉镇	11083	1043	6724	3316	2117	10142
大固本镇	16352	1589	10274	4489	3070	15633
大五家子镇	13814	1593	8703	3518	2244	13189
大板镇	8368	770	5025	2573	1703	7827
招束沟镇	11565	1195	7386	2984	1948	11092
八家子镇	9392	1035	5755	2602	1697	8893
蜘蛛山镇	14667	1522	9033	4112	2816	13882
塔营子镇	8682	1033	5329	2320	1510	8372
扎兰营子镇	11645	1214	7399	3032	1987	11028
七家子镇	10390	1196	6276	2918	1870	9756
红帽子镇	9816	996	6169	2651	1739	9268
紫都台镇	8952	975	5408	2569	1658	8506
化石戈镇	10920	1376	6799	2745	1835	10452
哈达户稍镇	10000	1067	6338	2595	1658	9658
老河土镇	13247	1329	8179	3739	2649	12784
太平镇	8610	1072	5372	2166	1334	8080
卧凤沟乡	9209	854	5594	2761	1920	8744
苍土乡	9390	942	5654	2794	1988	8726
国华乡	7476	670	4430	2376	1620	7029
泡子农场办事处	1640	134	970	536	381	1501
彰武县	**333643**	**38016**	**207756**	**87871**	**58938**	**282992**
彰武镇	85843	9815	56058	19970	13412	53913
哈尔套镇	17743	2130	10708	4905	3257	16345
章古台镇	10336	1310	6512	2514	1606	9617
五峰镇	14683	1447	8740	4496	3102	13328
冯家镇	12774	1516	7931	3327	2318	11824
后新秋镇	15092	1711	9230	4151	2715	14165
东六家子镇	11801	1175	6981	3645	2552	10798
阿尔乡镇	4584	595	2932	1057	687	4088
前福兴地镇	6568	779	4030	1759	1131	6195

表6 续表 21

单位：人

地 区	总人口	分年龄人口				居住本乡、镇、街道，户口在本乡、镇、街道
		0-14岁	15-59岁	60岁及以上	#65岁及以上	
双庙镇	9854	1117	6007	2730	1846	9201
大四家子镇	8297	825	5049	2423	1682	7814
苇子沟镇	11600	1188	7069	3343	2198	10898
兴隆山镇	7900	743	4889	2268	1570	6331
满堂红镇	10180	1275	6312	2593	1682	9446
四合城镇	9759	1209	6139	2411	1622	9130
大冷蒙古族镇	14099	1907	8755	3437	2238	13180
两家子镇	12599	1350	7558	3691	2569	11772
平安镇	9064	939	5626	2499	1668	8521
四堡子镇	11236	1561	6926	2749	1779	10525
西六家子镇	12806	1325	7685	3796	2557	11594
大德镇	7402	884	4571	1947	1267	6861
兴隆堡镇	11799	1348	7245	3206	2160	11006
二道河子蒙古族乡	9250	832	5622	2796	1891	8632
丰田乡	8374	1035	5181	2158	1429	7808
辽阳市	**1604580**	**157689**	**999107**	**447784**	**312262**	**1024809**
白塔区	**359401**	**38952**	**227876**	**92573**	**62246**	**204141**
文圣街道	102255	10524	62528	29203	19635	63192
武圣街道	117141	13535	75917	27689	18341	66917
南门街道	81414	9821	53535	18058	12322	44998
襄平街道	58591	5072	35896	17623	11948	29034
文圣区	**160466**	**15426**	**102072**	**42968**	**29173**	**85518**
庆阳街道	36777	2352	22302	12123	8015	27514
东京陵街道	83214	9988	56433	16793	11157	23462
小屯镇	23757	1696	13903	8158	5749	19773
罗大台镇	16718	1390	9434	5894	4252	14769
宏伟区	**142491**	**13238**	**89524**	**39729**	**29262**	**83409**
工农街道	57954	5443	38374	14137	10636	33287
长征街道	43203	4186	26373	12644	9395	24490
曙光镇	24414	1974	14450	7990	5695	14688
兰家镇	16920	1635	10327	4958	3536	10944
弓长岭区	**80870**	**7135**	**50076**	**23659**	**15970**	**55111**
苏家街道	29174	2174	18199	8801	5671	21665
安平街道	28873	3156	19118	6599	4414	15780
汤河镇	11688	1020	6580	4088	2918	9198
安平乡	11135	785	6179	4171	2967	8468
太子河区	**134604**	**10417**	**84345**	**39842**	**27626**	**79341**
铁西街道	64695	5079	43894	15722	10369	23848
祁家镇	17907	1271	10541	6095	4288	12395
沙岭镇	25628	1847	14473	9308	6778	22731
王家镇	15671	1286	9154	5231	3761	14027
东宁卫乡	10703	934	6283	3486	2430	6340
辽阳县	**372131**	**36716**	**225030**	**110385**	**78277**	**291636**
首山镇	102839	11945	69911	20983	14773	56175
刘二堡镇	56228	5504	34948	15776	10899	44790

表6 续表 22

单位：人

地　区	总人口	分年龄人口				居住本乡、镇、街道，户口在本乡、镇、街道
		0-14岁	15-59岁	60岁及以上	#65岁及以上	
小北河镇	30977	2842	18628	9507	6694	28276
黄泥洼镇	21830	1807	12462	7561	5314	19922
唐马寨镇	24780	2168	14376	8236	5807	23231
穆家镇	22517	2048	12762	7707	5437	19740
柳壕镇	17138	1315	9667	6156	4408	15862
河栏镇	14104	1264	7219	5621	4157	12639
隆昌镇	9402	990	5307	3105	2179	8564
八会镇	10939	1102	5918	3919	2952	9945
寒岭镇	11197	1125	6364	3708	2697	9776
兴隆镇	17098	1212	9415	6471	4536	13161
下达河乡	6384	543	3320	2521	1873	5491
吉洞峪满族乡	13035	1408	7331	4296	3095	11776
甜水满族乡	13663	1443	7402	4818	3456	12288
灯塔市	**354617**	**35805**	**220184**	**98628**	**69708**	**225653**
烟台街道	54434	5871	37703	10860	7536	23425
万宝桥街道	82840	10964	55834	16042	10980	16220
古城子街道	11704	739	6561	4404	3218	10339
佟二堡镇	38973	4517	24889	9567	6640	28664
铧子镇	25660	1706	14072	9882	6976	21384
张台子镇	8235	607	4532	3096	2271	7044
西大窑镇	13062	952	7387	4723	3381	11570
沈旦堡镇	21193	1871	12490	6832	4859	19706
西马峰镇	21744	1785	12505	7454	5335	19195
柳条寨镇	22033	1680	12532	7821	5696	19894
柳河子镇	11883	1012	6832	4039	2875	10193
大河南镇	11264	730	6121	4413	3187	9492
五星镇	27366	3038	16178	8150	5796	25273
鸡冠山乡	4226	333	2548	1345	958	3254
盘锦市	**1389691**	**166985**	**907698**	**315008**	**218588**	**810504**
双台子区	**214290**	**23803**	**142287**	**48200**	**33799**	**99873**
胜利街道	42658	4707	27824	10127	7144	20750
建设街道	53607	5885	36093	11629	8081	26740
红旗街道	30250	3290	20706	6254	4358	10459
辽河街道	43176	4914	28746	9516	7001	20079
铁东街道	15792	1866	10465	3461	2392	4750
双盛街道	13659	1715	9232	2712	1847	5304
统一镇	7475	683	4505	2287	1540	5886
陆家镇	7673	743	4716	2214	1436	5905
兴隆台区	**529394**	**66364**	**351794**	**111236**	**80640**	**291415**
振兴街道	61784	7522	39678	14584	11221	38273
兴隆街道	59454	6360	37511	15583	11825	35129
渤海街道	51125	5406	32197	13522	10185	32507
新工街道	20159	1713	12758	5688	4258	11029
曙光街道	25469	1707	16137	7625	5602	18081
欢喜岭街道	23284	1930	15109	6245	4751	16375

表6 续表 23 单位：人

地　　区	总人口	分年龄人口				居住本乡、镇、街道，户口在本乡、镇、街道
		0-14岁	15-59岁	60岁及以上	#65岁及以上	
沈采街道	23314	2312	15708	5294	4016	16832
创新街道	52983	7312	35063	10608	7566	28452
兴盛街道	75168	12695	51612	10861	7174	26025
兴海街道	63499	7553	46639	9307	6348	19561
惠宾街道	73155	11854	49382	11919	7694	49151
大洼区	**422797**	**52751**	**276120**	**93926**	**62186**	**244703**
荣滨街道	24483	1605	20633	2245	1421	6416
二界沟街道	7676	742	5178	1756	1183	5608
荣兴街道	14922	1356	9966	3600	2333	10299
大洼街道	82871	11213	54593	17065	11659	46601
田家街道	100682	17827	69751	13104	8068	26189
榆树街道	16303	1664	9689	4950	3457	13472
王家街道	24727	2940	17230	4557	2881	9179
于楼街道	5862	346	2555	2961	2252	3470
田庄台镇	15833	1125	9320	5388	3767	13880
东风镇	15245	1351	9050	4844	3257	14014
新开镇	13092	1287	7826	3979	2598	11796
清水镇	15044	1554	9006	4484	2819	12920
新兴镇	18827	3089	10753	4985	3194	14969
西安镇	17520	1591	10416	5513	3726	16227
新立镇	17282	2225	10999	4058	2633	11660
唐家镇	14314	1372	8490	4452	2882	12667
平安镇	12369	885	7310	4174	2840	10364
赵圈河镇	5745	579	3355	1811	1216	4972
盘山县	**223210**	**24067**	**137497**	**61646**	**41963**	**174513**
太平街道	46352	6530	32007	7815	5126	22451
高升街道	25287	2805	15541	6941	4815	20409
得胜街道	11380	1173	6561	3646	2470	10244
沙岭镇	25085	2227	14580	8278	5599	22729
胡家镇	20813	2167	12314	6332	4293	18841
石新镇	10690	1005	6349	3336	2298	9385
东郭镇	13210	1225	8213	3772	2583	10744
羊圈子镇	13083	1117	7640	4326	3097	11942
古城子镇	13518	1117	7983	4418	3091	11762
坝墙子镇	12436	1257	7223	3956	2641	11215
陈家镇	8678	807	5072	2799	1885	7473
甜水镇	12446	1434	7683	3329	2256	10174
吴家镇	10232	1203	6331	2698	1809	7144
铁岭市	**2388294**	**239259**	**1508353**	**640682**	**441573**	**1750784**
银州区	**375292**	**38995**	**242930**	**93367**	**64752**	**201129**
红旗街道	35869	3152	21707	11010	7791	23851
工人街道	41724	3891	25550	12283	8464	32495
铁西街道	53993	4809	35497	13687	9262	25314
铜钟街道	32742	2953	20957	8832	6296	18680

表6 续表 24

单位：人

地区	总人口	分年龄人口				居住本乡、镇、街道，户口在本乡、镇、街道
		0-14岁	15-59岁	60岁及以上	#65岁及以上	
柴河街道	66470	8148	43896	14426	9813	32930
岭东街道	20918	1916	14262	4740	3627	9796
辽海街道	48670	5691	31744	11235	8055	25486
龙山乡	22112	1647	13993	6472	4360	11628
铁岭经济开发区	52794	6788	35324	10682	7084	20949
清河区	**84693**	**7692**	**54101**	**22900**	**16068**	**54591**
红旗街道	28963	2845	19062	7056	4911	17760
向阳街道	13210	920	7786	4504	3390	7953
张相镇	23124	2408	15591	5125	3530	11035
杨木林子镇	13353	1029	8068	4256	2894	12047
聂家满族乡	6043	490	3594	1959	1343	5796
铁岭县	**324383**	**29735**	**206392**	**88256**	**60744**	**225936**
新台子镇	30199	2886	19152	8161	5640	22494
阿吉镇	16536	1491	9955	5090	3545	15561
平顶堡镇	11565	802	6916	3847	2660	9740
大甸子镇	15569	1365	8900	5304	3724	14419
凡河镇	118023	12425	81613	23985	15949	46198
腰堡镇	18765	1730	11649	5386	3689	14474
镇西堡镇	15470	883	9312	5275	3658	13489
蔡牛镇	19309	1407	11280	6622	4628	18126
李千户镇	26687	2318	16306	8063	5708	23468
熊官屯镇	13767	1052	8171	4544	3127	12374
横道河子镇	9518	955	5554	3009	2211	8658
双井子镇	13976	1047	8800	4129	2835	12538
鸡冠山乡	6840	534	3863	2443	1718	6463
白旗寨满族乡	8159	840	4921	2398	1652	7934
西丰县	**225123**	**22701**	**136645**	**65777**	**44063**	**178661**
西丰镇	80970	9747	52379	18844	12947	43941
平岗镇	9200	804	5503	2893	1965	8404
郜家店镇	16203	1506	9528	5169	3503	15190
凉泉镇	8341	730	4778	2833	1848	7794
振兴镇	9518	831	5595	3092	1998	8860
安民镇	10375	949	5964	3462	2318	9550
天德镇	13194	1527	7978	3689	2365	12294
房木镇	11665	1005	6526	4134	2786	10880
柏榆镇	9088	826	5432	2830	1880	8563
陶然镇	6253	420	3626	2207	1485	5644
钓鱼镇	5372	454	3074	1844	1243	5094
更刻镇	5438	353	3143	1942	1302	5166
德兴满族乡	5159	420	3028	1711	1115	4878
明德满族乡	5474	427	3081	1966	1278	5117
成平满族乡	6643	610	3904	2129	1421	6356
和隆满族乡	9661	918	5669	3074	2040	9155
营厂满族乡	5233	456	3078	1699	1101	4828
金星满族乡	7336	718	4359	2259	1468	6947

表6 续表 25

单位：人

地　　区	总人口	分年龄人口				居住本乡、镇、街道，户口在本乡、镇、街道
		0-14岁	15-59岁	60岁及以上	#65岁及以上	
昌图县	**711818**	**75296**	**443151**	**193371**	**134802**	**612625**
昌图镇	136745	14510	90666	31569	21771	85638
老城镇	22157	1845	12853	7459	5250	19655
八面城镇	49952	5468	31771	12713	8937	40505
三江口镇	22559	2727	14060	5772	3975	20555
金家镇	17919	1763	10553	5603	3946	16481
宝力镇	34459	4129	21407	8923	6082	31525
泉头镇	12555	1075	7465	4015	2834	11460
双庙子镇	11427	1001	6706	3720	2572	10019
亮中桥镇	22662	2100	13433	7129	4955	21255
马仲河镇	12845	1104	7590	4151	2924	11845
毛家店镇	24887	2179	15036	7672	5352	22645
老四平镇	16935	1603	10658	4674	3182	14690
大洼镇	18997	2038	11756	5203	3736	17774
头道镇	15126	1653	9338	4135	2799	14394
鴜鹭树镇	14010	1297	8418	4295	3058	13211
傅家镇	23470	2969	15006	5495	3793	22009
四合镇	13521	1409	8233	3879	2759	12728
朝阳镇	13266	1237	8173	3856	2748	12704
古榆树镇	27244	3733	17357	6154	4202	25848
七家子镇	12421	1665	7880	2876	2038	11511
东嘎镇	13399	1507	8294	3598	2535	12526
四面城镇	15079	1772	9056	4251	2946	13995
前双井镇	17329	2125	10570	4634	3231	16216
通江口镇	18696	1630	11282	5784	4078	17622
大四家子镇	25387	2353	15145	7889	5604	23793
曲家店镇	21798	2742	13177	5879	4144	20275
十八家子镇	11976	1057	7183	3736	2566	11034
太平镇	9746	901	5968	2877	2018	9126
下二台镇	10725	975	6503	3247	2259	10019
平安堡镇	12429	1170	7745	3514	2498	11536
大兴镇	10744	989	6628	3127	2180	10058
后窑镇	11747	1319	7259	3169	2214	11100
长发镇	9606	1251	5982	2373	1616	8873
调兵山市	**206058**	**18076**	**134424**	**53558**	**36639**	**139803**
兀术街街道	87846	8122	58835	20889	14164	63191
调兵山街道	67719	6883	45611	15225	10238	37170
晓明镇	15091	880	8961	5250	3698	12340
大明镇	16769	979	9907	5883	4218	12860
晓南镇	18633	1212	11110	6311	4321	14242
开原市	**460927**	**46764**	**290710**	**123453**	**84505**	**338039**
新城街道	204587	24098	137146	43343	29312	102747
老城街道	12920	869	7403	4648	3224	10701
兴开街道	16886	1197	10078	5611	3834	12382
威远堡镇	15051	1479	9161	4411	3034	14198
庆云堡镇	27419	2281	16637	8501	5798	24605
中固镇	17505	1456	10433	5616	3952	15609

表6 续表 26

单位：人

地　　区	总人口	分年龄人口				居住本乡、镇、街道，户口在本乡、镇、街道
		0-14岁	15-59岁	60岁及以上	#65岁及以上	
八棵树镇	18118	1602	10701	5815	3951	17558
金沟子镇	15513	1273	9313	4927	3389	14877
八宝镇	18682	1501	11191	5990	4098	16770
业民镇	11522	803	6795	3924	2819	11070
莲花镇	9538	756	5815	2967	2039	9183
靠山镇	14468	1536	8701	4231	2910	13350
马家寨镇	8555	852	5251	2452	1796	8191
下肥镇	10354	1103	6173	3078	2054	9889
松山镇	12880	1137	7638	4105	2862	12447
城东镇	10307	939	6193	3175	2234	9528
李家台镇	12820	1396	7648	3776	2570	12237
上肥地满族镇	6622	663	3945	2014	1348	6305
黄旗寨满族镇	11127	1262	6734	3131	2143	10633
林丰满族乡	6053	561	3754	1738	1138	5759
朝阳市	**2872857**	**406616**	**1767278**	**698963**	**458442**	**2141499**
双塔区	**463543**	**66800**	**302592**	**94151**	**63887**	**262554**
双塔街道	38549	4421	24001	10127	7064	24986
前进街道	38270	5310	24872	8088	5587	21265
凌河街道	25596	3504	16787	5305	3802	13378
光明街道	29772	3918	18655	7199	5073	21262
凌凤街道	34263	4963	24175	5125	3279	15695
龙山街道	75663	11844	50998	12821	8578	38926
站南街道	59172	9626	40383	9163	5963	26424
红旗街道	53103	8272	35289	9542	6660	25923
燕北街道	63548	9555	41081	12912	8503	33107
桃花吐镇	13392	1481	7790	4121	2799	12401
他拉皋镇	15709	1885	9188	4636	3102	14175
孙家湾镇	11709	1477	6654	3578	2447	10828
长宝营子乡	4797	544	2719	1534	1030	4184
龙城区	**222065**	**33374**	**142961**	**45730**	**30453**	**123198**
新华街道	40913	6799	28319	5795	3759	10588
海龙街道	52732	10229	36227	6276	4064	14802
开发区龙泉街道	39854	5591	26297	7966	5128	21846
七道泉子镇	15145	1612	9722	3811	2522	10322
西大营子镇	19704	2770	11820	5114	3331	16291
召都巴镇	13730	1629	7946	4155	2843	12710
大平房镇	15731	1933	9023	4775	3315	14804
联合镇	12261	1468	6788	4005	2842	11320
边杖子镇	11995	1343	6819	3833	2649	10515
朝阳县	**404460**	**62083**	**233513**	**108864**	**74336**	**371223**
柳城街道	51951	8228	33726	9997	6455	33276
波罗赤镇	13866	2049	7958	3859	2663	13158
木头城子镇	18867	2646	10879	5342	3692	18330
二十家子镇	25418	4480	14378	6560	4439	24438
羊山镇	27343	4326	15485	7532	5317	26521

表6　续表 27　　　　单位：人

地　区	总人口	分年龄人口				居住本乡、镇、街道，户口在本乡、镇、街道
		0-14岁	15-59岁	60岁及以上	#65岁及以上	
六家子镇	18441	3033	10163	5245	3618	17677
瓦房子镇	14833	2424	8843	3566	2391	14052
大庙镇	12655	1776	7462	3417	2256	11440
古山子镇	11844	1389	6638	3817	2612	11360
南双庙镇	20909	3505	12246	5158	3440	19952
台子镇	12677	1766	6948	3963	2715	12028
清风岭镇	11182	1982	6260	2940	2025	10902
胜利镇	24779	3827	14001	6951	4701	24312
七道岭镇	17328	2633	9559	5136	3541	16697
杨树湾镇	6016	706	3467	1843	1261	5585
西五家子乡	7259	918	4045	2296	1571	6917
北沟门子乡	4153	424	2373	1356	924	3970
东大道乡	8988	1164	5244	2580	1744	8627
乌兰河硕蒙古族乡	6897	877	4050	1970	1366	6652
东大屯乡	10711	1732	5902	3077	2105	10129
松岭门蒙古族乡	6729	900	3715	2114	1456	6238
根德营子乡	11746	1867	6629	3250	2310	11136
西营子乡	8156	1263	4616	2277	1536	7785
北四家子乡	18311	3045	10247	5019	3518	18048
王营子乡	7888	1140	4358	2390	1740	7561
黑牛营子乡	12663	2199	7235	3229	2213	12035
尚志乡	7579	1115	4220	2244	1552	7247
国营朝阳县贾家店农场	5271	669	2866	1736	1175	5150
建平县	**455826**	**63479**	**282045**	**110302**	**69882**	**359729**
叶柏寿街道	46912	8526	30829	7557	5009	18443
红山街道	63431	9830	41992	11609	7630	35027
铁南街道	14205	1373	8392	4440	2886	10282
万寿街道	36461	5294	23769	7398	4871	20418
朱碌科镇	15987	2248	8956	4783	3150	15203
建平镇	15536	2152	9264	4120	2575	14501
黑水镇	15256	2117	9327	3812	2378	13801
喀喇沁镇	14473	2060	8212	4201	2677	13655
北二十家子镇	8771	1283	5182	2306	1427	8310
沙海镇	21486	2912	12811	5763	3614	20243
哈拉道口镇	9380	1283	5632	2465	1574	8729
榆树林子镇	22021	2850	12933	6238	3947	21081
老官地镇	6441	654	3942	1845	1196	6150
深井镇	10606	1341	6314	2951	1845	9962
奎德素镇	12958	1575	7815	3568	2151	12372
小塘镇	12637	1626	7557	3454	2092	11971
马场镇	9869	1503	5895	2471	1549	9503
昌隆镇	10380	1160	6520	2700	1719	9914
张家营子镇	10041	1088	6071	2882	1774	9672
青峰山镇	8934	1098	5258	2578	1604	8333
太平庄镇	12809	1588	7995	3226	1925	12231
青松岭乡	6499	696	3708	2095	1260	6292

表6 续表 28

单位：人

地　　区	总人口	分年龄人口 0-14岁	15-59岁	60岁及以上	#65岁及以上	居住本乡、镇、街道，户口在本乡、镇、街道
杨树岭乡	5573	581	3248	1744	1068	5306
罗福沟乡	7217	875	4457	1885	1171	6980
烧锅营子乡	5250	626	3339	1285	795	4884
白山乡	8941	1100	5366	2475	1481	8526
三家蒙古族乡	23940	3743	14877	5320	3334	19833
义成功乡	4749	475	3018	1256	779	4275
八家国营农场	7412	955	4517	1940	1135	6951
热水国营畜牧农场	7651	867	4849	1935	1266	6881
喀喇沁左翼蒙古族自治县	**346133**	**50629**	**209072**	**86432**	**56265**	**269178**
大城子街道	42460	7613	27472	7375	4944	21600
利州街道	81316	14981	53943	12392	7974	41177
南公营子镇	16780	2246	9341	5193	3392	16060
山嘴子镇	12371	1621	7149	3601	2306	11934
公营子镇	25884	3754	15701	6429	4275	21554
白塔子镇	17803	2257	10209	5337	3609	17155
中三家镇	10408	1315	6337	2756	1753	9162
老爷庙镇	14885	1985	8526	4374	2717	14248
六官营子镇	7758	724	4366	2668	1753	7176
平房子镇	17975	2030	10551	5394	3533	17184
十二德堡镇	12515	1917	7058	3540	2233	11877
羊角沟镇	11331	1379	6192	3760	2461	10718
兴隆庄镇	10531	1078	6062	3391	2230	9460
甘招镇	9680	1189	5521	2970	1958	8946
东哨镇	10074	1228	5693	3153	1968	9352
水泉镇	10782	1341	5983	3458	2322	10100
尤杖子乡	7551	1103	4465	1983	1270	7184
草场乡	5146	596	2947	1603	1016	4784
坤都营子乡	7505	939	4290	2276	1425	7074
大营子乡	5853	678	3307	1868	1197	5494
卧虎沟乡	5457	427	2847	2183	1461	5066
国营官大海农场	2068	228	1112	728	468	1873
北票市	**439998**	**49018**	**265555**	**125425**	**81826**	**348124**
城关街道	48105	6164	32278	9663	5852	21121
南山街道	51623	6312	33539	11772	7526	31308
冠山街道	19157	1656	11630	5871	3648	12558
台吉街道	32639	3099	19807	9733	5993	22968
西官营镇	18008	2115	10639	5254	3524	16909
大板镇	4847	373	2745	1729	1152	4106
上园镇	10765	954	5998	3813	2698	9939
宝国老镇	16507	1935	9693	4879	3248	15121
黑城子镇	12670	1401	7381	3888	2555	11363
五间房镇	19921	2053	11688	6180	4117	16749
台吉镇	10586	785	6103	3698	2387	7237
东官营镇	15922	2006	9442	4474	2951	14414
龙潭镇	13528	1846	8284	3398	2230	12307
北塔镇	10982	1725	6621	2636	1677	10188

表6 续表 29

单位：人

地　区	总人口	分年龄人口				居住本乡、镇、街道，户口在本乡、镇、街道
		0-14岁	15-59岁	60岁及以上	#65岁及以上	
蒙古营镇	10575	1079	6105	3391	2295	9511
大三家镇	11742	1280	6901	3561	2307	10546
长皋乡	8019	827	4809	2383	1615	7575
常河营乡	6596	562	3825	2209	1528	6272
小塔子乡	6858	806	4035	2017	1360	6403
马友营蒙古族乡	12439	1566	7426	3447	2306	11780
泉巨永乡	9654	1111	5503	3040	2050	9014
哈尔脑乡	12348	1524	7005	3819	2469	11673
南八家子乡	5810	457	3160	2193	1516	5292
章吉营乡	7057	703	4030	2324	1608	6438
三宝营乡	4854	472	2632	1750	1209	4445
巴图营乡	9904	1155	5845	2904	2017	9114
台吉营乡	9745	1297	5887	2561	1600	9167
娄家店乡	10276	1225	6123	2928	1964	9525
北四家乡	6783	804	3966	2013	1266	6456
凉水河蒙古族乡	4366	295	2419	1652	1087	3662
三宝乡	11755	915	6511	4329	2823	9700
国营兴顺德畜牧农场	2399	235	1416	748	487	2234
下府经济开发区	3071	231	1819	1021	661	2623
大黑山特别管理区管理委员会	487	50	290	147	100	406
凌源市	**540832**	**81233**	**331540**	**128059**	**81793**	**407493**
东城街道	75948	12463	51903	11582	7379	33293
北街街道	54260	8650	36543	9067	5789	26653
南街街道	68077	12078	44558	11441	7455	33022
红山街道	17937	1704	12028	4205	2699	16331
城关街道	27895	4005	19014	4876	3107	14697
万元店镇	10123	1314	6141	2668	1750	9266
宋杖子镇	21612	2754	12684	6174	3971	20818
三十家子镇	28053	4328	16021	7704	4708	26805
杨杖子镇	3685	495	2133	1057	682	2936
刀尔登镇	17294	2347	9716	5231	3252	16534
松岭子镇	14939	1936	8259	4744	3043	14286
四官营子镇	15504	2187	9041	4276	2695	14849
沟门子镇	21413	3605	11798	6010	4011	20562
小城子镇	12008	1527	6961	3520	2263	11396
四合当镇	23875	3730	13494	6651	4167	22918
乌兰白镇	8181	1122	4526	2533	1588	7868
瓦房店镇	9604	1179	5416	3009	1822	9098
大河北镇	11252	1302	6015	3935	2549	10882
牛营子镇	11763	1550	6859	3354	2132	11216
三道河子镇	12748	1872	6829	4047	2529	12250
刘杖子镇	6576	659	3480	2437	1601	6263
大王杖子乡	8181	1052	4614	2515	1610	7854
前进乡	4566	485	2545	1536	990	4358
北炉乡	11291	1448	6354	3489	2277	10877
三家子蒙古族乡	25771	4579	14542	6650	4193	24692
佛爷洞乡	8814	1291	4870	2653	1763	8558
河坎子乡	9462	1571	5196	2695	1768	9211

表6 续表 30 单位：人

地区	总人口	分年龄人口				居住本乡、镇、街道，户口在本乡、镇、街道
		0-14岁	15-59岁	60岁及以上	#65岁及以上	
葫芦岛市	**2434194**	**314043**	**1498216**	**621935**	**425474**	**1726100**
连山区	**468110**	**56119**	**296796**	**115195**	**77981**	**255298**
连山街道	64080	9727	44116	10237	6584	17330
站前街道	43131	5303	29061	8767	5528	16864
渤海街道	34774	4226	22780	7768	5205	18171
兴工街道	44087	5486	29812	8789	5897	17662
石油街道	21229	1896	13627	5706	3989	11115
化工街道	71503	7168	46551	17784	12388	41208
锦郊街道	49712	6794	32567	10351	6926	15823
钢屯镇	21327	2965	12070	6292	4479	19177
寺儿堡镇	23730	2947	13948	6835	4860	15468
新台门镇	12369	1367	6490	4512	3247	11293
沙河营乡	15851	1825	8806	5220	3524	13249
孤竹营子乡	3822	519	2055	1248	846	3510
白马石乡	4163	445	2211	1507	1050	3878
山神庙子乡	8711	1041	4844	2826	2005	8087
塔山乡	18006	1512	9720	6774	4670	16066
杨郊乡	6457	591	3467	2399	1660	4938
杨家杖子经济开发区	25158	2307	14671	8180	5123	21459
龙港区	**294250**	**38119**	**192664**	**63467**	**44347**	**157425**
葫芦岛街道	31165	3217	20733	7215	5112	15818
马仗房街道	47999	5475	32602	9922	6826	24356
龙湾街道	25662	2672	15651	7339	5372	15233
滨海街道	31065	4493	20809	5763	3851	16580
双龙街道	30687	3283	18640	8764	6664	19447
玉皇街道	79172	12156	53507	13509	9079	37227
连湾街道	28686	4699	18832	5155	3435	14726
北港街道	11318	1213	6714	3391	2377	7151
双树乡	8496	911	5176	2409	1631	6887
南票区	**182135**	**19506**	**104447**	**58182**	**40767**	**151945**
沙锅屯街道	1450	126	840	484	318	999
九龙街道	20068	1960	12403	5705	4121	15509
龙腾街道	18161	1397	10833	5931	4142	7312
缸窑岭镇	13254	1869	7724	3661	2556	12237
暖池塘镇	12724	1646	7136	3942	2806	11489
高桥镇	17643	1711	10072	5860	4080	15423
虹螺岘镇	22000	2839	12433	6728	4689	19845
金星镇	22768	2304	13042	7422	5219	19779
台集屯镇	11360	1237	6118	4005	2831	10242

表6 续表 31

单位：人

地 区	总人口	分年龄人口				居住本乡、镇、街道，户口在本乡、镇、街道
		0-14岁	15-59岁	60岁及以上	#65岁及以上	
沙锅屯乡	8404	765	4937	2702	1864	7590
黄土坎乡	9705	941	5402	3362	2303	8810
大兴乡	15713	1674	8667	5372	3740	14538
张相公屯乡	8784	1034	4788	2962	2059	8120
乌金塘水库	101	3	52	46	39	52
绥中县	**545963**	**71260**	**328967**	**145736**	**100666**	**437875**
绥中镇	96710	14568	64980	17162	11725	53357
西甸子镇	18798	2376	11103	5319	3724	16484
宽邦镇	19318	2651	11409	5258	3684	18366
大王庙镇	21416	2393	12100	6923	4800	20276
万家镇	34492	5635	21501	7356	5030	23054
前所镇	23870	3272	15052	5546	3793	18650
高岭镇	21882	2658	13017	6207	4236	20262
前卫镇	18691	2173	10772	5746	3999	17043
荒地镇	18907	2044	10772	6091	4278	17764
塔山屯镇	24846	2797	14380	7669	5361	21650
高台镇	22530	3089	13173	6268	4310	20205
王宝镇	15257	1611	8553	5093	3638	14311
沙河镇	26358	3246	15750	7362	5000	22456
小庄子镇	25828	2993	14814	8021	5560	23344
西平坡满族乡	13637	1920	7773	3944	2739	12837
葛家满族乡	9832	1284	5658	2890	2020	9253
高甸子满族乡	13688	1774	8121	3793	2584	12797
范家满族乡	10848	1277	6133	3438	2371	10089
明水满族乡	7476	900	4128	2448	1656	7039
秋子沟乡	8661	1188	4933	2540	1644	8143
加碑岩乡	12271	1499	6853	3919	2621	11756
永安堡乡	4628	396	2512	1720	1206	4361
李家堡乡	15987	2087	9545	4355	2997	14577
网户满族乡	15927	1700	9109	5118	3644	14826
城郊乡	33674	4728	21028	7918	5467	16044
大台山果树农场	6570	757	3761	2052	1394	5547
前所果树农场	3861	244	2037	1580	1185	3384
建昌县	**453436**	**73373**	**264641**	**115422**	**77118**	**385963**
建昌镇	96558	19490	64312	12756	8419	43104
八家子镇	10140	1211	5952	2977	2012	9343
喇嘛洞镇	17331	2847	9764	4720	3067	16840
药王庙镇	19227	2619	10596	6012	4166	18373
汤神庙镇	20911	3492	12143	5276	3375	20245
玲珑塔镇	14807	2522	8319	3966	2673	14238
大屯镇	13100	1882	7226	3992	2706	12559
牤牛营子乡	27479	3993	15786	7700	4963	25230
素珠营子乡	14552	2002	8510	4040	2722	14064
石佛乡	11717	1882	6799	3036	1997	11019

表6 续表 32 单位：人

地　区	总人口	分年龄人口				居住本乡、镇、街道，户口在本乡、镇、街道
		0-14岁	15-59岁	60岁及以上	#65岁及以上	
王宝营子乡	12863	2172	7538	3153	2010	12516
老大杖子乡	16564	2550	9172	4842	3253	16143
要路沟乡	15007	2432	8105	4470	2932	14627
魏家岭乡	6534	865	3486	2183	1457	6326
西碱厂乡	10716	1572	5874	3270	2152	10390
头道营子乡	7973	1153	4341	2479	1629	7677
新开岭乡	9841	1376	5046	3419	2360	9554
贺杖子乡	3522	468	1851	1203	836	3405
养马甸子乡	12072	1766	6942	3364	2308	11581
和尚房子乡	20218	3050	11581	5587	3769	19706
杨树湾子乡	9447	1112	4955	3380	2394	9154
黑山科乡	10450	1560	5638	3252	2228	10102
雷家店乡	9826	1272	5388	3166	2231	9476
小德营子乡	11182	1749	6216	3217	2191	10725
二道湾子蒙古族乡	15958	2514	8902	4542	2999	15415
巴什罕乡	16715	2805	9379	4531	3039	16111
娘娘庙乡	8357	1348	4825	2184	1466	8011
谷杖子乡	10369	1669	5995	2705	1764	10029
兴城市	**490300**	**55666**	**310701**	**123933**	**84595**	**337594**
古城街道	14605	1235	8600	4770	3327	9136
宁远街道	44596	5186	28740	10670	7300	22836
温泉街道	74615	8434	50624	15557	10653	31936
四家屯街道	65995	5899	52785	7311	4737	16131
菊花街道	1954	162	1221	571	379	1818
曹庄镇	34705	4382	21404	8919	6099	25515
沙后所满族镇	28418	3393	16475	8550	5930	25773
东辛庄满族镇	23404	2652	13597	7155	4950	20027
郭家满族镇	6518	687	3668	2163	1500	5887
红崖子镇	21591	2809	12962	5820	3856	19766
徐大堡镇	11767	1533	6754	3480	2399	10977
高家岭满族镇	12224	1648	7159	3417	2316	11081
羊安满族乡	17094	1859	10108	5127	3510	14203
元台子满族乡	14396	1525	8299	4572	3082	12915
白塔满族乡	15281	1658	8867	4756	3212	13502
望海满族乡	14945	1879	8617	4449	3095	13799
刘台子满族乡	10127	1097	5854	3176	2185	9275
大寨满族乡	16148	2156	9421	4571	3176	15137
南大满族乡	15016	1811	8657	4548	3108	13967
围屏满族乡	9714	1249	5641	2824	1858	9103
碱厂满族乡	8744	1045	5124	2575	1762	8237
三道沟满族乡	10045	1094	5607	3344	2376	9585
旧门满族乡	7132	907	4051	2174	1405	6435
药王满族乡	11266	1366	6466	3434	2380	10553

表7 吉林省乡、镇、街道人口

单位：人

地　　区	总人口	分年龄人口				居住本乡、镇、街道，户口在本乡、镇、街道
		0-14岁	15-59岁	60岁及以上	#65岁及以上	
吉林省	**24073453**	**2818723**	**15703565**	**5551165**	**3757224**	**13265835**
长春市	**9066906**	**1100957**	**6075939**	**1890010**	**1282886**	**4503227**
南关区	**657682**	**73069**	**451362**	**133251**	**88577**	**256815**
南岭街道	75752	5563	57724	12465	8886	20796
自强街道	27928	2549	19067	6312	4274	11587
民康街道	27850	2788	18334	6728	4527	12600
新春街道	38405	3851	26127	8427	5424	15506
长通街道	57707	8200	38016	11491	7025	27034
全安街道	40093	3958	26525	9610	6136	18715
曙光街道	35014	3759	22444	8811	6108	14580
永吉街道	39686	3702	26643	9341	6282	15493
桃源街道	33621	3302	21175	9144	5894	15308
鸿城街道	75276	7561	50416	17299	12056	30352
明珠街道	121791	16167	85375	20249	13489	46491
富裕街道	23141	3562	15537	4042	2663	10106
幸福乡	61418	8107	43979	9332	5813	18247
宽城区	**856177**	**106992**	**596755**	**152430**	**99627**	**316967**
新发街道	14482	1815	9521	3146	1978	6247
站前街道	38377	3441	25645	9291	6030	16312
南广街道	17593	1376	12318	3899	2304	6283
东广街道	8751	775	6118	1858	1120	2440
群英街道	52623	6257	36405	9961	6337	16318
兴业街道	126656	16552	86999	23105	14978	38660
凯旋街道	48775	4572	34617	9586	6508	19062
团山街道	68046	8771	47583	11692	7317	16022
柳影街道	134684	20291	92053	22340	14233	43235
欣园街道	64820	9612	46517	8691	5342	10324
兰家镇	94341	9665	72741	11935	7752	33090
米沙子镇	62901	6728	42052	14121	9967	44982
万宝镇	20837	2405	12694	5738	4036	17281
合隆镇	103291	14732	71492	17067	11725	46711
朝阳区	**614021**	**61678**	**426440**	**125903**	**87236**	**267846**
前进街道	78829	7365	55584	15880	11090	25272
桂林街道	55751	6345	39189	10217	7273	26500
南湖街道	102085	11069	73184	17832	12674	40808
永昌街道	43632	5405	28459	9768	7001	21749
重庆街道	25206	2711	17706	4789	3196	10103
清和街道	51830	4542	35654	11634	7841	24312
红旗街道	86441	7011	60270	19160	13230	32143
湖西街道	109062	10610	77101	21351	14673	50367
富锋街道	27132	2757	18381	5994	3990	10310
乐山镇	19252	2118	11684	5450	3686	15936
永春镇	14801	1745	9228	3828	2582	10346
二道区	**559966**	**68673**	**386401**	**104892**	**69743**	**196414**
东盛街道	82721	9691	55378	17652	12205	35354
吉林街道	37823	4814	24905	8104	5505	16557
荣光街道	97262	11398	67581	18283	12277	32378

表7 续表 1

单位：人

地　区	总人口	分年龄人口				居住本乡、镇、街道，户口在本乡、镇、街道
		0-14岁	15-59岁	60岁及以上	#65岁及以上	
东站街道	50760	6050	32779	11931	8201	23201
远达街道	51356	5498	40845	5013	3082	9543
八里堡街道	131984	20101	91037	20846	13028	36588
长青街道	33424	4759	23948	4717	2938	7274
英俊镇	37123	2418	26743	7962	5214	10672
劝农山镇	15441	1660	9440	4341	3086	10261
泉眼镇	15837	1693	10106	4038	2822	9756
四家乡	6235	591	3639	2005	1385	4830
绿园区	**714919**	**88244**	**484061**	**142614**	**95319**	**239241**
正阳街道	113565	15544	75244	22777	15510	48301
春城街道	56510	5975	39020	11515	8001	16920
青年路街道	69450	8588	47117	13745	9392	22499
普阳街道	84333	9083	55646	19604	13216	32978
铁西街道	42399	4603	28045	9751	6623	15369
林园街道	106705	14581	73572	18552	11906	30474
同心街道	148129	18578	101894	27657	18279	35223
合心镇	21034	2346	13686	5002	3338	13040
西新镇	15222	1589	10360	3273	2135	7929
城西镇	57572	7357	39477	10738	6919	16508
双阳区	**335723**	**34745**	**224865**	**76113**	**52609**	**199275**
云山街道	137538	17306	98771	21461	15095	53200
平湖街道	21420	1783	12883	6754	4747	15305
奢岭街道	53138	3788	38597	10753	7411	27779
山河街道	28759	2650	17401	8708	5868	23569
齐家镇	26430	2134	15583	8713	6010	22714
太平镇	25852	2649	15271	7932	5503	21932
鹿乡镇	30405	3118	18769	8518	5733	25174
双营子回族乡	12181	1317	7590	3274	2242	9602
九台区	**613836**	**68845**	**394808**	**150183**	**103548**	**394246**
九台街道	120140	13866	81767	24507	17136	42678
营城街道	48544	6848	32629	9067	6358	15916
九郊街道	45745	5440	29529	10776	7239	17355
西营城街道	27243	2613	16269	8361	5692	19088
土们岭街道	13745	1084	8198	4463	3213	11966
苇子沟街道	29381	2758	17600	9023	6296	26512
兴隆街道	21649	2185	12926	6538	4518	19792
纪家街道	21166	2111	12714	6341	4435	19042
波泥河街道	20339	2165	12453	5721	3930	17910
卡伦湖街道	54550	5080	40658	8812	6020	27739
东湖街道	20249	2539	13291	4419	2973	12932
龙嘉街道	25715	2538	16140	7037	4937	16790
兴港街道	13120	1275	8110	3735	2541	10367
沐石河街道	32669	3525	19469	9675	6764	30067
城子街街道	28970	3200	17588	8182	5707	25506
其塔木镇	27867	3612	17329	6926	4652	24889
上河湾镇	32473	4169	19849	8455	5696	28782
胡家回族乡	13527	1817	8115	3595	2441	12110
莽卡满族乡	16744	2020	10174	4550	3000	14805

表7 续表 2

单位：人

地　区	总人口	分年龄人口				居住本乡、镇、街道，户口在本乡、镇、街道
		0-14岁	15-59岁	60岁及以上	#65岁及以上	
农安县	**763983**	**93021**	**480684**	**190278**	**130074**	**537242**
兴农街道	55820	7041	38989	9790	6738	13670
宝塔街道	54444	6933	35779	11732	8210	19071
和谐街道	55030	8306	38149	8575	5992	9283
黄龙街道	45489	7595	30066	7828	5401	9725
农安镇	64522	6324	39548	18650	12841	56622
伏龙泉镇	40176	5015	25157	10004	6825	33039
哈拉海镇	44746	4983	27582	12181	8256	39702
靠山镇	17668	2271	10501	4896	3329	14253
开安镇	37348	3978	22527	10843	7294	32578
烧锅镇	24347	2989	15241	6117	4230	17882
高家店镇	20183	2503	12296	5384	3551	18566
华家镇	23560	2133	14292	7135	4930	20996
三盛玉镇	22047	2321	13721	6005	4099	19547
巴吉垒镇	29057	3133	17673	8251	5580	25117
三岗镇	19052	2196	11374	5482	3733	16988
前岗乡	30648	3346	18386	8916	6142	27844
龙王乡	17498	1958	10512	5028	3500	15448
万顺乡	21889	2044	13427	6418	4383	19653
杨树林乡	23069	2985	14304	5780	3850	20933
永安乡	16699	2060	10317	4322	2978	15033
青山口乡	17917	2272	10614	5031	3408	16240
黄鱼圈乡	18088	2219	10973	4896	3333	16629
新农乡	22586	3144	13727	5715	3898	20440
万金塔乡	20997	2673	12858	5466	3644	19234
小城子乡	19502	2447	11693	5362	3580	17273
洼中高农场	1601	152	978	471	349	1476
长春经济技术开发区	**429387**	**56793**	**302740**	**69854**	**45613**	**122399**
临河街道	86388	9325	59884	17179	11679	27439
东方广场街道	94861	12236	70306	12319	7787	22967
会展街道	72118	10070	49597	12451	7869	19390
世纪街道	100452	15184	69551	15717	10385	27956
兴隆山镇	75568	9978	53402	12188	7893	24647
长春净月高新技术产业开发区	**408740**	**43931**	**302125**	**62684**	**41769**	**121896**
永兴街道	44505	5858	31683	6964	4525	9846
净月街道	48613	5012	35624	7977	5346	13238
福祉街道	69930	5948	56268	7714	5226	12154
德正街道	71061	9132	54181	7748	4864	22059
彩织街道	51882	6702	34887	10293	7143	22004
德容街道	36531	4958	25651	5922	3754	7463
博硕街道	53311	3520	43155	6636	4647	12048
新立城镇	11122	765	7712	2645	1708	5046
新湖镇	14848	1408	8850	4590	3112	12759
玉潭镇	6937	628	4114	2195	1444	5279
长春高新技术产业开发区	**460607**	**69643**	**332188**	**58776**	**37757**	**166627**
硅谷街道	135031	27767	91072	16192	9662	64519
北湖街道	102679	16243	73406	13030	8319	33157

表7　续表 3

单位：人

地　区	总人口	分年龄人口				居住本乡、镇、街道，户口在本乡、镇、街道
		0-14岁	15-59岁	60岁及以上	#65岁及以上	
奋进乡	9850	529	7296	2025	1288	8293
双德乡	213047	25104	160414	27529	18488	60658
长春汽车经济技术开发区	**317978**	**40443**	**215969**	**61566**	**42529**	**120159**
锦程街道	141628	19497	94651	27480	19339	53568
东风街道	88895	9172	58502	21221	14831	35612
长春汽车经济技术开发区(特殊镇)	87455	11774	62816	12865	8359	30979
榆树市	**836098**	**100330**	**529832**	**205936**	**142692**	**585687**
华昌街道	106471	14055	75419	16997	11998	24958
正阳街道	57307	7428	38946	10933	7686	17989
培英街道	41651	6018	27545	8088	5569	12934
城郊街道	59452	8627	39203	11622	8206	17677
五棵树镇	52672	6857	33032	12783	8958	40954
弓棚镇	39906	4992	24748	10166	7209	33935
闵家镇	17777	1934	10852	4991	3428	16264
大坡镇	21600	2670	13484	5446	3687	18974
黑林镇	28843	3483	17658	7702	5472	26906
土桥镇	36579	4429	22320	9830	6794	33569
新立镇	27401	2977	16742	7682	5287	24791
大岭镇	30530	3362	18881	8287	5708	27541
于家镇	28163	2882	17555	7726	5289	25651
泗河镇	16946	1722	10265	4959	3463	15920
八号镇	30519	3511	18479	8529	5923	27761
刘家镇	16210	1799	9750	4661	3192	14983
秀水镇	24837	2638	14879	7320	4891	23009
保寿镇	20412	2291	12515	5606	3975	18845
新庄镇	20734	2190	12354	6190	4259	19016
育民乡	16084	1805	9592	4687	3168	14955
红星乡	18428	1978	11149	5301	3541	17080
太安乡	15591	1528	9415	4648	3175	14127
先峰乡	15356	1954	9047	4355	2979	14054
青山乡	15926	1749	9588	4589	3179	14979
延和朝鲜族乡	1553	92	935	526	337	157
恩育乡	15978	1615	9675	4688	3278	14547
城发乡	23960	2476	14374	7110	4841	22408
环城乡	35212	3268	21430	10514	7200	31703
德惠市	**635476**	**77934**	**408749**	**148793**	**102641**	**423178**
胜利街道	95147	13074	65827	16246	11008	23718
建设街道	133090	19058	92949	21083	14497	34428
惠发街道	29742	3129	18756	7857	5415	22025
夏家店街道	16676	1838	10107	4731	3304	15128
大青嘴镇	22325	2587	13474	6264	4299	20262
郭家镇	25732	3227	15683	6822	4783	23683
松花江镇	23562	2675	14626	6261	4281	21508
达家沟镇	19728	2026	11662	6040	4189	18219
大房身镇	36958	4075	22371	10512	7270	33985
岔路口镇	35367	4584	22649	8134	5508	31604
朱城子镇	19693	2001	12109	5583	3889	17257
布海镇	28178	2740	17434	8004	5617	25594

表7 续表 4

单位：人

地区	总人口	分年龄人口				居住本乡、镇、街道，户口在本乡、镇、街道
		0-14岁	15-59岁	60岁及以上	#65岁及以上	
天台镇	22821	2628	13969	6224	4273	20383
菜园子镇	25293	2796	15466	7031	4867	22712
同太乡	30473	3081	18351	9041	6325	27964
边岗乡	25466	2928	15534	7004	4822	23304
五台乡	21058	2391	12898	5769	4076	19018
朝阳乡	24167	3096	14884	6187	4218	22386
公主岭市	**862313**	**116616**	**538960**	**206737**	**143152**	**555235**
河南街道	47606	6129	31665	9812	6640	12017
河北街道	62279	9813	40804	11662	8031	14408
东三街道	48674	6228	32107	10339	7108	10496
岭东街道	17954	1474	12959	3521	2351	5469
铁北街道	29111	3585	19332	6194	4375	7809
岭西街道	49637	8506	35371	5760	3928	7665
刘房子街道	18805	1650	11288	5867	4182	15181
南崴子街道	17170	1716	9878	5576	3979	14846
环岭街道	12769	1471	7806	3492	2474	8818
苇子沟街道	6329	538	3515	2276	1604	3327
二十家子镇	12182	1390	7075	3717	2610	10983
黑林子镇	32298	3926	19152	9220	6493	29104
陶家屯镇	17890	1840	10193	5857	4238	15359
范家屯镇	98459	14756	63848	19855	13608	54810
响水镇	24803	2919	14779	7105	4883	21571
大岭镇	28396	3897	18215	6284	4382	21918
怀德镇	69554	9635	41765	18154	12778	60262
双城堡镇	44369	6153	26187	12029	8260	40750
双龙镇	14956	2047	8869	4040	2855	13103
杨大城子镇	29466	3943	17486	8037	5481	26388
毛城子镇	14625	2180	8520	3925	2574	13020
玻璃城子镇	20980	3603	12807	4570	3007	19199
朝阳坡镇	17108	1819	9904	5385	3890	15518
大榆树镇	16040	2052	9347	4641	3294	14565
秦家屯镇	30325	3989	18074	8262	5702	26965
八屋镇	19257	2669	11531	5057	3461	17618
十屋镇	15108	2298	8805	4005	2646	13846
桑树台镇	15284	2418	9078	3788	2643	13674
龙山乡	9474	1287	5594	2593	1797	8481
永发乡	15057	2140	9111	3806	2575	13841
省原种繁殖场	2201	121	1337	743	510	1639
四平农科院	676	43	408	225	149	467
公主岭市种猪场	235	14	129	92	68	169
十屋农场	1316	148	779	389	273	1059
十屋种牛场	197	22	108	67	47	179
创业农场	545	99	309	137	74	423
公主岭市鹿场	98	5	49	44	30	46
范家屯经济开发区	1080	93	776	211	152	242

表7　续表 5

单位：人

地　区	总人口	分年龄人口				居住本乡、镇、街道，户口在本乡、镇、街道
		0-14岁	15-59岁	60岁及以上	#65岁及以上	
吉林市	**3623713**	**396183**	**2312440**	**915090**	**620923**	**2106442**
昌邑区	**581852**	**63724**	**368114**	**150014**	**100455**	**297510**
兴华街道	62849	7663	41014	14172	8764	26455
文庙街道	15738	1752	9613	4373	2958	8589
东局子街道	60609	6030	36749	17830	12304	32777
新地号街道	47917	5054	30525	12338	8104	22583
延安街道	41286	4014	25564	11708	8033	21665
站前街道	9505	1101	5919	2485	1568	5468
民主街道	33214	3563	20560	9091	5870	16838
莲花街道	62452	8639	41508	12305	7710	22095
通江街道	41671	4151	25176	12344	8336	23234
哈达湾街道	43984	5244	29324	9416	5951	17571
新建街道	7017	439	4485	2093	1409	4797
延江街道	28538	2042	16088	10408	7867	18836
吉林东市商贸示范区((特殊街道))	14178	1636	8834	3708	2449	8996
孤店子镇	12428	971	7144	4313	2932	9401
桦皮厂镇	25269	2461	15543	7265	5131	19767
左家镇	18393	1270	11909	5214	3804	13379
两家子满族乡	9934	1146	6111	2677	1939	8979
土城子满族朝鲜族乡	11345	1124	6728	3493	2396	8559
幸福开发区	253	13	156	84	57	148
哈达湾经济开发区	35272	5411	25164	4697	2873	7373
龙潭区	**371607**	**33990**	**235550**	**102067**	**69098**	**195904**
龙华街道	30006	3109	18896	8001	5520	13715
湘潭街道	41130	5361	27517	8252	5472	12606
铁东街道	30982	3018	21925	6039	4205	13450
泡子沿街道	2978	112	2160	706	440	742
龙潭街道	20285	1551	12472	6262	4217	9624
新吉林街道	16688	860	11261	4567	2802	6774
山前街道	28014	1817	20320	5877	3992	8917
新安街道	44035	4420	26812	12803	8876	23644
遵义街道	17902	1581	10775	5546	3918	10459
榆树街道	11019	905	5761	4353	3085	6372
东城街道	7625	785	4847	1993	1308	1887
承德街道	14143	1296	8911	3936	2599	6231
靠山街道	1189	28	656	505	316	586
乌拉街镇	33513	3274	19985	10254	6889	28547
缸窑镇	18865	1716	11384	5765	3960	16190
江密峰镇	19230	1298	11368	6564	4449	14306
大口钦镇	10882	1105	6554	3223	2237	9708
金珠镇	7312	551	4473	2288	1450	6046
江北乡	9254	468	5361	3425	2158	5620
金珠工业区	6555	735	4112	1708	1205	480
船营区	**464893**	**50597**	**299792**	**114504**	**77335**	**220122**
德胜街道	27158	3191	16129	7838	5338	16113
南京街道	22525	3154	13683	5688	3874	12523
大东街道	11538	1581	7021	2936	2104	7268
青岛街道	25559	2953	15559	7047	4795	15477
向阳街道	31367	3364	19600	8403	5665	13689

表7　续表 6　　　　单位：人

地　　区	总人口	分年龄人口				居住本乡、镇、街道，户口在本乡、镇、街道
		0-14岁	15-59岁	60岁及以上	#65岁及以上	
北极街道	35781	3962	22874	8945	5832	14356
致和街道	25477	2481	16057	6939	4561	10506
长春路街道	49100	3889	36985	8226	5403	12687
临江街道	32136	3090	19290	9756	6797	16380
北山街道	57149	6900	36907	13342	8850	28033
黄旗街道	62281	6588	41448	14245	9839	22523
大绥河镇	9670	930	5810	2930	2090	8365
搜登站镇	27780	2960	17032	7788	5465	22781
越北镇	34282	4562	23564	6156	3843	10847
欢喜乡	13090	992	7833	4265	2879	8574
丰满区	**259374**	**25378**	**170539**	**63457**	**42883**	**121516**
泰山街道	33896	3410	22349	8137	5641	14706
江南街道	88611	10258	58486	19867	13601	34358
石井街道	7449	520	4322	2607	1723	4019
沿丰街道	6286	587	4067	1632	1142	3037
丰满街道	6507	387	3748	2372	1640	3764
红旗街道	39803	4032	26831	8940	5851	14177
旺起镇	12245	1317	7543	3385	2203	10915
江南乡	37904	2778	26703	8423	5687	17144
前二道乡	12591	994	7438	4159	2773	9981
小白山乡	14082	1095	9052	3935	2622	9415
永吉县	**243469**	**24748**	**154409**	**64312**	**43851**	**171000**
口前镇	111204	13119	70640	27445	18895	63755
双河镇	13780	1113	8128	4539	3076	10436
西阳镇	16664	1437	10226	5001	3345	13928
北大湖镇	19560	1622	12086	5852	3826	16634
一拉溪镇	25914	2586	15963	7365	5215	23206
万昌镇	25304	2602	15350	7352	4919	21935
永吉经济开发区((特殊乡镇))	9502	128	8805	569	394	2033
金家乡	11111	946	6879	3286	2275	9911
黄榆乡	10430	1195	6332	2903	1906	9162
吉林经济开发区	**55692**	**4298**	**38570**	**12824**	**8661**	**28902**
九站街道	45933	3646	32354	9933	6472	23633
双吉街道	9759	652	6216	2891	2189	5269
吉林高新技术产业开发区	**162447**	**19787**	**110260**	**32400**	**21932**	**79807**
高新街道	146353	18404	99001	28948	19654	68835
新北街道	16094	1383	11259	3452	2278	10972
吉林中国新加坡食品区	**37164**	**4813**	**22845**	**9506**	**6563**	**26929**
岔路河镇	37164	4813	22845	9506	6563	26929
蛟河市	**328925**	**36446**	**205288**	**87191**	**59122**	**212038**
民主街道	65376	10274	43021	12081	7917	23011
长安街道	26749	2799	16664	7286	4903	12605
河南街道	14798	1009	8840	4949	3306	11136
奶子山街道	2253	45	1141	1067	876	2094
拉法街道	11227	652	6791	3784	2538	8015
河北街道	46137	4256	29270	12611	8387	15475
新农街道	8574	692	5247	2635	1804	7111

表7 续表 7

单位：人

地　区	总人口	分年龄人口				居住本乡、镇、街道，户口在本乡、镇、街道
		0-14岁	15-59岁	60岁及以上	#65岁及以上	
新站镇	19642	1802	11698	6142	4140	16839
天岗镇	22770	2854	14467	5449	3715	17782
白石山镇	24184	2217	14638	7329	5345	21825
漂河镇	21240	2666	13068	5506	3738	19953
黄松甸镇	11863	1662	7366	2835	1965	10250
天北镇	13266	1230	8197	3839	2584	11144
松江镇	11372	1227	6919	3226	2154	10625
庆岭镇	9464	952	5797	2715	1884	8641
乌林朝鲜族乡	9420	776	5736	2908	1946	6469
前进乡	10590	1333	6428	2829	1920	9063
桦甸市	**341308**	**41645**	**220839**	**78824**	**53624**	**240233**
明桦街道	57671	8725	39750	9196	6203	23726
永吉街道	22750	2081	14715	5954	4093	14498
胜利街道	22888	2683	15042	5163	3478	14915
新华街道	22303	3351	14501	4451	3068	12474
启新街道	36930	4681	24557	7692	5225	13541
夹皮沟镇	13976	1346	9190	3440	2352	10989
二道甸子镇	19201	2517	12148	4536	3054	17234
红石砬子镇	28586	2413	17907	8266	5751	25715
八道河子镇	24247	2940	14890	6417	4374	21857
常山镇	14317	2033	8935	3349	2286	13364
金沙镇	19733	2518	12631	4584	3056	18441
桦郊乡	26361	2620	16320	7421	5065	23606
横道河子乡	13942	1853	8710	3379	2286	12978
公吉乡	18403	1884	11543	4976	3333	16895
舒兰市	**406744**	**45891**	**254246**	**106607**	**73175**	**272032**
北城街道	40842	5534	26355	8953	6344	14212
南城街道	34090	3172	22604	8314	5568	7695
环城街道	17947	1641	10843	5463	3692	13321
吉舒街道	48880	3782	29645	15453	10932	41357
滨河街道	49740	7918	34103	7719	5316	10015
法特镇	21939	2556	13507	5876	3964	19914
白旗镇	21684	2261	12809	6614	4528	19068
溪河镇	19275	2045	11979	5251	3521	17311
朝阳镇	11287	1042	7053	3192	2174	10045
小城镇	10315	1163	6287	2865	1945	8289
上营镇	12933	1272	7573	4088	2860	10893
水曲柳镇	12730	1223	7773	3734	2551	10793
平安镇	19978	2562	11892	5524	3657	14803
金马镇	8704	986	5321	2397	1604	6414
开原镇	15820	2175	9465	4180	2786	14295
莲花乡	8714	1027	5209	2478	1754	8152
亮甲山乡	10654	1076	6392	3186	2296	9745
新安乡	11668	1241	7171	3256	2209	9289
七里乡	12340	1220	7509	3611	2343	10379
天德乡	17204	1995	10756	4453	3131	16042
磐石市	**370238**	**44866**	**231988**	**93384**	**64224**	**240449**
福安街道	23502	3012	15481	5009	3375	8507

表7　续表 8　　单位：人

地　区	总人口	分年龄人口				居住本乡、镇、街道，户口在本乡、镇、街道
		0-14岁	15-59岁	60岁及以上	#65岁及以上	
东宁街道	63005	9608	40617	12780	8813	30437
河南街道	40945	5881	26693	8371	5781	10364
磐石经济开发区(特殊街道)	22563	2925	15174	4464	3040	5711
烟筒山镇	40924	4341	24794	11789	8164	33614
红旗岭镇	16756	1625	10624	4507	3222	13620
明城镇	24303	2628	14951	6724	4575	18877
石嘴镇	14442	1160	8461	4821	3333	11310
驿马镇	7927	949	4781	2197	1535	7077
牛心镇	12187	1189	7399	3599	2407	10759
呼兰镇	16458	2016	10301	4141	2864	14495
吉昌镇	22532	2265	13619	6648	4420	19457
松山镇	7992	1029	4813	2150	1470	7144
黑石镇	12060	1412	7461	3187	2242	10486
朝阳山镇	11667	1235	6931	3501	2396	10013
富太镇	10432	1305	6355	2772	1916	9383
取柴河镇	8874	862	5378	2634	1848	7215
宝山乡	13669	1424	8155	4090	2823	11980
四平市	**1814733**	**214768**	**1155658**	**444307**	**306398**	**1166708**
铁西区	**314307**	**33815**	**212376**	**68116**	**46750**	**115499**
仁兴街道	35101	3300	22544	9257	6413	12069
英雄街道	68492	5617	51381	11494	7999	20775
站前街道	42543	4765	28770	9008	6060	13052
北沟街道	57388	6708	38642	12038	7987	13398
地直街道	79445	10811	51611	17023	11750	33278
平西乡	31338	2614	19428	9296	6541	22927
铁东区	**313650**	**31337**	**205915**	**76398**	**52417**	**140676**
平东街道	47905	6218	32610	9077	6141	13711
北市场街道	20144	1988	13309	4847	3345	6593
七马路街道	41058	4889	27882	8287	5802	13832
四马路街道	42635	5049	29061	8525	5918	12971
解放街道	22229	1871	14193	6165	4117	7447
北门街道	18661	1848	12137	4676	3237	7561
黄土坑街道	16748	1781	10781	4186	2885	8473
平南街道	21686	1631	14033	6022	4057	6856
山门镇	18757	1308	12220	5229	3566	12919
石岭镇	21806	1662	12956	7188	5008	18155
叶赫满族镇	18480	1649	10916	5915	4108	16364
城东乡	23541	1443	15817	6281	4233	15794
梨树县	**537145**	**70036**	**329079**	**138030**	**96665**	**432053**
富强街道	54413	6859	37375	10179	7169	26817
康平街道	11578	1276	7212	3090	2178	5490
霍家店街道	27369	3275	17441	6653	4829	10805
梨树镇	23681	2577	14093	7011	4964	21236
郭家店镇	36222	3972	21908	10342	7264	29094
榆树台镇	28467	3906	17073	7488	5203	25735
孤家子镇	61182	8837	38151	14194	9671	47256

表7 续表 9 单位：人

地　　区	总人口	分年龄人口				居住本乡、镇、街道，户口在本乡、镇、街道
		0-14岁	15-59岁	60岁及以上	#65岁及以上	
小城子镇	27147	3751	16176	7220	5087	24799
喇嘛甸镇	19616	2409	11624	5583	3933	17908
蔡家镇	17274	1980	10045	5249	3625	15329
刘家馆子镇	19202	3072	11605	4525	3113	17630
十家堡镇	24005	2829	14656	6520	4632	19720
孟家岭镇	10723	1140	6432	3151	2151	9416
万发镇	24151	3104	14305	6742	4757	21671
东河镇	15909	1788	9495	4626	3242	14538
沈洋镇	13329	2080	8047	3202	2223	12184
林海镇	22596	3870	13749	4977	3403	20681
小宽镇	12542	1583	7483	3476	2468	11639
白山乡	13952	1625	8233	4094	2951	12737
泉眼岭乡	13468	1838	8100	3530	2472	12220
胜利乡	15042	2178	8941	3923	2765	13658
四棵树乡	16405	2185	9759	4461	3150	15191
双河乡	15095	1825	9022	4248	3036	13845
金山乡	13777	2077	8154	3546	2379	12454
伊通满族自治县	**331873**	**38305**	**205942**	**87626**	**59917**	**245055**
永盛街道	56129	8226	38371	9532	6417	21868
永宁街道	48534	5786	32339	10409	7171	20773
伊通镇	25234	2437	14678	8119	5541	22282
二道镇	10884	1210	6547	3127	2086	9671
伊丹镇	15815	1569	9498	4748	3240	14008
马鞍镇	15569	1651	9135	4783	3273	13931
景台镇	21085	2147	12556	6382	4421	18564
靠山镇	16477	1830	9896	4751	3289	14765
大孤山镇	22854	2384	13287	7183	4853	20468
小孤山镇	17143	1962	10157	5024	3509	15333
营城子镇	21893	2694	13385	5814	3925	18999
西苇镇	8050	873	4888	2289	1579	7245
河源镇	12612	1570	7682	3360	2271	11392
黄岭子镇	10289	1023	6205	3061	2148	9367
新兴乡	8852	763	5164	2925	1947	7844
莫里青乡	8751	942	5219	2590	1786	8031
三道乡	11702	1238	6935	3529	2461	10514
双辽市	**317758**	**41275**	**202346**	**74137**	**50649**	**233425**
郑家屯街道	37535	4346	24540	8649	5924	19202
辽西街道	23034	2284	15216	5534	3955	11593
辽南街道	33085	4239	22296	6550	4394	13232
辽北街道	22899	2660	15603	4636	3189	11069
辽东街道	8123	947	5096	2080	1454	6535
红旗街道	7837	1197	4864	1776	1185	7017
茂林镇	27929	3920	17480	6529	4351	24649
双山镇	27777	3859	17157	6761	4622	24396
卧虎镇	20583	2879	13223	4481	2996	17162
服先镇	17265	2623	10503	4139	2842	15907
王奔镇	15285	1999	9217	4069	2860	14176

表7 续表 10

单位：人

地区	总人口	分年龄人口				居住本乡、镇、街道，户口在本乡、镇、街道
		0-14岁	15-59岁	60岁及以上	#65岁及以上	
玻璃山镇	12683	1488	8018	3177	2183	11468
兴隆镇	8922	1283	5508	2131	1415	8033
东明镇	11679	1715	7036	2928	2040	10492
那木乡	13322	1538	8357	3427	2259	11955
柳条乡	11512	1738	7140	2634	1809	10422
新立乡	10258	1381	6102	2775	1911	9029
永加乡	7911	1172	4897	1842	1249	7088
双辽经济开发区	119	7	93	19	11	
辽源市	**996903**	**106721**	**636901**	**253281**	**170881**	**607010**
龙山区	**327079**	**36949**	**215346**	**74784**	**50738**	**143870**
东吉街道	32729	4676	21018	7035	4844	20740
南康街道	19619	1448	12430	5741	3899	9100
北寿街道	36992	3720	24130	9142	6121	14095
西宁街道	14833	1411	9680	3742	2531	5715
站前街道	24870	2179	16024	6667	4499	10436
向阳街道	38637	4463	25496	8678	5934	9732
新兴街道	48191	7284	32619	8288	5702	22143
福镇街道	45162	5572	30575	9015	6153	16011
辽源经济开发区(特殊街道)	29298	3374	20123	5801	3939	9708
寿山镇	20182	1864	11772	6546	4407	16172
工农乡	16566	958	11479	4129	2709	10018
西安区	**136337**	**10659**	**86182**	**39496**	**26406**	**59488**
太安街道	27942	2300	18314	7328	4846	7902
仙城街道	33851	3024	22197	8630	5627	13390
东山街道	22119	1541	13573	7005	4844	12020
先锋街道	16262	1168	9871	5223	3495	6711
富国街道	9490	619	5849	3022	1948	4389
安家街道	10693	810	6967	2916	1887	3010
灯塔镇	15980	1197	9411	5372	3759	12066
东丰县	**307302**	**35221**	**195087**	**76994**	**52104**	**214959**
吉鹿街道	25928	2973	17202	5753	3944	12176
祥鹿街道	38286	5475	26556	6255	4191	11480
福鹿街道	40732	5233	26806	8693	5758	13982
东丰镇	13085	1011	7949	4125	2808	10727
大阳镇	25443	2826	15744	6873	4730	22308
横道河镇	22513	2500	14029	5984	4011	18148
那丹伯镇	12355	1525	7542	3288	2212	10744
猴石镇	10249	1187	6182	2880	1956	9294
杨木林镇	11898	1527	7330	3041	1997	10746
小四平镇	14586	1727	8957	3902	2616	13178
黄河镇	14967	1637	9276	4054	2778	13557
拉拉河镇	8925	723	5382	2820	1911	7785
沙河镇	9806	1219	6054	2533	1732	8909
南屯基镇	15713	1490	9804	4419	2991	14069
大兴镇	8191	758	5025	2408	1655	7372
三合满族朝鲜族乡	16641	1451	10170	5020	3449	14041
二龙山乡	17984	1959	11079	4946	3365	16443

表7 续表 11

单位：人

地　区	总人口	分年龄人口				居住本乡、镇、街道，户口在本乡、镇、街道
		0-14岁	15-59岁	60岁及以上	#65岁及以上	
东辽县	**226185**	**23892**	**140286**	**62007**	**41633**	**188693**
白泉镇	50654	5795	33617	11242	7632	32606
渭津镇	20599	2100	13115	5384	3586	17325
安石镇	17090	1845	10354	4891	3303	15047
辽河源镇	25333	2854	15473	7006	4721	23182
泉太镇	9757	800	5704	3253	2179	8338
建安镇	17094	1774	10207	5113	3463	15213
安恕镇	17934	1914	10758	5262	3522	16225
平岗镇	14204	1251	8559	4394	2901	12391
云顶镇	10579	997	6299	3283	2265	9417
凌云乡	13118	1460	8107	3551	2315	12066
甲山乡	8602	845	5152	2605	1727	7809
足民乡	11681	1198	7079	3404	2287	10379
金州乡	9540	1059	5862	2619	1732	8695
通化市	**1812114**	**206814**	**1145173**	**460127**	**309951**	**1095631**
东昌区	**355346**	**38362**	**230484**	**86500**	**58128**	**174755**
东昌街道	16191	1429	10422	4340	3023	7857
民主街道	69725	10184	45591	13950	9473	34216
老站街道	35467	2069	24007	9391	6279	16473
团结街道	61574	7025	40388	14161	9307	29882
新站街道	29711	2602	18842	8267	5676	15139
光明街道	62928	7422	41125	14381	9695	28855
龙泉街道	37414	4209	24445	8760	5808	16193
陆港街道	4705	375	2768	1562	1075	2800
金厂镇	15042	1520	9320	4202	2839	9349
通化经济开发区(特殊乡镇)	10793	843	6759	3191	2108	6198
环通乡	6457	405	3845	2207	1454	4513
江东乡	5339	279	2972	2088	1391	3280
二道江区	**91571**	**7466**	**57457**	**26648**	**19041**	**62103**
桃园街道	30353	3268	19299	7786	5689	19955
东通化街道	32243	2488	21953	7802	5803	19142
鸭园镇	7693	512	4205	2976	2096	6416
铁厂镇	8542	462	4675	3405	2294	7237
五道江镇	8606	475	4874	3257	2227	6889
二道江乡	4134	261	2451	1422	932	2464
通化县	**175114**	**20011**	**108164**	**46939**	**31939**	**123492**
快大茂镇	74603	10602	49049	14952	10232	41381
二密镇	8026	658	4755	2613	1790	6599
果松镇	10716	862	6341	3513	2403	9264
石湖镇	2517	174	1487	856	593	2189
大安镇	6320	712	3762	1846	1317	5055
光华镇	6433	612	3863	1958	1370	5590
兴林镇	3879	420	2340	1119	788	3514
英额布镇	5983	562	3585	1836	1182	4993
三棵榆树镇	7321	749	4287	2285	1490	6239

表7 续表 12

单位：人

地　　区	总人口	分年龄人口				居住本乡、镇、街道，户口在本乡、镇、街道
		0-14岁	15-59岁	60岁及以上	#65岁及以上	
西江镇	8678	802	4882	2994	2018	7342
通化聚鑫经济开发区(特殊乡镇)	8069	751	4739	2579	1724	3898
富江乡	5212	627	3134	1451	966	4478
四棚乡	5268	553	3137	1578	1088	4526
东来乡	3671	299	2026	1346	916	3157
大泉源满族朝鲜族乡	13553	1305	7872	4376	2947	11793
金斗朝鲜族满族乡	3801	273	2188	1340	905	2596
东宝新村	1064	50	717	297	210	878
辉南县	**237113**	**27801**	**146933**	**62379**	**42388**	**152635**
东凤街道	37364	4328	25679	7357	4936	11723
朝辉街道	32404	3953	21380	7071	4867	14435
西凤街道	31591	3285	19938	8368	5746	11991
朝阳镇	17829	1867	10483	5479	3618	14659
辉南镇	23576	2534	14171	6871	4764	19273
样子哨镇	15646	1962	9114	4570	3157	13687
杉松岗镇	6850	946	4080	1824	1206	6154
石道河镇	10050	1408	5907	2735	1844	8999
辉发城镇	12495	1313	7259	3923	2615	10173
抚民镇	13067	1970	7799	3298	2261	11728
金川镇	8343	1226	5016	2101	1477	7468
团林镇	7578	758	4352	2468	1696	6605
庆阳镇	7987	867	4760	2360	1601	6134
楼街朝鲜族乡	12333	1384	6995	3954	2600	9606
柳河县	**274414**	**35453**	**171359**	**67602**	**44990**	**187875**
采胜街道	29903	4053	19748	6102	3960	11010
中岗街道	29550	4246	18628	6676	4514	11582
导航街道	44663	6434	29337	8892	5986	18382
柳河镇	15776	1598	9586	4592	3027	13846
三源浦朝鲜族镇	19282	2407	11405	5470	3572	15050
五道沟镇	11063	1293	6591	3179	2160	9199
驼腰岭镇	9273	1046	5694	2533	1660	7407
孤山子镇	16099	1960	9821	4318	2938	14434
圣水河子镇	17694	2514	10857	4323	2891	16445
罗通山镇	9128	1259	5556	2313	1540	8353
安口镇	11987	1330	7241	3416	2232	10048
向阳镇	12087	1667	7411	3009	2052	11195
红石镇	7522	870	4515	2137	1368	6792
凉水河子镇	10817	1456	6733	2628	1797	9317
亨通镇	7450	916	4500	2034	1322	6928
柳南乡	8043	941	5035	2067	1388	7444
时家店乡	7326	794	4508	2024	1385	6542
姜家店朝鲜族乡	6751	669	4193	1889	1198	3901
梅河口市	**509336**	**60401**	**326270**	**122665**	**81605**	**288214**
新华街道	60220	6528	40836	12856	8569	25822
光明街道	64183	8510	45946	9727	6216	12979
和平街道	53146	5408	33338	14400	9343	26157
解放街道	59772	8220	40124	11428	7446	28732

表7 续表 13

单位：人

地 区	总人口	分年龄人口				居住本乡、镇、街道，户口在本乡、镇、街道
		0-14岁	15-59岁	60岁及以上	#65岁及以上	
福民街道	39749	5650	27368	6731	4343	8942
山城镇	36473	4038	22177	10258	6801	25453
红梅镇	20992	1929	12400	6663	4402	16690
海龙镇	21899	2026	12772	7101	4856	17134
新合镇	14043	1525	8357	4161	2855	12296
曙光镇	9123	1033	5346	2744	1874	7140
中和镇	8386	947	5044	2395	1543	6192
黑山头镇	7106	700	4177	2229	1518	5463
水道镇	7232	970	4609	1653	1122	5761
进化镇	7526	947	4421	2158	1396	6382
一座营镇	6885	813	4036	2036	1385	5881
康大营镇	7944	1201	4586	2157	1499	6650
牛心顶镇	15027	1584	9029	4414	3046	12610
杏岭镇	15869	2002	9390	4477	3047	13253
湾龙镇	14460	1633	8577	4250	2943	11604
兴华镇	7671	1044	4635	1992	1403	6435
双兴镇	8751	952	5303	2496	1731	7917
李炉乡	7262	809	4296	2157	1444	6387
小杨满族朝鲜族乡	9748	1205	5914	2629	1804	7742
吉乐乡	5869	727	3589	1553	1019	4592
集安市	**169220**	**17320**	**104506**	**47394**	**31860**	**106557**
团结街道	20898	2125	13564	5209	3523	10118
黎明街道	29906	4030	19549	6327	4057	10027
通胜街道	12713	1271	8312	3130	2055	4894
城东街道	16598	1740	10492	4366	2959	7677
青石镇	4759	333	2802	1624	1099	4065
榆林镇	7693	612	4630	2451	1685	6116
花甸镇	6785	716	3972	2097	1435	5512
头道镇	15563	1469	9197	4897	3339	13492
清河镇	14987	1632	9101	4254	2831	11749
台上镇	9259	742	5468	3049	2071	8128
财源镇	9494	1079	5447	2968	1973	8438
大路镇	5839	640	3372	1827	1270	4821
太王镇	4412	235	2559	1618	1094	3683
麻线乡	6388	389	3752	2247	1549	4859
凉水朝鲜族乡	3926	307	2289	1330	920	2978
白山市	**968373**	**106301**	**616855**	**245217**	**170715**	**560587**
浑江区	**307982**	**34085**	**199333**	**74564**	**51500**	**121505**
新建街道	56715	7703	36644	12368	8456	20000
通沟街道	13586	1003	8719	3864	2603	6838
东兴街道	48798	4728	32409	11661	8249	18796
红旗街道	28102	2894	18174	7034	5067	12114
城南街道	58738	7040	39327	12371	8433	18235
江北街道	45483	6205	29098	10180	6922	12728
河口街道	18455	1869	11783	4803	3323	7960
板石街道	5253	239	3031	1983	1446	3054

表7 续表 14

单位：人

地　区	总人口	分年龄人口				居住本乡、镇、街道，户口在本乡、镇、街道
		0-14岁	15-59岁	60岁及以上	#65岁及以上	
七道江镇	12686	762	7886	4038	2729	6267
六道江镇	9367	662	5709	2996	2040	6801
红土崖镇	8019	748	4786	2485	1705	6712
三道沟镇	2780	232	1767	781	527	2000
江源区	**138272**	**11525**	**85459**	**41288**	**28799**	**81989**
孙家堡子街道	22766	2215	14786	5765	4001	10385
江源街道	23126	2455	14880	5791	4072	8844
正岔街道	8049	530	4528	2991	2135	5348
城墙街道	31411	2576	19378	9457	6446	17635
湾沟镇	19518	1245	11952	6321	4463	15311
松树镇	9204	653	5676	2875	2055	7281
砟子镇	4412	249	2715	1448	966	2878
石人镇	14429	1230	8465	4734	3296	10071
大阳岔镇	1966	116	1103	747	532	1484
大石人镇	3391	256	1976	1159	833	2752
抚松县	**233759**	**28150**	**150069**	**55540**	**39978**	**167891**
抚松镇	60928	8758	39932	12238	8459	40769
松江河镇	56046	6961	37353	11732	8349	35287
泉阳镇	21637	1627	13565	6445	4715	17383
露水河镇	24999	2146	15818	7035	5296	20257
仙人桥镇	6429	523	3786	2120	1522	5175
万良镇	16933	2920	10702	3311	2399	13541
新屯子镇	4025	472	2452	1101	815	3448
东岗镇	1688	62	1092	534	404	1033
漫江镇	689	39	496	154	106	322
北岗镇	6525	835	3938	1752	1299	5673
兴参镇	6579	756	3969	1854	1347	5477
长白山保护开发区池西区(特殊乡镇)	14660	1729	9300	3631	2636	9191
长白山保护开发区池南区(特殊乡镇)	1847	138	1209	500	329	1271
兴隆乡	5342	563	3153	1626	1217	4515
抽水乡	3040	365	1835	840	597	2609
沿江乡	2392	256	1469	667	488	1940
靖宇县	**108478**	**14502**	**69424**	**24552**	**16964**	**74581**
靖宇镇	69879	9995	46402	13482	9223	42812
三道湖镇	5403	604	3265	1534	1050	4446
龙泉镇	5112	691	3024	1397	953	4412
那尔轰镇	3517	386	2153	978	639	2932
花园口镇	9778	1219	5814	2745	1983	7624
景山镇	6218	622	3726	1870	1320	5207
赤松镇	3207	418	1920	869	628	2784
濛江乡	5364	567	3120	1677	1168	4364
长白朝鲜族自治县	**58266**	**5744**	**37037**	**15485**	**10511**	**40954**
长白镇	32823	3909	21554	7360	4884	22910
八道沟镇	5751	537	3544	1670	1166	4400
十四道沟镇	3021	190	1922	909	600	2113
马鹿沟镇	5484	339	3284	1861	1257	3254
宝泉山镇	2863	264	1766	833	575	2080

表7　续表 15　　　　单位：人

地　　区	总人口	分年龄人口				居住本乡、镇、街道，户口在本乡、镇、街道
		0-14岁	15-59岁	60岁及以上	#65岁及以上	
新房子镇	3112	193	1878	1041	718	2487
十二道沟镇	4034	251	2417	1366	992	2866
金华乡	1178	61	672	445	319	844
临江市	**121616**	**12295**	**75533**	**33788**	**22963**	**73667**
建国街道	25556	3317	16419	5820	3991	13113
新市街道	18269	2344	12135	3790	2428	6112
兴隆街道	20630	2593	13163	4874	3243	8868
大湖街道	6445	425	3764	2256	1471	4757
森工街道	12580	728	7363	4489	3042	8376
大栗子街道	5587	254	3170	2163	1511	4272
桦树镇	7136	505	4476	2155	1491	6139
六道沟镇	9524	1010	5708	2806	1957	8314
苇沙河镇	2284	131	1409	744	509	1926
花山镇	3374	223	1912	1239	918	2821
闹枝镇	2800	213	1640	947	678	2447
四道沟镇	4744	387	2862	1495	1035	4148
蚂蚁河乡	2687	165	1512	1010	689	2374
松原市	**2252994**	**297160**	**1471333**	**484501**	**322366**	**1324214**
宁江区	**619364**	**78866**	**414407**	**126091**	**87289**	**221237**
团结街道	27323	3950	18317	5056	3315	5316
文化街道	27249	4208	18842	4199	2742	7046
民主街道	47555	7262	32363	7930	5439	7579
临江街道	23037	3233	15206	4598	3104	4939
新区街道	1535	161	1085	289	173	217
前进街道	36168	4086	24449	7633	5807	10925
和平街道	21902	2543	14942	4417	3194	4627
工农街道	1302	92	851	359	268	310
沿江街道	75061	11736	51834	11491	7452	13317
铁西街道	22365	2696	14834	4835	3289	4688
繁荣街道	26926	3542	18010	5374	3900	7498
建设街道	27136	3330	19030	4776	3159	3139
石化街道	10126	1203	6760	2163	1517	3079
伯都讷街道	26049	3295	18461	4293	2906	3821
长宁街道	22092	2981	14355	4756	3460	5609
滨江街道	76459	8680	51347	16432	12425	33601
镜湖街道	31474	3571	20906	6997	5436	12252
大洼镇	30959	3347	19211	8401	5491	26843
善友镇	12882	1308	7970	3604	2319	10881
毛都站镇	13969	1902	8855	3212	2106	11870
哈达山镇	15040	1747	9451	3842	2510	13043
新城乡	24077	2255	15302	6520	4031	16060
伯都乡	15062	1627	9445	3990	2625	12476
华侨农场	1180	65	640	475	348	537
国营善友林场	514	11	282	221	157	57
国营八家子苗圃	93	8	52	33	18	

表7 续表 16

单位：人

地　　区	总人口	分年龄人口				居住本乡、镇、街道，户口在本乡、镇、街道
		0-14岁	15-59岁	60岁及以上	#65岁及以上	
良种繁育场	184	20	104	60	46	
雅达虹工业集中区	1645	7	1503	135	52	1507
前郭尔罗斯蒙古族自治县	**407385**	**55019**	**265936**	**86430**	**55656**	**268193**
前郭尔罗斯镇	125075	19404	87133	18538	12252	31042
长山镇	28155	3499	18034	6622	4394	19387
海渤日戈镇	12181	1727	7550	2904	1831	10385
乌兰图嘎镇	17551	2740	10889	3922	2557	15093
查干花镇	12722	1857	8068	2797	1722	10833
王府站镇	15843	2075	9845	3923	2507	12873
八郎镇	15568	1427	9748	4393	2821	14041
哈拉毛都镇	10358	1195	6366	2797	1854	9309
查干湖镇	14831	1721	9282	3828	2373	13059
宝甸乡	7295	816	4582	1897	1258	6592
平凤乡	15228	2112	9521	3595	2303	13741
达里巴乡	6601	870	4223	1508	971	5798
吉拉吐乡	8350	961	5251	2138	1300	7334
白依拉嘎乡	14195	1724	9540	2931	1798	11313
洪泉乡	10537	1363	6586	2588	1619	9420
额如乡	10046	1284	6331	2431	1562	8988
套浩太乡	7417	922	4644	1851	1203	6495
长龙乡	12150	1699	7707	2744	1764	10814
乌兰塔拉乡	11548	1675	7246	2627	1664	10336
东三家子乡	8094	1107	5145	1842	1141	7054
浩特芒哈乡	10138	1495	6493	2150	1430	8734
乌兰敖都乡	6534	806	4146	1582	948	5701
红旗农场	4161	330	2659	1172	787	3548
红光农场	4556	346	2964	1246	909	3805
红星牧场	1855	128	1169	558	380	1473
查干花种畜场	2364	296	1490	578	388	1846
莲花泡农场	1078	70	699	309	170	835
深井子牧场	1100	95	718	287	157	787
前郭尔罗斯蒙古族自治县国有林总场	1625	214	1028	383	227	970
查干湖旅游经济开发区	83	1	55	27	6	
八郎农场	383	15	221	147	75	300
查干湖渔场	677	32	455	190	133	506
长山余热鱼苗繁殖场	68	3	49	16	13	34
库里渔场	138	4	81	53	44	59
哈拉毛都良种场	293	27	172	94	63	225
吉林前郭经济开发区(特殊乡镇)	8587	979	5846	1762	1032	5463
长岭县	**451620**	**66464**	**289883**	**95273**	**63805**	**345963**
长岭镇	133089	20703	89812	22574	15385	65112
太平川镇	31473	3954	19840	7679	5152	23395
巨宝山镇	21327	3010	13533	4784	3173	19187
太平山镇	16566	2315	10384	3867	2524	15004
前七号镇	20178	3172	12297	4709	3152	18106

表7 续表 17

单位：人

地　　区	总人口	分年龄人口				居住本乡、镇、街道，户口在本乡、镇、街道
		0-14岁	15-59岁	60岁及以上	#65岁及以上	
新安镇	24169	3731	14792	5646	3820	22201
三青山镇	21863	3269	13823	4771	3190	20228
大兴镇	18319	2545	11418	4356	2850	16670
北正镇	9881	1223	6280	2378	1519	8942
流水镇	20817	3137	13173	4507	2956	18846
永久镇	12512	1543	7659	3310	2293	11482
利发盛镇	11356	1885	7179	2292	1590	10313
集体乡	10517	1603	6708	2206	1408	9613
光明乡	12356	1865	7925	2566	1660	11078
三县堡乡	12866	1968	8011	2887	1978	11881
海青乡	7547	1132	4808	1607	1092	6919
前进乡	11626	1635	7221	2770	1810	10786
东岭乡	8866	1244	5614	2008	1332	8125
腰坨子乡	9857	1583	6068	2206	1478	8882
八十八乡	7560	1113	4653	1794	1163	6910
三团乡	7996	1025	5119	1852	1238	7161
三十号乡	5600	642	3501	1457	984	4776
长岭种马场	1969	176	1256	537	398	1623
长岭县长岭环城工业集中区	6968	858	4423	1687	1106	5866
三团机械林场	216	20	136	60	37	192
东岭机械林场	162	15	103	44	27	117
十四号种畜场	105	9	73	23	15	67
良种繁育场	5859	1089	4074	696	475	2481
乾安县	**205542**	**23723**	**134301**	**47518**	**30601**	**133515**
乾安镇	102847	14025	70181	18641	12356	47827
大布苏镇	14305	1341	9015	3949	2565	11801
水字镇	10156	873	6161	3122	2028	7881
让字镇	11071	1057	6917	3097	1918	9573
所字镇	13623	1474	8339	3810	2425	11639
安字镇	12046	1505	7634	2907	1770	10320
余字乡	8364	647	5173	2544	1574	7200
道字乡	8419	689	5233	2497	1598	7153
严字乡	7828	791	4853	2184	1340	6879
赞字乡	10548	834	6662	3052	1894	8865
国营林场	363	22	241	100	59	174
腾字种畜场	783	49	488	246	175	605
大遐畜牧场	4156	340	2720	1096	720	2865
乾安鹿场	769	70	515	184	128	546
来字良种繁育基地	218	4	139	75	47	172
地字种畜场	46	2	30	14	4	15
吉林松原经济开发区	**94066**	**12926**	**65165**	**15975**	**10203**	**16403**
兴原乡	26628	2935	17349	6344	3997	12491
松原经济技术开发区(特殊乡镇)	67438	9991	47816	9631	6206	3912
扶余市	**475017**	**60162**	**301641**	**113214**	**74812**	**338903**
和兴街道	56519	8703	40114	7702	5110	10412

表7 续表 18 单位：人

地区	总人口	分年龄人口				居住本乡、镇、街道，户口在本乡、镇、街道
		0-14岁	15-59岁	60岁及以上	#65岁及以上	
育才街道	13787	1830	9131	2826	1899	3563
联盟街道	17069	2163	12116	2790	1813	4454
士英街道	29333	4550	20150	4633	3064	5525
铁西街道	7795	902	4809	2084	1333	3989
三岔河镇	21690	2308	13017	6365	4288	19449
长春岭镇	25160	2610	15410	7140	4732	22240
五家站镇	23676	2741	14400	6535	4425	21571
陶赖昭镇	28447	3172	17113	8162	5447	25372
蔡家沟镇	21190	2358	12686	6146	4080	19229
弓棚子镇	24825	3404	15471	5950	3809	21394
三井子镇	30738	4078	19848	6812	4597	24364
增盛镇	22697	3159	14651	4887	3172	20218
新万发镇	19331	2631	11883	4817	3163	17599
大林子镇	13117	1800	8075	3242	2079	11693
新源镇	9809	1098	5976	2735	1901	8988
得胜镇	19660	2085	12104	5471	3632	17568
三骏满族蒙古族锡伯族乡	21776	2242	13028	6506	4153	19698
永平乡	14338	1458	8765	4115	2687	12893
新站乡	15309	2025	9567	3717	2424	13644
更新乡	13703	2196	8524	2983	1906	12471
肖家乡	22713	2477	13376	6860	4574	20568
伊家店农场	1989	127	1213	649	479	1775
拉林灌区管理局	346	45	214	87	45	226
白城市	**1551378**	**171653**	**1013731**	**365994**	**245625**	**946551**
洮北区	**356054**	**38892**	**230980**	**86182**	**57740**	**179581**
海明街道	29686	3282	18984	7420	5021	11792
长庆街道	44208	6286	29063	8859	6107	18321
瑞光街道	48177	6319	33120	8738	5881	14080
明仁街道	29689	3988	18953	6748	4533	11799
铁东街道	3326	196	2242	888	613	1108
城南街道(工业园区)	10383	713	7078	2592	1664	2092
新立街道	6566	551	4248	1767	1152	2263
新华街道	30950	3132	19802	8016	5537	13888
平安镇	10005	1056	6125	2824	1894	8498
青山镇	7820	613	4983	2224	1430	6744
林海镇	6169	774	3935	1460	942	5212
洮河镇	8179	816	5074	2289	1481	7144
平台镇	9988	844	6382	2762	1798	8215
到保镇	7543	602	4755	2186	1446	6426
岭下镇(查干浩特旅游经济开发区)	15294	1819	9664	3811	2539	12413
东风乡	13789	862	8448	4479	2813	9313
三合乡	6620	716	4170	1734	1171	5654
东胜乡	11447	1353	7042	3052	1997	10167
金祥乡	8628	876	5537	2215	1529	7538
德顺蒙古族乡	12085	1320	7563	3202	2171	10480

表7 续表 19 单位：人

地　区	总人口	分年龄人口				居住本乡、镇、街道，户口在本乡、镇、街道
		0-14岁	15-59岁	60岁及以上	#65岁及以上	
镇南种羊场	5085	250	3436	1399	967	3724
白城牧场	1306	61	847	398	274	1044
洮儿河农场	897	61	636	200	126	209
保民农场	1359	80	834	445	312	1080
白城市生态新区	26855	2322	18059	6474	4342	377
镇赉县	**217387**	**24172**	**141415**	**51800**	**35373**	**155892**
镇赉镇	117801	14434	77698	25669	17623	69845
坦途镇	11900	1093	7741	3066	2119	10684
东屏镇	5951	505	3835	1611	1120	5021
大屯镇	13517	1726	8565	3226	2139	11666
沿江镇	4105	356	2652	1097	725	3561
五棵树镇	10502	1184	6717	2601	1779	8898
黑鱼泡镇	9229	785	5669	2775	1897	8262
哈吐气蒙古族乡	3036	333	1911	792	545	2667
莫莫格蒙古族乡	7409	732	4721	1956	1343	6465
建平乡	13068	797	8078	4193	2813	11690
嘎什根乡	14155	1792	9044	3319	2203	12580
四方坨子农场	5597	390	4019	1188	854	3683
良种繁育场	173	2	106	65	51	135
九龙山马场	759	35	538	186	122	588
国营渔场	185	8	121	56	40	147
通榆县	**281589**	**34480**	**185023**	**62086**	**41379**	**190720**
树满街道	52381	7878	36088	8415	5561	14938
八区街道	38159	4446	26028	7685	5023	20124
迎新街道	16635	1715	10852	4068	2703	6950
开通镇	15884	1350	10410	4124	2759	12858
瞻榆镇	25160	3407	16174	5579	3748	20830
双岗镇	7232	590	4740	1902	1286	6313
兴隆山镇	19743	3027	12621	4095	2668	16964
边昭镇	9968	1156	6333	2479	1684	8774
鸿兴镇	8107	820	5163	2124	1466	6673
新华镇	12952	1410	8272	3270	2172	11390
乌兰花镇	12901	1663	8267	2971	2004	11142
新发乡	6207	861	3983	1363	885	5505
新兴乡	5562	568	3569	1425	959	4559
向海蒙古族乡	15832	1653	10461	3718	2454	13720
包拉温都蒙古族乡	2481	297	1622	562	353	2129
团结乡	9906	1459	6264	2183	1413	8717
十花道乡	6534	580	4188	1766	1226	5470
八面乡	7818	846	4898	2074	1442	6788
苏公坨乡	7206	699	4502	2005	1387	6210
三家子种牛场	548	34	346	168	111	403
新华牛场	373	21	242	110	75	263
吉林白城经济开发区	**118222**	**12813**	**84090**	**21319**	**14255**	**39299**
幸福街道	66973	8699	46683	11591	7886	22529
保平街道	33998	2558	26510	4930	3265	5026
西郊街道	17251	1556	10897	4798	3104	11744

表7 续表 20 单位：人

地　　区	总人口	分年龄人口				居住本乡、镇、街道，户口在本乡、镇、街道
		0-14岁	15-59岁	60岁及以上	#65岁及以上	
洮南市	**307215**	**36141**	**197856**	**73218**	**49164**	**208205**
团结街道	36473	5606	23774	7093	4794	17492
富文街道	8494	922	5519	2053	1395	3227
光明街道	45179	5356	30122	9701	6711	19107
兴隆街道	13375	1056	9268	3051	2052	4468
永康街道	11773	967	7601	3205	2077	4978
通达街道	18184	1611	11862	4711	3125	6052
洮府街道	5672	506	3652	1514	988	4187
向阳街道	6939	738	4462	1739	1098	6078
瓦房镇	13754	1900	8538	3316	2212	12390
万宝镇	18035	1812	10950	5273	3624	15781
黑水镇	11171	1097	7189	2885	1854	9432
那金镇	10985	1377	6761	2847	1928	9946
安定镇	11512	1344	7492	2676	1715	10186
福顺镇	19021	2403	11983	4635	3190	16978
胡力吐蒙古族乡	5054	601	3185	1268	851	4573
万宝乡	5457	659	3448	1350	889	5030
聚宝乡	6790	854	4308	1628	1107	6034
东升乡	7750	847	4779	2124	1428	6878
野马乡	6378	738	4058	1582	1082	5809
永茂乡	10238	1358	6494	2386	1545	8761
蛟流河乡	11165	1600	7141	2424	1624	10010
大通乡	9087	1029	5883	2175	1480	7734
二龙乡	8934	1072	5652	2210	1466	8181
呼和车力蒙古族乡	5795	688	3735	1372	929	4893
大安市	**270911**	**25155**	**174367**	**71389**	**47714**	**172854**
慧阳街道	27831	2731	18349	6751	4460	7399
临江街道	26762	2970	18531	5261	3542	7978
长虹街道	18285	1973	11750	4562	3134	6242
锦华街道	29612	3433	19558	6621	4494	14440
安北街道	7241	354	4316	2571	1849	4529
月亮泡镇	7992	692	4976	2324	1473	6930
安广镇	25055	2399	16244	6412	4205	17389
丰收镇	4822	392	3023	1407	923	4200
新平安镇	5327	393	3378	1556	1067	4524
两家子镇	11235	920	7166	3149	2058	9157
舍力镇	15782	1601	10158	4023	2781	13054
大岗子镇	4662	397	2981	1284	861	3858
叉干镇	6609	675	4217	1717	1201	5438
龙沼镇	7867	699	4949	2219	1538	6850
太山镇	11213	831	6991	3391	2148	9898
四棵树乡	10247	683	6323	3241	2116	8732
联合乡	7442	532	4736	2174	1394	6441
大赉乡	3837	183	2258	1396	904	2022
红岗子乡	4840	389	3037	1414	933	4181

表7 续表 21

单位：人

地区	总人口	分年龄人口				居住本乡、镇、街道，户口在本乡、镇、街道
		0-14岁	15-59岁	60岁及以上	#65岁及以上	
海坨乡	6945	498	4395	2052	1344	6022
新艾里蒙古族乡	3185	360	2040	785	526	2841
烧锅镇乡	9744	954	5987	2803	1854	8536
乐胜乡	11900	986	7333	3581	2422	10526
大安经济开发区(省级)	99	3	86	10	7	15
新荒渔场	80	4	57	19	16	55
东方红农场	756	42	520	194	130	660
五间房水库	87	4	58	25	13	35
风水山牧场	388	20	260	108	83	322
东风马场	272	13	176	83	65	177
良种繁育场	241	7	155	79	56	124
大安马场	227	5	153	69	54	195
安广猪场	215	6	127	82	47	13
红旗饲养场	111	6	79	26	16	71
延边朝鲜族自治州	**1986339**	**218166**	**1275535**	**492638**	**327479**	**955465**
延吉市	**686136**	**83374**	**449985**	**152777**	**101674**	**259122**
进学街道	93585	12007	63749	17829	11761	37973
北山街道	107414	13423	71618	22373	15154	35609
新兴街道	62871	7784	40586	14501	9677	21495
公园街道	113061	13512	78380	21169	13918	39482
河南街道	102873	12565	65372	24936	16716	46715
建工街道	120711	15817	77157	27737	18530	44276
小营镇	28657	3468	18747	6442	3941	6780
依兰镇	17836	1499	10872	5465	3543	5865
三道湾镇	2898	159	1523	1216	830	2378
朝阳川镇	35369	3069	21449	10851	7433	18039
东山农场	265	16	164	85	62	31
延边原种场	570	54	350	166	107	476
延边新兴工业集中区	26	1	18	7	2	3
图们市	**85248**	**6287**	**51509**	**27452**	**18017**	**42424**
向上街道	27819	2580	17280	7959	5186	14065
新华街道	17814	1440	10461	5913	3984	8994
月宫街道	13150	927	7865	4358	2943	6985
月晴镇	5509	309	3292	1908	1223	1975
石岘镇	10066	391	6056	3619	2233	4965
长安镇	4721	276	2744	1701	1153	3065
凉水镇	6169	364	3811	1994	1295	2375
敦化市	**392486**	**44947**	**249234**	**98305**	**66118**	**249940**
渤海街道	57604	7615	37786	12203	8018	28457
胜利街道	76667	10899	52686	13082	8510	37043
民主街道	31487	3820	20259	7408	4880	15547
丹江街道	52398	4924	34581	12893	8701	26045
大石头镇	32916	2912	19761	10243	6777	28485
黄泥河镇	24283	2577	14184	7522	5192	20695
官地镇	22636	2695	13383	6558	4578	19318

表7　续表 22　　单位：人

地　　区	总人口	分年龄人口				居住本乡、镇、街道，户口在本乡、镇、街道
		0-14岁	15-59岁	60岁及以上	#65岁及以上	
沙河沿镇	8692	916	5006	2770	1959	7238
秋梨沟镇	4896	588	2731	1577	1123	4237
额穆镇	7300	1014	4482	1804	1210	6168
贤儒镇	7476	770	4426	2280	1548	6055
大蒲柴河镇	6034	678	3689	1667	1144	5183
雁鸣湖镇	6270	663	3806	1801	1221	4971
江源镇	5394	547	3152	1695	1159	4509
江南镇	15711	1191	9159	5361	3677	10012
大桥乡	4049	389	2362	1298	922	3568
黑石乡	6640	758	3961	1921	1288	5518
青沟子乡	3603	502	2155	946	632	2904
翰章乡	6937	718	4057	2162	1459	5807
红石乡	5119	524	2990	1605	1066	3910
长白山森工集团敦化林业有限公司	728	31	557	140	103	335
长白山森工集团黄泥河林业有限公司	2703	89	2068	546	374	1676
长白山森工集团大石头林业有限公司	1793	83	1332	378	252	1515
敦化市林业局	1150	44	661	445	325	744
珲春市	**239359**	**28993**	**157408**	**52958**	**34366**	**104225**
靖和街道	90666	13676	60232	16758	10964	42258
新安街道	42073	5374	28089	8610	5706	16845
河南街道	38275	4909	25561	7805	5016	17305
近海街道	12067	1415	8365	2287	1436	2445
春化镇	6091	442	3846	1803	1141	3745
敬信镇	3665	200	2247	1218	824	1541
板石镇	4238	276	2713	1249	745	1496
英安镇	22170	1408	14328	6434	4222	9102
马川子乡	4647	354	2816	1477	863	1577
杨泡满族乡	2372	143	1371	858	585	1260
三家子满族乡	5469	354	3280	1835	1207	2802
密江乡	1402	61	851	490	311	447
哈达门乡	6112	378	3660	2074	1317	3376
珲春林业局	112	3	49	60	29	26
龙井市	**129286**	**9623**	**79755**	**39908**	**26413**	**51557**
安民街道	40690	3543	24581	12566	8509	15319
龙门街道	39856	4045	24900	10911	7196	17036
开山屯镇	9207	341	5631	3235	2007	3376
老头沟镇	14064	606	8304	5154	3399	6547
三合镇	2221	85	1285	851	555	859
东盛涌镇	9011	465	5339	3207	2114	2845
智新镇	9344	275	6719	2350	1570	3537
德新乡	3351	206	2019	1126	760	1656
白金乡	1112	39	705	368	220	300
龙井大苏果树农场	430	18	272	140	83	82
和龙市	**117087**	**9706**	**73196**	**34185**	**22430**	**54418**
民慧街道	13398	1588	8682	3128	2103	5541

表7 续表 23　　单位：人

地区	总人口	分年龄人口				居住本乡、镇、街道，户口在本乡、镇、街道
		0-14岁	15-59岁	60岁及以上	#65岁及以上	
光明街道	21813	1895	13921	5997	4060	10469
文化街道	24632	2986	15413	6233	4207	11653
八家子镇	10589	571	6194	3824	2612	7776
福洞镇	3194	171	1934	1089	710	2077
头道镇	14375	868	8746	4761	3019	6300
西城镇	5629	362	3434	1833	1160	2158
南坪镇	3477	194	2246	1037	621	1303
东城镇	5970	300	3676	1994	1233	1363
崇善镇	1743	95	1154	494	283	644
龙城镇	10517	617	6537	3363	2127	4403
和龙林业局	718	25	524	169	120	272
八家子林业局	795	27	570	198	133	457
和龙市林业局	237	7	165	65	42	2
汪清县	**167911**	**16197**	**106606**	**45108**	**30230**	**92670**
大川街道	37287	5231	24997	7059	4705	17307
新民街道	17979	1792	11536	4651	3081	5961
长荣街道	14484	1697	9246	3541	2416	3425
汪清镇	5327	295	3231	1801	1050	1219
大兴沟镇	11951	725	7429	3797	2365	6965
天桥岭镇	7277	638	4424	2215	1370	4341
罗子沟镇	11596	1259	7303	3034	2033	10040
百草沟镇	8377	462	5060	2855	1884	4219
春阳镇	7689	758	4795	2136	1402	5639
复兴镇	3207	301	1784	1122	762	2773
东光镇	6449	378	3684	2387	1582	3622
鸡冠乡	4626	527	2786	1313	907	3872
汪清林业局	16321	1257	10545	4519	3107	10877
天桥岭林业局	9764	623	6237	2904	2216	8157
大兴沟林业局	5577	254	3549	1774	1350	4253
安图县	**168826**	**19039**	**107842**	**41945**	**28231**	**101109**
长兴街道	16506	2028	10482	3996	2678	6361
瓮声街道	19538	2211	12628	4699	3162	8437
九龙街道	18027	1837	11729	4461	2876	5899
明月镇	7936	544	4641	2751	1835	4839
松江镇	21214	2842	12820	5552	3906	16832
二道白河镇	4167	417	2776	974	659	2758
两江镇	9628	1217	5793	2618	1783	7887
石门镇	5462	294	3165	2003	1295	1978
万宝镇	6172	767	3689	1716	1190	4598
亮兵镇	4451	259	2577	1615	1068	2726
长白山保护开发区池北区(特殊乡镇)	44412	5312	30674	8426	5637	30808
新合乡	3745	359	2253	1133	748	2954
永庆乡	6442	877	3984	1581	1089	4605
白河林业局	227	12	156	59	44	128
安图林业有限公司	616	25	325	266	193	260
安图县林业局	283	38	150	95	68	39

表8 黑龙江省乡、镇、街道人口

单位：人

地区	总人口	分年龄人口				居住本乡、镇、街道，户口在本乡、镇、街道
		0-14岁	15-59岁	60岁及以上	#65岁及以上	
黑龙江省	**31850088**	**3286466**	**21167932**	**7395690**	**4972868**	**20048102**
哈尔滨市	**10009854**	**1047204**	**6762590**	**2200060**	**1466109**	**5678168**
道里区	**1097430**	**106848**	**725071**	**265511**	**174764**	**582339**
兆麟街道	21827	1402	14486	5939	3996	12093
新阳路街道	26613	2345	16464	7804	5268	15597
抚顺街道	34354	3694	21188	9472	6176	23250
共乐街道	61962	5643	40243	16076	10906	37326
新华街道	71052	6322	48769	15961	10202	39476
城乡路街道	99269	7375	71925	19969	12587	32803
工农街道	142795	19476	94460	28859	18200	66206
尚志街道	9288	702	5948	2638	1887	5160
斯大林街道	19525	2186	11254	6085	4375	12573
通江街道	18011	1527	10106	6378	4557	12191
经纬街道	29655	3212	17952	8491	5905	16808
工程街道	31593	2432	17936	11225	7974	23325
安静街道	45483	3631	28607	13245	8922	27228
安和街道	25594	2860	15782	6952	4643	14792
正阳河街道	62132	4584	39265	18283	12318	34632
建国街道	52866	4597	34122	14147	9351	32257
康安街道	44475	3991	29089	11395	7639	24658
爱建街道	21581	3563	12737	5281	3592	12669
群力街道	139011	14552	100850	23609	14487	54286
太平镇	24520	2510	15907	6103	4145	19615
新发镇	80249	7311	55604	17334	10796	37143
新农镇	17926	1459	11273	5194	3477	14668
榆树镇	13954	1173	8779	4002	2642	11224
闫家岗农场	3695	301	2325	1069	719	2359
南岗区	**1390679**	**155222**	**968301**	**267156**	**178975**	**646967**
花园街道	42833	3016	33240	6577	4724	15719
奋斗路街道	63554	4706	41247	17601	12210	32853
革新街道	29399	2201	18626	8572	5894	17554
文化街道	47979	4317	32539	11123	7294	20577
大成街道	45360	4352	30864	10144	6849	24531
芦家街道	72141	6299	49255	16587	11140	33850
荣市街道	76672	11402	50147	15123	10368	45149
燎原街道	71113	5144	52222	13747	9712	31483
松花江街道	30852	3863	18620	8369	5737	19647
曲线街道	25738	1921	17774	6043	4178	12740
通达街道	37254	3422	24453	9379	6289	21750
七政街道	46051	5793	29984	10274	7020	28295
和兴路街道	131129	13307	94579	23243	15959	57636
哈西街道	124823	13010	95680	16133	10788	44321
保健路街道	117512	13445	83018	21049	14085	49245
先锋路街道	66521	6770	45133	14618	9703	35630
新春街道	84977	15590	54077	15310	10285	53249

表8 续表 1

单位：人

地 区	总人口	分年龄人口				居住本乡、镇、街道，户口在本乡、镇、街道
		0-14岁	15-59岁	60岁及以上	#65岁及以上	
跃进街道	67698	6321	50072	11305	6926	16964
王岗镇	191591	29188	134410	27993	17299	73927
红旗满族乡	17388	1151	12299	3938	2494	11823
红旗农场	94	4	62	28	21	24
道外区	**811178**	**78491**	**532248**	**200439**	**130697**	**389149**
靖宇街道	18206	1692	11570	4944	3265	8017
太古街道	30590	2773	18930	8887	5877	16273
东莱街道	17426	1359	11282	4785	3178	9511
滨江街道	32006	2206	21029	8771	5656	15990
仁里街道	13795	1427	8623	3745	2417	6818
南市街道	17615	1987	11230	4398	2775	8304
崇俭街道	23314	2281	15225	5808	3749	10295
振江街道	20589	2205	13734	4650	2839	6695
东原街道	22569	1977	14014	6578	4334	10142
大兴街道	24960	1772	14777	8411	5573	12773
胜利街道	24705	3399	15547	5759	3715	9298
南马街道	42567	4467	27422	10678	7228	21616
民强街道	21918	1256	17953	2709	1782	6445
大有坊街道	62866	7021	40414	15431	10200	31412
南直路街道	92841	9720	61230	21891	14478	41184
化工街道	11969	1077	8276	2616	1574	3744
火车头街道	43754	4219	29062	10473	6503	17422
新一街道	38359	2990	26446	8923	5726	11256
三棵树大街街道	26887	2210	17810	6867	4458	12403
水泥路街道	6048	378	3431	2239	1419	3517
太平大街街道	29078	3039	18968	7071	4631	13566
黎华街道	46450	4462	29678	12310	7900	20077
新乐街道	8752	682	5441	2629	1673	4934
永源镇	30163	3529	19199	7435	5084	24782
巨源镇	25808	2144	17900	5764	3814	20212
团结镇	53105	5839	36904	10362	6747	25296
民主镇	23660	2255	15325	6080	3955	16676
青年农场	1053	108	744	201	129	431
道外农垦	125	17	84	24	18	60
平房区	**238945**	**22526**	**166111**	**50308**	**33861**	**99312**
兴建街道	32359	3277	21942	7140	4697	17974
保国街道	20510	1506	13500	5504	3649	12033
联盟街道	18120	2068	11806	4246	2969	8442
友协街道	22199	1699	13732	6768	4753	12149
新疆街道	28770	2709	18934	7127	4841	13728
新伟街道	34151	4221	23352	6578	4171	11265
平新街道	32343	2469	26466	3408	2216	6162
建安街道	20972	2123	13678	5171	3752	7978
平盛街道	19600	1636	16114	1850	1147	3525
平房镇	9921	818	6587	2516	1666	6056

表8　续表 2

单位：人

地　　区	总人口	分年龄人口				居住本乡、镇、街道，户口在本乡、镇、街道
		0-14岁	15-59岁	60岁及以上	#65岁及以上	
松北区	**413515**	**39435**	**299970**	**74110**	**47351**	**167531**
太阳岛街道	18049	877	12764	4408	2803	5184
松浦街道	78327	5031	62469	10827	6717	22417
万宝街道	25630	2148	18026	5456	3657	16820
松北街道	117644	10345	88474	18825	11811	33527
松安街道	52675	6281	36671	9723	6152	18375
松祥街道	41045	6408	28161	6476	4048	16451
船口街道	24895	2152	17196	5547	3602	7427
对青山镇	28017	2911	18341	6765	4588	24320
乐业镇	27233	3282	17868	6083	3973	23010
香坊区	**1120185**	**112088**	**781045**	**227052**	**151325**	**451778**
香坊大街街道	46258	5292	30411	10555	7196	23158
安埠街道	46734	5277	32062	9395	6163	17639
通天街道	43535	3802	30137	9596	6349	18267
新香坊街道	82572	7926	64088	10558	6619	10942
铁东街道	74067	4250	60933	8884	5774	14738
新成街道	60805	6017	42075	12713	8582	24214
红旗街道	48759	4967	31456	12336	8552	26649
六顺街道	48874	4638	31656	12580	8559	26681
建筑街道	52279	6187	35161	10931	7128	18153
哈平路街道	26315	2796	16992	6527	4557	13063
安乐街道	16856	1339	10813	4704	3254	9265
健康路街道	32298	2868	20696	8734	5947	16839
大庆路街道	48751	4547	32078	12126	8507	25840
进乡街道	64165	5817	42914	15434	10515	23305
通乡街道	35759	3263	24205	8291	5279	16065
和平路街道	57702	12298	34735	10669	7185	38742
民生路街道	20836	1723	13237	5876	4161	10587
文政街道	50257	2952	41301	6004	4167	14187
王兆街道	12214	2007	7171	3036	2068	7221
黎明街道	121356	13370	86247	21739	13736	41024
成高子镇	19125	1482	12347	5296	3458	10426
幸福镇	52589	5228	36757	10604	6702	18138
朝阳镇	45822	2976	35590	7256	4701	18045
向阳镇	12207	1064	7943	3200	2161	8590
哈尔滨综合保税区地区	50	2	40	8	5	
呼兰区	**769997**	**72023**	**555835**	**142139**	**92809**	**334869**
呼兰街道	26565	2484	18037	6044	4126	9486
兰河街道	44760	4581	30688	9491	6555	23256
腰堡街道	21508	1740	14542	5226	3436	18097
利民街道	46517	5519	33644	7354	4487	10012
康金街道	40885	3820	25913	11152	7645	34618
双井街道	16521	1587	10444	4490	2882	14362
建设路街道	43229	5635	29906	7688	5151	13813
学院路街道	97268	6640	82897	7731	4635	10389

表8 续表 3

单位：人

地区	总人口	分年龄人口				居住本乡、镇、街道，户口在本乡、镇、街道
		0-14岁	15-59岁	60岁及以上	#65岁及以上	
长岭街道	13210	1133	8226	3851	2567	11293
沈家街道	13361	1255	8177	3929	2660	11861
南京路街道	99367	7459	80540	11368	7133	11388
裕民街道	79424	7112	64012	8300	4927	11185
裕田街道	13117	1455	9170	2492	1596	6900
裕强街道	23937	2860	16646	4431	2788	6750
萧乡街道	28741	3423	19722	5596	3806	11501
公园路街道	21665	1999	14275	5391	3570	7962
二八镇	11287	1142	7138	3007	1992	10069
石人镇	13059	1121	8092	3846	2553	11395
白奎镇	13538	1173	8417	3948	2582	11977
方台镇	13984	1320	8831	3833	2491	12839
莲花镇	12307	1207	7712	3388	2258	11099
大用镇	13226	1305	8233	3688	2471	12035
利业镇	13143	1355	9024	2764	1868	8135
杨林乡	14219	1328	8915	3976	2556	12903
许堡乡	15109	1363	9645	4101	2715	13790
孟家乡	20050	2007	12989	5054	3359	17754
阿城区	**500327**	**50916**	**330141**	**119270**	**80562**	**265091**
金城街道	114443	13004	80626	20813	14023	34886
金都街道	110221	13207	75945	21069	14366	42597
通城街道	31706	3462	20594	7650	5032	8652
河东街道	15285	818	9696	4771	3424	8461
阿什河街道	21772	2027	13902	5843	3954	12937
玉泉街道	13597	840	8198	4559	2973	10032
新利街道	23397	1919	15681	5797	3770	18734
双丰街道	16158	1326	10348	4484	3014	11587
舍利街道	34205	3206	21897	9102	6111	19418
小岭街道	11879	1025	7250	3604	2494	9248
亚沟街道	9100	774	5510	2816	1834	6776
交界街道	9310	730	5573	3007	2123	7688
料甸街道	23603	2351	14595	6657	4489	19281
蜚克图街道	12250	1249	7540	3461	2284	10508
杨树街道	16928	1721	10430	4777	3320	15231
平山镇	13048	1309	8035	3704	2476	10703
松峰山镇	7481	754	4663	2064	1380	6217
红星镇	7290	548	4380	2362	1656	5843
金龙山镇	7801	606	4751	2444	1641	6291
阿城原种场	853	40	527	286	198	1
双城区	**633880**	**67659**	**418753**	**147468**	**98314**	**458339**
五家街道	26926	2479	17559	6888	4626	24177
新兴街道	17986	1762	12287	3937	2629	14300
兰棱街道	26360	2948	17445	5967	3987	22698
周家街道	26473	2166	17593	6714	4672	20371
公正街道	14321	1396	9326	3599	2477	13214
承旭街道	103410	12002	70903	20505	13904	50389

表8 续表 4

单位：人

地　　区	总人口	分年龄人口				居住本乡、镇、街道，户口在本乡、镇、街道
		0-14岁	15-59岁	60岁及以上	#65岁及以上	
承恩街道	42226	5140	28338	8748	5861	18949
永治街道	75669	9152	51681	14836	9757	27084
永和街道	17935	1540	11804	4591	3009	10142
幸福街道	11912	1225	7571	3116	2064	10714
韩甸镇	25123	3043	16461	5619	3685	23303
单城镇	15314	1586	9991	3737	2487	14114
东官镇	13242	1054	8369	3819	2568	12035
农丰满族锡伯族镇	11127	784	7118	3225	2197	9867
杏山镇	18650	2100	11988	4562	3036	17141
西官镇	18392	1882	11600	4910	3180	16376
联兴镇	12007	982	7631	3394	2228	10830
永胜镇	13620	1437	8892	3291	2187	12173
胜丰镇	30191	3281	19558	7352	4824	27726
金城乡	16673	1905	10660	4108	2726	15401
青岭满族乡	11725	835	7465	3425	2321	10471
临江乡	11286	1169	7246	2871	1887	10080
水泉乡	13427	1243	8676	3508	2352	12293
乐群满族乡	11548	1008	7315	3225	2173	10330
万隆乡	23558	2773	15313	5472	3551	21940
希勤满族乡	14301	1656	9279	3366	2164	12775
同心满族乡	10478	1111	6684	2683	1762	9446
依兰县	**258345**	**29504**	**166323**	**62518**	**42337**	**177362**
依兰镇	97473	13195	63856	20422	13631	43288
达连河镇	30751	2781	19828	8142	5670	23964
江湾镇	15873	1737	10062	4074	2758	13872
三道岗镇	24305	2871	15446	5988	4037	21145
道台桥镇	21923	2375	13938	5610	3743	19394
宏克利镇	13477	1374	8254	3849	2598	11255
团山子乡	15890	1568	10131	4191	2857	13733
愚公乡	18483	1858	12137	4488	3032	15892
迎兰朝鲜族乡	12286	1219	7586	3481	2374	9214
依兰县林业局	2437	148	1629	660	450	1371
依兰农场	2065	129	1309	627	476	1627
松花江农场	3382	249	2147	986	711	2607
方正县	**183789**	**21206**	**122286**	**40297**	**27350**	**118060**
方正镇	81330	10653	53721	16956	11323	41289
会发镇	15977	1842	10680	3455	2311	12056
大罗密镇	6805	571	4384	1850	1275	5412
得莫利镇	5290	570	3571	1149	773	3578
天门乡	12974	1458	8753	2763	1842	8931
松南乡	9100	1200	6231	1669	1092	6109
德善乡	8733	821	6034	1878	1279	5162
宝兴乡	9676	1072	6466	2138	1400	6064
方正林业局	32460	2891	21497	8072	5791	28318
沙河农场	1444	128	949	367	264	1141
宾县	**444314**	**52073**	**292914**	**99327**	**66910**	**314588**
宾州镇	168182	22723	112694	32765	22190	87658

表8　续表 5

单位：人

地　区	总人口	分年龄人口				居住本乡、镇、街道，户口在本乡、镇、街道
		0-14岁	15-59岁	60岁及以上	#65岁及以上	
居仁镇	12365	1269	7726	3370	2285	10359
宾西镇	52986	6014	39075	7897	5201	24378
糖坊镇	20945	2191	13342	5412	3654	18900
宾安镇	17127	1790	10857	4480	2973	15528
新甸镇	12307	1216	7831	3260	2195	11241
胜利镇	18740	2388	11805	4547	3041	16766
宁远镇	24950	3124	15821	6005	4040	23009
摆渡镇	9871	1270	6487	2114	1448	8594
平坊镇	11769	1050	7094	3625	2478	10240
满井镇	14031	1451	8949	3631	2409	13022
常安镇	21043	2190	13332	5521	3744	19625
永和乡	7831	766	4827	2238	1485	7325
鸟河乡	15023	1306	9380	4337	2950	13782
民和乡	11645	1069	7465	3111	2070	10773
经建乡	9711	805	6179	2727	1810	8881
三宝乡	15788	1451	10050	4287	2937	14507
巴彦县	**420409**	**47738**	**275610**	**97061**	**64046**	**324871**
巴彦镇	110700	15205	74639	20856	13867	53248
兴隆镇	48251	5397	31483	11371	7535	36551
西集镇	23600	2752	15336	5512	3671	20297
洼兴镇	17175	2138	11388	3649	2459	15146
龙泉镇	13499	1411	8511	3577	2420	12501
巴彦港镇	9906	898	6496	2512	1678	9007
龙庙镇	16598	1739	10891	3968	2604	14930
万发镇	16926	1593	10886	4447	2994	15506
天增镇	20712	2050	13719	4943	3247	19305
黑山镇	11141	1323	7406	2412	1561	10133
松花江乡	13926	1144	8887	3895	2570	12961
富江乡	9510	821	6122	2567	1637	8891
华山乡	11657	1246	7504	2907	1884	10960
丰乐乡	18509	1947	11892	4670	3094	16940
德祥乡	20240	2113	13273	4854	3127	18792
红光乡	21744	2194	14100	5450	3477	20048
山后乡	13963	1645	9022	3296	2168	13073
镇东乡	9454	1214	6262	1978	1262	8906
兴隆林业局	12863	907	7762	4194	2789	7676
工业园区	35	1	31	3	2	
木兰县	**176245**	**21483**	**114737**	**40025**	**26702**	**147906**
木兰镇	63758	7329	41828	14601	9787	45394
东兴镇	24859	3001	16142	5716	3836	22447
大贵镇	19834	2975	12855	4004	2652	18803
利东镇	8178	1048	5133	1997	1329	6913
柳河镇	19570	2269	12615	4686	3113	18207
新民镇	16315	2338	10859	3118	2045	15056
建国乡	10024	1058	6456	2510	1676	8791
吉兴乡	11218	1378	7114	2726	1845	10349
兴隆林业局办事处	2489	87	1735	667	419	1946

表8 续表 6 单位：人

地　　区	总人口	分年龄人口				居住本乡、镇、街道，户口在本乡、镇、街道
		0-14岁	15-59岁	60岁及以上	#65岁及以上	
通河县	**179828**	**19775**	**118884**	**41169**	**27616**	**125364**
通河镇	82268	10172	54775	17321	11560	46060
乌鸦泡镇	8118	685	5345	2088	1446	6951
清河镇	11606	1342	7675	2589	1742	8364
浓河镇	14136	1753	9294	3089	2078	11737
凤山镇	7222	708	4694	1820	1194	6326
祥顺镇	12709	1462	8539	2708	1711	10573
富林镇	9200	905	5831	2464	1671	7752
三站镇	5934	531	3848	1555	1015	5447
清河林业局	21603	1848	14059	5696	4012	16057
兴隆林业局办事处	4328	127	3065	1136	709	3611
岔林河农场	2704	242	1759	703	478	2486
延寿县	**182725**	**21309**	**118814**	**42602**	**28565**	**131764**
延寿镇	82918	10357	54250	18311	12498	50178
六团镇	12704	1315	8217	3172	2078	11052
中和镇	9818	1156	6544	2118	1410	7052
加信镇	13534	1545	8798	3191	2104	10161
延河镇	13190	1377	8469	3344	2216	10264
玉河镇	13499	1404	8690	3405	2265	10637
安山乡	11445	1312	7463	2670	1730	10349
寿山乡	8456	925	5311	2220	1481	7177
青川乡	10909	1301	7019	2589	1732	9975
太平川	552	49	375	128	86	463
庆阳农场	5700	568	3678	1454	965	4456
尚志市	**463358**	**52677**	**298155**	**112526**	**77304**	**373215**
尚志镇	152799	19995	101516	31288	20992	102923
一面坡镇	23021	1687	13912	7422	5256	21046
苇河镇	31206	3872	19188	8146	5835	29075
亚布力镇	30822	3413	19020	8389	5991	28016
帽儿山镇	17876	1672	11374	4830	3295	15585
亮河镇	17768	2570	11032	4166	2907	16764
庆阳镇	13588	1937	8879	2772	1849	12118
石头河子镇	9402	1055	5766	2581	1765	8534
元宝镇	14832	1641	9689	3502	2337	13576
黑龙宫镇	12076	1308	7766	3002	2007	10705
长寿乡	16471	1678	10283	4510	3002	15133
乌吉密乡	12941	1333	8180	3428	2378	11872
鱼池乡	6929	742	4188	1999	1343	4781
珍珠山乡	8928	1045	5518	2365	1640	7441
老街基乡	12154	1399	7909	2846	1947	11191
马延乡	12191	1277	7783	3131	2170	10954
河东乡	8434	785	5203	2446	1579	3669
苇河林业局	31635	2198	21134	8303	5773	25525
亚布力林业局	30239	3070	19774	7395	5234	24300
哈尔滨市政府亚布力滑雪旅游度假区管理委员会	46		41	5	4	7

表8 续表 7

单位：人

地　　区	总人口	分年龄人口				居住本乡、镇、街道，户口在本乡、镇、街道
		0-14岁	15-59岁	60岁及以上	#65岁及以上	
五常市	**724705**	**76231**	**477392**	**171082**	**116621**	**569663**
五常镇	201675	21880	137604	42191	28539	101428
拉林满族镇	33834	3131	20961	9742	6892	29743
山河镇	39347	3629	25654	10064	6895	34014
小山子镇	28082	2935	18889	6258	4291	24952
安家镇	18193	1715	11718	4760	3165	16231
牛家满族镇	30015	2976	18544	8495	5884	28396
杜家镇	19046	1925	12287	4834	3212	16444
背荫河镇	15617	1666	10041	3910	2687	14664
冲河镇	22956	2721	15306	4929	3344	21929
沙河子镇	22687	2829	15011	4847	3265	20921
向阳镇	23086	2295	14940	5851	3862	19031
龙凤山镇	30621	3156	20252	7213	4907	28660
兴盛乡	17395	2092	11336	3967	2631	15862
志广乡	16509	1904	10809	3796	2683	15536
卫国乡	10317	1175	6718	2424	1649	9641
常堡乡	11532	1342	7624	2566	1718	10394
民意乡	14733	1673	9775	3285	2297	14121
红旗满族乡	26218	2778	17526	5914	3971	24550
八家子乡	19627	2107	12955	4565	3093	18350
民乐朝鲜族乡	8042	715	4802	2525	1727	4894
营城子满族乡	20678	2279	13485	4914	3338	19245
长山乡	22899	2804	14292	5803	4044	20950
兴隆乡	24589	2411	16079	6099	4205	22668
二河乡	12056	1410	7914	2732	1887	11152
山河屯林业局	34951	2683	22870	9398	6435	25887
齐齐哈尔市	**4067489**	**426335**	**2659528**	**981626**	**657320**	**2997387**
龙沙区	**355849**	**29778**	**233656**	**92415**	**61117**	**209372**
五龙街道	50908	5564	30311	15033	10264	38436
湖滨街道	39576	3066	24803	11707	8144	27561
江安街道	56916	3948	37525	15443	9832	31841
正阳街道	39425	2685	24743	11997	7782	27132
彩虹街道	62716	5906	41659	15151	9940	38027
南航街道	61025	4235	44429	12361	8169	26523
大民街道	45251	4371	30164	10716	6982	19852
齐齐哈尔局直	32	3	22	7	4	
建华区	**332566**	**32988**	**228752**	**70826**	**47090**	**190548**
中华街道	29712	3095	19263	7354	4876	18194
西大桥街道	58969	7745	38354	12870	8435	39764
卜奎街道	33997	3604	21231	9162	6194	24852
建设街道	84778	7932	58624	18222	11338	41021
文化街道	107949	9858	77125	20966	14769	61261
区直辖村级区划	17161	754	14155	2252	1478	5456
铁锋区	**271372**	**20326**	**172528**	**78518**	**52566**	**188024**
站前街道	43407	3576	26768	13063	8932	29673
南浦街道	29177	1391	21305	6481	4215	16085

表8 续表 8

单位：人

地 区	总人口	分年龄人口				居住本乡、镇、街道，户口在本乡、镇、街道
		0-14岁	15-59岁	60岁及以上	#65岁及以上	
通东街道	40658	2633	25005	13020	9002	33092
光荣街道	33500	2920	20493	10087	6667	26341
龙华街道	41935	3448	26037	12450	8346	33322
北局宅街道	21130	1392	12519	7219	4790	16814
东湖街道	31338	2294	20592	8452	5588	16314
扎龙镇	19308	1762	12655	4891	3115	12170
齐齐哈尔种畜场	10919	910	7154	2855	1911	4213
昂昂溪区	**67824**	**5353**	**43993**	**18478**	**12285**	**47181**
新兴街道	20898	1841	13674	5383	3539	13461
新建街道	10021	910	6308	2803	1865	5279
林机街道	2239	142	1383	714	491	1463
道北街道	4207	163	2327	1717	1189	3429
水师营满族镇	8996	864	5947	2185	1416	7027
榆树屯镇	21463	1433	14354	5676	3785	16522
富拉尔基区	**197424**	**14597**	**124122**	**58705**	**39110**	**146492**
红岸街道	43336	3253	27550	12533	8337	31521
沿江街道	28557	2441	17960	8156	5311	21592
电力街道	7947	346	4929	2672	1777	4791
幸福街道	20928	1162	12832	6934	4894	15279
红宝石街道	15624	1303	10110	4211	2861	13743
北兴街道	24514	2502	15717	6295	4132	15625
铁北街道	21408	852	12516	8040	5369	16475
和平街道	7855	362	4774	2719	1788	5563
长青乡	17996	1354	11604	5038	3306	14163
杜尔门沁达斡尔族乡	9259	1022	6130	2107	1335	7740
碾子山区	**56553**	**4176**	**34570**	**17807**	**12009**	**48715**
东安街道	18099	1074	10595	6430	4325	15839
富强街道	9952	638	6470	2844	2032	8958
跃进街道	7419	474	4627	2318	1532	6415
繁荣街道	21083	1990	12878	6215	4120	17503
梅里斯达斡尔族区	**125399**	**12704**	**83273**	**29422**	**19616**	**96475**
梅里斯街道	21141	2644	14556	3941	2690	7265
雅尔塞镇	14306	1521	9334	3451	2376	11890
卧牛吐达斡尔族镇	18299	1704	12210	4385	3002	14229
达呼店镇	27164	2873	17765	6526	4338	23615
共和镇	12575	1250	8184	3141	2047	11076
梅里斯镇	26668	2192	17673	6803	4396	24079
莽格吐达斡尔族乡	5246	520	3551	1175	767	4321
龙江县	**414285**	**50993**	**270608**	**92684**	**62602**	**344667**
龙江镇	137067	16631	92480	27956	18705	91306
景星镇	38052	4659	24872	8521	5688	34723
龙兴镇	31873	4146	20406	7321	4996	29373
山泉镇	33033	4038	20974	8021	5413	30355
七棵树镇	22823	2245	14366	6212	4294	21248
杏山镇	25106	3413	16404	5289	3495	23028
白山镇	19744	2651	12734	4359	3030	17467
头站镇	21153	3059	13558	4536	3016	18938

表8 续表 9

单位：人

地　区	总人口	分年龄人口				居住本乡、镇、街道，户口在本乡、镇、街道
		0-14岁	15-59岁	60岁及以上	#65岁及以上	
黑岗乡	14140	1335	9061	3744	2519	12854
广厚乡	14097	1961	9046	3090	2153	12917
华民乡	19037	2274	12298	4465	3094	17189
哈拉海乡	12404	1547	7887	2970	2012	11408
鲁河乡	12953	1203	8291	3459	2400	11873
济沁河乡	12803	1831	8231	2741	1787	11988
依安县	**353872**	**38339**	**237210**	**78323**	**51702**	**294920**
依安镇	97265	12619	64726	19920	13389	47095
依龙镇	35471	3883	23299	8289	5501	34194
双阳镇	15306	1510	10266	3530	2271	14765
三兴镇	17702	1927	11955	3820	2489	17107
中心镇	28496	3087	18985	6424	4205	27550
新兴镇	29335	3481	19673	6181	3898	28110
富饶乡	16845	1803	11086	3956	2634	16330
解放乡	13938	1351	9354	3233	2139	13614
阳春乡	14948	1326	10121	3501	2331	14516
新发乡	13999	1295	9217	3487	2198	13519
太东乡	12137	1044	8280	2813	1856	11721
上游乡	12652	1007	8673	2972	2050	12180
红星乡	13635	1164	9524	2947	1929	13143
先锋乡	16203	1472	11149	3582	2396	15683
新屯乡	15940	1370	10902	3668	2416	15393
泰来县	**249153**	**28522**	**165028**	**55603**	**36878**	**209790**
泰来镇	82294	8524	55820	17950	11858	56782
平洋镇	15683	1738	10328	3617	2326	14870
汤池镇	12427	1449	8088	2890	1888	11234
江桥蒙古族镇	14925	1521	9733	3671	2439	13553
塔子城镇	11025	1369	7257	2399	1591	10202
大兴镇	24571	3474	16055	5042	3392	22527
和平镇	27023	3473	17475	6075	4055	25584
克利镇	34684	3842	22936	7906	5252	31260
胜利蒙古族乡	12710	1541	8261	2908	1941	11305
宁姜蒙古族乡	12351	1481	8124	2746	1848	11433
葡萄场	61	3	35	23	17	41
果树场	57	2	44	11	5	37
泰来县一苗圃	71	4	48	19	13	57
泰来县二苗圃	38	3	22	13	10	27
东方红机械林场	492	26	316	150	114	413
第一良种场	40	4	25	11	8	29
第二良种场	104	12	57	35	29	87
宏胜种畜场	338	29	220	89	63	324
二龙涛农场	259	27	184	48	29	25
甘南县	**288203**	**38054**	**187373**	**62776**	**42301**	**229927**
甘南镇	100104	14671	66051	19382	12998	61394
兴十四镇	11078	1526	6962	2590	1733	9136
平阳镇	10717	1453	6858	2406	1566	9776
东阳镇	18900	2570	12022	4308	2853	17283

表8 续表 10

单位：人

地区	总人口	分年龄人口				居住本乡、镇、街道，户口在本乡、镇、街道
		0-14岁	15-59岁	60岁及以上	#65岁及以上	
巨宝镇	14659	1921	9522	3216	2124	13432
长山乡	14628	1858	9048	3722	2469	13642
中兴乡	20247	2485	12995	4767	3207	18902
兴隆乡	13824	1913	8741	3170	2148	12714
宝山乡	28508	4401	18022	6085	4106	26580
查哈阳乡	10546	1436	6861	2249	1505	9638
查哈阳农场	44992	3820	30291	10881	7592	37430
富裕县	**224040**	**24637**	**146836**	**52567**	**35302**	**179013**
富裕镇	92475	10937	60449	21089	14335	58206
富路镇	19802	2169	13001	4632	3011	18514
富海镇	11312	1140	7305	2867	1915	10668
二道湾镇	19886	1814	12840	5232	3578	18187
龙安桥镇	9546	1111	6080	2355	1533	8619
塔哈镇	18004	1624	12514	3866	2483	14893
繁荣乡	19958	2265	13094	4599	3120	19406
绍文乡	10674	1153	7114	2407	1597	10130
忠厚乡	6157	603	3961	1593	1094	5786
友谊达斡尔族满族柯尔克孜族乡	16226	1821	10478	3927	2636	14604
克山县	**255041**	**25134**	**164249**	**65658**	**45109**	**199776**
克山镇	96096	11200	64284	20612	14026	50689
北兴镇	11670	1263	7221	3186	2125	11092
西城镇	25430	1836	16584	7010	4988	23898
古城镇	12524	1065	7802	3657	2491	11887
北联镇	10994	1280	6882	2832	1908	10276
西河镇	8664	699	5292	2673	1870	7874
双河镇	15411	1382	9803	4226	2810	14501
河南乡	9926	854	6125	2947	2018	9293
河北乡	9905	685	5999	3221	2249	9234
古北乡	8493	685	5275	2533	1726	7880
西联乡	9756	903	6327	2526	1738	9249
发展乡	8597	825	5397	2375	1646	8336
西建乡	7625	710	4828	2087	1463	7177
向华乡	10425	857	6485	3083	2207	9679
曙光乡	8268	808	5179	2281	1562	7609
克山县涌泉林场	228	11	145	72	39	195
克山县北联林场	236	17	147	72	45	198
克山县丰园种植场	170	20	93	57	40	158
克山县种畜场	623	34	381	208	158	551
克东县	**156983**	**17051**	**102431**	**37501**	**25319**	**90209**
克东镇	85331	11468	57771	16092	10845	28074
宝泉镇	17363	1385	10746	5232	3604	13789
乾丰镇	9762	848	6079	2835	1919	8634
玉岗镇	14600	1172	9134	4294	2930	13299

表8 续表 11

单位：人

地区	总人口	分年龄人口				居住本乡、镇、街道，户口在本乡、镇、街道
		0-14岁	15-59岁	60岁及以上	#65岁及以上	
蒲峪路镇	8059	501	4939	2619	1702	7160
润津乡	7817	495	4839	2483	1654	7004
昌盛乡	10990	1043	6808	3139	2151	9950
第一苗圃	67	4	37	26	19	37
第二苗圃	75	5	54	16	12	49
爱华林场	501	22	342	137	72	417
发展林场	351	13	253	85	57	288
东兴林场	172	10	119	43	23	148
红旗奶山羊场	284	15	195	74	53	254
第一良种场	280	17	173	90	60	254
第二良种繁殖场	153	10	92	51	37	125
果树繁殖场	34	1	24	9	8	15
种猪场	40	1	21	18	8	25
黑龙江省社会救助安置中心	1104	41	805	258	165	687
拜泉县	**282019**	**33672**	**180334**	**68013**	**45281**	**214485**
拜泉镇	104474	15821	68667	19986	13585	48803
三道镇	19782	2237	12586	4959	3272	18617
兴农镇	16807	1755	10680	4372	2876	15767
长春镇	15744	1665	9762	4317	2903	14690
龙泉镇	16225	1587	10117	4521	2984	15372
国富镇	11015	1166	6942	2907	1930	10207
富强镇	10596	1099	6646	2851	1896	9736
新生乡	11550	1280	7401	2869	1866	10990
兴国乡	7237	665	4598	1974	1254	6771
上升乡	8231	759	5330	2142	1463	7624
兴华乡	10453	946	6692	2815	1882	9513
大众乡	8754	948	5481	2325	1565	8254
丰产乡	13733	1250	8493	3990	2613	12713
永勤乡	7553	668	4617	2268	1458	6912
爱农乡	13355	1362	8416	3577	2345	12439
时中乡	6510	464	3906	2140	1389	6077
讷河市	**436906**	**50011**	**284565**	**102330**	**69033**	**307793**
雨亭街道	97335	14051	65882	17402	11620	28109
通江街道	56213	6458	38396	11359	7730	23818
拉哈镇	22470	2050	14559	5861	3936	14328
二克浅镇	27281	3148	17340	6793	4523	25254
学田镇	18681	2205	11844	4632	3149	17460
龙河镇	21252	2045	13242	5965	4084	19925
讷南镇	18313	1801	11668	4844	3292	16442
六合镇	17942	1932	11249	4761	3081	16187
长发镇	11300	1170	7079	3051	2029	10472
通南镇	19505	2350	12475	4680	3175	18318
同义镇	17532	2130	11004	4398	2977	16473
九井镇	17333	1694	11294	4345	2997	16250
老莱镇	20945	1828	13222	5895	3914	19647
孔国乡	19102	1838	12145	5119	3529	17986
和盛乡	12152	1370	7518	3264	2221	11265

表8 续表 12

单位：人

地　　区	总人口	分年龄人口				居住本乡、镇、街道，户口在本乡、镇、街道
		0-14岁	15-59岁	60岁及以上	#65岁及以上	
同心乡	13384	1241	8413	3730	2576	12276
兴旺鄂温克族乡	19629	2336	12633	4660	3091	18564
龙河镇保安林场	255	12	151	92	61	235
龙河镇茂山林场	441	9	288	144	98	383
龙河镇国庆林场	123	2	85	36	19	105
学田镇富源林场	187	8	126	53	31	174
老莱镇宽余林场	155	2	124	29	20	135
新江林场	301	13	207	81	61	236
一良苗圃	134	1	101	32	24	77
六合镇黎明奶牛场	222	18	149	55	36	198
孔国乡进化种猪场	201	9	122	70	45	170
二克浅镇二里种畜场	439	44	295	100	81	404
龙河镇青色草原种畜场	2170	167	1470	533	369	2036
第一良种场	1302	50	1074	178	130	342
第二良种场	177	9	122	46	37	158
第三良种场	222	10	150	62	52	184
第四良种场	208	10	138	60	45	182
鸡西市	**1502060**	**137811**	**985463**	**378786**	**260011**	**997024**
鸡冠区	**402345**	**38865**	**269289**	**94191**	**64658**	**269529**
向阳街道	48566	4226	31732	12608	8873	30651
南山街道	97316	11088	67278	18950	12915	65538
立新街道	3751	159	2348	1244	920	2836
东风街道	46895	3451	31487	11957	8360	35312
红军路街道	35580	2610	24240	8730	5861	22753
西鸡西街道	51754	3330	33583	14841	9975	32539
西山街道	83918	10910	55941	17067	11711	58612
红星乡	20674	1982	13440	5252	3627	12508
西郊乡	13891	1109	9240	3542	2416	8780
恒山区	**87822**	**5702**	**56560**	**25560**	**17522**	**59991**
桦木林街道	432	9	255	168	112	289
大恒山街道	10885	532	6833	3520	2423	8367
小恒山街道	13192	647	8475	4070	2817	9596
二道河子街道	9421	503	6287	2631	1858	7276
张新街道	2038	69	1384	585	380	1409
奋斗街道	28622	2371	18770	7481	5069	15004
柳毛街道	2550	117	1706	727	537	1814
红旗乡	10317	621	6447	3249	2187	7578
柳毛乡	10365	833	6403	3129	2139	8658
滴道区	**65980**	**5024**	**41895**	**19061**	**13114**	**40613**
东兴街道	22703	2163	14822	5718	3820	9045
矿里街道	4946	240	3082	1624	1130	4112
洗煤街道	12577	813	7793	3971	2718	7409
大通沟街道	9463	507	6139	2817	1923	7525
滴道河乡	8202	617	5088	2497	1731	5855
兰岭乡	8089	684	4971	2434	1792	6667

表8 续表 13

单位：人

地区	总人口	分年龄人口				居住本乡、镇、街道，户口在本乡、镇、街道
		0-14岁	15-59岁	60岁及以上	#65岁及以上	
梨树区	**39833**	**2827**	**25892**	**11114**	**7735**	**25772**
街里街道	22386	1682	14573	6131	4310	13664
穆棱街道	1889	72	1194	623	400	1358
平岗街道	9261	609	6167	2485	1691	6498
碱场街道	601	24	457	120	81	251
石磷街道	442	11	227	204	151	332
梨树镇	5254	429	3274	1551	1102	3669
城子河区	**69951**	**4865**	**46651**	**18435**	**12796**	**45232**
城子河街道	41147	3049	27701	10397	7182	26244
正阳街道	4873	313	3290	1270	888	3790
东海街道	6111	325	4281	1505	1058	3962
城西街道	1297	76	801	420	309	942
杏花街道	5515	302	3857	1356	946	4006
长青乡	4236	327	2660	1249	859	2704
永丰乡	6772	473	4061	2238	1554	3584
麻山区	**17301**	**1524**	**10847**	**4930**	**3499**	**13647**
麻山街道	9299	873	5881	2545	1800	7023
麻山镇	8002	651	4966	2385	1699	6624
鸡东县	**211855**	**19012**	**137617**	**55226**	**37451**	**161749**
鸡东镇	89806	8906	60222	20678	14261	64926
平阳镇	13966	1230	8856	3880	2553	12479
向阳镇	10181	791	6547	2843	1962	9088
哈达镇	12514	1007	7969	3538	2392	9669
永安镇	12198	1111	7577	3510	2379	10012
永和镇	11596	1049	7553	2994	1995	8754
东海镇	16240	1315	10373	4552	3063	14022
兴农镇	9651	939	6203	2509	1664	6253
鸡林乡	5167	378	3104	1685	1054	1155
明德乡	5121	381	3187	1553	978	3881
下亮子乡	12992	1267	8352	3373	2267	11486
林业局	2171	118	1467	586	413	1640
八五一〇农场	10252	520	6207	3525	2470	8384
虎林市	**267870**	**26710**	**175568**	**65592**	**44904**	**167244**
虎林镇	91158	10610	61907	18641	12775	49263
东方红镇	1718	168	1026	524	351	1161
迎春镇	3281	231	2108	942	636	1568
虎头镇	6602	660	4211	1731	1117	4344
杨岗镇	8510	654	5420	2436	1668	6376
东诚镇	5468	357	3260	1851	1303	4370
宝东镇	7746	626	4781	2339	1614	6298
新乐乡	4463	283	2574	1606	1132	3768
伟光乡	3515	251	2053	1211	861	2904
珍宝岛乡	2592	228	1646	718	427	1558
阿北乡	2383	259	1533	591	385	1783
东方红林业局	26480	1911	17174	7395	5550	18527
迎春林业局	12854	1040	8480	3334	2486	7129
八五〇农场	14409	1426	9378	3605	2496	9139

表8 续表 14

单位：人

地　区	总人口	分年龄人口				居住本乡、镇、街道，户口在本乡、镇、街道
		0-14岁	15-59岁	60岁及以上	#65岁及以上	
八五四农场	20322	2055	13218	5049	3301	13219
八五六农场	20784	2354	13673	4757	3042	11914
八五八农场	13474	1471	8839	3164	2043	8067
庆丰农场	12441	1247	8059	3135	2047	8797
云山农场	9670	879	6228	2563	1670	7059
密山市	**339103**	**33282**	**221144**	**84677**	**58332**	**213247**
中心街道	123971	14011	84293	25667	17503	60213
密山镇	10108	740	6264	3104	2148	7030
连珠山镇	10027	874	6280	2873	1930	7278
当壁镇	7062	581	4505	1976	1386	5596
知一镇	6675	706	4224	1745	1178	5220
黑台镇	12400	1111	7690	3599	2410	9398
兴凯镇	9336	891	5892	2553	1717	5512
裴德镇	12187	1051	7635	3501	2514	9463
白鱼湾镇	12342	1096	7964	3282	2224	10059
柳毛乡	5943	590	3775	1578	1085	4798
杨木乡	12420	1282	8197	2941	2068	10728
兴凯湖乡	6685	584	4314	1787	1199	5334
承紫河乡	4796	493	3139	1164	779	3723
二人班乡	11153	1053	6914	3186	2176	9210
太平乡	9422	985	5883	2554	1745	7773
和平乡	9720	753	6130	2837	1840	5656
富源乡	9586	884	5827	2875	2095	7770
林业局	737	41	490	206	136	320
青年水库	182	7	119	56	34	66
煤炭工业局	227	18	150	59	38	98
牡丹江管理局局直	7138	498	5006	1634	1245	2081
八五五农场	9088	751	5730	2607	1826	7496
八五七农场	13771	1228	8594	3949	2735	10004
八五一一农场	11193	892	6878	3423	2524	8048
兴凯湖农场	12671	1300	8648	2723	1812	5968
牡丹江管理局北大营管委会	6793	598	4347	1848	1306	2450
牡丹江管理局双峰农场	1747	178	1163	406	313	779
水产养殖有限公司	854	33	536	285	189	586
种畜场	295	9	189	97	76	214
水田良种场	181	20	116	45	28	111
市良种场	175	14	108	53	31	143
校办企业公司	65	4	38	23	16	37
蜂蜜山粮库有限公司	153	6	106	41	26	85
鹤岗市	**891271**	**77421**	**597050**	**216800**	**146649**	**569227**
向阳区	**72867**	**5251**	**47250**	**20366**	**14076**	**55195**
北山街道	7884	598	5310	1976	1289	5286
红军街道	26115	1640	16611	7864	5639	21274
光明街道	22275	1652	14198	6425	4413	16850
胜利街道	13202	1120	8797	3285	2177	9859
南翼街道	3391	241	2334	816	558	1926

表8 续表 15 单位：人

地区	总人口	分年龄人口				居住本乡、镇、街道，户口在本乡、镇、街道
		0-14岁	15-59岁	60岁及以上	#65岁及以上	
工农区	**136519**	**14556**	**93880**	**28083**	**18947**	**91055**
育才街道	26303	2659	18073	5571	3810	19015
红旗街道	35709	3739	24428	7542	4975	20726
新南街道	22354	2715	16107	3532	2417	14128
湖滨街道	11214	884	7222	3108	2021	8014
解放街道	19539	2304	13550	3685	2563	13680
团结街道	21400	2255	14500	4645	3161	15492
南山区	**119662**	**9236**	**81982**	**28444**	**18943**	**69979**
铁西街道	19533	1644	13004	4885	3410	13447
铁东街道	3695	210	2395	1090	734	2360
六号街道	43652	3123	29907	10622	6845	22120
大陆街道	12535	926	8922	2687	1747	6840
富力街道	5235	344	3692	1199	811	2683
麓林山街道	35012	2989	24062	7961	5396	22529
兴安区	**99013**	**7212**	**66153**	**25648**	**16901**	**52538**
兴安路街道	21699	2024	15002	4673	3000	13265
兴建路街道	16896	1179	11325	4392	2856	8247
兴长路街道	7065	459	4706	1900	1256	4710
峻德路街道	9194	559	5966	2669	1658	6098
河东路街道	17656	1014	11714	4928	3321	7318
光宇街道	22759	1714	15036	6009	4041	10621
红旗镇	3744	263	2404	1077	769	2279
东山区	**96218**	**7154**	**63838**	**25226**	**17246**	**59690**
工人村办街道	13128	837	8726	3565	2414	6090
新一办街道	2330	107	1482	741	533	1436
三街办街道	1069	50	687	332	219	583
东山办街道	22736	1668	15490	5578	3662	16103
鹤兴办街道	13779	1386	9299	3094	1957	5058
新华镇	9511	716	6140	2655	1855	7240
蔬园乡	7417	492	4547	2378	1707	4907
东方红乡	9521	670	6644	2207	1551	5956
鹤岗市林业局生活区	1130	26	706	398	246	751
新华农场	15597	1202	10117	4278	3102	11566
兴山区	**21125**	**1479**	**14195**	**5451**	**3761**	**13790**
岭北街道	812	34	502	276	179	483
岭南街道	815	48	550	217	140	528
沟北街道	6986	470	4562	1954	1340	4895
沟南街道	12512	927	8581	3004	2102	7884
萝北县	**206072**	**18857**	**136317**	**50898**	**34791**	**127486**
凤翔镇	53201	6277	35904	11020	7414	25880
鹤北镇	3870	227	2472	1171	761	2617
名山镇	1575	60	945	570	359	1216
团结镇	6560	338	4024	2198	1443	5547
肇兴镇	4932	310	3164	1458	978	4485
云山镇	1486	90	972	424	266	986
东明朝鲜族乡	2832	183	1839	810	477	319

表8　续表 16

单位：人

地　　区	总人口	分年龄人口				居住本乡、镇、街道，户口在本乡、镇、街道
		0-14岁	15-59岁	60岁及以上	#65岁及以上	
太平沟乡	1111	68	690	353	243	955
萝北县林业局	1083	14	885	184	112	282
鹤北林业局	16415	867	11053	4495	3097	13210
宝泉岭管理局局直	25825	2757	16481	6587	4508	14011
江滨农场	11587	750	7474	3363	2525	9956
军川农场	14553	1223	9614	3716	2613	11898
名山农场	7408	501	4743	2164	1564	6005
延军农场	6173	429	3934	1810	1204	4869
共青农场	12737	917	8202	3618	2530	10159
宝泉岭农场	34129	3814	23551	6764	4563	14700
萝北县农业局	595	32	370	193	134	391
绥滨县	**139795**	**13676**	**93435**	**32684**	**21984**	**99494**
绥滨镇	57221	6762	39198	11261	7758	28989
绥东镇	9186	927	6052	2207	1467	8576
忠仁镇	11122	915	7348	2859	1832	10296
连生乡	5954	363	3819	1772	1144	5641
北岗乡	4788	303	2958	1527	1000	4419
富强乡	2244	134	1375	735	500	1930
北山乡	1923	79	1248	596	423	1716
福兴乡	2334	132	1580	622	432	2146
新富乡	1475	70	986	419	303	1279
绥滨西林场	37	1	30	6	2	28
国营中兴边防林场	80	5	52	23	10	52
忠仁镇良种场	24		17	7	4	14
绥东镇种畜场	203	9	140	54	33	178
二九〇农场	18610	1451	12273	4886	3329	15470
绥滨农场	15378	1571	10216	3591	2414	12459
普阳农场	9216	954	6143	2119	1333	6301
双鸭山市	**1208803**	**117527**	**799305**	**291971**	**201379**	**757242**
尖山区	**262359**	**25627**	**177623**	**59109**	**40830**	**166395**
二马路街道	30705	2626	20662	7417	5232	21838
八马路街道	59461	6205	39491	13765	9675	43101
中心站街道	26006	1735	17580	6691	4538	17139
富安街道	36117	4100	24340	7677	5156	22768
窑地街道	9427	733	6152	2542	1706	6547
长安街道	9899	649	6427	2823	2004	6326
铁西街道	79769	8699	55710	15360	10559	41240
安邦乡	10975	880	7261	2834	1960	7436
岭东区	**27498**	**1333**	**17981**	**8184**	**5661**	**17982**
中山街道	10102	542	6583	2977	2035	8288
北山街道	8895	451	5739	2705	1904	4679
南山街道	3657	158	2374	1125	749	1759
东山街道	90	4	67	19	13	35
中心街道	381	20	250	111	83	227
西山街道	1231	34	945	252	169	642
长胜乡	1288	61	813	414	257	843
岭东区青山旅游公司	370	18	228	124	95	173
岭东区岭东经营所	1484	45	982	457	356	1336

表8 续表 17

单位：人

地区	总人口	分年龄人口				居住本乡、镇、街道，户口在本乡、镇、街道
		0-14岁	15-59岁	60岁及以上	#65岁及以上	
四方台区	**39550**	**2493**	**26696**	**10361**	**7201**	**25933**
振兴中路街道	9252	548	6254	2450	1739	6000
振兴东路街道	5649	339	3731	1579	1169	3536
集贤街道	6132	336	4084	1712	1164	4169
东荣街道	6733	422	5143	1168	724	3116
太保镇	11784	848	7484	3452	2405	9112
宝山区	**72475**	**4189**	**48782**	**19504**	**13589**	**52993**
红旗街道	10291	747	6717	2827	2013	7580
跃进街道	10233	597	6672	2964	2088	7075
东保卫街道	4738	269	3400	1069	697	3178
七星街道	10308	617	6709	2982	1958	8346
双阳街道	7518	389	5549	1580	1076	5258
新安街道	8330	504	6073	1753	1165	6404
电厂街道	9199	401	6142	2656	1959	6551
七星镇	1200	58	796	346	243	732
双鸭山林业局宝山经营所	438	12	268	158	113	34
双鸭山林业局大叶沟林场	358	10	237	111	88	208
双鸭山农场	9862	585	6219	3058	2189	7627
集贤县	**243945**	**23744**	**160799**	**59402**	**40789**	**147413**
福利镇	138801	15942	94092	28767	19817	60276
集贤镇	13376	911	8176	4289	2931	11166
升昌镇	11146	795	7022	3329	2282	9508
丰乐镇	11723	855	7259	3609	2553	10064
太平镇	9079	660	5672	2747	1953	7838
腰屯乡	9172	660	5791	2721	1799	7960
兴安乡	11559	910	7224	3425	2287	9580
永安乡	12895	1006	7910	3979	2692	11145
太平林场	81	1	54	26	23	63
丰乐林场	112	4	73	35	26	76
七星林场	127	3	70	54	29	54
峻山林场	119	4	56	59	49	68
爱林林场	85	2	59	24	20	38
腰屯林场	44	3	28	13	7	22
升平煤矿	1424	110	979	335	225	621
笔架山农场	6054	201	4166	1687	1198	4675
二九一农场	17467	1649	11764	4054	2721	13754
良种场	171	9	115	47	30	103
种畜场	265	15	163	87	61	214
果树示范场	245	4	126	115	86	188
友谊县	**101080**	**8993**	**64758**	**27329**	**19170**	**46631**
友谊镇	43011	4246	27467	11298	8000	17579
兴隆镇	5000	284	3078	1638	1155	3448
龙山镇	602	15	353	234	143	317
凤岗镇	3045	69	1836	1140	825	2456
兴盛乡	1536	43	963	530	362	1079

表8　续表 18　　单位：人

地　　区	总人口	分年龄人口				居住本乡、镇、街道，户口在本乡、镇、街道
		0-14岁	15-59岁	60岁及以上	#65岁及以上	
东建乡	1766	59	1154	553	404	1240
庆丰乡	2163	81	1388	694	492	1744
建设乡	2066	80	1296	690	443	1429
友邻乡	2492	76	1681	735	511	1776
新镇乡	1650	60	1124	466	305	1159
成富朝鲜族满族乡	1943	41	1299	603	416	1406
红兴隆管理局局直	35806	3939	23119	8748	6114	12998
宝清县	**331377**	**36682**	**216737**	**77958**	**54119**	**219465**
宝清镇	160241	23029	108321	28891	19722	78204
七星泡镇	28603	2538	17879	8186	5804	25258
青原镇	12158	1196	7417	3545	2387	10819
夹信子镇	8633	658	5308	2667	1936	7578
龙头镇	5054	349	3174	1531	1079	4104
小城子镇	7259	558	4570	2131	1414	5462
朝阳乡	8983	756	5638	2589	1789	7434
万金山乡	6941	455	4298	2188	1521	6350
尖山子乡	5802	347	3577	1878	1300	5011
七星河乡	7009	709	4317	1983	1419	6227
双鸭山林业局上游经营所	382	9	265	108	79	5
双鸭山林业局南瓮泉经营所	586	15	394	177	130	
双鸭山林业局七一林场	239	4	183	52	42	
双鸭山林业局七星河林场	214	3	160	51	39	
双鸭山林业局红旗林场	209	3	138	68	43	
双鸭山林业局三岔河林场	70	2	49	19	15	43
双鸭山林业局青龙林场	141	4	89	48	23	
双鸭山林业局宝石经营所	345	13	206	126	77	
桦南林业局岚峰林场	236	16	180	40	22	8
五九七农场	19437	1397	12389	5651	3832	16830
八五二农场	32117	2368	20629	9120	6515	27342
八五三农场	26718	2253	17556	6909	4931	18790
饶河县	**130519**	**14466**	**85929**	**30124**	**20020**	**80430**
饶河镇	44309	5675	29344	9290	6399	20616
小佳河镇	5300	431	3413	1456	975	3637
西丰镇	5032	464	3149	1419	975	3825
五林洞镇	629	22	360	247	170	506
西林子乡	2265	110	1413	742	491	1610
四排乡	691	36	447	208	143	458
大佳河乡	2110	122	1310	678	445	1675
山里乡	2784	219	1845	720	502	2270
大通河乡	1548	83	950	515	340	1056
小佳河林场	103	9	75	19	14	38
威山林场	220	5	172	43	28	156
西丰林场	155	6	118	31	24	110
大牙克林场	328	14	252	62	43	138
石场林场	639	14	458	167	124	459

表8 续表 19

单位：人

地 区	总人口	分年龄人口				居住本乡、镇、街道，户口在本乡、镇、街道
		0-14岁	15-59岁	60岁及以上	#65岁及以上	
宝马山林场	317	10	225	82	63	231
大岱林场	440	12	289	139	103	280
永幸林场	412	23	259	130	91	282
奇源林场	269	15	209	45	37	207
芦源林场	22	2	15	5	3	4
五林洞林场	1411	101	961	349	238	901
饶河农场	9463	869	6126	2468	1582	7182
红旗岭农场	6863	600	4556	1707	1211	5302
八五九农场	19548	2285	13121	4142	2744	12901
胜利农场	14235	1777	9323	3135	1965	9659
红卫农场	11426	1562	7539	2325	1310	6927
大庆市	**2781562**	**310589**	**1884133**	**586840**	**398530**	**1721608**
萨尔图区	**327192**	**37492**	**223462**	**66238**	**45856**	**166832**
萨尔图街道	13177	1291	9362	2524	1654	2288
铁人街道	30913	2591	20603	7719	5568	13950
友谊街道	6577	604	4743	1230	838	1401
富强街道	15107	923	10657	3527	2619	4546
拥军街道	15493	1132	9880	4481	3373	5939
会战街道	24202	2108	17425	4669	3162	7566
火炬街道	14917	986	10353	3578	2521	5167
东风街道	132478	16913	92013	23552	15901	80241
东安街道	74328	10944	48426	14958	10220	45734
龙凤区	**290827**	**33277**	**202325**	**55225**	**38352**	**138393**
龙凤街道	69609	8410	46818	14381	10466	31181
兴化街道	34868	2976	23467	8425	6321	19910
卧里屯街道	16469	1105	10176	5188	3648	9388
东光街道	22562	1953	15116	5493	4116	8381
三永街道	42846	6529	30861	5456	3305	14908
龙政街道	41561	6283	30349	4929	3136	24782
湿地街道	30058	3221	23185	3652	2571	12609
龙凤镇	32854	2800	22353	7701	4789	17234
让胡路区	**592603**	**64927**	**402960**	**124716**	**90141**	**358945**
龙岗街道	111414	13342	76559	21513	14957	67839
银浪街道	35847	3026	23099	9722	6693	21055
奋斗街道	78493	7347	54022	17124	12760	41826
庆新街道	15078	1100	9250	4728	3576	7972
西宾街道	143201	19420	100507	23274	15783	93812
乘风街道	160355	16319	107309	36727	28762	102392
喇嘛甸镇	40715	3918	27444	9353	6157	21848
红骥牧场	2654	143	1650	861	527	870
星火牧场	808	44	521	243	157	276
银浪牧场	4038	268	2599	1171	769	1055
红岗区	**129988**	**10187**	**87556**	**32245**	**23007**	**67477**
红岗街道	35358	3184	23901	8273	6243	15712
八百垧街道	31952	2162	21654	8136	5846	16272
杏南街道	10612	683	6951	2978	2119	6070

表8 续表 20 单位：人

地　　区	总人口	分年龄人口				居住本乡、镇、街道，户口在本乡、镇、街道
		0-14岁	15-59岁	60岁及以上	#65岁及以上	
解放街道	21246	1470	14693	5083	3714	10148
创业街道	5851	432	3598	1821	1304	2567
杏树岗镇	24395	2245	16260	5890	3752	16708
黑龙江红岗经济开发区	574	11	499	64	29	
大同区	**180266**	**19117**	**121309**	**39840**	**25151**	**117380**
庆葡街道	6178	402	4848	928	558	2652
高台子镇街道	6751	726	4712	1313	952	2216
林源镇街道	11952	877	8315	2760	1928	6010
立志街道	548	24	380	144	101	142
新华街道	3800	267	2336	1197	843	2543
大同镇街道	41639	6296	28757	6586	4497	13564
大同镇	11441	1115	7633	2693	1640	8454
高台子镇	15721	1586	10370	3765	2226	13092
太阳升镇	8338	772	5651	1915	1196	7247
林源镇	9889	740	6520	2629	1590	7774
祝三乡	15351	1472	9899	3980	2352	13433
老山头乡	12224	1248	8000	2976	1841	10382
八井子乡	18321	1794	11958	4569	2699	14501
双榆树乡	10198	1043	6786	2369	1432	9075
和平街道	7915	755	5144	2016	1296	6295
肇州县	**306036**	**32456**	**200473**	**73107**	**47618**	**231043**
肇州镇	116165	13460	79318	23387	15548	65400
永乐镇	13228	1130	8275	3823	2479	12001
丰乐镇	14445	1177	8969	4299	2846	12191
朝阳沟镇	23223	2310	15745	5168	3380	18259
兴城镇	28444	3241	18114	7089	4576	25230
二井镇	23165	2449	14591	6125	3924	20794
双发乡	14398	1387	9103	3908	2437	12264
托古乡	12934	1108	8154	3672	2302	11400
朝阳乡	13602	1480	8635	3487	2242	11964
永胜乡	12250	1193	7856	3201	2045	11001
榆树乡	13294	1363	8437	3494	2349	12037
新福乡	19238	2042	12237	4959	3172	17091
乐园良种场	635	67	388	180	115	547
卫星种畜场	1015	49	651	315	203	864
肇源县	**330340**	**36794**	**215305**	**78241**	**51117**	**239792**
肇源镇	108386	13290	72581	22515	14816	56819
三站镇	17119	1869	10912	4338	2908	15028
二站镇	20899	2039	13370	5490	3634	18277
茂兴镇	13324	1351	8568	3405	2126	10884
古龙镇	20825	2692	13277	4856	3214	17988
新站镇	37174	4541	24537	8096	5233	26438
头台镇	13015	1199	8405	3411	2229	11022
古恰镇	17085	1602	10667	4816	3104	14122
福兴乡	12167	1187	7854	3126	2045	10177
薄荷台乡	10206	961	6488	2757	1856	8639
和平乡	9373	885	5953	2535	1653	7941

表8 续表 21

单位：人

地 区	总人口	分年龄人口				居住本乡、镇、街道，户口在本乡、镇、街道
		0-14岁	15-59岁	60岁及以上	#65岁及以上	
超等乡	10517	1141	6754	2622	1681	8794
民意乡	11407	1186	7213	3008	1966	9575
义顺乡	9067	982	5868	2217	1435	7569
浩德乡	4993	497	3160	1336	876	4157
大兴乡	9036	891	5961	2184	1379	8066
肇源农场	3766	330	2452	984	630	2626
种畜场	534	40	353	141	74	488
新立良种繁育场	781	60	495	226	144	718
立陡山良种场	226	21	146	59	38	189
果树示范场	56	4	30	22	14	25
经济作物示范场	193	15	127	51	29	131
茂兴湖水产养殖场	191	11	134	46	33	119
林甸县	**191238**	**21326**	**125745**	**44167**	**29452**	**136276**
林甸镇	89297	11636	60395	17266	11482	43841
红旗镇	13724	1242	8936	3546	2341	12539
花园镇	21657	2550	14122	4985	3308	19741
四季青镇	14972	1496	9513	3963	2616	13704
鹤鸣湖镇	13985	1151	8797	4037	2637	12721
东兴乡	12588	1123	8163	3302	2220	11600
宏伟乡	9216	647	5734	2835	1937	7991
四合乡	12954	1299	8201	3454	2380	11730
林甸县长青林场	161	3	119	39	21	82
巨浪牧场	1975	150	1270	555	394	1729
国营苇场	338	15	243	80	45	296
新兴畜牧场	371	14	252	105	71	302
杜尔伯特蒙古族自治县	**199293**	**24405**	**130939**	**43949**	**28567**	**148713**
杜尔伯特镇	80081	10709	52483	16889	11107	46892
胡吉吐莫镇	7427	964	4923	1540	955	5993
烟筒屯镇	12920	1261	8343	3316	2181	11219
他拉哈镇	14985	1942	9888	3155	2039	13146
连环湖镇	10992	1197	7194	2601	1722	9620
一心乡	14262	1174	9655	3433	2206	11614
克尔台乡	8841	843	5728	2270	1545	7536
敖林西伯乡	11651	1535	7694	2422	1460	10004
巴彦查干乡	11946	1792	7693	2461	1547	10604
腰新乡	13869	1619	9116	3134	1975	12286
江湾乡	5828	896	3791	1141	697	4762
绿色草原牧场	4148	299	2784	1065	772	3262
大山种羊场	2343	174	1647	522	361	1775
大庆高新技术产业开发区	**233779**	**30608**	**174059**	**29112**	**19269**	**116757**
开发区黎明街道	233779	30608	174059	29112	19269	116757
伊春市	**878881**	**65043**	**572742**	**241096**	**160147**	**673471**
伊美区	**173320**	**14640**	**112752**	**45928**	**30275**	**127279**
朝阳街道	22125	1478	13587	7060	4841	16696
前进街道	13717	1216	10093	2408	1619	5930

表8 续表 22 单位：人

地 区	总人口	分年龄人口				居住本乡、镇、街道，户口在本乡、镇、街道
		0-14岁	15-59岁	60岁及以上	#65岁及以上	
红升街道	30882	3143	20068	7671	5129	24945
旭日街道	32810	2055	20966	9789	6337	23083
新欣街道	32115	3771	21445	6899	4578	24334
南郡街道	14944	1562	10030	3352	2060	9855
东升镇	2827	119	1682	1026	635	2194
美溪镇	23900	1296	14881	7723	5076	20242
乌翠区	**72259**	**4623**	**47548**	**20088**	**12782**	**60535**
乌马河街道	12281	728	8063	3490	2141	9157
锦山街道	20295	1481	13151	5663	3548	15367
曙光街道	23918	1401	16038	6479	4218	22041
向阳街道	15765	1013	10296	4456	2875	13970
友好区	**54302**	**2999**	**35363**	**15940**	**10503**	**35296**
双子河街道	3374	125	2274	975	636	2642
铁林街道	6332	297	4062	1973	1341	4423
友好街道	31759	1962	20706	9091	5939	17168
上甘岭镇	12837	615	8321	3901	2587	11063
嘉荫县	**56523**	**6067**	**37408**	**13048**	**9073**	**37990**
朝阳镇	27239	3664	18123	5452	3786	14204
乌云镇	6674	859	4234	1581	1120	5298
乌拉嘎镇	1270	64	843	363	227	770
保兴镇	4214	360	2763	1091	737	3430
常胜乡	2099	149	1428	522	370	1762
向阳乡	4005	308	2692	1005	661	3513
沪嘉乡	1516	106	996	414	293	1161
红光乡	1932	136	1210	586	375	1460
青山乡	1334	73	903	358	218	1139
太平林场	56	2	27	27	19	39
清河林场	43	1	32	10	6	9
马连林场	129	2	84	43	23	59
嘉荫农场	6012	343	4073	1596	1238	5146
汤旺县	**33245**	**1973**	**22144**	**9128**	**6351**	**27709**
乌伊岭镇	13121	829	8825	3467	2385	10829
汤旺河镇	20124	1144	13319	5661	3966	16880
丰林县	**62214**	**3300**	**40991**	**17923**	**12354**	**56024**
新青镇	25938	1501	17144	7293	5128	22672
红星镇	15102	865	9806	4431	3025	13381
五营镇	21174	934	14041	6199	4201	19971
大箐山县	**57697**	**2912**	**36151**	**18634**	**12633**	**53934**
带岭镇	23239	1205	14286	7748	5207	21783
朗乡镇	34458	1707	21865	10886	7426	32151
南岔县	**82895**	**4943**	**52548**	**25404**	**16553**	**64583**
南岔镇	59079	3696	37183	18200	11800	45513
晨明镇	5344	245	3591	1508	958	4487
浩良河镇	14346	838	9134	4374	2946	11220
迎春乡	4126	164	2640	1322	849	3363
金林区	**60466**	**4018**	**39627**	**16821**	**11483**	**50430**
西林镇	30545	2015	20175	8355	5893	25187

表8 续表 23 单位：人

地区	总人口	分年龄人口 0-14岁	15-59岁	60岁及以上	#65岁及以上	居住本乡、镇、街道，户口在本乡、镇、街道
金山屯镇	29921	2003	19452	8466	5590	25243
铁力市	**225960**	**19568**	**148210**	**58182**	**38140**	**159691**
铁力镇	138781	13796	91516	33469	22012	88392
双丰镇	29978	2136	19200	8642	5603	24280
桃山镇	22121	1697	13924	6500	4392	18443
神树镇	4565	182	2925	1458	911	3859
年丰朝鲜族乡	6295	408	4011	1876	1178	4004
工农乡	4532	329	2907	1296	807	3598
王杨乡	5934	415	3847	1672	1022	5233
铁力林业局	5324	175	3981	1168	841	4337
双丰林业局	3921	193	2751	977	669	3644
桃山林业局	4509	237	3148	1124	705	3901
佳木斯市	**2156505**	**228293**	**1426896**	**501316**	**336148**	**1168926**
向阳区	**295017**	**29290**	**202226**	**63501**	**42065**	**112478**
西林街道	53205	4452	33443	15310	10370	27432
建设街道	84650	8419	55379	20852	13699	32977
长安街道	70052	7593	47806	14653	9787	30699
学府街道	54061	4115	42903	7043	4713	11501
桥南街道	31486	4610	21776	5100	3166	9070
向阳区直辖村级区划	1563	101	919	543	330	799
前进区	**180893**	**18192**	**118892**	**43809**	**29008**	**102956**
永安街道	34668	3875	21442	9351	6335	23966
港湾街道	48293	5146	31953	11194	7521	25105
和平街道	64377	6620	41850	15907	10312	37722
山水街道	32805	2509	23202	7094	4647	15716
前进区农垦	750	42	445	263	193	447
东风区	**121305**	**8738**	**79311**	**33256**	**21769**	**68099**
晓云街道	21413	1763	14015	5635	3698	12638
佳东街道	28249	1814	18732	7703	4889	11670
建国街道	43349	3029	28208	12112	8041	24686
佳南街道	4031	304	2676	1051	684	1418
建国镇	8396	706	5395	2295	1512	6512
松江乡	15867	1122	10285	4460	2945	11175
郊区	**265340**	**25570**	**177331**	**62439**	**41810**	**158461**
云环街道	19998	1808	13569	4621	3041	10155
英俊街道	37080	3241	24675	9164	5963	20721
红旗街道	61082	7233	42177	11672	7543	19593
友谊街道	26589	2598	19207	4784	3292	8900
大来镇	10950	1073	6842	3035	2045	9938
敖其镇	8743	838	5551	2354	1586	7885
望江镇	12093	1201	7507	3385	2376	9977
长发镇	8999	701	5749	2549	1736	7904
莲江口镇	11933	1260	7579	3094	2080	8682
西格木镇	8869	810	5606	2453	1607	7585
沿江镇	14215	1284	9474	3457	2239	12462
长青乡	7423	621	4878	1924	1250	4136

表8 续表 24　　单位：人

地　区	总人口	分年龄人口				居住本乡、镇、街道，户口在本乡、镇、街道
		0-14岁	15-59岁	60岁及以上	#65岁及以上	
平安乡	12587	1139	8323	3125	2222	10776
四丰乡	9127	798	5918	2411	1641	6621
群胜乡	7159	540	4712	1907	1319	6250
莲江口镇	8493	425	5564	2504	1870	6876
桦南县	**286855**	**30162**	**186205**	**70488**	**49185**	**185809**
驼腰子镇	9689	1101	5871	2717	2005	8581
石头河子镇	8759	753	5430	2576	1838	7543
桦南镇	134292	16544	90520	27228	18787	58897
土龙山镇	18023	1943	11478	4602	3105	15734
孟家岗镇	17493	1824	11039	4630	3355	15062
闫家镇	11944	1124	7236	3584	2608	10486
柳毛河镇	6700	472	4121	2107	1460	5453
金沙乡	6498	495	4049	1954	1329	5805
梨树乡	13050	839	8173	4038	2788	10154
明义乡	9912	841	6207	2864	1987	8439
大八浪乡	12608	1187	7787	3634	2589	10984
五道岗乡	7881	625	5027	2229	1543	7151
桦南林业局	19713	1622	12605	5486	3764	14167
黑龙江桦南经济开发区	1111	69	889	153	102	568
曙光农场	7470	620	4630	2220	1610	5373
桦南种畜场	1712	103	1143	466	315	1412
桦川县	**145876**	**15919**	**93484**	**36473**	**24880**	**88579**
横头山镇	7721	532	4660	2529	1788	6812
苏家店镇	7510	496	4584	2430	1695	6694
悦来镇	78264	11169	51740	15355	10443	31380
新城镇	10872	690	6652	3530	2414	9820
四马架镇	9462	747	5705	3010	2127	8498
东河乡	5011	522	3165	1324	922	4218
梨丰乡	6100	382	3910	1808	1204	5438
创业乡	7175	441	4215	2519	1629	6370
星火乡	3139	224	1780	1135	726	647
江川农场	8206	545	5454	2207	1497	7133
宝山农场	2416	171	1619	626	435	1569
汤原县	**173688**	**17447**	**109752**	**46489**	**32002**	**117628**
香兰镇	12233	1053	7327	3853	2659	10682
鹤立镇	13250	1499	8415	3336	2251	8637
竹帘镇	6586	466	3808	2312	1660	5743
汤原镇	76202	9214	49138	17850	12090	41096
汤旺乡	4233	280	2453	1500	1013	1659
胜利乡	6726	486	4269	1971	1359	5758
吉祥乡	8290	727	5146	2417	1687	7547
振兴乡	6638	724	4185	1729	1183	5998
太平川乡	7069	620	4324	2125	1476	5986
永发乡	9404	787	5808	2809	2005	8193
鹤立林业局	10434	770	6553	3111	2217	6395
香兰农场	3935	133	2735	1067	769	3202
汤原农场	3626	243	2288	1095	791	2890
梧桐河农场	5062	445	3303	1314	842	3842

表8 续表 25 单位：人

地区	总人口	分年龄人口				居住本乡、镇、街道，户口在本乡、镇、街道
		0-14岁	15-59岁	60岁及以上	#65岁及以上	
同江市	**176112**	**22844**	**117089**	**36179**	**23246**	**91998**
同江市城市管理委员会街道	85409	12682	58192	14535	9596	33932
同江镇	1240	76	788	376	238	754
乐业镇	3210	117	1803	1290	869	2539
三村镇	2941	144	1684	1113	732	2258
临江镇	2124	108	1336	680	418	1408
向阳镇	2397	114	1372	911	581	1818
青河镇	2235	96	1341	798	515	1586
街津口乡	1139	50	687	402	281	811
八岔乡	1067	61	704	302	186	795
金川乡	825	37	504	284	158	545
银川乡	720	55	460	205	123	492
街津口林场	66	4	43	19	12	16
勤得利农场	19582	2173	12592	4817	3201	14068
青龙山农场	10970	1412	7098	2460	1487	7354
前进农场	22519	3136	15134	4249	2516	13214
洪河农场	7867	1050	5453	1364	858	3136
鸭绿河农场	6049	876	4014	1159	708	3386
浓江农场	5517	640	3735	1142	715	3741
良种场	116	8	73	35	25	80
畜牧场	95	3	64	28	18	59
知青农场	24	2	12	10	9	6
富锦市	**414090**	**47303**	**276610**	**90177**	**60525**	**199073**
城东街道	97688	12373	67816	17499	11791	26002
城西街道	105289	14061	72227	19001	12995	25290
富锦镇	4904	350	3179	1375	923	2994
长安镇	5545	178	3226	2141	1389	5057
砚山镇	7226	420	4282	2524	1758	6515
头林镇	6452	348	3923	2181	1421	5406
兴隆岗镇	5261	500	3216	1545	1059	4122
宏胜镇	5037	412	3234	1391	928	3979
向阳川镇	15057	1177	9117	4763	3221	13092
二龙山镇	15653	1221	9907	4525	3066	13662
上街基镇	9764	576	5813	3375	2240	8723
锦山镇	16999	1525	10649	4825	3295	15313
大榆树镇	11157	522	6503	4132	2811	9951
石砬山林场	32	1	20	11	5	18
东风岗林场	49		40	9	6	19
太东林场	197	15	136	46	32	178
工农林场	47	1	29	17	11	29
富锦市国营原种场	104	3	61	40	18	88
富锦市国营果树示范场	89		58	31	23	69
富锦市科研所	43	1	15	27	19	6
工业园区	138		132	6	2	

表8 续表 26 单位：人

地 区	总人口	分年龄人口				居住本乡、镇、街道，户口在本乡、镇、街道
		0-14岁	15-59岁	60岁及以上	#65岁及以上	
建三江管理局局直	56051	7171	38995	9885	6452	24984
七星农场	23573	3238	15661	4674	3010	14587
大兴农场	15937	1787	10529	3621	2412	12028
创业农场	11556	1414	7682	2460	1590	6776
种猪场	43	4	28	11	8	32
种畜场	199	5	132	62	40	153
抚远市	**97329**	**12828**	**65996**	**18505**	**11658**	**43845**
抚远镇	44851	6119	30568	8164	5299	19327
寒葱沟镇	2780	322	1809	649	399	1055
浓桥镇	2248	157	1444	647	403	1208
乌苏镇	1055	66	641	348	232	693
黑瞎子岛镇	228	10	152	66	41	76
通江乡	845	43	522	280	196	576
浓江乡	599	25	351	223	133	398
海青乡	2308	164	1544	600	372	1240
别拉洪乡	702	33	481	188	104	403
鸭南乡	510	28	329	153	90	232
前哨农场	18097	2754	12150	3193	2016	7403
前锋农场	17569	2563	11931	3075	1829	8772
二道河农场	5537	544	4074	919	544	2462
七台河市	**689611**	**75911**	**458807**	**154893**	**104515**	**376603**
新兴区	**158418**	**14701**	**104732**	**38985**	**25777**	**78864**
兴安街道	21917	2175	14802	4940	3252	10591
兴富街道	21476	1867	14384	5225	3386	9853
兴和街道	17154	1525	11340	4289	2804	7285
兴盛街道	15682	1753	10513	3416	2301	6310
欣源街道	16169	1682	10855	3632	2476	8698
北山街道	15898	1562	10917	3419	2253	8281
兴华街道	4593	261	3060	1272	804	3261
金沙街道	28654	2274	18152	8228	5414	12731
红旗镇	3397	203	2158	1036	682	1119
长兴乡	10995	1271	6875	2849	1929	8737
七台河经济开发区管理委员会	27	2	16	9	4	
金沙农场	2456	126	1660	670	472	1998
桃山区	**204111**	**25625**	**141998**	**36488**	**24950**	**112206**
桃东街道	43128	5880	30368	6880	4674	21738
桃南街道	28299	3576	19378	5345	3724	14640
桃西街道	26634	2665	18644	5325	3522	14619
桃北街道	40757	4919	28227	7611	5288	24598
桃源街道	32921	4584	22744	5593	3872	19679
桃山街道	30108	3830	21244	5034	3398	16007
万宝河镇	2264	171	1393	700	472	925
茄子河区	**127499**	**14573**	**85440**	**27486**	**17709**	**58922**
东风街道	27238	3231	18402	5605	3667	12864
富强街道	7604	569	5302	1733	1039	3013
龙湖街道	7781	686	5898	1197	677	1543

表8 续表 27

单位：人

地　区	总人口	分年龄人口				居住本乡、镇、街道，户口在本乡、镇、街道
		0-14岁	15-59岁	60岁及以上	#65岁及以上	
东胜街道	5097	712	3648	737	491	1432
湖东街道	26281	3411	18130	4740	2991	6056
通达街道	3566	373	2519	674	420	1339
茄子河镇	6846	493	4339	2014	1286	3665
宏伟镇	11431	1550	7162	2719	1870	8133
铁山乡	4863	446	2967	1450	938	3438
中心河乡	10544	1435	6837	2272	1556	5590
北兴农场	15152	1590	9477	4085	2617	11333
黑龙江红兴隆农垦宝利采金	1096	77	759	260	157	516
勃利县	**199583**	**21012**	**126637**	**51934**	**36079**	**126611**
新起街道	25783	3035	17104	5644	3865	11436
新华街道	20124	2338	13346	4440	3050	6760
元明街道	7602	897	4894	1811	1200	2739
铁西街道	5219	360	3422	1437	985	3456
城西街道	40668	4468	27278	8922	6245	19665
勃利镇	10241	705	6212	3324	2267	6530
小五站镇	12458	1404	7602	3452	2397	10613
大四站镇	14664	1579	8836	4249	2992	12523
双河镇	11858	1434	7090	3334	2319	10141
倭肯镇	8077	657	4700	2720	1902	6756
青山乡	9647	925	6034	2688	1892	8328
永恒乡	11472	1296	6935	3241	2250	9889
抢垦乡	6447	629	3977	1841	1298	5510
杏树朝鲜族乡	8375	625	5042	2708	1890	6538
吉兴朝鲜族满族乡	6948	660	4165	2123	1527	5727
牡丹江市	**2290208**	**238204**	**1473755**	**578249**	**397428**	**1532457**
东安区	**221194**	**25072**	**142317**	**53805**	**36663**	**134892**
新安街道	42208	3952	26321	11935	8346	29002
长安街道	36053	4001	22856	9196	6292	22958
七星街道	32012	3295	19657	9060	6151	21818
五星街道	22779	2294	14400	6085	4325	15866
东兴街道	77271	10466	52708	14097	9197	36853
兴隆镇	10871	1064	6375	3432	2352	8395
阳明区	**190973**	**17910**	**121288**	**51775**	**35838**	**123630**
阳明街道	56045	5703	37586	12756	8745	30998
前进街道	41922	4040	27293	10589	7249	20103
新兴街道	14640	1088	9433	4119	2793	8584
桦林橡胶厂街道	10472	590	6160	3722	2521	8651
铁岭镇	21510	1686	13024	6800	4722	16027
桦林镇	6170	433	3695	2042	1393	4797
磨刀石镇	16279	1953	9831	4495	3275	13884
五林镇	23935	2417	14266	7252	5140	20586
爱民区	**275436**	**21605**	**187053**	**66778**	**45012**	**137322**
向阳街道	48725	5015	31601	12109	8175	27167
黄花街道	53847	3034	39444	11369	7666	21994
铁北街道	28245	2239	17970	8036	5380	19805

表8 续表 28

单位：人

地 区	总人口	分年龄人口				居住本乡、镇、街道，户口在本乡、镇、街道
		0-14岁	15-59岁	60岁及以上	#65岁及以上	
新华街道	27775	2337	17790	7648	5189	17225
大庆街道	20988	1488	13351	6149	4233	8875
兴平街道	36394	1985	28154	6255	4340	11935
北山街道	48216	4764	32205	11247	7332	22940
三道关镇	11246	743	6538	3965	2697	7381
西安区	**242412**	**25150**	**155398**	**61864**	**42397**	**157909**
先锋街道	31032	3582	19334	8116	5509	23594
火炬街道	43638	5403	28404	9831	6584	28260
立新街道	36148	4123	23874	8151	5544	19030
牡丹街道	28360	2726	18246	7388	4992	19131
江滨街道	31722	3256	19138	9328	6769	23774
沿江街道	31405	3476	20660	7269	5012	19516
温春镇	31031	1833	20388	8810	5933	19597
海南朝鲜族乡	9076	751	5354	2971	2054	5007
林口县	**238193**	**24528**	**150533**	**63132**	**43805**	**193977**
林口镇	86099	9061	56274	20764	14354	59697
古城镇	16048	1435	10054	4559	3280	14217
刁翎镇	22507	2762	14046	5699	3849	20751
朱家镇	12272	1337	7421	3514	2438	10890
柳树镇	15376	1858	9375	4143	2847	13957
三道通镇	11587	1240	7213	3134	2157	10270
龙爪镇	18831	1713	11645	5473	3812	16011
莲花镇	8184	890	5268	2026	1356	7616
青山镇	11389	946	6836	3607	2510	10003
建堂镇	11416	1277	7032	3107	2180	10127
奎山镇	12726	1146	7944	3636	2517	11551
林口林业局	11758	863	7425	3470	2505	8887
绥芬河市	**114564**	**16272**	**79918**	**18374**	**11648**	**47714**
绥芬河镇	79625	11811	55072	12742	8112	35280
阜宁镇	34939	4461	24846	5632	3536	12434
海林市	**292755**	**27619**	**184951**	**80185**	**55762**	**228686**
海林镇	137248	14856	88494	33898	23699	105767
长汀镇	14566	1427	8895	4244	2966	12005
横道镇	5749	300	3331	2118	1509	5125
山市镇	10281	1010	6188	3083	2216	8628
柴河镇	13075	1247	7933	3895	2761	10693
二道镇	8405	908	5295	2202	1502	7399
新安朝鲜族镇	9853	867	6021	2965	2001	5455
三道镇	6946	569	4661	1716	1153	5348
牡林工程公司街道办事处	3495	417	2228	850	621	978
柴河林机厂街道办事处	849	56	521	272	194	710
大海林林业局	26243	1604	16638	8001	5322	22935
海林林业局	9757	653	6233	2871	2098	6763
柴河林业局	37575	3063	23153	11359	7783	29056
海林农场	5988	466	3754	1768	1265	5403
山市种奶牛场	2725	176	1606	943	672	2421

表8 续表 29

单位：人

地区	总人口	分年龄人口 0-14岁	15-59岁	60岁及以上	#65岁及以上	居住本乡、镇、街道，户口在本乡、镇、街道
宁安市	**322127**	**33961**	**202531**	**85635**	**60038**	**225401**
城区街道	92917	12045	59359	21513	14936	49049
宁安镇	16665	1108	10066	5491	3918	12896
东京城镇	30198	3340	18964	7894	5302	18181
渤海镇	20383	1796	12412	6175	4327	14932
石岩镇	15077	1359	9170	4548	3257	13162
沙兰镇	15374	1970	9285	4119	2873	13862
海浪镇	21149	2029	12931	6189	4535	19230
兰岗镇	8139	758	5021	2360	1635	6619
镜泊镇	12032	1153	7613	3266	2258	10645
江南朝鲜族满族乡	17995	1616	11677	4702	3268	12546
卧龙朝鲜族乡	10703	967	6769	2967	2083	7882
马河乡	9648	1074	5858	2716	1897	8217
三陵乡	10736	996	6586	3154	2353	9353
东京城林业局	34686	3037	22933	8716	6116	25072
宁安农场	6425	713	3887	1825	1280	3755
穆棱市	**197065**	**23175**	**123240**	**50650**	**35003**	**150069**
八面通镇	63214	7799	40752	14663	10044	47616
穆棱镇	23827	2480	14523	6824	4821	19662
下城子镇	22755	3287	14203	5265	3681	17874
马桥河镇	15923	2343	9665	3915	2743	13720
兴源镇	12471	1596	7517	3358	2319	10437
河西镇	12912	1310	7772	3830	2574	8789
福录乡	10295	1042	6352	2901	1965	7786
共和乡	6180	924	3630	1626	1161	4993
八面通林业局	9405	684	6028	2693	1897	5359
穆棱林业局	20083	1710	12798	5575	3798	13833
东宁市	**195489**	**22912**	**126526**	**46051**	**31262**	**132857**
东宁镇	104480	13801	68621	22058	15156	64602
三岔口镇	9375	710	5794	2871	1900	5646
大肚川镇	12853	1106	7915	3832	2512	10302
老黑山镇	10775	1034	7196	2545	1667	7809
道河镇	10904	1046	6730	3128	2090	9228
绥阳镇	25006	3198	15802	6006	4150	19765
绥阳林业局	22096	2017	14468	5611	3787	15505
黑河市	**1286401**	**133236**	**856543**	**296622**	**201070**	**782068**
爱辉区	**223832**	**22764**	**153245**	**47823**	**32127**	**123762**
花园街道	92195	10771	66285	15139	10131	49504
兴安街道	31503	3256	20878	7369	4979	16040
海兰街道	26938	3037	17850	6051	4188	12606
西兴街道	24791	2323	16721	5747	3801	11311
西岗子镇	4240	295	2597	1348	890	3217
瑷珲镇	3826	246	2228	1352	907	3363
罕达汽镇	6880	568	5244	1068	621	2219
幸福乡	7900	585	5049	2266	1451	4773

表8　续表 30

单位：人

地　　区	总人口	分年龄人口				居住本乡、镇、街道，户口在本乡、镇、街道
		0-14岁	15-59岁	60岁及以上	#65岁及以上	
四嘉子乡	2600	183	1547	870	578	2347
坤河乡	1244	102	754	388	254	1084
上马厂乡	1845	103	1035	707	460	1456
张地营子乡	2622	157	1556	909	608	2301
西峰山乡	1186	85	739	362	221	968
新生乡	528	45	331	152	90	429
二站乡	1418	116	921	381	241	1003
大平林场	83	4	59	20	14	31
七二七林场	190	6	143	41	13	101
望峰林场	64	3	50	11	7	3
卡伦山林场	30	2	19	9	8	
胜山林场	88	5	62	21	16	47
二站林场	103	3	74	26	16	49
三站林场	54	3	42	9	5	29
大岭林场	112	3	95	14	10	54
桦皮窑林场	93	3	61	29	13	57
滨南林场	103	5	87	11	6	32
江防林场	36	3	23	10	5	15
河南屯林场	25	2	15	8	5	
西岗子试验林场	18	2	11	5	3	
大新屯储木场	37	3	21	13	6	15
宋集屯煤矿	38	2	23	13	7	14
西岗子煤矿	127	4	85	38	31	105
东方红煤矿	132	4	82	46	35	63
锦河农场	5593	338	3634	1621	1234	4478
红色边疆农场	6650	477	4552	1621	1163	5665
奶牛场	213	6	154	53	38	156
种畜场	131	7	98	26	24	88
第二良种场	59	2	41	16	9	41
第一良种场	137	5	79	53	39	98
逊克县	**82134**	**8760**	**54867**	**18507**	**12115**	**51035**
奇克街道	40382	5273	27399	7710	5124	17511
奇克镇	5332	392	3332	1608	1072	4056
逊河镇	4752	326	3158	1268	820	3755
逊克县克林镇	2466	234	1716	516	343	2003
干岔子乡	5061	460	3231	1370	940	4491
松树沟乡	2526	152	1685	689	443	2070
车陆乡	3478	212	2157	1109	723	2945
新鄂乡	1098	87	741	270	168	796
新兴乡	585	29	394	162	99	353
宝山乡	2116	151	1400	565	342	1466
道干林场	44	1	29	14	6	6
干岔子林场	37	2	25	10	6	8
新立林场	43	1	27	15	7	18
三间房林场	72	2	45	25	14	7
良种场	269	16	184	69	49	133
种畜场	59	4	37	18	16	40
逊克农场	13814	1418	9307	3089	1943	11377

表8 续表 31 单位：人

地区	总人口	分年龄人口				居住本乡、镇、街道，户口在本乡、镇、街道
		0-14岁	15-59岁	60岁及以上	#65岁及以上	
孙吴县	**73387**	**8635**	**48776**	**15976**	**10554**	**43333**
孙吴镇	55596	7346	37515	10735	7251	29604
辰清镇	2098	174	1355	569	360	1467
西兴乡	2446	198	1529	719	444	1660
沿江满族乡	3277	234	1927	1116	694	2949
腰屯乡	2112	157	1301	654	405	1814
卧牛河乡	1463	115	970	378	237	1048
群山乡	1153	81	761	311	192	879
奋斗乡	1613	106	1107	400	266	1226
红旗乡	875	53	568	254	171	645
正阳山乡	1222	68	767	387	241	998
清溪乡	1071	80	675	316	203	838
前进林场	16	1	12	3	2	4
大河口林场	26	1	15	10	5	
正阳林场	19	1	14	4	2	
平山林场	36	2	27	7	6	2
沿江林场	54		31	23	14	8
辰清林场	26	1	20	5	4	14
红旗林场	31	1	25	5	4	3
向阳林场	34	1	25	8	6	10
良种场	122	8	79	35	26	85
种畜场	97	7	53	37	21	79
北安市	**308237**	**29258**	**202565**	**76414**	**51750**	**179194**
兆麟街道地区	31864	3005	20759	8100	5539	16291
和平街道地区	40288	4663	27233	8392	5644	16614
北岗街道地区	27865	2437	19763	5665	3894	8651
庆华街道地区	23417	1642	14435	7340	5074	11911
铁西街道地区	16616	1916	11453	3247	2133	4252
铁南街道地区	3088	142	1906	1040	686	1864
通北镇	32194	4824	20036	7334	4908	13517
赵光镇	12025	947	7797	3281	2200	9354
海星镇	6824	543	4552	1729	1157	6410
石泉镇	14239	1236	9364	3639	2335	13421
二井镇	8317	611	5243	2463	1619	7504
城郊乡	6976	442	4355	2179	1516	5498
东胜乡	5671	321	3631	1719	1125	5096
杨家乡	6213	496	3974	1743	1183	5713
主星乡	1681	86	1102	493	316	799
通北林业局	22198	1967	14805	5426	3760	14944
北安管理局局直	1570	128	945	497	369	859
长水河农场	9992	896	6300	2796	1663	8430
赵光农场	19541	1546	12961	5034	3661	13231
红星农场	8330	662	5678	1990	1364	7050
建设农场	9328	748	6273	2307	1604	7785
五大连池市	**243283**	**24518**	**161592**	**57173**	**38309**	**171149**
青山街道	65273	9020	43989	12264	8396	26053

表8　续表 32

单位：人

地　　区	总人口	分年龄人口				居住本乡、镇、街道，户口在本乡、镇、街道
		0-14岁	15-59岁	60岁及以上	#65岁及以上	
龙镇	12928	1229	8448	3251	2167	10476
和平镇	10802	895	7413	2494	1589	10345
五大连池镇	10932	1100	7195	2637	1789	8047
双泉镇	7782	580	5142	2060	1320	7185
新发镇	12140	1482	7907	2751	1796	6884
团结镇	10186	986	6896	2304	1495	9610
兴隆镇	3328	189	2164	975	675	3126
建设乡	6612	534	4329	1749	1163	4804
太平乡	7013	576	4669	1768	1173	6679
兴安乡	1315	99	879	337	229	1097
朝阳乡	3866	303	2644	919	583	3381
元青山林场	96	3	71	22	8	62
三九六林场	78	5	56	17	8	61
小兴安林场	106	4	88	14	9	62
二龙山林场	30		23	7	5	19
朝阳林场	151	9	107	35	23	131
引龙河林场	75	2	50	23	10	46
焦得布林场	34	4	21	9	6	27
小孤山林场	14	1	11	2	2	3
药泉林场	9		6	3	3	2
沾河林业局	27681	2379	18687	6615	4514	21970
莲花管理委员会	1224	99	814	311	214	1028
二龙山蚕种场	21		17	4	4	11
畜牧场	417	41	296	80	45	378
第二良种场	19	1	11	7	6	
花园农场	1725	61	1155	509	349	1578
永丰农场	945	36	604	305	228	743
华山农场	3891	167	2719	1005	749	3498
凤凰山农场	1166	50	783	333	240	920
龙门农场	4679	564	2928	1187	717	3688
襄河农场	4641	372	2966	1303	808	3899
龙镇农场	9566	1060	6348	2158	1408	6068
二龙山农场	10648	649	6903	3096	2237	9094
引龙河农场	7371	700	4664	2007	1233	6429
尾山农场	5614	515	3613	1486	950	4829
格球山农场	6022	481	3912	1629	1061	5335
五大连池农场	4883	322	3064	1497	1097	3581
嫩江市	**355528**	**39301**	**235498**	**80729**	**56215**	**213595**
嫩江镇	173593	24739	116901	31953	21944	74610
伊拉哈镇	10753	906	6782	3065	2147	9856
双山镇	4519	416	2880	1223	806	3114
多宝山镇	8837	626	6656	1555	1014	4420
海江镇	11487	811	6949	3727	2677	10649
前进镇	6049	396	3644	2009	1406	5573
长福镇	5385	339	3156	1890	1328	4788
科洛镇	5359	385	3424	1550	1030	4499
霍龙门镇	4659	374	3019	1266	868	3634

表8 续表 33

单位：人

地　区	总人口	分年龄人口				居住本乡、镇、街道，户口在本乡、镇、街道
		0-14岁	15-59岁	60岁及以上	#65岁及以上	
临江乡	5718	369	3598	1751	1193	5245
联兴乡	5595	428	3544	1623	1114	5033
白云乡	6447	673	4188	1586	1060	5461
塔溪乡	2970	255	1937	778	516	2515
长江乡	2615	168	1805	642	425	2061
多宝山铜矿	348	10	212	126	101	248
九三管理局局直	34091	3011	23275	7805	5631	13938
鹤山农场	7812	430	4978	2404	1724	6605
大西江农场	7451	673	4843	1935	1434	6531
尖山农场	6715	388	4405	1922	1513	5842
荣军农场	2975	94	1909	972	735	2666
七星泡农场	10088	864	6747	2477	1734	8661
嫩江农场	8159	703	5105	2351	1569	7011
山河农场	8988	758	5819	2411	1677	7971
嫩北农场	8371	748	5390	2233	1586	7440
建边农场	6281	732	4181	1368	918	5018
马铃薯原种繁殖场	263	5	151	107	65	206
绥化市	**3756167**	**402398**	**2463730**	**890039**	**589286**	**2578797**
北林区	**698025**	**71043**	**462562**	**164420**	**108963**	**473569**
紫来街道	22059	2419	14906	4734	3075	11859
爱路街道	33907	3899	22899	7109	4753	21536
大有街道	42803	4721	28042	10040	6965	34001
吉泰街道	53664	5487	40620	7557	4890	17245
东兴街道	4451	347	2710	1394	909	3824
北林街道	3515	278	2344	893	598	2315
朝旭街道	47552	5534	32598	9420	6253	28432
春雷街道	46449	4440	31688	10321	6936	25586
北辰街道	40211	5106	27387	7718	5035	18655
康庄街道	62547	8342	44053	10152	6604	26255
先锋街道	42543	4874	28551	9118	5922	26041
东城街道	23023	1625	14286	7112	4624	17199
宝山镇	20444	1915	12783	5746	3817	17419
绥胜满族镇	10434	791	6398	3245	2192	9099
西长发镇	23882	2223	14821	6838	4541	21595
永安满族镇	12683	1014	7906	3763	2408	11371
太平川镇	13215	1160	8234	3821	2524	11758
秦家镇	16995	1641	10674	4680	3183	15471
双河镇	10697	857	6640	3200	2184	9263
三河镇	10987	958	6973	3056	2013	9854
四方台镇	20377	1941	12420	6016	4000	17472
津河镇	9287	760	5828	2699	1838	8444
张维镇	15288	1431	9739	4118	2765	12899
东津镇	15211	1357	9691	4163	2750	12745
东富镇	18777	1553	12125	5099	3302	15912
兴福镇	16760	1223	10408	5129	3389	14629
三井镇	9141	545	5597	2999	1967	8337

表8　续表 34　　　　单位：人

地　　区	总人口	分年龄人口				居住本乡、镇、街道，户口在本乡、镇、街道
		0-14岁	15-59岁	60岁及以上	#65岁及以上	
红旗满族乡	9283	876	5729	2678	1818	8568
连岗乡	14773	1573	9359	3841	2546	13397
新华乡	16419	1337	10273	4809	3186	14172
五营乡	8944	704	5876	2364	1595	7873
兴和朝鲜族乡	1704	112	1004	588	381	343
望奎县	**286848**	**31069**	**183496**	**72283**	**48241**	**195780**
东风街道	17294	1846	11377	4071	2779	7697
前进街道	35647	4558	24750	6339	4273	14765
东胜街道	20437	2613	13916	3908	2710	7393
兴安街道	26625	3722	18434	4469	3028	9172
望奎镇	10987	1067	6796	3124	2137	6103
通江镇	17053	1854	10606	4593	3046	15021
卫星镇	19187	1893	11732	5562	3679	16673
海丰镇	13404	1452	8151	3801	2448	11225
莲花镇	10183	958	6346	2879	1973	8812
惠七满族镇	10875	1049	6809	3017	2002	9099
先锋镇	18892	1925	11594	5373	3529	15763
火箭镇	22259	2218	13664	6377	4215	19120
东郊镇	9971	805	6182	2984	1913	8445
灯塔镇	12580	1131	7693	3756	2532	10934
灵山满族乡	6770	588	4160	2022	1294	5791
后三乡	7906	830	4769	2307	1532	6884
东升乡	6956	768	4274	1914	1282	5780
恭六乡	8531	928	5307	2296	1503	7431
厢白满族乡	10239	766	6281	3192	2203	8816
白四林场	54	3	29	22	10	23
种畜场	271	24	165	82	44	244
第一良种场	476	39	306	131	77	371
第二良种场	251	32	155	64	32	218
兰西县	**308684**	**35446**	**198165**	**75073**	**49565**	**218127**
颜河街道	63216	9269	42902	11045	7293	21975
顺达街道	12469	1473	8328	2668	1801	4761
兰亚街道	19558	2830	12855	3873	2592	7408
正阳街道	13324	1584	9282	2458	1646	4878
兰西镇	13495	1271	8605	3619	2337	10228
榆林镇	22671	2402	14502	5767	3850	20686
临江镇	18925	1991	11822	5112	3442	17221
平山镇	15814	1522	9935	4357	2927	14229
红光镇	13147	1492	8205	3450	2224	12002
远大镇	15219	1555	9528	4136	2782	13727
康荣镇	14507	1408	9024	4075	2777	12864
燎原镇	9224	947	5567	2710	1784	8445
北安乡	10817	1193	6686	2938	1900	9710
长江乡	11217	1096	6934	3187	2097	10233
兰河乡	14239	1465	8697	4077	2564	13013
红星乡	7742	678	4757	2307	1539	7011

表8 续表 35

单位：人

地　　区	总人口	分年龄人口				居住本乡、镇、街道，户口在本乡、镇、街道
		0-14岁	15-59岁	60岁及以上	#65岁及以上	
长岗乡	12466	1231	7801	3434	2203	11096
星火乡	8849	983	5556	2310	1502	8008
奋斗乡	11320	1031	6909	3380	2207	10293
第一原种场	294	9	175	110	60	221
第二原种场	81	5	38	38	23	62
兰西县畜牧技术推广服务中心	90	11	57	22	15	56
青冈县	**287557**	**31871**	**186093**	**69593**	**45967**	**198219**
北城街道	17542	2521	11835	3186	2151	3474
西城街道	26664	2842	19471	4351	2871	8387
靖城街道	32123	3847	21952	6324	4290	12901
东城街道	27081	3492	18043	5546	3711	11074
青冈镇	7313	777	4728	1808	1196	4916
中和镇	11999	1219	7530	3250	2208	10298
祯祥镇	22568	2387	14075	6106	4065	20370
兴华镇	13381	1503	8188	3690	2426	11931
永丰镇	10745	1159	6652	2934	1975	9507
芦河镇	11438	1293	7178	2967	1991	10285
民政镇	12140	1254	7305	3581	2188	10991
柞岗镇	18945	1953	12408	4584	3031	15746
劳动镇	13696	1141	8445	4110	2644	12103
迎春镇	10267	1190	6423	2654	1787	9271
德胜镇	13492	1448	8056	3988	2657	12110
昌盛镇	11003	1209	6868	2926	1894	10051
建设乡	10257	1016	6280	2961	1909	9293
新村乡	6889	681	4310	1898	1205	6273
连丰乡	9379	885	5952	2542	1639	8716
青冈县林场	122	16	78	28	20	107
青冈县互利营林站	23	2	13	8	6	3
青冈县果树场	15	1	10	4	3	
青冈县种马场	214	12	135	67	50	191
青冈县种羊场	142	13	95	34	24	122
青冈县原种场	119	10	63	46	26	99
庆安县	**260592**	**26191**	**172386**	**62015**	**41100**	**147249**
吉康街道	34522	3466	24332	6724	4462	14312
庆瑞街道	13178	1247	8787	3144	2101	4970
平顺街道	44034	5471	30843	7720	5136	11596
安泰街道	34881	4657	24168	6056	3902	6942
庆安镇	13324	1063	8274	3987	2617	10362
民乐镇	7928	585	4944	2399	1600	6593
大罗镇	11032	1149	7042	2841	1847	9450
平安镇	7741	522	5022	2197	1499	5834
勤劳镇	6896	615	4384	1897	1258	4886
久胜镇	11593	822	7132	3639	2466	9797
同乐镇	7326	644	4613	2069	1336	6346
柳河镇	13359	1194	8504	3661	2495	11178
建民乡	8790	798	5523	2469	1645	7330
巨宝山乡	8202	828	5243	2131	1402	7145

表8 续表 36

单位：人

地　　区	总人口	分年龄人口				居住本乡、镇、街道，户口在本乡、镇、街道
		0-14岁	15-59岁	60岁及以上	#65岁及以上	
丰收乡	9670	686	5970	3014	2010	7534
发展乡	9437	977	6125	2335	1561	7921
致富乡	6248	531	3819	1898	1237	5080
欢胜乡	9055	724	5531	2800	1836	7957
国有林场管理局	1057	47	663	347	236	650
柳河农场	2319	165	1467	687	454	1366
明水县	**198271**	**22280**	**128581**	**47410**	**31255**	**120978**
明阳街道	18571	2784	12558	3229	2184	4929
明源街道	32499	3898	22193	6408	4254	12148
明新街道	34529	5561	23269	5699	3677	7915
明泉街道	6030	570	3971	1489	930	2287
明水镇	7051	553	4298	2200	1458	5828
兴仁镇	8142	918	5190	2034	1328	7345
永兴镇	10030	870	6229	2931	1943	8840
崇德镇	8940	719	5354	2867	1930	7807
通达镇	12992	1024	8038	3930	2564	11092
双兴镇	13745	1214	8613	3918	2564	12440
永久乡	7796	751	4898	2147	1429	7028
树人乡	6763	651	4261	1851	1204	6002
光荣乡	7379	736	4756	1887	1248	6620
繁荣乡	6309	600	4050	1659	1091	5568
通泉乡	7960	582	4979	2399	1630	6997
育林乡	8417	784	5209	2424	1615	7247
国营林场	295	20	190	85	51	249
县联社马场	63	5	42	16	10	27
明水种畜场	278	11	184	83	51	248
育林畜牧场	167	10	105	52	32	121
国营第一良种	159	7	104	48	38	134
国营第二良种	84	6	46	32	14	62
国营第三良种	72	6	44	22	10	44
绥棱县	**211907**	**22231**	**139109**	**50567**	**33087**	**114141**
车站街道	7691	784	5114	1793	1136	3239
建设街道	23349	3653	15904	3792	2501	5380
西北街道	29743	3922	19952	5869	3954	8277
东南街道	26806	3411	18419	4976	3177	5777
绥棱镇	3652	352	2339	961	607	1963
上集镇	12908	1344	8226	3338	2157	9848
四海店镇	3482	293	2224	965	621	2948
双岔河镇	9045	920	5650	2475	1675	7916
阁山镇	5506	437	3427	1642	1055	4631
长山镇	10949	1189	6919	2841	1832	9479
靠山乡	5362	304	3208	1850	1188	4406
后头乡	5923	307	3571	2045	1355	5276
克音河乡	5635	367	3495	1773	1190	5028
绥中乡	4793	444	2999	1350	863	4252
泥尔河乡	8841	652	5553	2636	1761	8132
绥棱县国有林场阁山林场	54	3	39	12	7	17

表8 续表 37

单位：人

地区	总人口	分年龄人口				居住本乡、镇、街道，户口在本乡、镇、街道
		0-14岁	15-59岁	60岁及以上	#65岁及以上	
绥棱县国有林场四海店林场	209	18	142	49	33	36
绥棱县国有林场三吉台林场	140	11	98	31	20	84
绥棱县国有林场半截河林场	165	5	119	41	26	83
黑龙江省绥棱林业局有限公司	42832	3413	28397	11022	7176	23031
北大荒集团黑龙江绥棱农场有限公司	4480	370	3093	1017	701	4085
种马场	75	8	47	20	15	20
绥棱县猪场	267	24	174	69	37	233
安达市	**357535**	**35944**	**238663**	**82928**	**54669**	**224931**
铁西街道	15776	1064	10045	4667	3168	9642
新兴街道	58807	8026	40002	10779	7195	31688
安虹街道	55049	4754	38195	12100	7889	23144
东城街道	66230	7747	46521	11962	8121	22690
安达镇	9352	710	6176	2466	1683	7441
任民镇	12781	1080	8219	3482	2288	10855
万宝山镇	14382	1138	9300	3944	2469	12194
昌德镇	12755	1161	8329	3265	2173	11094
升平镇	13927	1478	8953	3496	2227	12135
羊草镇	17626	1465	11243	4918	3220	15165
老虎岗镇	13802	1145	8927	3730	2450	11982
中本镇	7933	799	5022	2112	1375	6504
太平庄镇	5652	575	3641	1436	977	4993
吉兴岗镇	16047	1606	10236	4205	2684	14074
卧里屯镇	11248	1021	7270	2957	1896	9838
火石山镇	8723	841	5470	2412	1531	7408
古大湖镇	10236	855	6491	2890	1949	8603
先源乡	5923	409	3731	1783	1153	4738
安达畜牧场	1048	55	736	257	181	630
原种场	117	7	80	30	14	75
红旗泡水库管理所	68	6	39	23	17	12
东湖水库管理站	53	2	37	14	9	26
肇东市	**666532**	**74632**	**443125**	**148775**	**98217**	**533156**
朝阳区街道	52723	4110	36659	11954	8094	34987
东升区街道	19187	1168	13260	4759	3131	11324
西园区街道	132766	19339	91043	22384	14860	89581
正阳区街道	62461	7227	44083	11151	7166	36185
肇东镇	21891	1953	14046	5892	3875	19949
昌五镇	26603	2770	17587	6246	4232	23670
宋站镇	20118	2002	12870	5246	3480	17257
五站镇	43686	5078	28315	10293	6824	40426
尚家镇	17766	1843	11374	4549	3039	16235
姜家镇	13676	1336	8678	3662	2445	12069
里木店镇	14360	1529	9264	3567	2417	13050
四站镇	16016	1901	10221	3894	2518	13658
涝洲镇	22493	2662	14520	5311	3454	20351
五里明镇	24054	2551	15392	6111	3997	21628
黎明镇	26139	2739	16906	6494	4254	24195

表8　续表 38

单位：人

地　区	总人口	分年龄人口				居住本乡、镇、街道，户口在本乡、镇、街道
		0-14岁	15-59岁	60岁及以上	#65岁及以上	
西八里镇	14232	1578	9155	3499	2216	13023
海城镇	12966	1238	8453	3275	2144	11252
太平乡	13860	1474	8954	3432	2161	12692
向阳乡	14366	1322	9473	3571	2299	12851
洪河乡	16597	1835	10879	3883	2546	15265
跃进乡	17982	2091	11683	4208	2786	16518
德昌乡	17965	1944	11498	4523	2975	16542
宣化乡	12978	1360	8307	3311	2251	11873
安民乡	16978	1985	11029	3964	2650	15417
明久乡	13626	1530	8824	3272	2164	12429
四方山农场	829	43	511	275	207	643
涝洲鱼种场	214	24	141	49	32	86
海伦市	**480216**	**51691**	**311550**	**116975**	**78222**	**352647**
海伦镇	200707	24591	135092	41024	27208	97756
海北镇	22057	2014	13858	6185	4041	20035
伦河镇	23659	3080	15200	5379	3612	21653
共合镇	14692	1398	9048	4246	2819	13406
海兴镇	13886	1597	8813	3476	2340	12138
祥富镇	12294	1222	7794	3278	2219	11223
东风镇	11283	933	7145	3205	2184	9845
百祥镇	9967	1027	6275	2665	1777	9102
向荣镇	13258	1237	8606	3415	2251	12498
永富镇	19580	2142	12458	4980	3310	17796
长发镇	6528	519	3948	2061	1329	5886
联发镇	10834	1153	6737	2944	1980	10081
前进镇	10416	667	6232	3517	2310	9653
共荣镇	12162	1276	7577	3309	2225	11131
东林乡	8476	574	5103	2799	1903	7897
海南乡	8688	669	5529	2490	1717	7916
乐业乡	7131	548	4468	2115	1436	6606
福民乡	8976	886	5741	2349	1570	8440
丰山乡	11829	1173	7628	3028	2032	10809
永和乡	12518	1226	7748	3544	2379	11486
爱民乡	12728	1326	8305	3097	2066	12128
扎音河乡	8842	735	5673	2434	1663	7851
双录乡	6552	498	4122	1932	1344	6100
海伦市森林资源保护中心	926	24	683	219	123	707
东方红水库地区	95	6	58	31	19	81
北大荒集团黑龙江海伦农场有限公司	5394	537	3379	1478	1053	4677
北大荒集团黑龙江红光农场有限公司	6230	590	4007	1633	1216	5268
海伦市董家农作物种植场	274	27	173	74	52	259
海伦市东方农牧场	234	16	150	68	44	219
大兴安岭地区	**331276**	**26494**	**227390**	**77392**	**54276**	**215124**
漠河市	**54036**	**4377**	**39125**	**10534**	**6982**	**39792**
西林吉镇	29614	2928	21590	5096	3398	19601
图强镇	10402	596	7561	2245	1484	8643
阿木尔镇	9115	474	6521	2120	1421	7955

表8 续表 39

单位：人

地 区	总人口	分年龄人口				居住本乡、镇、街道，户口在本乡、镇、街道
		0-14岁	15-59岁	60岁及以上	#65岁及以上	
兴安镇	992	65	673	254	164	826
北极镇	2373	271	1602	500	330	1797
古莲镇	1540	43	1178	319	185	970
呼玛县	**36362**	**3621**	**24416**	**8325**	**5533**	**24637**
呼玛镇	22467	2461	14951	5055	3481	14679
韩家园镇	5308	439	3895	974	631	3395
三卡乡	3588	386	2369	833	511	2784
金山乡	1165	97	702	366	227	959
兴华乡	864	39	530	295	182	675
鸥浦乡	882	67	546	269	173	740
白银纳鄂伦春族民族乡	1091	78	736	277	172	804
北疆乡	997	54	687	256	156	601
塔河县	**51056**	**3567**	**35478**	**12011**	**8701**	**36925**
塔河镇	35875	2568	24623	8684	6450	26247
瓦拉干镇	480	16	386	78	46	344
盘古镇	1494	39	1202	253	162	1029
古驿镇	10092	750	7172	2170	1513	6999
十八站鄂伦春族乡	1823	132	1237	454	295	1261
依西肯乡	767	37	516	214	131	601
开库康乡	525	25	342	158	104	444
加格达奇区	**137105**	**12280**	**91453**	**33372**	**23121**	**72673**
东山街道	20908	1746	13948	5214	3732	11896
卫东街道	17914	1905	11769	4240	2999	11859
红旗街道	23343	2558	15805	4980	3476	15974
长虹街道	29951	2234	19334	8383	5694	11447
曙光街道	19952	1805	13605	4542	3182	9034
光明街道	20102	1697	13776	4629	3111	9231
加北乡	3283	228	2185	870	578	2136
白桦乡	1652	107	1031	514	349	1096
松岭区	**15996**	**751**	**11154**	**4091**	**3073**	**12069**
小扬气镇	11372	614	7712	3046	2315	8316
劲松镇	2778	81	2061	636	476	2411
古源镇	1846	56	1381	409	282	1342
新林区	**20362**	**1008**	**14381**	**4973**	**3785**	**16817**
新林镇	14118	819	9766	3533	2713	11246
翠岗镇	2356	110	1708	538	409	2116
塔源镇	1273	24	934	315	238	1152
大乌苏镇	899	16	694	189	141	805
塔尔根镇	446	8	328	110	87	382
碧洲镇	620	9	467	144	92	542
宏图镇	650	22	484	144	105	574
呼中区	**16359**	**890**	**11383**	**4086**	**3081**	**12211**
呼中镇	12670	772	8719	3179	2399	9072
碧水镇	1448	51	1030	367	259	1222
呼源镇	1959	57	1454	448	355	1678
宏伟镇	282	10	180	92	68	239

表9 上海市乡、镇、街道人口

单位：人

地　　区	总人口	分年龄人口				居住本乡、镇、街道，户口在本乡、镇、街道
		0-14岁	15-59岁	60岁及以上	#65岁及以上	
上海市	**24870895**	**2436296**	**16619137**	**5815462**	**4049012**	**9520384**
黄浦区	**662030**	**57422**	**428481**	**176127**	**122373**	**251714**
南京东路街道	69826	5103	47383	17340	11998	24028
外滩街道	52188	3459	35191	13538	8979	19395
半淞园路街道	115278	11445	73245	30588	21407	45123
小东门街道	53497	5133	36078	12286	8260	18239
豫园街道	32083	3009	21582	7492	5014	10395
老西门街道	70656	6681	45594	18381	12566	27789
五里桥街道	96559	8332	59681	28546	20075	39008
打浦桥街道	70600	6841	45013	18746	13331	27077
淮海中路街道	47311	3457	31506	12348	8475	18045
瑞金二路街道	54032	3962	33208	16862	12268	22615
徐汇区	**1113078**	**109016**	**684463**	**319599**	**229388**	**513432**
天平路街道	63276	7092	36726	19458	14470	33327
湖南路街道	33073	2266	18996	11811	8903	16313
斜土路街道	71445	6574	41802	23069	16456	32775
枫林路街道	109799	8295	67428	34076	24711	49087
长桥街道	123163	13294	72662	37207	25433	60914
田林街道	101489	9365	62357	29767	22417	45636
虹梅路街道	33760	2972	23052	7736	5491	12211
康健新村街道	97509	10468	59581	27460	20452	48060
徐家汇街道	104863	11610	65957	27296	19869	51311
凌云路街道	103013	9666	64115	29232	20468	51575
龙华街道	81851	6599	51165	24087	16611	34357
漕河泾街道	112279	12135	70366	29778	21557	48855
华泾镇	74907	8662	47781	18464	12443	28954
漕河泾新兴技术开发区	2651	18	2475	158	107	57
长宁区	**693051**	**61587**	**429799**	**201665**	**143130**	**312815**
华阳路街道	67381	5763	41767	19851	14342	30183
江苏路街道	51112	4550	30224	16338	11920	24426
新华路街道	67285	5969	40828	20488	15187	29941
周家桥街道	61546	6266	37561	17719	12778	28213
天山路街道	65221	4242	42792	18187	12430	29138
仙霞新村街道	81078	6601	49095	25382	18582	37880
虹桥街道	68879	6714	43372	18793	13281	28343
程家桥街道	28849	2725	18990	7134	5125	10509
北新泾街道	49947	4030	30754	15163	10055	22431
新泾镇	151753	14727	94416	42610	29430	71751
静安区	**975707**	**90850**	**576866**	**307991**	**214376**	**493699**
江宁路街道	59812	5879	35339	18594	13576	30477
石门二路街道	22947	1899	12817	8231	6109	11804
南京西路街道	30118	2085	17228	10805	7960	16289
静安寺街道	27177	1939	15686	9552	7054	13678
曹家渡街道	69932	7413	39624	22895	17120	39226
天目西路街道	30471	2404	19624	8443	5780	11439
北站街道	23862	1964	16535	5363	3647	6828
宝山路街道	59028	5324	36926	16778	11381	25558
共和新路街道	99401	9094	58294	32013	22066	48130
大宁路街道	98123	12544	61424	24155	16787	49748
彭浦新村街道	142284	11185	78964	52135	35251	82741

表9 续表 1

单位：人

地　区	总人口	分年龄人口				居住本乡、镇、街道，户口在本乡、镇、街道
		0-14岁	15-59岁	60岁及以上	#65岁及以上	
临汾路街道	79681	6764	42638	30279	20892	43653
芷江西路街道	73161	6362	45142	21657	14357	32895
彭浦镇	159710	15994	96625	47091	32396	81233
普陀区	**1239800**	**116424**	**744517**	**378859**	**261901**	**566244**
曹杨新村街道	89372	7026	51080	31266	21837	46991
长风新村街道	115499	10873	73596	31030	22528	51029
长寿路街道	119456	12068	73282	34106	24815	49820
甘泉路街道	107163	7705	56490	42968	29950	57118
石泉路街道	107292	8181	64373	34738	23576	46987
宜川路街道	106216	9670	62148	34398	23551	49834
万里街道	67424	9316	39890	18218	12833	30916
真如镇街道	163706	14102	94192	55412	38085	80942
长征镇	153693	17361	93432	42900	29520	70754
桃浦镇	209979	20122	136034	53823	35206	81853
虹口区	**757498**	**62032**	**443851**	**251615**	**175984**	**360799**
欧阳路街道	75106	5502	42561	27043	19115	36373
曲阳路街道	107749	9568	63158	35023	26027	52575
广中路街道	116013	9476	67036	39501	27411	55439
嘉兴路街道	87343	8644	54383	24316	16822	37082
凉城新村街道	97774	8415	54488	34871	24011	49910
四川北路街道	55095	3971	32550	18574	13207	24880
北外滩街道	81453	5085	49937	26431	17737	39864
江湾镇街道	136965	11371	79738	45856	31654	64676
杨浦区	**1242548**	**109802**	**737819**	**394927**	**271556**	**629109**
定海路街道	89602	6311	58602	24689	16341	38673
平凉路街道	57754	5748	32703	19303	13358	30765
江浦路街道	82435	7569	45980	28886	20175	40716
四平路街道	92429	8551	57739	26139	18405	49552
控江路街道	102784	8927	57493	36364	24643	52336
长白新村街道	73772	5630	43240	24902	17368	38932
延吉新村街道	84900	6239	43907	34754	24159	46300
殷行街道	182498	13895	98840	69763	47474	104091
大桥街道	95375	7348	54853	33174	22643	45995
五角场街道	144689	11728	96881	36080	25276	67613
新江湾城街道	69386	11080	46012	12294	8627	27166
长海路街道	166924	16776	101569	48579	33087	86970
闵行区	**2653489**	**288257**	**1828790**	**536442**	**372128**	**895174**
江川路街道	228705	22742	156209	49754	34213	102703
古美街道	162194	20807	102057	39330	28551	58674
新虹街道	75884	6113	56127	13644	9283	19743
浦锦街道	149720	16198	104303	29219	19140	40071
莘庄镇	293040	39422	187000	66618	48705	121696
七宝镇	266465	32987	175788	57690	40571	112353
颛桥镇	208534	24914	147814	35806	24359	56601
华漕镇	176409	14522	137876	24011	16293	38541
虹桥镇	166143	16579	109125	40439	28836	59440
梅陇镇	314529	33429	212826	68274	48067	101659
吴泾镇	136759	13680	100034	23045	15597	46589
马桥镇	134905	15328	100760	18817	12545	35063
浦江镇	279442	24572	195125	59745	38940	83394
莘庄工业区	60760	6964	43746	10050	7028	18647

表9 续表 2

单位：人

地区	总人口	分年龄人口				居住本乡、镇、街道，户口在本乡、镇、街道
		0-14岁	15-59岁	60岁及以上	#65岁及以上	
宝山区	**2235218**	**223646**	**1500609**	**510963**	**343931**	**815683**
友谊路街道	143361	16054	91674	35633	25665	72312
吴淞街道	95072	8139	58462	28471	19538	48566
张庙街道	167682	14437	99280	53965	36419	88352
罗店镇	213392	19610	149150	44632	29937	60224
大场镇	378729	40769	244462	93498	64307	146497
杨行镇	252113	27044	188328	36741	24180	68694
月浦镇	166625	16548	120308	29769	20200	53536
罗泾镇	67605	6467	47832	13306	9194	20414
顾村镇	346216	36593	239048	70575	46223	100888
高境镇	147350	14083	91822	41445	27353	59511
庙行镇	95789	10194	61467	24128	15784	37379
淞南镇	131649	11380	84607	35662	23020	56180
宝山城市工业园区	29635	2328	24169	3138	2111	3130
嘉定区	**1834258**	**179939**	**1326912**	**327407**	**221318**	**502992**
新成路街道	63579	7274	42778	13527	9348	19669
真新街道	109920	9304	66784	33832	22492	40441
嘉定镇街道	77795	7285	51009	19501	13882	31867
南翔镇	221892	24517	157242	40133	26424	63263
安亭镇	293271	29078	221912	42281	28397	84649
马陆镇	258257	28117	194747	35393	23725	63049
徐行镇	170436	12338	130750	27348	19923	35219
华亭镇	39301	2426	26669	10206	7978	12948
外冈镇	90590	7396	68689	14505	10267	20759
江桥镇	323231	29784	238001	55446	35259	72819
菊园新区	112049	14685	78100	19264	12509	31410
嘉定工业区	73937	7735	50231	15971	11114	26899
浦东新区	**5681512**	**595611**	**3856993**	**1228908**	**851457**	**2242360**
潍坊新村街道	96059	10266	60275	25518	18177	45893
陆家嘴街道	104220	10619	68067	25534	18013	48465
周家渡街道	135472	11755	77480	46237	32194	67973
塘桥街道	78817	8026	48989	21802	15642	34595
上钢新村街道	97303	6513	55625	35165	24339	49880
南码头路街道	107772	9238	62574	35960	24957	49848
沪东新村街道	110678	10895	66592	33191	22982	53159
金杨新村街道	192016	19594	115119	57303	40998	97873
洋泾街道	154036	20790	96350	36896	26611	74980
浦兴路街道	177040	20856	108671	47513	33113	84215
东明路街道	126522	13766	72845	39911	27371	54796
花木街道	241090	33627	158200	49263	35023	108745
川沙新镇	316099	33402	221677	61020	42499	127848
高桥镇	192007	21434	133327	37246	26019	72763
北蔡镇	309289	32529	209651	67109	45315	118509
合庆镇	134879	11585	101583	21711	15642	41912
唐镇	174721	17961	136600	20160	13360	41800
曹路镇	213533	19082	162986	31465	21552	61030
金桥镇	72344	6094	55903	10347	7108	19552
高行镇	166095	19938	115586	30571	20916	52901
高东镇	108287	9708	82764	15815	10998	29991
张江镇	223046	24152	168918	29976	20525	72153
三林镇	349053	35761	227362	85930	56537	125340

表9 续表 3

单位：人

地 区	总人口	分年龄人口				居住本乡、镇、街道，户口在本乡、镇、街道
		0-14岁	15-59岁	60岁及以上	#65岁及以上	
惠南镇	289561	32516	202104	54941	37358	110937
周浦镇	251400	30193	172708	48499	32284	82831
新场镇	99221	10484	67458	21279	14730	46098
大团镇	63037	4328	36709	22000	16260	46201
康桥镇	273744	28829	203032	41883	27958	67843
航头镇	193272	20702	131009	41561	27823	64919
祝桥镇	223323	21426	153912	47985	34562	110296
泥城镇	89669	8252	61517	19900	14258	44000
宣桥镇	79197	8700	53613	16884	11955	34716
书院镇	59191	4919	35869	18403	13612	32518
万祥镇	29325	3052	17814	8459	6087	17069
老港镇	35681	2762	22325	10594	7729	22430
南汇新城镇	114513	11857	91779	10877	6950	28281
金山区	**822776**	**75846**	**553006**	**193924**	**140122**	**384949**
石化街道	89320	7804	60026	21490	14657	31135
朱泾镇	123187	12494	78394	32299	23389	74295
枫泾镇	81976	6337	52206	23433	17691	47741
张堰镇	39346	2765	26179	10402	7760	19611
亭林镇	99477	7197	69958	22322	16268	41480
吕巷镇	43621	2873	25757	14991	11122	28662
廊下镇	27737	1725	15961	10051	7814	20491
金山卫镇	94595	9680	65380	19535	13995	37879
漕泾镇	31287	1888	21429	7970	5897	14580
山阳镇	142635	19027	102234	21374	14227	49117
金山工业区	49595	4056	35482	10057	7302	19958
松江区	**1909713**	**204611**	**1403592**	**301510**	**208336**	**463637**
岳阳街道	113605	12372	75259	25974	18428	44311
永丰街道	120417	14708	86194	19515	13050	35604
方松街道	140331	20195	97659	22477	14611	49232
中山街道	128252	15644	93031	19577	13092	29956
广富林街道	124891	15623	95756	13512	9086	34716
九里亭街道	105549	16024	75381	14144	9158	18596
泗泾镇	199784	25423	141314	33047	20648	39418
佘山镇	111600	10247	79345	22008	15260	31002
车墩镇	119808	8382	99355	12071	8490	16713
新桥镇	190410	20660	143873	25877	17724	31848
洞泾镇	89074	9663	68454	10957	7451	13271
九亭镇	168807	16757	129376	22674	15415	29586
泖港镇	34001	2238	19180	12583	9886	19059
石湖荡镇	46455	3710	33013	9732	7656	13717
新浜镇	26115	1832	15603	8680	6853	12980
叶榭镇	71800	5725	48681	17394	12908	29911
小昆山镇	52411	4463	37706	10242	8019	13532
松江工业区	66403	945	64412	1046	601	185

表9 续表 4 单位：人

地　　区	总人口	分年龄人口				居住本乡、镇、街道，户口在本乡、镇、街道
		0-14岁	15-59岁	60岁及以上	#65岁及以上	
青浦区	**1271424**	**112701**	**947150**	**211573**	**146966**	**326529**
夏阳街道	149517	16771	107980	24766	16102	42763
盈浦街道	128691	14320	89334	25037	16743	34732
香花桥街道	102028	7017	83329	11682	8503	15311
朱家角镇	94067	7602	63770	22695	16890	39543
练塘镇	53929	3763	32552	17614	13378	31766
金泽镇	44517	1990	24303	18224	14099	29739
赵巷镇	143350	14851	108235	20264	13195	26163
徐泾镇	198376	16171	159279	22926	14632	34262
华新镇	200124	16154	163069	20901	13741	31438
重固镇	65695	6378	50537	8780	6131	12938
白鹤镇	91130	7684	64762	18684	13552	27874
奉贤区	**1140872**	**105872**	**814136**	**220864**	**157022**	**336477**
西渡街道	110741	10025	83081	17635	12734	22203
奉浦街道	79771	10140	60479	9152	5589	17104
金海街道	47269	5760	35214	6295	4304	10276
南桥镇	255609	28929	187073	39607	25824	65397
奉城镇	141905	11328	94869	35708	26104	56533
庄行镇	62144	4794	41575	15775	12074	23745
金汇镇	122003	11808	85557	24638	17678	35761
四团镇	86352	6316	57451	22585	16427	37986
青村镇	87503	6513	60579	20411	15024	29076
柘林镇	74072	5332	50353	18387	13860	26862
海湾镇	32735	2972	22851	6912	4912	7136
海湾旅游区	40768	1955	35054	3759	2492	4398
崇明区	**637921**	**42680**	**342153**	**253088**	**189024**	**424771**
城桥镇	119191	12366	74750	32075	22995	67147
堡镇	53302	3781	26715	22806	16937	40419
新河镇	35251	1795	14964	18492	14056	28461
庙镇	36851	1193	13723	21935	16852	31575
竖新镇	30369	1311	12935	16123	12316	24799
向化镇	23149	1293	11002	10854	8071	19269
三星镇	23418	690	7777	14951	11496	20724
港沿镇	35154	1668	15088	18398	13715	29948
中兴镇	22835	1450	10751	10634	7908	19931
陈家镇	57629	4722	32080	20827	15474	42621
绿华镇	5779	223	2221	3335	2563	4309
港西镇	20425	1115	8841	10469	7842	16053
建设镇	21982	897	9031	12054	9190	17957
新海镇	9394	563	4411	4420	3554	4766
东平镇	12731	609	7213	4909	3839	4818
长兴镇	98607	7508	76151	14948	10562	27666
新村乡	7287	308	3137	3842	2789	5549
横沙乡	22289	1035	9521	11733	8717	18664
前卫农场	1391	72	1160	159	86	95
东平林场	100	44	47	9	9	
上实现代农业园区	787	37	635	115	53	

表10 江苏省乡、镇、街道人口

单位：人

地　　区	总人口	分年龄人口				居住本乡、镇、街道，户口在本乡、镇、街道
		0-14岁	15-59岁	60岁及以上	#65岁及以上	
江苏省	**84748016**	**12891948**	**53350723**	**18505345**	**13726531**	**54425819**
南京市	**9314685**	**1187619**	**6359338**	**1767728**	**1275870**	**4853290**
玄武区	**537825**	**59993**	**368757**	**109075**	**78877**	**273251**
梅园新村街道	84836	9848	52847	22141	16086	48360
新街口街道	66114	8494	42215	15405	11112	39445
玄武门街道	40819	4607	26104	10108	7784	24418
锁金村街道	65566	4666	49436	11464	8396	26172
红山街道	81156	11144	54344	15668	10732	40586
孝陵卫街道	122050	11810	90204	20036	14520	56049
玄武湖街道	72818	9320	49416	14082	10122	38217
徐庄高新技术产业开发区	4466	104	4191	171	125	4
秦淮区	**740809**	**82593**	**465219**	**192997**	**138401**	**388925**
秦虹街道	69702	8158	43042	18502	13307	37688
夫子庙街道	46388	4863	28005	13520	9851	27428
红花街道	71781	8307	48900	14574	9810	25381
双塘街道	60296	5764	36171	18361	13004	34287
中华门街道	28712	2456	18503	7753	5575	13042
五老村街道	45012	6201	27233	11578	8158	27651
洪武路街道	72704	8360	44349	19995	14127	46005
大光路街道	57923	6446	35300	16177	11901	33696
瑞金路街道	57383	6865	33979	16539	12873	37315
月牙湖街道	56073	6284	34332	15457	11676	29402
光华路街道	106830	12597	72624	21609	14468	38958
朝天宫街道	68005	6292	42781	18932	13651	38072
建邺区	**534257**	**71151**	**361628**	**101478**	**69484**	**244803**
莫愁湖街道	115776	11423	72845	31508	22431	60037
沙洲街道	132408	17262	95994	19152	13002	51890
双闸街道	52216	9339	36906	5971	3577	22193
江心洲街道	33327	3965	23428	5934	4077	15022
兴隆街道	86993	13831	57840	15322	10214	40452
南苑街道	113537	15331	74615	23591	16183	55209
鼓楼区	**940387**	**118899**	**597083**	**224405**	**161892**	**543478**
宁海路街道	83372	10060	55449	17863	13430	45849
华侨路街道	65445	8804	43140	13501	9819	35716
湖南路街道	62863	5527	41467	15869	11640	32908
中央门街道	99292	10609	62783	25900	19192	58260
挹江门街道	71620	6396	45525	19699	14359	36885
江东街道	110399	20151	67934	22314	16257	73101
凤凰街道	103877	15544	64752	23581	17373	64216

表10　续表 1

单位：人

地　　区	总人口	分年龄人口				居住本乡、镇、街道，户口在本乡、镇、街道
		0-14岁	15-59岁	60岁及以上	#65岁及以上	
下关街道	40104	5622	25683	8799	6133	22443
热河南路街道	59688	9297	36068	14323	10385	40225
幕府山街道	54740	6336	35535	12869	8557	25832
建宁路街道	38671	4024	23274	11373	8184	24545
宝塔桥街道	88943	9915	56827	22201	14898	48469
小市街道	61373	6614	38646	16113	11665	35029
浦口区	**1171603**	**165109**	**835215**	**171279**	**118095**	**574673**
泰山街道	306041	51591	210319	44131	28618	152687
顶山街道	143412	11652	115132	16628	11035	43581
沿江街道	240881	43322	175193	22366	13291	103050
江浦街道	224965	30741	162589	31635	22214	115401
桥林街道	59948	6864	38751	14333	11105	42335
汤泉街道	35188	3595	21304	10289	7694	26964
盘城街道	79935	7990	62523	9422	6705	30807
星甸街道	40823	4798	24485	11540	9159	30726
永宁街道	38177	4416	23540	10221	7707	28055
老山林场	959	49	503	407	332	451
汤泉农场	698	62	410	226	178	473
珍珠泉旅游度假区	576	29	466	81	57	143
栖霞区	**987835**	**110406**	**722974**	**154455**	**106620**	**395030**
尧化街道	104268	14715	74159	15394	10267	47052
马群街道	119230	12991	87181	19058	12949	35698
迈皋桥街道	196624	23225	134068	39331	26224	64275
燕子矶街道	125829	14255	91477	20097	13900	51034
栖霞街道	43982	3857	30868	9257	6703	20173
龙潭街道	66535	6751	42349	17435	13181	46440
仙林街道	189482	15485	162795	11202	7379	58962
八卦洲街道	37463	4050	22956	10457	7633	25030
西岗街道	75654	14714	49467	11473	7912	46116
栖霞经济开发区	1053	31	942	80	47	51
南京龙潭物流园	258	4	232	22	13	
南京市马群科技园	1712	70	1517	125	67	10
江苏生命科技创新园	285	5	268	12	8	14
南京紫东国际创意园	323	1	314	8	7	4
南京金港科技创业中心	322	3	311	8	4	
仙林智谷	341	2	325	14	7	
南京经济技术开发区	24474	247	23745	482	319	171
雨花台区	**608780**	**76350**	**435875**	**96555**	**65413**	**217012**
雨花街道	100679	14269	66736	19674	13921	49985
赛虹桥街道	76734	10512	52770	13452	9059	36264
西善桥街道	131422	15930	95123	20369	13267	27997
板桥街道	37170	4392	25667	7111	5025	14134

表10 续表 2

单位：人

地　区	总人口	分年龄人口				居住本乡、镇、街道，户口在本乡、镇、街道
		0-14岁	15-59岁	60岁及以上	#65岁及以上	
铁心桥街道	142385	13029	110207	19149	12630	36351
梅山街道	31016	3588	21045	6383	4890	15849
古雄街道	62527	11572	43521	7434	4637	27853
雨花经济开发区	26847	3058	20806	2983	1984	8579
江宁区	**1926117**	**251391**	**1383850**	**290876**	**208883**	**937888**
东山街道	351624	50584	254059	46981	32454	142886
秣陵街道	430670	61582	313774	55314	38158	207431
汤山街道	75892	8552	48899	18441	13608	52145
淳化街道	430165	49502	333158	47505	33743	169764
禄口街道	146357	19040	104020	23297	17346	81118
江宁街道	123769	15346	82645	25778	19382	77960
谷里街道	66472	8669	45455	12348	8974	32913
湖熟街道	81050	8243	49906	22901	17765	61885
横溪街道	70548	8597	42903	19048	14574	54017
麒麟街道	149570	21276	109031	19263	12879	57769
六合区	**946563**	**124087**	**604631**	**217845**	**160649**	**636027**
大厂街道	221057	27773	147980	45304	32718	126822
葛塘街道	71092	9861	49372	11859	8701	29387
长芦街道	21453	1832	13476	6145	4601	15986
雄州街道	188668	25802	122565	40301	29232	120100
龙池街道	123243	22125	84175	16943	12126	61425
程桥街道	37472	4657	22474	10341	7947	31942
金牛湖街道	51206	6010	30045	15151	11256	45845
横梁街道	51514	5792	29783	15939	12076	45755
龙袍街道	38237	3589	21173	13475	10212	35213
马鞍街道	71419	8576	43468	19375	14438	59015
冶山街道	28032	3081	15561	9390	7123	25289
竹镇镇	43170	4989	24559	13622	10219	39248
溧水区	**491336**	**68138**	**320701**	**102497**	**80445**	**300000**
永阳街道	183771	29992	128184	25595	18803	92546
柘塘街道	45415	3379	31896	10140	8086	25121
东屏街道	27730	2913	15804	9013	7294	21598
石湫街道	48875	5774	31892	11209	8938	34269
洪蓝街道	36994	4673	21155	11166	9123	30355
白马镇	28707	3298	15606	9803	7939	25010
晶桥镇	23161	2918	11797	8446	6979	21296
和凤镇	36490	5091	19662	11737	9550	33771
溧水开发区	60193	10100	44705	5388	3733	16034
高淳区	**429173**	**59502**	**263405**	**106266**	**87111**	**342203**
淳溪街道	173245	29401	115111	28733	22236	111319
古柏街道	41016	5209	26939	8868	7278	29029
漆桥街道	23062	3274	13320	6468	5337	20734
固城街道	36232	4187	22392	9653	8186	33689

表10 续表 3

单位：人

地　　区	总人口	分年龄人口				居住本乡、镇、街道，户口在本乡、镇、街道
		0-14岁	15-59岁	60岁及以上	#65岁及以上	
东坝街道	33235	3980	18613	10642	9165	31025
桠溪街道	45903	5430	25643	14830	12384	43982
阳江镇	50390	5479	27411	17500	14545	47733
砖墙镇	24523	2408	13121	8994	7522	23580
高淳县团结圩良种繁育场	7	1	6			
高淳县茶叶实验场	936	75	525	336	266	641
高淳县傅家坛林场	624	58	324	242	192	471
无锡市	**7462135**	**967076**	**5021239**	**1473820**	**1093557**	**3991076**
锡山区	**882387**	**118798**	**618960**	**144629**	**105557**	**405060**
东亭街道	165252	27231	115894	22127	15208	73033
安镇街道	162603	27380	115285	19938	13874	69555
东北塘街道	75604	11285	53545	10774	7915	30189
羊尖镇	59080	6397	38694	13989	10672	36032
鹅湖镇	65819	6783	42665	16371	12370	40259
锡北镇	110632	14302	75312	21018	15390	55537
东港镇	120687	13527	81784	25376	18982	65541
无锡锡山开发区	122710	11893	95781	15036	11146	34914
惠山区	**893675**	**126586**	**623581**	**143508**	**105210**	**435832**
堰桥街道	178299	27296	124997	26006	18585	79124
长安街道	164750	32926	111829	19995	13750	85965
钱桥街道	171367	20642	129176	21549	15449	65514
前洲街道	83321	10070	56863	16388	12482	44628
玉祁街道	73381	9505	49832	14044	10727	38734
洛社镇	168474	20413	115606	32455	24517	87336
阳山镇	52415	5711	33681	13023	9675	34399
无锡惠山经济开发区	1201	17	1176	8	8	132
无锡惠山工业转型集聚区	467	6	421	40	17	
滨湖区	**915093**	**116388**	**625860**	**172845**	**126488**	**445469**
河埒街道	137074	16232	86551	34291	25775	75883
荣巷街道	94474	9933	64650	19891	14790	50744
蠡园街道	57726	7077	38141	12508	9210	28554
蠡湖街道	68436	8127	44395	15914	11858	32645
华庄街道	139113	22091	96715	20307	14382	65146
太湖街道	182996	31013	123239	28744	19480	90735
雪浪街道	133827	10712	101242	21873	16489	52650
马山街道	37216	3669	25912	7635	5636	19445
胡埭镇	64231	7534	45015	11682	8868	29667
梁溪区	**985465**	**124454**	**630758**	**230253**	**166874**	**524554**
崇安寺街道	35460	6247	21068	8145	6091	24898
通江街道	16501	2825	11356	2320	1515	7442
广瑞路街道	28898	3480	18955	6463	4717	13908
上马墩街道	36701	4114	23339	9248	6767	18398

表10 续表 4 单位：人

地区	总人口	分年龄人口				居住本乡、镇、街道，户口在本乡、镇、街道
		0-14岁	15-59岁	60岁及以上	#65岁及以上	
江海街道	33437	3970	21824	7643	5539	15859
广益街道	90852	11290	61815	17747	12211	36329
迎龙桥街道	51308	7011	30060	14237	10723	34141
南禅寺街道	48805	6609	28797	13399	9962	31401
清名桥街道	54940	5925	33588	15427	11625	30328
金星街道	85460	12466	53481	19513	14208	50010
金匮街道	44473	6387	27702	10384	7360	24216
扬名街道	95071	10427	62400	22244	16195	47375
黄巷街道	141650	16857	93394	31399	22208	71529
山北街道	103391	12608	67554	23229	16734	52354
北大街街道	76826	9616	50629	16581	11816	41518
惠山街道	41692	4622	24796	12274	9203	24848
新吴区	**720215**	**101147**	**508605**	**110463**	**80528**	**325937**
旺庄街道	116839	11159	87372	18308	13729	48915
硕放街道	88481	11574	61124	15783	11877	43956
江溪街道	239877	39938	166006	33933	23819	104532
新安街道	61886	8173	42944	10769	8018	29286
梅村街道	102703	16526	74009	12168	8547	42653
鸿山街道	93640	11894	62923	18823	14162	53147
无锡新加坡工业园	6688	1261	5045	382	212	1993
无锡高新技术产业开发区	10101	622	9182	297	164	1455
江阴市	**1779515**	**227723**	**1204104**	**347688**	**258854**	**1069446**
澄江街道	347075	53182	226356	67537	48947	238999
南闸街道	66214	8119	45028	13067	9903	39374
云亭街道	83597	12696	57783	13118	9627	47054
申港街道	64373	7216	44334	12823	9451	39622
利港街道	66716	7246	43245	16225	12107	46194
夏港街道	85297	11187	62489	11621	8275	32954
璜土镇	89448	10186	61790	17472	12839	45792
月城镇	42276	4351	27135	10790	8221	31868
青阳镇	74121	8566	49394	16161	12045	48953
徐霞客镇	123862	13683	79120	31059	23595	87174
华士镇	142766	18285	98595	25886	19459	78567
周庄镇	152732	21052	104117	27563	20805	91431
新桥镇	49304	7016	34893	7395	5606	22422
长泾镇	75658	8073	50432	17153	13091	48157
顾山镇	84243	9741	56737	17765	13544	46038
祝塘镇	105571	10741	77043	17787	13328	51035
江阴高新技术产业开发区	109470	14879	75323	19268	14103	63227
青阳园区	13992	1294	8707	3991	3114	8332
月城园区	2800	210	1583	1007	794	2253
宜兴市	**1285785**	**151980**	**809371**	**324434**	**250046**	**784778**
宜城街道	290594	43884	197511	49199	36086	136820
屺亭街道	75822	9758	51499	14565	11161	33275

表10 续表 5 单位：人

地　区	总人口	分年龄人口				居住本乡、镇、街道，户口在本乡、镇、街道
		0-14岁	15-59岁	60岁及以上	#65岁及以上	
新庄街道	35178	3680	21229	10269	8133	23416
新街街道	98710	13025	66288	19397	14259	47380
芳桥街道	23361	1946	13060	8355	6932	16822
张渚镇	74468	7343	46167	20958	15805	55835
西渚镇	21873	1738	12607	7528	5846	18034
太华镇	21552	1940	13059	6553	5164	17277
徐舍镇	64701	4106	33362	27233	21857	53551
官林镇	73857	8929	43892	21036	16603	49264
杨巷镇	30955	2109	16255	12591	10281	26787
新建镇	24011	2213	14383	7415	5878	18013
和桥镇	79557	8694	49029	21834	17094	53214
高塍镇	64260	7597	38843	17820	14273	38747
万石镇	38962	4928	25077	8957	7220	17829
周铁镇	48019	3830	26822	17367	13918	37652
丁蜀镇	198840	24619	128114	46107	34105	124427
湖父镇	21065	1641	12174	7250	5431	16435
徐州市	**9083790**	**2031308**	**5280046**	**1772436**	**1337126**	**7061426**
鼓楼区	**425143**	**69311**	**274980**	**80852**	**56100**	**216558**
黄楼街道	32773	4909	20716	7148	5136	19516
丰财街道	76360	10528	47849	17983	12616	41743
琵琶街道	57193	9336	37344	10513	7096	24200
牌楼街道	42981	8446	28279	6256	4112	22317
铜沛街道	60565	9655	39872	11038	7503	29351
环城街道	82742	12375	51398	18969	13618	46016
九里街道	72529	14062	49522	8945	6019	33415
云龙区	**471566**	**91579**	**306359**	**73628**	**51878**	**257880**
彭城街道	43934	5691	26782	11461	8433	28638
子房街道	52337	6821	32232	13284	9559	33556
黄山街道	89266	15200	60629	13437	9073	37318
骆驼山街道	70066	13017	45113	11936	8242	34844
大郭庄街道	17850	4199	11883	1768	1078	6704
翠屏山街道	41398	9920	27237	4241	2793	17618
大龙湖街道	92519	18743	63525	10251	7605	53776
潘塘街道	12326	2903	7125	2298	1810	11673
汉风街道	50332	14848	30716	4768	3163	33594
淮海食品城	1461	233	1067	161	106	153
户部山回龙窝历史文化街区管理中心	77	4	50	23	16	6
贾汪区	**453555**	**98717**	**265624**	**89214**	**67548**	**372607**
老矿街道	63675	11638	39451	12586	8853	37883
大泉街道	66204	15021	42730	8453	6189	39191
大吴街道	50408	10980	29874	9554	7147	44675
潘安湖街道	19716	3109	13663	2944	2202	13601
茱萸山街道	14807	3346	7945	3516	2746	13650
青山泉镇	36522	7400	20803	8319	6380	33015
紫庄镇	53706	11936	30330	11440	8787	50916

表10 续表 6

单位：人

地 区	总人口	分年龄人口				居住本乡、镇、街道，户口在本乡、镇、街道
		0-14岁	15-59岁	60岁及以上	#65岁及以上	
塔山镇	60276	14606	32599	13071	10296	57108
汴塘镇	43804	10958	22980	9866	7540	41893
江庄镇	27794	5982	15484	6328	5020	25935
工业园区管委会	16643	3741	9765	3137	2388	14740
泉山区	**619784**	**99653**	**391115**	**129016**	**93568**	**368851**
王陵街道	40522	4880	24008	11634	8676	29465
七里沟街道	13188	2043	9165	1980	1304	4677
永安街道	76304	9707	45682	20915	15512	52175
湖滨街道	59889	10294	37563	12032	8539	39554
段庄街道	54475	7508	35455	11512	8401	30496
翟山街道	77939	15705	49424	12810	9164	39403
奎山街道	30177	3947	18103	8127	6106	17383
和平街道	95998	15834	60037	20127	14388	59617
金山街道	24912	3716	17246	3950	2863	12088
泰山街道	50553	7216	33142	10195	7475	26096
庞庄街道	21845	4325	13157	4363	3198	17192
火花街道	40900	8512	26436	5952	4051	20873
桃园街道	9266	1758	5578	1930	1421	7588
苏山街道	23559	4206	15870	3483	2465	12244
徐州泉山经济开发区	126	2	119	5	4	
徐州软件园管理委员会	131		130	1	1	
铜山区	**1237760**	**275405**	**731920**	**230435**	**175410**	**1000907**
三河尖街道	3214	478	1899	837	599	1629
张双楼街道	2339	167	1811	361	196	981
垞城街道	1127	156	650	321	234	639
张集街道	1578	309	890	379	295	719
利国街道	3537	498	2167	872	591	2580
电厂街道	367	57	206	104	86	107
拾屯街道	14587	3199	8702	2686	2019	11157
铜山街道	187736	29765	141568	16403	11363	61390
沿湖街道	10188	2229	5556	2403	1910	9524
新区街道	57514	12907	35188	9419	7123	43734
三堡街道	24579	5219	14533	4827	3810	20010
何桥镇	36224	8959	18000	9265	7077	34765
黄集镇	50808	12267	27635	10906	8266	47969
马坡镇	42682	10047	23298	9337	7250	39656
郑集镇	51029	12360	29373	9296	7205	42708
柳新镇	68243	15416	38800	14027	10855	62488
刘集镇	56213	13316	30841	12056	9482	53077
大彭镇	65291	15015	38528	11748	8664	55883
汉王镇	42685	9865	24681	8139	6159	36719
棠张镇	54739	12287	31826	10626	8483	48967
张集镇	73595	17755	42068	13772	10645	67462
房村镇	61772	15515	34027	12230	9259	59413
伊庄镇	34142	8148	18027	7967	6014	32106
单集镇	49421	11532	25438	12451	9567	46375

表10 续表 7

单位：人

地区	总人口	分年龄人口				居住本乡、镇、街道，户口在本乡、镇、街道
		0-14岁	15-59岁	60岁及以上	#65岁及以上	
利国镇	53640	12468	30212	10960	8270	48235
大许镇	70223	17377	38597	14249	11135	63117
茅村镇	67197	15694	38351	13152	9969	61128
柳泉镇	52765	12400	28732	11633	8880	48369
徐州高新技术产业开发区	325		316	9	4	
丰县	**935200**	**208583**	**520632**	**205985**	**159855**	**790780**
中阳里街道	186306	44030	118969	23307	17069	91352
凤城街道	78117	18001	46902	13214	10205	62997
孙楼街道	46053	10533	25213	10307	7938	42359
首羡镇	58841	12623	29753	16465	13028	56592
顺河镇	35773	7324	18948	9501	7638	33806
常店镇	46357	9970	25514	10873	8550	42739
欢口镇	70058	15706	38360	15992	12618	65393
师寨镇	43769	9526	22892	11351	8990	41936
华山镇	58287	12948	31862	13477	10405	54246
梁寨镇	45477	10840	23952	10685	8283	43529
范楼镇	55012	12404	28205	14403	11178	52868
宋楼镇	69440	15005	38426	16009	12126	65745
大沙河镇	41989	8660	23209	10120	7966	40565
王沟镇	55885	11739	26353	17793	13943	54216
赵庄镇	43675	9255	21985	12435	9878	42363
大沙河林场	161	19	89	53	40	74
沛县	**1038337**	**244436**	**586567**	**207334**	**158957**	**855093**
沛城街道	178384	43463	111228	23693	17799	113095
大屯街道	59430	12829	35059	11542	8588	48721
汉源街道	87008	21776	54396	10836	7517	37432
汉兴街道	47661	12964	28016	6681	4914	27021
龙固镇	44504	10696	24407	9401	7189	41775
杨屯镇	50458	12387	28164	9907	7707	48323
胡寨镇	28632	6574	15280	6778	5161	26905
魏庙镇	38339	8818	20362	9159	7280	36627
五段镇	36178	8550	19169	8459	6790	34612
张庄镇	66002	16229	34398	15375	12118	62054
张寨镇	61737	14296	32112	15329	12181	57019
敬安镇	50497	11331	27315	11851	8983	48464
河口镇	41613	9522	21870	10221	7907	39483
栖山镇	44203	9955	23108	11140	8670	42786
鹿楼镇	52908	12191	28360	12357	9761	51070
朱寨镇	46191	10052	25054	11085	8612	43547
安国镇	69222	16347	37946	14929	11540	66393
中煤集团大屯煤电(集团)公司	22238	3448	13107	5683	3994	17037
沛县湖西农场管理委员会	13132	3008	7216	2908	2246	12729
睢宁县	**1088553**	**249019**	**615720**	**223814**	**172238**	**878221**
睢城街道	251011	58862	156657	35492	26502	158937
金城街道	60423	14982	36353	9088	6872	34431
睢河街道	71517	20170	43408	7939	5777	28520

表10 续表 8

单位：人

地　区	总人口	分年龄人口				居住本乡、镇、街道，户口在本乡、镇、街道
		0-14岁	15-59岁	60岁及以上	#65岁及以上	
王集镇	52721	11701	28491	12529	9901	48406
双沟镇	48393	11849	26367	10177	8066	44699
岚山镇	42144	9891	21223	11030	8972	39868
李集镇	42966	10870	23091	9005	6850	37669
桃园镇	46614	10613	24413	11588	9181	43740
官山镇	54649	12941	29536	12172	9551	51731
高作镇	27192	5740	14946	6506	5011	24855
沙集镇	48095	10456	27552	10087	7531	43750
凌城镇	56306	12854	30881	12571	9472	52629
邱集镇	70676	15255	38523	16898	12905	67586
古邳镇	41659	8474	21627	11558	9024	39084
姚集镇	56335	11545	29155	15635	12028	53775
魏集镇	40535	7491	21226	11818	9225	37808
梁集镇	41592	8378	23195	10019	7750	37221
庆安镇	35725	6947	19076	9702	7620	33512
徐州经济技术开发区	**381407**	**84126**	**245704**	**51577**	**37381**	**238352**
金山桥街道	38212	7237	26761	4214	2896	20867
东环街道	23051	4997	14726	3328	2471	12833
大黄山街道	69814	14793	44700	10321	7406	46944
大庙街道	82314	16793	53284	12237	9205	59311
金龙湖街道	107636	25569	72920	9147	5801	41267
徐庄镇	60380	14737	33313	12330	9602	57130
新沂市	**969922**	**243004**	**546344**	**180574**	**137669**	**824380**
新安街道	242481	60236	151679	30566	22095	174668
北沟街道	76798	18581	48573	9644	7072	44350
墨河街道	49984	12226	29354	8404	6307	41983
唐店街道	40800	10520	22707	7573	5823	33652
瓦窑镇	35598	8902	19756	6940	5315	31852
港头镇	33509	8905	17251	7353	5655	32349
合沟镇	41703	11412	20324	9967	7511	40961
草桥镇	51297	12238	26554	12505	9669	48837
窑湾镇	46547	10347	24517	11683	9065	44681
棋盘镇	59316	14640	31131	13545	10549	54864
马陵山镇	45782	11121	25307	9354	7492	42065
新店镇	37951	9585	19660	8706	6698	35842
邵店镇	27336	6623	13629	7084	5528	26477
时集镇	42381	11153	22149	9079	7011	40081
高流镇	49734	12595	27486	9653	7583	47600
阿湖镇	51571	13900	26687	10984	8387	49130
双塘镇	33323	9113	17650	6560	5138	31418
马陵山风景名胜区	3811	907	1930	974	771	3570
邳州市	**1462563**	**367475**	**795081**	**300007**	**226522**	**1257797**
东湖街道	128749	36377	82219	10153	7114	62441

表10 续表 9

单位：人

地 区	总人口	分年龄人口				居住本乡、镇、街道，户口在本乡、镇、街道
		0-14岁	15-59岁	60岁及以上	#65岁及以上	
运河街道	267950	64877	168274	34799	25720	196028
戴圩街道	90650	22994	52089	15567	11439	68095
炮车街道	47556	10844	25423	11289	8689	45368
邳城镇	51807	12671	26002	13134	9824	50378
官湖镇	93625	24157	49518	19950	14495	86335
四户镇	29425	8888	11612	8925	6731	28609
宿羊山镇	60768	14770	33060	12938	10118	57361
八义集镇	49989	10824	25208	13957	10986	46887
土山镇	24379	4723	11776	7880	6189	23292
碾庄镇	69866	16882	37439	15545	12092	67205
港上镇	44580	13339	21087	10154	7656	43215
邹庄镇	31212	8918	13209	9085	6715	30464
占城镇	28617	6199	14095	8323	6434	27712
新河镇	38115	7889	19661	10565	8379	36621
八路镇	27285	5703	13413	8169	6247	26361
铁富镇	74501	20664	35574	18263	13475	71441
岔河镇	30688	8465	14559	7664	5841	29495
陈楼镇	38999	9557	19989	9453	7002	37159
邢楼镇	38408	10863	18648	8897	6754	37554
戴庄镇	31999	8373	15276	8350	6328	31010
车辐山镇	48619	12386	26347	9886	7522	45774
燕子埠镇	22529	6293	10913	5323	4110	21119
赵墩镇	67893	15623	36900	15370	11802	65040
议堂镇	24354	5196	12790	6368	4860	22833
常州市	**5278121**	**699862**	**3522325**	**1055934**	**785494**	**2828392**
天宁区	**668906**	**89286**	**437892**	**141728**	**103648**	**340146**
雕庄街道	36319	5588	25849	4882	3419	12462
青龙街道	100001	16887	68822	14292	9736	43076
茶山街道	137807	18554	90169	29084	21040	67796
红梅街道	141329	16481	92417	32431	23790	68622
天宁街道	73609	10799	44700	18110	13534	46909
兰陵街道	74526	8397	48072	18057	13290	32753
郑陆镇	105315	12580	67863	24872	18839	68528
钟楼区	**658537**	**88494**	**443413**	**126630**	**92644**	**310245**
五星街道	149461	19324	98836	31301	22671	74099
永红街道	137394	15471	90852	31071	22631	73317
北港街道	84391	14101	60026	10264	7041	32713
西林街道	34169	5893	23673	4603	3326	14238
南大街街道	49505	6543	29793	13169	9884	30688
荷花池街道	45214	5999	26778	12437	9674	28236
新闸街道	45234	5820	33525	5889	4205	13207
邹区镇	113169	15343	79930	17896	13212	43747

表10 续表 10

单位：人

地　　区	总人口	分年龄人口				居住本乡、镇、街道，户口在本乡、镇、街道
		0-14岁	15-59岁	60岁及以上	#65岁及以上	
新北区	**883125**	**133865**	**601688**	**147572**	**107072**	**489226**
三井街道	249585	45520	173369	30696	20899	123074
龙虎塘街道	65291	11084	47278	6929	4668	26925
春江街道	72062	10920	48303	12839	9569	39813
魏村街道	73629	8874	46998	17757	13234	53299
新桥街道	79623	11889	60043	7691	5407	31341
孟河镇	90299	11569	57473	21257	15772	64720
薛家镇	94920	16154	66299	12467	8941	44259
罗溪镇	48960	5451	31975	11534	8659	32267
西夏墅镇	47499	5300	31069	11130	8346	32648
奔牛镇	61257	7104	38881	15272	11577	40880
武进区	**1697380**	**225929**	**1182319**	**289132**	**215941**	**780540**
戚墅堰街道	48009	5732	31312	10965	8041	23429
丁堰街道	27815	3358	19081	5376	3948	9456
潞城街道	52509	7837	38011	6661	4643	19587
湖塘镇	424589	65153	311758	47678	33343	163247
牛塘镇	95541	14036	66212	15293	11551	34001
洛阳镇	79543	9542	53343	16658	12753	42385
遥观镇	92985	11086	66673	15226	11302	36076
横林镇	104815	13045	75745	16025	12224	40877
横山桥镇	93760	11652	63226	18882	14342	50388
雪堰镇	102440	11515	66041	24884	19299	63714
前黄镇	73931	7664	46280	19987	15514	49842
礼嘉镇	78750	9809	53434	15507	11926	37961
嘉泽镇	70358	7116	41975	21267	16346	54122
湟里镇	67006	7376	41411	18219	14183	47260
武进经济开发区	54645	6218	40133	8294	6151	20963
高新区	230684	34790	167684	28210	20375	87232
金坛区	**585081**	**66904**	**364984**	**153193**	**114284**	**345642**
西城街道	167052	22421	109426	35205	25784	82179
金城镇	47879	4595	27783	15501	11603	31866
儒林镇	22883	1884	12378	8621	6739	19468
直溪镇	40645	2720	22074	15851	12279	29753
朱林镇	29501	2433	15922	11146	8578	20437
薛埠镇	39373	3175	22465	13733	10286	28287
指前镇	35174	2820	18121	14233	10825	28880
开发区	194450	26454	132667	35329	25525	97988
茅山旅游度假区	8124	402	4148	3574	2665	6784
溧阳市	**785092**	**95384**	**492029**	**197679**	**151905**	**562593**
昆仑街道	88631	9719	58982	19930	15460	48994
溧城街道	262309	36780	179921	45608	33330	145092
古县街道	50608	7017	32999	10592	7982	30308
埭头镇	23072	2223	13280	7569	6166	18069
上黄镇	20236	1825	11349	7062	5610	17583
戴埠镇	38471	3913	22036	12522	9746	33829
天目湖镇	40307	4937	23121	12249	9501	35878

表10　续表 11　　　　单位：人

地　　区	总人口	分年龄人口				居住本乡、镇、街道，户口在本乡、镇、街道
		0-14岁	15-59岁	60岁及以上	#65岁及以上	
别桥镇	46190	4372	25035	16783	13049	40960
上兴镇	61276	7663	35130	18483	14620	54818
竹箦镇	45994	4627	27670	13697	10600	41376
南渡镇	48447	5402	27125	15920	12457	42648
社渚镇	59551	6906	35381	17264	13384	53038
苏州市	**12748262**	**1727189**	**8858671**	**2162402**	**1585701**	**5993546**
虎丘区	**832499**	**123146**	**599516**	**109837**	**77032**	**360751**
横塘街道	62114	5507	51815	4792	3192	14756
狮山街道	161153	26809	113961	20383	14326	82419
枫桥街道	167675	22615	124866	20194	13758	64240
镇湖街道	19921	2692	10945	6284	4789	17096
东渚街道	48089	6721	31721	9647	7178	27782
浒墅关镇	91271	13116	65624	12531	9086	40093
通安镇	82536	11937	56433	14166	10471	42854
浒墅关经济技术开发区	154371	24055	111674	18642	12558	56039
苏州科技城	45369	9694	32477	3198	1674	15472
吴中区	**1388972**	**180646**	**998900**	**209426**	**149560**	**615030**
长桥街道	156490	20177	111194	25119	17921	67071
越溪街道	105762	10743	84448	10571	7584	32736
郭巷街道	168312	25908	124044	18360	12089	63770
横泾街道	53495	5990	37633	9872	7410	30218
香山街道	44250	7806	28507	7937	5711	21965
城南街道	153734	20330	119032	14372	8812	46357
太湖街道	9890	1076	8427	387	188	1326
甪直镇	139015	16275	101778	20962	15674	56541
木渎镇	233041	36217	165542	31282	21839	103515
胥口镇	100422	11078	77368	11976	8440	31172
东山镇	55688	5828	33654	16206	12088	47054
光福镇	56318	6893	34950	14475	10874	38306
金庭镇	39053	3500	22037	13516	10196	35190
临湖镇	73502	8825	50286	14391	10734	39809
相城区	**891055**	**125626**	**633453**	**131976**	**95367**	**385698**
元和街道	290875	48834	205341	36700	24139	108262
太平街道	65516	8065	47747	9704	7258	28218
黄桥街道	45694	6093	32467	7134	5270	19699
北桥街道	62806	7697	42550	12559	9377	33216
北河泾街道	21133	4487	15614	1032	519	4578
漕湖街道	35849	5457	24900	5492	4021	15386

表10 续表 12 单位：人

地 区	总人口	分年龄人口				居住本乡、镇、街道，户口在本乡、镇、街道
		0-14岁	15-59岁	60岁及以上	#65岁及以上	
澄阳街道	40826	5805	31096	3925	2664	9538
望亭镇	64741	7525	45608	11608	8955	33480
黄埭镇	127449	15381	93917	18151	13416	58959
渭塘镇	63509	8688	44271	10550	7901	30575
阳澄湖镇	58179	6088	40938	11153	8775	33130
阳澄湖生态休闲旅游度假区	14478	1506	9004	3968	3072	10657
姑苏区	**924083**	**113392**	**578111**	**232580**	**169928**	**500301**
白洋湾街道	92199	17786	61757	12656	8355	36805
平江街道	125867	12033	75137	38697	28951	75009
金阊街道	128908	12052	77072	39784	30258	73860
沧浪街道	81048	7942	48282	24824	18896	48218
双塔街道	100907	10705	64782	25420	19051	54962
虎丘街道	100620	9803	64990	25827	18647	46016
苏锦街道	81956	13011	53414	15531	10294	42900
吴门桥街道	212578	30060	132677	49841	35476	122531
吴江区	**1545023**	**198578**	**1076691**	**269754**	**201523**	**770439**
松陵街道	204840	38053	137867	28920	19876	107893
横扇街道	68564	8362	47332	12870	9721	38593
八坼街道	25753	2434	16340	6979	5583	16897
江陵街道	324579	44150	256853	23576	15139	84787
平望镇	101018	9083	65761	26174	20026	67158
盛泽镇	284667	39566	201029	44072	32447	126969
七都镇	76110	8612	47842	19656	15291	53375
震泽镇	85212	9005	54288	21919	16950	57377
桃源镇	79533	7188	49296	23049	17834	55634
黎里镇	225389	23848	153753	47788	37156	121974
同里镇	60957	6709	40082	14166	11140	37842
东方丝绸市场	8401	1568	6248	585	360	1940
苏州工业园区	**1133927**	**183117**	**809431**	**141379**	**96238**	**480884**
娄葑街道	178025	23786	121930	32309	23275	81058
斜塘街道	172046	20247	127648	24151	17279	66154
唯亭街道	273144	40697	202808	29639	19916	90409
胜浦街道	80910	11010	60539	9361	6926	25393
湖西社区工作委员会	72606	14559	46388	11659	8758	48145
湖东社区工作委员会	204536	49626	129741	25169	15385	119794
月亮湾社区工作委员会	63012	5025	55935	2052	1098	15810
东沙湖社区工作委员会	89648	18167	64442	7039	3601	34121
常熟市	**1677050**	**185163**	**1137744**	**354143**	**267996**	**846735**
虞山街道	185672	24293	122868	38511	28486	92883
常福街道	159879	17402	112438	30039	22960	74052
琴川街道	245196	35460	167790	41946	29823	104170
莫城街道	130472	14359	102866	13247	9744	31164
碧溪街道	126639	13364	76846	36429	27821	81649
东南街道	83625	11511	65161	6953	4544	17914

表10 续表 13

单位：人

地 区	总人口	分年龄人口				居住本乡、镇、街道，户口在本乡、镇、街道
		0-14岁	15-59岁	60岁及以上	#65岁及以上	
梅李镇	105712	10810	67691	27211	20750	67584
海虞镇	114037	11099	74226	28712	22389	69424
古里镇	96599	9742	64174	22683	17448	55603
沙家浜镇	68667	6202	49405	13060	10047	33436
支塘镇	77492	6644	45984	24864	19436	55829
董浜镇	53052	4417	29466	19169	14760	39659
辛庄镇	104997	10112	70521	24364	18697	60545
尚湖镇	98961	8770	64005	26186	20637	61468
常熟经济技术开发区	8107	669	7246	192	80	97
常熟高新技术产业开发区	17943	309	17057	577	374	1258
张家港市	**1432044**	**196419**	**954487**	**281138**	**210598**	**739595**
杨舍镇	504261	78524	348199	77538	55735	231465
塘桥镇	148250	18789	100399	29062	22361	76880
金港镇	252339	35029	168817	48493	35455	136920
锦丰镇	147410	18243	93238	35929	27621	85676
乐余镇	71706	7535	40984	23187	17879	49875
凤凰镇	97444	10979	64644	21821	17096	52587
南丰镇	58866	7153	35680	16033	12479	36961
大新镇	59588	8586	38852	12150	9127	30376
张家港市现代农业示范园区	17232	1236	9178	6818	5387	13210
张家港经济技术开发区	70015	10077	50285	9653	7094	24893
张家港保税区	1220	24	1165	31	15	20
张家港市冶金工业园	3008	203	2722	83	54	252
双山岛旅游度假区	705	41	324	340	295	480
昆山市	**2092496**	**320034**	**1515051**	**257411**	**183910**	**864057**
玉山镇	555563	89247	402409	63907	44337	247049
巴城镇	149010	21006	105638	22366	16828	63892
周市镇	203769	37703	146072	19994	13867	84723
陆家镇	105267	15514	77904	11849	8446	38342
花桥镇	185216	30361	133551	21304	14238	67996
淀山湖镇	51403	4842	37507	9054	7053	22517
张浦镇	151169	25866	102088	23215	17186	72196
周庄镇	31250	2883	21212	7155	5638	18845
千灯镇	126326	18377	88904	19045	14345	57066
锦溪镇	67958	4612	49647	13699	10767	30476
开发区	465565	69623	350119	45823	31205	160955
太仓市	**831113**	**101068**	**555287**	**174758**	**133549**	**430056**
城厢镇	138245	20833	92532	24880	18268	76828
沙溪镇	123971	12413	78683	32875	26040	71284
浏河镇	81535	9119	53590	18826	14366	42228
浮桥镇	124162	11949	80025	32188	25453	59574
璜泾镇	59738	4263	35977	19498	15625	36885
双凤镇	58939	5762	40858	12319	9431	27701
经济开发区	204533	31075	145287	28171	20125	96207
科教新城	39990	5654	28335	6001	4241	19349

表10 续表 14

单位：人

地区	总人口	分年龄人口				居住本乡、镇、街道，户口在本乡、镇、街道
		0-14岁	15-59岁	60岁及以上	#65岁及以上	
南通市	**7726635**	**841940**	**4566047**	**2318648**	**1751294**	**5529939**
崇川区	**780564**	**97669**	**535056**	**147839**	**108561**	**365851**
城东街道	83867	10420	54143	19304	14531	49606
和平桥街道	56207	6543	34671	14993	11182	30109
任港街道	65833	7340	43894	14599	10686	30617
新城桥街道	49192	4627	33071	11494	8583	24197
虹桥街道	75190	8053	47787	19350	14590	37642
学田街道	62240	5705	48479	8056	5990	23820
钟秀街道	48899	6221	36232	6446	4413	15008
文峰街道	120240	17584	80653	22003	15825	59052
观音山街道	137581	22882	94463	20236	14293	64445
狼山镇街道	81315	8294	61663	11358	8468	31355
港闸区	**403176**	**52530**	**278096**	**72550**	**53747**	**157770**
永兴街道	78469	8725	57704	12040	8728	24624
唐闸镇街道	115333	17760	79812	17761	12525	39138
天生港镇街道	48971	5710	29966	13295	10163	23824
秦灶街道	78229	10515	57916	9798	7188	23573
陈桥街道	36070	4091	21985	9994	7762	24276
幸福街道	46104	5729	30713	9662	7381	22335
通州区	**1258739**	**139080**	**730439**	**389220**	**298791**	**922675**
金沙街道	132963	18341	82837	31785	23683	90572
兴东街道	34044	3806	20660	9578	7523	25749
先锋街道	53471	6964	35539	10968	7990	29530
金新街道	195512	28320	124732	42460	31417	134646
西亭镇	44011	3675	22861	17475	13813	36557
二甲镇	57070	6096	30085	20889	16173	45196
东社镇	66416	5536	32807	28073	21519	61962
三余镇	87018	6532	43445	37041	28422	71778
十总镇	65605	4247	31315	30043	23841	56738
石港镇	56521	3809	28092	24620	19391	49309
刘桥镇	62501	5648	31153	25700	20373	54139
平潮镇	108805	12713	59359	36733	28535	92091
五接镇	38803	3461	23862	11480	8866	27140
兴仁镇	77341	7987	44557	24797	19529	57880
张芝山镇	65120	7438	39650	18032	13528	41548
川姜镇	111107	14464	77687	18956	13781	45930
环本农场	2431	43	1798	590	407	1910
如东县	**880006**	**73334**	**464262**	**342410**	**263809**	**745666**
掘港街道	113068	9942	66302	36824	27718	87449
城中街道	91450	13296	57650	20504	15007	64563
苴镇街道	35085	2021	16840	16224	12898	32609
栟茶镇	43613	3830	21648	18135	13715	35866
洋口镇	58067	3694	29490	24883	19061	49478
长沙镇	33348	2480	17802	13066	9776	28664

表10 续表 15 单位：人

地　区	总人口	分年龄人口				居住本乡、镇、街道，户口在本乡、镇、街道
		0-14岁	15-59岁	60岁及以上	#65岁及以上	
大豫镇	71267	4507	34461	32299	23519	64704
马塘镇	67908	4907	35051	27950	22204	59812
丰利镇	61575	4026	29664	27885	22119	57168
曹埠镇	38212	2342	18881	16989	13263	35046
岔河镇	67049	5435	33670	27944	22176	61545
双甸镇	58048	5269	29859	22920	18484	53728
新店镇	30417	2124	14328	13965	11116	26803
河口镇	47723	3925	22403	21395	16536	42699
袁庄镇	41402	3491	19348	18563	14275	39335
如东县经济开发区	16887	1906	12805	2176	1558	5666
如东洋口港经济开发区	1141	9	1094	38	7	
如东东安科技园区	1785	38	1527	220	97	9
南通外向型农业开发区	1961	92	1439	430	280	522
南通经济技术开发区	**332273**	**43810**	**240629**	**47834**	**33996**	**126847**
中兴街道	50866	6109	37452	7305	5207	18331
新开街道	116399	17123	87457	11819	7898	38013
竹行街道	54123	6423	37504	10196	7392	23010
小海街道	77442	11599	52483	13360	9685	36458
江海镇区	25060	2313	17981	4766	3660	11026
南通市经济技术开发区老洪港	8383	243	7752	388	154	9
启东市	**967313**	**91424**	**532669**	**343220**	**251300**	**759230**
汇龙镇	255373	35187	164134	56052	39180	183989
北新镇	57592	4161	28604	24827	18230	49944
惠萍镇	52073	4053	26156	21864	15990	45827
东海镇	44863	3150	19477	22236	16534	38649
南阳镇	70006	4570	31115	34321	25438	62347
海复镇	38244	2610	17267	18367	13755	33937
合作镇	42270	3023	18426	20821	15866	36772
王鲍镇	64327	4313	29799	30215	22554	57512
吕四港镇	142155	14546	75846	51763	38661	122482
启东经济开发区	47390	5117	34086	8187	5580	22395
启东滨海工业园	66846	4934	40585	21327	15529	41598
启东生命健康产业园	594	28	526	40	24	
启隆生态科技产业园	5744	271	3823	1650	1065	1453
启东海工船舶工业园	66910	4642	34938	27330	20078	54615
启东江海产业园	629	12	570	47	13	
圆陀角旅游度假区	12297	807	7317	4173	2803	7710
如皋市	**1238448**	**152124**	**700305**	**386019**	**295288**	**1082702**
如城街道	211272	32902	133538	44832	33007	154765
东陈镇	59760	4866	30778	24116	18793	56244
丁堰镇	39822	3452	21124	15246	12144	36939
白蒲镇	97619	9741	50937	36941	29071	90878
下原镇	45835	5208	24480	16147	12393	43775

表10　续表 16　　　　单位：人

地　区	总人口	分年龄人口				居住本乡、镇、街道，户口在本乡、镇、街道
		0-14岁	15-59岁	60岁及以上	#65岁及以上	
九华镇	55551	6185	29867	19499	15096	51490
石庄镇	64800	8156	34981	21663	16603	60340
长江镇	129764	15847	76455	37462	28205	109149
吴窑镇	50144	6467	27579	16098	12358	47537
江安镇	87499	11646	46167	29686	22452	83407
搬经镇	104913	12176	55484	37253	28553	98910
磨头镇	62906	7800	34069	21037	16226	60895
如皋市经济开发区	169756	20564	100619	48573	36862	136592
如皋高新技术产业开发区	58807	7114	34227	17466	13525	51781
海门市	**991782**	**108184**	**578518**	**305080**	**228627**	**679493**
常乐镇	57937	4077	27845	26015	19989	48547
悦来镇	75234	5186	34794	35254	26987	63855
四甲镇	63038	5509	31905	25624	19820	53854
余东镇	44453	3710	21502	19241	15026	38514
正余镇	45730	4700	23472	17558	13656	37678
海永镇	4404	380	2589	1435	1020	3164
海门市经济技术开发区	134018	17388	93443	23187	16299	64219
江苏省国营江心沙农场	8727	716	5954	2057	1603	4472
海门市临江新区管理委员会	41810	2917	20962	17931	13271	33622
海门港新区	114402	10909	61517	41976	31696	93713
海门工业园区管理委员会	145119	17655	95408	32056	23617	68125
海门高新区	209699	30718	133366	45615	32974	134781
三厂工业园区	47211	4319	25761	17131	12669	34949
海安市	**874334**	**83785**	**506073**	**284476**	**217175**	**689705**
海安镇	322197	40783	203850	77564	58360	226136
城东镇	160615	17728	99251	43636	33035	116559
曲塘镇	77083	4706	41140	31237	24976	66372
李堡镇	63541	5420	34540	23581	17348	55964
角斜镇	55558	4371	30766	20421	14729	46774
大公镇	46464	2745	24178	19541	14718	41406
雅周镇	40582	2744	19536	18302	14324	37635
白甸镇	22792	1238	11218	10336	8113	20241
南莫镇	37226	1708	17975	17543	14037	33773
墩头镇	46382	2266	22613	21503	16912	43224
海安县农场	1894	76	1006	812	623	1621

表10 续表 17

单位：人

地 区	总人口	分年龄人口				居住本乡、镇、街道，户口在本乡、镇、街道
		0-14岁	15-59岁	60岁及以上	#65岁及以上	
连云港市	**4599360**	**984112**	**2676755**	**938493**	**672704**	**3739503**
连云区	**202514**	**29907**	**131086**	**41521**	**29397**	**121827**
墟沟街道	59137	9213	38075	11849	8340	37458
连云街道	14299	1092	7482	5725	4392	9190
云山街道	36634	7710	24565	4359	2841	19322
板桥街道	5503	548	3259	1696	1228	3584
连岛街道	2847	301	1628	918	636	1949
徐圩街道	11916	573	10296	1047	688	2297
海州湾街道	30811	5063	20107	5641	3995	17529
宿城街道	6580	506	4944	1130	805	2726
高公岛街道	3494	261	2466	767	530	1417
东辛农场	30208	4636	17228	8344	5921	26353
连云经济技术开发区	1085	4	1036	45	21	2
海州区	**744773**	**139279**	**459764**	**145730**	**102450**	**542012**
朐阳街道	59303	12818	37612	8873	5696	39547
新海街道	55306	7809	34714	12783	9022	31030
云台街道	27492	5180	15855	6457	4392	24910
新浦街道	68110	12036	43815	12259	8383	43488
海州街道	18275	2833	10756	4686	3422	12320
幸福路街道	16493	2673	10466	3354	2456	7697
洪门街道	16393	2332	10302	3759	2690	9853
宁海街道	21941	4278	13060	4603	3114	18894
浦西街道	36973	5342	23046	8585	5854	23764
新东街道	109471	24517	69240	15714	10959	86477
新南街道	71950	12861	46640	12449	8696	45400
路南街道	40361	7201	25237	7923	5581	29955
锦屏镇	26321	4157	15325	6839	5009	21224
新坝镇	22444	4150	12319	5975	4127	20405
板浦镇	57827	11800	34162	11865	8250	46610
浦南镇	51214	10606	29881	10727	8222	46568
岗埠农场	21332	4596	11706	5030	3856	19887
新浦经济开发区	8486	1727	5063	1696	1226	6931
海州经济开发区	15081	2363	10565	2153	1495	7052
赣榆区	**1003844**	**226311**	**565743**	**211790**	**155940**	**898955**
青口镇	221290	52830	137461	30999	21975	173905
柘汪镇	51228	11174	28900	11154	8330	46998
石桥镇	52218	10765	28478	12975	9498	49179
金山镇	38262	8547	20665	9050	6738	35199

表10 续表 18 单位：人

地　区	总人口	分年龄人口				居住本乡、镇、街道，户口在本乡、镇、街道
		0-14岁	15-59岁	60岁及以上	#65岁及以上	
黑林镇	32914	7862	16152	8900	6573	31780
厉庄镇	28803	6289	15454	7060	5231	25781
海头镇	73261	15315	42077	15869	11725	66680
塔山镇	46338	10762	23446	12130	8991	44236
赣马镇	73626	15211	41511	16904	12476	66077
班庄镇	77974	18374	40981	18619	13644	74618
城头镇	71703	16731	38686	16286	12086	67205
城西镇	34002	7510	18011	8481	6233	32343
宋庄镇	31556	6522	17854	7180	5321	28114
沙河镇	96930	22825	52450	21655	16107	92881
墩尚镇	64708	14218	36823	13667	10400	61445
沙河子园艺场	2248	479	1202	567	436	2124
赣榆海洋经济开发区	186	11	168	7	3	5
赣榆经济开发区	6597	886	5424	287	173	385
东海县	**1047357**	**256440**	**588781**	**202136**	**149509**	**898749**
牛山街道	263966	67932	166995	29039	21010	183291
石榴街道	62537	14375	36383	11779	8520	52578
白塔埠镇	51531	10970	29763	10798	7961	44724
黄川镇	44113	10294	22306	11513	8677	40935
石梁河镇	47871	12062	25243	10566	7723	44952
青湖镇	44193	11633	22614	9946	7219	41986
温泉镇	43623	11534	22996	9093	6600	40702
双店镇	40891	11255	20845	8791	6490	39033
桃林镇	56930	14959	29645	12326	9288	54400
洪庄镇	27800	7334	14392	6074	4694	26594
安峰镇	48537	12211	25364	10962	8233	44214
房山镇	56942	11300	32320	13322	9846	51065
平明镇	46960	9312	25430	12218	8951	44751
驼峰乡	50556	11134	27397	12025	9020	45817
李埝乡	28714	7569	14961	6184	4596	27232
山左口乡	33177	9034	16816	7327	5561	32073
石湖乡	25457	7105	12709	5643	4278	23783
曲阳乡	25696	6305	13511	5880	4558	23980
张湾乡	25914	5216	14673	6025	4377	24656
江苏东海经济开发区	21113	4849	13715	2549	1861	11900
江苏东海高新技术开发区	836	57	703	76	46	83
灌云县	**725047**	**153748**	**404770**	**166529**	**116665**	**628421**
侍庄街道	67392	15237	41827	10328	7023	39696
伊山镇	146654	30286	89327	27041	18652	114097
杨集镇	69317	16239	34784	18294	12872	66059
燕尾港镇	5895	820	3844	1231	822	3877
同兴镇	46032	9125	24210	12697	8907	44051
四队镇	42468	8697	22286	11485	8150	39863
圩丰镇	31218	6558	17183	7477	5077	29440
龙苴镇	51108	10717	26626	13765	9936	49175
下车镇	57627	11852	30966	14809	10290	55204
图河镇	36764	8799	18964	9001	6092	35395

表10 续表 19　　单位：人

地　区	总人口	分年龄人口				居住本乡、镇、街道，户口在本乡、镇、街道
		0-14岁	15-59岁	60岁及以上	#65岁及以上	
东王集镇	57519	12238	33661	11620	8219	46669
小伊镇	38586	7846	21103	9637	6864	37072
南岗镇	66367	14491	34980	16896	12123	64000
五图河农场	2030	92	1144	794	592	1241
灌西盐场	3062	200	1664	1198	910	2394
灌云经济开发区	2396	545	1677	174	86	188
灌云临港产业区	612	6	524	82	50	
灌南县	**612345**	**136652**	**339854**	**135839**	**95361**	**524353**
新安镇	230224	54639	139651	35934	24617	162208
堆沟港镇	65821	13753	37101	14967	10212	60098
田楼镇	55203	13211	28532	13460	9291	52186
北陈集镇	23187	5238	11751	6198	4503	22532
张店镇	22559	4734	11533	6292	4557	21933
三口镇	35040	7294	17530	10216	7475	33766
孟兴庄镇	35362	7330	18264	9768	6947	34048
汤沟镇	17101	3550	9005	4546	3206	16547
百禄镇	36903	7845	18524	10534	7490	35469
新集镇	43359	9051	22079	12229	8726	41134
李集镇	47586	10007	25884	11695	8337	44432
连云港经济技术开发区	**90248**	**14451**	**57889**	**17908**	**12361**	**54427**
中云街道	48716	8656	32185	7875	5275	26042
猴嘴街道	23642	2746	15616	5280	3673	13440
朝阳街道	17890	3049	10088	4753	3413	14945
连云港高新技术产业开发区	**173232**	**27324**	**128868**	**17040**	**11021**	**70759**
花果山街道	101103	13791	78626	8686	5627	33207
南城街道	13264	2426	8380	2458	1640	7480
郁州街道	53253	10299	38545	4409	2754	26310
云台农场	4366	610	2566	1190	802	3031
南云台林场	1246	198	751	297	198	731
淮安市	**4556230**	**806559**	**2711152**	**1038519**	**748077**	**3407709**
淮安区	**785272**	**130324**	**445120**	**209828**	**155346**	**622728**
淮城街道	145173	26136	90952	28085	19441	86895
河下街道	98999	18481	65623	14895	9842	45816
山阳街道	95866	17765	58513	19588	13948	71144
平桥镇	26649	2511	12960	11178	8824	25083
朱桥镇	23961	3269	12568	8124	6105	23004
施河镇	34123	4250	17240	12633	9798	32508
车桥镇	50737	7623	24413	18701	14205	48661
流均镇	27399	3699	12544	11156	8657	26269
博里镇	48680	8784	24575	15321	11249	47176
复兴镇	20410	3956	10205	6249	4536	19459
苏嘴镇	41308	7865	21636	11807	8771	39599
钦工镇	51546	9755	29720	12071	9041	47537
顺河镇	28152	5234	15544	7374	5528	27177
漕运镇	42145	4849	21388	15908	12651	39346

表10　续表 20　　　　单位：人

地　区	总人口	分年龄人口				居住本乡、镇、街道，户口在本乡、镇、街道
		0-14岁	15-59岁	60岁及以上	#65岁及以上	
石塘镇	36650	5065	18956	12629	9581	33328
白马湖农场	9005	760	4797	3448	2689	8328
经济开发区	2522	108	2215	199	121	23
淮安新材料产业园	1947	214	1271	462	359	1375
淮阴区	**748791**	**137270**	**445745**	**165776**	**118084**	**602325**
长江路街道	86699	13894	64176	8629	5732	39097
王家营街道	152405	31705	99710	20990	13858	98114
新渡口街道	24569	4749	14914	4906	3444	21472
古清口街道	22150	3712	13064	5374	3871	19536
南陈集镇	38231	6754	20597	10880	7671	36420
丁集镇	43380	7438	24089	11853	8428	40147
徐溜镇	53051	9461	27490	16100	12269	51122
渔沟镇	56101	9675	30006	16420	12185	53141
三树镇	25722	4357	13637	7728	5777	24337
高家堰镇	45021	9123	23514	12384	8655	43300
马头镇	54805	8931	29140	16734	12216	52315
刘老庄镇	26635	4966	13592	8077	6009	25508
淮高镇	72617	12079	40423	20115	14386	68629
淮安高新技术产业开发区	47405	10426	31393	5586	3583	29187
清江浦区	**594524**	**103944**	**381656**	**108924**	**75406**	**383102**
城南街道	65591	13369	43340	8882	5856	37765
清江街道	21967	5310	12471	4186	3025	17168
浦楼街道	18466	2776	11631	4059	2980	11049
闸口街道	28410	3653	18314	6443	4602	16357
清浦街道	84082	11252	55635	17195	11893	48757
府前街道	44623	6877	30379	7367	5294	28775
长西街道	26071	4440	16204	5427	3908	15090
淮海街道	41066	7213	26601	7252	5067	27730
长东街道	33427	6507	21337	5583	3659	19166
柳树湾街道	63755	12201	41073	10481	7089	39048
水渡口街道	62614	12090	41522	9002	5671	33612
清河街道	22336	5463	14299	2574	1690	14048
武墩街道	8520	1333	5175	2012	1445	7570
盐河街道	6781	1065	4455	1261	883	5120
和平镇	23425	3107	13255	7063	5173	22004
黄码镇	27317	4423	16381	6513	4576	25553
宁连路办事处	16073	2865	9584	3624	2595	14290
洪泽区	**285097**	**38434**	**171288**	**75375**	**54583**	**207463**
高良涧街道	157287	25725	103462	28100	19200	90175
朱坝街道	17795	2168	10246	5381	3910	15663
黄集街道	10717	1008	5699	4010	2858	9713
蒋坝镇	4663	318	2273	2072	1544	4182
岔河镇	28710	2278	14201	12231	9199	27180
西顺河镇	4724	676	2746	1302	917	4371
老子山镇	10681	1509	6250	2922	2190	9961
三河镇	19598	1645	9940	8013	6073	18048
东双沟镇	29084	2882	15015	11187	8599	28018
洪泽经济开发区	1838	225	1456	157	93	152

表10 续表 21

单位：人

地　　区	总人口	分年龄人口				居住本乡、镇、街道，户口在本乡、镇、街道
		0-14岁	15-59岁	60岁及以上	#65岁及以上	
涟水县	**829699**	**168448**	**467717**	**193534**	**141055**	**686376**
涟城街道	292194	69426	183716	39052	27175	189523
朱码街道	49974	8917	28220	12837	9378	43914
陈师街道	33373	5674	18170	9529	7039	32376
保滩街道	18087	3075	10656	4356	3238	16805
高沟镇	112795	22572	60215	30008	21830	107709
唐集镇	15933	2531	7690	5712	4289	15340
大东镇	13675	1799	7086	4790	3643	12787
五港镇	32283	6040	15779	10464	7598	30863
梁岔镇	22774	4088	11778	6908	5150	21069
石湖镇	22286	3898	10430	7958	5851	21227
岔庙镇	23161	3693	12128	7340	5377	22284
东胡集镇	27139	3826	13527	9786	7335	25884
南集镇	14892	2321	7392	5179	3947	14325
成集镇	27552	5346	13568	8638	6448	25705
红窑镇	52541	10263	27135	15143	11187	49487
黄营镇	26473	3759	13135	9579	7229	25456
经济开发区	44567	11220	27092	6255	4341	31622
盱眙县	**607211**	**111616**	**349319**	**146276**	**104898**	**458099**
盱城街道	173659	36778	108956	27925	18929	89884
太和街道	48352	10988	31375	5989	3769	15856
古桑街道	16977	2899	9880	4198	2956	13097
马坝镇	72787	11506	40701	20580	14408	61529
官滩镇	25548	4771	13874	6903	4809	23838
桂五镇	18558	3044	10086	5428	3948	17634
河桥镇	30173	4875	15662	9636	7188	28674
鲍集镇	43825	8367	22934	12524	9907	42520
黄花塘镇	38430	5161	20816	12453	8873	36478
淮河镇	40098	7238	21736	11124	8326	38388
天泉湖镇	26470	4389	14036	8045	5741	24814
管仲镇	31525	5764	16076	9685	7763	30566
穆店镇	32813	5167	18670	8976	6186	27742
三河农场	6937	611	3900	2426	1746	6275
淮化集团	1059	58	617	384	349	804
金湖县	**289456**	**33328**	**172267**	**83861**	**61991**	**195718**
黎城街道	165778	26484	112672	26622	18026	86052
戴楼街道	13639	1275	7783	4581	3300	11016
金北街道	11856	566	5272	6018	4515	10725
金南镇	17713	845	7741	9127	7184	16463
塔集镇	23396	993	10045	12358	9972	22370
前锋镇	13009	657	6387	5965	4464	12215
吕良镇	12079	605	5389	6085	4537	11424
银涂镇	23122	1376	11363	10383	7924	21295
宝应湖农场	3365	67	1532	1766	1393	2992
复兴圩农场	638	48	341	249	207	529
粮棉原种场	714	63	374	277	204	635

表10　续表 22

单位：人

地　区	总人口	分年龄人口				居住本乡、镇、街道，户口在本乡、镇、街道
		0-14岁	15-59岁	60岁及以上	#65岁及以上	
金湖经济开发区	4147	349	3368	430	265	2
淮安经济技术开发区	**416180**	**83195**	**278040**	**54945**	**36714**	**251898**
钵池街道	90025	19290	59054	11681	7422	55173
徐杨街道	70767	12366	48894	9507	6698	39590
南马厂街道	23280	4479	14097	4704	3447	21319
枚乘街道	89199	12905	68450	7844	4928	35865
范集镇	13248	1959	7899	3390	2520	9881
新港办事处	14849	2542	10162	2145	1421	7047
金港路办事处	5036	1075	2730	1231	901	4678
富城路办事处	25000	6181	15877	2942	1964	17636
福地路办事处	65146	19223	39149	6774	4080	44776
高铁新区办事处	9314	1735	5740	1839	1326	6585
张码办事处	7583	1115	4556	1912	1327	6711
淮洪路办事处	2733	325	1432	976	680	2637
盐城市	**6709629**	**1008518**	**3867738**	**1833373**	**1333685**	**5140543**
亭湖区	**798003**	**113482**	**523069**	**161452**	**115756**	**533763**
五星街道	55548	6348	37864	11336	8117	29894
文峰街道	79332	9586	50795	18951	14216	62980
先锋街道	29001	3856	19242	5903	4245	15885
毓龙街道	64917	8898	43341	12678	9265	51143
新洋街道	62478	10560	42673	9245	6493	38657
大洋街道	63878	7659	47113	9106	6304	28813
伍佑街道	29023	3879	18139	7005	5085	22222
黄海街道	49289	10405	32923	5961	4016	30892
新河街道	35452	5327	25348	4777	3153	15761
南洋镇	70193	9348	43498	17347	12292	51498
新兴镇	48725	5565	27626	15534	11748	38454
便仓镇	27934	3237	15362	9335	6942	24974
盐东镇	38041	4583	21191	12267	8854	34862
黄尖镇	25331	2380	13653	9298	6727	22663
东亭湖街道	102403	19317	74625	8461	5299	51777
环保产业园	16458	2534	9676	4248	3000	13288
盐都区	**832584**	**133238**	**509395**	**189951**	**142796**	**552285**
张庄街道	33210	5154	21622	6434	4647	17999
盐龙街道	46595	7138	29491	9966	7460	33274
潘黄街道	80074	13880	53791	12403	8462	36103
盐渎街道	124803	23870	85026	15907	11073	52461
新都街道	172145	37641	117489	17015	10530	98546
科城街道	46311	7480	34461	4370	2954	18803
大纵湖镇	31601	3619	16183	11799	9397	29171
楼王镇	38403	3688	18270	16445	12977	35914
学富镇	29343	2402	13993	12948	10185	26308
尚庄镇	24951	3196	11393	10362	8383	23398
秦南镇	47245	4257	22760	20228	16407	44557
龙冈镇	59658	7643	33903	18112	13610	48666
郭猛镇	24787	4136	13403	7248	5587	21768

表10 续表 23

单位：人

地区	总人口	分年龄人口				居住本乡、镇、街道，户口在本乡、镇、街道
		0-14岁	15-59岁	60岁及以上	#65岁及以上	
大冈镇	43822	5372	22681	15769	12311	38882
大纵湖旅游度假区	10544	1227	5778	3539	2787	8866
台湾农民创业园	19092	2535	9151	7406	6026	17569
大丰区	**645603**	**64146**	**383293**	**198164**	**140739**	**495808**
丰华街道	59835	9490	38989	11356	7473	26631
大中街道	171032	24208	112242	34582	23937	114942
草堰镇	27767	2244	14349	11174	8185	26321
白驹镇	27508	1939	14501	11068	8151	25851
刘庄镇	29736	2206	16011	11519	8598	27935
西团镇	21719	1303	11711	8705	6300	19488
小海镇	28137	1616	14791	11730	8601	25909
大桥镇	22055	1167	11387	9501	6824	20473
草庙镇	19334	898	10370	8066	5694	16936
万盈镇	32703	2015	17042	13646	9848	31199
南阳镇	24761	1298	12470	10993	7808	23199
新丰镇	80213	6542	44384	29287	20884	72536
三龙镇	35669	2898	18992	13779	9861	33352
大中农场	3491	54	2225	1212	908	3081
方强农场	2348	50	1329	969	737	1902
东坝头农场	914	45	466	403	301	787
大丰经济开发区管委会	37028	4995	24834	7199	4953	20170
大丰港经济开发区管委会	20845	1161	16721	2963	1672	5096
大丰常州高新区管委会	508	17	479	12	4	
响水县	**459156**	**97486**	**250236**	**111434**	**76715**	**348855**
响水镇	126953	29500	77850	19603	13075	60963
陈家港镇	52669	9608	30217	12844	8928	42835
小尖镇	60367	12571	30314	17482	12002	56811
黄圩镇	18408	3701	8332	6375	4475	17580
大有镇	34116	6739	16834	10543	7381	31040
双港镇	35260	7849	17026	10385	7166	33655
南河镇	34833	7428	17267	10138	6937	33160
运河镇	43014	9431	20411	13172	9191	40309
县开发区	40567	9308	24336	6923	4578	22835
省属黄海农场	10289	1096	5820	3373	2594	8472
省属灌东盐场	2680	255	1829	596	388	1195
滨海县	**820084**	**166972**	**435493**	**217619**	**155715**	**680618**
东坎街道	164529	36067	100753	27709	19144	101668
坎南街道	68086	14760	41024	12302	8578	44448
坎北街道	59859	13231	35688	10940	7570	36119
五汛镇	50861	9208	24864	16789	11950	48315
蔡桥镇	32618	6391	15297	10930	8048	31307
正红镇	55666	9866	24916	20884	15566	53245
通榆镇	22235	4306	10653	7276	5304	20182
界牌镇	41596	8487	19896	13213	9365	40053
八巨镇	26899	5282	12448	9169	6642	26184
八滩镇	53900	10444	28345	15111	10817	49581
滨淮镇	60663	12296	30672	17695	12729	56600

表10 续表 24 单位：人

地区	总人口	分年龄人口				居住本乡、镇、街道，户口在本乡、镇、街道
		0-14岁	15-59岁	60岁及以上	#65岁及以上	
天场镇	25068	4986	12209	7873	5655	24120
陈涛镇	37717	7443	18413	11861	8658	36562
滨海港镇	30856	6236	14481	10139	7304	29461
滨淮农场	6701	1076	3913	1712	1239	4288
新滩盐场	3291	338	1930	1023	696	2966
开发区沿海工业园	1786	213	1357	216	131	994
滨海港经济区	51184	10682	25706	14796	10682	49631
滨海县现代农业产业园区	26569	5660	12928	7981	5637	24894
阜宁县	**794036**	**145403**	**428588**	**220045**	**160766**	**653709**
阜城街道	234297	50208	145691	38398	26047	141301
吴滩街道	29779	4803	14616	10360	7583	28616
花园街道	49678	10656	28923	10099	7167	31110
金沙湖街道	15903	2945	8467	4491	3280	13573
沟墩镇	40820	5970	20459	14391	10604	38662
陈良镇	22361	2641	10122	9598	7374	21634
三灶镇	32417	5691	16084	10642	7591	31324
郭墅镇	32696	6333	17300	9063	6630	31745
新沟镇	31238	4719	15623	10896	8431	30093
陈集镇	29874	4676	15105	10093	7699	27177
羊寨镇	31684	5648	15381	10655	7787	30805
芦蒲镇	26545	4651	12976	8918	6566	25787
板湖镇	25211	4082	11729	9400	7094	24102
东沟镇	64886	9529	31722	23635	17862	60913
益林镇	65026	11506	34911	18609	13635	57018
古河镇	30187	5885	14481	9821	7266	29427
罗桥镇	31434	5460	14998	10976	8150	30422
射阳县	**759403**	**105472**	**436496**	**217435**	**154164**	**601881**
合德镇	221132	33245	136353	51534	36219	156401
临海镇	55583	8196	30169	17218	11830	50849
千秋镇	36697	4645	18859	13193	9289	35595
四明镇	45068	5480	21678	17910	13214	43573
海河镇	61637	8543	30431	22663	16413	59532
海通镇	23913	2922	13342	7649	5375	21100
兴桥镇	35883	3594	19561	12728	9297	34128
新坍镇	31398	3548	16382	11468	8384	30118
长荡镇	29402	3154	15541	10707	7678	28386
盘湾镇	29124	3364	15980	9780	6962	27520
特庸镇	30626	3727	16698	10201	7270	29047
洋马镇	22312	2601	12488	7223	5049	21326
黄沙港镇	15396	1732	9816	3848	2526	10112
县经济开发区	100969	19478	67157	14334	9849	40662
淮海农场	3489	249	1828	1412	1000	2854
临海农场	3728	240	2060	1428	1049	2830
新洋农场	4620	221	2565	1834	1374	3726
盐场	2667	111	1712	844	545	1404
射阳港经济区	5759	422	3876	1461	841	2718

表10 续表 25　　单位：人

地区	总人口	分年龄人口				居住本乡、镇、街道，户口在本乡、镇、街道
		0-14岁	15-59岁	60岁及以上	#65岁及以上	
建湖县	**609346**	**81874**	**348193**	**179279**	**137897**	**436417**
近湖街道	219699	36061	142846	40792	29771	121659
钟庄街道	57953	8341	35463	14149	10696	31613
塘河街道	30868	5933	20124	4811	3609	12497
建阳镇	40977	5184	22192	13601	10638	30378
九龙口镇	15057	1363	7036	6658	5381	14020
恒济镇	16401	1673	8016	6712	5178	15665
颜单镇	13147	979	6527	5641	4494	11329
沿河镇	16947	1050	7200	8697	7231	15763
芦沟镇	20142	1452	9069	9621	7644	18775
庆丰镇	31135	2772	15196	13167	10296	29354
上冈镇	101015	13142	54613	33260	25457	92250
冈西镇	16017	1178	7018	7821	6179	15075
宝塔镇	12401	1068	5017	6316	4909	11524
高作镇	17587	1678	7876	8033	6414	16515
盐城经济技术开发区	**103004**	**13490**	**67583**	**21931**	**15668**	**72943**
新城街道	62111	8508	44399	9204	6409	34971
步凤镇	40893	4982	23184	12727	9259	37972
东台市	**888410**	**86955**	**485392**	**316063**	**233469**	**764264**
溱东镇	30782	2857	15857	12068	9366	27286
时堰镇	46963	4018	23444	19501	15426	42877
五烈镇	58746	6306	29908	22532	17777	55667
梁垛镇	55076	4399	26960	23717	18316	50896
安丰镇	37676	3050	19486	15140	11540	32287
南沈灶镇	32989	2547	15168	15274	11286	31672
富安镇	61591	4810	29439	27342	20610	58466
唐洋镇	35554	2734	18627	14193	10130	32400
新街镇	30308	2355	15472	12481	8658	28234
许河镇	34201	2475	16714	15012	10754	32656
三仓镇	51958	4045	26809	21104	15050	47674
头灶镇	50618	3877	25687	21054	15097	48099
弶港镇	32332	2284	17387	12661	9052	29422
东台镇	206478	28692	123563	54223	38962	167980
江苏省新曹农场	11007	448	5525	5034	3777	10091
江苏省农垦弶港农场	3778	169	2136	1473	1160	3241
开发区	60651	6724	41304	12623	8929	36709
沿海经济区	3163	92	2830	241	100	15
高新区	32139	3815	21320	7004	5006	19388
西溪景区	12400	1258	7756	3386	2473	9204
扬州市	**4559797**	**527419**	**2846179**	**1186199**	**911673**	**3107998**
广陵区	**608660**	**69759**	**397499**	**141402**	**102932**	**347893**
东关街道	32137	2691	17299	12147	9177	23996
汶河街道	33718	4876	20461	8381	6234	19489
文峰街道	63600	7028	43252	13320	9446	30836
曲江街道	140711	15867	94996	29848	21332	77230
李典镇	42307	3315	27363	11629	8774	28030

表10 续表 26

单位：人

地区	总人口	分年龄人口				居住本乡、镇、街道，户口在本乡、镇、街道
		0-14岁	15-59岁	60岁及以上	#65岁及以上	
沙头镇	20108	1810	12211	6087	4485	15266
头桥镇	40783	3432	23700	13651	10235	30822
湾头镇	34911	4438	24135	6338	4560	16857
汤汪乡	55822	7370	38939	9513	6302	19758
广陵经济开发区	78217	11651	52961	13605	9611	39134
扬州市生态科技新城杭集镇	46169	5357	30829	9983	7380	30121
扬州市生态科技新城泰安镇	20177	1924	11353	6900	5396	16354
邗江区	**861413**	**113645**	**584353**	**163415**	**118853**	**476873**
邗上街道	80276	12225	54465	13586	9695	50962
蒋王街道	50154	7966	34900	7288	4923	21177
汊河街道	109997	8996	87097	13904	10181	40130
双桥街道	82988	8888	57587	16513	12070	38746
梅岭街道	47376	7393	29014	10969	8006	32113
甘泉街道	29874	4023	18414	7437	5638	23957
新盛街道	89098	15452	64636	9010	5881	36383
竹西街道	27421	3360	18429	5632	4030	12842
瘦西湖街道	23340	3161	14916	5263	3689	13888
城北街道	40842	6199	27631	7012	4693	17480
公道镇	31134	3213	18353	9568	7398	25983
方巷镇	36487	3538	20534	12415	9688	32405
槐泗镇	37559	4577	22388	10594	7996	30808
瓜洲镇	13782	1279	8351	4152	3127	9832
杨寿镇	18180	1959	10456	5765	4482	15642
杨庙镇	23788	3211	14950	5627	4208	17751
西湖镇	70801	11633	48649	10519	7328	35029
平山乡	22949	3033	15657	4259	2918	10745
维扬经济开发区	25367	3539	17926	3902	2902	11000
江都区	**926577**	**97007**	**550239**	**279331**	**221007**	**706689**
仙女镇	341233	46328	228603	66302	48774	197026
小纪镇	64645	4673	34450	25522	20959	59281
武坚镇	28416	2339	14912	11165	9215	25429
樊川镇	41295	2646	21246	17403	14245	38058
真武镇	33988	2346	17294	14348	11996	28901
宜陵镇	38785	3510	22465	12810	10125	32601
丁沟镇	44370	4021	23782	16567	13408	39096
郭村镇	60157	6526	32555	21076	17035	55907
邵伯镇	60053	5151	32833	22069	17976	50522
丁伙镇	30381	1659	15189	13533	10994	26985
大桥镇	117831	11001	71561	35269	27787	92651
吴桥镇	33334	3472	17755	12107	9646	30656
浦头镇	31931	3332	17523	11076	8777	29481
立新农场	158	3	71	84	70	95
宝应县	**682219**	**82642**	**395762**	**203815**	**160148**	**525567**
安宜镇	266046	38668	174808	52570	39386	161042

表10　续表 27

单位：人

地　　区	总人口	分年龄人口				居住本乡、镇、街道，户口在本乡、镇、街道
		0-14岁	15-59岁	60岁及以上	#65岁及以上	
氾水镇	55715	5850	31016	18849	14956	50253
夏集镇	31572	2028	15156	14388	11783	29194
柳堡镇	29074	2029	14509	12536	9903	27459
射阳湖镇	47803	4900	24813	18090	14089	45795
广洋湖镇	17827	1953	8615	7259	5726	16454
鲁垛镇	16577	1207	8156	7214	5841	15776
小官庄镇	17705	1666	9402	6637	5409	15944
望直港镇	38241	4981	20830	12430	9815	33484
曹甸镇	37705	4184	19175	14346	11699	34662
西安丰镇	18942	2278	9412	7252	5911	18015
山阳镇	27935	1978	14882	11075	8932	26636
黄塍镇	15469	1646	7928	5895	4737	14114
泾河镇	30075	2656	15920	11499	9244	26545
开发区管委会	31533	6618	21140	3775	2717	10194
扬州经济技术开发区	**238785**	**30062**	**162574**	**46149**	**33681**	**121028**
扬子津街道	80831	13311	56268	11252	7312	34924
文汇街道	43767	4728	29379	9660	7269	23978
施桥镇	55197	6100	38725	10372	7546	25973
八里镇	37777	4016	27140	6621	4963	18017
朴席镇	21213	1907	11062	8244	6591	18136
仪征市	**532571**	**61368**	**333780**	**137423**	**104924**	**398108**
真州镇	221199	29609	150609	40981	30423	141914
新集镇	35609	4068	20433	11108	8671	30157
新城镇	29165	2903	17003	9259	7347	23718
马集镇	20533	1696	11324	7513	5873	18085
刘集镇	40163	4955	23598	11610	8760	34953
陈集镇	27049	2583	15259	9207	7078	24130
大仪镇	38819	4566	22524	11729	9337	34530
月塘镇	37349	3150	20813	13386	10041	33846
青山镇	25469	2206	15715	7548	5734	19112
原种场	361	7	328	26	12	24
蚕种场	277	17	154	106	89	181
园艺试验场	624	34	363	227	163	364
水产试验场	40	2	19	19	14	31
捺山茶场	422	22	232	168	131	321
汽车工业园	1511	2	1506	3	2	1
开发区	37800	4268	24921	8611	6617	22443
枣林湾旅游度假区	15980	1260	8831	5889	4606	14298
化学工业园区	201	20	148	33	26	
高邮市	**709572**	**72936**	**421972**	**214664**	**170128**	**531840**
高邮街道	212225	29163	142259	40803	30070	118685
龙虬镇	21409	1491	11736	8182	6559	19651
汤庄镇	40421	2562	21067	16792	14015	37821
卸甲镇	51157	3396	26745	21016	17552	46646
三垛镇	48117	2969	25844	19304	15642	43156
甘垛镇	34070	2129	17556	14385	12000	31976
界首镇	21110	1695	11143	8272	6415	18477

表10　续表 28　　　　单位：人

地　　区	总人口	分年龄人口				居住本乡、镇、街道，户口在本乡、镇、街道
		0-14岁	15-59岁	60岁及以上	#65岁及以上	
周山镇	14585	940	6928	6717	5324	13667
临泽镇	51940	3857	25109	22974	18271	47738
送桥镇	63277	7498	37935	17844	14460	55865
菱塘回族乡	19954	2070	11472	6412	5131	18170
城南经济新区(车逻镇)	43628	3865	26247	13516	10984	33557
经济开发区(马棚街道)	87679	11301	57931	18447	13705	46431
镇江市	**3210418**	**381669**	**2072396**	**756353**	**562226**	**1842538**
京口区	**355757**	**39858**	**233456**	**82443**	**60036**	**171791**
正东路街道	39257	4073	25118	10066	7306	17963
健康路街道	62256	7379	37698	17179	12972	40555
大市口街道	41664	4529	24136	12999	9634	26473
四牌楼街道	54760	6419	32768	15573	11416	32722
象山街道	127841	14759	94451	18631	12499	37207
谏壁街道	22482	1900	14378	6204	4865	13759
京口经济开发区	6056	642	3920	1494	1110	2624
新民洲临港产业园	1441	157	987	297	234	488
润州区	**299956**	**35552**	**195645**	**68759**	**48995**	**135632**
宝塔路街道	66271	6871	42026	17374	12614	37574
和平路街道	60502	7360	38234	14908	10598	33559
金山街道	18602	1536	11208	5858	4206	9327
七里甸街道	66868	8888	44787	13193	9175	24710
蒋乔街道	60064	7546	40856	11662	8280	22132
官塘桥街道	10409	1533	7163	1713	1174	3149
韦岗街道	2903	211	1622	1070	834	2022
南山街道	14337	1607	9749	2981	2114	3159
丹徒区	**347264**	**37403**	**225340**	**84521**	**62412**	**203927**
高资街道	36283	3421	21616	11246	8598	28322
宜城街道	138422	17886	105098	15438	10165	40655
高桥镇	15772	1213	8732	5827	4439	12605
辛丰镇	47350	4784	28850	13716	10025	35714
谷阳镇	26368	2854	16137	7377	5491	17273
上党镇	40025	3745	22312	13968	10510	33274
宝堰镇	15517	1172	8283	6062	4935	13303
世业镇	10158	1093	5460	3605	2598	8790
江心洲生态农业园区管理委员会	4749	294	2256	2199	1624	3762
荣炳盐资源区	12620	941	6596	5083	4027	10229
镇江新区	**263813**	**34836**	**174282**	**54695**	**39160**	**118250**
丁卯街道	93443	14492	65159	13792	9419	28726
大港街道	85103	11411	57360	16332	11595	45047
姚桥镇	20916	1907	11644	7365	5519	16594
大路镇	12117	1258	6885	3974	2936	8997
丁岗镇	52234	5768	33234	13232	9691	18886
丹阳市	**988900**	**121550**	**637780**	**229570**	**171408**	**591748**
云阳街道	217647	28878	143405	45364	33347	133111
曲阿街道	222661	31037	153260	38364	27771	110126
司徒镇	54070	6003	33221	14846	11382	31552

表10 续表 29

单位：人

地 区	总人口	分年龄人口				居住本乡、镇、街道，户口在本乡、镇、街道
		0-14岁	15-59岁	60岁及以上	#65岁及以上	
延陵镇	58440	5685	33170	19585	15110	43515
珥陵镇	35653	2821	19648	13184	10203	28266
导墅镇	42376	3846	24424	14106	10969	32524
皇塘镇	55482	5762	34452	15268	11769	37014
吕城镇	46409	4308	27583	14518	11063	36505
陵口镇	38081	3198	22742	12141	9341	28534
访仙镇	43248	3597	26016	13635	10153	35035
界牌镇	55682	9598	39528	6556	4480	18137
丹北镇	119151	16817	80331	22003	15820	57429
扬中市	**315462**	**37853**	**197405**	**80204**	**59076**	**219778**
三茅街道	169335	25441	113554	30340	21547	107332
新坝镇	49222	5264	29463	14495	10688	35577
油坊镇	31024	2046	16121	12857	9760	26125
八桥镇	26953	1806	15258	9889	7575	21619
西来桥镇	15418	1399	9254	4765	3622	12883
经济开发区	23510	1897	13755	7858	5884	16242
句容市	**639266**	**74617**	**408488**	**156161**	**121139**	**401412**
华阳街道	162474	24118	113604	24752	18430	86081
下蜀镇	35835	2623	23534	9678	7390	24775
白兔镇	30321	1956	17086	11279	9136	26181
边城镇	26365	1632	14694	10039	7974	23059
茅山镇	20938	1928	11360	7650	6090	18163
后白镇	40717	3639	21818	15260	12436	34853
郭庄镇	52105	4954	30310	16841	13431	41710
天王镇	41644	4868	23774	13002	10320	36589
宝华镇	62375	8290	43136	10949	8031	21374
开发区	144712	18724	97297	28691	21522	69669
茅山管委会	21780	1885	11875	8020	6379	18958
泰州市	**4512762**	**557720**	**2680050**	**1274992**	**993142**	**3193724**
海陵区	**577016**	**71384**	**375746**	**129886**	**98256**	**317728**
城东街道	107325	13806	72283	21236	15580	52016
城西街道	80753	8319	50168	22266	17018	46080
城南街道	88783	10902	65825	12056	8609	38052
城中街道	37969	4260	20949	12760	9896	24166
城北街道	33156	3870	20376	8910	6714	16986
京泰路街道	100711	16491	69218	15002	10629	45020
红旗街道	5940	612	3372	1956	1425	3882
九龙镇	32991	3941	22932	6118	4620	17526
罡杨镇	17495	1514	10097	5884	4839	15384
苏陈镇	42533	5389	25407	11737	9271	31428
华港镇	29360	2280	15119	11961	9655	27188
高港区	**258590**	**33067**	**156554**	**68969**	**52630**	**183337**
口岸街道	92153	12820	58232	21101	15931	56021

表10 续表 30

单位：人

地区	总人口	分年龄人口				居住本乡、镇、街道，户口在本乡、镇、街道
		0-14岁	15-59岁	60岁及以上	#65岁及以上	
刁铺街道	36579	5419	23469	7691	5735	17927
许庄街道	32669	3559	19937	9173	7191	24572
永安洲镇	29068	3547	18070	7451	5511	22561
白马镇	17771	2186	10192	5393	4124	15872
胡庄镇	26363	2653	13442	10268	7973	24307
大泗镇	23987	2883	13212	7892	6165	22077
姜堰区	**668408**	**75511**	**386980**	**205917**	**163238**	**476918**
罗塘街道	170954	27627	112905	30422	22444	81872
三水街道	88379	11124	56549	20706	16392	55900
天目山街道	86650	13415	55634	17601	13429	44337
梁徐街道	28062	2014	14364	11684	9243	25413
溱潼镇	43095	3441	23177	16477	13353	37793
蒋垛镇	32555	3092	16854	12609	9877	30406
顾高镇	18816	1690	9894	7232	5653	17506
大伦镇	24377	1473	11598	11306	9027	22557
张甸镇	53287	5515	28878	18894	15126	49483
淤溪镇	24276	1607	11945	10724	9018	22017
白米镇	27373	1373	12890	13110	10454	24940
娄庄镇	28919	1264	12950	14705	12031	26714
沈高镇	15665	614	7318	7733	6301	14085
俞垛镇	26000	1262	12024	12714	10890	23895
泰州医药高新技术产业开发区	**222691**	**31780**	**152055**	**38856**	**28612**	**114267**
凤凰街道	80478	14888	52807	12783	9115	43267
寺巷街道	56670	5084	43083	8503	6487	26109
明珠街道	57300	8011	38316	10973	8064	28418
沿江街道	1425	33	1245	147	105	197
野徐镇	26818	3764	16604	6450	4841	16276
兴化市	**1128204**	**155590**	**613509**	**359105**	**287981**	**914359**
昭阳街道	209877	36356	132127	41394	29957	115369
临城街道	108491	16578	66437	25476	20069	68305
垛田街道	56533	9861	32025	14647	11301	46630
戴窑镇	38866	5207	18865	14794	11811	35948
合陈镇	29637	3369	13336	12932	10534	28335
永丰镇	23205	2966	10693	9546	7675	22095
新垛镇	14972	1464	6991	6517	5284	13769
安丰镇	79179	9750	40618	28811	23115	74732
海南镇	20810	2966	10055	7789	6306	19509
钓鱼镇	22852	2866	10624	9362	7580	21553

表10 续表 31

单位：人

地　　区	总人口	分年龄人口				居住本乡、镇、街道，户口在本乡、镇、街道
		0-14岁	15-59岁	60岁及以上	#65岁及以上	
大邹镇	13168	1664	5891	5613	4594	12195
沙沟镇	28420	3730	13367	11323	9216	27348
中堡镇	16021	2167	7018	6836	5731	15117
竹泓镇	21488	2911	10723	7854	6281	20560
沈伦镇	14147	1410	6448	6289	5362	13475
大垛镇	27042	3485	14439	9118	7601	24870
荻垛镇	26759	3090	13554	10115	8429	25352
陶庄镇	27035	3319	13340	10376	8682	26007
昌荣镇	20270	2609	10171	7490	6041	19276
茅山镇	16781	1732	7906	7143	5968	15537
周庄镇	33899	2794	16559	14546	12374	29818
陈堡镇	28484	3299	14390	10795	8960	26806
戴南镇	103498	14580	63921	24997	19708	76373
张郭镇	45421	5260	24637	15524	12703	39032
大营镇	14116	1239	6307	6570	5302	13643
兴东镇	35753	4762	18941	12050	9717	33014
千垛镇	37286	4259	17254	15773	13159	36002
林湖乡	13947	1876	6758	5313	4420	13467
良种场	247	21	114	112	101	222
靖江市	**663408**	**71203**	**412142**	**180063**	**137017**	**406707**
靖城街道	144287	18111	95009	31167	22698	73657
新桥镇	46147	4802	26467	14878	11492	40135
东兴镇	28464	2788	16447	9229	7144	23038
斜桥镇	73763	5242	47812	20709	16002	45985
西来镇	31707	2210	16390	13107	10190	27816
季市镇	26937	1478	12954	12505	9942	23869
孤山镇	27100	1734	13551	11815	9308	22468
生祠镇	32323	1657	16579	14087	11436	26686
马桥镇	25560	1561	12744	11255	8794	20474
城南办事处	91891	13242	62603	16046	11498	42331
城北园区	32092	3670	21927	6495	4878	12950
江阴园区	34747	3912	23515	7320	5542	19954
滨江新城	68390	10796	46144	11450	8093	27344
泰兴市	**994445**	**119185**	**583064**	**292196**	**225408**	**780408**
济川街道	338088	51547	226410	60131	43763	209860
黄桥镇	162527	22899	93286	46342	35842	139361
分界镇	38411	4489	19637	14285	11141	36369
古溪镇	36302	3829	17137	15336	11985	33937
元竹镇	25675	2887	13367	9421	7366	23020
珊瑚镇	33598	4236	17247	12115	9514	31283
广陵镇	33934	3077	17506	13351	10761	30724
曲霞镇	18620	1300	9268	8052	6493	17015
张桥镇	33517	1995	16744	14778	11687	30135
河失镇	34226	3000	17042	14184	11212	30832
新街镇	38443	3837	20331	14275	11161	34795

表10　续表 32　　　　　单位：人

地　区	总人口	分年龄人口				居住本乡、镇、街道，户口在本乡、镇、街道
		0-14岁	15-59岁	60岁及以上	#65岁及以上	
姚王镇	39896	3682	23376	12838	9847	31630
宣堡镇	20002	1855	10502	7645	6024	17893
滨江镇	49365	3540	28085	17740	14184	39233
虹桥镇	63120	4775	38417	19928	15172	47582
根思乡	28721	2237	14709	11775	9256	26739
宿迁市	**4986192**	**1170957**	**2888787**	**926448**	**675982**	**3736135**
宿城区	**845147**	**192375**	**509945**	**142827**	**104036**	**647629**
幸福街道	62154	12749	39112	10293	7378	45223
项里街道	84660	18546	56234	9880	6845	53394
河滨街道	29088	5980	19192	3916	2733	15022
古城街道	59771	13245	39734	6792	4663	35760
双庄街道	87903	22460	57562	7881	5248	48638
支口街道	14699	2882	8404	3413	2512	11091
耿车镇	32356	6097	20611	5648	4000	25910
埠子镇	36756	8076	20759	7921	5738	30918
龙河镇	43180	10100	24052	9028	6664	40758
洋北镇	21425	4508	12283	4634	3357	18949
中扬镇	33732	8280	17985	7467	5641	31786
陈集镇	31647	7459	17067	7121	5595	29402
蔡集镇	44291	8660	27678	7953	5797	32421
王官集镇	32653	6489	17763	8401	6287	30655
洋河镇	151209	34900	86278	30031	22458	136574
罗圩乡	23966	5606	12642	5718	4267	22493
屠园乡	25666	6627	13443	5596	4231	24003
苏州宿迁工业园	29991	9711	19146	1134	622	14632
宿豫区	**588520**	**127555**	**350083**	**110882**	**81533**	**424003**
顺河街道	47781	9906	30611	7264	5300	30230
豫新街道	154220	39113	102252	12855	8655	74679
下相街道	32467	6574	20405	5488	3965	20987
仰化镇	16489	2823	7923	5743	4208	15858
大兴镇	28051	5566	14230	8255	6111	24552
丁嘴镇	17768	3364	8574	5830	4328	16832
来龙镇	28370	6704	14903	6763	5053	25146
陆集镇	23315	4994	13059	5262	3874	18975
关庙镇	22566	4844	11111	6611	4967	21221
侍岭镇	19568	4092	9961	5515	4248	17938
新庄镇	14086	2818	7439	3829	2886	12780
晓店镇	75977	14640	51107	10230	7581	48054
皂河镇	29586	5668	16040	7878	5948	27402
黄墩镇	16739	3409	8763	4567	3443	15804
曹集乡	22165	4654	11845	5666	4222	20303
保安乡	13285	2739	6639	3907	2923	12745

表10　续表 33

单位：人

地　　区	总人口	分年龄人口				居住本乡、镇、街道，户口在本乡、镇、街道
		0-14岁	15-59岁	60岁及以上	#65岁及以上	
井头乡	20502	4739	11600	4163	3040	16613
宿迁生态化工科技产业园	4633	804	2890	939	694	3453
张家港宿豫工业园	183		180	3	1	
嶂山林场	484	104	268	112	84	424
宿迁市软件与服务外包产业园	285		283	2	2	7
沭阳县	**1674978**	**405370**	**953930**	**315678**	**223902**	**1334530**
沭城街道	386491	96665	250320	39506	26159	211160
南湖街道	69986	19714	44045	6227	4067	30265
梦溪街道	78965	21650	48774	8541	5497	38557
十字街道	39473	9499	21309	8665	6191	36861
章集街道	26531	5554	14150	6827	4995	23831
七雄街道	25765	6509	13897	5359	3787	22132
陇集镇	21229	5319	11400	4510	3473	19813
胡集镇	37423	8994	19395	9034	6595	34808
钱集镇	21796	5093	10771	5932	4465	20290
塘沟镇	25537	5725	12918	6894	5121	24130
马厂镇	42927	9914	22072	10941	7807	39736
沂涛镇	46414	10765	24158	11491	8107	44715
庙头镇	34830	8006	18834	7990	5668	33372
韩山镇	29820	6859	15904	7057	4932	28514
华冲镇	37816	9187	20631	7998	5585	36165
桑墟镇	45605	10699	25506	9400	6719	42680
悦来镇	34825	9095	18194	7536	5603	33065
刘集镇	29220	7074	15323	6823	5156	26789
李恒镇	23125	4897	11484	6744	4872	21874
扎下镇	47769	10831	27269	9669	6837	44435
颜集镇	44405	10914	23433	10058	7004	42062
潼阳镇	37986	9507	20023	8456	6189	35573
龙庙镇	39561	9071	22000	8490	5822	37325
高墟镇	26091	5873	13993	6225	4485	24428
耿圩镇	29367	7416	15820	6131	4583	27667
汤涧镇	23270	4910	12013	6347	4579	21510
新河镇	37871	9222	20980	7669	5384	34990
贤官镇	45052	11008	24993	9051	6376	41266
吴集镇	28323	6284	14587	7452	5370	26919
湖东镇	27860	6541	14666	6653	4812	26059
青伊湖镇	30980	7473	16832	6675	4764	28840
北丁集乡	22000	5760	11396	4844	3598	20516
周集乡	16913	3968	8221	4724	3455	15362
东小店乡	21427	4928	10960	5539	4019	20032
张圩乡	15743	3408	7782	4553	3383	15009
茆圩乡	32754	8290	17148	7316	5448	31299
西圩乡	18579	4580	9377	4622	3237	17566
万匹乡	27716	6478	15051	6187	4457	25945
官墩乡	23660	5688	12451	5521	3885	22504
青伊湖农场	7053	1448	4005	1600	1217	6466
沭阳经济开发区	12820	554	11845	421	199	

表10 续表 34

单位：人

地 区	总人口	分年龄人口				居住本乡、镇、街道，户口在本乡、镇、街道
		0-14岁	15-59岁	60岁及以上	#65岁及以上	
泗阳县	**829562**	**189028**	**469446**	**171088**	**126086**	**629727**
众兴街道	298327	74639	190769	32919	22347	147872
城厢街道	34161	7138	18622	8401	6205	29168
来安街道	83251	17662	50014	15575	11471	65877
爱园镇	50874	11736	25039	14099	10546	48700
王集镇	68735	14757	35318	18660	14353	64523
裴圩镇	34199	7449	16139	10611	7953	31483
新袁镇	26002	5517	12614	7871	5856	24301
李口镇	28697	5648	13789	9260	7099	27188
临河镇	41124	9197	22598	9329	6964	38246
穿城镇	44370	9362	22510	12498	9520	42427
卢集镇	44537	9927	22097	12513	9411	42748
三庄镇	39620	8605	20084	10931	8077	36692
庄圩乡	21632	4818	10577	6237	4697	20835
棉花原种场	4649	1030	2747	872	654	4146
泗阳农场	9384	1543	6529	1312	933	5521
泗洪县	**858740**	**211408**	**486985**	**160347**	**122412**	**578042**
青阳街道	240952	63907	146389	30656	22035	100737
大楼街道	88578	23083	55388	10107	7271	28897
重岗街道	78117	19969	47694	10454	7785	35674
双沟镇	63522	13852	34340	15330	11517	56999
上塘镇	28268	6679	14770	6819	5422	26383
魏营镇	21745	5978	11213	4554	3521	19778
临淮镇	21876	4652	12245	4979	3770	19973
半城镇	29929	6854	15340	7735	6075	27880
孙园镇	27320	6533	14480	6307	4939	25792
梅花镇	24236	6740	12782	4714	3643	21597
归仁镇	35727	8319	18855	8553	6732	33827
金锁镇	23008	5076	12083	5849	4708	21508
朱湖镇	20031	4400	10234	5397	4229	18638
界集镇	56372	12269	28887	15216	12295	52802
龙集镇	22039	4366	11534	6139	4741	21013
天岗湖乡	18150	4422	8948	4780	3814	16984
车门乡	17763	4163	9494	4106	3243	16791
瑶沟乡	22331	6027	12030	4274	3248	17029
石集乡	15120	3998	7863	3259	2537	12727
洪泽湖农场	3656	121	2416	1119	887	3013
宿迁经济技术开发区	**189245**	**45221**	**118398**	**25626**	**18013**	**122204**
黄河街道	107656	27774	69173	10709	7279	56734
三棵树街道	28203	6516	16484	5203	3739	25260
南蔡乡	26117	5880	14398	5839	4301	24437
古楚街道办	27269	5051	18343	3875	2694	15773

表11　浙江省乡、镇、街道人口

单位：人

地　　区	总人口	分年龄人口				居住本乡、镇、街道，户口在本乡、镇、街道
		0-14岁	15-59岁	60岁及以上	#65岁及以上	
浙江省	**64567588**	**8681781**	**43813123**	**12072684**	**8566349**	**33789547**
杭州市	**11936010**	**1553544**	**8369169**	**2013297**	**1391404**	**5657829**
上城区	**357657**	**43200**	**227530**	**86927**	**61753**	**176334**
清波街道	26950	2761	16321	7868	5838	14941
湖滨街道	23385	2220	14657	6508	4954	10956
小营街道	75096	7120	45355	22621	16704	38332
南星街道	52528	5822	34016	12690	8458	24954
紫阳街道	94086	13629	59953	20504	14301	48261
望江街道	85612	11648	57228	16736	11498	38890
下城区	**485849**	**57475**	**313125**	**115249**	**83552**	**244765**
长庆街道	42675	4758	25482	12435	9057	25159
武林街道	33948	4352	19521	10075	7543	21836
天水街道	30008	3349	18403	8256	6167	17864
潮鸣街道	55945	5548	33137	17260	12419	32599
朝晖街道	76943	7314	48378	21251	15874	40020
文晖街道	55999	6391	37762	11846	8256	29555
东新街道	107328	14538	71765	21025	14716	51795
石桥街道	83003	11225	58677	13101	9520	25937
江干区	**1487787**	**192123**	**1128982**	**166682**	**108310**	**509417**
凯旋街道	71747	7966	47561	16220	11543	30555
采荷街道	69602	10479	42401	16722	11930	41191
闸弄口街道	94158	11620	61712	20826	14677	43419
四季青街道	93538	13413	66834	13291	8873	40533
白杨街道	335634	35948	286803	12883	7053	89363
下沙街道	186343	19566	155559	11218	6913	52477
彭埠街道	114237	15757	84120	14360	9321	45401
笕桥街道	155866	19072	118947	17847	11517	47144
丁兰街道	172753	31528	116226	24999	14897	64365
九堡街道	193909	26774	148819	18316	11586	54969
拱墅区	**635136**	**88694**	**432411**	**114031**	**77633**	**292303**
米市巷街道	45547	5069	28097	12381	8884	24047
湖墅街道	28222	3616	17228	7378	5186	16440
小河街道	64466	8398	40289	15779	11157	31689
和睦街道	15160	2086	9375	3699	2513	6859
拱宸桥街道	66345	10886	39891	15568	10449	42216
大关街道	42036	5488	25489	11059	7488	23252
上塘街道	72226	6494	57399	8333	5525	25725
祥符街道	188359	29123	137678	21558	13720	79766
康桥街道	41689	6460	29813	5416	3623	13857
半山街道	71086	11074	47152	12860	9088	28452
西湖区	**1112992**	**151476**	**802148**	**159368**	**111559**	**526370**
北山街道	25743	3467	14532	7744	5954	16738
西溪街道	70595	12549	43883	14163	10583	47297
翠苑街道	73079	10805	49937	12337	8639	39271
古荡街道	90251	10197	65184	14870	10509	37110
西湖街道	23763	2062	16103	5598	3955	10727

表11 续表 1

单位：人

地区	总人口	分年龄人口				居住本乡、镇、街道，户口在本乡、镇、街道
		0-14岁	15-59岁	60岁及以上	#65岁及以上	
留下街道	121295	10052	102524	8719	5821	30260
转塘街道	127193	17762	90720	18711	12495	64764
蒋村街道	87970	12792	66382	8796	5857	38602
灵隐街道	41766	3785	29365	8616	6850	21930
文新街道	116577	16414	84904	15259	10715	52829
三墩镇	262839	41282	193615	27942	18172	114264
双浦镇	71921	10309	44999	16613	12009	52578
滨江区	**503859**	**69032**	**380393**	**54434**	**34973**	**215306**
西兴街道	143318	20241	108461	14616	9147	62744
长河街道	168276	23161	125102	20013	13095	73273
浦沿街道	192265	25630	146830	19805	12731	79289
萧山区	**2258872**	**280888**	**1604237**	**373747**	**259911**	**1024969**
城厢街道	154563	21807	104410	28346	19537	70411
北干街道	153786	21718	112252	19816	12853	59065
蜀山街道	94017	12221	67974	13822	9751	34405
新塘街道	186891	24099	140339	22453	15331	59947
靖江街道	53959	6760	36773	10426	7075	30241
南阳街道	63297	7618	43716	11963	8253	32365
义蓬街道	84491	10977	55910	17604	12408	49917
河庄街道	73874	9158	51225	13491	9528	41432
新湾街道	39387	4167	28154	7066	4979	18538
临江街道	25227	2706	20939	1582	1103	3729
前进街道	21609	1593	17877	2139	1591	5822
闻堰街道	75595	10855	54729	10011	6574	28760
宁围街道	88527	10840	68608	9079	6223	22538
新街街道	119725	15077	88843	15805	10857	47329
盈丰街道	81754	10783	61476	9495	6293	30886
楼塔镇	23472	2740	13417	7315	5175	18476
河上镇	28383	3121	17007	8255	5979	21056
戴村镇	37135	4212	22147	10776	7880	26669
浦阳镇	36667	4210	23234	9223	6613	23931
进化镇	44427	5244	25913	13270	9732	34557
临浦镇	79209	10275	52323	16611	12037	44390
义桥镇	87131	12841	58386	15904	11400	46582
所前镇	58632	7464	40362	10806	7774	31971
衙前镇	52746	6206	38567	7973	5679	22233
瓜沥镇	233040	28038	156739	48263	33670	135596
益农镇	47761	5834	30248	11679	8407	32780
党湾镇	48646	5922	30281	12443	8914	32817
萧山经济技术开发区	112461	11534	95968	4959	2617	13885
萧山商业城	1578	184	1261	133	76	87
围垦区	2585	175	2054	356	172	42
红山农场	15613	1644	12371	1598	992	3959
萧山钱江世纪城	32684	865	30734	1085	438	553
余杭区	**2402514**	**324154**	**1774861**	**303499**	**201417**	**1005787**
临平街道	160593	26500	114439	19654	12802	74094
南苑街道	200643	29896	150186	20561	13134	78000

表11　续表 2　　　　单位：人

地　　区	总人口	分年龄人口				居住本乡、镇、街道，户口在本乡、镇、街道
		0-14岁	15-59岁	60岁及以上	#65岁及以上	
东湖街道	79115	11209	56249	11657	7979	34180
星桥街道	106774	18118	78423	10233	6417	35932
五常街道	139801	15902	112312	11587	7322	39235
乔司街道	224450	19413	189849	15188	10087	48692
运河街道	89487	10811	64525	14151	9895	44950
崇贤街道	151593	21079	114336	16178	10282	51438
仁和街道	124336	16874	88129	19333	13040	65309
良渚街道	326157	45156	243064	37937	24717	128148
闲林街道	143807	23486	104028	16293	9994	58127
仓前街道	119398	11807	96529	11062	7314	41057
余杭街道	157128	23252	110935	22941	15244	77316
中泰街道	52919	8594	35829	8496	5655	28128
塘栖镇	163186	21895	111471	29820	20620	92402
径山镇	38009	4171	22581	11257	8056	29706
瓶窑镇	90602	12387	61287	16928	11659	52825
鸬鸟镇	9910	904	5494	3512	2486	8426
百丈镇	9359	942	5636	2781	1963	7593
黄湖镇	15247	1758	9559	3930	2751	10229
富阳区	**832017**	**110286**	**554701**	**167030**	**116999**	**448095**
富春街道	321275	48580	231183	41512	26695	110923
春江街道	37013	5669	25022	6322	4397	20961
鹿山街道	40617	6072	28058	6487	4404	18833
东洲街道	67194	7478	48497	11219	8010	34647
银湖街道	82813	10433	57840	14540	9471	38206
万市镇	15138	1449	7898	5791	4226	13651
洞桥镇	12844	1127	6734	4983	3602	11744
渌渚镇	11578	1140	6738	3700	2723	9207
永昌镇	8781	969	4975	2837	2053	7281
里山镇	6766	682	3753	2331	1667	5994
常绿镇	7997	755	3922	3320	2499	7481
场口镇	27163	2962	16225	7976	6023	21684
常安镇	10668	943	5374	4351	3328	9152
龙门镇	4322	486	2255	1581	1162	3757
新登镇	71284	9172	44620	17492	12520	52208
胥口镇	15043	1638	8614	4791	3527	12200
大源镇	29632	3672	17920	8040	5956	20470
灵桥镇	19619	2351	11926	5342	3959	14774
新桐乡	7011	660	3682	2669	2046	6050
上官乡	6688	933	3964	1791	1303	4258
环山乡	9773	1348	5736	2689	1985	8198
湖源乡	4347	331	1787	2229	1779	3988
春建乡	6248	606	3480	2162	1553	5184
渔山乡	8203	830	4498	2875	2111	7244
临安区	**634555**	**75290**	**417131**	**142134**	**96796**	**365110**
玲珑街道	47782	6636	32941	8205	5272	20423
锦南街道	23652	2751	17583	3318	2141	8410
锦城街道	142667	20700	101470	20497	13222	62920

表11　续表 3　　　　单位：人

地　　区	总人口	分年龄人口				居住本乡、镇、街道，户口在本乡、镇、街道
		0-14岁	15-59岁	60岁及以上	#65岁及以上	
锦北街道	85702	11042	64428	10232	6480	31831
青山湖街道	72332	8340	53816	10176	6687	30427
高虹镇	21475	2674	14816	3985	2819	10168
太湖源镇	25000	2355	13845	8800	5976	20723
於潜镇	42419	4781	24431	13207	9221	33157
太阳镇	19475	1872	10571	7032	4980	16974
潜川镇	15395	1175	7680	6540	4766	13793
昌化镇	24632	3087	15738	5807	4015	15356
河桥镇	10895	853	5256	4786	3397	10000
湍口镇	8223	537	4272	3414	2423	7500
清凉峰镇	19724	1507	9843	8374	5939	18550
岛石镇	14605	1165	7303	6137	4370	13786
板桥镇	20997	2214	12087	6696	4595	16092
天目山镇	24108	2212	12760	9136	6381	21427
龙岗镇	15472	1389	8291	5792	4112	13573
桐庐县	**453106**	**61077**	**287565**	**104464**	**75506**	**275588**
旧县街道	8076	901	4792	2383	1748	5746
桐君街道	44076	5221	27819	11036	8100	24003
城南街道	113017	19685	76321	17011	11330	54489
凤川街道	66845	7785	51269	7791	5469	23136
富春江镇	23400	2707	13901	6792	5099	16576
横村镇	44754	6485	27316	10953	8109	29795
分水镇	56716	8162	34597	13957	9898	38125
瑶琳镇	23108	2187	12078	8843	6587	20424
百江镇	10385	1007	4923	4455	3288	9622
江南镇	37155	4408	21556	11191	8417	30668
莪山畲族乡	5840	637	3102	2101	1588	5351
钟山乡	11501	1227	5767	4507	3372	10411
新合乡	3269	262	1801	1206	861	2551
合村乡	4964	403	2323	2238	1640	4691
淳安县	**328957**	**42394**	**185479**	**101084**	**72678**	**236068**
千岛湖镇	143215	22423	97122	23670	15694	65233
文昌镇	8690	846	4533	3311	2434	7436
石林镇	2612	221	1377	1014	729	2288
临岐镇	12847	1700	6596	4551	3277	11624
威坪镇	20676	1803	9640	9233	7058	19032
姜家镇	13587	1688	6485	5414	3909	12516
梓桐镇	8459	740	3533	4186	3181	8084
汾口镇	30779	4119	15653	11007	8048	26916
中洲镇	9018	1102	4001	3915	2944	8624
大墅镇	7321	778	3357	3186	2293	6609
枫树岭镇	8745	920	3844	3981	2927	8203
里商乡	5145	422	2275	2448	1771	4868
金峰乡	2440	162	1082	1196	916	2289
富文乡	4195	394	1955	1846	1311	3983
左口乡	5160	426	2219	2515	1947	4977
屏门乡	6493	656	3296	2541	1869	6263

表11 续表 4

单位：人

地　　区	总人口	分年龄人口				居住本乡、镇、街道，户口在本乡、镇、街道
		0-14岁	15-59岁	60岁及以上	#65岁及以上	
瑶山乡	5523	601	2839	2083	1445	5335
王阜乡	8247	772	3965	3510	2523	7917
宋村乡	2651	201	1172	1278	961	2545
鸠坑乡	2997	212	1190	1595	1196	2851
浪川乡	9436	1206	4172	4058	2917	8943
界首乡	5003	440	2598	1965	1383	4155
安阳乡	5718	562	2575	2581	1945	5377
建德市	**442709**	**57455**	**260606**	**124648**	**90317**	**337717**
新安江街道	111433	17364	72027	22042	15085	68033
洋溪街道	24725	3594	16942	4189	2899	11557
更楼街道	19966	2634	11926	5406	3965	15995
莲花镇	7136	789	3814	2533	1882	6361
乾潭镇	39545	5167	23416	10962	7926	30998
梅城镇	38969	4454	23216	11299	8188	29005
杨村桥镇	14458	1878	7669	4911	3656	12265
下涯镇	18431	2145	10015	6271	4728	14905
大洋镇	22145	2659	11846	7640	5664	20978
三都镇	17614	1816	9708	6090	4363	15937
寿昌镇	39273	4773	23249	11251	8128	30956
航头镇	22461	2621	11861	7979	5912	20690
大慈岩镇	13246	1409	6998	4839	3594	11839
大同镇	34652	4105	17788	12759	9540	31756
李家镇	12256	1359	6532	4365	3241	11331
钦堂乡	6399	688	3599	2112	1546	5111
宁波市	**9404283**	**1153372**	**6548345**	**1702566**	**1184189**	**4321854**
海曙区	**1041285**	**126701**	**727117**	**187467**	**131201**	**421957**
南门街道	43265	4835	27464	10966	8106	21085
江厦街道	14341	1349	9546	3446	2507	5987
西门街道	54397	4584	36508	13305	9942	25391
月湖街道	16037	1772	9662	4603	3406	8404
鼓楼街道	17252	1985	10085	5182	3960	9307
白云街道	64932	7677	41913	15342	11123	31031
段塘街道	47706	5371	33202	9133	6367	20235
望春街道	90726	14473	59801	16452	11005	45549
石碶街道	127273	17091	95005	15177	9927	41505
高桥镇	166093	20759	126092	19242	12561	49438
横街镇	43558	3948	27378	12232	9058	23529
集士港镇	93029	13144	66221	13664	9312	37594
古林镇	161063	19234	120366	21463	14535	49411
洞桥镇	42916	5636	29520	7760	5292	16350
鄞江镇	31546	3129	20269	8148	5755	16940
章水镇	16320	841	7744	7735	5833	12974
龙观乡	10831	873	6341	3617	2512	7227
江北区	**488885**	**63462**	**341742**	**83681**	**57383**	**189161**
外滩街道	29988	3652	19665	6671	4581	15618
孔浦街道	40563	3579	32247	4737	3025	9562

表11 续表 5

单位：人

地区	总人口	分年龄人口				居住本乡、镇、街道，户口在本乡、镇、街道
		0-14岁	15-59岁	60岁及以上	#65岁及以上	
文教街道	32649	4178	20860	7611	5507	16175
甬江街道	56408	7381	41393	7634	5102	15018
庄桥街道	121100	18420	82976	19704	13386	50110
洪塘街道	89095	12551	61685	14859	10064	30086
前江街道	28130	3189	22418	2523	1676	6554
慈城镇	90952	10512	60498	19942	14042	46038
北仑区	**829448**	**99204**	**609171**	**121073**	**83369**	**324506**
大榭街道	37849	4695	25983	7171	5037	18862
新碶街道	261984	37277	199828	24879	16280	98363
小港街道	128726	15574	96217	16935	11260	43957
大碶街道	157916	17157	119505	21254	14527	54413
霞浦街道	55471	6865	39437	9169	6365	21786
柴桥街道	48716	4508	30518	13690	9909	28100
戚家山街道	40783	5391	31212	4180	2767	10704
春晓街道	34662	3478	24618	6566	4602	15633
梅山街道	15153	1247	9369	4537	3248	9928
郭巨街道	15123	1221	7745	6157	4649	10993
白峰街道	17939	1356	10180	6403	4664	11742
保税区	15126	435	14559	132	61	25
镇海区	**531830**	**69211**	**382038**	**80581**	**55556**	**206947**
招宝山街道	70699	9011	44934	16754	12273	40752
蛟川街道	120016	15104	90237	14675	10187	30848
骆驼街道	116272	17477	84098	14697	9569	46933
庄市街道	124118	17469	92417	14232	9113	48569
贵驷街道	21368	1994	14822	4552	3305	8160
澥浦镇	39578	3604	28645	7329	5177	14110
九龙湖镇	39779	4552	26885	8342	5932	17575
鄞州区	**1588187**	**212865**	**1120736**	**254586**	**175457**	**672027**
下应街道	46114	7607	33237	5270	3533	17914
钟公庙街道	103817	18441	73557	11819	7261	44928
梅墟街道	38210	6085	27410	4715	3155	14280
中河街道	129943	23060	90646	16237	10556	68097
首南街道	112698	11059	91768	9871	6839	27139
潘火街道	118152	19452	87061	11639	7242	41400
百丈街道	36860	3966	24028	8866	6500	17082
东胜街道	28238	2929	18811	6498	4601	13136
明楼街道	43242	4959	27788	10495	7343	23166
白鹤街道	51004	5873	31896	13235	9725	27673
东柳街道	64671	8535	42677	13459	9596	35150
东郊街道	16031	2761	10814	2456	1775	7170
福明街道	90073	14937	62220	12916	8307	44312
新明街道	47855	7946	33399	6510	4394	21319
聚贤街道	30550	4153	23492	2905	1812	9998
瞻岐镇	42716	3331	30843	8542	6215	17323
咸祥镇	25285	2145	14890	8250	5952	17920
塘溪镇	30511	3006	19359	8146	5872	17919
东钱湖镇	77686	9968	51444	16274	11480	36930

表11　续表 6　　　　单位：人

地　　区	总人口	分年龄人口				居住本乡、镇、街道，户口在本乡、镇、街道
		0-14岁	15-59岁	60岁及以上	#65岁及以上	
东吴镇	28949	3159	19671	6119	4385	11793
五乡镇	70707	7653	52612	10442	7274	22629
邱隘镇	93430	10786	69978	12666	8580	29556
云龙镇	68968	8606	50337	10025	6952	20438
横溪镇	39743	4365	25854	9524	6868	19489
姜山镇	152734	18083	106944	27707	19240	65266
奉化区	**577505**	**62622**	**379315**	**135568**	**96948**	**325393**
锦屏街道	105554	12828	70723	22003	15361	58801
岳林街道	101977	14158	73377	14442	9353	36568
江口街道	48257	5446	34087	8724	6152	19391
西坞街道	47985	4664	31149	12172	8760	27392
萧王庙街道	32668	2799	20615	9254	7036	21392
方桥街道	25824	2548	17714	5562	3972	11647
尚田街道	38916	3958	24128	10830	7911	24092
莼湖街道	60168	5297	38215	16656	12224	39668
溪口镇	77675	8224	48818	20633	14728	56476
裘村镇	18856	1571	10241	7044	5176	14968
大堰镇	8886	398	3649	4839	3820	7881
松岙镇	10739	731	6599	3409	2455	7117
象山县	**567665**	**73721**	**358075**	**135869**	**94195**	**332162**
丹东街道	119969	20402	81674	17893	11651	53148
丹西街道	96937	14922	68752	13263	8306	30397
爵溪街道	26452	3621	19016	3815	2528	7562
石浦镇	96733	11481	64693	20559	13788	59635
西周镇	38827	4808	22703	11316	8090	28058
鹤浦镇	22455	2389	12921	7145	5052	18760
贤庠镇	18075	1495	8934	7646	5802	13935
墙头镇	14966	1442	7838	5686	4181	12175
泗洲头镇	9003	914	4151	3938	2864	8174
定塘镇	19489	1776	9799	7914	5616	17348
涂茨镇	12947	918	6706	5323	3969	9707
大徐镇	15152	1544	8809	4799	3493	10241
新桥镇	16649	1766	8486	6397	4586	14583
东陈乡	20497	2321	12733	5443	3775	13873
晓塘乡	10627	859	5381	4387	3130	9614
黄避岙乡	7143	528	3589	3026	2197	5756
茅洋乡	7308	639	3554	3115	2308	6234
高塘岛乡	14436	1896	8336	4204	2859	12962
宁海县	**695958**	**103059**	**452486**	**140413**	**97820**	**384605**
跃龙街道	182464	29771	123202	29491	19550	82462
桃源街道	121343	20622	88142	12579	7955	33517
梅林街道	43697	6009	31081	6607	4468	18974
桥头胡街道	23570	3312	15347	4911	3499	14588
长街镇	49664	7152	27274	15238	10674	43519
力洋镇	25960	3152	14949	7859	5675	20637
一市镇	10418	1039	5258	4121	3013	9341
岔路镇	17455	2345	9633	5477	3955	14335

表11 续表 7

单位：人

地区	总人口	分年龄人口				居住本乡、镇、街道，户口在本乡、镇、街道
		0-14岁	15-59岁	60岁及以上	#65岁及以上	
前童镇	18740	2572	10815	5353	3905	15303
桑洲镇	9698	1016	4735	3947	3065	8994
黄坛镇	20540	2689	12417	5434	3964	14449
大佳何镇	16351	2396	10085	3870	2717	13107
强蛟镇	14343	1608	9376	3359	2383	8966
西店镇	81718	12191	57330	12197	8241	37017
深甽镇	22981	3000	12724	7257	5354	17474
胡陈乡	11328	1383	5649	4296	3200	10624
茶院乡	14555	1789	8161	4605	3400	12560
越溪乡	11133	1013	6308	3812	2802	8738
余姚市	**1254032**	**145281**	**858976**	**249775**	**175262**	**630249**
梨洲街道	132008	15904	93150	22954	15788	59526
凤山街道	143607	21136	102176	20295	13698	58679
兰江街道	137303	17065	100105	20133	13688	56954
阳明街道	164947	19013	117074	28860	20629	66569
低塘街道	73243	7954	51246	14043	9699	35135
朗霞街道	75376	9548	52475	13353	9122	33174
临山镇	49815	5248	32886	11681	8305	30459
黄家埠镇	42500	4291	27104	11105	8124	27821
小曹娥镇	41945	3915	29303	8727	5683	21041
泗门镇	98844	11748	67774	19322	13216	52813
马渚镇	67141	6932	45345	14864	10766	34859
牟山镇	20535	2059	12676	5800	4339	13766
丈亭镇	41245	4876	27299	9070	6348	23474
三七市镇	34500	3517	21859	9124	6551	24977
河姆渡镇	24016	2375	15287	6354	4610	15276
大隐镇	11663	1298	7623	2742	1935	6263
陆埠镇	50378	5216	32494	12668	9179	30621
梁弄镇	25928	2302	14942	8684	6148	21702
大岚镇	6391	279	2708	3404	2538	5754
四明山镇	6020	349	2856	2815	2056	5360
鹿亭乡	6627	256	2594	3777	2840	6026
慈溪市	**1829488**	**197246**	**1318689**	**313553**	**216998**	**834847**
宗汉街道	122098	14361	87053	20684	14177	56109
坎墩街道	79028	9032	54746	15250	10686	40637
浒山街道	97488	12545	68015	16928	11275	43030
白沙路街道	78542	9223	56568	12751	8890	34004
古塘街道	87059	12357	62766	11936	7954	35233
掌起镇	73941	7586	51163	15192	10794	39247
观海卫镇	181353	18246	125897	37210	26385	101642
附海镇	55119	5776	41831	7512	5122	19657
桥头镇	52710	5342	36374	10994	7835	29522
匡堰镇	39463	3983	28505	6975	4870	17984
逍林镇	84884	7641	64733	12510	8897	32858
新浦镇	72523	7088	51965	13470	9322	37544
胜山镇	55890	5800	39622	10468	7348	28551
横河镇	106832	12080	74454	20298	14359	51908

表11 续表 8 单位：人

地区	总人口	分年龄人口				居住本乡、镇、街道，户口在本乡、镇、街道
		0-14岁	15-59岁	60岁及以上	#65岁及以上	
崇寿镇	41478	4833	28652	7993	5500	21271
庵东镇	219364	21983	174220	23161	15625	65454
长河镇	60182	6900	39924	13358	9188	34730
周巷镇	178464	19211	124292	34961	23640	91316
龙山镇	118750	12508	85325	20917	14587	52393
慈溪市农垦场	763	80	538	145	89	226
慈溪市林场	4832	256	4057	519	339	1512
慈东工业区	18725	415	17989	321	116	19
温州市	**9572903**	**1462497**	**6530697**	**1579709**	**1121085**	**4876815**
鹿城区	**1167165**	**150135**	**829190**	**187840**	**129357**	**424432**
五马街道	136212	20143	83477	32592	23016	75567
七都街道	23172	2664	16099	4409	3083	6084
滨江街道	105618	16835	72901	15882	10379	41441
南汇街道	140794	24760	95379	20655	13787	67835
松台街道	100396	12769	62670	24957	17771	42741
双屿街道	89260	12801	66464	9995	6410	25051
仰义街道	64228	5753	52806	5669	4041	12870
大南街道	64314	9434	39472	15408	10730	30292
蒲鞋市街道	91797	12578	63432	15787	10924	35714
南郊街道	57848	8048	41210	8590	5596	15745
广化街道	55638	7471	35859	12308	8209	19816
丰门街道	143655	5908	133552	4195	2619	6876
藤桥镇	66037	7356	47804	10877	7883	30220
山福镇	28196	3615	18065	6516	4909	14180
龙湾区	**475693**	**66288**	**356481**	**52924**	**35679**	**144068**
永中街道	156929	25518	113175	18236	12206	57727
蒲州街道	82570	10368	65471	6731	4465	12671
海滨街道	58609	7352	44531	6726	4506	18072
永兴街道	73589	8461	57357	7771	5297	21427
状元街道	61056	8909	45059	7088	4733	19170
瑶溪街道	42940	5680	30888	6372	4472	15001
瓯海区	**963238**	**115877**	**732581**	**114780**	**78615**	**271522**
景山街道	33082	4218	22375	6489	4367	7896
梧田街道	197595	21869	159870	15856	10309	40593
南白象街道	60504	7881	47026	5597	3559	14284
茶山街道	91251	6612	77851	6788	4743	20117
娄桥街道	86292	11579	65956	8757	5831	24194
新桥街道	85024	13459	63242	8323	5289	19575
三垟街道	32740	5356	23179	4205	2768	10395
瞿溪街道	55653	6751	40552	8350	5898	17400
郭溪街道	109530	12112	84275	13143	9127	28389
潘桥街道	68591	8209	50231	10151	7151	30750
丽岙街道	48451	5637	33700	9114	6361	12415
仙岩街道	63740	9104	45004	9632	6633	26447
泽雅镇	30785	3090	19320	8375	6579	19067

表11 续表 9

单位：人

地区	总人口	分年龄人口				居住本乡、镇、街道，户口在本乡、镇、街道
		0-14岁	15-59岁	60岁及以上	#65岁及以上	
洞头区	**148807**	**19179**	**101440**	**28188**	**19642**	**92730**
北岙街道	56400	8021	38420	9959	6691	35316
灵昆街道	41804	4155	32797	4852	3352	16694
东屏街道	15901	2270	9648	3983	2772	11951
元觉街道	5956	791	3696	1469	1025	4513
霓屿街道	8537	1394	5047	2096	1532	7373
大门镇	15755	1983	9196	4576	3362	13007
鹿西乡	4454	565	2636	1253	908	3876
永嘉县	**869624**	**142557**	**559704**	**167363**	**121494**	**560462**
东城街道	34498	5981	20257	8260	6021	27080
北城街道	28440	5250	17458	5732	4115	17675
南城街道	71895	14216	47708	9971	6869	39179
三江街道	29115	3680	19426	6009	4298	18184
黄田街道	37204	5944	25311	5949	4118	21647
乌牛街道	48367	7442	32247	8678	6206	27806
瓯北街道	215369	33893	162168	19308	12298	70804
桥头镇	66717	11621	41587	13509	10026	45014
桥下镇	65876	10117	42142	13617	10062	44641
大若岩镇	14820	2489	7729	4602	3448	13594
碧莲镇	23533	3660	12982	6891	5218	20711
巽宅镇	21101	3336	12157	5608	4190	19728
岩头镇	52962	9067	30992	12903	9546	47737
枫林镇	25293	4835	14162	6296	4688	23806
岩坦镇	28662	4291	15872	8499	6315	26605
沙头镇	40959	7036	22093	11830	9036	37304
鹤盛镇	22068	3542	12604	5922	4421	20657
金溪镇	17805	2710	8992	6103	4799	16596
云岭乡	6745	815	3766	2164	1650	6369
茗岙乡	7249	830	3674	2745	2110	6890
溪下乡	3574	666	1800	1108	824	3349
界坑乡	4923	767	2682	1474	1111	4652
县特产场场区	2449	369	1895	185	125	434
平阳县	**863088**	**139327**	**553824**	**169937**	**121823**	**559691**
昆阳镇	157827	26485	103812	27530	19538	92576
鳌江镇	233338	37926	153084	42328	29508	148743
水头镇	131616	23261	82152	26203	18430	84361
萧江镇	73261	13170	47673	12418	8750	47782
腾蛟镇	47410	7768	28337	11305	8246	41088
山门镇	16733	2667	8688	5378	4032	13961
顺溪镇	6572	615	3140	2817	2222	5941
南雁镇	14726	2245	8132	4349	3217	12992
万全镇	83894	11305	60911	11678	8418	34768
海西镇	21567	3331	13081	5155	3844	15127
南麂镇	633	34	450	149	87	319
麻步镇	33478	5361	19724	8393	6104	29970
凤卧镇	10525	1619	5852	3054	2366	9287

表11　续表 10

单位：人

地　　区	总人口	分年龄人口				居住本乡、镇、街道，户口在本乡、镇、街道
		0-14岁	15-59岁	60岁及以上	#65岁及以上	
怀溪镇	12331	1794	6059	4478	3467	11552
青街畲族乡	3363	362	1593	1408	1091	3121
闹村乡	8863	1234	4538	3091	2427	8092
滨海新区	6951	150	6598	203	76	11
苍南县	**843962**	**149723**	**533462**	**160777**	**115393**	**588662**
灵溪镇	384390	73021	258308	53061	36197	239511
宜山镇	54427	10066	35523	8838	6289	31089
钱库镇	106875	19221	67388	20266	15356	74388
金乡镇	74216	12039	46061	16116	11872	46790
藻溪镇	20633	3112	12119	5402	3999	18651
桥墩镇	39966	6966	23153	9847	7094	35221
矾山镇	25283	3703	13628	7952	5820	22519
赤溪镇	17072	2333	9197	5542	4224	15919
马站镇	35208	5999	19288	9921	7077	30030
望里镇	28262	4926	17860	5476	3984	21725
炎亭镇	6725	921	3746	2058	1518	6167
大渔镇	6157	603	3019	2535	1928	5725
莒溪镇	7376	1120	3699	2557	1921	6959
南宋镇	8463	1506	4764	2193	1563	7569
霞关镇	11614	1558	6292	3764	2703	10717
沿浦镇	12931	1965	7186	3780	2761	11482
凤阳畲族乡	2066	320	1081	665	483	1988
岱岭畲族乡	2298	344	1150	804	604	2212
文成县	**288178**	**49822**	**171411**	**66945**	**51112**	**189941**
大峃镇	96197	17938	59392	18867	14146	63036
百丈漈镇	10057	1740	6084	2233	1673	7609
南田镇	23724	5046	12690	5988	4590	19463
西坑畲族镇	8352	1479	4575	2298	1784	6259
黄坦镇	17744	2776	9703	5265	4249	14465
珊溪镇	25345	4634	13553	7158	5515	22220
巨屿镇	13791	2478	7870	3443	2673	10728
玉壶镇	46162	6984	30364	8814	6464	15416
峃口镇	5750	767	3245	1738	1376	4439
周壤镇	15155	2386	9920	2849	2111	5487
铜铃山镇	3643	283	2169	1191	943	2593
二源镇	7560	1318	4313	1929	1475	5239
周山畲族乡	2138	251	1155	732	588	1870
桂山乡	2668	458	1339	871	690	2491
双桂乡	3972	552	1957	1463	1157	3676
平和乡	3511	437	1921	1153	905	2882
公阳乡	2409	295	1161	953	773	2068
泰顺县	**265980**	**50660**	**155694**	**59626**	**43627**	**213539**
罗阳镇	107305	21841	67656	17808	12566	67343
司前畲族镇	11769	2050	6905	2814	1968	9795
百丈镇	3425	483	1824	1118	839	3175
筱村镇	13355	2210	7322	3823	2896	12496
泗溪镇	17904	3352	9911	4641	3450	16917

表11 续表 11 单位：人

地　区	总人口	分年龄人口				居住本乡、镇、街道，户口在本乡、镇、街道
		0-14岁	15-59岁	60岁及以上	#65岁及以上	
彭溪镇	11571	2015	6443	3113	2211	10339
雅阳镇	20064	4215	11543	4306	3149	17959
仕阳镇	14400	2688	7632	4080	2977	13674
三魁镇	15603	3029	8948	3626	2705	14132
南浦溪镇	6325	929	3405	1991	1504	5821
龟湖镇	6052	1173	3397	1482	1106	5700
西旸镇	8272	1402	4443	2427	1870	8084
竹里畲族乡	896	137	458	301	232	709
包垟乡	3057	434	1493	1130	861	2823
凤垟乡	5250	901	2914	1435	1100	5087
东溪乡	5962	1057	3318	1587	1221	5676
柳峰乡	4989	926	2778	1285	958	4465
雪溪乡	4668	889	2514	1265	970	4516
大安乡	5113	929	2790	1394	1044	4828
温州经济技术开发区	**249343**	**29885**	**198604**	**20854**	**13812**	**69085**
海城街道	59012	8956	43179	6877	4634	27412
沙城街道	64820	8675	48851	7294	4956	23167
天河街道	51783	7022	39330	5431	3699	17269
星海街道	73728	5232	67244	1252	523	1237
瑞安市	**1520386**	**220743**	**1052728**	**246915**	**173145**	**763753**
安阳街道	145484	29049	101534	14901	8948	71951
玉海街道	72489	10340	45204	16945	11972	33183
锦湖街道	58429	8742	40611	9076	6057	18955
东山街道	66379	9175	50938	6266	3905	17851
上望街道	67072	9545	47568	9959	6798	34268
莘塍街道	123132	17665	89385	16082	10687	55613
汀田街道	61124	9663	41877	9584	6565	34239
飞云街道	75428	11604	53555	10269	7043	31278
仙降街道	100181	12017	78028	10136	6830	32049
南滨街道	43552	5215	31476	6861	4997	22521
潘岱街道	20616	2442	14024	4150	2993	11367
云周街道	47866	6306	36275	5285	3622	16939
塘下镇	303941	44216	223167	36558	24517	134664
马屿镇	87159	11469	51736	23954	17808	67448
陶山镇	70950	9450	42332	19168	14131	58584
湖岭镇	55539	8222	34030	13287	9970	34811
高楼镇	48477	6563	28880	13034	10016	31595
桐浦镇	25610	3107	16093	6410	4687	17154
林川镇	11956	1306	6666	3984	3149	10208
曹村镇	18495	2769	10517	5209	3918	16513
平阳坑镇	8693	1077	4583	3033	2321	6673
芳庄乡	6973	731	3709	2533	2040	5350
北麂乡	841	70	540	231	171	539
乐清市	**1452707**	**243321**	**971701**	**237685**	**171316**	**829764**
城东街道	76012	13786	53859	8367	5603	32415
乐成街道	88027	14590	58124	15313	10762	53706

表11　续表 12　　　　单位：人

地　　区	总人口	分年龄人口				居住本乡、镇、街道，户口在本乡、镇、街道
		0-14岁	15-59岁	60岁及以上	#65岁及以上	
城南街道	87978	17197	62269	8512	5458	30966
盐盆街道	35862	4513	27409	3940	2738	13203
翁垟街道	80583	12376	56612	11595	8334	39611
白石街道	34597	5515	23559	5523	3964	20521
石帆街道	42550	7235	29105	6210	4586	24385
天成街道	19338	3593	11955	3790	2776	13782
大荆镇	69588	11420	38003	20165	14878	60837
仙溪镇	17320	2501	9274	5545	4286	16308
雁荡镇	42131	7023	24598	10510	7493	37976
芙蓉镇	34636	5812	20749	8075	5804	28602
清江镇	30058	5048	18033	6977	5015	24983
虹桥镇	134692	23211	89936	21545	15715	79727
淡溪镇	40538	7150	25741	7647	5681	27481
柳市镇	331854	55617	233817	42420	30249	149866
北白象镇	160725	25641	113203	21881	15911	75030
湖雾镇	12479	1970	6852	3657	2704	11244
南塘镇	19977	3431	11922	4624	3395	16275
南岳镇	17798	3061	10351	4386	3290	15497
蒲岐镇	33133	5830	20867	6436	4648	25346
磐石镇	18837	2761	12751	3325	2482	9686
智仁乡	10412	1828	5275	3309	2548	9815
龙西乡	5661	908	2990	1763	1347	5351
岭底乡	7921	1304	4447	2170	1649	7151
龙港市	**464732**	**84980**	**313877**	**65875**	**46070**	**169166**
龙港县直辖村级区划	464732	84980	313877	65875	46070	169166
嘉兴市	**5400868**	**652445**	**3705861**	**1042562**	**758584**	**2800940**
南湖区	**839433**	**108618**	**577768**	**153047**	**108949**	**377863**
建设街道	22808	1991	14102	6715	5170	10962
解放街道	31304	3971	19978	7355	5137	12690
新嘉街道	64372	6783	39729	17860	13226	31681
南湖街道	60848	8034	37552	15262	10859	34272
新兴街道	49582	4482	34171	10929	8289	21212
城南街道	118948	14412	92593	11943	8226	30313
东栅街道	88698	18898	58817	10983	6892	43327
长水街道	95830	13469	71132	11229	7410	30840
七星街道	59262	7482	40844	10936	8156	24488
凤桥镇	49154	5176	30412	13566	9746	35101
余新镇	54545	6711	37721	10113	7118	26621
新丰镇	54809	5514	37168	12127	8647	33058
大桥镇	89273	11695	63549	14029	10073	43298
秀洲区	**679221**	**89316**	**474811**	**115094**	**83299**	**320134**
新城街道	70479	10599	51925	7955	5289	25130
嘉北街道	82943	12412	58805	11726	7921	30220
塘汇街道	39307	5606	28878	4823	3242	12242
高照街道	66062	10137	49689	6236	4026	23021
王江泾镇	101052	11800	67075	22177	16818	59272

表11 续表 13

单位：人

地 区	总人口	分年龄人口				居住本乡、镇、街道，户口在本乡、镇、街道
		0-14岁	15-59岁	60岁及以上	#65岁及以上	
油车港镇	64190	8116	42228	13846	10337	37455
新塍镇	82985	8717	52259	22009	16686	59939
王店镇	92330	11439	63111	17780	12868	49374
洪合镇	79873	10490	60841	8542	6112	23481
嘉善县	**648160**	**76191**	**450020**	**121949**	**91906**	**298340**
魏塘街道	153397	18540	109551	25306	18724	58506
罗星街道	130970	20286	92762	17922	12260	52647
惠民街道	96009	11186	73814	11009	8036	28218
大云镇	29253	3828	20552	4873	3543	13085
西塘镇	69999	6092	47050	16857	13274	39392
干窑镇	35657	4268	23255	8134	6242	18699
陶庄镇	24855	1783	14363	8709	7063	19224
姚庄镇	56151	5743	38201	12207	9397	29798
天凝镇	51869	4465	30472	16932	13367	38771
海盐县	**456775**	**56870**	**293503**	**106402**	**77716**	**298091**
武原街道	184878	27323	126484	31071	22274	110557
西塘桥街道	55545	6543	37613	11389	8276	31187
秦山街道	26195	2327	15006	8862	6635	19480
望海街道	29960	3410	19494	7056	5221	18820
沈荡镇	32945	3416	19464	10065	7384	25760
百步镇	39681	5042	25060	9579	6877	25775
于城镇	24251	2465	15208	6578	4973	17051
澉浦镇	24233	2012	12489	9732	7283	19373
通元镇	39087	4332	22685	12070	8793	30088
海宁市	**1076199**	**120611**	**751825**	**203763**	**146547**	**554531**
硖石街道	103852	14049	69341	20462	14396	55265
海洲街道	123226	17706	86363	19157	12962	52782
海昌街道	114821	12138	90534	12149	8312	33173
马桥街道	46394	5778	32102	8514	6130	23651
许村镇	214091	20901	162697	30493	22020	100276
长安镇	168603	20075	122617	25911	18343	77336
周王庙镇	45345	4374	26303	14668	10809	36682
丁桥镇	43738	4023	24659	15056	11350	32661
斜桥镇	70853	8108	44414	18331	13569	49857
黄湾镇	42772	3173	31718	7881	5744	16434
盐官镇	52120	5132	30844	16144	11969	39099
袁花镇	50384	5154	30233	14997	10943	37315
平湖市	**671326**	**76761**	**446848**	**147717**	**108726**	**385669**
当湖街道	205048	31281	137999	35768	24843	114111
钟埭街道	97045	9774	72471	14800	10731	37463
曹桥街道	33665	3457	21290	8918	6438	22062
乍浦镇	85509	10785	57930	16794	12015	46302
新埭镇	61055	5447	40620	14988	11702	35673
新仓镇	42705	4151	26591	11963	9395	27330
广陈镇	30619	2373	17161	11085	8562	24612
林埭镇	32437	2923	19285	10229	7510	24151
独山港镇	83243	6570	53501	23172	17530	53965

表11 续表 14 单位：人

地　　区	总人口	分年龄人口				居住本乡、镇、街道，户口在本乡、镇、街道
		0-14岁	15-59岁	60岁及以上	#65岁及以上	
桐乡市	**1029754**	**124078**	**711086**	**194590**	**141441**	**566312**
梧桐街道	350342	49365	256849	44128	30267	142406
凤鸣街道	57302	5718	37921	13663	10216	35097
高桥街道	40469	3995	23330	13144	10025	34548
乌镇镇	87569	8948	54345	24276	17955	65224
濮院镇	153393	18322	121545	13526	9319	38239
屠甸镇	40976	4426	28265	8285	6031	23516
石门镇	48088	4682	29011	14395	10911	38774
河山镇	27626	2488	17171	7967	6025	19655
洲泉镇	75756	8536	49461	17759	12965	53943
大麻镇	38436	4920	23871	9645	7106	31146
崇福镇	109797	12678	69317	27802	20621	83764
湖州市	**3367579**	**402018**	**2246840**	**718721**	**522540**	**1967308**
吴兴区	**1015937**	**119028**	**716902**	**180007**	**128622**	**447595**
月河街道	35429	3863	21799	9767	6917	16405
朝阳街道	32262	3172	19882	9208	6994	16818
爱山街道	17271	2125	11073	4073	2885	6203
飞英街道	30143	3602	18441	8100	6006	15430
龙泉街道	69364	7663	48401	13300	9405	30893
凤凰街道	64221	8562	41390	14269	9910	29819
康山街道	71230	12150	50124	8956	5641	24864
仁皇山街道	75790	13649	52637	9504	6153	37874
滨湖街道	25632	2893	17044	5695	4244	16423
龙溪街道	55534	6460	42200	6874	4688	19994
杨家埠街道	10935	1065	6558	3312	2507	8179
环渚街道	26506	2338	20567	3601	2609	8274
湖东街道	41758	6079	28258	7421	4921	16426
织里镇	262946	22370	212655	27921	20341	71538
八里店镇	100619	13440	67084	20095	15137	56560
妙西镇	14226	1319	8290	4617	3415	11450
埭溪镇	33927	3597	21003	9327	6677	25479
东林镇	31282	2813	18877	9592	7019	24322
道场乡	16862	1868	10619	4375	3153	10644
南浔区	**542889**	**59956**	**336775**	**146158**	**110262**	**367734**
南浔镇	215684	29799	147196	38689	28634	109783
双林镇	68083	6836	40014	21233	16312	50214
练市镇	79323	8225	46704	24394	18667	65458
善琏镇	24023	1889	13461	8673	6657	18877
旧馆镇	24247	2664	15762	5821	4488	13789
菱湖镇	59123	4717	33238	21168	15652	50298
和孚镇	44721	3910	25663	15148	11499	36207
千金镇	17080	1132	9027	6921	5160	14290
石淙镇	10605	784	5710	4111	3193	8818
德清县	**548568**	**63624**	**361235**	**123709**	**87820**	**333864**
武康街道	118963	17526	83481	17956	11921	48999
舞阳街道	47078	6408	30736	9934	6680	28429

表11 续表 15 单位：人

地　　区	总人口	分年龄人口				居住本乡、镇、街道，户口在本乡、镇、街道
		0-14岁	15-59岁	60岁及以上	#65岁及以上	
阜溪街道	47548	4336	37458	5754	3973	16354
下渚湖街道	19338	2107	11582	5649	4086	16368
康乾街道	24279	3104	17393	3782	2604	12368
乾元镇	39046	4248	24695	10103	7225	24824
新市镇	64505	6313	38714	19478	14170	50648
洛舍镇	18684	2050	11411	5223	3777	13345
钟管镇	38189	3412	23121	11656	8687	29021
雷甸镇	43356	5177	29555	8624	6163	25290
禹越镇	35474	4174	23058	8242	5856	25526
新安镇	30028	2980	18341	8707	6430	23068
莫干山镇	22080	1789	11690	8601	6248	19624
长兴县	**673776**	**85297**	**434619**	**153860**	**113539**	**462159**
雉城街道	114710	16580	78629	19501	13501	49687
画溪街道	39187	4224	25847	9116	6710	27163
太湖街道	72858	10312	50695	11851	8460	37596
龙山街道	73302	12155	51443	9704	6605	36156
洪桥镇	39790	4524	24604	10662	8020	32707
李家巷镇	28659	3376	18854	6429	4719	20062
夹浦镇	32835	4100	21652	7083	5221	22968
林城镇	39460	4210	22700	12550	9445	37277
虹星桥镇	31192	3308	18840	9044	6847	26890
小浦镇	20200	2222	11759	6219	4580	17851
和平镇	46567	5181	28557	12829	9665	40589
泗安镇	57060	6968	35035	15057	11298	51160
煤山镇	43139	4046	25109	13984	11136	31507
水口乡	17363	2165	10465	4733	3519	14919
吕山乡	17454	1926	10430	5098	3813	15627
安吉县	**586409**	**74113**	**397309**	**114987**	**82297**	**355956**
递铺街道	134927	18352	97837	18738	13222	60057
昌硕街道	138936	21274	98039	19623	12961	68742
灵峰街道	36467	4926	26845	4696	3164	14135
孝源街道	15418	1291	11572	2555	1865	7218
鄣吴镇	7480	729	4283	2468	1835	6944
杭垓镇	23892	2361	13309	8222	6289	22078
孝丰镇	50582	5924	33093	11565	8380	32359
报福镇	12933	1303	7123	4507	3243	11396
章村镇	9351	929	4820	3602	2645	8802
天荒坪镇	22223	2367	14495	5361	3794	15610
梅溪镇	57183	6400	35837	14946	11038	47306
天子湖镇	52240	5672	34885	11683	8706	41894
溪龙乡	9189	990	6166	2033	1542	7112
上墅乡	11552	1289	6766	3497	2538	8930
山川乡	4036	306	2239	1491	1075	3373
绍兴市	**5270977**	**626699**	**3453347**	**1190931**	**854178**	**3045728**
越城区	**1020037**	**125154**	**682296**	**212587**	**152767**	**524332**
塔山街道	57237	6967	32575	17695	13288	34272

表11 续表 16

单位：人

地　区	总人口	分年龄人口				居住本乡、镇、街道，户口在本乡、镇、街道
		0-14岁	15-59岁	60岁及以上	#65岁及以上	
府山街道	49331	6507	27787	15037	11320	31785
北海街道	112277	14719	76758	20800	14376	57101
城南街道	86782	10438	60029	16315	11017	38946
稽山街道	69928	7991	47193	14744	10207	32324
迪荡街道	67525	9031	44372	14122	9716	28535
东湖街道	37801	4225	24556	9020	6517	23807
灵芝街道	87801	12065	60785	14951	10534	43044
东浦街道	74713	7283	56101	11329	8222	32115
鉴湖街道	36367	4499	24413	7455	5312	20341
斗门街道	125673	16894	91352	17427	12225	45017
皋埠街道	57549	6720	36249	14580	10656	41927
马山街道	87561	10677	60801	16083	11831	38043
孙端街道	32495	3711	18397	10387	7953	25908
陶堰街道	20240	2131	11821	6288	4774	16321
富盛镇	16757	1296	9107	6354	4819	14846
柯桥区	**1098859**	**130973**	**786376**	**181510**	**128844**	**511148**
柯桥街道	190801	34066	136069	20666	13235	68028
柯岩街道	90860	10318	65973	14569	10556	40547
华舍街道	113982	18393	81507	14082	9432	42622
湖塘街道	36570	3478	24389	8703	6446	23860
齐贤街道	81706	7961	58978	14767	10667	38885
福全街道	50123	5932	33307	10884	7957	32613
安昌街道	67035	6760	49284	10991	7703	28342
兰亭街道	34994	3742	22787	8465	6170	23746
钱清街道	111073	12128	82230	16715	11849	51027
杨汛桥街道	61677	7449	44921	9307	6749	28682
马鞍街道	132000	8744	111406	11850	7989	29848
平水镇	49330	4837	30209	14284	10529	37818
王坛镇	19501	1436	10013	8052	6128	18281
稽东镇	18924	1446	9716	7762	5855	17952
漓渚镇	21992	2486	13924	5582	4051	15409
夏履镇	18291	1797	11663	4831	3528	13488
上虞区	**839747**	**93523**	**535260**	**210964**	**153352**	**557360**
百官街道	195915	29828	132857	33230	22717	118497
曹娥街道	92075	12604	64820	14651	9831	48407
东关街道	40909	4333	25574	11002	8138	25358
道墟街道	40890	4300	23684	12906	9676	33157
梁湖街道	29468	3012	17822	8634	6195	21572
小越街道	35374	3509	22664	9201	6743	22557
崧厦街道	101971	10873	62367	28731	21481	74180
沥海街道	53803	4937	33804	15062	11670	35987
长塘镇	9981	729	5352	3900	2872	8941
上浦镇	17568	1493	9703	6372	4568	15530
汤浦镇	14487	1571	8827	4089	3037	10409
章镇镇	28730	2230	14828	11672	8744	24868
下管镇	6558	304	2995	3259	2330	6063
丰惠镇	44109	3676	25616	14817	10701	36018

表11 续表 17 单位：人

地　区	总人口	分年龄人口				居住本乡、镇、街道，户口在本乡、镇、街道
		0-14岁	15-59岁	60岁及以上	#65岁及以上	
永和镇	12618	1096	7110	4412	3250	10910
驿亭镇	19838	1571	11928	6339	4671	15120
谢塘镇	28008	2754	17521	7733	5823	17303
盖北镇	51191	3913	40482	6796	4972	17298
岭南乡	5321	199	2197	2925	2190	5041
陈溪乡	4276	188	1791	2297	1627	4061
丁宅乡	6657	403	3318	2936	2116	6083
新昌县	**419036**	**52930**	**257015**	**109091**	**75037**	**252825**
羽林街道	48305	6422	30702	11181	7445	27988
南明街道	84368	11922	53568	18878	12816	45165
七星街道	134531	22004	94909	17618	10691	48349
澄潭街道	30734	2839	17431	10464	7325	24371
回山镇	17921	1196	7831	8894	6519	16877
小将镇	15047	988	6552	7507	5526	14274
沙溪镇	7299	427	3423	3449	2475	6664
镜岭镇	14198	1093	6522	6583	4753	13494
儒岙镇	20120	1648	9851	8621	6185	18787
沃洲镇	24093	2176	13971	7946	5581	18935
城南乡	15637	1854	9138	4645	3326	11699
东茗乡	6783	361	3117	3305	2395	6222
诸暨市	**1218072**	**148324**	**788249**	**281499**	**204594**	**711341**
暨阳街道	296740	40314	208071	48355	33336	118982
浣东街道	76123	11922	49196	15005	10539	37772
陶朱街道	114975	15592	81724	17659	12153	47710
暨南街道	51584	5792	29189	16603	12349	39097
大唐街道	146272	17146	107000	22126	15698	55863
应店街镇	33023	3354	18683	10986	7985	30203
次坞镇	33236	3498	20140	9598	7004	26653
店口镇	129047	17205	86428	25414	18681	76580
姚江镇	43236	4345	24549	14342	10909	36126
山下湖镇	25990	3016	15539	7435	5658	20631
枫桥镇	62963	6575	37183	19205	14230	50045
赵家镇	21678	1973	11638	8067	5982	20641
马剑镇	11095	1076	5719	4300	3239	10404
五泄镇	11385	1160	6577	3648	2680	9002
牌头镇	39699	4122	23300	12277	9173	29775
同山镇	10667	866	4840	4961	3784	9779
安华镇	30782	3276	18938	8568	6267	21579
璜山镇	23429	2206	12112	9111	6942	20049
陈宅镇	9252	752	4302	4198	3220	8411
岭北镇	6930	962	3429	2539	1904	6517
浬浦镇	13373	1096	7472	4805	3703	10550
东白湖镇	17046	1325	7975	7746	5679	16032
东和乡	9547	751	4245	4551	3479	8940
嵊州市	**675226**	**75795**	**404151**	**195280**	**139584**	**488722**
剡湖街道	81871	11774	50766	19331	13547	52333
三江街道	92165	13338	66865	11962	7467	35218

表11　续表 18　　　　单位：人

地　　区	总人口	分年龄人口				居住本乡、镇、街道，户口在本乡、镇、街道
		0-14岁	15-59岁	60岁及以上	#65岁及以上	
鹿山街道	69272	9017	45332	14923	10195	43593
浦口街道	89084	12211	60428	16445	11403	47146
甘霖镇	68195	6500	37515	24180	17673	58128
长乐镇	48702	4244	26316	18142	13107	43267
崇仁镇	53303	3899	26858	22546	16613	49659
黄泽镇	36704	3844	20809	12051	8633	31719
三界镇	39495	3521	21420	14554	11057	35515
石璜镇	22198	1654	11142	9402	6864	21842
谷来镇	19603	1516	9547	8540	6198	18879
仙岩镇	9268	702	4656	3910	2853	8178
金庭镇	27052	2288	13915	10849	7762	25667
下王镇	6837	422	3070	3345	2470	6607
贵门乡	11477	865	5512	5100	3742	10971
金华市	**7050683**	**1008570**	**4912875**	**1129238**	**817097**	**3416653**
婺城区	**957055**	**136610**	**660062**	**160383**	**113054**	**462626**
城东街道	31512	4483	19735	7294	5271	14873
城中街道	19324	3571	11158	4595	3524	12568
城西街道	8473	1230	5386	1857	1302	3569
城北街道	55217	8388	35349	11480	7775	29530
江南街道	35841	5836	24094	5911	4109	16877
三江街道	137187	23529	97698	15960	10307	57012
西关街道	83791	9115	67676	7000	4505	18830
秋滨街道	100172	14435	78935	6802	4452	16117
新狮街道	90641	11629	69980	9032	5866	25924
罗店镇	24865	3062	15684	6119	4304	16766
雅畈镇	21600	3003	12830	5767	4129	16429
安地镇	11413	1690	6133	3590	2562	9745
白龙桥镇	110950	14843	79187	16920	11943	66946
琅琊镇	14474	1804	8025	4645	3483	12891
蒋堂镇	17923	2047	11284	4592	3414	12592
汤溪镇	43896	5639	26847	11410	8574	31239
罗埠镇	25722	2864	14567	8291	6294	21997
洋埠镇	10913	1142	6252	3519	2751	8622
乾西乡	35210	5513	23347	6350	4398	17778
竹马乡	11006	1485	6514	3007	2207	8550
长山乡	7127	857	3819	2451	1803	6453
箬阳乡	1516	114	700	702	526	1426
沙畈乡	4890	468	2211	2211	1690	4652
塔石乡	5141	355	2020	2766	2207	4837
岭上乡	5254	700	3335	1219	887	3775
莘畈乡	2581	220	1124	1237	951	2430
苏孟乡	40416	8588	26172	5656	3820	20198
金东区	**506935**	**66560**	**356149**	**84226**	**60361**	**252438**
多湖街道	76805	10106	58313	8386	5398	27506
东孝街道	60712	9115	44204	7393	4943	21645
孝顺镇	138983	17034	104317	17632	12774	55256

表11 续表 19 单位：人

地区	总人口	分年龄人口 0-14岁	15-59岁	60岁及以上	#65岁及以上	居住本乡、镇、街道，户口在本乡、镇、街道
傅村镇	57222	8397	41831	6994	5059	20282
曹宅镇	42375	5437	26649	10289	7690	30475
澧浦镇	29918	3889	17546	8483	6284	24868
岭下镇	15435	1974	9647	3814	2780	10326
江东镇	14680	1767	9855	3058	2167	8914
塘雅镇	28062	3445	17398	7219	5259	20043
赤松镇	31177	4018	19923	7236	5237	22464
源东乡	11566	1378	6466	3722	2770	10659
武义县	**462462**	**68766**	**311114**	**82582**	**58732**	**217870**
白洋街道	106989	15454	80380	11155	7322	32279
壶山街道	59090	9733	39901	9456	6388	25837
熟溪街道	67239	11273	44942	11024	7463	30333
柳城畲族镇	20082	2852	10085	7145	5308	16743
履坦镇	17457	2435	11571	3451	2429	10927
桐琴镇	60954	10387	44553	6014	4168	17371
泉溪镇	45229	6433	33672	5124	3676	14671
新宅镇	8261	620	3626	4015	3167	7595
王宅镇	22597	3274	12924	6399	4564	18228
桃溪镇	10073	1257	4765	4051	3109	9299
茭道镇	13967	1724	9596	2647	1912	6908
大田乡	6650	790	3286	2574	1891	5894
白姆乡	6310	678	3183	2449	1812	5828
俞源乡	7031	778	3736	2517	1899	6214
坦洪乡	3304	264	1344	1696	1359	3067
西联乡	3400	434	1685	1281	986	3143
三港乡	2112	204	1031	877	710	1959
大溪口乡	1717	176	834	707	569	1574
浦江县	**460726**	**65522**	**307066**	**88138**	**64793**	**272891**
浦南街道	53737	7521	35749	10467	7890	31412
仙华街道	72797	9954	53316	9527	6971	28449
浦阳街道	106992	19061	70792	17139	12012	56449
黄宅镇	77799	9941	53477	14381	10736	49044
白马镇	26573	3309	17170	6094	4376	18747
郑家坞镇	14092	1750	9488	2854	2029	7944
郑宅镇	31349	3779	21745	5825	4274	19425
岩头镇	26918	3861	17554	5503	3996	18551
檀溪镇	8889	1084	4817	2988	2266	8162
杭坪镇	10000	1139	5445	3416	2674	9088
大畈乡	4660	534	2468	1658	1290	4148
中余乡	7367	876	4125	2366	1765	5987
前吴乡	8468	1026	4746	2696	2029	7504
花桥乡	3744	346	1967	1431	1120	3397
虞宅乡	7341	1341	4207	1793	1365	4584
磐安县	**177161**	**26303**	**107340**	**43518**	**32158**	**133579**
安文街道	51994	9040	35445	7509	5244	28687
新渥街道	31403	4715	20012	6676	4818	21759
仁川镇	8693	1258	4558	2877	2169	8194

表11 续表 20

单位：人

地　区	总人口	分年龄人口				居住本乡、镇、街道，户口在本乡、镇、街道
		0-14岁	15-59岁	60岁及以上	#65岁及以上	
大盘镇	4491	509	2442	1540	1219	3875
方前镇	6701	735	3663	2303	1748	6160
玉山镇	11317	1494	6528	3295	2406	9895
尚湖镇	12910	1921	7238	3751	2871	11130
冷水镇	7505	986	4547	1972	1462	5890
尖山镇	26081	3929	14772	7380	5437	22953
双峰乡	2849	347	1545	957	758	2588
双溪乡	3272	357	1616	1299	1012	3128
窈川乡	1970	220	957	793	602	1830
九和乡	3027	333	1464	1230	940	2887
盘峰乡	4948	459	2553	1936	1472	4603
兰溪市	**574801**	**76261**	**345222**	**153318**	**114024**	**454062**
兰江街道	145624	21798	96951	26875	19439	91141
云山街道	76403	10184	46610	19609	14146	54834
永昌街道	34298	4476	19394	10428	8045	31005
赤溪街道	14258	1927	8143	4188	3176	12428
女埠街道	28463	3521	15760	9182	7098	25905
上华街道	47674	4731	31879	11064	8060	31501
游埠镇	27226	3053	14991	9182	7000	24073
诸葛镇	18196	2341	9984	5871	4463	16819
黄店镇	23598	2975	12573	8050	6032	22425
香溪镇	24919	3378	13892	7649	5662	23587
马涧镇	35010	5097	19358	10555	7938	32534
梅江镇	29425	3801	16546	9078	6732	26916
横溪镇	21467	2886	13132	5449	3966	16738
灵洞乡	15952	1946	9053	4953	3673	13863
水亭畲族乡	14622	1752	7874	4996	3894	13453
柏社乡	17666	2395	9082	6189	4700	16840
义乌市	**1859390**	**257838**	**1410898**	**190654**	**134748**	**604826**
稠城街道	92507	15537	69166	7804	5123	30096
江东街道	272199	42755	207424	22020	14781	70534
稠江街道	222707	30545	176701	15461	10231	42935
北苑街道	242594	33504	191970	17120	11457	50822
后宅街道	112059	16494	82407	13158	9417	47608
城西街道	87878	12563	64329	10986	7898	34499
廿三里街道	130992	16818	102663	11511	8016	39653
福田街道	170160	23397	134182	12581	8590	43759
佛堂镇	143035	17893	103845	21297	15824	66626
赤岸镇	35591	4367	21321	9903	7768	25522
义亭镇	75227	9379	52195	13653	10314	41722
上溪镇	77052	9991	53882	13179	9742	38115
苏溪镇	142285	18044	111531	12710	8949	43443
大陈镇	55104	6551	39282	9271	6638	29492
东阳市	**1087950**	**162113**	**729080**	**196757**	**144316**	**563267**
吴宁街道	143426	24638	96963	21825	14993	62704
南市街道	42978	6510	26903	9565	7127	29453
白云街道	168903	27794	127693	13416	8584	34654

表11　续表 21

单位：人

地　　区	总人口	分年龄人口				居住本乡、镇、街道，户口在本乡、镇、街道
		0－14岁	15－59岁	60岁及以上	#65岁及以上	
江北街道	124600	16829	93377	14394	10133	45751
城东街道	41585	6168	26624	8793	6503	27105
六石街道	43597	5916	28734	8947	6658	24530
巍山镇	58942	8164	34187	16591	12530	42454
虎鹿镇	19946	2586	10437	6923	5199	17343
歌山镇	33042	4607	18607	9828	7527	24564
佐村镇	12230	1257	6003	4970	3848	11032
东阳江镇	11505	1294	5388	4823	3783	10061
湖溪镇	30966	4055	16681	10230	7874	24286
马宅镇	15713	1801	8541	5371	4190	13633
千祥镇	34552	5056	19312	10184	7751	27926
南马镇	92551	13435	62452	16664	12522	53115
画水镇	53742	8445	33330	11967	9043	39491
横店镇	153625	22787	110759	20079	14410	69566
三单乡	6047	771	3089	2187	1641	5599
永康市	**964203**	**148597**	**685944**	**129662**	**94911**	**455094**
东城街道	240688	35752	186449	18487	12790	70937
西城街道	151491	21672	115067	14752	10489	53796
江南街道	109106	19992	74025	15089	10664	53953
石柱镇	41380	6774	27273	7333	5481	26801
前仓镇	23757	3857	14525	5375	4038	18603
舟山镇	16750	2554	9531	4665	3487	14946
古山镇	82777	12499	60650	9628	6984	32827
方岩镇	31273	4967	21117	5189	3780	17635
龙山镇	45754	7073	30906	7775	5781	26622
西溪镇	27281	4145	17004	6132	4553	21107
象珠镇	49117	7537	32930	8650	6545	30326
唐先镇	40244	6092	25044	9108	7027	29946
花街镇	32803	4516	22061	6226	4655	18691
芝英镇	71782	11167	49362	11253	8637	38904
衢州市	**2276184**	**335773**	**1361259**	**579152**	**420138**	**1579556**
柯城区	**528847**	**77845**	**341866**	**109136**	**77603**	**283893**
新新街道	63880	11099	45481	7300	4543	18008
府山街道	25215	3425	15025	6765	4865	12188
荷花街道	63578	11520	40411	11647	7907	26544
信安街道	33090	4861	21767	6462	4596	16266
白云街道	81032	12446	60120	8466	5477	30256
双港街道	43114	7794	28252	7068	4690	17443
衢化街道	30842	3455	17719	9668	7680	20117
花园街道	23917	3242	16716	3959	2735	8491
石梁镇	22710	2526	12664	7520	5502	20646
航埠镇	41100	5220	23707	12173	9065	36030
黄家乡	14463	1866	9505	3092	2246	9090
七里乡	2201	198	922	1081	798	2026
九华乡	14615	1587	7675	5353	3996	13657
沟溪乡	10163	1155	5449	3559	2657	9567

表11　续表 22　　单位：人

地　区	总人口	分年龄人口				居住本乡、镇、街道，户口在本乡、镇、街道
		0-14岁	15-59岁	60岁及以上	#65岁及以上	
华墅乡	11202	1420	6261	3521	2580	10490
姜家山乡	9057	1324	5675	2058	1473	6741
万田乡	17128	2250	10295	4583	3423	13228
石室乡	21540	2457	14222	4861	3370	13105
衢江区	**373920**	**52412**	**223866**	**97642**	**70722**	**263896**
樟潭街道	103415	18347	73681	11387	7161	30875
浮石街道	19313	2641	11950	4722	3291	11209
上方镇	17534	2074	9135	6325	4720	16176
峡川镇	9330	1137	4610	3583	2619	8745
莲花镇	25946	3404	14255	8287	6067	24426
全旺镇	14777	2118	7608	5051	3748	13714
大洲镇	11321	1140	6298	3883	2924	9632
后溪镇	17830	2340	9302	6188	4619	16479
廿里镇	33644	5444	20345	7855	5647	25560
湖南镇	5099	444	2382	2273	1736	4500
高家镇	46537	5883	26863	13791	10178	40451
杜泽镇	21143	2446	11312	7385	5487	18475
灰坪乡	1542	77	685	780	565	1412
太真乡	2444	181	1016	1247	948	2237
双桥乡	1835	125	777	933	719	1700
周家乡	10026	1268	5060	3698	2748	9486
云溪乡	23767	2719	14670	6378	4706	21855
举村乡	1261	50	521	690	514	908
岭洋乡	2110	90	869	1151	867	1578
黄坛口乡	5046	484	2527	2035	1458	4478
常山县	**259966**	**41549**	**149094**	**69323**	**50097**	**202780**
天马街道	48563	7925	29939	10699	7437	30017
紫港街道	23551	3458	16293	3800	2591	11496
金川街道	28631	5101	18266	5264	3628	15659
白石镇	6320	1099	3232	1989	1449	5348
招贤镇	22090	3399	11718	6973	5079	20507
青石镇	24420	4186	13364	6870	4991	23036
球川镇	23926	3838	12965	7123	5268	22206
辉埠镇	24063	3547	13790	6726	4917	20241
芳村镇	15492	2523	7439	5530	4128	14252
何家乡	9207	1372	4991	2844	2111	8398
同弓乡	7742	1336	4203	2203	1644	6934
大桥头乡	8822	1355	4572	2895	2113	8256
新昌乡	7889	1102	3590	3197	2362	7564
东案乡	9250	1308	4732	3210	2379	8866
开化县	**258810**	**41480**	**143289**	**74041**	**52406**	**201447**
桐村镇	9192	1451	4439	3302	2325	8840
杨林镇	8118	1270	3919	2929	2121	7787
苏庄镇	10705	1731	4894	4080	3035	10448
齐溪镇	3281	436	1633	1212	924	3190
村头镇	8878	1421	4121	3336	2438	8457
华埠镇	129133	22867	80093	26173	17723	80071

表11　续表 23　　　　单位：人

地　区	总人口	分年龄人口				居住本乡、镇、街道，户口在本乡、镇、街道
		0-14岁	15-59岁	60岁及以上	#65岁及以上	
马金镇	26289	4132	13737	8420	6094	24044
池淮镇	19642	2669	10049	6924	4888	16780
中村乡	4479	518	2159	1802	1237	4308
长虹乡	5925	686	2708	2531	1875	5765
何田乡	4828	533	2167	2128	1563	4681
林山乡	7012	744	3022	3246	2370	6748
音坑乡	15429	2245	7726	5458	3948	14636
大溪边乡	5899	777	2622	2500	1865	5692
龙游县	**360229**	**45322**	**217847**	**97060**	**72380**	**260337**
龙洲街道	92068	15161	58697	18210	13035	51081
东华街道	40059	4673	28155	7231	5114	18295
湖镇镇	49300	5212	31442	12646	9394	40083
小南海镇	23219	2996	12712	7511	5705	20852
詹家镇	20762	2575	11567	6620	5004	18378
溪口镇	16496	1927	8800	5769	4374	13082
横山镇	20865	2251	11220	7394	5795	19126
塔石镇	28230	3171	15167	9892	7642	26710
罗家乡	5047	477	2529	2041	1437	4867
庙下乡	6444	538	3213	2693	2043	6058
石佛乡	10199	1130	5149	3920	3010	9769
社阳乡	5129	460	2391	2278	1727	4858
大街乡	3141	258	1521	1362	1031	2973
沐尘畲族乡	6089	532	3059	2498	1827	5763
模环乡	33181	3961	22225	6995	5242	18442
江山市	**494412**	**77165**	**285297**	**131950**	**96930**	**367203**
双塔街道	95283	16704	60900	17679	12255	57424
虎山街道	84563	15130	54480	14953	10394	45289
清湖街道	43682	6695	27291	9696	7066	29066
四都镇	11075	1583	6060	3432	2535	10020
坛石镇	15604	1798	7864	5942	4553	14339
大桥镇	9300	948	4589	3763	2834	8921
新塘边镇	17898	2572	8632	6694	5140	16652
廿八都镇	5506	734	2697	2075	1538	5258
长台镇	13005	1928	6696	4381	3301	11454
上余镇	27235	3996	15252	7987	5857	24015
凤林镇	23503	3431	11490	8582	6598	21379
峡口镇	28525	4598	14888	9039	6679	24986
石门镇	20988	3052	10475	7461	5614	19430
贺村镇	70127	10552	40278	19297	14383	53520
大陈乡	4648	489	2361	1798	1328	4289
碗窑乡	11420	1754	6178	3488	2546	10204
保安乡	2939	348	1391	1200	883	2768
塘源口乡	4252	386	1713	2153	1633	3889
张村乡	4859	467	2062	2330	1793	4300

表11 续表 24 单位：人

地区	总人口	分年龄人口				居住本乡、镇、街道，户口在本乡、镇、街道
		0-14岁	15-59岁	60岁及以上	#65岁及以上	
舟山市	**1157817**	**113597**	**756127**	**288093**	**197848**	**623412**
定海区	**500030**	**57911**	**328285**	**113834**	**78827**	**263085**
昌国街道	64047	7427	43712	12908	8822	31197
环南街道	40148	4114	25865	10169	7023	16749
城东街道	70893	8542	48275	14076	9160	35284
盐仓街道	32854	4345	21758	6751	4615	14015
临城街道	85199	11134	62306	11759	7757	36932
岑港街道	14640	853	7884	5903	4284	9647
马岙街道	10584	979	6240	3365	2426	6540
双桥街道	15115	1321	8217	5577	4034	11518
小沙街道	15447	649	8650	6148	4668	9589
千岛街道	56111	9305	37916	8890	5598	29131
金塘镇	40037	4477	23363	12197	8995	27778
白泉镇	42614	3863	26434	12317	8755	27859
干览镇	12341	902	7665	3774	2690	6846
普陀区	**382902**	**37759**	**249278**	**95865**	**64819**	**197830**
沈家门街道	118476	10983	78216	29277	19378	53632
东港街道	133518	17323	93557	22638	14069	53490
朱家尖街道	30445	2710	19676	8059	5584	19347
展茅街道	20774	1549	11992	7233	5202	14689
六横镇	54833	4413	32247	18173	12893	39950
虾峙镇	7768	135	3262	4371	3373	6414
桃花镇	8292	340	3655	4297	3091	7291
东极镇	1382	27	730	625	469	1055
普陀山镇	7414	279	5943	1192	760	1962
岱山县	**207982**	**12911**	**137619**	**57452**	**39817**	**114885**
高亭镇	114559	8521	85420	20618	13662	48721
东沙镇	12305	429	5424	6452	4762	8758
岱东镇	8142	198	3974	3970	2884	6253
岱西镇	9607	269	4811	4527	3412	6813
长涂镇	7929	186	4042	3701	2651	5593
衢山镇	45476	2893	27143	15440	10432	34867
秀山乡	9964	415	6805	2744	2014	3880
嵊泗县	**66903**	**5016**	**40945**	**20942**	**14385**	**47612**
菜园镇	38306	3668	24411	10227	6966	24382
嵊山镇	6766	283	4119	2364	1641	4938
洋山镇	7423	494	4430	2499	1697	6459
五龙乡	2691	78	1328	1285	933	2257
黄龙乡	4537	142	2444	1951	1371	4004
枸杞乡	6308	335	3780	2193	1465	4933
花鸟乡	872	16	433	423	312	639
台州市	**6622888**	**972849**	**4354170**	**1295869**	**913942**	**4127996**
椒江区	**826074**	**122267**	**576932**	**126875**	**88881**	**414293**
海门街道	137045	20693	95458	20894	14524	64125
白云街道	134002	20676	94650	18676	12446	53250
葭沚街道	183946	27404	134690	21852	14593	74488
洪家街道	94970	14236	67404	13330	9456	40390
三甲街道	75369	9250	52412	13707	9924	45882

表11　续表 25　　单位：人

地　区	总人口	分年龄人口				居住本乡、镇、街道，户口在本乡、镇、街道
		0-14岁	15-59岁	60岁及以上	#65岁及以上	
下陈街道	56829	7610	39193	10026	7355	32115
前所街道	51649	8800	32821	10028	7276	36345
章安街道	75244	12376	45617	17251	12575	66005
大陈镇	1221	48	786	387	272	815
椒江农场	4273	400	3486	387	305	874
滨海工业区	5877	264	5474	139	61	
月湖新城	5649	510	4941	198	94	4
黄岩区	**707453**	**97960**	**461877**	**147616**	**106549**	**429613**
东城街道	103042	13818	71824	17400	11994	45205
南城街道	29066	4094	19118	5854	4175	17995
西城街道	116906	18346	79304	19256	13392	52011
北城街道	65686	9881	46109	9696	6802	29534
新前街道	70184	10678	48655	10851	7742	37180
澄江街道	36400	4623	23859	7918	5757	25446
江口街道	47027	5774	32837	8416	6152	27897
高桥街道	25301	3376	16132	5793	4154	18400
宁溪镇	21869	2753	11853	7263	5534	18389
北洋镇	24777	2926	13887	7964	5866	20811
头陀镇	30923	4025	18170	8728	6429	27519
院桥镇	75829	10613	48018	17198	12482	55865
沙埠镇	22787	3351	13732	5704	4105	18238
屿头乡	6275	568	3047	2660	2022	5853
上郑乡	4845	405	2099	2341	1846	4485
富山乡	4584	399	2145	2040	1607	4286
茅畲乡	8692	981	4725	2986	2231	7960
上垟乡	8892	891	4315	3686	2825	8430
平田乡	4368	458	2048	1862	1434	4109
路桥区	**628934**	**88483**	**436202**	**104249**	**74999**	**332397**
路南街道	54719	8701	38219	7799	5673	25084
路桥街道	72705	9451	50943	12311	8515	31364
路北街道	66199	10798	48161	7240	4911	21367
螺洋街道	51925	8371	37128	6426	4399	21522
桐屿街道	45017	6633	30428	7956	5696	28527
峰江街道	53357	7542	36026	9789	7051	31880
新桥镇	35736	4977	24478	6281	4649	20935
横街镇	37520	4942	25805	6773	4949	20944
金清镇	115882	14938	77008	23936	17669	79109
蓬街镇	88034	11804	60704	15526	11405	51653
滨海工业城	3707	235	3395	77	26	
滨海新区	4133	91	3907	135	56	12
三门县	**379469**	**64284**	**231250**	**83935**	**58253**	**279462**
海游街道	120367	23697	78757	17913	11493	64202
海润街道	25693	3498	17940	4255	2913	14702
沙柳街道	11397	1690	6145	3562	2548	10251
珠岙镇	29828	5042	16874	7912	5530	25764
亭旁镇	30369	4550	16330	9489	7069	27421
健跳镇	47529	7906	27695	11928	8434	40655

表11 续表 26 单位：人

地区	总人口	分年龄人口				居住本乡、镇、街道，户口在本乡、镇、街道
		0-14岁	15-59岁	60岁及以上	#65岁及以上	
横渡镇	8410	1020	4038	3352	2502	8061
浦坝港镇	87025	13900	53234	19891	13836	71289
花桥镇	16858	2761	9012	5085	3606	15937
蛇蟠乡	1993	220	1225	548	322	1180
天台县	**474711**	**77936**	**284145**	**112630**	**79306**	**356046**
赤城街道	113660	21796	70647	21217	14505	73609
始丰街道	60199	10127	39841	10231	6863	35189
福溪街道	55339	8362	36977	10000	6658	31423
白鹤镇	42795	6646	23315	12834	9165	38373
石梁镇	5884	440	2844	2600	1855	5345
街头镇	24066	3738	12873	7455	5455	22603
平桥镇	72854	11562	40067	21225	15446	62846
坦头镇	36383	5850	22692	7841	5426	29492
三合镇	26413	4590	15188	6635	4615	23369
洪畴镇	13733	2327	8007	3399	2392	11599
三州乡	4159	422	2102	1635	1206	3976
龙溪乡	3644	468	1948	1228	912	3480
雷峰乡	6544	782	3244	2518	1849	6216
南屏乡	4139	310	1893	1936	1536	3878
泳溪乡	4899	516	2507	1876	1423	4648
仙居县	**431888**	**75553**	**256693**	**99642**	**70258**	**297218**
安洲街道	65527	9909	46293	9325	6231	24095
南峰街道	68500	13136	44482	10882	7097	27497
福应街道	64749	11416	40623	12710	8730	39391
横溪镇	42678	8428	23822	10428	7200	35036
埠头镇	12997	2525	6777	3695	2567	11269
白塔镇	30941	6195	16437	8309	5998	25306
田市镇	17739	3186	9671	4882	3535	16190
官路镇	17276	2950	10018	4308	2994	15258
下各镇	38693	6622	21823	10248	7383	34886
朱溪镇	13366	2025	6820	4521	3373	12556
安岭乡	5811	1178	2699	1934	1464	5556
溪港乡	3436	508	1643	1285	981	3201
湫山乡	6303	979	3039	2285	1680	5946
淡竹乡	4425	545	2261	1619	1236	4125
皤滩乡	9068	1678	4646	2744	1978	8491
上张乡	4976	748	2397	1831	1378	4533
步路乡	7539	1121	3968	2450	1787	7143
广度乡	2432	173	1050	1209	961	2218
大战乡	8287	1157	4394	2736	2014	7859
双庙乡	7145	1074	3830	2241	1671	6662
温岭市	**1416199**	**181628**	**957701**	**276870**	**196414**	**858292**
太平街道	146143	22081	99933	24129	16233	89067
城东街道	94915	11665	70199	13051	8894	41287
城西街道	59076	9174	42095	7807	5255	26166
城北街道	59125	5529	48184	5412	3838	14873
横峰街道	65238	6600	51406	7232	5163	21553

表11 续表 27

单位：人

地　区	总人口	分年龄人口				居住本乡、镇、街道，户口在本乡、镇、街道
		0-14岁	15-59岁	60岁及以上	#65岁及以上	
泽国镇	195425	24443	141170	29812	21070	93941
大溪镇	162420	22354	110322	29744	20999	95220
松门镇	99082	12325	64812	21945	15413	69182
箬横镇	118449	15993	70138	32318	23984	96419
新河镇	109775	14681	67441	27653	20147	82775
石塘镇	58903	5637	38063	15203	10546	44783
滨海镇	60136	7752	34654	17730	12879	49518
温峤镇	72453	9080	47731	15642	11277	44232
城南镇	62115	8038	37516	16561	11694	53260
石桥头镇	20561	2664	11647	6250	4555	17930
坞根镇	20177	2607	11490	6080	4339	18012
东部新区	12206	1005	10900	301	128	74
临海市	**1114146**	**172853**	**696411**	**244882**	**172804**	**816938**
古城街道	166462	26587	107648	32227	22100	88844
大洋街道	128207	19380	94353	14474	9177	52543
江南街道	38937	5623	26507	6807	4611	22964
大田街道	54845	8299	36170	10376	7233	33025
邵家渡街道	34283	5381	20181	8721	6130	30804
汛桥镇	18123	2190	11624	4309	3043	14648
东塍镇	53123	8270	31495	13358	9606	44069
汇溪镇	9588	1181	4889	3518	2679	8490
小芝镇	23802	3529	13331	6942	5108	22304
河头镇	24694	3161	12849	8684	6391	23507
白水洋镇	58978	10629	31650	16699	12022	56280
括苍镇	28421	4702	15283	8436	6000	26868
永丰镇	34145	4754	18444	10947	7744	31998
尤溪镇	15917	1942	8604	5371	3959	15050
涌泉镇	40142	5974	23016	11152	7968	36391
沿江镇	44891	5885	27817	11189	7897	36966
杜桥镇	209953	33587	134730	41636	29774	156954
上盘镇	52823	8264	33633	10926	7686	42524
桃渚镇	76812	13515	44187	19110	13676	72709
玉环市	**644014**	**91885**	**452959**	**99170**	**66478**	**343737**
玉城街道	194342	28768	142593	22981	14753	91858
坎门街道	88539	12249	59542	16748	11502	53667
大麦屿街道	76362	10984	53233	12145	8176	41881
清港镇	71112	10153	48846	12113	8191	42247
楚门镇	82831	11909	57300	13622	9133	44248
干江镇	22428	3162	14520	4746	3348	16237
沙门镇	39891	5117	28978	5796	3928	20247
芦浦镇	26480	3348	19089	4043	2695	14231
龙溪镇	27531	4103	18934	4494	3010	14586
鸡山乡	1426	67	662	697	554	1277
海山乡	3222	332	1583	1307	965	3034
玉环经济开发区	9850	1693	7679	478	223	224

表11 续表 28

单位：人

地区	总人口	分年龄人口				居住本乡、镇、街道，户口在本乡、镇、街道
		0-14岁	15-59岁	60岁及以上	#65岁及以上	
丽水市	**2507396**	**400417**	**1574433**	**532546**	**385344**	**1371456**
莲都区	**562116**	**88511**	**375244**	**98361**	**68960**	**230656**
紫金街道	105037	19070	69541	16426	10567	36134
岩泉街道	102352	17135	70913	14304	9161	34492
万象街道	40427	6303	25235	8889	6420	17514
白云街道	76718	10371	56854	9493	6206	19799
联城街道	27936	4032	18546	5358	3885	14358
南明山街道	99022	15223	73959	9840	6541	23293
碧湖镇	55738	8362	34247	13129	9931	35823
大港头镇	8423	1249	4451	2723	2095	6779
老竹畲族镇	9711	1759	4575	3377	2519	8545
雅溪镇	8338	1158	3636	3544	2784	7728
太平乡	10229	1427	4647	4155	3291	9552
仙渡乡	4754	505	2069	2180	1712	4400
峰源乡	2602	256	1244	1102	920	2281
丽新畲族乡	6305	1101	3146	2058	1526	5770
黄村乡	4524	560	2181	1783	1402	4188
青田县	**509053**	**86734**	**326419**	**95900**	**68070**	**232686**
鹤城街道	77905	14180	47982	15743	10908	32256
瓯南街道	45888	9451	29288	7149	4830	10493
油竹街道	34876	6442	22919	5515	3856	10350
三溪口街道	11235	1880	7505	1850	1300	5454
温溪镇	75802	12763	51164	11875	8286	25801
东源镇	17601	2940	11437	3224	2265	11515
高湖镇	16362	2927	10475	2960	2066	10875
船寮镇	34266	5613	22741	5912	4162	20251
海口镇	13593	2546	8129	2918	2065	10253
腊口镇	18898	3425	10787	4686	3460	12668
北山镇	6839	979	4518	1342	1005	4224
山口镇	14963	2625	9756	2582	1767	4527
仁庄镇	20269	2949	14415	2905	2003	5427
祯埠镇	9297	1612	5461	2224	1591	8009
万山乡	1349	163	861	325	254	1003
黄垟乡	2638	272	1652	714	547	1700
季宅乡	8463	1497	4895	2071	1519	6967
高市乡	4865	843	2897	1125	804	3603
海溪乡	5637	937	3074	1626	1192	4744
章村乡	6719	879	3355	2485	1965	6054
祯旺乡	2650	427	1442	781	604	2231
舒桥乡	6820	978	3552	2290	1676	5966
巨浦乡	4893	671	3213	1009	794	2885
万阜乡	4335	662	2415	1258	957	3499
方山乡	13133	1641	9335	2157	1465	2597
汤垟乡	6257	791	4468	998	706	1530
贵岙乡	4099	506	2806	787	595	1611
小舟山乡	2266	256	1240	770	618	1479

表11 续表 29

单位：人

地 区	总人口	分年龄人口				居住本乡、镇、街道，户口在本乡、镇、街道
		0-14岁	15-59岁	60岁及以上	#65岁及以上	
吴坑乡	4722	609	2532	1581	1243	4329
仁宫乡	10449	1886	6876	1687	1210	4336
章旦乡	7085	1218	4828	1039	721	2032
阜山乡	14879	2166	10401	2312	1636	4017
缙云县	**405318**	**68386**	**240652**	**96280**	**70762**	**303492**
五云街道	95396	17550	62400	15446	10686	53360
新碧街道	38141	6312	25638	6191	4523	20741
仙都街道	7236	1209	4049	1978	1485	6507
壶镇镇	90101	15390	56051	18660	13672	67842
新建镇	46610	8468	25731	12411	9327	42341
舒洪镇	16441	3070	9006	4365	3249	12773
大洋镇	9344	1654	4772	2918	2136	8607
东渡镇	27172	4490	15394	7288	5382	21979
东方镇	17236	2723	9378	5135	3852	15770
大源镇	9333	971	4267	4095	3108	8980
七里乡	14039	2320	7795	3924	2869	12350
前路乡	4137	523	1908	1706	1341	3887
三溪乡	3794	502	1792	1500	1168	3682
溶江乡	7677	920	3560	3197	2390	7281
双溪口乡	6344	857	2843	2644	1981	5838
胡源乡	6882	824	3362	2696	2041	6652
方溪乡	1991	157	1059	775	570	1659
石笕乡	3444	446	1647	1351	982	3243
遂昌县	**194385**	**25597**	**115737**	**53051**	**37920**	**141429**
妙高街道	93166	14533	62210	16423	11062	53105
云峰街道	19456	2398	11713	5345	3817	14985
新路湾镇	6223	623	3075	2525	1839	5931
北界镇	5361	592	2749	2020	1476	4856
金竹镇	7946	899	3826	3221	2341	7144
大柘镇	11399	1400	6292	3707	2584	9856
石练镇	9715	1310	5366	3039	2175	8199
王村口镇	4545	420	2212	1913	1448	4200
黄沙腰镇	3104	212	1408	1484	1126	2945
三仁畲族乡	7012	875	4066	2071	1428	5941
濂竹乡	1816	98	885	833	628	1555
应村乡	4089	455	1855	1779	1341	3916
高坪乡	2843	333	1359	1151	892	2722
湖山乡	5655	586	2924	2145	1602	5037
蔡源乡	1489	117	649	723	567	1248
焦滩乡	1609	126	815	668	494	1314
龙洋乡	1875	154	926	795	624	1768
柘岱口乡	2558	135	1195	1228	972	2385
西畈乡	1740	152	786	802	599	1678
垵口乡	2784	179	1426	1179	905	2644
松阳县	**204880**	**31240**	**125664**	**47976**	**34481**	**144781**
西屏街道	69426	11388	46168	11870	8060	37886

表11 续表 30

单位：人

地　区	总人口	分年龄人口				居住本乡、镇、街道，户口在本乡、镇、街道
		0-14岁	15-59岁	60岁及以上	#65岁及以上	
水南街道	15465	2618	9850	2997	2126	10258
望松街道	13423	2049	9118	2256	1608	7356
古市镇	22202	3504	13518	5180	3716	14512
玉岩镇	6765	1028	3761	1976	1436	6270
象溪镇	8347	1071	4348	2928	2152	7709
大东坝镇	8154	1143	4063	2948	2214	7621
新兴镇	13889	2083	8015	3791	2734	12616
叶村乡	6589	1038	4158	1393	999	4462
斋坛乡	7186	1074	4318	1794	1306	6131
三都乡	2857	293	1492	1072	825	2579
竹源乡	1830	176	907	747	594	1746
四都乡	2155	303	1260	592	457	1659
赤寿乡	8649	1191	5064	2394	1749	7494
樟溪乡	7525	1071	4436	2018	1464	6636
枫坪乡	3575	390	1849	1336	1017	3406
板桥畲族乡	2595	329	1251	1015	768	2483
裕溪乡	3030	357	1498	1175	875	2808
安民乡	1218	134	590	494	381	1149
云和县	**129216**	**19566**	**83456**	**26194**	**18980**	**57129**
浮云街道	23701	3790	15178	4733	3295	10412
元和街道	22732	3931	14930	3871	2721	9025
白龙山街道	32256	4828	22518	4910	3455	10857
凤凰山街道	31340	4989	21112	5239	3694	9830
崇头镇	6960	755	3567	2638	2092	6247
石塘镇	7017	810	3564	2643	2027	6374
紧水滩镇	1620	97	715	808	643	1349
雾溪畲族乡	470	24	232	214	177	415
安溪畲族乡	1463	172	838	453	331	1217
赤石乡	1657	170	802	685	545	1403
庆元县	**142551**	**22993**	**87184**	**32374**	**24312**	**76945**
松源街道	51198	9068	33250	8880	6491	18782
濛洲街道	42877	7799	27743	7335	5245	16069
屏都街道	8037	1377	4876	1784	1306	5666
黄田镇	7763	935	4144	2684	2117	7108
竹口镇	7226	1037	4381	1808	1314	5686
荷地镇	1974	161	948	865	719	1858
左溪镇	976	108	524	344	261	864
贤良镇	563	31	256	276	224	500
百山祖镇	1683	113	714	856	691	1575
岭头乡	1539	115	680	744	606	1448
五大堡乡	2893	302	1535	1056	813	2744
淤上乡	4630	723	2568	1339	1051	4221
安南乡	3106	428	1680	998	783	2926
张村乡	1162	75	551	536	413	1094
隆宫乡	3071	402	1585	1084	829	2906
举水乡	1552	122	728	702	564	1384

表11　续表 31　　　　单位：人

地　区	总人口	分年龄人口				居住本乡、镇、街道，户口在本乡、镇、街道
		0-14岁	15-59岁	60岁及以上	#65岁及以上	
江根乡	1089	95	455	539	453	986
龙溪乡	714	63	332	319	261	671
官塘乡	498	39	234	225	171	457
景宁畲族自治县	**111011**	**19050**	**65477**	**26484**	**19840**	**56354**
红星街道	39228	7432	24535	7261	5153	14349
鹤溪街道	36960	7731	23456	5773	4062	11662
渤海镇	1467	126	702	639	499	1354
东坑镇	4227	427	2470	1330	1010	3299
英川镇	2874	297	1299	1278	1061	2625
沙湾镇	3872	443	1749	1680	1335	3562
大均乡	1400	164	688	548	442	1275
澄照乡	4608	607	2642	1359	1051	3136
梅岐乡	871	69	473	329	262	750
郑坑乡	1047	114	504	429	319	992
大漈乡	1328	152	666	510	417	1238
景南乡	1466	132	763	571	449	1344
雁溪乡	641	48	272	321	258	590
鸬鹚乡	2005	207	901	897	718	1883
梧桐乡	1757	233	834	690	538	1612
标溪乡	935	85	430	420	338	864
毛垟乡	1082	119	522	441	351	986
秋炉乡	892	68	407	417	349	842
大地乡	961	120	424	417	342	895
家地乡	492	36	216	240	190	472
九龙乡	2898	440	1524	934	696	2624
龙泉市	**248866**	**38340**	**154600**	**55926**	**42019**	**127984**
龙渊街道	53900	9207	35050	9643	6813	21112
西街街道	21437	3437	13142	4858	3610	9918
剑池街道	80986	14046	56404	10536	7238	17706
石达石街道	4638	554	2887	1197	943	3102
八都镇	16903	2580	9603	4720	3637	13535
上垟镇	8069	999	4423	2647	2023	7538
小梅镇	6337	848	3439	2050	1558	5534
查田镇	8163	1130	4452	2581	2047	7198
安仁镇	14153	2068	8399	3686	2867	10649
锦溪镇	5731	756	3046	1929	1437	5459
住龙镇	2894	308	1526	1060	829	2703
屏南镇	1804	109	719	976	793	1663
兰巨乡	7114	801	3714	2599	2143	6288
宝溪乡	2600	205	1236	1159	935	2440
竹垟畲族乡	3572	444	1935	1193	958	3392
道太乡	3169	288	1497	1384	1115	2810
岩樟乡	874	47	362	465	385	813
城北乡	3399	273	1444	1682	1390	3201
龙南乡	3123	240	1322	1561	1298	2923

表12　安徽省乡、镇、街道人口

单位：人

地　　区	总人口	分年龄人口				居住本乡、镇、街道，户口在本乡、镇、街道
		0-14岁	15-59岁	60岁及以上	#65岁及以上	
安徽省	**61027171**	**11742682**	**37815253**	**11469236**	**9159411**	**42641509**
合肥市	**9369881**	**1547924**	**6392097**	**1429860**	**1123214**	**4251370**
瑶海区	**862043**	**151661**	**599563**	**110819**	**82064**	**283570**
明光路街道	26736	4621	17573	4542	3416	13158
胜利路街道	43672	6545	30121	7006	5112	15280
三里街街道	48896	6686	33847	8363	6139	18148
铜陵路街道	44833	6690	30727	7416	5606	16692
七里站街道	54882	9129	37696	8057	6050	18428
红光街道	33269	4586	21190	7493	6192	15921
和平路街道	67663	11418	43693	12552	9350	36440
城东街道	58731	10384	40485	7862	5770	17999
长淮街道	63906	8985	47174	7747	5615	21007
方庙街道	74246	13702	53013	7531	5370	22412
嘉山路街道	43929	7017	31767	5145	3483	13447
大兴镇	75099	13159	51794	10146	7908	25064
合肥龙岗综合经济开发区	226181	48739	160483	16959	12053	49574
庐阳区	**697293**	**129707**	**467758**	**99828**	**73351**	**290600**
亳州路街道	73906	11882	49876	12148	8937	34153
双岗街道	82016	11173	55039	15804	11833	35872
杏林街道	63828	11514	43993	8321	6037	22678
海棠街道	63983	14702	42358	6923	4659	27335
杏花村街道	32559	5970	23048	3541	2531	9012
逍遥津街道	54281	8259	32145	13877	10927	30748
三孝口街道	48701	7088	30588	11025	8605	27140
四里河街道	20790	3297	15203	2290	1596	6303
大杨镇	158112	36007	106504	15601	10615	64150
三十岗乡	7451	1043	3965	2443	2038	5953
庐阳工业区(林店街道)	91666	18772	65039	7855	5573	27256
蜀山区	**1047150**	**167849**	**741651**	**137650**	**100138**	**436182**
三里庵街道	59688	5806	43611	10271	8048	26276
稻香村街道	54522	6827	40592	7103	5374	18345
琥珀街道	71262	7832	52844	10586	8082	27971
南七街道	113012	19401	77710	15901	11194	54197
西园街道	80331	13283	54324	12724	9840	40170
五里墩街道	109219	16803	77593	14823	10682	38526
荷叶地街道	88141	15389	62303	10449	7376	39722
笔架山街道	113792	25590	75281	12921	8224	58884
井岗镇	170857	26923	125553	18381	12638	55818
南岗镇	37952	5315	29186	3451	2579	12090
小庙镇	51240	7688	30743	12809	10588	38245
蜀山新产业园区	97134	16992	71911	8231	5513	25938
包河区	**1217469**	**209143**	**859307**	**149019**	**109047**	**445061**
骆岗街道	128597	22562	91813	14222	10734	36845
常青街道	109942	16381	79202	14359	10700	37418
芜湖路街道	114478	15663	75751	23064	17360	54943
包公街道	98930	12113	70640	16177	12173	40955
望湖街道	60980	9213	41498	10269	7303	23802

表12　续表 1　　　　单位：人

地　区	总人口	分年龄人口				居住本乡、镇、街道，户口在本乡、镇、街道
		0-14岁	15-59岁	60岁及以上	#65岁及以上	
义城街道	4877	279	3788	810	673	1453
烟墩街道	162591	33177	113629	15785	11561	75429
滨湖世纪社区街道	119503	26261	83005	10237	6934	36906
方兴社区街道	77347	15514	53653	8180	5953	31647
万年埠街道	64602	13464	47585	3553	2041	19852
同安街道	184759	28581	135727	20451	14456	51812
淝河镇	62494	10720	45142	6632	4790	17934
大圩镇	28369	5215	17874	5280	4369	16065
长丰县	**783982**	**145819**	**511299**	**126864**	**104367**	**395821**
水湖镇	102883	19192	67530	16161	13190	74139
庄墓镇	15185	2745	8641	3799	3231	12931
杨庙镇	20081	3226	11043	5812	4976	17174
吴山镇	24962	3763	14542	6657	5568	20131
岗集镇	60584	10440	40312	9832	8055	35623
双墩镇	149712	33690	99851	16171	12580	43688
下塘镇	42310	5041	24098	13171	11212	34726
朱巷镇	18607	2306	10407	5894	5181	15697
陶楼镇	12999	1644	7112	4243	3604	11284
杜集镇	23195	3287	13168	6740	5984	21206
罗塘乡	30561	4515	16478	9568	8018	27736
义井乡	21981	3468	12165	6348	5439	20180
造甲乡	13730	1402	7685	4643	4012	12056
左店乡	16678	2556	9029	5093	4514	15257
双凤开发区	228674	48285	168070	12319	8450	32629
安徽省水家湖农场	1840	259	1168	413	353	1364
肥东县	**884792**	**136758**	**561837**	**186197**	**156139**	**457841**
店埠镇	297984	56171	203931	37882	29955	111687
撮镇镇	134249	20488	93578	20183	16320	45852
梁园镇	32606	3242	17399	11965	10399	27190
桥头集镇	22886	2163	12472	8251	6993	19217
长临河镇	26806	2874	13903	10029	8563	24266
石塘镇	30252	3613	15191	11448	9954	27403
古城镇	26176	2825	13526	9825	8548	24433
八斗镇	26103	2811	13382	9910	8748	24317
元疃镇	13860	1506	7875	4479	3850	12131
白龙镇	27278	2913	14297	10068	8794	25469
包公镇	22398	1963	10702	9733	8520	20515
陈集镇	9547	1024	4963	3560	3137	8829
众兴乡	14187	1755	7844	4588	3798	11846
张集乡	10962	1156	5407	4399	3955	10072
马湖乡	12114	1509	6399	4206	3633	11264
响导乡	13137	1514	7143	4480	3857	12369
杨店乡	11689	1138	5604	4947	4372	10979
牌坊回族满族乡	22456	2329	13226	6901	5877	16798
肥东新城开发区	125480	25448	91955	8077	5844	10592
合肥循环经济示范园	4622	316	3040	1266	1022	2612
肥西县	**967508**	**150573**	**671971**	**144964**	**118371**	**402590**
上派镇	306022	55496	218861	31665	24583	99916

表12 续表 2

单位：人

地区	总人口	分年龄人口				居住本乡、镇、街道，户口在本乡、镇、街道
		0-14岁	15-59岁	60岁及以上	#65岁及以上	
三河镇	37260	5470	21514	10276	8643	25526
官亭镇	52936	8215	30336	14385	12273	43629
山南镇	34949	4763	18626	11560	10116	30706
花岗镇	42671	5725	22106	14840	12655	36364
紫蓬镇	26704	3059	18280	5365	4519	14968
桃花镇	208502	35625	161400	11477	7432	37562
丰乐镇	20643	2574	10042	8027	6981	17829
高店乡	18578	2735	10175	5668	4904	16164
铭传乡	15787	1836	8179	5772	5011	14247
柿树岗乡	17479	2201	8591	6687	5968	15484
严店乡	23763	3450	13059	7254	6351	20378
安徽肥西经济开发区	129001	17384	103048	8569	6072	20403
紫蓬山管委会	33213	2040	27754	3419	2863	9414
庐江县	**888238**	**152949**	**539829**	**195460**	**158114**	**702529**
庐城镇	251974	52261	164929	34784	26935	122436
冶父山镇	29372	4139	16522	8711	7161	27740
万山镇	29074	4762	17698	6614	5372	26187
汤池镇	35510	6265	21407	7838	6395	32241
郭河镇	36283	5873	20597	9813	8103	34600
金牛镇	22951	3460	13555	5936	4897	20557
石头镇	26751	4524	16202	6025	4856	23281
同大镇	42884	6675	23035	13174	11101	39790
白山镇	41469	7836	23260	10373	8462	36539
盛桥镇	44146	7241	24680	12225	10033	41522
白湖镇	75726	10121	48648	16957	13710	70734
龙桥镇	39072	6669	23613	8790	6975	36072
矾山镇	39605	5767	23223	10615	8599	37649
罗河镇	37582	6587	21090	9905	7915	35023
泥河镇	54470	8483	31629	14358	11793	49822
乐桥镇	36213	5697	21144	9372	7699	33212
柯坦镇	33606	4914	19802	8890	7272	32017
安徽庐江经济开发区	11550	1675	8795	1080	836	3107
合肥高新技术产业开发区	**269922**	**41640**	**205567**	**22715**	**15820**	**81616**
天乐社区服务中心	45719	7630	32035	6054	4179	17240
兴园社区服务中心	82411	12034	65688	4689	2888	20777
蜀麓社区服务中心	56135	9208	42041	4886	3530	16727
长宁社区服务中心	85657	12768	65803	7086	5223	26872
合肥经济技术开发区	**557858**	**89823**	**422535**	**45500**	**32645**	**171877**
莲花社区管理委员会街道	103066	17127	78258	7681	5014	27472
芙蓉社区管理委员会街道	120891	21923	90232	8736	5513	42162
锦绣社区管理委员会街道	86632	9293	72728	4611	3380	14066
海恒社区管理委员会街道	92815	16788	69495	6532	4426	26613
临湖社区管理委员会街道	105503	16268	82997	6238	4544	22874
高刘镇	48951	8424	28825	11702	9768	38690
合肥新站高新技术产业开发区	**466464**	**69975**	**358037**	**38452**	**28612**	**124984**
七里塘街道	180128	32883	131334	15911	11305	49796
磨店街道	114577	7899	101381	5297	4135	18429
三十头街道	22165	3373	14486	4306	3464	13164
瑶海工业园	97535	19230	69285	9020	6670	30321
站北社区	52059	6590	41551	3918	3038	13274

表12 续表 3

单位：人

地区	总人口	分年龄人口				居住本乡、镇、街道，户口在本乡、镇、街道
		0-14岁	15-59岁	60岁及以上	#65岁及以上	
巢湖市	**727162**	**102027**	**452743**	**172392**	**144546**	**458699**
中庙街道	6714	830	3695	2189	1824	4598
亚父街道	62611	10267	42952	9392	7448	25487
卧牛山街道	81125	12202	54552	14371	11378	40638
凤凰山街道	132095	20077	89392	22626	17871	54340
天河街道	42054	6927	26910	8217	6558	16815
半汤街道	60682	7243	47589	5850	4685	22204
栏杆集镇	22052	2917	10856	8279	7097	20436
苏湾镇	26769	3553	13230	9986	8389	23742
柘皋镇	41677	5743	21963	13971	11958	36470
银屏镇	19396	2413	11123	5860	5069	17196
夏阁镇	32386	3681	17023	11682	10227	29739
中垾镇	20145	2659	10762	6724	5953	18099
散兵镇	22967	3707	12745	6515	5600	20567
烔炀镇	36583	3987	18742	13854	12169	32066
黄麓镇	36196	2975	23427	9794	8400	22435
槐林镇	47060	8170	28095	10795	9190	41282
坝镇镇	19786	2976	11178	5632	4800	17572
庙岗乡	16864	1700	8509	6655	5930	15013
芜湖市	**3644420**	**529760**	**2375008**	**739652**	**587205**	**2367934**
镜湖区	**478658**	**62512**	**307201**	**108945**	**80425**	**260460**
方村街道	29372	4122	18269	6981	5844	26375
张家山街道	53078	7152	31952	13974	10247	31874
赭麓街道	38578	4022	25279	9277	6693	17799
范罗山街道	44344	5337	27255	11752	8681	26996
赭山街道	43051	3928	30563	8560	6611	19436
弋矶山街道	45462	5565	27386	12511	9335	28563
汀棠街道	58803	8165	37302	13336	10076	32574
天门山街道	55733	9550	37437	8746	6165	22923
大砻坊街道	50139	6954	31487	11698	8169	27283
荆山街道	60098	7717	40271	12110	8604	26637
弋江区	**422620**	**54116**	**309289**	**59215**	**43386**	**167892**
中南街道	64230	10297	42579	11354	7714	27350
马塘街道	43489	5277	30218	7994	5916	15654
澛港街道	170135	19077	139388	11670	8030	43562
火龙街道	35241	5261	23531	6449	5303	23813
白马街道	30883	4558	20491	5834	4837	23720
南瑞街道	71950	9528	46610	15812	11510	33756
芜湖高新技术产业开发区	6692	118	6472	102	76	37
鸠江区	**540487**	**84234**	**357755**	**98498**	**77966**	**336814**
四褐山街道	18880	1970	12385	4525	3404	10245
裕溪口街道	2284	76	1128	1080	833	1516
官陡街道	196342	32852	143821	19669	13414	66050
湾里街道	51622	5753	37370	8499	6264	20473
清水街道	45371	6099	31007	8265	6513	29789

表12　续表 4

单位：人

地　　区	总人口	分年龄人口				居住本乡、镇、街道，户口在本乡、镇、街道
		0-14岁	15-59岁	60岁及以上	#65岁及以上	
沈巷镇	85231	16267	49940	19024	16084	79752
二坝镇	45078	6948	27275	10855	9040	42118
汤沟镇	42341	7030	24665	10646	9138	39338
白茆镇	44026	5598	24009	14419	12033	41578
安徽省江北产业集中区	7479	1609	4448	1422	1181	5955
安徽芜湖鸠江经济开发区	1590	22	1500	68	45	
鸠江经济开发区二坝园区	243	10	207	26	17	
三山区	**162255**	**25079**	**108836**	**28340**	**22583**	**98315**
三山街道	34525	5670	22604	6251	4996	22905
保定街道	32808	4596	21577	6635	5208	24560
龙湖街道	59603	10270	41612	7721	6026	23860
峨桥镇	29341	4227	17547	7567	6261	26947
安徽芜湖三山经济开发区	5978	316	5496	166	92	43
芜湖县	**344016**	**47077**	**231772**	**65167**	**53718**	**221694**
湾沚镇	162462	26450	113309	22703	17987	86302
六郎镇	62931	7741	39403	15787	13193	53369
陶辛镇	31983	3920	18905	9158	7812	29270
红杨镇	28797	3085	16409	9303	8113	26406
花桥镇	25750	3390	15559	6801	5679	23269
安徽新芜经济开发区	32093	2491	28187	1415	934	3078
繁昌县	**243907**	**31320**	**158737**	**53850**	**42285**	**177320**
繁阳镇	112452	17300	76586	18566	14123	66101
荻港镇	23769	2096	14837	6836	5395	20351
孙村镇	42382	4544	26824	11014	8674	37037
平铺镇	16737	1799	9377	5561	4561	16035
新港镇	16277	2061	10309	3907	3090	12058
峨山镇	17951	1870	11440	4641	3701	14169
安徽繁昌工业园区	14339	1650	9364	3325	2741	11569
南陵县	**431148**	**63135**	**265344**	**102669**	**81808**	**330742**
籍山镇	180099	29769	120169	30161	23316	101198
许镇镇	75723	11682	45484	18557	14928	70902
弋江镇	63566	8515	36029	19022	15488	60754
三里镇	26909	3387	15014	8508	6829	24534
何湾镇	22029	2823	11446	7760	6203	21071
工山镇	29084	3092	16439	9553	7727	26859
烟墩镇	10915	1669	5811	3435	2731	10308
家发镇	17874	2022	10402	5450	4432	15084
安徽南陵工业园区	4949	176	4550	223	154	32
芜湖经济技术开发区	**181034**	**27916**	**131705**	**21413**	**15582**	**67013**
龙山街道	138588	22930	101821	13837	9605	42655
万春街道	42446	4986	29884	7576	5977	24358
安徽芜湖长江大桥经济开发区	**22298**	**3547**	**13373**	**5378**	**4308**	**21095**
高安街道	22298	3547	13373	5378	4308	21095
无为市	**817997**	**130824**	**490996**	**196177**	**165144**	**686589**
无城镇	216862	36967	143334	36561	29086	124610
襄安镇	37953	5711	22711	9531	8111	33458
陡沟镇	40076	5543	22135	12398	10798	38105
石涧镇	43337	6267	24484	12586	10775	40571

表12 续表 5

单位：人

地　　区	总人口	分年龄人口				居住本乡、镇、街道，户口在本乡、镇、街道
		0-14岁	15-59岁	60岁及以上	#65岁及以上	
严桥镇	40198	6086	22496	11616	10051	38007
开城镇	36005	5728	20133	10144	8810	34472
蜀山镇	39974	6449	23957	9568	8251	36533
牛埠镇	36170	6283	20719	9168	7503	34282
刘渡镇	24724	4117	14497	6110	5082	23638
姚沟镇	24816	3945	14713	6158	5174	22936
泥汊镇	40774	5816	24111	10847	9337	38783
福渡镇	25457	3528	15266	6663	5692	23196
泉塘镇	36522	5851	21252	9419	8196	34822
赫店镇	23568	3477	12962	7129	6060	22707
红庙镇	23244	3327	12966	6951	6043	22447
高沟镇	39879	6611	24087	9181	7175	34590
鹤毛镇	16264	2920	9084	4260	3637	15553
十里墩镇	25111	3848	14981	6282	5408	22914
昆山镇	20087	3728	11422	4937	4238	19531
洪巷镇	26643	4617	15374	6652	5707	25434
安徽无为经济开发区	333	5	312	16	10	
蚌埠市	**3296408**	**732082**	**1970135**	**594191**	**474627**	**2380082**
龙子湖区	**216875**	**33992**	**134389**	**48494**	**36278**	**123219**
东风街道	16715	2154	9919	4642	3367	9107
延安街道	22846	2760	14283	5803	4277	7074
治淮街道	15947	1820	9675	4452	3253	8333
东升街道	33169	4168	20630	8371	6211	16315
解放街道	40365	6521	25918	7926	5920	19095
曹山街道	29204	5344	18455	5405	3897	11613
长淮卫镇	31917	5999	19034	6884	5409	28207
李楼乡	26712	5226	16475	5011	3944	23475
蚌山区	**171045**	**29538**	**108932**	**32575**	**23705**	**80483**
天桥街道	6534	1232	3854	1448	1046	3912
青年街道	12162	1370	7349	3443	2522	6968
纬二路街道	11323	1196	6883	3244	2338	6249
黄庄街道	34321	4674	21737	7910	5501	17114
宏业村街道	34812	7214	22163	5435	3866	12710
燕山乡	56346	10751	36853	8742	6806	28735
雪华乡	15547	3101	10093	2353	1626	4795
禹会区	**325814**	**57624**	**204495**	**63695**	**49122**	**211675**
大庆街道	47504	6673	30211	10620	8185	26868
纬四街道	36470	4064	22850	9556	6826	20044
钓鱼台街道	39306	7828	26211	5267	3647	11216
张公山街道	42983	5967	26487	10529	7926	23067
朝阳街道	16739	2446	10537	3756	2681	7433
秦集镇	60406	11065	39410	9931	8167	46267
马城镇	69814	17139	40622	12053	10093	66827
长青乡	12592	2442	8167	1983	1597	9953
淮上区	**283872**	**61930**	**178348**	**43594**	**34885**	**195180**
淮滨街道	33546	8649	22468	2429	1592	2852

表12 续表 6 单位：人

地区	总人口	分年龄人口				居住本乡、镇、街道，户口在本乡、镇、街道
		0-14岁	15-59岁	60岁及以上	#65岁及以上	
小蚌埠镇	71958	12250	49221	10487	7920	43562
吴小街镇	40832	9031	26318	5483	4179	25472
曹老集镇	39801	9423	22928	7450	6272	36944
梅桥镇	35308	8142	20551	6615	5499	33159
沫河口镇	57478	13371	33251	10856	9217	53072
安徽蚌埠淮上经济开发区	4949	1064	3611	274	206	119
怀远县	**935335**	**240927**	**525449**	**168959**	**139437**	**802653**
榴城镇	120677	29517	75972	15188	12042	59462
包集镇	62930	17728	34349	10853	9442	56939
龙亢镇	46517	11921	25554	9042	7543	44308
河溜镇	45516	11762	24279	9475	7673	43817
常坟镇	60990	14224	34256	12510	10266	58427
双桥集镇	42954	12584	22334	8036	6790	41434
魏庄镇	32722	8993	17382	6347	5351	31578
万福镇	37312	10739	19977	6596	5496	35935
唐集镇	53284	14116	30026	9142	7364	50715
白莲坡镇	53963	13278	29949	10736	8793	51915
褚集镇	34248	9344	18700	6204	5327	33301
古城镇	31630	7959	16279	7392	6413	30269
荆山镇	125521	27077	77249	21195	16284	94650
淝南镇	32987	8604	17011	7372	6362	31805
陈集镇	28559	8535	14964	5060	4345	27191
淝河乡	47787	13474	24205	10108	8827	46427
徐圩乡	32425	9005	17280	6140	5044	31493
兰桥乡	26460	7087	14156	5217	4125	25449
龙亢农场	11937	3781	6665	1491	1230	3423
安徽怀远经济开发区	6916	1199	4862	855	720	4115
五河县	**523531**	**122031**	**300280**	**101220**	**82950**	**429274**
城关镇	154111	37758	94835	21518	16574	78677
新集镇	31173	6488	16898	7787	6542	29759
小溪镇	19898	4272	11193	4433	3702	19097
双忠庙镇	37033	8230	20735	8068	6810	35653
小圩镇	25808	5381	14581	5846	4831	24706
东刘集镇	44410	11969	23839	8602	7162	43133
头铺镇	41927	9120	24835	7972	6652	37117
大新镇	17999	3916	9747	4336	3611	17233
武桥镇	19599	4687	10386	4526	3819	18832
朱顶镇	35018	7275	20581	7162	5749	33942
浍南镇	38126	9388	20747	7991	6856	36703
申集镇	32431	8364	17044	7023	5772	31656
沱湖乡	6908	1473	3882	1553	1254	6241
临北回族乡	17055	3545	9278	4232	3497	16410
安徽五河经济开发区	2035	165	1699	171	119	115
固镇县	**501449**	**127473**	**284640**	**89336**	**74850**	**418169**
城关镇	161869	41614	99742	20513	16371	97153
王庄镇	29026	7880	15429	5717	4844	27628
新马桥镇	42111	10780	22975	8356	7180	39771
连城镇	32091	7967	18086	6038	5248	30078

表12 续表 7

单位：人

地区	总人口	分年龄人口				居住本乡、镇、街道，户口在本乡、镇、街道
		0-14岁	15-59岁	60岁及以上	#65岁及以上	
刘集镇	36800	9234	19474	8092	6802	34952
任桥镇	33725	7936	18373	7416	6330	31995
湖沟镇	40542	10375	21724	8443	7188	38478
濠城镇	22511	5882	12335	4294	3543	21563
石湖乡	20047	4526	11114	4407	3680	18637
杨庙乡	45329	12114	24218	8997	7639	43387
仲兴乡	35617	9042	19733	6842	5853	34360
安徽固镇经济开发区	1781	123	1437	221	172	167
蚌埠市高新技术开发区	**61850**	**13702**	**40578**	**7570**	**5510**	**16186**
高新技术开发区	61850	13702	40578	7570	5510	16186
蚌埠市经济开发区	**276637**	**44865**	**193024**	**38748**	**27890**	**103243**
胜利街道	31154	4834	18473	7847	5837	17194
龙湖新村街道	14286	1069	9719	3498	2680	6193
湖滨社区行政事务管理中心	137167	19100	104943	13124	9246	32916
淮河社区行政事务管理中心	94030	19862	59889	14279	10127	46940
淮南市	**3033528**	**596933**	**1800123**	**636472**	**496518**	**2206124**
大通区	**165671**	**28979**	**100251**	**36441**	**27365**	**109977**
大通街道	31054	4440	18911	7703	5352	15833
上窑镇	23559	4650	13699	5210	4049	20504
洛河镇	45310	7450	28477	9383	6943	26138
九龙岗镇	24007	3678	14509	5820	4370	16154
孔店乡	32737	6929	18355	7453	6143	30265
淮南经济开发区	9004	1832	6300	872	508	1083
田家庵区	**730078**	**121690**	**482117**	**126271**	**90335**	**383152**
田东街道	29748	2925	17993	8830	6387	17910
新淮街道	14169	1616	9225	3328	2302	8057
国庆街道	92559	16542	59350	16667	11494	47710
淮滨街道	14340	1939	8662	3739	2645	9806
朝阳街道	78042	11887	52471	13684	9761	41057
公园街道	55962	11437	35966	8559	5925	26930
洞山街道	54806	9970	35380	9456	6463	30625
龙泉街道	87866	8627	61721	17518	12753	48556
泉山街道	17332	2127	10346	4859	3684	10798
舜耕镇	82500	15969	55267	11264	7665	34514
安成镇	34711	5849	21536	7326	5576	24024
曹庵镇	23436	5625	12942	4869	3986	20902
三和镇	132871	24570	95065	13236	9272	51367
史院乡	11736	2607	6193	2936	2422	10896
谢家集区	**221589**	**30965**	**133944**	**56680**	**42510**	**158619**
谢家集街道	26605	3343	17182	6080	4338	18413
蔡家岗街道	11996	1080	7134	3782	2692	9102
立新街道	12267	1296	7143	3828	2860	8060
谢三村街道	16457	1989	9987	4481	3231	10878
平山街道	14633	1749	9746	3138	2233	8042
望峰岗镇	32089	3625	19500	8964	6733	24667
李郢孜镇	29741	3665	18173	7903	5836	25590
唐山镇	35985	5417	22414	8154	6079	14872

表12 续表 8 单位：人

地区	总人口	分年龄人口				居住本乡、镇、街道，户口在本乡、镇、街道
		0-14岁	15-59岁	60岁及以上	#65岁及以上	
杨公镇	19226	3917	10423	4886	4020	17910
孙庙乡	11558	2492	6081	2985	2465	10741
孤堆回族乡	11032	2392	6161	2479	2023	10344
八公山区	**118221**	**14497**	**74092**	**29632**	**22057**	**78535**
新庄孜街道	30330	3514	19231	7585	5350	23114
土坝孜街道	24969	3422	16256	5291	3742	14403
毕家岗街道	18145	1762	11527	4856	3695	9209
八公山镇	12510	1721	7622	3167	2437	5787
山王镇	32216	4074	19428	8714	6818	25992
妙山林场	51	4	28	19	15	30
潘集区	**326077**	**71828**	**193014**	**61235**	**47678**	**262983**
田集街道	83409	18622	51858	12929	9588	48467
高皇镇	28060	5000	15840	7220	5913	26293
平圩镇	30532	6307	18427	5798	4602	24820
泥河镇	23303	4729	13886	4688	3610	19171
潘集镇	25375	5436	15554	4385	3390	21672
芦集镇	34101	8434	18953	6714	5136	30045
架河镇	18083	3891	10002	4190	3278	16561
夹沟镇	20203	4902	11556	3745	3006	19228
祁集镇	14516	3303	8229	2984	2297	13621
贺疃镇	25551	5964	15535	4052	3276	22557
古沟回族乡	22944	5240	13174	4530	3582	20548
凤台县	**633385**	**156048**	**363343**	**113994**	**90570**	**483164**
城关镇	118102	27430	74469	16203	11843	60463
新集镇	42373	10661	23939	7773	6168	33434
朱马店镇	28175	7689	14290	6196	5052	26647
岳张集镇	30625	6096	18824	5705	4550	23314
顾桥镇	21908	3746	15244	2918	2298	12787
毛集镇	43005	9957	25038	8010	6330	34755
夏集镇	23734	6054	12991	4689	3819	20945
桂集镇	37565	9019	21157	7389	6048	28623
焦岗湖镇	27931	7017	14345	6569	5355	26436
凤凰镇	55164	14725	32110	8329	6487	27364
杨村镇	22503	6019	11474	5010	4138	21338
丁集镇	20582	5386	11176	4020	3223	19334
刘集镇	26517	6046	15266	5205	4165	22508
大兴镇	25075	7352	13442	4281	3514	23983
尚塘镇	24451	6474	12371	5606	4614	23400
古店乡	21937	6065	11566	4306	3549	20513
钱庙乡	27485	7625	14382	5478	4418	26153
关店乡	23278	5782	13891	3605	2925	19164
李冲回族乡	12975	2905	7368	2702	2074	12003
寿县	**838507**	**172926**	**453362**	**212219**	**176003**	**729694**
寿春镇	146770	29313	91252	26205	19979	89428
双桥镇	34740	7825	17624	9291	7672	33465
涧沟镇	28446	6407	14322	7717	6085	27176
丰庄镇	21184	4683	10242	6259	5214	20059
正阳关镇	31428	6431	16050	8947	7151	29259

表12 续表 9 单位：人

地区	总人口	分年龄人口				居住本乡、镇、街道，户口在本乡、镇、街道
		0-14岁	15-59岁	60岁及以上	#65岁及以上	
迎河镇	39935	8803	20200	10932	9006	36876
板桥镇	34227	7880	16361	9986	8534	31921
安丰塘镇	27690	6470	13702	7518	6321	26538
堰口镇	37067	8120	19079	9868	8365	34945
保义镇	32761	7069	16731	8961	7548	31269
隐贤镇	26698	5857	13372	7469	6390	25743
安丰镇	50918	10782	27537	12599	10725	44673
众兴镇	28002	6184	13970	7848	6748	26299
茶庵镇	17962	3283	9825	4854	4096	17295
三觉镇	33962	5709	18606	9647	8113	31710
炎刘镇	52780	10665	30696	11419	9555	47241
刘岗镇	22365	3713	12354	6298	5301	20766
双庙集镇	16209	3039	8576	4594	3944	15346
小甸镇	36283	6699	19264	10320	8771	34905
瓦埠镇	15593	3120	8211	4262	3635	14180
大顺镇	21917	4403	11478	6036	5192	20806
窑口镇	22996	5312	11955	5729	4817	21867
八公山乡	11427	2088	6439	2900	2328	10377
张李乡	23485	4945	10712	7828	6593	22683
陶店回族乡	7709	1723	3878	2108	1793	7235
安徽寿县经济开发区	4744	626	3867	251	164	630
寿西湖农场	8984	1361	5831	1792	1492	5733
正阳关农场	2225	416	1228	581	471	1269
马鞍山市	**2159930**	**309999**	**1380558**	**469373**	**378639**	**1484948**
花山区	**450983**	**60556**	**298782**	**91645**	**69920**	**225183**
沙塘路街道	34485	3440	20892	10153	7988	22182
解放路街道	64108	8039	41750	14319	11167	35315
湖东路街道	45094	4854	29856	10384	7894	22317
桃源路街道	70814	9543	44991	16280	12294	44992
霍里街道	100672	17342	69183	14147	10320	40634
金家庄街道	25348	2252	16710	6386	4969	14132
塘西街道	47035	6178	32213	8644	6606	17332
江东街道	47900	7661	32970	7269	5582	18375
濮塘镇	7445	497	4413	2535	1937	6114
慈湖高新技术产业开发区	8082	750	5804	1528	1163	3790
雨山区	**355986**	**38738**	**252227**	**65021**	**49007**	**161418**
平湖街道	20457	1647	12546	6264	4931	11268
雨山街道	42721	3866	26779	12076	9665	22648
安民街道	74163	10080	51104	12979	8979	36509
采石街道	18770	2222	11842	4706	3586	11564
向山镇	52845	3209	39297	10339	8235	26229
佳山乡	108176	13737	81507	12932	9117	36763
雨山经济开发区	762	21	524	217	201	1
市经济技术开发区	38092	3956	28628	5508	4293	16436

表12 续表 10

单位：人

地　区	总人口	分年龄人口				居住本乡、镇、街道，户口在本乡、镇、街道
		0-14岁	15-59岁	60岁及以上	#65岁及以上	
博望区	**158483**	**26395**	**98043**	**34045**	**27587**	**142027**
博望镇	86956	15986	54494	16476	13212	77780
丹阳镇	41633	5626	25379	10628	8632	36638
新市镇	29894	4783	18170	6941	5743	27609
当涂县	**446991**	**62955**	**288566**	**95470**	**75094**	**346085**
姑孰镇	149433	21545	103553	24335	18294	86419
黄池镇	31781	4043	18872	8866	7044	29130
乌溪镇	20327	3142	12670	4515	3575	18498
石桥镇	40642	5820	25461	9361	7318	35060
塘南镇	26782	4233	16587	5962	4766	25577
护河镇	18531	2714	11202	4615	3710	16966
太白镇	37512	4725	24279	8508	6771	29216
年陡镇	34062	4079	22011	7972	6366	28312
湖阳镇	23657	3895	14217	5545	4596	22529
大陇镇	23454	3699	13918	5837	4748	22297
江心乡	15222	1971	8499	4752	3805	14161
当涂经济开发区	15471	1730	11144	2597	1956	9230
当涂青山河高新技术产业园区	2059	280	1270	509	421	1571
当涂大青山李白文化旅游区	4550	613	2755	1182	957	4225
当涂现代农业示范区	3508	466	2128	914	767	2894
含山县	**336588**	**57650**	**198589**	**80349**	**67797**	**278795**
环峰镇	134857	25830	84295	24732	20203	91810
运漕镇	23891	3795	13396	6700	5679	22918
铜闸镇	19906	3426	10785	5695	4888	18829
陶厂镇	25666	4988	14303	6375	5429	24279
林头镇	45745	6356	26347	13042	11240	41682
清溪镇	34702	5744	20419	8539	7381	32403
仙踪镇	35617	5188	19475	10954	9318	33774
昭关镇	13610	2039	7562	4009	3412	13100
安徽含山经济开发区	2594	284	2007	303	247	
和县	**410899**	**63705**	**244351**	**102843**	**89234**	**331440**
历阳镇	151489	25423	95467	30599	25677	101050
白桥镇	31059	5246	16749	9064	8024	29190
姥桥镇	49679	8408	30769	10502	9102	41294
功桥镇	32601	6392	17903	8306	7195	31002
西埠镇	31847	4684	17298	9865	8803	29771
香泉镇	25023	3058	13965	8000	7209	22907
乌江镇	48936	5789	29378	13769	12140	40548
善厚镇	16805	2448	8844	5513	4806	15913
石杨镇	21656	2154	12421	7081	6189	19752
安徽和县经济开发区	984	91	840	53	33	
安徽精细化工产业有机合成基地	478	6	431	41	20	13
安徽和县台湾农民创业园	342	6	286	50	36	
淮北市	**1970265**	**403247**	**1242624**	**324394**	**264889**	**1428857**
杜集区	**239692**	**41394**	**145702**	**52596**	**42261**	**189539**
高岳街道	70804	12083	46271	12450	10008	45144
矿山集街道	52460	8485	31567	12408	10042	43887

表12　续表 11　　　　单位：人

地　　区	总人口	分年龄人口				居住本乡、镇、街道，户口在本乡、镇、街道
		0-14岁	15-59岁	60岁及以上	#65岁及以上	
朔里镇	33583	5898	19253	8432	6663	30148
石台镇	32062	5747	18920	7395	5906	28851
段园镇	39083	6675	22746	9662	7891	32053
淮北杜集经济开发区	11700	2506	6945	2249	1751	9456
相山区	**548934**	**103644**	**368422**	**76868**	**58524**	**278683**
相南街道	75845	14705	52045	9095	6823	35406
东街道	47068	5578	33818	7672	5977	22133
西街道	57280	11414	35502	10364	8013	41367
东山街道	26539	3725	16675	6139	4698	14007
任圩街道	49206	9662	34078	5466	4207	23065
南黎街道	123210	25229	85186	12795	9016	47249
曲阳街道	53386	10730	36969	5687	4414	21174
三堤口街道	61800	11013	41599	9188	6704	29348
渠沟镇	42599	9087	25175	8337	6918	34346
淮北凤凰山经济开发区	12001	2501	7375	2125	1754	10588
烈山区	**249237**	**42407**	**160447**	**46383**	**38425**	**193492**
杨庄街道	36025	5040	22154	8831	7000	26663
临海童街道	22012	3092	14394	4526	3751	16608
百善街道	4327	510	2493	1324	963	3543
任楼街道	5116	1180	3459	477	356	2632
烈山镇	77194	10948	56070	10176	8275	46712
宋町镇	37698	7583	22411	7704	6596	35531
古饶镇	66131	14054	38754	13323	11467	61784
烈山区工业园	734		712	22	17	19
濉溪县	**932402**	**215802**	**568053**	**148547**	**125679**	**767143**
濉溪镇	148159	32880	97470	17809	13751	66430
韩村镇	49524	11335	29924	8265	7167	45511
刘桥镇	45014	8738	27154	9122	7623	41712
五沟镇	78191	20226	45473	12492	10639	73094
临涣镇	69794	15557	42000	12237	10564	66337
双堆集镇	78350	19612	44915	13823	11683	74874
铁佛镇	92127	23269	52843	16015	13565	88917
南坪镇	80824	19309	48863	12652	10941	75224
百善镇	86275	18524	52128	15623	13537	81555
孙町镇	82620	18810	49954	13856	12078	74557
四铺镇	64848	14338	38708	11802	10279	61794
濉溪县经济开发区	50999	12125	34946	3928	3063	12685
濉溪县濉芜产业园	5677	1079	3675	923	789	4453
铜陵市	**1311726**	**188432**	**825602**	**297692**	**229027**	**913510**
铜官区	**450949**	**60846**	**312968**	**77135**	**57633**	**213813**
东郊办事处街道	31030	4412	22579	4039	2870	9258
新城办事处街道	78380	9565	60104	8711	6007	26712
西湖镇	43725	5648	32341	5736	4124	19636
狮子山国家高新区	196	8	174	14	12	3
天井湖社区街道	23896	3453	16264	4179	3084	10466
映湖社区街道	17239	2585	12619	2035	1481	8405

表12 续表 12

单位：人

地 区	总人口	分年龄人口				居住本乡、镇、街道，户口在本乡、镇、街道
		0-14岁	15-59岁	60岁及以上	#65岁及以上	
五松社区街道	19591	2563	13425	3603	2712	11488
人民社区街道	12100	1799	7257	3044	2339	7377
幸福社区街道	16447	2261	9989	4197	3364	9751
官塘社区街道	26718	4071	18429	4218	3219	13863
学苑社区街道	14742	1906	11019	1817	1300	5350
阳光社区街道	19991	3774	12578	3639	2732	11894
友好社区街道	18021	2491	11566	3964	3037	11528
螺蛳山社区街道	12556	1459	8379	2718	2060	7790
露采社区街道	12251	1377	8209	2665	1996	6339
金口岭社区街道	18993	2981	12672	3340	2390	9674
鹞山社区街道	17938	3076	12070	2792	2019	7847
朝阳社区街道	12854	1521	7990	3343	2490	7933
滨江社区街道	12564	1174	8268	3122	2351	6727
金山社区街道	14280	1308	9331	3641	2849	8263
狮子山社区街道	13996	1407	8749	3840	3176	7752
立新社区街道	13441	2007	8956	2478	2021	5757
义安区	**227493**	**29338**	**141324**	**56831**	**43050**	**168282**
新桥街道	5086	314	2475	2297	1901	3431
五松镇	53363	7417	38164	7782	5429	19199
顺安镇	49261	7327	31475	10459	7710	36190
钟鸣镇	29427	3767	17195	8465	6527	27016
天门镇	27768	3204	16330	8234	6284	25574
东联镇	16953	2467	9956	4530	3499	15772
西联镇	25362	2957	14916	7489	5677	23327
老洲乡	5598	553	2873	2172	1739	5377
胥坝乡	12804	1220	6341	5243	4182	12180
义安经济开发区	1871	112	1599	160	102	216
郊区	**164233**	**24875**	**96930**	**42428**	**33330**	**134784**
桥南办事处街道	29258	3662	20224	5372	4048	11885
安矿办事处街道	3342	218	2104	1020	831	2682
铜山镇	6805	691	3817	2297	1975	6123
大通镇	19645	2274	11717	5654	4482	16041
老洲镇	41448	6963	23224	11261	8749	39480
陈瑶湖镇	30712	5780	17449	7483	5859	29005
周潭镇	25590	4501	14338	6751	5528	23760
郊区直辖村级区划	4010	353	2151	1506	959	3076
灰河乡	3023	391	1635	997	828	2728
大桥经济开发区	400	42	271	87	71	4
枞阳县	**469051**	**73373**	**274380**	**121298**	**95014**	**396631**
枞阳镇	105457	19062	68002	18393	13424	63944
欧山镇	22241	2997	12434	6810	5356	20956
汤沟镇	44672	7150	24333	13189	10290	42533
横埠镇	44264	7379	25436	11449	9011	39918
项铺镇	15441	2540	9056	3845	2976	14541
钱桥镇	26613	3935	14678	8000	6414	25530
麒麟镇	23550	3606	13286	6658	5380	22546
义津镇	26396	3749	14838	7809	6293	25478
浮山镇	16290	2244	10447	3599	2847	10059

表12　续表 13　　单位：人

地　　区	总人口	分年龄人口				居住本乡、镇、街道，户口在本乡、镇、街道
		0-14岁	15-59岁	60岁及以上	#65岁及以上	
会宫镇	28592	4127	17389	7076	5577	23622
官埠桥镇	20692	3063	11899	5730	4525	18758
钱铺镇	14345	2075	7951	4319	3440	13742
金社镇	20346	2978	11472	5896	4775	19210
白柳镇	20583	3038	11753	5792	4625	19688
雨坛镇	14322	2137	7540	4645	3707	13721
铁铜乡	4381	334	2227	1820	1487	4236
凤仪乡	2416	141	1135	1140	939	2294
长沙乡	2224	223	1098	903	701	2132
白梅乡	10311	1652	5647	3012	2331	9845
枞阳经济开发区	5915	943	3759	1213	916	3878
安庆市	**4165284**	**694961**	**2574699**	**895624**	**710606**	**3100869**
迎江区	**253694**	**35465**	**166353**	**51876**	**38151**	**103093**
宜城路街道	22605	2532	13284	6789	5187	13311
新河路街道	37524	5180	25827	6517	4757	12003
华中路街道	27261	2794	17236	7231	5457	14606
人民路街道	29018	3089	18378	7551	5681	15625
孝肃路街道	18314	1826	10645	5843	4635	10477
滨江街道	42205	8887	28979	4339	2658	6742
龙狮桥乡	67021	10494	47139	9388	6245	21737
长风乡	6718	518	3620	2580	2143	5936
新洲乡	3028	145	1245	1638	1388	2656
大观区	**214112**	**27338**	**133861**	**52913**	**40950**	**137714**
德宽路街道	18207	1887	11760	4560	3389	10050
玉琳路街道	19252	2747	11909	4596	3513	11264
龙山路街道	17831	2414	10533	4884	3756	11345
菱湖街道	34489	3570	22050	8869	6888	18868
集贤路街道	21646	2504	14236	4906	3557	12054
石化路街道	16955	2009	10112	4834	3839	9459
花亭路街道	20211	2582	13156	4473	3423	11256
海口镇	28800	4695	16935	7170	5581	26759
十里铺乡	11030	1215	8041	1774	1337	4539
山口乡	8519	1350	5373	1796	1419	6871
大观开发区	1167	16	1104	47	25	1
皖河农场	16005	2349	8652	5004	4223	15248
宜秀区	**196672**	**26701**	**139407**	**30564**	**23762**	**92888**
大桥街道	90116	14928	65467	9721	6859	26790
大龙山镇	46426	3691	38816	3919	3102	14740
杨桥镇	15909	1913	9271	4725	3785	13628
罗岭镇	15795	2586	8686	4523	3773	14666
白泽湖乡	19643	2284	12522	4837	3910	14858
五横乡	8783	1299	4645	2839	2333	8206
怀宁县	**496683**	**83193**	**296223**	**117267**	**96101**	**395087**
高河镇	124783	25469	80798	18516	14240	57041
石牌镇	53425	9642	30076	13707	10989	47323
月山镇	22499	3544	14202	4753	3778	18934

表12 续表 14 单位：人

地　区	总人口	分年龄人口				居住本乡、镇、街道，户口在本乡、镇、街道
		0-14岁	15-59岁	60岁及以上	#65岁及以上	
马庙镇	26783	3481	16229	7073	5977	24023
金拱镇	20175	2393	13397	4385	3678	14548
茶岭镇	17800	2436	10659	4705	3902	16228
公岭镇	16078	1831	9510	4737	4001	12876
黄墩镇	22898	3557	13290	6051	4938	20517
三桥镇	15714	2180	9187	4347	3762	14841
小市镇	14823	2105	8522	4196	3539	14043
黄龙镇	10180	1428	5720	3032	2526	9796
平山镇	21134	3433	11487	6214	5154	20066
腊树镇	21210	4078	11734	5398	4536	20672
洪铺镇	22579	3957	12604	6018	4894	21491
江镇镇	19760	3474	10877	5409	4586	19070
凉亭乡	16457	2432	9478	4547	3695	15707
石镜乡	13571	1826	7951	3794	3098	12631
秀山乡	11397	1640	6313	3444	2922	10863
清河乡	11890	1835	6780	3275	2660	11326
雷埠乡	13527	2452	7409	3666	3226	13091
太湖县	**430465**	**76885**	**256744**	**96836**	**78036**	**357655**
晋熙镇	118076	23154	77715	17207	13412	64044
徐桥镇	31128	6002	16872	8254	6928	29647
新仓镇	48179	8379	27196	12604	10644	46562
小池镇	29101	4574	16852	7675	6428	27878
寺前镇	17491	2522	10197	4772	3825	16761
天华镇	16565	2185	9380	5000	4073	16008
牛镇镇	17332	2934	10657	3741	2873	15897
弥陀镇	26599	5095	15476	6028	4451	24800
北中镇	23262	4113	13218	5931	4452	22521
百里镇	16668	3251	9486	3931	2924	15918
大石乡	18791	3608	9599	5584	4775	18113
城西乡	14091	2003	8450	3638	3085	13204
江塘乡	21503	3494	12208	5801	4977	20530
汤泉乡	9220	1318	5268	2634	2124	8931
刘畈乡	14394	2688	8509	3197	2433	13854
经济开发区	8065	1565	5661	839	632	2987
宿松县	**612586**	**130979**	**356238**	**125369**	**101526**	**499565**
孚玉镇	125917	31255	77994	16668	12488	67484
复兴镇	34613	6655	20382	7576	6056	32065
汇口镇	29140	5514	16334	7292	5763	27966
许岭镇	31559	6926	17190	7443	6146	30441
下仓镇	28732	4586	17709	6437	5216	27267
二郎镇	19852	4509	10648	4695	3821	18169
破凉镇	36196	8287	21077	6832	5696	27892
凉亭镇	27618	5952	15800	5866	4961	24649
长铺镇	28768	5685	17598	5485	4616	21428
高岭乡	14526	3376	7590	3560	3020	13830
程岭乡	17844	3832	9958	4054	3369	17182
九姑乡	17922	3693	10629	3600	2959	16029

表12　续表 15　　　　　单位：人

地　　区	总人口	分年龄人口				居住本乡、镇、街道，户口在本乡、镇、街道
		0-14岁	15-59岁	60岁及以上	#65岁及以上	
千岭乡	26685	5517	15011	6157	5071	24182
洲头乡	29703	5659	17068	6976	5677	28390
佐坝乡	31990	6734	18096	7160	5780	30962
北浴乡	6771	1096	3803	1872	1447	6448
陈汉乡	14277	2908	7705	3664	2894	13484
隘口乡	14442	3008	7882	3552	2946	13305
柳坪乡	7255	1410	3873	1972	1578	6937
趾凤乡	6737	1247	3659	1831	1540	6361
河塌乡	18514	4138	9654	4722	4034	17575
五里乡	25161	5536	15278	4347	3392	18512
华阳河农场总场	8883	861	5101	2921	2622	8044
安徽宿松经济开发区	9481	2595	6199	687	434	963
望江县	**462367**	**85442**	**272806**	**104119**	**85995**	**397068**
华阳镇	131783	23293	87267	21223	16653	84384
杨湾镇	18370	2664	10896	4810	3925	17483
漳湖镇	19077	4061	10670	4346	3599	18468
赛口镇	29001	6077	16295	6629	5339	27283
高士镇	56314	12357	30471	13486	10870	54420
鸦滩镇	52804	10728	28811	13265	11376	51468
长岭镇	47938	9472	25661	12805	11304	46400
太慈镇	43563	6934	24636	11993	10046	42255
凉泉乡	26698	4532	15071	7095	6108	25882
雷池乡	30247	4632	17326	8289	6660	29025
望江县经济开发区	6572	692	5702	178	115	
岳西县	**323837**	**57230**	**202434**	**64173**	**45802**	**275261**
天堂镇	73523	14812	50094	8617	5911	40877
店前镇	18907	3908	11231	3768	2703	17295
来榜镇	16163	2496	10157	3510	2474	15045
菖蒲镇	16515	2759	9711	4045	2811	15468
头陀镇	6341	797	3939	1605	1170	5986
白帽镇	15190	2730	8952	3508	2580	14502
温泉镇	28771	5321	18369	5081	3674	26177
响肠镇	12908	2029	7991	2888	2104	12381
河图镇	7390	1112	4402	1876	1371	7031
五河镇	13684	2360	8388	2936	2029	13208
主簿镇	5385	815	3205	1365	1023	5198
冶溪镇	16899	3470	9389	4040	2884	16341
黄尾镇	4659	681	2852	1126	844	4378
中关镇	13674	2288	8346	3040	2138	13183
毛尖山乡	8583	1187	5321	2075	1518	8092
莲云乡	18781	3778	11792	3211	2307	15506
青天乡	7354	1019	4502	1833	1333	7082
包家乡	3527	480	2187	860	586	3374
古坊乡	5670	883	3244	1543	1147	5424
田头乡	7314	895	4567	1852	1285	7043
石关乡	8480	1350	5267	1863	1369	8110
姚河乡	5330	787	3149	1394	1059	5135

表12　续表 16

单位：人

地　　区	总人口	分年龄人口				居住本乡、镇、街道，户口在本乡、镇、街道
		0-14岁	15-59岁	60岁及以上	#65岁及以上	
和平乡	6233	938	3803	1492	1015	5985
巍岭乡	2556	335	1576	645	467	2440
安徽安庆经济开发区	**140015**	**18497**	**99614**	**21904**	**16172**	**55747**
菱北街道	115006	16473	81361	17172	12463	44325
老峰镇	25009	2024	18253	4732	3709	11422
桐城市	**593629**	**85402**	**379261**	**128966**	**105486**	**432090**
龙腾街道	65139	11778	44601	8760	7002	34880
文昌街道	94841	14406	66210	14225	10909	42171
龙眠街道	86743	14655	59892	12196	9318	37655
孔城镇	40476	5712	23535	11229	9349	38394
吕亭镇	34720	4688	19931	10101	8497	32989
范岗镇	44908	6107	27726	11075	9155	40247
新渡镇	49513	6376	31852	11285	9579	42945
双港镇	34455	4090	21614	8751	7310	28440
大关镇	41048	6011	24249	10788	8840	39053
青草镇	41093	4936	24311	11846	9800	39050
金神镇	32034	3655	18966	9413	7969	30493
嬉子湖镇	11382	1327	6253	3802	3286	10953
唐湾镇	5007	403	2648	1956	1562	4817
黄甲镇	5128	363	2764	2001	1622	4903
鲟鱼镇	517	32	378	107	74	220
桐城双新经济开发区	6625	863	4331	1431	1214	4880
潜山市	**441224**	**67829**	**271758**	**101637**	**78625**	**354701**
梅城镇	121679	21293	80927	19459	14269	71137
源潭镇	51522	7614	32306	11602	9047	45186
余井镇	33910	4287	19484	10139	8105	32022
王河镇	31910	5524	17710	8676	7065	30857
黄铺镇	34817	5593	20305	8919	7139	31657
槎水镇	18231	1830	10635	5766	4363	17313
水吼镇	19607	2553	11442	5612	4299	18832
官庄镇	17884	2215	10655	5014	3744	17218
黄泥镇	12516	2234	6932	3350	2882	11980
黄柏镇	9110	1187	5441	2482	1814	8691
天柱山镇	10978	1322	7363	2293	1820	7813
塔畈乡	13016	1699	7651	3666	2670	12627
油坝乡	11954	1608	6856	3490	2901	11319
龙潭乡	8742	964	4953	2825	2229	8459
痘姆乡	12721	2223	7346	3152	2488	11965
五庙乡	7374	1043	4413	1918	1410	7048
开发区	25253	4640	17339	3274	2380	10577
黄山市	**1330565**	**190588**	**819366**	**320611**	**240919**	**900841**
屯溪区	**291188**	**42738**	**196811**	**51639**	**38073**	**139255**
昱东街道	32651	4040	21780	6831	5075	13678
昱中街道	35817	4575	22039	9203	7008	21656

表12　续表 17　　　　单位：人

地　　区	总人口	分年龄人口				居住本乡、镇、街道，户口在本乡、镇、街道
		0-14岁	15-59岁	60岁及以上	#65岁及以上	
昱西街道	21887	3877	14973	3037	2160	9728
老街街道	7132	858	4340	1934	1495	4199
屯光镇	37387	6050	24942	6395	4579	20031
阳湖镇	73452	11310	52715	9427	6584	29029
黎阳镇	27454	3884	18525	5045	3834	11760
新潭镇	44487	6741	30539	7207	5342	20978
奕棋镇	10921	1403	6958	2560	1996	8196
黄山区	**146942**	**19104**	**92724**	**35114**	**26529**	**102130**
甘棠镇	63892	10280	42981	10631	7644	33676
仙源镇	6970	763	4004	2203	1699	5808
汤口镇	12622	1734	8358	2530	1895	9398
谭家桥镇	6959	720	4565	1674	1215	4975
太平湖镇	6427	647	3866	1914	1465	5395
焦村镇	8872	659	4901	3312	2624	7485
耿城镇	7297	886	4516	1895	1465	6157
三口镇	5897	695	3276	1926	1535	5293
乌石镇	7605	885	4200	2520	1989	7066
新明乡	3808	244	2129	1435	1106	3479
龙门乡	2384	140	1333	911	718	2169
新华乡	4575	563	2667	1345	1011	3788
新丰乡	4105	450	2249	1406	1099	3779
永丰乡	3745	418	1992	1335	1015	3417
黄山风景区	1784	20	1687	77	49	245
徽州区	**96162**	**14544**	**60104**	**21514**	**15767**	**57517**
岩寺镇	17973	2571	11096	4306	3161	13554
西溪南镇	11547	1745	6693	3109	2283	10296
潜口镇	9953	1401	5433	3119	2314	8611
呈坎镇	7257	845	3779	2633	2069	6792
社区办	40431	7288	28217	4926	3319	10802
洽舍乡	1431	86	723	622	493	1362
杨村乡	2826	208	1485	1133	896	2686
富溪乡	3502	329	1700	1473	1125	3349
安徽徽州经济开发区	1242	71	978	193	107	65
歙县	**362962**	**51979**	**210973**	**100010**	**74463**	**271953**
徽城镇	104504	17774	68833	17897	12709	47712
深渡镇	11668	1010	6157	4501	3391	10608
北岸镇	13920	1519	7277	5124	3796	12408
富堨镇	14846	2230	8751	3865	2808	12112
郑村镇	18440	2891	11344	4205	3060	11520
桂林镇	26881	4299	16366	6216	4525	18476
许村镇	5859	774	3074	2011	1511	5515
溪头镇	10075	1013	5531	3531	2733	9634
杞梓里镇	14586	1775	7404	5407	4116	13851
霞坑镇	9860	1237	4983	3640	2735	9341
岔口镇	7792	769	4092	2931	2192	7458
街口镇	5938	675	3031	2232	1722	5738
王村镇	19401	3232	11190	4979	3898	16603
雄村镇	7665	936	3885	2844	2225	7151

表12 续表 18

单位：人

地　　区	总人口	分年龄人口				居住本乡、镇、街道，户口在本乡、镇、街道
		0-14岁	15-59岁	60岁及以上	#65岁及以上	
三阳镇	13115	2040	6752	4323	3118	12534
坑口乡	5137	486	2441	2210	1749	4881
上丰乡	7644	984	4049	2611	2064	7376
昌溪乡	2906	307	1403	1196	912	2747
武阳乡	4576	407	2493	1676	1243	4260
金川乡	7040	1035	4069	1936	1380	6866
小川乡	5689	624	2938	2127	1586	5381
新溪口乡	4222	494	2224	1504	1112	3816
璜田乡	10398	1413	5278	3707	2791	10081
长陔乡	7870	1177	4109	2584	1938	7671
森村乡	8163	1229	4170	2764	2155	7799
绍濂乡	7725	1071	4089	2565	1995	7464
石门乡	2083	235	1032	816	643	1991
狮石乡	990	91	583	316	219	958
开发区(类似乡级单位)	3969	252	3425	292	137	1
休宁县	**211456**	**30951**	**123528**	**56977**	**44274**	**160312**
海阳镇	71509	12900	45436	13173	9835	36940
齐云山镇	7837	788	4232	2817	2223	7024
万安镇	16708	2275	10633	3800	2892	12257
五城镇	13746	2256	6735	4755	3784	12722
东临溪镇	19328	2770	11805	4753	3710	14005
蓝田镇	7588	728	4183	2677	1977	6997
溪口镇	12464	1411	6690	4363	3525	11797
流口镇	2419	294	1222	903	697	2257
汪村镇	4693	476	2514	1703	1315	4558
商山镇	17422	2460	10147	4815	3882	16261
山斗乡	2713	375	1414	924	743	2550
岭南乡	1996	282	1087	627	471	1882
渭桥乡	7578	772	4038	2768	2237	7170
板桥乡	2173	225	1006	942	736	2086
陈霞乡	4577	499	2498	1580	1313	4385
鹤城乡	3970	541	1965	1464	1104	3812
源芳乡	2586	263	1345	978	766	2462
榆村乡	7304	932	4131	2241	1778	6638
龙田乡	2693	420	1374	899	673	2500
璜尖乡	1375	227	694	454	362	1295
白际乡	777	57	379	341	251	714
黟县	**76211**	**9072**	**46276**	**20863**	**15550**	**61666**
碧阳镇	39215	5090	24807	9318	6883	29403
宏村镇	14302	1637	8520	4145	3085	12257
渔亭镇	6172	791	3547	1834	1391	5227
西递镇	4621	341	2844	1436	1091	3562
柯村镇	4108	470	2295	1343	957	3868
美溪乡	2304	277	1282	745	566	2146
宏潭乡	3173	318	1742	1113	842	3013
洪星乡	2316	148	1239	929	735	2190
祁门县	**145644**	**22200**	**88950**	**34494**	**26263**	**108008**
祁山镇	65313	11909	42356	11048	8262	36256

表12 续表 19

单位：人

地　区	总人口	分年龄人口				居住本乡、镇、街道，户口在本乡、镇、街道
		0-14岁	15-59岁	60岁及以上	#65岁及以上	
小路口镇	3385	405	1893	1087	857	3235
金字牌镇	7258	684	4464	2110	1631	5866
平里镇	4333	504	2502	1327	1080	3495
历口镇	9117	1506	5129	2482	1852	8521
闪里镇	5900	905	3395	1600	1215	5495
安凌镇	8706	1114	5133	2459	1848	7738
凫峰镇	5957	911	3100	1946	1538	5726
塔坊镇	5083	555	3108	1420	1092	3968
新安镇	4787	813	2781	1193	885	4536
大坦乡	2652	195	1733	724	551	1957
柏溪乡	2997	300	1876	821	610	2610
祁红乡	2174	148	1074	952	742	2110
溶口乡	2010	128	1037	845	678	1932
芦溪乡	3071	177	1910	984	781	2371
渚口乡	4090	513	2390	1187	908	3814
古溪乡	4040	691	2315	1034	752	3874
箬坑乡	4771	742	2754	1275	981	4504
滁州市	**3987054**	**648179**	**2547294**	**791581**	**636867**	**2728696**
琅琊区	**268430**	**41199**	**179493**	**47738**	**36582**	**125637**
琅琊街道	58121	7790	39296	11035	8673	28605
丰山街道	34166	5269	22379	6518	4920	16249
清流街道	57683	9848	37799	10036	7606	27857
扬子街道	26258	4544	18887	2827	2067	8469
西涧街道	23733	3151	15012	5570	4342	15575
遵阳街道	23945	3427	15336	5182	3999	11524
滁阳街道	35775	6194	25328	4253	3185	10863
三官街道	8160	975	4883	2302	1782	6492
安徽滁州琅琊经济开发区	589	1	573	15	8	3
南谯区	**348762**	**53821**	**238640**	**56301**	**43523**	**144040**
龙蟠街道	86172	16091	62804	7277	5026	16602
银花街道	65103	10783	45258	9062	6720	21580
同乐街道	53343	10997	37907	4439	3025	10676
乌衣镇	50804	6967	33184	10653	8529	34286
沙河镇	12632	1215	7549	3868	3079	9965
章广镇	7577	451	3650	3476	2951	6887
黄泥岗镇	10963	1457	6274	3232	2543	9253
珠龙镇	8082	676	4489	2917	2400	7109
大柳镇	4720	396	2582	1742	1492	4116
腰铺镇	33481	3719	25641	4121	3189	11982
施集镇	13188	957	6964	5267	4407	11577
南谯工业园区	2027	110	1680	237	160	7
滁州高教科创城管委会	670	2	658	10	2	
来安县	**416048**	**59465**	**265580**	**91003**	**70741**	**306665**
新安镇	143405	23511	98252	21642	16087	82460
半塔镇	48436	7575	28557	12304	9298	44874
水口镇	38665	5026	23321	10318	8449	34797
汊河镇	63046	8670	43788	10588	8143	34084

表12　续表 20

单位：人

地　　区	总人口	分年龄人口				居住本乡、镇、街道，户口在本乡、镇、街道
		0-14岁	15-59岁	60岁及以上	#65岁及以上	
大英镇	12135	1466	7401	3268	2738	9540
雷官镇	16878	1650	9860	5368	4436	15783
施官镇	22442	2730	12820	6892	5390	20373
舜山镇	18744	2386	10786	5572	4343	17410
三城镇	13711	1434	7993	4284	3443	12580
独山镇	12995	1481	7566	3948	3163	12271
张山镇	16104	2144	9757	4203	3215	13613
杨郢乡	9487	1392	5479	2616	2036	8880
全椒县	**395633**	**52578**	**254675**	**88380**	**72869**	**258843**
襄河镇	223397	34747	155748	32902	25602	108237
古河镇	22633	2790	13296	6547	5545	19860
大墅镇	22896	2754	12716	7426	6344	21303
二郎口镇	25614	2571	14357	8686	7462	24338
武岗镇	11806	1227	6775	3804	3265	10468
马厂镇	15434	1440	7959	6035	5184	14588
石沛镇	11221	977	5966	4278	3579	10586
十字镇	31566	3277	20942	7347	6080	20372
西王镇	11209	1068	5881	4260	3653	10528
六镇镇	19857	1727	11035	7095	6155	18563
定远县	**671361**	**123187**	**407573**	**140601**	**120050**	**554422**
定城镇	186977	35653	125378	25946	21184	112473
炉桥镇	84206	18620	50626	14960	12477	79037
永康镇	36131	7900	20377	7854	6719	33315
吴圩镇	36352	6522	21174	8656	7661	35636
朱湾镇	12582	2129	7386	3067	2749	12171
张桥镇	29411	5394	16173	7844	6859	26646
藕塘镇	23861	2944	13980	6937	6105	22833
池河镇	28258	4610	16090	7558	6336	26305
连江镇	16462	2479	8838	5145	4488	15793
界牌集镇	12001	1174	6802	4025	3561	11535
仓镇	16466	2541	9546	4379	3820	15951
三和集镇	18197	3082	10145	4970	4234	17333
西卅店镇	20121	3420	11757	4944	4331	19294
桑涧镇	19411	2877	11300	5234	4578	18651
蒋集镇	13247	1742	7199	4306	3804	12880
大桥镇	14437	1914	8600	3923	3497	13699
严桥乡	12320	2058	7117	3145	2733	11746
拂晓乡	12321	1888	6798	3635	3023	11805
能仁乡	18345	4597	10230	3518	2886	17581
七里塘乡	17525	3097	10476	3952	3494	17075
二龙回族乡	6954	1103	3877	1974	1712	6726
范岗乡	10175	1866	5772	2537	2158	9060
安徽定远经济开发区	23286	5560	15694	2032	1619	6876
定远盐化工业园	2315	17	2238	60	22	1
凤阳县	**631934**	**127129**	**386544**	**118261**	**97410**	**524374**
府城镇	164344	31932	108394	24018	18616	99421
临淮关镇	37135	6380	23775	6980	5290	25635

表12 续表 21

单位：人

地区	总人口	分年龄人口				居住本乡、镇、街道，户口在本乡、镇、街道
		0-14岁	15-59岁	60岁及以上	#65岁及以上	
武店镇	52882	12136	32509	8237	6953	49734
西泉镇	33280	7582	20005	5693	4810	31525
官塘镇	30558	7513	18060	4985	4225	29334
刘府镇	57464	12783	34254	10427	8806	53582
大庙镇	36981	7057	22172	7752	6325	35000
殷涧镇	15323	2553	8572	4198	3588	14466
总铺镇	31967	5989	18105	7873	6625	30426
红心镇	22066	3985	12619	5462	4665	21204
板桥镇	45215	8842	26764	9609	8182	42165
大溪河镇	19411	4118	11035	4258	3614	17966
小溪河镇	29660	5264	16899	7497	6489	27905
枣巷镇	16913	3633	9430	3850	3242	16348
黄湾乡	14401	2990	8015	3396	2892	13987
安徽凤阳经济开发区	22194	4089	14329	3776	2893	14469
安徽凤阳硅工业园区	2140	283	1607	250	195	1207
苏滁现代产业园	**23609**	**2694**	**18511**	**2404**	**1842**	**6941**
大王街道	23609	2694	18511	2404	1842	6941
滁州经济技术开发区	**141870**	**19006**	**111415**	**11449**	**8279**	**32007**
凤凰街道	87218	13422	66562	7234	5074	17958
紫薇街道	54642	5582	44847	4213	3203	14049
滁州市经济技术开发区	10	2	6	2	2	
天长市	**603780**	**85058**	**392438**	**126284**	**99665**	**408467**
广陵街道	111370	18102	78541	14727	10879	42290
千秋街道	117760	21655	82772	13333	9539	41454
铜城镇	49198	5513	29685	14000	10919	44760
汊涧镇	43539	5604	27281	10654	8209	37702
秦栏镇	43742	6367	28290	9085	7481	33759
大通镇	23723	2386	13964	7373	5856	21460
杨村镇	26669	3026	16218	7425	6128	24123
石梁镇	23769	3229	14647	5893	4796	20317
金集镇	27545	3302	17232	7011	5853	25165
永丰镇	21229	2457	13202	5570	4690	16359
仁和集镇	28595	3498	17425	7672	6282	24388
冶山镇	26036	3209	16737	6090	4915	21234
郑集镇	15095	1738	9136	4221	3489	13684
张铺镇	20017	2354	11931	5732	4396	18618
新街镇	16813	1852	10368	4593	3756	15446
万寿镇	8680	766	5009	2905	2477	7708
明光市	**485627**	**84042**	**292425**	**109160**	**85906**	**367300**
明光街道	184273	35811	119383	29079	21771	94368
明东街道	20389	3158	13886	3345	2709	10903
明南街道	9663	1519	5452	2692	2241	9069
明西街道	16682	2600	9433	4649	3932	14869
张八岭镇	18091	2262	10445	5384	4361	15818
三界镇	9639	1162	5430	3047	2378	8788
管店镇	10344	1501	5729	3114	2510	8954
自来桥镇	16727	2572	9672	4483	3464	15875
涧溪镇	28651	4531	16056	8064	6182	27008

表12 续表 22

单位：人

地　　区	总人口	分年龄人口				居住本乡、镇、街道，户口在本乡、镇、街道
		0-14岁	15-59岁	60岁及以上	#65岁及以上	
石坝镇	29812	4346	17426	8040	6400	27845
苏巷镇	15805	2198	9347	4260	3575	14266
桥头镇	19096	3628	10615	4853	3997	17735
女山湖镇	23509	3976	13500	6033	4881	22767
古沛镇	16631	2994	9034	4603	3837	15848
潘村镇	41381	7458	23375	10548	8320	39135
柳巷镇	15696	2695	8616	4385	3397	15214
泊岗乡	9238	1631	5026	2581	1951	8838
阜阳市	**8200264**	**2003910**	**4812494**	**1383860**	**1130854**	**6797000**
颍州区	**828527**	**186882**	**529736**	**111909**	**88768**	**525121**
鼓楼街道	99579	19385	67128	13066	9557	46824
文峰街道	134651	27542	88698	18411	13845	72664
清河街道	95383	22549	64279	8555	6468	37974
颍西街道	165404	31040	119953	14411	10987	70656
西湖景区街道	8652	2227	4852	1573	1300	7622
王店镇	61017	15693	36370	8954	7436	52995
程集镇	39373	9883	22475	7015	5847	34208
三合镇	33610	8671	19428	5511	4630	30298
西湖镇	27582	7036	15295	5251	4442	24495
九龙镇	32555	8753	17366	6436	5390	29962
三十里铺镇	42390	11355	24409	6626	5339	36038
三塔集镇	53172	13730	30253	9189	7780	50113
马寨乡	33538	8943	17799	6796	5671	31247
安徽颍州经济开发区	1621	75	1431	115	76	25
颍东区	**538187**	**127291**	**317671**	**93225**	**76372**	**423807**
河东街道	52984	10663	36476	5845	4452	23109
新华街道	44076	9921	27370	6785	5693	32988
向阳街道	98319	21328	65569	11422	8756	44628
口孜镇	53472	13214	29262	10996	8918	50923
插花镇	59592	14030	33556	12006	10253	55958
袁寨镇	49656	12262	28414	8980	7028	46600
枣庄镇	28210	7272	14893	6045	5160	27160
老庙镇	30893	7748	16964	6181	5285	29389
正午镇	36783	9390	20057	7336	6203	34561
杨楼孜镇	27135	6619	14922	5594	4517	23828
新乌江镇	31599	8275	16560	6764	5625	30265
冉庙乡	25468	6569	13628	5271	4482	24398
颍泉区	**598004**	**142540**	**352466**	**102998**	**82821**	**490179**
中市街道	178007	38115	117294	22598	16924	102550
周棚街道	85057	21571	51153	12333	10030	68603
伍明镇	84073	20958	45800	17315	14411	80280
宁老庄镇	76909	20443	41498	14968	12195	72393
闻集镇	93718	22431	52300	18987	15469	89357
行流镇	80240	19022	44421	16797	13792	76996
临泉县	**1658442**	**404450**	**976785**	**277207**	**228478**	**1445928**
城关街道	94666	22874	56009	15783	12455	73286
邢塘街道	44547	10344	27617	6586	5309	33441

表12 续表 23 单位：人

地 区	总人口	分年龄人口				居住本乡、镇、街道，户口在本乡、镇、街道
		0-14岁	15-59岁	60岁及以上	#65岁及以上	
田桥街道	81327	16688	53772	10867	8652	51227
城东街道	87713	21258	56910	9545	7161	39545
城南街道	90211	20079	63204	6928	5164	20198
杨桥镇	74262	19225	39546	15491	12603	70138
鲖城镇	87671	22079	50430	15162	12828	85704
谭棚镇	45319	12010	23884	9425	7821	44402
老集镇	58716	14689	32732	11295	9439	57104
滑集镇	91845	23060	53107	15678	13098	89763
吕寨镇	38330	9629	21675	7026	5950	37607
单桥镇	38919	9487	22232	7200	6022	37085
长官镇	52395	12498	29490	10407	8860	51294
宋集镇	95939	23166	56092	16681	14215	93809
张新镇	38622	9720	22368	6534	5550	37798
艾亭镇	50808	12597	28578	9633	7780	49634
陈集镇	47053	11552	27521	7980	6765	46096
韦寨镇	61362	14264	37089	10009	8225	60113
迎仙镇	57871	14304	34878	8689	7261	56744
瓦店镇	51557	12414	30602	8541	7176	50420
姜寨镇	48774	12255	28398	8121	6948	47451
庙岔镇	49653	13183	28385	8085	6784	48225
黄岭镇	51714	12722	29579	9413	7774	50554
白庙镇	40309	9886	22325	8098	6608	39699
关庙镇	47770	11822	27188	8760	7342	46791
高塘镇	56601	14253	31107	11241	9106	55145
土陂乡	43952	10903	24245	8804	7329	42837
陶老乡	30536	7489	17822	5225	4253	29818
太和县	**1379982**	**332037**	**804500**	**243445**	**202061**	**1202085**
城关镇	242270	55687	161354	25229	18871	126883
旧县镇	47387	11499	27480	8408	6826	42729
税镇镇	33069	6765	18589	7715	6420	31257
皮条孙镇	19142	4014	11153	3975	3431	18042
原墙镇	40768	9331	23001	8436	7156	39742
倪邱镇	43622	10804	24657	8161	6952	42299
李兴镇	48922	11293	27560	10069	8224	47510
大新镇	41252	9257	23463	8532	7080	40147
肖口镇	43929	10609	24767	8553	7022	42463
关集镇	35111	8005	19223	7883	6467	33861
三塔镇	48791	12514	26529	9748	8282	47274
双浮镇	36358	8796	20505	7057	5911	34830
蔡庙镇	21792	4676	12385	4731	4138	21016
三堂镇	39778	10328	22387	7063	5851	38290
苗老集镇	36811	9180	20232	7399	6026	35399
赵庙镇	42814	9478	25075	8261	7012	41659
宫集镇	35059	8671	20192	6196	5334	34001
坟台镇	66471	17580	37321	11570	9868	63915
洪山镇	48723	12291	27622	8810	7528	47091
清浅镇	31047	7931	17343	5773	4863	29995
五星镇	33317	7989	18705	6623	5558	31783

表12 续表 24

单位：人

地　区	总人口	分年龄人口				居住本乡、镇、街道，户口在本乡、镇、街道
		0-14岁	15-59岁	60岁及以上	#65岁及以上	
高庙镇	17372	4289	9338	3745	3206	16524
桑营镇	32216	8551	17740	5925	5086	30752
大庙集镇	33526	7308	18892	7326	6193	32615
阮桥镇	35818	9043	19744	7031	5964	35034
双庙镇	35888	8849	20329	6710	5717	34827
胡总镇	17992	4641	9633	3718	3070	17620
郭庙镇	34552	7883	19587	7082	6047	33666
二郎镇	27703	7723	15213	4767	3977	26541
马集镇	32966	8592	18224	6150	5187	31775
赵集乡	35162	8527	19827	6808	5684	34073
开发区管理委员会	40354	9933	26430	3991	3110	18472
阜南县	**1183602**	**308772**	**689978**	**184852**	**154197**	**1032765**
方集镇	22102	5212	12715	4175	3428	21528
中岗镇	27680	6613	16289	4778	4094	25369
柴集镇	46493	12423	25763	8307	7076	44006
新村镇	38477	10516	20728	7233	5980	37166
朱寨镇	49441	12841	27565	9035	7679	47879
柳沟镇	27400	6623	15511	5266	4537	26519
赵集镇	34266	8941	19235	6090	5190	33153
田集镇	41651	10208	24550	6893	5953	40557
苗集镇	41711	10487	24052	7172	6216	39755
黄岗镇	39775	10694	22315	6766	5699	38346
焦陂镇	40582	10152	22893	7537	6457	38910
张寨镇	36984	9921	20052	7011	6039	35989
王堰镇	36555	9661	20957	5937	5114	35503
地城镇	26543	7016	15552	3975	3334	25193
洪河桥镇	48210	12449	28684	7077	5726	46886
王家坝镇	20295	5866	11388	3041	2478	19783
王化镇	24941	6087	14523	4331	3553	24078
曹集镇	29505	8014	16613	4878	3864	28115
鹿城镇	202806	55933	123787	23086	18111	117641
会龙镇	29669	7502	16852	5315	4608	28853
王店孜乡	39729	10008	23181	6540	5459	36790
许堂乡	45514	11513	26107	7894	6655	43906
段郢乡	44959	11565	26459	6935	5926	43517
公桥乡	38962	9777	23380	5805	4921	37871
龙王乡	21360	5449	12741	3170	2700	20451
于集乡	21024	5718	12145	3161	2622	20390
老观乡	21058	5552	11917	3589	2895	20435
郜台乡	33572	8030	20080	5462	4414	32705
安徽阜南经济开发区	52338	14001	33944	4393	3469	21471
颍上县	**1198830**	**310359**	**653858**	**234613**	**189551**	**1067875**
慎城镇	222459	54112	138114	30233	22549	137979
谢桥镇	68350	17373	38435	12542	10108	61478
南照镇	34626	9244	18510	6872	5627	32475
杨湖镇	31197	7406	16054	7737	6281	30333
江口镇	49797	13014	26541	10242	8119	48367
润河镇	39632	10340	20356	8936	7115	38348

表12　续表 25

单位：人

地　　区	总人口	分年龄人口				居住本乡、镇、街道，户口在本乡、镇、街道
		0-14岁	15-59岁	60岁及以上	#65岁及以上	
新集镇	26209	6561	13769	5879	4998	25438
六十铺镇	41655	10984	22502	8169	7002	39192
耿棚镇	49006	12657	25453	10896	9057	47399
半岗镇	34726	9530	17917	7279	5784	33257
王岗镇	27464	7433	14190	5841	4581	26713
夏桥镇	39227	10250	21291	7686	6151	37393
江店孜镇	36749	10134	18981	7634	6265	35216
陈桥镇	31432	9000	16301	6131	5012	30228
黄桥镇	44095	11845	23090	9160	7189	42050
八里河镇	39273	9809	21512	7952	6476	37853
迪沟镇	31562	9196	16404	5962	4853	28975
西三十铺镇	29741	7774	15688	6279	5320	28583
红星镇	25028	6781	13412	4835	4145	23901
十八里铺镇	35620	9128	18818	7674	6288	33675
鲁口镇	20105	4897	10097	5111	4181	19525
古城镇	33732	9215	18925	5592	4549	29480
建颍乡	42701	10997	21848	9856	8156	41381
五十铺乡	26725	7257	14314	5154	4454	25338
盛堂乡	26432	6883	13646	5903	4864	25404
关屯乡	18558	4903	9696	3959	3143	18055
垂岗乡	16039	4365	8029	3645	2903	15475
赛涧回族乡	15232	3811	8013	3408	2663	14910
刘集乡	37002	9177	19244	8581	7207	35777
黄坝乡	24456	6283	12708	5465	4511	23677
阜阳合肥现代产业园区	**40352**	**11014**	**23624**	**5714**	**4604**	**33706**
袁集镇	40352	11014	23624	5714	4604	33706
阜阳经济技术开发区	**123468**	**29052**	**82507**	**11909**	**9014**	**55524**
阜阳开发区京九街道	123468	29052	82507	11909	9014	55524
界首市	**650870**	**151513**	**381369**	**117988**	**94988**	**520010**
东城街道	121113	29218	77956	13939	10355	54094
西城街道	73805	17494	45810	10501	7819	36822
颍南街道	23020	4763	14324	3933	3114	18598
光武镇	45132	9696	26547	8889	7123	41998
泉阳镇	32791	8322	17864	6605	5414	31560
芦村镇	20467	4825	10935	4707	3924	19694
新马集镇	30549	6650	17453	6446	5322	29232
大黄镇	27169	6064	15206	5899	4874	25573
田营镇	27652	5951	16732	4969	4084	24598
陶庙镇	47547	11225	27309	9013	7461	44423
王集镇	37326	8987	20869	7470	6090	36132
砖集镇	36868	8604	20888	7376	6279	34736
顾集镇	29423	7122	16266	6035	4991	28341
代桥镇	18835	4515	9788	4532	3847	18132
舒庄镇	20850	5355	10830	4665	3750	20206
邴集乡	21384	4608	11560	5216	4214	20596
靳寨乡	17301	3500	9999	3802	3063	16378
任寨乡	19638	4614	11033	3991	3264	18897

表12 续表 26

单位：人

地区	总人口	分年龄人口				居住本乡、镇、街道，户口在本乡、镇、街道
		0-14岁	15-59岁	60岁及以上	#65岁及以上	
宿州市	**5324476**	**1252954**	**3104958**	**966564**	**789401**	**4373238**
埇桥区	**1658682**	**373362**	**1018632**	**266688**	**216243**	**1244977**
埇桥街道	23677	4675	15197	3805	2899	12267
沱河街道	38561	6115	24555	7891	5823	23076
道东街道	30445	6161	20870	3414	2461	11455
东关街道	35097	6276	22869	5952	4585	18750
三里湾街道	59194	11296	40486	7412	5562	21260
南关街道	60883	12145	40557	8181	6006	31339
西关街道	54950	11149	36905	6896	5033	30537
北关街道	58015	12414	38455	7146	5216	26839
汴河街道	16074	3624	9817	2633	2153	10711
三八街道	208744	50750	139515	18479	13418	89766
城东街道	23308	5116	14509	3683	2969	15244
符离镇	70488	14913	42247	13328	10922	63603
芦岭镇	53603	11222	31260	11121	9397	49682
朱仙庄镇	77954	11494	56048	10412	8580	52035
褚兰镇	39622	9042	22896	7684	6478	37265
曹村镇	43396	9713	25603	8080	6759	41986
夹沟镇	46023	10292	25745	9986	8450	44223
栏杆镇	56199	14382	31165	10652	9045	53661
时村镇	55595	13324	31601	10670	9124	53255
永安镇	39933	8937	22930	8066	6953	38187
灰古镇	24882	5637	14440	4805	4056	23231
大店镇	53644	14075	31545	8024	6663	51181
大泽乡镇	47385	12515	26580	8290	6864	43886
桃园镇	31956	8083	17961	5912	4794	27339
蕲县镇	50238	12787	29023	8428	6914	43033
大营镇	32863	9533	17487	5843	4702	30581
杨庄乡	34492	7603	20207	6682	5634	32917
支河乡	26933	6429	15352	5152	4495	25801
解集乡	44141	11294	24517	8330	7109	42810
桃沟乡	22408	5123	12236	5049	4377	21653
顺河乡	30474	7002	17512	5960	5123	29063
永镇乡	21317	6061	11171	4085	3339	19916
西二铺乡	19016	4349	11516	3151	2667	16839
北杨寨乡	44207	10382	26371	7454	6117	39979
苗安乡	30914	8330	17453	5131	4324	29726
蒿沟乡	20740	5095	11203	4442	3624	19648
宿州高新技术产业开发区	21502	3979	14963	2560	2068	12963
宿州埇桥经济开发区	9809	2045	5865	1899	1540	9270
砀山县	**765564**	**171827**	**429941**	**163796**	**131424**	**689274**
砀城镇	167606	38055	104922	24629	19044	122313
赵屯镇	40441	9301	21482	9658	7833	38975
李庄镇	33861	7372	18445	8044	6348	32196
唐寨镇	54180	11063	30319	12798	10381	52331
葛集镇	46121	8961	26873	10287	8192	44879
周寨镇	51723	10966	28171	12586	10115	50195

表12 续表 27 单位：人

地区	总人口	分年龄人口				居住本乡、镇、街道，户口在本乡、镇、街道
		0-14岁	15-59岁	60岁及以上	#65岁及以上	
玄庙镇	69525	14660	38171	16694	13566	67342
官庄坝镇	36022	8914	18158	8950	7319	34862
曹庄镇	26443	6585	13203	6655	5369	25525
关帝庙镇	40880	9747	20508	10625	8849	39665
朱楼镇	29644	7232	15373	7039	5805	28633
良梨镇	39395	7499	22190	9706	7669	38008
程庄镇	44534	9913	24258	10363	8303	43334
经济开发区	30459	7855	18207	4397	3429	22821
薛楼板材加工园	23670	6024	12601	5045	4241	22961
高铁新区	31060	7680	17060	6320	4961	25234
萧县	**1054597**	**237051**	**596728**	**220818**	**180883**	**908806**
龙城镇	216067	50608	141321	24138	18253	104478
黄口镇	62285	13256	35310	13719	10974	59169
杨楼镇	48978	10423	25547	13008	10634	47474
闫集镇	34752	7798	18526	8428	6747	34018
新庄镇	51766	11708	27516	12542	10367	50282
刘套镇	33456	7000	18711	7745	6394	32105
马井镇	50528	10971	26502	13055	10724	49050
大屯镇	45303	10973	23969	10361	8554	43803
赵庄镇	46819	10757	25455	10607	8822	45354
杜楼镇	44357	9597	23274	11486	9567	42587
丁里镇	32977	7509	18502	6966	5659	31044
王寨镇	47202	9785	24853	12564	10650	45879
祖楼镇	30063	6699	16055	7309	6181	29088
青龙集镇	21661	5500	11743	4418	3638	21104
张庄寨镇	51774	12164	26766	12844	11062	49849
永堌镇	22610	4833	12667	5110	4210	21579
白土镇	25187	5213	14815	5159	4298	23739
官桥镇	17523	3823	10381	3319	2727	16305
圣泉乡	58964	12177	34347	12440	10229	53478
酒店乡	40718	9541	21854	9323	7601	39686
孙圩子乡	36015	8026	19969	8020	6789	34713
庄里乡	20268	4653	11302	4313	3572	19456
石林乡	15008	4004	7069	3935	3225	14566
萧县经济开发区	316	33	274	9	6	
灵璧县	**974720**	**260614**	**547482**	**166624**	**138883**	**827208**
灵城镇	183553	51156	112856	19541	15348	88846
韦集镇	37195	10672	19524	6999	6014	35764
黄湾镇	34584	9777	18955	5852	5020	33080
娄庄镇	56254	14663	31950	9641	8255	54015
杨疃镇	50530	14289	26925	9316	7598	48900
尹集镇	45480	10751	24950	9779	8186	44100
浍沟镇	33694	8060	18656	6978	5866	32806
游集镇	40094	11724	21247	7123	5971	38416
下楼镇	55287	14505	30938	9844	8186	52832
朝阳镇	57489	14623	31350	11516	9570	55442
渔沟镇	53589	14302	29992	9295	7920	51110

表12　续表 28　　　　单位：人

地　区	总人口	分年龄人口				居住本乡、镇、街道，户口在本乡、镇、街道
		0-14岁	15-59岁	60岁及以上	#65岁及以上	
高楼镇	44960	10897	24105	9958	8355	43560
冯庙镇	52659	13810	28269	10580	8862	50576
向阳乡	29930	8581	15905	5444	4618	28738
朱集乡	29581	8298	15360	5923	5022	28590
大路乡	26495	7011	14006	5478	4692	25461
大庙乡	36581	9435	19727	7419	6083	35424
禅堂乡	29629	7397	16085	6147	5163	28613
虞姬乡	37901	10131	21674	6096	5225	34943
灵璧县经济开发区	39235	10532	25008	3695	2929	15992
泗县	**763310**	**184531**	**443196**	**135583**	**111711**	**644116**
泗城镇	123852	28764	80647	14441	11213	67695
墩集镇	25774	6407	14376	4991	4235	24985
丁湖镇	42497	10667	23224	8606	7005	41391
草沟镇	60855	15603	33564	11688	9700	59095
长沟镇	35552	8859	20365	6328	5358	34566
黄圩镇	46497	11972	25068	9457	7891	44966
大庄镇	47271	11362	25945	9964	8311	45380
山头镇	48618	10756	27335	10527	8758	46920
刘圩镇	35491	8108	20070	7313	5941	33075
黑塔镇	57533	13337	32597	11599	9575	56018
草庙镇	16858	4052	9836	2970	2509	15664
屏山镇	52271	12454	30360	9457	7917	49497
大路口乡	36363	8707	20763	6893	5644	34376
大杨乡	28638	7253	15480	5905	5071	27637
瓦坊乡	39879	9110	22003	8766	7352	38699
泗县开发区管委会（泗县当涂现代产业园）	65361	17120	41563	6678	5231	24152
宿州马鞍山现代产业园区	**48012**	**12041**	**28909**	**7062**	**5665**	**36914**
宿州东部新城行政管理工作委员会	48012	12041	28909	7062	5665	36914
宿州经济技术开发区	**59591**	**13528**	**40070**	**5993**	**4592**	**21943**
金海街道	33146	7744	21872	3530	2676	13625
鞋城行政区域	26445	5784	18198	2463	1916	8318
六安市	**4393699**	**814090**	**2645572**	**934037**	**740901**	**3192728**
金安区	**829236**	**146429**	**524285**	**158522**	**126822**	**448425**
中市街道	51375	7993	33991	9391	6980	19227
东市街道	28869	3743	20376	4750	3727	8888
三里桥街道	53882	10950	35030	7902	6181	14777
望城街道	72458	13636	49219	9603	7279	16082
清水河街道	62209	14836	40887	6486	4739	12723
木厂镇	20102	3723	11047	5332	4350	17532
马头镇	17442	3222	9182	5038	4181	16011
东桥镇	17626	2504	9742	5380	4490	15870
张店镇	30997	4879	17529	8589	7264	28411
毛坦厂镇	39329	4034	29745	5550	4334	12466
东河口镇	26991	3504	15091	8396	7086	25780
双河镇	22950	3313	12480	7157	5966	20250
施桥镇	30640	5084	16448	9108	7632	28299

表12　续表 29　　　　单位：人

地　　区	总人口	分年龄人口				居住本乡、镇、街道，户口在本乡、镇、街道
		0-14岁	15-59岁	60岁及以上	#65岁及以上	
孙岗镇	30194	4867	17140	8187	6741	28320
三十铺镇	90427	21174	58011	11242	8671	42709
椿树镇	19394	2522	10779	6093	4982	17744
城北乡	32209	4994	21641	5574	4384	21443
翁墩乡	13165	2326	7020	3819	3177	11966
淠东乡	21321	3772	11125	6424	5216	20174
中店乡	18807	2756	10713	5338	4496	16774
横塘岗乡	12641	1722	7134	3785	3231	11937
先生店乡	15883	2522	9561	3800	3089	14023
六安经济开发区	100325	18353	70394	11578	8626	27019
裕安区	**923301**	**175211**	**577699**	**170391**	**134082**	**569788**
鼓楼街道	35668	6797	23498	5373	4072	11710
西市街道	34336	6345	22465	5526	4066	8836
小华山街道	80283	16634	55437	8212	5558	15247
苏埠镇	53768	9167	31630	12971	10309	49848
韩摆渡镇	32520	5205	18751	8564	6957	30837
新安镇	71904	13401	46661	11842	9086	47934
顺河镇	27967	5529	15585	6853	5457	26165
独山镇	46657	7764	28288	10605	8368	43084
石婆店镇	26334	4148	15404	6782	5467	24787
城南镇	112793	28240	74205	10348	7550	33270
丁集镇	33992	6541	19096	8355	6850	31536
固镇镇	25593	5343	13833	6417	5305	22734
徐集镇	24616	4821	14589	5206	4283	20238
分路口镇	31734	5502	18504	7728	6322	28998
江家店镇	24712	4574	13852	6286	5299	23473
单王乡	23667	4575	12474	6618	5329	22494
青山乡	23924	3638	13623	6663	5472	22746
石板冲乡	14486	2476	8108	3902	3059	13734
西河口乡	17568	2829	9349	5390	4314	16640
平桥乡	130703	23445	93816	13442	9793	31129
罗集乡	21563	3685	11484	6394	5418	20554
狮子岗乡	18472	2864	10558	5050	4225	17498
六安市裕安区经济开发区	10041	1688	6489	1864	1523	6296
叶集区	**216229**	**46027**	**130947**	**39255**	**31859**	**175560**
史河街道	74271	15329	48649	10293	7866	56919
平岗街道	16351	3570	9760	3021	2531	14189
三元镇	20017	4086	11196	4735	3864	17930
洪集镇	22232	4344	11794	6094	5026	20519
姚李镇	43375	9985	24699	8691	7355	37151
孙岗乡	39983	8713	24849	6421	5217	28852
霍邱县	**944985**	**213135**	**519040**	**212810**	**171713**	**837374**
城关镇	140061	30624	88156	21281	16017	86299
河口镇	15887	3242	8434	4211	3393	14237
周集镇	51125	11905	28584	10636	8285	46181
临水镇	37021	9411	20287	7323	5827	35882
新店镇	52291	11319	29597	11375	9161	40484

表12 续表 30 单位：人

地 区	总人口	分年龄人口				居住本乡、镇、街道，户口在本乡、镇、街道
		0-14岁	15-59岁	60岁及以上	#65岁及以上	
石店镇	28547	6089	14995	7463	6090	27182
马店镇	26011	5507	14692	5812	4756	23723
孟集镇	35192	8325	18737	8130	6547	33836
花园镇	20141	4559	10209	5373	4412	19307
扈胡镇	34729	7497	18893	8339	6943	33531
长集镇	21784	4602	12215	4967	4085	18489
乌龙镇	21267	4650	11100	5517	4618	20318
高塘镇	30909	7192	16965	6752	5448	29934
龙潭镇	24074	5313	12956	5805	4774	22963
岔路镇	17937	3851	9392	4694	3885	16930
冯井镇	30034	7402	15696	6936	5685	28649
众兴集镇	20455	4101	11321	5033	4269	19516
夏店镇	20178	3983	10549	5646	4654	19004
曹庙镇	16822	3118	8886	4818	4039	15912
范桥镇	24362	6114	12989	5259	4146	22557
潘集镇	26586	6843	12331	7412	5978	25467
彭塔乡	23882	5782	11927	6173	5139	22997
王截流乡	29952	7692	15560	6700	5214	29243
临淮岗乡	30737	7108	15987	7642	6211	29268
城西湖乡	32230	8051	16663	7516	5981	31325
宋店乡	31001	6859	16849	7293	5951	29745
三流乡	22875	4871	12236	5768	4641	22370
邵岗乡	17278	3443	9100	4735	3972	16548
白莲乡	20186	4762	10731	4693	3895	19614
冯瓴乡	23292	5158	11303	6831	5554	22622
安徽霍邱经济开发区	18102	3760	11684	2658	2128	13207
水产局东湖渔业村	37	2	16	19	15	34
舒城县	**697250**	**104240**	**419080**	**173930**	**140706**	**553528**
城关镇	151671	23468	99318	28885	22844	98282
晓天镇	21854	3168	12188	6498	4995	20297
桃溪镇	17154	2400	9735	5019	4100	15345
万佛湖镇	24081	3434	13519	7128	5865	22458
千人桥镇	35730	5177	21051	9502	7955	32075
百神庙镇	23726	3069	13053	7604	6359	22451
杭埠镇	45790	5500	30913	9377	7744	31297
舒茶镇	18371	2428	10208	5735	4784	17415
南港镇	29824	4055	16795	8974	7413	28110
干汊河镇	33724	4508	19460	9756	7994	31595
张母桥镇	18286	2397	9854	6035	5008	17514
五显镇	20988	3172	11187	6629	5471	20204
山七镇	19117	2874	10326	5917	4638	18438
河棚镇	12784	1994	7027	3763	2965	12172
汤池镇	32780	4668	18761	9351	7453	31481
春秋乡	17297	2231	9726	5340	4411	16468
柏林乡	27150	4082	15669	7399	6134	25793
棠树乡	21570	2912	11814	6844	5802	20808
阙店乡	21716	3093	12125	6498	5297	20968

表12 续表 31 单位：人

地区	总人口	分年龄人口				居住本乡、镇、街道，户口在本乡、镇、街道
		0-14岁	15-59岁	60岁及以上	#65岁及以上	
高峰乡	15295	2170	8177	4948	4007	14829
庐镇乡	11760	1776	6498	3486	2624	11349
舒城县经济开发区	76582	15664	51676	9242	6843	24179
金寨县	**496501**	**89909**	**293457**	**113135**	**85707**	**397500**
梅山镇	131954	26340	84015	21599	16155	81391
麻埠镇	8808	1196	5135	2477	1954	8017
青山镇	14281	2056	8269	3956	2978	12432
燕子河镇	18765	2503	10804	5458	3988	17756
天堂寨镇	12909	2130	7681	3098	2184	11816
古碑镇	25021	4346	13902	6773	5156	22943
吴家店镇	19689	4492	10640	4557	3233	18780
斑竹园镇	14851	2888	8474	3489	2572	13654
汤家汇镇	24964	4496	13116	7352	5597	23840
南溪镇	33143	5821	19044	8278	6331	28643
双河镇	14097	2253	7656	4188	3184	12868
白塔畈镇	26627	5406	15162	6059	4954	25424
张冲乡	7453	951	4445	2057	1549	6841
油坊店乡	16321	2652	9175	4494	3441	15698
长岭乡	10601	1616	6045	2940	2145	10143
槐树湾乡	14059	2105	7466	4488	3499	13488
花石乡	8605	1425	4557	2623	1965	8108
沙河乡	9134	1727	5020	2387	1816	8703
桃岭乡	14839	2159	7940	4740	3660	14220
果子园乡	8136	1478	4121	2537	1937	7691
关庙乡	6330	1086	3436	1808	1407	5928
全军乡	6287	1066	3615	1606	1281	5856
铁冲乡	7396	1301	4014	2081	1643	7074
现代产业园(经济开发区)	42231	8416	29725	4090	3078	16186
霍山县	**286197**	**39139**	**181064**	**65994**	**50012**	**210553**
衡山镇	91134	16103	60462	14569	10450	49045
佛子岭镇	9037	787	5453	2797	2192	7913
下符桥镇	11896	1644	7047	3205	2635	11390
但家庙镇	10245	1302	6160	2783	2265	9643
与儿街镇	20751	2460	12033	6258	4998	19850
黑石渡镇	14066	1469	8298	4299	3317	12890
诸佛庵镇	18361	1954	10800	5607	4317	17507
落儿岭镇	4804	411	2806	1587	1219	4520
磨子潭镇	7277	644	4312	2321	1789	6930
大化坪镇	12381	1117	7358	3906	3072	11998
漫水河镇	10752	1061	6292	3399	2477	10283
上土市镇	11008	1329	6564	3115	2168	10334
单龙寺镇	7054	613	3959	2482	1996	6794
东西溪乡	6446	830	3660	1956	1551	6156
太平畈乡	8402	1086	4795	2521	1850	8100
太阳乡	5019	577	3058	1384	976	4787
经济开发区	37564	5752	28007	3805	2740	12413

表12　续表 32　　　　单位：人

地　　区	总人口	分年龄人口				居住本乡、镇、街道，户口在本乡、镇、街道
		0-14岁	15-59岁	60岁及以上	#65岁及以上	
亳州市	**4996844**	**1279489**	**2892457**	**824898**	**679862**	**3920051**
谯城区	**1537231**	**350755**	**951586**	**234890**	**195128**	**1072314**
花戏楼街道	46147	9941	29406	6800	5008	25548
薛阁街道	185092	41526	125906	17660	12838	66744
汤陵街道	101796	22652	68408	10736	8242	39606
古井镇	65414	15411	38741	11262	9383	59084
芦庙镇	28384	7113	15581	5690	4943	26757
华佗镇	37657	8380	22198	7079	5983	35459
魏岗镇	41491	8858	24350	8283	7275	39118
牛集镇	53343	11383	31739	10221	8951	50458
颜集镇	35647	8695	19472	7480	6447	33444
五马镇	31655	6699	18561	6395	5598	29144
十八里镇	44374	9799	26342	8233	7068	39105
谯东镇	29105	6112	17399	5594	4855	26428
十九里镇	24188	5392	15080	3716	3053	17124
沙土镇	40164	9469	22338	8357	7169	38143
观堂镇	52060	12375	31193	8492	7236	50057
大杨镇	42759	9493	24186	9080	7872	39479
城父镇	42949	9525	24370	9054	7673	40936
十河镇	49351	11295	28319	9737	8175	45312
双沟镇	62518	14557	35278	12683	10855	57986
淝河镇	35849	8607	19905	7337	6311	32932
古城镇	41724	10223	23377	8124	7052	38064
龙扬镇	44032	11325	24139	8568	7333	41820
立德镇	36285	9058	20255	6972	5820	34571
张店乡	32982	7766	19174	6042	5221	30802
赵桥乡	43582	10038	25588	7956	6656	36460
亳州市经济开发区	238178	53714	165715	18749	14506	78076
谯城经济开发区	50505	11349	34566	4590	3605	19657
涡阳县	**1170719**	**307047**	**661179**	**202493**	**165266**	**962207**
城关街道	182241	44835	116723	20683	14898	77825
星园街道	41562	10524	23820	7218	5912	36200
天静宫街道	64103	16388	36962	10753	8685	51492
西阳镇	29479	8002	15666	5811	4769	27737
涡南镇	43425	12220	23538	7667	6300	41629
楚店镇	31165	7693	16973	6499	5463	29789
高公镇	29345	7607	15861	5877	4912	28383
高炉镇	53776	14013	29670	10093	8373	51221
曹市镇	49738	13964	26167	9607	8125	47695
青疃镇	51378	15110	26491	9777	8038	49112
石弓镇	34065	9376	18079	6610	5546	32067
龙山镇	48858	13493	26807	8558	7061	47242
义门镇	44879	10041	24937	9901	8068	43513
新兴镇	51877	14872	27059	9946	8229	50358
临湖镇	36848	9770	19127	7951	6869	35687
丹城镇	45482	13696	23933	7853	6528	43991
马店集镇	33173	9575	17114	6484	5174	31809

表12　续表 33　　　　　　　　　　　　　　　　　　　　　　　　　　　　　　　单位：人

地　区	总人口	分年龄人口				居住本乡、镇、街道，户口在本乡、镇、街道
		0-14岁	15-59岁	60岁及以上	#65岁及以上	
花沟镇	33804	8096	18825	6883	5898	31629
店集镇	22195	5797	11705	4693	3957	21525
陈大镇	31911	7958	16838	7115	5785	30545
牌坊镇	57977	15323	31560	11094	9157	56014
公吉寺镇	24609	5669	13080	5860	5100	23798
标里镇	40739	10186	22991	7562	6375	39733
安徽涡阳经济开发区	88090	22839	57253	7998	6044	33213
蒙城县	**1101640**	**302947**	**620473**	**178220**	**146895**	**889364**
漆园街道	50188	13546	28005	8637	7209	46173
庄周街道	172887	45611	113644	13632	10462	56124
城关街道	116507	28260	72321	15926	11785	61350
双涧镇	54708	14856	29374	10478	8835	52534
小涧镇	43219	12602	21652	8965	7499	41479
坛城镇	50469	14506	26408	9555	8004	48101
许疃镇	53145	14382	30081	8682	7242	48967
板桥集镇	56563	15897	30537	10129	8468	54077
马集镇	50393	14389	26887	9117	7243	48518
岳坊镇	44583	12474	23679	8430	6838	42098
立仓镇	65631	20051	32998	12582	10836	63113
楚村镇	63634	18359	33060	12215	10349	61026
乐土镇	77274	21441	43212	12621	10766	72553
三义镇	51868	14311	27943	9614	8077	49979
篱笆镇	39702	11664	20257	7781	6633	38025
王集乡	49253	13299	26644	9310	7806	46612
小辛集乡	61616	17299	33771	10546	8843	58635
利辛县	**1187254**	**318740**	**659219**	**209295**	**172573**	**996166**
城关镇	290389	79772	182857	27760	21125	137215
阚疃镇	58018	15290	30686	12042	10222	54695
张村镇	56316	14617	30287	11412	9312	53913
江集镇	43420	11611	23143	8666	7148	41737
旧城镇	39612	11166	21328	7118	5678	38278
西潘楼镇	47015	11333	27701	7981	6392	41269
孙集镇	26275	6196	14419	5660	4723	25500
汝集镇	46081	12095	24147	9839	7976	44442
巩店镇	49600	13263	25733	10604	8982	48092
王人镇	39174	9902	20477	8795	7404	37457
王市镇	33634	7909	18351	7374	5999	32432
永兴镇	33146	8715	17512	6919	5969	31445
马店孜镇	43137	11508	23137	8492	7248	41491
大李集镇	36262	10072	18675	7515	6458	35113
胡集镇	56186	15007	29918	11261	9469	53226
展沟镇	23926	6430	12131	5365	4571	23049
程家集镇	33031	8481	17128	7422	6393	31988
中疃镇	42486	12941	21944	7601	6320	41063
望疃镇	70039	20581	37318	12140	10123	67733

表12 续表 34 单位：人

地　　区	总人口	分年龄人口				居住本乡、镇、街道，户口在本乡、镇、街道
		0-14岁	15-59岁	60岁及以上	#65岁及以上	
城北镇	31843	8725	17147	5971	4844	30955
纪王场乡	28686	7409	14753	6524	5406	27902
孙庙乡	29372	7700	15121	6551	5439	28457
新张集乡	29606	8017	15306	6283	5372	28714
池州市	**1342764**	**209142**	**837841**	**295781**	**224777**	**948026**
贵池区	**615274**	**95318**	**399312**	**120644**	**93264**	**365402**
池阳街道	49767	7814	36019	5934	4325	19428
秋浦街道	49713	9521	33943	6249	4513	21400
里山街道	11979	1186	6960	3833	3180	10335
江口街道	22713	3590	15663	3460	2572	10270
马衙街道	37452	3086	29152	5214	4108	17365
墩上街道	21373	3032	11694	6647	5166	19682
梅龙街道	21309	3046	12286	5977	4679	19355
秋江街道	34617	4186	19287	11144	8859	32384
杏花村街道	61769	12788	42767	6214	4346	16814
清风街道	72281	13977	48066	10238	7206	37539
清溪街道	59507	11848	41228	6431	4696	20437
殷汇镇	27863	3646	16180	8037	6575	24312
牛头山镇	26231	3738	15687	6806	5380	23331
涓桥镇	15231	1578	8404	5249	4208	13944
梅街镇	12097	1219	6637	4241	3348	11117
梅村镇	15256	1917	8211	5128	4174	14169
唐田镇	10682	1383	5326	3973	3261	10012
牌楼镇	11430	1396	6181	3853	3173	10342
乌沙镇	21326	2449	11692	7185	5942	19264
棠溪镇	6735	661	3866	2208	1781	6086
安徽池州高新技术产业开发区	3471	51	3309	111	54	21
池州经济技术开发区	13048	2264	9242	1542	1062	4905
皖江江南新兴产业集中区	9424	942	7512	970	656	2890
东至县	**398414**	**65949**	**237019**	**95446**	**71117**	**336936**
尧渡镇	100993	18794	65041	17158	12451	58812
东流镇	21098	2703	13094	5301	3953	18312
大渡口镇	49377	7118	28925	13334	10212	43811
胜利镇	34115	4907	18830	10378	7850	33049
张溪镇	33489	5721	18023	9745	7394	32415
洋湖镇	19369	3516	10563	5290	4079	18424
葛公镇	15513	2596	8522	4395	3275	14862
香隅镇	25676	3643	16100	5933	4425	23888
官港镇	17236	2750	9771	4715	3448	16776
昭潭镇	14101	2570	8202	3329	2416	12825
龙泉镇	20065	3663	12084	4318	3133	18788
泥溪镇	17185	2743	10289	4153	2976	16642

表12　续表 35　　单位：人

地　区	总人口	分年龄人口				居住本乡、镇、街道，户口在本乡、镇、街道
		0-14岁	15-59岁	60岁及以上	#65岁及以上	
花园乡	7129	993	4103	2033	1530	6873
木塔乡	10035	1644	5721	2670	1989	9647
青山乡	12288	2583	7063	2642	1961	11767
东至经济开发区	355		326	29	12	
大渡口经济开发区	390	5	362	23	13	45
石台县	**80612**	**10807**	**48532**	**21273**	**16425**	**64902**
仁里镇	29137	4386	19374	5377	3957	17927
七都镇	10958	1273	6234	3451	2633	10142
仙寓镇	8526	1155	4690	2681	2128	8086
丁香镇	6126	796	3453	1877	1475	5803
小河镇	11003	1508	5930	3565	2874	10257
横渡镇	6625	672	4083	1870	1425	5265
大演乡	4871	690	2799	1382	1067	4575
矶滩乡	3366	327	1969	1070	866	2847
青阳县	**248464**	**37068**	**152978**	**58418**	**43971**	**180786**
蓉城镇	113991	20448	75453	18090	12973	64258
木镇镇	15105	1802	8392	4911	3861	13343
庙前镇	15679	2314	8763	4602	3536	14055
陵阳镇	16587	1930	9225	5432	4144	14902
新河镇	9787	916	5836	3035	2268	8434
丁桥镇	13769	1605	8383	3781	2903	11614
朱备镇	6183	792	3424	1967	1527	5653
杨田镇	12484	1363	6750	4371	3353	11304
九华镇	3727	236	2911	580	382	1579
酉华镇	8252	925	4576	2751	2143	7403
乔木乡	5924	660	3270	1994	1568	5394
杜村乡	13518	1952	7245	4321	3395	12677
九华乡	11763	1981	7367	2415	1804	9895
青阳县开发区	1695	144	1383	168	114	275
宣城市	**2500063**	**340992**	**1594425**	**564646**	**451105**	**1647235**
宣州区	**671209**	**94163**	**425884**	**151162**	**127056**	**436817**
西林街道	42476	6441	29388	6647	5032	14068
澄江街道	69450	11488	48576	9386	7160	19216
鳌峰街道	50490	7254	36144	7092	5481	21767
济川街道	74706	14295	53394	7017	5175	18674
敬亭山街道	9566	738	7327	1501	1213	2712
双桥街道	12608	1454	8145	3009	2424	8332
向阳街道	52906	8472	34702	9732	8169	29440
水阳镇	56765	7130	33028	16607	14329	52521
狸桥镇	44976	6326	27162	11488	9824	40615
沈村镇	22385	2777	13005	6603	5629	19947
古泉镇	13394	1639	8431	3324	2920	9842
洪林镇	24650	3373	14115	7162	6144	21780
寒亭镇	11817	1389	6754	3674	3191	10650
文昌镇	12434	1940	6680	3814	3256	11439

表12 续表 36

单位：人

地 区	总人口	分年龄人口				居住本乡、镇、街道，户口在本乡、镇、街道
		0-14岁	15-59岁	60岁及以上	#65岁及以上	
孙埠镇	34526	4522	21234	8770	7526	30523
杨柳镇	20696	2265	11912	6519	5562	18426
水东镇	19425	2184	11373	5868	5091	16962
新田镇	8964	882	4639	3443	3000	8239
周王镇	7643	555	3979	3109	2785	6783
溪口镇	11421	1154	5933	4334	3780	10640
朱桥乡	15360	1798	8753	4809	4203	14049
养贤乡	22726	2751	13244	6731	5947	20834
五星乡	13388	1491	7860	4037	3518	12368
黄渡乡	18437	1845	10106	6486	5697	16990
郎溪县	**311513**	**45746**	**201809**	**63958**	**52671**	**231563**
建平镇	136472	23450	91442	21580	17303	88526
十字镇	28122	4387	17976	5759	4679	21568
新发镇	22221	2976	14087	5158	4468	17638
涛城镇	18411	2506	10915	4990	4200	16860
梅渚镇	22048	2738	13879	5431	4607	19122
毕桥镇	12208	1714	7370	3124	2599	11019
飞鲤镇	22181	2739	13393	6049	5134	20869
凌笪乡	19781	2594	11913	5274	4273	18747
姚村乡	10358	1024	5941	3393	2835	9861
郎溪经济开发区	6473	323	5762	388	231	209
安徽省国营十字铺茶场	13238	1295	9131	2812	2342	7144
泾县	**275837**	**35973**	**165627**	**74237**	**58173**	**202949**
泾川镇	135239	22335	89032	23872	17877	73988
茂林镇	13039	1327	6956	4756	3835	12375
榔桥镇	19855	1976	11235	6644	5227	17183
桃花潭镇	18584	2046	9959	6579	5152	17483
琴溪镇	10455	944	5721	3790	3105	9214
蔡村镇	8931	477	4823	3631	3031	8324
云岭镇	22483	2318	11878	8287	6524	20954
黄村镇	12575	1277	6832	4466	3631	11360
丁家桥镇	11049	1244	6469	3336	2681	10154
汀溪乡	6768	453	3811	2504	1947	6444
昌桥乡	16859	1576	8911	6372	5163	15470
绩溪县	**138784**	**18001**	**79085**	**41698**	**30864**	**97284**
华阳镇	67705	11742	44771	11192	7839	31905
临溪镇	6981	828	3876	2277	1703	5883
长安镇	11203	963	5299	4941	3738	10642
上庄镇	7909	727	3628	3554	2664	7508
扬溪镇	7322	621	3606	3095	2332	6690
伏岭镇	9767	703	4251	4813	3702	8849
金沙镇	4870	464	2494	1912	1421	4520
瀛洲镇	6052	584	3043	2425	1794	5187
板桥头乡	6234	402	2804	3028	2293	5890
家朋乡	6222	452	2900	2870	2205	5903
荆州乡	4519	515	2413	1591	1173	4307

表12　续表 37　　单位：人

地　区	总人口	分年龄人口				居住本乡、镇、街道，户口在本乡、镇、街道
		0-14岁	15-59岁	60岁及以上	#65岁及以上	
旌德县	**112368**	**15523**	**64539**	**32306**	**24705**	**88064**
旌阳镇	53087	9120	33442	10525	7642	33726
蔡家桥镇	7666	675	3888	3103	2476	6964
三溪镇	7889	920	4251	2718	2128	7228
庙首镇	6949	827	3900	2222	1708	6371
白地镇	8148	985	4265	2898	2277	7469
俞村镇	7677	825	3793	3059	2394	7219
兴隆镇	4880	540	2536	1804	1420	4604
孙村镇	6240	714	3361	2165	1686	5519
版书镇	6457	580	3444	2433	1867	5765
云乐镇	3375	337	1659	1379	1107	3199
宣城市经济开发区	**106576**	**14511**	**79309**	**12756**	**10183**	**34263**
天湖街道	3453	308	2094	1051	839	2369
飞彩街道	75650	12256	56197	7197	5554	21114
金坝街道	27473	1947	21018	4508	3790	10780
宁国市	**384644**	**50079**	**250074**	**84491**	**66124**	**204601**
西津街道	112008	19384	78757	13867	10200	44930
南山街道	97859	16005	72279	9575	6870	24447
河沥溪街道	40403	4774	28185	7444	5931	19018
汪溪街道	15365	1385	9344	4636	3830	11679
竹峰街道	4366	361	2440	1565	1246	3661
港口镇	19703	1634	11385	6684	5466	16006
梅林镇	11172	759	5817	4596	3741	9462
中溪镇	14857	1024	8189	5644	4487	12381
宁墩镇	7416	588	3578	3250	2642	6228
仙霞镇	12623	1240	6528	4855	3774	11509
甲路镇	6456	424	3140	2892	2233	5884
胡乐镇	6897	559	3483	2855	2175	6304
霞西镇	8665	356	3690	4619	3830	8020
云梯畲族乡	3961	404	2172	1385	1041	3716
南极乡	5519	282	2740	2497	1924	5167
万家乡	6656	415	3195	3046	2479	6326
青龙乡	5059	185	2460	2414	2018	4529
方塘乡	5659	300	2692	2667	2237	5334
广德市	**499132**	**66996**	**328098**	**104038**	**81329**	**351694**
桃州镇	226357	33586	164912	27859	20608	106499
柏垫镇	28673	3581	16267	8825	7095	26513
誓节镇	45539	5348	27352	12839	10326	41237
邱村镇	53611	6607	32877	14127	11172	48496
新杭镇	58664	7188	37731	13745	10619	48856
杨滩镇	27595	3328	15137	9130	7574	25919
卢村乡	26194	3000	14629	8565	6855	24524
东亭乡	16470	2261	10070	4139	3248	14891
四合乡	16029	2097	9123	4809	3832	14759

表13 福建省乡、镇、街道人口

单位：人

地　区	总人口	分年龄人口				居住本乡、镇、街道，户口在本乡、镇、街道
		0-14岁	15-59岁	60岁及以上	#65岁及以上	
福建省	**41540086**	**8025225**	**26876992**	**6637869**	**4609999**	**24314795**
福州市	**8291268**	**1415982**	**5485297**	**1389989**	**971594**	**4223553**
鼓楼区	**669090**	**105851**	**435097**	**128142**	**92351**	**321924**
鼓东街道	42668	7444	25865	9359	6931	23119
鼓西街道	61487	9937	37708	13842	10204	34149
温泉街道	63059	10179	40177	12703	9495	34287
东街街道	24986	4695	15273	5018	3800	13172
南街街道	40223	5773	25331	9119	6874	19955
安泰街道	18276	2998	11327	3951	2862	8662
华大街道	80903	12635	52796	15472	11345	44300
水部街道	42547	6548	27704	8295	5957	18131
五凤街道	119703	18683	80152	20868	14525	54872
洪山镇	175238	26959	118764	29515	20358	71277
台江区	**411819**	**61728**	**267714**	**82377**	**57248**	**169453**
瀛洲街道	33987	5634	22547	5806	3764	11050
后洲街道	27284	3866	17637	5781	4008	10379
义洲街道	42057	5935	26069	10053	7026	18974
新港街道	38011	5577	24836	7598	5372	14704
上海街道	68137	8102	45404	14631	10694	27266
苍霞街道	35368	5076	21107	9185	6357	17368
茶亭街道	29614	4735	18869	6010	4276	14323
洋中街道	25297	5012	15643	4642	3258	13477
鳌峰街道	77196	13110	52575	11511	7460	27121
宁化街道	34868	4681	23027	7160	5033	14791
仓山区	**1142991**	**191404**	**796554**	**155033**	**104217**	**438929**
仓前街道	20589	3867	12404	4318	3228	10896
东升街道	20543	3860	12888	3795	2534	6796
对湖街道	56659	5995	44194	6470	4754	16771
临江街道	21026	3422	12723	4881	3496	10610
三叉街街道	14593	2424	9165	3004	2055	6420
上渡街道	55223	10048	35192	9983	6905	25562
下渡街道	50024	8023	30238	11763	8292	24209
金山街道	202945	43241	136051	23653	15355	90154
仓山镇	60078	8754	42067	9257	6254	12487
城门镇	137027	22190	95955	18882	12865	72213
盖山镇	171468	26017	123805	21646	14232	64180
建新镇	298730	48758	216755	33217	21475	86046
螺洲镇	34086	4805	25117	4164	2772	12585
马尾区	**290554**	**39178**	**206831**	**44545**	**30663**	**100123**
罗星街道	63995	10603	44574	8818	6174	26236
马尾镇	115427	19032	85584	10811	7007	32200
亭江镇	43743	3301	31351	9091	6498	9769
琅岐镇	67389	6242	45322	15825	10984	31918
晋安区	**789775**	**128926**	**537212**	**123637**	**84015**	**282940**
茶园街道	64568	7397	44742	12429	8949	23880
王庄街道	62526	9138	41632	11756	8357	23929

表13 续表 1

单位：人

地　　区	总人口	分年龄人口				居住本乡、镇、街道，户口在本乡、镇、街道
		0-14岁	15-59岁	60岁及以上	#65岁及以上	
象园街道	45014	7106	29605	8303	5580	16069
鼓山镇	222752	40639	152280	29833	19880	80718
新店镇	240970	40832	165604	34534	22807	73144
岳峰镇	132717	21453	89993	21271	14470	51150
宦溪镇	11944	1335	8022	2587	1784	6643
寿山乡	5873	586	3428	1859	1388	4491
日溪乡	3411	440	1906	1065	800	2916
长乐区	**790262**	**129645**	**525906**	**134711**	**94147**	**416839**
吴航街道	81255	15184	52317	13754	9705	37845
航城街道	103172	18595	72405	12172	8054	36321
营前街道	38923	4771	26669	7483	5321	19866
漳港街道	57874	10507	38146	9221	6271	35080
首占镇	50639	7552	37116	5971	4216	23067
玉田镇	33889	6198	20220	7471	5307	26089
松下镇	28439	4639	19754	4046	2750	16623
江田镇	54705	10102	36079	8524	5928	34626
古槐镇	47591	7277	30403	9911	7165	29244
文武砂镇	24737	3641	17926	3170	2114	11644
鹤上镇	52694	8148	34033	10513	7496	30330
湖南镇	34719	5204	24443	5072	3399	15881
金峰镇	79932	15566	50724	13642	9594	43514
文岭镇	31409	4169	21158	6082	4233	16771
梅花镇	11665	1341	7022	3302	2353	8037
潭头镇	46664	5424	30240	11000	7770	24991
罗联乡	7190	1134	4071	1985	1434	5704
猴屿乡	4765	193	3180	1392	1037	1206
闽侯县	**988200**	**150432**	**695728**	**142040**	**98681**	**513487**
甘蔗街道	109567	22172	74433	12962	8385	56814
白沙镇	30651	5125	18776	6750	4716	21489
南屿镇	112618	20753	75299	16566	11342	67253
尚干镇	22078	3696	14102	4280	3086	13286
祥谦镇	61593	10263	38975	12355	8769	46928
青口镇	99571	18393	64579	16599	11749	66923
南通镇	52646	8503	33836	10307	7444	35518
上街镇	306352	32957	249868	23527	15534	80227
荆溪镇	89974	12683	65224	12067	8297	36856
竹岐乡	26557	4028	17004	5525	3990	20045
鸿尾乡	27887	4909	17133	5845	4182	24079
洋里乡	13893	1948	7646	4299	3154	12612
大湖乡	16019	2321	8970	4728	3378	14321
廷坪乡	12313	1788	6416	4109	3111	11574
小箬乡	4585	658	2418	1509	1096	3905
江洋农场	1896	235	1049	612	448	1657
连江县	**639498**	**113919**	**402158**	**123421**	**86606**	**420307**
凤城镇	132366	30827	84033	17506	11857	77524
敖江镇	59371	10645	40792	7934	5488	28754
东岱镇	18330	3163	9588	5579	4091	16279
琯头镇	63755	5196	43950	14609	10209	25899

表13　续表 2　　　　单位：人

地　　区	总人口	分年龄人口				居住本乡、镇、街道，户口在本乡、镇、街道
		0-14岁	15-59岁	60岁及以上	#65岁及以上	
晓澳镇	23806	3560	13745	6501	4700	19433
东湖镇	16572	2673	10669	3230	2278	10744
丹阳镇	23756	4677	13882	5197	3693	18516
长龙镇	7944	1423	4318	2203	1581	7382
透堡镇	15759	3728	8320	3711	2722	14587
马鼻镇	33479	7470	18622	7387	5362	30528
官坂镇	22766	4541	12894	5331	3742	20514
筱埕镇	20015	2888	12108	5019	3462	16379
黄岐镇	19349	3105	11935	4309	3054	14682
苔菉镇	22556	3691	14184	4681	3278	18242
浦口镇	23627	3348	14285	5994	4365	18805
坑园镇	18137	2960	11478	3699	2491	14393
潘渡镇	47129	8425	33314	5390	3591	17574
江南镇	28027	4628	18104	5295	3663	15161
下宫镇	11124	1559	7468	2097	1434	7505
蓼沿乡	17482	3111	9992	4379	3218	15798
安凯乡	12455	2116	7544	2795	1891	10086
小沧畲族乡	1693	185	933	575	436	1522
罗源县	**255214**	**47170**	**161997**	**46047**	**32096**	**137405**
凤山镇	89811	18215	56881	14715	9763	47240
松山镇	80955	18963	53042	8950	5750	27085
起步镇	17067	2611	9789	4667	3399	14539
中房镇	9133	1313	4855	2965	2187	8667
飞竹镇	5940	724	3129	2087	1570	5495
鉴江镇	7947	738	5284	1925	1430	5590
白塔乡	5949	678	3128	2143	1668	5150
洪洋乡	4696	457	2580	1659	1277	3871
西兰乡	4666	501	2460	1705	1302	4036
霍口畲族乡	7844	1122	4402	2320	1710	7299
碧里乡	11499	1383	7423	2693	1960	8433
罗源湾	9707	465	9024	218	80	
闽清县	**256181**	**48184**	**150937**	**57060**	**41107**	**190334**
梅城镇	47993	10051	30004	7938	5521	27111
梅溪镇	33013	6300	21000	5713	4060	16444
白樟镇	15204	2617	9030	3557	2525	10991
金沙镇	9007	1555	4960	2492	1778	7710
白中镇	16107	2723	9917	3467	2494	12469
池园镇	19331	3724	11445	4162	3001	15720
坂东镇	36122	7099	20164	8859	6619	29559
塔庄镇	16058	3061	8553	4444	3203	14450
省璜镇	11956	2237	6626	3093	2259	11144
雄江镇	2378	280	1313	785	585	2096
东桥镇	14997	2939	8489	3569	2506	13192
云龙乡	10126	1688	6196	2242	1584	7710
上莲乡	5948	848	3287	1813	1377	5475
三溪乡	4765	832	2743	1190	844	4359
桔林乡	2464	259	1336	869	647	2102
下祝乡	10712	1971	5874	2867	2104	9802

表13 续表 3

单位：人

地　区	总人口	分年龄人口				居住本乡、镇、街道，户口在本乡、镇、街道
		0-14岁	15-59岁	60岁及以上	#65岁及以上	
永泰县	**281216**	**53662**	**169556**	**57998**	**41880**	**201951**
樟城镇	36220	8340	22632	5248	3619	21019
嵩口镇	17950	3027	10357	4566	3359	16555
梧桐镇	20462	3749	11078	5635	4198	19588
葛岭镇	20224	2019	14922	3283	2415	11354
城峰镇	68145	16099	44773	7273	4807	23446
清凉镇	8620	1281	5291	2048	1450	7211
长庆镇	12955	2688	6944	3323	2486	12450
同安镇	14580	2314	7853	4413	3312	13791
大洋镇	20246	4029	11353	4864	3564	18981
塘前乡	3418	328	2201	889	663	2375
富泉乡	3756	535	2044	1177	852	3533
岭路乡	4050	572	2275	1203	868	3804
赤锡乡	9536	1955	5482	2099	1499	9163
洑口乡	5430	941	2943	1546	1139	5254
盖洋乡	4682	831	2602	1249	923	4516
东洋乡	4352	789	2296	1267	899	4181
霞拔乡	8469	1391	4574	2504	1816	8143
盘谷乡	5694	1045	3159	1490	1099	5385
红星乡	4079	568	2163	1348	1022	3846
白云乡	7013	996	4009	2008	1467	6088
丹云乡	1335	165	605	565	423	1268
平潭县	**385981**	**76703**	**243830**	**65448**	**47678**	**206681**
潭城镇	119784	25046	78409	16329	11447	42470
苏澳镇	14377	2297	8322	3758	2896	13002
流水镇	28794	5176	16144	7474	5591	23819
澳前镇	59311	13197	38267	7847	5459	32167
北厝镇	27202	5873	16475	4854	3636	16497
平原镇	11365	2003	6281	3081	2423	10419
敖东镇	16620	3107	9387	4126	3123	14241
白青乡	6164	845	3234	2085	1615	5598
屿头乡	10332	1974	6030	2328	1685	9826
大练乡	3445	449	2014	982	751	3180
芦洋乡	2796	409	1543	844	661	2180
中楼乡	19075	2027	13814	3234	2472	8980
东庠乡	3642	491	2066	1085	858	3208
岚城乡	57379	12982	38492	5905	3924	16086
南海乡	5695	827	3352	1516	1137	5008
福清市	**1390487**	**269180**	**891777**	**229530**	**160905**	**823180**
玉屏街道	77173	15490	49401	12282	8615	36430
龙山街道	71924	14834	46030	11060	7666	38788
龙江街道	68777	12968	47018	8791	5918	27864
宏路街道	66606	12941	46221	7444	4909	26545
石竹街道	64911	10413	49907	4591	2944	12826
音西街道	119132	24559	80843	13730	9181	48780

表13　续表 4　　单位：人

地　区	总人口	分年龄人口				居住本乡、镇、街道，户口在本乡、镇、街道
		0-14岁	15-59岁	60岁及以上	#65岁及以上	
阳下街道	65386	12273	44021	9092	6139	32104
海口镇	59620	11464	36221	11935	8558	44355
城头镇	47876	9145	29507	9224	6454	34894
南岭镇	3245	526	1853	866	619	2616
龙田镇	119389	23725	74050	21614	15461	83811
江镜镇	76021	13855	47615	14551	10396	50516
港头镇	62594	12942	37039	12613	9061	47295
高山镇	64946	13548	39053	12345	8809	46445
沙埔镇	36943	7745	21385	7813	5563	29684
三山镇	92092	18875	56029	17188	12365	69242
东瀚镇	29444	5476	17555	6413	4601	20266
渔溪镇	53806	10186	33290	10330	7104	36191
上迳镇	28053	5285	17020	5748	4042	20201
新厝镇	27011	3271	17537	6203	4343	13812
江阴镇	80653	17349	51503	11801	8334	51358
东张镇	23208	4216	13637	5355	3819	17364
镜洋镇	36008	5191	25661	5156	3592	20360
一都镇	7577	1225	4568	1784	1294	5611
江镜华侨农场	4615	1100	2771	744	523	3531
东阁华侨农场	3477	578	2042	857	595	2291
厦门市	**5163970**	**886282**	**3784109**	**493579**	**318513**	**1761423**
思明区	**1073315**	**182608**	**731130**	**159577**	**108643**	**468004**
厦港街道	41858	6780	26205	8873	6282	20608
中华街道	37670	6264	24178	7228	5045	16847
滨海街道	70556	7549	55756	7251	4993	20462
鹭江街道	67711	11415	43869	12427	8577	31378
开元街道	99530	16253	63650	19627	13987	50152
梧村街道	140989	23013	94718	23258	15694	64092
筼筜街道	182063	34342	119983	27738	19141	95479
莲前街道	287704	48900	206982	31822	20271	98505
嘉莲街道	134442	26992	88850	18600	12673	65744
鼓浪屿街道	10792	1100	6939	2753	1980	4737
海沧区	**582519**	**105624**	**430533**	**46362**	**28255**	**175323**
海沧街道	82339	15826	58211	8302	5239	34034
新阳街道	196809	30244	157545	9020	5147	26915
嵩屿街道	225595	46920	156692	21983	13551	86210
东孚街道	77647	12628	57983	7036	4306	28157
天竺山林场	64	2	47	15	6	7
厦门海沧保税港区	65	4	55	6	6	
湖里区	**1036974**	**160492**	**801435**	**75047**	**46540**	**237583**
湖里街道	178093	30120	128263	19710	12897	66899
殿前街道	192794	28088	154660	10046	5956	25252
禾山街道	310398	47915	246033	16450	9495	60401
江头街道	220419	32193	171580	16646	10596	46168
金山街道	133383	21963	99300	12120	7548	38841
火炬高技术开发区	20		16	4	1	
象屿保税区	1867	213	1583	71	47	22

表13 续表 5 单位：人

地　区	总人口	分年龄人口				居住本乡、镇、街道，户口在本乡、镇、街道
		0-14岁	15-59岁	60岁及以上	#65岁及以上	
集美区	**1036987**	**174402**	**793440**	**69145**	**42030**	**281595**
集美街道	67981	8299	53346	6336	4275	22163
侨英街道	256526	37421	206674	12431	7027	45608
杏林街道	215319	42589	155690	17040	10344	71832
杏滨街道	172492	35064	126012	11416	6822	47559
灌口镇	161410	31154	117806	12450	7672	53108
后溪镇	163137	19863	133823	9451	5877	41290
省天马种猪场	95	11	65	19	11	35
坂头防护林场	27	1	24	2	2	
同安区	**855920**	**163028**	**612390**	**80502**	**52193**	**312119**
大同街道	117968	24491	77697	15780	10672	54589
祥平街道	179260	37879	125904	15477	9829	56982
莲花镇	30871	5786	18396	6689	4634	26001
新民镇	218378	36462	170464	11452	7065	41548
洪塘镇	54479	10586	36670	7223	4757	33129
西柯镇	179517	33796	133571	12150	7409	48743
汀溪镇	19927	3828	12508	3591	2368	14680
五显镇	55520	10200	37180	8140	5459	36447
翔安区	**578255**	**100128**	**415181**	**62946**	**40852**	**286799**
大嶝街道	22456	3871	14394	4191	2944	17517
马巷镇	238277	38229	179964	20084	12859	93699
新圩镇	40217	8582	24610	7025	4635	32832
新店镇	228522	40306	164436	23780	15076	108268
内厝镇	47208	8857	30880	7471	5074	33059
大帽山农场	1575	283	897	395	264	1424
莆田市	**3210714**	**665644**	**1967541**	**577529**	**405441**	**2255676**
城厢区	**547422**	**109095**	**357224**	**81103**	**55441**	**291210**
龙桥街道	135579	26762	93552	15265	10210	48418
凤凰山街道	85576	15372	60077	10127	6778	26788
霞林街道	107543	23653	73298	10592	6809	39638
常太镇	19082	2761	9680	6641	4796	17635
华亭镇	104876	17839	67396	19641	13814	73710
灵川镇	52615	12395	29591	10629	7302	46516
东海镇	42151	10313	23630	8208	5732	38505
涵江区	**479605**	**79841**	**308330**	**91434**	**65163**	**276761**
涵东街道	55493	10200	35311	9982	7191	28825
涵西街道	55413	11339	35442	8632	5955	20041
三江口镇	48604	8467	30671	9466	6822	35673
白塘镇	45996	8222	28980	8794	6351	32015
国欢镇	76225	13769	52536	9920	6801	35813
梧塘镇	44200	5620	30801	7779	5584	25087
江口镇	86667	12358	58028	16281	11102	43816
萩芦镇	17655	2832	9894	4929	3560	14804

表13　续表 6

单位：人

地　　区	总人口	分年龄人口				居住本乡、镇、街道，户口在本乡、镇、街道
		0-14岁	15-59岁	60岁及以上	#65岁及以上	
白沙镇	10859	1541	5636	3682	2734	9672
庄边镇	15012	2504	7699	4809	3562	13380
新县镇	10004	1122	5219	3663	2868	8630
大洋乡	7970	1136	3969	2865	2197	7115
赤港开发区	5507	731	4144	632	436	1890
荔城区	**673935**	**142737**	**430322**	**100876**	**69547**	**421122**
镇海街道	97790	22315	62846	12629	8620	45304
拱辰街道	135411	30670	88965	15776	10587	65301
西天尾镇	85253	13110	60794	11349	7805	38393
黄石镇	172164	35776	108330	28058	19495	123414
新度镇	111174	22980	70406	17788	12216	82567
北高镇	72143	17886	38981	15276	10824	66143
秀屿区	**604684**	**142620**	**333739**	**128325**	**92373**	**529392**
笏石镇	129210	32101	77518	19591	13706	97229
东庄镇	49108	9187	26913	13008	9457	42563
忠门镇	23292	5693	12006	5593	4037	19006
东埔镇	25050	5361	12621	7068	5250	20926
东峤镇	97203	24604	54906	17693	12615	86155
埭头镇	81873	18006	44770	19097	13797	76387
平海镇	61335	14157	32737	14441	10615	58915
南日镇	37313	7575	20591	9147	6556	34589
湄洲镇	33994	8880	18468	6646	4584	32084
山亭镇	35635	9083	18076	8476	6299	32551
月塘镇	30671	7973	15133	7565	5457	28987
仙游县	**905068**	**191351**	**537926**	**175791**	**122917**	**737191**
鲤城街道	120296	26914	73979	19403	13124	66529
枫亭镇	105375	21244	66794	17337	11939	87894
榜头镇	132832	28496	80566	23770	16512	120880
郊尾镇	66868	15006	39698	12164	8435	60745
度尾镇	64123	13296	37037	13790	9947	60073
鲤南镇	95568	21517	60065	13986	9289	44898
赖店镇	55556	11438	33008	11110	7755	47339
盖尾镇	72292	16955	40600	14737	10324	68710
园庄镇	31187	6318	16969	7900	5522	29574
大济镇	63403	13079	35461	14863	10421	59926
龙华镇	44179	9457	25083	9639	6788	41784
钟山镇	12864	2166	6824	3874	2842	11832
游洋镇	15621	2264	8494	4863	3681	13696
西苑乡	7393	1110	4140	2143	1647	7002
石苍乡	4962	567	2676	1719	1290	4573
社硎乡	3506	401	1795	1310	1027	3191
书峰乡	5355	567	2916	1872	1390	5060
菜溪乡	3688	556	1821	1311	984	3485

表13 续表 7 单位：人

地区	总人口	分年龄人口				居住本乡、镇、街道，户口在本乡、镇、街道
		0-14岁	15-59岁	60岁及以上	#65岁及以上	
三明市	**2486450**	**512887**	**1496746**	**476817**	**341318**	**1599828**
梅列区	**220115**	**41239**	**146164**	**32712**	**23025**	**111910**
列东街道	77409	14159	51147	12103	8452	44500
列西街道	57075	9201	38576	9298	6875	24285
徐碧街道	71867	15905	48085	7877	5113	32971
陈大镇	7412	1045	4532	1835	1412	5237
洋溪镇	5753	920	3258	1575	1162	4916
福建梅列经济开发区	599	9	566	24	11	1
三元区	**187936**	**31417**	**126324**	**30195**	**21626**	**85095**
城关街道	73984	14997	49812	9175	6234	29546
白沙街道	37690	5796	24920	6974	5195	15698
富兴堡街道	31177	6358	20169	4650	3362	13682
荆西街道	15419	709	13580	1130	820	2242
莘口镇	10966	1263	6907	2796	2000	8464
岩前镇	11558	1528	6765	3265	2351	9334
中村乡	7142	766	4171	2205	1664	6129
明溪县	**98930**	**16902**	**61199**	**20829**	**14870**	**62870**
雪峰镇	40534	8249	24963	7322	5163	19775
盖洋镇	10924	1555	6613	2756	1991	9122
胡坊镇	5736	605	3647	1484	1087	4594
瀚仙镇	8526	1071	5489	1966	1351	6614
城关乡	10848	2043	6777	2028	1397	6365
沙溪乡	5420	691	3626	1103	803	2352
夏阳乡	9450	1538	5576	2336	1733	7688
枫溪乡	2957	385	1786	786	577	2568
夏坊乡	4535	765	2722	1048	768	3792
清流县	**118029**	**24808**	**69045**	**24176**	**17525**	**85388**
龙津镇	50662	12398	31145	7119	5057	25786
嵩溪镇	11788	2354	6725	2709	1926	10090
嵩口镇	9300	1613	5343	2344	1729	8338
灵地镇	7296	1356	3990	1950	1442	6457
长校镇	6919	1665	3330	1924	1491	6454
赖坊镇	5643	1150	3045	1448	1048	5302
林畲镇	5486	752	3524	1210	843	4516
温郊乡	2991	373	1971	647	469	2136
田源乡	3848	699	2181	968	696	3285
沙芜乡	2295	412	1244	639	437	2099
余朋乡	3062	468	1806	788	583	2760
李家乡	5700	1040	3116	1544	1147	5385
里田乡	3039	528	1625	886	657	2780
宁化县	**261579**	**56701**	**146801**	**58077**	**42328**	**186241**
翠江镇	91919	22561	56238	13120	9088	38343
泉上镇	13192	2624	6990	3578	2615	12300
湖村镇	10736	2107	5923	2706	1987	9310
石壁镇	14509	2357	7254	4898	3720	13474
曹坊镇	12607	2623	6516	3468	2621	12086
安远镇	21288	4884	10979	5425	3932	20541
淮土镇	12275	1888	6138	4249	3294	11915

表13 续表 8

单位：人

地区	总人口	分年龄人口				居住本乡、镇、街道，户口在本乡、镇、街道
		0-14岁	15-59岁	60岁及以上	#65岁及以上	
安乐镇	9688	1833	5097	2758	2020	9283
水茜镇	14431	3022	7384	4025	2982	13969
城郊镇	20287	4623	11957	3707	2639	11228
城南镇	11943	2984	6979	1980	1307	6092
济村乡	5787	1005	3107	1675	1264	5580
方田乡	3769	489	1913	1367	1067	3660
治平畲族乡	6546	1314	3444	1788	1372	6337
中沙乡	8179	1542	4459	2178	1578	7829
河龙乡	4423	845	2423	1155	842	4294
大田县	**299513**	**77668**	**168617**	**53228**	**38858**	**219646**
均溪镇	128784	38378	77862	12544	8543	69295
石牌镇	14646	3811	8173	2662	1930	10245
上京镇	14528	3356	8370	2802	2077	11311
广平镇	28099	7708	15286	5105	3753	25222
桃源镇	11085	2435	6206	2444	1745	10075
太华镇	19561	4612	10527	4422	3415	17881
建设镇	18777	5371	9845	3561	2574	16923
奇韬镇	7777	1734	4000	2043	1581	7074
华兴镇	5970	959	3377	1634	1175	4896
吴山镇	5661	1327	2991	1343	945	5189
文江镇	8561	1668	4150	2743	2121	7977
梅山镇	10602	2147	5170	3285	2469	9913
屏山乡	4471	561	2116	1794	1383	4252
济阳乡	3229	536	1599	1094	838	3047
武陵乡	5399	1131	2686	1582	1233	5082
谢洋乡	2749	348	1333	1068	826	2595
湖美乡	5056	872	2525	1659	1179	4666
前坪乡	3135	559	1687	889	657	2666
东风农场生活区	1423	155	714	554	414	1337
尤溪县	**341638**	**72381**	**197789**	**71468**	**49743**	**263728**
城关镇	83541	19376	53474	10691	7104	43104
梅仙镇	24717	4984	13871	5862	4134	22597
西滨镇	17771	3142	10143	4486	3112	16220
洋中镇	22886	4699	13069	5118	3548	20284
新阳镇	24573	4936	12692	6945	4902	23416
管前镇	16332	3605	8710	4017	2805	15326
西城镇	57931	14195	35155	8581	5811	34426
尤溪口镇	779	159	473	147	102	375
坂面镇	21419	4200	11728	5491	3891	19913
联合镇	12965	2364	6856	3745	2766	12361
汤川乡	9322	1493	4935	2894	2051	8583
溪尾乡	6620	1026	3370	2224	1631	6157
中仙乡	17946	3009	10075	4862	3402	17097
台溪乡	17165	3347	9327	4491	3132	16629
八字桥乡	7671	1846	3911	1914	1352	7240
沙县	**250503**	**54290**	**149128**	**47085**	**33691**	**139968**
凤岗街道	111161	25403	67487	18271	12545	45057

表13　续表 9　　　　单位：人

地　区	总人口	分年龄人口				居住本乡、镇、街道，户口在本乡、镇、街道
		0-14岁	15-59岁	60岁及以上	#65岁及以上	
虬江街道	40095	9091	24129	6875	4817	17467
青州镇	8967	1657	4985	2325	1678	7267
夏茂镇	21630	5002	12120	4508	3405	20227
高砂镇	9806	1817	5714	2275	1704	8442
高桥镇	9857	2178	5233	2446	1809	8894
富口镇	7415	1212	4191	2012	1554	6586
大洛镇	5314	928	2796	1590	1175	4961
南霞乡	4379	798	2195	1386	1058	4102
南阳乡	5519	1256	2846	1417	1081	5311
郑湖乡	5444	1219	2825	1400	1054	5210
湖源乡	3937	981	2090	866	621	3586
金沙园开发区	6774	1374	4735	665	402	48
金古园开发区	2720	679	1835	206	118	107
青山纸业工业区	5008	649	3535	824	666	2703
海西物流园区	2477	46	2412	19	4	
将乐县	**144943**	**30847**	**83501**	**30595**	**21849**	**88930**
古镛镇	56536	12764	33935	9837	6754	25451
万安镇	6500	1453	3502	1545	1124	5707
高唐镇	6340	1167	3583	1590	1124	5691
白莲镇	9102	1815	4654	2633	1966	8293
黄潭镇	6359	1270	3347	1742	1274	6017
水南镇	30130	7161	18189	4780	3211	9317
光明镇	4333	759	2450	1124	824	4044
南口镇	7547	1419	4054	2074	1562	7156
漠源乡	3029	451	1729	849	645	2855
万全乡	3558	631	1963	964	737	3397
安仁乡	4966	937	2534	1495	1123	4808
大源乡	3535	634	1910	991	732	3363
余坊乡	3008	386	1651	971	773	2831
泰宁县	**104071**	**21924**	**60406**	**21741**	**16141**	**70598**
杉城镇	62404	14647	37039	10718	7668	31198
朱口镇	16313	3355	9249	3709	2774	15620
下渠镇	4785	780	2631	1374	1062	4542
新桥乡	3737	554	2222	961	778	3580
上青乡	2777	402	1466	909	725	2633
大田乡	3205	458	1779	968	777	2994
梅口乡	2323	358	1342	623	472	2145
开善乡	3659	581	2014	1064	785	3390
大龙乡	4868	789	2664	1415	1100	4496
建宁县	**114400**	**21729**	**67958**	**24713**	**17491**	**82077**
濉溪镇	47029	10217	29781	7031	4682	23032
里心镇	14047	2604	8024	3419	2472	12978
溪口镇	16388	2954	9610	3824	2760	11902
均口镇	12511	2485	7206	2820	1960	11159
伊家乡	5408	854	2794	1760	1289	5228
黄坊乡	4040	347	2352	1341	991	3806
溪源乡	4451	669	2484	1298	946	4302

表13　续表 10　　　　单位：人

地　　区	总人口	分年龄人口				居住本乡、镇、街道，户口在本乡、镇、街道
		0-14岁	15-59岁	60岁及以上	#65岁及以上	
客坊乡	4812	777	2492	1543	1179	4537
黄埠乡	5479	812	2997	1670	1206	5133
福建建宁经济开发区	235	10	218	7	6	
永安市	**344793**	**62981**	**219814**	**61998**	**44171**	**203377**
燕东街道	37561	6737	24077	6747	4855	14881
燕西街道	55319	11256	36798	7265	5128	23923
燕南街道	96218	18299	64426	13493	9445	41905
燕北街道	32882	5079	22457	5346	3748	15398
西洋镇	13719	2310	8220	3189	2263	11687
贡川镇	7364	1040	4533	1791	1279	5917
安砂镇	8749	1353	5044	2352	1688	7240
小陶镇	22547	4374	13235	4938	3557	20840
大湖镇	13069	2405	7521	3143	2276	11970
曹远镇	16007	2437	9912	3658	2700	12004
洪田镇	12090	2153	7079	2858	1959	10870
槐南镇	13528	3069	7550	2909	2123	12502
上坪乡	3292	365	1968	959	678	2619
罗坊乡	2839	362	1653	824	623	2511
青水畲族乡	9609	1742	5341	2526	1849	9110
泉州市	**8782285**	**1810831**	**5811365**	**1160089**	**790577**	**5078983**
鲤城区	**428361**	**82214**	**292966**	**53181**	**35684**	**151288**
海滨街道	38093	7346	23643	7104	4914	17176
临江街道	18328	3262	11252	3814	2601	9793
鲤中街道	44915	7979	27605	9331	6648	21013
开元街道	60843	11339	38642	10862	7581	31904
浮桥街道	48342	10281	32427	5634	3644	17760
江南街道	61350	12317	43701	5332	3416	15089
金龙街道	79028	15321	58214	5493	3396	20500
常泰街道	45213	8507	32087	4619	3018	14723
清濛经济开发区	32249	5862	25395	992	466	3330
丰泽区	**698557**	**120804**	**509121**	**68632**	**44267**	**227866**
东湖街道	80668	13969	56449	10250	6914	29401
丰泽街道	99776	18355	68455	12966	8689	41512
泉秀街道	71324	11699	52182	7443	4903	20333
清源街道	43226	8085	29216	5925	3917	10974
华大街道	36715	5202	28804	2709	1771	10701
城东街道	92970	17586	67094	8290	5135	32923
东海街道	189819	31246	144672	13901	8365	55793
北峰街道	84059	14662	62249	7148	4573	26229
洛江区	**247172**	**49844**	**167655**	**29673**	**20067**	**138962**
万安街道	72588	16394	51279	4915	2684	24176
双阳街道	43089	8661	30538	3890	2472	15934
罗溪镇	26107	5182	15286	5639	4207	23167
马甲镇	58408	11475	38842	8091	5713	43787
河市镇	42414	7349	29373	5692	3937	27801
虹山乡	4566	783	2337	1446	1054	4097

表13　续表 11

单位：人

地　　区	总人口	分年龄人口				居住本乡、镇、街道，户口在本乡、镇、街道
		0-14岁	15-59岁	60岁及以上	#65岁及以上	
泉港区	**354296**	**82294**	**213135**	**58867**	**40037**	**279911**
山腰街道	78558	18861	48765	10932	7482	54066
南埔镇	46967	10807	27897	8263	5694	40915
界山镇	44773	10643	26212	7918	5366	39732
后龙镇	52796	13175	31462	8159	5494	35355
峰尾镇	50460	11135	30757	8568	5939	42030
前黄镇	37993	8404	23057	6532	4412	30272
涂岭镇	42749	9269	24985	8495	5650	37541
惠安县	**1030626**	**225061**	**651631**	**153934**	**107302**	**797847**
螺城镇	137297	32536	88088	16673	11272	89351
螺阳镇	99932	23119	63227	13586	9562	69688
黄塘镇	50273	10520	32712	7041	4717	36600
紫山镇	32984	7078	20529	5377	3774	28024
洛阳镇	71423	13110	47612	10701	7181	51617
东园镇	66031	13219	43187	9625	6654	47170
张坂镇	87202	17759	57690	11753	8130	64461
崇武镇	76376	14571	48649	13156	9274	61349
山霞镇	46323	11092	27773	7458	5200	41474
涂寨镇	75706	17542	45469	12695	9157	69086
东岭镇	60547	14962	36923	8662	6092	49617
东桥镇	57362	13515	35218	8629	6148	50685
净峰镇	54591	12546	32150	9895	6956	50960
小岞镇	27144	6238	15682	5224	3642	25781
辋川镇	53811	10574	32740	10497	7470	47668
百崎回族乡	24573	4941	16916	2716	1944	13842
城南工业区	9051	1739	7066	246	129	474
安溪县	**1003599**	**253372**	**595873**	**154354**	**107128**	**690820**
凤城镇	152782	42213	98159	12410	7981	51358
蓬莱镇	41860	8353	23605	9902	7006	37133
湖头镇	76205	19834	45119	11252	7644	64781
官桥镇	62059	14173	36216	11670	8281	53947
剑斗镇	28884	7371	16463	5050	3638	27358
城厢镇	191408	56933	120173	14302	9432	59538
金谷镇	31024	7446	16637	6941	4937	28712
龙门镇	48388	10521	27885	9982	6960	43025
虎邱镇	34877	8630	19516	6731	4523	32413
芦田镇	9051	2053	4958	2040	1431	8525
感德镇	45293	12248	26386	6659	4683	42172
魁斗镇	12689	1951	7140	3598	2607	11061
西坪镇	36860	8716	20870	7274	5094	34808
参内镇	41687	12300	24681	4706	3335	20085
长卿镇	42144	7199	24792	10153	7079	37957
白濑乡	5356	1149	3084	1123	798	5045
湖上乡	11255	2024	6406	2825	2027	10458
尚卿乡	24885	5546	14336	5003	3501	21231
大坪乡	8720	1600	4643	2477	1753	8179

表13　续表 12　　　　单位：人

地　区	总人口	分年龄人口				居住本乡、镇、街道，户口在本乡、镇、街道
		0-14岁	15-59岁	60岁及以上	#65岁及以上	
龙涓乡	46332	11006	25485	9841	7042	44134
蓝田乡	18587	4739	10255	3593	2491	17840
祥华乡	22213	5219	12866	4128	2948	20914
桃舟乡	6521	1331	3635	1555	1129	6113
福田乡	4519	817	2563	1139	808	4033
永春县	**422531**	**89397**	**250275**	**82859**	**58855**	**331248**
桃城镇	80988	15886	52437	12665	8967	47358
五里街镇	47837	10827	29994	7016	4940	22138
一都镇	12588	2779	7665	2144	1485	10397
下洋镇	10793	2351	6793	1649	1122	7847
蓬壶镇	48292	11274	27489	9529	6845	44739
达埔镇	48336	11552	26881	9903	7131	45108
吾峰镇	10386	1799	5917	2670	1908	9970
石鼓镇	30685	6487	18573	5625	3993	21725
岵山镇	16745	3122	9754	3869	2778	15474
东平镇	14700	2624	9000	3076	2136	13308
湖洋镇	14464	2303	7134	5027	3688	13661
坑仔口镇	12091	2798	7112	2181	1534	10865
玉斗镇	13233	3355	7219	2659	1814	12368
锦斗镇	10347	2482	5638	2227	1553	9905
东关镇	8202	1372	4637	2193	1520	7363
桂洋镇	7267	1331	4033	1903	1349	6859
苏坑镇	10253	2148	5895	2210	1557	9249
仙夹镇	6868	1191	3649	2028	1490	6412
横口乡	4430	844	2516	1070	750	3754
呈祥乡	3998	776	2151	1071	807	3763
介福乡	7282	1664	4274	1344	896	6513
外山乡	2746	432	1514	800	592	2472
德化县	**332148**	**75299**	**210223**	**46626**	**31875**	**150163**
浔中镇	140366	35422	93668	11276	6977	45688
龙浔镇	127666	31493	83249	12924	8360	49930
三班镇	18877	4431	11481	2965	1958	13879
龙门滩镇	3121	252	1489	1380	1036	2755
雷峰镇	4058	331	2013	1714	1265	3676
南埕镇	2367	158	1054	1155	859	2204
水口镇	3362	254	1513	1595	1259	3175
赤水镇	3241	292	1422	1527	1104	2972
上涌镇	5346	461	2651	2234	1657	5054
葛坑镇	3298	275	1660	1363	1021	2960
盖德镇	6621	913	3641	2067	1521	5453
美湖镇	3177	212	1553	1412	1104	2622
杨梅乡	1368	105	643	620	483	1251
汤头乡	1719	127	790	802	593	1539
桂阳乡	1631	136	782	713	539	1499
国宝乡	2479	177	1059	1243	965	2253
大铭乡	1039	67	434	538	408	966
春美乡	2412	193	1121	1098	766	2287

表13 续表 13

单位：人

地区	总人口	分年龄人口 0-14岁	15-59岁	60岁及以上	#65岁及以上	居住本乡、镇、街道，户口在本乡、镇、街道
石狮市	**685930**	**125238**	**494836**	**65856**	**42277**	**262680**
湖滨街道	103810	19706	75145	8959	5582	30487
凤里街道	76359	14332	54974	7053	4460	19735
灵秀镇	120936	23220	89914	7802	4835	27928
宝盖镇	125569	24411	91828	9330	5970	44448
蚶江镇	77278	12517	55515	9246	6068	39903
祥芝镇	55036	9204	40145	5687	3735	27628
鸿山镇	40826	7007	28800	5019	3252	22925
锦尚镇	34013	5803	24024	4186	2741	16775
永宁镇	52103	9038	34491	8574	5634	32851
晋江市	**2061551**	**377872**	**1475380**	**208299**	**137899**	**913610**
青阳街道	102773	18848	74810	9115	5831	36925
梅岭街道	154900	34786	108302	11812	7254	52923
西园街道	53623	9895	37329	6399	4271	33484
罗山街道	93942	19239	65381	9322	6141	49545
新塘街道	59365	10723	42013	6629	4495	27357
灵源街道	42135	8557	28893	4685	3251	25295
安海镇	174248	35277	116689	22282	15268	108920
磁灶镇	106633	19577	72511	14545	9813	66424
陈埭镇	304033	44425	242013	17595	10826	66674
东石镇	136212	28719	89747	17746	12343	84889
深沪镇	79467	12978	56572	9917	6269	34904
金井镇	75986	12533	51755	11698	8021	40767
池店镇	228625	47558	165086	15981	9919	75355
内坑镇	93604	16517	65616	11471	7847	52190
龙湖镇	112520	18987	78092	15441	10599	59338
永和镇	91988	18154	62805	11029	7541	50639
英林镇	70908	12949	49304	8655	5892	34595
紫帽镇	20120	4041	13435	2644	1738	11987
西滨镇	13897	1817	11481	599	339	1184
晋江市经济开发区	45054	2078	42282	694	227	156
泉州出口加工区	1518	214	1264	40	14	59
南安市	**1517514**	**329436**	**950270**	**237808**	**165186**	**1134588**
溪美街道	95197	22701	60131	12365	8447	70983
柳城街道	94574	23682	59878	11014	7283	68068
美林街道	90305	21967	56822	11516	7918	62757
省新镇	47564	11513	29139	6912	4631	38146
仑苍镇	55640	11673	37034	6933	4703	30736
东田镇	37110	8961	21099	7050	4950	33635
英都镇	40353	9259	22952	8142	5933	34141
翔云镇	15319	3275	8329	3715	2683	14396
金淘镇	60484	13155	35058	12271	8615	55102
诗山镇	61141	13532	34699	12910	9122	55940
蓬华镇	12879	2805	6698	3376	2435	11988
码头镇	48589	10056	27825	10708	7701	44880

表13 续表 14

单位：人

地 区	总人口	分年龄人口				居住本乡、镇、街道，户口在本乡、镇、街道
		0-14岁	15-59岁	60岁及以上	#65岁及以上	
九都镇	11587	2619	6777	2191	1570	10156
乐峰镇	25918	5754	15048	5116	3609	24417
罗东镇	46709	10224	27803	8682	6077	39300
梅山镇	65139	13350	40478	11311	7863	50506
洪濑镇	81468	17493	50063	13912	9819	69173
洪梅镇	31318	6893	17699	6726	4772	29680
康美镇	53908	11115	34491	8302	5808	42574
丰州镇	49403	9845	31631	7927	5447	37208
霞美镇	82988	17371	54338	11279	7782	57319
官桥镇	107381	21769	68833	16779	11663	80444
水头镇	182936	37772	124989	20175	13629	92953
石井镇	98915	18673	67016	13226	9007	61704
眉山乡	11513	2122	6157	3234	2303	10629
向阳乡	7745	1661	4266	1818	1260	7215
雪峰管委会	1431	196	1017	218	156	538
漳州市	**5054328**	**1004102**	**3143679**	**906547**	**623456**	**3805461**
芗城区	**638060**	**105682**	**432181**	**100197**	**67842**	**322466**
东铺头街道	56105	6041	41257	8807	6235	24474
西桥街道	18190	2744	11481	3965	2689	9086
新桥街道	81246	14722	52957	13567	8952	40222
巷口街道	83778	14116	54255	15407	10586	46985
南坑街道	104275	19248	69645	15382	10418	54117
通北街道	61280	6367	47193	7720	5387	21015
浦南镇	28838	4710	17855	6273	4333	22642
天宝镇	44955	7615	26981	10359	7180	38996
芝山镇	84381	16733	58405	9243	5765	28733
石亭镇	74899	13380	52084	9435	6273	36151
芗城区奶牛场	36	1	20	15	10	9
天宝林场	77	5	48	24	14	36
龙文区	**301883**	**65548**	**201969**	**34366**	**22276**	**143160**
步文街道	48330	10521	32450	5359	3441	21397
碧湖街道	54204	12567	36667	4970	3125	22181
蓝田街道	82105	20191	53700	8214	5196	34787
朝阳街道	30672	5726	19257	5689	3878	23589
景山街道	69807	13548	49706	6553	4209	27485
郭坑镇	16765	2995	10189	3581	2427	13721
云霄县	**411558**	**81044**	**253898**	**76616**	**53882**	**313291**
云陵镇	83880	16706	54476	12698	8695	51875
陈岱镇	32680	6490	19293	6897	5079	30287
东厦镇	43340	8832	25236	9272	6671	40958
莆美镇	82694	16861	54343	11490	7807	42354
列屿镇	21451	3814	13714	3923	2822	17830
火田镇	42256	7853	25226	9177	6415	39830
下河乡	29406	5740	16756	6910	4912	26252
马铺乡	24015	4434	13750	5831	4204	23205

表13 续表 15 单位：人

地　　区	总人口	分年龄人口				居住本乡、镇、街道，户口在本乡、镇、街道
		0-14岁	15-59岁	60岁及以上	#65岁及以上	
和平乡	15511	2732	8815	3964	2852	14498
常山华侨经济开发区	23918	5215	14342	4361	2961	16312
云陵工业开发区	12407	2367	7947	2093	1464	9890
漳浦县	**847535**	**185486**	**511528**	**150521**	**105135**	**699816**
绥安镇	177438	37808	116303	23327	15827	104848
旧镇镇	66277	14768	39000	12509	8731	62016
佛昙镇	53506	12344	31539	9623	6709	48577
赤湖镇	54774	12451	32699	9624	6988	49648
杜浔镇	62745	12910	38621	11214	8042	54998
霞美镇	53730	12768	31026	9936	6961	51485
官浔镇	15873	3111	8964	3798	2650	14699
石榴镇	35748	6876	19902	8970	6324	33332
盘陀镇	29712	5695	19035	4982	3428	22326
长桥镇	15638	2544	9902	3192	2205	11744
前亭镇	30147	7233	17123	5791	3972	27186
马坪镇	12972	2849	7142	2981	2063	12245
深土镇	48403	12750	26823	8830	6328	45272
六鳌镇	24595	5741	14599	4255	2999	22748
沙西镇	34499	7500	19212	7787	5501	33226
古雷镇	49385	11376	31633	6376	4369	33237
大南坂镇	14313	2282	9719	2312	1645	9475
南浦乡	9586	1756	5323	2507	1695	8779
赤岭畲族乡	9697	2046	5497	2154	1417	8923
湖西畲族乡	18982	4361	10336	4285	3025	17864
赤土乡	20930	4585	12099	4246	2905	19746
漳浦盐场	7212	1521	4189	1502	1134	6574
南山华侨茶果场	802	162	411	229	159	671
中西林场	233	26	140	67	49	149
下蔡林场	338	23	291	24	9	48
诏安县	**560969**	**132403**	**321917**	**106649**	**73791**	**511920**
南诏镇	83733	16678	51981	15074	10281	58451
四都镇	51395	10751	30510	10134	7326	48634
梅岭镇	31601	7080	18485	6036	4052	30084
桥东镇	59874	12554	34756	12564	8541	55200
深桥镇	62099	13109	36473	12517	8586	56468
太平镇	42401	11601	23343	7457	5114	41345
霞葛镇	33287	11340	16863	5084	3509	32088
官陂镇	45231	13818	24134	7279	5001	43946
秀篆镇	30982	8683	16242	6057	4252	30305
西潭镇	39726	8932	23009	7785	5526	38211
金星乡	16587	3483	9810	3294	2237	15503
白洋乡	25344	5630	14361	5353	3739	24470
建设乡	9004	1807	5179	2018	1406	8650
红星乡	12967	3443	6975	2549	1709	12477
梅洲乡	16738	3494	9796	3448	2512	16088

表13 续表 16

单位：人

地　区	总人口	分年龄人口				居住本乡、镇、街道，户口在本乡、镇、街道
		0-14岁	15-59岁	60岁及以上	#65岁及以上	
长泰县	**228235**	**42911**	**146994**	**38330**	**25378**	**160170**
武安镇	66911	14155	42282	10474	6886	48969
岩溪镇	36055	7089	21605	7361	4897	31174
陈巷镇	27769	4986	17067	5716	3864	22595
枋洋镇	12178	2363	6802	3013	2020	11342
坂里乡	8326	1330	4721	2275	1550	7579
国营古农农场	19194	3354	13206	2634	1737	10020
长泰经济开发区	30047	3947	24532	1568	945	5829
马洋溪生态旅游区	11547	2058	7292	2197	1451	8459
林墩工业区	16208	3629	9487	3092	2028	14203
东山县	**219511**	**40211**	**137684**	**41616**	**29155**	**176321**
西埔镇	67392	14169	43875	9348	6541	50492
樟塘镇	14764	2805	8748	3211	2361	12896
康美镇	29631	4814	19203	5614	3851	17876
杏陈镇	22830	4212	13444	5174	3733	21251
陈城镇	32034	6138	19872	6024	4075	27655
前楼镇	11332	2086	6828	2418	1717	10051
铜陵镇	41528	5987	25714	9827	6877	36100
南靖县	**305259**	**51489**	**187002**	**66768**	**46308**	**253170**
山城镇	108768	20091	68158	20519	13945	81372
丰田镇	7684	1198	4821	1665	1141	5858
靖城镇	66342	10999	42738	12605	8559	55045
龙山镇	30410	5064	18426	6920	4753	27047
金山镇	32139	5579	19487	7073	4943	29528
和溪镇	16674	3080	9629	3965	2782	14946
奎洋镇	6335	842	3310	2183	1654	5760
梅林镇	6391	962	3372	2057	1513	5810
书洋镇	11633	1805	6391	3437	2540	10355
船场镇	12088	1213	6776	4099	2930	11048
南坑镇	6795	656	3894	2245	1548	6401
平和县	**455042**	**92112**	**266465**	**96465**	**66475**	**410079**
小溪镇	106626	21991	67659	16976	11429	82417
山格镇	37416	6930	22416	8070	5365	35567
文峰镇	14263	2435	8797	3031	2051	12745
南胜镇	20040	4033	11249	4758	3312	19156
坂仔镇	31820	5749	19019	7052	4717	30376
安厚镇	42603	9727	23734	9142	6350	40859
大溪镇	42875	11208	23346	8321	5714	41307
霞寨镇	33481	5562	19204	8715	5952	31868
九峰镇	34510	7457	19225	7828	5531	32325
芦溪镇	21246	3309	11366	6571	4809	20215
五寨乡	13851	3191	7523	3137	2240	13302
国强乡	15220	2740	8740	3740	2485	14514
崎岭乡	15925	2803	9107	4015	2848	15249
长乐乡	7852	1824	4188	1840	1293	7512
秀峰乡	9213	1858	4859	2496	1875	8829
福建平和工业园区	8101	1295	6033	773	504	3838

表13 续表 17

单位：人

地 区	总人口	分年龄人口				居住本乡、镇、街道，户口在本乡、镇、街道
		0-14岁	15-59岁	60岁及以上	#65岁及以上	
华安县	**134276**	**24736**	**81163**	**28377**	**19670**	**109612**
华丰镇	38492	7648	23685	7159	4988	29672
丰山镇	25641	3724	17541	4376	3016	16373
沙建镇	21116	3846	12638	4632	3149	18119
新圩镇	7767	1243	4368	2156	1497	6852
高安镇	7089	1380	3779	1930	1377	6531
仙都镇	17265	3943	9675	3647	2434	16400
高车乡	3549	457	2022	1070	778	3195
马坑乡	2564	364	1312	888	671	2378
湖林乡	5526	958	3133	1435	1040	5033
福建土楼(华安)旅游区	5267	1173	3010	1084	720	5059
龙海市	**952000**	**182480**	**602878**	**166642**	**113544**	**705456**
石码镇	65559	10686	40079	14794	10382	50688
海澄镇	83419	16646	50999	15774	11216	69555
角美镇	241397	45378	165847	30172	19557	130216
白水镇	32188	6777	17678	7733	5416	30164
浮宫镇	45569	9259	26705	9605	6672	41675
程溪镇	35030	6148	21327	7555	5011	30289
港尾镇	51349	9680	32847	8822	5799	39154
九湖镇	63332	11263	39795	12274	8174	50552
颜厝镇	61880	12591	38210	11079	7442	50612
榜山镇	89856	18576	55583	15697	10816	73311
紫泥镇	55193	10754	32398	12041	8357	50715
东园镇	32443	6314	18893	7236	5194	29312
东泗乡	15630	3133	8418	4079	2891	14748
隆教畲族乡	19084	3791	10876	4417	3114	17107
双第华侨农场	2625	364	1339	922	684	2099
九龙岭林场	142	17	98	27	20	82
程溪农场	1384	216	881	287	197	521
良种场	667	99	416	152	100	445
林下林场	590	62	387	141	105	429
招商局漳州开发区	54663	10726	40102	3835	2397	23782
南平市	**2680645**	**484524**	**1637321**	**558800**	**396449**	**1761285**
延平区	**454605**	**76668**	**282009**	**95928**	**68468**	**283887**
梅山街道	24253	3407	15616	5230	3659	10968
黄墩街道	23832	3010	14883	5939	4186	11686
紫云街道	40652	6848	25177	8627	6132	25294
四鹤街道	72010	13079	46710	12221	8398	36975
水南街道	70088	14950	44855	10283	6794	32675
水东街道	48410	8047	32128	8235	5654	19579
来舟镇	5478	661	3368	1449	1101	3615
樟湖镇	12223	1903	6616	3704	2686	11441
夏道镇	27692	3452	19086	5154	3710	17409
西芹镇	24285	4157	14293	5835	4317	20637

表13　续表 18　　　　单位：人

地　区	总人口	分年龄人口				居住本乡、镇、街道，户口在本乡、镇、街道
		0-14岁	15-59岁	60岁及以上	#65岁及以上	
峡阳镇	11712	1478	6587	3647	2807	10695
南山镇	14752	2488	8271	3993	2912	13699
大横镇	9733	1530	5398	2805	1986	7969
王台镇	13060	1910	7571	3579	2757	12352
太平镇	8650	1209	4883	2558	1896	7785
塔前镇	12879	2495	6904	3480	2617	12242
茫荡镇	11389	1970	6893	2526	1900	7426
洋后镇	6440	1178	3447	1815	1324	6002
炉下镇	9445	1878	5447	2120	1526	8489
巨口乡	3840	487	1968	1385	1081	3465
赤门乡	3782	531	1908	1343	1025	3484
建阳区	**340843**	**62890**	**213492**	**64461**	**44356**	**215527**
潭城街道	79891	14777	50987	14127	9520	45503
童游街道	120275	23153	82989	14133	8853	44929
将口镇	14181	2576	8360	3245	2230	12152
徐市镇	14785	2720	8229	3836	2717	13510
莒口镇	14839	2327	8514	3998	2861	12891
麻沙镇	22952	4095	13067	5790	4165	20363
黄坑镇	9947	1577	6148	2222	1653	8175
水吉镇	20349	3896	11251	5202	3756	18344
漳墩镇	14086	2844	7348	3894	2866	13185
小湖镇	10698	1829	6059	2810	1924	9652
崇雒乡	5814	930	3221	1663	1206	5279
书坊乡	5824	982	3352	1490	1103	5224
回龙乡	7202	1184	3967	2051	1502	6320
顺昌县	**179064**	**27422**	**109467**	**42175**	**29803**	**136831**
双溪街道	76179	12671	49870	13638	9410	42874
建西镇	7892	925	4307	2660	2009	7188
洋口镇	11186	1582	6469	3135	2252	9474
元坑镇	9092	1194	5224	2674	1911	8059
埔上镇	12427	1603	7341	3483	2446	11359
大历镇	4283	525	2349	1409	1010	3890
大干镇	9425	1308	5610	2507	1765	8401
仁寿镇	11269	2011	6652	2606	1787	10443
郑坊镇	6607	1063	3844	1700	1227	6011
洋墩乡	6622	972	3891	1759	1237	6071
岚下乡	12450	1611	7355	3484	2481	12037
高阳乡	11632	1957	6555	3120	2268	11024
浦城县	**297719**	**51222**	**171799**	**74698**	**55091**	**217417**
南浦街道	59977	11248	37738	10991	7680	23695
河滨街道	22921	3955	13496	5470	4047	13278
富岭镇	17722	2652	9113	5957	4638	16860
石陂镇	22536	4258	12808	5470	4042	21405
临江镇	11913	2111	6651	3151	2311	10922
仙阳镇	25091	3916	15015	6160	4448	19822
水北街镇	10781	1696	5717	3368	2588	10222
永兴镇	10667	1518	5754	3395	2620	9830

表13 续表 19

单位：人

地　　区	总人口	分年龄人口				居住本乡、镇、街道，户口在本乡、镇、街道
		0-14岁	15-59岁	60岁及以上	#65岁及以上	
忠信镇	16543	2912	8615	5016	3786	15784
莲塘镇	37348	6940	22669	7739	5481	20271
九牧镇	6914	1107	3714	2093	1553	6212
万安乡	11342	1510	7430	2402	1742	7759
古楼乡	4897	638	2601	1658	1325	4629
山下乡	5325	881	2923	1521	1136	4968
枫溪乡	2945	442	1558	945	745	2788
濠村乡	4835	851	2745	1239	943	4559
管厝乡	10515	1645	5595	3275	2434	10046
盘亭乡	9223	1904	4550	2769	1992	8635
官路乡	6224	1038	3107	2079	1580	5732
光泽县	**130294**	**23192**	**81536**	**25566**	**19014**	**80145**
杭川镇	64882	13393	42146	9343	6394	26393
寨里镇	10362	1275	6148	2939	2297	8584
止马镇	7529	1277	4243	2009	1589	6873
鸾凤乡	18218	2749	12409	3060	2251	11490
崇仁乡	7350	1142	4472	1736	1331	6296
李坊乡	4314	583	2395	1336	1109	3957
华桥乡	8735	1485	4909	2341	1840	8136
司前乡	8904	1288	4814	2802	2203	8416
松溪县	**130867**	**26580**	**76945**	**27342**	**19264**	**89658**
松源街道	55383	12659	34501	8223	5599	26801
郑墩镇	11847	2234	6654	2959	2075	10243
渭田镇	12977	2323	7035	3619	2639	12180
河东乡	15626	3399	9436	2791	1977	8475
茶平乡	9926	2076	5640	2210	1561	9000
旧县乡	8505	1218	4956	2331	1593	7510
溪东乡	6764	1143	3665	1956	1411	6420
花桥乡	6008	985	3121	1902	1417	5525
祖墩乡	3831	543	1937	1351	992	3504
政和县	**179413**	**39983**	**105795**	**33635**	**23960**	**123242**
熊山街道	72237	18065	44917	9255	6421	32317
东平镇	17360	3660	9883	3817	2740	15556
石屯镇	20304	4203	12700	3401	2408	13467
铁山镇	15993	3943	8884	3166	2315	13685
镇前镇	12877	2619	6955	3303	2386	11891
星溪乡	10163	2080	5795	2288	1591	7948
外屯乡	4591	762	2418	1411	1022	4322
杨源乡	8890	1549	4875	2466	1770	8273
澄源乡	11740	2128	6419	3193	2360	10950
岭腰乡	5258	974	2949	1335	947	4833
邵武市	**273721**	**46140**	**170834**	**56747**	**40370**	**130904**
昭阳街道	53326	9939	34442	8945	6049	20559
通泰街道	95711	19993	63057	12661	8423	24776
水北街道	36756	5434	23548	7774	5517	14354
晒口街道	3744	254	2176	1314	1044	2570
城郊镇	16055	2822	10250	2983	2110	8149

表13 续表 20

单位：人

地　区	总人口	分年龄人口				居住本乡、镇、街道，户口在本乡、镇、街道
		0-14岁	15-59岁	60岁及以上	#65岁及以上	
水北镇	11749	1533	6833	3383	2390	9506
下沙镇	3215	300	1823	1092	757	2854
卫闽镇	4027	457	2304	1266	895	3514
沿山镇	6519	890	3366	2263	1708	6100
拿口镇	10921	1330	6054	3537	2575	10069
洪墩镇	7633	973	4234	2426	1752	7025
大埠岗镇	3365	282	1631	1452	1176	3118
和平镇	4586	410	2237	1939	1545	4275
肖家坊镇	3356	290	1649	1417	1149	3170
大竹镇	3295	362	1735	1198	873	3093
吴家塘镇	4023	330	2602	1091	765	2761
桂林乡	2569	266	1390	913	762	2417
张厝乡	1479	152	765	562	432	1311
金坑乡	1392	123	738	531	448	1283
武夷山市	**259668**	**47070**	**170500**	**42098**	**29294**	**156471**
崇安街道	53053	10591	33955	8507	5921	31182
新丰街道	78956	14376	56053	8527	5534	27667
武夷街道	42176	7566	29294	5316	3585	21557
星村镇	20824	3895	12582	4347	3092	18302
兴田镇	22930	4141	14243	4546	3105	19722
五夫镇	9262	1594	5506	2162	1597	8435
上梅乡	6508	871	3857	1780	1371	5903
吴屯乡	9555	1479	5456	2620	1940	8711
岚谷乡	8467	1372	4773	2322	1736	7741
洋庄乡	7937	1185	4781	1971	1413	7251
建瓯市	**434451**	**83357**	**254944**	**96150**	**66829**	**327203**
建安街道	37854	7530	23962	6362	4305	18847
通济街道	19896	3877	12495	3524	2293	8375
瓯宁街道	61063	12745	39933	8385	5288	22152
芝山街道	43645	7885	26882	8878	6188	24856
徐墩镇	26231	4779	15330	6122	4206	22045
吉阳镇	18439	3384	9838	5217	3663	17656
房道镇	19640	3301	10662	5677	4091	18703
南雅镇	26240	4610	14687	6943	4889	24158
迪口镇	20423	4132	11251	5040	3677	19480
小桥镇	24631	4356	13653	6622	4754	23406
玉山镇	14565	2478	8191	3896	2716	13790
东游镇	28406	6087	15943	6376	4396	26244
东峰镇	26715	4941	15380	6394	4451	24897
小松镇	15773	2360	8740	4673	3381	14616
顺阳乡	7273	1326	4198	1749	1253	6650
水源乡	15946	3361	8750	3835	2693	15163
川石乡	17402	4131	9267	4004	2862	16297
龙村乡	10309	2074	5782	2453	1723	9868

表13 续表 21

单位：人

地区	总人口	分年龄人口				居住本乡、镇、街道，户口在本乡、镇、街道
		0-14岁	15-59岁	60岁及以上	#65岁及以上	
龙岩市	**2723637**	**595472**	**1631328**	**496837**	**363126**	**1820154**
新罗区	**841745**	**171915**	**554911**	**114919**	**79112**	**384170**
东城街道	45448	8797	29056	7595	5371	20689
南城街道	104272	23531	68298	12443	8386	49272
西城街道	55790	9644	38434	7712	5071	25810
中城街道	85133	17934	56353	10846	7493	38708
西陂街道	141263	31178	94420	15665	10252	47033
曹溪街道	108941	22809	76822	9310	5927	33860
东肖街道	80278	16328	55816	8134	5613	30929
龙门街道	23872	4637	14951	4284	3004	15264
铁山街道	28607	5822	19141	3644	2511	9752
北城街道	34737	8305	23418	3014	2043	5990
红坊镇	28249	6219	16554	5476	3990	18569
适中镇	30362	5824	18420	6118	4353	25820
雁石镇	20150	2914	11808	5428	3963	15982
白沙镇	14798	2433	8745	3620	2606	12822
万安镇	5963	655	3300	2008	1510	5245
大池镇	8360	1356	4860	2144	1532	7008
小池镇	8944	1375	5051	2518	1799	7533
江山镇	7224	1135	4080	2009	1471	6382
岩山镇	3482	343	2288	851	623	2208
苏坂镇	5872	676	3096	2100	1594	5294
永定区	**325880**	**73546**	**183251**	**69083**	**51303**	**260587**
凤城街道	70087	17441	42683	9963	7161	39269
坎市镇	22945	5334	13894	3717	2668	17842
下洋镇	24862	5865	13085	5912	4388	21891
湖雷镇	18384	3902	9347	5135	3907	17406
高陂镇	38849	10164	22243	6442	4622	31785
抚市镇	16077	3644	8584	3849	2945	14578
湖坑镇	10720	1931	5521	3268	2452	9378
培丰镇	26028	6187	14525	5316	3922	23673
龙潭镇	9887	1893	6261	1733	1315	7083
峰市镇	2900	426	1627	847	609	2536
城郊镇	10231	2003	6328	1900	1395	6525
仙师镇	9236	1899	5125	2212	1691	8781
虎岗镇	10296	2659	5462	2175	1636	9770
堂堡镇	4333	572	2190	1571	1191	4101
岐岭镇	6329	1075	3464	1790	1322	5288
西溪乡	2776	546	1613	617	480	2261
金砂乡	3106	517	1685	904	682	2861
洪山乡	4968	1082	2765	1121	828	4332
湖山乡	5526	1114	2774	1638	1266	5185
古竹乡	6270	1302	2947	2021	1542	5856
合溪乡	5597	925	2868	1804	1352	5339
大溪乡	6503	1266	3268	1969	1491	5803
陈东乡	5393	971	2632	1790	1373	5080
高头乡	4577	828	2360	1389	1065	3964
长汀县	**397470**	**98149**	**220396**	**78925**	**59107**	**278680**
汀州镇	106247	27020	62849	16378	11968	52705

表13 续表 22

单位：人

地　　区	总人口	分年龄人口				居住本乡、镇、街道，户口在本乡、镇、街道
		0-14岁	15-59岁	60岁及以上	#65岁及以上	
大同镇	90739	24836	52889	13014	9386	44061
古城镇	8063	1361	4413	2289	1712	7262
新桥镇	18592	4021	9463	5108	3989	16610
馆前镇	7771	1608	3901	2262	1717	7327
童坊镇	15021	3590	7204	4227	3205	14215
河田镇	38446	9394	20789	8263	6170	35513
南山镇	22390	5448	11680	5262	3990	20121
濯田镇	25902	6325	12893	6684	5109	24477
四都镇	6215	1138	3380	1697	1299	5829
涂坊镇	14178	3325	7095	3758	2855	13391
策武镇	22635	5771	12756	4108	3070	17258
三洲镇	7496	1837	3923	1736	1346	6933
铁长乡	1187	173	627	387	313	1111
庵杰乡	2425	403	1263	759	593	2285
宣成乡	5011	1056	2458	1497	1189	4740
红山乡	2802	455	1541	806	636	2612
羊牯乡	2350	388	1272	690	560	2230
上杭县	**376392**	**82314**	**214752**	**79326**	**59597**	**282950**
临江镇	26099	5727	15700	4672	3427	14620
临城镇	117171	29139	72607	15425	10883	56658
中都镇	8021	1085	4294	2642	2112	7492
蓝溪镇	9200	1697	4850	2653	2039	8504
稔田镇	11522	2277	5800	3445	2596	10776
白砂镇	13994	2529	7515	3950	3063	12572
古田镇	16659	3472	10030	3157	2350	14159
才溪镇	16214	3749	8862	3603	2695	14999
南阳镇	31408	8756	16111	6541	4947	29881
蛟洋镇	22058	4275	13789	3994	3028	16925
旧县镇	17309	3120	9904	4285	3250	14897
湖洋镇	13280	2124	7226	3930	3080	12267
溪口镇	6086	1043	3376	1667	1268	5664
太拔镇	6836	1149	3342	2345	1793	6411
通贤镇	14738	3933	7707	3098	2316	14011
下都镇	6011	1066	3233	1712	1270	5640
茶地镇	3555	550	1815	1190	935	3238
庐丰畲族乡	13360	1876	7305	4179	3301	12726
泮境乡	2598	439	1294	865	671	2383
步云乡	2284	327	1341	616	476	2115
官庄畲族乡	14777	3313	7144	4320	3284	13978
珊瑚乡	3212	668	1507	1037	813	3034
武平县	**278238**	**61723**	**158698**	**57817**	**44685**	**220488**
平川街道	86386	23137	52471	10778	7997	54124
中山镇	10451	1806	5853	2792	2173	9659
岩前镇	31431	6376	18908	6147	4630	27264
十方镇	23347	4390	13087	5870	4653	21134
中堡镇	12171	1919	6370	3882	3115	11279
桃溪镇	11094	2710	5437	2947	2290	10389

表13 续表 23 单位：人

地区	总人口	分年龄人口				居住本乡、镇、街道，户口在本乡、镇、街道
		0-14岁	15-59岁	60岁及以上	#65岁及以上	
城厢镇	31913	8045	18541	5327	4087	20329
东留镇	11846	2430	6579	2837	2172	11182
武东镇	11394	1657	5594	4143	3323	10720
万安镇	9578	2213	5398	1967	1521	8129
永平镇	8102	1309	4298	2495	2006	7532
象洞镇	8073	1542	4358	2173	1704	7571
中赤镇	4621	819	2442	1360	1105	4360
湘店镇	5613	1325	2856	1432	1102	5312
大禾镇	6195	1247	3081	1867	1442	5835
民主乡	2913	372	1695	846	654	2763
下坝乡	3110	426	1730	954	711	2906
连城县	**250518**	**55512**	**143858**	**51148**	**37227**	**211565**
莲峰镇	79757	18839	49578	11340	7878	54559
北团镇	13422	2490	7539	3393	2532	12779
姑田镇	12643	2587	6986	3070	2286	11828
朋口镇	22979	5999	12691	4289	3131	19071
莒溪镇	10663	2050	5823	2790	2124	9924
新泉镇	17973	4269	9553	4151	3021	16783
庙前镇	20039	4725	11024	4290	3195	18637
文亨镇	20979	4365	11970	4644	3380	19337
四堡镇	10132	2490	5106	2536	1899	9840
林坊镇	8752	1797	5131	1824	1316	8173
揭乐乡	5551	961	3296	1294	940	5017
塘前乡	2267	323	1202	742	523	2160
隔川乡	7308	1462	4266	1580	1103	6504
罗坊乡	5631	973	2963	1695	1266	5305
曲溪乡	2166	205	1244	717	550	1998
赖源乡	2631	364	1551	716	490	2381
宣和乡	7625	1613	3935	2077	1593	7269
漳平市	**253394**	**52313**	**155462**	**45619**	**32095**	**181714**
菁城街道	81034	19347	52909	8778	6035	42616
桂林街道	38015	8789	24531	4695	3183	19695
新桥镇	19709	3435	11421	4853	3409	18124
双洋镇	7434	1037	4706	1691	1194	6406
永福镇	37409	8674	21042	7693	5558	34118
溪南镇	10689	1722	6181	2786	1902	9955
和平镇	7768	1251	4650	1867	1300	6451
拱桥镇	4194	392	2607	1195	866	3007
象湖镇	6746	1091	3926	1729	1192	6264
赤水镇	5794	966	3469	1359	990	5146
西园镇	11089	1924	6800	2365	1657	8962
南洋镇	4751	732	2664	1355	992	4486
芦芝镇	7811	1316	4748	1747	1255	6179
官田乡	4196	619	2100	1477	1115	3880
吾祠乡	3055	451	1664	940	699	2914
灵地乡	3700	567	2044	1089	748	3511

表13 续表 24 单位：人

地 区	总人口	分年龄人口				居住本乡、镇、街道，户口在本乡、镇、街道
		0-14岁	15-59岁	60岁及以上	#65岁及以上	
宁德市	**3146789**	**649501**	**1919606**	**577682**	**399525**	**2008432**
蕉城区	**623840**	**128050**	**412871**	**82919**	**57033**	**310424**
蕉南街道	95646	21423	62902	11321	7539	38015
蕉北街道	55233	12744	34579	7910	5435	20195
城南镇	75035	17508	50553	6974	4386	29443
漳湾镇	53223	10436	34685	8102	5976	35679
七都镇	23762	4403	15244	4115	3025	17064
八都镇	10174	1608	5630	2936	2180	8699
九都镇	5788	1038	3183	1567	1113	5232
霍童镇	20192	4091	11092	5009	3636	17247
赤溪镇	14611	2989	7904	3718	2629	13391
洋中镇	12217	1586	6170	4461	3430	10926
飞鸾镇	14241	2712	8141	3388	2516	12587
三都镇	19602	4036	11696	3870	2729	17419
虎贝镇	9161	1451	4874	2836	2098	8243
金涵畲族乡	46965	10460	30920	5585	3700	19646
洪口乡	3282	650	1962	670	493	2646
石后乡	3927	464	1933	1530	1198	3361
东侨开发区	160781	30451	121403	8927	4950	50631
霞浦县	**475936**	**102407**	**281298**	**92231**	**63009**	**336897**
松城街道	104998	24085	63090	17823	11990	58275
松港街道	114114	30054	70973	13087	8067	53656
松山街道	16057	3233	10280	2544	1699	9109
长春镇	39169	6898	23254	9017	6308	32291
牙城镇	25557	5129	14988	5440	3676	22450
溪南镇	32705	7642	18014	7049	4989	31134
沙江镇	22314	3703	11960	6651	4662	20736
下浒镇	27545	5950	15563	6032	4276	24659
三沙镇	32929	5904	19430	7595	5046	29560
盐田畲族乡	17011	3103	9701	4207	3062	15471
水门畲族乡	8577	1442	4598	2537	1804	7936
崇儒畲族乡	8575	1292	4472	2811	2060	7935
柏洋乡	9707	1398	5084	3225	2413	9083
北壁乡	11706	2056	6822	2828	1964	10793
海岛乡	4972	518	3069	1385	993	3809
古田县	**323771**	**58832**	**188829**	**76110**	**53595**	**232138**
城东街道	56007	10797	34203	11007	7600	28517
城西街道	91646	18102	56816	16728	11477	47734
平湖镇	26019	4674	14615	6730	4778	23600
大桥镇	21482	3555	11989	5938	4207	18993
黄田镇	17788	3382	9976	4430	3120	15166
鹤塘镇	27745	5332	15378	7035	5007	22954
杉洋镇	16274	2554	8780	4940	3527	15022
凤都镇	13013	2301	7284	3428	2486	12018
水口镇	5875	882	3227	1766	1233	5152
大甲镇	9802	1515	5603	2684	1950	8573
吉巷乡	18596	3167	10113	5316	3791	16983

表13　续表 25　　　　单位：人

地　区	总人口	分年龄人口				居住本乡、镇、街道，户口在本乡、镇、街道
		0-14岁	15-59岁	60岁及以上	#65岁及以上	
泮洋乡	3266	383	1764	1119	828	2991
凤埔乡	8400	1118	4873	2409	1675	7235
卓洋乡	7858	1070	4208	2580	1916	7200
屏南县	**139815**	**28393**	**81786**	**29636**	**20492**	**104105**
古峰镇	65591	16077	40189	9325	6229	38401
双溪镇	6635	1019	3714	1902	1350	5662
代溪镇	10861	1652	5772	3437	2472	10070
长桥镇	10238	1918	5714	2606	1802	9395
棠口镇	10913	1882	6317	2714	1874	9446
屏城乡	7522	1474	4398	1650	1107	5749
甘棠乡	7590	1294	4161	2135	1480	6942
熙岭乡	5667	792	3018	1857	1349	5177
路下乡	5980	933	3533	1514	1077	5305
寿山乡	2650	301	1533	816	558	2385
岭下乡	6168	1051	3437	1680	1194	5573
寿宁县	**177960**	**36496**	**102662**	**38802**	**27694**	**139886**
鳌阳镇	64692	16333	39718	8641	5881	37212
斜滩镇	11989	2102	6912	2975	2129	10175
南阳镇	20731	4326	11822	4583	3223	18212
武曲镇	7265	1180	4085	2000	1367	6322
犀溪镇	10202	1846	5929	2427	1692	8593
平溪镇	14135	2942	7968	3225	2337	13466
凤阳镇	7923	1392	4238	2293	1670	7381
清源镇	7821	1107	4151	2563	1850	7234
大安乡	4971	527	2491	1953	1505	4685
坑底乡	8608	1466	4643	2499	1850	8226
竹管垅乡	3024	412	1599	1013	759	2742
芹洋乡	6906	1162	3692	2052	1513	6440
托溪乡	6694	1113	3688	1893	1413	6363
下党乡	2999	588	1726	685	505	2835
周宁县	**149567**	**31259**	**85484**	**32824**	**23287**	**110605**
狮城镇	67617	16590	39594	11433	7817	35300
咸村镇	17471	3494	9799	4178	2960	16009
浦源镇	16284	3060	9418	3806	2718	15026
七步镇	9472	1482	5362	2628	1866	8052
李墩镇	8191	1267	4506	2418	1780	7481
纯池镇	9144	1585	4955	2604	1899	8619
泗桥乡	7931	1494	4430	2007	1459	7457
礼门乡	6531	1015	3582	1934	1465	6091
玛坑乡	6926	1272	3838	1816	1323	6570
柘荣县	**92989**	**20514**	**55635**	**16840**	**12005**	**53455**
双城镇	52805	12979	32575	7251	4959	27607
富溪镇	2570	301	1315	954	749	2386
城郊乡	16004	3771	9961	2272	1556	6596
乍洋乡	2969	383	1514	1072	775	2654
东源乡	8418	1760	5023	1635	1192	4646
黄柏乡	2609	314	1280	1015	779	2435

表13 续表 26

单位：人

地　　区	总人口	分年龄人口				居住本乡、镇、街道，户口在本乡、镇、街道
		0-14岁	15-59岁	60岁及以上	#65岁及以上	
宅中乡	1795	247	940	608	439	1653
楮坪乡	3796	471	1966	1359	1032	3598
英山乡	2023	288	1061	674	524	1880
福安市	**609779**	**129743**	**372132**	**107904**	**74137**	**372529**
城南街道	34667	7782	21511	5374	3601	12723
城北街道	88589	20856	56518	11215	7285	30371
阳头街道	50188	12754	30776	6658	4268	18290
罗江街道	20797	4417	13441	2939	1904	11128
赛岐镇	57512	13182	34408	9922	6710	39381
穆阳镇	12621	2379	7550	2692	1895	8953
上白石镇	10747	1695	5839	3213	2301	9280
潭头镇	14161	2059	7456	4646	3396	12991
社口镇	12494	2004	6712	3778	2673	11094
晓阳镇	7739	1515	4322	1902	1398	7430
溪潭镇	26202	5054	15637	5511	3894	20530
甘棠镇	40274	8979	24024	7271	4935	34613
下白石镇	30697	6151	17946	6600	4606	27168
溪尾镇	8831	1507	4961	2363	1676	8071
溪柄镇	19162	3627	10586	4949	3411	17308
湾坞镇	15419	3076	9430	2913	1987	12054
城阳镇	55836	13210	35489	7137	4812	22588
坂中畲族乡	38627	8902	24442	5283	3638	19595
范坑乡	7107	1160	3586	2361	1781	6671
穆云畲族乡	13633	2508	7675	3450	2532	12106
康厝畲族乡	16848	3295	9673	3880	2747	15247
松罗乡	8824	1702	4802	2320	1621	8168
福安畲族开发区	1619	365	919	335	230	1439
湾坞工业集中区	17185	1564	14429	1192	836	5330
福鼎市	**553132**	**113807**	**338909**	**100416**	**68273**	**348393**
桐山街道	71615	14774	45514	11327	7461	38541
桐城街道	119236	27257	76152	15827	10067	55769
山前街道	70727	16667	46459	7601	4726	25753
贯岭镇	12434	1770	7111	3553	2632	9903
前岐镇	34418	7251	19521	7646	5402	27285
沙埕镇	14858	1889	8378	4591	3363	13281
店下镇	25704	4629	14843	6232	4403	21152
太姥山镇	56949	12571	35210	9168	6215	42218
磻溪镇	12076	1497	6664	3915	2752	11123
白琳镇	28827	5914	16597	6316	4241	22917
点头镇	32603	6506	19191	6906	4736	26830
管阳镇	24794	4675	13520	6599	4759	22749
嵛山镇	2113	211	1290	612	417	1843
硖门畲族乡	14883	2711	9621	2551	1734	10076
叠石乡	6917	821	3543	2553	1943	6330
佳阳乡	8490	1079	4486	2925	2094	7707
龙安开发区	16488	3585	10809	2094	1328	4916

表14 江西省乡、镇、街道人口

单位：人

地 区	总人口	分年龄人口				居住本乡、镇、街道，户口在本乡、镇、街道
		0-14岁	15-59岁	60岁及以上	#65岁及以上	
江西省	**45188635**	**9922364**	**27641490**	**7624781**	**5371021**	**31481837**
南昌市	**6255007**	**1090937**	**4227905**	**936165**	**659536**	**3039009**
东湖区	**421690**	**59392**	**274361**	**87937**	**62141**	**224996**
公园街道	23442	3055	15180	5207	3870	13265
滕王阁街道	26627	3498	16740	6389	4376	15640
八一桥街道	25290	2594	16527	6169	4140	12639
百花洲街道	36099	4851	23514	7734	5427	19481
墩子塘街道	28274	3548	18746	5980	4337	14408
大院街道	27960	3956	16846	7158	5387	20463
豫章街道	45832	6260	28939	10633	7654	24508
董家窑街道	101243	14808	66134	20301	14195	51051
彭家桥街道	53945	7285	36051	10609	7538	22554
扬子洲镇	26008	5541	16214	4253	2920	21804
贤士湖管理处	25586	3798	18575	3213	2080	8503
扬农管理处	1384	198	895	291	217	680
西湖区	**485161**	**78591**	**310249**	**96321**	**65734**	**244018**
南浦街道	26152	2899	16310	6943	4863	13977
朝阳洲街道	42320	5628	27000	9692	6544	17357
广润门街道	23628	2699	14913	6016	4007	13017
西湖街道	20770	2417	13010	5343	3706	12902
系马桩街道	27309	3963	16363	6983	4909	18381
绳金塔街道	21383	2936	12974	5473	3888	12695
丁公路街道	38855	4487	23795	10573	7798	22968
南站街道	30771	4383	17793	8595	6458	18829
桃源街道	35281	5740	22642	6899	4831	20348
十字街街道	51563	7201	33692	10670	7409	26344
朝农街道	44943	9494	29525	5924	3502	15695
桃花镇	122186	26744	82232	13210	7819	51505
青云谱区	**349074**	**52235**	**227481**	**69358**	**49663**	**146482**
洪都街道	47588	6730	25976	14882	11748	35478
京山街道	43788	5947	27087	10754	7876	20743
三家店街道	34749	5214	21982	7553	5387	16174
岱山街道	48370	6262	33061	9047	6613	17688
徐家坊街道	56651	7406	36807	12438	8653	20513
青云谱镇	116286	20476	81312	14498	9254	35832
江西青云谱新经济产业集聚区	1642	200	1256	186	132	54
青山湖区	**1307366**	**203979**	**957281**	**146106**	**100212**	**461199**
青山路街道	19414	2294	12514	4606	3395	10975
上海路街道	24619	4096	16081	4442	3236	11984
南钢街道	21734	3153	13285	5296	4233	14952
站东街道	34225	4345	20599	9281	6675	19413
京东镇	112884	21170	77572	14142	9355	40617
罗家镇	78366	14710	51461	12195	8566	47851
湖坊镇	161796	24350	112664	24782	17437	59516
塘山镇	126664	21329	86932	18403	12768	50822
蛟桥镇	337568	41409	277250	18909	12575	61232
江西青山湖高新技术产业园区	82876	16026	59369	7481	4870	28873

表14　续表 1　　　　　　　　　　　　　　　　　　　　　　　　单位：人

地　　区	总人口	分年龄人口				居住本乡、镇、街道，户口在本乡、镇、街道
		0-14岁	15-59岁	60岁及以上	#65岁及以上	
白水湖管理处	85030	8053	70536	6441	4617	25679
冠山管理处	40733	3367	34197	3169	2324	11030
艾溪湖管理处	181457	39677	124821	16959	10161	78255
新建区	**810614**	**165489**	**534074**	**111051**	**79713**	**384899**
站前街道	16621	2759	11557	2305	1647	5009
幸福街道	24005	5629	15265	3111	2045	5979
长堎镇	332716	76183	226798	29735	19435	79045
望城镇	53058	6469	43266	3323	2177	11054
西山镇	20706	4996	11479	4231	3175	18279
石岗镇	22545	5084	12017	5444	4200	21089
松湖镇	15802	3169	8534	4099	3147	15082
樵舍镇	22069	4461	13610	3998	2904	17848
乐化镇	20342	3813	13613	2916	2081	13949
溪霞镇	16408	3920	9117	3371	2481	15187
象山镇	9530	1756	5010	2764	2164	8912
石埠镇	18874	4437	10587	3850	2944	17792
联圩镇	12693	2190	6713	3790	2933	12079
流湖镇	22241	4443	12566	5232	4004	20792
太平镇	5909	1180	3421	1308	922	5097
罗亭镇	13696	1729	10520	1447	1056	7008
招贤镇	45480	7093	34158	4229	2858	17256
梅岭镇	5583	1034	3099	1450	1031	5134
厚田乡	12648	2722	6798	3128	2450	10692
金桥乡	10313	2322	5397	2594	1962	9902
铁河乡	4310	837	2389	1084	825	3632
大塘坪乡	13026	2341	7277	3408	2657	12104
昌邑乡	9961	1811	5353	2797	2116	9282
南矶乡	1925	385	1055	485	354	1746
恒湖垦殖场	6297	933	3329	2035	1719	4918
成新实业有限公司	4788	299	4029	460	331	3728
朱港实业有限公司	3208	67	2843	298	201	2470
江西新建经济开发区	41617	8740	29353	3524	2377	13692
江西桑海集团有限公司	9999	1470	5951	2578	2063	7201
新祺周管理处	13295	3081	8353	1861	1294	8276
新丰管理处	949	136	617	196	160	665
红谷滩区	**555755**	**88224**	**416928**	**50603**	**32151**	**198392**
沙井街道	55288	9202	38489	7597	5233	25538
卫东街道	95719	17259	66809	11651	7566	37917
生米镇	76361	10908	60080	5373	3598	25657
凤凰洲管理处	73747	14001	50531	9215	5839	28029
红角洲管理处	209219	27975	168892	12352	7279	64274
九龙湖管理处	45421	8879	32127	4415	2636	16977
南昌县	**1452502**	**261334**	**977915**	**213253**	**151005**	**741062**
八月湖街道	161064	37949	107241	15874	9049	21494
莲塘镇	292187	60129	196598	35460	23251	102449
向塘镇	118436	16699	79470	22267	16114	81628
三江镇	17702	3500	9822	4380	3233	15656
塘南镇	37216	6488	21283	9445	7248	34206

表14 续表 2 单位：人

地 区	总人口	分年龄人口				居住本乡、镇、街道，户口在本乡、镇、街道
		0-14岁	15-59岁	60岁及以上	#65岁及以上	
幽兰镇	29585	4349	14568	10668	8268	26838
蒋巷镇	67232	13612	40801	12819	9586	59683
武阳镇	32285	6017	18307	7961	6005	29305
冈上镇	38421	6284	24383	7754	5748	29764
广福镇	25157	4908	14323	5926	4416	22441
昌东镇	209674	21890	172509	15275	10783	81191
麻丘镇	48233	8997	31259	7977	5701	36158
泾口乡	27051	5135	13897	8019	6159	24859
南新乡	34366	6096	20294	7976	6141	31230
塔城乡	15445	2553	7635	5257	4016	14730
黄马乡	19234	3223	10468	5543	4274	17282
富山乡	18725	3827	11733	3165	2379	15705
东新乡	37343	8010	25094	4239	2997	20845
八一乡	41716	8247	26617	6852	4955	25863
小蓝经济开发区	113699	18186	87076	8437	5462	29486
南昌航空城	2775	314	2251	210	125	172
南昌县银三角管理委员会	59218	14053	38986	6179	3944	15604
鲤鱼洲管理处	5011	842	2694	1475	1088	4326
江西省良种繁殖场	727	26	606	95	63	147
安义县	**252591**	**51990**	**158760**	**41841**	**28929**	**183665**
龙津镇	99637	19663	68431	11543	7655	57161
万埠镇	18880	4620	10275	3985	2759	17464
石鼻镇	24989	5932	13383	5674	4058	24287
鼎湖镇	24317	5545	13570	5202	3651	21652
长埠镇	13156	3221	7040	2895	2107	12918
东阳镇	15307	3723	8581	3003	2131	13545
黄洲镇	9232	1900	4897	2435	1793	9023
乔乐乡	9972	2616	5267	2089	1495	9781
长均乡	9542	2348	5185	2009	1407	9184
新民乡	7983	1777	4242	1964	1423	7675
江西安义工业园区	18401	431	17215	755	232	
国营万埠垦殖场	1175	214	674	287	218	975
进贤县	**620254**	**129703**	**370856**	**119695**	**89988**	**454296**
民和镇	256922	63626	158121	35175	24582	117123
李渡镇	34031	6618	20310	7103	5326	29947
温圳镇	33937	5986	20948	7003	5175	30209
文港镇	39466	7576	24081	7809	5910	34239
梅庄镇	18689	3622	10482	4585	3648	18108
张公镇	20282	3336	12173	4773	3708	18596
罗溪镇	16890	2701	9604	4585	3646	16283
架桥镇	15103	2689	8196	4218	3224	14654
前坊镇	12938	1958	7356	3624	2902	12371
三里乡	26654	5880	14988	5786	4492	25551
二塘乡	8203	1524	4691	1988	1548	8012
钟陵乡	13693	2328	8034	3331	2535	13222
池溪乡	11575	2063	6649	2863	2242	11069
南台乡	8945	1563	5007	2375	1852	8557
三阳集乡	15319	2589	8796	3934	3247	14829

表14 续表 3

单位：人

地　区	总人口	分年龄人口				居住本乡、镇、街道，户口在本乡、镇、街道
		0-14岁	15-59岁	60岁及以上	#65岁及以上	
七里乡	13860	2075	7992	3793	3088	13352
下埠集乡	15491	2922	8970	3599	2808	14927
衙前乡	9693	1954	5475	2264	1726	9271
白圩乡	14371	2494	8522	3355	2665	13764
长山晏乡	16879	3074	10521	3284	2442	13576
泉岭乡	17313	3125	9940	4248	3222	16636
五里垦殖场						
景德镇市	**1618979**	**345215**	**1004544**	**269220**	**184043**	**1117905**
昌江区	**201363**	**38476**	**129125**	**33762**	**22741**	**107856**
西郊街道	82451	14326	53283	14842	10057	36282
新枫街道	40484	7405	26207	6872	4564	16927
鲇鱼山镇	33023	7184	20315	5524	3820	28798
丽阳镇	14444	3494	8526	2424	1712	12551
荷塘乡	3575	662	2178	735	523	2752
吕蒙乡	26411	5319	17806	3286	2023	10489
昌江开发区	975	86	810	79	42	57
珠山区	**383453**	**63223**	**252141**	**68089**	**45948**	**175922**
石狮埠街道	38355	6480	24474	7401	4833	15508
新厂街道	84081	13470	57789	12822	9104	37874
里村街道	61685	10831	41181	9673	6044	17561
周路口街道	12729	1958	8341	2430	1673	4947
昌江街道	10885	1648	6381	2856	1961	6423
新村街道	51800	8152	31681	11967	8135	29212
珠山街道	4820	719	2722	1379	977	3580
太白园街道	30834	5722	20537	4575	3002	14342
昌河街道	36410	4829	24195	7386	5299	17399
竟成镇	51854	9414	34840	7600	4920	29076
浮梁县	**280376**	**49576**	**186693**	**44107**	**30108**	**188167**
浮梁镇	79699	13885	59907	5907	3590	22069
鹅湖镇	21986	4398	13414	4174	2837	19774
经公桥镇	9991	1960	5721	2310	1625	9347
蛟潭镇	16263	3139	9627	3497	2438	15629
湘湖镇	37837	4847	28221	4769	3266	21522
瑶里镇	10246	1878	6150	2218	1565	9846
洪源镇	17999	3739	11471	2789	1882	13572
寿安镇	12908	2580	7676	2652	1800	12155
三龙镇	10579	2121	6795	1663	1129	8998
峙滩镇	8775	1595	5149	2031	1476	8239
王港乡	6560	1121	4025	1414	1004	5998
臧湾乡	7899	1294	4852	1753	1246	7202
黄坛乡	6680	1189	3858	1633	1142	6354
兴田乡	4869	829	2697	1343	978	4571
江村乡	5938	992	3261	1685	1187	5683

表14 续表 4

单位：人

地 区	总人口	分年龄人口				居住本乡、镇、街道，户口在本乡、镇、街道
		0-14岁	15-59岁	60岁及以上	#65岁及以上	
勒功乡	4193	658	2422	1113	811	4015
西湖乡	7348	1299	4491	1558	1097	6357
罗家桥乡	10606	2052	6956	1598	1035	6836
乐平市	**753787**	**193940**	**436585**	**123262**	**85246**	**645960**
洎阳街道	177409	39793	113645	23971	15878	110102
塔山街道	17301	3975	10574	2752	1894	15954
镇桥镇	39530	10320	21540	7670	5455	37918
乐港镇	57045	13113	32574	11358	8148	54291
涌山镇	38710	9268	22902	6540	4531	37046
众埠镇	64253	20586	32400	11267	7932	62479
接渡镇	65081	17263	38164	9654	6691	58207
洪岩镇	12175	2872	6890	2413	1668	11617
礼林镇	40855	11928	22032	6895	4885	39777
后港镇	56757	13259	34854	8644	5792	41915
塔前镇	30052	7745	16553	5754	4066	28934
双田镇	32356	8136	18680	5540	3900	31246
临港镇	23720	6672	13216	3832	2612	22941
高家镇	19076	5494	10598	2984	2039	18452
名口镇	18810	5798	9537	3475	2432	18355
浯口镇	23264	7000	12459	3805	2649	22710
十里岗镇	13315	3973	6721	2621	1836	13011
鸬鹚乡	17259	5417	8770	3072	2147	16550
农业高新园	6270	1294	4025	951	643	4455
江西乐平工业园区	549	34	451	64	48	
萍乡市	**1804805**	**362833**	**1092674**	**349298**	**244699**	**1372540**
安源区	**553293**	**92711**	**362422**	**98160**	**67475**	**301356**
东大街街道	34410	3758	25188	5464	3904	16646
凤凰街街道	158753	31012	102033	25708	17432	76050
八一街街道	24829	3437	16106	5286	3786	13446
后埠街街道	59324	9809	36957	12558	8879	35508
丹江街街道	18320	2669	12212	3439	2403	9265
白源街街道	39262	4206	31480	3576	2422	13141
安源镇	62237	11476	39525	11236	7362	38085
高坑镇	34277	4792	21341	8144	5791	27417
五陂镇	10054	1825	6058	2171	1542	8101
青山镇	29967	4719	18574	6674	4695	25494
五陂下垦殖场	4905	892	2893	1120	771	3604
城郊管委会	76955	14116	50055	12784	8488	34599
湘东区	**304423**	**55340**	**179890**	**69193**	**48402**	**261291**
峡山口街道	37441	6408	23608	7425	5353	25342
湘东镇	65840	11496	41325	13019	9094	51843
荷尧镇	25946	5144	14918	5884	4015	24337
老关镇	26668	5075	15186	6407	4503	25184
腊市镇	22124	4391	12505	5228	3535	20952
下埠镇	34204	5903	20782	7519	5129	29493
排上镇	23627	4304	12875	6448	4720	22530
东桥镇	22146	4238	11732	6176	4408	20598

表14 续表 5

单位：人

地区	总人口	分年龄人口				居住本乡、镇、街道，户口在本乡、镇、街道
		0-14岁	15-59岁	60岁及以上	#65岁及以上	
麻山镇	30232	5661	17803	6768	4608	26655
广寒寨乡	4979	822	2683	1474	1046	4729
白竺乡	11216	1898	6473	2845	1991	9628
莲花县	**216938**	**51885**	**119349**	**45704**	**32793**	**184606**
琴亭镇	72707	18591	43579	10537	7392	50756
路口镇	11629	3006	5702	2921	2084	11224
良坊镇	24990	5935	12673	6382	4699	23282
升坊镇	12961	2840	7248	2873	2037	10783
坊楼镇	17084	3558	9250	4276	3060	15980
闪石乡	8915	2093	4524	2298	1656	8290
湖上乡	10051	2385	5062	2604	1893	9521
三板桥乡	7387	1838	3821	1728	1210	6989
神泉乡	14173	3267	7681	3225	2357	13271
六市乡	6641	1535	3565	1541	1079	5977
高洲乡	11737	2739	6132	2866	2072	11260
荷塘乡	9968	2106	5447	2415	1780	9403
南岭乡	8695	1992	4665	2038	1474	7870
上栗县	**469957**	**105466**	**282165**	**82326**	**57789**	**405721**
上栗镇	82989	20109	51623	11257	7609	62497
桐木镇	69986	17165	41478	11343	8067	66659
金山镇	70750	15806	44338	10606	7351	63077
福田镇	44765	8641	28114	8010	5541	31536
彭高镇	31350	6699	18992	5659	3961	25149
赤山镇	50760	10694	29503	10563	7512	43375
鸡冠山乡	25785	5903	15435	4447	3215	24504
长平乡	34885	7374	19808	7703	5349	33227
东源乡	34780	7924	18925	7931	5817	33058
杨岐乡	23907	5151	13949	4807	3367	22639
芦溪县	**260194**	**57431**	**148848**	**53915**	**38240**	**219566**
芦溪镇	88539	20159	53508	14872	10269	61035
宣风镇	30495	7129	16738	6628	4748	27665
上埠镇	30418	6328	17295	6795	4796	27474
南坑镇	29034	5926	16302	6806	4855	26845
银河镇	31690	7602	16904	7184	5093	29977
源南乡	11044	2421	6024	2599	1888	10586
长丰乡	1827	361	968	498	363	1708
张佳坊乡	6608	1213	3710	1685	1237	6407
新泉乡	21129	4387	12062	4680	3410	19222
万龙山乡	9410	1905	5337	2168	1581	8647
九江市	**4600276**	**964298**	**2823062**	**812916**	**580674**	**3108152**
濂溪区	**418339**	**67924**	**290254**	**60161**	**42996**	**192674**
十里街道	131727	17500	98473	15754	11887	54493
五里街道	100465	19032	69297	12136	7837	38503
七里湖街道	39879	9361	26446	4072	2588	15609
姑塘镇	15873	2503	9665	3705	2762	13374
威家镇	6252	885	3624	1743	1322	5144
新港镇	27489	4412	16799	6278	4819	21060

表14 续表 6

单位：人

地 区	总人口	分年龄人口				居住本乡、镇、街道，户口在本乡、镇、街道
		0-14岁	15-59岁	60岁及以上	#65岁及以上	
莲花镇	64551	8700	46620	9231	6510	23521
赛阳镇	6473	1074	3869	1530	1111	4936
虞家河乡	17948	3077	11285	3586	2530	9395
高垅乡	7523	1370	4100	2053	1567	6518
庐山林科所	159	10	76	73	63	121
浔阳区	**433122**	**74810**	**282934**	**75378**	**54190**	**241850**
甘棠街道	67564	11492	41019	15053	11098	49112
湓浦街道	18082	2884	10671	4527	3400	15519
人民路街道	86930	13920	60116	12894	9611	51469
白水湖街道	60573	9095	39362	12116	8990	30168
金鸡坡街道	24754	2926	15333	6495	4705	14956
八里湖街道	66789	14595	44685	7509	4615	30539
向阳街道	62537	12177	42661	7699	5307	26923
滨兴街道	45893	7721	29087	9085	6464	23164
柴桑区	**312807**	**59684**	**196519**	**56604**	**41202**	**207641**
沙河街道	63575	11468	42890	9217	6553	29564
狮子街道	10628	1728	6180	2720	2069	10246
城门街道	12063	2069	6713	3281	2591	11319
马回岭镇	19644	4414	11129	4101	2970	19163
江洲镇	14602	1605	8221	4776	3649	14280
城子镇	11766	1910	7430	2426	1789	9608
港口街镇	24792	4975	15153	4664	3257	21144
新合镇	8771	1532	4931	2308	1799	8533
永安乡	31051	5117	21352	4582	3253	20536
涌泉乡	10806	2617	5855	2334	1721	9770
新塘乡	9921	1854	5304	2763	2155	9436
岷山乡	15381	2962	8706	3713	2795	15009
沙河经济技术开发区	69736	15617	46490	7629	5114	21873
新洲垦殖场	2220	222	1323	675	515	2186
赛城湖水产场	7644	1571	4744	1329	900	4786
岷山林场	207	23	98	86	72	188
武宁县	**322161**	**76690**	**183386**	**62085**	**42512**	**234881**
豫宁街道	101041	27046	59280	14715	9515	39007
新宁镇	32735	7012	19872	5851	3946	20906
泉口镇	14726	3709	8046	2971	2058	14248
鲁溪镇	25538	6208	14658	4672	3234	24265
船滩镇	18767	4408	10056	4303	2951	17404
澧溪镇	13151	2799	7076	3276	2307	12777
罗坪镇	12227	2524	6933	2770	1933	11935
石门楼镇	11800	2384	6604	2812	1934	11431
宋溪镇	7186	1402	4102	1682	1200	6844
大洞乡	5396	1609	2656	1131	782	5190
横路乡	14875	3723	8080	3072	2123	14428
官莲乡	10810	2766	5700	2344	1645	10475
巾口乡	4310	789	2376	1145	813	3906
东林乡	5135	1183	2736	1216	856	4936

表14 续表 7

单位：人

地　　区	总人口	分年龄人口				居住本乡、镇、街道，户口在本乡、镇、街道
		0-14岁	15-59岁	60岁及以上	#65岁及以上	
上汤乡	3715	738	2054	923	670	3628
甫田乡	6355	1260	3494	1601	1161	6209
清江乡	8378	1677	4849	1852	1332	8104
石渡乡	7867	1634	4272	1961	1429	7621
杨洲乡	6346	1322	3666	1358	924	6171
罗溪乡	5619	1003	2943	1673	1188	5390
万福经济技术开发区管委会	6184	1494	3933	757	511	6
修水县	**710620**	**171876**	**410769**	**127975**	**89442**	**533185**
义宁镇	190904	43239	124819	22846	15020	62354
白岭镇	26201	6389	14820	4992	3445	25666
全丰镇	20676	5101	11556	4019	2758	20308
古市镇	28262	6956	15909	5397	3798	27457
大桥镇	28758	6988	15824	5946	4237	27149
渣津镇	40772	10388	22906	7478	5288	36523
马坳镇	25437	6309	13244	5884	4285	24776
杭口镇	11986	3267	6042	2677	1898	11658
港口镇	14142	3439	7694	3009	2061	13587
溪口镇	16958	3821	9003	4134	3061	16590
西港镇	15117	3752	8019	3346	2399	14860
山口镇	15649	3993	8526	3130	2162	14999
黄沙镇	12696	2995	6761	2940	2084	12178
黄港镇	10867	2711	5788	2368	1700	10279
何市镇	17515	5204	9028	3283	2391	16978
上奉镇	10798	2848	5796	2154	1564	10501
四都镇	16313	4105	8609	3599	2580	15981
太阳升镇	24520	6091	13582	4847	3398	23714
宁州镇	42539	10515	26634	5390	3604	14625
路口乡	11303	2624	6367	2312	1667	10931
黄龙乡	13519	3214	7510	2795	1994	13139
上衫乡	10710	2697	5881	2132	1499	10487
余段乡	2951	686	1525	740	534	2831
水源乡	9191	2078	5078	2035	1442	8912
石坳乡	12239	2870	7074	2295	1626	11959
东港乡	7581	1690	4311	1580	1132	7435
上杭乡	11110	2825	5725	2560	1813	10901
新湾乡	5981	1464	3038	1479	1064	5853
布甲乡	5033	1178	2644	1211	874	4946
漫江乡	6051	1585	3193	1273	899	5822
复原乡	1728	422	908	398	292	1657
竹坪乡	9928	2873	5375	1680	1168	5961
征村乡	10322	2520	5483	2319	1633	9894
庙岭乡	4949	1001	2544	1404	1047	4805
黄坳乡	9169	2151	4804	2214	1522	8937
大椿乡	8745	1887	4749	2109	1503	8532
永修县	**316365**	**65093**	**189969**	**61303**	**44236**	**230055**
涂埠镇	80439	17594	50045	12800	8787	41324
吴城镇	6571	1093	3942	1536	1125	5619
三溪桥镇	9207	1925	5305	1977	1424	8372

表14 续表 8

单位：人

地区	总人口	分年龄人口				居住本乡、镇、街道，户口在本乡、镇、街道
		0-14岁	15-59岁	60岁及以上	#65岁及以上	
虬津镇	15578	3236	9164	3178	2314	13519
艾城镇	15206	2834	9578	2794	2043	12386
滩溪镇	10699	2524	5755	2420	1692	10012
白槎镇	9550	1941	5365	2244	1634	8890
梅棠镇	9822	2127	5297	2398	1798	9315
燕坊镇	7443	1534	4279	1630	1212	6834
马口镇	17096	3643	9706	3747	2764	16253
柘林镇	6716	1369	3925	1422	1003	5803
三角乡	11651	2246	6717	2688	1978	11347
九合乡	12133	2583	6768	2782	2127	11597
立新乡	16686	3891	9172	3623	2680	16081
江上乡	7608	1531	4315	1762	1285	6793
江西永修云山经济技术开发区	3342	68	3047	227	141	83
云山企业集团	27788	4844	16544	6400	4809	22178
恒丰企业集团	8315	1221	4808	2286	1770	7453
八角岭垦殖场	3647	713	2056	878	660	3144
永丰垦殖场	36868	8176	24181	4511	2990	13052
德安县	**167090**	**36449**	**101911**	**28730**	**20461**	**86093**
蒲亭镇	82610	20204	51775	10631	7178	33827
聂桥镇	4716	781	2611	1324	986	4401
车桥镇	5374	1044	2828	1502	1094	5110
丰林镇	7465	1051	4657	1757	1296	5365
吴山镇	6017	903	3358	1756	1305	4891
宝塔乡	18881	4449	12008	2424	1658	7618
河东乡	18701	4074	11832	2795	2028	7284
高塘乡	2695	383	1349	963	735	2472
林泉乡	3563	616	1856	1091	793	3374
磨溪乡	4678	747	2363	1568	1211	4506
爱民乡	2202	329	1161	712	537	1965
邹桥乡	2570	413	1259	898	712	2411
塘山乡	955	68	438	449	346	904
彭山林场	1687	390	1010	287	212	949
园艺场	4976	997	3406	573	370	1016
都昌县	**577684**	**133824**	**336161**	**107699**	**76918**	**504317**
都昌镇	125922	30167	79855	15900	11039	79036
周溪镇	28320	6406	15736	6178	4541	27925
三汊港镇	20963	4739	12443	3781	2803	18891
中馆镇	15228	3507	8623	3098	2189	15025
大沙镇	17640	3935	9826	3879	2847	17365
万户镇	18964	4297	10868	3799	2771	18599
南峰镇	12893	2847	7274	2772	2033	12784
土塘镇	40250	8991	23344	7915	5659	39730
大港镇	14965	3628	7736	3601	2595	14686
蔡岭镇	27452	6167	16284	5001	3464	24602
徐埠镇	21972	5603	11959	4410	3001	21445
左里镇	16026	3680	9109	3237	2265	15642
和合乡	15778	3489	8709	3580	2611	15440
阳峰乡	19067	4058	10646	4363	3194	18878

表14 续表 9 单位：人

地区	总人口	分年龄人口				居住本乡、镇、街道，户口在本乡、镇、街道
		0-14岁	15-59岁	60岁及以上	#65岁及以上	
西源乡	16063	3549	8985	3529	2675	15795
芗溪乡	13430	3011	7478	2941	2151	13312
狮山乡	11918	2790	6881	2247	1645	11794
鸣山乡	17683	3951	10264	3468	2529	17363
春桥乡	10385	2385	5395	2605	1838	10034
苏山乡	15246	3813	8078	3355	2368	14790
多宝乡	10667	2534	5696	2437	1736	10368
汪墩乡	33480	7032	20115	6333	4525	29543
北山乡	22872	5498	13400	3974	2785	19463
大树乡	27000	7069	15014	4917	3435	21054
江西省对外经济技术合作蔡岭示范区	2813	501	2064	248	127	100
都昌县良种场	687	177	379	131	92	653
湖口县	**227462**	**45176**	**134120**	**48166**	**35266**	**162941**
双钟镇	100254	22253	63237	14764	10055	48584
流泗镇	17684	3050	10124	4510	3473	16612
马影镇	22356	4630	13413	4313	3099	14777
武山镇	6625	1091	3511	2023	1551	6324
城山镇	10674	1676	5595	3403	2597	10242
均桥镇	16691	2851	9242	4598	3475	15865
凰村镇	11882	2119	6889	2874	2152	10896
大垅乡	8335	1539	4513	2283	1786	7941
张青乡	10641	1843	5845	2953	2313	10344
付垅乡	7829	1433	4041	2355	1758	7533
舜德乡	7843	1359	4175	2309	1729	7590
流芳乡	6007	1213	3202	1592	1135	5851
南北港水产场	251	25	127	99	80	236
武山垦殖场	390	94	206	90	63	146
彭泽县	**284757**	**56361**	**169971**	**58425**	**42381**	**224432**
龙城镇	98395	20236	64359	13800	9598	49810
棉船镇	17264	2282	9825	5157	3896	17000
马垱镇	19216	3592	11022	4602	3415	18416
芙蓉墩镇	20718	3968	12031	4719	3387	18791
定山镇	13221	2453	8164	2604	1892	11174
天红镇	10775	2341	5831	2603	1815	10568
杨梓镇	22193	4852	12012	5329	3810	21185
东升镇	8207	1622	4706	1879	1423	7962
瀼溪镇	7950	1525	4453	1972	1480	7650
黄花镇	15459	3602	8585	3272	2375	12955
太平关乡	13591	2722	7667	3202	2436	13356
黄岭乡	11013	2191	6194	2628	1981	10585
浩山乡	9035	1803	4901	2331	1719	8709
建筑材料厂	1837	282	1088	467	361	1572
太泊湖农业综合开发区	3622	696	2128	798	597	3509
上十岭综合垦殖场	2556	474	1472	610	445	2410
芙蓉农场	6925	1272	3952	1701	1191	6095
棉科所	492	44	294	154	123	481
棉花原种场国营分场	1535	290	864	381	289	1497
太泊湖水产养殖场	401	74	223	104	71	368
黄乐林场	352	40	200	112	77	339

表14 续表 10 单位：人

地　　区	总人口	分年龄人口 0-14岁	15-59岁	60岁及以上	#65岁及以上	居住本乡、镇、街道，户口在本乡、镇、街道
瑞昌市	**403655**	**88837**	**246096**	**68722**	**49727**	**227453**
湓城街道	81698	17039	53757	10902	7639	38091
桂林街道	90775	20529	57921	12325	8474	32538
码头镇	27099	5004	16244	5851	4636	23095
白杨镇	10778	1897	6030	2851	2258	9083
南义镇	12325	2787	6547	2991	2089	11891
横港镇	10834	2019	5802	3013	2247	10313
范镇	14319	2654	7855	3810	2959	13959
肇陈镇	7510	1834	3908	1768	1280	7333
高丰镇	9350	1744	4880	2726	2103	9033
夏畈镇	7762	1414	4391	1957	1503	7319
乐园乡	6627	1511	3535	1581	1159	6438
洪一乡	8107	1965	4134	2008	1464	7898
花园乡	9355	2206	5027	2122	1503	9111
洪下乡	4938	934	2599	1405	1077	4818
武蛟乡	6080	1105	3215	1760	1397	5779
横立山乡	3196	604	1599	993	767	3088
黄金乡	4614	868	2688	1058	818	4246
南阳乡	7378	1511	4076	1791	1399	6193
赛湖农场	78779	20785	50769	7225	4502	15186
青山林场	567	96	284	187	144	534
瑞昌市大德山林场	1564	331	835	398	309	1507
共青城市	**194689**	**32211**	**145127**	**17351**	**11936**	**73729**
茶山街道	71158	15610	49575	5973	3787	25137
甘露镇	35519	7163	24811	3545	2329	13196
江益镇	57723	1710	54468	1545	1113	7131
金湖乡	3741	732	2053	956	728	2792
苏家垱乡	17766	4791	9562	3413	2519	17115
泽泉乡	8782	2205	4658	1919	1460	8358
庐山市	**231525**	**55363**	**135845**	**40317**	**29407**	**188901**
南康镇	70128	17434	43042	9652	6762	40372
白鹿镇	28173	6299	17659	4215	3068	22850
温泉镇	22408	5867	12567	3974	2827	21024
星子镇	16788	3846	9457	3485	2600	15532
华林镇	20882	5589	11628	3665	2727	20290
蛟塘镇	16727	4527	9060	3140	2296	15890
横塘镇	16446	4130	9751	2565	1885	15604
牯岭镇	11771	1179	7171	3421	2569	10340
海会镇	9519	2073	5326	2120	1541	8944
蓼南乡	17103	4050	9337	3716	2865	16604
东牯山林场	31	1	12	18	15	23
沙湖山管理处	1549	368	835	346	252	1428
新余市	**1202499**	**249266**	**740573**	**212660**	**147272**	**678984**
渝水区	**927950**	**184947**	**583997**	**159006**	**110228**	**506756**
城南街道	112534	22692	73350	16492	11044	49057

表14 续表 11

单位：人

地 区	总人口	分年龄人口				居住本乡、镇、街道，户口在本乡、镇、街道
		0-14岁	15-59岁	60岁及以上	#65岁及以上	
城北街道	347117	77299	228198	41620	27252	145936
袁河街道	28372	5802	17587	4983	3643	17313
新钢街道	41613	5697	25848	10068	7814	34239
水北镇	15390	2411	7054	5925	4349	14456
下村镇	23133	3833	12326	6974	5060	21491
良山镇	10497	1512	5776	3209	2255	9552
罗坊镇	37401	6294	19080	12027	8606	35023
姚圩镇	11725	2123	5454	4148	3005	11270
珠珊镇	21025	3675	11413	5937	4371	19598
河下镇	30828	3430	24088	3310	2264	12413
观巢镇	12006	2090	6123	3793	2733	11489
欧里镇	8812	1596	4492	2724	1986	8419
水西镇	185460	39454	121772	24234	16203	76650
鹄山乡	6100	953	2936	2211	1537	5782
人和乡	8545	1258	4429	2858	2053	7953
界水乡	7964	1456	4133	2375	1725	7564
南安乡	6560	1104	3284	2172	1510	6232
新溪乡	7729	1440	3836	2453	1764	7412
九龙山乡	5139	828	2818	1493	1054	4907
分宜县	**274549**	**64319**	**156576**	**53654**	**37044**	**172228**
钤东街道	78711	19986	49846	8879	5657	27476
钤西街道	44546	11153	26557	6836	4716	19592
分宜镇	50590	12461	29193	8936	6015	31264
杨桥镇	18328	3918	8793	5617	4071	17452
湖泽镇	7685	1365	4188	2132	1525	6826
双林镇	16364	4134	8276	3954	2714	15301
钤山镇	14277	2197	7507	4573	3327	13036
洋江镇	8365	1766	4056	2543	1809	8083
凤阳镇	9232	1834	4670	2728	1946	8665
洞村乡	6982	1509	3603	1870	1306	6603
高岚乡	8835	1835	4507	2493	1733	8280
操场乡	8830	1919	4252	2659	1923	8550
分宜县工业园	675	58	553	64	27	5
东坑林场	1129	184	575	370	275	1095
鹰潭市	**1154223**	**252827**	**699916**	**201480**	**140275**	**812471**
月湖区	**287489**	**60340**	**183074**	**44075**	**29713**	**137105**
江边街道	24228	4850	14787	4591	3139	15912
交通街道	37003	6249	24315	6439	4557	16269
东湖街道	47782	10708	29804	7270	4698	19924
梅园街道	39147	6312	25448	7387	5152	20440
四青街道	36781	8350	22984	5447	3569	15555
白露街道	36654	7888	24050	4716	3136	17268
童家镇	20286	4941	11946	3399	2393	15912
夏埠乡	45608	11042	29740	4826	3069	15825
余江区	**326162**	**72376**	**192890**	**60896**	**43211**	**267798**
邓埠镇	93316	22534	57653	13129	8651	58894
锦江镇	41568	9788	23362	8418	6169	38775

表14　续表 12　　　　单位：人

地　区	总人口	分年龄人口				居住本乡、镇、街道，户口在本乡、镇、街道
		0-14岁	15-59岁	60岁及以上	#65岁及以上	
潢溪镇	25685	5603	14789	5293	3844	24898
中童镇	28274	5323	17700	5251	3858	23148
马荃镇	15739	3259	8998	3482	2488	15274
画桥镇	12022	2955	6256	2811	2011	11624
春涛镇	21981	4684	12497	4800	3549	21354
平定乡	18105	3692	10160	4253	3091	17612
杨溪乡	12776	2673	7400	2703	1960	12444
洪湖乡	17189	3898	9935	3356	2415	16700
黄庄乡	9339	2358	4921	2060	1491	8938
刘家站乡	9166	1713	5410	2043	1460	8186
余江县工业园区	3302	484	2653	165	80	105
鹰潭市龙岗新区	2232	182	1903	147	81	1
高公寨营林场	1257	270	632	355	259	1229
邓家埠水稻原种场	8150	1570	4985	1595	1119	4822
余江县水产场	1626	374	962	290	192	1538
塘潮源林场	359	58	223	78	55	340
张公桥农场	420	87	243	90	65	363
青年综合垦殖场	2639	640	1622	377	246	712
大桥农场	1017	231	586	200	127	841
贵溪市	**540572**	**120111**	**323952**	**96509**	**67351**	**407568**
花园街道	55985	10715	38328	6942	4538	20695
雄石街道	39150	7660	26791	4699	3113	13536
东门街道	53095	10812	33453	8830	6065	29179
泗沥镇	24737	6062	13764	4911	3516	23419
河潭镇	20653	5163	11328	4162	3037	18695
周坊镇	26608	6508	14317	5783	4062	25373
鸿塘镇	24999	6363	13437	5199	3694	23902
志光镇	18550	5064	9651	3835	2772	17594
流口镇	17461	4296	9981	3184	2195	14226
罗河镇	38500	8916	22015	7569	5349	37647
金屯镇	14347	3293	7806	3248	2293	13133
塘湾镇	24378	5884	13353	5141	3619	22820
文坊镇	20005	4320	11386	4299	2993	17952
冷水镇	3378	632	2083	663	444	2350
滨江镇	41036	9590	24170	7276	5140	31537
天禄镇	16445	4028	8977	3440	2399	15334
雷溪镇	14320	3159	8207	2954	2149	13373
龙虎山镇	10618	2803	6105	1710	1132	9568
上清镇	13938	3373	7841	2724	1912	13175
白田乡	13547	3280	7684	2583	1837	13208
彭湾乡	7802	1813	4362	1627	1140	7414
樟坪畲族乡	2626	469	1607	550	400	2390
耳口乡	7205	1720	4088	1397	968	6717
贵溪市工业园区	4555	234	4076	245	109	20
江北办事处	19628	2524	15311	1793	1276	8928
塔桥园艺场	2800	616	1527	657	435	1752
河潭埠垦殖场	1263	268	687	308	209	1158
西窑林场	40	6	18	16	13	29

表14　续表 13

单位：人

地　　区	总人口	分年龄人口				居住本乡、镇、街道，户口在本乡、镇、街道
		0-14岁	15-59岁	60岁及以上	#65岁及以上	
双圳林场	189	9	97	83	69	122
耳口林场	367	89	186	92	62	167
冷水林场	547	70	312	165	129	462
三县岭林场	1401	302	779	320	218	1366
上清林场	399	70	225	104	64	327
赣州市	**8970014**	**2071601**	**5495181**	**1403232**	**994136**	**6370655**
章贡区	**1123276**	**215963**	**755907**	**151406**	**106088**	**562368**
解放街道	37778	5756	22111	9911	7259	21591
赣江街道	56428	9278	34059	13091	9725	35462
南外街道	94200	14029	62233	17938	13314	50189
东外街道	86217	13911	55337	16969	12007	47309
黄金岭街道	134831	27993	94797	12041	7900	46255
沙石镇	63223	12525	42278	8420	6005	34872
水东镇	33825	6942	20772	6111	4149	20430
水南镇	208465	48741	140287	19437	12700	110165
湖边镇	91136	15085	66457	9594	6762	34548
沙河镇	60752	13908	39629	7215	4928	26837
水西镇	48871	11007	30803	7061	4901	27522
蟠龙镇	108381	16275	83274	8832	5828	36428
潭口镇	42497	10195	24884	7418	5421	35641
潭东镇	49110	10076	31803	7231	5123	35090
沙河工业园	7562	242	7183	137	66	29
南康区	**888474**	**185463**	**569193**	**133818**	**96974**	**491281**
蓉江街道	127372	27156	83416	16800	11867	69081
东山街道	308684	70117	210030	28537	19055	71994
唐江镇	68988	14205	40712	14071	10419	55731
凤岗镇	26608	5648	15587	5373	3905	23353
龙岭镇	62460	13167	40741	8552	6151	39105
龙回镇	26835	5555	15719	5561	4157	23394
镜坝镇	34020	6184	22912	4924	3563	21556
横市镇	12973	3133	6467	3373	2602	11775
浮石乡	12844	2628	7027	3189	2396	11983
赤土畲族乡	22831	5293	12352	5186	4046	22038
横寨乡	13666	3103	7919	2644	1993	12032
朱坊乡	23364	4710	13272	5382	4064	21286
太窝乡	21194	2669	15951	2574	1805	11048
三江乡	20145	4354	11189	4602	3437	19222
龙华乡	25838	4883	14541	6414	4885	24368
十八塘乡	18076	3791	9866	4419	3417	16517
麻双乡	12904	2921	6300	3683	2962	12159
大坪乡	9206	1946	4321	2939	2277	8695
坪市乡	9200	2042	4477	2681	1990	8760
隆木乡	7594	1735	3396	2463	1889	7183
南康市工业园	23672	223	22998	451	94	1
赣县区	**576310**	**132311**	**351981**	**92018**	**66368**	**396523**
梅林镇	220561	45601	154132	20828	14067	75222

表14 续表 14 单位：人

地区	总人口	分年龄人口				居住本乡、镇、街道，户口在本乡、镇、街道
		0-14岁	15-59岁	60岁及以上	#65岁及以上	
王母渡镇	36016	9451	20063	6502	4744	34254
沙地镇	27266	6692	14997	5577	4171	25660
江口镇	29609	7342	16791	5476	3992	26839
田村镇	28512	6762	15463	6287	4567	27060
南塘镇	29456	6836	16366	6254	4552	26966
茅店镇	24413	5989	14181	4243	3091	18552
吉埠镇	25174	6135	14175	4864	3424	22799
五云镇	16199	3834	8878	3487	2638	14973
湖江镇	23523	5791	12134	5598	4225	22830
储潭镇	12656	2769	7278	2609	1931	11442
韩坊镇	27324	8054	13871	5399	3958	26467
阳埠乡	16903	4405	9315	3183	2313	16047
大埠乡	9776	2231	5290	2255	1724	9378
长洛乡	5260	1086	2914	1260	971	4928
大田乡	8344	1887	4566	1891	1399	7785
石芫乡	7827	2170	3843	1814	1335	7557
三溪乡	8116	1885	4361	1870	1378	7760
白鹭乡	10013	2551	5263	2199	1631	9606
江西赣县经济开发区	9362	840	8100	422	257	398
信丰县	**673763**	**160780**	**406045**	**106938**	**73600**	**515353**
嘉定镇	249357	60516	156466	32375	21677	136859
大塘埠镇	49704	11422	29331	8951	6290	47685
古陂镇	22749	5934	12733	4082	2908	22156
大桥镇	13604	3714	7408	2482	1795	13200
新田镇	17513	4401	9728	3384	2293	16974
安西镇	31846	8469	17685	5692	3807	30798
小江镇	27367	7190	15420	4757	3306	26255
铁石口镇	29538	7674	16545	5319	3655	28148
大阿镇	35204	8404	20182	6618	4633	33625
油山镇	12011	3072	6385	2554	1793	11672
小河镇	25664	6493	13885	5286	3662	24833
西牛镇	76267	12274	54262	9731	6793	44932
正平镇	37477	9932	20092	7453	5178	35908
虎山乡	11350	3068	6148	2134	1434	11067
崇仙乡	15794	4234	8609	2951	2096	15302
万隆乡	16187	3983	9057	3147	2276	15709
信丰县工业园	2131		2109	22	4	230
大余县	**264995**	**58848**	**156728**	**49419**	**35020**	**225879**
南安镇	99217	21012	61055	17150	11822	71257
新城镇	52157	12715	29300	10142	7291	49374
樟斗镇	8371	1760	4722	1889	1411	8003
池江镇	35889	8241	20719	6929	5104	34438
青龙镇	22929	5322	13169	4438	3164	21707
左拔镇	4252	617	2710	925	662	3579
黄龙镇	15155	3480	8876	2799	1984	13566
吉村镇	12434	2956	7120	2358	1605	11987
浮江乡	6170	1225	3700	1245	883	5305
河洞乡	2019	408	1127	484	346	1912
内良乡	4914	1057	2879	978	715	4751
新世纪工业园	1488	55	1351	82	33	

表14　续表 15

单位：人

地　　区	总人口	分年龄人口				居住本乡、镇、街道，户口在本乡、镇、街道
		0-14岁	15-59岁	60岁及以上	#65岁及以上	
上犹县	**268557**	**64226**	**155563**	**48768**	**35988**	**191347**
东山镇	123686	31152	75283	17251	12197	62766
陡水镇	1787	283	951	553	403	1640
社溪镇	22656	5580	11985	5091	3822	21610
营前镇	26344	6948	13982	5414	3929	20096
黄埠镇	16051	3618	9758	2675	2074	11516
寺下镇	9213	2156	4853	2204	1718	8592
梅水乡	9149	1967	5066	2116	1596	8839
油石乡	13663	3093	7720	2850	2198	13206
安和乡	5769	1157	3064	1548	1171	5587
双溪乡	7076	1537	3871	1668	1283	6849
水岩乡	14223	3168	7904	3151	2428	13934
平富乡	5597	1131	3038	1428	1057	5423
五指峰乡	4849	921	2914	1014	748	4589
紫阳乡	6935	1466	3694	1775	1353	6683
上犹工业园区	1559	49	1480	30	11	17
崇义县	**177831**	**39933**	**105593**	**32305**	**23119**	**139626**
横水镇	75077	17894	47108	10075	7073	42592
扬眉镇	12528	2926	7034	2568	1935	11848
过埠镇	10742	2467	6150	2125	1447	9250
铅厂镇	7490	1360	4502	1628	1209	7093
长龙镇	7135	1482	4095	1558	1126	6772
关田镇	6209	1124	3809	1276	910	5880
龙勾乡	10934	2506	5978	2450	1912	10358
杰坝乡	3792	647	2207	938	678	3675
金坑乡	5048	1105	2712	1231	820	4847
思顺乡	7468	1497	4008	1963	1370	7340
麟潭乡	4562	944	2538	1080	787	4424
上堡乡	8306	1991	4640	1675	1181	8126
聂都乡	5528	1216	3105	1207	842	5293
文英乡	4873	1051	2898	924	659	4623
乐洞乡	2217	492	1317	408	304	2059
丰州乡	5922	1231	3492	1199	866	5446
安远县	**346435**	**87516**	**208776**	**50143**	**34748**	**290821**
欣山镇	115935	25929	75969	14037	9324	75165
孔田镇	24195	6204	13956	4035	2797	23336
版石镇	30475	8659	17974	3842	2669	23294
天心镇	30297	8434	17464	4399	3105	29673
龙布镇	20191	5940	11232	3019	2161	19022
鹤子镇	12025	2942	7080	2003	1399	10713
三百山镇	12480	3175	7220	2085	1449	12067
车头镇	14711	3254	8918	2539	1753	14335
镇岗乡	10087	2419	5810	1858	1309	9664
凤山乡	8521	2051	4925	1545	1116	8303
新龙乡	7580	1563	4416	1601	1107	7302

表14　续表 16　　　　单位：人

地　区	总人口	分年龄人口				居住本乡、镇、街道，户口在本乡、镇、街道
		0-14岁	15-59岁	60岁及以上	#65岁及以上	
蔡坊乡	3818	1154	2048	616	422	3640
重石乡	10998	3161	6241	1596	1163	10882
长沙乡	11509	3526	6126	1857	1345	11368
浮槎乡	15292	4495	8627	2170	1571	15000
双芫乡	6024	1844	3304	876	639	5949
塘村乡	6488	1799	3666	1023	735	6270
高云山乡	4852	934	2882	1036	680	4688
九龙工业园	957	33	918	6	4	150
定南县	**209914**	**50416**	**128567**	**30931**	**21521**	**120166**
历市镇	162840	41026	101057	20757	13976	76408
岿美山镇	4027	765	2348	914	694	3742
老城镇	5578	963	3275	1340	950	5049
天九镇	7881	1581	4516	1784	1323	7398
龙塘镇	6421	1286	3762	1373	1059	6209
岭北镇	6969	1195	3996	1778	1291	6691
鹅公镇	14964	3559	8449	2956	2220	14634
定南县工业园	1234	41	1164	29	8	35
全南县	**169503**	**40008**	**99423**	**30072**	**20735**	**120317**
城厢镇	62386	16039	36547	9800	6621	34460
大吉山镇	12682	2212	7319	3151	2243	12039
陂头镇	13751	3101	7558	3092	2254	12715
金龙镇	37040	9162	22759	5119	3486	24180
南迳镇	14123	3325	7949	2849	1882	12047
龙源坝镇	8020	1821	4585	1614	1164	7375
中寨乡	6733	1479	3660	1594	1142	6451
社迳乡	7690	1826	4152	1712	1198	7274
龙下乡	4590	882	2667	1041	696	3776
全南县工业园	2488	161	2227	100	49	
宁都县	**702394**	**172771**	**413396**	**116227**	**81661**	**572056**
梅江镇	241098	58916	153060	29122	19753	134389
青塘镇	29676	8823	15749	5104	3600	29017
长胜镇	40466	10519	22115	7832	5644	39048
黄陂镇	29266	7464	16169	5633	3890	27530
固村镇	26881	6246	15075	5560	4048	26074
赖村镇	45244	13562	25021	6661	4551	43927
石上镇	17536	3603	9906	4027	2895	16985
东山坝镇	17388	3600	10287	3501	2398	17184
洛口镇	20226	4560	11768	3898	2707	19713
小布镇	11473	2763	6592	2118	1484	11137
黄石镇	28761	7509	15924	5328	3826	28120
田头镇	25707	6463	14133	5111	3679	25420
竹笮乡	31901	7072	19780	5049	3588	22149
对坊乡	22232	5854	12675	3703	2720	21513
固厚乡	14609	3045	8550	3014	2196	14003
田埠乡	15174	3337	8817	3020	2204	14779
会同乡	16969	3522	9272	4175	3013	16522
湛田乡	9448	2026	5334	2088	1523	9001

表14　续表 17　　　　单位：人

地　区	总人口	分年龄人口				居住本乡、镇、街道，户口在本乡、镇、街道
		0-14岁	15-59岁	60岁及以上	#65岁及以上	
安福乡	6247	1231	3310	1706	1210	6125
东韶乡	14852	3716	8459	2677	1847	14339
肖田乡	7060	1704	4170	1186	855	6745
钓峰乡	8376	1900	4929	1547	1068	7619
大沽乡	11640	2945	6489	2206	1592	11289
蔡江乡	9578	2366	5267	1945	1361	9366
宁都县水东工业园	586	25	545	16	9	62
于都县	**905439**	**229642**	**535008**	**140789**	**101133**	**711369**
贡江镇	333397	84824	210900	37673	25424	172987
铁山垅镇	12717	3311	7299	2107	1602	12551
盘古山镇	16336	4693	9092	2551	1849	15861
禾丰镇	43632	11781	24204	7647	5884	43197
祁禄山镇	8010	1947	4534	1529	1142	7795
梓山镇	44846	9663	26184	8999	6568	43865
银坑镇	53078	13716	30420	8942	6429	51817
岭背镇	40172	9647	22938	7587	5514	39326
罗坳镇	43324	9853	25841	7630	5633	34878
罗江乡	27764	7377	15415	4972	3678	27374
小溪乡	16414	4390	8412	3612	2740	16215
利村乡	18057	4165	10015	3877	2949	17822
新陂乡	15182	3715	8587	2880	2146	14918
靖石乡	24265	7569	13293	3403	2464	23972
黄麟乡	25692	6583	14362	4747	3465	24845
沙心乡	5034	1313	2685	1036	770	4962
宽田乡	26749	7136	14753	4860	3509	26392
葛坳乡	36529	10659	19049	6821	5017	36106
桥头乡	11748	2936	6683	2129	1489	11511
马安乡	13583	3357	7110	3116	2344	13441
仙下乡	36937	10446	19774	6717	4863	36581
车溪乡	20553	5036	11528	3989	2870	20338
段屋乡	12771	3477	6476	2818	2071	12461
于都工业园	18649	2048	15454	1147	713	2154
兴国县	**715149**	**189401**	**408061**	**117687**	**84376**	**560214**
潋江镇	191095	48329	123400	19366	13126	89516
江背镇	21862	6025	11735	4102	2873	20745
古龙冈镇	31520	8989	17062	5469	4021	30216
梅窖镇	18282	5734	9504	3044	2203	17644
高兴镇	48981	12179	27798	9004	6570	43706
良村镇	18859	5983	9147	3729	2744	17890
龙口镇	16165	3839	9040	3286	2342	15780
城岗镇	19819	5877	9801	4141	2953	19238
兴江乡	18283	4754	9838	3691	2706	17937
樟木乡	11222	3304	5969	1949	1400	10617
东村乡	12794	3687	6414	2693	1939	12584
兴莲乡	16200	5027	8509	2664	1955	15979
杰村乡	13050	3075	7054	2921	2148	12736
社富乡	24274	6201	12492	5581	4156	23799

表14　续表 18　　　　单位：人

地　区	总人口	分年龄人口				居住本乡、镇、街道，户口在本乡、镇、街道
		0-14岁	15-59岁	60岁及以上	#65岁及以上	
埠头乡	34777	9316	18853	6608	4716	31886
永丰乡	28070	7828	15128	5114	3728	27253
隆坪乡	9729	2635	5172	1922	1383	9361
均村乡	31015	8858	15865	6292	4549	30538
茶园乡	12260	2942	6439	2879	2107	11953
崇贤乡	16615	4835	7874	3906	2840	16192
枫边乡	9318	2613	4571	2134	1545	9021
南坑乡	6861	1799	3456	1606	1224	6657
方太乡	12495	3502	6309	2684	1977	12048
鼎龙乡	20196	6055	10078	4063	2962	19711
长冈乡	38726	10788	20746	7192	5169	35989
兴国县工业园	32681	5227	25807	1647	1040	1218
会昌县	**451513**	**104031**	**280544**	**66938**	**48292**	**363678**
文武坝镇	153201	33594	101779	17828	12438	90443
筠门岭镇	33747	8066	20248	5433	3863	30493
西江镇	48259	11717	28678	7864	5736	44881
周田镇	42300	9900	25008	7392	5534	40154
麻州镇	35240	8002	22703	4535	3199	25963
庄口镇	21521	5285	12655	3581	2649	19626
清溪乡	2578	574	1566	438	308	2277
右水乡	10821	2508	6428	1885	1416	10547
高排乡	9335	2249	5398	1688	1192	8947
晓龙乡	11122	2818	6554	1750	1233	10876
珠兰乡	12065	2732	7120	2213	1624	11246
洞头乡	4628	888	2822	918	654	4339
中村乡	5150	1124	3071	955	709	4879
站塘乡	12232	2599	7745	1888	1405	11821
永隆乡	3699	776	2111	812	564	3500
富城乡	6489	1135	4008	1346	995	6357
小密乡	14261	3834	8078	2349	1742	13863
庄埠乡	7664	1887	4504	1273	998	7393
白鹅乡	16326	4327	9241	2758	2023	15979
会昌县燕子窝工业园	875	16	827	32	10	94
寻乌县	**280219**	**63525**	**172997**	**43697**	**30258**	**200030**
长宁镇	108156	26114	70753	11289	7515	45980
晨光镇	15012	3351	8360	3301	2341	14221
留车镇	17397	3458	10301	3638	2581	16700
南桥镇	20958	4552	12488	3918	2716	20135
吉潭镇	13455	2585	7961	2909	1988	12604
澄江镇	23876	5688	14332	3856	2671	22657
桂竹帽镇	5746	1144	3275	1327	928	5401
文峰乡	28855	6400	18567	3888	2631	17453
三标乡	6299	1187	3761	1351	978	6119
菖蒲乡	8741	2129	4918	1694	1236	8392
龙廷乡	3779	846	2143	790	576	3639
丹溪乡	9783	2486	5372	1925	1359	9234
项山乡	3533	556	1984	993	714	3311
水源乡	8425	1773	5076	1576	1125	8202
罗珊乡	6204	1256	3706	1242	899	5982

表14 续表 19

单位：人

地　区	总人口	分年龄人口				居住本乡、镇、街道，户口在本乡、镇、街道
		0-14岁	15-59岁	60岁及以上	#65岁及以上	
石城县	**283182**	**63224**	**173680**	**46278**	**32548**	**223418**
琴江镇	143721	33136	91352	19233	13285	88750
小松镇	24526	5508	14180	4838	3419	23704
屏山镇	22771	4877	13452	4442	3180	21820
横江镇	16421	3590	9763	3068	2127	15947
高田镇	14362	2944	8482	2936	2123	13842
赣江源镇	11453	2370	6887	2196	1582	11058
木兰乡	6854	1599	3832	1423	986	6690
丰山乡	10719	2136	6402	2181	1560	10437
大由乡	12325	2653	7319	2353	1753	12056
龙岗乡	8298	1816	5080	1402	983	7712
珠坑乡	11732	2595	6931	2206	1550	11402
瑞金市	**613894**	**143979**	**375945**	**93970**	**66242**	**471284**
象湖镇	247856	59141	159763	28952	19258	138289
瑞林镇	27480	7132	15608	4740	3577	26920
壬田镇	25194	5014	14521	5659	4151	24300
九堡镇	41772	9366	24373	8033	5930	40932
沙洲坝镇	35505	8170	22922	4413	2990	19662
谢坊镇	31644	8158	18171	5315	3791	30177
武阳镇	27553	6589	16277	4687	3271	27074
叶坪乡	37964	8264	21643	8057	5726	36500
丁陂乡	8971	2261	5176	1534	1168	8840
大柏地乡	6026	1310	3461	1255	933	5730
岗面乡	12338	2990	7092	2256	1678	12039
日东乡	13661	3199	7930	2532	1869	13401
万田乡	11188	3031	6256	1901	1398	10925
黄柏乡	30756	6390	19467	4899	3531	25373
云石山乡	32042	7390	18952	5700	4107	31142
泽覃乡	15630	3587	9302	2741	1914	13063
拔英乡	7093	1954	3886	1253	936	6917
江西瑞金经济开发区	1221	33	1145	43	14	
龙南市	**319166**	**69564**	**197774**	**51828**	**35465**	**214925**
龙南镇	127120	28226	79756	19138	12872	67473
武当镇	9854	2323	5715	1816	1261	9017
杨村镇	31523	7761	17807	5955	4203	30384
汶龙镇	11845	2964	6681	2200	1472	11227
程龙镇	4927	943	2701	1283	889	4450
关西镇	4862	621	3245	996	653	3221
里仁镇	16959	3468	10485	3006	2139	14202
渡江镇	16290	3154	9734	3402	2409	14567
九连山镇	3238	706	1804	728	485	2983
桃江乡	18528	3998	11224	3306	2272	14958
东江乡	5762	1237	3588	937	674	4516
临塘乡	9542	1983	5556	2003	1458	8967
南亨乡	8784	1925	4960	1899	1298	8322
夹湖乡	6783	1546	3681	1556	1111	6508
江西龙南经济技术开发区	43033	8704	30782	3547	2225	14023
安基山林场	116	5	55	56	44	107

表14 续表 20 单位：人

地区	总人口	分年龄人口				居住本乡、镇、街道，户口在本乡、镇、街道
		0-14岁	15-59岁	60岁及以上	#65岁及以上	
吉安市	**4469176**	**1115904**	**2558305**	**794967**	**559738**	**3483856**
吉州区	**402669**	**85920**	**247271**	**69478**	**48692**	**245401**
古南街道	32632	7014	19951	5667	3873	14669
永叔街道	39953	7540	24471	7942	5490	21221
文山街道	30416	5502	18448	6466	4550	14416
习溪桥街道	41564	9333	24481	7750	5546	23689
北门街道	94430	20801	57586	16043	11513	57003
白塘街道	11999	2644	7153	2202	1521	8596
禾埠街道	60762	12203	41985	6574	4444	24488
兴桥镇	20675	5244	11495	3936	2695	19351
樟山镇	17641	4218	9787	3636	2521	16481
长塘镇	32290	7375	18792	6123	4341	30826
曲濑镇	14507	3599	8054	2854	2007	13780
吉州区工业园小区	5800	447	5068	285	191	881
青原区	**240730**	**60746**	**144433**	**35551**	**24730**	**155550**
河东街道	70749	14203	48819	7727	5212	32527
滨江街道	55588	16299	34125	5164	3117	16685
天玉镇	15005	3606	8796	2603	1774	13069
值夏镇	20323	5291	10688	4344	3215	19325
新圩镇	13673	3437	7271	2965	2186	12561
富滩镇	20413	5448	11162	3803	2742	19156
富田镇	20836	6125	10576	4135	3006	19813
文陂镇	11012	2740	5940	2332	1657	10114
东固畲族少数民族乡	12727	3489	6812	2426	1783	11949
东固垦殖场	404	108	244	52	38	351
吉安县	**469513**	**113242**	**279819**	**76452**	**53949**	**328252**
高新街道	46470	10902	32666	2902	1740	8322
金鸡湖街道	11882	1881	8831	1170	827	5503
敦厚镇	133765	33770	83257	16738	11562	75641
永阳镇	19817	5278	10347	4192	2987	18454
天河镇	3733	685	1914	1134	879	3291
横江镇	15291	3702	8407	3182	2239	14484
固江镇	15401	4163	8182	3056	2252	14541
万福镇	24819	6501	12502	5816	4274	23335
永和镇	19185	4944	10195	4046	2813	18321
桐坪镇	25355	6663	13423	5269	3730	23928
凤凰镇	16001	4079	9002	2920	2051	14203
油田镇	17389	4526	9045	3818	2788	16065
敖城镇	12673	3459	6556	2658	1885	11924
梅塘镇	16507	4600	8235	3672	2587	15503
浬田镇	12587	3386	6376	2825	2098	11661
北源乡	12615	3244	6639	2732	1931	11786

表14 续表 21

单位：人

地区	总人口	分年龄人口				居住本乡、镇、街道，户口在本乡、镇、街道
		0-14岁	15-59岁	60岁及以上	#65岁及以上	
大冲乡	7370	1715	3744	1911	1381	6989
登龙乡	12350	3247	6420	2683	1895	11711
安塘乡	7422	1951	3849	1622	1122	6725
官田乡	9508	2367	4883	2258	1641	9095
指阳乡	7192	1809	3697	1686	1216	6719
吉安高新技术产业园区	22181	370	21649	162	51	51
吉水县	**421849**	**109993**	**232992**	**78864**	**55594**	**342034**
文峰镇	147402	40781	89543	17078	11438	88114
阜田镇	24368	6474	11986	5908	4319	23274
盘谷镇	18504	4506	9225	4773	3483	17698
枫江镇	19132	4291	9633	5208	3784	18372
黄桥镇	16708	3935	8278	4495	3268	15737
金滩镇	27986	7118	14869	5999	4171	24888
八都镇	27490	7779	14314	5397	3692	25051
双村镇	8510	2311	4303	1896	1285	8227
醪桥镇	16414	4488	8372	3554	2444	15815
螺田镇	13312	3625	6929	2758	2010	12751
白沙镇	16026	4340	8355	3331	2419	14927
白水镇	8172	2032	4445	1695	1209	7644
丁江镇	9862	2464	5397	2001	1410	9328
乌江镇	16323	4480	8572	3271	2218	15721
水南镇	19966	5179	10356	4431	3279	19021
尚贤乡	14029	3124	7256	3649	2705	13431
水田乡	6259	1291	3084	1884	1401	5839
冠山乡	6270	1612	3322	1336	967	5984
吉水县工业园区	5116	163	4753	200	92	212
峡江县	**149954**	**36697**	**85483**	**27774**	**19667**	**125152**
水边镇	59608	15790	36332	7486	5120	46179
马埠镇	9177	2214	5038	1925	1340	8803
巴邱镇	29028	7491	16354	5183	3764	21774
仁和镇	9131	2101	4861	2169	1555	8748
砚溪镇	7510	1471	3946	2093	1473	7223
罗田镇	10555	2361	5316	2878	2076	10177
桐林乡	5249	1281	2793	1175	816	5041
福民乡	5557	1245	2923	1389	987	5156
戈坪乡	4891	940	2757	1194	855	4649
金江乡	5610	1134	2810	1666	1251	5354
金坪民族乡	2640	613	1464	563	414	2046
峡江县工业园区	998	56	889	53	16	2
新干县	**286077**	**68670**	**165784**	**51623**	**35549**	**221297**
洋峰街道	1812	429	1129	254	170	781
金川镇	117208	30689	73331	13188	8724	65471
三湖镇	23219	5117	11169	6933	5070	22681
大洋洲镇	18174	4279	10001	3894	2683	17703
七琴镇	18528	3966	10340	4222	2950	17920
麦斜镇	11986	2679	6465	2842	1985	11673

表14 续表 22 单位：人

地 区	总人口	分年龄人口				居住本乡、镇、街道，户口在本乡、镇、街道
		0-14岁	15-59岁	60岁及以上	#65岁及以上	
界埠镇	17902	4097	9946	3859	2704	16972
溧江镇	13549	3369	7351	2829	1973	13000
桃溪乡	8753	2166	4677	1910	1233	8599
城上乡	9030	2033	5017	1980	1393	8721
潭丘乡	10416	2293	5653	2470	1720	10114
神政桥乡	6449	1300	3647	1502	1019	6235
沂江乡	10294	2618	5770	1906	1253	9854
荷浦乡	11476	2486	5911	3079	2181	11196
新干工业园区	6001	972	4625	404	219	127
地质大队	1280	177	752	351	272	250
永丰县	**388464**	**107028**	**216631**	**64805**	**45268**	**325118**
恩江镇	126327	35582	76609	14136	9510	76346
坑田镇	12969	2936	7180	2853	1977	12144
沿陂镇	17819	4722	9729	3368	2274	17419
古县镇	14226	3646	7609	2971	2102	13849
瑶田镇	16666	5229	8443	2994	2138	16195
藤田镇	29018	9149	14866	5003	3558	27777
石马镇	26069	7880	13548	4641	3238	25065
沙溪镇	14815	4123	7515	3177	2286	14239
佐龙乡	32842	7917	18936	5989	4061	29334
八江乡	6985	1700	3775	1510	1063	6815
潭城乡	10547	2355	5705	2487	1757	10239
鹿冈乡	9001	2186	4987	1828	1287	8774
七都乡	9034	2192	4939	1903	1366	8835
陶唐乡	12251	3828	6235	2188	1569	11691
中村乡	4420	1144	2402	874	640	4127
上溪乡	3832	968	2116	748	529	3678
潭头乡	7530	2256	3787	1487	1065	7103
三坊乡	4021	1016	2157	848	619	3780
上固乡	7119	2129	3558	1432	1044	6829
君埠乡	8930	2554	4534	1842	1340	8598
龙冈畲族乡	10328	2844	5424	2060	1540	10172
永丰县工业园区	1515	111	1275	129	75	3
罗铺垦殖场	1971	502	1185	284	188	1892
官山林场	229	59	117	53	42	214
泰和县	**467807**	**121608**	**261709**	**84490**	**58994**	**379539**
澄江镇	169176	41153	106037	21986	15401	106277
桥头镇	10179	2610	5292	2277	1593	9641
禾市镇	16039	4205	8021	3813	2563	15206
螺溪镇	25086	6816	12464	5806	3957	23776
苏溪镇	14524	3654	7845	3025	2071	14081
马市镇	25212	6421	13198	5593	3763	24023
塘洲镇	25864	6816	13635	5413	3793	24671
冠朝镇	15988	4558	8365	3065	2154	15094
沙村镇	12434	3673	6501	2260	1554	11033
老营盘镇	4056	1124	1972	960	701	3776

表14 续表 23

单位：人

地　　区	总人口	分年龄人口				居住本乡、镇、街道，户口在本乡、镇、街道
		0-14岁	15-59岁	60岁及以上	#65岁及以上	
小龙镇	2946	775	1594	577	395	2769
灌溪镇	16671	5151	7888	3632	2617	15954
苑前镇	21205	7075	10018	4112	2876	20664
万合镇	32227	9990	15385	6852	4880	31264
沿溪镇	17055	4533	8860	3662	2506	16463
石山乡	9199	2469	4549	2181	1550	8678
南溪乡	8545	2157	4215	2173	1480	8243
上模乡	7318	2220	3504	1594	1168	6927
水槎乡	9652	2781	4881	1990	1418	9257
上圯乡	5497	1561	2640	1296	967	5234
中龙乡	4326	1133	2158	1035	750	4077
小龙矿区管委会	940	76	479	385	300	866
井冈山机场	44		42	2	1	
泰和县高新产业园区	11190	169	10847	174	53	157
武山垦殖场	573	68	325	180	131	440
综合垦殖场	1861	420	994	447	352	968
遂川县	**512109**	**136836**	**290784**	**84489**	**59310**	**453437**
泉江镇	145069	37538	88510	19021	13154	106002
雩田镇	46442	11264	26424	8754	6185	45227
碧洲镇	9025	2064	5347	1614	1166	8684
草林镇	26426	7562	14383	4481	3074	25866
堆子前镇	18146	5136	9915	3095	2172	17622
左安镇	26928	7919	14015	4994	3535	26263
高坪镇	12171	3416	6656	2099	1599	11846
大汾镇	32958	9527	17992	5439	3761	32315
衙前镇	8756	2198	4740	1818	1256	8388
禾源镇	17621	4975	9324	3322	2324	17215
汤湖镇	13727	3780	7476	2471	1817	13357
枚江镇	19310	5151	10597	3562	2481	16143
珠田乡	20004	5101	11490	3413	2408	19453
巾石乡	19587	5529	10240	3818	2703	19208
大坑乡	13070	3549	7279	2242	1560	12816
双桥乡	4914	1226	2701	987	711	4734
新江乡	7514	1853	4118	1543	1122	7136
五斗江乡	9367	2407	5135	1825	1277	8766
西溪乡	13042	4034	6786	2222	1532	12802
南江乡	9287	2604	5023	1660	1179	8952
黄坑乡	15938	4712	8441	2785	1964	15451
戴家埔乡	11544	3130	6182	2232	1574	11220
营盘圩乡	4097	1014	2291	792	586	3900
遂川县工业园区	7166	1147	5719	300	170	71
万安县	**250991**	**62688**	**142210**	**46093**	**32684**	**214111**
芙蓉镇	65340	14881	40640	9819	6957	43750
五丰镇	21022	5654	11966	3402	2287	16442
枧头镇	15534	4087	8078	3369	2428	15061

表14　续表 24　　　　单位：人

地　区	总人口	分年龄人口				居住本乡、镇、街道，户口在本乡、镇、街道
		0-14岁	15-59岁	60岁及以上	#65岁及以上	
窑头镇	22571	5446	12495	4630	3292	22218
百嘉镇	13434	3309	7295	2830	2011	13136
高陂镇	8937	2415	4725	1797	1234	8359
潞田镇	11982	3186	6210	2586	1696	11562
沙坪镇	9819	2618	5370	1831	1335	9484
夏造镇	10987	2994	5862	2131	1547	10594
罗塘乡	10901	2767	5887	2247	1549	10340
弹前乡	9366	2608	5088	1670	1174	9094
武术乡	3751	989	1906	856	644	3608
宝山乡	9007	2784	4364	1859	1416	8739
涧田乡	10104	2646	5161	2297	1748	9834
顺峰乡	6844	1870	3544	1430	1075	6644
韶口乡	14801	3933	7855	3013	2078	14393
万安县工业园	5746	321	5313	112	58	72
麻源垦殖场	845	180	451	214	155	781
安福县	**329053**	**78364**	**185460**	**65229**	**46365**	**276177**
平都镇	106818	26734	64944	15140	10612	72069
浒坑镇	5931	743	3549	1639	1173	5309
洲湖镇	24119	5933	12374	5812	4064	22822
横龙镇	19956	4396	11546	4014	2853	17157
洋溪镇	12695	3233	6479	2983	2171	12120
严田镇	19951	5000	10787	4164	3062	18885
枫田镇	19251	4280	11328	3643	2584	17017
竹江乡	10102	2782	5011	2309	1602	9793
瓜畲乡	8719	2054	4967	1698	1239	8399
钱山乡	8224	2063	4109	2052	1520	7912
赤谷乡	4332	875	2401	1056	770	3986
山庄乡	13952	3210	7600	3142	2280	13225
洋门乡	14485	3511	6877	4097	2892	13907
金田乡	12596	2944	6030	3622	2542	12085
彭坊乡	3548	633	1932	983	699	3208
泰山乡	9345	2341	5223	1781	1252	8846
寮塘乡	18500	4450	10028	4022	2868	17932
甘洛乡	7904	1945	3975	1984	1399	7516
章庄乡	4246	880	2414	952	712	3989
江西安福高新技术产业园区	4379	357	3886	136	71	
永新县	**393984**	**95257**	**216209**	**82518**	**59205**	**308548**
三月坪街道	935	195	509	231	165	470
禾川镇	120695	34141	70143	16411	11521	62521
石桥镇	14662	3013	7680	3969	2929	13824
龙源口镇	16256	3714	8431	4111	2989	15608
澧田镇	26245	6042	13612	6591	4793	24493
龙门镇	11841	2635	6229	2977	2126	11076
沙市镇	12952	3339	6525	3088	2174	12203
文竹镇	14161	3339	7414	3408	2414	13661
埠前镇	23518	5915	13455	4148	2960	16655
怀忠镇	13758	3190	7170	3398	2439	13083

表14 续表 25　　单位：人

地区	总人口	分年龄人口 0-14岁	15-59岁	60岁及以上	#65岁及以上	居住本乡、镇、街道，户口在本乡、镇、街道
高桥楼镇	9292	1985	4971	2336	1633	8448
坳南乡	4139	760	2166	1213	895	3788
曲白乡	5313	1160	2727	1426	1016	4967
才丰乡	10462	2318	5739	2405	1815	9647
烟阁乡	11169	2601	5640	2928	2171	10583
在中乡	9722	2186	5008	2528	1872	9411
三湾乡	2507	441	1324	742	543	2336
台岭乡	7199	1616	3666	1917	1369	6823
龙田乡	11945	3041	6065	2839	2031	11383
高溪乡	12782	3215	6455	3112	2189	12266
莲洲乡	9702	2027	5175	2500	1828	9178
高市乡	7609	1735	3819	2055	1496	7168
象形乡	16089	3197	8460	4432	3196	15508
芦溪乡	14094	3352	7186	3556	2563	13431
永新县工业园区	6937	100	6640	197	78	17
井冈山市	**155976**	**38855**	**89520**	**27601**	**19731**	**109240**
红星街道	30932	8364	19924	2644	1683	7412
厦坪镇	7800	1836	4564	1400	1024	6249
龙市镇	26556	7597	14699	4260	2951	17242
古城镇	9263	2455	4866	1942	1367	8551
新城镇	4945	1168	2617	1160	810	4382
茨坪镇	7936	1416	5371	1149	819	4280
拿山镇	11523	2812	6647	2064	1533	9733
碧溪镇	13183	3788	6502	2893	2172	12455
茅坪镇	4550	684	2707	1159	873	4178
黄坳乡	5478	1420	2982	1076	774	4989
柏露乡	5268	1075	3008	1185	822	4809
葛田乡	3431	657	1853	921	666	3127
睦村乡	4511	981	2403	1127	835	4267
东上乡	4409	911	2381	1117	799	3939
光明乡	7038	1968	3745	1325	929	6421
井企集团	3595	668	1935	992	789	2748
井冈山自然保护区	5205	1009	3083	1113	826	4276
井冈山市工业园区	117	13	92	12	8	
白石垦殖场	236	33	141	62	51	182
宜春市	**5007702**	**1147404**	**2957086**	**903212**	**626350**	**3619647**
袁州区	**1121707**	**261399**	**678702**	**181606**	**124980**	**650548**
灵泉街道	26936	4786	17569	4581	3090	10126
秀江街道	80278	18298	50250	11730	7728	29633
湛郎街道	34706	7910	21629	5167	3423	12220
珠泉街道	43821	9052	28094	6675	4682	15483
化成街道	56764	14269	34809	7686	5121	19014
官园街道	164786	41353	104806	18627	11729	55438
下浦街道	49728	11317	32355	6056	3957	24942
凤凰街道	87472	13219	64627	9626	6459	20878
金园街道	34589	9537	21605	3447	2133	12529

表14　续表 26　　单位：人

地　区	总人口	分年龄人口				居住本乡、镇、街道，户口在本乡、镇、街道
		0-14岁	15-59岁	60岁及以上	#65岁及以上	
新康府街道	14117	2576	10322	1219	805	2328
彬江镇	40322	10283	22168	7871	5423	37840
西村镇	41272	9643	22959	8670	6217	38782
金瑞镇	18184	4501	8862	4821	3612	16521
温汤镇	21781	4138	12236	5407	3761	16176
三阳镇	40163	11373	22826	5964	3924	28909
慈化镇	61619	18814	32818	9987	6967	58784
天台镇	29209	6433	15288	7488	5559	27991
洪塘镇	30558	7246	16351	6961	5173	28868
渥江镇	13532	3427	7751	2354	1618	9644
新坊镇	14208	3056	7675	3477	2487	13284
寨下镇	20879	5207	10287	5385	3951	19886
芦村镇	12914	3381	6642	2891	2047	12114
湖田镇	47804	11632	29437	6735	4483	25676
新田镇	19643	4701	10267	4675	3366	18478
南庙镇	16559	3843	9243	3473	2415	15119
竹亭镇	11012	2551	5725	2736	1929	10494
水江镇	15410	3579	8366	3465	2524	14612
辽市镇	15036	3521	7483	4032	2977	14306
洪江镇	7489	1569	4253	1667	1198	6698
楠木乡	11873	3143	6244	2486	1795	11282
柏木乡	13424	3279	7185	2960	2084	12483
飞剑潭乡	10414	2272	5302	2840	2129	9814
宜春经济开发区管理委员会	13441	1435	11657	349	171	196
袁州区工业园区	1764	55	1611	98	43	
奉新县	**268617**	**62010**	**157772**	**48835**	**34273**	**191006**
冯川镇	107479	25873	67961	13645	9093	48701
赤岸镇	35199	8316	20638	6245	4400	25423
赤田镇	19320	4644	10465	4211	3014	18629
宋埠镇	15007	3290	7985	3732	2726	14421
干洲镇	21638	4732	11953	4953	3493	20746
澡下镇	5798	1022	3188	1588	1207	5499
会埠镇	11019	2033	3188	2783	2104	10663
罗市镇	9097	2094	4857	2146	1501	8454
上富镇	14683	3341	8481	2861	2021	12226
甘坊镇	3497	762	1878	857	606	3261
仰山乡	4692	1130	2476	1086	774	4476
澡溪乡	6871	1634	3839	1398	978	6228
柳溪乡	2783	545	1527	711	495	2550
石溪办事处	3885	944	2067	874	606	3646
百丈山名胜风景区	1873	380	1078	415	281	1690
干洲垦殖场	2236	540	1236	460	330	1719
东风垦殖场	2318	450	1206	662	519	1867
农牧渔良种场	1222	280	734	208	125	807

表14　续表 27

单位：人

地　　区	总人口	分年龄人口				居住本乡、镇、街道，户口在本乡、镇、街道
		0-14岁	15-59岁	60岁及以上	#65岁及以上	
万载县	**486435**	**130783**	**277128**	**78524**	**53311**	**407621**
康乐街道	141190	34135	89192	17863	11568	83864
株潭镇	55812	16922	30458	8432	5779	51869
黄茅镇	43648	13206	23010	7432	5125	42434
潭埠镇	35252	10869	18551	5832	3989	33333
双桥镇	28499	7946	15249	5304	3725	26554
高村镇	9435	2088	5267	2080	1436	9068
罗城镇	18672	5036	10033	3603	2524	17747
三兴镇	22814	6229	12655	3930	2641	21467
高城镇	24077	6462	12978	4637	3221	23433
白良镇	16801	4419	9091	3291	2236	16297
鹅峰乡	19078	4960	11149	2969	1952	16758
马步乡	24444	6728	13760	3956	2651	22948
赤兴乡	8988	2455	4693	1840	1283	8566
岭东乡	8504	2589	4309	1606	1130	8130
白水乡	7811	2157	3987	1667	1201	7337
仙源乡	10526	2684	5535	2307	1638	10195
茭湖乡	7916	1857	4395	1664	1151	7614
万载县工业园区	2968	41	2816	111	61	7
上高县	**343767**	**78786**	**202081**	**62900**	**42511**	**233073**
敖阳街道	122780	30557	76413	15810	10081	56869
田心镇	22999	4996	12352	5651	3983	22038
徐家渡镇	18920	4181	10389	4350	2968	17541
锦江镇	42213	10669	25094	6450	4152	23441
泗溪镇	31047	6613	17472	6962	4870	30076
翰堂镇	13726	2891	7498	3337	2313	13264
南港镇	7855	1277	4056	2522	1813	7329
敖山镇	7430	1656	4247	1527	1057	6576
新界埠镇	12633	2373	6941	3319	2385	12117
蒙山镇	8044	1438	4390	2216	1526	7694
芦洲乡	11455	2500	6393	2562	1869	10938
塔下乡	8709	1634	4864	2211	1578	7196
镇渡乡	7191	1761	3814	1616	1118	6795
野市乡	6865	1365	3884	1616	1136	6481
墨山乡	5127	1104	2940	1083	727	3698
上高县工业园区	16016	3662	10883	1471	810	630
上甘山林场	757	109	451	197	125	390
宜丰县	**252974**	**53315**	**152188**	**47471**	**33259**	**176729**
新昌镇	102684	24413	64296	13975	9487	53622
澄塘镇	12034	2561	6572	2901	2112	11322
棠浦镇	11948	2348	6353	3247	2373	11377
新庄镇	10756	2276	6133	2347	1621	9692
潭山镇	11536	2459	6450	2627	1946	9668
芳溪镇	13459	2865	7071	3523	2506	12845
石市镇	19599	4113	11142	4344	2957	18761

表14 续表 28

单位：人

地区	总人口	分年龄人口				居住本乡、镇、街道，户口在本乡、镇、街道
		0-14岁	15-59岁	60岁及以上	#65岁及以上	
黄岗镇	6718	1392	3820	1506	1092	5959
花桥乡	6261	1251	3473	1537	1111	5925
同安乡	4205	770	2267	1168	835	4028
天宝乡	9684	1983	5341	2360	1715	9244
桥西乡	20591	4067	13226	3298	2276	11328
宜丰县工业园区	7611	117	7004	490	129	5
车上林场	4760	963	2627	1170	846	4241
双峰林场	2364	326	1360	678	482	2146
石花尖垦殖场	3439	630	2064	745	562	2137
黄岗山垦殖场	5325	781	2989	1555	1209	4429
靖安县	**121800**	**25279**	**72126**	**24395**	**16469**	**93123**
双溪镇	51744	11424	31936	8384	5505	32464
仁首镇	15022	3485	8021	3516	2519	14393
宝峰镇	4579	795	2655	1129	766	4061
高湖镇	7419	1598	3995	1826	1248	7081
璪都镇	3629	708	2018	903	581	3278
香田乡	11145	2216	6780	2149	1513	9723
水口乡	6092	1159	3283	1650	1112	5703
中源乡	7461	1406	4335	1720	1150	6714
罗湾乡	6832	1169	3757	1906	1280	6242
三爪仑乡	974	100	591	283	201	830
雷公尖乡	4224	947	2617	660	443	2573
靖安县工业园区	2679	272	2138	269	151	61
铜鼓县	**116418**	**24549**	**71472**	**20397**	**14058**	**92014**
永宁镇	48677	10107	31415	7155	4896	31518
温泉镇	16027	3414	9523	3090	2156	12801
棋坪镇	8795	1885	5253	1657	1205	8344
排埠镇	7030	1421	4234	1375	953	6721
三都镇	10674	2333	6294	2047	1330	9267
大塅镇	12718	2804	7446	2468	1675	11840
高桥乡	3368	566	2028	774	555	3145
港口乡	2908	635	1658	615	426	2778
带溪乡	5561	1302	3176	1083	761	5281
江西铜鼓工业园区	361	54	268	39	24	63
花山林场	65	12	38	15	15	63
大沩山林场	133	9	79	45	39	122
茶山林场	61	4	33	24	20	52
龙门林场	40	3	27	10	3	19
丰城市	**1065641**	**236846**	**621747**	**207048**	**148086**	**868038**
剑光街道	53612	12718	31563	9331	6318	29851
河洲街道	92026	19993	60621	11412	7457	41777
剑南街道	73527	15029	48210	10288	6955	40966
孙渡街道	85129	21106	51229	12794	8478	47863
尚庄街道	34774	6596	21174	7004	5073	31404
龙津洲街道	7625	1313	4734	1578	1125	7177
白土镇	25221	5842	13260	6119	4531	24184
袁渡镇	29887	5988	16342	7557	5794	28697

表14　续表 29　　　　单位：人

地　　区	总人口	分年龄人口				居住本乡、镇、街道，户口在本乡、镇、街道
		0-14岁	15-59岁	60岁及以上	#65岁及以上	
张巷镇	34627	7976	19081	7570	5577	33753
杜市镇	24791	5737	14217	4837	3548	23848
淘沙镇	29413	7302	16503	5608	4173	28307
秀市镇	41017	10302	23012	7703	5641	39627
洛市镇	25894	5879	14752	5263	3840	24573
铁路镇	29085	7260	16344	5481	3994	28312
丽村镇	13387	3024	7447	2916	2187	12908
董家镇	14776	3215	8052	3509	2523	14276
隍城镇	18492	4183	9115	5194	3842	17674
小港镇	47270	10395	26477	10398	7497	45344
石滩镇	21484	4657	11884	4943	3587	20689
桥东镇	29039	7038	15687	6314	4625	27892
荣塘镇	48453	11549	26534	10370	7532	47085
拖船镇	42164	8887	24686	8591	6039	36858
泉港镇	24540	5369	13161	6010	4421	23551
梅林镇	24850	6014	13849	4987	3577	22216
曲江镇	38738	7612	24017	7109	5039	33290
上塘镇	41570	6911	25466	9193	6735	34989
筱塘乡	16437	3647	8737	4053	2907	15967
段潭乡	18813	4175	9650	4988	3666	18213
蕉坑乡	8047	2204	4039	1804	1339	7815
石江乡	6818	1497	3690	1631	1195	6527
荷湖乡	16971	4120	8953	3898	2808	16412
湖塘乡	12408	2526	6601	3281	2422	11731
同田乡	24331	6308	12897	5126	3571	23560
宜春丰城高新技术产业开发区	10425	474	9763	188	70	702
樟树市	**485649**	**107452**	**282734**	**95463**	**65613**	**349268**
淦阳街道	81294	15993	53694	11607	7808	36672
鹿江街道	45174	9108	27978	8088	5373	21918
福城街道	65932	17307	41200	7425	4624	17916
大桥街道	23957	5327	13960	4670	3226	21180
张家山街道	43829	10235	23506	10088	7053	42047
临江镇	28579	6698	15586	6295	4377	26073
永泰镇	11687	2613	6262	2812	1970	11368
黄土岗镇	10822	2280	5241	3301	2370	10372
经楼镇	16024	3695	8526	3803	2744	15490
昌傅镇	16922	4350	8370	4202	2902	16446
店下镇	12858	2985	6966	2907	2030	12080
阁山镇	12809	2800	7311	2698	1825	11954
刘公庙镇	12748	2855	6750	3143	2150	12411
观上镇	14285	2787	8032	3466	2532	13743
义成镇	10690	1923	5500	3267	2365	10328
中洲乡	8177	1654	3947	2576	1868	7868
洲上乡	22560	5050	11478	6032	4307	22058
洋湖乡	29112	6526	17899	4687	3125	23855
吴城乡	12687	2632	6811	3244	2158	12201
樟树市工业园区	2010	55	1748	207	109	12
省双金园艺场	3493	579	1969	945	697	3276

表14 续表 30 单位：人

地区	总人口	分年龄人口				居住本乡、镇、街道，户口在本乡、镇、街道
		0-14岁	15-59岁	60岁及以上	#65岁及以上	
高安市	**744694**	**166985**	**441136**	**136573**	**93790**	**558227**
瑞州街道	160625	39772	103366	17487	11441	84975
筠阳街道	87428	20554	52918	13956	9484	57729
蓝坊镇	25842	5619	13053	7170	5148	24742
荷岭镇	16011	3733	8031	4247	2998	15159
黄沙岗镇	23637	5498	12476	5663	4012	22609
新街镇	28866	7542	15562	5762	4104	26694
八景镇	35996	8276	20978	6742	4696	28316
独城镇	21774	5358	11958	4458	3075	18616
太阳镇	15014	4077	7289	3648	2568	13880
建山镇	15699	3091	8721	3887	2734	14227
田南镇	15057	3368	8749	2940	1974	14063
相城镇	18788	4212	10247	4329	2941	17804
灰埠镇	37112	8219	21042	7851	5548	32270
石脑镇	41040	8211	25590	7239	5005	29882
龙潭镇	24715	5741	13271	5703	4100	23995
杨圩镇	32389	8069	17709	6611	4521	30905
村前镇	17633	4111	9636	3886	2761	16413
伍桥镇	10534	2249	5484	2801	2011	10127
祥符镇	21483	5464	11401	4618	3218	18909
大城镇	20790	5058	11470	4262	2915	19009
华林山镇	7093	1208	3906	1979	1431	6822
上湖乡	18995	3896	10048	5051	3540	18275
汪家圩乡	8221	1635	4212	2374	1729	7674
江西高安高新技术产业园区管委会	35438	1208	31417	2813	974	2407
江西新茂实业公司	2915	495	1691	729	595	1547
相城垦殖场	1160	257	650	253	182	856
上游水库工程管理局	402	60	241	101	74	310
高安市渡埠农场	37	4	20	13	11	12
抚州市	**3614866**	**814442**	**2207356**	**593068**	**426013**	**2542709**
临川区	**1102421**	**234430**	**690789**	**177202**	**129989**	**746148**
青云街道	87340	18056	57307	11977	8141	31941
西大街街道	61330	11239	41828	8263	5959	23428
荆公路街道	40818	8303	25889	6626	4802	18681
六水桥街道	41691	7988	27248	6455	4629	17519
文昌街道	48540	8566	31437	8537	6093	18521
城西街道	45856	11619	29025	5212	3389	18755
钟岭街道	118421	24154	83789	10478	7227	45190
上顿渡镇	167485	41662	104516	21307	15128	110004
温泉镇	22408	4831	13222	4355	3344	21232
高坪镇	22527	4977	13294	4256	3296	22065
秋溪镇	14894	2624	8736	3534	2744	14647

表14 续表 31

单位：人

地区	总人口	分年龄人口				居住本乡、镇、街道，户口在本乡、镇、街道
		0-14岁	15-59岁	60岁及以上	#65岁及以上	
荣山镇	16475	3795	9597	3083	2276	16045
龙溪镇	15239	3803	8688	2748	2029	14495
大岗镇	21004	4862	11433	4709	3643	20659
云山镇	27117	5799	15891	5427	4069	25135
唱凯镇	32497	6575	18859	7063	5479	30893
罗针镇	32981	6587	19186	7208	5598	31534
罗湖镇	33448	6450	19509	7489	5782	32613
太阳镇	16517	3738	9630	3149	2339	15799
东馆镇	15324	3596	9036	2692	2013	14073
腾桥镇	17398	3682	10088	3628	2751	16876
青泥镇	19233	4676	10672	3885	2849	18926
孝桥镇	18477	3483	10876	4118	3170	16518
抚北镇	5705	1059	3374	1272	970	5042
展坪镇	13085	2642	7842	2601	1979	12428
崇岗镇	22207	4581	14016	3610	2759	19400
连城乡	12742	2599	7337	2806	2161	12406
桐源乡	16703	3270	9871	3562	2695	15985
湖南乡	38455	8073	23500	6882	5065	34927
七里岗乡	15249	3374	8921	2954	2146	14254
嵩湖乡	17080	3727	10128	3225	2432	16898
鹏田乡	9391	1865	5868	1658	1245	8375
茅排乡	3136	520	1989	627	453	3002
河埠乡	7736	1465	4706	1565	1184	7457
荣山垦殖场	332	49	200	83	63	274
七里岗垦殖场	181	33	98	50	39	149
开发区管理委员会	3399	108	3183	108	48	2
东乡区	**383846**	**88755**	**225966**	**69125**	**49056**	**249329**
金峰街道	147845	37696	90695	19454	12911	54846
孝岗镇	55042	15172	32421	7449	4912	30473
小璜镇	22583	4832	12252	5499	4118	21699
圩上桥镇	12002	2253	6716	3033	2208	11268
马圩镇	20751	3928	11977	4846	3715	19940
詹圩镇	13758	2744	7626	3388	2606	13215
岗上积镇	14420	2809	8526	3085	2275	13776
杨桥殿镇	16217	3071	8807	4339	3280	15589
黎圩镇	8100	1753	4440	1907	1350	7751
王桥镇	9253	1888	5297	2068	1493	8982
珀玕乡	9898	2302	5225	2371	1788	9615
邓家乡	17772	4197	10241	3334	2326	12805
虎圩乡	8804	1559	5035	2210	1623	8269
瑶圩乡	6247	1301	3398	1548	1100	6063
红星垦殖场	10178	1738	5889	2551	1955	8202
红光垦殖场	2571	521	1542	508	363	1892
红亮垦殖场	1855	287	1094	474	329	1615
甘坑生态林场	3509	610	2036	863	603	3329
东乡县经济开发区	3041	94	2749	198	101	

表14 续表 32 单位：人

地区	总人口	分年龄人口				居住本乡、镇、街道，户口在本乡、镇、街道
		0-14岁	15-59岁	60岁及以上	#65岁及以上	
南城县	**286260**	**63617**	**173220**	**49423**	**34947**	**202655**
建昌镇	154967	36388	95969	22610	15429	84356
株良镇	27884	5889	16585	5410	3857	25352
上唐镇	16812	3195	10054	3563	2651	16229
里塔镇	14824	3094	9018	2712	1911	13423
洪门镇	5543	1056	3127	1360	993	4250
沙洲镇	10584	2616	6097	1871	1302	10001
龙湖镇	9791	2040	5543	2208	1701	9540
新丰街镇	4986	878	2818	1290	958	4637
万坊镇	14361	3244	8140	2977	2207	13870
徐家镇	10475	2322	5576	2577	1931	10211
天井源乡	9773	1906	5810	2057	1469	8471
浔溪乡	2200	453	1327	420	313	2086
南城县工业园区	4060	536	3156	368	225	229
黎川县	**205205**	**42628**	**126260**	**36317**	**27047**	**131299**
日峰镇	125638	27868	79295	18475	13012	57112
宏村镇	7934	1747	4464	1723	1333	7717
洵口镇	5742	1096	3232	1414	1180	5380
熊村镇	7187	1415	3974	1798	1437	6966
龙安镇	6785	1157	4023	1605	1198	6615
德胜镇	8007	1504	4818	1685	1309	7675
华山镇	2153	436	1194	523	423	2059
潭溪乡	10152	1957	6182	2013	1568	9864
湖坊乡	4027	738	2364	925	718	3964
荷源乡	3480	579	2047	854	684	3350
厚村乡	4338	897	2427	1014	836	4216
社苹乡	3025	545	1767	713	585	2886
樟溪乡	3646	680	2141	825	649	3482
西城乡	4196	826	2364	1006	776	4102
中田乡	5917	954	3623	1340	1059	5851
黎川县工业园区管理委员会	2540	203	2146	191	113	1
德胜企业集团	438	26	199	213	167	59
南丰县	**271888**	**61872**	**166210**	**43806**	**31266**	**203867**
琴城镇	135852	32838	85354	17660	12298	75002
太和镇	17600	3917	10570	3113	2270	16725
白舍镇	27970	6698	16110	5162	3647	27024
市山镇	29741	6924	18073	4744	3366	27444
洽湾镇	8364	1455	4991	1918	1462	8007
桑田镇	7471	1189	4523	1759	1255	7286
紫霄镇	9761	2063	5529	2169	1565	9544
三溪乡	5438	1048	3242	1148	870	5261
东坪乡	3404	593	1986	825	614	3319
莱溪乡	9809	1891	5918	2000	1518	9488
太源乡	5402	1019	3269	1114	857	5298
傅坊乡	9643	2139	5519	1985	1413	9392
南丰县长红垦殖场	114	8	50	56	42	70
南丰工业园区	1319	90	1076	153	89	7

表14 续表 33 单位：人

地　　区	总人口	分年龄人口				居住本乡、镇、街道，户口在本乡、镇、街道
		0-14岁	15-59岁	60岁及以上	#65岁及以上	
崇仁县	**302181**	**75936**	**180762**	**45483**	**32669**	**237693**
巴山镇	136860	37399	81827	17634	12076	77483
相山镇	13902	2887	8473	2542	1872	13607
航埠镇	14905	3010	9386	2509	1946	14689
孙坊镇	14125	4005	7788	2332	1694	13730
河上镇	19217	4655	11436	3126	2269	18972
礼陂镇	8469	1817	5112	1540	1149	8207
马鞍镇	13748	3314	7948	2486	1815	13519
石庄乡	9189	2068	5642	1479	1082	7649
六家桥乡	13223	3261	8006	1956	1424	12637
白路乡	12443	3067	7372	2004	1527	12081
三山乡	9865	2461	5842	1562	1168	9719
白陂乡	8513	1946	5210	1357	977	8371
桃源乡	8487	1604	5168	1715	1290	8287
许坊乡	8372	2078	4858	1436	1038	8179
郭圩乡	10863	2364	6694	1805	1342	10563
乐安县	**307909**	**77974**	**182074**	**47861**	**34559**	**226286**
鳌溪镇	128722	33504	82073	13145	8993	56411
公溪镇	16903	4042	9626	3235	2380	15391
山砀镇	14979	3790	8030	3159	2321	11465
龚坊镇	14525	3498	8285	2742	1968	14085
戴坊镇	22673	6207	12165	4301	2981	22142
牛田镇	14796	3636	8413	2747	2022	14620
万崇镇	11168	2909	6407	1852	1349	10837
增田镇	12379	3018	6990	2371	1790	12024
招携镇	16290	3906	9487	2897	2224	15484
湖溪乡	6022	1225	3241	1556	1167	5906
罗陂乡	10468	3221	5280	1967	1417	10197
湖坪乡	10806	3052	5564	2190	1606	10586
南村乡	10757	2340	6142	2275	1735	10333
谷岗乡	7995	1597	4794	1604	1217	7825
金竹畲族乡	6290	1340	3682	1268	959	6003
大马头乡	3136	689	1895	552	430	2977
宜黄县	**201127**	**41536**	**128215**	**31376**	**21972**	**141137**
凤冈镇	101095	23096	64837	13162	8720	52656
棠阴镇	9800	1687	6021	2092	1500	9624
黄陂镇	15976	3319	9607	3050	2297	15450
东陂镇	6848	1317	4209	1322	991	6635
梨溪镇	11494	2445	7033	2016	1404	11280
二都镇	7661	1507	4495	1659	1237	7411
中港镇	11752	2314	7270	2168	1543	10697
桃陂镇	9149	2128	5465	1556	1127	8941
新丰乡	4466	919	2688	859	667	4403
神岗乡	6337	1253	3841	1243	908	6230
圳口乡	4815	760	2823	1232	936	4714
南源乡	2852	480	1798	574	412	2790
黄柏岭垦殖场	165	20	85	60	52	143
青年垦殖场	178	37	112	29	19	159
宜黄县工业园区	8539	254	7931	354	159	4

表14 续表 34　　单位：人

地 区	总人口	分年龄人口				居住本乡、镇、街道，户口在本乡、镇、街道
		0-14岁	15-59岁	60岁及以上	#65岁及以上	
金溪县	**253828**	**60910**	**151478**	**41440**	**28404**	**190492**
秀谷镇	119969	33118	71594	15257	9904	62732
浒湾镇	17328	3589	10204	3535	2495	16657
双塘镇	6831	1366	3968	1497	1049	6547
何源镇	9454	2051	5471	1932	1320	9282
合市镇	14925	3061	8945	2919	2062	14549
琅琚镇	18919	4204	11160	3555	2550	18486
左坊镇	10672	2128	6503	2041	1482	10336
对桥镇	11360	2574	6516	2270	1535	10876
黄通乡	5651	1282	3169	1200	900	5525
陆坊乡	9148	1829	5511	1808	1306	8846
陈坊积乡	5859	1067	3561	1231	869	5684
琉璃乡	12562	2490	7684	2388	1677	12219
石门乡	7874	1668	4809	1397	986	7702
华侨管理区	1667	415	972	280	207	1051
江西金溪工业园区管理委员会	1609	68	1411	130	62	
资溪县	**95826**	**19152**	**58594**	**18080**	**12708**	**72399**
鹤城镇	52707	11380	32230	9097	6149	30981
马头山镇	6517	1204	3901	1412	1061	6124
高阜镇	10948	2137	6719	2092	1495	10479
嵩市镇	5864	1102	3655	1107	788	5611
乌石镇	8040	1321	4850	1869	1400	7928
高田乡	8382	1482	5110	1790	1284	8076
石峡乡	3368	526	2129	713	531	3200
广昌县	**204375**	**47632**	**123788**	**32955**	**23396**	**141404**
旴江镇	122002	30456	75345	16201	11052	63176
头陂镇	14544	3246	8397	2901	2171	14163
赤水镇	9082	1825	5283	1974	1447	8512
驿前镇	14438	3244	8522	2672	1901	14221
甘竹镇	15087	3377	8710	3000	2126	14662
塘坊镇	12108	2832	7084	2192	1627	11857
千善乡	3021	510	1835	676	528	2943
水南圩乡	2392	399	1393	600	460	2268
长桥乡	2245	310	1204	731	532	2158
杨溪乡	3054	659	1789	606	469	2976
尖峰乡	4552	629	2618	1305	1036	4419
翠雷山垦殖场	56	11	23	22	14	49
广昌县工业园区	1794	134	1585	75	33	
上饶市	**6491088**	**1507637**	**3834888**	**1148563**	**808285**	**5335909**
信州区	**545134**	**98360**	**359004**	**87770**	**59940**	**308807**
水南街道	37739	6619	23722	7398	5255	21114
东市街道	93774	14435	63087	16252	10984	47122
西市街道	68459	8730	46138	13591	9404	31714
北门街道	123939	25637	81619	16683	10628	53961
茅家岭街道	86628	13034	65184	8410	5385	31899

表14 续表 35

单位：人

地区	总人口	分年龄人口				居住本乡、镇、街道，户口在本乡、镇、街道
		0-14岁	15-59岁	60岁及以上	#65岁及以上	
灵溪街道	26106	6141	15294	4671	3284	24468
沙溪镇	43436	9629	25072	8735	6291	39434
朝阳镇	36631	7440	22975	6216	4509	31892
秦峰镇	28422	6695	15913	5814	4200	27203
广丰区	**775364**	**189307**	**454175**	**131882**	**93013**	**679744**
永丰街道	82233	20043	50942	11248	7519	66085
芦林街道	46647	10433	30486	5728	3942	30803
丰溪街道	78676	19525	50759	8392	5629	50063
下溪街道	35518	8395	21924	5199	3653	29479
大石街道	26567	6681	15346	4540	3204	24680
五都镇	59689	14663	33569	11457	8230	57415
洋口镇	66018	16608	38331	11079	7800	58363
横山镇	36673	8874	21195	6604	4735	34459
桐畈镇	35108	8240	19817	7051	5048	33590
湖丰镇	21112	5388	11264	4460	3200	19633
大南镇	16995	3991	9772	3232	2250	16232
排山镇	27052	7349	14242	5461	3904	26202
毛村镇	17219	4485	9133	3601	2509	16257
枧底镇	18176	4601	10409	3166	2270	17315
泉波镇	19698	4945	10270	4483	3237	19214
壶峤镇	27276	6174	16303	4799	3377	26850
霞峰镇	32394	8197	18967	5230	3758	31189
吴村镇	31516	7608	18339	5569	3976	28698
沙田镇	25980	5900	14992	5088	3683	24924
铜钹山镇	14362	3621	7803	2938	2078	13835
东阳乡	18742	4009	10038	4695	3380	17925
嵩峰乡	16254	4058	8320	3876	2784	15652
少阳乡	20006	5218	11111	3677	2623	19460
铜拔山垦殖场	1453	301	843	309	224	1421
广信区	**748265**	**167545**	**459093**	**121627**	**84260**	**551852**
旭日街道	145208	34749	97459	13000	7776	51714
罗桥街道	49519	9133	35211	5175	3418	25377
兴园街道	65121	11128	49267	4726	2931	19995
田墩镇	39225	9245	22530	7450	5212	37766
上泸镇	17962	4320	9718	3924	2718	17176
华坛山镇	14490	3833	6920	3737	2783	13584
茶亭镇	32891	7005	20146	5740	4051	29870
皂头镇	30736	6877	18398	5461	3793	26318
四十八镇	15876	3654	8846	3376	2442	15170
枫岭头镇	27491	5492	16916	5083	3611	24352
煌固镇	38295	8832	21306	8157	5806	36407
花厅镇	22080	5547	12498	4035	2767	20908
五府山镇	11838	2459	6435	2944	2126	11364
郑坊镇	21590	5705	10991	4894	3583	20179
望仙乡	11231	2728	5756	2747	1993	10823
石人乡	24946	6541	13125	5280	3717	24008
清水乡	21569	4749	12256	4564	3254	20596

表14 续表 36

单位：人

地区	总人口	分年龄人口				居住本乡、镇、街道，户口在本乡、镇、街道
		0-14岁	15-59岁	60岁及以上	#65岁及以上	
石狮乡	22898	5139	13831	3928	2696	17314
湖村乡	29916	6685	16132	7099	5188	29087
尊桥乡	22890	5004	13529	4357	3081	22116
应家乡	20843	5027	11597	4219	2985	20012
黄沙岭乡	15334	3388	8696	3250	2305	14914
铁山乡	9027	2169	4778	2080	1466	8710
董团乡	37289	8136	22752	6401	4558	34092
玉山县	**519357**	**116395**	**296989**	**105973**	**75481**	**416592**
冰溪街道	168447	37694	108670	22083	14802	90441
文成街道	30465	6949	17230	6286	4503	25943
临湖镇	24746	5998	13053	5695	4061	23620
必姆镇	21969	5481	11404	5084	3696	21358
横街镇	18829	4508	10059	4262	3121	17987
下镇镇	30971	6752	16578	7641	5523	30150
岩瑞镇	39950	7862	22834	9254	6543	34446
双明镇	18649	3969	9853	4827	3501	17322
紫湖镇	15790	3634	8305	3851	2759	15007
仙岩镇	16144	2863	7919	5362	3993	15439
樟村镇	27168	6269	15364	5535	3977	24383
枫林镇	8905	2082	4770	2053	1443	8283
南山乡	9076	1943	5026	2107	1559	8804
怀玉乡	15684	3887	7923	3874	2779	14951
下塘乡	14229	3456	7158	3615	2711	13753
四股桥乡	22964	5239	12206	5519	3995	21449
六都乡	29654	6531	15461	7662	5634	27974
三清乡	5717	1278	3176	1263	881	5282
铅山县	**386200**	**87167**	**227425**	**71608**	**49555**	**349574**
河口镇	91622	19762	57301	14559	9696	67536
永平镇	44849	8869	26823	9157	6439	42144
石塘镇	12097	2644	6790	2663	1864	11707
鹅湖镇	29430	7121	17038	5271	3745	28569
湖坊镇	24182	5552	14317	4313	2964	22744
武夷山镇	17707	3719	10042	3946	2829	17247
汪二镇	27536	6471	15982	5083	3525	26890
葛仙山镇	26034	6452	14809	4773	3265	25241
陈坊乡	9173	2181	4933	2059	1404	8899
虹桥乡	14471	3498	8320	2653	1813	14246
新滩乡	27480	6384	16452	4644	3209	24927
稼轩乡	14877	3370	8440	3067	2173	14403
英将乡	8685	2245	4692	1748	1235	8558
紫溪乡	13426	3242	7483	2701	1914	13127
太源畲族乡	1373	331	750	292	203	1333
天柱山乡	4301	973	2391	937	650	4215
篁碧畲族乡	2769	641	1520	608	432	2687
青溪服务中心	15801	3622	9129	3050	2135	14733
国营森林苗圃	387	90	213	84	60	368

表14 续表 37 单位：人

地 区	总人口	分年龄人口				居住本乡、镇、街道，户口在本乡、镇、街道
		0-14岁	15-59岁	60岁及以上	#65岁及以上	
横峰县	**187326**	**44356**	**106885**	**36085**	**24855**	**143945**
兴安街道	69829	15840	44957	9032	5932	32748
岑阳镇	11714	2518	6468	2728	1888	11197
葛源镇	19865	5135	10046	4684	3311	19207
姚家乡	9897	2295	5404	2198	1564	9497
莲荷乡	17506	4571	9211	3724	2551	15691
司铺乡	8637	1978	4802	1857	1269	8258
港边乡	11425	2769	5882	2774	1940	11057
龙门畈乡	18034	4371	9403	4260	2993	17200
青板乡	11957	2878	6158	2921	2065	11521
红桥垦殖场	1806	424	1064	318	216	1265
上坑源林场	344	47	175	122	105	323
山黄林场	126	17	72	37	31	120
新篁办事处	6186	1513	3243	1430	990	5861
弋阳县	**338817**	**83647**	**190145**	**65025**	**44967**	**276647**
桃源街道	12812	2672	7413	2727	2009	5737
花亭街道	9684	2084	5442	2158	1572	7338
曹溪镇	19679	5668	10199	3812	2669	18910
漆工镇	27234	7225	14199	5810	4102	26368
樟树墩镇	10319	2489	5739	2091	1527	10145
南岩镇	61819	14921	38260	8638	5559	33318
朱坑镇	20461	5151	11596	3714	2564	19876
圭峰镇	23140	6177	11889	5074	3550	22511
叠山镇	8529	2089	4582	1858	1244	7997
港口镇	10815	2709	5525	2581	1783	10422
弋江镇	43577	8249	27619	7709	5384	26956
三县岭镇	15557	4059	8686	2812	1909	14465
中畈乡	25832	7509	12759	5564	3760	25235
葛溪乡	19111	5060	10167	3884	2720	18681
湾里乡	13593	3416	7453	2724	1940	13178
清湖乡	11682	3165	5975	2542	1739	11445
旭光乡	4973	1004	2642	1327	936	4065
余干县	**840498**	**220280**	**478263**	**141955**	**103445**	**753453**
玉亭镇	177735	41779	110634	25322	17824	118409
瑞洪镇	52412	14649	27672	10091	7609	50789
黄金埠镇	63059	15593	36647	10819	7885	56749
古埠镇	50295	13368	27815	9112	6547	49498
乌泥镇	8664	2566	4631	1467	1035	8233
石口镇	32977	9714	17901	5362	3920	31976
杨埠镇	28098	7368	15582	5148	3840	27212
九龙镇	21470	5594	11959	3917	2854	21020
社赓镇	28631	8234	15355	5042	3598	27965
康山乡	7623	2133	4202	1288	954	7379
东塘乡	14019	4194	7583	2242	1609	13611
大塘乡	7150	2124	3750	1276	918	6942
鹭鸶港乡	25426	7088	14206	4132	2909	24523
三塘乡	55089	15336	29469	10284	7913	53723
洪家嘴乡	70067	19139	38932	11996	8809	67955

表14　续表 38　　　　单位：人

地　　区	总人口	分年龄人口				居住本乡、镇、街道，户口在本乡、镇、街道
		0-14岁	15-59岁	60岁及以上	#65岁及以上	
白马桥乡	36693	9634	21284	5775	4198	34301
江埠乡	37024	10330	20210	6484	4860	35795
枫港乡	33790	8967	18919	5904	4316	33161
大溪乡	25723	6534	14593	4596	3290	25073
梅港乡	41085	9954	23609	7522	5602	38710
渔池湖水产场	447	124	254	69	49	324
县良种场	674	182	368	124	83	650
李梅林场	1948	479	1201	268	170	1116
康山垦总场	3588	1050	1932	606	405	3322
禾斛岭垦殖场	7230	1786	4054	1390	1006	6428
峡山林场	5249	1317	2970	962	688	4845
信丰垦殖场	4332	1044	2531	757	554	3744
鄱阳县	**1184097**	**282118**	**697267**	**204712**	**146193**	**1068068**
饶州街道	105778	23517	65696	16565	11223	59270
鄱阳镇	104447	24125	65353	14969	10298	67492
谢家滩镇	51877	13403	28604	9870	6965	50899
石门街镇	18940	4643	11121	3176	2208	18570
四十里街镇	28917	6858	17187	4872	3753	28180
油墩街镇	71650	17483	41100	13067	9436	70001
田畈街镇	61132	14162	37348	9622	6874	56933
金盘岭镇	28071	6474	16831	4766	3340	27583
高家岭镇	30064	7614	17296	5154	3819	29183
凰岗镇	56136	13398	33135	9603	6884	54622
双港镇	41490	10819	21291	9380	7124	40797
古县渡镇	73010	17383	43720	11907	8614	71474
饶丰镇	30244	7077	17652	5515	3756	29286
乐丰镇	21741	5168	12344	4229	2919	21338
饶埠镇	35524	8971	19385	7168	5137	34581
侯家岗乡	28865	7375	16281	5209	3464	28227
莲花山乡	5309	1134	3012	1163	782	5135
响水滩乡	37114	9219	21459	6436	4482	36575
枧田街乡	19163	4602	10988	3573	2468	18740
柘港乡	36453	8224	21481	6748	4906	35802
鸦鹊湖乡	6555	1614	3628	1313	986	6342
银宝湖乡	17452	4297	10096	3059	2179	17044
游城乡	36395	9310	20960	6125	4512	35728
珠湖乡	22904	5882	13095	3927	2963	22434
白沙洲乡	6323	1596	3474	1253	956	6118
团林乡	29083	6277	17608	5198	3868	24225
昌洲乡	23249	4951	14398	3900	2849	22807
三庙前乡	50512	12418	29290	8804	6222	49466
莲湖乡	51795	13078	29380	9337	6991	51018
芦田乡	44875	10153	27392	7330	5145	40681
农科所	1862	435	1096	331	264	1756
江西省珠湖农场	7167	458	5566	1143	806	5761
万年县	**357449**	**87299**	**205739**	**64411**	**45039**	**301054**
陈营镇	118424	28414	73132	16878	11442	80074

表14　续表 39

单位：人

地　　区	总人口	分年龄人口				居住本乡、镇、街道，户口在本乡、镇、街道
		0-14岁	15-59岁	60岁及以上	#65岁及以上	
石镇镇	31985	7617	17903	6465	4531	30215
青云镇	17712	4341	9490	3881	2797	16904
梓埠镇	34236	8694	19042	6500	4576	32821
大源镇	15118	3571	8571	2976	2091	14662
裴梅镇	17707	4390	9671	3646	2620	17284
湖云乡	16357	4235	8434	3688	2568	16042
齐埠乡	18502	4745	9723	4034	2843	18167
汪家乡	17697	4388	9817	3492	2472	15989
上坊乡	29320	6153	18830	4337	3054	19514
苏桥乡	28356	7582	14670	6104	4355	27617
珠田乡	12035	3169	6456	2410	1690	11765
婺源县	**314985**	**69048**	**182560**	**63377**	**43644**	**251035**
蚺城街道	64800	14513	40906	9381	6427	40334
紫阳镇	68451	15770	43586	9095	5998	37764
清华镇	12009	2594	6451	2964	2097	10673
秋口镇	15365	3270	8148	3947	2723	14562
江湾镇	23658	4979	12868	5811	3981	22570
思口镇	9928	2093	5298	2537	1698	9370
赋春镇	22736	4780	12731	5225	3620	21670
镇头镇	7899	1749	4353	1797	1260	7490
太白镇	11109	2405	6180	2524	1756	10527
中云镇	17527	3780	9630	4117	2805	16511
许村镇	12935	2963	7017	2955	2070	12427
溪头乡	7294	1480	3711	2103	1508	7060
段莘乡	8746	1529	4648	2569	1924	8550
浙源乡	7692	1587	3707	2398	1707	7414
沱川乡	4199	860	2201	1138	813	4037
大鄣山乡	13804	3254	7426	3124	2094	13466
珍珠山乡	6833	1442	3699	1692	1163	6610
德兴市	**293596**	**62115**	**177343**	**54138**	**37893**	**235138**
银城街道	52808	9565	33869	9374	6536	33828
新营街道	34062	6833	23019	4210	2899	16456
香屯街道	16130	2395	11354	2381	1659	10051
铜矿街道	19936	2726	13737	3473	2549	16613
绕二镇	24475	6032	13736	4707	3282	23744
海口镇	10181	2236	5620	2325	1607	9816
新岗山镇	20190	4655	11231	4304	2971	18997
泗洲镇	17268	3194	10939	3135	2251	14740
大茅山镇	6987	1227	4227	1533	1096	5014
花桥镇	13324	2401	7808	3115	2204	11348
黄柏乡	23650	7071	12051	4528	3157	22906
万村乡	11650	3348	6012	2290	1587	11279
张村乡	18523	5137	9990	3396	2289	17977
昄大乡	7091	1546	3824	1721	1219	6714
李宅乡	8157	1825	4459	1873	1333	7786
龙头山乡	9164	1924	5467	1773	1254	7869

表15　山东省乡、镇、街道人口

单位：人

地　区	总人口	分年龄人口				居住本乡、镇、街道，户口在本乡、镇、街道
		0-14岁	15-59岁	60岁及以上	#65岁及以上	
山东省	**101527453**	**19062638**	**61244009**	**21220806**	**15364078**	**73129703**
济南市	**9202432**	**1512643**	**5852677**	**1837112**	**1294977**	**5874390**
历下区	**819139**	**135873**	**536589**	**146677**	**100724**	**454553**
解放路街道	30726	5138	18678	6910	4917	21750
千佛山街道	48050	6037	29691	12322	9054	30818
趵突泉街道	34721	3649	22653	8419	6165	19524
泉城路街道	6132	609	3939	1584	1055	3167
大明湖街道	17213	2099	10700	4414	3074	10242
东关街道	54563	8872	33848	11843	8136	30828
文东街道	106651	15656	71997	18998	13553	59010
建新街道	46519	7600	28854	10065	7157	32974
甸柳街道	41866	8387	25169	8310	5876	27521
燕山街道	41500	7658	24967	8875	6297	28467
姚家街道	213496	34420	149601	29475	19228	100895
龙洞街道	84779	16328	54803	13648	8912	48953
智远街道	92923	19420	61689	11814	7300	40404
市中区	**903714**	**155140**	**579194**	**169380**	**114864**	**495630**
大观园街道	16669	2898	10530	3241	2315	9256
杆石桥街道	41156	7910	23938	9308	6622	29773
四里村街道	29813	4672	17208	7933	5723	21450
魏家庄街道	19237	2735	12001	4501	3047	12084
二七街道	40368	5196	23277	11895	8668	24757
七里山街道	58294	10108	34494	13692	9321	35703
六里山街道	53747	6850	32610	14287	10009	26543
舜玉路街道	66862	9094	44617	13151	9361	37271
泺源街道	20588	2336	12414	5838	4146	12365
王官庄街道	50183	8646	31164	10373	6889	25150
舜耕街道	22969	3113	14623	5233	3603	13735
白马山街道	78270	13628	51683	12959	8343	25844
七贤街道	137913	23578	98620	15715	9636	50367
十六里河街道	137630	29437	88580	19613	12344	80005
兴隆街道	37852	7322	24686	5844	3838	23665
党家街道	46843	8906	29658	8279	5790	37504
陡沟街道	45320	8711	29091	7518	5209	30158
槐荫区	**675048**	**128862**	**429905**	**116281**	**76370**	**326136**
振兴街街道	39783	6748	24329	8706	6064	27205
中大槐树街道	23280	3997	14531	4752	3122	9992
道德街街道	22813	3893	13850	5070	3397	13426
西市场街道	16199	2485	10239	3475	2296	8294
五里沟街道	22317	2891	13545	5881	4063	13538
营市街街道	35386	5519	21275	8592	5903	22382
青年公园街道	9551	1247	5682	2622	1911	5415
南辛庄街道	26297	4069	15431	6797	4849	18176
段店北路街道	58485	9345	37846	11294	7346	24435
张庄路街道	102020	21291	68040	12689	7493	30588
匡山街道	64588	12016	41497	11075	7224	31494
美里湖街道	50509	10400	32867	7242	4631	16659

表15　续表 1　　　　单位：人

地　　区	总人口	分年龄人口				居住本乡、镇、街道，户口在本乡、镇、街道
		0-14岁	15-59岁	60岁及以上	#65岁及以上	
腊山街道	68495	16561	43757	8177	5133	28199
兴福街道	85037	18638	56207	10192	6413	42300
玉清湖街道	27591	5104	17283	5204	3571	19950
吴家堡街道	22697	4658	13526	4513	2954	14083
天桥区	**770202**	**126437**	**497846**	**145919**	**99130**	**406757**
无影山街道	38598	6054	23772	8772	6282	24800
天桥东街街道	9451	1001	5863	2587	1684	6707
北村街道	20645	2898	12211	5536	3803	13845
南村街道	34237	5659	21009	7569	4987	20944
堤口路街道	55961	7137	35895	12929	9289	32804
北坦街道	20883	2711	12955	5217	3472	9003
制锦市街道	17509	2402	10317	4790	3449	11645
宝华街道	25669	3903	16492	5274	3396	13665
官扎营街道	21247	3055	13596	4596	3024	12611
纬北路街道	40247	5019	25433	9795	6436	30047
药山街道	98941	18216	68176	12549	8049	37143
北园街道	164642	25200	110518	28924	19018	72518
泺口街道	134852	25049	89265	20538	13582	47535
桑梓店街道	38884	8004	23124	7756	5903	31656
大桥街道	48436	10129	29220	9087	6756	41834
历城区	**1316289**	**226656**	**876383**	**213250**	**145054**	**738502**
山大路街道	57710	6107	40992	10611	7719	26830
洪家楼街道	37949	5621	26389	5939	4140	17284
东风街道	103667	17940	68456	17271	11930	50390
全福街道	80885	13297	53954	13634	8906	34561
华山街道	139012	28605	95375	15032	9696	48983
荷花路街道	22948	3719	14336	4893	3532	15704
王舍人街道	151103	33170	98605	19328	12257	67059
鲍山街道	96258	15669	62104	18485	12736	65797
郭店街道	44355	6580	32229	5546	3858	17243
唐冶街道	135603	25888	96790	12925	7794	45513
港沟街道	97633	14945	70416	12272	8005	46658
董家街道	40530	6357	24852	9321	6630	33297
彩石街道	51459	5217	38462	7780	5595	29068
仲宫街道	120443	21660	73271	25512	17646	108544
柳埠街道	54529	9117	31322	14090	9642	52919
唐王街道	52910	8277	31702	12931	9574	50246
西营街道	29295	4487	17128	7680	5394	28406
长清区	**595549**	**78503**	**395974**	**121072**	**84365**	**394800**
文昌街道	166608	30674	108074	27860	19054	93224
崮云湖街道	138123	11030	116946	10147	6703	39557
平安街道	56652	7711	37740	11201	7809	41876
五峰山街道	22125	2932	12636	6557	4540	20971
归德街道	54022	5997	31042	16983	12126	51252
张夏街道	34981	4538	20338	10105	7024	33169
万德街道	55074	7460	31584	16030	11208	50892
孝里街道	32651	3930	17782	10939	7866	30925
马山镇	16751	1952	9493	5306	3814	15419
双泉镇	18562	2279	10339	5944	4221	17515

表15 续表 2

单位：人

地区	总人口	分年龄人口				居住本乡、镇、街道，户口在本乡、镇、街道
		0-14岁	15-59岁	60岁及以上	#65岁及以上	
章丘区	**1075784**	**144268**	**690233**	**241283**	**178729**	**743202**
明水街道	148989	22348	97797	28844	21253	81381
双山街道	254624	36794	190642	27188	18592	64624
枣园街道	28723	4042	17589	7092	5208	22529
龙山街道	48158	6144	28294	13720	9911	44104
埠村街道	30968	3776	19906	7286	5506	21994
圣井街道	66879	9562	46943	10374	7199	34779
普集街道	47545	5582	26966	14997	11526	44071
绣惠街道	41998	5385	24954	11659	8798	39592
相公庄街道	54759	6305	32421	16033	12539	50504
文祖街道	32107	3497	17485	11125	8164	30352
官庄街道	36742	3898	19820	13024	9749	33876
高官寨街道	33939	4455	20532	8952	6810	32893
白云湖街道	41861	6366	24991	10504	7967	41227
宁家埠街道	25078	3054	14693	7331	5712	24162
曹范街道	26191	2898	14410	8883	6552	25317
刁镇街道	97296	13475	57950	25871	19469	92873
黄河街道	40934	4857	25106	10971	8352	40435
垛庄镇	18993	1830	9734	7429	5422	18489
济阳区	**515679**	**97633**	**305094**	**112952**	**86656**	**372563**
济阳街道	73458	14375	44892	14191	10747	43832
济北街道	114535	27826	73501	13208	9222	25781
崔寨街道	29715	4473	20306	4936	3652	20410
孙耿街道	42430	7837	24601	9992	7568	39637
回河街道	39691	6634	22792	10265	7867	32183
太平街道	41716	7473	23247	10996	8682	40814
垛石街道	52396	8629	29513	14254	11416	51190
曲堤街道	52270	8402	27806	16062	12540	51020
仁风镇	43083	7405	23518	12160	9448	42089
新市镇	26385	4579	14918	6888	5514	25607
莱芜区	**969632**	**147692**	**579746**	**242194**	**168642**	**752465**
凤城街道	206102	40318	132672	33112	22635	123182
张家洼街道	103540	18081	64123	21336	14897	68740
高庄街道	70235	9607	38682	21946	15511	63841
鹏泉街道	152290	28687	102882	20721	13643	76691
口镇街道	65237	9317	38080	17840	12561	61100
羊里街道	53326	7116	30697	15513	11078	51096
方下街道	43596	5446	24299	13851	9719	40640
雪野街道	39077	4900	22125	12052	8111	38126
牛泉镇	50739	6010	26631	18098	12668	48532
苗山镇	38278	3845	20227	14206	9885	37297
大王庄镇	29695	2720	15972	11003	7683	28977
寨里镇	41488	3969	22639	14880	10693	39914
杨庄镇	35054	3581	18856	12617	9172	34294
茶业口镇	24063	2404	12586	9073	6325	23541
和庄镇	16912	1691	9275	5946	4061	16494

表15 续表 3

单位：人

地区	总人口	分年龄人口				居住本乡、镇、街道，户口在本乡、镇、街道
		0-14岁	15-59岁	60岁及以上	#65岁及以上	
钢城区	**286966**	**44458**	**174179**	**68329**	**47888**	**246303**
艾山街道	69768	12796	43254	13718	9769	57548
里辛街道	38140	5607	22240	10293	7366	34182
汶源街道	76548	12104	48928	15516	11103	60132
颜庄街道	44382	5839	25631	12912	9169	41384
辛庄街道	36358	4700	21161	10497	6900	35300
棋山国家森林公园	10262	1259	5776	3227	2183	9542
高新技术开发区	11508	2153	7189	2166	1398	8215
平阴县	**323072**	**49551**	**192612**	**80909**	**58436**	**242529**
榆山街道	127970	23297	82094	22579	15865	72621
锦水街道	35017	6626	22074	6317	4464	17805
东阿镇	20708	2223	10696	7789	5873	19783
孝直镇	40347	5343	22975	12029	8735	38511
孔村镇	27011	3579	15346	8086	5884	25265
洪范池镇	15364	1655	8257	5452	4155	14805
玫瑰镇	26763	2617	14353	9793	7063	25713
安城镇	29892	4211	16817	8864	6397	28026
商河县	**527311**	**105328**	**300545**	**121438**	**95473**	**472945**
许商街道	133392	28233	84088	21071	15742	87779
殷巷镇	43372	7886	22902	12584	9836	42540
怀仁镇	22535	4256	11968	6311	4844	22054
龙桑寺镇	31586	6011	16459	9116	7384	30907
郑路镇	53593	11100	30287	12206	9885	52975
贾庄镇	40981	8111	22818	10052	7877	40088
玉皇庙镇	55629	11091	32959	11579	9360	53820
白桥镇	39329	7651	22090	9588	7527	38733
孙集镇	37402	7169	20198	10035	8033	36513
韩庙镇	24097	4832	12510	6755	5342	23736
沙河镇	28378	5431	14979	7968	6411	27671
张坊镇	16666	3550	8970	4146	3222	16126
商河经济开发区	351	7	317	27	10	3
济南高新技术产业开发区	**424047**	**72242**	**294377**	**57428**	**38646**	**228005**
舜华路街道	212692	42786	147267	22639	14020	97160
孙村街道	45356	8561	28382	8413	5910	32884
巨野河街道	57658	4463	46623	6572	4755	24221
遥墙街道	36423	6042	21818	8563	5958	33072
临港街道	40169	5786	26071	8312	6043	30510
创新谷街道办事处	19372	2187	16045	1140	714	2134
章锦街道	12377	2417	8171	1789	1246	8024
青岛市	**10071722**	**1552097**	**6476976**	**2042649**	**1429813**	**5845887**
市南区	**486643**	**64431**	**296061**	**126151**	**90723**	**275990**
香港中路街道	56424	6676	36157	13591	9529	28973
八大峡街道	58650	6319	34110	18221	13217	33427
云南路街道	28990	3310	16864	8816	6180	15648
中山路街道	22422	3163	13615	5644	3926	10689
江苏路街道	24828	4579	13376	6873	5151	16118
八大关街道	30960	4406	19020	7534	5629	19100
湛山街道	38813	6118	23584	9111	6635	23260

表15 续表 4

单位：人

地区	总人口	分年龄人口				居住本乡、镇、街道，户口在本乡、镇、街道
		0-14岁	15-59岁	60岁及以上	#65岁及以上	
金湖路街道	49388	6808	30250	12330	8876	27631
八大湖街道	54157	7127	33693	13337	9612	32021
金门路街道	79321	10434	49431	19456	14164	42862
珠海路街道	42690	5491	25961	11238	7804	26261
市北区	**1096879**	**151498**	**675863**	**269518**	**182472**	**571530**
辽宁路街道	40267	4669	23310	12288	8810	19556
延安路街道	33735	3968	19073	10694	7755	17118
登州路街道	30861	3556	19031	8274	5671	16515
宁夏路街道	39600	4982	23667	10951	7626	21498
敦化路街道	44047	5889	26816	11342	7761	24506
辽源路街道	50843	7201	30080	13562	9393	28760
合肥路街道	81249	14013	50667	16569	11187	42647
大港街道	49228	5393	31547	12288	8300	21788
即墨路街道	40954	6064	24381	10509	7080	18232
台东街道	39295	4684	24142	10469	7000	21748
镇江路街道	43547	5500	27109	10938	7264	22407
浮山新区街道	68191	11480	40479	16232	11669	39790
阜新路街道	57304	6258	36382	14664	9641	31113
海伦路街道	61287	8080	38171	15036	10260	31796
四方街道	71006	8373	42600	20033	13469	38590
兴隆路街道	68478	9153	41483	17842	11436	37853
水清沟街道	65451	10568	38676	16207	10885	35486
洛阳路街道	53742	6217	35268	12257	8494	24685
河西街道	41842	7362	28003	6477	4164	15916
湖岛街道	43020	6916	27250	8854	5328	17795
开平路街道	36267	5124	22593	8550	5774	18428
双山街道	36665	6048	25135	5482	3505	25303
黄岛区	**1903595**	**298751**	**1290444**	**314400**	**217223**	**944586**
黄岛街道	86148	15649	57917	12582	8690	33540
辛安街道	160448	25345	121604	13499	8596	43647
薛家岛街道	185206	29035	134153	22018	13746	68428
灵珠山街道	23298	3021	15722	4555	3248	11645
长江路街道	327614	56119	238662	32833	21107	136155
红石崖街道	41981	5433	28079	8469	6202	27187
灵山卫街道	142111	20623	104054	17434	11548	50596
珠海街道	106077	19991	70159	15927	10869	49529
隐珠街道	320704	63570	218978	38156	24887	139116
铁山街道	20445	2457	11782	6206	4505	15224
滨海街道	58647	7816	40598	10233	7195	32666
胶南街道	37462	5503	25492	6467	4510	19419
王台街道	73828	10445	45864	17519	12728	53336
张家楼街道	33438	3321	18532	11585	8444	27289
琅琊镇	29525	3348	16087	10090	7439	26498
泊里镇	73891	9083	46168	18640	13756	51237
大场镇	32450	2885	16752	12813	9446	28383
大村镇	34785	3018	17016	14751	10775	32418
六汪镇	34330	3456	18161	12713	9094	31116
海青镇	25983	2289	13475	10219	7435	24251

表15　续表 5

单位：人

地　　区	总人口	分年龄人口				居住本乡、镇、街道，户口在本乡、镇、街道
		0-14岁	15-59岁	60岁及以上	#65岁及以上	
宝山镇	21203	2223	11124	7856	5933	19714
藏南镇	21857	2096	11799	7962	5863	19129
积米崖管区	12164	2025	8266	1873	1207	4063
崂山区	**502370**	**65189**	**345807**	**91374**	**60967**	**245616**
中韩街道	137574	19637	97838	20099	12658	49161
沙子口街道	93150	10880	63561	18709	12740	51239
王哥庄街道	45434	5449	26933	13052	9074	39776
北宅街道	28053	3618	16706	7729	5431	22911
金家岭街道	198159	25605	140769	31785	21064	82529
李沧区	**737281**	**123298**	**488784**	**125199**	**81570**	**321525**
振华路街道	9679	1097	6002	2580	1893	4540
沧口街道	79921	10803	48329	20789	13631	41877
兴华路街道	44837	6867	27155	10815	7201	21937
兴城路街道	18659	2648	11671	4340	2961	8632
李村街道	101019	15626	67471	17922	12614	46443
虎山路街道	144122	28117	96078	19927	12151	61093
浮山路街道	124506	22978	84851	16677	10302	50855
湘潭路街道	63567	12099	41930	9538	6324	24391
楼山街道	16608	2156	10911	3541	2464	7703
九水街道	80536	12329	57927	10280	6466	30636
世园街道	53827	8578	36459	8790	5563	23418
城阳区	**1067783**	**183157**	**729352**	**155274**	**105477**	**474969**
城阳街道	348206	63591	242404	42211	28297	154275
夏庄街道	200394	38040	132434	29920	19738	78502
流亭街道	206862	36684	144784	25394	16431	68155
棘洪滩街道	76997	12871	52646	11480	8281	32540
上马街道	57573	7966	37268	12339	9085	34539
惜福镇街道	91769	12526	65394	13849	9365	41807
红岛街道	38893	4927	24359	9607	6723	31134
河套街道	47089	6552	30063	10474	7557	34017
即墨区	**1336077**	**213128**	**844692**	**278257**	**198645**	**883744**
环秀街道	116216	22307	77262	16647	11487	52052
潮海街道	133430	24670	91312	17448	11674	58658
通济街道	243510	45284	165410	32816	21937	120965
北安街道	55321	9211	34216	11894	8523	39628
龙山街道	49780	8286	31150	10344	7214	32696
龙泉街道	55395	7848	34439	13108	9531	40928
鳌山卫街道	59807	7522	38708	13577	9476	44200
温泉街道	41861	5119	24310	12432	8933	37138
灵山街道	23944	2945	13866	7133	5202	21694
蓝村街道	84660	13113	53912	17635	13093	60340
大信街道	64821	8604	39953	16264	12234	51311
田横镇	60875	6598	32935	21342	15451	58526
金口镇	59839	6866	33695	19278	14410	56251
段泊岚镇	43518	5283	24090	14145	10517	41619

表15　续表 6　　　　单位：人

地　　区	总人口	分年龄人口				居住本乡、镇、街道，户口在本乡、镇、街道
		0-14岁	15-59岁	60岁及以上	#65岁及以上	
移风店镇	68584	8820	38900	20864	15721	65188
通济新经济区	101074	20807	67914	12353	8094	33260
青岛蓝谷高新技术产业开发区	37105	5451	22110	9544	7095	34497
田横岛省级旅游度假区	36337	4394	20510	11433	8053	34793
青岛高新技术产业开发区	**41823**	**7435**	**30998**	**3390**	**1887**	**11275**
高新区北部园区	41823	7435	30998	3390	1887	11275
胶州市	**987820**	**163846**	**630240**	**193734**	**137507**	**614021**
阜安街道	99887	17332	65071	17484	12420	48843
中云街道	114130	21878	75513	16739	11625	55174
三里河街道	144174	26427	98914	18833	12594	72750
九龙街道	113612	19327	74028	20257	14142	61289
胶东街道	63938	10559	39219	14160	10241	42993
胶北街道	87372	15224	56611	15537	11038	49804
胶西街道	84031	13261	51705	19065	13667	69378
胶莱街道	63937	9382	38408	16147	11891	55210
李哥庄镇	84005	15124	53717	15164	10445	48874
铺集镇	39957	4814	22257	12886	9477	36832
里岔镇	40406	4724	22121	13561	9902	36236
洋河镇	42566	5289	23869	13408	9812	36604
胶州经济技术开发区	6706	224	6294	188	100	30
大沽河省级生态旅游度假区	3099	281	2513	305	153	4
平度市	**1191348**	**177619**	**709561**	**304168**	**224586**	**999867**
东阁街道	160385	27294	103191	29900	21475	113348
李园街道	116671	18274	73117	25280	18411	81406
同和街道	69036	11539	42586	14911	10976	48603
凤台街道	33525	5778	22476	5271	3701	15030
白沙河街道	69086	10491	40001	18594	13319	65712
古岘镇	31748	4304	18218	9226	6582	30653
仁兆镇	50698	7763	28953	13982	9773	49169
南村镇	113315	17243	67388	28684	21388	101850
蓼兰镇	66338	8629	38165	19544	14747	63243
崔家集镇	54150	7922	28817	17411	13082	51928
明村镇	61272	7772	35170	18330	14307	59309
田庄镇	46834	4893	26095	15846	12156	45049
新河镇	52185	6079	29410	16696	13058	49721
店子镇	37081	3807	20004	13270	10028	35629
大泽山镇	44161	5107	24659	14395	10734	42307
旧店镇	71767	9855	40323	21589	15848	69454
云山镇	38654	5645	22070	10939	7871	36654
平度经济开发区	74442	15224	48918	10300	7130	40802
莱西市	**720103**	**103745**	**435174**	**181184**	**128756**	**502764**
水集街道	243290	43680	160622	38988	26408	113916
望城街道	35614	4675	21572	9367	6544	26921
沽河街道	54372	5855	30179	18338	13514	47929
姜山镇	71887	11349	42139	18399	13006	62384
夏格庄镇	26448	3513	15324	7611	5570	24182
院上镇	51599	6108	27036	18455	13356	48230
日庄镇	30023	2868	16305	10850	8003	27498

表15　续表 7　　　　单位：人

地　　区	总人口	分年龄人口				居住本乡、镇、街道，户口在本乡、镇、街道
		0-14岁	15-59岁	60岁及以上	#65岁及以上	
南墅镇	29712	2533	17133	10046	7216	26738
河头店镇	27383	2519	14369	10495	7457	24323
店埠镇	42968	5375	24544	13049	9646	37996
马连庄镇	27935	2320	14475	11140	8071	25362
莱西经济开发区	78872	12950	51476	14446	9965	37285
淄博市	**4704138**	**700495**	**2910484**	**1093159**	**775957**	**3044667**
淄川区	**646685**	**89578**	**395331**	**161776**	**114440**	**439108**
般阳路街道	57450	9297	37614	10539	7178	29331
松龄路街道	66644	12659	42801	11184	7417	30770
钟楼街道	63548	10206	42366	10976	7454	29205
将军路街道	57402	9823	37188	10391	6919	26134
昆仑镇	68987	7528	41537	19922	14381	58065
岭子镇	21462	2140	12084	7238	5336	18930
西河镇	28032	1858	14543	11631	8633	25455
龙泉镇	33510	3506	20133	9871	7143	28686
寨里镇	41023	4410	23431	13182	9653	35052
罗村镇	47394	5424	28134	13836	10125	42040
洪山镇	60403	9088	36905	14410	9880	34517
双杨镇	65886	10737	40520	14629	10257	48353
太河镇	34944	2902	18075	13967	10064	32570
张店区	**1272967**	**216358**	**830021**	**226588**	**155744**	**670310**
车站街道	46888	6237	30384	10267	7149	22181
公园街道	52945	6780	35300	10865	7734	24060
湖田街道	69721	9992	45224	14505	10251	39848
和平街道	50547	8698	31830	10019	7212	27327
科苑街道	151028	27064	97132	26832	18690	86431
体育场街道	86401	14870	56269	15262	10329	42539
四宝山街道	239306	44575	154045	40686	27390	138447
马尚街道	243453	44150	166643	32660	21560	118933
南定镇	93914	11568	60766	21580	15364	51457
沣水镇	34700	4770	21115	8815	6345	22796
傅家镇	109210	21362	70911	16937	11361	44227
中埠镇	15416	1759	8551	5106	3781	11763
房镇镇	79438	14533	51851	13054	8578	40301
博山区	**410643**	**48694**	**242787**	**119162**	**82829**	**311748**
城东街道	74541	9410	45187	19944	13528	50537
城西街道	69778	8999	43125	17654	12487	45352
山头街道	45999	5070	27697	13232	9055	34905
域城镇	82385	13125	50495	18765	12743	59574
白塔镇	31072	3700	18462	8910	6360	25419
八陡镇	27885	2308	16541	9036	6497	21557
石马镇	17997	1423	9506	7068	4975	16818
源泉镇	22800	1895	12167	8738	6179	21236
池上镇	13013	1037	6593	5383	3651	12422
博山镇	25173	1727	13014	10432	7354	23928
临淄区	**649160**	**94455**	**399511**	**155194**	**113425**	**420894**
闻韶街道	76886	12283	49106	15497	11497	41137

表15 续表 8

单位：人

地　区	总人口	分年龄人口				居住本乡、镇、街道，户口在本乡、镇、街道
		0-14岁	15-59岁	60岁及以上	#65岁及以上	
雪宫街道	69953	13360	46065	10528	7547	28480
辛店街道	72176	9859	46629	15688	11383	37616
稷下街道	110614	19954	74004	16656	10967	49674
齐陵街道	31240	4128	18436	8676	6320	25253
齐都镇	52652	7009	33275	12368	9009	34563
皇城镇	39039	4370	21326	13343	10024	36198
敬仲镇	24107	2767	13439	7901	6004	22633
朱台镇	38157	5206	20977	11974	9187	34213
金岭镇	12027	1432	6582	4013	3007	8713
凤凰镇	61077	7996	34190	18891	14039	54837
金山镇	61232	6091	35482	19659	14441	47577
周村区	**407016**	**54970**	**261171**	**90875**	**64457**	**236009**
丝绸路街道	55964	7971	37067	10926	7447	26163
大街街道	39528	5719	25581	8228	5907	20948
青年路街道	78282	12868	49913	15501	10599	37299
永安街道	39832	5572	25697	8563	5908	21866
城北路街道	15987	2351	10077	3559	2521	9233
北郊镇	63331	5965	47121	10245	7241	26829
南郊镇	36734	5023	21376	10335	7469	26808
王村镇	32465	3381	18574	10510	7907	26856
萌水镇	27189	3891	15902	7396	5309	23738
商家镇	17704	2229	9863	5612	4149	16269
桓台县	**489479**	**70226**	**293965**	**125288**	**93544**	**332000**
索镇街道	56646	6580	32698	17368	13239	40939
少海街道	142638	28459	95186	18993	13252	53023
起凤镇	40366	4891	21298	14177	10520	37440
田庄镇	30077	2484	16187	11406	8940	27725
荆家镇	27453	2640	14331	10482	7786	25493
马桥镇	46590	6437	27551	12602	9298	39885
新城镇	24753	2416	13925	8412	6357	22729
唐山镇	49663	6871	28139	14653	11362	36818
果里镇	71293	9448	44650	17195	12790	47948
高青县	**313130**	**46230**	**183947**	**82953**	**63192**	**238425**
田镇街道	83833	15775	51958	16100	11962	44189
芦湖街道	51453	9386	33565	8502	6236	24203
青城镇	21768	2310	12557	6901	5114	20830
高城镇	30105	3054	16071	10980	8759	28576
黑里寨镇	28419	3759	15939	8721	6379	27638
唐坊镇	22519	2759	12014	7746	5951	21715
常家镇	23274	3424	12840	7010	5405	21537
花沟镇	31314	3601	17502	10211	8027	29864
木李镇	20445	2162	11501	6782	5359	19873
沂源县	**515058**	**79984**	**303751**	**131323**	**88326**	**396173**
历山街道	147513	32936	94746	19831	12739	73084
南麻街道	70886	13208	44679	12999	8507	38646
鲁村镇	40918	3126	22146	15646	10620	39392
东里镇	38225	4893	21223	12109	8446	36422
悦庄镇	43728	6073	23869	13786	9344	41224

表15　续表 9　　单位：人

地　　区	总人口	分年龄人口				居住本乡、镇、街道，户口在本乡、镇、街道
		0-14岁	15-59岁	60岁及以上	#65岁及以上	
西里镇	37367	4691	21508	11168	7685	36413
大张庄镇	27223	2426	15160	9637	6454	26156
中庄镇	22240	2425	12391	7424	5094	21584
张家坡镇	21263	2774	12309	6180	4191	20531
燕崖镇	21001	2325	11583	7093	4809	20268
石桥镇	20971	2749	11420	6802	4542	19931
南鲁山镇	23723	2358	12717	8648	5895	22522
枣庄市	**3855601**	**866637**	**2273751**	**715213**	**528256**	**3067113**
市中区	**613015**	**141437**	**372080**	**99498**	**72402**	**452346**
中心街街道	39042	8727	24303	6012	4309	26489
各塔埠街道	50807	9219	32310	9278	6219	36518
矿区街道	33711	6523	20979	6209	4753	20267
文化路街道	82091	19611	49429	13051	9419	64650
龙山路街道	42636	9158	26424	7054	5020	27069
光明路街道	98025	24075	61113	12837	9171	64937
税郭镇	41908	10676	22967	8265	6132	38568
孟庄镇	27358	6610	14780	5968	4436	24221
齐村镇	74154	14831	47177	12146	9240	55087
永安镇	82772	21656	50009	11107	7992	58325
西王庄镇	40511	10351	22589	7571	5711	36215
薛城区	**593590**	**132294**	**361292**	**100004**	**73453**	**466417**
临城街道	101686	21939	63585	16162	11650	78732
兴仁街道	133739	32082	86885	14772	9608	84433
兴城街道	42190	10175	25267	6748	4971	34519
张范街道	31028	7006	17357	6665	5147	29051
常庄街道	112513	27309	69842	15362	11114	84006
沙沟镇	43522	8982	24675	9865	7638	40156
周营镇	40005	8493	21744	9768	7530	37496
邹坞镇	31189	6064	17447	7678	5964	28400
陶庄镇	57718	10244	34490	12984	9831	49624
峄城区	**362524**	**92539**	**202944**	**67041**	**50070**	**305338**
坛山街道	88615	24430	53586	10599	7671	59119
吴林街道	32512	7760	18084	6668	4919	29415
古邵镇	53412	13058	29304	11050	8438	50416
阴平镇	42061	9974	22749	9338	7148	38773
底阁镇	35828	9898	18235	7695	5721	33234
榴园镇	59743	14567	34207	10969	8115	47020
峨山镇	50353	12852	26779	10722	8058	47361
台儿庄区	**305102**	**74587**	**174985**	**55530**	**41655**	**249282**
运河街道	62763	15303	39384	8076	5782	46964
邳庄镇	31718	8138	18270	5310	3888	24503
张山子镇	33669	7432	17979	8258	6377	31527
泥沟镇	53059	13137	28967	10955	8264	50189
涧头集镇	46232	10981	24676	10575	8063	43333
马兰屯镇	77661	19596	45709	12356	9281	52766
山亭区	**406722**	**95412**	**222369**	**88941**	**67331**	**360371**
山城街道	91950	23017	55101	13832	10439	70615

表15 续表 10 单位：人

地　区	总人口	分年龄人口				居住本乡、镇、街道，户口在本乡、镇、街道
		0-14岁	15-59岁	60岁及以上	#65岁及以上	
店子镇	25453	6767	13066	5620	4248	23443
西集镇	24278	4993	13188	6097	4670	21510
桑村镇	41871	9866	22995	9010	6770	38863
北庄镇	33626	7261	18113	8252	6067	31641
城头镇	30838	6684	16350	7804	5989	28194
徐庄镇	44618	9813	23904	10901	8105	42521
水泉镇	27462	6511	13637	7314	5655	26095
冯卯镇	32627	8070	15818	8739	6759	30411
凫城镇	22659	4219	11967	6473	4906	21431
山亭经济开发区	31340	8211	18230	4899	3723	25647
滕州市	**1574648**	**330368**	**940081**	**304199**	**223345**	**1233359**
荆河街道	197112	46583	126980	23549	16473	90866
龙泉街道	238765	52488	157615	28662	20384	120113
北辛街道	128663	28999	82704	16960	12090	82812
善南街道	31503	6643	20404	4456	3205	18140
东沙河街道	52811	11388	31731	9692	7141	47940
洪绪镇	35499	7444	20425	7630	5597	30505
南沙河镇	40847	8183	23450	9214	7020	37889
大坞镇	59045	10784	32038	16223	11967	55621
滨湖镇	79906	15986	43672	20248	14817	76613
级索镇	62465	11638	35947	14880	11291	58727
西岗镇	79627	14667	46927	18033	13331	73862
姜屯镇	65816	12155	36973	16688	12803	61722
鲍沟镇	66211	13505	37508	15198	11052	63001
张汪镇	58158	11932	32353	13873	10033	55130
官桥镇	43521	8231	24045	11245	8595	40859
柴胡店镇	26877	4894	14971	7012	5144	25180
羊庄镇	59960	12783	32216	14961	11266	57502
木石镇	33264	6716	18245	8303	6283	30100
界河镇	55475	10859	31645	12971	9507	52655
龙阳镇	59945	12792	34071	13082	9368	57837
东郭镇	99178	21698	56161	21319	15978	96285
东营市	**2193518**	**380498**	**1365798**	**447222**	**340201**	**1358675**
东营区	**848620**	**150158**	**543304**	**155158**	**118828**	**456165**
文汇街道	96714	17272	63178	16264	12486	46258
黄河路街道	143682	24220	93197	26265	20185	75323
东城街道	152020	32912	102391	16717	11590	64280
辛店街道	128884	20942	80827	27115	21552	78219
胜利街道	209342	37540	137425	34377	26204	103712
胜园街道	15356	3314	9435	2607	1947	6792
牛庄镇	31022	4570	16503	9949	7993	26833
六户镇	14139	1693	8117	4329	3160	11527
史口镇	26949	3787	13880	9282	7332	22688
龙居镇	22024	2456	11961	7607	6005	19455
东营商贸园	8488	1452	6390	646	374	1078
河口区	**241317**	**35498**	**154703**	**51116**	**40270**	**148068**
河口街道	73381	11501	45653	16227	13126	47705

表15 续表 11

单位：人

地区	总人口	分年龄人口				居住本乡、镇、街道，户口在本乡、镇、街道
		0-14岁	15-59岁	60岁及以上	#65岁及以上	
六合街道	48807	9321	31918	7568	5538	19945
义和镇	17152	2089	9847	5216	3923	14755
仙河镇	45514	6559	31592	7363	5771	26898
孤岛镇	37819	4202	24136	9481	7997	25178
新户镇	16926	1559	10252	5115	3836	13495
开发区管委会	1407	262	1003	142	77	69
河口蓝色经济开发区管理委员会	311	5	302	4	2	23
垦利区	**258222**	**47920**	**154509**	**55793**	**41963**	**158194**
垦利街道	129011	26624	81837	20550	14709	60904
兴隆街道	14189	2107	8272	3810	3054	4195
胜坨镇	40889	6858	22988	11043	8511	36763
郝家镇	18991	3636	10469	4886	3847	12267
永安镇	17109	2315	9995	4799	3555	14887
黄河口镇	11708	1074	5919	4715	3615	10863
董集镇	16256	3049	8457	4750	3797	14978
开发区类似乡级单位	7520	1997	5095	428	274	1721
红光类似乡级单位	935	152	577	206	147	777
垦东类似乡级单位	394	20	267	107	57	
东营市现代畜牧业示范区（类似乡级单位）	1220	88	633	499	397	839
利津县	**238189**	**33983**	**140325**	**63881**	**49275**	**195601**
利津街道	67958	12118	42287	13553	10357	43079
凤凰城街道	20993	3284	13418	4291	3220	13753
北宋镇	23933	2417	13348	8168	6211	23093
盐窝镇	45820	5660	25206	14954	11658	44177
陈庄镇	41831	5898	24218	11715	8941	37739
汀罗镇	20856	2366	11810	6680	5250	20058
明集乡	12293	1473	7018	3802	3144	11849
刁口乡	1062	65	719	278	175	362
利津县经济开发区	3443	702	2301	440	319	1491
广饶县	**521742**	**92778**	**313979**	**114985**	**86223**	**383978**
广饶街道	140803	28268	89785	22750	16284	79240
乐安街道	63845	12383	39957	11505	8330	35842
丁庄街道	35317	5980	19269	10068	7789	33495
大王镇	99769	16356	62631	20782	15636	73138
稻庄镇	65874	11577	38256	16041	12015	52716
李鹊镇	27675	3519	16108	8048	6073	26465
大码头镇	32361	4827	16752	10782	8646	30961
花官镇	32277	6111	17882	8284	6213	31134
陈官镇	18027	2963	9648	5416	4220	17357
东营农业高新技术产业示范区	4667	689	2791	1187	935	3174
广饶滨海新区管理委员会	1127	105	900	122	82	456
东营经济技术开发区	**81814**	**20058**	**55665**	**6091**	**3553**	**16550**
经济开发区直属乡镇	81814	20058	55665	6091	3553	16550
东营港经济开发区	**3614**	**103**	**3313**	**198**	**89**	**119**
经济开发区直属乡镇	3614	103	3313	198	89	119

表15 续表 12　　单位：人

地　区	总人口	分年龄人口				居住本乡、镇、街道，户口在本乡、镇、街道
		0-14岁	15-59岁	60岁及以上	#65岁及以上	
烟台市	**7102116**	**859498**	**4419131**	**1823487**	**1287136**	**5020703**
芝罘区	**877237**	**125072**	**579885**	**172280**	**119377**	**565223**
向阳街道	30734	2862	17410	10462	7492	23172
东山街道	60652	9503	34930	16219	11861	50388
毓璜顶街道	71466	8989	43697	18780	13548	54964
通伸街道	29715	3690	19189	6836	4871	19424
凤凰台街道	70430	10167	48484	11779	7769	42623
奇山街道	62581	8134	37417	17030	12047	46029
白石街道	43692	3990	26685	13017	9232	29904
芝罘岛街道	27779	3672	18846	5261	3478	14476
黄务街道	130408	23913	88431	18064	11901	74807
只楚街道	90255	14247	61204	14804	9904	50803
世回尧街道	99025	13642	72975	12408	8306	53329
幸福街道	160500	22263	110617	27620	18968	105304
福山区	**452553**	**66313**	**287822**	**98418**	**67724**	**272891**
清洋街道	131871	24861	89144	17866	11718	67420
福新街道	97003	17862	69338	9803	6117	35071
东厅街道	52271	7508	35043	9720	6696	27292
门楼街道	49432	5544	28555	15333	10789	37356
高疃镇	19227	1578	9864	7785	5566	17502
张格庄镇	13626	1092	6651	5883	4187	12579
回里镇	25504	2096	13864	9544	6753	22099
臧家庄镇	40821	2916	22374	15531	10913	37080
山东栖霞经济开发区	22798	2856	12989	6953	4985	16492
牟平区	**462323**	**45752**	**276960**	**139611**	**98376**	**329188**
宁海街道	135227	17428	94524	23275	15937	76215
文化街道	77767	9800	52113	15854	10893	47858
武宁街道	40387	5696	25000	9691	6722	24456
大窑街道	29928	2292	18688	8948	6494	20437
姜格庄街道	34195	2239	16787	15169	11095	27053
观水镇	39704	2654	20253	16797	11838	37575
龙泉镇	17094	784	7573	8737	6267	15673
玉林店镇	8149	381	3743	4025	2824	7063
水道镇	21709	1097	10977	9635	6765	19341
高陵镇	23642	1272	11057	11313	8040	21493
王格庄镇	14253	974	6859	6420	4524	13244
昆嵛镇	9355	601	4581	4173	2971	8812
莒格庄镇	10913	534	4805	5574	4006	9968
莱山区	**389494**	**50531**	**272765**	**66198**	**44837**	**186005**
黄海路街道	106952	10732	81321	14899	10004	43971
初家街道	98882	16466	67305	15111	10120	45859
滨海路街道	93703	11493	71622	10588	6886	32325
解甲庄街道	20585	2163	11381	7041	5031	16074
莱山街道	54362	8286	33366	12710	8684	34333
院格庄街道	15010	1391	7770	5849	4112	13443
蓬莱区	**509393**	**53395**	**310981**	**145017**	**103641**	**379562**
登州街道	98189	13152	65702	19335	13585	60339
紫荆山街道	48745	6298	33487	8960	6325	26898
新港街道	27302	3293	17066	6943	4898	17798
蓬莱阁街道	30146	3264	22149	4733	3268	13507

表15 续表 13

单位：人

地区	总人口	分年龄人口				居住本乡、镇、街道，户口在本乡、镇、街道
		0-14岁	15-59岁	60岁及以上	#65岁及以上	
南王街道	25298	2933	14775	7590	5457	17886
南长山街道	24094	2437	15321	6336	4398	15945
刘家沟镇	26033	2360	14086	9587	7114	22926
潮水镇	26049	2388	14298	9363	6903	21882
大柳行镇	24718	2436	15450	6832	4948	18156
小门家镇	28013	2358	15255	10400	7464	25607
大辛店镇	56634	4858	30845	20931	14935	53445
村里集镇	32294	2660	18081	11553	8247	30816
北沟镇	47988	4078	26560	17350	12578	43436
砣矶镇	3410	132	1744	1534	1071	2905
北长山乡	3541	434	2074	1033	726	2324
黑山乡	1163	32	643	488	338	936
大钦岛乡	2939	149	1712	1078	728	2554
小钦岛乡	538	17	276	245	164	480
南隍城乡	1014	76	721	217	138	631
北隍城乡	1285	40	736	509	356	1091
烟台高新技术产业开发区	**83847**	**10042**	**63166**	**10639**	**7237**	**31225**
马山街道	83847	10042	63166	10639	7237	31225
烟台经济技术开发区	**416452**	**69177**	**290063**	**57212**	**38327**	**198397**
古现街道	78549	10493	57869	10187	6891	30994
大季家街道	39053	3751	25776	9526	6831	26118
八角街道	33205	4515	22898	5792	4063	16019
福莱山街道	265645	50418	183520	31707	20542	125266
龙口市	**729880**	**86959**	**455316**	**187605**	**133978**	**510388**
东莱街道	133641	18575	86760	28306	20222	85467
龙港街道	140925	18550	90273	32102	22323	95569
新嘉街道	67014	9507	42904	14603	10267	38110
徐福街道	57454	4461	40353	12640	9079	26552
东江街道	66113	8993	43571	13549	9349	39232
黄山馆镇	10971	1105	6244	3622	2696	8909
北马镇	50252	5167	28030	17055	12427	41619
芦头镇	29169	3519	17446	8204	5845	23860
下丁家镇	14101	1534	8663	3904	2766	10937
七甲镇	21322	2141	12740	6441	4676	19238
石良镇	45580	4609	25941	15030	10763	41547
兰高镇	31956	3102	18211	10643	7732	27271
诸由观镇	46607	4099	25599	16909	12439	39519
山东龙口高新技术产业园区	14775	1597	8581	4597	3394	12558
莱阳市	**794986**	**97891**	**485877**	**211218**	**146609**	**662206**
城厢街道	211320	29982	147271	34067	23405	125354
古柳街道	58080	8702	37523	11855	7856	41429
龙旺庄街道	31612	3715	19662	8235	5616	25815
冯格庄街道	30420	4330	18244	7846	5368	26087
柏林庄街道	28554	4004	17131	7419	5067	24886
沐浴店镇	48758	4807	28066	15885	10992	47142
团旺镇	52288	6612	29574	16102	11294	50627
穴坊镇	48604	6398	27620	14586	10552	47486
羊郡镇	23692	2805	13916	6971	4887	22285

表15　续表 14　　　　单位：人

地　区	总人口	分年龄人口				居住本乡、镇、街道，户口在本乡、镇、街道
		0-14岁	15-59岁	60岁及以上	#65岁及以上	
姜疃镇	37405	3931	21019	12455	8834	36525
万第镇	38122	2767	20155	15200	10628	36907
照旺庄镇	36933	3933	20429	12571	8710	35541
谭格庄镇	41805	4468	24650	12687	8987	40359
河洛镇	22162	2930	13344	5888	4034	19470
吕格庄镇	21117	2298	12317	6502	4367	20199
高格庄镇	22108	2374	12030	7704	5324	21432
大夼镇	22070	2000	12082	7988	5633	21380
山前店镇	19936	1835	10844	7257	5055	19282
莱州市	**824708**	**89695**	**481279**	**253734**	**189065**	**632809**
文昌路街道	125080	18783	81642	24655	17949	79017
永安路街道	58773	7671	38478	12624	9174	30372
三山岛街道	40459	2953	21652	15854	11909	33503
城港路街道	78357	9996	47036	21325	15941	49424
文峰路街道	26793	3478	16195	7120	5212	16237
金仓街道	16814	1433	9338	6043	4425	13223
沙河镇	98169	11873	57501	28795	22057	80116
朱桥镇	48128	2869	24872	20387	15229	43562
郭家店镇	38625	3071	21446	14108	10102	37012
金城镇	28997	1990	16523	10484	7900	21062
平里店镇	31269	1790	15903	13576	10242	28414
驿道镇	32178	1921	16306	13951	10374	30362
程郭镇	49855	5001	30445	14409	10547	35736
虎头崖镇	37634	3144	19747	14743	11348	34445
柞村镇	34589	3890	19727	10972	8312	31321
夏邱镇	33740	4413	19399	9928	7436	28297
土山镇	45248	5419	25069	14760	10908	40706
招远市	**543127**	**64731**	**325311**	**153085**	**109743**	**390399**
罗峰街道	76060	11247	49418	15395	10977	43740
泉山街道	51555	8451	34151	8953	6245	26375
梦芝街道	41600	7284	28081	6235	4301	18826
温泉街道	78899	13926	53162	11811	8041	38892
大秦家街道	24575	2445	14683	7447	5295	20406
辛庄镇	31834	1837	17867	12130	9057	25634
蚕庄镇	22820	1345	11935	9540	7134	20255
金岭镇	26918	1871	13537	11510	8506	25121
毕郭镇	23335	1768	12008	9559	6853	22208
玲珑镇	24681	2218	15365	7098	5152	18910
张星镇	45087	4037	23378	17672	12733	41662
夏甸镇	28049	1885	14615	11549	8319	26262
阜山镇	39536	4277	22681	12578	8766	35498
齐山镇	28178	2140	14430	11608	8364	26610
栖霞市	**435405**	**40959**	**252225**	**142221**	**99262**	**382655**
翠屏街道	48579	5442	31803	11334	7978	35433
庄园街道	61250	7146	40691	13413	9046	40580
松山街道	30935	2658	17606	10671	7599	29157
观里镇	24172	2213	13637	8322	5913	23469
蛇窝泊镇	43778	3340	23646	16792	11664	42269

表15 续表 15

单位：人

地　　区	总人口	分年龄人口				居住本乡、镇、街道，户口在本乡、镇、街道
		0-14岁	15-59岁	60岁及以上	#65岁及以上	
唐家泊镇	20489	1586	11184	7719	5446	19842
桃村镇	69340	6879	38645	23816	16360	60867
亭口镇	24681	1774	12906	10001	7046	23676
寺口镇	16118	1500	8970	5648	3972	15266
苏家店镇	26735	3004	15577	8154	5781	26034
杨础镇	18043	1422	9699	6922	4850	17096
西城镇	15123	1236	8527	5360	3792	14367
官道镇	21198	1676	11475	8047	5632	20510
庙后镇	14964	1083	7859	6022	4183	14089
海阳市	**582711**	**58981**	**337481**	**186249**	**128960**	**479755**
方圆街道	78433	11357	51769	15307	9973	48393
东村街道	75874	10062	48365	17447	11898	50747
凤城街道	19681	2443	11428	5810	4058	15338
龙山街道	21623	2285	11718	7620	5333	20273
留格庄镇	34543	2919	18471	13153	9236	33407
盘石店镇	20880	1423	10567	8890	6287	19951
郭城镇	27760	1741	14490	11529	8129	26110
徐家店镇	34591	2765	20055	11771	8007	32252
发城镇	29184	1825	15377	11982	8346	28001
小纪镇	36714	2459	19449	14806	10405	35204
行村镇	38025	3075	19287	15663	11044	36069
辛安镇	40630	3857	21882	14891	10341	38803
二十里店镇	24399	1937	13007	9455	6659	23354
朱吴镇	29664	2042	15676	11946	8372	28399
外向型工业加工区	36068	4158	25965	5945	3992	18288
碧城工业区	8263	1298	5096	1869	1252	5414
旅游度假区	13427	1971	8026	3430	2254	7970
核电装备制造工业园区	12952	1364	6853	4735	3374	11782
潍坊市	**9386705**	**1630039**	**5713595**	**2043071**	**1483602**	**6641972**
潍城区	**521368**	**92058**	**343390**	**85920**	**60305**	**273504**
城关街道	28167	4252	18254	5661	4003	13503
南关街道	65724	10999	45216	9509	6492	27840
西关街道	129534	26767	85221	17546	11652	51424
北关街道	107361	19108	70393	17860	12359	50860
于河街道	44569	7236	26900	10433	7743	38293
望留街道	103864	15189	70215	18460	13401	69567
潍城经济开发区	42149	8507	27191	6451	4655	22017
寒亭区	**356148**	**57846**	**216609**	**81693**	**60687**	**272592**
寒亭街道	124955	21878	81142	21935	15566	79181
开元街道	53800	10533	34814	8453	5984	26367
固堤街道	51734	6540	29282	15912	12236	48343
高里街道	72082	10431	40507	21144	16444	68534
朱里街道	53577	8464	30864	14249	10457	50167
坊子区	**521025**	**92990**	**310588**	**117447**	**84292**	**398521**
凤凰街道	132698	30105	86587	16006	10436	49310
坊安街道	41767	7923	23427	10417	7642	39375
坊城街道	78843	13592	46771	18480	13677	62105

表15 续表 16

单位：人

地　　区	总人口	分年龄人口				居住本乡、镇、街道，户口在本乡、镇、街道
		0-14岁	15-59岁	60岁及以上	#65岁及以上	
九龙街道	67450	12009	40641	14800	10739	62446
黄旗堡街道	40979	6835	23416	10728	7758	39279
太保庄街道	109669	15023	62727	31919	23114	97966
王家庄街道	49619	7503	27019	15097	10926	48040
奎文区	**976466**	**184386**	**647789**	**144291**	**99778**	**473047**
东关街道	54561	7471	35733	11357	8524	30516
大虞街道	74443	13316	48070	13057	9284	34422
梨园街道	80560	15932	51948	12680	9026	41314
廿里堡街道	33694	6643	21162	5889	4174	19261
潍州路街道	66246	11384	42485	12377	8961	33487
北苑街道	61246	12711	39909	8626	5702	22874
广文街道	68830	13313	42738	12779	9087	39357
新城街道	381103	78271	256859	45973	30076	169694
清池街道	111401	17705	78923	14773	10337	59872
北海路街道	44382	7640	29962	6780	4607	22250
临朐县	**806314**	**155939**	**456500**	**193875**	**138046**	**671927**
城关街道	209095	44357	129890	34848	25282	132748
东城街道	136827	28833	82957	25037	17886	100820
冶源街道	86461	16386	46796	23279	16761	79958
辛寨街道	86617	16158	45653	24806	17498	83371
五井镇	49022	7778	25525	15719	11167	46840
寺头镇	48013	7722	24162	16129	10834	46133
九山镇	36327	7073	18643	10611	7283	34521
山旺镇	54679	9015	29207	16457	12193	51175
柳山镇	30281	4571	16698	9012	6503	29335
蒋峪镇	68992	14046	36969	17977	12639	67026
昌乐县	**583799**	**104757**	**344943**	**134099**	**98407**	**435361**
宝都街道	205746	43657	131581	30508	21440	99395
宝城街道	47779	9409	30372	7998	5777	23955
朱刘街道	29311	5030	17091	7190	5382	25370
五图街道	46269	8659	26436	11174	8216	40632
乔官镇	62887	10689	34564	17634	13187	60612
唐吾镇	66322	9450	36104	20768	15166	64986
红河镇	56712	7739	30831	18142	13678	54416
营丘镇	68773	10124	37964	20685	15561	65995
潍坊滨海经济技术开发区	**136714**	**20580**	**95802**	**20332**	**15131**	**72240**
央子街道	54627	5988	43859	4780	3204	15975
大家洼街道	82087	14592	51943	15552	11927	56265
青州市	**960882**	**158461**	**582876**	**219545**	**159530**	**718139**
王府街道	125245	19682	78005	27558	19778	83666
益都街道	100541	17340	63296	19905	14186	61244
云门山街道	178541	30771	121250	26520	18012	83808
黄楼街道	82299	15282	47740	19277	14203	74512
弥河镇	45618	7070	25788	12760	9528	42706
王坟镇	34261	4469	18386	11406	8172	33190
庙子镇	24402	2592	12942	8868	6357	23440
邵庄镇	60300	8335	35354	16611	12137	52855
高柳镇	45668	6718	25663	13287	10155	43264

表15 续表 17 单位：人

地区	总人口	分年龄人口				居住本乡、镇、街道，户口在本乡、镇、街道
		0-14岁	15-59岁	60岁及以上	#65岁及以上	
何官镇	59405	9963	33668	15774	11783	56540
东夏镇	40980	6815	23642	10523	7908	38134
谭坊镇	82001	14231	45618	22152	16571	77068
王母宫经济发展区	81621	15193	51524	14904	10740	47712
诸城市	**1078178**	**177256**	**653339**	**247583**	**180158**	**761337**
密州街道	295584	57419	191113	47052	32899	164516
龙都街道	216483	45397	138009	33077	22744	104458
舜王街道	59823	8572	33978	17273	13167	53802
枳沟镇	30866	4249	16669	9948	7446	29133
贾悦镇	62835	7671	32855	22309	17043	60269
石桥子镇	36272	3483	19150	13639	10334	34641
相州镇	43975	5034	24517	14424	10791	41442
昌城镇	57694	8811	34451	14432	10446	50137
百尺河镇	31995	3694	18038	10263	7756	30528
辛兴镇	31432	4595	18429	8408	6141	27562
林家村镇	62308	6282	34578	21448	15976	59029
皇华镇	50363	5597	28411	16355	11824	47606
桃林镇	20757	1620	11005	8132	5924	19947
诸城经济开发区管理委员会	77791	14832	52136	10823	7667	38267
寿光市	**1163364**	**199380**	**713937**	**250047**	**185869**	**855817**
圣城街道	348718	68475	237336	42907	29344	156293
文家街道	68367	13030	42359	12978	9418	47641
古城街道	56830	9383	33752	13695	10264	48720
洛城街道	124048	21787	77071	25190	18807	90317
孙家集街道	54440	9634	31164	13642	10247	51446
化龙镇	44043	6819	25327	11897	8986	40995
营里镇	38470	4599	19944	13927	11024	35580
台头镇	46537	8078	26383	12076	9300	42045
田柳镇	52579	7450	29099	16030	12194	50486
上口镇	49553	6774	27085	15694	11750	46530
侯镇	81573	11699	46003	23871	18304	76004
纪台镇	46286	7642	26630	12014	9013	43815
稻田镇	85809	14323	50280	21206	16306	79075
羊口镇	48571	7059	32114	9398	6803	30029
双王城生态经济园区管委会	17540	2628	9390	5522	4109	16841
安丘市	**840553**	**155604**	**482396**	**202553**	**145399**	**641314**
兴安街道	290754	63998	178106	48650	34241	158792
新安街道	162709	32998	99461	30250	21159	107530
凌河街道	77040	14018	42050	20972	15008	73701
景芝镇	89217	13876	48530	26811	19717	86006
官庄镇	32020	4277	16850	10893	7938	31521
大盛镇	20907	2799	10831	7277	5163	20191
石埠子镇	37396	4517	19151	13728	9985	36400
石堆镇	28975	5058	16273	7644	5500	28515
柘山镇	19712	2608	10312	6792	4859	19402
辉渠镇	34569	4061	16496	14012	10399	33419
吾山镇	20648	2818	10179	7651	5545	20239
金冢子镇	26606	4576	14157	7873	5885	25598

表15 续表 18

单位：人

地区	总人口	分年龄人口				居住本乡、镇、街道，户口在本乡、镇、街道
		0-14岁	15-59岁	60岁及以上	#65岁及以上	
高密市	**877393**	**150602**	**531357**	**195434**	**145265**	**619430**
朝阳街道	159490	31205	102118	26167	18814	84047
醴泉街道	109144	19810	65953	23381	17053	71533
密水街道	214144	39770	140158	34216	24735	114326
柏城镇	68007	10967	41200	15840	11810	53163
夏庄镇	76887	12149	43983	20755	15653	66012
姜庄镇	66405	12380	36941	17084	12671	56574
大牟家镇	32171	4409	16801	10961	8361	30877
阚家镇	52285	7692	28991	15602	11767	49544
井沟镇	45273	5901	25283	14089	10898	42520
柴沟镇	53587	6319	29929	17339	13503	50834
昌邑市	**564501**	**80180**	**334069**	**150252**	**110735**	**448743**
奎聚街道	144794	25028	92801	26965	19092	81409
都昌街道	95354	14240	58007	23107	16665	67818
围子街道	83514	11205	48020	24289	17887	76942
柳疃镇	37514	3765	21001	12748	9565	32507
龙池镇	19133	1934	10146	7053	5346	17539
卜庄镇	36894	3467	19307	14120	10850	34956
饮马镇	74089	11382	43163	19544	14314	69109
北孟镇	54459	7482	30393	16584	12638	52446
下营镇	18750	1677	11231	5842	4378	16017
济宁市	**8357897**	**1727899**	**4999207**	**1630791**	**1205509**	**6219766**
任城区	**1245371**	**238477**	**785222**	**221672**	**158506**	**769500**
许庄街道	114704	21423	79128	14153	10080	50417
李营街道	139295	30115	89195	19985	13732	79413
南张街道	77762	16176	48591	12995	9171	47854
仙营街道	44155	7387	29698	7070	5031	22092
金城街道	91015	16405	61412	13198	9138	33451
廿里铺街道	42345	8429	23797	10119	7429	38365
古槐街道	51179	8131	31724	11324	8331	31799
济阳街道	45115	7710	28052	9353	6736	23776
阜桥街道	106264	15831	67858	22575	16401	66038
越河街道	24428	4267	15260	4901	3522	12446
观音阁街道	100590	19804	66978	13808	9207	39439
南苑街道	96055	21661	62263	12131	8166	40323
安居街道	72298	15071	42939	14288	10388	59885
唐口街道	74938	14795	42981	17162	12580	69034
长沟镇	53366	10247	30851	12268	9325	51051
石桥镇	39323	7232	23165	8926	6417	37592
喻屯镇	56794	11391	31142	14261	10756	53934
济东物业服务中心	15745	2402	10188	3155	2096	12591
兖州区	**540662**	**93940**	**330067**	**116655**	**84872**	**352903**
鼓楼街道	99149	15292	63256	20601	15090	56056
龙桥街道	122875	26985	80883	15007	9918	28228
酒仙桥街道	30304	4407	18957	6940	4923	19742
兴隆庄街道	48512	8249	28754	11509	8455	43466
大安镇	40135	6506	23610	10019	7361	34393

表15 续表 19

单位：人

地 区	总人口	分年龄人口				居住本乡、镇、街道，户口在本乡、镇、街道
		0-14岁	15-59岁	60岁及以上	#65岁及以上	
新驿镇	26746	3776	14421	8549	6417	25170
颜店镇	43316	7036	23811	12469	9341	41314
新兖镇	85996	14994	52036	18966	14097	62804
漕河镇	21135	3225	11961	5949	4337	20132
小孟镇	22494	3470	12378	6646	4933	21598
微山县	**613421**	**127020**	**361168**	**125233**	**92146**	**506224**
夏镇街道	157515	34826	99355	23334	16535	96645
昭阳街道	44327	9212	27022	8093	6043	35962
傅村街道	33817	7148	20283	6386	4601	31144
韩庄镇	46853	9153	26620	11080	8354	42789
欢城镇	75480	15685	43952	15843	11781	62194
南阳镇	18728	3500	10452	4776	3626	17010
鲁桥镇	37202	7098	21204	8900	6578	33727
留庄镇	45781	9460	26770	9551	6842	43481
两城镇	48778	10819	25497	12462	9369	46387
马坡镇	44562	7935	25424	11203	8266	42662
赵庙镇	12263	2512	7358	2393	1857	11140
张楼镇	11890	2354	6894	2642	2018	10269
微山岛镇	11379	2468	5863	3048	2261	10521
西平镇	8671	1777	5016	1878	1412	7162
高楼乡	16175	3073	9458	3644	2603	15131
鱼台县	**420010**	**87739**	**246428**	**85843**	**65489**	**336418**
谷亭街道	31136	6760	18090	6286	4804	24109
滨湖街道	93496	21153	59638	12705	9320	44620
清河镇	35302	6978	20395	7929	6060	33498
鱼城镇	32469	6082	18493	7894	6183	29060
王鲁镇	22277	4762	12776	4739	3673	20252
张黄镇	45764	9083	26527	10154	7763	40373
王庙镇	48119	10123	27043	10953	8575	46271
李阁镇	28909	5725	15853	7331	5644	27463
唐马镇	31487	6534	18401	6552	4964	24206
老砦镇	27449	5664	16201	5584	4180	24247
罗屯镇	23602	4875	13011	5716	4323	22319
金乡县	**634144**	**139613**	**368378**	**126153**	**95113**	**498710**
金乡街道	160753	38868	102404	19481	14011	78274
高河街道	31716	6251	18429	7036	5458	27401
鱼山街道	67552	15288	41302	10962	8146	41473
王丕街道	17915	3466	9964	4485	3485	16473
羊山镇	45827	10581	25658	9588	7517	42922
胡集镇	52636	11654	29201	11781	9057	49427
霄云镇	35241	6991	19292	8958	6977	32842
鸡黍镇	50806	11065	27661	12080	8824	48098
司马镇	24572	4690	13564	6318	4734	22972
马庙镇	45733	10047	24871	10815	8388	42556
化雨镇	37205	7525	20671	9009	6749	34793
卜集镇	36089	7752	20089	8248	6337	34703
兴隆镇	28099	5435	15272	7392	5430	26776

表15 续表 20

单位：人

地区	总人口	分年龄人口				居住本乡、镇、街道，户口在本乡、镇、街道
		0-14岁	15-59岁	60岁及以上	#65岁及以上	
嘉祥县	**820036**	**188995**	**479275**	**151766**	**113607**	**700160**
嘉祥镇街道	183794	43604	119891	20299	14528	89423
卧龙山街道	58723	14059	32489	12175	8910	56052
万张街道	37649	8956	21277	7416	5494	35452
纸坊镇	67495	15896	37250	14349	10765	64390
梁宝寺镇	49157	10294	28179	10684	8193	46935
疃里镇	68616	15483	39563	13570	10130	65949
马村镇	37150	8385	20925	7840	5785	35998
金屯镇	55785	13530	31266	10989	8083	54220
大张楼镇	33860	7553	19666	6641	5211	32158
马集镇	35761	7894	21015	6852	5008	34701
孟姑集镇	31912	6639	18276	6997	5420	31040
老僧堂镇	32982	7337	17993	7652	6000	31876
仲山镇	51986	12439	27979	11568	8759	50378
满硐镇	27941	6253	15931	5757	4415	27138
黄垓镇	31715	7300	18479	5936	4584	30567
嘉祥经济开发区管理委员会	15510	3373	9096	3041	2322	13883
汶上县	**687544**	**147754**	**409616**	**130174**	**99598**	**530819**
中都街道	147276	33318	95636	18322	13692	58511
汶上街道	53985	11421	34513	8051	5994	25938
南站街道	93255	21647	56162	15446	11869	68789
南旺镇	47491	10930	27550	9011	6865	46067
次邱镇	46201	9065	25519	11617	9289	44879
寅寺镇	26198	5279	13972	6947	5413	25154
郭楼镇	32320	6385	18043	7892	6067	31342
康驿镇	62817	14393	36711	11713	8858	61185
苑庄镇	21454	3960	11825	5669	4465	20560
义桥镇	32676	6628	18363	7685	6039	31649
郭仓镇	24782	4581	14201	6000	4504	24013
白石镇	32687	6274	20078	6335	4789	28392
杨店镇	21606	4343	11970	5293	3995	20804
刘楼镇	28557	6515	16261	5781	4455	27665
军屯乡	16239	3015	8812	4412	3304	15871
泗水县	**542895**	**114467**	**308835**	**119593**	**88253**	**444962**
泗河街道	82541	18589	52727	11225	7962	44569
济河街道	91206	21170	55776	14260	10315	46367
泉林镇	51966	10988	28239	12739	9514	50012
星村镇	37019	7448	19936	9635	7198	35821
柘沟镇	29082	6019	16291	6772	5065	27735
金庄镇	40190	7546	22657	9987	7608	36670
苗馆镇	35817	7071	18987	9759	7290	34249
中册镇	26878	5450	14596	6832	5081	25613
杨柳镇	26340	4870	14476	6994	5249	25580
泗张镇	38934	7947	20915	10072	7268	37866
圣水峪镇	31430	6300	16164	8966	6714	30546
高峪镇	32886	7120	18292	7474	5516	32022
华村镇	18606	3949	9779	4878	3473	17912
梁山县	**730683**	**183892**	**409039**	**137752**	**105217**	**612763**
水泊街道	126321	33100	76466	16755	12406	65583

表15 续表 21 单位：人

地 区	总人口	分年龄人口				居住本乡、镇、街道，户口在本乡、镇、街道
		0-14岁	15-59岁	60岁及以上	#65岁及以上	
梁山街道	95985	23361	59396	13228	10056	59358
小路口镇	37748	9286	19195	9267	7091	36384
韩岗镇	44892	10668	23633	10591	8264	43285
拳铺镇	107784	29182	59215	19387	14956	102202
杨营镇	52254	13392	28092	10770	8267	49341
韩垓镇	45931	11246	25082	9603	7462	44413
馆驿镇	39562	9360	21623	8579	6603	38025
小安山镇	40520	9616	21520	9384	7034	39330
寿张集镇	31599	7711	17276	6612	5033	30572
黑虎庙镇	27741	7044	14701	5996	4443	27045
马营镇	30453	7602	16695	6156	4996	28919
赵堌堆乡	22449	5582	11684	5183	3876	21728
大路口乡	27444	6742	14461	6241	4730	26578
济宁高新技术产业开发区	**334601**	**69456**	**213232**	**51913**	**36552**	**197176**
洸河街道	81480	16472	54778	10230	6891	30713
柳行街道	94114	21186	62115	10813	7112	34967
接庄街道	71442	14547	43723	13172	9359	58693
王因街道	51941	9952	30099	11890	8983	46544
黄屯街道	35624	7299	22517	5808	4207	26259
曲阜市	**621971**	**108406**	**382677**	**130888**	**96413**	**436369**
鲁城街道	166538	28274	112682	25582	18448	84483
书院街道	29455	4904	17522	7029	5180	25499
时庄街道	88317	17028	56342	14947	10696	44717
小雪街道	60985	12403	37321	11261	8254	39516
吴村镇	20260	2886	10115	7259	5472	19386
姚村镇	24478	3083	13310	8085	6095	23371
陵城镇	62364	10009	41190	11165	8174	43420
尼山镇	37762	7212	20539	10011	7520	36424
王庄镇	28977	4485	15728	8764	6650	27740
息陬镇	41280	7606	24073	9601	7283	36855
石门山镇	26685	3720	14414	8551	6323	24247
防山镇	34870	6796	19441	8633	6318	30711
邹城市	**1166559**	**228140**	**705270**	**233149**	**169743**	**833762**
钢山街道	208327	43716	135034	29577	20192	101384
千泉街道	164280	34080	108984	21216	14268	73048
凫山街道	85283	15657	55565	14061	9572	46248
香城镇	57060	11157	30435	15468	11857	52996
城前镇	64465	14427	34339	15699	11777	58586
大束镇	70861	13104	42652	15105	11349	57594
北宿镇	91499	17162	54685	19652	14451	71222
中心店镇	70321	13186	42272	14863	11035	57305
唐村镇	33714	6215	20547	6952	5179	26160
太平镇	91645	16628	54683	20334	15136	79968
石墙镇	51755	9242	28673	13840	10253	47364
峄山镇	38927	7509	21858	9560	7246	34047
看庄镇	23694	4058	13057	6579	4931	21943
张庄镇	50243	9861	27453	12929	9506	46516
田黄镇	29911	5632	15988	8291	6142	27838
郭里镇	34574	6506	19045	9023	6849	31543

表15　续表 22　　　单位：人

地　　区	总人口	分年龄人口				居住本乡、镇、街道，户口在本乡、镇、街道
		0-14岁	15-59岁	60岁及以上	#65岁及以上	
泰安市	**5472217**	**950797**	**3314382**	**1207038**	**854918**	**3988385**
泰山区	**837374**	**140886**	**540817**	**155671**	**110428**	**394002**
岱庙街道	158530	28499	100400	29631	21494	77110
财源街道	152656	25534	98533	28589	19952	65584
泰前街道	164230	23523	109846	30861	21823	68981
上高街道	159843	28239	110175	21429	14657	47552
徐家楼街道	73996	14338	49222	10436	7093	25320
省庄镇	62105	10654	36046	15405	11358	49509
邱家店镇	56287	8689	31192	16406	12022	50764
大津口乡	9727	1410	5403	2914	2029	9182
岱岳区	**1046569**	**157238**	**647285**	**242046**	**169424**	**710207**
粥店街道	209722	38963	142479	28280	18047	55462
天平街道	71322	12141	48004	11177	7419	27451
北集坡街道	144543	24465	98459	21619	14137	65725
山口镇	49640	7435	29997	12208	8832	39156
祝阳镇	39432	5269	21319	12844	9172	37642
范镇	43162	5194	24101	13867	10211	39046
角峪镇	21612	2291	11510	7811	5688	20585
徂徕镇	44291	4984	25715	13592	9650	41719
满庄镇	77672	12664	47211	17797	12495	57469
夏张镇	46489	5854	26532	14103	9863	43250
道朗镇	25134	2750	13930	8454	6401	22770
黄前镇	26545	3303	15285	7957	5573	25679
大汶口镇	55313	6114	32778	16421	12252	50420
马庄镇	38046	4850	22821	10375	7367	35857
房村镇	43728	6691	24974	12063	8739	41376
良庄镇	53196	7436	29922	15838	11294	51176
下港镇	30268	3431	17317	9520	6674	29670
化马湾乡	26454	3403	14931	8120	5610	25754
宁阳县	**668520**	**119097**	**393636**	**155787**	**110689**	**528008**
文庙街道	128917	26330	84993	17594	12050	50642
八仙桥街道	47444	9196	30324	7924	5610	22890
泗店镇	31144	4770	18671	7703	5730	25714
东疏镇	35622	4719	19870	11033	8112	33430
伏山镇	41328	6760	22599	11969	8577	39047
堽城镇	53683	8874	29935	14874	10452	49246
蒋集镇	28792	4941	16416	7435	5166	27340
磁窑镇	92684	17636	53778	21270	15029	83625
华丰镇	61074	10158	35130	15786	11344	56210
葛石镇	38073	5931	20523	11619	8369	35491
东庄镇	49069	9173	27527	12369	8559	47161
鹤山镇	35045	6159	19576	9310	6737	33882
乡饮乡	25645	4450	14294	6901	4954	23330
东平县	**687385**	**127029**	**396429**	**163927**	**118794**	**573194**
东平街道地区	214765	45025	133991	35749	24868	120686
州城街道地区	39309	5957	21112	12240	8784	36778

表15 续表 23

单位：人

地区	总人口	分年龄人口				居住本乡、镇、街道，户口在本乡、镇、街道
		0-14岁	15-59岁	60岁及以上	#65岁及以上	
彭集街道地区	47540	7535	27555	12450	8807	43782
沙河站镇	39739	6547	22017	11175	8156	38671
老湖镇	50256	8709	27483	14064	10378	47474
银山镇	49536	10254	28287	10995	8341	47154
斑鸠店镇	37050	6740	20915	9395	6984	35210
接山镇	46434	7451	25748	13235	9492	45208
大羊镇	24447	3583	13361	7503	5285	23402
梯门镇	24774	3834	13287	7653	5478	24122
新湖镇	35428	5974	18832	10622	7951	34091
戴庙镇	33172	7277	18720	7175	5461	32319
商老庄乡	25952	5801	14191	5960	4429	25611
旧县乡	18983	2342	10930	5711	4380	18686
新泰市	**1338254**	**267261**	**791686**	**279307**	**196216**	**1107493**
青云街道	255193	54707	163690	36796	24667	156761
新汶街道	92671	13842	58397	20432	14458	69879
新甫街道	44054	8769	26594	8691	5886	32815
东都镇	53823	9727	32254	11842	8391	43473
小协镇	42549	6296	26655	9598	7033	35064
翟镇	62273	13086	36285	12902	8907	54043
泉沟镇	39630	8322	22803	8505	5980	35469
羊流镇	91526	21062	50273	20191	14431	84576
果都镇	30617	6508	16524	7585	5531	28114
西张庄镇	41639	9375	23712	8552	6044	36576
天宝镇	65556	10666	37655	17235	12275	62233
楼德镇	63345	11553	36144	15648	11178	56517
禹村镇	42606	8694	23651	10261	7461	38562
宫里镇	48670	9448	27405	11817	8379	45925
谷里镇	48842	9598	28509	10735	7592	45530
石莱镇	57545	12748	32513	12284	8943	54657
放城镇	28146	6168	16105	5873	4258	26773
刘杜镇	28399	5972	16127	6300	4349	26553
汶南镇	114140	22741	67312	24087	16773	91038
龙廷镇	55135	10161	31995	12979	8847	51806
岳家庄乡	31895	7818	17083	6994	4833	31129
肥城市	**894115**	**139286**	**544529**	**210300**	**149367**	**675481**
新城街道	295759	56604	197840	41315	28747	147793
老城街道	50735	6324	30014	14397	10798	44754
王瓜店街道	85750	13052	52074	20624	15155	63433
仪阳街道	48954	8379	29592	10983	7620	33136
潮泉镇	15493	1878	8712	4903	3645	14356
桃园镇	35471	4208	19768	11495	8363	33750
王庄镇	38447	5145	22067	11235	7858	37192
湖屯镇	48310	5793	27920	14597	10554	44606
石横镇	58919	8299	35899	14721	10801	51077
安临站镇	34906	4808	19117	10981	7374	33346
孙伯镇	20892	3020	11888	5984	4328	19697
安驾庄镇	54688	7507	30820	16361	11289	51959
汶阳镇	47976	6004	26378	15594	11015	44724
边院镇	57815	8265	32440	17110	11820	55658

表15 续表 24 单位：人

地区	总人口	分年龄人口				居住本乡、镇、街道，户口在本乡、镇、街道
		0-14岁	15-59岁	60岁及以上	#65岁及以上	
威海市	**2906548**	**343483**	**1769649**	**793416**	**559847**	**1827129**
环翠区	**446193**	**72638**	**290428**	**83127**	**57257**	**214660**
环翠楼街道	36410	5001	22429	8980	6439	21800
鲸园街道	55026	8081	33238	13707	9828	38403
竹岛街道	106255	15850	71376	19029	12916	63953
孙家疃街道	27502	4056	17374	6072	4256	13348
张村镇	97628	19262	66505	11861	7873	27508
羊亭镇	29555	3714	17468	8373	5988	15578
温泉镇	59022	10198	38901	9923	6540	22152
嵩山街道办事处	34795	6476	23137	5182	3417	11918
文登区	**563529**	**55486**	**319894**	**188149**	**134959**	**370235**
龙山路街道	57462	7429	37471	12562	8855	32303
天福路街道	92301	12519	63227	16555	11381	46202
环山路街道	97583	14194	65511	17878	12478	51902
文登营镇	23098	1844	12252	9002	6520	16152
大水泊镇	21882	840	9014	12028	8790	19869
张家产镇	20744	761	8427	11556	8624	18513
高村镇	18132	588	7405	10139	7489	17139
泽库镇	17209	992	8162	8055	5829	13269
侯家镇	13921	564	5396	7961	5839	11788
宋村镇	24883	1072	10338	13473	9932	22082
泽头镇	21244	742	8267	12235	8916	19660
小观镇	41558	3083	23149	15326	10692	23293
葛家镇	30528	1024	12329	17175	12503	28602
米山镇	15849	899	7083	7867	5768	14023
界石镇	19068	735	8379	9954	7109	16787
开发区办事处	48067	8200	33484	6383	4234	18651
威海火炬高技术产业开发区	**336407**	**48945**	**238634**	**48828**	**33166**	**160077**
怡园街道	177123	27133	124840	25150	17111	83678
田和街道	111129	18553	77736	14840	9696	59290
初村镇	25068	2648	16105	6315	4496	12339
双岛街道筹建处	23087	611	19953	2523	1863	4770
威海经济技术开发区	**280457**	**45896**	**184070**	**50491**	**34027**	**143357**
皇冠街道	90000	15781	60393	13826	9018	48397
凤林街道	64747	12387	45611	6749	4441	24172
西苑街道	65492	12817	46100	6575	4030	24179
崮山镇	18916	1940	11198	5778	4078	11867
泊于镇	19900	1374	10496	8030	5752	15999
桥头镇	21402	1597	10272	9533	6708	18743
威海临港经济技术开发区	**101673**	**13913**	**60185**	**27575**	**18763**	**56244**
草庙子镇	28674	3788	18091	6795	4526	15729
汪疃镇	18877	1328	8694	8855	6287	15465
苘山镇	44323	8057	28672	7594	4889	17148
黄岚办事处	9799	740	4728	4331	3061	7902
荣成市	**714211**	**71115**	**424700**	**218396**	**157862**	**498694**
宁津街道	22592	1934	12687	7971	5930	16294

表15 续表 25

单位：人

地　　区	总人口	分年龄人口				居住本乡、镇、街道，户口在本乡、镇、街道
		0-14岁	15-59岁	60岁及以上	#65岁及以上	
港湾街道	59873	6748	39451	13674	9459	39484
桃园街道	22057	2794	14573	4690	3324	9554
王连街道	13084	792	6245	6047	4509	11348
东山街道	14649	889	7464	6296	4737	11065
斥山街道	51915	6603	32514	12798	9044	30016
崖头街道	182424	24916	123851	33657	23386	119704
城西街道	15853	1372	8607	5874	4216	11754
寻山街道	26512	2331	16923	7258	5290	15491
崂山街道	26569	1927	17194	7448	5558	14768
俚岛镇	36415	3080	20686	12649	9514	24429
成山镇	38959	4093	21855	13011	9527	29467
埠柳镇	14888	529	6060	8299	6018	13439
港西镇	18565	2187	10737	5641	4075	11034
夏庄镇	8474	319	4048	4107	2911	7335
崖西镇	13341	584	6486	6271	4508	12102
荫子镇	8644	287	3603	4754	3450	7575
滕家镇	18727	740	7947	10040	7453	16815
大疃镇	11092	400	4653	6039	4453	10114
上庄镇	16464	770	7272	8422	6213	14459
虎山镇	31724	2184	16163	13377	10051	26028
人和镇	61390	5636	35681	20073	14236	46419
乳山市	**464078**	**35490**	**251738**	**176850**	**123813**	**383862**
城区街道	155526	19591	104624	31311	21388	107269
夏村镇	29939	1928	15220	12791	8999	27253
乳山口镇	23285	1675	12327	9283	6445	19906
海阳所镇	21426	1268	10068	10090	7054	19583
白沙滩镇	43877	2597	23264	18016	12794	27655
大孤山镇	17503	850	7892	8761	6215	16734
南黄镇	16238	735	7119	8384	5793	15467
冯家镇	19757	880	8698	10179	7041	18729
下初镇	17667	721	7935	9011	6365	16855
午极镇	16283	609	7281	8393	5887	15515
育黎镇	20205	878	9194	10133	7162	19382
崖子镇	23690	1118	10715	11857	8464	23048
诸往镇	24033	1155	11612	11266	8014	23478
乳山寨镇	22149	916	10040	11193	7875	21361
徐家镇	12500	569	5749	6182	4317	11627
日照市	**2968365**	**544955**	**1757495**	**665915**	**475835**	**2232436**
东港区	**1003712**	**172328**	**638377**	**193007**	**134252**	**634657**
日照街道	285407	58797	186571	40039	27095	145302
石臼街道	101270	18362	66884	16024	10691	49206
秦楼街道	255376	50329	178012	27035	17380	129773
卧龙山街道	62789	9157	43267	10365	7125	36609
两城街道	35788	4929	20334	10525	7559	32822
河山镇	24134	3433	13916	6785	4848	20649
后村镇	45092	5156	24680	15256	11011	41853
西湖镇	23133	2364	11919	8850	6318	21794

表15 续表 26 单位：人

地区	总人口	分年龄人口				居住本乡、镇、街道，户口在本乡、镇、街道
		0-14岁	15-59岁	60岁及以上	#65岁及以上	
陈疃镇	19557	1970	10014	7573	5450	18150
南湖镇	55328	6380	31794	17154	12231	50934
三庄镇	39276	3793	19346	16137	12097	37031
涛雒镇	56562	7658	31640	17264	12447	50534
岚山区	**379308**	**61871**	**218216**	**99221**	**70736**	**320501**
岚山头街道	38114	7107	23135	7872	5349	28365
安东卫街道	61908	13517	38742	9649	6653	39994
碑廓镇	45739	7211	26013	12515	9029	40619
虎山镇	61983	11188	37352	13443	9458	52224
巨峰镇	64149	7959	36325	19865	14452	59349
高兴镇	26453	3070	13947	9436	6827	24375
黄墩镇	32385	2789	16443	13153	9402	30954
中楼镇	44129	8259	23394	12476	9035	41403
前三岛乡	4448	771	2865	812	531	3218
五莲县	**443600**	**66900**	**254216**	**122484**	**88538**	**356914**
洪凝街道	185052	35945	117312	31795	22895	119490
高泽街道	24233	2850	12704	8679	6304	22371
街头镇	44575	5191	24553	14831	10691	37631
潮河镇	32018	5090	18328	8600	6210	27588
许孟镇	39215	4554	20863	13798	9944	37795
于里镇	29735	4251	15103	10381	7420	28067
汪湖镇	14697	1526	7201	5970	4579	14053
叩官镇	19624	2129	10504	6991	5125	18555
中至镇	15902	1340	7536	7026	5071	15013
松柏镇	12165	1343	6269	4553	3279	11215
石场乡	12997	1276	6826	4895	3517	12402
户部乡	13387	1405	7017	4965	3503	12734
莒县	**973252**	**209230**	**540274**	**223748**	**164183**	**829233**
城阳街道	221311	54522	140656	26133	18590	122527
店子集街道	45307	10244	25749	9314	6881	37157
陵阳街道	39223	8368	21437	9418	6884	35462
浮来山街道	50991	10761	28296	11934	8843	44552
阎庄街道	29112	6235	15597	7280	5413	27513
招贤镇	54960	11727	29086	14147	10549	53002
夏庄镇	50583	10567	26019	13997	10261	48816
刘官庄镇	58089	13056	30717	14316	10520	54200
峤山镇	48187	9858	26070	12259	9101	46193
小店镇	37813	6276	19022	12515	9368	36134
龙山镇	32966	6043	16818	10105	7330	31748
东莞镇	24235	4080	12213	7942	5888	23279
长岭镇	31762	6942	16426	8394	5991	30131
安庄镇	25163	5879	13094	6190	4651	24389
棋山镇	52336	10106	26844	15386	11423	50800
洛河镇	35125	7509	19278	8338	6159	34332
寨里河镇	26291	4784	13517	7990	5704	25302
桑园镇	40879	7468	22223	11188	8107	39930
果庄镇	27053	6258	14833	5962	4347	26136

表15 续表 27

单位：人

地区	总人口	分年龄人口				居住本乡、镇、街道，户口在本乡、镇、街道
		0-14岁	15-59岁	60岁及以上	#65岁及以上	
库山乡	17311	2851	8488	5972	4491	16627
莒县经济开发区	24555	5696	13891	4968	3682	21003
日照经济技术开发区	**168493**	**34626**	**106412**	**27455**	**18126**	**91131**
奎山街道	55455	9225	33350	12880	8932	38883
北京路街道	113038	25401	73062	14575	9194	52248
临沂市	**11018365**	**2584573**	**6270377**	**2163415**	**1555377**	**8665301**
兰山区	**1837789**	**468615**	**1139096**	**230078**	**159785**	**1061216**
兰山街道	425493	102166	283462	39865	26735	161534
银雀山街道	211413	53407	134653	23353	16104	93101
金雀山街道	226040	53513	142877	29650	20400	109343
柳青街道	347650	98363	214623	34664	22251	180331
白沙埠镇	72925	19179	40885	12861	9284	65329
枣园镇	88274	22949	51005	14320	10198	70570
半程镇	85663	21750	50319	13594	9930	70640
义堂镇	165834	42254	101333	22247	15714	110125
李官镇	47254	10738	26474	10042	7285	44841
方城镇	104319	27976	58047	18296	13673	97578
汪沟镇	62924	16320	35418	11186	8211	57824
罗庄区	**759226**	**194560**	**456289**	**108377**	**76489**	**500989**
罗庄街道	125839	32422	77969	15448	10754	77800
傅庄街道	73389	17211	41563	14615	10837	66151
盛庄街道	302729	86063	190573	26093	17008	121153
册山街道	56394	12338	31990	12066	8805	52722
高都街道	56017	11666	34507	9844	7010	46044
沂堂镇	49737	11769	28339	9629	7032	47381
褚墩镇	53036	13322	28698	11016	7988	49875
黄山镇	42085	9769	22650	9666	7055	39863
河东区	**908324**	**228804**	**526909**	**152611**	**109262**	**688981**
九曲街道	212299	60602	130913	20784	13626	100761
相公街道	76702	19046	43219	14437	10271	68820
太平街道	36958	8493	20434	8031	6160	34844
汤头街道	104593	22511	57682	24400	17696	97627
凤凰岭街道	40926	10953	22742	7231	5169	37393
芝麻墩街道	143256	40665	88167	14424	9647	72129
梅家埠街道	75921	17563	43222	15136	10982	69360
朝阳街道	47274	10939	26431	9904	7280	45224
汤河镇	50547	11286	28656	10605	7629	48358
八湖镇	62446	14368	34248	13830	10258	59574
郑旺镇	57402	12378	31195	13829	10544	54891
沂南县	**806390**	**176739**	**440350**	**189301**	**137336**	**692460**
界湖街道	224724	57002	137706	30016	20841	134119
岸堤镇	28645	4294	13153	11198	8382	27964
孙祖镇	30870	5599	16065	9206	6813	29993
双堠镇	35641	7178	19444	9019	6536	34578
青驼镇	53496	12671	28244	12581	9271	51827
张庄镇	39040	8107	20328	10605	7691	36790

表15 续表 28

单位：人

地　区	总人口	分年龄人口				居住本乡、镇、街道，户口在本乡、镇、街道
		0-14岁	15-59岁	60岁及以上	#65岁及以上	
砖埠镇	30726	5706	15928	9092	6708	29671
大庄镇	75853	15788	39695	20370	14839	71263
辛集镇	50373	10892	26826	12655	9196	47702
蒲汪镇	44126	9362	22787	11977	8739	42494
湖头镇	39235	8480	20308	10447	7592	37869
苏村镇	45332	10135	23280	11917	8590	43544
铜井镇	52149	11338	28057	12754	9139	49848
依汶镇	37716	7205	19649	10862	8100	36702
马牧池乡	18464	2982	8880	6602	4899	18096
郯城县	**885156**	**220190**	**490602**	**174364**	**125577**	**798592**
郯城街道	254262	64690	150334	39238	27620	185344
马头镇	74470	18554	41070	14846	10603	71162
重坊镇	71086	18598	35822	16666	12197	69724
李庄镇	93692	21463	52095	20134	14504	90822
杨集镇	45013	11230	24185	9598	7030	43606
港上镇	38194	10182	20431	7581	5527	37372
高峰头镇	44852	11087	24498	9267	6491	43406
庙山镇	39412	8520	21769	9123	6778	38340
红花镇	62713	14620	35309	12784	9312	60991
胜利镇	41654	10799	22165	8690	6262	40802
花园镇	41109	11359	20679	9071	6801	40290
泉源镇	44027	10363	23413	10251	7344	42815
归昌乡	34672	8725	18832	7115	5108	33918
沂水县	**967570**	**200735**	**533004**	**233831**	**169205**	**792352**
沂城街道	255537	62375	156159	37003	25839	139858
龙家圈街道	63810	12796	38636	12378	8912	45952
马站镇	49362	10771	25747	12844	9386	47931
高桥镇	44216	9889	22463	11864	8947	42997
许家湖镇	129542	27895	73266	28381	20412	101738
黄山铺镇	36287	7101	18701	10485	7676	34916
诸葛镇	48914	8309	24784	15821	11306	47417
崔家峪镇	20599	3147	10222	7230	5292	20170
四十里堡镇	53153	11212	28300	13641	9923	51394
杨庄镇	38969	8164	19449	11356	8367	38083
夏蔚镇	33537	5282	16843	11412	8323	32745
沙沟镇	41059	7538	20755	12766	9208	40156
高庄镇	33988	5606	17428	10954	8151	33190
院东头镇	20872	3573	10791	6508	4695	20372
富官庄镇	25500	4005	12742	8753	6429	24934
道托镇	29109	5971	15504	7634	5661	28375
泉庄镇	21481	3147	10623	7711	5591	20829
圈里乡	21635	3954	10591	7090	5087	21295
兰陵县	**1104391**	**282638**	**594884**	**226869**	**165141**	**965136**
卞庄街道	239412	64794	147939	26679	18574	127900
苍山街道	81165	19805	43442	17918	13146	75921
大仲村镇	70223	17593	36238	16392	11828	68303
兰陵镇	76505	18924	39357	18224	13609	74535

表15　续表 29　　　　单位：人

地　区	总人口	分年龄人口				居住本乡、镇、街道，户口在本乡、镇、街道
		0-14岁	15-59岁	60岁及以上	#65岁及以上	
长城镇	76508	19966	39032	17510	12894	74893
磨山镇	63069	18029	32956	12084	8531	61376
神山镇	49365	13084	26720	9561	6751	47344
车辋镇	36708	7976	18181	10551	7634	35670
尚岩镇	34555	8101	17462	8992	6646	32829
向城镇	81526	20754	41660	19112	14136	79030
新兴镇	31221	7682	16380	7159	5442	30273
南桥镇	40569	10303	18741	11525	8868	39795
庄坞镇	70514	17575	37312	15627	11103	69316
鲁城镇	29458	7191	15650	6617	4966	28130
矿坑镇	29586	6982	15665	6939	5015	27978
芦柞镇	64579	17577	33492	13510	9852	63155
下村乡	29428	6302	14657	8469	6146	28688
费县	**798403**	**191293**	**447612**	**159498**	**116309**	**693702**
费城街道	244654	59266	147759	37629	26638	173362
上冶镇	50596	12463	27385	10748	8153	48175
薛庄镇	66174	16056	35591	14527	10964	61930
探沂镇	109060	27163	62627	19270	13752	91008
朱田镇	43288	8950	22070	12268	8918	42185
梁邱镇	70203	16180	36975	17048	12267	69049
新庄镇	42503	9657	22937	9909	7156	41375
马庄镇	50611	12087	26823	11701	8587	48475
胡阳镇	41809	10867	22792	8150	6152	40342
石井镇	25916	5552	13288	7076	5200	25416
东蒙镇	34882	8790	19230	6862	5330	34191
大田庄乡	18707	4262	10135	4310	3192	18194
平邑县	**892276**	**204165**	**490414**	**197697**	**142691**	**753717**
平邑街道	296470	76967	177214	42289	29502	177939
仲村镇	65799	13258	35855	16686	12094	63791
武台镇	28785	5360	15771	7654	5572	27973
保太镇	61151	12881	33351	14919	10943	59558
柏林镇	43971	9953	22924	11094	8210	42349
卞桥镇	41807	9571	21961	10275	7518	39366
地方镇	66532	14091	36042	16399	11630	63497
铜石镇	54837	12259	27984	14594	10448	52638
温水镇	38680	8653	20522	9505	6895	37123
流峪镇	37371	8088	19048	10235	7562	36573
郑城镇	48546	10406	25052	13088	9359	47501
白彦镇	53159	11639	27526	13994	10334	51765
临涧镇	30482	6444	14895	9143	6832	29723
丰阳镇	24686	4595	12269	7822	5792	23921
莒南县	**841035**	**157215**	**461075**	**222745**	**160992**	**753004**
十字路街道	223600	49520	137130	36950	26015	160282
大店镇	56159	10635	29010	16514	11888	53538
坊前镇	62497	9710	32619	20168	14639	61151
板泉镇	56577	10371	30002	16204	11778	55397
洙边镇	39684	6304	21059	12321	8733	38687

表15　续表 30　　单位：人

地　　区	总人口	分年龄人口				居住本乡、镇、街道，户口在本乡、镇、街道
		0-14岁	15-59岁	60岁及以上	#65岁及以上	
文疃镇	28777	3853	14051	10873	7905	28161
石莲子镇	52202	10028	26407	15767	11318	50668
岭泉镇	31960	5525	16256	10179	7454	30687
篮宾镇	35619	6525	18091	11003	8060	34604
涝坡镇	40372	6381	20715	13276	9698	39439
道口镇	29065	5199	15527	8339	6044	28448
相沟镇	31854	5045	17602	9207	6748	31212
团林镇	31361	5910	16899	8552	6206	30185
坪上镇	60635	11808	34044	14783	10846	51512
壮岗镇	34331	5870	18356	10105	7393	33428
朱芦镇	26342	4531	13307	8504	6267	25605
蒙阴县	**485252**	**99683**	**268410**	**117159**	**84635**	**411941**
蒙阴街道	204868	51482	122079	31307	22165	140380
常路镇	27069	4994	14794	7281	5198	26126
岱崮镇	32919	4320	16135	12464	8905	32101
坦埠镇	21483	3488	10484	7511	5521	20742
垛庄镇	52233	9495	27031	15707	11778	49761
高都镇	25497	4553	14069	6875	4733	24658
野店镇	24544	3487	13169	7888	5799	24028
桃墟镇	33480	5993	17925	9562	6973	32898
联城镇	35313	6377	18757	10179	7449	34314
旧寨乡	27846	5494	13967	8385	6114	26933
临沭县	**586024**	**123314**	**334391**	**128319**	**91620**	**442266**
临沭街道	222367	57569	139539	25259	17100	96989
郑山街道	61656	12623	34296	14737	10488	54110
蛟龙镇	33739	6438	17968	9333	6760	32766
大兴镇	43280	7862	22527	12891	9298	41507
石门镇	39436	7353	21241	10842	7847	37887
曹庄镇	31187	5449	16798	8940	6529	30260
青云镇	68804	11887	37126	19791	14269	66231
玉山镇	54383	8936	28627	16820	12335	52486
店头镇	31172	5197	16269	9706	6994	30030
临沂高新技术产业开发区	**146529**	**36622**	**87341**	**22566**	**16335**	**110945**
罗西街道	67481	16575	39638	11268	8308	57272
马厂湖镇	79048	20047	47703	11298	8027	53673
德州市	**5611194**	**1092033**	**3356051**	**1163110**	**859848**	**4290917**
德城区	**576500**	**111310**	**372291**	**92899**	**65623**	**328825**
新湖街道	117246	20731	74462	22053	15776	73075
新华街道	145709	30349	94792	20568	13985	67053
天衢街道	113333	25362	73592	14379	9726	50216
广川街道	132200	22621	89272	20307	14524	82295
二屯镇	21513	3706	13141	4666	3352	13643
黄河涯镇	46499	8541	27032	10926	8260	42543
陵城区	**511860**	**96390**	**303264**	**112206**	**83897**	**449728**
安德街道	77266	16657	50570	10039	7168	48388
临齐街道	122969	23272	76638	23059	16563	102841

表15　续表 31　　　　单位：人

地　区	总人口	分年龄人口				居住本乡、镇、街道，户口在本乡、镇、街道
		0-14岁	15-59岁	60岁及以上	#65岁及以上	
郑家寨镇	32433	5163	18347	8923	6743	31439
糜镇	41442	7501	23900	10041	7517	39976
宋家镇	30568	5599	17001	7968	6110	29530
徽王庄镇	30317	5613	16473	8231	6337	29296
神头镇	43539	7813	25314	10412	7938	41955
滋镇	25532	4576	13752	7204	5502	24313
前孙镇	19703	3348	10425	5930	4590	18948
边临镇	27310	5534	15884	5892	4497	25599
义渡口镇	25983	4655	14517	6811	5185	24651
丁庄镇	17207	3332	10050	3825	2822	16258
于集乡	17591	3327	10393	3871	2925	16534
宁津县	**473314**	**92007**	**275315**	**105992**	**76609**	**359811**
宁城街道	130924	27790	85478	17656	12449	52647
津城街道	40385	7479	23610	9296	6721	33334
柴胡店镇	47142	8600	25738	12804	9322	43015
长官镇	36613	7641	20750	8222	5969	33608
杜集镇	38557	6879	20544	11134	7960	34976
保店镇	29964	5215	16327	8422	6351	26793
大柳镇	24655	4588	13539	6528	4778	21922
大曹镇	27262	4879	14417	7966	5985	24540
相衙镇	20715	3421	11610	5684	4169	19113
时集镇	27585	5312	15468	6805	4809	23787
张大庄镇	33928	7338	19407	7183	5013	31050
刘营伍乡	15584	2865	8427	4292	3083	15026
庆云县	**318105**	**76569**	**184168**	**57368**	**40239**	**265751**
渤海路街道	99554	24797	63777	10980	7370	56636
庆云镇	36018	8536	20724	6758	4764	32766
常家镇	45480	10641	25460	9379	6564	44000
尚堂镇	52144	12951	28930	10263	7362	50516
崔口镇	11715	2593	6038	3084	2158	10965
东辛店镇	22090	5010	11835	5245	3734	21190
严务乡	18168	4225	9703	4240	3075	17706
中丁乡	16952	4192	8808	3952	2843	16329
徐园子乡	15984	3624	8893	3467	2369	15643
临邑县	**473421**	**89459**	**280697**	**103265**	**76652**	**399723**
邢侗街道	113414	22755	73473	17186	12070	70417
恒源街道	31998	6446	20110	5442	3925	21018
临盘街道	73705	12751	44347	16607	12741	64267
临邑镇	39855	8073	22917	8865	6246	37739
临南镇	33255	6435	19009	7811	6156	32379
德平镇	39114	6330	21214	11570	8607	38003
林子镇	18366	3306	10664	4396	3100	16538
兴隆镇	33963	6429	19524	8010	6124	33016
孟寺镇	33192	6662	18181	8349	6530	32201
翟家镇	17705	3122	9683	4900	3612	16876
理合务镇	19200	3381	10655	5164	3822	18264
宿安乡	19654	3769	10920	4965	3719	19005

表15　续表 32　　　　单位：人

地　区	总人口	分年龄人口				居住本乡、镇、街道，户口在本乡、镇、街道
		0-14岁	15-59岁	60岁及以上	#65岁及以上	
齐河县	**576375**	**100688**	**349793**	**125894**	**98107**	**445299**
晏城街道	154277	31706	102112	20459	14888	71692
晏北街道	86435	17187	55310	13938	10499	54768
表白寺镇	22015	3724	13075	5216	4000	20306
焦庙镇	30030	4405	16639	8986	7363	29005
赵官镇	22037	3417	12593	6027	4739	20148
祝阿镇	31526	5051	18622	7853	6132	28803
仁里集镇	35854	5613	20245	9996	7886	34365
潘店镇	39992	6148	23416	10428	8318	38770
胡官屯镇	27102	3664	15448	7990	6406	26138
宣章屯镇	17854	2626	10569	4659	3857	17104
马集镇	19382	2942	10691	5749	4457	18382
华店镇	30269	4982	17452	7835	6216	28022
刘桥镇	25385	4131	14323	6931	5522	24726
安头乡	14830	2076	8321	4433	3572	14203
大黄乡	19387	3016	10977	5394	4252	18867
平原县	**419088**	**71734**	**250392**	**96962**	**74188**	**346943**
龙门街道	108674	21153	70522	16999	12523	54149
桃园街道	20107	3418	11672	5017	3978	16710
德原街道	38086	6629	23689	7768	5992	31191
王凤楼镇	40200	6167	23349	10684	8241	39155
前曹镇	38190	5849	21582	10759	8424	36935
恩城镇	43238	7612	24352	11274	8622	41439
王庙镇	28998	4360	16616	8022	6333	28423
王杲铺镇	29086	5200	16605	7281	5467	28314
张华镇	16708	2374	9762	4572	3610	16255
腰站镇	20040	3181	11602	5257	3936	19691
王打卦镇	18455	2876	10589	4990	3798	17996
三唐乡	17306	2915	10052	4339	3264	16685
夏津县	**458112**	**93866**	**262072**	**102174**	**75472**	**365891**
银城街道	87358	17809	53795	15754	11487	60607
北城街道	83193	19439	52475	11279	7847	28752
南城镇	31076	5636	17511	7929	5921	28966
苏留庄镇	33443	6300	17925	9218	7043	32155
新盛店镇	36212	6254	19596	10362	7671	34792
雷集镇	25363	4661	12945	7757	5904	24538
郑保屯镇	19520	4344	10863	4313	3080	18901
白马湖镇	25237	5818	13595	5824	4249	24660
东李官屯镇	20010	3724	10269	6017	4497	19517
宋楼镇	26222	5356	14805	6061	4462	25216
香赵庄镇	21971	4279	12231	5461	4319	21001
双庙镇	19543	4411	10555	4577	3359	18584
渡口驿乡	14715	3222	7966	3527	2497	14394
田庄乡	14249	2613	7541	4095	3136	13808
武城县	**353721**	**70582**	**204675**	**78464**	**57745**	**258962**
广运街道	131408	30787	83623	16998	11934	50201
武城镇	35878	5611	19051	11216	8541	34218

表15　续表 33

单位：人

地　　区	总人口	分年龄人口				居住本乡、镇、街道，户口在本乡、镇、街道
		0-14岁	15-59岁	60岁及以上	#65岁及以上	
老城镇	44411	8150	24654	11607	8444	41163
鲁权屯镇	53104	10595	28875	13634	10184	49764
郝王庄镇	17944	3352	9698	4894	3598	17384
甲马营镇	21727	3435	11854	6438	4760	18663
四女寺镇	31525	5978	17644	7903	5954	30619
李家户镇	17724	2674	9276	5774	4330	16950
德州经济技术开发区	**284708**	**56687**	**188872**	**39149**	**27313**	**155965**
长河街道	91186	15938	65702	9546	6191	31482
宋官屯街道	100159	21021	68083	11055	7270	44160
赵虎镇	38196	7316	22218	8662	6588	36377
抬头寺镇	23196	5069	13119	5008	3766	21420
袁桥镇	31971	7343	19750	4878	3498	22526
德州运河经济开发区	**118810**	**22857**	**76826**	**19127**	**13739**	**61883**
运河街道	118810	22857	76826	19127	13739	61883
乐陵市	**559166**	**121098**	**313353**	**124715**	**90578**	**473255**
市中街道	162443	33867	106434	22142	15106	89521
胡家街道	16651	3717	8724	4210	3033	16021
云红街道	21530	4756	12166	4608	3295	17842
郭家街道	13524	3077	7289	3158	2302	12854
杨安镇	31673	7044	16819	7810	5781	30753
朱集镇	38527	8724	20028	9775	6838	37682
黄夹镇	44841	10013	22096	12732	9286	44096
丁坞镇	26817	5680	14143	6994	5087	26235
花园镇	28532	7253	13259	8020	6035	27801
郑店镇	47641	9702	25362	12577	9692	46690
化楼镇	21865	4323	10809	6733	5170	21364
孔镇	33070	6730	17692	8648	6434	31831
铁营镇	20740	4613	11315	4812	3563	20289
西段乡	18915	4388	9968	4559	3179	18573
大孙乡	15218	3377	7901	3940	2813	14853
寨头堡乡	17179	3834	9348	3997	2964	16850
禹城市	**488014**	**88786**	**294333**	**104895**	**79686**	**378881**
市中街道	179624	36294	118349	24981	18096	96634
禹兴街道	45388	8517	27792	9079	7032	35422
伦镇	30257	4885	17507	7865	6193	29449
房寺镇	43915	6940	23582	13393	10466	42497
张庄镇	15681	2462	8686	4533	3389	15163
辛店镇	24507	3957	13546	7004	5336	23606
安仁镇	20458	3196	11380	5882	4666	20007
辛寨镇	27774	4646	14958	8170	6339	26795
梁家镇	30405	4980	17466	7959	6027	29535
十里望回族镇	33308	6249	20261	6798	5176	23884
莒镇	36697	6660	20806	9231	6966	35889
聊城市	**5952128**	**1397180**	**3426459**	**1128489**	**831288**	**4679418**
东昌府区	**1488905**	**346238**	**909928**	**232739**	**165869**	**1000666**
古楼街道	178260	41228	113748	23284	16053	101642

表15 续表 34

单位：人

地区	总人口	分年龄人口				居住本乡、镇、街道，户口在本乡、镇、街道
		0-14岁	15-59岁	60岁及以上	#65岁及以上	
柳园街道	171543	34048	117335	20160	14145	79929
新区街道	229692	54980	148378	26334	17864	114653
湖西街道	39109	9599	24326	5184	3740	22498
道口铺街道	31504	7610	17316	6578	4738	28774
闫寺街道	74898	19321	45149	10428	7407	43909
北城街道	44554	10861	25991	7702	5819	36357
东城街道	160127	38343	109379	12405	7951	64293
蒋官屯街道	36713	9185	21233	6295	4622	32259
李海务街道	53263	12725	31834	8704	6206	34740
侯营镇	37353	8843	19992	8518	6212	35388
沙镇镇	69934	16629	36673	16632	12270	67263
堂邑镇	29270	6535	15867	6868	4904	28040
梁水镇	49568	10522	26466	12580	8949	47386
斗虎屯镇	28095	6053	14879	7163	5156	27065
郑家镇	47350	13629	25489	8232	5982	45327
张炉集镇	28401	6836	15352	6213	4538	26935
于集镇	30461	6100	16629	7732	5675	29176
许营镇	38758	8824	22688	7246	5279	32909
朱老庄镇	28213	5871	14982	7360	5528	26822
顾官屯镇	28850	5994	16068	6788	5303	27178
韩集镇	25053	5830	14306	4917	3594	24294
广平镇	24534	5711	13610	5213	3819	23439
香江光彩大市场服务中心	3402	961	2238	203	115	390
茌平区	**517641**	**111470**	**300739**	**105432**	**80077**	**397963**
振兴街道	187295	47899	116565	22831	16378	91933
信发街道	36833	8226	22250	6357	4742	25124
温陈街道	30877	6226	16861	7790	5929	29718
乐平铺镇	34782	6408	19414	8960	6788	33657
冯官屯镇	31125	5527	17151	8447	6494	30003
菜屯镇	22541	4438	12492	5611	4361	21814
博平镇	40569	7293	22698	10578	8411	36801
杜郎口镇	23149	3968	13503	5678	4339	22288
韩屯镇	21869	3785	11769	6315	5010	21319
胡屯镇	17201	3167	9265	4769	3854	16603
肖家庄镇	19477	3921	10648	4908	3744	18714
贾寨镇	20774	4047	11153	5574	4154	20103
洪官屯镇	18486	4006	10176	4304	3287	17620
杨官屯乡	12663	2559	6794	3310	2586	12266
阳谷县	**700083**	**152855**	**399515**	**147713**	**112409**	**578450**
博济桥街道	77926	18737	47644	11545	8543	44094
侨润街道	82468	19856	51120	11492	8440	43372
狮子楼街道	49454	11025	31505	6924	5305	27774
阎楼镇	38387	7755	21530	9102	7166	36989
阿城镇	49464	9799	26909	12756	9785	47779
七级镇	28953	5166	15965	7822	6068	27965
安乐镇	26790	4816	14957	7017	5530	24696
定水镇	21755	4543	11634	5578	4299	20991

表15 续表 35

单位：人

地　　区	总人口	分年龄人口				居住本乡、镇、街道，户口在本乡、镇、街道
		0-14岁	15-59岁	60岁及以上	#65岁及以上	
石佛镇	35898	8080	21236	6582	5041	27654
李台镇	27793	6036	15105	6652	5103	26312
寿张镇	56055	12472	30727	12856	9647	53793
十五里园镇	35620	7891	19165	8564	6320	34406
张秋镇	36247	7468	19364	9415	6920	34899
郭店屯镇	19886	3631	10454	5801	4444	18690
西湖镇	29402	6953	16036	6413	4972	28042
高庙王镇	30638	6714	16539	7385	5751	29694
金斗营镇	24053	5519	13414	5120	3922	23549
大布乡	29294	6394	16211	6689	5153	27751
莘县	**930370**	**246113**	**507461**	**176796**	**131685**	**814093**
燕塔街道	82723	21324	51029	10370	7332	49148
莘亭街道	33924	8735	18986	6203	4474	29419
莘州街道	36808	9808	21897	5103	3701	21922
东鲁街道	61106	14572	39342	7192	5149	33281
张鲁镇	42724	10777	22311	9636	7266	41244
朝城镇	46397	12638	24607	9152	6746	43597
观城镇	30777	8274	15601	6902	5249	29405
古城镇	42399	10621	22303	9475	7246	40586
大张家镇	33948	8708	17820	7420	5624	32553
古云镇	47353	12424	26741	8188	6057	43129
十八里铺镇	35530	9057	18596	7877	6025	33347
燕店镇	37292	10292	20005	6995	5080	35571
董杜庄镇	27267	6997	14591	5679	4204	26054
王奉镇	42115	11852	21744	8519	6244	40677
樱桃园镇	45713	12039	24070	9604	7430	42315
河店镇	32358	8736	17284	6338	4675	31128
妹冢镇	41883	11578	21434	8871	6779	40214
魏庄镇	37594	10130	20280	7184	5280	36013
张寨镇	39444	11333	19789	8322	6292	37537
大王寨镇	32162	8834	17011	6317	4611	30688
徐庄镇	23880	6464	12862	4554	3373	22784
王庄集镇	31765	8769	15887	7109	5380	30239
柿子园镇	26331	7392	13185	5754	4412	25375
俎店镇	18877	4759	10086	4032	3056	17867
东阿县	**346053**	**67613**	**200483**	**77957**	**59514**	**251430**
铜城街道	99689	21810	61605	16274	11961	53830
新城街道	72041	16741	45857	9443	6804	32502
刘集镇	41573	6932	21988	12653	9962	40313
牛角店镇	31186	5205	16274	9707	7517	29976
大桥镇	12371	1914	6437	4020	3100	11377
高集镇	17296	2921	9208	5167	4045	16763
姜楼镇	20238	3643	11198	5397	4194	18783
姚寨镇	20715	3308	11126	6281	4874	19693
鱼山镇	14907	2143	7628	5136	4042	14354
陈集镇	16037	2996	9162	3879	3015	13839

表15 续表 36 单位：人

地　区	总人口	分年龄人口				居住本乡、镇、街道，户口在本乡、镇、街道
		0-14岁	15-59岁	60岁及以上	#65岁及以上	
冠县	**719354**	**185279**	**395336**	**138739**	**98952**	**636417**
清泉街道	103409	25551	63160	14698	10288	66930
崇文街道	70151	19460	41372	9319	6437	39164
烟庄街道	32935	8307	17844	6784	4716	31227
贾镇	32065	8509	17184	6372	4445	30956
桑阿镇	54200	12385	29652	12163	8950	53029
柳林镇	35955	8536	19087	8332	5819	34828
清水镇	34967	10188	18580	6199	4500	33851
东古城镇	65169	18847	34325	11997	8811	63625
北馆陶镇	28950	8034	15210	5706	4302	28197
店子镇	27806	7028	15096	5682	4073	26970
定远寨镇	30669	8006	16774	5889	4099	28742
辛集镇	32365	7541	16681	8143	5605	31469
梁堂镇	28329	6974	15182	6173	4302	27862
范寨镇	24638	5317	13268	6053	4436	24236
甘官屯镇	38243	10041	20741	7461	5277	37404
斜店乡	27801	7527	14125	6149	4476	27223
兰沃乡	28254	7018	15116	6120	4374	27751
万善乡	23448	6010	11939	5499	4042	22953
高唐县	**455193**	**95035**	**257659**	**102499**	**78097**	**340270**
鱼邱湖街道	104893	25200	65405	14288	10345	50623
汇鑫街道	47208	10956	27520	8732	6611	33892
人和街道	71765	16670	44149	10946	7776	33427
梁村镇	23765	3829	12003	7933	6037	22640
尹集镇	23663	3896	12586	7181	5491	22810
清平镇	33357	6695	17515	9147	7145	32268
固河镇	24325	3760	12846	7719	5988	23630
三十里铺镇	18786	3595	9905	5286	4211	18115
琉璃寺镇	24402	4667	12800	6935	5475	23557
赵寨子镇	25672	5025	13419	7228	5799	24178
姜店镇	29580	5572	15585	8423	6544	28502
杨屯镇	27777	5170	13926	8681	6675	26628
临清市	**794529**	**192577**	**455338**	**146614**	**104685**	**660129**
青年路街道	108597	23847	66475	18275	12776	76836
新华路街道	160300	35327	98536	26437	17991	102915
先锋路街道	52098	11527	30153	10418	7427	41939
大辛庄街道	39712	9773	22779	7160	4972	33236
松林镇	30964	7345	17187	6432	4735	29802
老赵庄镇	36488	8201	20379	7908	5606	34877
康庄镇	55334	13465	30295	11574	8546	50840
魏湾镇	20943	4982	10745	5216	3919	20098
刘垓子镇	24263	5702	12873	5688	4022	23371
八岔路镇	32082	9204	16499	6379	4531	30624
潘庄镇	40782	11550	23524	5708	4322	38119
烟店镇	53245	15257	31209	6779	5167	43657
唐园镇	41021	12534	21975	6512	4664	39148
金郝庄镇	46447	11092	24736	10619	7895	44605
戴湾镇	26170	6164	13981	6025	4380	24979
尚店镇	26083	6607	13992	5484	3732	25083

表15　续表 37　　　　单位：人

地　　区	总人口	分年龄人口				居住本乡、镇、街道，户口在本乡、镇、街道
		0-14岁	15-59岁	60岁及以上	#65岁及以上	
滨州市	**3928568**	**711642**	**2362056**	**854870**	**627914**	**2947555**
滨城区	**853649**	**157543**	**535517**	**160589**	**116743**	**536638**
市中街道	47513	7582	29180	10751	8164	29923
市西街道	98153	19335	63501	15317	10941	51750
北镇街道	50836	9365	32966	8505	6027	20667
市东街道	88344	17959	56756	13629	10059	40175
彭李街道	150600	28332	104022	18246	12231	78817
小营街道	40563	7720	23593	9250	6818	33793
滨北街道	66274	10987	39122	16165	11917	54128
梁才街道	34835	5432	21575	7828	5793	26807
杜店街道	98125	23653	62628	11844	7858	41779
沙河街道	22622	4187	13688	4747	3486	17066
里则街道	40163	6101	23618	10444	7919	37360
青田街道	22636	3452	12063	7121	5465	20933
三河湖镇	34346	4563	20539	9244	7049	32890
杨柳雪镇	38637	5908	20865	11864	8785	34475
秦皇台乡	20002	2967	11401	5634	4231	16075
沾化区	**334948**	**57398**	**196521**	**81029**	**61376**	**292326**
富国街道	85140	17134	54519	13487	10025	56132
富源街道	37083	6565	21867	8651	6923	33168
下洼镇	48330	7782	27981	12567	9033	46652
古城镇	19394	3054	10502	5838	4280	18764
冯家镇	47124	8877	26611	11636	8941	45707
泊头镇	24207	3600	13619	6988	5497	23009
大高镇	28835	4091	16168	8576	6402	27634
黄升镇	17332	2109	9535	5688	4376	16762
滨海镇	7351	963	4718	1670	1229	5252
下河乡	10488	1603	5728	3157	2406	10021
利国乡	9567	1611	5213	2743	2245	9209
海防办事处乡	97	9	60	28	19	16
惠民县	**569975**	**98977**	**333874**	**137124**	**102660**	**511877**
孙武街道	113358	20281	70876	22201	16341	80536
何坊街道	48229	8486	29488	10255	7425	37922
石庙镇	44623	7834	24203	12586	9624	43460
桑落墅镇	22101	3774	12328	5999	4543	21285
淄角镇	22676	4063	12298	6315	4827	21995
胡集镇	52272	8958	30828	12486	9418	49694
李庄镇	50796	9458	29788	11550	8735	49071
麻店镇	26717	4512	15420	6785	5056	25944
魏集镇	23758	3932	13614	6212	4698	23071
清河镇	29037	4616	17683	6738	4980	28015
姜楼镇	48417	9328	27399	11690	8648	46110
辛店镇	38063	5802	21737	10524	8123	36738
大年陈镇	25067	3693	14338	7036	5127	24095
皂户李镇	24861	4240	13874	6747	5115	23941

表15 续表 38

单位：人

地　区	总人口	分年龄人口				居住本乡、镇、街道，户口在本乡、镇、街道
		0-14岁	15-59岁	60岁及以上	#65岁及以上	
阳信县	**421502**	**83805**	**247595**	**90102**	**66650**	**362566**
信城街道	62029	12614	40695	8720	6116	31166
金阳街道	36129	6576	21364	8189	5920	34195
商店镇	40929	6888	24238	9803	7456	38878
温店镇	35079	8255	19598	7226	5389	33701
河流镇	56569	13288	34702	8579	6008	41013
翟王镇	33997	6020	19850	8127	5939	32632
流坡坞镇	32389	6881	17569	7939	6015	31193
水落坡镇	47633	7855	27453	12325	9406	45950
劳店镇	35220	6488	20058	8674	6662	33440
洋湖乡	41528	8940	22068	10520	7739	40398
无棣县	**465837**	**99289**	**268075**	**98473**	**69613**	**363984**
棣丰街道	65330	15321	42142	7867	5416	22847
海丰街道	83873	17687	51328	14858	10399	60044
水湾镇	48421	9988	26513	11920	8360	45543
碣石山镇	21599	4251	11563	5785	4242	19487
小泊头镇	34698	6962	18237	9499	6768	31578
埕口镇	26674	5626	16085	4963	3497	19551
马山子镇	33630	7289	20279	6062	4114	23902
车王镇	43165	9528	22929	10708	7632	40100
柳堡镇	30278	6757	16379	7142	5143	28288
佘家镇	29190	5605	15659	7926	5808	27286
信阳镇	29910	6023	16684	7203	4989	27414
西小王镇	19069	4252	10277	4540	3245	17944
博兴县	**508140**	**82622**	**308791**	**116727**	**88403**	**374043**
城东街道	52606	8787	32937	10882	8020	33901
锦秋街道	63713	10699	38623	14391	10388	45225
博昌街道	99091	19897	66273	12921	9128	39574
曹王镇	36206	6026	21249	8931	6941	31362
兴福镇	44307	8044	27827	8436	6545	32581
陈户镇	29235	3510	16872	8853	7012	24723
湖滨镇	42609	6786	25732	10091	7716	36825
店子镇	41474	6442	24734	10298	8142	36916
吕艺镇	37929	5008	22657	10264	7842	35947
纯化镇	18000	2117	9812	6071	4644	16891
庞家镇	19613	2384	10064	7165	5603	17880
乔庄镇	23357	2922	12011	8424	6422	22218
邹平市	**774517**	**132008**	**471683**	**170826**	**122469**	**506121**
黛溪街道	100115	18462	63933	17720	12078	51468
黄山街道	76824	13094	51345	12385	8150	33318
高新街道	140396	35081	87922	17393	10822	36087
好生街道	35563	5416	21862	8285	5794	25973
西董街道	34405	4849	20540	9016	6211	28443
长山镇	60604	8057	35742	16805	12225	51891
魏桥镇	64563	10669	37864	16030	12151	49885
临池镇	24222	2942	13800	7480	5552	20387
焦桥镇	28005	3243	16498	8264	6194	24996

表15　续表 39

单位：人

地　区	总人口	分年龄人口 0-14岁	15-59岁	60岁及以上	#65岁及以上	居住本乡、镇、街道，户口在本乡、镇、街道
韩店镇	46376	8093	28525	9758	6745	33015
孙镇镇	26107	3204	14665	8238	6248	23985
九户镇	23158	2198	12916	8044	6359	21785
青阳镇	35101	7038	20974	7089	5075	32679
明集镇	31109	4681	18014	8414	6414	27665
台子镇	21442	2246	12113	7083	5454	19813
码头镇	26527	2735	14970	8822	6997	24731
菏泽市	**8795939**	**2208169**	**4975921**	**1611849**	**1253600**	**7425389**
牡丹区	**1098707**	**274853**	**646178**	**177676**	**135291**	**844486**
东城街道	64984	15012	41912	8060	5949	29075
西城街道	101304	26120	64698	10486	7554	37179
南城街道	90969	22752	56370	11847	8544	43638
北城街道	75252	14752	52846	7654	5569	24786
牡丹街道	101199	23274	63809	14116	10615	62411
何楼街道	70201	18051	39410	12740	9646	67227
皇镇街道	37893	10288	20955	6650	5260	36066
沙土镇	86394	22626	48663	15105	12016	84707
吴店镇	50863	13192	28691	8980	6936	49297
王浩屯镇	46985	11898	25583	9504	7190	45954
黄堽镇	72428	18905	40369	13154	10114	70902
都司镇	32546	8528	17241	6777	5094	31735
高庄镇	49632	12978	26199	10455	8092	48722
小留镇	48883	12297	27767	8819	6899	47866
李村镇	50463	13365	26632	10466	8079	49384
安兴镇	40024	10655	21379	7990	6326	39026
大黄集镇	41355	10424	22953	7978	6149	40510
胡集镇	37332	9736	20701	6895	5259	36001
定陶区	**540016**	**137628**	**299297**	**103091**	**79220**	**493845**
天中街道	49211	10960	29769	8482	6412	41476
滨河街道	90544	22298	54991	13255	9782	60339
冉固镇	68839	17941	35951	14947	11544	67318
张湾镇	44395	11472	24055	8868	6968	43512
黄店镇	65112	16917	35065	13130	10429	63942
孟海镇	38696	11118	20247	7331	5507	37851
马集镇	43704	10780	23321	9603	7514	42744
仿山镇	45546	11355	25639	8552	6639	44524
半堤镇	38814	10906	20367	7541	5660	38112
杜堂镇	28385	7261	15445	5679	4439	27717
南王店镇	26770	6620	14447	5703	4326	26310
曹县	**1384282**	**357748**	**773018**	**253516**	**195776**	**1222834**
曹城街道	67495	14688	42963	9844	7398	39649
磐石街道	130472	31847	84329	14296	10602	58429
青菏街道	85101	23173	51104	10824	8242	55680
郑庄街道	44234	10554	24253	9427	7178	42729
倪集街道	40055	10792	22336	6927	5431	39208
庄寨镇	138274	39557	76945	21772	16231	128226

表15 续表 40

单位：人

地　　区	总人口	分年龄人口				居住本乡、镇、街道，户口在本乡、镇、街道
		0-14岁	15-59岁	60岁及以上	#65岁及以上	
普连集镇	54472	14476	30685	9311	7202	52348
青固集镇	72644	18633	37951	16060	12626	70889
韩集镇	46945	12689	24799	9457	7279	46369
砖庙镇	30681	8444	16781	5456	4120	30122
古营集镇	63602	16245	34285	13072	10192	62698
魏湾镇	60042	17802	31566	10674	8191	59029
侯集回族镇	30181	7171	15843	7167	5730	29478
苏集镇	54665	12484	27185	14996	12173	53866
孙老家镇	41095	9968	22426	8701	6804	40152
阎店楼镇	42143	10482	22894	8767	6842	41293
梁堤头镇	38530	8986	22085	7459	5900	37170
安才楼镇	51475	13119	27585	10771	8580	50283
邵庄镇	43122	10570	23086	9466	7194	42397
王集镇	28279	7028	14945	6306	4932	27706
青岗集镇	48518	12937	25691	9890	7626	47817
常乐集镇	38778	12476	19363	6939	5196	37900
大集镇	40844	9880	23433	7531	5963	39457
仵楼镇	32810	7700	18611	6499	5146	31960
楼庄镇	33975	9949	17990	6036	4538	33086
朱洪庙镇	25850	6098	13884	5868	4460	24893
单县	**1026555**	**238064**	**577784**	**210707**	**163138**	**858044**
北城街道	67489	16029	41748	9712	7148	34045
南城街道	95072	22737	58945	13390	9725	52192
园艺街道	111338	28200	72176	10962	7923	37473
东城街道	28921	6614	16978	5329	4145	25391
郭村镇	52973	11779	28872	12322	9899	52090
黄岗镇	60996	14580	32227	14189	10851	60238
终兴镇	55869	11713	29981	14175	10961	54629
高韦庄镇	30888	7807	15720	7361	5609	30344
徐寨镇	47831	10083	26672	11076	8780	47020
蔡堂镇	36976	8988	19090	8898	7063	36332
朱集镇	25332	5832	13258	6242	4950	24869
李新庄镇	29683	6545	16351	6787	5317	29038
浮岗镇	47919	11354	24787	11778	9119	47092
莱河镇	45157	10603	25429	9125	7074	44035
时楼镇	30806	6527	16733	7546	5891	30338
杨楼镇	41194	9823	22264	9107	7260	40747
张集镇	38144	8471	20752	8921	6825	37304
龙王庙镇	39874	8829	21500	9545	7572	39337
谢集镇	43109	9249	24517	9343	7224	41124
李田楼镇	35856	7243	19885	8728	6914	34121
高老家乡	41106	10066	20154	10886	8822	40551
曹庄乡	20022	4992	9745	5285	4066	19734
成武县	**595159**	**150363**	**331025**	**113771**	**89530**	**528874**
文亭街道	73537	18378	45479	9680	7204	39115
永昌街道	65871	16137	40235	9499	7222	44539
大田集镇	61890	16455	32925	12510	9989	60403

表15 续表 41

单位：人

地 区	总人口	分年龄人口				居住本乡、镇、街道，户口在本乡、镇、街道
		0-14岁	15-59岁	60岁及以上	#65岁及以上	
天宫庙镇	34205	8310	18670	7225	5743	33503
汶上集镇	61369	16214	33231	11924	9491	60342
南鲁集镇	36890	9650	20140	7100	5654	36200
伯乐集镇	42022	11084	22223	8715	6917	41158
苟村集镇	33445	7951	18576	6918	5464	31864
白浮图镇	35633	8606	19309	7718	6082	34726
孙寺镇	42155	10627	22109	9419	7558	41337
九女集镇	52664	13193	28309	11162	8687	51633
党集镇	29214	6753	16130	6331	5087	28446
张楼镇	26264	7005	13689	5570	4432	25608
巨野县	**923923**	**244443**	**513400**	**166080**	**131413**	**762577**
凤凰街道	119789	32961	75230	11598	8538	44177
永丰街道	130830	34037	77524	19269	14890	79972
龙固镇	62553	16765	35050	10738	8407	55428
大义镇	60036	16049	31568	12419	10050	58061
柳林镇	52898	14659	28160	10079	8003	50476
章缝镇	35880	9915	18511	7454	5848	34635
大谢集镇	49390	13451	26793	9146	7427	47293
独山镇	52739	13986	27776	10977	8942	51007
麒麟镇	48560	11872	25595	11093	8807	46052
核桃园镇	23274	5659	12312	5303	4044	21824
田庄镇	40794	9340	22338	9116	7212	39251
太平镇	41406	11512	22302	7592	6030	39844
万丰镇	56188	15720	29675	10793	8698	54156
陶庙镇	30172	7928	16364	5880	4788	27668
董官屯镇	55125	14629	29450	11046	8759	53005
田桥镇	33103	8229	17848	7026	5552	29503
营里镇	31186	7731	16904	6551	5418	30225
郓城县	**1120854**	**266506**	**636581**	**217767**	**173009**	**967093**
郓州街道	154549	36474	99366	18709	14025	66206
唐塔街道	95517	21143	60040	14334	11161	61503
丁里长街道	40843	9398	22908	8537	6785	38118
张营街道	54756	13230	30926	10600	8853	51764
黄安镇	61096	15306	34730	11060	8712	58700
杨庄集镇	50041	12400	26578	11063	9108	48147
侯咽集镇	53324	12480	28722	12122	9447	51966
武安镇	54190	12618	29605	11967	9447	52571
郭屯镇	33919	7616	19013	7290	5779	32085
玉皇庙镇	46242	11102	24730	10410	8190	44602
程屯镇	43892	10339	23582	9971	8093	42958
随官屯镇	47025	10736	26564	9725	7909	45537
潘渡镇	47772	11368	26130	10274	8405	45628
双桥镇	49890	11566	27347	10977	8928	48219
南赵楼镇	33167	8314	18228	6625	5334	31143
黄泥冈镇	33644	8120	18202	7322	5847	32224
唐庙镇	48697	12507	26573	9617	7699	46966
李集镇	42931	10439	23081	9411	7168	42305

表15 续表 42

单位：人

地区	总人口	分年龄人口				居住本乡、镇、街道，户口在本乡、镇、街道
		0-14岁	15-59岁	60岁及以上	#65岁及以上	
黄集镇	42776	10183	23122	9471	7287	41939
张鲁集镇	37446	9186	19835	8425	6749	36352
水堡乡	21734	5535	11726	4473	3623	21117
陈坡乡	27403	6446	15573	5384	4460	27043
鄄城县	**747972**	**191997**	**411897**	**144078**	**111660**	**676366**
陈王街道	52847	13188	33109	6550	4987	28254
古泉街道	109048	26304	67475	15269	11530	75031
什集镇	54311	14505	29330	10476	8104	53342
红船镇	31093	7616	16746	6731	5349	30512
旧城镇	55128	14352	29094	11682	9003	54545
闫什镇	46711	12230	24676	9805	7562	45627
箕山镇	45079	11096	24329	9654	7636	44410
李进士堂镇	22893	6068	11542	5283	4068	22173
董口镇	52491	13314	27929	11248	8533	51892
临濮镇	28823	7832	14516	6475	5028	28160
彭楼镇	52416	13852	27368	11196	8794	51473
凤凰镇	32289	7814	18594	5881	4613	30504
郑营镇	41752	11030	23103	7619	6026	40649
大埝镇	23600	6390	11426	5784	4311	23196
引马镇	27564	7276	14243	6045	4847	26766
左营镇	37592	9786	19641	8165	6442	36855
富春镇	34335	9344	18776	6215	4827	32977
东明县	**760956**	**197997**	**430834**	**132125**	**105044**	**620127**
城关街道	144044	35835	91485	16724	12520	71997
渔沃街道	71539	19267	42442	9830	7803	40569
东明集镇	52712	13094	30048	9570	7698	50547
刘楼镇	40646	11051	21964	7631	6188	38714
陆圈镇	74867	19380	41680	13807	11233	65175
马头镇	38878	11010	20823	7045	5442	36255
三春集镇	31077	8636	16223	6218	5042	29618
大屯镇	40604	9725	23244	7635	6100	38109
武胜桥镇	42501	11695	22331	8475	6778	38994
菜园集镇	39827	10729	21431	7667	6029	35899
沙窝镇	63178	16897	34586	11695	9422	58889
小井镇	38975	9822	20606	8547	6993	37136
长兴集乡	46664	11543	25215	9906	8001	44130
焦园乡	35444	9313	18756	7375	5795	34095
菏泽经济技术开发区	**412353**	**101777**	**251067**	**59509**	**43817**	**276747**
丹阳街道	216530	51424	137912	27194	19401	112718
岳程街道	77347	19298	46366	11683	8809	59439
佃户屯街道	58961	15312	34415	9234	6969	47455
陈集镇	59515	15743	32374	11398	8638	57135
菏泽高新技术开发区	**185162**	**46793**	**104840**	**33529**	**25702**	**174396**
万福街道	50970	12762	29857	8351	6297	44477
吕陵镇	54461	14033	30347	10081	7856	52954
马岭岗镇	79731	19998	44636	15097	11549	76965

表16 河南省乡、镇、街道人口

单位：人

地区	总人口	分年龄人口				居住本乡、镇、街道，户口在本乡、镇、街道
		0-14岁	15-59岁	60岁及以上	#65岁及以上	
河南省	**99365519**	**22988954**	**58412517**	**17964048**	**13401904**	**73422951**
郑州市	**12600574**	**2400787**	**8582395**	**1617392**	**1130977**	**5851405**
中原区	**962642**	**183589**	**637526**	**141527**	**97246**	**381948**
林山寨街道	59042	9618	38038	11386	8462	30178
建设路街道	41379	5185	29644	6550	4615	15776
棉纺路街道	73282	14735	44918	13629	8827	35009
秦岭路街道	56727	11330	34115	11282	7513	29737
桐柏路街道	150040	32625	96880	20535	13649	60266
三官庙街道	83485	14456	55331	13698	9610	32897
绿东村街道	60678	10617	38370	11691	8705	29299
汝河路街道	83795	16112	53200	14483	10603	37323
航海西路街道	124243	26287	84031	13925	9384	45998
中原西路街道	69226	13701	47473	8052	5191	22253
西流湖街道	91343	15977	66264	9102	5925	20024
须水街道	28183	4500	20686	2997	2124	7129
莲湖街道	18552	3950	12618	1984	1216	7868
柳湖街道	22667	4496	15958	2213	1422	8191
二七区	**1061263**	**189658**	**735895**	**135710**	**93058**	**400365**
淮河路街道	111753	20447	75878	15428	10334	44792
解放路街道	2431	163	2157	111	72	170
铭功路街道	25714	3758	18554	3402	2282	7983
一马路街道	2861	205	2235	421	303	498
蜜蜂张街道	15700	1961	10332	3407	2397	7486
五里堡街道	61331	9383	39855	12093	8650	32014
大学路街道	48487	6325	32834	9328	7062	24050
建中街街道	96352	16005	64735	15612	10846	41110
福华街街道	69077	9957	44068	15052	10599	32186
德化街街道	4653	568	3595	490	312	877
嵩山路街道	127077	29490	85205	12382	7878	42514
京广路街道	125195	24452	89909	10834	7161	37942
长江路街道	84738	15950	59926	8862	5957	28997
人和路街道	109073	23184	73534	12355	8370	36760
侯寨街道	96732	20416	65579	10737	7206	42442
马寨镇	80089	7394	67499	5196	3629	20544
管城回族区	**965618**	**180401**	**684638**	**100579**	**66281**	**349157**
北下街街道	30959	3608	22428	4923	3455	12201
西大街街道	17723	2564	12699	2460	1653	5366
南关街街道	54857	8398	39857	6602	4385	14968
城东路街道	54330	9020	37214	8096	5504	23317
东大街街道	17408	2552	11819	3037	2151	6987
二里岗街道	38244	6707	26051	5486	3657	14784
陇海马路街道	52728	8694	34667	9367	6492	25039
紫荆山南路街道	135709	25096	94784	15829	10192	43102
航海东路街道	153865	35067	107022	11776	7265	59117
十八里河街道	119449	20484	89765	9200	5898	34978
南曹街道	36728	7910	23479	5339	3788	24577

表16　续表 1　　　　单位：人

地　区	总人口	分年龄人口				居住本乡、镇、街道，户口在本乡、镇、街道
		0-14岁	15-59岁	60岁及以上	#65岁及以上	
金岱街道	107439	20657	80469	6313	3893	26223
圃田乡	12849	2807	8846	1196	834	5816
商都路街道	133330	26837	95538	10955	7114	52682
金水区	**2145588**	**364627**	**1540566**	**240395**	**164837**	**822461**
经八路街道	89748	14844	57508	17396	12671	45922
花园路街道	47704	8121	28005	11578	8479	29615
人民路街道	36752	4721	23408	8623	6173	19589
杜岭街道	15532	1878	11545	2109	1469	5416
大石桥街道	41897	6396	29460	6041	4338	18677
南阳路街道	83397	14339	55346	13712	9405	39290
南阳新村街道	136486	24983	91773	19730	13581	58052
文化路街道	119783	20156	85063	14564	10633	57429
丰产路街道	117931	18061	82489	17381	12044	49127
东风路街道	192136	34315	139824	17997	12483	68388
北林路街道	133014	20699	100714	11601	7868	48879
未来路街道	130388	18983	97645	13760	9323	46518
凤凰台街道	62190	10186	46855	5149	3190	19244
龙子湖街道	136974	12730	116863	7381	4835	23334
祭城路街道	161825	30330	115570	15925	10289	69162
兴达路街道	24470	5201	15939	3330	2210	14871
国基路街道	125916	27652	87443	10821	7012	38214
杨金路街道	23156	4569	15391	3196	2263	13846
丰庆路街道	237041	59140	155522	22379	14784	87750
如意湖街道	47301	9380	32090	5831	3898	24897
博学路街道	113299	6050	102201	5048	3328	13260
龙湖街道	44890	7265	33336	4289	2790	19045
龙源路街道	10745	1920	7817	1008	698	4445
金光路街道	13013	2708	8759	1546	1073	7491
上街区	**197399**	**35503**	**129164**	**32732**	**22781**	**75165**
济源路街道	56713	10556	36285	9872	6794	18608
中心路街道	55884	10990	36591	8303	5637	17635
新安路街道	14454	2249	9298	2907	2137	4688
工业路街道	7271	1132	4829	1310	940	3372
矿山街道	1250	107	809	334	242	829
峡窝镇	61827	10469	41352	10006	7031	30033
惠济区	**555002**	**103549**	**397748**	**53705**	**36228**	**200838**
新城街道	88727	19195	60129	9403	6321	35562
刘寨街道	56426	11125	38711	6590	4483	20827
江山路街道	62847	7817	50072	4958	3447	18401
长兴路街道	75958	16316	52075	7567	5003	26975
迎宾路街道	147085	23789	113819	9477	6050	34743
大河路街道	38997	8967	25141	4889	3443	20590
花园口镇	41024	8273	27785	4966	3436	20539
古荥镇	43938	8067	30016	5855	4045	23201
中牟县	**973665**	**221181**	**636182**	**116302**	**81391**	**510734**
青年路街道	109752	22465	75327	11960	8556	37151
东风路街道	82576	20402	53794	8380	5874	24962
广惠街街道	124096	35256	79309	9531	6004	27116

表16 续表 2

单位：人

地　　区	总人口	分年龄人口				居住本乡、镇、街道，户口在本乡、镇、街道
		0-14岁	15-59岁	60岁及以上	#65岁及以上	
韩寺镇	35460	9384	19600	6476	4556	33765
官渡镇	56115	14181	31247	10687	7611	53090
狼城岗镇	34974	9249	19197	6528	4767	33217
万滩镇	16119	4153	8848	3118	2263	15459
白沙镇	112868	28819	73983	10066	6397	39667
郑庵镇	40662	9685	25903	5074	3562	24728
黄店镇	22710	6520	11279	4911	3594	21687
大孟镇	59537	14962	35171	9404	6818	47713
刘集镇	28032	6944	17442	3646	2568	18291
雁鸣湖镇	26689	7292	14601	4796	3482	25454
姚家镇	34953	9397	19101	6455	4625	31319
刁家乡	30982	8947	15529	6506	4677	29993
杨桥街道	21198	5848	11623	3727	2601	20178
豫兴街道	136942	7677	124228	5037	3436	26944
郑州经济技术开发区	**328812**	**64233**	**234621**	**29958**	**20085**	**142137**
九龙镇	35845	7309	25519	3017	2012	14531
明湖街道	159435	29559	117718	12158	7684	51284
潮河街道	42777	8326	30218	4233	2890	20422
京航街道	34128	6245	24512	3371	2336	17773
前程街道	33752	6960	23156	3636	2592	19597
祥云街道	22875	5834	13498	3543	2571	18530
郑州高新技术产业开发区	**546226**	**98207**	**403691**	**44328**	**28080**	**152653**
石佛镇	75057	15171	51605	8281	5472	24758
沟赵乡	101238	18281	74274	8683	5531	31453
枫杨街道	205580	28734	162927	13919	8615	44999
梧桐街道	148708	32400	104879	11429	7146	44380
双桥街道	15643	3621	10006	2016	1316	7063
郑州航空港经济综合实验区	**621382**	**92328**	**475812**	**53242**	**37773**	**265514**
张庄镇	68833	7896	56565	4372	3022	24964
八岗镇	13361	3772	7040	2549	1834	12737
三官庙镇	35563	9432	20119	6012	4360	31496
八千乡	24504	6084	13695	4725	3506	22082
龙王乡	24054	6061	13492	4501	3317	21292
新港街道	25722	5779	16588	3355	2410	17120
郑港街道	160426	14559	140820	5047	3120	20877
银河街道	27743	7053	16849	3841	2711	21139
明港街道	30915	5386	21626	3903	2845	19248
滨河街道	152785	10495	138095	4195	2793	20513
冯堂街道	22163	5878	11896	4389	3258	21326
清河街道	14867	4011	7982	2874	2063	13919
龙港街道	20446	5922	11045	3479	2534	18801
巩义市	**785242**	**142314**	**484872**	**158056**	**112890**	**573631**
新华路街道	54519	10549	35020	8950	6408	22380
杜甫路街道	65473	12051	43245	10177	7096	30126
永安路街道	3389	658	2127	604	451	2400
孝义街道	62437	11311	41066	10060	7007	33821
紫荆路街道	91023	15648	67922	7453	4765	30601
米河镇	36911	6143	21722	9046	6295	32460

表16 续表 3

单位：人

地 区	总人口	分年龄人口				居住本乡、镇、街道，户口在本乡、镇、街道
		0-14岁	15-59岁	60岁及以上	#65岁及以上	
新中镇	13611	2020	7619	3972	2819	12539
小关镇	24086	3800	13422	6864	4855	21631
竹林镇	9721	1651	5776	2294	1563	8526
大峪沟镇	24980	3867	14221	6892	5040	21931
河洛镇	27296	4515	14797	7984	5748	25663
站街镇	30245	5606	17538	7101	4950	24346
康店镇	31968	5405	17019	9544	7136	30331
北山口镇	35743	5866	23359	6518	4744	24727
西村镇	48170	9305	28143	10722	7652	45422
芝田镇	38851	7502	22647	8702	6257	35802
回郭镇	84982	15462	51766	17754	13116	73182
鲁庄镇	50432	10280	27754	12398	8981	48753
夹津口镇	19943	3987	11614	4342	3165	18717
涉村镇	31462	6688	18095	6679	4842	30273
荥阳市	**730135**	**133331**	**464096**	**132708**	**94689**	**421433**
索河街道	58763	11209	38559	8995	6285	26257
京城路街道	155917	33098	102730	20089	13693	49207
乔楼镇	38378	6223	25236	6919	4998	24351
豫龙镇	149940	23138	112746	14056	9393	43443
广武镇	80953	15738	47735	17480	12640	66729
王村镇	33036	5316	17589	10131	7429	30729
汜水镇	13573	1886	6755	4932	3617	12757
高山镇	16987	2206	8452	6329	4678	15899
刘河镇	13537	2013	6944	4580	3471	12633
崔庙镇	28868	4674	15953	8241	6043	24906
贾峪镇	66868	14944	40603	11321	8093	47673
城关乡	32100	5767	18148	8185	5954	28260
高村乡	36136	6155	19602	10379	7603	34220
金寨回族乡	5079	964	3044	1071	792	4369
新密市	**826031**	**166736**	**516620**	**142675**	**106664**	**579019**
青屏街街道	143193	30762	98340	14091	9704	40511
新华路街道	63819	13102	42734	7983	5779	26237
西大街街道	61796	11534	45276	4986	3499	22737
城关镇	27999	4829	17703	5467	4146	21871
米村镇	29893	6254	17254	6385	4730	27469
牛店镇	34518	7035	19586	7897	5897	32343
平陌镇	28887	6014	16415	6458	4995	27444
超化镇	54585	10791	32255	11539	8797	51820
苟堂镇	37483	7131	21616	8736	7019	35497
大隗镇	43560	8444	25067	10049	7773	41131
刘寨镇	37551	7362	22169	8020	5914	35033
白寨镇	56783	12423	33686	10674	7826	51092
岳村镇	29858	5824	17314	6720	5023	27207
来集镇	44994	8366	27471	9157	6972	39444
曲梁镇	49892	11125	28635	10132	7715	46569
袁庄乡	22834	5175	13437	4222	3239	17841
矿区街道	28466	4771	18579	5116	3849	12747
尖山风景区管理委员会	5741	829	3069	1843	1406	5236
郑州曲梁产业集聚区管理委员会	24179	4965	16014	3200	2381	16790

表16　续表 4　　　　单位：人

地　区	总人口	分年龄人口				居住本乡、镇、街道，户口在本乡、镇、街道
		0-14岁	15-59岁	60岁及以上	#65岁及以上	
新郑市	**1172237**	**231524**	**817846**	**122867**	**88558**	**470527**
新建路街道	33507	8244	20385	4878	3574	11380
新华路街道	126866	31807	80016	15043	10807	47453
新烟街道	66504	8359	53496	4649	3160	10009
新村镇	81334	9409	65169	6756	5031	26013
辛店镇	54367	11581	30686	12100	9451	47424
观音寺镇	32316	6785	17508	8023	6334	29818
梨河镇	31392	6017	18719	6656	5052	26707
和庄镇	26042	6268	14793	4981	3625	22844
薛店镇	60257	15475	37461	7321	5190	33676
孟庄镇	56007	15096	33336	7575	5455	36270
郭店镇	62074	13283	39516	9275	6835	45230
龙湖镇	441712	83080	334121	24511	15850	91128
城关乡	26708	4736	16699	5273	4053	19893
具茨山国家级森林公园管理委员会	5741	1124	2999	1618	1295	4985
新郑新区管理委员会	67410	10260	52942	4208	2846	17697
登封市	**729332**	**193606**	**423118**	**112608**	**80416**	**505823**
嵩阳街道	212928	60711	132185	20032	13473	95838
少林街道	66050	30460	32660	2930	2037	14718
中岳街道	43183	10480	27463	5240	3693	23503
大金店镇	42957	10222	23722	9013	6526	39831
颍阳镇	39989	9584	22508	7897	5736	38485
卢店镇	36829	8849	22436	5544	3937	22898
告成镇	47212	10381	28077	8754	6179	42901
大冶镇	49170	9893	27616	11661	8508	46500
宣化镇	16168	3011	9182	3975	2998	15016
徐庄镇	21671	5102	12233	4336	3095	20856
东华镇	42006	9029	23909	9068	6574	39989
唐庄镇	30046	6163	16872	7011	5111	28258
白坪乡	9758	2075	5557	2126	1572	9046
君召乡	29920	7194	16439	6287	4614	28310
石道乡	29822	7370	16078	6374	4667	28854
送表矿区	11623	3082	6181	2360	1696	10820
开封市	**4824016**	**1136933**	**2756293**	**930790**	**684965**	**3915244**
龙亭区	**574552**	**102672**	**383284**	**88596**	**62184**	**317802**
北书店街道	7816	1224	4832	1760	1186	5740
午朝门街道	10804	1754	6383	2667	2004	5581
大兴街道	6295	797	3947	1551	1143	3224
北道门街道	10254	1371	5793	3090	2188	8127
城西街道	51863	9237	31038	11588	8283	34672
梁苑街道	34540	5748	21458	7334	5214	18983
宋城街道	84618	17335	54337	12946	8796	47273
新城街道	45818	11172	29986	4660	3081	21965
杏花营镇	24512	7063	13766	3683	2693	22312
北郊乡	87274	14428	57421	15425	10686	37951
柳园口乡	33802	7791	19217	6794	4814	32104

表16　续表 5　　单位：人

地　区	总人口	分年龄人口				居住本乡、镇、街道，户口在本乡、镇、街道
		0-14岁	15-59岁	60岁及以上	#65岁及以上	
西郊乡	122252	12729	100245	9278	6446	35529
水稻乡	38780	7126	26089	5565	4006	29817
杏花营农场	15924	4897	8772	2255	1644	14524
顺河回族区	**227864**	**34196**	**140704**	**52964**	**38843**	**161191**
清平街道	12515	1624	7407	3484	2387	10531
铁塔街道	27916	1551	23185	3180	2316	9078
曹门街道	6489	853	3873	1763	1246	5011
宋门街道	26115	2935	15571	7609	5742	18027
工业街道	47759	6637	28201	12921	9802	31594
苹果园街道	32160	4544	19116	8500	6199	19667
东郊乡	51080	10815	30167	10098	7103	44606
土柏岗乡	23830	5237	13184	5409	4048	22677
鼓楼区	**136167**	**21816**	**81604**	**32747**	**23021**	**97037**
相国寺街道	2705	284	1541	880	621	2208
新华街道	13408	1626	8329	3453	2295	9955
卧龙街道	12688	1616	7504	3568	2500	9825
州桥街道	19008	2305	11233	5470	3847	12485
西司门街道	16865	2042	9704	5119	3687	12487
南苑街道	20787	4108	13079	3600	2473	16701
五一街道	37084	6178	22547	8359	5920	20303
仙人庄街道	13622	3657	7667	2298	1678	13073
禹王台区	**124859**	**20235**	**75556**	**29068**	**19787**	**88248**
三里堡街道	16513	2218	9856	4439	3005	11065
新门关街道	19213	2376	11935	4902	3340	11789
繁塔街道	15715	1725	10692	3298	2313	7204
官坊街道	10716	1541	6375	2800	1809	6115
菜市街道	15476	2058	9093	4325	2891	11915
南郊乡	25521	5055	15080	5386	3617	19242
汪屯乡	21705	5262	12525	3918	2812	20918
祥符区	**672139**	**165611**	**377702**	**128826**	**97104**	**598581**
城关镇	94041	20060	64129	9852	7403	34348
陈留镇	51148	12279	28993	9876	7588	48009
仇楼镇	45206	11148	24183	9875	7527	44665
八里湾镇	40910	9535	22319	9056	7160	40436
曲兴镇	27531	6726	14280	6525	5024	26968
朱仙镇	30966	7748	16939	6279	4693	30228
罗王镇	39902	9042	21749	9111	7145	39351
半坡店乡	42089	10767	22234	9088	6811	41292
刘店乡	29542	7457	15753	6332	4671	29162
袁坊乡	35434	8541	19821	7072	5079	34957
杜良乡	50915	11824	28323	10768	8003	50110
兴隆乡	42807	10430	24515	7862	5881	39462
西姜寨乡	56681	15706	29795	11180	8223	55729
万隆乡	48153	14518	24564	9071	6828	47521
范村乡	36814	9830	20105	6879	5068	36343
杞县	**932126**	**228439**	**512323**	**191364**	**142084**	**843894**
金城街道	153024	28786	106182	18056	13060	86625
五里河镇	49478	12537	26568	10373	7448	47131

表16 续表 6 单位：人

地 区	总人口	分年龄人口				居住本乡、镇、街道，户口在本乡、镇、街道
		0-14岁	15-59岁	60岁及以上	#65岁及以上	
傅集镇	44012	11011	23217	9784	7276	43573
圉镇镇	53254	12265	29629	11360	8695	52410
高阳镇	48495	11599	25430	11466	8235	47318
葛岗镇	58972	14413	31435	13124	9686	58065
阳堌镇	41349	10951	21732	8666	6390	40853
邢口镇	33802	9077	17620	7105	5241	33518
裴村店乡	46127	12755	22980	10392	7943	45739
宗店乡	26004	7352	12877	5775	4380	25683
板木乡	27191	7335	13031	6825	5155	26628
竹林乡	23636	6221	11898	5517	4192	23221
官庄乡	27163	7530	12660	6973	5201	26792
湖岗乡	30942	7828	15766	7348	5581	30622
苏木乡	37240	9231	19689	8320	6047	36841
沙沃乡	28554	6541	14598	7415	5556	28086
平城乡	47219	11565	24447	11207	8447	46553
泥沟乡	36235	9704	18524	8007	5982	35692
柿园乡	46079	12808	22761	10510	8059	45554
西寨乡	32830	10109	15939	6782	4908	32251
城郊乡	40520	8821	25340	6359	4602	30739
通许县	**539222**	**134677**	**295941**	**108604**	**80259**	**475156**
咸平街道	114972	29516	69414	16042	11852	65187
竖岗镇	37978	9630	20027	8321	5942	37493
玉皇庙镇	43470	11481	22385	9604	6992	42988
四所楼镇	47675	11746	25658	10271	7478	47024
朱砂镇	53168	12637	28320	12211	9261	52405
长智镇	38096	9263	20836	7997	6147	36419
冯庄乡	37069	8206	22107	6756	5037	29193
孙营乡	37586	9903	19774	7909	5734	37065
大岗李乡	35048	8919	17886	8243	5823	34503
邸阁乡	31281	7627	16541	7113	5356	30935
练城乡	31307	8207	15870	7230	5387	30759
厉庄乡	31572	7542	17123	6907	5250	31185
尉氏县	**839809**	**220557**	**460581**	**158671**	**116396**	**683229**
两湖街道	130013	29752	85706	14555	10207	41006
洧川镇	51719	12534	29305	9880	7548	46154
朱曲镇	38404	10483	19757	8164	6351	37430
蔡庄镇	41705	10829	20991	9885	7375	40740
永兴镇	50869	11945	26840	12084	9042	49994
张市镇	37800	9476	20018	8306	5899	36882
十八里镇	43184	11692	21882	9610	6839	41257
水坡镇	44454	12698	22018	9738	6892	43641
大营镇	51766	13860	28759	9147	6524	45290
庄头镇	45517	14462	21804	9251	6861	44582
邢庄乡	62976	17499	35616	9861	6936	45827
大马乡	36188	10495	17765	7928	6077	35690
岗李乡	47174	13695	24010	9469	7185	46256
门楼任乡	30225	8897	14893	6435	4905	29778

表16 续表 7　　单位：人

地区	总人口	分年龄人口				居住本乡、镇、街道，户口在本乡、镇、街道
		0-14岁	15-59岁	60岁及以上	#65岁及以上	
大桥乡	74904	18777	44673	11454	8320	46713
南曹乡	35177	8832	17840	8505	6282	34566
小陈乡	17734	4631	8704	4399	3153	17423
兰考县	**777278**	**208730**	**428598**	**139950**	**105287**	**650106**
兰阳街道	111318	25878	70743	14697	10770	67741
桐乡街道	77045	21121	48061	7863	5523	27997
惠安街道	37190	8072	24855	4263	3062	20527
堌阳镇	55027	14875	29295	10857	8229	53324
南彰镇	53369	15834	27166	10369	8116	52448
考城镇	68365	20013	35072	13280	10045	64633
红庙镇	47223	12759	24807	9657	7185	46089
谷营镇	68321	17863	36945	13513	10075	67007
东坝头镇	28114	7132	14996	5986	4416	27309
小宋镇	40127	11781	20070	8276	6386	39214
仪封镇	38542	10657	18958	8927	6683	37464
三义寨乡	43974	11063	23330	9581	7273	42649
孟寨乡	27098	8181	13822	5095	3893	26307
许河乡	23637	7339	11247	5051	3901	22909
葡萄架乡	23919	7426	11239	5254	3960	23284
阎楼乡	25776	7317	13390	5069	3878	24888
中原石油勘探生活区	5526	929	3001	1596	1393	3807
仪封园艺场	2628	482	1555	591	480	2435
柳林林场	79	8	46	25	19	74
洛阳市	**7056699**	**1471482**	**4293284**	**1291933**	**915231**	**5007208**
老城区	**252165**	**43277**	**166499**	**42389**	**29096**	**108771**
西关街道	32959	4457	21866	6636	4801	14523
西南隅街道	3621	460	2387	774	542	1375
西北隅街道	21759	3606	14207	3946	2777	10346
东南隅街道	2736	351	1763	622	445	1100
东北隅街道	18487	2638	12600	3249	2320	6485
南关街道	37441	6450	24133	6858	4634	14404
洛浦街道	15259	2952	9306	3001	1990	10887
邙山街道	66593	13580	43658	9355	6159	28256
道北路街道	53310	8783	36579	7948	5428	21395
西工区	**369165**	**62012**	**233554**	**73599**	**52501**	**185268**
王城路街道	55034	8566	34359	12109	9004	29180
金谷园路街道	60167	9411	37690	13066	9370	30236
西工街道	37862	5892	22154	9816	7396	23641
邙岭路街道	20552	3253	13285	4014	2718	7271
唐宫路街道	25904	3686	15761	6457	4878	12816
汉屯路街道	19129	2835	12328	3966	2887	7862
凯旋东路街道	20620	2851	13019	4750	3484	11629
洛北街道	82430	16084	55055	11291	7237	29754

表16　续表 8　　　　单位：人

地　　区	总人口	分年龄人口				居住本乡、镇、街道，户口在本乡、镇、街道
		0-14岁	15-59岁	60岁及以上	#65岁及以上	
红山街道	47467	9434	29903	8130	5527	32879
瀍河回族区	**222833**	**36141**	**141802**	**44890**	**30468**	**115170**
东关街道	26087	2955	19052	4080	2930	9346
瀍西街道	19311	2841	12182	4288	3097	9074
五股路街道	28896	3657	17814	7425	5320	18687
北窑街道	26849	3752	17559	5538	3632	14762
塔湾街道	14542	1814	9137	3591	2617	9743
杨文街道	17698	2947	10360	4391	2868	11247
华林街道	16674	3115	10949	2610	1672	3267
瀍河回族乡	72776	15060	44749	12967	8332	39044
涧西区	**509962**	**81011**	**323475**	**105476**	**77781**	**268852**
湖北路街道	38290	5594	23718	8978	6519	21038
天津路街道	50442	8575	32554	9313	6922	25660
长春路街道	45998	6982	30166	8850	6483	24936
南昌路街道	45087	7593	27387	10107	7544	27287
长安路街道	48301	6564	27614	14123	10965	35058
重庆路街道	25382	3691	14711	6980	5286	17006
郑州路街道	94938	14855	64280	15803	11260	38926
武汉路街道	41336	6886	25839	8611	6332	21468
珠江路街道	71459	11333	47179	12947	9340	28743
周山路街道	33816	5997	20881	6938	5173	16941
工农街道	14913	2941	9146	2826	1957	11789
吉利区	**69142**	**11775**	**42488**	**14879**	**10699**	**43502**
西霞院街道	16736	3181	10269	3286	2281	10844
康乐街道	20280	3737	12058	4485	3424	12384
吉利街道	13564	2210	8180	3174	2325	8157
河阳街道	18562	2647	11981	3934	2669	12117
洛龙区	**918358**	**181280**	**598309**	**138769**	**94764**	**587231**
开元路街道	54576	11536	34988	8052	5245	29233
龙门石窟街道	36666	8882	21701	6083	4289	31424
关林街道	62260	13674	39631	8955	6318	33195
太康东路街道	39892	9324	25583	4985	3247	20372
古城街道	83897	16320	58011	9566	6015	41386
科技园街道	61017	13936	39250	7831	4985	36706
翠云路街道	44020	9453	28720	5847	3659	16926
龙门街道	49998	12083	30679	7236	4934	31987
学府街道	67538	6157	56944	4437	2966	13238
定鼎门街道	18028	3920	11074	3034	2118	13236
安乐镇	46477	9164	29832	7481	5103	29886
白马寺镇	26006	5081	15020	5905	4003	20087
李楼镇	53250	11011	31074	11165	7502	48005
寇店镇	32388	6427	18777	7184	5193	30709
诸葛镇	58140	12710	34891	10539	7547	52371
李村镇	112052	17109	80249	14694	10493	70362
庞村镇	36250	7445	21330	7475	5335	34027
佃庄镇	35903	7048	20555	8300	5812	34081
孟津县	**416845**	**76548**	**248898**	**91399**	**66316**	**315331**
城关镇	135384	27902	88130	19352	13509	63107

表16　续表 9　　　　单位：人

地　区	总人口	分年龄人口				居住本乡、镇、街道，户口在本乡、镇、街道
		0-14岁	15-59岁	60岁及以上	#65岁及以上	
会盟镇	42458	6824	23552	12082	8995	39241
平乐镇	42680	7091	25131	10458	7615	38737
送庄镇	20855	3398	11476	5981	4323	19805
白鹤镇	37837	5779	21370	10688	8079	36822
朝阳镇	38648	7331	22182	9135	6519	36024
小浪底镇	16582	2045	8948	5589	4124	15883
麻屯镇	49061	11174	29536	8351	5966	35087
横水镇	16525	1911	9311	5303	3934	14692
常袋镇	16815	3093	9262	4460	3252	15933
新安县	**483375**	**89715**	**305001**	**88659**	**63105**	**340712**
城关镇	177888	37665	118053	22170	15211	87693
石寺镇	25538	4916	15037	5585	3995	22772
五头镇	32390	5488	17893	9009	6499	31370
磁涧镇	83924	11650	60869	11405	8107	48289
铁门镇	54723	11092	32070	11561	8316	48217
南李村镇	21466	3774	12400	5292	3867	20366
北冶镇	21501	3566	11679	6256	4561	20790
仓头镇	16016	2970	8882	4164	3082	15237
正村镇	26388	4810	15573	6005	4236	23373
石井镇	13147	2329	6823	3995	2878	12694
青要山镇	10394	1455	5722	3217	2353	9911
栾川县	**327121**	**70758**	**200105**	**56258**	**38566**	**214426**
城关镇	105403	25354	67708	12341	8071	30951
赤土店镇	9219	1940	5319	1960	1395	8491
合峪镇	15622	3262	8798	3562	2376	14709
潭头镇	21670	4435	12513	4722	3293	20788
三川镇	10086	1782	5609	2695	1966	9805
冷水镇	8380	1502	5203	1675	1193	7064
陶湾镇	18289	3963	10341	3985	2822	17732
石庙镇	12891	2871	7371	2649	1801	12341
庙子镇	21070	4062	12543	4465	3070	18432
狮子庙镇	11991	2230	6845	2916	2046	11821
白土镇	10176	1997	5974	2205	1501	9532
叫河镇	10570	1905	6025	2640	1906	9755
栾川乡	59332	13316	38676	7340	4907	31052
秋扒乡	6681	1130	3794	1757	1234	6390
重渡沟生态旅游示范区	5741	1009	3386	1346	985	5563
嵩县	**543417**	**132818**	**313159**	**97440**	**66886**	**461706**
城关镇	113046	29159	69649	14238	9347	63888
田湖镇	53608	13412	30262	9934	7041	51602
旧县镇	22098	5611	12419	4068	2748	21100
车村镇	47434	11217	26298	9919	6756	45024
闫庄镇	33853	9183	18003	6667	4663	32865
德亭镇	35705	8258	20300	7147	4944	35127
大章镇	25414	6327	14384	4703	3192	24833
白河镇	11938	2833	6841	2264	1650	11483
纸房镇	35524	8147	21298	6079	4112	26803
饭坡镇	20600	5170	10984	4446	3175	20091

表16 续表 10　　　　单位：人

地区	总人口	分年龄人口				居住本乡、镇、街道，户口在本乡、镇、街道
		0-14岁	15-59岁	60岁及以上	#65岁及以上	
九皋镇	17624	4418	9263	3943	2843	17302
陆浑镇	39000	8554	24036	6410	4336	33707
大坪乡	25503	6308	14008	5187	3547	24990
何村乡	33029	7830	19592	5607	3659	24460
黄庄乡	19011	4265	10295	4451	3201	18610
木植街乡	10001	2125	5501	2375	1670	9805
陶村林场	1			1	1	
王莽寨林场	28	1	26	1	1	16
汝阳县	**434770**	**117734**	**239006**	**78030**	**54942**	**355469**
城关镇	130626	33030	81798	15798	10700	63522
上店镇	32260	8549	16893	6818	4731	29791
付店镇	13105	3677	6826	2602	1797	12335
小店镇	40976	12358	20973	7645	5314	39716
三屯镇	30514	8355	15852	6307	4421	29622
刘店镇	26663	8718	12866	5079	3520	25920
内埠镇	22432	5987	12105	4340	3169	21216
陶营镇	29193	8617	14463	6113	4367	28458
柏树乡	16238	4239	8311	3688	2606	15721
十八盘乡	13005	3108	6747	3150	2263	12458
靳村乡	9085	2104	4801	2180	1556	8914
王坪乡	8787	2477	4169	2141	1516	8432
蔡店乡	40211	11016	20893	8302	6152	39117
大安工业园区	21675	5499	12309	3867	2830	20247
宜阳县	**576104**	**127464**	**342232**	**106408**	**77501**	**459840**
城关镇	99559	21281	65580	12698	9097	50437
柳泉镇	42467	9520	24229	8718	6372	41431
韩城镇	32695	7278	18596	6821	5096	31352
白杨镇	37336	9611	20483	7242	5525	36507
香鹿山镇	98579	21130	64278	13171	9116	54149
锦屏镇	56462	12337	35615	8510	6019	42847
三乡镇	24441	5352	13461	5628	4120	23698
张坞镇	24297	5413	13600	5284	3652	23625
莲庄镇	23321	4994	12982	5345	3931	22037
赵保镇	21387	4874	11468	5045	3839	20587
樊村镇	20021	5430	10575	4016	2870	19573
高村镇	29468	5809	15866	7793	5817	28791
盐镇乡	38894	7752	21109	10033	7503	38105
花果山乡	1919	354	1035	530	371	1863
上观乡	2909	539	1551	819	582	2840
董王庄乡	22349	5790	11804	4755	3591	21998
洛宁县	**386124**	**89142**	**225445**	**71537**	**48473**	**311215**
城关镇	53984	12365	35441	6178	4005	26392
王范回族镇	44313	11043	27158	6112	4010	18061
上戈镇	10311	2264	5822	2225	1399	10094
下峪镇	13001	2423	8361	2217	1410	10849
河底镇	29784	6101	16525	7158	5139	28976
兴华镇	14217	3275	8202	2740	1782	13961

表16 续表 11 单位：人

地区	总人口	分年龄人口				居住本乡、镇、街道，户口在本乡、镇、街道
		0-14岁	15-59岁	60岁及以上	#65岁及以上	
东宋镇	28137	6574	15193	6370	4554	27223
马店镇	15076	3571	8022	3483	2421	14731
故县镇	3907	672	2320	915	646	3604
赵村镇	29645	7164	16364	6117	4116	27618
长水镇	10402	2235	6060	2107	1400	10014
景阳镇	13892	2861	8224	2807	1824	12730
城郊乡	41109	10037	24202	6870	4605	30908
小界乡	12072	2395	6301	3376	2398	11744
罗岭乡	6261	1338	3685	1238	788	6156
底张乡	14217	3072	8014	3131	2095	13920
陈吴乡	26133	6792	14394	4947	3412	25329
涧口乡	19663	4960	11157	3546	2469	18905
伊川县	**792841**	**210019**	**456545**	**126277**	**91726**	**661868**
城关街道	198380	48839	129960	19581	13775	93904
河滨街道	39211	10279	23525	5407	3843	35207
鸣皋镇	55640	14877	30648	10115	7268	53911
水寨镇	37550	7793	25012	4745	3429	28270
彭婆镇	55297	14415	30924	9958	7327	53109
白沙镇	60041	17416	31415	11210	8327	58913
江左镇	40843	11017	22281	7545	5452	39826
高山镇	40554	11621	21622	7311	5292	39786
吕店镇	43998	11147	23722	9129	6701	42932
半坡镇	11814	3275	6292	2247	1636	11463
酒后镇	29752	8494	15339	5919	4311	29031
白元镇	47877	14260	24910	8707	6498	47129
鸦岭镇	56026	15184	30657	10185	7431	54605
葛寨镇	30236	8512	15309	6415	4778	29372
平等乡	45622	12890	24929	7803	5658	44410
洛阳高新技术产业开发区	**208845**	**44154**	**131491**	**33200**	**22825**	**126004**
瀛洲街道	111682	22898	73066	15718	10581	46518
辛店街道	51581	11474	30747	9360	6412	41076
徐家营街道	10874	1784	6708	2382	1804	6234
丰李镇	34708	7998	20970	5740	4028	32176
偃师市	**545632**	**97634**	**325275**	**122723**	**89582**	**451843**
商城街道	24387	4273	14712	5402	3987	20068
槐新街道	69995	11779	45196	13020	9729	44391
首阳山街道	45451	7866	27053	10532	7577	40970
伊洛街道	78719	15180	53315	10224	7177	36649
翟镇镇	35516	6648	20551	8317	6067	33709
岳滩镇	35987	6767	21026	8194	5914	32638
顾县镇	45993	8590	26131	11272	8197	44285
缑氏镇	49428	8801	28020	12607	9106	47318
府店镇	42382	7912	24257	10213	7494	40981
高龙镇	30233	5506	17575	7152	5337	27760
山化镇	32840	5359	17351	10130	7364	31493
邙岭镇	22915	3423	12465	7027	5183	21557
大口镇	31786	5530	17623	8633	6450	30024

表16　续表 12

单位：人

地　　区	总人口	分年龄人口				居住本乡、镇、街道，户口在本乡、镇、街道
		0-14岁	15-59岁	60岁及以上	#65岁及以上	
平顶山市	**4987137**	**1235829**	**2838884**	**912424**	**674900**	**3992664**
新华区	**336957**	**62281**	**214134**	**60542**	**45530**	**239403**
曙光街街道	41874	6967	26852	8055	5927	27669
光明路街道	48263	8684	30683	8896	6693	35165
中兴路街道	33664	6372	19938	7354	5814	27763
矿工路街道	51769	9274	32747	9748	7327	35367
西市场街道	43666	7673	29501	6492	4774	34224
新新街街道	30864	5340	20517	5007	3879	21873
青石山街道	7192	1382	4326	1484	1169	5338
湛河北路街道	19882	3065	12098	4719	3616	12387
西高皇街道	25736	5778	17271	2687	1774	11417
焦店镇	13909	3572	7985	2352	1717	12978
香山管委会	20138	4174	12216	3748	2840	15222
卫东区	**315705**	**58380**	**202705**	**54620**	**39797**	**230551**
东安路街道	32068	5380	20459	6229	4495	25903
优越路街道	26364	3971	16743	5650	4151	20473
五一路街道	35303	5377	22723	7203	5325	29500
建设路街道	39740	7212	26290	6238	4585	26254
东环路街道	39239	7335	25645	6259	4598	26801
东工人镇街道	13673	1759	9465	2449	1863	10285
光华路街道	16057	2681	10372	3004	2178	13792
鸿鹰街道	50997	10961	33340	6696	4585	27329
申楼街道	8545	1866	5158	1521	1105	7121
北环路街道	31914	7132	20017	4765	3416	23929
东高皇街道	13739	2784	7850	3105	2390	12050
蒲城街道	8066	1922	4643	1501	1106	7114
石龙区	**42066**	**10119**	**24200**	**7747**	**5912**	**33732**
高庄街道	5831	1200	3321	1310	1057	5417
龙兴街道	9035	1711	4989	2335	1771	8530
人民路街道	18210	4825	10993	2392	1784	11478
龙河街道	8990	2383	4897	1710	1300	8307
湛河区	**345928**	**69286**	**222773**	**53869**	**38538**	**219558**
马庄街道	42131	7694	27316	7121	4977	23129
南环路街道	46520	9084	29565	7871	5721	25572
姚孟街道	30082	6428	18393	5261	3615	18933
九里山街道	46726	9927	29572	7227	5247	28754
轻工路街道	48092	8820	33502	5770	3976	27876
高阳路街道	7080	1506	4746	828	558	4762
北渡街道	52979	8335	38984	5660	3994	22901
荆山街道	19541	4691	11424	3426	2452	16752
河滨街道	15511	3661	8765	3085	2261	14885
曹镇乡	37266	9140	20506	7620	5737	35994
宝丰县	**498157**	**129831**	**281839**	**86487**	**64350**	**388259**
铁路街道	6936	1341	4256	1339	1066	2986
城关镇	84293	20055	54986	9252	6551	38074
周庄镇	43569	12057	24310	7202	5332	31502
闹店镇	31899	8187	16813	6899	5270	30679
石桥镇	34029	8737	17650	7642	5768	33015

表16 续表 13

单位：人

地　　区	总人口	分年龄人口				居住本乡、镇、街道，户口在本乡、镇、街道
		0-14岁	15-59岁	60岁及以上	#65岁及以上	
商酒务镇	33529	9154	17356	7019	5314	32519
大营镇	46699	13309	24243	9147	6881	45114
张八桥镇	21356	5544	11422	4390	3343	20658
杨庄镇	87958	22016	54128	11814	8570	49021
赵庄镇	32887	9300	17612	5975	4369	32183
肖旗乡	29723	8139	15283	6301	4736	28548
前营乡	24698	6848	13109	4741	3546	23930
李庄乡	20581	5144	10671	4766	3604	20030
叶县	**702345**	**175870**	**376943**	**149532**	**113235**	**617217**
九龙街道	56534	12026	35400	9108	6606	40475
昆阳街道	64787	14684	41517	8586	6245	31076
盐都街道	46143	11706	28100	6337	4513	26476
任店镇	50054	12780	25982	11292	8637	49112
保安镇	27314	7344	14201	5769	4292	25908
仙台镇	45899	11242	23083	11574	8889	44718
叶邑镇	46636	11940	23903	10793	8420	44921
廉村镇	45545	11707	22364	11474	8755	44154
常村镇	31920	9120	14967	7833	6028	30972
辛店镇	38020	9514	19768	8738	6820	37055
洪庄杨镇	28781	6910	14887	6984	5190	28096
龚店镇	44122	11786	22972	9364	6935	42411
夏李乡	33830	9110	16430	8290	6507	33030
马庄回族乡	9933	2589	5710	1634	1228	9372
田庄乡	33600	8271	17829	7500	5700	32887
龙泉乡	38154	9315	20363	8476	6691	37155
水寨乡	24485	6105	11689	6691	5112	23819
邓李乡	36588	9721	17778	9089	6667	35580
鲁山县	**788472**	**221938**	**424795**	**141739**	**104553**	**690686**
露峰街道	44120	12118	26021	5981	4137	23256
琴台街道	57588	14025	35580	7983	5624	33303
鲁阳街道	39803	11652	22391	5760	4074	27649
汇源街道	39982	9331	26928	3723	2523	20908
下汤镇	27232	8392	14124	4716	3462	26055
梁洼镇	22959	6040	12699	4220	3185	22200
张官营镇	45811	12950	22779	10082	7735	44564
张良镇	41016	11915	20422	8679	6381	39892
尧山镇	17510	4718	9411	3381	2481	16608
瓦屋镇	27178	8171	13822	5185	3935	26251
赵村镇	21823	6015	11751	4057	2946	21070
四棵树乡	12511	3578	6524	2409	1759	12084
团城乡	10993	3294	5554	2145	1585	10664
熊背乡	18162	5086	9817	3259	2437	17680
让河乡	40338	10745	21852	7741	5896	38103
观音寺乡	20368	6512	10002	3854	2951	19686
昭平台库区乡	21523	6176	11683	3664	2720	20728
背孜乡	17864	4913	8726	4225	3167	17137
仓头乡	20006	6185	10058	3763	2864	19383
董周乡	41303	12537	21038	7728	5772	39828

表16 续表 14

单位：人

地 区	总人口	分年龄人口				居住本乡、镇、街道，户口在本乡、镇、街道
		0-14岁	15-59岁	60岁及以上	#65岁及以上	
张店乡	31470	9154	16646	5670	4135	30478
辛集乡	47471	12552	26144	8775	6537	45223
滚子营乡	53661	15154	27641	10866	8097	52382
马楼乡	67780	20725	33182	13873	10150	65554
郏县	**506377**	**129383**	**274963**	**102031**	**76751**	**420198**
龙山街道	79744	18737	50274	10733	7745	40374
东城街道	43008	12201	26439	4368	2925	9915
冢头镇	38251	9738	19112	9401	7284	37493
安良镇	44033	10473	23979	9581	7422	42310
堂街镇	36341	9088	18471	8782	6628	34954
薛店镇	49638	14267	24953	10418	8040	48656
长桥镇	35212	9084	17173	8955	6793	34449
茨芭镇	40495	11736	19985	8774	6571	39706
黄道镇	12937	3103	7324	2510	1943	12029
李口镇	21639	5208	11393	5038	3927	20577
王集乡	32859	8584	16784	7491	5561	31251
姚庄回族乡	5461	1382	2781	1298	995	5265
白庙乡	27262	6698	14153	6411	4697	25909
广阔天地乡	12873	3016	7161	2696	2009	11798
渣元乡	26624	6068	14981	5575	4211	25512
平顶山高新技术产业开发区	**53555**	**11910**	**32365**	**9280**	**6830**	**44709**
皇台街道	21834	4291	14290	3253	2457	14670
遵化店镇	31721	7619	18075	6027	4373	30039
平顶山市城乡一体化示范区	**128195**	**24224**	**88738**	**15233**	**10752**	**73445**
湖滨路街道	60976	10703	44180	6093	4104	27985
滍阳镇	25502	6320	14700	4482	3320	23624
滨湖街道办事处	22573	2624	18196	1753	1257	9441
应滨街道办事处	19144	4577	11662	2905	2071	12395
舞钢市	**294839**	**66965**	**161748**	**66126**	**50621**	**238146**
垭口街道	30372	7340	18584	4448	3172	21382
寺坡街道	25006	3848	15790	5368	4112	17891
朱兰街道	28715	6029	18702	3984	2991	15150
院岭街道	18032	4846	10675	2511	1850	7907
矿建街道	4326	885	2235	1206	907	3432
铁山街道	18210	3994	10669	3547	2744	12449
红山街道	7258	1453	4324	1481	1160	5658
尚店镇	32751	8927	16132	7692	5945	31512
八台镇	22168	5322	10735	6111	4649	21025
尹集镇	19290	4483	9740	5067	3837	18276
枣林镇	35628	7860	16950	10818	8415	34244
庙街乡	12632	3130	6556	2946	2278	11760
武功乡	19866	4120	10068	5678	4482	18153
杨庄乡	20585	4728	10588	5269	4079	19307
汝州市	**974541**	**275642**	**533681**	**165218**	**118031**	**796760**
煤山街道	111623	26839	68427	16357	12524	52958
风穴路街道	61959	13503	40829	7627	5252	25203
钟楼街道	65058	16201	39552	9305	6423	35287
洗耳河街道	56834	14663	33485	8686	6119	36205

表16 续表 15 单位：人

地　区	总人口	分年龄人口				居住本乡、镇、街道，户口在本乡、镇、街道
		0-14岁	15-59岁	60岁及以上	#65岁及以上	
汝南街道	34193	9948	18438	5807	4137	31338
紫云路街道	13026	3863	6851	2312	1601	12760
寄料镇	47101	13969	24192	8940	6543	45643
温泉镇	40375	13263	20374	6738	4797	39278
临汝镇	43729	12822	22850	8057	5692	42203
小屯镇	70020	20579	37181	12260	8559	67631
杨楼镇	55912	18622	27482	9808	6910	54612
蟒川镇	49162	14128	25878	9156	6692	47985
庙下镇	59152	18946	30517	9689	6790	56570
米庙镇	29897	8743	14739	6415	4547	28876
陵头镇	38383	12338	18667	7378	5291	37344
纸坊镇	53264	15712	25844	11708	8359	51006
大峪镇	14266	3991	7132	3143	2275	13692
夏店镇	26975	8867	13198	4910	3620	26324
焦村镇	16675	5084	7869	3722	2597	16142
王寨乡	36262	10640	18897	6725	4892	35123
骑岭乡	50675	12921	31279	6475	4411	40580
安阳市	**5477614**	**1337229**	**3137065**	**1003320**	**726777**	**4262319**
文峰区	**386084**	**83887**	**238920**	**63277**	**43462**	**224169**
东大街街道	3973	686	2143	1144	825	3450
头二三街道	6474	1188	3737	1549	1081	3826
甜水井街道	8828	1757	5262	1809	1326	5327
东关街道	38380	7165	23786	7429	5141	23178
南关街道	56174	10933	35874	9367	6497	28341
西大街街道	4643	891	2550	1202	843	2777
北大街街道	4671	895	2693	1083	817	2305
西关街道	21269	4208	13556	3505	2344	9161
紫薇大道街道	43478	9005	26157	8316	5853	28227
光华路街道	51293	11488	32624	7181	4849	26329
永明路街道	53799	13215	34341	6243	4088	22652
中华路街道	46606	11087	29701	5818	3787	24149
宝莲寺镇	46496	11369	26496	8631	6011	44447
北关区	**327762**	**70573**	**202428**	**54761**	**38152**	**214350**
红旗路街道	28841	5510	17614	5717	4152	20680
解放路街道	17095	3223	10640	3232	2260	9128
灯塔路街道	26601	5497	16078	5026	3670	16788
豆腐营街道	47072	9305	29296	8471	6150	30663
洹北街道	29838	5636	20021	4181	2805	13005
彰东街道	70647	17268	43645	9734	6368	45522
彰北街道	43017	9677	26040	7300	4984	30152
民航路街道	7817	1176	5026	1615	1193	3874
曙光路街道	20653	4380	13005	3268	2288	11248
柏庄镇	36181	8901	21063	6217	4282	33290
殷都区	**219780**	**41504**	**136468**	**41808**	**30707**	**151596**
梅园庄街道	46232	8157	28443	9632	7601	27065

表16　续表 16　　　　单位：人

地　　区	总人口	分年龄人口				居住本乡、镇、街道，户口在本乡、镇、街道
		0-14岁	15-59岁	60岁及以上	#65岁及以上	
李珍街道	1784	363	1129	292	252	592
电厂路街道	11901	2285	7277	2339	1695	8709
纱厂路街道	11555	1550	7079	2926	2238	8240
铁西路街道	37603	6772	23960	6871	4861	21174
水冶街道	7152	1468	4571	1113	833	3130
清风街道	17901	3908	10611	3382	2394	12138
北蒙街道	23409	4318	13948	5143	3788	21946
相台街道	24860	4858	16549	3453	2439	16058
西郊乡	37383	7825	22901	6657	4606	32544
龙安区	**272224**	**57280**	**165603**	**49341**	**33523**	**210643**
田村街道	7784	1774	4344	1666	1179	7429
彰武街道	18893	4048	11334	3511	2532	17624
文昌大道街道	31787	6569	20961	4257	2609	15580
文明大道街道	26900	5843	18280	2777	1891	7042
太行小区街道	20028	3878	13030	3120	2223	10624
中州路街道	5617	1212	3763	642	453	1960
龙泉镇	23965	4674	13527	5764	3853	23420
马投涧镇	41457	9255	23200	9002	6133	40324
善应镇	21014	4132	12304	4578	3024	20406
东风乡	54090	11430	33407	9253	6268	46084
马家乡	20689	4465	11453	4771	3358	20150
安阳县	**821530**	**195618**	**468484**	**157428**	**109630**	**767186**
水冶镇	141462	31825	84817	24820	16732	123349
铜冶镇	30352	7137	17365	5850	3829	28269
白壁镇	75757	15535	47514	12708	9032	60223
曲沟镇	46337	10546	27429	8362	5793	43420
吕村镇	60781	16887	32768	11126	8032	58288
伦掌镇	32223	8125	17651	6447	4446	31224
崔家桥镇	43854	9414	25541	8899	6402	41166
辛村镇	50336	13100	26201	11035	8003	49609
韩陵镇	25849	5802	14757	5290	3768	25087
永和镇	40861	10311	22577	7973	5784	40007
都里镇	16428	3569	9373	3486	2322	16142
高庄镇	46481	11183	26707	8591	6179	44507
磊口乡	15875	3130	8631	4114	2709	15432
许家沟乡	34843	8454	20125	6264	4068	33940
安丰乡	50314	12000	28319	9995	6711	49188
洪河屯乡	30637	6559	17222	6856	4598	29428
瓦店乡	38373	9511	21181	7681	5467	37783
北郭乡	40767	12530	20306	7931	5755	40124
汤阴县	**455136**	**107851**	**266496**	**80789**	**57539**	**363903**
城关镇	91016	19513	58783	12720	8875	54518
菜园镇	37701	9028	20069	8604	6265	36566
任固镇	42283	11745	22148	8390	6113	41251
五陵镇	34300	9186	17838	7276	5435	33586
宜沟镇	47956	11326	26683	9947	6998	44492
白营镇	57595	12872	37473	7250	4882	30985
伏道镇	35991	8311	20231	7449	5570	35110

表16　续表 17　　　　单位：人

地　区	总人口	分年龄人口				居住本乡、镇、街道，户口在本乡、镇、街道
		0-14岁	15-59岁	60岁及以上	#65岁及以上	
韩庄镇	56582	13685	34814	8083	5471	37008
古贤镇	23301	5201	12902	5198	3677	22719
瓦岗乡	28411	6984	15555	5872	4253	27668
滑县	**1169072**	**335478**	**613702**	**219892**	**172360**	**945346**
道口镇街道	75363	18913	44577	11873	8680	54580
城关街道	102610	23225	67574	11811	8722	47601
锦和街道	161588	37169	112098	12321	8767	54214
白道口镇	50227	16329	23690	10208	7831	47938
留固镇	55150	17666	24346	13138	10517	52388
上官镇	51971	14931	25871	11169	9161	48510
牛屯镇	51915	14688	25072	12155	9906	50430
万古镇	44095	13904	20895	9296	7563	42462
高平镇	46750	14855	21822	10073	7903	44822
王庄镇	44052	13921	20660	9471	7304	42596
老店镇	53637	16324	25839	11474	9232	51711
慈周寨镇	40685	11083	20451	9151	7381	39063
焦虎镇	40826	11343	19652	9831	7987	39349
四间房镇	31118	10287	14039	6792	5334	29736
八里营镇	44389	15517	18229	10643	8479	42836
赵营镇	29312	9565	13198	6549	4950	28264
半坡店镇	38717	11615	18017	9085	7205	36920
枣村乡	30729	10277	13897	6555	5278	29526
大寨乡	32544	10202	14424	7918	6147	31233
桑村乡	28803	9099	13370	6334	5073	27506
老爷庙乡	42310	13742	19245	9323	7375	40196
瓦岗寨乡	29945	7906	15014	7025	5661	28680
小铺乡	42336	12917	21722	7697	5904	34785
内黄县	**682070**	**180212**	**369377**	**132481**	**96489**	**586542**
城关镇	166804	40389	105583	20832	14564	92511
东庄镇	49674	13450	25308	10916	8193	48309
井店镇	32322	7687	16818	7817	5767	31135
梁庄镇	30411	8852	14939	6620	5073	28482
后河镇	37438	10550	19471	7417	5306	35603
楚旺镇	26914	7311	13753	5850	4252	26375
田氏镇	36559	10826	18175	7558	5585	35469
二安镇	33517	8657	17587	7273	5178	32091
亳城镇	38869	9472	20341	9056	6748	37740
豆公镇	26482	7664	12776	6042	4378	25394
张龙乡	27785	6946	15104	5735	4324	26350
马上乡	43562	12126	23388	8048	5868	38678
高堤乡	28993	8051	14556	6386	4551	28478
六村乡	25059	6668	12578	5813	4140	24158
中召乡	27815	7568	14487	5760	4371	26886
宋村乡	27474	7566	14180	5728	4071	27028
石盘屯乡	22392	6429	10333	5630	4120	21855
安阳高新技术产业开发区	**193017**	**34030**	**143898**	**15089**	**9941**	**71398**
峨嵋大街街道	56501	10296	41364	4841	3309	25064
银杏大街街道	70151	18038	44054	8059	5210	33397
商颂大街街道	66365	5696	58480	2189	1422	12937

表16 续表 18

单位：人

地 区	总人口	分年龄人口				居住本乡、镇、街道，户口在本乡、镇、街道
		0-14岁	15-59岁	60岁及以上	#65岁及以上	
林州市	**950939**	**230796**	**531689**	**188454**	**134974**	**727186**
开元街道	116916	30652	75696	10568	7063	46294
振林街道	87230	21541	55603	10086	6927	47202
龙山街道	80951	21471	49256	10224	7003	39308
桂园街道	61410	16976	38331	6103	3961	30387
合涧镇	41588	9385	20047	12156	8930	39370
临淇镇	70337	18993	36119	15225	11003	68161
东姚镇	33626	6905	16775	9946	7359	32501
横水镇	51018	11138	25583	14297	10602	49358
河顺镇	40076	9758	19510	10808	7784	38452
任村镇	30568	6988	15459	8121	5611	29713
姚村镇	70716	17720	38161	14835	10571	65163
陵阳镇	41164	9745	23697	7722	5517	34119
原康镇	25869	5315	13100	7454	5545	24622
五龙镇	39908	10351	20212	9345	6816	39044
采桑镇	28444	5745	14408	8291	6206	27445
东岗镇	28827	6423	14409	7995	5543	27978
桂林镇	22215	4093	10679	7443	5547	21341
茶店镇	21614	4359	10933	6322	4684	20995
石板岩镇	4608	663	2406	1539	1138	4166
黄华镇	53854	12575	31305	9974	7164	41567
鹤壁市	**1565973**	**339116**	**969400**	**257457**	**187128**	**1258012**
鹤山区	**62713**	**8597**	**39684**	**14432**	**10355**	**51092**
中山北路街道	2708	335	1788	585	465	2578
中山路街道	9495	1172	6308	2015	1536	8022
新华街街道	2224	305	1513	406	272	1278
鹤山街街道	6979	713	5414	852	678	3173
九矿广场街道	2481	255	1958	268	208	996
鹤壁集镇	31061	4785	18295	7981	5531	28159
姬家山乡	7765	1032	4408	2325	1665	6886
山城区	**155449**	**28492**	**98973**	**27984**	**19965**	**110899**
红旗街街道	37368	7961	24539	4868	3402	21243
长风中路街道	24356	4622	16467	3267	2312	13033
山城路街道	15706	2787	9982	2937	2206	10055
汤河桥街道	17210	2680	11305	3225	2398	12819
鹿楼街道	8517	1229	5627	1661	1399	5251
宝山街道	14215	2498	8916	2801	1898	12931
大胡街道	11693	2068	6963	2662	1832	10442
石林镇	26384	4647	15174	6563	4518	25125
淇滨区	**418158**	**85628**	**272784**	**59746**	**42196**	**301230**
金山街道	13383	2803	7981	2599	1847	12766
九州路街道	102335	21717	66973	13645	9422	77942
黎阳路街道	61905	12644	40018	9243	6446	40001
长江路街道	66131	13543	45084	7504	5336	39563
泰山路街道	69860	14262	45324	10274	7241	51381
大赉店镇	17449	3352	10597	3500	2661	17141

表16 续表 19

单位：人

地区	总人口	分年龄人口				居住本乡、镇、街道，户口在本乡、镇、街道
		0-14岁	15-59岁	60岁及以上	#65岁及以上	
钜桥镇	55247	11355	36735	7157	5194	41844
上峪乡	4558	541	2507	1510	1120	4301
大河涧乡	4513	430	2328	1755	1239	4336
天山路街道	22777	4981	15237	2559	1690	11955
浚县	**624728**	**148860**	**369078**	**106790**	**79829**	**574293**
卫溪街道	70747	15261	44830	10656	7865	54128
浚州街道	33677	8006	20692	4979	3761	30726
黎阳街道	50740	12616	31078	7046	5241	37936
伾山街道	39039	8783	24437	5819	4401	33432
善堂镇	88645	23514	50814	14317	10703	86200
屯子镇	64199	15208	37470	11521	8654	62088
新镇镇	69159	16302	39585	13272	9990	67199
小河镇	60766	14982	34318	11466	8455	58938
卫贤镇	50091	10995	29231	9865	7288	48501
王庄镇	58778	14076	33869	10833	8254	57712
白寺镇	38887	9117	22754	7016	5217	37433
淇县	**262303**	**57577**	**160384**	**44342**	**31906**	**195612**
朝歌街道	71319	15814	45716	9789	6844	38878
桥盟街道	33540	8410	21120	4010	2689	19121
卫都街道	13733	3000	8528	2205	1566	9722
灵山街道	2168	420	1193	555	396	1861
高村镇	51928	11467	32180	8281	5912	41268
北阳镇	31798	6907	18977	5914	4316	30162
西岗镇	33101	6535	19066	7500	5659	31542
庙口镇	20949	4567	11733	4649	3432	19601
黄洞乡	3767	457	1871	1439	1092	3457
鹤壁经济技术开发区	**42622**	**9962**	**28497**	**4163**	**2877**	**24886**
东杨路办事处	5891	1064	3827	1000	757	4608
渤海路办事处	5344	1205	3483	656	438	3944
海河路办事处	31387	7693	21187	2507	1682	16334
新乡市	**6251929**	**1448469**	**3697900**	**1105560**	**815103**	**4833436**
红旗区	**429328**	**70800**	**298172**	**60356**	**42666**	**226245**
西街街道	16076	2489	9833	3754	2679	10154
东街街道	27764	4668	16806	6290	4509	20301
渠东街道	56889	9935	36362	10592	7339	36366
文化街街道	42450	8290	26763	7397	5566	30500
向阳小区街道	40309	6816	26447	7046	4957	24653
洪门镇	215356	31243	164114	19999	13698	75159
小店镇	30484	7359	17847	5278	3918	29112
卫滨区	**239956**	**43345**	**151965**	**44646**	**31206**	**162934**
胜利路街道	38635	5022	29284	4329	2915	16801
解放路街道	14111	2392	8634	3085	2128	10250
中同街街道	20896	3348	12622	4926	3490	14099
健康路街道	21699	4770	12773	4156	2963	18686
自由路街道	14562	2668	9004	2890	1977	10264
南桥街道	49486	9635	30858	8993	6365	34124
铁西街道	19225	2793	11856	4576	3234	11466
平原镇	61342	12717	36934	11691	8134	47244

表16 续表 20

单位：人

地　　区	总人口	分年龄人口				居住本乡、镇、街道，户口在本乡、镇、街道
		0-14岁	15-59岁	60岁及以上	#65岁及以上	
凤泉区	**148168**	**31313**	**90886**	**25969**	**18327**	**120096**
宝西街道	30438	4864	21532	4042	2822	17695
宝东街道	4922	493	3286	1143	908	2115
大块镇	48820	11813	28294	8713	6169	46844
耿黄镇	46290	10644	27927	7719	5292	36356
潞王坟乡	17698	3499	9847	4352	3136	17086
牧野区	**378775**	**64209**	**244208**	**70358**	**50665**	**265111**
东干道街道	65810	8257	47827	9726	7117	37990
荣校路街道	31874	4699	19530	7645	5692	26416
北干道街道	34571	4483	20680	9408	7235	27978
花园街道	26870	4205	16295	6370	4492	22047
卫北街道	21415	2932	12665	5818	4432	15514
新辉路街道	22082	3351	13794	4937	3476	14528
和平路街道	21563	5679	13376	2508	1646	16435
王村镇	42946	8171	25928	8847	6286	31879
牧野镇	94321	17972	64146	12203	8308	56549
新乡化学与物理电源产业园区	17323	4460	9967	2896	1981	15775
新乡县	**354688**	**75376**	**214728**	**64584**	**46325**	**300949**
翟坡镇	36296	7597	21412	7287	5291	33558
小冀镇	52518	11497	31868	9153	6529	36910
七里营镇	91627	19598	54263	17766	13037	84659
朗公庙镇	63040	12370	39851	10819	7815	51767
古固寨镇	39824	9367	23849	6608	4634	36106
大召营镇	19473	4348	11177	3948	2761	18121
合河乡	27819	5879	15957	5983	4164	27355
新乡经济开发区	24091	4720	16351	3020	2094	12473
获嘉县	**398137**	**88583**	**235296**	**74258**	**53569**	**288316**
城关镇	105466	22442	68370	14654	10127	50267
照镜镇	19109	4474	9821	4814	3549	17646
黄堤镇	15790	3215	9160	3415	2520	15189
中和镇	20696	4432	11732	4532	3397	19611
徐营镇	22629	5473	12530	4626	3415	21525
冯庄镇	30355	6715	16494	7146	5336	29529
亢村镇	42290	9955	23596	8739	6365	34547
史庄镇	26383	5591	14825	5967	4370	23614
太山镇	25534	5917	13779	5838	4263	24565
位庄乡	57156	13077	37110	6969	4696	23094
大新庄乡	24398	5627	12830	5941	4360	23416
原种场	24	3	16	5	3	8
西工区管理委员会	8307	1662	5033	1612	1168	5305
原阳县	**542849**	**135420**	**315708**	**91721**	**70775**	**429042**
阳和街道	52881	11906	34268	6707	5050	28359
原兴街道	125449	26660	85408	13381	9677	49562
齐街镇	39890	9662	22304	7924	6269	37801
太平镇	32917	9006	17118	6793	5292	32112

表16 续表 21 单位：人

地　区	总人口	分年龄人口				居住本乡、镇、街道，户口在本乡、镇、街道
		0-14岁	15-59岁	60岁及以上	#65岁及以上	
福宁集镇	40713	10587	22759	7367	5693	39384
官厂镇	34021	9787	18207	6027	4756	33216
大宾镇	28404	7598	15021	5785	4556	27861
葛埠口乡	26772	6238	16132	4402	3357	23158
蒋庄乡	29832	8794	15890	5148	4048	28761
陡门乡	41482	11305	20538	9639	7566	40847
路寨乡	29628	7691	16007	5930	4612	29030
阳阿乡	29479	8066	15102	6311	4808	28495
靳堂乡	31381	8120	16954	6307	5091	30456
延津县	**443068**	**103145**	**258689**	**81234**	**62249**	**385393**
文岩街道	86951	17848	57857	11246	8286	55172
潭龙街道	21026	5170	12351	3505	2710	15452
塔铺街道	28735	5435	19296	4004	2928	20697
东屯镇	29589	7097	17220	5272	3976	27142
丰庄镇	29695	6654	16752	6289	4780	28685
石婆固镇	29741	7640	16594	5507	4215	28969
王楼镇	25113	5659	13921	5533	4441	24060
僧固乡	27156	6408	15379	5369	4201	24645
位邱乡	35666	8825	19085	7756	6085	34698
司寨乡	32023	7645	17406	6972	5395	30497
马庄乡	37715	9408	20268	8039	6156	36790
胙城乡	29449	7963	15663	5823	4400	29087
榆林乡	30028	7390	16734	5904	4668	29498
国营林场	8	2	5	1	1	1
新兴农场	127	1	115	11	7	
新乡市食品工业聚集区	46		43	3		
封丘县	**704532**	**183952**	**384637**	**135943**	**105305**	**636845**
城关镇	90024	20843	58353	10828	7875	46015
黄陵镇	30570	7901	16216	6453	4874	29977
黄德镇	28126	7559	14414	6153	5008	27412
应举镇	41842	11389	22221	8232	6517	40994
陈桥镇	44331	11238	24284	8809	6553	39747
赵岗镇	46100	12131	24292	9677	7737	45541
留光镇	37301	9577	19442	8282	6666	36743
潘店镇	45417	12527	23339	9551	7569	44840
李庄镇	28099	7522	15190	5387	4070	27703
陈固镇	33006	8234	18212	6560	5171	32504
居厢镇	25656	6951	13651	5054	4047	25158
鲁岗镇	32788	8673	17232	6883	5348	32076
尹岗镇	24741	6507	13422	4812	3536	23930
城关乡	48348	13170	26142	9036	6898	45470
回族乡	4303	1223	2140	940	741	4199
王村乡	47757	10623	29663	7471	5910	39790
荆宫乡	43026	12688	20585	9753	7243	42626
曹岗乡	26545	7656	13090	5799	4523	26232
冯村乡	26552	7540	12749	6263	5019	25888

表16 续表 22

单位：人

地 区	总人口	分年龄人口				居住本乡、镇、街道，户口在本乡、镇、街道
		0-14岁	15-59岁	60岁及以上	#65岁及以上	
新乡高新技术产业开发区	**136917**	**30531**	**87356**	**19030**	**12936**	**78610**
开发区关堤乡	39711	8707	24090	6914	4960	36167
振中街办事处	97206	21824	63266	12116	7976	42443
新乡经济技术开发区	**41270**	**6538**	**30817**	**3915**	**2926**	**22025**
纬七路街道	41270	6538	30817	3915	2926	22025
新乡市平原城乡一体化示范区	**206350**	**49276**	**128115**	**28959**	**21904**	**165183**
龙源街道	47314	7243	37108	2963	2041	13197
原武镇	22357	6116	12806	3435	2688	21037
师寨镇	45252	11188	25939	8125	6200	43668
韩董庄镇	33841	9572	18949	5320	4073	32372
祝楼乡	28622	7404	16707	4511	3489	27634
桥北乡	28964	7753	16606	4605	3413	27275
卫辉市	**476867**	**116760**	**271075**	**89032**	**62798**	**402849**
汲水镇	89009	18614	58153	12242	8448	53839
太公镇	23559	6069	12419	5071	3526	22260
孙杏村镇	25350	6423	14816	4111	2790	22252
后河镇	26750	7410	14024	5316	3813	25901
李源屯镇	42881	12059	22071	8751	6286	42091
唐庄镇	40918	10773	22629	7516	5241	38775
上乐村镇	27672	7502	14616	5554	3959	26542
狮豹头乡	5694	668	2598	2428	1859	5533
安都乡	25228	7441	12408	5379	3751	24513
顿坊店乡	22326	5757	11535	5034	3558	21474
柳庄乡	27399	6960	15041	5398	3842	24187
庞寨乡	18470	5134	9185	4151	3020	18199
城郊乡	99213	21301	60233	17679	12440	75624
原种场	433	110	254	69	38	301
东风农场	729	229	393	107	63	712
农科所	685	156	401	128	96	111
五四农场	551	154	299	98	68	535
辉县市	**845588**	**214392**	**471942**	**159254**	**111785**	**649796**
城关街道	150394	37048	91380	21966	15426	71315
胡桥街道	54684	13285	32698	8701	6178	31203
薄壁镇	35682	9413	19224	7045	4900	34926
峪河镇	39367	10525	20251	8591	6128	37393
百泉镇	132148	33035	81344	17769	12103	63894
孟庄镇	67253	16701	37643	12909	9165	59180
常村镇	46843	12034	25616	9193	6499	43094
吴村镇	49623	14250	25209	10164	6907	48592
南村镇	14262	2800	7069	4393	3105	13857
南寨镇	10307	1738	5138	3431	2432	9969
上八里镇	15483	3761	8435	3287	2299	14956
北云门镇	44773	11919	23658	9196	6511	43636
占城镇	31287	8346	16311	6630	4667	30592
冀屯镇	41924	11339	21863	8722	6081	40917
黄水乡	6921	1333	3496	2092	1496	6605
拍石头乡	3202	401	1283	1518	1179	3030
高庄乡	29228	8857	13438	6933	4816	27749

表16 续表 23

单位：人

地区	总人口	分年龄人口				居住本乡、镇、街道，户口在本乡、镇、街道
		0-14岁	15-59岁	60岁及以上	#65岁及以上	
张村乡	11027	2453	5873	2701	1928	10571
赵固乡	38804	10522	20531	7751	5463	36858
西平罗乡	8856	1538	4512	2806	2030	8508
洪洲乡	8905	2484	4747	1674	1174	8546
沙窑乡	4615	610	2223	1782	1298	4405
长垣市	**905436**	**234829**	**514306**	**156301**	**121667**	**700042**
蒲西街道	96271	24683	60750	10838	7890	38367
蒲东街道	111264	27506	70879	12879	9641	53366
南蒲街道	117270	28441	74930	13899	10466	55554
蒲北街道	28038	7232	15832	4974	3792	21131
魏庄街道	75662	19498	42093	14071	11106	70830
丁栾镇	44341	11819	24777	7745	6040	42515
樊相镇	40373	9507	22214	8652	7016	38999
恼里镇	43841	11618	23999	8224	6268	41409
常村镇	42432	10507	22863	9062	7139	40965
赵堤镇	27915	8420	13946	5549	4304	26764
孟岗镇	32527	8212	16885	7430	5814	31101
满村镇	30311	7974	15841	6496	5069	29134
苗寨镇	32385	8325	16689	7371	5896	31705
张三寨镇	29290	7745	15444	6101	5037	28391
方里镇	34079	10102	16763	7214	5730	33212
佘家镇	46704	13393	24179	9132	7181	45768
芦岗乡	40200	10325	20532	9343	7490	39095
武邱乡	32533	9522	15690	7321	5788	31736
焦作市	**3521078**	**658766**	**2197420**	**664892**	**467473**	**2698168**
解放区	**347382**	**57183**	**226093**	**64106**	**45012**	**217374**
民生街道	32815	4659	22411	5745	4161	20155
民主街道	33533	5205	22391	5937	4192	19812
新华街道	26225	3952	17129	5144	3634	16259
焦西街道	24843	3799	15870	5174	3498	14971
焦南街道	44118	6990	27011	10117	7667	32429
焦北街道	20150	3044	13413	3693	2576	12766
七百间街道	34812	5704	22985	6123	4197	20577
上白作街道	37502	6979	23369	7154	5049	20100
王褚街道	93384	16851	61514	15019	10038	60305
中站区	**107281**	**18262**	**67277**	**21742**	**15163**	**75197**
李封街道	20105	3050	13474	3581	2418	12059
王封街道	15530	2790	9794	2946	2018	9787
朱村街道	3231	429	1989	813	632	2585
冯封街道	2778	478	1969	331	233	1122
龙洞街道	1601	277	1040	284	200	396
月山街道	686	60	404	222	173	295
许衡街道	34650	6142	21072	7436	5203	23700
府城街道	25016	4598	15521	4897	3426	22065
龙翔街道	3684	438	2014	1232	860	3188

表16 续表 24

单位：人

地　　区	总人口	分年龄人口				居住本乡、镇、街道，户口在本乡、镇、街道
		0-14岁	15-59岁	60岁及以上	#65岁及以上	
马村区	**120560**	**23059**	**75108**	**22393**	**15781**	**103628**
马村街道	42382	7765	27384	7233	5167	34007
武王街道	9190	1806	5668	1716	1160	8371
冯营街道	3344	626	2180	538	402	1678
九里山街道	1168	74	617	477	386	1078
待王街道	20957	3916	13016	4025	2917	16636
安阳城街道	22028	4418	13258	4352	2951	21115
演马街道	21491	4454	12985	4052	2798	20743
山阳区	**303222**	**49507**	**201841**	**51874**	**36661**	**189571**
东方红街道	37366	6360	22757	8249	6120	29171
焦东街道	25868	4341	16638	4889	3611	15194
百间房街道	5959	947	3988	1024	722	2709
太行街道	28676	4408	18839	5429	3765	20265
艺新街道	38391	6452	24645	7294	5433	27219
光亚街道	25799	3345	18393	4061	2702	13321
定和街道	34923	6203	22719	6001	4170	20016
中星街道	25944	4713	16416	4815	3209	19886
新城街道	80296	12738	57446	10112	6929	41790
修武县	**248585**	**47952**	**155022**	**45611**	**32402**	**211196**
城关镇	71112	13340	47071	10701	7605	49711
七贤镇	35809	7160	22498	6151	4126	31149
郇封镇	59040	11238	36451	11351	8265	51360
周庄镇	13408	2622	8027	2759	1999	12803
云台山镇	3037	708	1765	564	377	2981
王屯乡	17985	3632	10498	3855	2808	17184
五里源乡	32867	6779	19511	6577	4644	32270
西村乡	12114	1980	7093	3041	2109	11343
小营工贸区	3213	493	2108	612	469	2395
博爱县	**350140**	**70006**	**213786**	**66348**	**45454**	**294686**
清化镇街道	63489	12726	40253	10510	7089	48734
鸿昌街道	65685	12581	43290	9814	6537	38883
柏山镇	37114	7416	22302	7396	5004	32731
月山镇	26152	5109	16064	4979	3328	23762
许良镇	41537	8322	25020	8195	5655	39405
磨头镇	25120	5275	14887	4958	3271	24289
孝敬镇	39642	8542	22496	8604	6081	37720
寨豁乡	5654	789	2976	1889	1375	5295
金城乡	43017	8812	24714	9491	6751	41611
国营博爱农场	2730	434	1784	512	363	2256
武陟县	**661341**	**140344**	**403695**	**117302**	**84561**	**546477**
木城街道	42076	8553	27206	6317	4490	25423
龙源街道	82374	16415	55777	10182	7280	44324
龙泉街道	70189	13147	49949	7093	4817	30240
木栾街道	27870	5306	18731	3833	2738	20959
詹店镇	38871	9392	22475	7004	5151	37404
西陶镇	40491	8426	23455	8610	6243	39299
谢旗营镇	50123	11599	28678	9846	7261	49005
大封镇	61824	13018	35661	13145	9371	60256

表16　续表 25

单位：人

地　区	总人口	分年龄人口				居住本乡、镇、街道，户口在本乡、镇、街道
		0-14岁	15-59岁	60岁及以上	#65岁及以上	
乔庙镇	39939	9444	22721	7774	5780	38562
圪当店镇	28308	7003	16148	5157	3792	26721
嘉应观乡	36052	8445	21069	6538	4631	35103
三阳乡	36704	7874	21154	7676	5565	35428
小董乡	34307	7135	19914	7258	5171	33436
大虹桥乡	42140	8534	23495	10111	7404	40937
北郭乡	30002	6043	17214	6745	4858	29321
武陟宁郭农场	71	10	48	13	9	59
温县	**393838**	**75799**	**235107**	**82932**	**59115**	**305729**
温泉街道	80189	14962	54114	11113	7715	39142
岳村街道	65163	14307	40365	10491	7234	35984
张羌街道	33427	7416	19772	6239	4301	24350
黄河街道	22419	4184	13840	4395	3126	18662
祥云镇	33036	5861	18540	8635	6253	32298
番田镇	28606	4636	15147	8823	6401	27895
黄庄镇	36974	6447	20269	10258	7456	35896
武德镇	32014	6256	17926	7832	5690	31458
赵堡镇	33270	6781	18974	7515	5382	32323
招贤乡	14525	2478	8317	3730	2702	14074
北冷乡	14206	2470	7841	3895	2851	13643
国营温县农场	9	1	2	6	4	4
焦作城乡一体化示范区	**207029**	**35824**	**140796**	**30409**	**21361**	**150263**
李万街道	22167	4747	14448	2972	1986	14815
文苑街道	61677	5584	52597	3496	2367	16658
文昌街道	37170	7674	22464	7032	4991	35695
阳庙镇	31455	6518	18818	6119	4336	30241
宁郭镇	24903	5252	14877	4774	3446	24312
苏家作乡	29657	6049	17592	6016	4235	28542
沁阳市	**447487**	**84138**	**276490**	**86859**	**58217**	**341757**
覃怀街道	32150	5995	20497	5658	3874	19865
怀庆街道	30526	5957	19035	5534	3808	22902
太行街道	49766	9403	33828	6535	4270	23721
沁园街道	71641	12819	50294	8528	5608	27456
崇义镇	22777	3833	12581	6363	4522	22039
西向镇	47633	9615	27715	10303	6609	45934
西万镇	31052	6329	18601	6122	4040	28306
柏香镇	43199	8084	24395	10720	7295	42147
山王庄镇	22685	4629	12788	5268	3509	21645
紫陵镇	21608	3862	12385	5361	3569	20797
常平乡	3628	539	2021	1068	774	3516
王召乡	34776	6413	20051	8312	5693	34008
王曲乡	36046	6660	22299	7087	4646	29421
孟州市	**334213**	**56692**	**202205**	**75316**	**53746**	**262290**
大定街道	47148	8458	29738	8952	6243	30316
会昌街道	53855	9125	34215	10515	7421	34339
河雍街道	30430	5480	19807	5143	3619	15370
河阳街道	34762	6171	21590	7001	4867	23979
化工镇	29300	5297	17303	6700	4802	28243

表16 续表 26

单位：人

地　　区	总人口	分年龄人口				居住本乡、镇、街道，户口在本乡、镇、街道
		0-14岁	15-59岁	60岁及以上	#65岁及以上	
南庄镇	32454	5964	18972	7518	5503	30988
城伯镇	22380	3536	12406	6438	4723	21471
谷旦镇	19724	3142	11053	5529	4024	18883
赵和镇	23404	3400	12930	7074	5116	22412
西虢镇	28034	4557	17235	6242	4374	24432
槐树乡	12722	1562	6956	4204	3054	11857
濮阳市	**3772088**	**969473**	**2135967**	**666648**	**495856**	**2894170**
华龙区	**607028**	**136087**	**385159**	**85782**	**65055**	**292740**
中原路街道	66567	14867	43633	8067	5816	28910
胜利路街道	108671	22576	68525	17570	13905	54907
建设路街道	52535	13380	32796	6359	4415	22853
人民路街道	36459	9930	21116	5413	4121	18776
大庆路街道	65119	14689	41830	8600	6805	29827
黄河路街道	59215	13404	38684	7127	5107	24645
任丘路街道	39422	7621	24653	7148	6013	18635
长庆路街道	38325	6956	27094	4275	3193	14174
濮东街道	36420	8508	22979	4933	3642	17165
岳村镇	21312	5773	11315	4224	3071	20077
孟轲乡	82983	18383	52534	12066	8967	42771
清丰县	**592425**	**151520**	**319348**	**121557**	**88769**	**500032**
城关镇	116613	34495	69351	12767	8892	43064
马庄桥镇	21797	4340	11761	5696	4592	16459
瓦屋头镇	36553	9111	20116	7326	5558	35297
仙庄镇	35386	9071	18835	7480	5561	34711
柳格镇	35202	8429	20176	6597	4758	32232
韩村镇	31526	7730	16682	7114	5152	29665
固城镇	27203	6524	14745	5934	4198	26674
阳邵镇	37486	10066	19345	8075	5565	36697
六塔乡	27660	7270	14036	6354	4661	27056
巩营乡	25716	7008	12867	5841	4368	25327
马村乡	32260	7849	17240	7171	5193	31775
高堡乡	27662	6545	14583	6534	4891	26938
古城乡	27657	6597	13812	7248	5207	27072
大流乡	24545	5701	12620	6224	4544	24124
大屯乡	24742	5601	12183	6958	5161	24007
双庙乡	29195	7355	15268	6572	4760	28456
纸房乡	31222	7828	15728	7666	5708	30478
南乐县	**476557**	**128097**	**258125**	**90335**	**65826**	**411117**
城关镇	105153	27261	66185	11707	8157	45868
韩张镇	28056	7844	14170	6042	4456	27635
元村镇	39766	10308	20983	8475	6113	39174
福堪镇	36020	10035	18928	7057	5244	35383
张果屯镇	32522	8754	16962	6806	5191	31968
千口镇	35723	10444	18151	7128	5327	35247
谷金楼镇	28935	7433	15197	6305	4622	28428
杨村乡	23660	5908	12201	5551	4000	23134
西邵乡	39598	11325	20515	7758	5595	39144

表16 续表 27 单位：人

地　区	总人口	分年龄人口				居住本乡、镇、街道，户口在本乡、镇、街道
		0-14岁	15-59岁	60岁及以上	#65岁及以上	
寺庄乡	43251	11626	22220	9405	6809	42621
梁村乡	34799	9516	17856	7427	5423	34372
近德固乡	29074	7643	14757	6674	4889	28143
范县	**447760**	**119159**	**247779**	**80822**	**61326**	**371862**
城关镇	64729	17912	39627	7190	5058	29622
濮城镇	44692	11642	25826	7224	5268	40600
龙王庄镇	51197	13935	28161	9101	6978	40750
高码头镇	28435	7533	14727	6175	4694	27970
王楼镇	25951	7365	13630	4956	3785	25258
辛庄镇	36960	10115	18816	8029	6071	36398
陈庄镇	28374	7418	14682	6274	4916	27861
张庄镇	29404	7883	15492	6029	4650	28548
杨集乡	32854	8855	16457	7542	5832	31813
白衣阁乡	51917	12114	33131	6672	5045	30830
颜村铺乡	26068	7112	12787	6169	4663	25423
陆集乡	27179	7275	14443	5461	4366	26789
台前县	**323113**	**87952**	**177078**	**58083**	**42800**	**281821**
城关镇	52317	13422	31568	7327	5280	37398
侯庙镇	42056	12311	22083	7662	5771	40699
孙口镇	46090	12872	27551	5667	3964	26734
打渔陈镇	45047	12017	24096	8934	6643	43763
马楼镇	39052	10532	20607	7913	5899	37817
吴坝镇	22792	6030	11732	5030	3663	22216
后方乡	28401	7978	15155	5268	3901	27224
清水河乡	23573	6621	12032	4920	3710	22966
夹河乡	23785	6169	12254	5362	3969	23004
濮阳县	**968721**	**262489**	**527895**	**178337**	**134455**	**818474**
城关镇	200492	52886	125445	22161	15678	79117
柳屯镇	52665	14342	27804	10519	8152	48926
文留镇	51398	14404	26799	10195	7707	49224
庆祖镇	50404	14283	26189	9932	7651	49040
八公桥镇	49632	14308	25710	9614	7302	48427
徐镇镇	38878	11545	20118	7215	5443	37100
户部寨镇	42226	11993	22141	8092	6150	41147
鲁河镇	43786	11509	23732	8545	6367	42487
子岸镇	41094	11258	21568	8268	6187	40128
胡状镇	40928	10932	21374	8622	6507	39592
王称固镇	36704	9833	18486	8385	6326	35657
梁庄镇	37182	10676	18574	7932	5936	36108
清河头乡	35136	8338	19487	7311	5444	31673
白罡乡	26369	7004	13647	5718	4501	25860
梨园乡	28993	8356	14119	6518	5134	28107
五星乡	36817	9858	19545	7414	5298	36173
郎中乡	44420	11504	23917	8999	6784	42685
海通乡	42223	11214	22387	8622	6607	40094
渠村乡	37958	9783	20605	7570	5907	36140
习城乡	31416	8463	16248	6705	5374	30789
河南濮阳工业园区	27299	7535	14486	5278	3958	26455

表16 续表 28

单位：人

地　　区	总人口	分年龄人口				居住本乡、镇、街道，户口在本乡、镇、街道
		0-14岁	15-59岁	60岁及以上	#65岁及以上	
河南濮阳工业园区昌湖街道	27299	7535	14486	5278	3958	26455
濮阳经济技术开发区	**329185**	**76634**	**206097**	**46454**	**33667**	**191669**
昆吾街道	47182	10752	30903	5527	3918	21137
皇甫街道	27683	3236	19503	4944	3835	12444
开州街道	68708	14079	48180	6449	4422	24059
濮上街道	79911	20554	50993	8364	5650	31633
王助镇	41461	11355	21889	8217	6113	39997
新习镇	44401	11867	23826	8708	6664	43191
胡村乡	19839	4791	10803	4245	3065	19208
许昌市	**4379998**	**976556**	**2540786**	**862656**	**655100**	**3391201**
魏都区	**554465**	**97920**	**364728**	**91817**	**65852**	**279434**
西大街道	13385	2743	8132	2510	1879	6364
东大街道	13994	2230	8459	3305	2467	8600
西关街道	33662	5129	20385	8148	5936	18657
南关街道	28343	4978	17758	5607	4227	18050
北大街道	38268	5807	25518	6943	5173	22078
五一路街道	56068	10592	35792	9684	6955	27181
高桥营街道	8102	1691	4729	1682	1227	7211
丁庄街道	24969	4824	15518	4627	3144	15551
颍昌街道	11711	2359	6856	2496	1879	10137
文峰街道	60839	11110	38578	11151	8110	37190
新兴街道	70040	13120	46214	10706	7613	29446
灞陵街道	30212	5505	19135	5572	4119	19259
魏北街道	10809	2373	6366	2070	1553	8336
产业集聚区街道	572	103	407	62	36	32
东城区管委会社区	153491	25356	110881	17254	11534	51342
建安区	**713977**	**152783**	**416207**	**144987**	**110340**	**588743**
许由街道	92280	18251	63334	10695	7657	22410
新元街道	20747	5111	12739	2897	2091	12200
邓庄街道	82578	18272	50096	14210	10547	62302
昌盛街道	20096	4534	11604	3958	2985	19626
将官池镇	13157	2918	7488	2751	2105	12807
五女店镇	39375	8924	21311	9140	6918	38670
尚集镇	38039	7042	25042	5955	4527	27102
苏桥镇	41756	8221	24965	8570	6493	37049
蒋李集镇	41315	8289	22387	10639	8203	40360
张潘镇	33812	7662	17926	8224	6351	33244
灵井镇	47662	9804	27535	10323	8000	45703
陈曹乡	48121	10912	25415	11794	9187	47248
小召乡	39108	8852	21709	8547	6446	38320
河街乡	34933	7178	19836	7919	5928	34111
桂村乡	24261	4542	13222	6497	5084	23524
椹涧乡	47032	10748	25488	10796	8331	45503
榆林乡	40214	9697	21054	9463	7408	39337
艾庄回族乡	9491	1826	5056	2609	2079	9227
鄢陵县	**547411**	**142724**	**294854**	**109833**	**84880**	**480357**
安陵镇	73034	18344	44977	9713	7330	38996

表16 续表 29 单位：人

地 区	总人口	分年龄人口				居住本乡、镇、街道，户口在本乡、镇、街道
		0-14岁	15-59岁	60岁及以上	#65岁及以上	
马栏镇	66707	17626	35595	13486	10343	60028
柏梁镇	67337	17427	39767	10143	7730	46434
陈化店镇	27009	6999	13891	6119	4788	26175
望田镇	34483	9447	17793	7243	5829	33891
大马镇	36054	9453	19037	7564	5980	35428
陶城镇	42590	10992	21908	9690	7440	42210
张桥镇	43805	11513	21712	10580	8176	43180
彭店镇	43569	11703	22344	9522	7297	42962
只乐镇	39832	10304	20393	9135	7249	39205
南坞镇	26379	6740	13201	6438	4843	26051
马坊镇	46612	12176	24236	10200	7875	45797
襄城县	**674832**	**162650**	**360274**	**151908**	**115386**	**572273**
城关镇	62260	10451	41359	10450	7890	36464
颍桥回族镇	7445	1635	3854	1956	1509	6545
麦岭镇	37110	10453	17993	8664	6496	36381
颍阳镇	38431	8754	20293	9384	7032	37791
王洛镇	40651	10376	19827	10448	8261	40162
紫云镇	38623	8338	22243	8042	6188	31659
库庄镇	72229	15258	44632	12339	9247	44566
十里铺镇	51134	12897	25352	12885	9683	49862
山头店镇	41436	10555	19852	11029	8072	40792
汾陈镇	34203	8547	16786	8870	7121	33398
湛北乡	25759	6031	14192	5536	4070	23337
茨沟乡	76008	18406	43812	13790	10203	43970
丁营乡	29451	7966	13315	8170	6220	28970
姜庄乡	30973	9088	13606	8279	6417	30384
范湖乡	53006	14560	25746	12700	9850	52488
双庙乡	36113	9335	17412	9366	7127	35504
许昌经济技术开发区	**69498**	**15775**	**41382**	**12341**	**9234**	**45735**
长村张街道	28584	6347	16305	5932	4534	24743
龙湖街道	40914	9428	25077	6409	4700	20992
禹州市	**1109782**	**250399**	**640210**	**219173**	**170480**	**872899**
颍川街道	128416	29070	84748	14598	10442	46474
夏都街道	87750	20368	55989	11393	8393	31054
韩城街道	37233	7078	24755	5400	4094	17477
钧台街道	77194	16113	51069	10012	7690	31010
火龙镇	43923	10117	24685	9121	7231	42304
顺店镇	58842	13805	31795	13242	10406	57388
方山镇	27747	6357	15072	6318	4974	26534
神垕镇	36196	7654	21544	6998	5230	33086
鸿畅镇	40792	9132	21719	9941	7868	39258
梁北镇	43573	9393	24309	9871	7730	39389
古城镇	36595	7945	20159	8491	6850	34909
无梁镇	30030	6677	16783	6570	5216	28792
文殊镇	32661	6419	18508	7734	6121	30879
鸠山镇	24454	5456	13281	5717	4493	23562
褚河镇	61920	15036	34544	12340	9588	59536

表16　续表 30　　　　单位：人

地　　区	总人口	分年龄人口				居住本乡、镇、街道，户口在本乡、镇、街道
		0-14岁	15-59岁	60岁及以上	#65岁及以上	
范坡镇	43782	10572	22189	11021	8593	42811
郭连镇	42043	9179	22685	10179	7943	39874
朱阁镇	35277	8122	19513	7642	6217	34075
浅井镇	23468	5394	12626	5448	4414	22580
方岗镇	28224	6061	15284	6879	5558	27195
花石镇	45149	10896	24667	9586	7289	43885
张得镇	39084	9156	19564	10364	8226	37866
苌庄镇	25812	6045	13866	5901	4614	25008
小吕镇	34189	8666	16639	8884	7031	33298
磨街乡	16699	3695	9577	3427	2675	16107
山货回族乡	8729	1993	4640	2096	1594	8548
长葛市	**710033**	**154305**	**423131**	**132597**	**98928**	**551760**
建设路街道	58946	12363	38425	8158	5712	25487
长兴路街道	45977	10348	30909	4720	3136	14858
长社路街道	48701	9795	31915	6991	4914	22889
金桥路街道	53190	11532	35891	5767	3949	15270
和尚桥镇	49817	10959	30396	8462	6124	39068
坡胡镇	43414	8364	24838	10212	7764	42514
后河镇	39827	8049	22761	9017	6798	37593
石固镇	36841	7288	21331	8222	6288	34938
老城镇	53279	11551	31091	10637	7883	48573
南席镇	34529	7798	17949	8782	6932	33562
大周镇	63015	15393	36355	11267	8447	61434
董村镇	45261	10699	25282	9280	7078	44525
石象镇	40738	9482	22506	8750	6702	40205
古桥镇	32326	6956	17375	7995	6338	31673
增福镇	26882	5715	15506	5661	4191	22813
佛耳湖镇	37290	8013	20601	8676	6672	36358
漯河市	**2367490**	**481435**	**1388273**	**497782**	**378684**	**1896045**
源汇区	**322334**	**61749**	**197833**	**62752**	**46747**	**243332**
老街街道	16048	2783	10231	3034	2175	11542
马路街街道	26060	3899	16777	5384	3950	17691
顺河街街道	28637	5083	17398	6156	4422	22112
干河陈街道	130681	25278	86256	19147	13624	76896
大刘镇	28698	5898	15698	7102	5600	27069
阴阳赵镇	35874	7227	20223	8424	6367	33539
空冢郭镇	37464	7873	21249	8342	6511	36259
问十乡	18872	3708	10001	5163	4098	18224
郾城区	**505302**	**101123**	**310392**	**93787**	**70881**	**366337**
沙北街道	110679	22930	71554	16195	11617	66232
龙塔街道	92821	18441	62228	12152	8783	49398
淞江街道	51494	10038	34758	6698	4847	25182
孟庙镇	61073	12410	38311	10352	7630	41759
商桥镇	28564	5250	15443	7871	6271	27254
裴城镇	34561	7533	17865	9163	7356	33542
新店镇	32109	5995	17637	8477	6813	31342

表16　续表 31　　　　单位：人

地　区	总人口	分年龄人口				居住本乡、镇、街道，户口在本乡、镇、街道
		0-14岁	15-59岁	60岁及以上	#65岁及以上	
龙城镇	34861	6592	19112	9157	6953	34164
李集镇	31509	6278	17376	7855	6165	30568
黑龙潭镇	27631	5656	16108	5867	4446	26896
召陵区	**400875**	**79996**	**241507**	**79372**	**60065**	**329378**
天桥街街道	37741	5763	23446	8532	6056	25130
翟庄街道	56260	11635	37415	7210	4918	26787
东城街道	42376	7992	29034	5350	3909	25496
召陵镇	55099	10689	32576	11834	8958	53772
邓襄镇	26038	5363	14552	6123	4775	25706
万金镇	54575	12761	29512	12302	9500	53573
老窝镇	51089	10780	27577	12732	10038	50291
姬石镇	29512	4530	20022	4960	3803	21313
青年镇	48185	10483	27373	10329	8108	47310
舞阳县	**447130**	**95455**	**235108**	**116567**	**89842**	**395413**
舞泉镇	89479	18101	57423	13955	10425	48131
吴城镇	30262	5856	15204	9202	7416	29519
北舞渡镇	22670	5190	11558	5922	4478	21865
莲花镇	32036	6268	17008	8760	6642	31722
辛安镇	26590	5418	13495	7677	6004	25762
孟寨镇	29726	6054	15179	8493	6555	29386
太尉镇	18705	4065	9497	5143	4176	18459
侯集镇	31100	7462	14822	8816	6957	30485
九街镇	28859	6348	13711	8800	6839	28187
章化镇	24483	6181	11293	7009	5249	24042
文峰乡	31038	6655	16149	8234	6290	27376
保和乡	31446	7064	15157	9225	7057	30764
马村乡	25401	5716	12357	7328	5565	24874
姜店乡	25335	5077	12255	8003	6189	24841
临颍县	**593673**	**123279**	**340585**	**129809**	**100107**	**506274**
城关街道	83568	14451	56520	12597	9412	48321
新城街道	93746	19177	61179	13390	9702	49061
繁城镇	41188	8686	21969	10533	8114	40071
杜曲镇	48661	9951	27411	11299	8655	46222
王岗镇	43534	9914	23500	10120	8055	42983
台陈镇	38057	7064	20449	10544	8270	37810
巨陵镇	27771	6383	14256	7132	5578	27549
瓦店镇	32044	6823	17768	7453	5894	31772
三家店镇	23687	5046	12847	5794	4614	23321
窝城镇	23459	5298	12244	5917	4756	23208
王孟镇	26705	5887	14144	6674	5148	26291
大郭镇	36567	8936	18748	8883	6904	36114
皇帝庙乡	21745	4342	11767	5636	4349	21439
固厢乡	16741	3688	8505	4548	3483	16466
石桥乡	17798	3835	9207	4756	3643	17545
陈庄乡	18402	3798	10071	4533	3530	18101
漯河经济技术开发区	**98176**	**19833**	**62848**	**15495**	**11042**	**55311**
后谢镇	98176	19833	62848	15495	11042	55311

表16　续表 32　　　　单位：人

地　　区	总人口	分年龄人口				居住本乡、镇、街道，户口在本乡、镇、街道
		0-14岁	15-59岁	60岁及以上	#65岁及以上	
三门峡市	**2034872**	**373060**	**1259192**	**402620**	**278400**	**1539956**
湖滨区	**284641**	**47532**	**183070**	**54039**	**37172**	**176323**
湖滨街道	24152	2854	15331	5967	4315	16710
前进街道	40634	6504	25661	8469	6113	24655
车站街道	45021	6576	30150	8295	5756	22352
涧河街道	88996	15641	58371	14984	10337	54232
大安街道	90	10	30	50	46	85
会兴街道	13843	2406	8628	2809	1757	9968
崖底街道	44114	8850	28921	6343	4074	21628
交口乡	16202	2961	9460	3781	2486	15531
磁钟乡	5765	890	3280	1595	1029	5548
高庙乡	5824	840	3238	1746	1259	5614
陕州区	**288538**	**45651**	**178249**	**64638**	**44121**	**210548**
大营镇	87329	16170	57364	13795	9008	43755
原店镇	22316	3657	14050	4609	3211	12102
西张村镇	34700	4662	19800	10238	6994	34200
观音堂镇	28034	4519	17091	6424	4698	23732
张汴乡	6742	726	3754	2262	1538	6552
张湾乡	38160	5332	26183	6645	4213	20536
菜园乡	22420	3269	12404	6747	4572	22012
张茅乡	12177	1910	7065	3202	2219	12035
王家后乡	7869	1156	4515	2198	1598	7539
硖石乡	5197	794	2978	1425	989	5068
西李村乡	13205	2083	7212	3910	2829	12904
宫前乡	8151	1079	4567	2505	1774	7918
店子乡	2238	294	1266	678	478	2195
渑池县	**310130**	**63425**	**187147**	**59558**	**43224**	**224731**
城关镇	101265	23636	63582	14047	10106	52981
英豪镇	19551	3231	10751	5569	4092	18798
张村镇	15360	2783	8882	3695	2719	13792
洪阳镇	15804	3097	9265	3442	2543	15205
天池镇	27402	5053	15553	6796	5175	26757
仰韶镇	50096	9854	32976	7266	5125	28231
仁村乡	12275	2439	6919	2917	2123	11832
果园乡	25236	5148	13884	6204	4481	23980
陈村乡	29409	6333	17585	5491	3930	20110
坡头乡	7546	1068	4282	2196	1593	7291
段村乡	3708	515	2048	1145	797	3533
南村乡	2478	268	1420	790	540	2221
卢氏县	**317132**	**64154**	**191302**	**61676**	**41761**	**253086**
兴贤里街道	8670	1767	5520	1383	1035	8112
城关镇	70462	16611	45382	8469	5402	31917
杜关镇	12837	2402	7544	2891	1930	12569
五里川镇	14623	2757	8671	3195	2322	13951
官道口镇	15367	3172	8985	3210	2066	14730
朱阳关镇	11949	2519	7006	2424	1665	11628

表16 续表 33

单位：人

地区	总人口	分年龄人口				居住本乡、镇、街道，户口在本乡、镇、街道
		0-14岁	15-59岁	60岁及以上	#65岁及以上	
官坡镇	17297	3264	9920	4113	2856	16965
范里镇	20613	4061	11514	5038	3289	20185
东明镇	37647	7721	24094	5832	3698	20217
双龙湾镇	9500	2125	5403	1972	1348	9161
文峪乡	20101	3778	11612	4711	3277	19069
横涧乡	20614	3839	12035	4740	3218	18780
双槐树乡	7599	1312	4429	1858	1376	7432
汤河乡	6040	1078	3424	1538	1158	5831
瓦窑沟乡	9482	1718	5694	2070	1457	9287
狮子坪乡	6795	1013	4222	1560	1111	6615
沙河乡	8589	1495	4963	2131	1387	8331
徐家湾乡	6152	1076	3499	1577	1130	6005
潘河乡	7520	1448	4327	1745	1184	7190
木桐乡	5275	998	3058	1219	852	5111
河南三门峡经济开发区	**42041**	**6432**	**29764**	**5845**	**3789**	**20955**
向阳街道	42041	6432	29764	5845	3789	20955
义马市	**135819**	**24750**	**85878**	**25191**	**18432**	**112502**
千秋路街道	55117	10087	35698	9332	6686	44748
朝阳路街道	5455	655	2985	1815	1552	4798
新义街街道	11997	1884	7534	2579	1827	10112
常村路街道	9633	1489	5988	2156	1692	8334
泰山路街道	9094	1936	5686	1472	1030	7451
新区街道	30636	5994	19678	4964	3548	24631
东区街道	13887	2705	8309	2873	2097	12428
灵宝市	**656571**	**121116**	**403782**	**131673**	**89901**	**541811**
城关镇	35451	6615	25558	3278	2068	12413
尹庄镇	70597	14605	44352	11640	7633	49435
朱阳镇	36348	7092	22416	6840	4584	35591
阳平镇	54610	10543	31356	12711	8712	53311
故县镇	30993	5950	18423	6620	4696	30586
豫灵镇	47445	9701	28791	8953	6047	46068
大王镇	59542	9029	38183	12330	8679	48166
阳店镇	42612	7878	23666	11068	7790	41377
函谷关镇	19473	3660	10847	4966	3449	19167
焦村镇	41510	6624	24065	10821	7562	39327
川口乡	22971	4400	13091	5480	3749	22461
寺河乡	4574	711	2723	1140	780	4214
苏村乡	17655	3030	10156	4469	2979	17321
五亩乡	24330	4012	14044	6274	4197	24067
西阎乡	38079	7150	21260	9669	6780	37512
灵宝市园艺场	154	19	109	26	12	101
涧东区	60150	10280	41266	8604	5741	40381
涧西区	50077	9817	33476	6784	4443	20313
南阳市	**9713112**	**2547347**	**5341118**	**1824647**	**1381305**	**7354397**
宛城区	**741251**	**172449**	**431049**	**137753**	**103891**	**454692**
东关街道	44194	9305	26691	8198	6203	25565

表16　续表 34　　　　单位：人

地　　区	总人口	分年龄人口				居住本乡、镇、街道，户口在本乡、镇、街道
		0-14岁	15-59岁	60岁及以上	#65岁及以上	
新华街道	26843	5134	16896	4813	3591	10162
汉冶街道	124287	27172	81654	15461	10779	30244
仲景街道	90547	18703	58238	13606	9516	24303
赤虎街道	82623	15184	48202	19237	15430	64907
五里堡街道	53866	14577	33893	5396	3756	12576
官庄镇	25065	7582	12313	5170	3986	22949
瓦店镇	36961	9887	17855	9219	6988	34231
红泥湾镇	58561	15275	31130	12156	9360	54105
黄台岗镇	36252	8843	18137	9272	7072	34851
金华镇	30618	7824	15027	7767	6044	29705
高庙镇	31598	8381	15641	7576	5999	30523
溧河乡	43144	10872	25874	6398	4648	26250
汉冢乡	30427	7091	15601	7735	6085	29424
茶庵乡	26265	6619	13897	5749	4434	24897
卧龙区	**866748**	**206201**	**516657**	**143890**	**106586**	**578867**
七一街道	47258	10662	28327	8269	6401	34270
卧龙岗街道	113537	22705	78839	11993	8338	30375
武侯街道	66169	9757	49915	6497	4893	16644
梅溪街道	33078	6657	21464	4957	3730	17123
车站街道	31746	6510	20307	4929	3635	16556
光武街道	82803	19919	52188	10696	7705	35937
靳岗街道	26147	7194	15675	3278	2343	15162
石桥镇	34156	9410	18407	6339	4552	31043
潦河镇	47814	11652	26199	9963	7420	43343
安皋镇	28190	7283	14923	5984	4473	26868
蒲山镇	76886	20704	42575	13607	10037	72783
陆营镇	45120	12181	22180	10759	8122	44149
青华镇	47559	13342	23106	11111	8351	46017
英庄镇	41008	11441	19044	10523	7968	39823
潦河坡镇	14474	3350	7791	3333	2537	13702
谢庄镇	30298	7609	16465	6224	4816	29430
七里园乡	53485	13639	33099	6747	4833	23792
王村乡	32333	8352	18241	5740	4221	27833
龙王沟风景区	14687	3834	7912	2941	2211	14017
南召县	**545475**	**146818**	**303138**	**95519**	**69904**	**432335**
城关镇	74992	20466	45031	9495	6388	31453
留山镇	22611	6434	11609	4568	3382	21657
云阳镇	61494	17347	34026	10121	7422	49003
皇路店镇	68637	18139	39880	10618	7832	57103
南河店镇	38906	10138	21563	7205	5334	36736
板山坪镇	16954	3960	9346	3648	2696	16357
乔端镇	13315	3271	7564	2480	1827	12334
白土岗镇	32579	8400	17663	6516	4719	31178
城郊乡	61840	17660	37036	7144	4980	31175
小店乡	25940	7337	13247	5356	4042	24973
皇后乡	23027	6524	11942	4561	3326	22118
太山庙乡	22191	6134	11325	4732	3516	21546

表16 续表 35

单位：人

地区	总人口	分年龄人口				居住本乡、镇、街道，户口在本乡、镇、街道
		0-14岁	15-59岁	60岁及以上	#65岁及以上	
石门乡	17072	4622	8697	3753	2805	16131
四棵树乡	20124	4690	10659	4775	3522	19231
马市坪乡	15081	3895	7954	3232	2374	13703
崔庄乡	23177	6590	11517	5070	3785	22505
河南红阳机械厂	4006	562	2162	1282	1108	2798
河南向东机械厂	1682	261	967	454	385	1230
河南红宇机械厂	1142	241	584	317	287	595
国营东风机械厂	632	141	334	157	142	445
国营长江机械厂	73	6	32	35	32	64
方城县	**873731**	**246520**	**459154**	**168057**	**127263**	**695299**
凤瑞街道	130321	32183	83743	14395	10137	59608
释之街道	90661	20982	57842	11837	8535	33995
赭阳街道	37095	10253	22787	4055	2861	8707
独树镇	50980	14319	25083	11578	8794	49662
博望镇	69064	20788	32860	15416	11866	67310
拐河镇	27408	7542	13518	6348	4768	26024
小史店镇	51343	16431	23276	11636	9130	50005
赵河镇	62247	19737	28041	14469	11120	60428
广阳镇	49002	15023	24106	9873	7588	45716
杨楼镇	47796	13398	23458	10940	8572	46291
券桥镇	27126	7792	12743	6591	4983	25086
清河镇	37345	11285	17063	8997	6998	36531
四里店镇	37403	10703	18698	8002	6023	35787
古庄店镇	47604	14208	23166	10230	7898	45503
杨集镇	37802	10748	19118	7936	5983	36269
柳河镇	29015	9376	13004	6635	5130	28046
二郎庙镇	32367	8580	16928	6859	5149	31592
袁店回族乡	9039	3158	3639	2242	1716	8717
方城大寺林场	113	14	81	18	12	22
西峡县	**450418**	**95766**	**273958**	**80694**	**58811**	**316442**
白羽街道	50549	12673	31335	6541	4345	20809
紫金街道	29768	6081	19991	3696	2529	10570
莲花街道	25988	5064	18150	2774	1937	6415
丹水镇	25021	4881	13110	7030	5277	23742
西坪镇	29060	6590	16483	5987	4461	26876
双龙镇	15185	2975	8745	3465	2571	14103
回车镇	30075	6658	16946	6471	4844	27233
丁河镇	26305	5481	14833	5991	4404	23746
桑坪镇	20551	4561	12132	3858	2927	19776
米坪镇	15729	3609	8748	3372	2426	14816
五里桥镇	97500	20416	65534	11550	8171	48975
重阳镇	20735	4060	11767	4908	3682	20137
太平镇	8982	1807	5414	1761	1318	8472
阳城镇	9284	1735	5073	2476	1849	8657
二郎坪镇	6783	1250	4225	1308	974	6065
石界河镇	7879	1653	4529	1697	1228	7274
军马河镇	11421	2310	6475	2636	1946	10337
田关镇	13493	2771	6937	3785	2873	12667
寨根乡	6110	1191	3531	1388	1049	5772

表16 续表 36

单位：人

地　区	总人口	分年龄人口				居住本乡、镇、街道，户口在本乡、镇、街道
		0-14岁	15-59岁	60岁及以上	#65岁及以上	
镇平县	**829780**	**214787**	**457288**	**157705**	**116759**	**657219**
涅阳街道	118368	27385	74694	16289	11773	75791
雪枫街道	64203	15834	41001	7368	5094	26254
玉都街道	68413	16953	42444	9016	6471	38997
石佛寺镇	78440	20751	47885	9804	7137	52489
晁陂镇	37149	9586	19885	7678	5727	35130
贾宋镇	41226	10929	20873	9424	6988	38506
侯集镇	41102	11277	19620	10205	7594	38376
老庄镇	22782	5612	11883	5287	3950	21452
卢医镇	22590	6126	10881	5583	4289	21250
遮山镇	25203	6824	13277	5102	3851	23414
高丘镇	34453	9127	16827	8499	6526	32976
曲屯镇	19811	4878	9661	5272	4019	18268
枣园镇	24972	7010	11484	6478	4898	23748
杨营镇	54345	13110	32059	9176	6795	41690
安字营镇	31272	9344	14126	7802	5673	29624
张林镇	38159	10818	17855	9486	7054	36957
柳泉铺镇	26116	6720	13759	5637	4111	23998
彭营镇	33945	9485	16609	7851	5846	32697
二龙乡	5510	1125	2637	1748	1364	5278
王岗乡	17300	4530	8755	4015	3095	16661
马庄乡	16936	5124	7496	4316	3274	16438
郭庄回族乡	7485	2239	3577	1669	1230	7225
内乡县	**549068**	**141350**	**299287**	**108431**	**79771**	**447424**
城关镇	96259	23228	60498	12533	8996	57934
夏馆镇	20201	5615	10641	3945	2758	18611
师岗镇	35765	10836	15836	9093	6826	34642
马山口镇	42067	10904	21454	9709	7247	39936
湍东镇	86412	22455	51816	12141	8833	49558
赤眉镇	33502	8377	17230	7895	5803	30396
瓦亭镇	19292	5967	8683	4642	3497	18322
王店镇	34164	8943	17515	7706	5815	32202
灌涨镇	38692	10622	19275	8795	6390	35679
桃溪镇	18184	4769	9642	3773	2784	17683
岞岖镇	17011	4255	8285	4471	3244	16165
余关镇	24378	5908	12662	5808	4352	22931
板场乡	7804	1555	4422	1827	1273	6998
大桥乡	32929	7265	19787	5877	4391	25655
赵店乡	30053	7499	15108	7446	5614	29045
七里坪乡	12355	3152	6433	2770	1948	11667
淅川县	**538569**	**135143**	**305106**	**98320**	**75813**	**408880**
龙城街道	56225	13787	35519	6919	5038	22759
商圣街道	67775	16362	43342	8071	5870	25584
荆紫关镇	39175	9658	21610	7907	6122	37720
老城镇	9614	2098	4948	2568	2068	9157

表16 续表 37　　单位：人

地　区	总人口	分年龄人口				居住本乡、镇、街道，户口在本乡、镇、街道
		0-14岁	15-59岁	60岁及以上	#65岁及以上	
香花镇	19899	5573	10434	3892	2993	18491
厚坡镇	54736	16860	26035	11841	9313	53045
丹阳镇	46712	13581	25004	8127	6156	45066
盛湾镇	22508	4640	12362	5506	4228	22186
金河镇	42471	11142	24968	6361	4780	27766
寺湾镇	16011	3769	7419	4823	3866	15522
仓房镇	5709	1300	3075	1334	1038	5547
上集镇	79963	18802	49107	12054	9442	51902
马蹬镇	22605	6042	11518	5045	3998	21793
西簧乡	14590	3278	7957	3355	2566	14273
毛堂乡	19040	4042	10872	4126	3234	17433
大石桥乡	8538	1422	4475	2641	2102	8123
滔河乡	12998	2787	6461	3750	2999	12513
社旗县	**561573**	**155911**	**293217**	**112445**	**87498**	**494301**
赵河街道	36227	8710	21706	5811	4439	24521
潘河街道	28832	7557	17795	3480	2591	12538
赊店镇	89723	22763	54220	12740	9375	59692
桥头镇	32756	9377	15783	7596	5958	31836
饶良镇	41920	11996	20371	9553	7637	41165
兴隆镇	18405	4904	9138	4363	3462	17924
晋庄镇	22321	6236	11187	4898	3820	21599
李店镇	41474	11646	20848	8980	7132	40877
苗店镇	25726	7418	12743	5565	4407	24907
郝寨镇	41426	12324	20186	8916	6855	40441
朱集镇	42867	12672	20424	9771	7795	42024
下洼镇	36214	11294	17829	7091	5471	35478
太和镇	22342	6082	10767	5493	4497	21807
大冯营镇	27524	7575	13905	6044	4791	27182
陌陂镇	25238	7442	11899	5897	4524	24485
唐庄乡	28578	7915	14416	6247	4744	27825
唐河县	**1078632**	**295201**	**555711**	**227720**	**181122**	**910213**
滨河街道	47755	10529	32670	4556	3451	16219
文峰街道	85112	23182	50249	11681	8820	45133
东兴街道	25654	6755	13122	5777	4662	24176
兴唐街道	42940	8693	28016	6231	4647	17793
泗洲街道	90258	22935	55476	11847	8927	39028
源潭镇	58849	15672	28734	14443	11710	57808
张店镇	44971	12645	22017	10309	8331	44037
郭滩镇	52134	14478	24339	13317	10723	50391
湖阳镇	40436	10538	20080	9818	7748	39593
黑龙镇	33719	9537	15257	8925	7194	32585
大河屯镇	53817	16121	25693	12003	9921	52428
龙潭镇	30884	8428	14530	7926	6299	30356
桐寨铺镇	55815	15989	26891	12935	10210	54953
苍台镇	30480	7927	15106	7447	6070	30206
上屯镇	49614	13265	24444	11905	9495	48747
毕店镇	46066	14610	21513	9943	7919	45126

表16 续表 38

单位：人

地　　区	总人口	分年龄人口				居住本乡、镇、街道，户口在本乡、镇、街道
		0-14岁	15-59岁	60岁及以上	#65岁及以上	
少拜寺镇	34256	10493	15833	7930	6443	33290
祁仪镇	28600	7626	13463	7511	6031	27882
马振抚镇	32845	9785	15429	7631	6067	31205
城郊乡	41388	11687	20429	9272	7321	39479
桐河乡	24709	6700	11967	6042	4852	24259
昝岗乡	48840	13900	22974	11966	9594	47754
古城乡	42483	12248	19953	10282	8208	41165
东王集乡	37007	11458	17526	8023	6479	36600
新野县	**602827**	**168481**	**307116**	**127230**	**97847**	**492917**
汉城街道	103328	24583	64264	14481	10957	52429
汉华街道	79932	20968	47459	11505	8524	33189
王庄镇	21687	6365	10199	5123	3914	20944
沙堰镇	32931	9160	15460	8311	6534	32213
新甸铺镇	39682	11378	19218	9086	6834	38777
施庵镇	40367	13463	17766	9138	7075	39634
歪子镇	41094	12796	17696	10602	8170	40160
五星镇	32921	9839	14962	8120	6339	32258
溧河铺镇	37156	10904	17417	8835	6989	36437
王集镇	32432	9220	14972	8240	6326	31729
城郊乡	30205	8335	15024	6846	5263	29609
前高庙乡	25595	7422	11477	6696	5383	25188
樊集乡	17630	4648	7891	5091	3856	17329
上庄乡	30221	9290	12330	8601	6699	29537
上港乡	37646	10110	20981	6555	4984	33484
桐柏县	**375206**	**99429**	**206875**	**68902**	**50962**	**266304**
城关镇	108920	28905	66373	13642	9534	52306
月河镇	17362	4189	8200	4973	3618	16682
吴城镇	17155	4351	8767	4037	3034	16329
固县镇	13495	3510	6637	3348	2548	12826
毛集镇	24821	6473	12937	5411	3986	22963
大河镇	6283	1198	3180	1905	1510	6045
埠江镇	26021	6668	13752	5601	4382	21896
平氏镇	18235	4977	9047	4211	3183	16000
淮源镇	12444	3044	6347	3053	2333	11671
黄岗镇	13005	3240	7226	2539	1840	11675
安棚镇	26711	8351	13105	5255	4008	23439
朱庄镇	7694	1610	4482	1602	1216	7255
程湾镇	7452	1860	3676	1916	1493	7178
城郊乡	57401	16090	34184	7127	5004	22796
回龙乡	5785	1340	3177	1268	939	5610
新集乡	12422	3623	5785	3014	2334	11633
南阳高新技术产业开发区	**226911**	**57797**	**140976**	**28138**	**20387**	**68747**
张衡街道	95162	23939	60499	10724	7407	21225
百里奚街道	89983	22046	55168	12769	9731	34879
中关村南阳科技产业园	41766	11812	25309	4645	3249	12643
南阳市城乡一体化示范区	**225116**	**53042**	**140836**	**31238**	**23246**	**123471**
白河街道	39131	10473	23523	5135	3746	17102

表16　续表 39　　　　单位：人

地　　区	总人口	分年龄人口				居住本乡、镇、街道，户口在本乡、镇、街道
		0-14岁	15-59岁	60岁及以上	#65岁及以上	
枣林街道	94664	17160	66712	10792	7989	32390
姜营街道	33308	8871	20042	4395	3201	19462
新店乡	58013	16538	30559	10916	8310	54517
邓州市	**1247807**	**358452**	**650750**	**238605**	**181445**	**1007286**
古城街道	89264	22512	53352	13400	9881	40920
花洲街道	154737	37477	99990	17270	12372	49191
湍河街道	93403	24767	57888	10748	7757	47054
罗庄镇	32889	9052	15712	8125	6237	32164
汲滩镇	43093	13281	19986	9826	7439	41473
穰东镇	55059	16175	27802	11082	8300	51282
孟楼镇	17028	5164	7854	4010	3080	15733
林扒镇	29306	8557	13571	7178	5677	28566
构林镇	57203	17434	28154	11615	9049	54188
十林镇	39634	11906	18740	8988	7129	38451
张村镇	43053	12014	21620	9419	7431	40816
都司镇	27577	8382	13016	6179	4800	26898
赵集镇	44001	12388	21422	10191	7826	42487
刘集镇	40354	12871	18332	9151	7111	39512
桑庄镇	34003	11266	15248	7489	5682	33164
彭桥镇	28107	8900	13042	6165	4607	27146
白牛镇	29230	8657	13794	6779	5165	28148
腰店镇	34888	10584	17050	7254	5500	33175
九龙镇	28148	9272	12883	5993	4590	26845
文渠镇	36683	11333	17114	8236	6389	35331
高集镇	40590	12533	19282	8775	6648	39742
夏集镇	48510	14606	23077	10827	8380	47418
陶营镇	32612	9941	15988	6683	5114	30908
小杨营镇	23667	7599	10767	5301	4090	23088
张楼乡	35909	9773	20054	6082	4507	30814
裴营乡	65243	18215	34009	13019	10119	60892
龙堰乡	35798	11513	17254	7031	5274	34351
南阳市黄牛良种繁育场	803	170	445	188	135	696
杏山旅游管理区	7015	2110	3304	1601	1156	6833
商丘市	**7816831**	**1986996**	**4411766**	**1418069**	**1095845**	**6344855**
梁园区	**631325**	**139995**	**393085**	**98245**	**74623**	**449655**
平原街道	108210	21542	76900	9768	6964	40749
长征街道	43963	8358	29012	6593	4840	25492
前进街道	42459	10115	27885	4459	3115	29226
白云街道	44528	9194	29019	6315	4523	29482
东风街道	18627	2326	13826	2475	1796	6346
八八街道	26574	3966	18602	4006	2978	13644
建设街道	52964	9869	34387	8708	6415	23642
解放街道	13122	2822	8093	2207	1662	8487
谢集镇	33909	8334	18743	6832	5181	33059
双八镇	37336	9292	22016	6028	4826	36235
观堂镇	35423	9595	18336	7492	5932	34340

表16 续表 40

单位：人

地　　区	总人口	分年龄人口				居住本乡、镇、街道，户口在本乡、镇、街道
		0-14岁	15-59岁	60岁及以上	#65岁及以上	
刘口镇	28673	6859	16404	5410	4318	28058
水池铺乡	37483	9565	21085	6833	5580	36594
王楼乡	29431	7377	16969	5085	4078	27467
李庄乡	49520	12895	27326	9299	7245	48323
孙福集乡	29103	7886	14482	6735	5170	28511
睢阳区	**912971**	**216847**	**550016**	**146108**	**113655**	**689503**
古城街道	1469	210	916	343	276	1138
文化街道	42560	7752	29662	5146	3866	17212
东方街道	51206	10190	33970	7046	5218	22738
新城街道	149447	28701	103973	16773	12137	79991
宋城街道	93388	15349	70178	7861	5792	33601
古宋街道	55444	13142	34867	7435	5702	30132
宋集镇	38400	10632	21181	6587	5424	37410
郭村镇	46076	11572	24320	10184	8083	45267
李口镇	41271	10661	22155	8455	6553	40409
高辛镇	45308	12088	24476	8744	6863	44475
坞墙镇	40083	11241	21413	7429	6158	39212
冯桥镇	30127	8053	16705	5369	4378	29299
路河镇	54498	14027	30773	9698	7561	52782
闫集镇	56030	14511	32674	8845	6913	51474
毛固堆镇	41257	11926	20709	8622	6664	40254
包公庙乡	31605	9045	16299	6261	5157	31014
娄店乡	27645	7509	14401	5735	4387	27045
勒马乡	36152	11462	16435	8255	6689	35597
临河店乡	31005	8776	14909	7320	5834	30453
民权县	**746389**	**202289**	**401902**	**142198**	**104102**	**646239**
绿洲街道	169163	37274	111883	20006	14380	94192
南华街道	44622	9496	29392	5734	4123	28377
人和镇	40279	11420	19639	9220	6913	39849
龙塘镇	39625	11049	19813	8763	6339	39233
北关镇	51341	15600	25172	10569	7832	50587
程庄镇	56003	17126	25533	13344	9786	55459
王庄寨镇	23648	7314	10508	5826	4327	23325
孙六镇	27838	7950	13728	6160	4663	27542
白云寺镇	41813	12026	21298	8489	6135	41207
王桥镇	37879	11143	18387	8349	6125	37492
庄子镇	24912	7016	13006	4890	3713	24399
双塔镇	26935	7588	13864	5483	3857	26530
野岗镇	34990	10924	16119	7947	5799	34564
伯党乡	13761	4116	6355	3290	2349	13574
花园乡	19156	5360	9654	4142	2971	17833
林七乡	26773	7775	13294	5704	4204	26433
胡集乡	11521	3097	5737	2687	1955	11399
褚庙乡	25100	7089	12689	5322	4007	24819
老颜集乡	27880	8236	13851	5793	4276	27420
商丘市农场	2986	657	1887	442	319	1877
商丘市林场	164	33	93	38	29	128

表16　续表 41　　　　　　　　　　　　　　　　　　　　　　　　　单位：人

地　　区	总人口	分年龄人口				居住本乡、镇、街道，户口在本乡、镇、街道
		0-14岁	15-59岁	60岁及以上	#65岁及以上	
睢县	**723771**	**179429**	**397490**	**146852**	**108787**	**609550**
长岗镇	27948	7504	14483	5961	4393	27556
平岗镇	30265	7333	16152	6780	5097	29827
周堂镇	25928	6925	12742	6261	4677	25619
蓼堤镇	36055	9464	18864	7727	5615	35507
西陵寺镇	35776	8934	18444	8398	6307	35362
城关镇	64138	14512	39588	10038	7473	40871
潮庄镇	28089	7081	15028	5980	4483	27639
尚屯镇	33042	8134	17750	7158	5227	32629
后台乡	17587	5019	8654	3914	2808	17229
河集乡	34465	9048	17159	8258	6051	34004
孙聚寨乡	33170	8562	16696	7912	5890	32799
白楼乡	22317	5865	10974	5478	4232	21955
河堤乡	26628	6776	13128	6724	5049	25960
白庙乡	23877	6094	12013	5770	4312	23394
胡堂乡	15654	4244	7643	3767	2910	15346
尤吉屯乡	22690	6610	9841	6239	4683	22195
董店乡	70151	14545	44178	11428	8215	48277
涧岗乡	25544	7254	12022	6268	4730	24974
匡城乡	38938	10720	19440	8778	6423	38509
城郊乡	111509	24805	72691	14013	10212	49898
宁陵县	**562657**	**149773**	**305444**	**107440**	**80717**	**482641**
城关回族镇	83167	19150	51123	12894	9856	48150
张弓镇	37862	10468	19588	7806	5845	37589
柳河镇	41511	11025	21567	8919	6502	41272
逻岗镇	37620	10472	19804	7344	5300	37167
石桥镇	33737	10246	16436	7055	5141	33409
黄岗镇	30887	8580	16032	6275	4879	30510
华堡镇	44568	13201	22453	8914	6899	44197
刘楼乡	28585	8604	12891	7090	5475	28370
程楼乡	26878	6936	14290	5652	4300	26685
乔楼乡	29932	9043	13685	7204	5463	29581
城郊乡	33379	7843	20679	4857	3618	22618
阳驿乡	38124	11038	18731	8355	6188	37718
孔集乡	23463	6844	11402	5217	3855	23239
赵村乡	29617	8638	14306	6673	5135	29332
产业集聚区	43327	7685	32457	3185	2261	12804
柘城县	**799213**	**200369**	**437715**	**161129**	**129333**	**691708**
长江新城街道	47059	8686	33450	4923	3733	17441
浦东街道	65246	13476	43536	8234	6405	38031
柘城县城关镇	67801	13802	44655	9344	7106	43235
陈青集镇	32643	8074	16949	7620	6258	32280
起台镇	29592	7907	13989	7696	6293	29084
胡襄镇	34315	9164	17692	7459	6008	34078
慈圣镇	38006	9878	19855	8273	6678	37269
安平镇	48786	12913	25396	10477	8801	48168
远襄镇	32913	9033	16661	7219	5761	32590

表16 续表 42

单位：人

地 区	总人口	分年龄人口				居住本乡、镇、街道，户口在本乡、镇、街道
		0-14岁	15-59岁	60岁及以上	#65岁及以上	
岗王镇	40764	10523	21169	9072	7162	40387
伯岗镇	36153	10297	17573	8283	6676	35712
张桥镇	28428	7068	14926	6434	5069	28020
邵元乡	50895	9423	34593	6879	5213	31884
洪恩乡	18531	4738	8436	5357	4481	18238
老王集乡	24356	7657	10930	5769	4706	23963
大仵乡	25907	6573	12720	6614	5318	25564
马集乡	26242	7500	13006	5736	4661	25894
牛城乡	28447	7908	13461	7078	5740	28115
惠济乡	35580	10415	17101	8064	6555	35232
申桥乡	31816	9774	14452	7590	6186	31546
李原乡	29559	8706	13685	7168	5766	29358
皇集乡	26174	6854	13480	5840	4757	25619
虞城县	**972091**	**250947**	**547421**	**173723**	**133336**	**816376**
城关镇	125019	24400	86711	13908	10066	59109
界沟镇	33619	8238	18638	6743	5465	32987
木兰镇	20024	5706	10206	4112	3272	19816
杜集镇	39143	11623	19269	8251	6445	38561
谷熟镇	26962	7550	14662	4750	3562	26748
大杨集镇	28353	7124	15938	5291	4043	28026
利民镇	41557	10075	22978	8504	6372	40936
张集镇	30342	8108	15455	6779	5342	30066
站集镇	32810	9239	17237	6334	4877	32376
稍岗镇	61663	15636	35444	10583	8137	61186
黄冢乡	29763	8151	15070	6542	5117	29376
沙集乡	21915	6670	9704	5541	4427	21682
店集乡	24667	7322	11592	5753	4595	24262
闻集乡	25440	7417	11985	6038	4711	25086
芒种桥乡	17437	5718	7755	3964	3061	17113
刘店乡	45076	12491	23267	9318	7148	44503
大候乡	38939	11066	19686	8187	6420	38407
城郊乡	137213	32436	90741	14036	10170	56318
郑集乡	26257	6721	14438	5098	3861	25995
李老家乡	41229	10405	22488	8336	6389	40854
镇里固乡	20685	5631	10513	4541	3465	20387
古王集乡	30161	7549	17277	5335	4088	29840
刘集乡	31248	9461	15117	6670	5231	30746
乔集乡	23029	6768	11209	5052	3840	22857
田庙乡	19540	5442	10041	4057	3232	19139
夏邑县	**896578**	**237351**	**475853**	**183374**	**142103**	**782779**
城关镇	132811	34098	84256	14457	10489	78947
会亭镇	36389	9786	18443	8160	6232	35698
马头镇	30138	7500	15495	7143	5589	29751
济阳镇	25064	7392	11705	5967	4609	24459
李集镇	51124	14767	25773	10584	8112	50071
车站镇	48099	12692	25916	9491	7210	47723
杨集镇	32608	8078	16749	7781	5980	30705

表16 续表 43　　单位：人

地　区	总人口	分年龄人口				居住本乡、镇、街道，户口在本乡、镇、街道
		0-14岁	15-59岁	60岁及以上	#65岁及以上	
韩道口镇	31979	8576	15638	7765	6324	31555
太平镇	39263	11162	19449	8652	6741	38839
罗庄镇	26794	7151	13579	6064	4737	26385
火店镇	33468	9006	16657	7805	6330	32837
北岭镇	32495	9455	15437	7603	6077	32146
郭店镇	26928	7751	12441	6736	5194	26618
曹集乡	84918	16993	58882	9043	6685	38871
胡桥乡	30567	8063	15136	7368	5864	27880
歧河乡	23090	6397	9562	7131	5889	22743
业庙乡	32414	8795	15026	8593	6735	31871
中峰乡	18038	5704	7912	4422	3461	17767
桑堌乡	31149	9840	14017	7292	5730	30856
何营乡	24759	6852	12862	5045	3818	24068
王集乡	21400	5118	10389	5893	4486	20916
刘店集乡	26511	6566	14771	5174	3899	26217
骆集乡	26373	7300	11749	7324	5655	26103
孔庄乡	30199	8309	14009	7881	6257	29753
豫东综合物流产业聚集区	**139093**	**34109**	**81404**	**23580**	**18050**	**129490**
中州街道	59109	14120	35668	9321	7175	52024
张阁镇	33170	8520	18996	5654	4166	31563
贾寨镇	46814	11469	26740	8605	6709	45903
河南商丘经济开发区	**176334**	**34299**	**123099**	**18936**	**14381**	**98130**
平台街道	80323	13612	58670	8041	6278	46986
平安街道	72451	14510	51768	6173	4474	28247
周集乡	23560	6177	12661	4722	3629	22897
永城市	**1256409**	**341588**	**698337**	**216484**	**176758**	**948784**
演集镇	361654	97778	233050	30826	23489	128048
城关镇	81759	18553	53816	9390	7212	33520
芒山镇	40653	11200	21414	8039	6372	38518
高庄镇	36827	8602	20652	7573	6199	35674
酂城镇	38456	10651	19942	7863	6353	37526
裴桥镇	43803	13551	21983	8269	6896	43241
马桥镇	40139	13661	19533	6945	5856	39235
薛湖镇	60258	14706	32424	13128	10735	59571
蒋口镇	29462	6895	14316	8251	6950	29049
陈集镇	44027	9873	24676	9478	7824	42295
十八里镇	18758	5026	9558	4174	3561	18494
太邱镇	17430	4328	7854	5248	4415	16964
李寨镇	27845	8899	14587	4359	3637	26875
苗桥镇	21525	5399	11327	4799	4036	21135
顺和镇	19624	4730	8449	6445	5392	19194
茴村镇	21449	5428	10751	5270	4476	20815
酂阳镇	28434	8018	13182	7234	6131	28073
龙岗镇	34770	9824	16809	8137	6637	34201
马牧镇	25364	7188	11457	6719	5458	24799
王集镇	19955	6687	8465	4803	4031	19707
刘河镇	24477	7040	10845	6592	5522	23926

表16 续表 44

单位：人

地　区	总人口	分年龄人口				居住本乡、镇、街道，户口在本乡、镇、街道
		0-14岁	15-59岁	60岁及以上	#65岁及以上	
双桥镇	25912	7808	12434	5670	4752	25501
卧龙镇	24497	7675	12133	4689	3974	23879
黄口镇	25946	8131	12629	5186	4308	25666
新桥镇	28186	8413	14332	5441	4519	27815
条河镇	34835	10427	16759	7649	6179	34286
城厢乡	20788	4156	12206	4426	3702	17824
候岭乡	47414	13742	26816	6856	5570	41143
陈官庄乡	12162	3199	5938	3025	2572	11810
信阳市	**6234401**	**1475608**	**3557559**	**1201234**	**947373**	**4484231**
浉河区	**640133**	**116059**	**406519**	**117555**	**85703**	**384289**
老城街道	40681	7096	25327	8258	6087	29500
民权街道	26630	4485	16324	5821	4264	17972
车站街道	38801	6167	25344	7290	5363	19587
五里墩街道	41841	6629	26612	8600	6166	17900
五星街道	119191	20464	84146	14581	10085	35322
湖东街道	49168	9805	31737	7626	5468	27902
南湾街道	20180	3462	13221	3497	2578	11818
金牛山街道	67776	10244	51424	6108	4215	15177
双井街道	10024	2114	5589	2321	1723	9015
贤山街道	16112	3559	10317	2236	1545	5232
李家寨镇	18421	3398	9809	5214	4009	17084
吴家店镇	28613	6460	15168	6985	5028	26860
东双河镇	28220	5435	16093	6692	5004	25067
董家河镇	25291	5307	13933	6051	4428	23988
浉河港镇	20564	3862	12017	4685	3602	19729
游河乡	29724	5907	16339	7478	5483	27656
谭家河乡	19526	3819	10846	4861	3713	18695
柳林乡	14972	2901	8246	3825	2903	12980
十三里桥乡	24398	4945	14027	5426	4039	22805
平桥区	**852094**	**198018**	**518600**	**135476**	**98913**	**470462**
羊山街道	18938	2527	11428	4983	3521	9658
前进街道	153690	30591	111218	11881	7375	38236
南京路街道	30590	6942	19491	4157	2825	7247
平桥街道	116259	28065	75200	12994	9053	39101
甘岸街道	20669	5259	11287	4123	2911	16174
五里店街道	17031	4057	9498	3476	2528	13901
平西街道	65753	15673	44629	5451	3718	11558
平东街道	7697	1816	4872	1009	715	4843
震雷山街道	17786	2599	12923	2264	1743	8299
明港镇	107869	23539	63627	20703	15469	76796
五里镇	10905	2801	5248	2856	2242	10226
邢集镇	21720	5387	10943	5390	4167	20001
平昌镇	28106	6690	14098	7318	5511	25924
洋河镇	24873	7101	13581	4191	3181	17728
肖王镇	18135	5211	8713	4211	3414	16719
龙井乡	11456	2935	5445	3076	2453	10775

表16 续表 45

单位：人

地区	总人口	分年龄人口				居住本乡、镇、街道，户口在本乡、镇、街道
		0-14岁	15-59岁	60岁及以上	#65岁及以上	
胡店乡	20551	5209	9792	5550	4335	19751
彭家湾乡	11871	2916	6349	2606	1958	10354
长台乡	16477	4312	7946	4219	3143	15288
肖店乡	14811	3809	7409	3593	2779	13980
王岗乡	14726	4067	7160	3499	2725	14084
高梁店乡	12043	3259	5638	3146	2320	11186
查山乡	17600	4503	9120	3977	2990	16559
土城街道	8014	1933	4508	1573	1144	6692
明港工业管理区	10764	2676	5407	2681	2117	9355
城阳城址保护区	5174	1285	2582	1307	991	4698
龙飞山办事处	38730	10688	25037	3005	1918	12862
北湖风景管理区	5546	1261	3135	1150	824	5077
农村改革发展综合试验核心区	3072	704	1610	758	584	2542
信阳国际家居产业小镇	1238	203	706	329	259	848
罗山县	**493208**	**123329**	**261438**	**108441**	**82661**	**374265**
丽水街道	77712	19140	49116	9456	6574	22449
宝城街道	54214	12321	32477	9416	6863	29885
龙山街道	38391	8781	23086	6524	4708	22034
周党镇	29697	8323	14174	7200	5787	26945
竹竿镇	23903	6278	11761	5864	4562	22751
灵山镇	15383	3809	7788	3786	2906	13054
子路镇	22868	5844	11085	5939	4613	21877
楠杆镇	27435	6414	15127	5894	4407	24883
青山镇	14072	3535	6686	3851	2958	12470
潘新镇	16937	4647	7480	4810	3737	16077
彭新镇	20636	5459	8891	6286	4911	19339
莽张镇	22915	6237	10995	5683	4451	20624
东卜镇	20298	4988	10116	5194	3980	19416
铁铺镇	7749	1732	3668	2349	1867	7415
庙仙乡	16563	4560	7546	4457	3387	15793
定远乡	17905	4696	8556	4653	3737	16624
山店乡	10269	2782	4318	3169	2544	9743
朱堂乡	15228	4083	6946	4199	3250	13872
尤店乡	17280	4132	9121	4027	3029	16436
高店乡	21750	5385	11254	5111	3959	20959
河南省五一农场	2003	183	1247	573	431	1619
光山县	**593486**	**141752**	**337671**	**114063**	**94330**	**482196**
弦山街道	78746	17727	49974	11045	8841	42886
紫水街道	92306	22749	58983	10574	7943	49748
十里镇	22812	5404	13273	4135	3387	20173
寨河镇	30041	7435	16395	6211	5044	28366
孙铁铺镇	41527	10087	23347	8093	6455	40834
马畈镇	28482	7087	15674	5721	4793	24445
泼陂河镇	36719	8469	20194	8056	6911	35043
白雀园镇	39903	9767	21987	8149	6803	38036
砖桥镇	14059	3346	7219	3494	3002	13522
仙居乡	23506	6331	11971	5204	4280	22516

表16 续表 46

单位：人

地　区	总人口	分年龄人口				居住本乡、镇、街道，户口在本乡、镇、街道
		0-14岁	15-59岁	60岁及以上	#65岁及以上	
北向店乡	16727	4158	8229	4340	3667	15664
罗陈乡	14207	3559	6829	3819	3243	13230
殷棚乡	8810	1965	4480	2365	1996	8123
南向店乡	18705	4482	9063	5160	4348	18066
晏河乡	29821	7238	14723	7860	6723	28579
凉亭乡	12700	3117	6407	3176	2668	12302
斛山乡	26638	6754	13929	5955	5066	25529
槐店乡	33227	6815	21737	4675	3935	22622
文殊乡	24550	5262	13257	6031	5225	22512
新县	**278620**	**60587**	**160692**	**57341**	**42772**	**183565**
金兰山街道	20015	4511	12091	3413	2510	10875
新集镇	130953	32405	82227	16321	11088	57419
沙窝镇	13001	2947	6187	3867	3126	11812
吴陈河镇	9612	1834	4790	2988	2410	8608
苏河镇	10901	1922	5706	3273	2587	9681
八里畈镇	12210	2243	6259	3708	2967	11355
周河乡	5084	658	2508	1918	1514	4640
陡山河乡	11879	2121	6449	3309	2560	11042
浒湾乡	8981	1895	4771	2315	1765	7689
千斤乡	18351	3524	9963	4864	3854	15912
卡房乡	4022	585	2080	1357	995	3785
郭家河乡	4584	810	2321	1453	1072	4088
陈店乡	9169	1610	5083	2476	1810	8745
箭厂河乡	9311	1824	4836	2651	1962	8413
泗店乡	7533	1289	3943	2301	1694	6771
田铺乡	3014	409	1478	1127	858	2730
商城县	**459488**	**113084**	**245465**	**100939**	**83891**	**379812**
赤城街道	56634	13536	34800	8298	6301	35444
鲇鱼山街道	64891	15166	41023	8702	6776	33208
上石桥镇	45122	12512	22893	9717	7996	39848
鄢岗镇	24439	5741	12577	6121	5344	23101
双椿铺镇	28111	6923	14184	7004	6103	26649
汪桥镇	26574	6585	13933	6056	5254	23837
余集镇	29741	7938	15686	6117	4982	28597
达权店镇	19048	4272	9895	4881	4025	16330
丰集镇	16306	4083	7867	4356	3747	13860
汪岗镇	14571	3459	7322	3790	3120	13180
观庙镇	21201	5140	11420	4641	4106	17661
金刚台镇	11456	2542	5526	3388	2898	10275
河凤桥乡	18664	4855	8936	4873	4191	17831
李集乡	15180	3894	6908	4378	3785	14669
苏仙石乡	6517	1483	2983	2051	1716	6259
伏山乡	11523	2708	4790	4025	3298	11085
吴河乡	15662	4091	7891	3680	3104	15148
冯店乡	12927	3441	5981	3505	2892	12585
长竹园乡	20177	4551	10406	5220	4133	19619
汤泉池管理处	744	164	444	136	120	626

表16　续表 47　　　　单位：人

地　区	总人口	分年龄人口				居住本乡、镇、街道，户口在本乡、镇、街道
		0-14岁	15-59岁	60岁及以上	#65岁及以上	
固始县	**1041399**	**253273**	**556808**	**231318**	**187570**	**771807**
蓼城街道	122835	29273	73800	19762	14803	56818
番城街道	134811	35109	86107	13595	10108	38078
秀水街道	100500	23584	68270	8646	6343	24412
陈淋子镇	35903	8515	18906	8482	6795	34218
黎集镇	39096	9843	19271	9982	8357	37929
蒋集镇	23978	4944	11021	8013	6524	23006
往流镇	25225	6923	12041	6261	5189	23917
郭陆滩镇	27778	7287	13544	6947	5698	26227
胡族铺镇	45944	12031	23892	10021	7916	43658
方集镇	17635	4641	8225	4769	3887	16461
三河尖镇	25041	5975	13819	5247	4183	23832
段集镇	17570	4605	8355	4610	3741	16127
汪棚镇	29030	7377	14393	7260	5923	28185
张广庙镇	22325	5534	9913	6878	5812	21395
陈集镇	23463	5642	9811	8010	6661	22493
武庙集镇	13864	3593	6187	4084	3349	13057
分水亭镇	21834	4833	9638	7363	6298	21036
石佛店镇	15018	3342	6204	5472	4651	14278
泉河铺镇	16644	3699	6989	5956	5078	16091
祖师庙镇	16870	4120	7951	4799	3894	16273
李店镇	24502	5058	13824	5620	4639	24035
沙河铺镇	29243	5621	15343	8279	6974	26227
洪埠乡	27270	5558	12911	8801	7285	26425
杨集乡	23895	5611	12352	5932	4759	22990
马堽集乡	21859	5885	10638	5336	4259	21062
草庙集乡	20765	5977	9581	5207	4300	19280
南大桥乡	15933	3630	7208	5095	4261	15285
赵岗乡	12106	2874	5446	3786	3166	11562
张老埠乡	14420	3318	6312	4790	4079	13941
徐集乡	21640	5350	9781	6509	5358	20887
丰港乡	25933	6488	11747	7698	6477	25031
柳树店乡	13070	2816	5757	4497	3732	12611
观堂乡	15399	4217	7571	3611	3071	14980
潢川县	**636679**	**147468**	**371349**	**117862**	**91679**	**421525**
春申街道	125827	28452	79249	18126	13189	54477
定城街道	92700	21978	59829	10893	7909	30800
弋阳街道	54067	13579	34432	6056	4379	19758
老城街道	32371	7573	20299	4499	3364	12975
双柳树镇	34861	7752	20703	6406	5288	32861
伞陂镇	15719	3138	8124	4457	3577	15360
卜塔集镇	12641	2448	6817	3376	2713	12416
仁和镇	19287	4486	10424	4377	3566	18357
付店镇	18885	4437	10582	3866	3125	17993
踅孜镇	11200	2659	5386	3155	2584	10981
桃林铺镇	18239	4261	9628	4350	3470	17613
黄寺岗镇	17741	3947	8923	4871	3867	17190

表16　续表 48　　　　单位：人

地　　区	总人口	分年龄人口				居住本乡、镇、街道，户口在本乡、镇、街道
		0-14岁	15-59岁	60岁及以上	#65岁及以上	
江家集镇	23550	5322	13642	4586	3711	22231
传流店乡	15553	3328	7985	4240	3432	14947
魏岗乡	25690	6197	13525	5968	4684	24467
张集乡	18293	4201	9666	4426	3561	17786
来龙乡	19144	4508	9506	5130	4111	18837
隆古乡	10416	2421	5311	2684	2068	10140
谈店乡	15952	3213	7864	4875	4000	15630
上油岗乡	12292	2684	6057	3551	2964	11830
白店乡	19021	4142	9686	5193	4227	18383
黄湖农场	1104	235	568	301	212	988
河南省潢川经济技术开发区	22126	6507	13143	2476	1678	5505
淮滨县	**549603**	**139994**	**315395**	**94214**	**76516**	**488777**
顺河街道	54080	12134	34121	7825	5662	44039
滨湖街道	75809	16986	51179	7644	5673	37256
栏杆街道	27553	6763	17169	3621	2908	24012
桂花街道	10405	2461	6764	1180	938	9684
马集镇	22762	6545	12069	4148	3472	21800
防胡镇	34407	9569	18909	5929	5295	34026
新里镇	25487	6905	13478	5104	4241	25161
期思镇	21174	5801	10657	4716	3832	20533
赵集镇	24418	5997	14544	3877	3223	24035
台头乡	23760	6189	12798	4773	4009	23234
王家岗乡	24192	6166	13897	4129	3238	23762
固城乡	28536	7123	16140	5273	4440	28018
三空桥乡	29388	8350	15568	5470	4622	28933
张里乡	20264	5232	10791	4241	3723	19734
邓湾乡	17864	5207	8694	3963	3166	17625
张庄乡	23387	5260	13851	4276	3604	22852
王店乡	24960	6878	13491	4591	3725	24310
谷堆乡	31769	7993	16779	6997	5521	31326
芦集乡	29388	8435	14496	6457	5224	28437
息县	**666168**	**176787**	**368687**	**120694**	**100847**	**510730**
谯楼街道	81072	16842	53213	11017	8757	41477
龙湖街道	73947	17080	50403	6464	5111	23691
淮河街道	59500	14174	39621	5705	4506	11014
包信镇	31809	8785	15850	7174	6279	30242
夏庄镇	21718	5820	11203	4695	3904	20860
东岳镇	35218	10455	18384	6379	5627	34338
项店镇	32684	8988	17575	6121	5215	31165
小茴店镇	34467	9960	16391	8116	6904	33322
曹黄林镇	25765	6737	13566	5462	4395	24786
孙庙乡	16536	3911	9172	3453	2975	15986
路口乡	24908	7269	12409	5230	4492	23623
彭店乡	20832	6437	9962	4433	3737	20090
杨店乡	23411	7239	11562	4610	3962	22610
张陶乡	24157	6503	12015	5639	4884	23138
白土店乡	28179	9594	13566	5019	4311	27140

表16 续表 49 单位：人

地区	总人口	分年龄人口				居住本乡、镇、街道，户口在本乡、镇、街道
		0-14岁	15-59岁	60岁及以上	#65岁及以上	
岗李店乡	28469	7863	13770	6836	6013	27572
长陵乡	13846	4254	6036	3556	3011	13288
陈棚乡	16064	5025	7549	3490	2819	15687
临河乡	15782	4553	7088	4141	3393	15209
关店乡	24153	6621	10996	6536	5169	23109
八里岔乡	29587	7692	15999	5896	4795	28522
濮公山管理区	4064	985	2357	722	588	3861
信阳高新技术产业开发区	**23523**	**5257**	**14935**	**3331**	**2491**	**16803**
城东街道	15591	3469	10261	1861	1391	9755
珍珠路街道	7932	1788	4674	1470	1100	7048
周口市	**9026015**	**2249038**	**4994001**	**1782976**	**1370270**	**7739404**
川汇区	**607721**	**120396**	**398377**	**88948**	**63703**	**385253**
陈州回族街道	48657	8803	31655	8199	5935	30730
七一路街道	78504	16240	50978	11286	8101	50151
荷花路街道	68597	13346	43651	11600	7822	47819
人和街道	34867	7282	21995	5590	4025	17502
小桥街道	39991	8229	25414	6348	4362	24549
城南街道	37750	8047	24763	4940	3306	18037
城北街道	27934	6233	17499	4202	3027	23780
文昌街道	72167	10827	56476	4864	3208	16995
搬口街道	58694	10170	42106	6418	4753	35136
金海路街道	37756	6482	26072	5202	3650	24047
李埠口乡	39707	8885	22944	7878	5927	35611
许湾乡	63097	15852	34824	12421	9587	60896
淮阳区	**1022322**	**268252**	**548955**	**205115**	**160448**	**932315**
柳湖街道	124024	27853	81559	14612	11155	70104
城关回族镇	87323	19475	54068	13780	10375	67122
新站镇	54038	13892	28571	11575	8683	53438
鲁台镇	52433	14925	25874	11634	8799	51858
四通镇	43719	11610	23427	8682	7109	40430
临蔡镇	44659	12127	22550	9982	8220	44075
安岭镇	52936	14886	25095	12955	10763	52041
白楼镇	38901	10911	20138	7852	6197	37040
朱集乡	47560	13059	23342	11159	8386	46923
豆门乡	40489	10426	21462	8601	6420	39682
冯塘乡	54673	15738	26968	11967	9249	53750
刘振屯乡	51068	13575	26484	11009	8652	50290
王店乡	43039	11062	22555	9422	7600	42316
大连乡	60559	17291	30455	12813	9827	59622
葛店乡	50770	12962	26825	10983	8753	50218
黄集乡	36090	9658	17873	8559	6889	35489
齐老乡	49374	14359	23870	11145	8973	48433
郑集乡	43661	11778	22504	9379	7571	43053
曹河乡	47006	12665	25335	9006	6827	46431
扶沟县	**553830**	**123639**	**307639**	**122552**	**92551**	**493373**
桐丘街道	104981	21333	69157	14491	10716	62670

表16 续表 50

单位：人

地 区	总人口	分年龄人口				居住本乡、镇、街道，户口在本乡、镇、街道
		0-14岁	15-59岁	60岁及以上	#65岁及以上	
扶亭街道	27125	5607	17525	3993	2924	18033
崔桥镇	34249	8159	17070	9020	6705	33783
江村镇	42121	10203	21434	10484	7806	41622
白潭镇	34228	7817	17961	8450	6435	33805
韭园镇	39327	8411	21841	9075	6894	38972
练寺镇	33409	7430	17430	8549	6567	32850
大新镇	27887	6296	14925	6666	5194	27537
包屯镇	31964	6801	17325	7838	5970	29134
汴岗镇	30820	7406	16103	7311	5530	30264
曹里乡	29291	6568	15421	7302	5493	28844
柴岗乡	26412	6146	13601	6665	5049	25873
固城乡	25740	6095	12090	7555	5826	25487
吕潭乡	34971	8209	18738	8024	6114	34362
大李庄乡	15070	3460	8162	3448	2566	14565
城郊乡	16235	3698	8856	3681	2762	15572
西华县	**692846**	**167523**	**381914**	**143409**	**106355**	**611319**
娲城街道	44331	10518	27692	6121	4344	26299
箕子台街道	50816	9262	36120	5434	3982	20042
昆山街道	33078	7190	20919	4969	3631	17136
皮营街道	31585	8718	17194	5673	4196	30649
西夏亭镇	39760	9849	20392	9519	7045	39067
逍遥镇	30184	6682	16071	7431	5589	29355
奉母镇	33028	7431	16642	8955	7054	32311
红花集镇	39738	9967	20372	9399	6921	38875
聂堆镇	32616	8465	17056	7095	5453	32114
东夏亭镇	22883	6177	11087	5619	4313	22538
西华营镇	40589	11204	20195	9190	7019	40037
址坊镇	25243	5411	13175	6657	5183	24834
迟营镇	35510	9273	20129	6108	4293	32299
田口乡	22727	6058	12407	4262	3086	22398
清河驿乡	20662	5548	10727	4387	3296	20373
东王营乡	24836	6246	14108	4482	3302	24394
大王庄乡	25315	6733	13675	4907	3438	24815
李大庄乡	28882	7704	14796	6382	4593	28348
叶埠口乡	33256	8535	16130	8591	6212	32763
黄桥乡	24193	6279	12659	5255	3849	23873
艾岗乡	21798	5599	9887	6312	4621	21345
黄泛区农场	24979	4153	15237	5589	4116	21303
五二农场	6837	521	5244	1072	819	6151
商水县	**960453**	**233201**	**536980**	**190272**	**139303**	**854507**
新城街道	83388	13175	61067	9146	6153	37121
东城街道	38396	7570	25269	5557	3962	27926
老城街道	33838	5701	23443	4694	3459	17248
黄寨镇	39961	10081	20029	9851	7373	39339
练集镇	40278	9902	22115	8261	5956	39628
魏集镇	42982	10345	23046	9591	7150	42496
固墙镇	59751	16168	31579	12004	8779	59186

表16　续表 51　　　　单位：人

地　区	总人口	分年龄人口				居住本乡、镇、街道，户口在本乡、镇、街道
		0-14岁	15-59岁	60岁及以上	#65岁及以上	
白寺镇	36412	8694	20628	7090	5148	36160
巴村镇	37504	9898	19712	7894	6113	36772
谭庄镇	57044	14090	31281	11673	8568	56101
邓城镇	44181	10946	22626	10609	7713	43657
胡吉镇	36833	9980	19649	7204	5356	36185
郝岗镇	32040	7936	16298	7806	5836	31785
姚集镇	47749	13321	24527	9901	7400	47186
张庄镇	44196	11127	24106	8963	6465	43057
城关乡	50529	11389	31525	7615	5264	30345
平店乡	37656	10265	18760	8631	6377	35805
袁老乡	31908	9245	14931	7732	5702	31572
化河乡	29349	7716	15101	6532	4736	28845
舒庄乡	28074	8410	13594	6070	4712	27639
大武乡	33049	8734	17122	7193	5217	32270
张明乡	38562	9770	19956	8836	6620	38034
汤庄乡	36773	8738	20616	7419	5244	36150
沈丘县	**956631**	**240989**	**515936**	**199706**	**153872**	**876014**
东城街道	78637	17118	52530	8989	6674	41649
北城街道	33520	7664	19571	6285	4774	32766
槐店回族镇	118048	25769	74206	18073	13361	87472
刘庄店镇	44600	12229	22126	10245	8077	44150
留福集镇	35574	9932	17417	8225	6528	34961
老城镇	40696	10503	20261	9932	7869	39632
赵德营镇	45489	12147	22138	11204	8999	44867
付井镇	58128	15531	30002	12595	9923	54937
纸店镇	33899	8455	17414	8030	6020	33320
新安集镇	38080	10066	19414	8600	6570	37676
白集镇	49724	13624	25673	10427	7894	49275
刘湾镇	26783	6671	14164	5948	4422	25498
莲池镇	31957	8749	15299	7909	5864	31635
洪山镇	42365	11169	21432	9764	7588	41870
北杨集镇	30022	7624	15009	7389	5658	29731
邢庄镇	20769	5203	10641	4925	4000	20514
周营镇	32200	7959	17208	7033	5564	31937
石槽集乡	30507	8283	15357	6867	5296	30079
范营乡	47383	11664	24561	11158	8499	46863
李老庄乡	32844	8886	16282	7676	6010	32512
冯营乡	47551	11983	25247	10321	8133	47119
卞路口乡	37855	9760	19984	8111	6149	37551
郸城县	**1057093**	**284224**	**564688**	**208181**	**163733**	**904682**
洺南街道	84728	19433	56152	9143	6928	49630
洺北街道	69897	17989	43465	8443	6403	32784
新城街道	82652	19467	56834	6351	4635	31512
吴台镇	48469	13679	24363	10427	8135	48055
南丰镇	36238	11222	17283	7733	6215	35413
白马镇	50220	16388	22273	11559	9393	49357
宁平镇	43200	11884	21343	9973	8002	42153

表16 续表 52 单位：人

地　区	总人口	分年龄人口				居住本乡、镇、街道，户口在本乡、镇、街道
		0-14岁	15-59岁	60岁及以上	#65岁及以上	
宜路镇	44337	11334	21940	11063	8680	43645
钱店镇	52825	15345	25214	12266	9209	52289
汲冢镇	51732	13797	26300	11635	9375	50344
石槽镇	34477	9656	15516	9305	7409	33856
城郊乡	44841	10150	26597	8094	6058	41082
虎头岗乡	41540	11356	20061	10123	8070	41108
汲水乡	42915	11853	20348	10714	8739	42468
张完集乡	44174	12783	22598	8793	7079	43485
丁村乡	42422	12152	21054	9216	7172	41741
双楼乡	32151	8849	15739	7563	5989	31647
秋渠乡	39435	10298	19167	9970	8312	38845
东风乡	32590	8435	16637	7518	5699	31909
巴集乡	40586	11520	19539	9527	7302	39683
李楼乡	43436	12220	21888	9328	7686	42738
胡集乡	54228	14414	30377	9437	7243	40938
太康县	**1152685**	**308283**	**613409**	**230993**	**182540**	**1022770**
城关回族镇	145363	32154	95206	18003	13143	66603
常营镇	46776	11449	24553	10774	8189	45770
逊母口镇	53217	13902	27928	11387	8779	52332
老冢镇	51844	13921	26944	10979	9069	51129
朱口镇	65850	18916	32704	14230	11622	64887
马头镇	64014	18486	30726	14802	12052	63062
龙曲镇	26857	8034	12461	6362	5188	26582
板桥镇	42907	10995	22384	9528	7252	42225
符草楼镇	39977	10849	20775	8353	6859	39367
马厂镇	62560	17310	31522	13728	11073	61903
毛庄镇	77573	20625	45821	11127	8444	55788
张集镇	41305	11376	21470	8459	6940	40516
清集镇	41122	11349	20477	9296	7304	40351
大许寨镇	45989	12950	23834	9205	7234	45348
转楼镇	35792	10103	17325	8364	6885	35012
城郊乡	49045	9845	32152	7048	5421	32897
杨庙乡	36409	10934	17479	7996	6673	36000
王集乡	39393	11751	18534	9108	7155	38768
高贤乡	36187	10498	17569	8120	6264	35154
芝麻洼乡	38558	11323	18270	8965	6772	38306
独塘乡	34274	9519	16842	7913	6216	33730
五里口乡	36218	9723	18593	7902	6291	35964
高朗乡	41455	12271	19840	9344	7715	41076
鹿邑县	**958617**	**245050**	**531996**	**181571**	**145568**	**848385**
真源街道	34113	6329	22352	5432	4186	32446
谷阳街道	49263	10752	32181	6330	4826	30370
卫真街道	71679	14854	49773	7052	5370	33528
鸣鹿街道	55211	11254	38216	5741	4440	27021
涡北镇	42677	8290	27397	6990	5487	29340
玄武镇	45387	11821	24325	9241	7448	44905
宋河镇	34836	9203	18394	7239	5958	34089

表16 续表 53

单位：人

地　　区	总人口	分年龄人口				居住本乡、镇、街道，户口在本乡、镇、街道
		0-14岁	15-59岁	60岁及以上	#65岁及以上	
太清宫镇	38944	9533	22486	6925	5568	38255
王皮溜镇	43220	11936	21747	9537	7396	42604
试量镇	43561	12436	21943	9182	7519	43147
辛集镇	36808	10267	18987	7554	6304	36266
马铺镇	33456	8261	17556	7639	6414	32941
贾滩镇	44313	11587	22163	10563	8494	43736
杨湖口镇	48869	13315	24791	10763	8711	48129
张店镇	41169	11492	21735	7942	6089	40777
观堂镇	33903	9115	16834	7954	6395	33503
生铁冢镇	38483	10137	20630	7716	6226	37937
郑家集乡	20574	6114	10275	4185	3316	20278
赵村乡	39554	11266	20188	8100	6430	38972
任集乡	46221	13542	23902	8777	7054	45687
唐集乡	23143	6803	11283	5057	4265	22684
高集乡	32502	9251	15908	7343	6121	32050
邱集乡	26496	7307	13088	6101	4929	26180
穆店乡	34235	10185	15842	8208	6622	33540
河南周口经济开发区	**90620**	**18015**	**61103**	**11502**	**8025**	**55278**
太昊路街道	58696	11770	40124	6802	4629	31276
淮河路街道	31924	6245	20979	4700	3396	24002
项城市	**973197**	**239466**	**533004**	**200727**	**154172**	**755508**
花园街道	98814	23099	66191	9524	6776	30725
水寨街道	128133	32093	80903	15137	11038	70083
东方街道	29597	6692	18413	4492	3397	17795
莲花街道	18945	4491	10893	3561	2679	11653
千佛阁街道	62783	15408	38055	9320	6920	29916
光武街道	52933	12828	32681	7424	5407	23462
南顿镇	48033	11445	25267	11321	8577	47225
孙店镇	50065	12923	25464	11678	9238	49397
李寨镇	36314	9622	16993	9699	7582	35600
贾岭镇	40197	9937	18714	11546	9188	39664
高寺镇	34952	9496	15426	10030	7635	34406
新桥镇	45777	11051	23439	11287	8925	44885
付集镇	26941	6782	12764	7395	5841	26542
官会镇	39548	9660	19291	10597	8273	38723
丁集镇	37702	9249	18592	9861	7677	37166
郑郭镇	46183	11434	24622	10127	8035	45545
秣陵镇	36417	9405	17507	9505	7105	35121
王明口镇	42895	10269	21815	10811	8712	42401
范集镇	37474	9065	18602	9807	7504	36823
三店镇	24981	6419	11069	7493	5943	24489
永丰镇	34513	8098	16303	10112	7720	33887
驻马店市	**7008427**	**1759206**	**3861299**	**1387922**	**1102021**	**5524273**
驿城区	**756859**	**163744**	**465089**	**128026**	**97814**	**484751**
人民街道	36642	7034	23571	6037	4499	22035
东风路街道	52636	11356	34398	6882	5087	19604

表16　续表 54　　　　单位：人

地　　区	总人口	分年龄人口				居住本乡、镇、街道，户口在本乡、镇、街道
		0-14岁	15-59岁	60岁及以上	#65岁及以上	
西园街街道	42127	8484	25914	7729	5825	24021
新华街街道	20946	3686	13876	3384	2514	9080
南海街道	25133	5080	16083	3970	2994	10035
老街街道	60266	12716	38513	9037	6549	24353
橡林街道	131708	29338	87504	14866	10463	48381
雪松街道	42780	9253	27348	6179	4611	16363
顺河街道	24945	5490	14686	4769	3796	24186
刘阁街道	45330	8075	31226	6029	4628	27876
香山街道	11417	2480	6814	2123	1679	10948
古城街道	20791	4284	12329	4178	3372	19173
水屯镇	45794	8993	26057	10744	8657	44709
沙河店镇	24419	6260	12339	5820	4495	23384
板桥镇	31650	8643	15476	7531	5944	29472
诸市镇	23966	5780	12643	5543	4589	23426
蚁蜂镇	16380	3865	8974	3541	2742	15447
老河乡	23738	6309	12212	5217	4015	22742
朱古洞乡	16551	3502	9693	3356	2676	16019
胡庙乡	33186	6908	19309	6969	5489	32254
金桥街道	26454	6208	16124	4122	3190	21243
西平县	**647311**	**133201**	**354601**	**159509**	**124483**	**525531**
柏城街道	158709	30874	103988	23847	17243	76757
柏亭街道	47360	8760	31928	6672	4808	21587
柏苑街道	29984	5722	17628	6634	4886	26639
五沟营镇	27422	5764	14178	7480	5831	26477
权寨镇	24276	4918	12254	7104	5654	23605
师灵镇	26586	5505	12311	8770	7140	25753
出山镇	26091	5640	11826	8625	7066	25524
盆尧镇	39924	8220	21166	10538	8171	39140
嫘祖镇	25256	5204	11771	8281	6739	24744
宋集镇	22604	4786	11098	6720	5344	21880
二郎镇	30889	6518	16290	8081	6484	30251
重渠乡	23107	6026	10669	6412	5038	22622
人和乡	31565	6466	17097	8002	6032	30810
谭店乡	24275	5082	11672	7521	5906	23675
芦庙乡	23483	5114	10195	8174	6745	22703
杨庄乡	19171	4024	8472	6675	5420	18530
专探乡	30077	6653	13843	9581	7660	29285
蔡寨回族乡	9044	2068	4240	2736	2246	8792
焦庄乡	20291	4622	9830	5839	4684	19785
老王坡农场	7197	1235	4145	1817	1386	6972
上蔡县	**1005745**	**271411**	**529393**	**204941**	**162016**	**857009**
蔡都街道	75690	15609	51396	8685	6554	38184
芦岗街道	68920	13980	46726	8214	6115	36728
重阳街道	54835	11822	36030	6983	5184	28041
卧龙街道	68496	13769	47302	7425	5131	31874
黄埠镇	24680	7919	10818	5943	4617	24021
杨集镇	35431	10381	16513	8537	6664	34922

表16　续表 55　　　　单位：人

地　区	总人口	分年龄人口				居住本乡、镇、街道，户口在本乡、镇、街道
		0-14岁	15-59岁	60岁及以上	#65岁及以上	
洙湖镇	31853	8418	14631	8804	7085	31184
党店镇	31631	8289	15150	8192	6636	30932
朱里镇	44890	13632	21356	9902	7893	43853
华陂镇	37666	12088	15929	9649	7614	36502
塔桥镇	48390	13133	24012	11245	8846	47513
东洪镇	45876	13498	21549	10829	8737	44860
邵店镇	43955	12645	21727	9583	7757	43165
五龙镇	19150	5316	9686	4148	3361	18537
和店镇	42739	12397	19773	10569	8757	41888
韩寨镇	30267	8310	15264	6693	5477	29480
蔡沟镇	39191	10509	19917	8765	7262	38472
大路李乡	29149	9361	13222	6566	5151	28248
无量寺乡	25679	7752	11796	6131	4749	25219
杨屯乡	17219	4909	8190	4120	3318	16770
齐海乡	23936	6889	11504	5543	4381	23489
崇礼乡	33738	10363	15895	7480	5846	33063
东岸乡	35315	10463	16720	8132	6557	34725
小岳寺乡	26430	8396	12387	5647	4562	25941
西洪乡	32569	10275	14099	8195	6628	31931
百尺乡	38050	11288	17801	8961	7134	37467
平舆县	**728672**	**201205**	**378876**	**148591**	**121620**	**605591**
古槐街道	103825	26017	64620	13188	10015	58982
清河街道	99134	26260	63100	9774	7411	37148
东皇街道	42537	11206	23687	7644	6332	36621
杨埠镇	33156	9199	16016	7941	6553	32609
东和店镇	35451	9896	16820	8735	6970	34542
庙湾镇	35306	9111	16888	9307	7614	34452
射桥镇	31007	8029	15270	7708	6417	30481
西洋店镇	47183	16147	21005	10031	8337	46205
阳城镇	39405	9526	19718	10161	8529	38494
郭楼镇	29476	8612	14457	6407	5404	28606
李屯镇	22519	7027	10074	5418	4520	22095
万金店镇	32949	10076	15667	7206	6216	32171
高杨店镇	30163	8063	13395	8705	7198	29386
万冢镇	30594	8502	14459	7633	6411	30096
十字路乡	25349	6840	12019	6490	5393	24973
玉皇庙乡	28367	8268	13660	6439	5306	27853
老王岗乡	22348	6326	9696	6326	4900	21876
辛店乡	20259	6015	9208	5036	4295	19684
双庙乡	19644	6085	9117	4442	3799	19317
正阳县	**625123**	**171456**	**340928**	**112739**	**91162**	**493720**
真阳街道	147592	35697	94244	17651	13372	54330
清源街道	19705	5181	10959	3565	2791	14801
寒冻镇	28383	9825	12128	6430	5417	27689
汝南埠镇	34335	10621	16197	7517	6306	33423
铜钟镇	23971	6572	12635	4764	3925	22577
陡沟镇	23520	6871	11565	5084	4022	22572

表16 续表 56

单位：人

地　区	总人口	分年龄人口				居住本乡、镇、街道，户口在本乡、镇、街道
		0-14岁	15-59岁	60岁及以上	#65岁及以上	
熊寨镇	18728	5160	9624	3944	3110	17959
大林镇	23530	6344	11983	5203	4178	22850
永兴镇	21730	6067	11912	3751	3135	19916
袁寨镇	22463	6986	10672	4805	4040	21937
慎水乡	56508	13464	35382	7662	6162	38898
傅寨乡	21451	6032	10959	4460	3706	20970
新阮店乡	16742	4678	8503	3561	2985	15669
油坊店乡	27735	7304	15238	5193	4396	27111
雷寨乡	38469	11557	19452	7460	6010	37484
王勿桥乡	20785	6729	9868	4188	3501	20166
吕河乡	18342	4835	9074	4433	3580	17556
皮店乡	23401	6664	12026	4711	3801	21770
彭桥乡	14211	4014	6792	3405	2798	13544
兰青乡	23522	6855	11715	4952	3927	22498
确山县	**403044**	**95640**	**224166**	**83238**	**63095**	**329215**
盘龙街道	65187	14020	41911	9256	6731	31581
三里河街道	39895	8017	25850	6028	4487	24839
朗陵街道	40335	8540	24194	7601	5609	26272
竹沟镇	22262	6166	11477	4619	3514	20951
任店镇	31935	7103	16747	8085	6104	30534
新安店镇	33036	8254	16552	8230	6301	32050
留庄镇	35522	9949	17304	8269	6562	34308
刘店镇	30564	6934	16243	7387	5759	29447
瓦岗镇	17208	4248	8924	4036	3100	16513
双河镇	35659	9360	18476	7823	5880	33231
石滚河镇	14956	4098	7499	3359	2482	14510
李新店镇	16999	4079	8716	4204	3184	16128
普会寺镇	19486	4872	10273	4341	3382	18851
泌阳县	**695239**	**191656**	**369740**	**133843**	**103196**	**534473**
花园街道	129649	34562	79593	15494	11425	57649
泌水街道	73021	20376	42122	10523	7863	36132
古城街道	75163	18894	45989	10280	7401	36910
羊册镇	43607	12458	21622	9527	7369	42818
马谷田镇	28947	8303	14349	6295	4717	28535
春水镇	28680	8054	14293	6333	4983	26099
官庄镇	30135	8613	14032	7490	5937	29489
赊湾镇	17264	4267	7934	5063	4078	16848
郭集镇	30364	9705	14394	6265	4834	29715
泰山庙镇	27936	7974	12963	6999	5726	27637
王店镇	19281	5501	9397	4383	3360	18805
杨家集镇	20949	5476	10660	4813	3793	20638
高店镇	16185	4872	7319	3994	3117	15836
高邑镇	19007	5419	9260	4328	3427	18461
盘古乡	17851	4885	8384	4582	3525	17163
铜山乡	14421	4385	6537	3499	2674	14014
下碑寺乡	11506	3610	4684	3212	2533	11208
象河乡	16713	3898	8451	4364	3512	13903

表16　续表 57　　　　　单位：人

地　区	总人口	分年龄人口				居住本乡、镇、街道，户口在本乡、镇、街道
		0-14岁	15-59岁	60岁及以上	#65岁及以上	
付庄乡	24009	6865	11875	5269	4084	23668
贾楼乡	14928	4389	7211	3328	2616	14294
黄山口乡	13890	3754	6975	3161	2499	13461
双庙街乡	21733	5396	11696	4641	3723	21190
汝南县	**612551**	**148577**	**329948**	**134026**	**107059**	**522184**
汝宁街道	99668	21991	63384	14293	10442	51048
三门闸街道	30812	8284	15541	6987	5526	29598
古塔街道	47690	9413	30428	7849	5981	25876
宿鸭湖街道	28002	6319	16570	5113	3912	21766
王岗镇	25993	7219	12068	6706	5491	25253
梁祝镇	34806	8678	18661	7467	6067	33876
和孝镇	21830	5522	10743	5565	4621	21195
老君庙镇	27568	6001	14730	6837	5617	26446
留盆镇	35750	8970	17643	9137	7119	34675
金铺镇	33983	9859	15899	8225	6701	32859
东官庄镇	32281	8084	16193	8004	6516	31253
常兴镇	36695	9644	17952	9099	7547	35472
罗店镇	33627	7470	17422	8735	6905	32772
韩庄镇	22728	4644	12275	5809	4817	22003
三桥镇	41901	11128	21131	9642	7991	40598
张楼镇	24044	6340	11637	6067	4941	23407
南余店乡	13268	3608	6539	3121	2566	12806
板店乡	21905	5403	11132	5370	4299	21281
遂平县	**441370**	**105416**	**238432**	**97522**	**80333**	**343307**
瞿阳街道	83992	16311	55667	12014	9279	39642
车站街道	17354	4020	9393	3941	3302	16661
莲花湖街道	42096	9829	25452	6815	5419	20891
褚堂街道	13802	3469	6727	3606	3039	13284
吴房街道	32263	6583	22305	3375	2575	10949
玉山镇	19850	4649	9824	5377	4457	19197
查岈山镇	15881	3991	7277	4613	3843	15007
石寨铺镇	17661	4648	8510	4503	3654	16941
和兴镇	44653	10827	22042	11784	10084	42895
沈寨镇	32820	8237	15203	9380	8139	31594
阳丰镇	23481	5741	11190	6550	5396	22213
常庄镇	31503	9012	14877	7614	6244	30617
花庄镇	19586	5580	9064	4942	4109	18882
槐树乡	18247	4346	8109	5792	4866	17627
文城乡	20162	5924	8806	5432	4457	19358
嵖岈山风景区	4058	1094	2072	892	742	3923
凤鸣谷风景区	3961	1155	1914	892	728	3626
新蔡县	**823829**	**218774**	**447350**	**157705**	**131221**	**729507**
古吕街道	104678	24689	67491	12498	9500	57616
今是街道	28427	6638	17052	4737	3868	20157

表16　续表 58

单位：人

地　　区	总人口	分年龄人口				居住本乡、镇、街道，户口在本乡、镇、街道
		0-14岁	15-59岁	60岁及以上	#65岁及以上	
月亮湾街道	48067	9900	32766	5401	4276	22331
砖店镇	22712	6538	11370	4804	4043	22202
陈店镇	26232	7626	13281	5325	4550	25912
佛阁寺镇	29721	8854	14167	6700	5838	29296
练村镇	40221	11599	19641	8981	7423	39625
棠村镇	34548	9729	17845	6974	5847	33944
韩集镇	38560	10088	20951	7521	6145	38167
龙口镇	37357	10364	19156	7837	6594	36873
李桥回族镇	19994	5661	10283	4050	3433	19833
黄楼镇	33326	10018	16845	6463	5378	32812
孙召镇	37123	9707	20095	7321	6145	35878
余店镇	54349	15873	27962	10514	8837	53931
河坞乡	24720	6398	13544	4778	4066	22544
关津乡	36357	9526	19066	7765	6548	34417
宋岗乡	20293	5781	9358	5154	4251	19993
顿岗乡	26045	7182	12428	6435	5176	25563
涧头乡	39724	10666	20839	8219	7038	39063
杨庄户乡	27121	6960	14355	5806	4941	26873
化庄乡	35735	9378	18385	7972	6761	35332
栎城乡	31974	8496	16345	7133	5994	30964
弥陀寺乡	26545	7103	14125	5317	4569	26181
河南驻马店经济开发区	**268684**	**58126**	**182776**	**27782**	**20022**	**98985**
关王庙乡	21759	5398	12369	3992	3274	20090
驻马店市职教园区	17755	1300	16297	158	105	756
金河街道	157511	31354	110381	15776	10998	48492
金山街道	56312	16306	34877	5129	3481	15436
开源街道	15347	3768	8852	2727	2164	14211
济源市	**727265**	**141624**	**449915**	**135726**	**94496**	**435963**
沁园街道	163880	30490	115649	17741	11750	48190
济水街道	67694	15582	42410	9702	6602	25031
北海街道	60019	13336	37100	9583	6566	26747
天坛街道	60776	13323	39674	7779	5170	21394
玉泉街道	44871	9280	27660	7931	5425	28164
克井镇	49107	9728	28699	10680	7374	44530
五龙口镇	35971	6512	20150	9309	6498	33799
轵城镇	74613	13481	45032	16100	11431	57806
承留镇	49391	8757	28820	11814	8485	38341
邵原镇	17269	3071	8764	5434	4004	16823
坡头镇	18152	3379	9689	5084	3693	15797
梨林镇	29264	5118	16676	7470	5232	28180
大峪镇	10458	1482	5187	3789	2728	9953
思礼镇	23273	4402	13256	5615	3995	19541
王屋镇	14117	2459	7348	4310	3087	13647
下冶镇	8410	1224	3801	3385	2456	8020

表17　湖北省乡、镇、街道人口

单位：人

地　　区	总人口	分年龄人口				居住本乡、镇、街道，户口在本乡、镇、街道
		0-14岁	15-59岁	60岁及以上	#65岁及以上	
湖北省	**57752557**	**9420477**	**36537085**	**11794995**	**8424339**	**39068462**
武汉市	**12447718**	**1623938**	**8678492**	**2145288**	**1470494**	**5372803**
江岸区	**965260**	**124541**	**623225**	**217494**	**146785**	**403521**
大智街道	25264	2420	16532	6312	4237	9949
一元街道	37293	3401	23511	10381	7232	19002
车站街道	25146	2838	14919	7389	5068	13825
四唯街道	22559	2867	14267	5425	3830	12069
永清街道	18071	2905	11357	3809	2623	11102
西马街道	47659	4342	28958	14359	10023	25298
球场街道	25185	2995	16194	5996	4071	11746
劳动街道	49808	5447	29843	14518	10245	29918
二七街道	68612	9390	43364	15858	11113	31820
新村街道	43951	4501	28004	11446	7828	20170
丹水池街道	64828	7324	42262	15242	9752	23483
台北街道	22887	2082	14563	6242	4589	10899
花桥街道	92561	12302	58520	21739	15673	42465
谌家矶街道	39719	3845	29754	6120	3869	8166
后湖街道	177004	26627	116759	33618	21335	58511
塔子湖街道	120446	18553	82523	19370	12146	36321
百步亭花园	84267	12702	51895	19670	13151	38777
江汉区	**647932**	**74769**	**445211**	**127952**	**85147**	**225130**
民族街街道	12750	1245	8461	3044	1999	6180
花楼街街道	8903	1193	6574	1136	755	1562
水塔街街道	14657	1598	9484	3575	2365	6251
民权街街道	26736	2586	17142	7008	4503	11895
满春街街道	21136	2550	15078	3508	2053	6115
民意街街道	30922	3284	20918	6720	4227	11539
新华街街道	29216	2574	20897	5745	4001	10105
万松街街道	77119	9483	51357	16279	11237	33128
唐家墩街街道	104945	12169	72639	20137	13638	30469
北湖街街道	30506	2854	20514	7138	5044	12096
前进街街道	19729	2236	12980	4513	2846	8338
常青街街道	79974	8490	56605	14879	10123	23827
汉兴街街道	189113	24465	130453	34195	22314	63535
江汉经济开发区	1946	38	1839	69	40	90
武汉中央商务区管理委员会	280	4	270	6	2	
硚口区	**666661**	**78415**	**444143**	**144103**	**93821**	**233685**
古田街道	76316	9999	49825	16492	11152	31917
韩家墩街道	91459	12099	60609	18751	12679	36958
宗关街道	50424	6390	34026	10008	6410	19010
汉水桥街道	60129	6928	38365	14836	9921	31014
宝丰街道	54078	5914	35975	12189	8806	27780
荣华街道	36006	3924	22924	9158	6147	16662
汉中街道	44341	5390	28118	10833	6923	18676
汉正街道	55613	6815	40521	8277	4808	13726
六角亭街道	25680	2731	17792	5157	3308	8485
长丰街道	135328	15128	91388	28812	17953	24916
易家街道	37287	3097	24600	9590	5714	4541

表17 续表 1

单位：人

地　　区	总人口	分年龄人口				居住本乡、镇、街道，户口在本乡、镇、街道
		0-14岁	15-59岁	60岁及以上	#65岁及以上	
汉阳区	**837263**	**112508**	**564525**	**160230**	**103250**	**307926**
建桥街道	46389	4834	28702	12853	8642	25327
晴川街道	32454	2951	26137	3366	2165	5756
鹦鹉街道	72799	9204	44670	18925	12574	35421
洲头街道	35383	3549	23726	8108	5296	14445
五里墩街道	110777	12262	70762	27753	18666	42554
琴断口街道	81875	10584	53888	17403	11402	31046
江汉二桥街道	66640	8487	42588	15565	10754	30753
永丰街道	115582	13724	83907	17951	11073	31698
江堤街道	120116	18372	82027	19717	11976	36041
四新街道	76627	15576	52894	8157	4618	27540
龙阳街道	78621	12965	55224	10432	6084	27345
武昌区	**1102188**	**127374**	**743786**	**231028**	**161645**	**606490**
积玉桥街道	69882	8507	45975	15400	10320	37786
杨园街道	119341	14505	80042	24794	16661	57652
徐家棚街道	147142	15732	104291	27119	18517	67903
粮道街道	51570	5920	33157	12493	8628	28432
中华路街道	28120	2799	17835	7486	5137	18756
黄鹤楼街道	44091	4365	29248	10478	7359	26930
紫阳街道	40846	4108	25574	11164	7631	24780
白沙洲街道	74428	9215	48335	16878	10769	35771
首义路街道	57215	5833	37676	13706	10071	35068
中南路街道	178828	21283	122496	35049	25104	102813
水果湖街道	158000	19239	103267	35494	26054	106691
珞珈山街道	57287	2638	48918	5731	4431	17792
石洞街道	6524	487	3716	2321	1758	4588
南湖街道	59476	11861	37123	10492	7520	37701
东湖风景区街道(武昌)	9438	882	6133	2423	1685	3827
青山区	**431818**	**48665**	**273568**	**109585**	**78003**	**198718**
红卫路街道	98053	11442	64707	21904	15186	44898
冶金街道	55428	6231	36310	12887	9267	26673
新沟桥街道	31879	3662	20608	7609	5378	15157
红钢城街道	23143	2774	15223	5146	3605	9286
工人村街道	43679	5257	29230	9192	5989	11844
青山镇街道	13030	1231	8447	3352	2472	5590
厂前街道	11626	1005	8354	2267	1548	1516
武东街道	24124	2689	15523	5912	4414	11243
白玉山街道	37438	3845	23761	9832	7414	13770
钢花村街道	60590	6516	35264	18810	13851	36228
武钢集团	19	1	14	4	2	
开发区	589	24	534	31	12	1
钢都花园	32220	3988	15593	12639	8865	22512

表17　续表 2

单位：人

地　区	总人口	分年龄人口				居住本乡、镇、街道，户口在本乡、镇、街道
		0-14岁	15-59岁	60岁及以上	#65岁及以上	
洪山区	**2554403**	**304952**	**1953357**	**296094**	**193964**	**804414**
珞南街道	207909	16720	164191	26998	19673	70468
关山街道	297999	20481	247869	29649	21804	96480
狮子山街道	159840	11781	132731	15328	10347	59371
张家湾街道	175623	26951	126653	22019	13096	47207
梨园街道	73588	7329	49956	16303	11088	27584
卓刀泉街道	166389	17560	132232	16597	11421	53831
洪山街街道	280192	44983	202504	32705	20318	89764
和平街道	236412	30525	164467	41420	26647	52301
青菱街道	126972	9148	109644	8180	5042	25381
八吉府街道	28191	3248	18662	6281	4347	14616
关东街道	484717	77153	364648	42916	25676	159871
花山街道	61144	10507	41453	9184	5797	28635
左岭街道	64456	7207	49825	7424	5430	28659
九峰街道	72075	9034	57036	6005	3466	21416
天兴乡	3887	557	2567	763	506	2872
清谭湖街道	3286	441	1874	971	698	2855
东湖风景区街道(洪山)	111723	11327	87045	13351	8608	23103
东西湖区	**845782**	**121194**	**604203**	**120385**	**80248**	**228077**
吴家山街道	128282	17679	91439	19164	13255	50609
柏泉办事处街道	19785	1607	13715	4463	3275	9514
将军路街道	104745	14942	76773	13030	8068	17533
慈惠街道	23071	2055	17243	3773	2565	6878
走马岭街道	36316	3435	26874	6007	4216	15243
径河街道	154290	25172	114097	15021	9141	27217
长青街道	70824	8816	55732	6276	3956	14201
辛安渡办事处街道	13965	1425	8379	4161	3175	9320
东山办事处街道	15714	1716	9668	4330	3236	10914
常青花园新区管理委员会街道	75455	10457	53044	11954	8825	22043
新沟镇街道	19282	1833	12766	4683	3437	10162
金银湖街道	184053	32057	124473	27523	17099	34443
汉南区	**145103**	**18751**	**101332**	**25020**	**17305**	**67372**
纱帽街道	101594	14517	71431	15646	10665	47910
邓南街道	7257	555	3874	2828	2191	5487
东荆街道	28029	2764	21173	4092	2748	8000
湘口街道	8223	915	4854	2454	1701	5975
蔡甸区	**930818**	**133342**	**637936**	**159540**	**110595**	**447910**
蔡甸街道	163746	24430	108739	30577	21596	82927
奓山街道	56900	8371	37384	11145	7813	35082
永安街道	29051	4294	17203	7554	5548	21876
侏儒山街道	30430	4292	17514	8624	6035	26188
大集街道	60486	10131	39149	11206	7799	27754
张湾街道	25987	2731	15148	8108	5966	20806
索河街道	15936	1943	8342	5651	4149	13543
玉贤街道	12803	1432	6823	4548	3331	9472
沌口街道	97772	13259	74079	10434	6682	29715
军山街道	40951	5096	29032	6823	4777	24419

表17 续表 3

单位：人

地　　区	总人口	分年龄人口				居住本乡、镇、街道，户口在本乡、镇、街道
		0-14岁	15-59岁	60岁及以上	#65岁及以上	
沌阳街道	237712	33649	176938	27125	18072	85611
消泗乡	9533	1185	5388	2960	2145	8511
桐湖	2367	312	1442	613	448	1892
侏儒山街道洪北片区	3513	435	2159	919	591	2118
中法武汉生态示范城	82714	12466	55247	15001	10120	34724
侏儒山街道成功片区	9528	1431	5767	2330	1640	8250
蔡甸经济开发区	51389	7885	37582	5922	3883	15022
江夏区	**1308469**	**171225**	**992168**	**145076**	**98815**	**476646**
纸坊街道	267627	43897	186546	37184	26166	105147
金口街道	52941	7442	32131	13368	9521	42484
乌龙泉街道	23774	3214	13562	6998	5135	19321
郑店街道	44481	7284	29569	7628	5197	27399
五里界街道	16289	2688	10496	3105	2187	10366
金水街道	6671	930	4229	1512	1082	4081
安山街道	12088	1627	7137	3324	2366	9761
山坡街道	22163	3160	12530	6473	4890	18859
法泗街道	18423	2711	10839	4873	3456	15841
湖泗街道	9751	1545	5143	3063	2430	8718
舒安街道	6440	680	3579	2181	1741	4798
佛祖岭街道	236931	23617	201198	12116	7156	53825
豹澥街道	56975	9073	40174	7728	5434	34164
龙泉街道	28774	3874	21570	3330	2345	15613
滨湖街道	11074	1836	6620	2618	1855	8223
武汉江夏经济开发区庙山高新技术产业园	106134	13327	86661	6146	3629	18683
武汉江夏经济开发区藏龙岛高新技术产业园	212977	21669	181348	9960	5782	35059
武汉江夏经济开发区大桥现代产业园	161758	20787	130053	10918	6576	36813
江夏梁子湖风景区	1952	164	984	804	615	1593
武汉江夏经济开发区金港汽车产业园	11246	1700	7799	1747	1252	5898
黄陂区	**1151644**	**176503**	**741548**	**233593**	**172324**	**742910**
前川街道	217483	32601	141873	43009	31534	153803
祁家湾街道	61364	8566	33908	18890	14473	54906
横店街道	75967	11318	48889	15760	11602	52748
罗汉寺街道	44703	6063	24749	13891	10723	39297
滠口街道	76198	12485	53882	9831	6758	31352
六指街道	50848	6746	28748	15354	12117	45569
天河街道	26107	4267	15870	5970	4580	20484
王家河街道	42744	5594	24562	12588	9631	39075
长轩岭街道	30333	3946	17889	8498	6555	25834
李集街道	62583	9484	36399	16700	12734	56026
姚集街道	32460	4549	18896	9015	6866	27388
蔡榨街道	26060	3716	14647	7697	6038	22655
武湖街道	77883	11889	55606	10388	7218	35286
三里桥街道	21596	3115	14331	4150	3008	16147

表17 续表 4 单位：人

地 区	总人口	分年龄人口				居住本乡、镇、街道，户口在本乡、镇、街道
		0-14岁	15-59岁	60岁及以上	#65岁及以上	
蔡店街道	29074	3981	17157	7936	5918	26695
木兰乡	28655	3880	16660	8115	6170	25834
木兰山风景区管理处	1438	152	856	430	322	1173
大潭办事处	5045	817	3008	1220	873	3815
盘龙城经济开发区	233551	42527	167323	23701	14941	64811
汉口北商贸物流枢纽区管委会	7552	807	6295	450	263	12
新洲区	**860377**	**131699**	**553490**	**175188**	**128592**	**630004**
邾城街道	195525	34981	128802	31742	22684	126547
阳逻街道	245830	35163	174924	35743	25027	124361
仓埠街道	57525	7893	34113	15519	11718	51281
汪集街道	57056	7588	34452	15016	11240	50160
李集街道	36827	5118	21189	10520	7933	34537
三店街道	52453	8317	30417	13719	10408	49553
潘塘街道	20421	3275	11536	5610	4351	18780
旧街街道	54727	8725	33341	12661	9311	49744
双柳街道	38655	5222	23721	9712	7129	34398
涨渡湖街道	9889	654	7268	1967	1496	5724
辛冲街道	41580	6617	24648	10315	7651	38413
徐古街道	25242	4019	14434	6789	5243	23764
凤凰镇	20397	3517	11953	4927	3673	19352
道观河风景旅游管理处	3839	587	2400	852	646	3155
新洲原种场	411	23	292	96	82	235
黄石市	**2469079**	**539990**	**1508972**	**420117**	**309695**	**1689297**
黄石港区	**241589**	**36032**	**155832**	**49725**	**35356**	**129694**
沈家营街道	89072	9799	60952	18321	13189	45776
黄石港街道	59490	10038	36789	12663	9030	35691
胜阳港街道	37680	5758	22402	9520	6833	24919
花湖街道	51750	9867	33491	8392	5766	20603
江北管理区	3597	570	2198	829	538	2705
西塞山区	**197217**	**27809**	**121357**	**48051**	**35272**	**130766**
章山街道	6180	1314	3691	1175	932	5794
八泉街道	44414	6520	27424	10470	7687	26261
澄月街道	48426	6377	29928	12121	8824	30173
牧羊湖街道	45857	6909	28727	10221	7443	26998
黄思湾街道	32466	3074	18902	10490	7721	25173
冶钢农场	227	1	210	16	5	2
西塞山工业园区管委会	19647	3614	12475	3558	2660	16365
下陆区	**215181**	**31290**	**145551**	**38340**	**28760**	**116888**
团城山街道	107016	15419	77821	13776	9519	44288
新下陆街道	66959	8517	40217	18225	14647	52838
老下陆街道	21454	3704	15291	2459	1657	7153
东方山街道	14988	2716	9309	2963	2246	8908
长乐山工业园管理委员会	4764	934	2913	917	691	3701
铁山区	**41907**	**4783**	**25604**	**11520**	**8630**	**32058**
铁山街道	41907	4783	25604	11520	8630	32058
阳新县	**901971**	**251037**	**520396**	**130538**	**96423**	**703523**
兴国镇	207831	56400	128129	23302	15984	92370

表17 续表 5

单位：人

地区	总人口	分年龄人口				居住本乡、镇、街道，户口在本乡、镇、街道
		0-14岁	15-59岁	60岁及以上	#65岁及以上	
富池镇	25081	5406	15139	4536	3458	22012
黄颡口镇	31663	8663	18097	4903	3759	30406
韦源口镇	32265	8627	19390	4248	3142	29055
太子镇	39464	10898	22871	5695	4278	37379
大王镇	33433	8831	18991	5611	4295	31836
陶港镇	20112	5299	11151	3662	2830	18990
白沙镇	70377	18882	40350	11145	8421	66801
浮屠镇	72928	21252	41492	10184	7633	69313
三溪镇	30667	8948	16519	5200	4016	28491
龙港镇	86839	27615	46668	12556	9179	83694
洋港镇	31506	10233	16177	5096	3706	30648
排市镇	27623	8315	14494	4814	3647	26483
木港镇	30948	8352	17018	5578	4203	29535
枫林镇	30850	8366	16852	5632	4392	29464
王英镇	32683	8690	17478	6515	5075	31158
率洲农场	12388	3054	6949	2385	1767	10763
半壁山国营农场	4752	961	2767	1024	729	4292
阳新县荆头山农场	3114	570	1779	765	581	2855
金海开发区	7129	1856	4125	1148	879	6835
阳新县城东管理区	70318	19819	43960	6539	4449	21143
大冶市	**871214**	**189039**	**540232**	**141943**	**105254**	**576368**
东岳路街道	110252	26200	70448	13604	9556	42592
东风路街道	145615	36822	97363	11430	7310	36309
金湖街道	65849	12267	41193	12389	9359	43506
罗家桥街道	70959	15995	45342	9622	7123	47328
金山街道	52014	11681	33292	7041	5253	34596
金牛镇	53603	11797	30275	11531	8630	46574
保安镇	45701	9161	26474	10066	7568	40360
灵乡镇	34563	7231	20163	7169	5391	31092
金山店镇	29933	5797	17149	6987	5449	25305
还地桥镇	66189	13705	38639	13845	10250	59996
殷祖镇	26685	5463	15637	5585	4329	24548
刘仁八镇	25600	5462	14834	5304	4010	24212
陈贵镇	34237	6106	20001	8130	6286	30780
大箕铺镇	35746	6992	21793	6961	5362	31659
汪仁镇	45067	8129	30974	5964	4576	30491
茗山乡	26380	5694	15007	5679	4349	24786
东风农场管理区	2271	428	1312	531	371	1859
四顾闸管理处	550	109	336	105	82	375
十堰市	**3209004**	**599932**	**1998483**	**610589**	**451977**	**2075001**
茅箭区	**601548**	**110821**	**419848**	**70879**	**49779**	**204929**
武当路街道	73501	13622	51419	8460	5937	22740
二堰街道	185651	28631	139050	17970	12534	50069
五堰街道	168384	31007	113683	23694	16770	83539
白浪开发区白浪街道	102954	24376	67511	11067	7596	25418
大川镇	3483	459	1900	1124	852	2805
茅塔乡	3234	439	1626	1169	882	2772
鸳鸯乡	64341	12287	44659	7395	5208	17586

表17　续表 6　　　　单位：人

地　　区	总人口	分年龄人口				居住本乡、镇、街道，户口在本乡、镇、街道
		0-14岁	15-59岁	60岁及以上	#65岁及以上	
张湾区	**431859**	**70589**	**296037**	**65233**	**48586**	**167197**
花果街道	35904	4888	22740	8276	6424	21139
红卫街道	99550	15148	72922	11480	8488	26510
车城路街道	141929	21933	97472	22524	16861	57945
汉江路街道	112819	21344	77008	14467	10404	38813
黄龙镇	13224	2047	7740	3437	2695	9910
柏林镇	12013	2589	7464	1960	1466	5803
方滩乡	2497	294	1307	896	689	2244
西沟乡	2730	300	1415	1015	760	2392
西城开发区	5508	976	3682	850	611	2222
十堰工业新区管理委员会	5685	1070	4287	328	188	219
郧阳区	**395222**	**73648**	**230253**	**91321**	**69065**	**320315**
安阳镇	10846	1574	5474	3798	2907	10157
杨溪铺镇	20239	3338	11409	5492	4180	9609
青曲镇	12193	1830	6240	4123	3179	11837
白桑关镇	15394	2565	7833	4996	3868	14918
南化塘镇	34280	7479	18509	8292	6243	33050
白浪镇	7814	1569	4442	1803	1396	7550
刘洞镇	9908	1892	5305	2711	2171	9364
谭山镇	18599	4017	10036	4546	3630	17889
梅铺镇	15096	2957	8345	3794	2966	14678
青山镇	6693	834	3290	2569	1932	6384
茶店镇	31232	6131	20114	4987	3483	20823
柳陂镇	28571	5428	16090	7053	5152	26414
鲍峡镇	23656	4894	13610	5152	3920	21379
胡家营镇	15583	3227	8831	3525	2760	14773
谭家湾镇	15049	2181	9320	3548	2582	10120
城关镇	102921	19519	66774	16628	12152	65321
大柳乡	6797	1052	3719	2026	1541	6536
五峰乡	14935	2459	7982	4494	3588	14391
叶大乡	4942	645	2690	1607	1279	4690
湖北沧浪山国家森林公园管理局	474	57	240	177	136	432
郧西县	**371012**	**75175**	**215188**	**80649**	**61375**	**298126**
城关镇	122595	26489	79429	16677	11964	63867
土门镇	15875	3030	8599	4246	3278	14948
上津镇	22149	4749	12829	4571	3507	19837
店子镇	16561	3422	9094	4045	2961	15848
夹河镇	23429	5084	12846	5499	4288	22700
羊尾镇	13434	2710	7098	3626	2845	12821
观音镇	22517	3745	12781	5991	4727	19851
马鞍镇	14041	2558	7462	4021	3188	13292
河夹镇	15363	2254	8026	5083	4037	14679
香口乡	15556	3063	8212	4281	3314	14994
关防乡	12358	2583	6943	2832	2094	11583
湖北口回族乡	16145	3511	9056	3578	2676	15730
景阳乡	19276	4290	10031	4955	3755	18573
六郎乡	16657	3303	9147	4207	3326	16029

表17 续表 7

单位：人

地　区	总人口	分年龄人口				居住本乡、镇、街道，户口在本乡、镇、街道
		0-14岁	15-59岁	60岁及以上	#65岁及以上	
涧池乡	13558	2800	7434	3324	2596	12505
安家乡	5240	589	2736	1915	1454	4917
槐树林特场管委会	3712	623	2038	1051	827	3596
三官洞林区	1794	205	944	645	475	1709
工业园区	752	167	483	102	63	647
竹山县	**346069**	**68289**	**202912**	**74868**	**56404**	**290351**
城关镇	70714	15449	44820	10445	7614	39206
溢水镇	24918	5596	14119	5203	3937	22483
麻家渡镇	23112	4987	13196	4929	3788	21437
宝丰镇	53052	11268	31358	10426	8147	46718
擂鼓镇	19849	3568	10999	5282	4221	18876
秦古镇	17261	2977	9895	4389	3369	16026
得胜镇	19512	3844	10763	4905	3629	18629
上庸镇	10208	1853	5986	2369	1827	9651
官渡镇	13155	2532	7523	3100	2298	12537
潘口乡	17535	2832	11818	2885	2108	12181
竹坪乡	15746	2876	8554	4316	3201	14982
大庙乡	8867	1580	4788	2499	1773	8463
双台乡	12654	2224	7478	2952	2276	11701
楼台乡	15831	2689	8613	4529	3322	15111
文峰乡	8688	1398	4698	2592	1949	8138
深河乡	7152	1279	3882	1991	1408	6867
柳林乡	7815	1337	4422	2056	1537	7345
竹溪县	**283578**	**54232**	**168274**	**61072**	**45855**	**230758**
城关镇	85958	18580	54758	12620	9019	47980
蒋家堰镇	27137	5913	15069	6155	4621	26171
中峰镇	25998	4974	15089	5935	4529	23487
水坪镇	43830	8415	26123	9292	7054	36754
县河镇	12357	2085	7004	3268	2585	12034
泉溪镇	8434	1288	4744	2402	1799	7997
丰溪镇	8948	1532	5047	2369	1791	8627
龙坝镇	13660	2582	7899	3179	2446	12974
兵营镇	6868	946	3849	2073	1544	6575
汇湾镇	10870	1807	6058	3005	2261	10594
新洲镇	10222	1684	5948	2590	1964	9888
鄂坪乡	4936	589	2717	1630	1244	4645
天宝乡	11037	1809	6036	3192	2389	10590
桃源乡	5570	721	3252	1597	1266	5185
向坝乡	7303	1250	4423	1630	1240	7039
龙王垭茶场	62	6	50	6	4	
国营竹溪综合农场	28	5	18	5	4	25
原种场	66	14	47	5	1	
种畜场	22	2	11	9	7	
王家山茶场	3		2	1		
标湖林场	45	7	24	14	12	42
双竹林场	224	23	106	95	75	151

表17 续表 8

单位：人

地 区	总人口	分年龄人口				居住本乡、镇、街道，户口在本乡、镇、街道
		0-14岁	15-59岁	60岁及以上	#65岁及以上	
房县	**369776**	**68213**	**214910**	**86653**	**62933**	**295285**
城关镇	122219	24315	78536	19368	13501	66727
军店镇	30992	5943	17479	7570	5402	26572
化龙堰镇	18058	3322	9889	4847	3472	16962
土城镇	13575	2039	7444	4092	3027	12865
大木厂镇	21579	4553	11685	5341	3929	20399
青峰镇	23880	4324	13420	6136	4698	22186
门古寺镇	21559	3824	11789	5946	4298	20485
白鹤镇	21247	3880	11746	5621	4124	19201
野人谷镇	7950	1081	4238	2631	1968	7453
红塔镇	29986	5373	16400	8213	5983	27216
窑淮镇	11621	2120	6297	3204	2314	10531
尹吉甫镇	6365	1074	3509	1782	1362	5960
姚坪乡	9035	1666	5122	2247	1592	8685
沙河乡	4675	670	2447	1558	1248	4346
万峪河乡	4733	798	2530	1405	1049	4562
上龛乡	3948	578	2096	1274	933	3754
中坝乡	6057	922	3423	1712	1244	5763
九道乡	6205	924	3605	1676	1285	5949
回龙乡	4129	587	2265	1277	937	3858
五台乡	1963	220	990	753	567	1811
丹江口市	**409940**	**78965**	**251061**	**79914**	**57980**	**268040**
均州路街道	54189	10258	34628	9303	6721	24550
大坝路街道	44600	7227	28555	8818	6641	21890
丹赵路街道	32722	6746	21191	4785	3427	12513
三官殿街道	29717	5328	19566	4823	3414	16797
土关垭镇	8431	1560	4724	2147	1606	7836
浪河镇	16304	3427	9215	3662	2615	12896
丁家营镇	9152	1840	5180	2132	1559	7549
六里坪镇	50276	11140	30384	8752	6252	36523
盐池河镇	6337	1074	3385	1878	1413	5901
均县镇	11955	2062	6610	3283	2470	11180
习家店镇	22429	4436	12884	5109	3746	20974
蒿坪镇	6211	1159	3459	1593	1223	5705
石鼓镇	8531	1415	4973	2143	1569	7511
凉水河镇	13966	2028	7782	4156	3003	12915
官山镇	7633	1205	4116	2312	1716	7088
龙山镇	8430	1372	4837	2221	1600	7897
新港经济开发管理处	16201	3924	10220	2057	1419	4464
牛河林业开发管理区	2728	275	1389	1064	796	2571
白杨坪林业开发管理区	1144	137	570	437	332	1040
大沟林业开发管理区	1786	218	985	583	443	1645
武当山旅游经济特区	57198	12134	36408	8656	6015	38595
宜昌市	**3762407**	**440778**	**2382807**	**938822**	**674443**	**2547927**
西陵区	**506520**	**57584**	**342810**	**106126**	**79574**	**224783**
西陵街道	111174	9464	84485	17225	12562	37685
学院街道	53897	6192	33770	13935	10053	27889
云集街道	56743	5390	38526	12827	9621	26004

表17　续表 9　　　　　　　　　　　　　　　　　　单位：人

地　　区	总人口	分年龄人口				居住本乡、镇、街道，户口在本乡、镇、街道
		0-14岁	15-59岁	60岁及以上	#65岁及以上	
西坝街道	26230	2542	15356	8332	6853	17970
葛洲坝街道	40458	4545	23763	12150	9773	24198
夜明珠街道	56986	6352	35117	15517	12863	35114
东苑街道	30915	4677	22034	4204	2907	10908
南苑街道	52512	7423	36777	8312	5666	17416
北苑街道	29857	4643	20388	4826	3243	12160
窑湾街道	47748	6356	32594	8798	6033	15439
伍家岗区	**336294**	**51401**	**225663**	**59230**	**40559**	**129066**
大公桥街道	30938	3785	18767	8386	6095	17033
万寿桥街道	31627	3278	20098	8251	5896	13138
宝塔河街道	101904	16852	68695	16357	10874	38320
伍家岗街道	75622	12765	50496	12361	8486	28611
伍家乡	96203	14721	67607	13875	9208	31964
点军区	**101649**	**11964**	**64478**	**25207**	**17839**	**73425**
点军街道	38026	4661	25449	7916	5477	21369
艾家镇	6409	762	3943	1704	1230	5277
桥边镇	27288	3249	17558	6481	4550	20794
联棚乡	12231	1404	7647	3180	2254	10008
土城乡	17695	1888	9881	5926	4328	15977
猇亭区	**68728**	**8513**	**47632**	**12583**	**9168**	**26574**
古老背街道	41036	5997	28184	6855	4907	14058
虎牙街道	17906	1964	12130	3812	2809	7661
云池街道	9786	552	7318	1916	1452	4855
夷陵区	**534408**	**65817**	**344290**	**124301**	**87492**	**347618**
小溪塔街道	146728	20350	100005	26373	18738	76274
樟村坪镇	18011	1812	11373	4826	3446	15151
雾渡河镇	20084	1987	11389	6708	4868	18581
分乡镇	22705	2241	12248	8216	5861	21156
太平溪镇	16672	1722	9467	5483	3730	15376
三斗坪镇	22222	2195	12880	7147	5111	18691
乐天溪镇	21002	2471	12662	5869	4177	16817
龙泉镇	67629	6867	47588	13174	9332	40801
鸦鹊岭镇	47430	4828	27991	14611	10362	41425
黄花镇	23299	2412	12734	8153	5776	20452
下堡坪乡	13436	983	7407	5046	3659	12649
邓村乡	16469	1466	8948	6055	4201	15423
三峡坝区	51	1	45	5	2	
东城城乡统筹发展试验区	98670	16482	69553	12635	8229	34822
远安县	**166174**	**20019**	**105576**	**40579**	**28230**	**125600**
鸣凤镇	66650	9631	45781	11238	7629	35896
花林寺镇	12454	1317	7299	3838	2681	11102
旧县镇	17935	2042	10749	5144	3577	15878
洋坪镇	26089	3256	15597	7236	5122	24198
茅坪场镇	14347	1133	8585	4629	3183	13335
嫘祖镇	19872	1708	12452	5712	3982	16980
河口乡	8827	932	5113	2782	2056	8211
兴山县	**133886**	**14625**	**83524**	**35737**	**25980**	**104964**
古夫镇	49085	7079	33121	8885	6407	30492

表17　续表 10　　单位：人

地　　区	总人口	分年龄人口				居住本乡、镇、街道，户口在本乡、镇、街道
		0-14岁	15-59岁	60岁及以上	#65岁及以上	
昭君镇	17536	2019	11025	4492	3158	12329
峡口镇	14774	1216	8905	4653	3370	13246
南阳镇	6798	518	3827	2453	1876	6457
黄粮镇	13985	1186	7829	4970	3600	13189
水月寺镇	14723	1260	8707	4756	3516	13747
高桥乡	8863	739	4984	3140	2357	8217
榛子乡	8122	608	5126	2388	1696	7287
秭归县	**299642**	**34593**	**180653**	**84396**	**60915**	**235165**
茅坪镇	130198	18528	86580	25090	17904	73976
归州镇	16761	1700	9741	5320	3785	14984
屈原镇	9658	932	4830	3896	2933	9212
沙镇溪镇	16994	1510	8984	6500	4746	16146
两河口镇	17320	1592	9333	6395	4566	16671
郭家坝镇	32363	3511	18929	9923	7126	30773
杨林桥镇	16939	1306	9597	6036	4501	16445
九畹溪镇	15334	1497	8669	5168	3715	14621
水田坝乡	19948	1810	11171	6967	4851	19221
泄滩乡	7384	656	4019	2709	1987	7044
梅家河乡	9213	805	4576	3832	2885	8899
磨坪乡	7530	746	4224	2560	1916	7173
长阳土家族自治县	**305740**	**33352**	**185610**	**86778**	**64329**	**267777**
龙舟坪镇	102386	14394	67555	20437	14943	72723
高家堰镇	14226	1586	8382	4258	3109	13291
磨市镇	20406	1919	11740	6747	5119	19346
都镇湾镇	31335	2499	17770	11066	8286	30478
资丘镇	25081	2314	14828	7939	5761	24144
渔峡口镇	24684	2590	14205	7889	5906	23794
榔坪镇	28804	3137	17215	8452	6290	27832
贺家坪镇	19755	1994	11551	6210	4511	18609
大堰乡	21388	1762	11927	7699	5684	20728
鸭子口乡	12060	722	6814	4524	3582	11624
火烧坪乡	5615	435	3623	1557	1138	5208
五峰土家族自治县	**156026**	**17592**	**92472**	**45962**	**33854**	**139439**
渔洋关镇	47936	6228	30127	11581	8329	38059
仁和坪镇	17248	1751	9829	5668	4311	16615
长乐坪镇	16845	1530	9621	5694	4167	16049
五峰镇	25220	3057	14832	7331	5289	21706
湾潭镇	12491	1467	7314	3710	2830	11952
付家堰乡	11777	1046	6598	4133	3007	11377
牛庄乡	5934	656	3444	1834	1385	5616
采花乡	18575	1857	10707	6011	4536	18065
宜都市	**347388**	**41089**	**213117**	**93182**	**68970**	**265690**
陆城街道	127856	18592	84980	24284	17368	74300
红花套镇	23013	2376	13974	6663	4930	20300
高坝洲镇	22374	2209	13129	7036	5290	20282
聂家河镇	11202	838	5844	4520	3472	10253
松木坪镇	17750	1733	10085	5932	4418	16799
枝城镇	62998	6649	38129	18220	13397	55240

表17 续表 11

单位：人

地　区	总人口	分年龄人口				居住本乡、镇、街道，户口在本乡、镇、街道
		0-14岁	15-59岁	60岁及以上	#65岁及以上	
姚家店镇	28175	3748	17442	6985	5111	18939
五眼泉镇	17007	1624	9576	5807	4411	15312
王家畈镇	20891	1916	11627	7348	5520	19702
潘家湾土家族乡	10626	867	5996	3763	2799	10068
松宜矿区管理委员会	5496	537	2335	2624	2254	4495
当阳市	**397465**	**43140**	**244865**	**109460**	**75934**	**286550**
玉阳街道	129117	17783	86088	25246	17498	68667
坝陵街道	48493	5407	30517	12569	8726	32052
玉泉街道	42911	4617	27045	11249	7628	29910
两河镇	21029	1603	11599	7827	5558	18854
河溶镇	32523	2898	18135	11490	8013	29571
淯溪镇	32392	2889	18893	10610	7332	28317
庙前镇	23527	2097	13470	7960	5445	21169
王店镇	29172	2518	16781	9873	6974	24711
半月镇	24923	2451	14959	7513	5046	20885
草埠湖镇	13378	877	7378	5123	3714	12414
枝江市	**408487**	**41089**	**252117**	**115281**	**81599**	**321276**
马家店街道	129126	16074	88127	24925	17468	77427
安福寺镇	40566	3493	23918	13155	9528	34678
白洋镇	31083	2672	18358	10053	7516	27098
顾家店镇	17164	1587	9501	6076	4424	16010
董市镇	46500	4764	29487	12249	8760	36563
仙女镇	29738	2781	18594	8363	5863	23541
问安镇	30449	2657	17384	10408	7207	27762
七星台镇	33181	2858	19276	11047	8009	30340
百里洲镇	50680	4203	27472	19005	12824	47857
襄阳市	**5260951**	**917232**	**3254690**	**1089029**	**783355**	**3823324**
襄城区	**475611**	**64520**	**314902**	**96189**	**70186**	**281275**
真武山街道	55132	5330	38168	11634	9003	23035
古城街道	44754	6516	27150	11088	8256	30602
庞公街道	78091	10508	52608	14975	10835	30503
檀溪街道	74026	10149	49176	14701	10657	34234
隆中街道	41377	2432	35184	3761	2844	11717
余家湖街道	23497	4339	13709	5449	3904	20633
欧庙镇	53433	10053	30074	13306	9706	50474
卧龙镇	62346	10120	37446	14780	10486	55934
尹集乡	42955	5073	31387	6495	4495	24143
樊城区	**920794**	**152469**	**599397**	**168928**	**122573**	**466525**
汉江街道	56491	7827	35990	12674	9396	28647
王寨街道	114717	18254	78300	18163	13347	38391
中原街道	87617	12978	58032	16607	11831	31195
定中门街道	16813	2360	10434	4019	2946	6855
清河口街道	43455	7143	27896	8416	6112	17443
屏襄门街道	48656	6920	30818	10918	8076	24636
米公街道	77330	10061	49100	18169	13629	35925
柿铺街道	34922	6207	22346	6369	4556	26153
高新区紫贞街道	30598	4839	19745	6014	4487	14095

表17 续表 12

单位：人

地　　区	总人口	分年龄人口				居住本乡、镇、街道，户口在本乡、镇、街道
		0-14岁	15-59岁	60岁及以上	#65岁及以上	
高新区七里河街道	27508	4465	18143	4900	3387	9095
高新区东风街道	28850	5195	19744	3911	2872	13196
牛首镇	71096	14053	42705	14338	10373	62391
太平店镇	68397	13640	39638	15119	11074	63169
高新区团山镇	125248	21569	88051	15628	10860	50488
高新区米庄镇	63009	13166	41391	8452	5768	30954
经济开发区	12899	1988	8129	2782	2109	11277
鱼梁洲开发区	13188	1804	8935	2449	1750	2615
襄州区	**923235**	**178370**	**576086**	**168779**	**119263**	**648411**
张湾街道	199969	37690	140129	22150	14467	48134
刘集街道	29339	5938	18599	4802	3372	23583
肖湾街道	64894	10800	44882	9212	6721	22320
六两河街道	42740	10314	28555	3871	2556	12000
龙王镇	46513	9167	26875	10471	7286	44307
石桥镇	54771	11784	31120	11867	8429	52716
黄集镇	51592	10093	29862	11637	8303	48079
伙牌镇	45666	9042	28279	8345	5705	37416
古驿镇	55624	11403	32733	11488	8031	52048
朱集镇	40476	8062	23321	9093	6604	38677
程河镇	43653	8412	25141	10100	7525	42024
双沟镇	70470	14256	42444	13770	9803	61365
张家集镇	32667	5942	18813	7912	5867	31098
黄龙镇	24788	4105	14272	6411	4576	23458
峪山镇	33784	4939	20043	8802	6416	31401
东津镇	84595	16211	50105	18279	13179	79151
鹿门风景名胜区	600	138	348	114	71	555
襄北农场	1094	74	565	455	352	79
南漳县	**455690**	**73716**	**274280**	**107694**	**76366**	**390486**
城关镇	160036	26988	101557	31491	21827	115323
武安镇	78820	13119	46428	19273	13312	74153
九集镇	84537	14521	50785	19231	13614	76690
李庙镇	13540	1596	7363	4581	3499	12810
长坪镇	12083	1787	6978	3318	2394	11437
薛坪镇	17791	2121	9822	5848	4488	16239
板桥镇	10409	1210	5704	3495	2621	9892
巡检镇	21401	3246	12299	5856	4162	20256
东巩镇	23461	3659	13998	5804	4161	22436
肖堰镇	21779	3498	12394	5887	4238	20329
清河管理区	11833	1971	6952	2910	2050	10921
谷城县	**483293**	**90477**	**287402**	**105414**	**76889**	**414325**
城关镇	183213	33480	116469	33264	23680	136076
石花镇	102479	21099	60420	20960	15111	92049
盛康镇	48023	9237	27111	11675	8583	44988
庙滩镇	39032	7866	21559	9607	7224	36635

表17　续表 13　　　　单位：人

地　　区	总人口	分年龄人口				居住本乡、镇、街道，户口在本乡、镇、街道
		0-14岁	15-59岁	60岁及以上	#65岁及以上	
五山镇	26285	5053	14403	6829	5105	24539
茨河镇	12980	2073	7479	3428	2507	12171
南河镇	10872	1627	5950	3295	2490	10410
紫金镇	12566	1824	6968	3774	2962	11878
冷集镇	41459	7439	23693	10327	7492	39395
赵湾乡	5197	640	2723	1834	1415	5064
薤山林场	1187	139	627	421	320	1120
保康县	**223622**	**32646**	**135249**	**55727**	**41488**	**190720**
城关镇	64041	10150	43233	10658	7902	43366
黄堡镇	16390	2110	9234	5046	3913	15408
后坪镇	8700	901	5586	2213	1659	6694
龙坪镇	7053	886	4205	1962	1514	6602
店垭镇	12158	1670	6783	3705	2668	11438
马良镇	23245	3192	13125	6928	4918	22123
歇马镇	31619	4246	17706	9667	7025	30152
马桥镇	26401	4063	16159	6179	4578	23103
寺坪镇	20068	3706	11334	5028	3955	19127
过渡湾镇	7602	1023	4233	2346	1910	7060
两峪乡	6027	668	3379	1980	1438	5647
湖北保康经济开发区管理委员会	318	31	272	15	8	
老河口市	**420495**	**79190**	**252815**	**88490**	**63204**	**351350**
光化街道	66035	10523	41502	14010	9949	48341
酇阳街道	115126	18830	72854	23442	16704	79188
孟楼镇	27051	5992	16127	4932	3575	24956
竹林桥镇	23227	4856	13330	5041	3652	21769
薛集镇	33799	7675	19651	6473	4704	32694
张集镇	33210	6918	19414	6878	4755	32075
仙人渡镇	31721	6545	17691	7485	5134	29874
洪山嘴镇	34782	6217	20205	8360	6204	31412
李楼镇	32402	6491	19034	6877	4918	29396
袁冲乡	22504	5042	12613	4849	3498	21247
百花山林场	549	85	342	122	93	313
林茂山林场	89	16	52	21	18	85
枣阳市	**888794**	**169887**	**530041**	**188866**	**136274**	**689092**
北城街道	77389	14010	51969	11410	8146	35458
南城街道	163610	31960	104656	26994	19271	88403
环城街道	51894	10012	31213	10669	7932	40035
琚湾镇	48807	8736	28175	11896	8794	47218
七方镇	66279	12645	37567	16067	11627	64291
杨当镇	48629	10273	26780	11576	8419	47196
太平镇	62211	12601	33260	16350	11916	59828
新市镇	39183	8227	21508	9448	6876	37178
鹿头镇	42791	8540	23087	11164	8085	40767
刘升镇	21672	3630	12321	5721	4061	20787
兴隆镇	48988	9487	29026	10475	7459	43209
王城镇	27585	4591	15480	7514	5458	25954
吴店镇	70625	12651	42315	15659	11094	62260

表17 续表 14

单位：人

地　　区	总人口	分年龄人口				居住本乡、镇、街道，户口在本乡、镇、街道
		0-14岁	15-59岁	60岁及以上	#65岁及以上	
熊集镇	30343	4941	17647	7755	5593	29017
平林镇	18837	2753	10946	5138	3727	17161
枣阳经济开发区	57478	12846	36802	7830	5436	18677
随阳农场	5651	1013	3288	1350	967	5215
车河农场	6822	971	4001	1850	1413	6438
宜城市	**469417**	**75957**	**284518**	**108942**	**77112**	**391140**
鄢城街道	94262	14340	60013	19909	14004	69078
南营街道	33053	6100	18467	8486	6276	31581
龙头街道	77068	13292	52759	11017	7537	42957
郑集镇	52731	8445	28626	15660	11168	50853
小河镇	40040	6547	22572	10921	7469	38292
刘猴镇	26090	4507	14905	6678	4614	24544
孔湾镇	15744	2383	8982	4379	3071	14698
流水镇	32374	4353	19426	8595	6137	30566
板桥店镇	31945	5508	19644	6793	4808	29934
王集镇	30575	5809	17014	7752	5691	29674
雷河镇	29924	4486	17185	8253	5968	27178
大雁工业园区	1876	164	1290	422	340	1733
宜城经济开发区	3735	23	3635	77	29	52
鄂州市	**1079353**	**194254**	**685023**	**200076**	**147084**	**718961**
梁子湖区	**126822**	**27342**	**74148**	**25332**	**19358**	**112840**
太和镇	42544	9817	25626	7101	5388	38601
东沟镇	8875	1621	5058	2196	1670	8296
梁子镇	11020	2425	6670	1925	1399	6848
涂家垴镇	17971	3187	9620	5164	4116	17006
沼山镇	29955	7164	16890	5901	4583	28455
梧桐湖新区	16457	3128	10284	3045	2202	13634
华容区	**256834**	**42472**	**163565**	**50797**	**37299**	**182464**
华容镇	53638	9863	33176	10599	7796	39602
葛店镇	99124	15088	68047	15989	11368	57394
庙岭镇	33545	5667	21891	5987	4423	26209
段店镇	24853	4141	13628	7084	5382	21453
临江乡	22262	3578	12538	6146	4614	20044
蒲团乡	19367	3283	11428	4656	3502	16483
葛店开发区	4045	852	2857	336	214	1279
鄂城区	**695697**	**124440**	**447310**	**123947**	**90427**	**423657**
凤凰街道	210030	36827	146302	26901	18924	92754
古楼街道	84453	13238	54409	16806	12508	44528
西山街道	66279	10556	42093	13630	10553	38524
泽林镇	44913	8202	27086	9625	7046	39348
杜山镇	15034	2382	8695	3957	2880	13454
新庙镇	27906	5147	16940	5819	4292	22555
碧石镇	19094	3349	11337	4408	3224	17797
汀祖镇	44810	9380	26562	8868	6409	39729
燕矶镇	25773	5244	15224	5305	3924	23359
杨叶镇	22013	4619	13132	4262	3290	19961
花湖镇	82317	16473	53805	12039	8270	26331

表17 续表 15

单位：人

地 区	总人口	分年龄人口				居住本乡、镇、街道，户口在本乡、镇、街道
		0-14岁	15-59岁	60岁及以上	#65岁及以上	
长港镇	10411	1644	6340	2427	1801	9002
沙窝乡	17326	3192	10062	4072	2992	15448
鄂州经济开发区	25338	4187	15323	5828	4314	20867
荆门市	**2596927**	**352036**	**1651700**	**593191**	**419597**	**1842680**
东宝区	**356938**	**41866**	**239746**	**75326**	**53449**	**188900**
龙泉街道	99856	13508	68435	17913	12667	41428
泉口街道	126584	15208	92969	18407	12992	42339
栗溪镇	10428	821	5731	3876	2771	9593
子陵铺镇	37858	4148	23861	9849	6892	26862
漳河镇	26119	2210	15090	8819	6391	23491
马河镇	4653	386	2673	1594	1148	4092
石桥驿镇	19899	1912	11402	6585	4734	17397
牌楼镇	17077	2230	11649	3198	2186	10243
仙居乡	14464	1443	7936	5085	3668	13455
掇刀区	**430532**	**64677**	**302076**	**63779**	**43531**	**148894**
掇刀石街道	196357	32459	144979	18919	11506	35899
白庙街道	107479	14124	71786	21569	16067	45864
兴隆街道	21537	2575	16708	2254	1473	5993
双喜街道	50930	8648	35936	6346	4104	14740
团林铺镇	34613	4370	20817	9426	6539	29898
麻城镇	19616	2501	11850	5265	3842	16500
沙洋县	**395717**	**44080**	**240470**	**111167**	**80060**	**333614**
沙洋镇	95244	10553	66745	17946	12691	54338
五里铺镇	27043	2601	15209	9233	6574	24876
十里铺镇	22215	2373	12906	6936	4964	19802
纪山镇	17235	1954	10335	4946	3583	15501
拾回桥镇	23268	2660	13170	7438	5477	20579
后港镇	46867	6022	27668	13177	9661	43666
毛李镇	24297	3246	13710	7341	5275	23697
官当镇	21328	2446	12733	6149	4539	20174
李市镇	25269	3094	14764	7411	4963	23883
马良镇	20818	2049	11747	7022	5057	20178
高阳镇	27557	3072	16304	8181	5894	25031
沈集镇	20794	1963	11705	7126	5203	19313
曾集镇	23782	2047	13474	8261	6179	22576
钟祥市	**868897**	**125340**	**533338**	**210219**	**149832**	**741394**
郢中街道	229291	33614	155791	39886	27852	136227
洋梓镇	38568	4018	22852	11698	8267	36480
长寿镇	21114	2402	13049	5663	3987	19502
丰乐镇	43722	5343	24451	13928	10004	42598
胡集镇	104762	15233	64103	25426	18147	99304
双河镇	28807	3413	17546	7848	5497	25936
磷矿镇	28212	3447	16628	8137	5928	26369
文集镇	34846	5391	19816	9639	6949	32704

表17　续表 16　　　　单位：人

地　区	总人口	分年龄人口				居住本乡、镇、街道，户口在本乡、镇、街道
		0-14岁	15-59岁	60岁及以上	#65岁及以上	
冷水镇	35400	5590	20423	9387	6640	33935
石牌镇	61593	10077	34889	16627	12011	59667
旧口镇	74396	11068	43901	19427	13323	70872
柴湖镇	78008	15926	44450	17632	13483	75012
长滩镇	12845	1444	7755	3646	2577	12008
东桥镇	16836	1856	10425	4555	3254	15986
客店镇	9150	773	5408	2969	2026	8832
张集镇	15647	1654	9463	4530	3248	14903
九里乡	11220	1315	7041	2864	2041	10145
钟祥市官庄湖管理区	9355	984	5555	2816	2093	9195
南湖原种场	8220	1077	5522	1621	1147	5838
罗汉寺种畜场	1570	178	1015	377	257	1324
双桥原种场	1693	184	995	514	355	1559
东岳种畜场	531	60	330	141	100	477
康桥湖农场	1091	141	697	253	178	913
大口林场	748	74	424	250	179	683
盘石岭林场	287	14	157	116	94	205
温峡水库	730	58	493	179	116	572
石门水库	156	4	86	66	57	148
黄坡水库	99	2	73	24	22	
京山市	**544843**	**76073**	**336070**	**132700**	**92725**	**429878**
新市街道	102871	13667	69092	20112	13882	60773
永兴街道	70063	10707	47700	11656	7719	33664
温泉街道	30496	4339	19500	6657	4621	16931
曹武镇	19771	2438	11628	5705	4053	18602
罗店镇	44661	6806	25253	12602	8926	43347
宋河镇	34603	5082	20054	9467	6567	32618
坪坝镇	15539	2692	8545	4302	3076	15000
三阳镇	21752	3531	12178	6043	4250	21064
绿林镇	7061	707	4158	2196	1567	6649
杨集镇	8177	959	4521	2697	1863	7828
孙桥镇	24563	2970	14800	6793	4772	23149
石龙镇	16969	2128	10053	4788	3380	15944
永漋镇	35958	4835	20516	10607	7347	34453
雁门口镇	29043	3977	17191	7875	5564	27395
钱场镇	29751	4168	18036	7547	5165	27608
太子山	1565	111	973	481	362	1262
罗汉寺办事处	3215	470	1839	906	667	2737
长滩办事处	5453	700	3287	1466	1116	4867
何集办事处	6317	849	3663	1805	1345	5055
易家岭办事处	37015	4937	23083	8995	6483	30932
孝感市	**4270371**	**715475**	**2665456**	**889440**	**644236**	**3111486**
孝南区	**988479**	**160814**	**640024**	**187641**	**134726**	**616117**
书院街道	64901	9357	45305	10239	7065	22735
新华街道	60389	8383	42627	9379	6598	32002

表17　续表 17

单位：人

地　区	总人口	分年龄人口				居住本乡、镇、街道，户口在本乡、镇、街道
		0-14岁	15-59岁	60岁及以上	#65岁及以上	
广场街道	148741	22295	103079	23367	16346	77936
车站街道	44132	7508	29903	6721	4519	13297
新铺镇	35254	6262	21938	7054	4963	25453
西河镇	20528	3516	11793	5219	3806	18826
杨店镇	51507	8699	29361	13447	10005	45541
陡岗镇	33266	5239	20108	7919	5875	29559
肖港镇	69148	12204	40590	16354	12061	62070
毛陈镇	38835	6737	23985	8113	5917	29466
三汊镇	36720	6402	21644	8674	6508	31494
祝站镇	25304	3930	14112	7262	5592	22563
朋兴乡	44033	7494	27489	9050	6314	30814
卧龙乡	45418	7628	29000	8790	5951	33731
闵集乡	19275	3176	10919	5180	4147	17552
经济开发区	59550	11843	40728	6979	4526	23184
朱湖办事处	14305	2040	8376	3889	2842	13404
东山头办事处	10184	960	7473	1751	1196	5063
孝感开发区丹阳办事处	98180	14165	64506	19509	14707	48610
孝感开发区孝天办事处	42838	7827	29373	5638	3769	21581
孝感开发区槐荫办事处	25971	5149	17715	3107	2019	11236
孝昌县	**483367**	**92241**	**294506**	**96620**	**70551**	**374889**
花园镇	122817	24759	80995	17063	11667	67869
丰山镇	18963	3298	11125	4540	3290	17700
周巷镇	40731	7695	24186	8850	6381	37937
小河镇	25665	4899	14670	6096	4590	24369
王店镇	27593	4975	16236	6382	4773	26274
卫店镇	17866	3135	10044	4687	3488	17049
白沙镇	24506	3515	14286	6705	5310	23765
邹岗镇	42391	7496	24961	9934	7220	40916
小悟乡	13165	2366	7651	3148	2286	12482
季店乡	25881	4485	14801	6595	4986	24684
花西乡	22274	3482	12581	6211	4881	21620
陡山乡	29965	5324	17458	7183	5194	28652
开发区	55898	14283	36272	5343	3558	16616
观音湖生态文化旅游渡假区	8557	1394	4984	2179	1674	8268
双峰山旅游渡假区	7095	1135	4256	1704	1253	6688
大悟县	**486153**	**94683**	**291787**	**99683**	**71340**	**392801**
城关镇	157983	31803	104569	21611	14072	82773
阳平镇	10515	1664	5948	2903	2125	10060
芳畈镇	19169	3391	10744	5034	3702	18674
新城镇	29552	5711	17087	6754	5060	27840
夏店镇	20365	3562	11758	5045	3865	19429
刘集镇	15105	2277	8627	4201	3134	14647
河口镇	17059	3155	10225	3679	2648	14500
四姑镇	15694	2880	8880	3934	2927	15264
吕王镇	21298	4766	11970	4562	3271	20239
黄站镇	12466	2734	7058	2674	1915	11838
宣化店镇	45573	9566	25778	10229	7512	43787

表17 续表 18 单位：人

地区	总人口	分年龄人口				居住本乡、镇、街道，户口在本乡、镇、街道
		0-14岁	15-59岁	60岁及以上	#65岁及以上	
丰店镇	20826	4103	11629	5094	3719	20012
大新镇	22070	4254	12976	4840	3411	20182
三里镇	16029	2911	9089	4029	2889	14989
高店乡	15276	2818	8427	4031	3002	14705
彭店乡	18332	3374	10219	4739	3559	17844
东新乡	17197	3194	9602	4401	3146	16636
高铁经济试验区	9954	2248	6250	1456	1034	7785
悟峰山度假区	1690	272	951	467	349	1597
云梦县	**434124**	**70938**	**267735**	**95451**	**69671**	**350492**
城关镇	124200	20234	82591	21375	15013	69096
义堂镇	31884	5413	18260	8211	6186	29848
曾店镇	22617	3784	13172	5661	4371	21469
吴铺镇	30636	5555	18706	6375	4855	25651
伍洛镇	31777	5604	19532	6641	4662	30504
下辛店镇	35364	5360	20645	9359	6839	33700
道桥镇	17191	2419	9960	4812	3539	15009
隔蒲潭镇	34683	5581	20238	8864	6399	32930
胡金店镇	20304	3344	12051	4909	3719	19361
倒店乡	17743	2962	10403	4378	3339	16153
沙河乡	25772	4014	15393	6365	4437	24514
清明河乡	17464	2664	10415	4385	3406	16750
县经济开发区	24489	4004	16369	4116	2906	15507
应城市	**476596**	**69567**	**293281**	**113748**	**85427**	**339255**
城中街道	139530	19114	92812	27604	20310	67500
城北街道	32402	4391	20138	7873	5906	25055
四里棚街道	16965	2332	10413	4220	3229	12229
东马坊街道	30156	4106	18349	7701	5724	25890
长江埠街道	18409	2533	10846	5030	3746	14755
田店镇	10447	1484	5801	3162	2385	9921
杨河镇	26081	3738	15195	7148	5296	24386
三合镇	20059	2764	11585	5710	4400	19078
郎君镇	29165	4369	16128	8668	6708	27364
黄滩镇	24214	3787	13980	6447	5046	22856
天鹅镇	15933	2367	8909	4657	3703	15300
义和镇	12966	2288	7198	3480	2686	12604
陈河镇	24685	3659	13696	7330	5601	23647
杨岭镇	18276	2540	10609	5127	3890	16859
汤池镇	9287	1447	5305	2535	1896	8711
经济技术开发区	45762	8331	30946	6485	4485	11190
南垸良种场	2259	317	1371	571	416	1910
安陆市	**498356**	**80359**	**310199**	**107798**	**78028**	**362293**
府城街道	134206	20037	90119	24050	17063	76440
南城街道	21639	3562	13661	4416	3243	17237
赵棚镇	18205	2518	9983	5704	4374	17704
李店镇	17892	3030	10547	4315	3259	16093
巡店镇	23093	3263	13898	5932	4413	22275
棠棣镇	20412	3184	12187	5041	3542	18718

表17 续表 19

单位：人

地区	总人口	分年龄人口				居住本乡、镇、街道，户口在本乡、镇、街道
		0-14岁	15-59岁	60岁及以上	#65岁及以上	
雷公镇	23186	3667	13365	6154	4507	22183
王义贞镇	19606	3280	10980	5346	4041	19003
烟店镇	26894	4284	15450	7160	5185	25685
孛畈镇	17742	2497	10101	5144	3906	17024
洑水镇	26472	4341	15839	6292	4361	22499
陈店乡	19288	3051	10880	5357	4025	17936
辛榨乡	21588	3256	12600	5732	4368	20766
木梓乡	13564	1962	7954	3648	2667	13079
接官乡	13099	1763	7047	4289	3206	12692
开发区	81470	16664	55588	9218	5868	22959
汉川市	**903296**	**146873**	**567924**	**188499**	**134493**	**675639**
仙女山街道	192496	31354	128698	32444	22728	109158
汈东街道	11717	2218	7427	2072	1453	8150
马口镇	73710	10941	46667	16102	11514	54905
脉旺镇	20876	3651	12002	5223	3768	19205
城隍镇	50475	9014	31427	10034	6995	33523
分水镇	40677	7705	23628	9344	6623	37493
沉湖镇	47747	8959	28764	10024	7259	44389
田二河镇	28617	5275	16132	7210	5194	27007
回龙镇	22317	4186	12252	5879	4151	21252
新堰镇	22219	3770	12985	5464	4076	20583
垌塚镇	12171	2132	6339	3700	2755	11599
麻河镇	19706	2978	11061	5667	4320	18524
刘家隔镇	27976	4521	16560	6895	4934	24826
新河镇	93819	9394	73424	11001	7507	39026
庙头镇	25202	4471	14498	6233	4393	22633
杨林沟镇	24284	4595	13275	6414	4593	23433
西江乡	40613	5389	27854	7370	5234	27509
湾潭乡	15136	2769	8065	4302	3206	14320
南河乡	23874	4107	12815	6952	4930	22718
马鞍乡	19162	2786	10505	5871	4378	17860
里潭乡	19407	4009	10613	4785	3425	18532
韩集乡	23620	4479	13413	5728	4112	22591
国营中洲农场	11415	1839	6557	3019	2257	10122
华严农场	11836	2135	7009	2692	1916	10531
三星垸原种场	2721	465	1614	642	447	2555
汈汉湖养殖场	7858	1406	4687	1765	1255	7567
汉川市经济技术开发区	13645	2325	9653	1667	1070	5628
荆州市	**5231180**	**794357**	**3197386**	**1239437**	**866475**	**4160584**
沙市区	**504893**	**64008**	**330063**	**110822**	**77595**	**255916**
中山街道	47406	4914	29182	13310	9419	22224
崇文街道	56285	5801	38463	12021	8583	21878
解放街道	108072	13151	71469	23452	16367	47677
胜利街道	67390	8199	42753	16438	11734	35012
朝阳街道	51666	7210	32476	11980	8638	26650
立新街道	59400	9235	41737	8428	5349	17008

表17 续表 20

单位：人

地区	总人口	分年龄人口				居住本乡、镇、街道，户口在本乡、镇、街道
		0-14岁	15-59岁	60岁及以上	#65岁及以上	
锣场镇	11849	1495	7984	2370	1706	8207
岑河镇	36373	4483	23093	8797	6096	30597
观音垱镇	37418	5373	22548	9497	6643	33810
关沮镇	29034	4147	20358	4529	3060	12853
荆州区	**563398**	**63093**	**380529**	**119776**	**83937**	**330723**
西城街道	38383	3985	25366	9032	6578	18513
东城街道	72340	9586	46564	16190	11528	38770
城南街道	161947	14482	125666	21799	14860	52574
凤凰街道	8479	1161	5801	1517	983	6066
纪南镇	46535	5935	29760	10840	7488	37627
川店镇	25374	2649	15285	7440	5187	23002
马山镇	20626	2124	11850	6652	4688	18222
八岭山镇	26306	3338	15626	7342	5221	22502
李埠镇	18422	2099	11297	5026	3615	15882
弥市镇	53121	6427	29841	16853	11864	49339
郢城镇	46470	6368	33697	6405	4189	16813
太湖港管理区	37662	4253	25325	8084	5764	24278
菱角湖管理区	7733	686	4451	2596	1972	7135
公安县	**747134**	**101718**	**444781**	**200635**	**141323**	**642823**
埠河镇	68535	8421	40820	19294	13198	64042
斗湖堤镇	175235	23850	116218	35167	24361	108727
夹竹园镇	40886	5702	24262	10922	7663	37526
闸口镇	33799	4643	19817	9339	6454	29901
杨家厂镇	36671	4906	22126	9639	6632	33631
麻豪口镇	40452	5844	23335	11273	7808	38624
藕池镇	32687	5007	19286	8394	5709	29564
黄山头镇	25694	3629	15126	6939	4733	23899
孟家溪镇	28508	3908	15810	8790	6416	27253
南平镇	43470	6301	26275	10894	7904	37010
章庄铺镇	42516	6091	24042	12383	9369	40527
狮子口镇	38835	4808	21562	12465	9020	37515
斑竹垱镇	40878	4960	22300	13618	9684	39351
毛家港镇	46169	5600	25592	14977	10431	44418
甘家厂乡	26466	3972	14658	7836	5700	25720
章田寺乡	26333	4076	13552	8705	6241	25115
监利县	**1120822**	**224070**	**648418**	**248334**	**170280**	**1030610**
容城镇	150033	24243	95919	29871	20005	99451
朱河镇	74157	14951	43484	15722	10832	66936
新沟镇	72722	13506	42787	16429	10980	68904
龚场镇	35094	7059	19221	8814	6056	34127
周老嘴镇	45541	8859	25239	11443	7705	44886
黄歇口镇	42828	7973	24466	10389	7103	42046
汪桥镇	52029	11099	29157	11773	8060	50522
程集镇	38397	7664	20940	9793	6944	37774
分盐镇	39838	8355	21766	9717	6687	38972
毛市镇	47855	10873	27293	9689	6433	44375
福田寺镇	31796	6860	17747	7189	4804	30913

表17　续表 21　　　　单位：人

地　区	总人口	分年龄人口				居住本乡、镇、街道，户口在本乡、镇、街道
		0-14岁	15-59岁	60岁及以上	#65岁及以上	
上车湾镇	30434	6685	16772	6977	4612	29589
汴河镇	47140	10235	26983	9922	6576	46011
尺八镇	55840	12331	31541	11968	8199	54287
白螺镇	34004	7546	19010	7448	5421	33048
网市镇	38380	7256	21060	10064	7053	37411
三洲镇	26395	5717	14692	5986	4309	25653
桥市镇	41194	9390	23027	8777	6122	40344
红城乡	88554	18660	52479	17415	11481	81558
棋盘乡	31012	6774	17633	6605	4628	30450
柘木乡	50643	11707	29092	9844	6945	48488
人民大垸农场管理区	28852	3494	17172	8186	6171	27568
荒湖农场管理区	18084	2833	10938	4313	3154	17297
江陵县	**278192**	**39991**	**170104**	**68097**	**47961**	**234452**
资市镇	25622	2287	16370	6965	5058	22136
熊河镇	33912	5150	20517	8245	5740	31914
白马寺镇	33551	4364	19827	9360	6595	32458
沙岗镇	33628	5263	19899	8466	5930	32934
普济镇	25030	3891	14558	6581	4678	24052
郝穴镇	61374	10299	41020	10055	6645	28771
马家寨乡	29025	3834	16990	8201	5913	27987
秦市乡	17816	3028	10074	4714	3315	17170
三湖管理区	11160	1111	6817	3232	2361	10470
六合垸管理区	7074	764	4032	2278	1726	6560
荆州经济技术开发区	**190084**	**23921**	**131336**	**34827**	**23648**	**90085**
联合街道	137377	17768	96906	22703	15215	50008
西湖街道	8240	1081	5123	2036	1377	6589
鱼农桥街道	22250	2353	15560	4337	2962	13751
滩桥镇	22217	2719	13747	5751	4094	19737
石首市	**473707**	**73366**	**288241**	**112100**	**78587**	**404011**
绣林街道	97743	16099	63624	18020	12350	62511
笔架山街道	70283	9954	46294	14035	9858	52448
新厂镇	27712	4315	16265	7132	4851	25204
横沟市镇	25034	3917	14502	6615	4342	23860
大垸镇	31505	5027	17538	8940	6207	29717
小河口镇	21445	3738	12375	5332	3676	20348
桃花山镇	16842	3102	9590	4150	2943	15981
调关镇	31609	5397	18808	7404	5210	30181
东升镇	40535	6128	24076	10331	7406	38634
高基庙镇	28127	3956	16918	7253	5218	26114
南口镇	19085	2721	11243	5121	3752	18139
高陵镇	22254	3342	12983	5929	4209	21251
团山寺镇	18439	2543	10760	5136	3759	17380
久合垸乡	13573	1590	7846	4137	3007	13048
天鹅洲开发区	9521	1537	5419	2565	1799	9195
洪湖市	**698188**	**117683**	**416177**	**164328**	**113378**	**614519**
新堤街道	152239	22232	99336	30671	21235	95533
滨湖街道	24915	4220	15227	5468	3709	22355

表17 续表 22

单位：人

地 区	总人口	分年龄人口				居住本乡、镇、街道，户口在本乡、镇、街道
		0-14岁	15-59岁	60岁及以上	#65岁及以上	
螺山镇	25887	5494	14227	6166	4138	24952
乌林镇	36255	6947	21058	8250	5572	35063
龙口镇	28370	4673	16628	7069	5042	27852
燕窝镇	27164	4594	16001	6569	4727	26335
新滩镇	26660	4039	16302	6319	4491	25084
峰口镇	69335	11909	41428	15998	10808	63096
曹市镇	37556	6606	20739	10211	6924	36401
府场镇	12678	2124	7159	3395	2286	12248
戴家场镇	37702	7097	20730	9875	6745	36559
瞿家湾镇	12262	2300	7174	2788	1856	11695
沙口镇	33432	6425	19284	7723	5238	32261
万全镇	44562	7926	24911	11725	8066	42710
汊河镇	36119	7180	20555	8384	5690	34909
黄家口镇	20548	3459	11460	5629	3895	19671
老湾乡	9517	1628	5532	2357	1634	9124
小港管理区	10080	1548	6194	2338	1688	9038
大同湖管理区	25974	3647	15487	6840	4837	24647
大沙湖管理区	26933	3635	16745	6553	4797	24986
松滋市	**654762**	**86507**	**387737**	**180518**	**129766**	**557445**
新江口街道	169188	22869	112816	33503	23414	104776
乐乡街道	23071	2460	13786	6825	5026	19505
南海镇	43557	5620	24385	13552	9602	41159
八宝镇	43220	5329	24538	13353	8859	40715
涴市镇	34748	4036	19860	10852	7459	32946
老城镇	34104	3824	19340	10940	7475	32015
陈店镇	20012	2252	11216	6544	4600	18889
王家桥镇	20387	2522	11192	6673	5002	19436
斯家场镇	20659	2897	11478	6284	4739	19317
杨林市镇	30544	4525	16608	9411	7116	29630
纸厂河镇	26763	3814	14768	8181	6057	25275
街河市镇	29734	4118	17082	8534	6534	26276
洈水镇	58214	8412	32693	17109	12856	54845
刘家场镇	47604	6326	28472	12806	9393	43319
沙道观镇	23927	2808	13808	7311	4978	22059
万家乡	18283	2859	9601	5823	4576	17384
卸甲坪土家族乡	10747	1836	6094	2817	2080	9899
黄冈市	**5882719**	**1132321**	**3493835**	**1256563**	**918512**	**4875682**
黄州区	**456862**	**67096**	**310719**	**79047**	**56445**	**227478**
赤壁街道	206188	32569	136761	36858	25591	109109
东湖街道	38047	6964	25889	5194	3557	14399
禹王街道	23704	3007	15310	5387	3959	16858
南湖街道	28509	1065	26177	1267	918	3950
路口镇	23576	3346	14584	5646	4257	19891
堵城镇	18246	2308	10041	5897	4513	16558
陈策楼镇	17090	2422	9179	5489	4239	15246
陶店乡	16510	2304	9212	4994	3833	15016
火车站开发区	6258	888	3997	1373	1028	2822
黄冈高新技术产业园区	78734	12223	59569	6942	4550	13629

表17 续表 23

单位：人

地　　区	总人口	分年龄人口				居住本乡、镇、街道，户口在本乡、镇、街道
		0-14岁	15-59岁	60岁及以上	#65岁及以上	
团风县	**266218**	**43391**	**153111**	**69716**	**52466**	**228480**
团风镇	91736	17323	57780	16633	11802	63041
淋山河镇	37716	5979	20699	11038	8412	36379
方高坪镇	15812	2219	8432	5161	4013	14996
回龙山镇	19923	2658	10570	6695	5242	18897
马曹庙镇	13229	1793	7167	4269	3321	12337
上巴河镇	19372	2983	10571	5818	4492	18189
总路咀镇	16490	2439	9159	4892	3724	15307
但店镇	29172	4752	16084	8336	6294	27765
贾庙乡	11614	1706	6365	3543	2634	10943
杜皮乡	11117	1539	6262	3316	2519	10591
黄湖农场	37		22	15	13	35
红安县	**510189**	**89785**	**305814**	**114590**	**81142**	**383586**
城关镇	153914	30135	97000	26779	18722	89854
七里坪镇	53527	9361	30220	13946	9781	51558
华家河镇	32065	5582	17831	8652	6102	31030
二程镇	24595	3623	14291	6681	4882	23420
上新集镇	23405	3796	13313	6296	4508	22362
高桥镇	34822	5577	19442	9803	6995	32925
觅儿寺镇	17774	2161	11088	4525	3296	13442
八里湾镇	22202	4087	12877	5238	3710	18414
太平桥镇	14366	1780	8032	4554	3401	13407
永佳河镇	35063	5133	18906	11024	7921	33280
杏花乡	76259	15884	46980	13395	9261	41575
火连畈茶场	1426	179	799	448	314	1278
天台山管理处	871	97	561	213	141	801
红安经济开发区	19900	2390	14474	3036	2108	10240
罗田县	**473195**	**90771**	**278257**	**104167**	**71638**	**407669**
凤山镇	150451	28485	95996	25970	17114	97555
骆驼坳镇	25549	4538	15070	5941	4224	24048
大河岸镇	24088	4174	13511	6403	4494	23286
九资河镇	26731	5004	15335	6392	4349	26030
胜利镇	41896	9777	23402	8717	6056	40753
河铺镇	35836	7246	19830	8760	6056	34810
三里畈镇	51104	10465	29362	11277	7851	47898
匡河镇	40899	7679	22189	11031	7815	39632
白庙河镇	21667	3489	12349	5829	3922	20925
大崎镇	25503	4634	14644	6225	4341	24693
白莲河乡	15812	2840	9071	3901	2763	14961
平湖乡	13337	2419	7281	3637	2592	12929
青苔关林场	25	1	10	14	10	22
天堂寨林场	201	14	132	55	39	73
薄刀峰林场	96	6	75	15	12	54

表17　续表 24　　　　单位：人

地　区	总人口	分年龄人口				居住本乡、镇、街道，户口在本乡、镇、街道
		0-14岁	15-59岁	60岁及以上	#65岁及以上	
英山县	**310180**	**54530**	**179928**	**75722**	**53687**	**266188**
温泉镇	117313	23734	72870	20709	14388	84810
南河镇	14303	2743	7936	3624	2569	13406
红山镇	18594	3018	10997	4579	3247	15968
金家铺镇	18973	3003	10423	5547	4026	18127
石头咀镇	24046	3637	13310	7099	5024	22757
草盘地镇	14261	2297	7709	4255	2964	13731
雷家店镇	21985	3282	11955	6748	4932	21218
杨柳湾镇	36164	5656	19860	10648	7629	34627
方家咀乡	19996	3497	11065	5434	3829	19024
孔家坊乡	16907	2677	9216	5014	3607	16216
陶家河乡	5805	803	3258	1744	1269	5526
桃花冲林场	441	33	310	98	58	360
吴家山林场	525	38	329	158	104	346
五峰山林场	76	7	50	19	15	71
英山县经济开发区	791	105	640	46	26	1
浠水县	**716273**	**136745**	**411889**	**167639**	**125343**	**622237**
清泉镇	166933	31157	102890	32886	23934	128509
巴河镇	80455	14703	45977	19775	14908	76083
竹瓦镇	45436	8393	24328	12715	9758	43821
汪岗镇	34465	6396	18657	9412	7076	32732
团陂镇	58383	10927	31857	15599	11426	54983
关口镇	56994	10820	29785	16389	12291	54754
白莲镇	12962	2612	6961	3389	2543	12140
蔡河镇	24880	4870	12911	7099	5464	23722
洗马镇	38346	7486	20844	10016	7618	35808
丁司垱镇	26231	5100	14317	6814	5246	24632
散花镇	56742	11521	33194	12027	9254	52027
兰溪镇	34105	6688	19389	8028	6199	32087
绿杨乡	15984	3342	8313	4329	3135	14982
策湖国家湿地公园管理处	5020	970	2849	1201	928	4764
三角山旅游度假区管理委员会	1549	306	880	363	250	1409
经济开发区	57788	11454	38737	7597	5313	29784
蕲春县	**792101**	**172426**	**468647**	**151028**	**115466**	**695815**
漕河镇	203527	43472	131576	28479	21204	141809
赤东镇	53516	10494	31962	11060	8825	47861
蕲州镇	63882	12462	38026	13394	10530	59146
管窑镇	20466	4213	11708	4545	3607	19505
彭思镇	30800	6325	17267	7208	5685	29614
横车镇	67718	13997	39312	14409	11013	63561
株林镇	31577	6729	16965	7883	6044	30249
刘河镇	74141	17085	43616	13440	10433	68194
狮子镇	44422	10654	24181	9587	7261	43145
青石镇	51912	13008	28742	10162	7876	49949
张塝镇	49304	11460	28395	9449	7047	47012
大同镇	20032	4511	11250	4271	3161	19157
檀林镇	35529	7898	20268	7363	5248	34067

表17　续表 25

单位：人

地　　区	总人口	分年龄人口				居住本乡、镇、街道，户口在本乡、镇、街道
		0-14岁	15-59岁	60岁及以上	#65岁及以上	
向桥乡	32123	7715	17498	6910	5429	30922
八里湖农场	11199	2110	6631	2458	1828	10211
蕲春经济开发区管委会	112	9	94	9	6	3
李时珍医药工业园区管委会	372	17	316	39	26	61
蕲春赤龙湖国家湿地公园管理处	1101	194	628	279	190	993
太平林场	227	50	128	49	30	222
蕲春县仙人台茶厂	141	23	84	34	23	134
黄梅县	**759928**	**153524**	**437898**	**168506**	**122112**	**681042**
黄梅镇	179127	35683	113249	30195	21291	127281
孔垄镇	79998	16042	45251	18705	13681	75892
小池镇	94135	17611	56378	20146	14230	87346
下新镇	14807	2818	7544	4445	3347	14385
大河镇	47591	9317	26453	11821	8863	44717
停前镇	21288	4277	11337	5674	4405	20475
五祖镇	17737	3607	9966	4164	3150	16900
濯港镇	60149	12087	34428	13634	9832	55359
蔡山镇	67036	15559	36378	15099	10500	65730
新开镇	44488	9582	23907	10999	8011	43572
独山镇	20805	3845	11716	5244	3936	20146
分路镇	37905	7947	20427	9531	6836	36880
柳林乡	8339	1615	4399	2325	1796	8123
杉木乡	29341	5914	15914	7513	5640	28201
苦竹乡	22538	4785	12230	5523	4086	21994
刘佐乡	13930	2746	7920	3264	2339	13544
五祖寺(挪步园)风景名胜区	714	89	401	224	169	497
龙感湖管理区	**27855**	**4583**	**16723**	**6549**	**5025**	**23111**
严家闸办事处	13601	2361	8166	3074	2280	10505
芦柴湖办事处	2435	432	1419	584	464	2287
洋湖办事处	1446	230	838	378	298	1372
沙湖办事处	4249	726	2519	1004	802	3821
春港办事处	2119	326	1290	503	389	1925
塞湖办事处	3426	489	1991	946	747	3121
青泥湖办事处	122	11	74	37	31	79
湖北龙感湖工业园区	457	8	426	23	14	1
麻城市	**893654**	**163522**	**540475**	**189657**	**137130**	**743183**
龙池桥街道	101594	18083	68118	15393	10918	53425
鼓楼街道	66623	12575	42035	12013	8687	46904
南湖街道	72318	12079	48861	11378	8130	48155
中馆驿镇	45714	8366	26808	10540	7932	42788
宋埠镇	47568	8262	27732	11574	8765	42380
歧亭镇	20831	3459	11991	5381	4235	19067
白果镇	60534	9805	35401	15328	11340	53720
夫子河镇	25255	4423	14363	6469	4750	24270
阎家河镇	31204	6322	18051	6831	4983	29791
龟山镇	31693	5457	18541	7695	5444	30144
盐田河镇	30196	6004	17040	7152	5085	29316
张家畈镇	37581	7617	20467	9497	6840	36577

表17　续表 26　　　　单位：人

地　　区	总人口	分年龄人口				居住本乡、镇、街道，户口在本乡、镇、街道
		0-14岁	15-59岁	60岁及以上	#65岁及以上	
木子店镇	40591	8849	22544	9198	6569	39381
三河口镇	30574	5438	18180	6956	4994	29509
黄土岗镇	36198	6836	21572	7790	5421	35068
福田河镇	35462	6339	20269	8854	6359	34490
乘马岗镇	41856	7846	24766	9244	6209	40758
顺河镇	40035	7572	23717	8746	6089	38817
铁门岗乡	37160	5876	20502	10782	8435	35811
宋埠良种场	816	141	398	277	211	567
国营狮子峰林场	3163	500	1845	818	582	3054
麻城林店茶场	214	33	112	69	49	142
湖北麻城经济开发区	44884	9537	30216	5131	3347	18217
龟峰山风景区管理处	5206	927	3072	1207	829	4904
浮桥河国家湿地公园管理处	4954	905	2987	1062	756	4638
五脑山林场	1430	271	887	272	171	1290
武穴市	**676264**	**155948**	**390374**	**129942**	**98058**	**596893**
武穴街道	179537	38122	112088	29327	21543	127801
刊江街道	44320	9014	28136	7170	5220	33023
田镇街道	16365	3119	9838	3408	2674	15438
万丈湖街道	5006	1033	2784	1189	910	4741
梅川镇	112270	25999	62660	23611	17710	106998
余川镇	51445	11036	28250	12159	9371	50067
花桥镇	66091	16264	36424	13403	10372	64292
大金镇	34363	8718	18904	6741	5162	33000
石佛寺镇	53941	15090	29328	9523	7114	51469
四望镇	33532	8613	17640	7279	5671	32756
大法寺镇	44987	11743	24816	8428	6612	43955
龙坪镇	34407	7197	19506	7704	5699	33353
咸宁市	**2658316**	**576978**	**1612174**	**469164**	**330213**	**1865054**
咸安区	**657590**	**135611**	**419430**	**102549**	**72841**	**368015**
温泉街道	163103	30389	112815	19899	13485	75601
浮山街道	125300	30691	81021	13588	8895	46253
永安街道	113657	23656	73834	16167	11511	52571
汀泗桥镇	19979	3620	10948	5411	4097	17223
向阳湖镇	24432	5232	14769	4431	3150	19567
官埠桥镇	36314	7595	22375	6344	4395	22780
横沟桥镇	44516	8690	28600	7226	5368	29472
贺胜桥镇	11511	1841	6601	3069	2320	9591
双溪桥镇	25605	4602	13987	7016	5381	22891
马桥镇	27889	6357	16136	5396	3907	22213
桂花镇	21543	4856	12017	4670	3350	20139
高桥镇	10826	1915	5556	3355	2624	9572
大幕乡	19376	4466	10033	4877	3663	17812
向阳湖奶牛良种场	1560	258	898	404	294	1280
咸安商贸物流区	798	177	568	53	30	
咸宁市经济技术开发区	7685	720	6651	314	179	
湖北咸安经济开发区	3496	546	2621	329	192	1050

表17 续表 27

单位：人

地 区	总人口	分年龄人口				居住本乡、镇、街道，户口在本乡、镇、街道
		0-14岁	15-59岁	60岁及以上	#65岁及以上	
嘉鱼县	**285642**	**47862**	**177155**	**60625**	**43258**	**210359**
陆溪镇	11344	1696	6392	3256	2397	10698
高铁岭镇	12973	1353	8028	3592	2754	10171
官桥镇	16115	2204	9204	4707	3686	14450
鱼岳镇	138511	25184	89370	23957	16412	77181
新街镇	16793	2919	9904	3970	2889	15336
渡普镇	17169	2827	9951	4391	3181	16105
潘家湾镇	35113	5781	21723	7609	5346	30911
牌洲湾镇	31786	5076	18969	7741	5582	30431
湖北省国营头墩农场	5533	805	3351	1377	1000	5069
嘉鱼县经济开发区	305	17	263	25	11	7
通城县	**426288**	**99673**	**245577**	**81038**	**56549**	**352186**
隽水镇	154018	34362	97948	21708	14441	91088
麦市镇	28316	6715	15994	5607	4042	26889
塘湖镇	29432	7062	16022	6348	4381	28293
关刀镇	32098	7646	16929	7523	5563	31027
沙堆镇	18591	4310	10214	4067	3020	17807
五里镇	25006	5918	13696	5392	3755	23321
石南镇	23306	5742	12534	5030	3555	22637
北港镇	21950	5292	11969	4689	3266	21098
马港镇	29360	6456	15520	7384	5214	28371
四庄乡	21063	5036	11337	4690	3329	20487
大坪乡	42983	11114	23311	8558	5948	41066
锡山森林公园管理处	37	6	21	10	10	29
黄龙林场	82	10	51	21	14	49
黄袍林场	4		3	1	1	
药姑林场	42	4	28	10	10	24
崇阳县	**427130**	**96945**	**256592**	**73593**	**51346**	**324765**
天城镇	188627	45327	118932	24368	15966	98070
沙坪镇	24897	5915	14228	4754	3463	23228
石城镇	28939	6068	16981	5890	4219	28070
桂花泉镇	6164	1094	3530	1540	1131	5829
白霓镇	40868	9088	23620	8160	5840	37904
路口镇	23130	4656	13030	5444	3919	22071
金塘镇	13215	2644	7545	3026	2163	12699
青山镇	34352	7131	19912	7309	5254	32968
肖岭乡	25682	6293	14675	4714	3331	24966
铜钟乡	13575	2907	7793	2875	2112	12911
港口乡	17906	3736	10420	3750	2709	17302
高枧乡	8484	1917	4940	1627	1146	8192
崇阳县工业园区	1291	169	986	136	93	555
通山县	**391311**	**102918**	**225640**	**62753**	**43604**	**310798**
通羊镇	140644	38234	84144	18266	11938	83552
南林桥镇	29075	8049	15867	5159	3560	27786

表17 续表 28 单位：人

地区	总人口	分年龄人口				居住本乡、镇、街道，户口在本乡、镇、街道
		0-14岁	15-59岁	60岁及以上	#65岁及以上	
黄沙铺镇	28537	7324	15537	5676	4158	27717
厦铺镇	13248	3173	7245	2830	1997	12599
九宫山镇	28469	7515	16008	4946	3377	26047
闯王镇	14143	3470	8007	2666	1900	13283
洪港镇	24611	6736	13697	4178	3036	23382
大畈镇	16204	3891	9087	3226	2414	15628
大路乡	42013	10642	25971	5400	3659	28666
杨芳林乡	13607	3461	7228	2918	2032	13058
燕厦乡	26484	7323	14587	4574	3363	25392
慈口乡	11838	2559	6819	2460	1849	11428
湖北咸宁九宫山国家级自然保护区管理委员会	2438	541	1443	454	321	2260
赤壁市	**470355**	**93969**	**287780**	**88606**	**62615**	**298931**
蒲圻街道	107802	19707	68743	19352	13803	57392
赤马港街道	148608	34065	95153	19390	12561	54741
陆水湖街道	19221	3671	12348	3202	2170	9778
新店镇	17967	3759	10147	4061	2979	17236
赵李桥镇	17615	3554	10087	3974	2788	16144
茶庵岭镇	10577	2076	5911	2590	1911	10005
车埠镇	20291	3962	11393	4936	3715	18958
赤壁镇	13855	2525	7707	3623	2609	12930
柳山湖镇	5384	833	3121	1430	1056	5166
神山镇	16083	2920	8788	4375	3232	15152
中伙铺镇	20012	3811	11614	4587	3367	18709
官塘驿镇	42400	8848	24532	9020	6503	39084
黄盖湖镇	4312	564	2513	1235	918	4067
余家桥乡	7537	1374	4288	1875	1433	7254
蒲纺工业园	12896	1485	7576	3835	2811	8679
官塘驿林场	418	59	246	113	89	331
羊楼洞茶场	2406	427	1387	592	370	2019
沧湖开发区	1395	219	824	352	259	1283
赤壁市经济开发区	1576	110	1402	64	41	3
随州市	**2047923**	**366927**	**1252851**	**428145**	**299612**	**1533019**
曾都区	**699475**	**123613**	**448483**	**127379**	**89743**	**417810**
西城街道	70819	10677	45946	14196	10058	34963
东城街道	131974	21409	89983	20582	14130	53885
南郊街道	74470	12709	49172	12589	8684	43315
北郊街道	78663	13519	52719	12425	8591	33538
城南新区街道	33016	7485	22269	3262	2042	11836
万店镇	34352	6124	19651	8577	6199	32116
何店镇	33509	5344	19177	8988	6616	30614
洛阳镇	22316	3460	12723	6133	4612	21206
府河镇	35846	6932	19702	9212	6879	34056
淅河镇	89573	17219	52017	20337	14619	80482
湖北曾都经济开发区	26972	5044	17331	4597	3201	19535
随州市经济开发区	67965	13691	47793	6481	4112	22264

表17　续表 29　　　　单位：人

地　　区	总人口	分年龄人口				居住本乡、镇、街道，户口在本乡、镇、街道
		0-14岁	15-59岁	60岁及以上	#65岁及以上	
随县	**637548**	**109013**	**375162**	**153373**	**108602**	**590513**
厉山镇	62791	11531	38607	12653	8756	52375
高城镇	16016	2431	9330	4255	3007	15129
殷店镇	46021	8731	27181	10109	6841	43483
草店镇	21096	4079	12289	4728	3368	20253
小林镇	26900	6438	15302	5160	3561	23330
淮河镇	19309	4191	11367	3751	2619	18463
万和镇	51638	9669	31244	10725	7391	48663
尚市镇	30431	5028	17664	7739	5401	29071
唐县镇	55477	9443	32392	13642	9715	51329
吴山镇	24651	3899	15347	5405	3813	20780
新街镇	27823	4075	16402	7346	5254	26767
安居镇	41820	6888	24511	10421	7610	38816
澴潭镇	40129	5798	22501	11830	8650	38398
洪山镇	54419	8629	31691	14099	9996	50674
长岗镇	14436	2105	8600	3731	2639	13546
三里岗镇	30954	4251	18662	8041	5739	29494
柳林镇	15539	2253	8855	4431	3265	14678
均川镇	41803	6664	23739	11400	8185	39917
万福店镇	16295	2910	9478	3907	2792	15347
广水市	**710900**	**134301**	**429206**	**147393**	**101267**	**524696**
应山街道	162732	32677	107294	22761	14435	64458
十里街道	44111	7740	27821	8550	6045	32286
广水街道	63652	9968	40589	13095	8770	44903
城郊街道	56838	11691	35712	9435	6268	29980
武胜关镇	32961	6410	20318	6233	4272	28132
杨寨镇	33389	6385	19633	7371	5229	30864
陈巷镇	29360	5757	16152	7451	5268	27748
长岭镇	56454	11086	32670	12698	8805	49806
马坪镇	27745	4821	16378	6546	4703	24506
关庙镇	24918	4150	13171	7597	5481	23920
余店镇	38973	7417	21641	9915	7003	37813
吴店镇	17479	3461	9763	4255	2902	16935
郝店镇	21651	4406	11992	5253	3626	20299
蔡河镇	28327	5158	15908	7261	5081	27164
李店镇	24937	4753	13810	6374	4447	23179
太平镇	18953	3431	10349	5173	3636	18392
骆店镇	18843	3121	10227	5495	3957	17949
国有广水市中华山林场	47	4	31	12	9	34
广水市三潭风景区	584	99	327	158	103	511
湖北广水经济开发区	8946	1766	5420	1760	1227	5817
恩施土家族苗族自治州	**3456136**	**619171**	**2126685**	**710280**	**543981**	**2615774**
恩施市	**836781**	**131384**	**547762**	**157635**	**120109**	**526700**
舞阳坝街道	251807	38684	185392	27731	19707	94314
六角亭街道	87047	15535	59302	12210	8606	32054
小渡船街道	91906	15918	62758	13230	9184	31632

表17 续表 30 单位：人

地区	总人口	分年龄人口				居住本乡、镇、街道，户口在本乡、镇、街道
		0-14岁	15-59岁	60岁及以上	#65岁及以上	
龙凤镇	61335	9191	39753	12391	9564	47206
崔家坝镇	27191	4353	15454	7384	5661	25535
板桥镇	13270	1945	8077	3248	2483	12396
白杨坪镇	41501	5902	24686	10913	8428	38664
三岔镇	26570	3317	15414	7839	6200	24762
盛家坝镇	28589	4629	17295	6665	5344	26777
新塘乡	28984	4123	16431	8430	6949	27428
红土乡	26244	3620	15335	7289	5903	24500
沙地乡	20648	2873	11539	6236	4900	19195
太阳河乡	12193	1300	6985	3908	3151	11126
屯堡乡	32406	5391	18602	8413	6611	29596
白果乡	18989	2867	10911	5211	4252	17604
芭蕉侗族乡	46241	7342	27204	11695	9512	43334
恩施大峡谷风景管理处	21860	4394	12624	4842	3654	20577
利川市	**750670**	**158596**	**453509**	**138565**	**107545**	**551330**
都亭街道	143499	29619	97421	16459	11838	46641
东城街道	98770	21922	65355	11493	8301	32661
谋道镇	42094	8059	23915	10120	7997	39052
柏杨坝镇	57602	12550	32426	12626	9876	55161
汪营镇	65730	14587	37939	13204	10197	58513
建南镇	36426	8186	18235	10005	7917	34803
忠路镇	43322	8457	24657	10208	8344	41414
团堡镇	49029	9827	28038	11164	8729	46454
毛坝镇	29671	6067	17348	6256	4965	28278
文斗镇	48668	10444	28712	9512	7669	46477
凉雾乡	53677	10623	33031	10023	7917	44369
元堡乡	24743	5289	14669	4785	3846	22888
南坪乡	35317	8240	19561	7516	5689	33545
沙溪乡	21303	4643	11662	4998	4100	20317
佛宝山生态综合开发区	819	83	540	196	160	757
建始县	**411622**	**66641**	**248662**	**96319**	**74430**	**358820**
业州镇	120994	20847	77024	23123	17666	88411
高坪镇	39508	6099	22987	10422	7891	37547
红岩寺镇	15891	2801	9281	3809	2858	13755
景阳镇	26971	4678	15334	6959	5531	25978
官店镇	36972	6584	21287	9101	7159	35800
花坪镇	40332	6038	23371	10923	8409	39114
长梁镇	63515	9421	39394	14700	11583	53660
茅田乡	15460	2206	9045	4209	3337	14810
龙坪乡	19796	2762	11948	5086	3846	18669
三里乡	32183	5205	18991	7987	6150	31076
巴东县	**395376**	**63872**	**235478**	**96026**	**70372**	**325018**
信陵镇	67373	10592	44682	12099	8581	35257
东瀼口镇	14836	1989	8281	4566	3370	13544
沿渡河镇	35470	5859	19869	9742	7023	32838
官渡口镇	42027	7153	24955	9919	7380	36552
茶店子镇	23110	3126	12686	7298	5416	21438

表17 续表 31

单位：人

地　　区	总人口	分年龄人口				居住本乡、镇、街道，户口在本乡、镇、街道
		0-14岁	15-59岁	60岁及以上	#65岁及以上	
绿葱坡镇	16195	1934	9526	4735	3495	15247
大支坪镇	16177	2782	9331	4064	2995	15172
野三关镇	72107	13782	44130	14195	10245	55242
水布垭镇	33829	5278	19436	9115	6805	31793
清太坪镇	25840	3782	14600	7458	5527	24702
溪丘湾乡	26668	4052	15158	7458	5473	23678
金果坪乡	16280	2703	9303	4274	3253	15290
高铁新区	5464	840	3521	1103	809	4265
宣恩县	**284955**	**51478**	**171265**	**62212**	**49545**	**241732**
珠山镇	66569	13189	42933	10447	8071	36213
椒园镇	23963	3406	15892	4665	3757	17996
沙道沟镇	48720	9928	28228	10564	8362	47259
李家河镇	35932	7517	20292	8123	6459	34572
高罗镇	32434	6363	18673	7398	5927	31228
万寨乡	18567	2614	10666	5287	4243	17985
长潭河侗族乡	21995	2787	13020	6188	5126	21217
晓关侗族乡	28033	4293	16318	7422	5979	27093
椿木营乡	8742	1381	5243	2118	1621	8169
咸丰县	**318827**	**62357**	**192219**	**64251**	**49225**	**252584**
高乐山镇	119995	23916	78110	17969	13283	64354
忠堡镇	11514	2064	6652	2798	2191	10606
坪坝营镇	37862	8558	21496	7808	5984	35854
朝阳寺镇	9237	1776	5308	2153	1685	8617
清坪镇	30457	5328	17401	7728	5994	29254
唐崖镇	27195	5251	15896	6048	4674	25742
曲江镇	20821	3868	12123	4830	3662	19361
活龙坪乡	21651	4135	12035	5481	4318	20702
小村乡	14640	2847	8193	3600	2849	14034
黄金洞乡	18992	3447	11176	4369	3443	18125
大路坝区	6463	1167	3829	1467	1142	5935
来凤县	**283255**	**60014**	**172458**	**50783**	**38259**	**214296**
翔凤镇	148198	32527	93695	21976	16097	85641
百福司镇	18583	3985	10729	3869	3038	17718
大河镇	33746	7058	19955	6733	5148	32613
绿水镇	17304	4072	10077	3155	2321	15995
旧司镇	26191	4974	15181	6036	4615	24961
革勒车镇	8560	1209	4942	2409	1946	8109
漫水乡	13123	2863	7696	2564	2014	12617
三胡乡	17550	3326	10183	4041	3080	16642
鹤峰县	**174650**	**24829**	**105332**	**44489**	**34496**	**145294**
走马镇	37522	5491	21829	10202	7855	34426
容美镇	51895	8488	34288	9119	6845	31230
太平镇	11428	1673	6722	3033	2436	10339
燕子镇	15275	1716	9072	4487	3462	13810
中营镇	14380	1624	8380	4376	3488	13673
铁炉乡	10833	1857	6016	2960	2335	10355
五里乡	14471	1717	8201	4553	3557	13723
下坪乡	8822	1028	5005	2789	2228	8182
邬阳乡	10024	1235	5819	2970	2290	9556

表17 续表 32

单位：人

地区	总人口	分年龄人口				居住本乡、镇、街道，户口在本乡、镇、街道
		0-14岁	15-59岁	60岁及以上	#65岁及以上	
省直辖县级行政区划	**3380473**	**547088**	**2028531**	**804854**	**564665**	**2836870**
仙桃市	**1268715**	**208354**	**770240**	**290121**	**202429**	**976493**
沙嘴街道	151940	26848	104630	20462	12975	52220
干河街道	192787	32430	126010	34347	23489	115563
龙华山街道	136172	21706	90535	23931	16535	73892
郑场镇	48950	9080	26358	13512	9125	47454
毛嘴镇	56309	10356	32389	13564	9241	53053
豆河镇	51708	9996	27487	14225	9976	49939
三伏潭镇	54225	10581	29028	14616	10196	52166
胡场镇	58472	10638	32128	15706	11362	56213
长倘口镇	66138	9973	36587	19578	14486	63688
西流河镇	55713	6977	31964	16772	12014	53430
沙湖镇	24248	2742	14025	7481	5376	22830
杨林尾镇	49135	6431	27939	14765	10723	47098
彭场镇	76237	10273	47561	18403	12718	64876
张沟镇	53095	7928	30925	14242	10053	50146
郭河镇	42740	6905	23245	12590	8971	41386
沔城回族镇	18553	3147	11005	4401	3069	16008
通海口镇	40584	6953	22917	10714	7527	38617
陈场镇	52134	10599	27616	13919	9803	50171
工业园区	24910	2798	19389	2723	1842	14114
九合垸原种场	3115	515	1749	851	596	2959
沙湖原种场	5120	572	2958	1590	1180	4776
五湖渔场	1436	163	855	418	273	1260
赵西垸林场	608	83	354	171	132	541
畜禽良种场	515	73	287	155	109	445
排湖风景区	3871	587	2299	985	658	3648
潜江市	**886547**	**128881**	**556445**	**201221**	**143261**	**744823**
园林街道	178954	26046	123619	29289	19700	111713
杨市街道	29758	4722	19497	5539	3716	23513
周矶街道	33380	5409	19906	8065	5671	31007
广华街道	96047	8685	58734	28628	23182	78291
泰丰街道	42774	6974	28109	7691	5208	24164
高场街道	6464	996	3952	1516	1040	5756
竹根滩镇	45487	7077	26420	11990	8123	41308
渔洋镇	38699	6918	22448	9333	6365	37660
王场镇	34522	5462	21211	7849	5346	33198
高石碑镇	33519	5154	20776	7589	5091	32043
熊口镇	35909	5611	22042	8256	5503	33529
老新镇	39777	6346	23949	9482	6497	38020
浩口镇	47872	6902	28891	12079	8715	45621
积玉口镇	27160	4296	16094	6770	4785	26421
张金镇	48002	7022	29743	11237	8045	45500
龙湾镇	32171	4860	19467	7844	5548	30942

表17 续表 33 单位：人

地　区	总人口	分年龄人口				居住本乡、镇、街道，户口在本乡、镇、街道
		0-14岁	15-59岁	60岁及以上	#65岁及以上	
潜江经济开发区	21623	3466	13593	4564	3023	18985
周矶管理区	10021	1607	6392	2022	1417	8780
后湖管理区	21576	3042	13129	5405	4069	20461
熊口管理区	10871	1273	6845	2753	2101	9987
总口管理区	30091	4182	18397	7512	5841	27731
白鹭湖管理区	10296	1511	6199	2586	1851	9767
运粮湖管理区	9922	1120	6008	2794	2110	9159
浩口原种场	1652	200	1024	428	314	1267
天门市	**1158640**	**199948**	**659700**	**298992**	**208068**	**1062055**
竟陵街道	148333	20741	96894	30698	21502	105499
候口街道	56043	10175	35823	10045	6639	35778
杨林街道	40714	7050	23029	10635	7179	38294
多宝镇	54309	9444	31290	13575	8966	52929
拖市镇	47513	8585	26739	12189	7949	45958
张港镇	58660	11760	33048	13852	9086	56739
蒋场镇	32906	6477	17827	8602	5748	31934
汪场镇	30737	5683	16661	8393	5691	30070
渔薪镇	47830	8080	26549	13201	9118	44945
黄潭镇	41576	6913	23069	11594	7847	40422
岳口镇	82150	14163	44891	23096	16090	79342
横林镇	46379	9696	23980	12703	9122	45628
彭市镇	38060	8126	19588	10346	7366	37365
麻洋镇	36749	7019	20155	9575	6826	35810
多祥镇	51021	9220	29367	12434	8752	48256
干驿镇	37545	6276	20234	11035	7908	36515
马湾镇	28105	4971	14860	8274	5968	27216
卢市镇	38313	6095	20424	11794	8327	37178
小板镇	26582	4855	14484	7243	5046	25345
九真镇	48518	8156	27347	13015	9357	46851
皂市镇	49688	7256	28437	13995	10230	46121
胡市镇	21323	3682	11244	6397	4714	20733
石家河镇	36482	6009	20769	9704	6620	35530
佛子山镇	25228	4296	14250	6682	4730	24661
净潭乡	18822	2999	9701	6122	4445	18488
蒋湖农场	15054	2221	9040	3793	2842	14448
神农架林区	**66571**	**9905**	**42146**	**14520**	**10907**	**53499**
松柏镇	31646	5092	20933	5621	4233	23911
阳日镇	7581	1110	4596	1875	1431	6590
木鱼镇	8167	977	5354	1836	1365	6116
红坪镇	4252	558	2543	1151	903	3522
新华镇	3107	404	1835	868	621	2562
九湖镇	3566	627	2210	729	550	3089
宋洛乡	4272	556	2350	1366	1043	3952
下谷坪土家族乡	3980	581	2325	1074	761	3757

表18　湖南省乡、镇、街道人口

单位：人

地　区	总人口	分年龄人口				居住本乡、镇、街道，户口在本乡、镇、街道
		0-14岁	15-59岁	60岁及以上	#65岁及以上	
湖南省	**66444864**	**12969522**	**40264061**	**13211281**	**9842067**	**48634947**
长沙市	**10047914**	**1672202**	**6835863**	**1539849**	**1115873**	**5056726**
芙蓉区	**642010**	**88698**	**466124**	**87188**	**61657**	**201724**
文艺路街道	34471	3360	24078	7033	5131	13128
朝阳街街道	42959	4133	30135	8691	6468	17281
韭菜园街道	31123	3521	19350	8252	6173	18131
五里牌街道	12618	1388	8624	2606	1928	4590
火星街道	55452	8441	40301	6710	4539	15337
马王堆街道	77381	13243	53732	10406	7123	25351
东屯渡街道	68699	11425	49863	7411	4889	21281
湘湖街道	38423	4997	27770	5656	4049	12045
定王台街道	40063	3300	29843	6920	4923	12012
荷花园街道	61537	9595	42884	9058	6617	22941
东岸街道	41163	8219	29155	3789	2436	11465
马坡岭街道	63300	11953	46167	5180	3382	14273
东湖街道	72014	5022	61607	5385	3963	13875
长沙市高科区隆平高科技园	2807	101	2615	91	36	14
天心区	**836157**	**127247**	**589316**	**119594**	**83586**	**318456**
坡子街街道	46847	4332	32770	9745	6901	18505
城南路街道	30616	2936	21208	6472	4642	11643
裕南街街道	67379	7058	46621	13700	9734	27173
金盆岭街道	65235	6634	48387	10214	7444	23391
新开铺街道	73900	13699	49332	10869	7383	30432
青园街道	69036	10512	49134	9390	6469	31317
桂花坪街道	57552	10958	39757	6837	4482	23636
赤岭路街道	68399	11327	45286	11786	8259	28661
文源街道	73500	7727	57415	8358	6129	21721
先锋街道	49226	11468	33522	4236	2654	17939
黑石铺街道	38017	6149	26052	5816	4123	15481
大托铺街道	15920	2678	10009	3233	2395	12000
暮云街道	123777	22462	91184	10131	6670	34464
南托街道	56753	9307	38639	8807	6301	22093
岳麓区	**1526641**	**258428**	**1091515**	**176698**	**122331**	**590896**
望月湖街道	24397	3392	16198	4807	3504	9707
岳麓街道	131968	20257	97614	14097	9845	50594
桔子洲街道	82620	6019	67048	9553	7259	22671
银盆岭街道	77559	13006	53135	11418	7758	32762
观沙岭街道	125305	23161	84012	18132	11987	51317
望城坡街道	98490	12147	77447	8896	6203	24699
西湖街道	56871	7211	42105	7555	5333	18208
咸嘉湖街道	67768	10543	49297	7928	5545	23977
望岳街道	101178	22706	64560	13912	9027	41343
梅溪湖街道	100138	25332	65943	8863	5741	39025
麓谷街道	172595	26636	134358	11601	7064	37812
坪塘街道	41832	7114	26635	8083	6135	34002
含浦街道	20966	3673	12343	4950	3841	18090

表18　续表 1　　　　单位：人

地　　区	总人口	分年龄人口				居住本乡、镇、街道，户口在本乡、镇、街道
		0-14岁	15-59岁	60岁及以上	#65岁及以上	
天顶街道	119666	20863	89041	9762	6706	39290
洋湖街道	63941	13160	43541	7240	4901	26422
学士街道	136787	25362	100578	10847	6859	51961
东方红街道	40027	7101	30156	2770	1854	11479
莲花镇	39483	6807	23267	9409	7336	34870
雨敞坪镇	25050	3938	14237	6875	5433	22667
开福区	**820790**	**125873**	**565671**	**129246**	**88657**	**339539**
芙蓉北路街道	88630	17334	59963	11333	7365	44975
东风路街道	49095	4730	32682	11683	8277	23327
清水塘街道	25974	1910	19217	4847	3689	9678
望麓园街道	37134	3861	24776	8497	6140	16512
湘雅路街道	40145	3338	27194	9613	6895	19981
伍家岭街道	66586	9175	44688	12723	8817	30686
新河街道	68219	12492	43908	11819	8092	34952
通泰街街道	27926	2361	20095	5470	3683	10018
四方坪街道	63241	8959	44687	9595	6551	22244
洪山街道	65350	10114	48747	6489	4230	15924
浏阳河街道	71765	15241	47580	8944	5466	25119
月湖街道	28692	4920	20523	3249	2042	7547
秀峰街道	74642	15003	51311	8328	5500	25046
沙坪街道	30378	3428	22291	4659	3391	15198
捞刀河街道	42059	6871	28987	6201	4298	21214
青竹湖街道	40954	6136	29022	5796	4221	17118
雨花区	**1264895**	**214837**	**875198**	**174860**	**123270**	**510463**
侯家塘街道	66456	8094	45325	13037	9936	32891
左家塘街道	136864	17441	90644	28779	20966	68302
圭塘街道	128163	24413	87682	16068	11123	49264
砂子塘街道	58756	8893	37934	11929	8469	33448
东塘街道	46265	6960	30224	9081	6882	23408
雨花亭街道	102809	17600	70888	14321	10055	36299
高桥街道	99821	15964	74244	9613	6242	23206
洞井街道	155687	32017	106528	17142	11356	48711
黎托街道	87720	21200	58406	8114	5223	43822
井湾子街道	170961	27490	123355	20116	14200	62685
同升街道	80931	13265	60464	7202	4620	18743
东山街道	51105	9202	36066	5837	3888	18168
跳马镇	70867	12147	45163	13557	10272	50852
长沙雨花经济开发区管理委员会	8490	151	8275	64	38	664
望城区	**890214**	**149139**	**609598**	**131477**	**95682**	**460165**
高塘岭街道	132866	20194	92165	20507	14927	70275
丁字湾街道	61964	5191	51026	5747	4146	18823
大泽湖街道	25563	3462	19313	2788	2061	11216
月亮岛街道	174076	43400	115078	15598	9371	50018
白沙洲街道	31047	5532	22443	3072	2090	10568
金山桥街道	70353	11881	53371	5101	3359	17960
黄金园街道	23600	2950	17603	3047	2277	10924
乌山街道	76545	9738	55597	11210	8404	38534
铜官街道	36339	5394	21739	9206	6943	31100

表18 续表 2 单位：人

地区	总人口	分年龄人口 0-14岁	15-59岁	60岁及以上	#65岁及以上	居住本乡、镇、街道，户口在本乡、镇、街道
雷锋街道	65836	10165	48339	7332	5301	30912
白马街道	9397	1719	5641	2037	1559	7761
桥驿镇	33023	5222	19436	8365	6495	28412
茶亭镇	38877	6489	22409	9979	7696	35125
靖港镇	47637	7371	27820	12446	9641	43422
乔口镇	23827	3872	13649	6306	4784	21671
白箬铺镇	39264	6559	23969	8736	6628	33444
长沙县	**1374491**	**222891**	**968024**	**183576**	**133080**	**575915**
星沙街道	280032	55941	203389	20702	13456	56130
泉塘街道	200033	37652	149972	12409	8058	28053
湘龙街道	148433	30701	107088	10644	6724	28789
榔梨街道	107581	10585	89706	7290	4992	21070
长龙街道	24216	2063	20259	1894	1368	6675
黄兴镇	119772	18136	84544	17092	12549	62632
江背镇	51878	8119	30873	12886	9865	45468
黄花镇	100318	13280	72934	14104	10492	53565
春华镇	38537	6380	22613	9544	7075	34744
果园镇	21007	3063	12657	5287	3949	17623
路口镇	23802	3316	14186	6300	4803	19771
高桥镇	21515	3008	12487	6020	4621	19747
金井镇	49437	7435	28947	13055	9877	44357
福临镇	22907	2780	13461	6666	5129	19107
青山铺镇	15055	2043	8447	4565	3454	13105
安沙镇	77660	8351	56057	13252	9950	39350
北山镇	41911	5538	23480	12893	9803	37356
开慧镇	30397	4500	16924	8973	6915	28373
浏阳市	**1429384**	**269901**	**888318**	**271165**	**197964**	**1105679**
淮川街道	78453	12921	52573	12959	9075	35458
集里街道	124705	27655	80500	16550	11417	49866
荷花街道	68396	13670	43598	11128	7875	38328
关口街道	57764	11805	37146	8813	6275	40521
社港镇	37839	7311	21950	8578	6471	35376
官渡镇	25668	4791	15451	5426	4009	23519
张坊镇	23215	4264	13622	5329	3967	21939
达浒镇	18947	3694	10914	4339	3127	18042
沿溪镇	26902	5608	15931	5363	3983	24156
古港镇	53599	10490	31833	11276	8415	50180
永和镇	26778	4898	15873	6007	4533	24332
大瑶镇	86222	20293	51502	14427	10039	76695
金刚镇	54932	12694	32646	9592	6700	52161
文家市镇	48242	11349	28475	8418	6221	44664
枨冲镇	31589	5376	18245	7968	6149	29489
镇头镇	50941	7572	31397	11972	8940	44712
普迹镇	33140	4930	19219	8991	6831	31698
永安镇	67116	11950	41857	13309	9772	52335
北盛镇	51998	10554	30145	11299	8092	45656
龙伏镇	38111	7272	21897	8942	6754	35727
澄潭江镇	51633	12040	29840	9753	6951	49567

表18 续表 3

单位：人

地 区	总人口	分年龄人口				居住本乡、镇、街道，户口在本乡、镇、街道
		0-14岁	15-59岁	60岁及以上	#65岁及以上	
中和镇	17625	3809	10303	3513	2627	16810
柏加镇	20219	3797	11609	4813	3620	18946
洞阳镇	111931	9619	93753	8559	6141	36118
大围山镇	15667	2411	8918	4338	3207	14654
沙市镇	56142	10836	32589	12717	9368	52303
淳口镇	52286	10487	29435	12364	9061	49559
高坪镇	27570	5064	16147	6359	4835	25974
官桥镇	21035	3233	11979	5823	4343	18983
葛家镇	16265	2525	9353	4387	3412	15158
蕉溪镇	22593	4514	12901	5178	3759	21465
小河乡	11861	2469	6717	2675	1995	11288
宁乡市	**1263332**	**215188**	**782099**	**266045**	**209646**	**953889**
玉潭街道	136849	27175	92865	16809	11726	50269
白马桥街道	77459	16241	52292	8926	6434	20759
历经铺街道	43898	7050	31254	5594	4241	22960
城郊街道	96422	15663	71835	8924	6328	25559
道林镇	39683	6313	22934	10436	8425	37527
花明楼镇	39645	5908	24175	9562	7755	35104
东湖塘镇	36320	5572	21265	9483	7658	34051
夏铎铺镇	35004	5926	21797	7281	5759	29715
双江口镇	62681	10054	37115	15512	12377	57968
煤炭坝镇	33343	4938	19901	8504	6934	29348
坝塘镇	54320	8837	32183	13300	10686	50013
灰汤镇	69635	11922	39679	18034	14519	66687
双凫铺镇	32031	5360	19126	7545	5937	28148
老粮仓镇	42926	7303	24423	11200	8959	40207
流沙河镇	43753	7127	24186	12440	10055	41332
巷子口镇	34225	5803	20070	8352	6533	31432
龙田镇	15376	2532	8665	4179	3290	14202
横市镇	39997	7167	22736	10094	8039	38174
回龙铺镇	33993	6107	20774	7112	5783	30990
黄材镇	46592	8248	26524	11820	9247	44316
大成桥镇	26048	4295	15788	5965	4845	24717
青山桥镇	32879	5286	17740	9853	7865	30975
金洲镇	36886	5199	25870	5817	4654	25388
大屯营镇	33390	5108	19474	8808	7155	31417
资福镇	28741	4569	16486	7686	6188	26788
菁华铺乡	26270	4730	16021	5519	4540	24250
喻家坳乡	29541	4739	17167	7635	6185	27859
沙田乡	22165	3653	12075	6437	5018	21309
沩山乡	13260	2363	7679	3218	2511	12425
株洲市	**3902738**	**713346**	**2412050**	**777342**	**567154**	**2657394**
荷塘区	**348894**	**57191**	**234822**	**56881**	**41455**	**145157**
月塘街道	107274	16050	78899	12325	8699	25184
茨菇塘街道	67883	10058	43585	14240	10613	32951
宋家桥街道	40133	6320	25223	8590	6532	24949
桂花街道	73997	14210	49641	10146	7109	26239
金山街道	39562	7248	25745	6569	4700	17289
仙庾镇	20045	3305	11729	5011	3802	18545

表18　续表 4

单位：人

地　　区	总人口	分年龄人口				居住本乡、镇、街道，户口在本乡、镇、街道
		0-14岁	15-59岁	60岁及以上	#65岁及以上	
芦淞区	**307012**	**49575**	**202860**	**54577**	**40107**	**144275**
贺家土街道	37780	4963	23430	9387	7148	19871
建设街道	15706	1852	10074	3780	2841	7126
建宁街道	16617	2150	12656	1811	1154	3192
董家段街道	48579	6826	30183	11570	9245	34731
庆云街道	62187	11843	42469	7875	5401	17538
枫溪街道	17901	3528	11191	3182	2396	11138
龙泉街道	68859	11535	49925	7399	4905	15274
白关镇	39383	6878	22932	9573	7017	35405
石峰区	**223634**	**30335**	**148594**	**44705**	**33331**	**114906**
田心街道	63344	7990	43902	11452	8329	29554
响石岭街道	67584	9433	43378	14773	11133	34884
清水塘街道	41259	4881	26799	9579	7502	25616
铜塘湾街道	27097	3936	18034	5127	3789	13814
井龙街道	24350	4095	16481	3774	2578	11038
天元区	**478309**	**84104**	**325509**	**68696**	**49237**	**208705**
嵩山路街道	169418	34653	113812	20953	14288	60560
泰山路街道	154859	21490	113286	20083	14182	53606
栗雨街道	68853	14202	47330	7321	4987	22554
马家河街道	15892	2526	10950	2416	1840	10000
群丰镇	23583	4164	14597	4822	3617	19026
雷打石镇	23507	3569	13280	6658	5238	22079
三门镇	22197	3500	12254	6443	5085	20880
渌口区	260534	42614	152704	65216	50081	216481
渌口镇	113716	20141	73116	20459	14882	77049
朱亭镇	22595	3439	11961	7195	5684	21533
古岳峰镇	13895	1994	7461	4440	3505	13321
淦田镇	20363	2821	10702	6840	5399	19328
龙门镇	11891	1811	6294	3786	3013	11332
龙潭镇	12364	1883	6564	3917	3006	11861
南洲镇	35146	5915	20431	8800	6838	32619
龙船镇	30564	4610	16175	9779	7754	29438
攸县	**630427**	**122772**	**355465**	**152190**	**111862**	**536206**
联星街道	133659	26172	84303	23184	16162	73563
江桥街道	40089	7769	23078	9242	6636	31738
春联街道	13669	3215	7465	2989	2092	12441
谭桥街道	24548	5505	13731	5312	3742	22130
酒埠江镇	22520	3805	13190	5525	4109	19718
桃水镇	21035	4237	10002	6796	5073	20474
网岭镇	51678	8986	29752	12940	9756	48920
渌田镇	31899	8317	16385	7197	4920	31403
石羊塘镇	23347	4880	11473	6994	5127	22662
黄丰桥镇	24360	4006	14213	6141	4543	22630
鸾山镇	19040	3466	10631	4943	3691	18214
丫江桥镇	29489	5479	15704	8306	6383	28475
皇图岭镇	51689	9329	28355	14005	10545	48221

表18 续表 5

单位：人

地　　区	总人口	分年龄人口				居住本乡、镇、街道，户口在本乡、镇、街道
		0-14岁	15-59岁	60岁及以上	#65岁及以上	
新市镇	50069	8799	25643	15627	12146	48483
菜花坪镇	24841	5851	13602	5388	3813	22890
莲塘坳镇	30527	6136	16672	7719	5684	29435
宁家坪镇	35424	6518	19150	9756	7354	34440
株洲市攸县工业园	1432	161	1194	77	50	6
株洲市攸县网岭循环经济园	1112	141	922	49	36	363
茶陵县	**491849**	**116395**	**278055**	**97399**	**69150**	**393480**
下东街道	64058	14429	39957	9672	6860	32824
思聪街道	30428	6598	17036	6794	4800	27904
洣江街道	27107	7010	14265	5832	4195	24210
云阳街道	91864	21708	57068	13088	8872	39377
界首镇	19471	4766	10430	4275	3132	19005
湖口镇	29396	7119	16113	6164	4440	28102
马江镇	20583	5100	11195	4288	3019	20180
高陇镇	14564	3522	7755	3287	2300	14037
虎踞镇	42248	9913	22554	9781	7000	40941
枣市镇	20871	5027	11371	4473	3210	20098
火田镇	18133	4254	9677	4202	2861	17499
严塘镇	25668	6342	13393	5933	4216	24885
秩堂镇	20153	5070	10791	4292	3037	19553
腰潞镇	41947	9947	22995	9005	6490	40587
舲舫乡	18405	4344	9653	4408	3263	17600
桃坑乡	4117	699	2256	1162	917	3957
汉背办事处	295	15	146	134	95	243
株洲市茶陵县火田镇红色农场	2541	532	1400	609	443	2478
炎陵县	**160274**	**30817**	**94050**	**35407**	**25143**	**126052**
霞阳镇	75260	15322	46635	13303	9095	45712
沔渡镇	13257	2308	7592	3357	2509	12809
十都镇	8600	1443	5043	2114	1542	8126
水口镇	10734	2128	5617	2989	2134	9976
鹿原镇	22657	4295	12497	5865	4196	21411
垄溪乡	5501	936	3107	1458	1100	5050
策源乡	4017	583	2357	1077	787	3809
下村乡	5751	1135	3190	1426	1054	5500
船形乡	4807	839	2643	1325	961	4540
中村瑶族乡	8920	1715	4856	2349	1664	8509
株洲市炎陵县大院农场	616	81	415	120	86	528
株洲市炎陵县桃源洞管理局	154	32	98	24	15	82
云龙示范区	**115818**	**12625**	**92673**	**10520**	**7843**	**39764**
学林街道	83589	5901	73812	3876	2728	12144
龙头铺街道	12779	2547	7767	2465	1862	9582
云田镇	19450	4177	11094	4179	3253	18038
醴陵市	**885987**	**166918**	**527318**	**191751**	**138945**	**732368**
阳三石街道	65914	11458	41941	12515	8688	38266
仙岳山街道	48776	8796	30158	9822	6866	28789
国瓷街道	71135	12100	45825	13210	9110	42519
来龙门街道	100907	16718	66363	17826	12422	58410
白兔潭镇	44902	9599	26883	8420	5916	40530

表18 续表 6

单位：人

地区	总人口	分年龄人口				居住本乡、镇、街道，户口在本乡、镇、街道
		0-14岁	15-59岁	60岁及以上	#65岁及以上	
浦口镇	50363	10853	29807	9703	6803	45564
王仙镇	38279	7680	22351	8248	5857	34248
泗汾镇	32751	6078	19449	7224	5425	28558
沈潭镇	18284	3617	9886	4781	3496	17595
船湾镇	36371	7015	20391	8965	6695	35097
均楚镇	26236	4391	14012	7833	6193	25319
东富镇	29400	5305	17203	6892	4958	27961
石亭镇	25334	4719	13664	6951	5307	24728
孙家湾镇	17911	3141	10399	4371	3160	16640
官庄镇	8083	1178	4563	2342	1811	7557
嘉树镇	18031	3388	10552	4091	3113	17350
板杉镇	28383	5193	16425	6765	5056	27043
沩山镇	12203	2109	6968	3126	2337	11510
枫林镇	30555	5982	17431	7142	5331	29128
李畋镇	54428	12474	32289	9665	6869	52693
明月镇	52519	10825	29244	12450	8979	50871
左权镇	32232	6155	18195	7882	5895	30542
茶山镇	42990	8144	23319	11527	8658	41450
湘潭市	**2726181**	**423711**	**1704598**	**597872**	**460418**	**1819721**
雨湖区	**429707**	**53895**	**282480**	**93332**	**69448**	**246192**
雨湖路街道	23667	2329	14876	6462	4896	14314
城正街街道	24290	3184	15182	5924	4280	11180
云塘街道	43527	5360	27359	10808	7901	21833
广场街道	30342	3399	18570	8373	6285	16318
窑湾街道	22468	2285	13148	7035	5093	15755
昭潭街道	45034	7303	29629	8102	5615	14058
万楼街道	11594	2091	6991	2512	1763	7487
先锋街道	77004	5450	64235	7319	5050	16703
鹤岭镇	56789	8536	34050	14203	11241	52134
楠竹山镇	21649	1458	13238	6953	5445	15966
姜畲镇	44511	7276	27014	10221	7889	39677
长城乡	28832	5224	18188	5420	3990	20767
岳塘区	**390238**	**48643**	**264573**	**77022**	**56870**	**173342**
岳塘街道	36662	4015	21738	10909	8637	20764
东坪街道	23485	3123	15361	5001	3586	12207
书院路街道	49167	7120	32516	9531	6951	18910
下摄司街道	49389	4179	33430	11780	8854	24060
建设路街道	52695	7104	36411	9180	6649	20986
五里堆街道	50537	6146	32288	12103	8900	26720
宝塔街道	83789	10620	62395	10774	7590	24328
霞城街道	25322	3054	18710	3558	2548	10223
荷塘街道	19192	3282	11724	4186	3155	15144
湘潭县	**792829**	**128934**	**470988**	**192907**	**150218**	**612472**
易俗河镇	246686	42560	171582	32544	23770	96644
谭家山镇	27475	3754	15170	8551	6646	25966
中路铺镇	41404	6503	23467	11434	8844	37490

表18　续表 7　　　　　　　　　　　　　　　　　　　　　　　　单位：人

地　　区	总人口	分年龄人口				居住本乡、镇、街道，户口在本乡、镇、街道
		0-14岁	15-59岁	60岁及以上	#65岁及以上	
茶恩寺镇	31231	6280	16489	8462	6196	30119
河口镇	29832	4565	16558	8709	6853	27998
射埠镇	39036	5243	21772	12021	9545	37823
花石镇	56546	9165	29957	17424	13786	54299
青山桥镇	32268	5610	17619	9039	7128	30833
石鼓镇	29770	4598	16158	9014	7205	28768
云湖桥镇	44726	6534	25903	12289	9926	42094
石潭镇	51393	7906	29741	13746	10914	46706
杨嘉桥镇	44704	6858	25556	12290	9773	41637
乌石镇	22473	3489	11998	6986	5512	21336
白石镇	25220	4624	13593	7003	5313	24423
分水乡	19035	3004	9202	6829	5514	18241
排头乡	34370	5410	17983	10977	8782	32400
锦石乡	16660	2831	8240	5589	4511	15695
湖南湘潭高新技术产业园区	**62749**	**9926**	**42527**	**10296**	**7286**	**26433**
板塘街道	13425	1994	8953	2478	1732	5715
双马街道	49324	7932	33574	7818	5554	20718
湘潭昭山示范区	**30775**	**4852**	**19760**	**6163**	**4653**	**21237**
昭山镇	30775	4852	19760	6163	4653	21237
湘潭九华示范区	**186423**	**27691**	**139772**	**18960**	**13750**	**69871**
和平街道	117721	15057	93679	8985	6275	32677
九华街道	42042	7698	30206	4138	2895	12180
响水乡	26660	4936	15887	5837	4580	25014
湘乡市	**730103**	**132566**	**422073**	**175464**	**139304**	**583777**
望春门街道	55326	9995	35981	9350	7109	24691
新湘路街道	59868	9944	41578	8346	6221	22113
昆仑桥街道	46139	7314	29250	9575	7576	30353
东山街道	63000	13685	41557	7758	5764	21461
山枣镇	30567	5770	16186	8611	6838	29719
栗山镇	16538	2958	8617	4963	4007	15988
中沙镇	16793	3218	8844	4731	3763	16483
虞唐镇	24172	4354	13062	6756	5344	23409
潭市镇	30029	5439	16170	8420	6785	28485
棋梓镇	39630	7170	22941	9519	7520	37593
壶天镇	34294	6529	18827	8938	7035	32402
翻江镇	27859	5252	15026	7581	6098	26659
金石镇	21883	3469	12010	6404	5252	21058
白田镇	27979	4568	14895	8516	6877	27127
月山镇	39374	7319	20571	11484	9191	38062
泉塘镇	34172	6117	19062	8993	7195	30954
梅桥镇	34494	6435	19182	8877	7024	33686
毛田镇	25243	4541	13172	7530	6157	24563
龙洞镇	18637	3176	10208	5253	4248	17628
东郊乡	36861	6777	19879	10205	8160	35502
金薮乡	22651	3863	11956	6832	5652	21969
育塅乡	24594	4673	13099	6822	5488	23872
韶山市	**103357**	**17204**	**62425**	**23728**	**18889**	**86397**
清溪镇	50363	8752	31741	9870	7663	37323
银田镇	12506	1771	7388	3347	2766	11501
韶山乡	25115	4242	14373	6500	5289	23264
杨林乡	15373	2439	8923	4011	3171	14309

表18 续表 8

单位：人

地区	总人口	分年龄人口				居住本乡、镇、街道，户口在本乡、镇、街道
		0-14岁	15-59岁	60岁及以上	#65岁及以上	
衡阳市	**6645243**	**1395771**	**3907599**	**1341873**	**979181**	**5034202**
珠晖区	**337337**	**49232**	**220212**	**67893**	**48874**	**181272**
衡州路街道	15009	1298	12605	1106	800	3984
广东路街道	44508	6476	27645	10387	7229	23045
东风路街道	24476	3778	15612	5086	3609	10292
冶金街道	16756	1927	9461	5368	4024	11162
苗圃街道	52976	6112	32383	14481	10663	31784
粤汉街道	30022	4564	19646	5812	3859	12276
东阳渡街道	35729	6228	20651	8850	6854	30123
茶山坳镇	22833	4635	12969	5229	4007	20006
和平乡	36597	7432	23222	5943	3907	15616
酃湖乡	58431	6782	46018	5631	3922	22984
雁峰区	**217585**	**34943**	**138437**	**44205**	**30978**	**110664**
先锋街道	19557	2666	11763	5128	3546	11282
雁峰街道	36953	5579	23650	7724	5320	16641
天马山街道	18087	2303	10932	4852	3486	9232
黄茶岭街道	73719	13417	47722	12580	8591	33627
白沙洲街道	47259	6857	30295	10107	7222	24018
岳屏镇	22010	4121	14075	3814	2813	15864
石鼓区	**210864**	**32650**	**134653**	**43561**	**30383**	**121850**
人民街道	23439	3103	15578	4758	3209	11920
青山街道	33378	4007	21223	8148	5789	17593
潇湘街道	39743	5228	24869	9646	6701	24760
五一街道	29697	4564	18173	6960	4808	17125
合江街道	21555	2713	13133	5709	4083	15271
黄沙湾街道	42694	8513	29393	4788	3226	17077
角山镇	20358	4522	12284	3552	2567	18104
蒸湘区	**294386**	**50173**	**197706**	**46507**	**32509**	**140286**
蒸湘街道	112898	20991	73257	18650	13107	53472
红湘街道	69617	8487	51813	9317	6576	20483
联合街道	56435	9556	36757	10122	6838	27794
呆鹰岭镇	40395	7747	27296	5352	3766	24892
雨母山镇	15041	3392	8583	3066	2222	13645
南岳区	**70370**	**15498**	**43068**	**11804**	**8446**	**43179**
祝融街道	23294	4602	15166	3526	2463	10046
南岳镇	43117	10163	25712	7242	5181	29406
寿岳乡	3959	733	2190	1036	802	3727
衡阳县	**888433**	**183748**	**510307**	**194378**	**148926**	**782132**
西渡镇	206659	41241	134485	30933	22465	130453
集兵镇	29923	6519	16974	6430	4765	28461
杉桥镇	14817	3099	8115	3603	2726	14453
井头镇	40565	8395	22465	9705	7499	39114

表18　续表 9　　单位：人

地　　区	总人口	分年龄人口				居住本乡、镇、街道，户口在本乡、镇、街道
		0-14岁	15-59岁	60岁及以上	#65岁及以上	
演陂镇	29072	6118	15936	7018	5340	27675
金兰镇	49462	10771	26076	12615	9846	48295
洪市镇	43079	8856	25041	9182	7168	40322
曲兰镇	34118	7395	18761	7962	6185	33668
金溪镇	22208	4747	11762	5699	4436	21624
界牌镇	24256	4650	14236	5370	4129	22238
渣江镇	46598	9479	26211	10908	8551	43182
三湖镇	32650	6803	17827	8020	6289	31915
台源镇	37878	7858	20359	9661	7389	37226
关市镇	30487	6356	16231	7900	6134	29338
库宗桥镇	33026	7233	18015	7778	6065	31373
岘山镇	41839	8451	22584	10804	8398	40532
石市镇	34307	7013	18620	8674	6811	33545
樟木乡	19128	4334	10390	4404	3247	18491
岣嵝乡	15051	3301	8160	3590	2784	14675
栏垅乡	14126	2920	7459	3747	2928	13595
大安乡	28399	6101	15462	6836	5372	27982
溪江乡	22250	4508	11870	5872	4633	21755
长安乡	11331	2233	6032	3066	2387	11165
板市乡	10221	2218	5635	2368	1768	9965
樟树乡	16983	3149	11601	2233	1611	11090
衡南县	**796327**	**168375**	**456966**	**170986**	**124608**	**695176**
云集街道	87570	18950	57166	11454	7789	43216
车江街道	34112	7477	19999	6636	4822	28667
向阳桥街道	52649	11308	31009	10332	7501	48436
茶市镇	25148	5055	14598	5495	4039	22219
冠市镇	31757	6824	17456	7477	5525	30692
江口镇	40667	8850	22405	9412	6833	37888
宝盖镇	32964	7373	18097	7494	5300	32350
花桥镇	40218	9221	22059	8938	6436	38965
铁丝塘镇	15256	3531	8274	3451	2436	14985
泉溪镇	23025	4879	13038	5108	3719	20349
洪山镇	31316	6792	17350	7174	5134	30026
三塘镇	94109	18072	59435	16602	11983	68138
谭子山镇	26066	5002	14055	7009	5175	25256
鸡笼镇	30326	6348	16373	7605	5572	29291
泉湖镇	25663	4697	14392	6574	4978	25056
柞市镇	18862	3551	10153	5158	4020	18374
茅市镇	34617	7132	18627	8858	6860	33565
硫市镇	27883	5748	14991	7144	5339	27119
栗江镇	39376	8776	21551	9049	6527	38721
近尾洲镇	18205	4068	9421	4716	3577	17714
咸塘镇	14697	3103	8123	3471	2429	13892
松江镇	33141	7746	18408	6987	5020	31819
相市乡	18700	3872	9986	4842	3594	18438
衡山县	**335704**	**70602**	**188300**	**76802**	**56888**	**296816**
开云镇	115615	23349	71335	20931	15117	84501
白果镇	36802	7862	19794	9146	6832	34535

表18　续表 10　　单位：人

地　　区	总人口	分年龄人口				居住本乡、镇、街道，户口在本乡、镇、街道
		0-14岁	15-59岁	60岁及以上	#65岁及以上	
东湖镇	21449	4555	11464	5430	4239	20848
萱洲镇	26609	5693	14043	6873	5016	26201
长江镇	22711	4788	12451	5472	4005	21702
新桥镇	18375	4164	9511	4700	3569	17825
店门镇	19317	4001	10360	4956	3632	18544
永和乡	19394	3860	10709	4825	3591	18989
福田铺乡	12104	2693	6173	3238	2423	11625
岭坡乡	18047	3774	9436	4837	3684	17523
贯塘乡	13423	3064	7068	3291	2443	13028
江东乡	11858	2799	5956	3103	2337	11495
衡东县	**565423**	**124940**	**315863**	**124620**	**91318**	**486280**
洣水镇	123609	30919	73075	19615	13675	66399
石湾镇	24342	5048	13205	6089	4514	22873
新塘镇	40970	8622	23381	8967	6617	38403
大浦镇	28024	5793	16006	6225	4571	25157
吴集镇	49919	10996	26764	12159	9094	48006
甘溪镇	20256	4302	11091	4863	3649	19728
杨林镇	24000	5165	13650	5185	3762	20803
草市镇	37587	8426	20650	8511	6067	36860
杨桥镇	22256	4517	11702	6037	4679	21059
霞流镇	28894	6198	15769	6927	5134	28307
荣桓镇	20652	4685	10988	4979	3749	20046
高湖镇	22300	4805	12295	5200	3692	21526
白莲镇	18068	3733	9507	4828	3685	17638
三樟镇	27944	5407	15148	7389	5506	27501
蓬源镇	15594	3234	8107	4253	3244	15347
南湾乡	8153	1825	4355	1973	1415	7851
石滩乡	26082	5485	14317	6280	4542	25136
河西开发区	12539	2794	7713	2032	1453	10446
湖南衡东大浦工业园	14234	2986	8140	3108	2270	13194
祁东县	**766920**	**164261**	**430287**	**172372**	**131385**	**616314**
洪桥街道	80078	17024	48361	14693	10735	42348
玉合街道	99728	23067	61344	15317	10943	39723
永昌街道	51919	10532	33395	7992	5794	27030
白鹤街道	21867	4292	12023	5552	4129	20966
金桥镇	26447	5032	14444	6971	5237	25508
乌江镇	17282	3576	9333	4373	3436	16672
粮市镇	11162	2388	5495	3279	2567	10619
河洲镇	21459	4474	11231	5754	4462	20219
归阳镇	33187	7506	18163	7518	5706	28058
过水坪镇	27100	5647	14265	7188	5695	25920
双桥镇	21530	4574	11341	5615	4348	20504
灵官镇	26445	5722	14395	6328	4923	25484
风石堰镇	34635	7536	18622	8477	6467	32937
白地市镇	50072	10561	27413	12098	9290	45991
黄土铺镇	31611	6469	17441	7701	5916	30176
石亭子镇	21440	4325	11429	5686	4549	20518
官家嘴镇	21563	4514	11095	5954	4565	20679

表18　续表 11　　　　单位：人

地　　区	总人口	分年龄人口				居住本乡、镇、街道，户口在本乡、镇、街道
		0-14岁	15-59岁	60岁及以上	#65岁及以上	
步云桥镇	48168	10077	26741	11350	8822	46188
砖塘镇	23464	4945	12275	6244	4954	22731
蒋家桥镇	26008	6259	13276	6473	5010	24545
太和堂镇	42766	9763	23046	9957	7608	41601
马杜桥乡	6749	1237	3549	1963	1574	6484
凤歧坪乡	6827	1390	3649	1788	1416	6504
城连圩乡	15413	3351	7961	4101	3239	14909
衡阳综合保税区	**30206**	**5710**	**20740**	**3756**	**2556**	**17726**
衡阳综合保税区	30206	5710	20740	3756	2556	17726
湖南衡阳高新技术产业园区	**183686**	**35975**	**123788**	**23923**	**16216**	**82318**
华兴街道	183686	35975	123788	23923	16216	82318
湖南衡阳松木经济开发区	**16651**	**2604**	**12389**	**1658**	**1115**	**8587**
衡阳市济开区松木工业园	16651	2604	12389	1658	1115	8587
耒阳市	**1140675**	**278543**	**649994**	**212138**	**148278**	**839908**
蔡子池街道	186131	44339	116567	25225	16490	77181
灶市街街道	100219	21848	60365	18006	12193	58039
水东江街道	76372	17955	44702	13715	9409	56331
五里牌街道	121341	28626	77216	15499	9999	42248
三架街道	53949	7928	41472	4549	3078	26734
余庆街道	41060	10710	22349	8001	5779	37456
黄市镇	16498	4092	9006	3400	2415	14598
小水镇	43851	12229	22350	9272	6405	42116
公平圩镇	26448	6897	13899	5652	3985	25166
三都镇	28443	7426	14186	6831	4828	27267
南阳镇	25897	6383	13209	6305	4583	24892
夏塘镇	20200	5173	10194	4833	3499	19210
龙塘镇	14908	3346	7968	3594	2501	14158
哲桥镇	28087	7431	14809	5847	4261	27257
永济镇	19426	4973	9705	4748	3450	18877
遥田镇	18136	4450	8810	4876	3555	17612
新市镇	30417	7724	15813	6880	4916	29114
淝田镇	13842	3548	6254	4040	3009	13473
大市镇	40430	10287	20972	9171	6566	39395
仁义镇	32497	9222	17109	6166	4512	31609
南京镇	18205	5161	9402	3642	2579	17840
大义镇	19186	4925	9516	4745	3416	18535
东湖圩镇	26694	6985	13932	5777	3974	26021
马水镇	33652	8747	17129	7776	5572	32708
导子镇	23461	6289	11960	5212	3597	22817
亮源乡	14895	3899	7485	3511	2555	14625
太平圩乡	14305	4304	7055	2946	2141	14018
长坪乡	21210	5881	10933	4396	3310	20656
太和圩乡	15908	3724	7964	4220	3217	15262
坛下乡	15007	4041	7663	3303	2484	14693
常宁市	**790676**	**178517**	**464889**	**147270**	**106701**	**611694**
宜阳街道	58955	12327	38335	8293	5806	35665
泉峰街道	91153	20639	58724	11790	8226	38348

表18 续表 12

单位：人

地区	总人口	分年龄人口				居住本乡、镇、街道，户口在本乡、镇、街道
		0-14岁	15-59岁	60岁及以上	#65岁及以上	
培元街道	82704	19160	53024	10520	7124	23293
曲潭街道	40099	7618	26606	5875	4100	22331
天堂山街道	4756	1059	2679	1018	767	4699
柏坊镇	34615	7403	18523	8689	6484	33465
水口山镇	63010	11980	38291	12739	9026	53511
烟洲镇	25640	5839	14255	5546	3982	24747
荫田镇	30864	8086	16942	5836	4215	29390
白沙镇	24868	6229	14326	4313	3042	24376
西岭镇	27539	7223	15502	4814	3466	26981
三角塘镇	34920	8359	18693	7868	5818	33772
洋泉镇	39580	9202	21662	8716	6444	38418
庙前镇	13420	3386	7436	2598	1852	12873
罗桥镇	27025	6772	14886	5367	3861	25667
板桥镇	29651	6886	17136	5629	4085	28529
胜桥镇	28513	6792	15582	6139	4575	27629
官岭镇	30556	6698	17264	6594	4979	28599
新河镇	24857	5225	12950	6682	5056	24367
蓬塘乡	28425	6704	15325	6396	4639	27676
兰江乡	22963	5152	12563	5248	3943	21889
大堡乡	19571	4070	10189	5312	4297	18665
塔山瑶族乡	6992	1708	3996	1288	914	6804
邵阳市	**6563520**	**1478983**	**3722828**	**1361709**	**1024036**	**5439746**
双清区	**317283**	**57742**	**200336**	**59205**	**43851**	**181245**
兴隆街道	28603	4968	20176	3459	2610	8957
龙须塘街道	33405	5920	21461	6024	4388	15643
汽车站街道	34608	5915	21622	7071	5189	17250
小江湖街道	32590	4847	19782	7961	5805	21022
东风路街道	30374	5174	19105	6095	4450	16654
桥头街道	19845	3023	12556	4266	3111	11260
滨江街道	10973	1698	6657	2618	2046	8709
石桥街道	49595	10862	31418	7315	5317	24312
爱莲街道	11439	2633	6468	2338	1796	9840
高崇山镇	24960	4951	15510	4499	3407	18825
渡头桥镇	14342	3101	7829	3412	2654	13083
火车站乡	26549	4650	17752	4147	3078	15690
大祥区	**362289**	**63706**	**235661**	**62922**	**47337**	**224303**
中心路街道	16675	2430	9986	4259	3207	13411
红旗路街道	19524	3436	10974	5114	4011	15996
城北路街道	17654	3356	10286	4012	2942	15391
城西街道	35283	5543	22098	7642	5853	21669
翠园街道	40579	6754	27592	6233	4639	21652
百春园街道	42731	9312	26503	6916	4944	26072
城南街道	14554	3306	8369	2879	2190	12298
火车南站街道	48114	10090	32011	6013	4183	20194
学院路街道	50581	5240	42391	2950	2125	11495
雨溪街道	22109	3292	15824	2993	2332	13732

表18 续表 13 单位：人

地　　区	总人口	分年龄人口				居住本乡、镇、街道，户口在本乡、镇、街道
		0-14岁	15-59岁	60岁及以上	#65岁及以上	
檀江街道	13095	2868	7161	3066	2425	12629
罗市镇	14945	2982	8219	3744	2902	14418
蔡锷乡	11370	2177	6037	3156	2468	11009
板桥乡	15075	2920	8210	3945	3116	14337
北塔区	**122658**	**25073**	**77722**	**19863**	**14596**	**77414**
新滩镇街道	12249	2341	7623	2285	1705	8785
状元洲街道	60059	12006	39817	8236	5749	23795
田江街道	13544	2922	8092	2530	1867	9918
茶元头街道	18462	3415	11660	3387	2633	17618
陈家桥乡	18344	4389	10530	3425	2642	17298
新邵县	**612943**	**136834**	**346023**	**130086**	**99799**	**556271**
酿溪镇	112598	25090	70372	17136	12783	73216
严塘镇	38314	8208	20716	9390	7369	37191
雀塘镇	38519	7492	21608	9419	7382	37360
陈家坊镇	48898	9921	27769	11208	8769	46856
潭溪镇	24709	5192	13588	5929	4571	24047
寸石镇	29680	6107	15813	7760	6034	28643
坪上镇	62317	13985	34030	14302	10909	59629
龙溪铺镇	40465	10184	22294	7987	5813	38175
巨口铺镇	42317	10335	22900	9082	6964	41391
新田铺镇	46188	10419	26081	9688	7488	43745
小塘镇	36553	8308	19428	8817	6936	35872
太芝庙镇	21312	4642	12442	4228	3252	20625
大新镇	26569	6894	14411	5264	4033	26005
潭府乡	22217	4471	12765	4981	3837	21667
迎光乡	22287	5586	11806	4895	3659	21849
邵阳县	**752125**	**166729**	**420467**	**164929**	**127307**	**688910**
塘渡口镇	164756	39261	95606	29889	22429	125437
白仓镇	58781	12274	33831	12676	9856	57540
金称市镇	30518	7249	16218	7051	5327	29428
塘田市镇	33673	7784	18287	7602	5759	32350
黄亭市镇	37526	8093	20320	9113	7193	36055
长阳铺镇	35665	7740	19886	8039	6499	31886
岩口铺镇	24837	5200	13685	5952	4735	23844
九公桥镇	38453	8189	20984	9280	7200	37127
下花桥镇	35646	7680	19339	8627	6800	34464
谷洲镇	36943	7519	20738	8686	6815	35940
郦家坪镇	38432	8163	21350	8919	6773	37397
五峰铺镇	77759	17171	44234	16354	12572	72781
小溪市乡	22093	4519	11806	5768	4571	21513
长乐乡	18945	4286	10156	4503	3553	18274
蔡桥乡	21969	5166	12376	4427	3328	21141
河伯乡	22348	5205	11815	5328	4097	21598
黄荆乡	12509	2500	6844	3165	2519	12160
诸甲亭乡	18349	3829	10243	4277	3214	17847
罗城乡	13318	2902	7285	3131	2404	12991
金江乡	2071	456	1113	502	386	1995

表18　续表 14　　　　单位：人

地　区	总人口	分年龄人口				居住本乡、镇、街道，户口在本乡、镇、街道
		0-14岁	15-59岁	60岁及以上	#65岁及以上	
七里山园艺场	5649	1170	3243	1236	965	5395
五丰铺林场	219	39	130	50	37	166
塘田市镇河伯岭林场	1666	334	978	354	275	1581
隆回县	**1009778**	**259849**	**549181**	**200748**	**149325**	**886383**
桃花坪街道	148781	38839	87612	22330	16334	94603
花门街道	115768	30426	68152	17190	12490	71672
小沙江镇	20060	5353	10923	3784	2673	18948
金石桥镇	54466	14176	29402	10888	7982	50915
司门前镇	45475	11897	24540	9038	6500	44129
高平镇	57624	14138	31591	11895	8937	56273
六都寨镇	47608	12228	25236	10144	7392	45366
荷香桥镇	46636	11349	25718	9569	7209	43831
横板桥镇	36846	9478	19133	8235	6140	35820
周旺镇	22444	5187	11747	5510	4252	21787
滩头镇	53946	13150	27818	12978	9986	52638
鸭田镇	21376	5424	11267	4685	3481	20754
西洋江镇	31426	8753	15947	6726	5053	30108
岩口镇	47059	12676	24345	10038	7766	46067
北山镇	26470	6259	13512	6699	5181	25710
三阁司镇	49947	13072	25406	11469	8766	48910
南岳庙镇	24369	6174	12511	5684	4282	23430
七江镇	42762	10860	22638	9264	6805	41824
羊古坳镇	25986	6739	13862	5385	3939	25306
罗洪镇	18740	4846	10161	3733	2730	18361
麻塘山乡	10989	2885	5790	2314	1630	10727
虎形山瑶族乡	13515	4153	7135	2227	1638	13134
大水田乡	9309	2337	5104	1868	1342	8977
荷田乡	21180	5345	11122	4713	3459	20410
山界回族乡	16996	4105	8509	4382	3358	16683
洞口县	**675495**	**163592**	**355008**	**156895**	**116365**	**589142**
文昌街道	82235	19748	50414	12073	8448	45741
雪峰街道	33329	7885	18167	7277	5352	26428
花古街道	31401	7716	18074	5611	4005	19637
江口镇	8946	2101	4469	2376	1747	8328
毓兰镇	37733	8625	19535	9573	7054	36227
高沙镇	86169	19669	45423	21077	15659	80016
竹市镇	66516	15883	34297	16336	12217	61032
石江镇	62011	14365	31389	16257	12336	57767
黄桥镇	67340	18010	33485	15845	11952	64918
山门镇	42895	11383	21323	10189	7386	38720
醪田镇	20061	5436	9501	5124	3846	19402
花园镇	22926	5160	11299	6467	4891	21815
岩山镇	17995	4204	9168	4623	3477	16860
水东镇	15863	4245	7765	3853	2864	15314
杨林镇	16211	4193	7941	4077	3146	15642
月溪镇	9826	2251	4904	2671	1956	9432
石柱镇	20003	5284	9790	4929	3718	19372

表18　续表 15　　　　单位：人

地　　区	总人口	分年龄人口				居住本乡、镇、街道，户口在本乡、镇、街道
		0-14岁	15-59岁	60岁及以上	#65岁及以上	
古楼乡	4028	898	2009	1121	838	3835
长塘瑶族乡	3208	673	1709	826	615	3059
罗溪瑶族乡	7475	1507	4217	1751	1281	7155
渣坪乡	5377	1100	2733	1544	1187	5166
桐山乡	8001	1937	4280	1784	1257	7781
大屋瑶族乡	2782	590	1480	712	529	2650
邵阳市洞口县茶铺茶场管理区	3164	729	1636	799	604	2845
绥宁县	**290664**	**64581**	**164657**	**61426**	**45304**	**250101**
长铺镇	50100	11375	30964	7761	5437	24286
武阳镇	23456	5619	13398	4439	3213	21163
李熙桥镇	21185	5103	11533	4549	3380	20519
红岩镇	20155	4987	10245	4923	3641	19610
唐家坊镇	14937	3389	8084	3464	2644	14721
金屋塘镇	12991	3090	7014	2887	2168	12588
瓦屋塘镇	16310	3666	9011	3633	2700	15901
黄土矿镇	11177	2621	5594	2962	2186	10871
东山侗族乡	12220	2645	6810	2765	2063	11949
鹅公岭侗族苗族乡	7913	1613	4299	2001	1534	7679
寨市苗族侗族乡	19225	3722	10677	4826	3634	18530
乐安铺苗族侗族乡	6778	1283	4041	1454	1089	6480
关峡苗族乡	17786	4049	10216	3521	2541	17008
长铺子苗族侗族乡	30359	6258	18150	5951	4312	23370
麻塘苗族瑶族乡	10260	2036	5795	2429	1821	9976
河口苗族乡	9274	1852	5268	2154	1668	9068
水口乡	6538	1273	3558	1707	1273	6382
新宁县	**513777**	**122684**	**282634**	**108459**	**79552**	**452674**
金石镇	178319	42829	105027	30463	21532	128782
水庙镇	17087	3591	9423	4073	3099	16412
崀山镇	21143	4530	11234	5379	3978	20732
黄龙镇	20270	4795	10645	4830	3564	19570
高桥镇	25656	5890	12913	6853	5050	24989
回龙寺镇	62552	15295	34618	12639	9300	58360
一渡水镇	29675	6869	15910	6896	5077	28847
马头桥镇	40701	10595	21394	8712	6448	39780
黄金瑶族乡	6625	1521	3640	1464	1092	6296
麻林瑶族乡	9369	2070	5089	2210	1663	9088
万塘乡	19071	4038	10093	4940	3746	18448
清江桥乡	20612	4804	10585	5223	3831	20031
安山乡	21526	5294	11061	5171	3815	21045
丰田乡	17474	4489	9068	3917	3040	17013
巡田乡	18346	4863	9316	4167	3175	18049
靖位乡	5351	1211	2618	1522	1142	5232
城步苗族自治县	**227911**	**53642**	**131167**	**43102**	**30346**	**201184**
儒林镇	82341	19147	50034	13160	9020	62581
茅坪镇	13851	3061	8054	2736	2015	12713
西岩镇	37713	9992	20544	7177	5221	36790
丹口镇	17824	4091	10013	3720	2557	17198

表18　续表 16　　单位：人

地　区	总人口	分年龄人口				居住本乡、镇、街道，户口在本乡、镇、街道
		0-14岁	15-59岁	60岁及以上	#65岁及以上	
五团镇	8833	1836	4912	2085	1416	8548
长安营镇	7019	1354	4197	1468	1039	5884
威溪乡	5907	1307	3254	1346	1007	5532
白毛坪乡	12651	2996	6990	2665	1812	12220
兰蓉乡	6337	1403	3495	1439	1020	6162
汀坪乡	12084	2508	6631	2945	2060	11586
蒋坊乡	8615	2080	4919	1616	1151	8353
金紫乡	14736	3867	8124	2745	2028	13617
武冈市	**640181**	**143428**	**360284**	**136469**	**103928**	**531503**
辕门口街道	32515	6984	18707	6824	4968	23862
迎春亭街道	83427	18248	51845	13334	9925	48373
法相岩街道	63474	14515	39004	9955	7380	38356
水西门街道	76563	17504	46449	12610	9290	46892
邓元泰镇	49107	10717	26936	11454	8977	47820
湾头桥镇	51847	11148	27330	13369	10415	50464
文坪镇	23119	5023	12315	5781	4519	22396
荆竹铺镇	27910	5779	14601	7530	5955	27171
稠树塘镇	27047	6171	14265	6611	5049	26354
邓家铺镇	39161	9581	21077	8503	6346	38124
龙溪镇	27529	6291	15390	5848	4383	26586
司马冲镇	16150	3648	8326	4176	3219	15698
秦桥镇	15109	3318	8000	3791	2878	14742
双牌镇	29392	7166	15025	7201	5414	28669
大甸镇	17537	3953	9395	4189	3223	17187
马坪乡	24321	5351	12812	6158	4847	23784
晏田乡	17955	4134	9365	4456	3426	17457
水浸坪乡	18018	3897	9442	4679	3714	17568
邵东市	**1038416**	**221123**	**599688**	**217605**	**166326**	**800616**
大禾塘街道	128260	28413	82505	17342	12753	59664
两市塘街道	77521	17074	48391	12056	8963	40675
宋家塘街道	150457	34760	99175	16522	11647	63810
牛马司镇	50754	10129	27047	13578	10460	46007
界岭镇	20104	4301	10871	4932	3848	19587
九龙岭镇	31838	6558	17471	7809	5916	30335
仙槎桥镇	38222	7998	20909	9315	7109	35313
火厂坪镇	46671	10013	25883	10775	8335	42590
佘田桥镇	21877	4119	12302	5456	4267	19167
灵官殿镇	57804	12099	30739	14966	11286	56177
团山镇	45047	8936	24075	12036	9559	42969
砂石镇	20296	4581	10521	5194	4015	19462
廉桥镇	45804	10150	24735	10919	8362	39880
流光岭镇	13610	2743	6914	3953	3129	12754
流泽镇	28976	6526	15824	6626	5107	28076
魏家桥镇	28056	5792	14360	7904	6177	27049
野鸡坪镇	26387	5147	13265	7975	6257	25740
杨桥镇	18844	3430	9970	5444	4335	18009
水东江镇	30933	5595	16375	8963	7010	29649

表18 续表 17

单位：人

地　　区	总人口	分年龄人口				居住本乡、镇、街道，户口在本乡、镇、街道
		0-14岁	15-59岁	60岁及以上	#65岁及以上	
黑田铺镇	57587	12262	34970	10355	7875	48809
简家陇镇	32960	6020	17184	9756	7682	31852
双凤乡	13082	2685	6959	3438	2679	12747
周官桥乡	24182	4881	13519	5782	4580	21789
堡面前乡	10696	2287	5583	2826	2180	10364
斫曹乡	18448	4624	10141	3683	2795	18142
岳阳市	**5051922**	**932382**	**3095500**	**1024040**	**757815**	**3986276**
岳阳楼区	**980401**	**173573**	**660418**	**146410**	**104590**	**432548**
岳阳楼街道	22232	2440	14883	4909	3584	14122
三眼桥街道	58865	10964	39476	8425	6057	30400
吕仙亭街道	22834	2676	14298	5860	4232	14643
金鹗山街道	67980	10446	45360	12174	8711	27163
东茅岭街道	34726	5156	22577	6993	4977	19405
五里牌街道	76392	12141	51868	12383	9203	31198
望岳路街道	45397	7041	29739	8617	6377	25731
城陵矶街道	22895	3041	14088	5766	4449	14363
枫桥湖街道	59687	11120	41098	7469	4951	18596
奇家岭街道	51936	7461	39278	5197	3620	20353
洞庭街道	8604	1399	5847	1358	926	3259
洛王街道	94981	18634	62425	13922	10104	49575
南湖街道	20293	4333	13524	2436	1662	10424
站前街道	31093	4942	21077	5074	3560	13605
王家河街道	42258	8571	28387	5300	3781	15004
求索街道	20608	3731	13492	3385	2403	6471
湖滨街道	15680	2783	10334	2563	1753	8574
龙山街道	13815	2165	10110	1540	1088	8249
月山街道	6525	923	4444	1158	876	1087
西塘镇	34721	7112	19528	8081	6103	32043
郭镇乡	18360	1325	15755	1280	959	5692
康王乡	22538	4578	13578	4382	3206	18791
经济技术开发区通海路管理处	140439	29935	97147	13357	8688	22904
金凤桥管理处	28492	6515	18951	3026	2098	14642
木里港管理处	19050	4141	13154	1755	1222	6254
云溪区	**153657**	**25131**	**97294**	**31232**	**24137**	**111036**
长岭街道	28957	4374	17380	7203	5821	20574
云溪街道	70630	12019	44060	14551	11372	51225
松杨湖街道	20857	2523	16424	1910	1337	9593
陆城镇	15225	2804	8897	3524	2635	14014
路口镇	17988	3411	10533	4044	2972	15630
君山区	**201634**	**34212**	**123939**	**43483**	**32278**	**172703**
柳林洲街道	83310	14788	53905	14617	10405	65188
广兴洲镇	27532	5033	16227	6272	4665	25788
许市镇	21537	4029	12050	5458	4159	20301
钱粮湖镇	48546	7437	29003	12106	9197	42889
良心堡镇	20709	2925	12754	5030	3852	18537

表18 续表 18

单位：人

地　区	总人口	分年龄人口				居住本乡、镇、街道，户口在本乡、镇、街道
		0-14岁	15-59岁	60岁及以上	#65岁及以上	
岳阳县	**561888**	**112616**	**327446**	**121826**	**89808**	**508151**
荣家湾镇	166264	33765	104367	28132	19823	132278
黄沙街镇	40097	8906	22396	8795	6456	38863
新墙镇	26277	5176	15331	5770	4225	23820
柏祥镇	25407	5342	14234	5831	4345	23872
筻口镇	40314	6948	22166	11200	8488	38779
公田镇	33186	6025	18916	8245	6305	31204
毛田镇	30554	5253	16271	9030	6909	29874
月田镇	32001	6382	18328	7291	5450	30158
张谷英镇	33006	6734	18886	7386	5443	31780
新开镇	30860	5786	17831	7243	5360	28182
步仙镇	26104	5695	14779	5630	4108	24829
杨林街镇	24054	5107	13348	5599	4301	23252
中洲乡	21567	4518	12186	4863	3566	20909
长湖乡	31901	6944	18268	6689	4930	30075
东洞庭湖管委会	296	35	139	122	99	276
华容县	**553800**	**89331**	**334163**	**130306**	**97866**	**480873**
三封寺镇	23395	3792	14123	5480	4218	22899
治河渡镇	22458	3816	13548	5094	3795	20962
北景港镇	24320	3724	13764	6832	5325	23228
鲇鱼须镇	36357	5602	21574	9181	7021	34932
万庾镇	28419	4558	16509	7352	5445	27757
插旗镇	15328	2314	8488	4526	3475	14498
注滋口镇	46486	6544	28342	11600	8693	45773
操军镇	29109	4553	16672	7884	6014	28347
东山镇	57666	10165	32915	14586	10987	56631
梅田湖镇	23873	3255	13639	6979	5308	23415
章华镇	178726	30511	115589	32626	23682	116308
禹山镇	31380	4834	18392	8154	6450	30989
新河乡	22412	3674	12216	6522	5027	21901
团洲乡	13871	1989	8392	3490	2426	13233
湘阴县	**583984**	**98515**	**354745**	**130724**	**97831**	**502244**
文星街道	149690	25588	98752	25350	17950	94848
东塘镇	21838	3977	12875	4986	3792	20497
樟树镇	18044	3098	10536	4410	3346	17196
三塘镇	15983	2920	9126	3937	2939	15063
岭北镇	53765	8514	30660	14591	11125	53053
新泉镇	55152	8671	31337	15144	11601	53301
湘滨镇	39955	7200	23246	9509	7002	38252
南湖洲镇	40389	6570	23225	10594	8081	39011
鹤龙湖镇	48283	7666	28053	12564	9386	46587
静河镇	20250	3425	11862	4963	3798	19531
石塘镇	20448	3806	12235	4407	3297	18769
洋沙湖镇	41076	6583	26603	7890	6045	33042
金龙镇	32568	5271	20540	6757	5100	27839
六塘乡	9991	1741	5799	2451	1922	9475
杨林寨乡	16552	3485	9896	3171	2447	15780

表18　续表 19　　单位：人

地　区	总人口	分年龄人口				居住本乡、镇、街道，户口在本乡、镇、街道
		0-14岁	15-59岁	60岁及以上	#65岁及以上	
平江县	**951112**	**195229**	**565534**	**190349**	**140506**	**826429**
汉昌街道	154675	31468	101248	21959	15272	77179
天岳街道	34258	7090	20684	6484	4845	31050
安定镇	58352	12422	33696	12234	9184	52889
三市镇	42316	9434	23330	9552	7301	40588
加义镇	46504	9870	27156	9478	7083	44648
长寿镇	71753	14232	43588	13933	10404	65014
龙门镇	29771	6409	16514	6848	4958	28506
虹桥镇	29992	5869	17757	6366	4794	28863
南江镇	71141	14387	42618	14136	10316	66874
梅仙镇	54069	11246	31473	11350	8413	52864
浯口镇	31167	6669	17767	6731	4956	29794
瓮江镇	39725	8139	22386	9200	6790	38224
伍市镇	66573	12899	41053	12621	9258	59029
向家镇	14130	2446	8374	3310	2523	12801
童市镇	21341	4091	12090	5160	3934	20531
岑川镇	17667	4281	10061	3325	2444	17378
福寿山镇	15298	2872	8709	3717	2896	14174
余坪镇	29858	6428	16699	6731	4982	29033
石牛寨镇	18311	3872	10614	3825	2876	17558
上塔市镇	17768	3659	10293	3816	2769	17275
三阳乡	19610	3434	11980	4196	3107	17633
木金乡	18147	3932	9786	4429	3334	17709
板江乡	10612	2189	6065	2358	1714	10175
大洲乡	16414	3465	9572	3377	2424	16025
三墩乡	21660	4426	12021	5213	3929	20615
岳阳市屈原管理区	**71521**	**11122**	**44182**	**16217**	**12419**	**61241**
天问街道	5000	594	3367	1039	799	2584
营田镇	31746	4621	19984	7141	5375	26825
河市镇	22207	3778	13368	5061	3925	20422
凤凰乡	12568	2129	7463	2976	2320	11410
汨罗市	**560725**	**104165**	**331120**	**125440**	**92975**	**517141**
汨罗镇	24376	4602	14498	5276	3960	23401
新市镇	29001	5518	18517	4966	3620	23929
古培镇	26301	4716	15341	6244	4747	25783
白水镇	27423	4630	16225	6568	5039	25557
川山坪镇	45343	7196	26863	11284	8449	41301
弼时镇	43076	6579	24970	11527	8786	40963
长乐镇	28390	5894	16584	5912	4335	27028
大荆镇	20684	4245	11530	4909	3531	20187
桃林寺镇	49957	11112	27105	11740	8596	48518
三江镇	25504	5601	14211	5692	4093	24962
屈子祠镇	35229	7268	19556	8405	6267	34308
归义镇	97409	15851	64249	17309	12540	76563
神鼎山镇	37374	6166	21375	9833	7526	36335
罗江镇	50443	10564	29086	10793	7883	48594
白塘镇	19402	4113	10568	4721	3397	19018
营田办事处	813	110	442	261	206	694

表18 续表 20

单位：人

地区	总人口	分年龄人口				居住本乡、镇、街道，户口在本乡、镇、街道
		0-14岁	15-59岁	60岁及以上	#65岁及以上	
临湘市	**433200**	**88488**	**256659**	**88053**	**65405**	**373910**
长安街道	59256	12001	38275	8980	6521	40428
桃矿街道	6228	750	3660	1818	1457	4176
五里牌街道	76746	16048	48582	12116	8597	59223
云湖街道	33556	7278	21796	4482	3193	23451
忠防镇	20140	4308	11039	4793	3564	19791
聂市镇	36691	7061	20409	9221	6977	35104
江南镇	29030	5318	16411	7301	5481	27497
桃林镇	44799	9654	25494	9651	7403	43779
长塘镇	20165	4429	11153	4583	3577	18722
白羊田镇	14045	2599	7542	3904	2995	13612
詹桥镇	22532	4315	12265	5952	4529	22028
黄盖镇	7221	1200	4116	1905	1422	6939
羊楼司镇	37953	7930	22312	7711	5479	35117
坦渡镇	24838	5597	13605	5636	4210	24043
常德市	**5279102**	**785073**	**3172972**	**1321057**	**1011703**	**4252165**
武陵区	**730970**	**100234**	**495695**	**135041**	**98077**	**392394**
启明街道	40781	6272	26728	7781	5466	18266
府坪街道	36450	4181	23011	9258	6949	21749
穿紫河街道	51544	7038	33517	10989	8021	29272
丹阳街道	54207	6561	36182	11464	8340	30523
白马湖街道	64644	7110	47948	9586	6930	26291
德山街道	44477	5304	29510	9663	7519	28226
东江街道	16205	2310	10633	3262	2341	10903
永安街道	65946	9286	43983	12677	8738	27218
南坪街道	50250	8525	35571	6154	4090	19435
长庚街道	35486	5358	24811	5317	3702	14410
芷兰街道	51353	9053	35419	6881	4642	21825
芙蓉街道	56795	5510	44311	6974	5092	18983
柳叶湖街道	16028	2255	10855	2918	2314	11241
七里桥街道	28206	4721	19255	4230	2898	14041
樟木桥街道	35308	4685	24286	6337	4719	24768
河洑镇	13856	2113	8526	3217	2442	11037
白鹤镇	24705	3441	14434	6830	5255	22841
芦荻山乡	26788	3841	16269	6678	4876	24970
丹洲乡	17941	2670	10446	4825	3743	16395
鼎城区	**688193**	**93832**	**417376**	**176985**	**137560**	**558356**
玉霞街道	76029	11603	53133	11293	7789	22368
红云街道	45583	7359	32380	5844	4108	16722
郭家铺街道	37500	4323	29036	4141	2942	14084
斗姆湖街道	18698	2818	10764	5116	4082	16927
蒿子港镇	19042	2256	11100	5686	4344	18122
中河口镇	21290	2779	12301	6210	4752	20585
十美堂镇	41469	5645	24035	11789	8985	40605
牛鼻滩镇	26083	3164	15166	7753	5931	25408
韩公渡镇	30559	3806	17605	9148	7164	29900

表18　续表 21

单位：人

地　　区	总人口	分年龄人口				居住本乡、镇、街道，户口在本乡、镇、街道
		0-14岁	15-59岁	60岁及以上	#65岁及以上	
石公桥镇	27125	3167	15238	8720	6790	26495
镇德桥镇	13475	1487	7329	4659	3684	13108
周家店镇	23715	2904	13121	7690	6073	22736
双桥坪镇	21457	2763	11848	6846	5633	21026
灌溪镇	31934	4728	20820	6386	4829	24460
蔡家岗镇	31326	4179	17924	9223	7303	30642
草坪镇	19278	2469	10748	6061	4851	18707
石门桥镇	35257	5389	20413	9455	7321	34147
谢家铺镇	29222	4470	16349	8403	6624	28184
黄土店镇	39948	5380	22169	12399	10069	38336
尧天坪镇	24017	3281	13420	7316	5949	23455
石板滩镇	16439	2256	9400	4783	3724	15634
花岩溪镇	19542	2663	11134	5745	4664	18920
许家桥回族维吾尔族乡	27899	3741	15294	8864	7227	26774
花岩溪林场	4107	519	2204	1384	1105	4023
贺家山原种场	7199	683	4445	2071	1617	6988
安乡县	**427412**	**54564**	**255336**	**117512**	**87721**	**388386**
深柳镇	128552	16345	85465	26742	18846	99163
大鲸港镇	34504	4384	19866	10254	7864	33143
黄山头镇	25406	3212	14968	7226	5276	23989
三岔河镇	44255	5803	25223	13229	9904	43206
官垱镇	24850	2919	14216	7715	5729	24053
下渔口镇	25586	3444	14289	7853	5982	24782
陈家嘴镇	28196	3954	15977	8265	6284	27811
大湖口镇	41870	5019	23093	13758	10628	40982
安障乡	14768	1853	8454	4461	3440	14553
安全乡	21044	2493	12063	6488	4874	19893
安丰乡	19537	2521	11235	5781	4448	18562
安康乡	18844	2617	10487	5740	4446	18249
汉寿县	**706249**	**122482**	**423415**	**160352**	**122114**	**614750**
龙阳街道	96539	16823	62929	16787	11739	54373
辰阳街道	26452	4268	16450	5734	3913	20263
沧浪街道	31842	6481	20056	5305	3927	19909
株木山街道	35742	5397	24607	5738	4462	26765
蒋家嘴镇	32630	5404	19863	7363	5567	30349
岩汪湖镇	44635	8101	25414	11120	8417	43000
坡头镇	33112	5004	18996	9112	6958	32115
酉港镇	27592	4120	16069	7403	5624	27041
洲口镇	30934	4459	17941	8534	6480	30051
罐头嘴镇	22894	3737	13130	6027	4538	22196
沧港镇	31416	4700	17975	8741	6789	30678
朱家铺镇	18156	3050	10365	4741	3680	17349
太子庙镇	39251	7185	24032	8034	6200	35052
崔家桥镇	40866	7567	23449	9850	7763	39617
军山铺镇	20221	3757	11640	4824	3823	19007
百禄桥镇	15506	2932	8803	3771	3020	14939
西湖镇	21761	4534	13321	3906	2910	19128

表18 续表 22

单位：人

地 区	总人口	分年龄人口				居住本乡、镇、街道，户口在本乡、镇、街道
		0-14岁	15-59岁	60岁及以上	#65岁及以上	
洋淘湖镇	10826	1728	6542	2556	1922	10615
丰家铺镇	36273	7291	20638	8344	6481	35446
龙潭桥镇	36138	6473	20284	9381	7621	35149
聂家桥乡	15083	2341	8442	4300	3371	14190
毛家滩回族维吾尔族乡	20187	3260	12106	4821	3797	19774
常德市西湖管理区	18193	3870	10363	3960	3112	17744
澧县	**721927**	**113238**	**410760**	**197929**	**153398**	**596043**
澧西街道	69817	13093	42765	13959	10464	37497
澧阳街道	105663	17602	68391	19670	14259	55298
澧浦街道	54617	10147	34463	10007	7364	31104
澧澹街道	34109	5427	20026	8656	6818	32332
小渡口镇	46790	6318	25831	14641	11439	43860
梦溪镇	34557	4706	18273	11578	9274	33605
复兴镇	23815	3089	12768	7958	6208	23155
盐井镇	26553	3413	13942	9198	7431	25749
大堰垱镇	42472	6301	23142	13029	10346	41617
王家厂镇	19598	2820	10471	6307	4926	18888
金罗镇	23250	3394	12245	7611	6044	22650
码头铺镇	31702	5018	16688	9996	7650	30506
甘溪滩镇	27868	4320	15342	8206	6311	26590
火连坡镇	25746	3782	13407	8557	6670	24569
澧南镇	30983	4694	17086	9203	7256	29319
如东镇	33154	4974	17417	10763	8318	32199
涔南镇	27540	4301	15073	8166	6485	26501
官垸镇	14941	2114	8192	4635	3526	13580
城头山镇	48752	7725	25238	15789	12609	47024
临澧县	**373043**	**57159**	**216731**	**99153**	**77974**	**322402**
安福街道	85901	14066	56659	15176	11299	53318
望城街道	23449	3554	14204	5691	4518	18631
合口镇	38740	5880	21167	11693	9365	35758
新安镇	42919	6885	24807	11227	8700	38628
佘市桥镇	30367	4451	17236	8680	6957	29740
太浮镇	20668	2954	11060	6654	5273	20001
四新岗镇	33803	5053	18009	10741	8675	32865
停弦渡镇	24062	3617	12909	7536	6025	22726
修梅镇	23353	3125	13178	7050	5563	22720
烽火乡	16567	2190	9279	5098	4117	16081
刻木山乡	33214	5384	18223	9607	7482	31934
桃源县	**809220**	**127965**	**463935**	**217320**	**169023**	**715858**
漳江街道	92193	13328	57314	21551	16131	67717
浔阳街道	80088	13344	51579	15165	10922	45538
陬市镇	52576	7929	32160	12487	9476	43915
盘塘镇	16736	2745	8946	5045	4018	15930
热市镇	35461	6024	20366	9071	6939	33615
黄石镇	16062	2419	8833	4810	3840	15651
漆河镇	59721	9459	33486	16776	13120	55493
理公港镇	23988	3871	12794	7323	5898	23340

表18 续表 23 单位：人

地区	总人口	分年龄人口				居住本乡、镇、街道，户口在本乡、镇、街道
		0-14岁	15-59岁	60岁及以上	#65岁及以上	
观音寺镇	17158	2803	9168	5187	4087	16563
龙潭镇	21046	3403	11276	6367	4949	20524
三阳港镇	31266	4377	16829	10060	8150	30470
剪市镇	15867	2376	8560	4931	3889	15356
茶庵铺镇	29351	4606	16800	7945	6333	27765
西安镇	11455	2131	6547	2777	2187	10755
沙坪镇	25035	4033	14547	6455	5050	24107
桃花源镇	29896	4963	16913	8020	6167	27383
架桥镇	23649	3794	12645	7210	5650	22661
马鬃岭镇	18882	2989	10734	5159	4072	17826
夷望溪镇	22358	3464	12104	6790	5315	21789
双溪口镇	19588	3389	11078	5121	4111	19120
九溪镇	17202	2672	9394	5136	4170	16722
牛车河镇	10267	1453	5342	3472	2721	9968
杨溪桥镇	12884	1869	7560	3455	2670	12190
郑家驿镇	19486	3060	10903	5523	4339	18763
木塘垸镇	24980	4004	13478	7498	5893	24413
青林回族维吾尔族乡	31026	5191	17716	8119	6345	29350
枫树维吾尔族回族乡	23536	4310	12772	6454	5125	22268
佘家坪乡	15047	2060	7660	5327	4261	14411
泥窝潭乡	12416	1899	6431	4086	3195	12255
石门县	**559457**	**84833**	**325555**	**149069**	**115012**	**471687**
楚江街道	70420	11150	45054	14216	10420	42241
永兴街道	36743	5436	24925	6382	4803	18509
宝峰街道	42890	5046	29595	8249	6159	25011
二都街道	18524	2704	11757	4063	3237	13826
蒙泉镇	54155	8675	31003	14477	11235	50744
夹山镇	35495	6226	19109	10160	7756	33779
易家渡镇	19773	3302	10862	5609	4450	18820
新关镇	12382	1709	7051	3622	2809	11473
皂市镇	20245	3029	11337	5879	4641	18215
维新镇	12966	1854	6900	4212	3207	12240
太平镇	22261	3215	12063	6983	5401	21442
磨市镇	22378	3411	11897	7070	5658	21800
壶瓶山镇	19572	2571	10640	6361	5007	18776
南北镇	6117	798	3456	1863	1513	5625
白云镇	22318	3424	11922	6972	5435	21386
新铺镇	24058	4046	13293	6719	5076	23167
子良镇	22288	3630	12408	6250	4908	21564
三圣乡	28488	4440	14908	9140	6996	27751
所街乡	22595	3653	12099	6843	5280	21604
雁池乡	24060	3490	13125	7445	5906	23129
罗坪乡	11621	1690	6336	3595	2805	11184
夹山镇秀坪园艺场	3892	583	2299	1010	797	3691
东山峰管理区	3130	310	1875	945	737	2883
大同山林场	960	145	510	305	228	886
白云山林场	480	47	226	207	168	443

表18 续表 24 单位：人

地区	总人口	分年龄人口				居住本乡、镇、街道，户口在本乡、镇、街道
		0-14岁	15-59岁	60岁及以上	#65岁及以上	
洛浦寺林场	550	69	284	197	155	498
夹山管理处	1096	180	621	295	225	1000
常德市西洞庭管理区	**49892**	**6018**	**34461**	**9413**	**6957**	**26115**
龙泉街道	25155	3417	17436	4302	3051	11106
金凤街道	11036	940	8146	1950	1464	5297
祝丰镇	13701	1661	8879	3161	2442	9712
津市市	**212739**	**24748**	**129708**	**58283**	**43867**	**166174**
三洲驿街道	39123	3645	25239	10239	7501	25511
汪家桥街道	30049	3557	18680	7812	5511	22170
襄阳街街道	19367	1873	12493	5001	3743	13686
金鱼岭街道	16076	1180	10132	4764	3675	9401
嘉山街道	10098	1244	7078	1776	1275	5854
新洲镇	23520	3233	13386	6901	5397	19570
白衣镇	15640	2034	8573	5033	3972	13786
药山镇	24362	3619	13143	7600	5833	23230
毛里湖镇	30089	4356	16798	8935	6827	28835
涔澹农场	4415	7	4186	222	133	4131
张家界市	**1517027**	**272412**	**914493**	**330122**	**259203**	**1157759**
永定区	**517595**	**91893**	**335427**	**90275**	**69479**	**322816**
永定街道	58085	10046	40611	7428	5429	23192
大庸桥街道	106000	18116	75151	12733	9574	48999
西溪坪街道	56149	9942	37409	8798	6670	31156
官黎坪街道	40874	8135	27831	4908	3606	16849
崇文街道	73281	14024	47745	11512	8649	46191
南庄坪街道	50374	10525	32005	7844	5836	32537
新桥镇	8267	1259	4634	2374	1866	7682
茅岩河镇	9005	1473	5121	2411	1985	8540
教字垭镇	18673	3240	10733	4700	3734	17488
天门山镇	7494	1233	4454	1807	1428	6913
沅古坪镇	10216	1359	5530	3327	2680	9465
尹家溪镇	16493	2917	9633	3943	3200	15026
王家坪镇	9834	1326	5283	3225	2638	9226
三家馆乡	8511	1357	4851	2303	1812	7906
合作桥乡	8483	1265	4435	2783	2206	7902
谢家垭乡	10043	1261	5574	3208	2548	9549
罗塔坪乡	5624	1028	3220	1376	1053	5341
罗水乡	5287	801	3025	1461	1201	4871
桥头乡	8598	1630	4689	2279	1866	8066
四都坪乡	6304	956	3493	1855	1498	5917
武陵源区	**60857**	**10883**	**40616**	**9358**	**7133**	**38546**
军地坪街道	40713	7407	28382	4924	3616	21300
锣鼓塔街道	3582	535	2574	473	362	2487
协合乡	5999	918	3549	1532	1205	5166
中湖乡	10563	2023	6111	2429	1950	9593

表18 续表 25 单位：人

地　区	总人口	分年龄人口				居住本乡、镇、街道，户口在本乡、镇、街道
		0-14岁	15-59岁	60岁及以上	#65岁及以上	
慈利县	**562493**	**93149**	**322454**	**146890**	**115028**	**492393**
零阳镇	162163	26430	105093	30640	23431	109793
岩泊渡镇	23520	3771	13012	6737	5324	22495
溪口镇	13905	2543	7651	3711	2956	12562
东岳观镇	17586	2605	9224	5757	4529	16833
通津铺镇	19613	3287	10605	5721	4553	18909
杉木桥镇	18966	3325	9990	5651	4524	17983
象市镇	17251	3085	8952	5214	4175	16681
江垭镇	39184	6566	22251	10367	8087	35995
苗市镇	18900	2995	10349	5556	4293	17911
零溪镇	28351	4324	16138	7889	6122	27167
高桥镇	9764	1467	5360	2937	2339	9438
龙潭河镇	15331	2433	8473	4425	3475	14643
广福桥镇	10285	1732	5627	2926	2306	9985
三合镇	16912	2468	9167	5277	4130	16370
二坊坪镇	15034	2202	8303	4529	3658	14651
南山坪乡	7952	1206	4190	2556	2023	7618
洞溪乡	7169	1060	3933	2176	1770	6981
杨柳铺乡	14151	2206	6930	5015	3964	13591
三官寺土家族乡	18540	3584	10277	4679	3649	17676
高峰土家族乡	11897	2001	6433	3463	2719	11624
许家坊土家族乡	13776	2481	7487	3808	2929	13275
金岩土家族乡	13177	2240	7215	3722	2959	12814
赵家岗土家族乡	11495	2194	6182	3119	2450	10932
甘堰土家族乡	23011	4181	11815	7015	5500	22454
阳和土家族乡	14560	2763	7797	4000	3163	14012
桑植县	**376082**	**76487**	**215996**	**83599**	**67563**	**304004**
澧源镇	105546	25046	66585	13915	10840	51707
瑞塔铺镇	21832	4139	13162	4531	3627	16313
官地坪镇	17754	3287	9722	4745	3758	16864
凉水口镇	10177	2085	5510	2582	2151	9597
龙潭坪镇	15290	2912	8515	3863	3187	14558
五道水镇	8268	1404	4456	2408	1995	7750
陈家河镇	23193	4512	12687	5994	4873	22146
廖家村镇	7164	1405	4062	1697	1368	6855
利福塔镇	14481	3336	7721	3424	2751	13663
八大公山镇	11300	1921	6235	3144	2567	10900
桥自弯镇	12714	2584	7018	3112	2593	12074
人潮溪镇	11153	1674	6005	3474	2797	10750
空壳树乡	10816	2161	5970	2685	2202	10290
竹叶坪乡	7656	1399	4269	1988	1591	7198
走马坪白族乡	12272	2294	6773	3205	2598	11823
刘家坪白族乡	7950	1583	4282	2085	1703	7506
芙蓉桥白族乡	11795	2175	6115	3505	2819	11059
马合口白族乡	9671	1647	5086	2938	2397	9425
洪家关白族乡	22238	4043	12696	5499	4497	20143
沙塔坪乡	10200	2039	5299	2862	2377	9767
河口乡	7891	1391	4405	2095	1752	7449
上河溪乡	9356	1781	5332	2243	1797	9021
上洞街乡	7365	1669	4091	1605	1323	7146

表18　续表 26　　单位：人

地　区	总人口	分年龄人口				居住本乡、镇、街道，户口在本乡、镇、街道
		0-14岁	15-59岁	60岁及以上	#65岁及以上	
益阳市	**3851564**	**681987**	**2297275**	**872302**	**661591**	**3167451**
资阳区	**356405**	**60382**	**218311**	**77712**	**59194**	**251565**
大码头街道	29189	4022	18113	7054	5083	14373
汽车路街道	20685	2824	12502	5359	3847	8974
迎风桥镇	32908	4923	21743	6242	4869	26224
沙头镇	18520	3103	10889	4528	3477	16839
茈湖口镇	25825	4576	14701	6548	5061	24549
长春镇	50041	8540	28716	12785	9986	47585
新桥河镇	56057	10151	31045	14861	11658	53739
张家塞乡	29526	5583	15944	7999	6348	28367
长春经济开发区	93654	16660	64658	12336	8865	30915
赫山区	**729880**	**122822**	**443787**	**163271**	**122654**	**556127**
赫山街道	103832	17199	67874	18759	13264	54153
桃花仑街道	60215	10578	38008	11629	8538	26358
金银山街道	46961	6515	31083	9363	6841	19093
会龙山街道	31033	3764	18622	8647	6563	25184
鱼形山街道	22251	4040	13332	4879	3618	18988
龙光桥街道	64999	12632	38942	13425	10155	53993
八字哨镇	18286	3140	10357	4789	3561	17290
泉交河镇	37354	6200	21973	9181	7154	33757
欧江岔镇	47079	7305	26742	13032	10024	44075
沧水铺镇	34242	6834	20119	7289	5498	30288
岳家桥镇	30182	5282	17128	7772	5957	28985
新市渡镇	16154	2432	9309	4413	3426	15265
兰溪镇	65463	11273	38000	16190	12158	61082
衡龙桥镇	39213	7192	22477	9544	7316	37057
泥江口镇	43257	7259	24474	11524	8835	41738
笔架山乡	26196	4421	14998	6777	5022	24930
益阳市龙岭产业开发区	43163	6756	30349	6058	4724	23891
南县	**489267**	**77977**	**291459**	**119831**	**90899**	**429356**
明山头镇	24936	3703	14916	6317	4855	24039
青树嘴镇	28405	4567	16563	7275	5600	27447
厂窖镇	24194	3795	13508	6891	5307	23149
武圣宫镇	18372	2704	10527	5141	3920	17695
南洲镇	142623	23854	89983	28786	20811	95743
华阁镇	41767	6539	24365	10863	8497	40620
茅草街镇	45873	7431	26898	11544	8761	43322
三仙湖镇	34022	5443	19699	8880	6768	32722
麻河口镇	33107	4884	18951	9272	7009	32017
浪拔湖镇	34478	5247	20222	9009	6945	33074
中鱼口镇	35095	5678	20251	9166	7137	33743
乌嘴乡	26395	4132	15576	6687	5289	25785
桃江县	**685596**	**128271**	**395724**	**161601**	**124989**	**627986**
修山镇	24333	4261	13846	6226	4828	23735

表18 续表 27

单位：人

地　　区	总人口	分年龄人口				居住本乡、镇、街道，户口在本乡、镇、街道
		0-14岁	15-59岁	60岁及以上	#65岁及以上	
鸬鹚渡镇	27877	5487	15398	6992	5465	26845
石牛江镇	26869	4929	15170	6770	5319	26292
牛田镇	25619	4679	14368	6572	5138	24957
松木塘镇	25201	4756	13699	6746	5354	24652
桃花江镇	159847	28985	100875	29987	22564	120145
灰山港镇	98058	18336	56839	22883	17510	93296
武潭镇	56108	10844	30661	14603	11467	54528
马迹塘镇	49749	9699	27912	12138	9322	47659
三堂街镇	44247	8573	24311	11363	8727	42902
大栗港镇	50272	9868	28065	12339	9557	48589
沾溪镇	19639	3644	10721	5274	4180	19078
高桥镇	22345	4173	12241	5931	4662	21695
鲊埠回族乡	15411	3008	8821	3582	2758	14870
浮丘山乡	40021	7029	22797	10195	8138	38743
安化县	**780969**	**157665**	**447277**	**176027**	**134573**	**696260**
清塘铺镇	43820	9282	24424	10114	7613	42239
仙溪镇	36766	7186	19774	9806	7441	34973
长塘镇	34373	7270	18920	8183	6262	32888
小淹镇	28547	5907	16123	6517	4909	26689
羊角塘镇	45410	8818	24852	11740	9096	43782
冷市镇	25784	4919	14651	6214	4867	24884
奎溪镇	17418	3402	9976	4040	3151	16350
烟溪镇	18059	3603	10231	4225	3265	17304
渠江镇	10034	2058	5691	2285	1748	9695
平口镇	17719	4168	10247	3304	2540	15125
柘溪镇	11734	1984	7179	2571	1994	10566
乐安镇	30055	5386	15891	8778	6968	29267
滔溪镇	19618	4117	10601	4900	3744	19185
梅城镇	76051	15133	44923	15995	12223	59649
大福镇	66580	14394	36676	15510	11755	64430
马路镇	32663	6374	18733	7556	5775	30930
东坪镇	147595	30180	91287	26128	19366	105495
江南镇	44633	9160	25086	10387	8020	43076
高明乡	12319	2373	6779	3167	2450	11844
龙塘乡	19461	3858	10675	4928	3822	18275
田庄乡	22083	4110	12792	5181	4054	21162
南金乡	9058	1689	5409	1960	1529	8020
古楼乡	11189	2294	6357	2538	1981	10432
益阳市大通湖管理区	**83100**	**12319**	**50309**	**20472**	**14906**	**71567**
河坝镇	38018	5766	23702	8550	6121	30218
金盆镇	14107	2050	8258	3799	2849	12984
北洲子镇	10683	1391	6193	3099	2263	9761
千山红镇	20076	3094	12021	4961	3627	18523
益阳市南湾湖办事处	216	18	135	63	46	81
湖南益阳高新技术产业园区	**159188**	**29437**	**107384**	**22367**	**15914**	**69372**
朝阳街道	115711	21767	80520	13424	9204	32245
东部产业园地区	10337	1802	6654	1881	1423	8248
谢林港镇	33140	5868	20210	7062	5287	28879

表18　续表 28　　单位：人

地　　区	总人口	分年龄人口				居住本乡、镇、街道，户口在本乡、镇、街道
		0-14岁	15-59岁	60岁及以上	#65岁及以上	
沅江市	**567159**	**93114**	**343024**	**131021**	**98462**	**465218**
琼湖街道	162579	26454	105818	30307	21148	84934
胭脂湖街道	51187	10064	30973	10150	7905	43679
四季红镇	12269	2307	7250	2712	2118	11652
泗湖山镇	37065	5812	21408	9845	7650	35986
南嘴镇	18623	3001	11568	4054	3025	16112
新湾镇	19064	3572	11374	4118	3129	17546
茶盘洲镇	15164	1960	8919	4285	3365	14639
南大膳镇	58748	10055	33287	15406	11719	56317
黄茅洲镇	49369	7619	29092	12658	9694	46174
草尾镇	58948	9211	34914	14823	11133	57036
阳罗洲镇	32612	5225	18941	8446	6339	31240
共华镇	41827	6388	23706	11733	9295	40588
益阳市南洞庭湿地保护与发展事务中心	4967	765	2914	1288	1032	4810
益阳市漉湖湿地保护与发展事务中心	4737	681	2860	1196	910	4505
郴州市	**4667134**	**1079954**	**2759307**	**827873**	**575203**	**3424397**
北湖区	**568778**	**123796**	**362909**	**82073**	**54109**	**272234**
人民路街道	66032	11915	40716	13401	9469	40460
北湖街道	75463	15182	50166	10115	6522	29668
燕泉街道	97972	20411	64889	12672	8288	39692
下湄桥街道	35436	6608	24202	4626	3023	12273
骆仙街道	51484	12261	33012	6211	3888	20234
增福街道	16205	4074	10377	1754	1059	6237
郴江街道	48453	11974	30772	5707	3614	15346
涌泉街道	76251	18856	49820	7575	4696	20467
安和街道	9726	2161	5744	1821	1250	8065
石盖塘街道	21379	4666	13310	3403	2255	14391
华塘镇	23614	5111	13425	5078	3375	22058
鲁塘镇	20669	4853	11835	3981	2757	19248
仰天湖瑶族乡	14435	3262	8004	3169	2197	13429
保和瑶族乡	11659	2462	6637	2560	1716	10666
苏仙区	**435836**	**89962**	**271471**	**74403**	**50478**	**243155**
苏仙岭街道	78558	14757	48976	14825	10522	40864
南塔街道	26533	5173	15904	5456	3720	12053
白鹿洞街道	64608	15816	41975	6817	4015	12878
王仙岭街道	35406	7691	24880	2835	1630	8141
卜里坪街道	16597	3438	10058	3101	2260	6233
观山洞街道	25497	3442	20654	1401	819	3984
白露塘镇	36146	6555	24722	4869	3294	19728
良田镇	37813	8957	21251	7605	5064	33561
栖凤渡镇	29752	6176	15941	7635	5287	27379
坳上镇	14448	3261	7932	3255	2249	13457
许家洞镇	19209	3782	10427	5000	3517	17894
五里牌镇	20689	4230	11169	5290	3660	19034
五盖山镇	6224	1457	3465	1302	915	5840
飞天山镇	24356	5227	14117	5012	3526	22109

表18 续表 29

单位：人

地区	总人口	分年龄人口				居住本乡、镇、街道，户口在本乡、镇、街道
		0-14岁	15-59岁	60岁及以上	#65岁及以上	
桂阳县	**709372**	**169138**	**414236**	**125998**	**86893**	**502588**
龙潭街道	136123	32602	89145	14376	8843	34213
鹿峰街道	113330	28083	71350	13897	9030	33052
黄沙坪街道	19927	3421	13243	3263	2371	13271
仁义镇	18942	4188	10425	4329	2954	18463
太和镇	21201	4916	11962	4323	3131	20704
洋市镇	30892	7625	16706	6561	4548	29924
和平镇	11299	2562	5735	3002	2108	10803
流峰镇	51772	12866	27205	11701	8315	49864
塘市镇	22960	5815	12705	4440	3096	22205
莲塘镇	26967	6652	14517	5798	3947	26273
春陵江镇	51813	12209	28657	10947	7892	50495
荷叶镇	17793	4553	9967	3273	2388	17315
方元镇	26863	6209	14767	5887	4269	26266
樟市镇	25723	5792	14278	5653	3943	24709
敖泉镇	16164	3837	8553	3774	2666	15531
正和镇	19864	4828	11633	3403	2383	15159
浩塘镇	11619	2640	6451	2528	1828	10946
雷坪镇	17642	4147	9589	3906	2722	17099
欧阳海镇	16884	4099	9062	3723	2480	16324
四里镇	29232	6841	16101	6290	4622	28651
桥市乡	11160	2530	6217	2413	1598	10585
白水瑶族乡	11202	2723	5968	2511	1759	10736
宜章县	**567970**	**138963**	**336323**	**92684**	**63632**	**464272**
白石渡镇	9688	1831	5495	2362	1790	8480
杨梅山镇	14292	3282	7966	3044	2130	13287
瑶岗仙镇	16489	3006	9886	3597	2598	13967
梅田镇	45165	11075	27173	6917	4761	42991
黄沙镇	29406	7589	16934	4883	3258	27832
迎春镇	18675	4356	10941	3378	2312	18155
一六镇	40067	10543	23647	5877	4021	37744
栗源镇	27654	7329	15479	4846	3165	26598
岩泉镇	34158	9274	19735	5149	3509	32575
玉溪镇	154004	37888	97019	19097	12917	73595
天塘镇	36760	9778	20233	6749	4657	35469
笆篱镇	35577	8886	20186	6505	4400	33996
里田镇	16401	3859	9598	2944	2092	15095
五岭镇	25943	5023	15793	5127	3616	22795
浆水乡	16636	3907	9817	2912	1985	16037
长村乡	12242	2948	6994	2300	1542	11888
莽山瑶族乡	7370	1720	4337	1313	955	7090
关溪乡	12148	2974	6591	2583	1737	11696
赤石乡	15295	3695	8499	3101	2187	14982
永兴县	**538532**	**130149**	**306464**	**101919**	**72843**	**428287**
便江街道	188823	48062	113689	27072	18707	98551
湘阴渡街道	33559	7499	19309	6751	4851	30964

表18 续表 30 单位：人

地　　区	总人口	分年龄人口				居住本乡、镇、街道，户口在本乡、镇、街道
		0-14岁	15-59岁	60岁及以上	#65岁及以上	
马田镇	72984	15652	43315	14017	10210	65529
金龟镇	21039	4662	11398	4979	3671	20446
柏林镇	26570	6277	14128	6165	4469	25496
鲤鱼塘镇	18433	4290	9611	4532	3292	17946
悦来镇	21630	6052	11367	4211	3066	20995
黄泥镇	13811	2645	7523	3643	2768	12613
樟树镇	20666	5326	10978	4362	3025	20004
太和镇	10202	2177	5518	2507	1799	9759
油麻镇	27254	7520	14096	5638	4138	26491
高亭司镇	43311	10243	24562	8506	5953	40535
洋塘乡	16088	4340	8512	3236	2342	15607
大布江乡	9236	2090	4894	2252	1589	9024
龙形市乡	6893	1541	3443	1909	1404	6613
七甲乡	8033	1773	4121	2139	1559	7714
嘉禾县	**343169**	**83569**	**200317**	**59283**	**41939**	**314758**
珠泉镇	112627	26738	68989	16900	11779	92247
塘村镇	22030	5380	13048	3602	2584	20813
袁家镇	22125	5308	12511	4306	2970	21785
行廊镇	29722	7515	16585	5622	4030	28197
龙潭镇	20275	4902	11161	4212	3005	19698
石桥镇	24964	5925	14149	4890	3493	24154
坦坪镇	40778	10349	23742	6687	4599	39249
广发镇	28677	7719	16184	4774	3388	27839
晋屏镇	25475	5781	14888	4806	3530	24598
普满乡	16496	3952	9060	3484	2561	16178
临武县	**322987**	**82777**	**185571**	**54639**	**38331**	**242639**
舜峰镇	92165	23678	55680	12807	8691	49326
金江镇	16167	4271	9264	2632	1801	15353
武水镇	64817	18154	38256	8407	5685	34290
南强镇	23292	5700	12298	5294	3852	22509
汾市镇	21393	5144	11910	4339	3093	20973
水东镇	16819	4111	9508	3200	2237	16531
楚江镇	15297	3962	8439	2896	2080	14742
麦市镇	20276	5143	11088	4045	2929	19873
香花镇	13346	3187	7513	2646	1907	11720
花塘乡	12379	2892	6916	2571	1841	11917
万水乡	13706	3345	7641	2720	1960	12728
镇南乡	6545	1562	3456	1527	1136	6080
西山瑶族乡	6785	1628	3602	1555	1119	6597
汝城县	**344617**	**86062**	**194724**	**63831**	**46098**	**291178**
热水镇	8649	2047	5091	1511	1085	8335
土桥镇	36368	8773	20242	7353	5380	33297
泉水镇	23805	6120	13007	4678	3487	21350
暖水镇	21226	5397	11470	4359	3171	20439
大坪镇	24905	7014	13146	4745	3527	24046
三江口瑶族镇	6889	1668	3980	1241	946	6638
卢阳镇	97960	23934	59455	14571	10329	57684

表18　续表 31　　　　单位：人

地　区	总人口	分年龄人口				居住本乡、镇、街道，户口在本乡、镇、街道
		0-14岁	15-59岁	60岁及以上	#65岁及以上	
马桥镇	23260	5446	13009	4805	3563	22575
井坡镇	16672	4488	8775	3409	2460	16206
南洞乡	7456	1753	3988	1715	1266	7330
濠头乡	9763	2302	5256	2205	1653	9547
延寿瑶族乡	18429	4448	10147	3834	2723	17861
集益乡	9250	2146	5310	1794	1294	8843
文明瑶族乡	37631	10395	19757	7479	5151	36690
湖南省汝城县大坪国有林场	404	91	261	52	36	335
汝城经济开发区	1950	40	1830	80	27	2
桂东县	**160956**	**34055**	**95278**	**31623**	**23616**	**138286**
沤江镇	61901	13470	37983	10448	7703	45000
沙田镇	23545	4892	13800	4853	3612	21175
清泉镇	8611	2022	5118	1471	1069	8411
大塘镇	11543	2340	6707	2496	1906	11110
四都镇	10879	2141	6229	2509	1867	10567
寨前镇	13848	2843	7824	3181	2404	13325
普乐镇	10433	2114	6106	2213	1645	9239
桥头乡	6976	1494	4017	1465	1082	6716
新坊乡	6691	1496	3736	1459	1146	6555
东洛乡	3452	754	1921	777	603	3395
青山乡	2720	446	1607	667	516	2545
郴州市桂东县宋坪林场	357	43	230	84	63	248
安仁县	**351927**	**82731**	**199725**	**69471**	**47067**	**303581**
安平镇	45188	10056	25951	9181	6438	39683
龙海镇	14063	3365	7751	2947	1985	13398
灵官镇	15765	3897	8562	3306	2224	15087
永乐江镇	141585	33558	84859	23168	15293	103824
金紫仙镇	28747	6881	15084	6782	4886	28021
龙市乡	11158	3034	5754	2370	1611	10868
渡口乡	13774	3191	7358	3225	2262	13476
华王乡	13407	3327	7155	2925	1927	13081
牌楼乡	22155	4901	12235	5019	3358	21652
平背乡	14165	3042	7887	3236	2185	13533
承坪乡	11590	2674	6170	2746	1863	11241
竹山乡	9206	2129	4888	2189	1460	8905
洋际乡	11124	2676	6071	2377	1575	10812
资兴市	**322990**	**58752**	**192289**	**71949**	**50197**	**223419**
唐洞街道	105094	20236	64205	20653	14752	57457
东江街道	77153	14664	48783	13706	9266	34640
滁口镇	8645	1562	4933	2150	1513	8387
三都镇	16150	2349	8848	4953	3625	13971
蓼江镇	9271	1621	5198	2452	1768	8956
兴宁镇	24268	4453	13895	5920	4032	20874
州门司镇	25933	4324	14592	7017	4822	25056
黄草镇	11383	1771	6509	3103	2199	10956
汤溪镇	7067	1179	3887	2001	1352	6674
清江镇	9455	1675	5370	2410	1639	9084
白廊镇	10500	1848	6009	2643	1812	10012
回龙山瑶族乡	8885	1494	4786	2605	1851	8538
八面山瑶族乡	9186	1576	5274	2336	1566	8814

表18 续表 32

单位：人

地区	总人口	分年龄人口				居住本乡、镇、街道，户口在本乡、镇、街道
		0-14岁	15-59岁	60岁及以上	#65岁及以上	
永州市	**5289824**	**1214178**	**3037037**	**1038609**	**761329**	**4278692**
零陵区	**563556**	**112439**	**342234**	**108883**	**80571**	**401031**
朝阳街道	51382	7085	37888	6409	4531	22484
南津渡街道	41184	7831	26138	7215	5238	20888
七里店街道	116227	23396	81239	11592	7747	34836
徐家井街道	35181	6378	23121	5682	4088	17259
接履桥街道	16726	3230	9290	4206	3266	15976
石山脚街道	23756	4611	13257	5888	4513	20495
水口山镇	29228	6607	15236	7385	5461	28450
珠山镇	50937	12090	27920	10927	7819	48279
黄田铺镇	22666	4660	12326	5680	4249	21604
富家桥镇	36083	7535	19737	8811	6870	35064
菱角塘镇	22111	4289	12108	5714	4424	21482
邮亭圩镇	35248	6796	19444	9008	7084	34249
石岩头镇	27431	6030	14884	6517	4874	26433
大庆坪乡	21854	4863	11617	5374	4066	20909
梳子铺乡	19336	3980	10458	4898	3640	18787
凼底乡	14206	3058	7571	3577	2701	13836
冷水滩区	**536025**	**109255**	**330219**	**96551**	**71090**	**383074**
梅湾街道	80521	17179	52121	11221	7880	57751
菱角山街道	42830	7553	27637	7640	5474	34521
肖家园街道	23551	4252	14997	4302	3071	12078
杨家桥街道	22266	4008	14459	3799	2707	10837
梧桐街道	51273	9566	34815	6892	5061	23540
凤凰街道	49363	10576	32542	6245	4424	18442
珊瑚街道	34500	7891	22038	4571	3158	17340
曲河街道	19592	4264	12810	2518	1751	14633
岚角山街道	22567	4881	13047	4639	3476	21546
花桥街镇	14001	2935	7413	3653	2778	13155
普利桥镇	36583	7412	20581	8590	6637	33475
牛角坝镇	21043	4732	11774	4537	3404	19277
高溪市镇	13933	2677	8122	3134	2303	11474
黄阳司镇	26321	5132	14132	7057	5523	23931
上岭桥镇	34070	7039	19667	7364	5568	31745
伊塘镇	14248	2762	7967	3519	2725	12692
蔡市镇	13869	2932	7757	3180	2353	12744
杨村甸乡	15494	3464	8340	3690	2797	13893
祁阳县	**791939**	**168487**	**444522**	**178930**	**137547**	**721708**
龙山街道	75559	14542	46776	14241	10567	57322
长虹街道	64921	13585	41729	9607	7025	43689
浯溪街道	53226	10527	32929	9770	7242	42358
观音滩镇	27868	6035	14888	6945	5426	27180
茅竹镇	19315	4126	10605	4584	3498	18731

表18　续表 33　　　　单位：人

地　　区	总人口	分年龄人口				居住本乡、镇、街道，户口在本乡、镇、街道
		0-14岁	15-59岁	60岁及以上	#65岁及以上	
大忠桥镇	35501	7762	18594	9145	7036	34822
三口塘镇	16439	3468	8723	4248	3355	15944
肖家镇	34888	8279	18711	7898	6011	34226
八宝镇	31965	7595	17292	7078	5453	31068
白水镇	54208	12067	29875	12266	9612	51645
黄泥塘镇	23967	5187	12986	5794	4485	23330
进宝塘镇	22708	5080	11937	5691	4451	22175
潘市镇	34056	7303	18327	8426	6484	32830
梅溪镇	21226	4588	11776	4862	3846	20220
羊角塘镇	47153	10810	25601	10742	8397	45860
下马渡镇	38262	8132	20233	9897	7607	37558
七里桥镇	28468	6151	15135	7182	5535	27811
大村甸镇	25761	5596	14047	6118	4729	25417
黎家坪镇	39223	7739	22656	8828	6792	35914
文富市镇	25873	5363	14048	6462	4953	25205
文明铺镇	37359	7920	20109	9330	7131	36254
龚家坪镇	30242	5722	15203	9317	7594	29610
原种场	3329	815	2100	414	268	2197
畜牧场	422	95	242	85	50	342
东安县	**490385**	**111037**	**269645**	**109703**	**79018**	**407879**
白牙市镇	163227	38065	96984	28178	19548	96234
大庙口镇	24552	5004	12663	6885	4911	23802
紫溪市镇	24603	5149	12734	6720	4712	23882
横塘镇	19381	4692	9612	5077	3657	18823
石期市镇	22341	5042	11264	6035	4429	21549
井头圩镇	40785	9004	22793	8988	6430	39434
端桥铺镇	29077	6627	15068	7382	5436	28265
鹿马桥镇	24392	5650	12445	6297	4606	23703
芦洪市镇	51882	11296	29951	10635	7707	45059
新圩江镇	20239	4918	10491	4830	3559	19499
花桥镇	11395	2486	5959	2950	2276	10757
大盛镇	20215	4546	10481	5188	3908	19694
南桥镇	20109	4502	10245	5362	4089	19437
川岩乡	10233	2372	5099	2762	1984	9990
水岭乡	7881	1678	3797	2406	1759	7701
黄泥洞林场	73	6	59	8	7	50
双牌县	**157140**	**32454**	**94629**	**30057**	**21959**	**128742**
泷泊镇	81629	15940	51505	14184	10225	54746
江村镇	13702	3225	7662	2815	2027	13554
五里牌镇	9762	2102	5474	2186	1619	9458
茶林镇	6964	1484	3973	1507	1138	6656
何家洞镇	6930	1355	4009	1566	1151	6790
麻江镇	6209	1416	3467	1326	1020	6134
塘底乡	3149	605	1845	699	516	3109
上梧江瑶族乡	7114	1497	4116	1501	1121	6910
理家坪乡	13750	3253	7921	2576	1875	13604

表18 续表 34

单位：人

地区	总人口	分年龄人口				居住本乡、镇、街道，户口在本乡、镇、街道
		0-14岁	15-59岁	60岁及以上	#65岁及以上	
五星岭乡	2310	422	1330	558	428	2276
打鼓坪乡	3094	648	1821	625	457	3035
阳明山国家森林公园管理局	2527	507	1506	514	382	2470
道县	**621275**	**156401**	**350806**	**114068**	**83799**	**474745**
濂溪街道	67748	14383	46849	6516	4299	12297
西洲街道	92879	20039	59294	13546	9403	29805
上关街道	20514	5662	10863	3989	2801	19610
营江街道	19427	5216	10382	3829	2899	18627
东门街道	22719	5575	13839	3305	2277	14385
富塘街道	10596	2859	6018	1719	1266	9735
万家庄街道	19050	4986	11042	3022	2160	15134
梅花镇	24024	6439	12359	5226	3896	23217
寿雁镇	59063	15161	32324	11578	8983	57022
仙子脚镇	28714	7868	15392	5454	4160	28057
清塘镇	35697	9283	19457	6957	5353	34458
祥霖铺镇	45338	12424	23354	9560	7091	43736
蚣坝镇	29547	8262	14387	6898	5084	28368
四马桥镇	21690	5653	10841	5196	3808	20753
白马渡镇	21151	5809	10874	4468	3246	20240
柑子园镇	18100	4626	9551	3923	2914	17342
白芒铺镇	20231	5344	10235	4652	3479	19541
桥头镇	20757	5294	10713	4750	3596	19977
乐福堂乡	13352	3281	7231	2840	2102	12937
审章塘瑶族乡	17448	4887	8802	3759	2840	16785
横岭瑶族乡	4830	1229	2487	1114	837	4662
洪塘营瑶族乡	7961	2030	4260	1671	1224	7655
大坪铺农场	439	91	252	96	81	402
江永县	**225622**	**55486**	**127406**	**42730**	**30214**	**195521**
潇浦镇	79225	18945	47047	13233	9246	55644
上江圩镇	18026	4594	9724	3708	2538	17038
夏层铺镇	18627	4795	9788	4044	2986	18090
桃川镇	34726	8815	19389	6522	4667	32541
粗石江镇	16008	3768	9094	3146	2171	15292
松柏瑶族乡	19092	4786	10092	4214	2975	18264
千家峒瑶族乡	14834	3743	8308	2783	1927	14390
兰溪瑶族乡	6939	1677	3800	1462	1103	6709
源口瑶族乡	18145	4363	10164	3618	2601	17553
宁远县	**684121**	**163897**	**386638**	**133586**	**97870**	**555448**
文庙街道	50816	11569	31242	8005	5695	29099
舜陵街道	83496	20077	51850	11569	8192	42616
桐山街道	58535	14413	35562	8560	6073	29898
东溪街道	50265	11414	31610	7241	5099	28300
天堂镇	24201	5750	12707	5744	4199	23724
水市镇	46967	11124	25067	10776	8052	44995
湾井镇	27244	6577	14243	6424	4808	26300

表18 续表 35　　单位：人

地　　区	总人口	分年龄人口				居住本乡、镇、街道，户口在本乡、镇、街道
		0-14岁	15-59岁	60岁及以上	#65岁及以上	
冷水镇	49214	12484	26532	10198	7724	47770
太平镇	45793	11908	24868	9017	6730	44561
禾亭镇	26206	6151	14059	5996	4584	25158
仁和镇	21758	4915	11509	5334	3981	20808
中和镇	43364	10143	23606	9615	6935	42302
柏家坪镇	43116	10332	23297	9487	7040	41431
清水桥镇	26662	6463	14244	5955	4355	25631
鲤溪镇	29710	7050	15518	7142	5216	28202
保安镇	21137	4749	11599	4789	3616	20284
九疑山瑶族乡	21024	5180	11144	4700	3422	20465
五龙山瑶族乡	6488	1507	3510	1471	1035	6174
棉花坪瑶族乡	3877	1010	2144	723	510	3698
桐木漯瑶族乡	4248	1081	2327	840	604	4032
蓝山县	**329909**	**82771**	**185429**	**61709**	**44022**	**277259**
塔峰镇	164203	40407	97288	26508	18657	116081
毛俊镇	15146	3488	8252	3406	2476	14423
楠市镇	23634	6197	12707	4730	3424	23008
所城镇	16891	4170	8510	4211	3025	16326
新圩镇	31711	8406	16820	6485	4692	31034
祠堂圩镇	14603	3574	7683	3346	2437	14240
土市镇	25908	6896	13848	5164	3712	25320
太平圩镇	20861	5639	11302	3920	2793	20386
汇源瑶族乡	1735	411	956	368	250	1690
犁头瑶族乡	1528	412	812	304	202	1511
浆洞瑶族乡	3096	715	1676	705	514	2993
湘江源瑶族乡	2205	529	1210	466	325	2102
大桥瑶族乡	5573	1382	2741	1450	1053	5448
荆竹瑶族乡	2703	527	1550	626	449	2616
蓝山荆竹林场	13		9	4	1	6
蓝山浆洞林场	24	2	20	2	1	4
蓝山原种场	75	16	45	14	11	71
新田县	**343595**	**89307**	**189831**	**64457**	**44794**	**262132**
龙泉镇	168815	45764	97842	25209	16802	92266
金陵镇	11381	2716	5939	2726	1931	11088
骥村镇	14657	3494	7463	3700	2630	14126
枧头镇	26402	6339	14215	5848	4178	25739
新圩镇	22150	5733	11634	4783	3324	21618
石羊镇	19552	5067	10391	4094	2923	19056
新隆镇	12359	3359	6508	2492	1837	12046
三井镇	17314	4156	8854	4304	3055	16800
大坪塘镇	19927	4651	10681	4595	3285	19437
陶岭镇	11612	3250	5901	2461	1811	11211
金盆镇	14913	3889	7856	3168	2279	14424
门楼下瑶族乡	4513	889	2547	1077	739	4321

表18 续表 36 单位：人

地区	总人口	分年龄人口				居住本乡、镇、街道，户口在本乡、镇、街道
		0-14岁	15-59岁	60岁及以上	#65岁及以上	
江华瑶族自治县	**448195**	**110727**	**257101**	**80367**	**57450**	**397488**
沱江镇	148497	34702	91764	22031	15486	110375
大路铺镇	28656	7234	15641	5781	4070	27846
白芒营镇	45087	12143	24291	8653	6282	43621
涛圩镇	28494	7457	16027	5010	3637	27654
河路口镇	22367	6143	12762	3462	2480	21317
大圩镇	29019	7436	15309	6274	4505	27695
水口镇	18712	4356	10756	3600	2486	17633
码市镇	25339	5746	14293	5300	3882	23884
涔天河镇	22586	5494	13110	3982	2912	21258
界牌乡	15279	4027	8193	3059	2165	14664
桥市乡	10589	2723	5602	2264	1604	10184
大石桥乡	19775	5194	10793	3788	2760	19221
湘江乡	4188	790	2474	924	652	3964
蔚竹口乡	5800	1199	3339	1262	896	5494
大锡乡	3640	794	2030	816	607	3427
小圩壮族乡	20167	5289	10717	4161	3026	19251
永州经济技术开发区	**47111**	**10344**	**29622**	**7145**	**5155**	**26432**
仁湾街道	47111	10344	29622	7145	5155	26432
永州市金洞管理区	**40874**	**9276**	**23056**	**8542**	**6509**	**38098**
金洞镇	15386	3438	9078	2870	2215	13289
晒北滩瑶族乡	4223	911	2585	727	541	4008
凤凰乡	10322	2416	5535	2371	1790	10056
石鼓源乡	10943	2511	5858	2574	1963	10745
永州市回龙圩管理区	**10077**	**2297**	**5899**	**1881**	**1331**	**9135**
回龙圩镇	10077	2297	5899	1881	1331	9135
怀化市	**4587594**	**928746**	**2691590**	**967258**	**728519**	**3515761**
鹤城区	**712584**	**146296**	**472438**	**93850**	**66620**	**277305**
城中街道	98656	19792	65120	13744	9729	30975
城北街道	73552	13274	49598	10680	7769	33131
红星街道	101651	22190	67049	12412	8653	35045
迎丰街道	75429	14744	47453	13232	9625	41647
坨院街道	83825	15201	58325	10299	7381	34238
河西街道	71736	15147	49869	6720	4489	16350
城南街道	90099	19170	60817	10112	6885	30811
黄金坳镇	20525	4439	11190	4896	3781	19104
盈口乡	85539	20096	56712	8731	5951	25433
凉亭坳乡	9316	1870	5022	2424	1890	8568
怀化市黄岩旅游度假区	2256	373	1283	600	467	2003
中方县	**233378**	**44997**	**138124**	**50257**	**38461**	**185519**
中方镇	88448	17895	58224	12329	9013	49868
泸阳镇	34975	6962	20436	7577	5759	31183
花桥镇	19735	4072	10778	4885	3687	19009
铜湾镇	15085	2624	8049	4412	3464	13769
桐木镇	16151	2901	9308	3942	3027	15348
铁坡镇	13671	2348	7538	3785	2947	13151
新建镇	9525	1916	5197	2412	1868	9186

表18 续表 37

单位：人

地　区	总人口	分年龄人口				居住本乡、镇、街道，户口在本乡、镇、街道
		0-14岁	15-59岁	60岁及以上	#65岁及以上	
接龙镇	5250	906	2771	1573	1261	5035
铜鼎镇	8074	1658	3987	2429	1919	7811
新路河镇	11627	1906	6264	3457	2776	10566
袁家镇	7779	1336	3961	2482	1963	7619
蒿吉坪瑶族乡	3058	473	1611	974	777	2974
沅陵县	**510054**	**97366**	**292417**	**120271**	**96970**	**415260**
麻溪铺镇	13254	2976	6965	3313	2659	12126
五强溪镇	24487	3768	15351	5368	4255	19509
明溪口镇	11831	1955	6349	3527	2955	11250
凉水井镇	41632	7971	23378	10283	8401	39177
七甲坪镇	29737	5502	15621	8614	7124	28681
筲箕湾镇	25375	6131	13366	5878	4593	24275
官庄镇	42703	7460	25572	9671	7251	37849
沅陵镇	170062	34162	104279	31621	24926	96148
杜家坪乡	4334	765	2461	1108	877	4183
楠木铺乡	10918	2184	5990	2744	2240	10492
肖家桥乡	6658	1091	3630	1937	1636	6444
火场土家族乡	4125	678	2232	1215	1020	4003
陈家滩乡	6446	1116	3571	1759	1481	6055
清浪乡	14916	2635	7803	4478	3684	14483
借母溪乡	11386	1780	6168	3438	2844	10959
荔溪乡	22825	5206	12014	5605	4564	22276
大合坪乡	10396	1428	5530	3438	2889	10077
马底驿乡	16165	3410	8831	3924	3185	15613
北溶乡	9513	1383	5182	2948	2517	9254
二酉乡	21289	3823	11328	6138	5198	20790
盘古乡	12002	1942	6796	3264	2671	11616
辰溪县	**407578**	**86218**	**228340**	**93020**	**70840**	**331820**
辰阳镇	119588	26969	71777	20842	15109	60654
孝坪镇	20986	3604	11120	6262	4983	19821
田湾镇	5515	976	2999	1540	1204	5294
火马冲镇	28062	5573	16155	6334	4747	26255
黄溪口镇	20489	5290	11596	3603	2705	15405
潭湾镇	27497	5384	15071	7042	5486	26771
安坪镇	20692	4442	10879	5371	4204	19961
锦滨镇	20713	3874	11446	5393	4160	17672
修溪镇	13472	2347	7429	3696	2854	13116
船溪乡	7809	1474	4124	2211	1765	7546
长田湾乡	11114	2527	5774	2813	2167	10819
小龙门乡	9438	1801	5500	2137	1659	8712
后塘瑶族乡	13276	2910	7296	3070	2350	12881
苏木溪瑶族乡	6697	1385	3823	1489	1170	6607
罗子山瑶族乡	4376	917	2311	1148	911	4278
上蒲溪瑶族乡	4922	925	2551	1446	1127	4801
仙人湾瑶族乡	14606	3287	7407	3912	2972	14204
龙头庵乡	11399	2565	6000	2834	2148	10989
大水田乡	13933	3152	7542	3239	2515	13721

表18 续表 38 单位：人

地区	总人口	分年龄人口				居住本乡、镇、街道，户口在本乡、镇、街道
		0-14岁	15-59岁	60岁及以上	#65岁及以上	
桥头溪乡	6920	1437	3721	1762	1348	6760
龙泉岩乡	8043	1757	4444	1842	1435	7896
柿溪乡	10476	2017	5479	2980	2229	10243
谭家场乡	7555	1605	3896	2054	1592	7414
溆浦县	**757797**	**171878**	**417603**	**168316**	**125847**	**669459**
卢峰镇	201240	46809	122087	32344	23376	138008
低庄镇	50325	11380	27948	10997	8218	47258
桥江镇	36179	7967	18483	9729	7366	34512
龙潭镇	52964	11532	29028	12404	9137	48959
均坪镇	16088	3812	8335	3941	2948	15766
观音阁镇	31478	7573	15669	8236	6358	30728
双井镇	45330	10553	23069	11708	8805	44329
水东镇	34729	7426	19347	7956	6137	33676
两丫坪镇	10959	2260	5908	2791	2097	10413
黄茅园镇	29019	5922	16212	6885	5084	26465
葛竹坪镇	17984	3789	9735	4460	3371	17219
大江口镇	50499	11895	27087	11517	8483	47221
思蒙镇	12596	2650	6786	3160	2428	12268
深子湖镇	27909	6683	14796	6430	4990	27004
祖师殿镇	22722	5477	11451	5794	4410	22035
三江镇	23569	4818	12974	5777	4445	23021
统溪河镇	11756	2696	6214	2846	2116	11330
北斗溪镇	13236	2985	6837	3414	2541	12601
舒溶溪乡	9454	2332	4639	2483	1867	9128
油洋乡	16203	3575	8169	4459	3379	15682
小横垅乡	13075	2893	6811	3371	2496	12399
中都乡	7443	1545	3855	2043	1573	7257
沿溪乡	8842	1954	4623	2265	1718	8530
龙庄湾乡	6928	1699	3772	1457	1047	6668
淘金坪乡	7270	1653	3768	1849	1457	6982
会同县	**291067**	**60784**	**166619**	**63664**	**47941**	**248988**
林城镇	97986	20380	61513	16093	11662	64390
坪村镇	17041	3769	9217	4055	3067	15877
堡子镇	13222	2801	7334	3087	2298	12551
团河镇	9751	1979	5306	2466	1894	9230
若水镇	14292	2522	7795	3975	3102	13655
广坪镇	15025	3611	8003	3411	2558	14662
马鞍镇	9558	1844	5377	2337	1788	9202
金竹镇	13937	2206	8130	3601	2745	13346
沙溪乡	10188	2229	5379	2580	2002	9826
金子岩侗族苗族乡	21602	4332	11445	5825	4563	21092
高椅乡	5797	941	3224	1632	1320	5621
宝田侗族苗族乡	6027	1234	3171	1622	1222	5780
漠滨侗族苗族乡	8898	1960	5029	1909	1407	8575
蒲稳侗族苗族乡	6436	1400	3549	1487	1136	6222
青朗侗族苗族乡	15240	3513	8067	3660	2727	14733
炮团侗族苗族乡	7992	1690	4388	1914	1440	7735
地灵乡	6266	1510	3286	1470	1132	6066
连山乡	11809	2863	6406	2540	1878	10425

表18 续表 39

单位：人

地 区	总人口	分年龄人口				居住本乡、镇、街道，户口在本乡、镇、街道
		0-14岁	15-59岁	60岁及以上	#65岁及以上	
麻阳苗族自治县	**313305**	**66532**	**177855**	**68918**	**52373**	**254604**
锦和镇	21740	4435	12129	5176	3905	19870
江口墟镇	13255	2858	7217	3180	2456	12706
岩门镇	16389	3255	9384	3750	2806	15606
兰里镇	17746	3800	9458	4488	3457	16988
吕家坪镇	12132	2601	6441	3090	2405	11137
高村镇	131467	29861	78555	23051	17089	81348
尧市镇	13738	2504	7607	3627	2818	12852
郭公坪镇	11490	2373	6325	2792	2160	11145
文昌阁乡	7220	1429	3854	1937	1479	6955
大桥江乡	6110	1121	3315	1674	1328	5834
舒家村乡	7060	1434	3727	1899	1438	6864
隆家堡乡	8685	1607	4874	2204	1692	8402
谭家寨乡	8453	1598	4757	2098	1607	8211
石羊哨乡	7387	1381	4264	1742	1353	7120
板栗树乡	7250	1436	3906	1908	1486	7048
兰村乡	5785	1065	3223	1497	1170	5581
和平溪乡	7806	1505	4168	2133	1667	7581
黄桑乡	9592	2269	4651	2672	2057	9356
新晃侗族自治县	**220775**	**44507**	**127222**	**49046**	**36601**	**195487**
波洲镇	15269	2905	8928	3436	2561	14689
鱼市镇	15271	3148	8854	3269	2433	13398
凉伞镇	23552	4510	12969	6073	4619	22663
扶罗镇	22548	4832	12312	5404	4072	21891
中寨镇	10719	2253	5837	2629	1941	10540
晃洲镇	85603	17619	51808	16176	11928	66113
林冲镇	10241	2110	5716	2415	1850	9855
贡溪镇	9305	1814	5134	2357	1759	8747
禾滩镇	11205	2224	6018	2963	2201	11016
步头降苗族乡	7003	1187	3928	1888	1433	6848
米贝苗族乡	10059	1905	5718	2436	1804	9727
芷江侗族自治县	**307661**	**56124**	**180412**	**71125**	**53106**	**253067**
芷江镇	134095	26757	81636	25702	18668	88842
罗旧镇	13776	2611	8063	3102	2322	12138
新店坪镇	26471	4929	15056	6486	4885	25235
碧涌镇	20990	4018	11653	5319	3958	20244
公坪镇	8016	1412	4882	1722	1274	6348
岩桥镇	13512	2208	7803	3501	2630	12899
三道坑镇	7456	1055	4311	2090	1612	6961
土桥镇	17146	2703	9797	4646	3464	16532
楠木坪镇	8835	1498	4831	2506	1969	8523
牛牯坪乡	4272	630	2348	1294	989	4161
水宽乡	7228	1135	4116	1977	1545	7055
大树坳乡	5634	960	2958	1716	1343	5452
梨溪口乡	6596	911	3808	1877	1389	6406

表18　续表 40

单位：人

地　区	总人口	分年龄人口				居住本乡、镇、街道，户口在本乡、镇、街道
		0-14岁	15-59岁	60岁及以上	#65岁及以上	
洞下场乡	4971	884	2573	1514	1184	4708
禾梨坳乡	7422	1087	4460	1875	1412	7157
冷水溪乡	8033	1303	4545	2185	1672	7684
晓坪乡	6981	1085	3965	1931	1497	6765
罗卜田乡	6227	938	3607	1682	1293	5957
靖州苗族侗族自治县	**233638**	**48107**	**141128**	**44403**	**31902**	**192030**
渠阳镇	136574	28341	85633	22600	15954	97381
甘棠镇	15346	3050	8650	3646	2709	14841
大堡子镇	12644	3041	6921	2682	1971	12269
坳上镇	12416	2465	7367	2584	1808	12242
新厂镇	14936	3052	8561	3323	2424	14733
平茶镇	7736	1514	4600	1622	1174	7510
太阳坪乡	9690	1991	5582	2117	1562	9317
三锹乡	3943	722	2293	928	684	3851
文溪乡	6638	1274	3723	1641	1206	6436
寨牙乡	5126	879	3013	1234	879	5046
藕团乡	8589	1778	4785	2026	1531	8404
通道侗族自治县	**201047**	**41247**	**119855**	**39945**	**29449**	**162635**
双江镇	70643	15767	44770	10106	7118	36324
县溪镇	20535	4097	11755	4683	3490	19234
播阳镇	13015	2646	7746	2623	1999	12589
牙屯堡镇	15061	3291	8624	3146	2317	14784
菁芜洲镇	12517	2425	7591	2501	1806	12331
溪口镇	12131	2020	7344	2767	2081	11856
陇城镇	13934	2583	7737	3614	2762	13473
万佛山镇	18194	3159	10548	4487	3245	17736
独坡镇	11994	2758	6763	2473	1928	11780
大高坪苗族乡	2148	507	1226	415	289	2068
坪坦乡	10525	1919	5519	3087	2388	10234
地连林场	13	1	7	5	2	6
播阳农场	337	74	225	38	24	220
怀化市洪江管理区	**57004**	**6811**	**34112**	**16081**	**11664**	**38245**
河滨路街道	16408	1940	10217	4251	2982	9876
沅江路街道	4121	485	2401	1235	902	2707
新街街道	15427	1717	9193	4517	3258	8395
高坡街街道	7720	812	4380	2528	1864	5131
横岩乡	2881	429	1724	728	550	2568
桂花园乡	10447	1428	6197	2822	2108	9568
洪江市	**341706**	**57879**	**195465**	**88362**	**66745**	**291342**
黔城镇	92456	17478	56277	18701	13721	67421
安江镇	81993	13614	48744	19635	14630	63287
托口镇	21619	4401	12176	5042	3839	20206
雪峰镇	10149	1461	5518	3170	2428	9782
江市镇	13848	2343	7443	4062	3083	13230
沅河镇	7926	1312	4250	2364	1790	7716
塘湾镇	9184	1956	4599	2629	1988	8548
岔头乡	8646	1118	4511	3017	2372	8505

表18　续表 41　　　　　　　　　　　　　　　　　　单位：人

地　区	总人口	分年龄人口				居住本乡、镇、街道，户口在本乡、镇、街道
		0-14岁	15-59岁	60岁及以上	#65岁及以上	
茅渡乡	4239	576	2115	1548	1215	4145
大崇乡	6303	758	3495	2050	1591	6179
熟坪乡	8238	1044	4462	2732	2143	7956
铁山乡	6804	1022	3653	2129	1639	6577
群峰乡	5839	903	3016	1920	1501	5715
湾溪乡	5805	833	3060	1912	1470	5408
洗马乡	10734	2056	5453	3225	2431	10380
沙湾乡	14690	2018	8085	4587	3572	14232
深渡苗族乡	6272	719	3727	1826	1433	6067
龙船塘瑶族乡	5299	639	3090	1570	1155	5151
太平乡	10268	1570	5677	3021	2351	10030
岩垅乡	11394	2058	6114	3222	2393	10807
娄底市	**3826996**	**861343**	**2226697**	**738956**	**565860**	**2886720**
娄星区	**752530**	**154998**	**479856**	**117676**	**88626**	**375804**
乐坪街道	112565	22661	76669	13235	9350	45361
花山街道	58007	13138	37550	7319	5272	18587
黄泥塘街道	76676	13452	50094	13130	10318	41455
长青街道	96183	19049	63371	13763	10230	34775
大科街道	136986	29748	94908	12330	8376	29686
涟滨街道	56845	12598	37419	6828	4981	20411
大埠桥街道	27409	5494	16666	5249	4052	20624
杉山镇	29541	6129	16456	6956	5420	25864
万宝镇	40742	9094	23079	8569	6582	33186
石井镇	27096	5818	15222	6056	4775	24307
水洞底镇	30183	5444	16333	8406	6610	27366
蛇形山镇	48376	9860	25723	12793	10184	43314
双江乡	11921	2513	6366	3042	2476	10868
双峰县	**685917**	**145110**	**388456**	**152351**	**121306**	**566203**
永丰街道	146741	31354	94346	21041	16010	72825
金开街道	33278	6652	23243	3383	2664	12965
荷叶镇	37614	8342	19404	9868	7741	35745
井字镇	22099	4796	11192	6111	4869	20589
梓门桥镇	46472	9706	24906	11860	9389	44504
杏子铺镇	54454	11438	29583	13433	10718	51303
走马街镇	43085	9258	22897	10930	8833	40821
洪山殿镇	30065	5927	16371	7767	6201	28617
甘棠镇	55452	11829	30412	13211	10513	53193
三塘铺镇	32541	7465	17467	7609	6069	30717
青树坪镇	54629	10623	32063	11943	9649	50109
花门镇	36029	7316	18709	10004	8072	34831
锁石镇	21175	4712	10568	5895	4908	20352
石牛乡	24847	5381	12387	7079	5647	23859
沙塘乡	17474	3569	8955	4950	4024	16872
印塘乡	29962	6742	15953	7267	5999	28901
新化县	**1196538**	**308740**	**664648**	**223150**	**169120**	**992966**
上梅街道	107750	26677	65482	15591	11249	56184

表18　续表 42　　　　　　单位：人

地　区	总人口	分年龄人口				居住本乡、镇、街道，户口在本乡、镇、街道
		0-14岁	15-59岁	60岁及以上	#65岁及以上	
上渡街道	116106	32781	71689	11636	8014	45044
枫林街道	66606	18670	39196	8740	6098	35416
石冲口镇	43221	11246	23216	8759	6548	41153
洋溪镇	57392	14826	30822	11744	8683	53994
槎溪镇	25354	6742	13238	5374	3962	24587
水车镇	32966	8624	17883	6459	4830	32079
文田镇	19330	4942	10575	3813	2741	18719
奉家镇	17580	4205	9360	4015	3045	17004
炉观镇	49501	12960	26510	10031	7485	47398
游家镇	42841	9701	23253	9887	7691	40952
西河镇	52825	13830	28666	10329	7769	49885
孟公镇	56558	13869	31608	11081	8396	51666
琅塘镇	52096	12687	29677	9732	7570	43523
白溪镇	55055	14910	28998	11147	8710	51951
圳上镇	47365	11388	25406	10571	8331	45623
吉庆镇	38793	10085	20172	8536	6824	36922
温塘镇	46404	11990	25040	9374	7413	44032
田坪镇	28348	6587	14527	7234	5803	27495
桑梓镇	47228	11765	26105	9358	7163	43737
曹家镇	39860	10804	21115	7941	6257	38269
科头乡	31468	8061	17204	6203	4670	29883
维山乡	28779	7298	15727	5754	4299	27926
天门乡	9772	2355	5458	1959	1458	9517
荣华乡	19920	5267	10456	4197	3276	19260
金凤乡	12765	3064	7007	2694	2113	12031
油溪乡	21976	5900	11108	4968	3923	21128
坐石乡	22048	5897	11489	4662	3732	21286
大熊山国有林场	3679	854	2040	785	628	3532
古台山国有林场	2952	755	1621	576	439	2770
冷水江市	**329912**	**75932**	**193208**	**60772**	**45132**	**210771**
冷水江街道	110874	25758	69190	15926	11410	57289
锡矿山街道	11406	2135	6037	3234	2571	9562
沙塘湾街道	55409	12423	34322	8664	6359	29276
布溪街道	35778	8739	21745	5294	3809	12362
禾青镇	26496	6444	14025	6027	4504	22145
渣渡镇	15330	3231	8105	3994	3079	13952
铎山镇	28876	6784	15262	6830	5183	26582
三尖镇	13504	3375	6962	3167	2377	12610
金竹山镇	13592	2888	7243	3461	2653	11654
中连乡	18647	4155	10317	4175	3187	15339
涟源市	**862099**	**176563**	**500529**	**185007**	**141676**	**740976**
蓝田街道	90695	18665	59205	12825	9250	45388
六亩塘街道	65656	14702	39649	11305	8445	47699
石马山街道	60041	12490	37876	9675	7225	41123
安平镇	36488	7239	21638	7611	5800	32761
湄江镇	42989	9519	24650	8820	6641	41197
伏口镇	47967	10307	27676	9984	7509	45727

表18 续表 43

单位：人

地　　区	总人口	分年龄人口				居住本乡、镇、街道，户口在本乡、镇、街道
		0-14岁	15-59岁	60岁及以上	#65岁及以上	
桥头河镇	74353	14918	42358	17077	13214	67583
七星街镇	55013	11583	30286	13144	10172	52187
杨市镇	55725	10360	32271	13094	10022	50794
枫坪镇	19322	3684	10891	4747	3677	18130
斗笠山镇	36492	7190	20269	9033	7146	34604
白马镇	27109	5174	14593	7342	5606	26106
茅塘镇	24514	4758	14329	5427	4180	20593
荷塘镇	35642	6748	20052	8842	6966	34079
金石镇	39890	7706	22137	10047	8057	38533
龙塘镇	55661	12146	30750	12765	9808	54215
渡头塘镇	24003	4779	13253	5971	4784	23013
湖泉镇	24020	4655	13348	6017	4654	22474
三甲乡	30998	6613	16557	7828	5846	29835
古塘乡	15521	3327	8741	3453	2674	14935
湘西土家族苗族自治州	**2488105**	**529434**	**1486252**	**472419**	**374182**	**1957937**
吉首市	**408812**	**75705**	**270920**	**62187**	**47946**	**208410**
峒河街道	61324	11873	40402	9049	6925	24892
乾州街道	117016	22830	78661	15525	11420	46394
镇溪街道	90632	15193	63801	11638	8657	32145
石家冲街道	31784	5579	20131	6074	4687	17775
双塘街道	12759	2211	8060	2488	1971	10258
吉凤街道	27595	6030	19551	2014	1466	14469
矮寨镇	15936	2837	9687	3412	2839	14925
马颈坳镇	21345	3718	12965	4662	3854	19576
河溪镇	9793	1873	5901	2019	1662	9058
丹青镇	8712	1660	4862	2190	1809	8060
太平镇	6515	1093	3625	1797	1505	5921
已略乡	5401	808	3274	1319	1151	4937
泸溪县	**240937**	**52748**	**137513**	**50676**	**39402**	**202949**
达岚镇	11386	2359	6235	2792	2218	11144
兴隆场镇	22435	5837	11405	5193	3955	22065
潭溪镇	11756	2263	6813	2680	2143	11550
洗溪镇	16891	2913	9696	4282	3528	16540
武溪镇	81812	17421	51042	13349	9973	49561
浦市镇	43458	9837	23714	9907	7658	39841
合水镇	18691	4689	9870	4132	3272	18235
石榴坪乡	9867	2053	5485	2329	1854	9731
解放岩乡	10302	2114	5460	2728	2178	10186
小章乡	7735	1877	4107	1751	1405	7601
白羊溪乡	6481	1358	3613	1510	1199	6374
武溪镇军亭界林场	123	27	73	23	19	121
凤凰县	**351619**	**79047**	**206352**	**66220**	**51130**	**298444**
廖家桥镇	26295	6029	15293	4973	3804	23151
茶田镇	8844	1819	4927	2098	1601	8512
吉信镇	16993	3791	9736	3466	2711	15693
腊尔山镇	15179	4066	8425	2688	2163	14331

表18 续表 44

单位：人

地区	总人口	分年龄人口				居住本乡、镇、街道，户口在本乡、镇、街道
		0-14岁	15-59岁	60岁及以上	#65岁及以上	
禾库镇	26884	6595	15877	4412	3619	25609
沱江镇	108429	22424	68936	17069	12510	68792
阿拉营镇	23666	5254	13604	4808	3661	22024
木江坪镇	14311	2921	7955	3435	2669	13846
山江镇	14578	4037	7587	2954	2383	13901
落潮井镇	10039	2230	5619	2190	1712	9388
新场镇	16384	3094	9441	3849	2990	15837
篁子坪镇	17429	3934	10028	3467	2802	16816
千工坪镇	21649	5701	11901	4047	3181	20997
水打田乡	6520	1091	3767	1662	1231	6213
林峰乡	6018	1048	3327	1643	1247	5684
麻冲乡	7728	1855	4237	1636	1310	7426
两林乡	10673	3158	5692	1823	1536	10224
花垣县	**249238**	**55377**	**147771**	**46090**	**37523**	**224991**
龙潭镇	12893	2835	7677	2381	1943	12298
民乐镇	20258	4667	11743	3848	3138	19605
吉卫镇	14830	3518	8566	2746	2354	14176
麻栗场镇	12543	2796	7320	2427	2024	11953
雅酉镇	6408	1615	3646	1147	944	6127
边城镇	20349	4811	11608	3930	3160	19429
花垣镇	91720	19478	56785	15457	11992	74761
双龙镇	22681	4670	13291	4720	4012	21520
石栏镇	14525	3441	8421	2663	2292	13816
长乐乡	11336	2316	6569	2451	2019	10816
猫儿乡	10360	2510	5748	2102	1813	9827
补抽乡	11335	2720	6397	2218	1832	10663
保靖县	**238792**	**46342**	**141208**	**51242**	**42136**	**208099**
普戎镇	6810	1203	3882	1725	1450	6669
复兴镇	16642	3028	9718	3896	3175	15546
迁陵镇	99630	19480	61791	18359	14664	74194
清水坪镇	22064	4564	12528	4972	4166	21092
比耳镇	6924	1230	3977	1717	1439	6625
毛沟镇	24662	5510	13911	5241	4307	23816
水田河镇	11753	2211	6531	3011	2584	11465
葫芦镇	10545	1935	6072	2538	2153	10240
碗米坡镇	6486	1194	3531	1761	1459	6185
吕洞山镇	10951	1987	6672	2292	1982	10662
阳朝乡	13954	2509	8066	3379	2813	13568
长潭河乡	8371	1491	4529	2351	1944	8037
古丈县	**108798**	**20223**	**65280**	**23295**	**19150**	**89385**
古阳镇	55918	11797	34124	9997	8126	39654
岩头寨镇	11347	1566	6598	3183	2620	10587
默戎镇	10302	1634	6297	2371	2024	9900
红石林镇	9689	1655	5823	2211	1801	8657
断龙山镇	7947	1391	4586	1970	1627	7626
高峰镇	7126	1037	4183	1906	1580	6771
坪坝镇	6469	1143	3669	1657	1372	6190

表18 续表 45

单位：人

地　区	总人口	分年龄人口				居住本乡、镇、街道，户口在本乡、镇、街道
		0-14岁	15-59岁	60岁及以上	#65岁及以上	
永顺县	**413470**	**91325**	**240549**	**81596**	**66203**	**336323**
首车镇	6476	1233	3485	1758	1484	6196
芙蓉镇	29880	6410	17624	5846	4671	23360
永茂镇	7153	1723	3957	1473	1215	5787
小溪镇	11536	1958	6718	2860	2280	10955
青坪镇	7941	1714	4372	1855	1508	7512
石堤镇	35240	8127	19595	7518	6094	31933
万坪镇	19367	4157	10669	4541	3769	17472
塔卧镇	23327	5365	12888	5074	4187	22557
砂坝镇	16734	3634	9182	3918	3243	16346
灵溪镇	157887	36613	97797	23477	18509	99571
松柏镇	17060	4239	9395	3426	2805	16657
泽家镇	11603	2496	6315	2792	2288	11109
两岔乡	5540	1154	2996	1390	1189	5316
西歧乡	5100	892	2799	1409	1183	4937
对山乡	4504	937	2413	1154	989	4339
高坪乡	10219	1987	5952	2280	1877	9968
朗溪乡	2956	425	1651	880	712	2857
润雅乡	4660	862	2558	1240	1007	4467
车坪乡	7643	1626	4340	1677	1373	7433
毛坝乡	7789	1697	4088	2004	1666	7467
万民乡	6519	1207	3548	1764	1466	6230
盐井乡	3539	617	2066	856	732	3404
颗砂乡	10797	2252	6141	2404	1956	10450
龙山县	**476439**	**108667**	**276659**	**91113**	**70692**	**389336**
民安街道	140202	35010	85757	19435	14609	81027
华塘街道	25723	5860	16179	3684	2763	16342
兴隆街道	33681	7575	20169	5937	4584	27173
石羔街道	29772	6221	16941	6610	5211	28286
洗车河镇	7605	1463	4145	1997	1603	7339
石牌镇	18699	3947	10621	4131	3134	17930
茨岩塘镇	13680	3014	7635	3031	2403	13154
红岩溪镇	15495	3362	8660	3473	2818	14522
靛房镇	14079	3200	7546	3333	2637	13697
苗儿滩镇	15078	3226	7864	3988	3154	14588
里耶镇	28229	6055	15809	6365	5140	26291
桂塘镇	18123	4451	9886	3786	2881	17383
召市镇	31514	7863	17476	6175	4653	30526
洗洛镇	20608	4431	12223	3954	2985	19644
水田坝镇	13078	2804	7332	2942	2321	12536
农车镇	11780	2149	6656	2975	2434	11379
洛塔乡	8324	1604	4747	1973	1546	8069
大安乡	7747	1467	4429	1851	1434	7282
内溪乡	7442	1551	4003	1888	1505	7115
咱果乡	6151	1467	3230	1454	1196	5940
茅坪乡	9429	1947	5351	2131	1681	9113

表19　广东省乡、镇、街道人口

单位：人

地　区	总人口	分年龄人口				居住本乡、镇、街道，户口在本乡、镇、街道
		0-14岁	15-59岁	60岁及以上	#65岁及以上	
广东省	**126012510**	**23749882**	**86697562**	**15565066**	**10813000**	**64370531**
广州市	**18676605**	**2590189**	**13955818**	**2130598**	**1460333**	**6986546**
荔湾区	**1238305**	**165607**	**827375**	**245323**	**169184**	**459110**
沙面街道	3180	384	1944	852	608	1482
岭南街道	29280	3020	18926	7334	4997	11992
华林街道	48265	6210	30606	11449	7894	19084
多宝街道	48640	6566	30564	11510	7997	20063
昌华街道	35289	4305	21762	9222	6442	15776
逢源街道	70560	9266	43888	17406	12232	31547
龙津街道	52949	6524	33466	12959	8976	21469
金花街道	56118	6760	34328	15030	10284	27593
彩虹街道	56116	6882	34333	14901	10142	27788
南源街道	84121	12113	52961	19047	13156	39851
西村街道	60553	8546	38951	13056	9048	29708
站前街道	34872	4319	23520	7033	5099	12630
桥中街道	69516	8841	52286	8389	5625	12648
白鹤洞街道	74442	11751	48818	13873	10164	28628
冲口街道	72918	8825	52043	12050	8275	19778
花地街道	35117	4604	22216	8297	5870	15217
石围塘街道	95608	14727	63314	17567	11550	33115
茶滘街道	74729	10305	50422	14002	9419	27016
东漖街道	63997	8022	43369	12606	8360	22803
海龙街道	70423	10109	52772	7542	5174	18964
东沙街道	55470	7435	41022	7013	4823	13848
中南街道	46142	6093	35864	4185	3049	8110
越秀区	**1038643**	**141708**	**665854**	**231081**	**164984**	**596801**
洪桥街道	36766	5902	21733	9131	6622	24374
北京街道	43632	4655	27607	11370	7823	25226
六榕街道	71163	8702	43939	18522	13036	42276
流花街道	13045	1749	8609	2687	2064	6636
光塔街道	63650	7681	38121	17848	12342	38786
人民街道	50260	5883	32107	12270	8287	25242
东山街道	79295	11623	51297	16375	11795	48121
农林街道	41801	5144	27101	9556	7262	26763
梅花村街道	88958	14343	56396	18219	13407	55951
黄花岗街道	93745	15553	60016	18176	13435	56921
华乐街道	44220	6688	27440	10092	7419	27621
建设街道	41655	5498	25466	10691	7890	28411
大塘街道	44351	6090	27306	10955	7701	27741
珠光街道	52146	6457	32255	13434	9305	31880
大东街道	71083	9704	43480	17899	12732	48212
白云街道	44508	5969	27101	11438	8353	27576
登峰街道	80870	10265	57415	13190	9326	34039
矿泉街道	77495	9802	58465	9228	6185	21025
海珠区	**1819037**	**205847**	**1302952**	**310238**	**213733**	**740039**
赤岗街道	159684	21095	110323	28266	19871	80108

表19 续表 1

单位：人

地区	总人口	分年龄人口				居住本乡、镇、街道，户口在本乡、镇、街道
		0-14岁	15-59岁	60岁及以上	#65岁及以上	
新港街道	109614	13597	75230	20787	15360	56441
昌岗街道	92079	10935	56080	25064	17947	55263
江南中街道	75557	9241	45431	20885	14634	48533
滨江街道	67862	7557	43929	16376	11651	35175
素社街道	68871	8574	41962	18335	12597	37667
海幢街道	58394	6931	34948	16515	11358	37449
南华西街道	33330	3419	20662	9249	6362	17692
龙凤街道	97048	11622	58016	27410	18386	57272
沙园街道	73210	10240	42971	19999	14640	46225
南石头街道	127008	16609	80330	30069	20805	67085
凤阳街道	164070	16100	130124	17846	11818	37974
瑞宝街道	170684	23363	126254	21067	14000	58930
江海街道	124010	11709	100467	11834	7193	27686
琶洲街道	70699	8235	55328	7136	4834	21220
南洲街道	161415	13538	138039	9838	6023	24481
华洲街道	88695	6957	76379	5359	3484	16160
官洲街道	76807	6125	66479	4203	2770	14678
天河区	**2241826**	**259453**	**1789698**	**192675**	**132007**	**647784**
五山街道	142324	14050	113904	14370	10888	57310
员村街道	123692	12944	96238	14510	9970	37540
车陂街道	172529	16648	143584	12297	7948	37943
沙河街道	44197	5794	30688	7715	5446	15832
石牌街道	177781	21428	135730	20623	14647	71604
沙东街道	36572	4995	26866	4711	3240	12530
天河南街道	69844	8424	49700	11720	8629	31527
林和街道	74111	12192	51014	10905	8058	39013
兴华街道	112234	15431	86278	10525	6993	33672
棠下街道	264809	29662	216313	18834	12513	69745
天园街道	92655	16659	63387	12609	9061	50367
猎德街道	50063	8560	34442	7061	4764	24072
冼村街道	58550	9371	41773	7406	5100	24484
元岗街道	52355	4338	45964	2053	1298	5405
黄村街道	86879	9897	71759	5223	3520	19728
长兴街道	127792	13717	106122	7953	5081	26839
龙洞街道	111342	10411	95612	5319	3506	25597
凤凰街道	107640	11986	91152	4502	2708	14486
前进街道	92768	13033	74002	5733	3678	22251
珠吉街道	143158	14122	123527	5509	3117	18101
新塘街道	100531	5791	91643	3097	1842	9738
白云区	**3742991**	**441995**	**2988640**	**312356**	**207876**	**938667**
三元里街道	89671	9532	67249	12890	8967	26092
松洲街道	152484	16929	118148	17407	11139	28487
景泰街道	97235	13473	67980	15782	10603	33290
同德街道	154425	14806	118631	20988	12931	24703
黄石街道	151580	17425	125004	9151	5972	25995
棠景街道	143969	15658	114331	13980	9017	30170
新市街道	110563	13569	87888	9106	5698	24956

表19 续表 2

单位：人

地区	总人口	分年龄人口				居住本乡、镇、街道，户口在本乡、镇、街道
		0-14岁	15-59岁	60岁及以上	#65岁及以上	
同和街道	151243	16974	122656	11613	7421	26402
京溪街道	142334	20476	110492	11366	7281	35872
永平街道	228487	30201	183608	14678	9492	41878
嘉禾街道	175410	14281	155716	5413	3357	19568
均禾街道	172155	17932	147110	7113	4690	27826
石井街道	127503	13465	106976	7062	4538	23551
金沙街道	152317	24310	109675	18332	10989	37323
云城街道	78532	7746	66261	4525	2885	12873
鹤龙街道	132737	13499	113515	5723	3693	21754
白云湖街道	166715	15736	139892	11087	6934	33176
石门街道	99604	8867	84921	5816	3956	23743
龙归街道	194776	21778	159760	13238	8118	44088
大源街道	182245	23235	149160	9850	6801	21204
人和镇	211248	29084	158771	23393	16996	92769
太和镇	131793	17584	104654	9555	6460	41946
钟落潭镇	275130	37974	209791	27365	19961	135098
江高镇	220835	27461	166451	26923	19977	105903
黄埔区	**1264447**	**195273**	**962848**	**106326**	**70258**	**429646**
黄埔街道	92568	13851	66686	12031	8495	40519
红山街道	45888	4580	37376	3932	2781	12696
鱼珠街道	67335	10023	50615	6697	4435	21920
大沙街道	61888	8740	47804	5344	3395	19052
文冲街道	71569	11110	53378	7081	4531	23354
穗东街道	65752	7213	54452	4087	2829	11656
南岗街道	93235	13907	70016	9312	6199	30930
长洲街道	39835	5518	28734	5583	4330	15263
夏港街道	44641	7544	34031	3066	2003	15670
萝岗街道	84956	11195	68090	5671	3602	24613
云埔街道	208636	33939	161655	13042	7846	61856
联和街道	109807	16207	85891	7709	4859	31198
永和街道	101405	14883	81731	4791	2760	24746
长岭街道	46244	10041	31588	4615	3023	21411
九佛街道	21342	4087	14620	2635	1882	13283
龙湖街道	67390	12799	49218	5373	3466	29993
新龙镇	41956	9636	26963	5357	3822	31486
番禺区	**2658397**	**354425**	**2076919**	**227053**	**153324**	**869179**
市桥街道	246881	39161	174385	33335	23381	121754
沙头街道	115083	11633	97199	6251	3989	21324
东环街道	96479	13060	76645	6774	4339	25185
桥南街道	117469	21111	83859	12499	8579	51183
小谷围街道	142550	4896	134805	2849	1923	25797
大石街道	280847	26850	238642	15355	9935	60382
洛浦街道	256442	37293	196408	22741	15183	87751
石壁街道	67980	8021	54309	5650	3855	20818
钟村街道	203710	33010	151421	19279	13167	74582
大龙街道	235727	33523	185539	16665	10734	59052
南村镇	341703	48314	266847	26542	17322	89240

表19 续表 3

单位：人

地　　区	总人口	分年龄人口				居住本乡、镇、街道，户口在本乡、镇、街道
		0-14岁	15-59岁	60岁及以上	#65岁及以上	
新造镇	45818	4618	36347	4853	3538	14473
化龙镇	68958	7198	54104	7656	5377	27795
石楼镇	169106	30258	119865	18983	12947	88937
沙湾镇	132355	20562	96383	15410	10750	55380
石基镇	137289	14917	110161	12211	8305	45526
花都区	**1642360**	**272335**	**1213193**	**156832**	**109297**	**638541**
新华街道	397267	68601	286042	42624	29601	160163
花城街道	155343	30597	110318	14428	9978	67169
秀全街道	186418	29573	145246	11599	7333	46777
新雅街道	171899	28501	130442	12956	8862	54581
梯面镇	11180	2402	6764	2014	1438	7426
花山镇	122929	21415	83996	17518	12862	69970
花东镇	176063	34642	120257	21164	15037	103494
炭步镇	63970	9823	44187	9960	7442	34051
赤坭镇	58994	7146	42545	9303	6933	32686
狮岭镇	298297	39635	243396	15266	9811	62224
南沙区	**846584**	**129243**	**625126**	**92215**	**63111**	**398304**
南沙街道	237089	40622	178966	17501	10804	83078
珠江街道	38710	5221	28066	5423	3683	16726
龙穴街道	13588	340	12987	261	161	581
万顷沙镇	46045	6992	32275	6778	4857	28584
横沥镇	42281	5828	30875	5578	3964	24346
黄阁镇	94809	16356	68227	10226	6941	45470
东涌镇	170772	24017	129720	17035	11798	75629
大岗镇	114324	15555	80616	18153	13045	72827
榄核镇	88966	14312	63394	11260	7858	51063
从化区	**717684**	**141509**	**486338**	**89837**	**63849**	**495967**
街口街道	97039	20560	63128	13351	9231	66761
江埔街道	146131	23505	110400	12226	8520	71835
城郊街道	105675	21950	72129	11596	8255	67169
温泉镇	61766	10270	43946	7550	5498	41858
良口镇	37606	8177	22951	6478	4590	32921
吕田镇	24094	4845	14611	4638	3202	21379
太平镇	119109	23084	83031	12994	9102	78462
鳌头镇	126264	29118	76142	21004	15451	115582
增城区	**1466331**	**282794**	**1016875**	**166662**	**112710**	**772508**
荔城街道	202589	42805	133131	26653	17710	113724
增江街道	109727	16110	83078	10539	7165	37903
朱村街道	58713	11014	41381	6318	4217	31741
永宁街道	154015	37497	103566	12952	7989	57939
荔湖街道	57970	8269	45556	4145	2767	23220
宁西街道	54550	9842	40154	4554	3015	25240
新塘镇	389448	68035	288225	33188	21833	149841
石滩镇	139728	27494	90626	21608	15677	102966
中新镇	110327	22519	74442	13366	8895	70897

表19 续表 4

单位：人

地区	总人口	分年龄人口				居住本乡、镇、街道，户口在本乡、镇、街道
		0-14岁	15-59岁	60岁及以上	#65岁及以上	
正果镇	35574	7443	21120	7011	4831	31761
派潭镇	63178	14621	37391	11166	7788	54379
小楼镇	36098	7599	21703	6796	4777	31466
仙村镇	54414	9546	36502	8366	6046	41431
韶关市	**2855131**	**616617**	**1713802**	**524712**	**374489**	**1946536**
武江区	**373686**	**72821**	**241326**	**59539**	**41567**	**190716**
新华街道	125547	22703	81481	21363	14962	62843
惠民街道	95563	16290	60055	19218	13670	51252
西联镇	71235	15279	49826	6130	3927	24589
西河镇	39515	8211	26357	4947	3328	15868
龙归镇	28656	7370	16310	4976	3616	24826
江湾镇	3636	739	2038	859	616	3145
重阳镇	9534	2229	5259	2046	1448	8193
浈江区	**364319**	**60525**	**237600**	**66194**	**47586**	**198462**
东河街道	28029	4440	17018	6571	4653	16454
车站街道	34718	5194	22844	6680	4769	16191
风采街道	38051	5347	21936	10768	8009	25788
新韶镇	42896	4779	34655	3462	2406	15296
乐园镇	69910	13476	44797	11637	8043	32988
十里亭镇	88398	16567	59029	12802	8947	44482
犁市镇	35846	7062	21949	6835	4991	30681
花坪镇	4125	903	2328	894	611	3661
田螺冲办事处	7173	477	5557	1139	836	1854
曲仁办事处	15173	2280	7487	5406	4321	11067
曲江区	**290455**	**58431**	**179489**	**52535**	**38157**	**193720**
松山街道	22552	2998	13021	6533	5369	17362
马坝镇	162512	33546	105737	23229	16348	87729
大塘镇	26306	6056	15369	4881	3415	22914
枫湾镇	11203	2323	6388	2492	1796	9802
小坑镇	3578	638	2141	799	585	2952
沙溪镇	14464	2693	8526	3245	2482	11644
乌石镇	9278	1523	5284	2471	1761	7333
樟市镇	16868	3517	9150	4201	3060	15248
白土镇	17684	3703	10612	3369	2412	13210
罗坑镇	6010	1434	3261	1315	929	5526
始兴县	**198060**	**44745**	**116473**	**36842**	**27624**	**148577**
太平镇	87337	20131	53044	14162	10533	47677
马市镇	21085	4621	11976	4488	3445	20164
澄江镇	5839	1177	3379	1283	927	5463
顿岗镇	16609	3473	9912	3224	2454	14976
罗坝镇	10234	2123	5838	2273	1606	9714
司前镇	10320	2681	5724	1915	1407	9719
隘子镇	13250	3557	6910	2783	2035	12392
城南镇	17875	3996	10532	3347	2624	13855
沈所镇	12101	2403	7160	2538	1982	11514
深渡水乡	3410	583	1998	829	611	3103

表19 续表 5

单位：人

地区	总人口	分年龄人口				居住本乡、镇、街道，户口在本乡、镇、街道
		0-14岁	15-59岁	60岁及以上	#65岁及以上	
仁化县	**186009**	**41811**	**109333**	**34865**	**25675**	**140449**
丹霞街道	69355	15696	42551	11108	8049	42403
闻韶镇	3129	651	1831	647	495	2823
扶溪镇	7921	1831	4487	1603	1228	7349
长江镇	18069	4533	10279	3257	2564	16816
城口镇	6722	1427	3975	1320	1019	5920
红山镇	5260	1225	3036	999	748	4830
石塘镇	8237	1848	4316	2073	1484	7540
董塘镇	31837	6405	18756	6676	4824	21925
大桥镇	6908	1630	3835	1443	1057	6095
周田镇	19264	4389	11011	3864	2828	16351
黄坑镇	9307	2176	5256	1875	1379	8397
翁源县	**322482**	**79739**	**184082**	**58661**	**40729**	**255256**
龙仙镇	139560	34335	81343	23882	16522	93474
坝仔镇	29641	7455	16098	6088	4408	27651
江尾镇	26863	6600	14680	5583	3892	24674
官渡镇	37763	9178	21942	6643	4668	31483
周陂镇	24150	5956	13016	5178	3570	22365
翁城镇	31800	8286	18440	5074	3458	25217
新江镇	28735	7199	16175	5361	3647	27095
铁龙镇	3970	730	2388	852	564	3297
乳源瑶族自治县	**187276**	**44528**	**110230**	**32518**	**22670**	**131978**
乳城镇	101349	24514	61672	15163	10293	56053
一六镇	12609	3034	7085	2490	1790	9582
桂头镇	27756	6704	15535	5517	3911	24167
洛阳镇	3628	516	2233	879	659	3114
大布镇	7261	1966	3881	1414	993	6766
大桥镇	19160	4407	10645	4108	2893	18282
东坪镇	4693	885	2850	958	667	4318
游溪镇	6656	1810	3749	1097	771	6274
必背镇	2452	504	1527	421	298	2136
天井山林场	394	41	251	102	81	277
乳阳林场	1318	147	802	369	314	1009
新丰县	**195430**	**44804**	**113518**	**37108**	**25370**	**143308**
丰城街道	111568	26446	67079	18043	11862	67744
黄礤镇	5675	917	3241	1517	1103	5257
马头镇	20119	3493	11617	5009	3521	17805
梅坑镇	13019	2348	7548	3123	2175	11559
沙田镇	11074	2408	5885	2781	1986	10285
遥田镇	18669	5055	9561	4053	2915	17707
回龙镇	15306	4137	8587	2582	1808	12951
乐昌市	**383498**	**92262**	**214301**	**76935**	**54132**	**277595**
乐城街道	161867	36818	97318	27731	19417	85929
北乡镇	11394	2643	5975	2776	1983	9992
九峰镇	10242	1766	5708	2768	1959	9632
廊田镇	24916	6334	13284	5298	3766	21512
长来镇	17298	4659	9017	3622	2586	15526

表19 续表 6

单位：人

地区	总人口	分年龄人口				居住本乡、镇、街道，户口在本乡、镇、街道
		0-14岁	15-59岁	60岁及以上	#65岁及以上	
梅花镇	36604	11320	18667	6617	4449	33211
三溪镇	4025	746	2141	1138	800	3760
坪石镇	40547	9564	22996	7987	5514	30364
黄圃镇	11064	3049	5738	2277	1505	10503
五山镇	5707	1162	3253	1292	982	5312
两江镇	4914	811	2737	1366	951	4558
沙坪镇	10388	2830	5272	2286	1604	9732
云岩镇	7894	2005	4048	1841	1292	7424
秀水镇	9667	2634	4967	2066	1385	9099
大源镇	2825	385	1595	845	562	2562
庆云镇	6029	1431	3112	1486	1047	5579
白石镇	7283	1634	3752	1897	1323	6949
坪石办事处	3637	682	1566	1389	1150	2422
梅田办事处	7197	1789	3155	2253	1857	3529
南雄市	**353916**	**76951**	**207450**	**69515**	**50979**	**266475**
雄州街道	138291	28691	85452	24148	17450	67436
乌迳镇	30692	7991	16883	5818	4357	27703
界址镇	8751	2319	4664	1768	1312	8186
坪田镇	14100	3763	7573	2764	2084	13537
黄坑镇	15120	3458	8739	2923	2168	13052
邓坊镇	8478	1793	4731	1954	1511	8027
油山镇	17575	4056	9821	3698	2807	16936
南亩镇	9028	2306	4699	2023	1514	8456
水口镇	10571	2196	5847	2528	1852	10145
江头镇	6747	1362	3979	1406	1018	6287
湖口镇	19686	3920	11326	4440	3113	18757
珠玑镇	25272	5643	13888	5741	4112	23227
主田镇	6312	1117	3895	1300	938	5817
古市镇	12680	2471	7772	2437	1787	11241
全安镇	16083	3177	9650	3256	2446	14564
百顺镇	6059	1256	3353	1450	1111	5812
澜河镇	4270	807	2489	974	729	4032
帽子峰镇	3442	594	1990	858	653	3254
东莞大岭山(南雄)产业转移工业园	759	31	699	29	17	6
深圳市	**17494398**	**2638112**	**13924459**	**931827**	**558963**	**3268528**
罗湖区	**1143801**	**193957**	**851851**	**97993**	**62527**	**340268**
桂园街道	99831	13395	75964	10472	6999	32685
黄贝街道	182772	32808	133289	16675	10388	59771
东门街道	87129	15334	64990	6805	4369	21930
翠竹街道	134365	23762	97544	13059	8776	51930
南湖街道	96278	11729	78441	6108	3820	19924
笋岗街道	92054	15041	69965	7048	4378	26092
东湖街道	98031	20251	68690	9090	5851	30258
莲塘街道	128188	21861	94544	11783	7641	45298
东晓街道	107269	21302	77875	8092	4950	26551
清水河街道	117884	18474	90549	8861	5355	25829

表19　续表 7　　　　单位：人

地　　区	总人口	分年龄人口				居住本乡、镇、街道，户口在本乡、镇、街道
		0-14岁	15-59岁	60岁及以上	#65岁及以上	
福田区	**1553225**	**247544**	**1174720**	**130961**	**84967**	**508744**
南园街道	121231	20649	94010	6572	4053	17830
园岭街道	99858	19143	69898	10817	7805	45293
福田街道	283052	44417	221033	17602	10894	60770
沙头街道	265155	32623	217616	14916	8900	50459
香蜜湖街道	156220	28007	110025	18188	11872	86181
梅林街道	205165	32078	154866	18221	11653	66024
莲花街道	183357	30357	131311	21689	14536	87143
华富街道	59995	9994	44295	5706	3773	19794
福保街道	123498	21520	89466	12512	8251	56045
华强北街道	55694	8756	42200	4738	3230	19205
南山区	**1795826**	**265299**	**1400747**	**129780**	**83497**	**586358**
南头街道	238956	36412	183887	18657	12218	75392
南山街道	332222	50516	259378	22328	14057	109310
沙河街道	165707	23017	126730	15960	10614	54463
蛇口街道	151687	25493	114163	12031	7639	49103
招商街道	131962	21038	98131	12793	8525	63120
粤海街道	240224	36584	184867	18773	13108	115835
桃源街道	247503	36540	194578	16385	9870	70921
西丽街道	287565	35699	239013	12853	7466	48214
宝安区	**4476554**	**614087**	**3690838**	**171629**	**97909**	**541578**
新安街道	585317	102927	444911	37479	22899	189723
西乡街道	855145	131960	683786	39399	22587	156970
航城街道	301314	37072	254496	9746	5214	22142
福永街道	318847	43269	264505	11073	6077	33445
福海街道	403152	43804	349440	9908	5304	14562
沙井街道	548251	67965	463085	17201	9777	34320
新桥街道	364696	48417	304970	11309	6188	23755
松岗街道	386440	56269	316325	13846	7864	32306
燕罗街道	199040	18195	176132	4713	2604	9194
石岩街道	514352	64209	433188	16955	9395	25161
龙岗区	**4135273**	**687797**	**3227765**	**219711**	**127925**	**735897**
平湖街道	398174	56142	326604	15428	8464	37518
坪地街道	220309	31000	180705	8604	4955	19537
葵涌街道	81656	12778	63375	5503	3497	14439
大鹏街道	57402	8222	45518	3662	2243	8569
南澳街道	17178	2924	12485	1769	1153	5489
南湾街道	417421	67720	325271	24430	14401	74455
坂田街道	538912	80944	434216	23752	13303	90795
布吉街道	447950	86405	328174	33371	20076	116758
龙城街道	498266	98665	364382	35219	21376	160811
龙岗街道	353212	62933	272546	17733	10272	59318
横岗街道	286311	47947	224574	13790	7776	52499
吉华街道	239934	45328	180447	14159	8073	44736
宝龙街道	329516	50742	265353	13421	7439	34635
园山街道	249032	36047	204115	8870	4897	16338

表19 续表 8

单位：人

地 区	总人口	分年龄人口				居住本乡、镇、街道，户口在本乡、镇、街道
		0-14岁	15-59岁	60岁及以上	#65岁及以上	
盐田区	**214225**	**34950**	**163007**	**16268**	**9990**	**55909**
梅沙街道	18117	2408	14256	1453	876	4089
盐田街道	91723	15595	70998	5130	3002	19624
沙头角街道	46753	7820	34577	4356	2753	14102
海山街道	57632	9127	43176	5329	3359	18094
龙华区	**2528872**	**361943**	**2063515**	**103414**	**57275**	**340301**
观湖街道	278651	43363	223763	11525	6535	30984
民治街道	616878	105329	475289	36260	20387	151750
龙华街道	611913	82998	506708	22207	12109	92798
大浪街道	468510	66239	386425	15846	8403	27469
福城街道	334021	37723	286119	10179	5549	25114
观澜街道	218899	26291	185211	7397	4292	12186
坪山区	**551333**	**89135**	**437729**	**24469**	**13750**	**80701**
坪山街道	126027	25473	93454	7100	3966	24780
马峦街道	91214	14686	72485	4043	2304	14547
碧岭街道	60139	9525	47949	2665	1590	6496
石井街道	44920	4572	38574	1774	1009	8023
坑梓街道	116121	19115	92164	4842	2700	14324
龙田街道	112912	15764	93103	4045	2181	12531
光明区	**1095289**	**143400**	**914287**	**37602**	**21123**	**78772**
光明街道	110580	18569	84263	7748	4739	25480
公明街道	200014	28653	164844	6517	3682	10188
新湖街道	123589	14200	105469	3920	2255	8285
凤凰街道	153931	17575	131755	4601	2407	8889
玉塘街道	211591	20001	187093	4497	2367	4713
马田街道	295584	44402	240863	10319	5673	21217
珠海市	**2439585**	**387469**	**1808103**	**244013**	**161888**	**941969**
香洲区	**1384317**	**212277**	**1042148**	**129892**	**86308**	**510087**
翠香街道	131792	23843	89049	18900	13188	75995
梅华街道	136701	29044	92178	15479	10348	79880
前山街道	197826	33990	147266	16570	10660	75203
吉大街道	98066	16018	70030	12018	8102	47692
拱北街道	127544	17093	99749	10702	7156	43242
香湾街道	57742	9100	39819	8823	6113	26140
狮山街道	55545	8406	37936	9203	6718	26897
湾仔街道	36616	4933	28156	3527	2325	9994
凤山街道	100497	17717	74445	8335	5317	33655
唐家湾镇	207151	23226	170793	13132	8399	46014
南屏镇	181797	25151	145730	10916	6817	38701
横琴镇	43618	3443	38438	1737	851	6039
桂山镇	1729	125	1405	199	128	347
万山镇	1797	70	1565	162	98	210
担杆镇	1403	39	1273	91	51	66

表19 续表 9

单位：人

地　　区	总人口	分年龄人口				居住本乡、镇、街道，户口在本乡、镇、街道
		0-14岁	15-59岁	60岁及以上	#65岁及以上	
保税区	4493	79	4316	98	37	12
斗门区	**608899**	**108766**	**424919**	**75214**	**50988**	**288898**
白藤街道	65854	13663	46239	5952	3488	24274
莲洲镇	33465	6297	19707	7461	5163	26792
斗门镇	58237	8583	41020	8634	6135	28775
乾务镇	86753	13470	62832	10451	7188	36944
白蕉镇	150527	30719	101356	18452	12321	80913
井岸镇	214063	36034	153765	24264	16693	91200
金湾区	446369	66426	341036	38907	24592	142984
三灶镇	191263	25187	154936	11140	6710	45932
南水镇	50341	6853	39814	3674	2283	9722
红旗镇	110244	18389	81160	10695	6872	41134
平沙镇	94521	15997	65126	13398	8727	46196
汕头市	**5502031**	**1226029**	**3422367**	**853635**	**587052**	**4492041**
龙湖区	**630749**	**117937**	**422504**	**90308**	**60048**	**419039**
金霞街道	62211	9828	42263	10120	6797	37825
珠池街道	159539	29711	105316	24512	16161	99390
新津街道	122268	22733	86748	12787	8439	57235
鸥汀街道	49520	9174	31804	8542	5765	42175
龙祥街道	56424	11359	38651	6414	4219	30144
外砂街道	55086	10000	36194	8892	5973	45861
龙华街道	37707	7345	23768	6594	4448	33083
新溪街道	32278	6641	20521	5116	3432	29188
新海街道	39676	8157	25483	6036	4087	35522
龙腾街道	16040	2989	11756	1295	727	8616
金平区	**777024**	**127091**	**490343**	**159590**	**107378**	**547025**
石炮台街道	63004	8495	38218	16291	11261	49451
金砂街道	72786	10868	46302	15616	10459	46970
东方街道	60812	8610	38283	13919	9571	46499
大华街道	59836	8067	35481	16288	11130	43958
光华街道	53797	8102	33317	12378	8253	34193
广厦街道	92804	17868	61454	13482	9203	61979
岐山街道	29485	6152	19252	4081	2709	18754
鮀莲街道	49979	9722	31347	8910	5989	46231
鮀江街道	85019	15415	56909	12695	7792	45468
月浦街道	26634	5195	16820	4619	3056	22663
小公园街道	79899	11509	47703	20687	13923	59344
金东街道	102969	17088	65257	20624	14032	71515
濠江区	**269471**	**58630**	**168522**	**42319**	**28859**	**233924**
达濠街道	73922	14040	47198	12684	8655	61344
马窖街道	28456	6501	17281	4674	3075	24068
礐石街道	47119	10260	29473	7386	4996	40789
广澳街道	35392	6715	23824	4853	3260	27714

表19　续表 10　　　　单位：人

地　区	总人口	分年龄人口				居住本乡、镇、街道，户口在本乡、镇、街道
		0-14岁	15-59岁	60岁及以上	#65岁及以上	
滨海街道	28345	6893	16877	4575	3129	26487
河浦街道	36278	9446	21588	5244	3726	34993
玉新街道	19959	4775	12281	2903	2018	18529
潮阳区	**1654276**	**423441**	**1002425**	**228410**	**159331**	**1460799**
文光街道	135705	28454	85175	22076	15048	113315
棉北街道	65871	12336	43295	10240	7086	39501
城南街道	106409	23825	65647	16937	11697	82882
金浦街道	88963	25355	52430	11178	7504	80969
海门镇	123923	31999	75994	15930	10644	112901
河溪镇	67094	18869	38513	9712	7017	64207
和平镇	185507	47535	115580	22392	15375	158837
西胪镇	160526	48527	90221	21778	15654	154914
关埠镇	105616	25112	61744	18760	13521	101736
谷饶镇	201772	53612	126547	21613	15140	169938
贵屿镇	162649	45178	97733	19738	14003	146226
铜盂镇	128386	33424	77436	17526	12386	117685
金灶镇	121855	29215	72110	20530	14256	117688
潮南区	**1231638**	**332704**	**730669**	**168265**	**119185**	**1134595**
峡山街道	237008	59184	148904	28920	19990	207362
井都镇	74620	20360	42049	12211	8589	71824
成田镇	78436	20340	45308	12788	9002	73931
司马浦镇	126228	32978	76700	16550	11856	116257
陈店镇	121308	32193	74307	14808	10634	102492
两英镇	182822	50751	108063	24008	17079	171607
仙城镇	90009	25563	51689	12757	9298	85941
胪岗镇	141264	39865	82718	18681	13085	134042
红场镇	28154	9155	15465	3534	2505	27262
雷岭镇	38816	13083	21157	4576	3227	37267
陇田镇	112973	29232	64309	19432	13920	106610
澄海区	**874444**	**155271**	**569531**	**149642**	**101977**	**638446**
凤翔街道	147975	25024	100510	22441	15189	103376
广益街道	102172	17705	73327	11140	7333	39577
澄华街道	116184	20919	78134	17131	11474	57750
上华镇	38373	6839	24514	7020	4803	31750
隆都镇	69204	12357	41319	15528	10802	63648
莲下镇	129994	22687	86106	21201	14323	102247
莲上镇	58454	10770	36849	10835	7374	51849
溪南镇	66983	12183	40673	14127	9706	60646
东里镇	74501	12715	45740	16046	11206	63628
盐鸿镇	45628	9424	27470	8734	5947	40986
莲华镇	24976	4648	14889	5439	3820	22989
南澳县	64429	10955	38373	15101	10274	58213
后宅镇	38737	6139	23330	9268	6482	33938
云澳镇	16509	3166	9758	3585	2331	15568
深澳镇	9183	1650	5285	2248	1461	8707

表19 续表 11 单位：人

地　区	总人口	分年龄人口				居住本乡、镇、街道，户口在本乡、镇、街道
		0-14岁	15-59岁	60岁及以上	#65岁及以上	
佛山市	**9498863**	**1434700**	**7064523**	**999640**	**698409**	**3885782**
禅城区	**1330262**	**187959**	**977344**	**164959**	**116318**	**559130**
石湾镇街道	391606	60444	286173	44989	31051	172007
张槎街道	296895	36529	238065	22301	15438	78272
祖庙街道	426745	57153	293604	75988	54719	212206
南庄镇	215016	33833	159502	21681	15110	96645
南海区	**3667247**	**557465**	**2753132**	**356650**	**249095**	**1407677**
桂城街道	732909	122751	535130	75028	51726	289007
九江镇	218345	28068	164401	25876	18495	98356
西樵镇	319279	45815	236428	37036	26377	158589
丹灶镇	239360	36519	179010	23831	16888	100280
狮山镇	955297	136773	741718	76806	53395	325376
大沥镇	789568	125749	584480	79339	55032	277979
里水镇	412489	61790	311965	38734	27182	158090
顺德区	**3229090**	**484802**	**2424667**	**319621**	**221870**	**1348183**
伦教街道	233180	40231	169428	23521	16173	90508
勒流街道	294185	37398	227855	28932	20345	108679
大良街道	517952	83139	379120	55693	39235	244054
容桂街道	573581	87790	433247	52544	36168	232791
陈村镇	205414	31953	149925	23536	16545	93287
北滘镇	377354	52211	294290	30853	20742	144333
乐从镇	359186	55429	272670	31087	20880	127796
龙江镇	309993	42944	240979	26070	18038	104908
杏坛镇	194876	30713	136918	27245	19464	116707
均安镇	163369	22994	120235	20140	14280	85120
三水区	**803226**	**124215**	**583599**	**95412**	**67176**	**338836**
西南街道	327518	59893	223452	44173	31040	162334
云东海街道	98702	14634	75478	8590	5925	33399
大塘镇	64968	7685	49672	7611	5420	25969
乐平镇	179081	22159	140190	16732	11843	56147
白坭镇	62408	9317	46698	6393	4406	21565
芦苞镇	46169	6688	31831	7650	5416	24191
南山镇	24380	3839	16278	4263	3126	15231
高明区	**469038**	**80259**	**325781**	**62998**	**43950**	**231956**
荷城街道	319388	57847	224387	37154	25204	147646
杨和镇	54772	8086	39126	7560	5229	27026
明城镇	44362	6704	29666	7992	5848	25151
更合镇	50516	7622	32602	10292	7669	32133
江门市	**4798090**	**768500**	**3153283**	**876307**	**624205**	**2738723**
蓬江区	**853007**	**137313**	**591194**	**124500**	**87956**	**415025**
白沙街道	272043	40816	177759	53468	38219	145518

表19　续表 12　　　　单位：人

地　区	总人口	分年龄人口				居住本乡、镇、街道，户口在本乡、镇、街道
		0－14岁	15－59岁	60岁及以上	#65岁及以上	
潮连街道	37123	4157	29381	3585	2633	11657
环市街道	234730	43587	163412	27731	19044	107764
棠下镇	118579	18343	83917	16319	11541	66628
荷塘镇	80919	12344	58265	10310	7484	40173
杜阮镇	109613	18066	78460	13087	9035	43285
江海区	**364694**	**58773**	**262377**	**43544**	**30381**	**149203**
江南街道	101758	16521	71396	13841	9411	37966
外海街道	166608	25700	126635	14273	9735	51197
礼乐街道	96328	16552	64346	15430	11235	60040
新会区	**909277**	**146411**	**592433**	**170433**	**122417**	**537305**
会城街道	461270	77971	305574	77725	55606	240745
大泽镇	51785	8986	35088	7711	5502	25773
司前镇	64886	10839	41517	12530	9133	43121
罗坑镇	23507	3024	14276	6207	4755	15783
双水镇	60785	7923	36124	16738	12560	45524
崖门镇	34570	4646	21045	8879	6536	23491
沙堆镇	35214	5420	22184	7610	5365	22153
古井镇	36100	5094	22269	8737	6191	24905
三江镇	37498	5600	22971	8927	6278	29826
睦洲镇	37897	6299	24059	7539	5345	30395
大鳌镇	36721	6610	24161	5950	3989	30839
圭峰管理委员会	12115	1933	8926	1256	826	2954
银湖湾滨海新区管理委员会	826	139	558	129	74	137
工业园区管委会	401	17	364	20	7	13
新会经济开发区管理委员会	15702	1910	13317	475	250	1646
台山市	**907744**	**131565**	**566742**	**209437**	**149601**	**609009**
台城街道	312363	52094	208653	51616	35876	141335
大江镇	43076	5775	26944	10357	7367	31004
水步镇	44359	5923	27818	10618	7484	29256
四九镇	31428	3961	18863	8604	6229	21690
白沙镇	44369	5504	26038	12827	9379	36390
三合镇	30155	3279	18488	8388	6116	23676
冲蒌镇	30768	3904	19366	7498	5372	21150
斗山镇	39358	5141	23824	10393	7454	29595
都斛镇	39417	5311	23166	10940	7758	31877
赤溪镇	31255	5803	19309	6143	4353	25561
端芬镇	38159	4584	22553	11022	8007	28369
广海镇	39476	5854	23769	9853	6885	29307
海宴镇	61262	8060	36439	16763	12099	50866
汶村镇	43497	5772	26536	11189	8159	38994
深井镇	33129	4631	18416	10082	7436	28436
北陡镇	22427	3515	12793	6119	4496	21086
川岛镇	23246	2454	13767	7025	5131	20417

表19 续表 13

单位：人

地 区	总人口	分年龄人口				居住本乡、镇、街道，户口在本乡、镇、街道
		0-14岁	15-59岁	60岁及以上	#65岁及以上	
开平市	**748777**	**123183**	**474955**	**150639**	**107400**	**419109**
三埠街道	191180	30720	124103	36357	25475	93177
长沙街道	174106	32294	113459	28353	19773	65016
沙塘镇	19158	2513	11584	5061	3817	15745
苍城镇	25862	3997	16612	5253	3717	18639
龙胜镇	23842	3923	14285	5634	4053	19739
大沙镇	17843	2636	10685	4522	3252	15777
马冈镇	30996	4724	17746	8526	6309	26444
塘口镇	17822	2177	10416	5229	3806	13924
赤坎镇	27657	2912	16930	7815	5735	20486
百合镇	16792	2114	9887	4791	3524	12709
蚬冈镇	11746	1184	7193	3369	2517	8574
金鸡镇	14193	1897	8886	3410	2416	10928
月山镇	34253	5280	20671	8302	6108	28454
赤水镇	22478	2882	13622	5974	4309	16768
水口镇	117361	23443	76049	17869	12479	52351
翠山湖新区	3488	487	2827	174	110	378
鹤山市	**530684**	**90302**	**357368**	**83014**	**59440**	**280622**
沙坪街道	240614	44904	165627	30083	21106	110024
龙口镇	32658	4798	19238	8622	6302	24812
雅瑶镇	34208	5516	21773	6919	4961	22397
古劳镇	33748	5505	22248	5995	4527	18272
桃源镇	34077	5510	23341	5226	3693	16200
鹤城镇	37398	5199	26272	5927	4222	18358
共和镇	44638	6184	33222	5232	3735	18157
址山镇	33367	6310	20918	6139	4463	19568
宅梧镇	26340	3975	16819	5546	4011	21775
双合镇	13614	2398	7896	3320	2418	11057
江门市四堡林场	22	3	14	5	2	2
恩平市	**483907**	**80953**	**308214**	**94740**	**67010**	**328450**
恩城街道	222852	38462	145765	38625	26873	144681
横陂镇	25778	4548	15372	5858	4186	18288
圣堂镇	22041	3653	13375	5013	3596	18801
良西镇	16810	3030	10151	3629	2577	14152
沙湖镇	51339	6396	33424	11519	8331	35351
牛江镇	18759	2729	11785	4245	3061	14132
君堂镇	39930	6065	24524	9341	6751	27891
大田镇	19616	3685	11631	4300	3077	17632
那吉镇	9614	1706	5536	2372	1739	8606
大槐镇	17582	3506	10678	3398	2392	11491
东成镇	36187	6882	23028	6277	4334	17425
恩平园区管委会	3399	291	2945	163	93	
湛江市	**6981236**	**1820622**	**3988641**	**1171973**	**832753**	**5331640**
赤坎区	**414539**	**87242**	**268722**	**58575**	**39913**	**185045**
中华街道	29030	4699	18313	6018	4145	16034
寸金街道	53863	6056	40869	6938	5005	19529

表19　续表 14　　　　单位：人

地　区	总人口	分年龄人口				居住本乡、镇、街道，户口在本乡、镇、街道
		0-14岁	15-59岁	60岁及以上	#65岁及以上	
民主街道	72494	16976	44360	11158	7408	30781
中山街道	30148	5723	17976	6449	4442	15562
沙湾街道	60177	13839	38812	7526	4891	26416
调顺街道	8661	1970	5395	1296	995	4265
南桥街道	115600	26531	75804	13265	8986	50796
北桥街道	44566	11448	27193	5925	4041	21662
霞山区	**653403**	**143838**	**415291**	**94274**	**64754**	**276158**
解放街道	34116	6546	20157	7413	5290	20885
爱国街道	34857	6999	20390	7468	5271	19911
工农街道	41126	7873	25397	7856	5607	20495
友谊街道	71905	17189	43716	11000	7582	35599
新兴街道	77733	18747	49395	9591	6587	27964
海滨街道	20709	4477	12293	3939	2607	13096
建设街道	52845	11749	32554	8542	6006	22099
东新街道	69879	16755	44767	8357	5594	25018
新园街道	106132	22180	71823	12129	8211	30774
海头街道	27122	6681	17010	3431	2331	16010
泉庄街道	36240	7613	24677	3950	2571	11387
乐华街道	80739	17029	53112	10598	7097	32920
坡头区	**337723**	**87361**	**191352**	**59010**	**41655**	**291373**
南调街道	69062	17152	41267	10643	7663	45384
麻斜街道	9876	2443	5483	1950	1412	8903
南三镇	66258	16650	37503	12105	8603	63098
坡头镇	62855	16130	36132	10593	7350	58338
乾塘镇	29952	7394	16643	5915	4239	27497
龙头镇	52992	14630	29033	9329	6454	46819
官渡镇	46572	12958	25147	8467	5928	41331
湛江市坡头区官渡工业园	156	4	144	8	6	3
麻章区	**525790**	**121579**	**330340**	**73871**	**52435**	**391062**
东山街道	57271	14839	32552	9880	7128	51936
东简街道	58449	14359	36425	7665	5321	46003
民安街道	44020	11488	24423	8109	5841	41194
麻章镇	131637	30585	87216	13836	9509	76322
太平镇	80461	22716	44611	13134	9684	73531
湖光镇	81717	16019	55089	10609	7539	56383
硇洲镇	39896	9077	23000	7819	5414	36624
湖光农场	32339	2496	27024	2819	1999	9069
遂溪县	**824608**	**213243**	**455463**	**155902**	**113050**	**707208**
遂城镇	211066	55683	122683	32700	22834	149943
黄略镇	87156	23781	48375	15000	10734	81798
洋青镇	57742	15033	30101	12608	9204	52522
界炮镇	52081	12325	27610	12146	9086	48448
乐民镇	33770	9078	18518	6174	4473	31241
江洪镇	24637	6724	13227	4686	3385	22557
杨柑镇	64939	15776	35294	13869	10254	60090
城月镇	78689	21619	43317	13753	10093	69547
乌塘镇	13209	3491	6922	2796	2088	11993

表19　续表 15　　　　　　　　　　　　　　　　　　　　　　　　　　　　单位：人

地　　区	总人口	分年龄人口				居住本乡、镇、街道，户口在本乡、镇、街道
		0-14岁	15-59岁	60岁及以上	#65岁及以上	
建新镇	17355	4319	9522	3514	2608	15958
岭北镇	23989	6373	13644	3972	2722	20977
北坡镇	42682	10872	23092	8718	6590	37562
港门镇	30945	7661	16925	6359	4590	28625
草潭镇	47238	10756	25215	11267	8262	43913
河头镇	26618	7331	14375	4912	3619	23097
广前公司	12492	2421	6643	3428	2508	8937
徐闻县	**633258**	**169608**	**352670**	**110980**	**77588**	**514306**
徐城街道	119069	29650	73088	16331	10625	61393
迈陈镇	55229	14804	30053	10372	7439	51108
海安镇	22968	5326	14248	3394	2282	16277
曲界镇	45932	12114	24977	8841	5974	37465
前山镇	29029	8019	15221	5789	4156	26841
西连镇	30730	7653	17160	5917	4331	29001
下桥镇	42610	11386	22854	8370	5797	34730
龙塘镇	50507	14163	26907	9437	6761	46668
下洋镇	20440	5625	10537	4278	3137	18883
锦和镇	35003	10161	18422	6420	4546	31430
和安镇	30272	9191	16103	4978	3512	28055
新寮镇	23126	6759	12124	4243	3108	21231
南山镇	72134	19475	40968	11691	7993	59081
城北乡	34037	9493	18323	6221	4502	31309
角尾乡	22172	5789	11685	4698	3425	20834
廉江市	**1363470**	**383433**	**729279**	**250758**	**180567**	**1095166**
罗州街道	72769	16991	43702	12076	8395	44617
城南街道	104095	31007	61343	11745	7801	31648
城北街道	104982	29672	63280	12030	7799	39398
石城镇	61102	16379	33499	11224	8090	54142
新民镇	38663	10584	20083	7996	5977	35236
吉水镇	61776	18948	31866	10962	7788	55104
河唇镇	75303	22512	38139	14652	10471	68685
石角镇	45264	14854	22514	7896	5605	42107
良垌镇	91241	24134	47914	19193	14057	84962
横山镇	92643	24603	49403	18637	13827	86118
安铺镇	97879	23551	52638	21690	15599	85781
营仔镇	64721	17294	33413	14014	10282	59895
青平镇	73569	21116	38129	14324	10379	66231
车板镇	31926	8632	16513	6781	5030	29178
高桥镇	36207	9960	18947	7300	5408	33504
石岭镇	84099	24896	42232	16971	12464	75297
雅塘镇	32666	9725	15960	6981	5076	30162
石颈镇	32734	9961	15865	6908	5013	30261
长山镇	49112	14653	24701	9758	7203	46141
塘蓬镇	68551	21775	33928	12848	9345	63643
和寮镇	35671	11751	17296	6624	4879	32678
九洲江开发区	8497	435	7914	148	79	378

表19 续表 16 单位：人

地　　区	总人口	分年龄人口				居住本乡、镇、街道，户口在本乡、镇、街道
		0-14岁	15-59岁	60岁及以上	#65岁及以上	
雷州市	**1321091**	**373761**	**733784**	**213546**	**150286**	**1107101**
雷城街道	67845	18227	39269	10349	7047	40657
西湖街道	46207	11911	29114	5182	3160	13032
新城街道	77136	21969	47368	7799	4702	23972
白沙镇	70434	20884	39610	9940	6973	59974
沈塘镇	42243	12722	22460	7061	5057	39829
客路镇	104143	29564	58026	16553	12111	94689
杨家镇	53603	15689	28859	9055	6534	51308
唐家镇	38775	11110	21255	6410	4556	35641
企水镇	42269	12215	22559	7495	5055	39203
纪家镇	75167	21381	39950	13836	9975	70665
松竹镇	50652	15816	26637	8199	5819	47816
南兴镇	71515	21687	37158	12670	8996	66102
雷高镇	35080	9922	19037	6121	4495	33035
东里镇	68246	19927	36470	11849	8617	64524
调风镇	56713	15511	30757	10445	7527	51428
龙门镇	75737	21403	41924	12410	8557	64154
英利镇	74307	20326	41068	12913	9067	66103
北和镇	62366	16636	34773	10957	7893	58844
乌石镇	61791	15762	34558	11471	7920	58464
覃斗镇	39735	10092	22498	7145	5036	37067
附城镇	101986	29697	57712	14577	10384	87811
湛江奋勇高新技术产业开发区管理委员会	5141	1310	2722	1109	805	2783
吴川市	**907354**	**240557**	**511740**	**155057**	**112505**	**764221**
梅菉街道	145498	35669	88402	21427	15218	92726
塘尾街道	28254	7577	15256	5421	3873	24502
大山江街道	22837	5685	13700	3452	2464	19399
博铺街道	16380	3970	10120	2290	1595	12668
海滨街道	59986	16232	36731	7023	4935	33310
浅水镇	27167	7264	14889	5014	3686	25515
长岐镇	58727	15490	32591	10646	7753	55235
覃巴镇	63757	15147	37117	11493	8114	57525
王村港镇	19792	4600	11287	3905	2789	17288
振文镇	95945	26048	53093	16804	12178	88023
樟铺镇	38569	11080	20477	7012	5249	35770
吴阳镇	65063	17093	33947	14023	10610	60059
塘缀镇	101004	30594	52648	17762	12864	90459
黄坡镇	136880	37253	76287	23340	17184	125962
兰石镇	27495	6855	15195	5445	3993	25780
茂名市	**6174050**	**1671103**	**3465663**	**1037284**	**746254**	**5084147**
茂南区	**1035411**	**242127**	**641953**	**151331**	**109068**	**757882**
红旗街道	22755	4600	14525	3630	2616	10757
河西街道	19867	3200	13299	3368	2718	8692
河东街道	95106	19854	61555	13697	9865	62650
露天矿街道	18476	1894	13878	2704	2380	5534
新华街道	8598	1937	4873	1788	1408	4336
官渡街道	154172	31300	101285	21587	16538	103064

表19 续表 17 单位：人

地区	总人口	分年龄人口				居住本乡、镇、街道，户口在本乡、镇、街道
		0-14岁	15-59岁	60岁及以上	#65岁及以上	
站前街道	113286	28368	73554	11364	7800	80807
金塘镇	60304	15525	33341	11438	8275	53817
公馆镇	77453	15084	51226	11143	8072	56528
新坡镇	39393	9544	23882	5967	4159	25202
镇盛镇	53526	13831	30490	9205	6553	48253
鳌头镇	63789	15305	36448	12036	8622	59807
袂花镇	41931	10126	24098	7707	5353	37724
高山镇	26503	6810	16107	3586	2422	14962
山阁镇	31975	8265	18061	5649	3999	29248
羊角镇	148176	41268	86143	20765	14550	129813
茂南开发区	60101	15216	39188	5697	3738	26688
电白区	**1503737**	**406656**	**853259**	**243822**	**174803**	**1302473**
南海街道	30603	7897	17479	5227	3849	27455
高地街道	34567	8501	20175	5891	4162	29587
水东街道	154639	34336	100656	19647	13312	86740
电海街道	38253	7959	26860	3434	2404	17474
陈村街道	27812	7684	15340	4788	3377	26119
马踏镇	64951	20083	34817	10051	7213	61341
岭门镇	66570	20339	36146	10085	7452	60454
坡心镇	73128	19546	41321	12261	8713	68425
七迳镇	62441	16988	35680	9773	7068	57734
树仔镇	51624	14843	28792	7989	5875	48091
沙院镇	55550	11382	36360	7808	5670	40295
麻岗镇	62519	18926	34332	9261	6405	58238
旦场镇	58897	15901	32750	10246	7303	55676
小良镇	46142	12554	25418	8170	5851	43386
霞洞镇	78267	20397	42884	14986	10745	73194
观珠镇	81976	24222	44032	13722	9944	75508
沙琅镇	62171	18432	32466	11273	8103	53408
黄岭镇	30575	9580	14682	6313	4540	28578
望夫镇	26500	8251	13401	4848	3543	24984
罗坑镇	23453	7438	11535	4480	3191	21768
那霍镇	46212	14837	22581	8794	6382	42932
博贺镇	62865	15685	36526	10654	7432	56772
林头镇	109583	29519	59411	20653	14804	102670
电城镇	144609	39218	84295	21096	15612	134535
曙光农场	7093	1542	3884	1667	1289	5227
水丰农场	1680	319	885	476	386	1300
新华农场	762	217	389	156	124	367
电白盐场	295	60	162	73	54	215
高州市	**1328657**	**345654**	**732090**	**250913**	**181901**	**1109834**
石仔岭街道	43999	9232	28690	6077	4427	28361
山美街道	31600	6588	21203	3809	2589	16264
金山街道	48343	9501	31986	6856	4972	33007
潘州街道	196060	44204	126586	25270	17617	97180
宝光街道	64042	15424	37433	11185	7978	50209

表19 续表 18

单位：人

地区	总人口	分年龄人口				居住本乡、镇、街道，户口在本乡、镇、街道
		0-14岁	15-59岁	60岁及以上	#65岁及以上	
谢鸡镇	38722	9754	19875	9093	6617	36753
新垌镇	49786	13044	25315	11427	8168	46133
云潭镇	33585	10461	16262	6862	5026	31663
分界镇	38630	9547	21455	7628	5394	35086
根子镇	51258	12935	27554	10769	7780	48973
泗水镇	42168	11078	21981	9109	6687	39957
镇江镇	33599	10210	15908	7481	5618	31718
沙田镇	27459	8013	13176	6270	4569	25865
南塘镇	39612	9674	21830	8108	5917	37187
荷花镇	39487	12330	20193	6964	4645	36115
石板镇	32628	10170	16152	6306	4500	30883
大井镇	38694	10648	20402	7644	5464	35420
潭头镇	32916	10289	16691	5936	4290	30791
大坡镇	49895	15705	24265	9925	7383	47909
平山镇	27271	7938	13392	5941	4433	26225
深镇镇	17457	5383	8309	3765	2648	16525
马贵镇	24188	7314	11941	4933	3563	22947
古丁镇	23594	7163	11380	5051	3646	22578
曹江镇	47071	11358	24934	10779	7676	44928
荷塘镇	24761	7208	12624	4929	3674	23255
石鼓镇	92292	23593	50675	18024	13861	84375
东岸镇	58017	16839	28452	12726	9273	55859
长坡镇	64349	17031	34439	12879	9422	60079
团结农场	6168	1004	3235	1929	1494	4975
胜利农场	6067	1154	3074	1839	1475	5216
火星农场	4939	862	2678	1399	1095	3398
化州市	**1291668**	**385377**	**689592**	**216699**	**156522**	**1060099**
河西街道	100097	26764	60833	12500	8854	61667
东山街道	68590	18755	39720	10115	7145	42677
下郭街道	58973	15882	34469	8622	5990	32076
南盛街道	29931	8651	15871	5409	4026	26826
石湾街道	41241	11436	23311	6494	4679	35465
长岐镇	41811	11818	22251	7742	5567	38425
同庆镇	54881	17038	28830	9013	6709	50689
杨梅镇	62466	17132	34173	11161	8020	57921
良光镇	56589	16320	30134	10135	7352	51741
笪桥镇	35795	10816	18198	6781	4899	32261
丽岗镇	42889	12395	22982	7512	5330	39639
新安镇	47163	14303	24215	8645	6245	41597
官桥镇	47047	14286	25134	7627	5600	39572
林尘镇	55636	17945	27090	10601	7607	51326
合江镇	76120	25083	37608	13429	9691	69815
那务镇	64533	19537	32405	12591	9218	58981
播扬镇	38595	12165	19407	7023	5087	35741
宝圩镇	19205	6229	9192	3784	2756	16828
平定镇	91235	29914	46263	15058	10860	82506
文楼镇	51871	16852	25427	9592	7039	48497

表19　续表 19

单位：人

地　区	总人口	分年龄人口				居住本乡、镇、街道，户口在本乡、镇、街道
		0-14岁	15-59岁	60岁及以上	#65岁及以上	
江湖镇	21009	6571	10248	4190	3129	18881
中垌镇	87420	30135	41647	15638	11498	79047
鉴江开发区	80706	21108	50323	9275	6399	35574
新时代农场	2289	632	1022	635	481	1565
新华农场	2218	572	1093	553	395	1832
和平农场	3200	729	1464	1007	781	2704
红阳农场	725	179	357	189	144	477
红峰农场	3198	1023	1532	643	496	1946
建设农场	3962	1100	2198	664	484	1831
石滩农场	2273	7	2195	71	41	1992
信宜市	**1014577**	**291289**	**548769**	**174519**	**123960**	**853859**
东镇街道	322297	87187	194567	40543	28040	210505
镇隆镇	42104	13423	20545	8136	5725	38826
水口镇	54123	15914	28886	9323	6654	50481
丁堡镇	36461	10730	19724	6007	4190	33191
池洞镇	49444	14135	25561	9748	6793	46043
贵子镇	22911	6382	11781	4748	3470	21125
怀乡镇	55426	16056	28354	11016	7627	50384
茶山镇	15958	4419	7990	3549	2563	14890
洪冠镇	25821	7176	13303	5342	3889	24318
白石镇	39431	11599	20017	7815	5769	36713
大成镇	27370	7529	13988	5853	4379	25444
钱排镇	48875	15978	25722	7175	5057	45619
合水镇	28907	8585	14532	5790	4146	26535
新宝镇	22671	6509	11464	4698	3434	21364
平塘镇	32634	9385	16546	6703	4898	30755
思贺镇	26039	7820	13728	4491	3073	24511
金垌镇	45156	14280	21513	9363	6842	42398
朱砂镇	55836	15552	28586	11698	8541	52308
北界镇	59612	17736	30338	11538	8056	56005
信宜市国营红旗农场	3501	894	1624	983	814	2444
肇庆市	**4113594**	**911433**	**2527192**	**674969**	**485764**	**3045758**
端州区	**602402**	**111922**	**405814**	**84666**	**60112**	**346246**
城东街道	172294	31966	107481	32847	23765	124890
城西街道	161136	28076	103871	29189	21247	105713
黄岗街道	178646	35918	127993	14735	9662	80868
睦岗街道	90326	15962	66469	7895	5438	34775
鼎湖区	**209116**	**40722**	**138071**	**30323**	**21433**	**115733**
坑口街道	51991	10175	37053	4763	3233	16951
桂城街道	42937	9269	29014	4654	3155	16212
广利街道	27872	4481	18088	5303	3844	18845
永安镇	30106	5037	19949	5120	3671	19677
沙浦镇	15428	2922	8816	3690	2692	14245
凤凰镇	7376	1585	4276	1515	1093	6399
莲花镇	33406	7253	20875	5278	3745	23404

表19 续表 20 单位：人

地　区	总人口	分年龄人口				居住本乡、镇、街道，户口在本乡、镇、街道
		0-14岁	15-59岁	60岁及以上	#65岁及以上	
高要区	**741591**	**153390**	**459116**	**129085**	**96309**	**585533**
南岸街道	129612	30664	85320	13628	9583	66221
河台镇	28261	5705	16712	5844	4134	26711
乐城镇	20637	4073	11882	4682	3444	19505
水南镇	8414	1491	4674	2249	1723	7724
禄步镇	59568	11572	36084	11912	8744	53936
小湘镇	23519	4851	13771	4897	3583	21775
大湾镇	29979	6333	17367	6279	4558	28269
新桥镇	34714	6388	21683	6643	5075	28665
白诸镇	30717	5913	18318	6486	4980	28135
莲塘镇	48663	9326	29376	9961	7502	44305
活道镇	25487	4288	14563	6636	5189	23249
蛟塘镇	28550	5900	17143	5507	4123	24140
回龙镇	23572	4878	13921	4773	3622	20980
白土镇	69088	14930	40848	13310	10291	62493
金渡镇	45545	8856	28134	8555	6630	38447
金利镇	108042	22239	73613	12190	8924	66819
蚬岗镇	27223	5983	15707	5533	4204	24159
广宁县	**408112**	**94726**	**226942**	**86444**	**61464**	**347077**
南街街道	138283	33163	81962	23158	16014	96186
排沙镇	18356	3922	9327	5107	3749	17200
潭布镇	18414	3919	9826	4669	3370	17488
江屯镇	35045	8271	18467	8307	6002	33174
螺岗镇	7124	1479	3764	1881	1330	6491
北市镇	13363	3461	6875	3027	2195	12555
坑口镇	16576	3343	8784	4449	3150	15539
赤坑镇	10779	2355	5752	2672	1853	10172
宾亨镇	33314	6886	18096	8332	5989	30171
五和镇	15965	3776	8848	3341	2347	14742
横山镇	31781	7188	17508	7085	5089	29709
木格镇	12420	3339	6396	2685	1903	11626
石咀镇	9837	2651	5054	2132	1576	9259
古水镇	33596	7714	19222	6660	4791	30279
洲仔镇	13259	3259	7061	2939	2106	12486
怀集县	**805177**	**223448**	**460029**	**121700**	**87927**	**726316**
怀城街道	137187	32379	87018	17790	12531	90487
幸福街道	72177	18910	43645	9622	6857	54936
坳仔镇	26140	6215	15098	4827	3480	25448
汶朗镇	10036	2892	5552	1592	1132	9738
甘洒镇	16776	4684	9133	2959	2063	16172
凤岗镇	24180	6777	13169	4234	2944	23296
洽水镇	22842	6794	12723	3325	2252	22022
梁村镇	59746	17215	32674	9857	7238	58610
大岗镇	59984	18082	32946	8956	6506	58766
岗坪镇	28362	8515	14996	4851	3590	27475
冷坑镇	92045	27106	50605	14334	10841	89779
马宁镇	36725	10529	20031	6165	4680	35909
蓝钟镇	15646	4378	8456	2812	1868	15269

表19 续表 21 单位：人

地区	总人口	分年龄人口				居住本乡、镇、街道，户口在本乡、镇、街道
		0-14岁	15-59岁	60岁及以上	#65岁及以上	
永固镇	34946	10524	19549	4873	3515	34478
诗洞镇	49552	14012	28264	7276	5319	48405
桥头镇	44540	13734	24637	6169	4437	43132
中洲镇	37633	10918	20561	6154	4473	36502
连麦镇	29451	7887	17050	4514	3292	28834
下帅壮族瑶族乡	7209	1897	3922	1390	909	7058
封开县	**374848**	**89343**	**213026**	**72479**	**52332**	**337467**
江口街道	73190	15235	44808	13147	9234	51312
江川镇	7189	1414	4064	1711	1188	6864
白垢镇	8584	1964	4655	1965	1425	8101
大洲镇	10715	2346	6157	2212	1564	10413
渔涝镇	15657	3692	8785	3180	2260	14111
河儿口镇	18139	4528	10434	3177	2263	17197
连都镇	22479	5948	12768	3763	2713	21702
杏花镇	20536	4535	11112	4889	3515	19653
罗董镇	15919	3454	8588	3877	2787	14661
长岗镇	17009	3488	10360	3161	2234	15199
平凤镇	14775	3267	8539	2969	2112	13784
南丰镇	73434	18423	40826	14185	10462	69131
大玉口镇	9083	2046	5219	1818	1395	8845
都平镇	8210	1844	4838	1528	1101	7604
金装镇	29296	8310	15320	5666	4264	28708
长安镇	30633	8849	16553	5231	3815	30182
德庆县	**331438**	**78854**	**190731**	**61853**	**43743**	**290358**
德城街道	78389	17612	48195	12582	8709	51014
新圩镇	24037	5940	14333	3764	2573	18429
回龙镇	14218	3417	7845	2956	2087	13508
官圩镇	24565	5864	13850	4851	3512	23716
马圩镇	17249	4411	9477	3361	2424	16786
高良镇	26242	6683	14802	4757	3243	25210
莫村镇	25627	5903	14667	5057	3693	24776
永丰镇	17934	4416	10022	3496	2485	17099
武垄镇	14718	3637	8022	3059	2246	14224
播植镇	14829	3658	8133	3038	2217	14368
凤村镇	24911	6499	13588	4824	3462	24134
悦城镇	26584	5721	15446	5417	3775	25655
九市镇	22135	5093	12351	4691	3317	21439
四会市	**640910**	**119028**	**433463**	**88419**	**62444**	**297028**
城中街道	80587	13459	53566	13562	9584	47365
东城街道	236678	50013	163340	23325	15409	71711
贞山街道	43078	8489	27094	7495	5464	23337
龙甫镇	15255	2302	10300	2653	1958	8683
地豆镇	13888	2105	8099	3684	2942	10768
威整镇	7664	1349	4301	2014	1573	6588
罗源镇	5713	920	3357	1436	1101	4351
迳口镇	11273	1921	6572	2780	2218	9942
大沙镇	51466	8910	35922	6634	4541	22976

表19　续表 22　　单位：人

地　区	总人口	分年龄人口				居住本乡、镇、街道，户口在本乡、镇、街道
		0-14岁	15-59岁	60岁及以上	#65岁及以上	
石狗镇	12119	2270	6263	3586	2791	11051
黄田镇	9399	1636	5341	2422	1825	8769
江谷镇	18849	2920	10759	5170	3951	15432
下茆镇	20488	3364	12027	5097	3818	15628
肇庆高新技术产业开发区	114453	19370	86522	8561	5269	40427
惠州市	**6042852**	**1254406**	**4181054**	**607392**	**412605**	**2670117**
惠城区	**2090578**	**428147**	**1472422**	**190009**	**127162**	**829585**
桥东街道	149529	34405	97528	17596	12070	74805
桥西街道	125016	25402	81548	18066	12713	74128
江南街道	77037	15182	50448	11407	7993	43163
江北街道	139999	31696	95387	12916	8446	64693
龙丰街道	132185	28919	88565	14701	9997	64472
河南岸街道	251726	54587	176632	20507	13202	104430
惠环街道	168575	29070	131817	7688	4076	27308
陈江街道	175858	33796	132097	9965	6111	42350
水口街道	221507	49883	154440	17184	11150	85403
小金口街道	175817	36485	126396	12936	8443	43884
汝湖镇	59722	13936	37200	8586	6080	38305
三栋镇	87554	15012	66783	5759	3918	29047
潼湖镇	34574	7576	22848	4150	2862	22887
沥林镇	60839	11127	44859	4853	3307	19104
马安镇	72918	12445	53811	6662	4597	28077
横沥镇	48363	12663	26947	8753	6415	40659
芦洲镇	17420	4136	9428	3856	2888	15263
潼侨镇	54842	9744	41288	3810	2538	11078
东江高新科技产业园	22952	1163	21464	325	184	204
惠南高新科技产业园	14145	920	12936	289	172	325
惠阳区	**1404137**	**249180**	**1053435**	**101522**	**66431**	**387865**
淡水街道	342158	74241	238950	28967	19039	108592
秋长街道	195218	26569	159890	8759	5733	26145
三和街道	64409	8025	53293	3091	1978	9799
大亚湾澳头街道	126241	28485	86233	11523	7325	43531
大亚湾霞涌街道	28983	5421	20600	2962	1992	12522
大亚湾西区街道	289163	42363	232687	14113	8601	55296
沙田镇	36894	6845	27120	2929	1961	9915
新圩镇	128570	20352	101038	7180	4444	23373
镇隆镇	86151	13889	66154	6108	3973	24996
永湖镇	34547	6804	23368	4375	3159	20979
良井镇	30399	6809	18326	5264	3834	22479
平潭镇	41404	9377	25776	6251	4392	30238
博罗县	**1210878**	**254212**	**811521**	**145145**	**99954**	**682637**
罗阳街道	261551	55862	177191	28498	19237	145194
龙溪街道	109615	22221	76602	10792	7420	56878
石坝镇	39906	10533	22458	6915	5033	33348
麻陂镇	23113	5968	13343	3802	2662	17772

表19 续表 23

单位：人

地 区	总人口	分年龄人口				居住本乡、镇、街道，户口在本乡、镇、街道
		0-14岁	15-59岁	60岁及以上	#65岁及以上	
观音阁镇	19233	4699	10591	3943	2913	15756
公庄镇	41615	10039	23549	8027	5781	35699
杨村镇	37832	8817	22710	6305	4540	29681
柏塘镇	48625	11890	28242	8493	5898	41364
泰美镇	41434	8721	26677	6036	4234	30163
湖镇镇	65001	13918	42409	8674	5766	42867
长宁镇	44353	11023	27343	5987	3886	28079
福田镇	49826	10149	34583	5094	3303	27872
龙华镇	27980	6551	17686	3743	2495	19160
园洲镇	171802	28373	129353	14076	9676	61778
石湾镇	167497	31349	122842	13306	8938	51584
杨侨镇	32445	6842	19367	6236	4614	21325
横河镇	22196	5683	12359	4154	2853	18529
罗浮山管委会	6854	1574	4216	1064	705	5588
惠东县	**1018076**	**248464**	**650850**	**118762**	**82757**	**527913**
平山街道	333172	83629	212473	37070	25033	151093
大岭街道	160639	44190	101383	15066	10301	42465
白花镇	71139	15272	47117	8750	6301	45962
梁化镇	40479	10224	23825	6430	4804	34370
稔山镇	62978	13420	39747	9811	7101	48315
铁涌镇	33593	8608	19985	5000	3608	30058
平海镇	66097	13764	42532	9801	6667	49961
吉隆镇	82441	19901	56540	6000	4051	30784
黄埠镇	90150	21560	62137	6453	4238	28591
多祝镇	36685	8824	21533	6328	4612	31553
安墩镇	20190	4634	11741	3815	2903	17638
高潭镇	5323	1078	3016	1229	924	4426
宝口镇	6036	1169	3544	1323	1020	4852
白盆珠镇	9143	2188	5272	1683	1192	7845
巽寮滨海旅游渡假区管理委员会	11	3	5	3	2	
龙门县	**319183**	**74403**	**192826**	**51954**	**36301**	**242117**
龙城街道	96149	23043	60230	12876	8795	57562
平陵街道	38961	8087	25019	5855	4150	27611
麻榨镇	23173	5780	13119	4274	2965	20287
永汉镇	52907	12885	31451	8571	5775	42983
龙田镇	17076	3967	10002	3107	2212	14512
龙潭镇	20055	4354	11785	3916	2776	17854
地派镇	9947	2217	5591	2139	1538	8969
龙华镇	31928	7454	18855	5619	4005	27932
龙江镇	22317	5078	12923	4316	3215	18601
蓝田瑶族乡	6462	1522	3715	1225	826	5668
龙门县密溪林场	197	13	129	55	43	138
南昆山生态旅游区管理委员会	11	3	7	1	1	

表19　续表 24　　　　单位：人

地　区	总人口	分年龄人口				居住本乡、镇、街道，户口在本乡、镇、街道
		0-14岁	15-59岁	60岁及以上	#65岁及以上	
梅州市	**3873239**	**909979**	**2186984**	**776276**	**558175**	**2821459**
梅江区	**435616**	**77926**	**281839**	**75851**	**53469**	**191118**
江南街道	91641	16872	57423	17346	12335	51521
金山街道	98266	14829	69085	14352	10132	32255
西郊街道	46433	8011	30192	8230	5864	14053
三角镇	112059	22570	72761	16728	11443	35071
长沙镇	8315	1486	4767	2062	1479	6923
城北镇	46000	8141	27749	10110	7324	27387
西阳镇	32902	6017	19862	7023	4892	23908
梅县区	**556735**	**114911**	**327156**	**114668**	**80666**	**323533**
新城办事处街道	72201	15920	45080	11201	7645	12019
城东镇	15350	2644	9089	3617	2587	12369
石扇镇	13751	2185	7610	3956	2863	12652
梅西镇	14412	2762	7893	3757	2805	13578
大坪镇	8569	1422	4635	2512	1845	8062
石坑镇	12326	2381	6757	3188	2360	11639
水车镇	10229	1795	5481	2953	2187	9420
梅南镇	8858	1534	4959	2365	1704	7674
丙村镇	32070	5975	17917	8178	5797	28142
白渡镇	15793	2629	8944	4220	3105	14719
松源镇	18233	3334	9745	5154	3796	17234
隆文镇	12034	1996	6282	3756	2752	11322
桃尧镇	8787	1286	4928	2573	1962	8229
畲江镇	34618	7943	19692	6983	4984	28205
雁洋镇	19397	3426	11035	4936	3497	17413
松口镇	37624	6280	20681	10663	7476	34794
南口镇	41691	7591	23150	10950	7836	36535
程江镇	144811	34564	91199	19048	12479	30873
扶大镇	35201	9106	21651	4444	2834	8063
梅西水库	780	138	428	214	152	591
大埔县	**330948**	**74956**	**177026**	**78966**	**56428**	**241807**
湖寮镇	112790	28267	63902	20621	14606	48413
青溪镇	6428	1050	3463	1915	1432	5725
三河镇	9506	1767	5025	2714	1970	8115
银江镇	11592	2210	5837	3545	2548	10428
洲瑞镇	8819	1812	4328	2679	1920	7993
光德镇	18424	4206	9678	4540	3395	17522
桃源镇	10567	2827	5508	2232	1620	9687
百侯镇	12062	2062	6166	3834	2701	10755
大东镇	8916	2059	4596	2261	1550	8281
大麻镇	18765	3671	9601	5493	3895	16499
枫朗镇	22496	4749	11740	6007	4356	21069
茶阳镇	28756	6586	14721	7449	5325	23875
高陂镇	45525	10416	24087	11022	7849	38493

表19 续表 25

单位：人

地 区	总人口	分年龄人口				居住本乡、镇、街道，户口在本乡、镇、街道
		0-14岁	15-59岁	60岁及以上	#65岁及以上	
西河镇	15781	3207	8052	4522	3172	14551
丰溪林场	486	63	295	128	87	398
洲瑞林场	14	2	10	2	1	
大埔林场	21	2	17	2	1	3
丰顺县	**478731**	**115593**	**263572**	**99566**	**70168**	**406652**
北斗镇	5717	1147	3203	1367	977	5274
汤西镇	39594	9553	21924	8117	5695	33738
汤南镇	34223	7833	19577	6813	4728	30036
埔寨镇	26429	6474	14107	5848	4245	24566
建桥镇	14629	3946	7407	3276	2310	13867
龙岗镇	9162	2213	4718	2231	1619	8661
潘田镇	20635	5515	10494	4626	3290	19762
黄金镇	20885	5215	11168	4502	3196	18745
小胜镇	8196	2105	4090	2001	1452	7866
砂田镇	9766	2410	4833	2523	1778	9101
八乡山镇	9888	2435	5248	2205	1571	9395
丰良镇	38746	10172	19948	8626	6157	33823
潭江镇	15250	4186	7584	3480	2379	14190
汤坑镇	150474	34586	88673	27215	18904	106220
留隍镇	64413	15540	34952	13921	9861	61596
大龙华镇	9307	1989	4823	2495	1765	8798
埔寨农场	1417	274	823	320	241	1014
五华县	**916961**	**271230**	**490760**	**154971**	**113059**	**817112**
转水镇	39922	11191	20963	7768	5766	37208
潭下镇	32472	10146	16276	6050	4510	30916
郭田镇	24281	8155	12189	3937	2832	22864
双华镇	26342	8374	13572	4396	3181	24887
梅林镇	34085	10838	17278	5969	4380	32177
华阳镇	36210	12978	17403	5829	4351	34098
华城镇	83120	22375	44671	16074	11856	71186
周江镇	31860	9026	16673	6161	4495	29002
水寨镇	141912	38257	85442	18213	12976	102439
河东镇	100638	29298	55922	15418	11188	90303
岐岭镇	41294	11667	21316	8311	6062	38777
长布镇	40200	12191	20424	7585	5601	37728
横陂镇	68727	20047	36520	12160	8984	63491
安流镇	93240	28570	48957	15713	11407	87186
棉洋镇	61120	18874	31712	10534	7627	58313
龙村镇	61538	19243	31442	10853	7843	56537
平远县	**190482**	**38176**	**110823**	**41483**	**30926**	**147025**
石正镇	22347	4723	12257	5367	4093	20072
八尺镇	7374	1206	4150	2018	1542	6729
差干镇	4763	829	2806	1128	854	4206
河头镇	5047	815	2742	1490	1161	4632
中行镇	5061	925	2905	1231	937	4559
上举镇	2549	302	1355	892	668	2376
泗水镇	3580	427	1933	1220	895	3295

表19 续表 26 单位：人

地区	总人口	分年龄人口				居住本乡、镇、街道，户口在本乡、镇、街道
		0-14岁	15-59岁	60岁及以上	#65岁及以上	
长田镇	6246	1208	3305	1733	1322	5589
热柘镇	6566	1131	3423	2012	1519	6042
东石镇	21424	4096	11819	5509	4194	19313
仁居镇	11796	1960	6635	3201	2441	10834
大柘镇	93729	20554	57493	15682	11300	59378
蕉岭县	**184355**	**35830**	**105895**	**42630**	**30699**	**122705**
三圳镇	9297	1511	4921	2865	2105	8396
文福镇	9145	1311	5297	2537	1871	8536
广福镇	9540	1725	5529	2286	1663	8571
新铺镇	22896	3803	12045	7048	5087	21297
蓝坊镇	6754	719	3500	2535	1901	6366
南礤镇	5713	669	2917	2127	1578	5485
蕉城镇	99679	22165	59724	17790	12553	48049
长潭镇	15715	2939	9018	3758	2753	11794
华侨农场	5616	988	2944	1684	1188	4211
兴宁市	**779411**	**181357**	**429913**	**168141**	**122760**	**571507**
兴田街道	131792	30796	76402	24594	17702	70018
福兴街道	44620	10947	25638	8035	5672	22957
宁新街道	122678	30692	70240	21746	15378	34452
永和镇	24812	5352	13265	6195	4610	22981
新圩镇	20828	4929	10894	5005	3646	19266
罗浮镇	29073	7545	15218	6310	4677	27500
罗岗镇	34391	8581	18438	7372	5429	32686
黄槐镇	18081	4034	10355	3692	2667	17384
龙田镇	24964	5240	13699	6025	4416	22385
石马镇	17436	3697	9108	4631	3439	16274
宁中镇	21196	4261	11193	5742	4250	18002
径南镇	17471	3310	9267	4894	3580	15997
坭陂镇	45834	10312	24357	11165	8337	42425
水口镇	37721	8795	20252	8674	6379	35548
黄陂镇	41846	10613	23376	7857	5738	40048
合水镇	19633	4355	10641	4637	3366	17407
大坪镇	35964	8652	18902	8410	6150	34025
叶塘镇	44013	9421	23257	11335	8477	40632
新陂镇	25351	5514	13641	6196	4602	22384
刁坊镇	21707	4311	11770	5626	4245	19136
汕尾市	**2738482**	**707061**	**1623747**	**407674**	**289599**	**2005697**
城区	**450959**	**95213**	**290962**	**64784**	**45088**	**270200**
新港街道	48226	10371	30759	7096	4900	26263
香洲街道	122133	25170	82795	14168	9620	53475
凤山街道	109438	22884	72649	13905	9511	50630
田墘街道	26440	6064	15382	4994	3608	24151
东洲街道	13444	3008	7902	2534	1787	12008
遮浪街道	16482	3641	9826	3015	2133	14501
马宫街道	13681	2681	8564	2436	1734	9622
红草镇	25370	5241	15975	4154	2994	20817
东涌镇	50278	10467	32562	7249	5050	34938
捷胜镇	25467	5686	14548	5233	3751	23795

表19 续表 27

单位：人

地区	总人口	分年龄人口				居住本乡、镇、街道，户口在本乡、镇、街道
		0-14岁	15-59岁	60岁及以上	#65岁及以上	
海丰县	**802454**	**196514**	**495368**	**110572**	**78819**	**435318**
梅陇镇	106660	27287	65331	14042	10007	83084
小漠镇	10756	2729	6374	1653	1209	8953
鹅埠镇	22119	4740	14961	2418	1659	13346
赤石镇	17854	4461	10833	2560	1781	15239
鲘门镇	14934	3339	9337	2258	1605	11510
联安镇	8740	1859	4697	2184	1725	7826
陶河镇	10190	2247	5531	2412	1888	9099
赤坑镇	26316	5767	14611	5938	4552	24649
大湖镇	3304	647	1771	886	690	3018
可塘镇	46330	11755	28866	5709	4355	31025
黄羌镇	16781	4244	9000	3537	2630	15551
平东镇	12139	3107	6633	2399	1746	11220
海城镇	163989	37226	104845	21918	15281	75026
公平镇	57937	14609	35142	8186	5748	37205
附城镇	128953	31684	80199	17070	11850	39556
城东镇	153551	40502	96132	16917	11682	47590
梅陇农场	1901	311	1105	485	411	1421
陆河县	**249242**	**67294**	**141520**	**40428**	**28487**	**197067**
河田镇	96026	25190	57425	13411	9218	55834
水唇镇	26462	7348	14125	4989	3547	24299
河口镇	41677	11646	23325	6706	4744	38113
新田镇	26442	7239	14745	4458	3209	24588
上护镇	19841	5534	10570	3737	2720	18255
螺溪镇	21804	5947	11704	4153	2963	20509
东坑镇	13830	3620	7787	2423	1675	12562
南万镇	3160	770	1839	551	411	2907
陆丰市	**1235827**	**348040**	**695897**	**191890**	**137205**	**1103112**
东海街道	213482	50757	132689	30036	20638	160781
河西街道	26413	7283	14929	4201	3037	24579
城东街道	58910	16492	33637	8781	6219	46506
甲子镇	91365	24472	51629	15264	10607	70715
碣石镇	187670	54379	107017	26274	18660	175310
湖东镇	58766	17320	31894	9552	6840	56423
大安镇	31381	8119	17167	6095	4439	29999
博美镇	45656	12810	24458	8388	6149	43488
内湖镇	23997	6799	13352	3846	2874	22293
南塘镇	91236	27575	50381	13280	9560	86337
陂洋镇	28655	8642	15049	4964	3592	27875
八万镇	19489	5201	10270	4018	2883	18797
金厢镇	32717	9132	17954	5631	4079	31889
潭西镇	46393	13283	25505	7605	5661	44893
甲东镇	60893	20464	31206	9223	6660	59382
河东镇	28430	7518	16765	4147	3032	25268
上英镇	18211	4990	10010	3211	2387	17600

表19　续表 28　　　　单位：人

地　区	总人口	分年龄人口				居住本乡、镇、街道，户口在本乡、镇、街道
		0-14岁	15-59岁	60岁及以上	#65岁及以上	
桥冲镇	32682	9287	17706	5689	4193	32013
甲西镇	81747	28055	42364	11328	8141	77927
西南镇	21241	5492	11711	4038	2975	20605
华侨管理区	14193	3844	7406	2943	2178	12259
铜锣湖农场	14538	4126	8297	2115	1467	11415
星都经济开发试验区	6004	1573	3469	962	707	5286
大安农场	1359	350	762	247	183	1255
罗经嶂林场	13	4	4	5	5	
湖东林场	84	25	49	10	9	76
东海岸林场	64	9	46	9	8	57
红岭林场	188	29	137	22	17	71
畜牧果林场	50	10	34	6	5	13
河源市	**2837686**	**717521**	**1652923**	**467242**	**333218**	**1811127**
源城区	**703607**	**163573**	**464873**	**75161**	**49772**	**232595**
上城街道	45236	10404	28647	6185	4291	16433
新江街道	35817	7866	22623	5328	3700	13665
东埔街道	247341	63518	157314	26509	17125	85360
源西街道	172687	43807	108554	20326	13497	41760
高埔岗街道	8045	1483	5963	599	397	2568
城东街道	49724	8395	37680	3649	2277	15385
源南镇	45243	9345	31867	4031	2799	18208
埔前镇	99514	18755	72225	8534	5686	39216
紫金县	**551095**	**153292**	**299751**	**98052**	**71010**	**449785**
紫城镇	151525	41074	88039	22412	16142	100513
龙窝镇	40783	11754	21045	7984	5889	37328
九和镇	17520	4833	9173	3514	2674	16220
上义镇	13707	4051	6773	2883	2115	12202
蓝塘镇	50974	15295	26329	9350	6624	45344
凤安镇	15952	4704	8169	3079	2121	14604
义容镇	33867	9609	17402	6856	4866	29571
古竹镇	42944	11557	23588	7799	5487	33701
临江镇	39051	9834	24302	4915	3440	26768
柏埔镇	20134	5298	10817	4019	2958	18531
黄塘镇	22224	5532	11772	4920	3568	20662
敬梓镇	18252	5961	8968	3323	2470	17134
水墩镇	12045	3507	6064	2474	1743	11158
南岭镇	8674	2400	4468	1806	1344	7824
苏区镇	10795	3012	5681	2102	1562	10001
瓦溪镇	16476	4221	8398	3857	2984	15012
好义镇	10620	2942	5679	1999	1484	9193
中坝镇	25552	7708	13084	4760	3539	24019
龙川县	**595471**	**155332**	**326421**	**113718**	**82968**	**407871**
老隆镇	238909	72111	136838	29960	20656	81038
义都镇	12115	2855	6257	3003	2252	11577
佗城镇	28890	6671	16716	5503	3918	24048
鹤市镇	13075	3056	6605	3414	2525	12123

表19 续表 29

单位：人

地　　区	总人口	分年龄人口				居住本乡、镇、街道，户口在本乡、镇、街道
		0-14岁	15-59岁	60岁及以上	#65岁及以上	
黄布镇	10818	2417	5648	2753	2110	10110
紫市镇	12220	2842	6481	2897	2210	11645
通衢镇	17333	3436	9702	4195	3049	14936
登云镇	14556	2943	8839	2774	2012	10771
丰稔镇	16973	3548	9168	4257	3165	14988
四都镇	6833	1212	3557	2064	1530	6447
铁场镇	29600	6603	16187	6810	5162	28025
龙母镇	19776	3825	10976	4975	3812	18664
田心镇	17573	4190	9373	4010	3010	16672
黎咀镇	11462	2195	5843	3424	2612	10608
黄石镇	6863	1278	3479	2106	1594	6465
赤光镇	21259	5606	11124	4529	3481	20006
廻龙镇	12706	3102	6710	2894	2176	12083
新田镇	7630	1862	4059	1709	1230	7298
车田镇	29840	7015	15337	7488	5561	28179
岩镇镇	8934	2207	4563	2164	1624	8546
麻布岗镇	25253	7487	12796	4970	3577	22996
贝岭镇	7844	2095	3697	2052	1518	7191
细坳镇	8956	2237	4532	2187	1588	8322
上坪镇	16053	4539	7934	3580	2596	15133
连平县	**285224**	**71098**	**159921**	**54205**	**37664**	**220396**
元善镇	77249	18762	46205	12282	8217	46206
上坪镇	18770	5113	9915	3742	2537	17621
内莞镇	8011	1833	4427	1751	1180	7299
陂头镇	20347	5548	10521	4278	2870	19042
溪山镇	9096	2249	4777	2070	1453	8383
隆街镇	24645	5847	13402	5396	3926	22727
田源镇	6781	1536	3629	1616	1148	6315
油溪镇	19411	4614	11034	3763	2617	16914
忠信镇	52905	13854	30012	9039	6225	34065
高莞镇	13591	3293	7422	2876	1996	12575
大湖镇	13332	3316	6986	3030	2227	11562
三角镇	11314	2710	6432	2172	1604	9283
绣缎镇	9772	2423	5159	2190	1664	8404
和平县	**353903**	**95976**	**189572**	**68355**	**49800**	**270388**
阳明镇	143553	41982	82188	19383	13579	72188
大坝镇	21675	5385	11840	4450	3283	20264
长塘镇	11049	2874	5591	2584	1932	10411
下车镇	11834	3272	5923	2639	1923	11015
上陵镇	13607	3606	6488	3513	2495	12881
优胜镇	7404	1752	3776	1876	1355	7000
贝墩镇	12686	3216	6328	3142	2351	11943
古寨镇	6623	1671	3336	1616	1216	6345
彭寨镇	32924	8566	16722	7636	5733	30915
合水镇	13235	3063	6988	3184	2363	12392
公白镇	7140	1856	3619	1665	1245	6771
青州镇	7901	2159	3755	1987	1386	7349

表19 续表 30

单位：人

地 区	总人口	分年龄人口				居住本乡、镇、街道，户口在本乡、镇、街道
		0-14岁	15-59岁	60岁及以上	#65岁及以上	
浰源镇	12011	3356	6212	2443	1724	11496
热水镇	7049	1677	3586	1786	1291	6604
东水镇	18807	4681	9592	4534	3356	17697
礼士镇	11022	2870	5685	2467	1912	10395
林寨镇	15383	3990	7943	3450	2656	14722
东源县	**348386**	**78250**	**212385**	**57751**	**42004**	**230092**
仙塘镇	121145	27045	84270	9830	6378	31447
灯塔镇	25980	6558	15103	4319	3063	20587
骆湖镇	10546	2279	6035	2232	1635	8823
船塘镇	30063	6269	16259	7535	5726	27556
顺天镇	10895	2576	6069	2250	1713	9619
上莞镇	14756	2973	8456	3327	2535	13211
曾田镇	7481	1441	4249	1791	1351	6756
柳城镇	9373	1954	5492	1927	1492	7610
义合镇	8028	1800	4430	1798	1301	7013
蓝口镇	18913	3949	10944	4020	3012	15907
黄田镇	10530	2204	6043	2283	1668	8935
叶潭镇	14704	3663	8123	2918	2204	13650
黄村镇	23461	6364	12714	4383	3254	22088
康禾镇	11993	2896	6349	2748	1996	10861
锡场镇	1891	255	1218	418	312	1467
新港镇	5210	1154	3136	920	624	3883
双江镇	4117	835	2359	923	680	3608
涧头镇	7038	1673	4030	1335	1006	6477
新回龙镇	2305	391	1429	485	329	1779
半江镇	1464	213	955	296	220	1081
漳溪乡	8493	1758	4722	2013	1505	7734
阳江市	**2602959**	**585241**	**1575442**	**442276**	**324772**	**1752570**
江城区	**814688**	**162825**	**522023**	**129840**	**94543**	**432180**
南恩街道	99018	18580	62226	18212	13305	46936
城南街道	107748	17730	69967	20051	14758	58501
城北街道	162628	37874	106497	18257	12521	43535
中洲街道	47204	10727	30051	6426	4654	24730
城东街道	80517	16169	53974	10374	7147	34552
岗列街道	70020	14640	47054	8326	5710	28549
城西街道	30163	6211	18558	5394	3888	17179
白沙街道	38872	7499	24960	6413	4843	29487
埠场镇	17397	2926	10143	4328	3428	14081
平冈镇	62994	10871	39023	13100	10234	51847
闸坡镇	78376	15359	47985	15032	11022	67264
双捷镇	19595	4232	11449	3914	3022	15511
阳江林场罗琴分场	156	7	136	13	11	8

表19　续表 31　　　　单位：人

地　　区	总人口	分年龄人口				居住本乡、镇、街道，户口在本乡、镇、街道
		0-14岁	15-59岁	60岁及以上	#65岁及以上	
阳东区	**478299**	**102613**	**299933**	**75753**	**56069**	**280245**
东城镇	154011	35340	103633	15038	10219	34876
北惯镇	49732	10343	32537	6852	4943	33590
那龙镇	16914	2706	11192	3016	2253	13549
东平镇	36654	6779	23629	6246	4473	28800
雅韶镇	17865	3393	9778	4694	3646	15667
大沟镇	23773	4206	13378	6189	4900	21423
新洲镇	30312	5945	17205	7162	5547	26698
合山镇	52646	12825	31514	8307	6055	32826
塘坪镇	27432	5655	15935	5842	4473	21130
大八镇	25324	5462	14206	5656	4478	22838
红丰镇	43636	9959	26926	6751	5082	28848
阳西县	**434076**	**98710**	**260681**	**74685**	**54342**	**334001**
织篢镇	189252	45697	119331	24224	17051	109608
程村镇	39326	7839	23053	8434	6427	36077
塘口镇	22060	4807	12437	4816	3641	20554
上洋镇	42476	8718	24803	8955	6624	39965
溪头镇	54976	11589	31879	11508	8605	52766
沙扒镇	27636	5718	16429	5489	3778	23499
儒洞镇	36993	9439	20630	6924	5015	33291
新圩镇	21353	4903	12117	4333	3200	18241
阳江林场儒洞分场	4		2	2	1	
阳春市	**875896**	**221093**	**492805**	**161998**	**119818**	**706144**
春城街道	220913	50130	140989	29794	20972	131879
河西街道	99457	25442	58349	15666	11475	60040
河朗镇	27433	8039	14326	5068	3714	25956
松柏镇	32096	8998	16547	6551	4980	30116
石望镇	24322	6421	12662	5239	3873	23273
春湾镇	70720	19427	38410	12883	9391	62062
合水镇	44872	12212	23449	9211	6730	40043
陂面镇	38913	10207	19869	8837	6699	35722
圭岗镇	20487	4622	10623	5242	4041	19302
永宁镇	23806	5717	12855	5234	3963	22897
马水镇	30613	6824	16600	7189	5650	27619
岗美镇	41658	9532	23300	8826	6719	38912
河口镇	17900	4336	9441	4123	3089	16956
潭水镇	53250	13411	28756	11083	8321	49473
三甲镇	41272	10807	21456	9009	6717	37692
双窖镇	37085	9849	19192	8044	6122	35666
八甲镇	51099	15119	25981	9999	7362	48536

表19 续表 32

单位：人

地区	总人口	分年龄人口				居住本乡、镇、街道，户口在本乡、镇、街道
		0-14岁	15-59岁	60岁及以上	#65岁及以上	
清远市	**3969473**	**926143**	**2395051**	**648279**	**461190**	**2613398**
清城区	**1119901**	**236362**	**734105**	**149434**	**106111**	**540974**
凤城街道	178865	37098	114292	27475	19364	64551
东城街道	259933	50181	183389	26363	17620	73707
洲心街道	240684	58233	150167	32284	22157	134292
横荷街道	89909	18643	59269	11997	9067	49965
源潭镇	88070	18535	55316	14219	10721	67727
龙塘镇	102428	21279	68962	12187	8894	52667
石角镇	116466	24058	76563	15845	11355	61294
飞来峡镇	43546	8335	26147	9064	6933	36771
清新区	**618523**	**142843**	**377223**	**98457**	**71583**	**345375**
太和镇	288427	74105	180562	33760	22599	61000
太平镇	56935	11612	34931	10392	8049	43651
山塘镇	39043	7029	22213	9801	7737	34752
三坑镇	31611	6277	17897	7437	5805	27762
龙颈镇	51367	9416	30675	11276	8438	45063
禾云镇	52884	10221	32635	10028	7505	43757
浸潭镇	63393	15618	38068	9707	6947	58983
石潭镇	34863	8565	20242	6056	4503	30407
佛冈县	**315502**	**75682**	**189158**	**50662**	**35663**	**235143**
石角镇	165775	40254	102512	23009	15582	102695
水头镇	15505	3150	8840	3515	2580	13817
汤塘镇	59317	14561	34748	10008	7330	52167
龙山镇	37841	8911	22163	6767	5111	32723
高岗镇	15742	3571	8754	3417	2322	14745
迳头镇	21322	5235	12141	3946	2738	18996
阳山县	**367175**	**94165**	**202820**	**70190**	**49903**	**291078**
青莲镇	17005	4085	9219	3701	2670	14876
江英镇	20381	5232	11211	3938	2799	19306
杜步镇	14166	3693	7591	2882	2071	13168
七拱镇	38391	9699	20719	7973	5483	36293
太平镇	24866	6244	13655	4967	3506	23590
杨梅镇	3380	736	2026	618	456	3026
大莨镇	8081	1899	4312	1870	1327	7482
小江镇	16787	3409	9280	4098	2960	15500
岭背镇	23217	5775	12844	4598	3323	22095
黄坌镇	8206	1927	4372	1907	1359	7489
黎埠镇	35025	8474	17740	8811	6418	32513
阳城镇	148436	40756	84833	22847	16089	87166
秤架瑶族乡	9234	2236	5018	1980	1442	8574
连山壮族瑶族自治县	**95136**	**23410**	**54256**	**17470**	**12480**	**78807**
永和镇	15056	3591	8167	3298	2394	14035
吉田镇	34050	7864	20653	5533	3943	22096

表19 续表 33

单位：人

地区	总人口	分年龄人口				居住本乡、镇、街道，户口在本乡、镇、街道
		0-14岁	15-59岁	60岁及以上	#65岁及以上	
太保镇	9033	2160	4981	1892	1377	8490
禾洞镇	5179	1251	2856	1072	785	4668
福堂镇	14603	3898	8161	2544	1791	13728
小三江镇	13715	3664	7599	2452	1701	12513
上帅镇	3500	982	1839	679	489	3277
连南瑶族自治县	**134691**	**35548**	**76597**	**22546**	**16029**	**114710**
三江镇	47854	11586	28758	7510	5490	31855
大麦山镇	14133	5021	7317	1795	1213	13451
寨岗镇	31607	7570	17082	6955	4864	29831
三排镇	20036	6207	10985	2844	2050	19299
涡水镇	4803	1159	2849	795	549	4631
大坪镇	8072	1981	4699	1392	1036	7717
香坪镇	8186	2024	4907	1255	827	7926
英德市	**941325**	**231968**	**552472**	**156885**	**109287**	**703907**
英城街道	244360	55998	156922	31440	21066	112161
沙口镇	28228	6649	15408	6171	4573	25837
望埠镇	40220	10222	22918	7080	5030	33988
横石水镇	22197	6137	11988	4072	2868	20108
桥头镇	30553	7925	17902	4726	3307	25370
青塘镇	28775	8269	16344	4162	2782	24606
白沙镇	28158	7784	15594	4780	3392	23923
大站镇	38521	8147	24040	6334	4524	25812
西牛镇	31076	7823	17296	5957	4077	28257
九龙镇	36746	10898	19886	5962	4108	33377
浛洸镇	58585	14574	33419	10592	7423	45673
大湾镇	47416	11989	25226	10201	7270	43627
石灰铺镇	27865	6831	15878	5156	3655	24343
石牯塘镇	24482	5664	14097	4721	3365	22234
下石太镇	6581	1476	3841	1264	865	5853
波罗镇	6635	1380	3647	1608	1155	5743
横石塘镇	18243	4292	10145	3806	2806	16074
大洞镇	6976	1477	3996	1503	1084	6489
连江口镇	23511	5528	13611	4372	2909	20604
黎溪镇	28614	7330	16486	4798	3213	25709
水边镇	9508	1829	5541	2138	1471	7892
英红镇	35865	7985	21538	6342	4417	23168
东华镇	87421	22375	50701	14345	10122	74442
黄花镇	30789	9386	16048	5355	3805	28617
连州市	**377220**	**86165**	**208420**	**82635**	**60134**	**303404**
连州镇	169927	39512	98987	31428	22736	108330
星子镇	32767	7799	17091	7877	5742	31312
大路边镇	30608	7788	15519	7301	5413	29239
龙坪镇	20572	4312	11365	4895	3457	18502
西岸镇	28185	6240	14595	7350	5341	27230
保安镇	21922	4754	11322	5846	4278	20966

表19 续表 34

单位：人

地　区	总人口	分年龄人口				居住本乡、镇、街道，户口在本乡、镇、街道
		0-14岁	15-59岁	60岁及以上	#65岁及以上	
丰阳镇	17111	3532	9017	4562	3410	16273
东陂镇	18146	3856	9544	4746	3577	17295
九陂镇	17563	3936	9644	3983	2939	15931
西江镇	11082	2352	6356	2374	1635	9551
瑶安瑶族乡	6980	1556	3659	1765	1266	6510
三水瑶族乡	2357	528	1321	508	340	2265
东莞市	**10466625**	**1372875**	**8521125**	**572625**	**370020**	**2093990**
市辖区	**10466625**	**1372875**	**8521125**	**572625**	**370020**	**2093990**
东城街道	597192	87652	468239	41301	26785	131478
南城街道	418288	72017	318211	28060	17664	118386
万江街道	328856	57272	244257	27327	18337	94486
莞城街道	173957	29833	120771	23353	16727	86732
石碣镇	282255	36900	230027	15328	10088	49280
石龙镇	144762	23500	104241	17021	11854	64434
茶山镇	219333	25187	180781	13365	9063	45603
石排镇	235194	26417	197612	11165	7643	43489
企石镇	169396	22754	135973	10669	7353	43521
横沥镇	278858	34854	231223	12781	8251	44777
桥头镇	207294	24288	172086	10920	7028	40532
谢岗镇	106152	12633	87829	5690	3621	20991
东坑镇	187877	23806	153904	10167	6677	32959
常平镇	444894	62911	356800	25183	16262	96066
寮步镇	513090	69878	417865	25347	15930	100330
樟木头镇	173875	29655	133829	10391	6353	40447
大朗镇	556778	70973	461196	24609	15239	83159
黄江镇	283426	33891	239581	9954	5819	35750
清溪镇	344303	40630	290577	13096	7900	43260
塘厦镇	629016	76362	531353	21301	12266	96031
凤岗镇	417430	52696	349344	15390	8801	35981
大岭山镇	366101	48558	302186	15357	9333	56391
长安镇	807391	86585	699152	21654	12457	64981
虎门镇	838144	96947	700456	40741	26016	141278
厚街镇	550807	61450	460437	28920	18944	111132
沙田镇	210175	28752	168483	12940	8310	46759
道滘镇	159502	22730	121347	15425	10925	56456
洪梅镇	65325	8375	51517	5433	3746	20834
麻涌镇	182416	24971	140772	16673	11548	69062
望牛墩镇	86960	13798	63397	9765	6905	41711
中堂镇	196890	29482	148312	19096	13011	73692
高埗镇	169923	20548	138616	10759	7288	39244
松山湖	120765	16570	100751	3444	1876	24758

表19　续表 35　　　　单位：人

地　区	总人口	分年龄人口				居住本乡、镇、街道，户口在本乡、镇、街道
		0-14岁	15-59岁	60岁及以上	#65岁及以上	
中山市	**4418060**	**693109**	**3333171**	**391780**	**264160**	**1619488**
市辖区	**4418060**	**693109**	**3333171**	**391780**	**264160**	**1619488**
石岐街道	257472	38633	179511	39328	27702	144459
东区街道	213948	38157	150818	24973	17698	115679
中山港街道	289518	46518	223020	19980	13134	97660
西区街道	133078	29037	91987	12054	8077	64262
南区街道	90270	15554	65569	9147	6171	33290
五桂山街道	46049	4517	39247	2285	1426	7717
小榄镇	513726	69171	402386	42169	28841	169707
黄圃镇	187775	27928	140513	19334	13241	82476
民众镇	112345	18750	77974	15621	10685	69599
东凤镇	201023	33566	149665	17792	11837	80919
东升镇	266863	46349	201706	18808	12040	88190
古镇镇	230405	33016	179282	18107	12058	71765
沙溪镇	223625	31838	172041	19746	13540	66933
坦洲镇	382445	63243	291657	27545	17645	83931
港口镇	140134	24399	102135	13600	9127	67305
三角镇	126294	18730	94298	13266	9325	54603
横栏镇	200522	29713	157896	12913	8306	65137
南头镇	158234	21057	126598	10579	6760	45394
阜沙镇	73381	11690	54104	7587	5242	35514
南朗镇	101589	14810	76061	10718	7422	39384
三乡镇	234853	43112	175174	16567	10863	58302
板芙镇	95876	17742	69724	8410	5440	36110
大涌镇	99763	9040	83362	7361	4978	24122
神湾镇	38872	6539	28443	3890	2602	17030
潮州市	**2568387**	**495815**	**1580261**	**492311**	**340793**	**2104524**
湘桥区	**575795**	**96922**	**363950**	**114923**	**79958**	**353336**
湘桥街道	10600	1330	5990	3280	2413	7134
西湖街道	12942	1775	7352	3815	2748	8181
金山街道	10999	1271	6179	3549	2654	6793
太平街道	12046	1507	6735	3804	2799	8599
南春街道	28682	4322	17121	7239	5133	15913
西新街道	29599	4035	17424	8140	5666	20079
桥东街道	48471	7041	35156	6274	4297	22920
城西街道	126853	21707	81804	23342	16020	54393
凤新街道	112694	21350	75487	15857	10410	45242
意溪镇	45729	8397	27541	9791	6924	40814
磷溪镇	70652	13277	41675	15700	11008	67240
铁铺镇	33774	6048	20037	7689	5297	31187
官塘镇	29181	4792	18034	6355	4542	24808
红山林场	2068	36	1971	61	31	32
开发区	1209	20	1167	22	11	1
潮州市凤泉湖高新技术产业开发区	296	14	277	5	5	
潮安区	**1175150**	**228734**	**739559**	**206857**	**142194**	**975632**
古巷镇	84980	15190	56914	12876	8834	59678
登塘镇	36742	8063	21852	6827	4757	33726
凤塘镇	86741	16856	54187	15698	10905	75306

表19　续表 36　　　　单位：人

地　　区	总人口	分年龄人口				居住本乡、镇、街道，户口在本乡、镇、街道
		0-14岁	15-59岁	60岁及以上	#65岁及以上	
浮洋镇	96965	17378	61435	18152	12636	88703
龙湖镇	57330	11292	35540	10498	7314	52531
金石镇	68255	14457	42021	11777	8209	63169
沙溪镇	55869	11728	33908	10233	7087	51843
彩塘镇	126945	27999	79705	19241	13251	103723
东凤镇	90954	18304	55446	17204	11758	82544
庵埠镇	160380	29425	104432	26523	18008	121875
江东镇	67783	13593	39927	14263	9883	64684
归湖镇	20357	3404	11654	5299	3757	18926
文祠镇	13265	2176	7540	3549	2556	12230
凤凰镇	39475	8278	23675	7522	4958	36464
赤凤镇	7656	1324	4485	1847	1336	6934
枫溪镇	158114	28760	104363	24991	16724	102198
万峰林场	598	88	332	178	115	501
庵埠经济开发试验区	2741	419	2143	179	106	597
饶平县	**817442**	**170159**	**476752**	**170531**	**118641**	**775556**
黄冈镇	185203	33775	115210	36218	25593	163040
上饶镇	44891	11533	24781	8577	5810	43916
饶洋镇	45823	10824	25631	9368	6489	44416
新丰镇	47917	11029	26591	10297	7058	45277
建饶镇	11496	2997	6259	2240	1513	11038
三饶镇	44945	9914	26129	8902	5985	42534
新塘镇	15295	3445	8466	3384	2280	14908
汤溪镇	8486	1741	4734	2011	1382	8210
浮滨镇	19872	3658	11469	4745	3273	19394
浮山镇	25889	5140	14933	5816	4026	25281
东山镇	16637	3740	9668	3229	2215	16271
新圩镇	28208	6379	15730	6099	4241	27595
樟溪镇	15192	3046	8662	3484	2370	14575
钱东镇	80910	16590	48669	15651	11026	77747
高堂镇	19561	4184	11483	3894	2912	19116
联饶镇	28963	5885	16826	6252	4449	27798
所城镇	32080	7054	18009	7017	4934	31500
大埕镇	25739	5824	14279	5636	4023	25384
柘林镇	12254	1913	7249	3092	2114	11194
汫洲镇	52218	10707	30831	10680	7477	51361
海山镇	55767	10777	31079	13911	9457	54919
韩江林场	96	4	64	28	14	82
揭阳市	**5577814**	**1424146**	**3255037**	**898631**	**630554**	**5265301**
榕城区	**931868**	**196473**	**575029**	**160366**	**109645**	**877499**
榕华街道	59219	10607	37199	11413	7648	55526
新兴街道	48921	8739	30207	9975	6698	46409
中山街道	22312	3455	13201	5656	4057	21203
西马街道	33076	5543	19882	7651	5358	31469

表19　续表 37

单位：人

地　　区	总人口	分年龄人口				居住本乡、镇、街道，户口在本乡、镇、街道
		0-14岁	15-59岁	60岁及以上	#65岁及以上	
东兴街道	54636	11587	34483	8566	5812	52914
榕东街道	37326	8152	23344	5830	3967	35258
仙桥街道	132768	31165	84584	17019	11596	121746
梅云街道	72234	16997	45020	10217	7202	67948
东升街道	48175	10577	30474	7124	4783	45107
东阳街道	28545	6121	17865	4559	3060	26064
渔湖镇	117658	23088	73944	20626	14325	108637
炮台镇	116070	24837	70096	21137	14411	110866
地都镇	97349	22116	58145	17088	11589	93389
登岗镇	63579	13489	36585	13505	9139	60963
揭东区	**931719**	**207680**	**551137**	**172902**	**120638**	**872644**
曲溪街道	107569	20449	70011	17109	11606	90772
磐东街道	85920	21320	52709	11891	8088	76064
云路镇	78489	16899	44910	16680	11548	76502
玉窖镇	50614	9649	30674	10291	7112	48734
锡场镇	108282	24720	65464	18098	12427	102821
新亨镇	88459	19938	51618	16903	11727	83614
玉湖镇	77114	17834	42558	16722	11871	74194
埔田镇	62719	13732	36574	12413	8608	60822
霖磐镇	66484	15407	38309	12768	9042	63868
月城镇	48510	11251	29270	7989	5588	45931
白塔镇	76269	18169	42739	15361	11020	72528
龙尾镇	27094	5978	15170	5946	4296	25744
桂岭镇	52698	12214	29928	10556	7558	50528
揭阳高新技术产业开发区	506	2	498	6	4	
卅岭农场	619	110	351	158	139	522
蓝城区工业园区管理处	373	8	354	11	4	
揭西县	**674829**	**162802**	**374405**	**137622**	**98331**	**641547**
河婆街道	96318	22253	54445	19620	14026	87830
龙潭镇	25881	6414	13614	5853	4268	24587
南山镇	22592	5523	12310	4759	3393	21568
五经富镇	38477	8930	20290	9257	6714	36981
京溪园镇	32807	8064	17474	7269	5250	31364
灰寨镇	28454	6670	14966	6818	4871	27003
塔头镇	34647	8638	18710	7299	5210	33473
东园镇	29131	7048	16479	5604	4000	28266
凤江镇	63318	15286	36309	11723	8467	61495
棉湖镇	86698	18294	51607	16797	11717	82268
金和镇	55536	13620	31346	10570	7597	53852
大溪镇	20805	5133	11264	4408	3140	19939
钱坑镇	34584	8338	19311	6935	4938	33295
坪上镇	25853	6244	13683	5926	4197	24184
五云镇	34369	9042	18554	6773	4817	32387
上砂镇	33122	9843	17517	5762	4151	31394

表19 续表 38 单位：人

地区	总人口	分年龄人口				居住本乡、镇、街道，户口在本乡、镇、街道
		0-14岁	15-59岁	60岁及以上	#65岁及以上	
良田乡	12237	3462	6526	2249	1575	11661
惠来县	**1040779**	**324525**	**565337**	**150917**	**107182**	**996252**
惠城镇	152855	41276	88713	22866	15923	137389
华湖镇	62812	19810	34866	8136	5559	58910
仙庵镇	77255	25159	41116	10980	7785	75741
靖海镇	49284	12872	26652	9760	7023	48166
周田镇	64074	19305	34843	9926	7294	63020
前詹镇	43410	13179	23145	7086	5058	42229
神泉镇	71508	21694	38921	10893	7637	68704
东陇镇	80547	27263	42888	10396	7415	77796
岐石镇	60987	21052	32238	7697	5533	59641
隆江镇	116313	38463	61521	16329	11631	112561
溪西镇	55474	19142	28827	7505	5475	54392
鳌江镇	45922	16223	24011	5688	4072	44642
东港镇	26305	8239	14040	4026	2884	25397
葵潭镇	83626	24639	46402	12585	8852	79734
东埔农场	10395	3575	5413	1407	1050	10056
揭阳市大南山华侨管理区	13248	3961	7013	2274	1576	12546
葵潭农场	3633	894	2140	599	418	3502
青坑林场	966	305	524	137	98	928
揭阳大南海石化工业区						
南海街道	22165	7474	12064	2627	1899	20898
普宁市	**1998619**	**532666**	**1189129**	**276824**	**194758**	**1877359**
流沙东街道	110593	28059	69272	13262	9340	99587
流沙南街道	65085	16035	40606	8444	5948	54432
流沙西街道	99126	20678	66675	11773	7989	83421
流沙北街道	72803	16435	46697	9671	6748	65835
池尾街道	92180	20952	61788	9440	6498	71916
燎原街道	79153	21121	47707	10325	7306	75952
大南山街道	33709	9112	20450	4147	2860	31863
赤岗镇	48104	12103	28623	7378	5165	46619
大坝镇	87510	23834	50955	12721	8838	84516
洪阳镇	140849	36106	84036	20707	14686	133451
南溪镇	100665	25718	59703	15244	10722	98422
广太镇	53865	14415	32095	7355	5098	52559
麒麟镇	97288	28036	56061	13191	9351	94992
南径镇	116081	33398	66601	16082	11585	112732
占陇镇	164400	44855	97012	22533	16134	156420
军埠镇	97115	28118	55767	13230	9393	94629
下架山镇	88809	25194	51811	11804	8331	85916
高埔镇	52564	16603	28700	7261	5089	50809

表19 续表 39

单位：人

地　区	总人口	分年龄人口				居住本乡、镇、街道，户口在本乡、镇、街道
		0-14岁	15-59岁	60岁及以上	#65岁及以上	
云落镇	53519	16766	29594	7159	4982	51537
大坪镇	22497	6685	12417	3395	2325	21449
船埔镇	36156	10721	19798	5637	3871	34709
梅林镇	50660	15271	27398	7991	5530	48492
里湖镇	86430	22421	50179	13830	9707	83846
梅塘镇	110182	29102	63377	17703	12601	106693
后溪乡	9668	2795	5254	1619	1107	9279
大池农场	6958	1804	3972	1182	836	6756
马鞍山农场	7820	2506	4184	1130	816	7497
大坪农场	4937	1408	2580	949	665	4641
普侨区	8876	2357	4896	1623	1205	8295
三坑农场	98	16	59	23	21	89
乌石农场	10		8	2	2	2
科技工业园	881	31	840	10	7	1
英歌山工业园	28	11	14	3	2	2
云浮市	**2383350**	**598812**	**1368916**	**415622**	**297804**	**1891190**
云城区	**408537**	**97128**	**254032**	**57377**	**40731**	**249727**
云城街道	229523	56701	147249	25573	17169	117498
高峰街道	39288	9573	24251	5464	3898	20113
河口街道	31433	6887	20398	4148	2980	19523
安塘街道	22626	5042	13328	4256	3291	17114
腰古镇	25270	5271	14807	5192	3868	21735
思劳镇	17262	3389	10341	3532	2635	14027
前锋镇	17024	3799	9193	4032	2978	15528
南盛镇	26111	6466	14465	5180	3912	24189
云安区	**235390**	**58775**	**135012**	**41603**	**29644**	**209905**
六都镇	41697	10128	25211	6358	4418	36436
高村镇	20235	4770	10890	4575	3339	18663
白石镇	19909	4750	10965	4194	2958	18814
镇安镇	29472	7774	15778	5920	4152	27500
富林镇	39045	11469	21116	6460	4581	37129
石城镇	37202	9662	20994	6546	4675	34531
都杨镇	47830	10222	30058	7550	5521	36832
新兴县	**430831**	**92285**	**259639**	**78907**	**59133**	**317994**
新城镇	180581	38782	117537	24262	17548	89662
车岗镇	20671	4594	11741	4336	3338	19318
水台镇	12755	2508	7918	2329	1679	9794
稔村镇	28524	6264	16681	5579	4218	24666
东成镇	22943	4850	13413	4680	3653	20451
太平镇	39503	8180	22280	9043	6863	37214
里洞镇	11015	2491	6129	2395	1742	10218
大江镇	4621	934	2542	1145	859	4308
天堂镇	41957	9289	22951	9717	7378	38703
河头镇	12898	2597	7082	3219	2504	12095
簕竹镇	9543	1895	5338	2310	1815	8457
六祖镇	45820	9901	26027	9892	7536	43108

表19 续表 40 单位：人

地区	总人口	分年龄人口				居住本乡、镇、街道，户口在本乡、镇、街道
		0-14岁	15-59岁	60岁及以上	#65岁及以上	
郁南县	**371661**	**93284**	**202418**	**75959**	**54013**	**325440**
都城镇	86058	19527	52027	14504	9929	64895
平台镇	18882	5140	9729	4013	2961	17879
桂圩镇	25023	6427	12853	5743	4173	23420
通门镇	11636	3162	6044	2430	1821	10834
建城镇	25741	5791	13735	6215	4400	23696
宝珠镇	9023	2267	4688	2068	1477	8420
大方镇	7470	1724	3917	1829	1316	6974
千官镇	31002	8444	15877	6681	4844	28130
大湾镇	14840	3839	7990	3011	2114	12786
河口镇	21446	5595	11575	4276	3006	20014
宋桂镇	14361	3521	7487	3353	2372	13538
东坝镇	25520	6703	13007	5810	4264	23653
连滩镇	45246	11872	24552	8822	6184	38508
历洞镇	10114	2540	5141	2433	1795	9485
南江口镇	25299	6732	13796	4771	3357	23208
罗定市	**936931**	**257340**	**517815**	**161776**	**114283**	**788124**
罗城街道	127563	29005	80498	18060	12650	69771
素龙街道	117591	30230	69002	18359	13003	88646
附城街道	62604	17814	34815	9975	6935	44466
双东街道	22088	5708	12969	3411	2298	16534
罗镜镇	66490	19174	34689	12627	8718	61872
太平镇	50440	14181	27355	8904	6220	47370
分界镇	19298	5330	10282	3686	2590	18207
罗平镇	61392	17704	32761	10927	7719	57660
船步镇	56992	17282	30292	9418	6661	53937
满塘镇	33810	10958	17438	5414	3922	31772
苹塘镇	28156	8054	15118	4984	3510	26231
金鸡镇	26270	7689	14518	4063	2874	24978
围底镇	31819	8963	17018	5838	4144	29206
华石镇	22738	6328	12070	4340	3085	21400
罾滨镇	29386	8327	15562	5497	3897	27474
黎少镇	36941	9578	19292	8071	5793	34542
生江镇	24946	6846	13019	5081	3699	23541
连州镇	36787	10502	19448	6837	4872	35100
泗纶镇	45263	13018	23355	8890	6380	41968
加益镇	16392	4846	8171	3375	2428	14869
龙湾镇	19965	5803	10143	4019	2885	18580

表20　广西壮族自治区乡、镇、街道人口

单位：人

地　　区	总人口	分年龄人口				居住本乡、镇、街道，户口在本乡、镇、街道
		0-14岁	15-59岁	60岁及以上	#65岁及以上	
广西壮族自治区	**50126804**	**11842501**	**29920524**	**8363779**	**6114117**	**36614566**
南宁市	**8741584**	**1781416**	**5668361**	**1291807**	**931918**	**5195006**
兴宁区	**615485**	**120807**	**416278**	**78400**	**55193**	**268794**
民生街道	113293	17335	77906	18052	12528	40021
朝阳街道	126868	22004	88269	16595	11504	45386
兴东街道	161861	32691	115215	13955	8921	46256
三塘镇	142922	34420	93283	15219	10905	73929
五塘镇	53574	11031	31922	10621	8119	47384
昆仑镇	16967	3326	9683	3958	3216	15818
青秀区	**1124334**	**204845**	**766582**	**152907**	**105558**	**530832**
新竹街道	150528	24656	96198	29674	21445	85867
中山街道	155249	24468	105742	25039	17359	67433
建政街道	108406	18389	77015	13002	8875	46315
南湖街道	215564	51274	140487	23803	15717	114053
津头街道	202803	36909	141392	24502	16167	82765
刘圩镇	35963	7451	19534	8978	6514	32819
南阳镇	19805	3790	10752	5263	3972	17553
伶俐镇	28355	5328	17853	5174	3896	22984
长塘镇	20316	4123	12333	3860	2937	18005
仙葫经济开发区管理委员会	187283	28449	145237	13597	8667	43014
青秀山管理委员会	62	8	39	15	9	24
江南区	**989823**	**199722**	**675786**	**114315**	**79139**	**419651**
福建园街道	237485	39796	162867	34822	24206	89616
江南街道	150299	30518	103693	16088	11291	47073
沙井街道	99725	22756	68571	8398	5776	41012
那洪街道	220044	53332	148590	18122	11307	68006
金凯街道	66646	14460	45955	6231	4138	20177
吴圩镇	111425	16798	83668	10959	7966	58579
苏圩镇	51796	11088	31718	8990	6593	47463
延安镇	19576	4057	11473	4046	3042	18018
江西镇	32827	6917	19251	6659	4820	29707
西乡塘区	**1643819**	**273543**	**1188273**	**182003**	**126539**	**608786**
衡阳街道	151131	20729	107736	22666	16188	62093
北湖街道	221275	35928	159339	26008	17197	71455
西乡塘街道	219629	23373	175242	21014	15150	60564
安吉街道	188197	37162	134017	17018	11894	59448
华强街道	29417	4660	19634	5123	3449	11979
新阳街道	150649	27540	98675	24434	16427	63067
上尧街道	120428	18109	93085	9234	6261	23165
安宁街道	111981	23207	81355	7419	4903	24226
石埠街道	114858	16339	90383	8136	5779	42975
心圩街道	184492	34870	137505	12117	7686	57728
金陵镇	57530	12128	34516	10886	8427	46505
双定镇	25533	5254	15952	4327	3183	23574

表20　续表 1　　单位：人

地　　区	总人口	分年龄人口				居住本乡、镇、街道，户口在本乡、镇、街道
		0-14岁	15-59岁	60岁及以上	#65岁及以上	
坛洛镇	68699	14244	40834	13621	9995	62007
良庆区	**587618**	**125404**	**402452**	**59762**	**42220**	**233570**
大沙田街道	293215	58625	212227	22363	14536	39310
玉洞街道	66921	13330	48941	4650	3247	22876
良庆镇	116004	29693	76760	9551	6513	72247
那马镇	25260	5558	15656	4046	3096	22083
那陈镇	21685	4291	12102	5292	4123	19802
大塘镇	37171	7946	21906	7319	5614	32541
南晓镇	27362	5961	14860	6541	5091	24711
邕宁区	**332280**	**72743**	**209553**	**49984**	**37022**	**247720**
蒲庙镇	199870	43129	133522	23219	16780	120788
那楼镇	57050	12362	32502	12186	9283	54860
新江镇	22328	5237	13070	4021	2937	21505
百济镇	30995	7336	17987	5672	4282	29344
中和镇	22037	4679	12472	4886	3740	21223
武鸣区	**683826**	**123512**	**437792**	**122522**	**89721**	**481150**
城厢镇	228273	41511	160048	26714	18976	98381
太平镇	27236	4616	15826	6794	5009	25732
双桥镇	53643	10070	32672	10901	7952	47023
宁武镇	30345	5376	18531	6438	4692	28687
锣圩镇	43050	7257	26348	9445	6947	38771
仙湖镇	28086	4983	16442	6661	4951	26581
府城镇	42003	7380	24493	10130	7511	38930
陆斡镇	37027	5788	20829	10410	7807	35216
两江镇	27502	5203	15020	7279	5413	26679
罗波镇	23387	3762	13560	6065	4648	21555
灵马镇	31238	9416	16536	5286	3806	30155
甘圩镇	19021	4254	11571	3196	2257	17598
马头镇	14513	2669	7891	3953	2937	13983
南宁华侨投资区	78502	11227	58025	9250	6815	31859
隆安县	**325140**	**75038**	**186970**	**63132**	**47296**	**278016**
城厢镇	85003	21070	51268	12665	9409	57746
南圩镇	43912	9771	23892	10249	7840	41555
雁江镇	17614	3923	9497	4194	3117	16964
那桐镇	43668	9811	26238	7619	5629	39094
乔建镇	28554	6662	15629	6263	4620	27454
丁当镇	26281	5681	15637	4963	3582	23816
古潭乡	19437	4559	11255	3623	2747	18639
都结乡	25828	6179	13626	6023	4628	24896
布泉乡	14126	3246	7150	3730	2942	13579
屏山乡	10502	2383	5474	2645	1959	10307
隆安华侨管理区管理委员会	10215	1753	7304	1158	823	3966
马山县	**382430**	**97628**	**211737**	**73065**	**55561**	**341063**
白山镇	96598	24154	58497	13947	10419	67930
百龙滩镇	14609	3708	8182	2719	1982	14066

表20　续表 2　　　　单位：人

地　　区	总人口	分年龄人口				居住本乡、镇、街道，户口在本乡、镇、街道
		0-14岁	15-59岁	60岁及以上	#65岁及以上	
林圩镇	57443	16732	30797	9914	7663	55397
古零镇	37420	9341	20081	7998	5918	36351
金钗镇	21164	5336	11361	4467	3186	19745
周鹿镇	56692	14871	30751	11070	8701	53733
永州镇	25592	5727	12496	7369	5721	24710
乔利乡	26839	7368	14682	4789	3560	24599
加方乡	19413	4509	10295	4609	3542	18692
古寨瑶族乡	13203	3046	6949	3208	2518	12673
里当瑶族乡	13457	2836	7646	2975	2351	13167
上林县	**359323**	**83047**	**202104**	**74172**	**54812**	**304665**
大丰镇	90090	20434	57213	12443	8824	51404
明亮镇	24663	5301	14014	5348	4001	20142
巷贤镇	26833	5041	14981	6811	5333	24687
白圩镇	50299	12848	27268	10183	7443	48457
三里镇	33716	7982	17394	8340	6088	32388
乔贤镇	23262	5503	12180	5579	4196	22108
西燕镇	28346	6810	15235	6301	4624	27360
澄泰乡	27623	6490	15208	5925	4255	25768
木山乡	12786	2848	6809	3129	2381	12054
塘红乡	24183	5408	12317	6458	4931	23512
镇圩瑶族乡	17522	4382	9485	3655	2736	16785
宾阳县	**801407**	**180266**	**474533**	**146608**	**108725**	**680095**
宾州镇	246551	53948	156039	36564	26811	182606
黎塘镇	120653	26141	73922	20590	14887	86315
甘棠镇	35181	8661	18551	7969	5967	33591
思陇镇	31229	7021	17301	6907	5200	29662
新桥镇	60643	12796	36493	11354	8426	55198
新圩镇	20045	4949	11359	3737	2687	19477
邹圩镇	30873	7596	16833	6444	4765	29661
大桥镇	50365	12037	28085	10243	7909	48065
武陵镇	37748	8764	21120	7864	5904	35795
中华镇	20789	4765	11444	4580	3451	20149
古辣镇	33966	7843	18744	7379	5615	32091
露圩镇	25279	6513	13214	5552	4082	24365
王灵镇	23991	5571	13495	4925	3667	22476
和吉镇	24973	6090	13641	5242	3934	23991
洋桥镇	21793	5172	12569	4052	3013	20645
陈平镇	12101	2235	7116	2750	2085	11395
廖平农场	5227	164	4607	456	322	4613
横县	**896099**	**224861**	**496301**	**174937**	**130132**	**800664**
横州镇	203241	44314	130342	28585	20864	145942
百合镇	71372	18164	36781	16427	12422	67607
那阳镇	39738	10234	20760	8744	6553	38024
南乡镇	56936	14935	29959	12042	9389	54363
新福镇	35555	9617	19178	6760	5217	34345
莲塘镇	28393	7958	15168	5267	3862	27868
平马镇	25673	7621	12968	5084	3749	24779
峦城镇	34745	7551	19245	7949	5907	32305

表20 续表 3

单位：人

地　　区	总人口	分年龄人口				居住本乡、镇、街道，户口在本乡、镇、街道
		0-14岁	15-59岁	60岁及以上	#65岁及以上	
六景镇	69798	16403	39389	14006	10561	65173
石塘镇	51263	14182	26562	10519	7409	47972
陶圩镇	56206	16220	27066	12920	9474	54605
校椅镇	75953	20354	39913	15686	11465	71080
云表镇	65481	17435	36009	12037	8839	60663
马岭镇	21751	5469	12439	3843	2866	20436
马山镇	33799	9300	15704	8795	6748	32203
平朗镇	15577	3090	8423	4064	3144	14718
镇龙乡	8704	1874	4687	2143	1627	8386
南宁六景工业园区管委会	1914	140	1708	66	36	195
柳州市	**4157934**	**792391**	**2650701**	**714842**	**517362**	**2567649**
城中区	**243628**	**44575**	**160048**	**39005**	**27233**	**120304**
城中街道	9441	1393	5584	2464	1802	5375
公园街道	18215	2968	10320	4927	3565	11994
中南街道	18568	2571	11174	4823	3426	11529
沿江街道	50939	10558	31841	8540	6471	33199
潭中街道	55999	8044	41103	6852	4587	21143
河东街道	49989	10359	34041	5589	3752	19477
静兰街道	40477	8682	25985	5810	3630	17587
鱼峰区	**668961**	**111475**	**464415**	**93071**	**64500**	**292391**
天马街道	35907	5384	22271	8252	5854	18933
驾鹤街道	27952	3868	17634	6450	4488	14398
箭盘山街道	43373	7312	27997	8064	5634	22708
五里亭街道	65952	11863	43740	10349	7306	27853
荣军街道	80301	12945	52445	14911	10563	35980
白莲街道	54080	8963	39724	5393	3654	14343
麒麟街道	78376	14475	52856	11045	7605	33073
阳和街道	91100	20217	63263	7620	4753	27024
雒容镇	140761	18524	110592	11645	7954	65877
洛埠镇	22148	3005	16999	2144	1534	6249
白沙镇	9757	1629	5512	2616	1861	8959
里雍镇	19254	3290	11382	4582	3294	16994
柳南区	**617925**	**111831**	**407524**	**98570**	**69078**	**275172**
河西街道	92134	15764	60815	15555	11480	42058
南站街道	47461	7252	28030	12179	9092	27653
鹅山街道	55343	7059	35779	12505	9070	30070
柳南街道	29287	4388	19444	5455	3775	11326
柳石街道	51527	8776	34483	8268	5685	20814
银山街道	73796	15300	47619	10877	7536	31526
潭西街道	85241	15889	58459	10893	7460	28968
南环街道	83381	18752	57418	7211	4470	21180
太阳村镇	57647	11805	39691	6151	3835	24570
洛满镇	26072	4757	15262	6053	4200	22145
流山镇	16036	2089	10524	3423	2475	14862
柳北区	**484765**	**78986**	**320734**	**85045**	**60209**	**227601**
解放街道	40300	5177	25128	9995	7009	22678
雅儒街道	52684	7888	33534	11262	7894	27385

表20 续表 4 单位：人

地　　区	总人口	分年龄人口				居住本乡、镇、街道，户口在本乡、镇、街道
		0-14岁	15-59岁	60岁及以上	#65岁及以上	
胜利街道	79918	14265	51312	14341	10014	36690
雀儿山街道	29536	4121	19745	5670	4115	14375
钢城街道	45672	6867	27642	11163	9236	28565
锦绣街道	29108	5366	18391	5351	3551	12032
白露街道	14987	2435	10638	1914	1337	5225
跃进街道	39745	6669	25356	7720	5027	19624
柳长街道	26947	4335	19743	2869	1927	8641
石碑坪镇	21177	3910	12706	4561	3312	16623
沙塘镇	52531	6838	40702	4991	3416	18799
长塘镇	52160	11115	35837	5208	3371	16964
柳江区	**503772**	**106079**	**321440**	**76253**	**53243**	**311588**
拉堡镇	253652	55008	173562	25082	16704	91527
百朋镇	41392	8088	23980	9324	6791	38899
成团镇	35683	7284	20052	8347	5707	33217
三都镇	21288	4125	12299	4864	3490	19802
里高镇	15424	3097	8856	3471	2500	14240
进德镇	46264	9800	28063	8401	5693	40421
穿山镇	68431	14822	42723	10886	8081	53410
土博镇	21638	3855	11905	5878	4277	20072
柳城县	**314242**	**59327**	**188834**	**66081**	**47490**	**264833**
大埔镇	79701	14451	51391	13859	9872	56564
龙头镇	12847	2451	7511	2885	2045	11236
太平镇	31653	6399	18681	6573	4873	29094
沙埔镇	28927	5651	17362	5914	4114	24766
东泉镇	50607	10818	29300	10489	7397	44758
凤山镇	14789	2370	8682	3737	2750	12564
六塘镇	21818	4027	12628	5163	3697	19921
冲脉镇	12082	2284	6807	2991	2170	10796
寨隆镇	11362	1988	7007	2367	1700	9834
马山镇	18010	3091	10971	3948	2894	15634
古砦仫佬族乡	20886	3864	11572	5450	4081	19501
社冲乡	11560	1933	6922	2705	1897	10165
鹿寨县	**337298**	**66325**	**203915**	**67058**	**48629**	**264044**
鹿寨镇	163106	30879	106543	25684	18195	101575
中渡镇	28269	5545	15636	7088	5189	26566
寨沙镇	43805	9752	23951	10102	7448	40743
平山镇	27087	5876	15205	6006	4408	25666
黄冕镇	19064	3454	10833	4777	3516	17562
四排镇	28048	5528	15687	6833	5033	26386
江口乡	11075	1983	6365	2727	2012	9931
导江乡	10316	1914	6146	2256	1622	9402
拉沟乡	6528	1394	3549	1585	1206	6213
融安县	**253360**	**45860**	**149165**	**58335**	**44139**	**198985**
长安镇	123958	23803	77069	23086	17037	78640
浮石镇	21076	3934	11925	5217	3915	19163
泗顶镇	12209	1975	7129	3105	2365	11184
板榄镇	14586	2074	8326	4186	3206	13734
大将镇	15109	2184	8380	4545	3524	14354

表20 续表 5 单位：人

地　　区	总人口	分年龄人口				居住本乡、镇、街道，户口在本乡、镇、街道
		0-14岁	15-59岁	60岁及以上	#65岁及以上	
大良镇	15301	2997	8453	3851	2949	13612
雅瑶乡	8752	1284	4961	2507	1953	8217
大坡乡	8150	1188	4406	2556	2014	7865
东起乡	5272	858	2876	1538	1180	4725
沙子乡	8155	1524	4509	2122	1613	7586
桥板乡	9321	1794	5117	2410	1829	8965
潭头乡	11471	2245	6014	3212	2554	10940
融水苗族自治县	**412445**	**88907**	**248117**	**75421**	**58481**	**339436**
融水镇	150326	30540	97753	22033	16151	87712
和睦镇	15257	3171	8836	3250	2542	13313
三防镇	13757	2742	7695	3320	2546	13239
怀宝镇	9768	1732	5884	2152	1798	9409
洞头镇	10112	1659	5958	2495	2007	9779
大浪镇	14187	2753	8361	3073	2400	13638
永乐镇	16022	3665	8611	3746	2895	15463
四荣乡	9726	1715	5954	2057	1667	9477
香粉乡	9503	1865	5645	1993	1524	8934
安太乡	13680	2453	7809	3418	2705	13123
汪洞乡	11015	2164	6260	2591	1976	10618
同练瑶族乡	8043	1604	4934	1505	1243	7576
滚贝侗族乡	11662	2373	6872	2417	1909	11275
杆洞乡	18392	3868	10542	3982	3158	17941
安陲乡	14255	2719	8427	3109	2394	13657
白云乡	24257	5787	13833	4637	3589	23684
红水乡	16998	4534	9729	2735	2238	16663
拱洞乡	19365	5755	10562	3048	2576	18843
良寨乡	13759	3808	7818	2133	1693	13274
大年乡	12361	4000	6634	1727	1470	11818
三江侗族自治县	**321538**	**79026**	**186509**	**56003**	**44360**	**273295**
古宜镇	87997	20734	56696	10567	7849	47584
斗江镇	15673	3058	8986	3629	2824	14235
丹洲镇	11587	2092	6789	2706	2009	11050
八江镇	20321	4164	11419	4738	3869	19935
林溪镇	19342	4090	10635	4617	3820	18760
独峒镇	32918	8753	17987	6178	5187	32283
同乐苗族乡	34100	9428	18924	5748	4394	33333
梅林乡	8929	2574	4743	1612	1376	8629
富禄苗族乡	25369	9031	12883	3455	2876	24646
洋溪乡	14275	4062	7648	2565	2189	13789
良口乡	24329	6065	14085	4179	3353	23670
老堡乡	11512	2186	7020	2306	1745	10945
高基瑶族乡	4523	748	2572	1203	954	4269
和平乡	4960	843	2815	1302	978	4749
程村乡	5703	1198	3307	1198	937	5418
桂林市	**4931137**	**968064**	**2960552**	**1002521**	**730704**	**3592945**
秀峰区	**161066**	**27860**	**104457**	**28749**	**20320**	**71686**
秀峰街道	19935	3092	11188	5655	4271	14379

表20 续表 6

单位：人

地　　区	总人口	分年龄人口				居住本乡、镇、街道，户口在本乡、镇、街道
		0-14岁	15-59岁	60岁及以上	#65岁及以上	
丽君街道	49268	8160	29580	11528	8083	26939
甲山街道	91863	16608	63689	11566	7966	30368
叠彩区	202875	36862	125965	40048	28358	114561
叠彩街道	66731	10537	38470	17724	13104	43652
北门街道	88661	16474	55878	16309	11349	46003
大河乡	47483	9851	31617	6015	3905	24906
象山区	**286872**	**48680**	**179640**	**58552**	**42171**	**163208**
南门街道	82238	11577	49446	21215	15432	50181
象山街道	32394	4707	19216	8471	6268	22068
平山街道	139698	25086	89599	25013	17917	71723
二塘乡	32542	7310	21379	3853	2554	19236
七星区	**387304**	**60685**	**272788**	**53831**	**37741**	**165824**
七星区街道	72948	11689	47422	13837	9847	37223
东江街道	93430	13950	66417	13063	9477	36043
穿山街道	102572	15860	77919	8793	5416	30454
漓东街道	80233	12826	53182	14225	10394	47988
朝阳乡	34461	5727	25706	3028	1954	11299
桂林华侨旅游经济区管理委员会	3660	633	2142	885	653	2817
雁山区	**132639**	**13333**	**107690**	**11616**	**8630**	**55185**
良丰街道	5846	636	4398	812	571	1994
雁山镇	87993	4635	79516	3842	2881	18555
柘木镇	24053	5057	15305	3691	2638	20905
大埠乡	11013	2227	6446	2340	1850	10195
草坪回族乡	3734	778	2025	931	690	3536
临桂区	**555109**	**112521**	**348056**	**94532**	**69440**	**354901**
临桂镇	298100	61295	203494	33311	22505	112894
六塘镇	28940	5432	15810	7698	5804	27611
会仙镇	37267	6713	21574	8980	6925	34572
两江镇	55661	11756	32268	11637	8805	52382
五通镇	40558	8559	22695	9304	7085	37865
四塘镇	32303	6601	19044	6658	5220	30296
南边山镇	19076	3786	10024	5266	4042	18173
中庸镇	12213	2542	6395	3276	2597	11592
茶洞镇	13579	2597	7442	3540	2676	12951
宛田瑶族乡	14805	2859	7821	4125	3197	14010
黄沙瑶族乡	2607	381	1489	737	584	2555
阳朔县	**273124**	**54952**	**160248**	**57924**	**42689**	**237902**
阳朔镇	62962	12082	40978	9902	6901	40290
白沙镇	42184	8737	24800	8647	6335	38571
福利镇	37085	7708	20618	8759	6450	34960
兴坪镇	35646	7178	20416	8052	5949	34058
葡萄镇	25154	5104	14158	5892	4519	22983
高田镇	28776	5834	16415	6527	4842	27419
金宝乡	24050	4998	13293	5759	4388	23115
普益乡	9698	1904	5458	2336	1752	9300
杨堤乡	7569	1407	4112	2050	1553	7206
灵川县	**422776**	**82891**	**259656**	**80229**	**57892**	**282413**
灵川镇	167076	36330	104975	25771	18177	83504

表20　续表 7　　单位：人

地　区	总人口	分年龄人口				居住本乡、镇、街道，户口在本乡、镇、街道
		0-14岁	15-59岁	60岁及以上	#65岁及以上	
大圩镇	46521	9653	26694	10174	7452	42560
定江镇	42304	9314	26690	6300	4380	21643
三街镇	15208	2902	8174	4132	2935	13536
潭下镇	27964	4937	15512	7515	5587	25391
九屋镇	21648	4091	11505	6052	4407	20614
灵田镇	43773	4306	34355	5112	3743	20272
潮田乡	20128	4083	10992	5053	3688	18682
大境瑶族乡	8966	1514	4994	2458	1794	8427
海洋乡	16908	3424	9085	4399	3224	16090
兰田瑶族乡	3742	569	2071	1102	833	3540
公平乡	8538	1768	4609	2161	1672	8154
全州县	**565696**	**126389**	**306825**	**132482**	**94317**	**469741**
全州镇	162926	39571	99651	23704	16525	84570
黄沙河镇	15743	3614	8243	3886	2740	14721
庙头镇	17596	3447	9147	5002	3587	15958
文桥镇	28486	6041	13515	8930	6555	27591
大西江镇	22422	5116	11388	5918	4055	21696
龙水镇	28258	5674	14572	8012	5547	27433
才湾镇	30526	5837	16110	8579	6227	28685
绍水镇	35803	7962	19475	8366	5733	33610
石塘镇	45721	10387	23892	11442	8408	43446
咸水镇	24451	5608	12995	5848	3994	23218
凤凰镇	35772	7976	18671	9125	6457	34409
安和镇	25680	5685	13112	6883	4955	24911
两河镇	17726	3460	8834	5432	4019	17177
枧塘镇	17404	3463	8955	4986	3563	16989
永岁镇	20802	4274	10150	6378	4519	20023
蕉江瑶族乡	9763	2162	5053	2548	1823	9477
白宝乡	8225	1462	3911	2852	2146	7901
东山瑶族乡	18392	4650	9151	4591	3464	17926
兴安县	**307043**	**64820**	**169889**	**72334**	**53220**	**255371**
兴安镇	113248	25391	67715	20142	14636	73249
湘漓镇	36293	7377	19157	9759	7343	33955
界首镇	28327	5960	15213	7154	5161	25019
高尚镇	31717	6994	16167	8556	6345	30670
严关镇	14413	2851	7745	3817	2774	13524
溶江镇	37502	7330	19870	10302	7708	35425
漠川乡	13758	2592	7025	4141	2947	13291
白石乡	7145	1466	3668	2011	1474	6883
崔家乡	14946	3267	7711	3968	3008	14188
华江瑶族乡	9694	1592	5618	2484	1824	9167
永福县	**228646**	**46526**	**131823**	**50297**	**37616**	**195172**
永福镇	65632	13551	40273	11808	8554	43283
罗锦镇	32994	6969	18609	7416	5591	31087
百寿镇	24766	5128	13758	5880	4466	23422
苏桥镇	25500	5380	15412	4708	3471	21477
三皇镇	18576	3868	10366	4342	3258	17528
堡里镇	18637	3464	10437	4736	3593	17932

表20 续表 8 单位：人

地区	总人口	分年龄人口				居住本乡、镇、街道，户口在本乡、镇、街道
		0-14岁	15-59岁	60岁及以上	#65岁及以上	
广福乡	13619	2438	7563	3618	2689	12780
永安乡	15224	3091	7749	4384	3342	14525
龙江乡	13698	2637	7656	3405	2652	13138
灌阳县	**208412**	**43350**	**113114**	**51948**	**38371**	**180530**
灌阳镇	76075	17867	43690	14518	10535	53942
黄关镇	28307	5547	14478	8282	6112	27191
文市镇	24205	4977	12834	6394	4743	22694
新街镇	25878	4693	13339	7846	6064	24546
新圩镇	13990	2465	7344	4181	3053	13607
水车镇	18081	3291	9576	5214	3849	17629
洞井瑶族乡	7071	1502	3856	1713	1269	6674
观音阁乡	6351	1393	3308	1650	1229	6013
西山瑶族乡	8454	1615	4689	2150	1517	8234
龙胜各族自治县	**139483**	**24537**	**82590**	**32356**	**23369**	**113358**
龙胜镇	49883	10081	31435	8367	5767	28915
瓢里镇	10368	1475	6026	2867	2138	9568
三门镇	10004	1575	6061	2368	1825	9167
龙脊镇	11990	2094	6954	2942	2188	11224
平等镇	16352	2394	8895	5063	3750	15810
乐江镇	11256	1739	6058	3459	2626	10820
泗水乡	10058	1823	5934	2301	1582	9293
江底乡	6454	1105	3777	1572	1105	6073
马堤乡	7410	1384	4162	1864	1281	7098
伟江乡	5708	867	3288	1553	1107	5390
资源县	**139212**	**30460**	**77476**	**31276**	**23298**	**115453**
资源镇	56458	13274	33647	9537	7029	37554
中峰镇	23424	5236	12564	5624	4088	21950
梅溪镇	18622	3988	9596	5038	3947	17598
瓜里乡	12755	2844	6266	3645	2866	11933
车田苗族乡	18166	3730	9839	4597	3310	17090
两水苗族乡	6530	948	3633	1949	1420	6264
河口瑶族乡	3257	440	1931	886	638	3064
平乐县	**340921**	**80562**	**184258**	**76101**	**56920**	**317418**
平乐镇	94210	18742	55510	19958	14596	81162
二塘镇	61738	14499	35185	12054	8980	57764
沙子镇	33668	7341	18828	7499	5524	32557
同安镇	31781	9099	14861	7821	5790	30512
张家镇	29800	8009	14707	7084	5245	28856
源头镇	33166	8832	16697	7637	5851	31677
阳安乡	17637	4929	8513	4195	3213	17167
青龙乡	14919	4042	7187	3690	2844	14535
桥亭乡	11838	2833	5903	3102	2491	11416
大发瑶族乡	12164	2236	6867	3061	2386	11772
恭城瑶族自治县	**245432**	**51896**	**138436**	**55100**	**41353**	**222230**
恭城镇	62209	12594	37496	12119	8723	48617
栗木镇	34090	7520	17933	8637	6699	32731
莲花镇	43527	9985	23960	9582	7274	41972
嘉会镇	20161	4359	11097	4705	3446	18944

表20 续表 9

单位：人

地　　区	总人口	分年龄人口				居住本乡、镇、街道，户口在本乡、镇、街道
		0-14岁	15-59岁	60岁及以上	#65岁及以上	
西岭镇	29885	6405	16593	6887	5180	28505
平安镇	31183	5903	18214	7066	5410	28131
三江乡	10425	2050	5823	2552	1858	9945
观音乡	6555	1447	3407	1701	1330	6316
龙虎乡	7397	1633	3913	1851	1433	7069
荔浦市	**334527**	**61740**	**197641**	**75146**	**54999**	**277992**
荔城镇	103150	19089	66596	17465	12281	63860
东昌镇	19217	3531	10730	4956	3678	18169
新坪镇	23476	4211	13224	6041	4364	21526
杜莫镇	17698	3130	9833	4735	3503	16479
青山镇	30620	5909	17599	7112	5169	27545
修仁镇	27860	5361	15579	6920	5039	25692
大塘镇	17327	3169	9954	4204	3181	16391
花篢镇	16547	2946	9204	4397	3317	15510
双江镇	22713	4223	12976	5514	4045	21284
马岭镇	34451	6777	19894	7780	5813	31616
龙怀乡	7570	1214	4342	2014	1534	6986
茶城乡	7704	1305	4270	2129	1606	7117
蒲芦瑶族乡	6194	875	3440	1879	1469	5817
梧州市	**2820977**	**748749**	**1601777**	**470451**	**347364**	**2254771**
万秀区	**271989**	**44258**	**168301**	**59430**	**43481**	**177391**
角嘴街道	33326	5283	19346	8697	6353	23457
东兴街道	51139	9153	31494	10492	7303	27504
富民街道	67569	8205	46421	12943	8981	33966
城南街道	24029	2882	13299	7848	5809	17543
城北街道	25245	3144	14596	7505	5773	17256
城东镇	18392	3690	12323	2379	1862	13375
龙湖镇	15604	3033	10501	2070	1429	9694
夏郢镇	36685	8868	20321	7496	5971	34596
长洲区	**299344**	**61347**	**194224**	**43773**	**31118**	**154887**
大塘街道	120728	23311	75783	21634	15414	62075
兴龙街道	43853	9154	30098	4601	3097	14234
红岭街道	57485	10214	42632	4639	2839	12534
长洲镇	48774	10793	30721	7260	5223	38589
倒水镇	28504	7875	14990	5639	4545	27455
龙圩区	**288482**	**76160**	**170803**	**41519**	**31990**	**215947**
龙圩镇	151043	35180	99235	16628	12336	85535
大坡镇	41305	11896	21922	7487	6029	39479
广平镇	45504	14387	22299	8818	6970	43532
新地镇	50630	14697	27347	8586	6655	47401
苍梧县	**276766**	**78135**	**149767**	**48864**	**37129**	**263116**
石桥镇	53644	16133	29679	7832	5959	48006
沙头镇	50636	16124	26108	8404	6357	49202
梨埠镇	24074	7337	12169	4568	3341	22848
岭脚镇	42275	11233	23521	7521	5773	41032
京南镇	28691	7262	15480	5949	4606	27570
狮寨镇	13201	3072	7312	2817	2230	12684

表20 续表 10

单位：人

地区	总人口	分年龄人口				居住本乡、镇、街道，户口在本乡、镇、街道
		0-14岁	15-59岁	60岁及以上	#65岁及以上	
旺甫镇	36494	9757	20785	5952	4523	35004
六堡镇	17601	4344	9613	3644	2709	17019
木双镇	10150	2873	5100	2177	1631	9751
藤县	**795612**	**233690**	**434476**	**127446**	**94741**	**685689**
藤州镇	210894	55353	131362	24179	17510	135833
塘步镇	48477	14326	26716	7435	5721	44268
埌南镇	32470	10207	16497	5766	4275	31576
同心镇	16145	5365	7817	2963	2237	15397
金鸡镇	42903	12884	21737	8282	6292	40428
新庆镇	27241	7688	14477	5076	3834	26448
象棋镇	26679	8122	13034	5523	4181	25524
岭景镇	24979	7281	12530	5168	3866	24066
天平镇	51262	15569	26405	9288	7017	49531
蒙江镇	60423	18493	31721	10209	7740	57006
和平镇	51791	16855	25622	9314	6783	50155
太平镇	91839	28858	49483	13498	9839	79789
古龙镇	31442	9085	17029	5328	3940	30316
东荣镇	22368	6953	10932	4483	3319	21145
大黎镇	26104	7707	13459	4938	3649	25125
平福乡	21570	6453	11309	3808	2865	20569
宁康乡	9025	2491	4346	2188	1673	8513
蒙山县	**164420**	**38832**	**90297**	**35291**	**26304**	**138359**
蒙山镇	66359	14458	40479	11422	8335	45923
西河镇	21142	5057	10719	5366	4023	20048
新圩镇	14917	3390	7702	3825	2917	14024
文圩镇	22510	5787	11318	5405	4041	21411
黄村镇	12121	3033	5946	3142	2385	11682
陈塘镇	15203	4052	7947	3204	2380	13747
汉豪乡	7958	2155	4094	1709	1308	7522
长坪瑶族乡	1185	153	613	419	315	1115
夏宜瑶族乡	3025	747	1479	799	600	2887
岑溪市	**724364**	**216327**	**393909**	**114128**	**82601**	**619382**
岑城镇	225305	59931	141486	23888	16225	144143
马路镇	56739	17306	30369	9064	6464	53069
南渡镇	51582	14943	26600	10039	7131	49212
水汶镇	35798	11547	16830	7421	5523	33791
大隆镇	21474	6829	10392	4253	3096	20507
梨木镇	26887	8705	12854	5328	4007	25954
大业镇	34305	11325	16691	6289	4468	33257
筋竹镇	34840	10932	18066	5842	4415	33313
诚谏镇	29167	9631	14011	5525	4253	27845
归义镇	58563	18905	30111	9547	7017	54713
糯垌镇	57516	18023	29753	9740	7151	55202
安平镇	22760	7407	11251	4102	3045	21587
三堡镇	45692	14133	23410	8149	6113	44123
波塘镇	23736	6710	12085	4941	3693	22666

表20　续表 11　　　　单位：人

地　区	总人口	分年龄人口				居住本乡、镇、街道，户口在本乡、镇、街道
		0-14岁	15-59岁	60岁及以上	#65岁及以上	
北海市	**1853227**	**401390**	**1154321**	**297516**	**213437**	**1199721**
海城区	**527895**	**103168**	**352611**	**72116**	**49478**	**205232**
中街街道	53299	9442	33149	10708	7626	27834
东街街道	47092	8596	30209	8287	5940	18113
西街街道	41942	7995	28245	5702	3925	15348
海角街道	45488	8851	28706	7931	5555	19219
地角街道	32071	6031	21657	4383	2991	14971
高德街道	126866	27311	85292	14263	9510	45892
驿马街道	167998	32326	117389	18283	12271	53279
涠洲镇	13139	2616	7964	2559	1660	10576
银海区	**315196**	**62409**	**215622**	**37165**	**25126**	**142197**
福成镇	64921	15050	38430	11441	8656	59934
银滩镇	208050	38353	150143	19554	12237	51770
平阳镇	27160	5434	17933	3793	2633	20552
侨港镇	15065	3572	9116	2377	1600	9941
铁山港区	**145943**	**32460**	**86998**	**26485**	**19769**	**125434**
南康镇	54041	12385	31686	9970	7507	44943
营盘镇	48267	10304	28905	9058	6791	43315
兴港镇	43635	9771	26407	7457	5471	37176
合浦县	**864193**	**203353**	**499090**	**161750**	**119064**	**726858**
廉州镇	246064	53163	152663	40238	29083	155221
党江镇	42061	9029	23760	9272	6862	39099
西场镇	68893	14724	39815	14354	10572	65496
沙岗镇	30362	6507	17401	6454	4698	27925
乌家镇	13918	3091	8659	2168	1613	11017
闸口镇	25867	5891	14333	5643	4330	24397
公馆镇	85178	22521	46118	16539	12381	79533
白沙镇	75676	21837	40304	13535	10171	71892
山口镇	63936	17112	35984	10840	7952	59171
沙田镇	12308	2650	6935	2723	2028	11478
石湾镇	38731	8467	21995	8269	6075	36096
石康镇	63206	14619	36101	12486	9210	56131
常乐镇	61340	15564	33732	12044	8698	56756
星岛湖镇	24400	4911	14773	4716	3457	21001
曲樟乡	12253	3267	6517	2469	1934	11645
防城港市	**1046068**	**251438**	**646792**	**147838**	**104921**	**654425**
港口区	**244280**	**48343**	**171369**	**24568**	**16710**	**93756**
渔州坪街道	74619	15605	52452	6562	3919	21488
白沙万街道	29223	6609	19664	2950	1950	10178
沙潭江街道	54835	10469	39807	4559	2851	14846
王府街道	9074	2233	5491	1350	1045	7173
企沙镇	44561	7693	31972	4896	3679	23200
光坡镇	31968	5734	21983	4251	3266	16871
防城区	**390961**	**100536**	**228028**	**62397**	**44878**	**280300**
水营街道	41537	11245	25192	5100	3433	20560
珠河街道	63002	15062	39846	8094	5478	30464
文昌街道	68006	15876	43512	8618	5954	34416

表20 续表 12

单位：人

地　区	总人口	分年龄人口				居住本乡、镇、街道，户口在本乡、镇、街道
		0-14岁	15-59岁	60岁及以上	#65岁及以上	
大菉镇	23163	6384	12089	4690	3424	21464
华石镇	11052	2789	5935	2328	1741	9542
那梭镇	21211	5621	11480	4110	3119	18494
那良镇	41290	11105	22604	7581	5549	38155
峒中镇	22006	6004	11979	4023	2939	21030
江山镇	23171	4835	15444	2892	2193	16582
茅岭镇	15975	4121	8620	3234	2459	14500
扶隆镇	21360	6321	10627	4412	3210	19729
滩营乡	28405	7725	15093	5587	4152	25398
十万山瑶族乡	7151	2455	3597	1099	777	6428
小峰经济作物场	3632	993	2010	629	450	3538
上思县	**194774**	**45105**	**114912**	**34757**	**24689**	**154760**
思阳镇	93043	22426	56303	14314	9873	58934
在妙镇	24557	5889	13982	4686	3496	22498
华兰镇	7747	1694	4517	1536	1190	7349
叫安镇	25626	5761	14376	5489	3850	24487
南屏瑶族乡	9950	2188	6377	1385	971	9510
平福乡	13221	3115	7656	2450	1784	12663
那琴乡	12570	2481	7089	3000	2190	11623
公正乡	8060	1551	4612	1897	1335	7696
东兴市	**216053**	**57454**	**132483**	**26116**	**18644**	**125609**
东兴镇	153243	42199	95877	15167	10258	74325
江平镇	49875	12242	29242	8391	6407	39747
马路镇	12935	3013	7364	2558	1979	11537
钦州市	**3302238**	**951730**	**1829773**	**520735**	**378592**	**2630847**
钦南区	**679692**	**167437**	**416285**	**95970**	**68870**	**411575**
向阳街道	27757	6211	17186	4360	3143	14793
水东街道	84797	21376	55292	8129	5265	22420
文峰街道	62434	14896	37752	9786	7060	27638
南珠街道	79503	16204	55547	7752	5332	25782
尖山街道	27139	7760	15308	4071	2941	22622
沙埠镇	76550	17039	52500	7011	4807	35498
康熙岭镇	34103	9437	18467	6199	4515	29756
黄屋屯镇	32571	8351	16996	7224	5357	30499
大番坡镇	17548	5055	9616	2877	2237	15590
龙门港镇	6021	1195	3518	1308	1046	5069
久隆镇	30579	9489	15675	5415	4034	27942
东场镇	14056	3691	7646	2719	2028	13062
那丽镇	25854	6462	14387	5005	3608	21822
那彭镇	28635	8076	14880	5679	4176	25990
那思镇	19852	5463	10651	3738	2694	18336
犀牛脚镇	44446	11196	25256	7994	5921	40372
丽光华侨农场	9650	2631	5162	1857	1346	8706
钦州港经济技术开发区	49951	11448	34748	3755	2564	20353
三娘湾旅游管理区	5104	1240	2906	958	716	4835
广西钦州保税港区	345		342	3	2	
中马钦州产业园区	2797	217	2450	130	78	490

表20　续表 13　　　　单位：人

地　　区	总人口	分年龄人口				居住本乡、镇、街道，户口在本乡、镇、街道
		0-14岁	15-59岁	60岁及以上	#65岁及以上	
钦北区	**720442**	**205807**	**399721**	**114914**	**82831**	**534365**
长田街道	70510	18871	45850	5789	3888	14936
鸿亭街道	57455	13695	38983	4777	2966	12910
子材街道	89178	21167	57108	10903	7520	35326
大垌镇	26133	7790	13861	4482	3288	23183
平吉镇	61344	19516	31501	10327	7761	58467
青塘镇	32601	11049	15886	5666	4188	31105
小董镇	67955	19571	36032	12352	8880	60374
板城镇	60426	18655	31353	10418	7732	57683
那蒙镇	38708	11413	19633	7662	5577	35903
长滩镇	39909	11624	20530	7755	5909	38079
新棠镇	32274	9171	17047	6056	4346	30592
大直镇	57492	18518	28332	10642	7658	54737
大寺镇	63785	18202	32624	12959	9392	59550
贵台镇	22672	6565	10981	5126	3726	21520
灵山县	**1218140**	**380293**	**649927**	**187920**	**137049**	**1080707**
灵城街道	107608	27969	64434	15205	10748	73303
三海街道	103069	27092	63566	12411	8877	68012
新圩镇	91959	26855	50438	14666	10502	81290
丰塘镇	30635	8748	15756	6131	4567	29400
平山镇	32101	9863	15717	6521	4703	30606
石塘镇	36390	10973	18015	7402	5616	33789
佛子镇	46572	13991	23995	8586	6253	44456
平南镇	40199	13019	19751	7429	5541	38082
烟墩镇	54065	18050	27046	8969	6512	51640
檀圩镇	87606	26108	48623	12875	9280	80851
那隆镇	82054	28808	40595	12651	9353	75825
三隆镇	51887	18703	25787	7397	5335	49571
陆屋镇	82454	28724	41648	12082	8764	75139
旧州镇	74273	26596	36789	10888	8085	70687
太平镇	91986	29015	49338	13633	10295	88506
沙坪镇	42978	14414	22503	6061	4426	40365
武利镇	65891	20622	35658	9611	7103	58031
文利镇	25189	7317	13312	4560	3246	23675
伯劳镇	71224	23426	36956	10842	7843	67479
浦北县	**683964**	**198193**	**363840**	**121931**	**89842**	**604200**
小江街道	83294	20818	52240	10236	7229	52448
江城街道	75098	19391	44816	10891	7784	55534
泉水镇	23009	5953	12884	4172	2918	20211
石埇镇	11625	3257	5957	2411	1760	10630
安石镇	23013	6235	11967	4811	3609	21986
张黄镇	67665	17688	37268	12709	9483	62438
大成镇	22872	6334	11651	4887	3555	21553
白石水镇	28808	8970	13971	5867	4270	26984
北通镇	46597	16413	21325	8859	6459	44656
三合镇	27447	8585	14238	4624	3468	26255

表20 续表 14 单位：人

地　　区	总人口	分年龄人口				居住本乡、镇、街道，户口在本乡、镇、街道
		0-14岁	15-59岁	60岁及以上	#65岁及以上	
龙门镇	63742	18792	32115	12835	9568	60858
福旺镇	51234	15374	26380	9480	7222	48990
寨圩镇	51528	15845	26235	9448	7099	47607
乐民镇	29737	9032	15025	5680	4282	27997
六硍镇	29720	9631	14177	5912	4493	28849
平睦镇	18664	6453	8578	3633	2703	18109
官垌镇	29911	9422	15013	5476	3940	29095
贵港市	**4316262**	**1141225**	**2467774**	**707263**	**524919**	**3618094**
港北区	**760633**	**189242**	**471791**	**99600**	**72237**	**507845**
贵城街道	367363	79989	243837	43537	30472	189752
港城街道	136042	35873	86458	13711	9559	79941
大圩镇	75571	22006	41120	12445	9249	68370
庆丰镇	67668	20302	36524	10842	8364	63125
根竹镇	33051	8059	20536	4456	3208	28670
武乐镇	22177	6758	11195	4224	3121	21112
奇石乡	17844	4981	9850	3013	2398	17397
中里乡	40917	11274	22271	7372	5866	39478
港南区	**516598**	**128248**	**295779**	**92571**	**69778**	**409930**
江南街道	92915	20739	62138	10038	7051	26503
八塘街道	90076	19965	58564	11547	8462	65543
桥圩镇	69288	17044	37538	14706	11232	65712
木格镇	58637	15931	29199	13507	10497	56341
木梓镇	34869	9017	17639	8213	6276	33469
湛江镇	41641	10682	22133	8826	6790	40442
东津镇	41438	11663	20906	8869	7057	40034
新塘镇	50070	13793	27841	8436	6079	45817
瓦塘镇	37664	9414	19821	8429	6334	36069
覃塘区	**423747**	**112585**	**235259**	**75903**	**57297**	**383811**
覃塘街道	77234	19565	46952	10717	7865	61641
东龙镇	52659	13194	30398	9067	6914	46967
三里镇	39919	11000	21509	7410	5554	37802
黄练镇	34669	9212	19026	6431	4791	31740
石卡镇	62809	16246	35178	11385	8422	57945
五里镇	28816	7961	15733	5122	3831	26891
樟木镇	51591	13295	27454	10842	8436	48620
蒙公镇	28551	8520	14763	5268	4132	27119
山北乡	27321	7671	14531	5119	3946	25583
大岭乡	20178	5921	9715	4542	3406	19503
平南县	**1104273**	**307222**	**607486**	**189565**	**140140**	**955235**
平南街道	223874	58093	136675	29106	20795	135775
上渡街道	70285	18861	41013	10411	7501	56764
平山镇	37273	10765	19526	6982	5157	33140
寺面镇	29421	8872	14934	5615	4206	28010
六陈镇	46641	13003	23958	9680	7117	44898
大新镇	70458	19133	38259	13066	9991	68103
大安镇	97198	25176	56648	15374	11459	85595

表20 续表 15

单位：人

地　区	总人口	分年龄人口				居住本乡、镇、街道，户口在本乡、镇、街道
		0-14岁	15-59岁	60岁及以上	#65岁及以上	
武林镇	21150	5463	11947	3740	2855	19662
大坡镇	26381	8006	13301	5074	3750	25089
大洲镇	27257	8163	13955	5139	3812	26302
镇隆镇	70510	20858	39060	10592	7749	66036
安怀镇	41777	12386	21255	8136	6033	40338
丹竹镇	70241	20297	37333	12611	9364	66726
官成镇	64800	19017	32667	13116	9740	62086
思旺镇	69417	19946	36048	13423	9881	64349
大鹏镇	26418	7581	13953	4884	3585	25282
同和镇	31635	8542	16728	6365	4947	30635
东华镇	26594	7941	13416	5237	3870	25872
思界乡	20754	5996	10651	4107	3088	19653
国安瑶族乡	11502	3395	5722	2385	1816	11071
马练瑶族乡	20687	5728	10437	4522	3424	19849
桂平市	**1511011**	**403928**	**857459**	**249624**	**185467**	**1361273**
木乐镇	70553	20798	41001	8754	6439	63180
木圭镇	55816	15911	30225	9680	7284	54230
石咀镇	39557	11139	21094	7324	5270	36712
油麻镇	35958	9663	19513	6782	4920	35151
社坡镇	60917	15645	34951	10321	7664	58754
罗秀镇	51488	12776	28344	10368	7877	49685
麻垌镇	71574	18843	40429	12302	9088	68219
社步镇	43348	11429	24047	7872	6023	42307
下湾镇	48957	14639	25303	9015	6901	47853
木根镇	44208	11926	24980	7302	5580	43425
中沙镇	39554	10097	21659	7798	5986	38744
大洋镇	55739	15277	30474	9988	7652	54403
大湾镇	42989	12291	22961	7737	5757	41895
白沙镇	55688	17007	29939	8742	6412	53811
石龙镇	62102	17488	34480	10134	7548	59906
蒙圩镇	67742	18317	38011	11414	8351	64826
西山镇	240028	51276	157574	31178	22137	146839
南木镇	89643	25797	48167	15679	12046	86336
江口镇	76271	21247	40998	14026	10252	73809
金田镇	67505	19370	36624	11511	8615	64702
紫荆镇	14863	4033	8054	2776	2140	14376
马皮乡	31117	9819	15765	5533	4034	30158
寻旺乡	61748	14657	37976	9115	6678	49904
罗播乡	31047	8184	17010	5853	4462	30541
厚禄乡	35595	11370	18983	5242	3881	35089
垌心乡	17004	4929	8897	3178	2470	16418
玉林市	**5796766**	**1683326**	**3197544**	**915896**	**671839**	**4764506**
玉州区	**908121**	**211187**	**576588**	**120346**	**86561**	**540121**
玉城街道	177525	36526	112206	28793	20645	94358
南江街道	228554	57200	143877	27477	19489	125414
城西街道	96569	20118	65363	11088	8053	43421

表20 续表 16

单位：人

地　　区	总人口	分年龄人口				居住本乡、镇、街道，户口在本乡、镇、街道
		0-14岁	15-59岁	60岁及以上	#65岁及以上	
城北街道	48936	11522	29637	7777	5722	40223
名山街道	182740	42875	120293	19572	13836	96872
大塘镇	16957	4139	9746	3072	2264	16278
茂林镇	84716	20919	54728	9069	6699	56795
仁东镇	48871	12093	27644	9134	6601	44746
仁厚镇	23253	5795	13094	4364	3252	22014
福绵区	**318709**	**84271**	**179319**	**55119**	**41077**	**289227**
福绵镇	82113	19964	48673	13476	9985	71934
成均镇	57905	14339	32474	11092	8252	55350
樟木镇	66370	16929	37745	11696	8773	57754
新桥镇	50551	13975	28222	8354	6223	45815
沙田镇	41151	13062	21294	6795	5056	39325
石和镇	20619	6002	10911	3706	2788	19049
容县	**654916**	**188635**	**351100**	**115181**	**84560**	**544407**
容州镇	207409	53501	125570	28338	20394	128200
杨梅镇	49040	13647	27692	7701	5618	39856
灵山镇	29448	9282	14710	5456	3900	28169
六王镇	43591	13179	22073	8339	5934	41706
黎村镇	61601	21108	28935	11558	8577	58956
杨村镇	37936	12894	17515	7527	5546	36655
县底镇	35142	10585	17071	7486	5648	33515
自良镇	23866	7362	11408	5096	3757	22464
松山镇	27620	7613	14241	5766	4335	26185
罗江镇	18552	5647	9357	3548	2625	16860
石头镇	37276	10450	18676	8150	6201	35992
石寨镇	28939	8190	15504	5245	3936	25738
十里镇	28133	7724	14350	6059	4473	25467
容西镇	14015	4031	7638	2346	1772	12727
浪水镇	12348	3422	6360	2566	1844	11917
陆川县	**804427**	**249418**	**428243**	**126766**	**95445**	**677281**
温泉镇	229758	59623	144655	25480	18717	130516
米场镇	42610	14063	21402	7145	5385	40635
马坡镇	69534	21970	36076	11488	8638	65211
珊罗镇	44140	13254	24263	6623	5022	41966
平乐镇	34793	11368	17692	5733	4313	33850
沙坡镇	53306	18438	26256	8612	6666	51142
大桥镇	32923	9938	15997	6988	5413	30945
乌石镇	73988	24125	35624	14239	10938	69097
良田镇	60284	20708	29222	10354	7735	58143
清湖镇	49289	17462	23210	8617	6353	47092
古城镇	46197	16706	21413	8078	5903	43554
沙湖镇	17636	5836	8501	3299	2463	16918
横山镇	28391	9007	13414	5970	4697	27404
滩面镇	21578	6920	10518	4140	3202	20808
博白县	**1390612**	**445784**	**730276**	**214552**	**155982**	**1243988**
博白镇	277905	75370	169280	33255	23479	185866
双凤镇	17574	6037	8584	2953	2211	16867

表20 续表 17

单位：人

地区	总人口	分年龄人口				居住本乡、镇、街道，户口在本乡、镇、街道
		0-14岁	15-59岁	60岁及以上	#65岁及以上	
顿谷镇	31318	10987	15242	5089	3654	29941
水鸣镇	48350	16642	24622	7086	4998	46286
那林镇	36370	11917	18026	6427	4650	34796
江宁镇	36442	11372	18804	6266	4553	34981
三滩镇	52257	17357	26116	8784	6313	49858
黄凌镇	18525	6405	8985	3135	2343	17464
亚山镇	61935	21275	31499	9161	6526	59368
旺茂镇	50722	17936	25159	7627	5678	47826
东平镇	89802	30521	44992	14289	10416	85712
沙河镇	48169	16022	23349	8798	6274	44553
菱角镇	30684	9467	15490	5727	4240	28970
新田镇	33282	10767	16650	5865	4268	31863
凤山镇	63990	22599	32120	9271	6601	60367
宁潭镇	47097	15980	23209	7908	5878	45638
文地镇	76532	26105	38886	11541	8474	73519
英桥镇	52911	18265	25864	8782	6409	51099
那卜镇	15017	4810	7315	2892	2094	14163
大垌镇	24014	7149	12466	4399	3273	23360
沙陂镇	30013	10131	14906	4976	3647	28209
双旺镇	30978	10812	14809	5357	4007	29161
松旺镇	30049	9616	14949	5484	4079	28240
龙潭镇	79174	23589	44049	11536	8707	72853
大坝镇	22018	7422	10866	3730	2828	20815
永安镇	25140	8443	12944	3753	2740	24125
径口镇	39337	12437	20113	6787	4991	37860
浪平镇	21007	6351	10982	3674	2651	20228
兴业县	**508344**	**128118**	**274671**	**105555**	**80185**	**474464**
石南镇	93430	18320	59543	15567	11660	71779
大平山镇	36444	8918	19282	8244	6122	34653
葵阳镇	57383	13727	32001	11655	8800	55524
城隍镇	44175	11292	24003	8880	6559	43195
山心镇	49810	13467	25064	11279	8616	48051
沙塘镇	37978	11401	18065	8512	6695	36944
蒲塘镇	31948	8810	15521	7617	5886	31189
北市镇	35267	9486	17626	8155	6277	34396
龙安镇	31231	7788	17536	5907	4479	30299
高峰镇	28299	8695	13046	6558	5086	27409
小平山镇	22506	5746	11648	5112	3919	21970
卖酒镇	23600	6084	13205	4311	3169	23105
洛阳镇	16273	4384	8131	3758	2917	15950
北流市	**1211637**	**375913**	**657347**	**178377**	**128029**	**995018**
陵城街道	81746	18214	54795	8737	6068	33394
城南街道	86948	22225	56322	8401	5767	31426
城北街道	63526	15548	42366	5612	3666	16259
北流镇	89412	26295	51331	11786	8529	79234
新荣镇	31763	9807	16666	5290	3877	30220
民安镇	36548	10919	20122	5507	4137	31849

表20 续表 18 单位：人

地 区	总人口	分年龄人口				居住本乡、镇、街道，户口在本乡、镇、街道
		0-14岁	15-59岁	60岁及以上	#65岁及以上	
山围镇	25025	7622	12902	4501	3361	24192
民乐镇	61323	18289	32838	10196	7509	56308
西埌镇	50633	15467	27377	7789	5602	46360
新圩镇	59473	17806	32150	9517	6852	54153
大里镇	37090	10636	19444	7010	5225	35531
塘岸镇	49381	15020	27261	7100	5036	46803
清水口镇	34019	10867	17620	5532	4027	32818
隆盛镇	65639	21960	34119	9560	6748	63409
大坡外镇	33480	10784	17085	5611	3980	32121
六麻镇	62567	21118	32139	9310	6717	60813
新丰镇	37412	12833	18821	5758	4116	35852
沙垌镇	23376	8229	11100	4047	2844	21903
平政镇	57883	20672	28599	8612	6249	51688
白马镇	36285	13636	16524	6125	4353	33373
大伦镇	28350	10521	12890	4939	3621	26179
扶新镇	18657	6610	8820	3227	2230	17752
六靖镇	59932	21303	29283	9346	6658	56422
石窝镇	41131	15183	18622	7326	5359	39137
清湾镇	40038	14349	18151	7538	5498	37822
百色市	**3571505**	**798115**	**2171649**	**601741**	**442548**	**2731146**
右江区	**472086**	**88340**	**320063**	**63683**	**44148**	**275413**
百城街道	187775	29172	133931	24672	16859	85768
龙景街道	148311	31435	101195	15681	10501	67968
阳圩镇	20469	4205	12528	3736	2714	19717
四塘镇	35072	7069	23282	4721	3307	25777
龙川镇	23278	5089	13854	4335	3172	22278
永乐镇	14045	2838	8864	2343	1648	13172
汪甸瑶族乡	22066	4516	13974	3576	2557	21032
大楞乡	13937	2564	8276	3097	2282	13235
泮水乡	7133	1452	4159	1522	1108	6466
田阳区	**308785**	**63858**	**185667**	**59260**	**44831**	**223314**
田州镇	133717	30734	84376	18607	13259	60736
那坡镇	28169	5382	16680	6107	4546	25884
坡洪镇	19380	3605	10577	5198	4171	18637
那满镇	13899	2588	7861	3450	2594	13341
百育镇	23004	4418	13720	4866	3665	20903
玉凤镇	25762	5244	15503	5015	3904	25026
头塘镇	23852	4537	15205	4110	2965	19254
五村镇	13596	2477	7271	3848	3175	13121
洞靖镇	17844	3151	9707	4986	4055	17077
巴别乡	9562	1722	4767	3073	2497	9335
田东县	**352007**	**79551**	**209240**	**63216**	**46595**	**265788**
平马镇	138667	31764	88793	18110	12682	67263
祥周镇	42895	9138	23656	10101	7632	39333
林逢镇	42708	9072	26099	7537	5722	35261
思林镇	35215	8124	19585	7506	5660	33990

表20 续表 19

单位：人

地区	总人口	分年龄人口				居住本乡、镇、街道，户口在本乡、镇、街道
		0-14岁	15-59岁	60岁及以上	#65岁及以上	
印茶镇	14462	3915	7465	3082	2292	14059
江城镇	11617	3101	5563	2953	2275	11269
朔良镇	20297	4112	11882	4303	3140	19825
义圩镇	15200	3257	8552	3391	2539	14837
那拔镇	10803	2278	6479	2046	1539	10351
作登瑶族乡	20143	4790	11166	4187	3114	19600
德保县	**269758**	**59222**	**149292**	**61244**	**47076**	**217665**
城关镇	87823	21922	53689	12212	8567	41873
足荣镇	14556	2934	7774	3848	2963	13698
隆桑镇	12001	2516	6481	3004	2303	11666
敬德镇	19487	3743	10618	5126	4090	18924
马隘镇	24037	4746	12709	6582	5146	22810
东凌镇	25555	5620	13594	6341	5019	25076
那甲镇	15018	2553	7801	4664	3684	14627
都安乡	11598	2296	6092	3210	2466	11302
荣华乡	10278	2432	5162	2684	2196	10013
燕峒乡	17666	3580	8848	5238	4073	17033
龙光乡	17991	3964	9393	4634	3640	17526
巴头乡	13495	2913	6889	3693	2924	13117
德保铝业	253	3	242	8	5	
那坡县	**171781**	**39693**	**101393**	**30695**	**23010**	**162266**
城厢镇	60683	13113	37763	9807	7187	53986
平孟镇	12048	2713	7058	2277	1749	11744
龙合镇	23812	6246	12168	5398	4063	23217
坡荷乡	9875	2151	5386	2338	1802	9607
德隆乡	14607	3355	8659	2593	1988	14218
百合乡	10718	2277	6416	2025	1528	10425
百南乡	7982	2105	4716	1161	889	7808
百省乡	13830	3540	8228	2062	1572	13428
百都乡	18226	4193	10999	3034	2232	17833
凌云县	**188194**	**47793**	**112841**	**27560**	**20184**	**156559**
泗城镇	71067	18471	44548	8048	5648	43849
逻楼镇	22295	4915	12643	4737	3638	21629
加尤镇	20450	5197	11738	3515	2662	19557
下甲镇	18247	4652	10528	3067	2237	17588
伶站瑶族乡	15854	4430	9297	2127	1575	15173
朝里瑶族乡	7843	2112	4707	1024	751	7533
沙里瑶族乡	14973	4019	8463	2491	1809	14367
玉洪瑶族乡	17465	3997	10917	2551	1864	16863
乐业县	**146397**	**36222**	**90362**	**19813**	**14609**	**124674**
同乐镇	58861	15092	37328	6441	4586	40292
甘田镇	10617	2582	6072	1963	1502	10314
新化镇	18254	4379	11053	2822	2089	17526
花坪镇	10445	2692	6321	1432	1074	10035
逻沙乡	11599	2740	6688	2171	1604	11223
逻西乡	15707	3771	9659	2277	1759	15081
幼平乡	14764	3511	9347	1906	1407	14230
雅长乡	6150	1455	3894	801	588	5973

表20 续表 20

单位：人

地区	总人口	分年龄人口				居住本乡、镇、街道，户口在本乡、镇、街道
		0-14岁	15-59岁	60岁及以上	#65岁及以上	
田林县	**224828**	**49004**	**143052**	**32772**	**23088**	**180168**
乐里镇	60965	13728	41310	5927	3849	27084
旧州镇	15854	3324	10027	2503	1876	14546
定安镇	11293	2515	7004	1774	1200	10269
六隆镇	15202	3513	9338	2351	1651	14161
浪平镇	19949	4782	11338	3829	2880	19238
潞城瑶族乡	23158	4519	15369	3270	2278	21212
利周瑶族乡	12809	2704	7795	2310	1597	12205
平塘乡	10538	2387	6364	1787	1295	10038
八桂瑶族乡	10569	2217	6473	1879	1316	10055
八渡瑶族乡	16737	3201	11046	2490	1791	15002
那比乡	5905	1353	3513	1039	790	5604
高龙乡	6694	1447	4214	1033	735	6350
百乐乡	9120	2094	5606	1420	993	8614
者苗乡	6035	1220	3655	1160	837	5790
西林县	**142098**	**33810**	**90306**	**17982**	**12417**	**114853**
八达镇	50602	12346	33116	5140	3408	31402
古障镇	27538	6523	17637	3378	2326	25094
那劳镇	8130	1662	5339	1129	731	6534
马蚌镇	12253	2832	7800	1621	1180	10617
普合苗族乡	9459	2436	5906	1117	769	8437
西平乡	8868	1848	5470	1550	1093	8467
那佐苗族乡	18352	4545	10757	3050	2228	17728
足别瑶族苗族乡	6896	1618	4281	997	682	6574
隆林各族自治县	**350765**	**91095**	**210735**	**48935**	**33812**	**298480**
新州镇	90731	21126	59775	9830	6365	46859
桠杈镇	8048	1805	4896	1347	1031	7372
天生桥镇	16072	4170	9075	2827	2054	15449
平班镇	23814	5647	13917	4250	2975	23452
德峨镇	35627	10611	20882	4134	2877	34112
隆或镇	23876	6397	13756	3723	2592	23356
沙梨乡	12227	2954	7207	2066	1428	11989
者保乡	20183	4887	11627	3669	2603	19695
者浪乡	15207	3679	9508	2020	1371	13583
革步乡	14717	4259	8134	2324	1707	14387
金钟山乡	8585	2244	4971	1370	987	8377
猪场乡	17689	5572	10168	1949	1331	16967
蛇场乡	14634	4072	8583	1979	1389	14348
克长乡	22849	7024	12756	3069	2096	22440
岩茶乡	16398	4034	9652	2712	1902	16226
介廷乡	10108	2614	5828	1666	1104	9868
靖西市	**489163**	**109606**	**278505**	**101052**	**75602**	**423719**
新靖镇	150009	33555	95450	21004	14543	95096
化峒镇	14036	2762	7806	3468	2501	13745
湖润镇	18082	3712	11117	3253	2327	16817
安德镇	24247	5526	12172	6549	5164	23670

表20 续表 21

单位：人

地　区	总人口	分年龄人口				居住本乡、镇、街道，户口在本乡、镇、街道
		0-14岁	15-59岁	60岁及以上	#65岁及以上	
龙临镇	21111	5271	10644	5196	4001	20345
渠洋镇	26550	5668	14283	6599	5223	25321
岳圩镇	10152	2304	5631	2217	1554	9943
龙邦镇	15765	3901	9018	2846	2103	15286
禄峒镇	31192	7118	16210	7864	6034	30561
武平镇	27859	6345	14752	6762	5232	26818
地州镇	19659	4180	10801	4678	3499	19216
同德乡	16339	3494	8554	4291	3196	16036
壬庄乡	14325	3455	7768	3102	2245	14069
安宁乡	11768	2900	6462	2406	1741	11603
南坡乡	17518	3507	9851	4160	3248	17310
吞盘乡	12205	2705	6938	2562	1934	11725
果乐乡	15831	3476	8346	4009	3188	15561
新甲乡	29277	6839	15947	6491	5013	27705
魁圩乡	13238	2888	6755	3595	2856	12892
平果市	**455643**	**99921**	**280193**	**75529**	**57176**	**288247**
马头镇	233401	55498	154055	23848	16988	89309
新安镇	50292	11983	30342	7967	6190	35493
果化镇	26557	4847	15700	6010	4709	25640
太平镇	38135	7569	21471	9095	7140	37167
坡造镇	14117	3178	7924	3015	2303	13288
四塘镇	10521	1883	6301	2337	1800	9957
旧城镇	20620	3600	10921	6099	4754	19589
榜圩镇	16700	2578	8613	5509	4198	15063
凤梧镇	14532	2844	7311	4377	3461	13629
海城乡	16203	3513	8843	3847	3053	15660
黎明乡	6549	985	3793	1771	1321	5767
同老乡	8016	1443	4919	1654	1259	7685
贺州市	**2007858**	**548039**	**1118013**	**341806**	**250901**	**1651705**
八步区	**655994**	**178847**	**372510**	**104637**	**75929**	**503003**
八步街道	73230	14214	49541	9475	6530	34761
城东街道	85462	20851	53838	10773	7166	38736
江南街道	21956	4137	15316	2503	1684	8579
贺街镇	63545	17541	35774	10230	7264	56128
步头镇	26025	7729	13959	4337	3306	22925
莲塘镇	77619	20424	44107	13088	9434	68605
大宁镇	32200	10272	15596	6332	4918	28841
南乡镇	16471	4909	8528	3034	2181	14585
桂岭镇	69837	22878	34061	12898	9991	63909
开山镇	10543	3304	5002	2237	1669	9583
里松镇	13580	3542	7191	2847	2112	12466
信都镇	52905	14373	30625	7907	5774	43776
灵峰镇	6651	1689	4053	909	656	4617
仁义镇	51743	15194	28484	8065	5877	46428
铺门镇	48754	16461	23405	8888	6553	44633

表20 续表 22

单位：人

地 区	总人口	分年龄人口				居住本乡、镇、街道，户口在本乡、镇、街道
		0-14岁	15-59岁	60岁及以上	#65岁及以上	
黄洞瑶族乡	5473	1329	3030	1114	814	4431
平桂区	**404161**	**107039**	**232782**	**64340**	**46434**	**329602**
西湾街道	41213	9148	25552	6513	4654	18768
黄田镇	93011	23308	56806	12897	8999	66272
鹅塘镇	52126	13116	31601	7409	5380	43756
沙田镇	85967	24282	47718	13967	9985	79665
公会镇	49427	15022	25171	9234	6921	46613
水口镇	7771	2019	3909	1843	1385	7306
望高镇	36208	9271	21633	5304	3752	30316
羊头镇	30290	8694	16299	5297	3957	29052
大平瑶族乡	8148	2179	4093	1876	1401	7854
昭平县	**330116**	**91694**	**176146**	**62276**	**47968**	**282251**
昭平镇	97409	24489	57842	15078	11187	62685
文竹镇	5445	1063	2975	1407	1152	5169
黄姚镇	51105	15436	27160	8509	6580	47597
富罗镇	19201	5376	9749	4076	3044	18083
北陀镇	24404	7062	12476	4866	3800	23556
马江镇	25186	6884	13211	5091	4080	23627
五将镇	18854	5005	9656	4193	3294	17827
走马镇	20956	5909	10576	4471	3481	19936
樟木林镇	27285	8668	13322	5295	3989	25701
仙回瑶族乡	8952	2279	4161	2512	2026	8547
凤凰乡	17302	5682	7887	3733	2853	16181
木格乡	14017	3841	7131	3045	2482	13342
钟山县	**351057**	**100433**	**190093**	**60531**	**44149**	**303267**
钟山镇	118914	29013	72776	17125	12262	83056
回龙镇	29675	9944	14783	4948	3652	28325
石龙镇	23071	7308	11987	3776	2808	22274
凤翔镇	21327	6997	10747	3583	2614	20457
珊瑚镇	10791	3325	5564	1902	1332	9890
同古镇	17445	5451	8515	3479	2570	16739
公安镇	40301	12722	20422	7157	5195	38235
清塘镇	36575	11085	17555	7935	6025	34907
燕塘镇	19553	5498	10194	3861	2829	17773
红花镇	16084	4550	8408	3126	2271	15493
花山瑶族乡	5331	1216	3025	1090	750	4618
两安瑶族乡	11990	3324	6117	2549	1841	11500
富川瑶族自治县	**266530**	**70026**	**146482**	**50022**	**36421**	**233582**
富阳镇	94314	22580	57534	14200	10163	70374
白沙镇	9854	2617	5196	2041	1438	9313
莲山镇	20217	5248	10606	4363	3256	19137
古城镇	16793	4771	8470	3552	2636	15658
福利镇	16858	4448	8763	3647	2611	15734
麦岭镇	18088	5020	9821	3247	2422	17150
葛坡镇	14225	4204	6868	3153	2306	13386
城北镇	15050	4406	7481	3163	2336	14472
朝东镇	22993	6340	11914	4739	3441	21918
新华乡	14386	4008	7024	3354	2492	13646
石家乡	11032	3081	5930	2021	1487	10512
柳家乡	12720	3303	6875	2542	1833	12282

表20 续表 23

单位：人

地区	总人口	分年龄人口 0-14岁	15-59岁	60岁及以上	#65岁及以上	居住本乡、镇、街道，户口在本乡、镇、街道
河池市	**3417945**	**856213**	**1953584**	**608148**	**451006**	**2665410**
金城江区	**372521**	**78990**	**234893**	**58638**	**42825**	**232200**
金城江街道	190264	37036	127520	25708	18176	91421
东江镇	51415	11348	33037	7030	5110	29565
六圩镇	34217	8808	20335	5074	3620	23608
六甲镇	7663	1677	4274	1712	1290	7033
河池镇	18212	3905	10506	3801	2883	15596
拔贡镇	9245	1981	5066	2198	1670	8642
九圩镇	17876	4067	9738	4071	3233	16683
五圩镇	8698	2012	4742	1944	1430	7776
白土乡	12072	2758	7150	2164	1604	10305
侧岭乡	8120	2169	4567	1384	1044	7594
保平乡	6738	1608	3633	1497	1124	6375
长老乡	8001	1621	4325	2055	1641	7602
宜州区	**549359**	**120057**	**322229**	**107073**	**76944**	**435120**
庆远镇	230235	45864	148834	35537	25250	134774
三岔镇	9357	1724	4861	2772	2048	8866
洛西镇	17966	4184	9185	4597	3190	17221
怀远镇	23325	4966	13310	5049	3580	21684
德胜镇	36020	8155	20474	7391	5367	30747
石别镇	24311	5409	14040	4862	3422	22880
北山镇	23580	5839	13082	4659	3350	22542
刘三姐镇	25645	5731	14190	5724	4123	24626
洛东镇	14827	3121	7757	3949	2819	13980
祥贝乡	11031	2370	5541	3120	2384	10591
屏南乡	15331	3492	7649	4190	3054	14691
福龙瑶族乡	24091	5728	12919	5444	4001	23451
北牙瑶族乡	39097	10389	20748	7960	5837	37306
同德乡	14373	3429	7760	3184	2263	13891
安马乡	14585	2991	8202	3392	2543	14126
龙头乡	25585	6665	13677	5243	3713	23744
南丹县	**275554**	**71679**	**164030**	**39845**	**29787**	**208733**
城关镇	95930	23329	60950	11651	8386	47977
大厂镇	18513	3192	12043	3278	2450	13720
车河镇	13841	2409	9373	2059	1492	8611
芒场镇	18161	4883	10252	3026	2340	16578
六寨镇	29767	7638	17227	4902	3711	27894
月里镇	15377	4262	8287	2828	2241	14609
吾隘镇	12762	2957	7332	2473	1840	12071
罗富镇	17013	3633	10019	3361	2500	15446
中堡苗族乡	4504	1427	2284	793	611	4266
八圩瑶族乡	24999	8768	13274	2957	2268	23874
里湖瑶族乡	24687	9181	12989	2517	1948	23687

表20 续表 24

单位：人

地　　区	总人口	分年龄人口				居住本乡、镇、街道，户口在本乡、镇、街道
		0-14岁	15-59岁	60岁及以上	#65岁及以上	
天峨县	**143155**	**32955**	**87631**	**22569**	**17365**	**98315**
六排镇	71204	18303	44592	8309	6170	30544
向阳镇	16891	3443	10540	2908	2253	16057
岜暮乡	6115	1148	3319	1648	1286	5835
八腊瑶族乡	11184	2188	6426	2570	2056	10707
纳直乡	4446	863	2800	783	626	4040
更新乡	10357	2438	5889	2030	1545	9812
下老乡	6384	1299	4097	988	782	5902
坡结乡	7564	1228	4953	1383	1071	6730
三堡乡	9010	2045	5015	1950	1576	8688
凤山县	**169845**	**45180**	**95501**	**29164**	**22711**	**133631**
凤城镇	66903	19565	38683	8655	6573	33687
长洲镇	14308	3157	8135	3016	2386	13872
三门海镇	8983	2213	4850	1920	1513	8585
砦牙乡	8903	1586	5024	2293	1816	8729
乔音乡	19206	4291	10566	4349	3434	18712
金牙瑶族乡	16458	4529	9076	2853	2248	16002
中亭乡	8593	2115	4918	1560	1229	8368
平乐瑶族乡	17457	4848	9647	2962	2286	17084
江洲瑶族乡	9034	2876	4602	1556	1226	8592
东兰县	**219549**	**54495**	**118617**	**46437**	**35392**	**186401**
东兰镇	69882	17826	41267	10789	7970	42011
隘洞镇	25623	6601	13205	5817	4525	24714
长乐镇	12474	3134	6313	3027	2237	12033
三石镇	14369	3559	7035	3775	2951	13464
武篆镇	16070	3855	7969	4246	3323	15368
长江镇	13946	3249	7368	3329	2478	13614
泗孟乡	8965	2223	4662	2080	1558	8571
兰木乡	10045	2352	5103	2590	2051	9749
巴畴乡	9532	2068	5355	2109	1631	9286
金谷乡	7542	1543	4093	1906	1523	7289
三弄瑶族乡	3390	851	1773	766	587	3290
大同乡	10713	3059	5505	2149	1588	10454
花香乡	11629	3013	5928	2688	2044	11288
切学乡	5369	1162	3041	1166	926	5270
罗城仫佬族自治县	**272672**	**65854**	**148655**	**58163**	**44169**	**236200**
东门镇	103611	24231	61373	18007	13570	73760
龙岸镇	30596	7578	15290	7728	5867	29483
黄金镇	14402	3469	7611	3322	2518	13871
小长安镇	24815	6154	13143	5518	4224	23733
四把镇	34359	8199	18167	7993	6056	32871
天河镇	13721	3088	7059	3574	2731	13133
怀群镇	13918	3663	6799	3456	2587	13332
宝坛乡	12604	3388	6550	2666	2052	12114
乔善乡	12230	3079	6035	3116	2346	11824
纳翁乡	4203	934	2460	809	626	4023
兼爱乡	8213	2071	4168	1974	1592	8056

表20 续表 25

单位：人

地　区	总人口	分年龄人口				居住本乡、镇、街道，户口在本乡、镇、街道
		0-14岁	15-59岁	60岁及以上	#65岁及以上	
环江毛南族自治县	**276076**	**63308**	**161530**	**51238**	**39000**	**211642**
思恩镇	92876	22252	58550	12074	8900	40694
水源镇	23198	5133	12841	5224	4035	21944
洛阳镇	28110	6390	15549	6171	4684	25238
川山镇	29208	7123	16705	5380	4075	27005
明伦镇	20597	4482	11274	4841	3770	19674
东兴镇	15073	3401	8625	3047	2321	14080
大才乡	8743	1799	4915	2029	1484	8364
下南乡	10428	2281	5602	2545	1911	9574
大安乡	11980	2588	6875	2517	1988	11251
长美乡	8592	2361	4491	1740	1346	8127
龙岩乡	11068	2012	6384	2672	2086	10592
驯乐苗族乡	16203	3486	9719	2998	2400	15099
巴马瑶族自治县	**236152**	**66584**	**130450**	**39118**	**28419**	**186826**
巴马镇	102970	28335	61532	13103	9320	60009
甲篆镇	20380	4918	10700	4762	3628	18171
燕洞镇	17037	4938	8503	3596	2679	16385
那社乡	11791	3177	6531	2083	1561	11599
所略乡	23525	6310	12534	4681	3369	22771
西山乡	11431	3391	5844	2196	1627	11155
东山乡	10239	4521	4496	1222	803	9966
凤凰乡	7971	2587	3955	1429	1018	6725
百林乡	10205	2863	5366	1976	1421	9938
那桃乡	20603	5544	10989	4070	2993	20107
都安瑶族自治县	**538061**	**149354**	**294710**	**93997**	**68866**	**444053**
安阳镇	87033	21598	54276	11159	8087	46153
高岭镇	51570	13448	28325	9797	7118	49224
地苏镇	52161	14426	27615	10120	7543	50016
下坳镇	32509	10931	16337	5241	3834	31255
拉烈镇	21978	5858	11688	4432	3154	20971
百旺镇	19033	4790	9555	4688	3364	18132
澄江镇	81554	21601	47819	12134	9026	44727
大兴镇	23263	6517	12336	4410	3202	22226
拉仁镇	19171	6052	9715	3404	2417	17719
永安镇	19317	6583	9747	2987	2189	18377
东庙乡	20863	5960	10972	3931	2987	20428
隆福乡	13773	4950	6782	2041	1558	13260
保安乡	18991	5067	9989	3935	2990	18529
板岭乡	21841	6297	11078	4466	3172	20651
三只羊乡	11820	4184	5467	2169	1557	11469
龙湾乡	7544	1397	4498	1649	1236	6811
菁盛乡	10763	2383	5857	2523	1917	10158
加贵乡	12682	3380	6460	2842	2021	12194
九渡乡	12195	3932	6194	2069	1494	11753
大化瑶族自治县	**365001**	**107757**	**195338**	**61906**	**45528**	**292289**
大化镇	142696	39080	82999	20617	14973	79357
都阳镇	17500	4684	9398	3418	2450	16007

表20 续表 26

单位：人

地区	总人口	分年龄人口				居住本乡、镇、街道，户口在本乡、镇、街道
		0-14岁	15-59岁	60岁及以上	#65岁及以上	
岩滩镇	21535	5633	11704	4198	2991	20423
北景镇	20685	6708	10685	3292	2358	20117
共和乡	10999	2700	5179	3120	2347	10541
贡川乡	9000	2410	4394	2196	1699	8642
百马乡	11953	3608	5970	2375	1766	11380
古河乡	4490	1060	2383	1047	738	4001
古文乡	5759	1391	2927	1441	1134	5546
江南乡	21104	7359	10404	3341	2443	20443
羌圩乡	13910	4209	7087	2614	1811	13235
乙圩乡	9143	2432	4661	2050	1437	8748
板升乡	22731	8910	10719	3102	2395	22055
七百弄乡	12691	4944	5981	1766	1399	12277
雅龙乡	26952	9532	13876	3544	2664	26122
六也乡	13853	3097	6971	3785	2923	13395
来宾市	**2074611**	**483711**	**1222582**	**368318**	**271907**	**1533565**
兴宾区	**925377**	**228399**	**556416**	**140562**	**103006**	**604771**
城东街道	85554	21396	53165	10993	7753	32474
城北街道	123045	35745	75991	11309	7415	51640
河西街道	118845	31560	75936	11349	7815	24261
来华街道	53819	8546	42248	3025	2047	6935
凤凰镇	62432	14414	37581	10437	7748	56779
良江镇	38832	9782	23234	5816	4298	31264
小平阳镇	35705	9367	18929	7409	5454	33372
迁江镇	52987	12244	30759	9984	7349	47747
石陵镇	23217	5309	13458	4450	3326	21690
平阳镇	28846	5377	16292	7177	5227	27651
蒙村镇	27645	5931	16173	5541	4379	25649
大湾镇	21478	5355	12137	3986	3065	20416
桥巩镇	25701	6685	14534	4482	3172	24262
寺山镇	27194	6707	14860	5627	4400	25989
城厢镇	39726	10567	23525	5634	4174	21430
三五镇	26156	6268	14488	5400	4179	25001
陶邓镇	22940	5233	12331	5376	4086	21795
石牙镇	23444	6864	12360	4220	3305	22479
五山镇	15246	3619	7785	3842	2920	14590
良塘镇	17579	3890	9873	3816	2738	16731
七洞乡	9407	1724	5444	2239	1703	8921
南泗乡	21228	5522	11778	3928	2982	20429
高安乡	10280	2684	5675	1921	1451	9855
正龙乡	14071	3610	7860	2601	2020	13411
忻城县	**297825**	**67851**	**166192**	**63782**	**47216**	**255338**
城关镇	96189	22539	57068	16582	11984	66694
大塘镇	29850	6376	16821	6653	4841	27873
思练镇	38628	8860	22169	7599	5717	34258
红渡镇	25249	5734	13571	5944	4508	23184

表20　续表 27

单位：人

地　区	总人口	分年龄人口				居住本乡、镇、街道，户口在本乡、镇、街道
		0-14岁	15-59岁	60岁及以上	#65岁及以上	
古蓬镇	20995	4992	10539	5464	4071	20073
果遂镇	15808	3633	8278	3897	2972	15068
马泗乡	13342	3251	7212	2879	2027	12762
欧洞乡	10176	2412	5402	2362	1693	9374
安东乡	10649	2187	6114	2348	1783	10300
新圩乡	7389	1627	3706	2056	1578	7059
遂意乡	13167	2746	6839	3582	2663	12819
北更乡	16383	3494	8473	4416	3379	15874
象州县	**281846**	**57533**	**167860**	**56453**	**43218**	**225868**
象州镇	73377	14861	47909	10607	7603	37185
石龙镇	22816	5304	14252	3260	2403	18104
运江镇	23952	4894	13246	5812	4627	22275
寺村镇	32329	6278	18840	7211	5642	29976
中平镇	22266	4469	12330	5467	4363	20312
罗秀镇	20541	3911	11856	4774	3726	18320
大乐镇	19058	3558	10585	4915	3903	17611
马坪镇	25068	5746	14598	4724	3592	23020
妙皇乡	15286	2936	8596	3754	2847	14178
百丈乡	12151	2447	6717	2987	2224	11111
水晶乡	15002	3129	8931	2942	2288	13776
武宣县	**340312**	**83854**	**195125**	**61333**	**44669**	**263378**
武宣镇	125773	29381	80819	15573	11125	59245
桐岭镇	34349	8714	18074	7561	5478	32728
通挽镇	25624	6711	13397	5516	4007	24627
东乡镇	28356	7189	14058	7109	5371	27019
三里镇	23881	5545	13121	5215	3856	22694
二塘镇	31920	7523	17589	6808	4976	30092
黄茆镇	17304	4261	9551	3492	2494	16375
禄新镇	25058	7407	13070	4581	3338	23904
思灵镇	13931	3793	7143	2995	2151	13528
金鸡乡	14116	3330	8303	2483	1873	13166
金秀瑶族自治县	**130313**	**25269**	**79935**	**25109**	**18842**	**104353**
金秀镇	22917	4491	14960	3466	2401	13267
桐木镇	48522	9534	29640	9348	7296	38944
头排镇	17719	3615	10603	3501	2517	14451
三角乡	3745	603	2306	836	627	3370
忠良乡	7655	1582	4602	1471	1157	7042
罗香乡	7158	1417	4303	1438	1084	6666
长垌乡	3695	552	2357	786	622	3424
大樟乡	8080	1550	4805	1725	1258	7588
六巷乡	2907	424	1819	664	516	2688
三江乡	7915	1501	4540	1874	1364	6913
合山市	**98938**	**20805**	**57054**	**21079**	**14956**	**79857**
岭南镇	60600	12249	35358	12993	9443	44261
北泗镇	19953	4291	11530	4132	2826	18458
河里镇	18385	4265	10166	3954	2687	17138

表20 续表 28

单位：人

地　区	总人口	分年龄人口				居住本乡、镇、街道，户口在本乡、镇、街道
		0-14岁	15-59岁	60岁及以上	#65岁及以上	
崇左市	**2088692**	**436694**	**1277101**	**374897**	**276699**	**1554776**
江州区	**435438**	**77487**	**302320**	**55631**	**40429**	**264736**
太平街道	50074	5433	40410	4231	3253	22576
江南街道	49431	10061	33175	6195	4393	29006
石景林街道	132430	17881	107993	6556	4065	25113
新和镇	18708	3586	11707	3415	2556	15999
濑湍镇	18352	4198	10872	3282	2429	17199
江州镇	34756	8167	20571	6018	4202	33215
左州镇	25529	5168	15084	5277	3898	24725
那隆镇	23981	5326	13421	5234	4215	22951
驮卢镇	41634	8269	24789	8576	6482	39357
罗白乡	18607	4771	10541	3295	2385	17850
板利乡	10564	2666	6207	1691	1219	10153
新和华侨农场	3196	626	1951	619	443	2342
左江华侨农场	6132	1311	3633	1188	862	4232
中泰产业园	2044	24	1966	54	27	18
扶绥县	**408921**	**80017**	**260142**	**68762**	**50769**	**291927**
新宁镇	157213	29456	110691	17066	12267	66874
渠黎镇	38731	7314	23275	8142	6014	34686
渠旧镇	17997	3893	10428	3676	2783	16904
柳桥镇	20393	4155	11854	4384	3184	19004
东门镇	34329	6808	20609	6912	4985	30090
山圩镇	33783	6587	22340	4856	3422	25079
中东镇	29325	6069	17223	6033	4603	27211
东罗镇	20959	4234	12216	4509	3449	19492
龙头乡	18639	3487	10141	5011	3855	17444
岜盆乡	20988	4631	12074	4283	3266	19718
昌平乡	16564	3383	9291	3890	2941	15425
宁明县	**319386**	**75705**	**186307**	**57374**	**42176**	**266301**
城中镇	96851	21876	61562	13413	9417	55733
爱店镇	8244	2254	4683	1307	899	6788
明江镇	24912	6233	13142	5537	4071	23857
海渊镇	28018	6791	15576	5651	4217	25810
桐棉镇	25750	6242	14872	4636	3471	25259
那堪镇	25971	6736	14390	4845	3735	24864
亭亮镇	23212	5279	13362	4571	3476	22254
寨安乡	16659	4298	9082	3279	2454	15542
峙浪乡	13768	3744	7211	2813	1961	13050
东安乡	11127	2656	6082	2389	1730	10710
板棍乡	11572	2514	6626	2432	1829	11095
北江乡	14727	3482	8435	2810	2069	14131
那楠乡	14207	2939	8668	2600	2046	13796
国营宁明华侨农场	3125	448	1873	804	586	2418
国营天西华侨农场	1243	213	743	287	215	994
龙州县	**232068**	**43229**	**143359**	**45480**	**31581**	**181758**
龙州镇	89385	17092	58470	13823	9178	46299
下冻镇	14992	2760	8960	3272	2268	14264

表20 续表 29

单位：人

地区	总人口	分年龄人口				居住本乡、镇、街道，户口在本乡、镇、街道
		0-14岁	15-59岁	60岁及以上	#65岁及以上	
水口镇	19357	3881	11911	3565	2470	18697
金龙镇	18667	3739	10283	4645	3472	17985
响水镇	10897	1978	6533	2386	1736	10194
八角乡	6070	1222	3118	1730	1218	5809
上降乡	5856	1058	3155	1643	1143	5630
彬桥乡	13054	2272	7911	2871	1886	12288
上龙乡	15369	2451	10127	2791	1958	13422
武德乡	13462	2523	8204	2735	1905	13155
逐卜乡	13304	2120	7866	3318	2398	12790
上金乡	11655	2133	6821	2701	1949	11225
大新县	**282563**	**60241**	**158997**	**63325**	**48011**	**230080**
桃城镇	96218	22647	59064	14507	10574	54224
全茗镇	15366	3427	7538	4401	3436	14759
雷平镇	37590	7451	21624	8515	6453	35839
硕龙镇	10807	2284	6317	2206	1699	10061
下雷镇	20226	4074	12047	4105	3152	17167
五山乡	7681	1217	3567	2897	2306	7431
龙门乡	9549	1986	4664	2899	2243	9201
昌明乡	9360	2051	4340	2969	2243	9082
福隆乡	6833	1206	3047	2580	2043	6616
那岭乡	10181	2182	5136	2863	2180	9844
恩城乡	10261	1872	5505	2884	2115	9958
榄圩乡	19757	3921	10725	5111	3835	19256
宝圩乡	12018	2460	6161	3397	2638	11467
堪圩乡	12229	2527	6512	3190	2515	11647
国营桃城华侨农场	4487	936	2750	801	579	3528
天等县	**280473**	**71834**	**141755**	**66884**	**52108**	**236007**
天等镇	91459	25849	51282	14328	10695	52147
龙茗镇	13847	3293	6923	3631	2982	13372
进结镇	17922	3978	8127	5817	4580	17323
向都镇	26879	6400	13440	7039	5491	26405
东平镇	12359	2870	6169	3320	2531	11416
福新镇	18045	3614	8687	5744	4636	17676
都康乡	18653	4668	8726	5259	4229	18273
宁干乡	12020	3030	6055	2935	2218	11793
驮堪乡	20140	4681	10062	5397	4233	19781
进远乡	5740	1196	2350	2194	1717	5494
上映乡	20133	5772	9197	5164	4041	19785
把荷乡	14944	4482	6883	3579	2796	14438
小山乡	8332	2001	3854	2477	1959	8104
凭祥市	**129843**	**28181**	**84221**	**17441**	**11625**	**83967**
凭祥镇	78203	16636	52866	8701	5504	40928
友谊镇	16599	3565	10695	2339	1527	13659
上石镇	12996	2993	7508	2495	1836	12008
夏石镇	19168	4448	10965	3755	2689	17272
广西凭祥综合保税区	2877	539	2187	151	69	100

表21 海南省乡、镇、街道人口

单位：人

地　　区	总人口	分年龄人口				居住本乡、镇、街道，户口在本乡、镇、街道
		0-14岁	15-59岁	60岁及以上	#65岁及以上	
海南省	**10081232**	**2013725**	**6590908**	**1476599**	**1051500**	**6531174**
海口市	**2873358**	**528529**	**1987937**	**356892**	**250105**	**1132839**
秀英区	**567108**	**113572**	**389339**	**64197**	**44174**	**259444**
秀英街道	114531	19029	85966	9536	6135	20611
海秀街道	84735	18978	55781	9976	6536	35131
长流镇	84284	18875	56246	9163	6321	44612
西秀镇	70326	15658	46149	8519	5993	43301
海秀镇	87621	16345	65663	5613	3562	17556
石山镇	35957	7152	22668	6137	4469	29559
永兴镇	40674	7858	26974	5842	4204	27974
东山镇	48980	9677	29892	9411	6954	40700
龙华区	**797684**	**144300**	**559742**	**93642**	**65342**	**289049**
中山街道	25452	4114	16116	5222	3800	13021
滨海街道	59915	10704	39676	9535	6723	25830
金贸街道	89309	13852	62940	12517	8578	33518
大同街道	68386	12156	47145	9085	6325	25778
海垦街道	181638	32244	133561	15833	10819	42821
金宇街道	72556	13651	51193	7712	5215	22094
城西镇	203018	37982	150810	14226	9385	45177
龙桥镇	21480	4333	13427	3720	2777	15745
新坡镇	23569	4596	13836	5137	3835	20271
遵谭镇	20318	4164	12010	4144	3099	17084
龙泉镇	32043	6504	19028	6511	4786	27710
琼山区	**655553**	**126971**	**443424**	**85158**	**60129**	**247223**
国兴街道	69087	10094	52703	6290	4272	9872
府城街道	110356	19872	77353	13131	9259	37262
滨江街道	106592	24194	72931	9467	6153	18843
凤翔街道	195298	40914	136994	17390	11567	41109
龙塘镇	24574	4667	14005	5902	4520	21201
云龙镇	22002	3509	14361	4132	2953	13696
红旗镇	21101	3928	12497	4676	3465	17919
三门坡镇	37655	7126	22144	8385	6079	30056
大坡镇	21102	3350	12649	5103	3826	16873
甲子镇	22123	4102	12968	5053	3837	18375
旧州镇	21543	4476	12403	4664	3495	18717
省岭脚热带作物场	1283	221	785	277	179	999
省长昌煤矿	2837	518	1631	688	524	2301
美兰区	**853013**	**143686**	**595432**	**113895**	**80460**	**337123**
海府街道	79044	14475	54173	10396	7141	29726
蓝天街道	42359	7925	29311	5123	3481	15078
博爱街道	41883	7009	27277	7597	5492	17461
海甸街道	96318	17326	65091	13901	9464	32964

表21 续表 1

单位：人

地　　区	总人口	分年龄人口				居住本乡、镇、街道，户口在本乡、镇、街道
		0-14岁	15-59岁	60岁及以上	#65岁及以上	
人民路街道	117426	18284	86075	13067	8897	36654
白龙街道	104393	19891	72725	11777	7689	30827
和平南街道	28629	5079	18517	5033	3651	12266
白沙街道	45353	8800	29706	6847	4758	14203
新埠街道	29390	5081	20500	3809	2613	12004
灵山镇	106076	19934	71185	14957	11115	62519
演丰镇	29684	4396	19838	5450	4136	21444
三江镇	26350	4170	16570	5610	4392	19959
大致坡镇	26686	5189	15979	5518	4117	16940
海口桂林洋经济开发区(农场)	78064	5978	67408	4678	3449	14878
罗牛山农场	1358	149	1077	132	65	200
三亚市	**1031396**	**182226**	**741736**	**107434**	**71661**	**504276**
海棠区	**113481**	**20985**	**79675**	**12821**	**8517**	**66911**
海棠区直辖村级区划	113481	20985	79675	12821	8517	66911
吉阳区	**447322**	**74070**	**334445**	**38807**	**25030**	**154150**
吉阳区直辖村级区划	447322	74070	334445	38807	25030	154150
天涯区	**353698**	**64670**	**249229**	**39799**	**27069**	**200399**
天涯区直辖村级区划	353698	64670	249229	39799	27069	200399
崖州区	**116895**	**22501**	**78387**	**16007**	**11045**	**82816**
崖州区直辖村级区划	116895	22501	78387	16007	11045	82816
三沙市	**2333**	**210**	**1951**	**172**	**87**	**821**
儋州市	**954259**	**225095**	**603647**	**125517**	**88475**	**707751**
市辖区	**954259**	**225095**	**603647**	**125517**	**88475**	**707751**
那大镇	325300	75576	212832	36892	25490	151334
和庆镇	30136	6953	18108	5075	3399	24710
南丰镇	23234	5958	13988	3288	2191	22139
大成镇	61970	15507	37021	9442	6434	57026
雅星镇	67886	14694	43239	9953	7200	58228
兰洋镇	22541	5048	13801	3692	2427	20091
光村镇	31980	7993	18974	5013	3569	30163
木棠镇	27879	7466	16103	4310	3386	26171
海头镇	32498	7158	20440	4900	3505	30905
峨蔓镇	10892	2633	6477	1782	1371	10393
王五镇	18794	4034	11579	3181	2401	18082
白马井镇	66250	15990	42325	7935	5659	54520
中和镇	22890	5367	13506	4017	2894	21833
排浦镇	20803	4242	14029	2532	1686	17853
东成镇	43226	11331	25556	6339	4460	41279
新州镇	51591	12037	31609	7945	5822	49309
洋浦经济开发区	83141	20968	54627	7546	5385	65848
华南热作学院	13248	2140	9433	1675	1196	7867

表21　续表 2

单位：人

地　　区	总人口	分年龄人口				居住本乡、镇、街道，户口在本乡、镇、街道
		0-14岁	15-59岁	60岁及以上	#65岁及以上	
省直辖县级行政区划	**5219886**	**1077665**	**3255637**	**886584**	**641172**	**4185487**
五指山市	**112269**	**20114**	**76217**	**15938**	**10856**	**76257**
通什镇	60808	9973	42020	8815	5977	32755
南圣镇	8474	1733	5579	1162	779	7402
毛阳镇	13301	2832	8624	1845	1213	12058
番阳镇	8302	1804	5477	1021	748	7797
县直辖村级区划	7911	1109	5540	1262	834	4221
畅好乡	4858	991	3180	687	485	4294
毛道乡	4595	896	3029	670	492	4274
水满乡	4020	776	2768	476	328	3456
琼海市	**528238**	**99570**	**327357**	**101311**	**74469**	**388291**
嘉积镇	217741	41078	143034	33629	24264	122850
万泉镇	30406	5964	17732	6710	4923	26868
石壁镇	19151	3891	11047	4213	3077	16962
中原镇	29432	4894	17956	6582	4944	22560
博鳌镇	25404	4414	14963	6027	4548	21233
阳江镇	23183	4207	13370	5606	4304	20240
龙江镇	17137	3060	9604	4473	3303	15443
潭门镇	30880	5849	19270	5761	4172	24919
塔洋镇	26362	5395	15547	5420	4046	22734
长坡镇	44523	8697	26457	9369	6910	39385
大路镇	33950	6588	20173	7189	5271	29633
会山镇	24265	4485	15025	4755	3559	20511
彬村山华侨农场	5804	1048	3179	1577	1148	4953
文昌市	**560894**	**101223**	**335954**	**123717**	**94046**	**414798**
文城镇	187016	33305	120594	33117	24389	104538
重兴镇	24649	4125	13920	6604	5131	21849
蓬莱镇	15553	2802	9086	3665	2757	12512
会文镇	32756	5688	19316	7752	5746	23558
东路镇	20762	3714	11983	5065	3798	16248
潭牛镇	29226	5230	16530	7466	5692	23469
东阁镇	18108	3065	9963	5080	3935	14864
文教镇	18348	3425	9965	4958	3846	15116
东郊镇	41185	7804	24299	9082	6894	36636
龙楼镇	20561	4435	11995	4131	3134	17850
昌洒镇	15222	2565	8994	3663	2766	11829
翁田镇	27244	5289	16118	5837	4426	23692
抱罗镇	14185	2588	8286	3311	2542	10298
冯坡镇	11297	2109	6592	2596	2048	9097
锦山镇	42992	7438	24182	11372	9136	36331
铺前镇	32854	6208	19026	7620	5930	29494
公坡镇	8936	1433	5105	2398	1876	7417
万宁市	**545992**	**111946**	**335031**	**99015**	**70825**	**466264**
万城镇	152936	30979	95864	26093	18668	121183
龙滚镇	19032	3613	10814	4605	3402	17097
和乐镇	53305	11603	31939	9763	7139	49460

表21 续表 3 单位：人

地区	总人口	分年龄人口				居住本乡、镇、街道，户口在本乡、镇、街道
		0-14岁	15-59岁	60岁及以上	#65岁及以上	
后安镇	40954	8816	24303	7835	5833	39208
大茂镇	25412	5600	15616	4196	2997	22282
东澳镇	40874	7858	25814	7202	5093	34887
礼纪镇	38736	9029	23327	6380	4417	34178
长丰镇	41479	8813	25524	7142	4883	35362
山根镇	12010	2468	7086	2456	1804	10979
北大镇	40603	7947	25180	7476	5455	37014
南桥镇	24192	4736	15241	4215	2827	21208
三更罗镇	22077	4279	14136	3662	2674	20003
兴隆华侨农场	34337	6200	20156	7981	5628	23373
地方国营六连林场	45	5	31	9	5	30
东方市	**444458**	**95649**	**288388**	**60421**	**43501**	**339345**
八所镇	226859	48563	148325	29971	21051	141235
东河镇	27334	5911	17799	3624	2678	24804
大田镇	30117	5995	20488	3634	2642	26349
感城镇	46184	10985	29328	5871	4498	43068
板桥镇	33550	7573	21849	4128	2973	30831
三家镇	23221	4376	14666	4179	3121	21853
四更镇	16819	3484	10007	3328	2396	15252
新龙镇	13861	2784	8742	2335	1738	12003
天安乡	12137	2825	7775	1537	1145	11350
江边乡	6411	1282	4336	793	544	5885
东方华侨农场	7965	1871	5073	1021	715	6715
定安县	**284690**	**63033**	**165737**	**55920**	**40520**	**244983**
定城镇	95713	19996	58633	17084	12368	73920
新竹镇	15932	3882	8795	3255	2433	13737
龙湖镇	16492	3525	9370	3597	2656	15027
黄竹镇	26165	5184	14881	6100	4368	23335
雷鸣镇	23935	5305	13358	5272	3903	22407
龙门镇	20276	4631	11801	3844	2730	18164
龙河镇	26842	6695	15214	4933	3513	24595
岭口镇	20864	5084	11727	4053	2951	18887
翰林镇	21433	4951	12359	4123	2979	19717
富文镇	17038	3780	9599	3659	2619	15194
屯昌县	**255335**	**59454**	**151762**	**44119**	**30554**	**206104**
屯城镇	105268	24806	65068	15394	10316	68313
新兴镇	21313	5256	12002	4055	2970	20037
枫木镇	17582	4186	10083	3313	2280	16029
乌坡镇	15945	3843	9007	3095	2147	14737
南吕镇	21681	5216	12000	4465	3256	20593
南坤镇	41219	9513	24372	7334	4924	37754
坡心镇	20825	4269	12367	4189	3076	18062
西昌镇	11502	2365	6863	2274	1585	10579
澄迈县	**497953**	**109457**	**301635**	**86861**	**63598**	**385558**
金江镇	157925	35429	96031	26465	19478	122834
老城镇	84460	15903	56603	11954	8403	47002
瑞溪镇	24693	5056	14290	5347	4250	22226

表21 续表 4

单位：人

地　　区	总人口	分年龄人口				居住本乡、镇、街道，户口在本乡、镇、街道
		0-14岁	15-59岁	60岁及以上	#65岁及以上	
永发镇	34932	7708	20305	6919	5109	28978
加乐镇	19314	4773	10905	3636	2796	17461
文儒镇	30324	7148	17046	6130	4628	27894
中兴镇	27302	6320	15494	5488	4047	23199
仁兴镇	33356	7770	19347	6239	4539	29832
福山镇	41743	9770	25375	6598	4515	29318
桥头镇	19447	4285	11770	3392	2414	17537
大丰镇	15323	3189	9255	2879	1984	11571
国营金安农场	9134	2106	5214	1814	1435	7706
临高县	**420594**	**95735**	**255471**	**69388**	**50530**	**345156**
临城镇	150937	33939	93219	23779	17603	96374
波莲镇	21040	4472	12782	3786	2840	19665
东英镇	17293	3813	10374	3106	2286	16360
博厚镇	29270	6386	17553	5331	3881	27133
皇桐镇	22241	5058	13302	3881	2745	20197
多文镇	32344	7443	18830	6071	4190	29250
和舍镇	19228	4300	11517	3411	2446	17439
南宝镇	12095	2688	7237	2170	1639	11438
新盈镇	47569	11712	29151	6706	4890	43755
调楼镇	43138	10479	26158	6501	4547	41316
国营加来农场	25439	5445	15348	4646	3463	22229
白沙黎族自治县	**164699**	**34913**	**107006**	**22780**	**15981**	**138602**
牙叉镇	49027	10327	32724	5976	3878	37207
七坊镇	37847	8060	24086	5701	4172	33001
邦溪镇	14413	2968	9462	1983	1434	11030
打安镇	15612	3497	10045	2070	1468	13998
细水乡	4891	1109	3153	629	436	4487
元门乡	5539	1117	3602	820	532	4981
南开乡	4197	873	2799	525	373	3896
阜龙乡	4627	1064	2944	619	425	4201
青松乡	7657	1533	5113	1011	737	7180
金波乡	7927	1650	4991	1286	981	7151
荣邦乡	12962	2715	8087	2160	1545	11470
昌江黎族自治县	**232124**	**47851**	**151530**	**32743**	**24313**	**167801**
石碌镇	123253	27273	80915	15065	10927	71579
叉河镇	10930	2031	7393	1506	1116	8872
十月田镇	21880	4242	14333	3305	2494	18739
乌烈镇	21871	4372	13649	3850	2973	20093
昌化镇	15003	2425	9357	3221	2463	13043
海尾镇	21242	4097	13787	3358	2464	18901
七叉镇	13813	2781	9194	1838	1420	13267
王下乡	2418	432	1677	309	233	2324
国营霸王岭林场	1714	198	1225	291	223	983
乐东黎族自治县	**464435**	**89735**	**306015**	**68685**	**50174**	**414762**
抱由镇	80692	16257	54857	9578	6770	63576
万冲镇	27805	5464	18499	3842	2881	25647
大安镇	25669	5200	17040	3429	2805	24476

表21　续表 5　　单位：人

地　　区	总人口	分年龄人口				居住本乡、镇、街道，户口在本乡、镇、街道
		0-14岁	15-59岁	60岁及以上	#65岁及以上	
志仲镇	32421	6265	21813	4343	3318	29927
千家镇	40866	7471	27779	5616	4009	35729
九所镇	47053	8793	30100	8160	5726	42847
利国镇	65519	12274	42285	10960	7817	61031
黄流镇	61480	11613	39695	10172	7339	56163
佛罗镇	35213	7597	22477	5139	3913	32225
尖峰镇	23163	4742	15516	2905	2123	22208
莺歌海镇	17870	3279	11492	3099	2238	15432
国营尖峰岭林业公司	3360	423	2192	745	626	2814
国营莺歌海盐场	3324	357	2270	697	609	2687
陵水黎族自治县	**372511**	**80630**	**236442**	**55439**	**37533**	**329967**
椰林镇	111241	23750	69118	18373	12649	100402
光坡镇	37728	8103	23714	5911	3947	32283
三才镇	17484	4065	10899	2520	1660	13850
英州镇	49309	11278	31919	6112	3984	41867
隆广镇	20618	4294	13452	2872	1925	18723
文罗镇	15169	3166	9832	2171	1473	13955
本号镇	30103	6413	19386	4304	2830	27009
新村镇	33306	7339	21229	4738	3164	29960
黎安镇	18722	4584	11992	2146	1457	17548
提蒙乡	17836	3702	11227	2907	2035	15928
群英乡	19535	3757	12689	3089	2185	17289
国营吊罗山林业公司	1460	179	985	296	224	1153
保亭黎族苗族自治县	**156108**	**31031**	**102036**	**23041**	**15738**	**118185**
保城镇	42149	8116	28281	5752	3817	25867
什玲镇	13165	2829	8516	1820	1137	11633
加茂镇	19914	3938	12675	3301	2363	16232
响水镇	22644	4244	14563	3837	2817	17978
新政镇	12722	2735	8333	1654	1052	11034
三道镇	18498	3837	11823	2838	1913	14289
县直辖村级区划	12336	2312	8115	1909	1389	7729
六弓乡	6138	1295	4161	682	437	5663
南林乡	4893	950	3154	789	506	4438
毛感乡	3649	775	2415	459	307	3322
琼中黎族苗族自治县	**179586**	**37324**	**115056**	**27206**	**18534**	**149414**
营根镇	55646	11233	36784	7629	5050	40582
湾岭镇	27449	6082	16836	4531	3163	23803
黎母山镇	34598	6861	21502	6235	4426	30003
和平镇	11665	2617	7385	1663	1109	10156
长征镇	9901	2018	6419	1464	983	8531
红毛镇	10295	2119	6714	1462	941	9174
中平镇	11509	2436	7283	1790	1259	10254
吊罗山乡	7254	1573	4682	999	632	6575
上安乡	5974	1370	3905	699	477	5540
什运乡	4774	953	3187	634	412	4384
海南省黎母山林场(海南黎母山省级自然保护区管理站)	521	62	359	100	82	412

表22 重庆市乡、镇、街道人口

单位：人

地　区	总人口	分年龄人口				居住本乡、镇、街道，户口在本乡、镇、街道
		0-14岁	15-59岁	60岁及以上	#65岁及以上	
重庆市	**32054159**	**5098363**	**19945356**	**7010440**	**5473605**	**18879708**
市辖区	**25379469**	**3812755**	**16082438**	**5484276**	**4232783**	**13892918**
万州区	**1564449**	**218344**	**971662**	**374443**	**295519**	**978050**
高笋塘街道	77796	9163	51172	17461	12960	34440
太白街道	103833	14526	67911	21396	16312	51693
牌楼街道	143920	21783	97447	24690	18243	58759
双河口街道	51174	6009	36398	8767	6680	17093
龙都街道	49921	5952	36506	7463	5668	15482
周家坝街道	95703	14523	63615	17565	13539	39560
沙河街道	31582	4285	22198	5099	3925	11704
钟鼓楼街道	106247	14324	67626	24297	18172	47837
百安坝街道	137299	18481	101341	17477	13540	57062
五桥街道	34492	5761	21504	7227	5661	17312
陈家坝街道	62198	10129	40884	11185	8243	29525
小周镇	4599	473	2301	1825	1471	4239
大周镇	6006	573	3265	2168	1730	5331
新乡镇	5566	677	2853	2036	1640	5102
孙家镇	7403	1028	3865	2510	2007	7079
高峰镇	15935	1590	9268	5077	4133	13143
龙沙镇	24025	3251	12644	8130	6634	20681
响水镇	10922	1231	5080	4611	3770	10110
武陵镇	16214	2056	8446	5712	4652	14792
瀼渡镇	5264	530	2645	2089	1691	4885
甘宁镇	28175	2914	14594	10667	8776	26212
天城镇	36170	4271	24385	7514	6077	25994
熊家镇	25846	3241	15527	7078	5616	22191
高梁镇	27859	3446	15455	8958	7139	24919
李河镇	21967	2815	12426	6726	5464	18863
分水镇	61891	9339	34092	18460	14841	54509
余家镇	30521	4958	16402	9161	7655	28650
后山镇	11760	1943	5295	4522	3797	10986
弹子镇	9211	1397	4254	3560	2967	8638
长岭镇	25355	3202	14010	8143	6511	21595
新田镇	33778	4474	20076	9228	7398	29738
白羊镇	27289	3999	13707	9583	7920	25213
龙驹镇	33418	5975	18137	9306	7659	30969
走马镇	28997	5437	14534	9026	7320	26917
罗田镇	17235	2719	9070	5446	4565	16075
太龙镇	8894	834	4287	3773	3064	8368
长滩镇	19082	3026	10229	5827	4857	17796
太安镇	17229	2799	8818	5612	4722	16401
白土镇	12626	2361	6538	3727	3056	11963
郭村镇	12305	1819	6062	4424	3599	11362
柱山乡	6905	540	3585	2780	2233	6460
铁峰乡	5921	875	3035	2011	1598	5637

表22　续表 1　　单位：人

地　　区	总人口	分年龄人口				居住本乡、镇、街道，户口在本乡、镇、街道
		0-14岁	15-59岁	60岁及以上	#65岁及以上	
溪口乡	4535	479	2361	1695	1387	4325
长坪乡	4970	622	2640	1708	1412	4741
燕山乡	4783	487	2463	1833	1476	4374
梨树乡	4187	745	2237	1205	992	3874
普子乡	6541	1315	3101	2125	1705	6269
地宝土家族乡	4442	920	2337	1185	965	4041
恒合土家族乡	15446	2748	8294	4404	3681	14627
黄柏乡	5406	580	2442	2384	1970	5035
九池乡	16315	994	11486	3835	3034	10493
茨竹乡	5291	725	2814	1752	1392	4986
涪陵区	**1115016**	**166435**	**712674**	**235907**	**200873**	**610157**
敦仁街道	87279	12681	59952	14646	11947	26621
崇义街道	160835	27336	113583	19916	15474	40486
荔枝街道	227587	35839	156447	35301	28600	74398
江北街道	22364	3064	12048	7252	6397	19709
江东街道	48672	6517	30977	11178	9466	29824
李渡街道	17847	2274	9066	6507	5752	16111
龙桥街道	26088	3453	15437	7198	6373	19698
白涛街道	42311	6075	26390	9846	8533	28839
马鞍街道	147853	18545	110498	18810	15355	60918
南沱镇	16259	2500	8543	5216	4469	14735
青羊镇	12189	1691	6061	4437	4007	11189
百胜镇	21947	3048	11379	7520	6660	20242
珍溪镇	42183	6508	23096	12579	11117	38796
清溪镇	19537	3193	11186	5158	4520	15797
焦石镇	19816	3242	11009	5565	4894	16099
马武镇	20518	2940	10364	7214	6436	18175
龙潭镇	27837	4711	15186	7940	7049	24738
蔺市镇	28708	3787	15616	9305	8391	24843
新妙镇	31715	4964	17352	9399	8203	24499
石沱镇	16729	2227	8824	5678	5001	14479
义和镇	24786	3451	13264	8071	7046	21585
罗云乡	9881	1725	5049	3107	2677	9319
大木乡	2380	399	1295	686	626	2176
武陵山乡	4518	836	2300	1382	1173	4338
大顺乡	13297	2099	6662	4536	4018	12110
增福乡	8842	1192	4537	3113	2764	8190
同乐乡	13038	2138	6553	4347	3925	12243
渝中区	**588717**	**63923**	**408474**	**116320**	**82588**	**199737**
七星岗街道	54733	5662	36756	12315	8858	19456
解放碑街道	57485	4514	41125	11846	8421	19115
两路口街道	54465	4432	39017	11016	7896	15044
上清寺街道	54909	5622	37862	11425	8191	18342
菜园坝街道	32034	3971	22064	5999	3904	10950
南纪门街道	32909	3503	22477	6929	4772	11136
朝天门街道	35662	3916	25361	6385	4529	9973
大溪沟街道	55416	6635	36191	12590	9292	22158

表22 续表 2

单位：人

地 区	总人口	分年龄人口				居住本乡、镇、街道，户口在本乡、镇、街道
		0-14岁	15-59岁	60岁及以上	#65岁及以上	
大坪街道	79767	8958	55745	15064	10686	27553
化龙桥街道	35114	4435	25427	5252	3593	10647
石油路街道	96223	12275	66449	17499	12446	35363
大渡口区	**421904**	**62286**	**277004**	**82614**	**57480**	**163706**
新山村街道	36266	5020	23028	8218	5775	16862
跃进村街道	41475	5315	26627	9533	6702	16389
九宫庙街道	29863	3723	19942	6198	4144	10544
茄子溪街道	31938	4672	21777	5489	3778	9287
春晖路街道	109360	16176	68622	24562	17372	55625
八桥镇	116013	20104	79465	16444	10747	30022
建胜镇	29017	3870	18514	6633	4827	12752
跳磴镇	27972	3406	19029	5537	4135	12225
江北区	**925800**	**119107**	**630337**	**176356**	**125777**	**388415**
华新街街道	84947	10186	58515	16246	11435	31686
江北城街道	10533	1936	7534	1063	652	4136
石马河街道	200467	30176	131757	38534	26284	86015
大石坝街道	119135	15860	81505	21770	14993	42906
寸滩街道	67186	9333	47308	10545	7443	27133
观音桥街道	193455	23366	134713	35376	25378	72027
五里店街道	112338	14295	74074	23969	17386	48459
郭家沱街道	20039	1460	11023	7556	5659	15271
铁山坪街道	41541	3482	31010	7049	5280	20491
鱼嘴镇	51796	6418	37180	8198	6329	24073
复盛镇	17237	1877	11999	3361	2694	10138
五宝镇	7126	718	3719	2689	2244	6080
沙坪坝区	**1477345**	**201087**	**1028438**	**247820**	**176967**	**544326**
小龙坎街道	35476	5008	23065	7403	5330	16783
沙坪坝街道	68004	7365	49656	10983	8012	29936
渝碚路街道	89081	11317	60305	17459	12815	40246
磁器口街道	20573	3214	13648	3711	2535	7814
童家桥街道	56337	5618	41361	9358	6755	16911
石井坡街道	32915	4158	20036	8721	6105	17831
双碑街道	26659	2838	16315	7506	5296	15881
井口街道	68789	8632	45154	15003	9848	20301
歌乐山街道	48137	5639	29826	12672	10059	21732
山洞街道	4972	374	3772	826	578	1174
新桥街道	37115	4333	25856	6926	4824	15453
天星桥街道	90621	12344	57364	20913	14961	42450
土湾街道	54122	7956	34483	11683	7871	21568
覃家岗街道	110565	17958	73480	19127	13216	41452
陈家桥街道	106421	14559	78520	13342	9882	35168
虎溪街道	186449	24536	148688	13225	8723	43307
西永街道	43024	5168	30844	7012	5216	17302
联芳街道	54352	9649	37201	7502	5149	17268
丰文街道	65283	8570	49618	7095	5022	10275
香炉山街道	73273	13470	52571	7232	4503	10787
青木关镇	31265	4798	19022	7445	5621	14679

表22　续表 3

单位：人

地　区	总人口	分年龄人口				居住本乡、镇、街道，户口在本乡、镇、街道
		0-14岁	15-59岁	60岁及以上	#65岁及以上	
凤凰镇	15752	2216	9137	4399	3378	10429
回龙坝镇	26359	3162	15951	7246	5483	18614
曾家镇	77478	10448	56947	10083	7529	29392
土主镇	36495	5401	25628	5466	3999	15833
中梁镇	17828	2356	9990	5482	4257	11740
九龙坡区	**1526821**	**224846**	**1025979**	**275996**	**198013**	**611707**
杨家坪街道	133782	15936	86592	31254	22949	61352
黄桷坪街道	42468	4039	30180	8249	5890	16488
谢家湾街道	143013	22188	92902	27923	18984	62002
石坪桥街道	104757	15393	70469	18895	13018	41047
石桥铺街道	136689	21411	96284	18994	13231	37612
中梁山街道	103701	13926	72234	17541	12609	37485
渝州路街道	119136	17364	82863	18909	13774	42779
二郎街道	98237	17124	69154	11959	7990	28827
九龙镇	165606	27347	111507	26752	18228	57391
华岩镇	145174	26119	98694	20361	13697	37246
含谷镇	42176	4577	32212	5387	3898	15618
金凤镇	26102	3341	17289	5472	4265	13870
白市驿镇	74712	11122	49608	13982	10340	35932
走马镇	19284	2407	11758	5119	3942	12256
石板镇	11199	1557	7053	2589	1937	5724
巴福镇	21013	2988	14081	3944	2911	7383
陶家镇	17014	2331	10144	4539	3532	10554
西彭镇	108580	14518	65554	28508	22517	76766
铜罐驿镇	14178	1158	7401	5619	4301	11375
南岸区	**1197639**	**167480**	**813792**	**216367**	**155097**	**516710**
铜元局街道	95033	15270	60976	18787	13799	44301
花园路街道	119773	16155	79374	24244	18317	57240
南坪街道	112796	13470	74714	24612	18238	54350
海棠溪街道	126396	12072	93866	20458	14704	41866
龙门浩街道	17408	1862	10462	5084	3604	9153
弹子石街道	39375	4444	26208	8723	6159	18097
南山街道	79156	5460	61667	12029	8876	27305
天文街道	109158	18208	77413	13537	8378	20547
南坪镇	168593	30057	107908	30628	21478	90175
涂山镇	126878	20275	82445	24158	16361	58596
鸡冠石镇	12727	1306	8352	3069	2105	4715
峡口镇	14588	1066	11126	2396	1829	6129
长生桥镇	148527	25336	101165	22026	15902	64915
迎龙镇	17882	1418	13016	3448	2738	11576
广阳镇	9349	1081	5100	3168	2609	7745
北碚区	**834887**	**93614**	**564017**	**177256**	**134450**	**386952**
天生街道	104214	7741	79031	17442	12949	35270
朝阳街道	36129	4338	21254	10537	7630	17450
北温泉街道	139256	20381	91950	26925	19453	63770
东阳街道	44774	4193	26080	14501	10673	29730
龙凤桥街道	26750	2595	16809	7346	5562	13865

表22　续表 4

单位：人

地　　区	总人口	分年龄人口				居住本乡、镇、街道，户口在本乡、镇、街道
		0-14岁	15-59岁	60岁及以上	#65岁及以上	
蔡家岗街道	164544	24389	119095	21060	14754	40760
歇马街道	75556	9169	49821	16566	12413	39953
水土街道	70894	4885	55280	10729	8464	27721
复兴街道	44870	3769	32333	8768	7027	21340
澄江镇	19449	1856	10386	7207	5713	16868
童家溪镇	24560	2326	17687	4547	3398	9536
天府镇	11260	740	5384	5136	4200	9514
施家梁镇	5092	357	3322	1413	1107	2841
静观镇	33393	3556	18587	11250	9412	28519
柳荫镇	12755	1365	6437	4953	4177	11195
三圣镇	13495	1160	6789	5546	4643	11675
金刀峡镇	7896	794	3772	3330	2875	6945
綦江区	**1011334**	**150854**	**605966**	**254514**	**200240**	**635776**
古南街道	97841	13700	64149	19992	15508	42425
文龙街道	187629	31916	123195	32518	23993	63268
三江街道	30310	3955	17264	9091	7322	19797
万盛街道	50564	7491	32091	10982	8463	24278
东林街道	25040	3595	15850	5595	4475	9977
新盛街道	9102	1103	4481	3518	2850	8162
通惠街道	59115	8878	40592	9645	7437	22537
万东镇	72612	10414	46071	16127	12472	39261
南桐镇	33375	4367	19641	9367	7317	25421
青年镇	16333	2800	9040	4493	3408	13444
关坝镇	17441	3436	9837	4168	3287	14807
丛林镇	3944	438	1936	1570	1255	3110
石林镇	5377	745	2894	1738	1382	4730
金桥镇	5011	466	2105	2440	2043	4591
黑山镇	6230	559	3236	2435	1848	3537
石角镇	29318	3369	14829	11120	8929	26165
东溪镇	49001	7788	26556	14657	11807	43026
赶水镇	36439	5114	20054	11271	9027	32228
打通镇	42592	7152	25962	9478	7638	31597
石壕镇	30072	4950	18037	7085	5587	25511
永新镇	35651	4841	17768	13042	10414	32249
三角镇	22345	2705	11078	8562	6890	20078
隆盛镇	18691	2541	9466	6684	5466	16981
郭扶镇	24708	3481	12844	8383	6875	22272
篆塘镇	14401	1565	7792	5044	4084	12578
丁山镇	6955	1262	3804	1889	1538	5880
安稳镇	32199	5042	19456	7701	6238	24300
扶欢镇	20796	3459	11116	6221	4872	18767
永城镇	12869	1838	6842	4189	3378	11408
中峰镇	9596	1363	5216	3017	2420	8217
横山镇	5777	521	2764	2492	2017	5174
大足区	**834592**	**166031**	**479620**	**188941**	**149036**	**605759**
龙岗街道	88330	17297	55340	15693	11830	55100
棠香街道	150488	32356	97260	20872	15445	69121

表22 续表 5

单位：人

地区	总人口	分年龄人口				居住本乡、镇、街道，户口在本乡、镇、街道
		0-14岁	15-59岁	60岁及以上	#65岁及以上	
龙滩子街道	17023	2067	11739	3217	2660	8519
双路街道	40575	7338	26857	6380	4818	19425
通桥街道	29758	3974	22544	3240	2528	8770
智凤街道	27786	5862	14809	7115	5695	25022
龙水镇	112170	23769	67468	20933	16004	77620
宝顶镇	15037	2983	7303	4751	3953	14417
中敖镇	35360	7636	17338	10386	8281	33599
三驱镇	30722	6713	14972	9037	7137	29109
宝兴镇	17534	3829	8546	5159	4048	16453
玉龙镇	14978	2941	8291	3746	3092	13708
石马镇	17452	3566	8342	5544	4544	16143
拾万镇	14565	2851	6870	4844	4036	13960
回龙镇	13260	2479	6561	4220	3552	12919
金山镇	12900	2730	6057	4113	3398	11695
万古镇	37108	7402	20619	9087	7429	31887
国梁镇	10178	1695	4768	3715	3098	9709
雍溪镇	17154	3207	8641	5306	4305	16199
珠溪镇	29947	5449	14878	9620	7582	28565
龙石镇	10952	2313	5042	3597	2877	10318
邮亭镇	32443	5541	18093	8809	6970	27446
铁山镇	16721	3596	7649	5476	4363	15550
高升镇	13534	2863	6134	4537	3646	12984
季家镇	11392	2097	5567	3728	2967	10900
古龙镇	4774	861	2398	1515	1252	4586
高坪镇	12451	2616	5534	4301	3526	12035
渝北区	**2191493**	**327819**	**1504293**	**359381**	**265095**	**816346**
双龙湖街道	105220	14042	71897	19281	15054	33596
回兴街道	169109	25396	124223	19490	13854	40141
鸳鸯街道	118578	25000	79444	14134	9251	54051
翠云街道	40000	5772	28479	5749	4282	16063
人和街道	164309	29935	113020	21354	14300	66512
天宫殿街道	118319	17094	83543	17682	12395	42829
龙溪街道	140170	18223	96953	24994	18138	48144
龙山街道	142514	20051	94660	27803	20463	58038
龙塔街道	135859	21323	89704	24832	18116	50229
大竹林街道	61555	8538	44028	8989	6241	21417
悦来街道	19834	2504	14739	2591	1874	6431
两路街道	42386	5434	28278	8674	6877	15046
双凤桥街道	136093	18877	99948	17268	12971	40164
王家街道	25940	880	22456	2604	2103	3713
礼嘉街道	42070	7314	28190	6566	4713	23725
宝圣湖街道	174884	27535	126766	20583	14312	48379
金山街道	86430	15119	57413	13898	9038	24260
康美街道	60456	7816	44304	8336	5367	7273
仙桃街道	124949	24632	85894	14423	10198	43464
玉峰山镇	16731	1194	11051	4486	3644	9849
龙兴镇	60726	7265	40381	13080	10509	37327

表22　续表 6　　　　　　　　　　　　　　　　　　　　　　　　单位：人

地　　区	总人口	分年龄人口				居住本乡、镇、街道，户口在本乡、镇、街道
		0-14岁	15-59岁	60岁及以上	#65岁及以上	
统景镇	20278	2482	9980	7816	6484	17241
大湾镇	13609	1373	6465	5771	4926	12236
兴隆镇	12462	1348	5992	5122	4316	10685
木耳镇	72278	9808	53506	8964	6699	11386
茨竹镇	16248	1949	8457	5842	4971	12823
古路镇	9462	624	4485	4353	3590	7544
石船镇	22121	2199	10446	9476	7759	19951
大盛镇	13745	1279	6139	6327	5370	12558
洛碛镇	25158	2813	13452	8893	7280	21271
巴南区	**1178856**	**159291**	**762227**	**257338**	**195845**	**551694**
龙洲湾街道	178554	26358	129627	22569	16087	54047
鱼洞街道	105499	15986	68731	20782	15757	48859
花溪街道	192380	25032	138587	28761	20649	57808
李家沱街道	189868	29976	126085	33807	22901	66305
南泉街道	69411	8372	49128	11911	8892	32700
一品街道	16238	1931	8758	5549	4326	11979
南彭街道	32026	3870	17831	10325	8216	25596
惠民街道	18297	2249	9988	6060	4757	15186
莲花街道	121948	15591	79357	27000	20838	46658
界石镇	72025	10635	48044	13346	10176	32476
安澜镇	14749	1242	6252	7255	5980	13534
圣灯山镇	14525	1234	6331	6960	5705	13534
木洞镇	31650	3541	17859	10250	8150	23320
双河口镇	8620	911	3902	3807	3065	7822
麻柳嘴镇	12264	1317	5965	4982	3955	11213
丰盛镇	9267	851	4187	4229	3413	8519
二圣镇	11249	1100	5224	4925	3959	10072
东温泉镇	19035	2089	8963	7983	6583	16376
姜家镇	9102	775	3998	4329	3532	7803
天星寺镇	4591	321	1924	2346	1970	4182
接龙镇	28037	3496	12991	11550	9673	25446
石滩镇	6916	865	3051	3000	2514	6392
石龙镇	12605	1549	5444	5612	4747	11867
黔江区	**487281**	**99122**	**298139**	**90020**	**71430**	**279281**
城东街道	105248	22666	71679	10903	8175	35606
城南街道	54520	13473	34537	6510	4762	17725
城西街道	49848	10919	32336	6593	4974	20638
正阳街道	32701	7108	21958	3635	2774	13368
舟白街道	47196	9003	33353	4840	3766	18145
冯家街道	18085	3914	9793	4378	3458	15744
阿蓬江镇	14210	2449	7180	4581	3857	12430
石会镇	9999	1482	5354	3163	2537	8676
黑溪镇	10035	1499	5357	3179	2609	8800
黄溪镇	7746	1584	4200	1962	1587	6862
黎水镇	6749	1224	3538	1987	1630	6120
金溪镇	7024	1255	3682	2087	1697	6085
马喇镇	9822	1913	5023	2886	2334	8386

表22 续表 7

单位：人

地 区	总人口	分年龄人口				居住本乡、镇、街道，户口在本乡、镇、街道
		0-14岁	15-59岁	60岁及以上	#65岁及以上	
濯水镇	15245	2812	7938	4495	3582	13434
石家镇	7036	1158	3694	2184	1792	6169
鹅池镇	5883	976	2973	1934	1586	5233
小南海镇	5080	909	2815	1356	1093	4557
邻鄂镇	7115	1511	3789	1815	1488	6633
白石镇	8471	1479	4507	2485	2018	7426
中塘镇	9648	2135	5116	2397	1982	8587
沙坝镇	9380	2107	4725	2548	2061	7214
蓬东乡	5404	1094	2973	1337	1088	4613
杉岭乡	4889	817	2691	1381	1120	4479
太极乡	6138	1064	3122	1952	1599	5556
水田乡	4740	885	2558	1297	1026	4279
白土乡	3354	497	1786	1071	910	2987
金洞乡	5459	656	3053	1750	1503	4900
五里乡	5922	1118	2983	1821	1495	5444
水市乡	5351	624	2803	1924	1600	4712
新华乡	4983	791	2623	1569	1327	4473
长寿区	**692960**	**89640**	**427547**	**175773**	**142093**	**408537**
凤城街道	141431	14732	93904	32795	26308	66489
晏家街道	46853	5146	30662	11045	9052	30417
江南街道	19651	1868	13561	4222	3467	11559
渡舟街道	28427	3035	17622	7770	6274	19466
新市街道	14845	1490	8958	4397	3555	10926
八颗街道	17554	1927	8526	7101	5844	16305
菩提街道	204698	35290	144154	25254	19001	51929
邻封镇	11565	883	5388	5294	4339	10719
但渡镇	5738	421	2495	2822	2308	5196
云集镇	12582	1515	5939	5128	4361	11975
长寿湖镇	21817	2656	11214	7947	6499	18955
双龙镇	18784	2065	9710	7009	5796	15680
龙河镇	19455	2131	9577	7747	6289	18863
石堰镇	26940	3334	13045	10561	8700	26059
云台镇	25281	3671	12872	8738	7212	23473
海棠镇	16431	2622	8636	5173	4221	15574
葛兰镇	35899	4395	19843	11661	9437	31734
洪湖镇	14485	1410	6730	6345	5303	13270
万顺镇	10524	1049	4711	4764	4127	9948
江津区	**1359611**	**193464**	**826070**	**340077**	**265637**	**865588**
几江街道	148012	20903	95818	31291	23220	64749
德感街道	85291	11509	55726	18056	13873	44909
双福街道	182176	20687	143805	17684	13069	38413
鼎山街道	123819	22362	79126	22331	16093	52982
圣泉街道	46964	5148	34803	7013	5279	16478
油溪镇	49664	6820	25093	17751	13881	44542
吴滩镇	23530	3110	11597	8823	6946	22093
石门镇	27813	3926	14379	9508	7404	24228
朱杨镇	18918	2966	9449	6503	5087	16883

表22 续表 8

单位：人

地区	总人口	分年龄人口				居住本乡、镇、街道，户口在本乡、镇、街道
		0-14岁	15-59岁	60岁及以上	#65岁及以上	
石蟆镇	61462	10076	30953	20433	16405	57948
永兴镇	26197	4227	13109	8861	7316	24472
塘河镇	10652	1789	5309	3554	2841	9636
白沙镇	115446	16202	70343	28901	22677	85309
龙华镇	23055	3069	11512	8474	6806	20868
李市镇	55345	9566	28031	17748	14392	47606
慈云镇	17669	2679	8869	6121	5022	15751
蔡家镇	35141	5645	18315	11181	9140	31036
中山镇	13867	2048	6722	5097	4107	13109
嘉平镇	12549	1799	5929	4821	3939	11797
柏林镇	20696	3732	10495	6469	5333	18526
先锋镇	46468	6540	25201	14727	11470	37898
珞璜镇	84363	11162	55729	17472	13471	52660
贾嗣镇	20335	2625	10021	7689	6112	17574
夏坝镇	9292	1001	4581	3710	3009	7073
西湖镇	29293	4100	14338	10855	8697	26331
杜市镇	20967	2491	10375	8101	6421	17695
广兴镇	7512	875	3461	3176	2589	6544
四面山镇	8138	1233	4451	2454	2002	7073
支坪镇	28241	4036	14904	9301	7368	25500
四屏镇	6736	1138	3626	1972	1668	5905
合川区	**1245294**	**169123**	**739101**	**337070**	**263338**	**841120**
合阳城街道	231774	29061	170327	32386	23619	66317
钓鱼城街道	122336	18378	77191	26767	19779	57396
南津街街道	193075	30187	120006	42882	32191	102511
盐井街道	15367	1629	9117	4621	3707	12284
草街街道	45021	3527	33345	8149	6572	22275
云门街道	49856	6327	26996	16533	12896	46015
大石街道	42821	5445	21998	15378	12210	39279
沙鱼镇	9441	1414	4843	3184	2502	8966
官渡镇	20697	2537	10442	7718	6206	19717
涞滩镇	21388	2952	10559	7877	6288	20254
肖家镇	13768	2012	7237	4519	3622	13136
古楼镇	13076	1748	6253	5075	4088	12385
三庙镇	27421	3906	13370	10145	8109	25340
二郎镇	12736	1890	6011	4835	3880	11069
龙凤镇	13852	1824	6582	5446	4379	13216
隆兴镇	17614	2159	8146	7309	5897	17058
铜溪镇	19396	1936	9098	8362	6698	18244
双凤镇	23689	2914	12170	8605	7069	22319
狮滩镇	14554	1702	7308	5544	4541	13641
清平镇	16048	1839	9451	4758	3781	12004
土场镇	20981	2920	13343	4718	3826	12702
小沔镇	17773	2034	8841	6898	5619	16427
三汇镇	30932	3975	17554	9403	7696	23945
香龙镇	19643	2948	10070	6625	5255	18997
钱塘镇	51308	7299	26013	17996	14354	48233

表22 续表 9

单位：人

地区	总人口	分年龄人口				居住本乡、镇、街道，户口在本乡、镇、街道
		0-14岁	15-59岁	60岁及以上	#65岁及以上	
龙市镇	51881	8348	27644	15889	12588	47734
燕窝镇	22372	3249	11165	7958	6321	21540
太和镇	48800	7160	24976	16664	13033	42855
渭沱镇	21073	2002	9738	9333	7466	20465
双槐镇	36601	5801	19307	11493	9146	34796
永川区	**1148896**	**183347**	**726794**	**238755**	**180668**	**677593**
中山路街道	426263	69629	304282	52352	36717	151676
胜利路街道	140385	18916	97690	23779	18239	66048
南大街街道	75078	12620	47890	14568	10865	38728
茶山竹海街道	36728	2572	30885	3271	2425	9048
大安街道	39582	7216	20974	11392	8725	33935
陈食街道	29262	4485	15705	9072	7055	25138
卫星湖街道	25899	4165	14803	6931	5206	20975
青峰镇	15456	2628	8104	4724	3644	13926
金龙镇	18201	3275	8896	6030	4692	16965
临江镇	20776	3171	9784	7821	6071	18341
何埂镇	36452	6296	18170	11986	9392	32226
松溉镇	13999	2365	7620	4014	3142	11459
仙龙镇	32278	5504	16341	10433	8136	29879
吉安镇	17278	3107	8714	5457	4218	15722
五间镇	17864	2969	9781	5114	4099	14669
来苏镇	32213	5331	16051	10831	8315	28612
宝峰镇	11240	1805	5551	3884	2965	10496
双石镇	18688	2647	10312	5729	4324	15465
红炉镇	13519	1802	6766	4951	3923	11526
永荣镇	10780	1604	5930	3246	2568	8863
三教镇	37546	6772	20163	10611	8335	33825
板桥镇	17190	2806	8447	5937	4646	15575
朱沱镇	62219	11662	33935	16622	12966	54496
南川区	**572362**	**93762**	**343301**	**135299**	**110925**	**401754**
东城街道	83856	13721	54529	15606	12420	52080
南城街道	105292	17538	67806	19948	15827	58462
西城街道	101799	18030	68692	15077	11728	40905
三泉镇	10894	1678	5843	3373	2774	10090
南平镇	30143	5070	17618	7455	6229	23656
神童镇	6168	892	3098	2178	1840	5611
鸣玉镇	8903	1397	4468	3038	2522	7683
大观镇	19469	3135	10836	5498	4493	16936
兴隆镇	15529	2646	8027	4856	3942	14529
太平场镇	8742	1015	4358	3369	2915	8086
白沙镇	5726	695	2887	2144	1786	5095
水江镇	44703	7768	26724	10211	8550	38098
石墙镇	5744	980	2975	1789	1546	5326
金山镇	7403	1250	4193	1960	1544	6657
头渡镇	4680	759	2710	1211	945	4439
大有镇	10156	1587	5712	2857	2436	9027
合溪镇	5382	827	2959	1596	1287	4980

表22 续表 10

单位：人

地　　区	总人口	分年龄人口				居住本乡、镇、街道，户口在本乡、镇、街道
		0-14岁	15-59岁	60岁及以上	#65岁及以上	
黎香湖镇	5234	722	2647	1865	1571	4770
山王坪镇	5803	1030	3218	1555	1388	5412
木凉镇	5663	808	2846	2009	1699	5254
楠竹山镇	6533	1075	3430	2028	1701	5934
石溪镇	9441	1386	4781	3274	2709	8665
德隆镇	4392	643	2427	1322	1123	4133
民主镇	6411	1010	3161	2240	1860	6012
福寿镇	6743	951	3358	2434	2035	6286
河图镇	4804	697	2388	1719	1443	4273
庆元镇	6761	964	3850	1947	1626	6299
古花镇	6135	941	3279	1915	1617	5748
石莲镇	3224	405	1586	1233	1071	2964
乾丰镇	4610	680	2212	1718	1480	4243
骑龙镇	4873	726	2412	1735	1550	4556
冷水关镇	5959	929	2720	2310	1966	5360
中桥乡	5927	1017	3018	1892	1657	5303
峰岩乡	5260	790	2533	1937	1645	4882
璧山区	**756022**	**106757**	**487815**	**161450**	**125890**	**366555**
璧城街道	187284	28824	126684	31776	23826	67006
璧泉街道	239716	34962	174256	30498	22503	67621
青杠街道	78622	11339	54125	13158	10177	28255
来凤街道	27045	2780	16988	7277	5889	16396
丁家街道	51697	8045	29120	14532	11325	40405
大路街道	37885	4519	21291	12075	9648	30691
八塘镇	17829	2326	9360	6143	5059	15006
七塘镇	14370	1755	6822	5793	4758	12422
河边镇	13546	1806	6924	4816	3957	11419
福禄镇	8137	793	3748	3596	3093	6752
大兴镇	25720	3011	12584	10125	8299	22357
正兴镇	18115	2178	8202	7735	6289	15944
广普镇	14730	1904	7274	5552	4369	13055
三合镇	8677	1020	4263	3394	2680	7934
健龙镇	12649	1495	6174	4980	4018	11292
铜梁区	**685729**	**111980**	**394889**	**178860**	**143739**	**423410**
巴川街道	141804	23551	94731	23522	18058	53630
东城街道	145652	26828	97728	21096	16086	45436
南城街道	81945	14863	51591	15491	12035	40172
蒲吕街道	24472	3443	14758	6271	5117	17858
旧县街道	25653	3859	12457	9337	7707	23300
土桥镇	11066	1599	5229	4238	3490	10052
二坪镇	6071	710	2727	2634	2152	5737
水口镇	4598	498	2007	2093	1744	4226
安居镇	16523	2309	7594	6620	5335	15242
白羊镇	6573	757	2643	3173	2606	6034
平滩镇	25961	4397	12294	9270	7634	24072
小林镇	6096	1008	2624	2464	2057	5736
双山镇	5945	986	2380	2579	2142	5540

表22 续表 11

单位：人

地　区	总人口	分年龄人口				居住本乡、镇、街道，户口在本乡、镇、街道
		0-14岁	15-59岁	60岁及以上	#65岁及以上	
虎峰镇	23182	3428	10838	8916	7446	20632
石鱼镇	10723	1553	5323	3847	3213	9208
福果镇	8275	1021	3790	3464	2810	7756
庆隆镇	6795	895	3241	2659	2231	6136
少云镇	15103	2240	6802	6061	4970	13902
维新镇	8164	1243	3412	3509	2909	7754
高楼镇	4915	649	2111	2155	1749	4547
大庙镇	14493	2212	6970	5311	4425	13004
围龙镇	12737	1904	6203	4630	3817	11714
华兴镇	7236	1015	3459	2762	2339	6560
永嘉镇	18162	3157	8575	6430	5157	16582
安溪镇	5437	828	2601	2008	1607	4995
西河镇	9668	1572	4675	3421	2755	8589
侣俸镇	25211	3785	11791	9635	7889	22659
太平镇	13269	1670	6335	5264	4259	12337
潼南区	**688115**	**119458**	**391788**	**176869**	**138156**	**507149**
桂林街道	152476	29339	99994	23143	16647	74930
梓潼街道	165072	30595	105147	29330	22034	84701
上和镇	14104	2103	7038	4963	3999	13109
龙形镇	18728	2928	9047	6753	5244	17917
古溪镇	35606	5099	18613	11894	9468	34046
宝龙镇	11340	1523	5246	4571	3709	10799
玉溪镇	13391	2461	6255	4675	3731	12069
米心镇	12085	1673	5845	4567	3629	11439
群力镇	9116	1364	4401	3351	2696	8730
双江镇	30547	5047	16019	9481	7608	27119
花岩镇	6042	750	3142	2150	1715	5766
柏梓镇	45526	8200	23639	13687	10925	42925
崇龛镇	24408	4123	11780	8505	6909	23190
塘坝镇	35091	6629	17634	10828	8676	32265
新胜镇	14956	2483	7684	4789	3755	14401
太安镇	18098	2801	9294	6003	4818	17274
小渡镇	25092	3658	12831	8603	6966	23800
卧佛镇	21857	3452	10998	7407	5923	20427
五桂镇	7918	1417	4010	2491	1965	7649
田家镇	14489	2261	7359	4869	3907	13115
别口镇	6525	814	2904	2807	2213	6193
寿桥镇	5648	738	2908	2002	1619	5285
荣昌区	**668977**	**107302**	**393905**	**167770**	**129816**	**467696**
昌元街道	160316	24339	103095	32882	24563	82969
昌州街道	155705	27216	103539	24950	18380	71023
广顺街道	29710	3951	16868	8891	7079	23178
双河街道	31167	4480	16923	9764	7867	27974
安富街道	33750	4817	19281	9652	7891	26947
峰高街道	24779	4222	13293	7264	5662	22482
荣隆镇	22223	3214	11598	7411	5746	20221
仁义镇	29653	4622	15893	9138	7152	25931

表22 续表 12 单位：人

地　　区	总人口	分年龄人口				居住本乡、镇、街道，户口在本乡、镇、街道
		0-14岁	15-59岁	60岁及以上	#65岁及以上	
盘龙镇	40254	7164	20303	12787	10124	37446
吴家镇	27862	4974	14418	8470	6634	23586
直升镇	8669	1267	4521	2881	2291	8085
万灵镇	9000	1546	4684	2770	2147	8176
清升镇	11181	1847	5736	3598	2898	10406
清江镇	8009	1271	3968	2770	2276	7079
古昌镇	11600	1861	5886	3853	2902	10847
河包镇	23614	3803	12895	6916	5502	22480
观胜镇	9708	1454	5014	3240	2491	9134
铜鼓镇	8817	1506	4421	2890	2236	8104
清流镇	7945	1316	4136	2493	1934	7520
远觉镇	6724	1169	3349	2206	1745	6261
龙集镇	8291	1263	4084	2944	2296	7847
开州区	**1203306**	**244566**	**684712**	**274028**	**222191**	**897510**
汉丰街道	127220	25103	81752	20365	15770	63845
文峰街道	103081	21171	64161	17749	13580	39939
云枫街道	137811	29301	90828	17682	13350	37769
镇东街道	18125	3909	10456	3760	2989	10292
丰乐街道	20986	4284	12418	4284	3424	9792
白鹤街道	34126	6444	18436	9246	7708	30238
赵家街道	46265	9307	26146	10812	9135	42345
大德镇	28772	5330	15732	7710	6254	28181
镇安镇	15330	3572	8178	3580	2864	12034
厚坝镇	15156	2675	8296	4185	3378	14323
金峰镇	10578	1805	5592	3181	2484	10238
温泉镇	30183	5788	16868	7527	6171	27447
郭家镇	26883	5724	14219	6940	5667	23682
白桥镇	9449	1509	4706	3234	2678	9027
和谦镇	17289	3591	9508	4190	3373	16116
河堰镇	19578	4311	10726	4541	3602	18929
大进镇	28037	6504	15310	6223	4880	25811
谭家镇	12070	2571	6675	2824	2319	11178
敦好镇	30175	6691	16163	7321	6083	27500
高桥镇	19539	4724	10452	4363	3582	18842
九龙山镇	27092	5756	13934	7402	6119	26471
天和镇	9808	2066	5180	2562	2103	9297
中和镇	35027	6830	18807	9390	7833	32394
义和镇	18290	3333	9661	5296	4346	17832
临江镇	72796	16664	39589	16543	13677	61202
竹溪镇	25311	5330	13981	6000	4837	24682
铁桥镇	37688	7023	20902	9763	7883	33648
南雅镇	23348	4103	12531	6714	5446	22700
巫山镇	13954	2232	6682	5040	4011	13622
岳溪镇	40735	8026	20098	12611	10829	38820
长沙镇	45400	8738	24195	12467	10385	39949
南门镇	32461	5958	16119	10384	8992	31654
渠口镇	10411	1528	5520	3363	2720	9875

表22 续表 13

单位：人

地区	总人口	分年龄人口				居住本乡、镇、街道，户口在本乡、镇、街道
		0-14岁	15-59岁	60岁及以上	#65岁及以上	
满月镇	7909	1675	4302	1932	1547	7238
雪宝山镇	6563	1609	3393	1561	1242	6284
关面乡	4959	1121	2677	1161	927	4718
麻柳乡	14306	3170	7180	3956	3258	14081
紫水乡	12561	2412	6435	3714	3055	12212
三汇口乡	10161	2029	5176	2956	2423	9613
五通乡	3873	649	1728	1496	1267	3690
梁平区	**645315**	**116233**	**368092**	**160990**	**131616**	**508472**
梁山街道	119003	20115	75862	23026	18097	67546
双桂街道	98500	19464	66200	12836	9846	40227
仁贤街道	18705	3351	10388	4966	4100	17702
金带街道	12015	2158	6645	3212	2651	10990
合兴街道	15607	2533	8843	4231	3439	13863
礼让镇	16179	2996	9024	4159	3439	15102
云龙镇	22131	3909	11861	6361	5223	21068
屏锦镇	39158	7631	21460	10067	8378	35453
袁驿镇	15562	2993	8461	4108	3486	12979
新盛镇	20876	3604	11743	5529	4601	20029
福禄镇	14922	2692	7179	5051	4208	13787
聚奎镇	25294	4534	14448	6312	5249	24074
明达镇	16798	3155	8884	4759	3966	15851
荫平镇	13718	2381	7238	4099	3354	13150
和林镇	15246	2684	8178	4384	3520	14638
回龙镇	24372	4631	12913	6828	5768	23306
碧山镇	14882	2913	7650	4319	3702	13847
虎城镇	23316	4476	11560	7280	5916	21971
七星镇	6543	1224	3550	1769	1484	6190
龙门镇	13812	2515	6985	4312	3624	13058
文化镇	10416	1934	5492	2990	2422	9576
石安镇	9293	1498	4326	3469	2884	8950
柏家镇	10638	2033	4874	3731	3022	10071
大观镇	7837	1187	3563	3087	2529	7392
竹山镇	3915	588	2075	1252	1095	3677
蟠龙镇	11765	1875	5904	3986	3332	11293
星桥镇	11053	1655	5964	3434	2906	10615
曲水镇	8078	1201	3967	2910	2411	7597
安胜镇	7779	1213	4411	2155	1774	7393
复平镇	3899	678	1884	1337	1127	3707
紫照镇	6491	1153	2961	2377	1916	6279
铁门乡	3403	548	1603	1252	977	3197
龙胜乡	4109	711	1996	1402	1170	3894
武隆区	**356748**	**56884**	**215802**	**84062**	**70304**	**238918**
凤山街道	68195	12544	45493	10158	8163	27281
芙蓉街道	57202	10218	37708	9276	7399	24703
仙女山街道	12424	1698	7732	2994	2497	9543
羊角街道	18029	2546	10273	5210	4447	15400
白马镇	25389	4205	15240	5944	4964	17031

表22 续表 14

单位：人

地区	总人口	分年龄人口				居住本乡、镇、街道，户口在本乡、镇、街道
		0-14岁	15-59岁	60岁及以上	#65岁及以上	
江口镇	19296	3855	11215	4226	3469	12766
火炉镇	20836	2953	11993	5890	5020	17454
鸭江镇	15615	2471	8388	4756	4096	12129
长坝镇	14601	2176	8181	4244	3509	11771
平桥镇	13508	2127	7308	4073	3479	11076
桐梓镇	8905	1390	5154	2361	1996	7211
和顺镇	7613	724	4452	2437	2090	6615
双河镇	8207	1199	4854	2154	1869	7176
凤来镇	8810	1094	4622	3094	2645	7916
庙垭乡	6876	830	3661	2385	2016	5928
石桥苗族土家族乡	6694	843	4052	1799	1563	5869
黄莺乡	5497	638	3086	1773	1522	4810
沧沟乡	6428	999	3518	1911	1597	5752
文复苗族土家族乡	5456	678	3255	1523	1293	4837
土地乡	4506	646	2549	1311	1081	3964
白云乡	4602	590	2624	1388	1190	3889
后坪苗族土家族乡	4644	612	2794	1238	1059	4087
浩口苗族仡佬族乡	4270	593	2545	1132	962	3600
接龙乡	3529	526	1897	1106	957	3185
赵家乡	2938	389	1612	937	776	2607
大洞河乡	2678	340	1596	742	645	2318
县	**6674690**	**1285608**	**3862918**	**1526164**	**1240822**	**4986790**
城口县	**197497**	**42246**	**114746**	**40505**	**31419**	**147600**
葛城街道	41260	8013	28254	4993	3552	19949
复兴街道	21199	4733	13775	2691	1930	7770
巴山镇	8589	1992	4720	1877	1535	7436
坪坝镇	9910	2383	5378	2149	1761	7473
庙坝镇	8764	1891	4684	2189	1786	8039
明通镇	6253	1552	3354	1347	1037	4925
修齐镇	12259	2766	6538	2955	2255	11197
高观镇	7583	1670	4162	1751	1314	6110
高燕镇	8789	1686	4939	2164	1693	7814
东安镇	6724	1341	3841	1542	1169	6312
咸宜镇	7219	1502	3961	1756	1350	6413
高楠镇	4683	1099	2514	1070	889	4405
龙田乡	5701	1301	3003	1397	1120	4881
北屏乡	4409	903	2324	1182	950	4105
左岚乡	3379	787	1599	993	853	3174
沿河乡	4285	913	2267	1105	926	4009
双河乡	5618	1105	2886	1627	1373	5358
蓼子乡	7810	1770	4095	1945	1481	6952
鸡鸣乡	3803	818	2117	868	675	3245
周溪乡	3604	795	1901	908	699	3395
明中乡	3488	758	1892	838	636	3266
治平乡	2987	647	1586	754	604	2795
岚天乡	2316	486	1206	624	478	2145
厚坪乡	4056	826	2250	980	754	3841
河鱼乡	2809	509	1500	800	599	2591

表22 续表 15

单位：人

地　区	总人口	分年龄人口				居住本乡、镇、街道，户口在本乡、镇、街道
		0-14岁	15-59岁	60岁及以上	#65岁及以上	
丰都县	**557374**	**92556**	**327805**	**137013**	**113078**	**434431**
三合街道	179022	32267	116029	30726	24666	107772
名山街道	25757	4124	15794	5839	4735	17232
虎威镇	12720	1959	6998	3763	3110	11613
社坛镇	24938	4095	13702	7141	5893	23247
三元镇	10140	1703	5252	3185	2635	9379
许明寺镇	8896	1335	4505	3056	2618	8344
董家镇	14527	2084	7523	4920	4100	13671
树人镇	11882	1701	6051	4130	3364	11138
十直镇	17974	2694	9693	5587	4580	16564
高家镇	37954	7216	22574	8164	6671	26130
兴义镇	29679	4396	18290	6993	5772	21320
双路镇	12012	1932	7217	2863	2395	8537
江池镇	9190	1476	4987	2727	2364	7990
龙河镇	24960	4081	13736	7143	6004	22678
武平镇	9762	1822	5209	2731	2258	9224
包鸾镇	16363	2508	9404	4451	3874	15098
湛普镇	5053	690	3013	1350	1149	4379
南天湖镇	9981	1675	5426	2880	2431	9511
保合镇	11098	1476	6027	3595	2953	10540
兴龙镇	8395	1297	4302	2796	2451	7931
仁沙镇	14868	2456	7839	4573	3796	13826
龙孔镇	11618	1372	6751	3495	2844	11041
暨龙镇	7635	1235	4393	2007	1699	6946
双龙镇	8638	1366	4395	2877	2386	8082
仙女湖镇	8000	1364	4467	2169	1776	7473
青龙乡	6102	955	3025	2122	1724	5733
太平坝乡	2870	503	1565	802	670	2637
都督乡	2802	518	1532	752	664	2495
栗子乡	6290	972	3366	1952	1618	6001
三建乡	8248	1284	4740	2224	1878	7899
垫江县	**650694**	**117629**	**373655**	**159410**	**131996**	**490646**
桂溪街道	117226	21265	77036	18925	15073	58080
桂阳街道	110107	21514	73871	14722	11407	47806
新民镇	23326	4635	12622	6069	5060	21342
沙坪镇	28986	5499	15774	7713	6368	27237
周嘉镇	24558	3784	12843	7931	6664	21867
普顺镇	17453	2877	8805	5771	4852	16492
永安镇	17789	2344	8532	6913	5843	17121
高安镇	40824	7122	23121	10581	8880	33673
高峰镇	16975	3103	8679	5193	4389	16298
五洞镇	14149	2913	7139	4097	3316	13320
澄溪镇	37878	7729	21642	8507	6976	31734
太平镇	21953	4774	10998	6181	5126	20243
鹤游镇	10311	1478	5923	2910	2503	8235

表22 续表 16 单位：人

地　　区	总人口	分年龄人口				居住本乡、镇、街道，户口在本乡、镇、街道
		0-14岁	15-59岁	60岁及以上	#65岁及以上	
坪山镇	27997	5424	14739	7834	6493	23999
砚台镇	22429	3736	12136	6557	5510	21399
曹回镇	15238	2386	7385	5467	4594	14614
杠家镇	15023	2459	7445	5119	4371	14438
包家镇	9990	1447	4942	3601	3037	9661
白家镇	13552	2031	6753	4768	4035	12975
永平镇	8032	1362	3943	2727	2312	7627
三溪镇	7923	1293	3976	2654	2328	7480
裴兴镇	8635	1402	4007	3226	2767	8252
黄沙镇	12197	2479	6462	3256	2770	11084
长龙镇	16784	2884	9678	4222	3528	15086
沙河乡	4865	725	2275	1865	1576	4523
大石乡	6494	964	2929	2601	2218	6060
忠县	**720976**	**131877**	**397804**	**191295**	**154302**	**506225**
忠州街道	241285	46913	151835	42537	33265	93204
白公街道	26341	4828	16382	5131	4034	12769
乌杨街道	32219	6408	17549	8262	6780	26889
新生街道	16347	3080	8671	4596	3648	14402
任家镇	10994	1743	5745	3506	2847	10124
洋渡镇	15262	2783	8084	4395	3550	14259
东溪镇	9339	1593	4730	3016	2519	7777
复兴镇	10858	1858	5899	3101	2527	8660
石宝镇	24155	4546	12175	7434	6138	21437
汝溪镇	30443	6084	15412	8947	7083	26530
野鹤镇	12515	2042	5803	4670	3773	11427
官坝镇	23117	4277	10782	8058	6567	20955
石黄镇	8161	1239	3676	3246	2570	7429
马灌镇	27424	4650	13337	9437	7682	24535
金鸡镇	14559	2371	7215	4973	3954	13408
新立镇	29693	5409	14645	9639	7990	25601
双桂镇	14251	2259	7112	4880	4124	13029
拔山镇	44266	8107	24439	11720	9562	35959
花桥镇	14143	2254	7125	4764	4028	12625
永丰镇	11756	1990	5744	4022	3304	10503
三汇镇	21149	3273	10958	6918	5735	17510
白石镇	23448	4441	11420	7587	6075	21068
黄金镇	18994	2916	9744	6334	4952	18038
善广乡	6286	987	3176	2123	1688	5974
石子乡	3386	670	1707	1009	865	3130
磨子土家族乡	7774	1190	3879	2705	2320	7242
涂井乡	10184	1709	5024	3451	2779	9700
金声乡	6869	1247	2965	2657	2159	6568
兴峰乡	5758	1010	2571	2177	1784	5473
云阳县	**929034**	**167643**	**543118**	**218273**	**177275**	**681719**
双江街道	106247	18781	70066	17400	13227	38971
青龙街道	146722	26257	96548	23917	18599	59992

表22 续表 17 单位：人

地区	总人口	分年龄人口				居住本乡、镇、街道，户口在本乡、镇、街道
		0-14岁	15-59岁	60岁及以上	#65岁及以上	
人和街道	33734	5578	20417	7739	6252	24361
盘龙街道	39211	7055	22324	9832	7905	27818
龙角镇	13448	2600	7547	3301	2835	10906
故陵镇	17894	3705	10209	3980	3235	15473
红狮镇	18353	3671	9953	4729	3907	15999
路阳镇	17754	3471	9557	4726	3841	16649
农坝镇	16988	3781	9136	4071	3261	15257
渠马镇	8812	1382	4690	2740	2258	8231
黄石镇	9885	1779	5690	2416	1917	7882
巴阳镇	9276	1382	4829	3065	2449	8328
沙市镇	14846	2833	8600	3413	2800	13396
鱼泉镇	11160	2293	6084	2783	2303	10202
凤鸣镇	48930	9239	27350	12341	10124	38687
宝坪镇	17530	2564	9031	5935	5005	16393
南溪镇	66771	11629	38107	17035	14008	58788
双土镇	18298	2884	10210	5204	4227	17068
桑坪镇	15467	2557	8379	4531	3666	14601
江口镇	70171	14532	40049	15590	12554	60763
高阳镇	24817	4305	14194	6318	5225	19342
平安镇	25341	4875	13688	6778	5719	22193
云阳镇	8606	970	5001	2635	2196	7565
云安镇	8412	1028	4623	2761	2319	7713
栖霞镇	13636	2378	7554	3704	3043	10917
双龙镇	16311	3017	8155	5139	4206	15504
泥溪镇	8052	1404	4202	2446	2129	7552
蕉草镇	12446	2207	6793	3446	2978	11338
养鹿镇	8841	1172	4700	2969	2485	8082
水口镇	13001	2392	7614	2995	2347	9109
堰坪镇	7264	1390	3902	1972	1636	6565
龙洞镇	13504	2632	7633	3239	2579	12776
后叶镇	11274	2058	6514	2702	2177	10861
耀灵镇	6499	1257	3445	1797	1576	6063
大阳镇	7236	1172	3848	2216	1779	6742
外郎乡	4767	740	2377	1650	1394	4507
新津乡	5784	959	3168	1657	1422	5427
普安乡	6178	939	3491	1748	1559	5769
洞鹿乡	5894	925	3233	1736	1426	5627
石门乡	3632	515	1916	1201	993	3330
上坝乡	5854	1132	3004	1718	1416	5527
清水土家族乡	10188	2203	5287	2698	2298	9445
奉节县	**744836**	**133849**	**445175**	**165812**	**132168**	**531001**
永安街道	182983	34612	124932	23439	17735	67513
鱼复街道	67360	12482	44363	10515	7914	27041
夔门街道	19620	2544	12739	4337	3570	11188
白帝镇	18750	2956	11093	4701	3827	15546
草堂镇	21840	4015	12561	5264	4327	20318

表22 续表 18

单位：人

地区	总人口	分年龄人口				居住本乡、镇、街道，户口在本乡、镇、街道
		0-14岁	15-59岁	60岁及以上	#65岁及以上	
汾河镇	14609	2393	7879	4337	3525	12991
康乐镇	22579	3636	13169	5774	4560	18619
大树镇	10873	1585	5559	3729	3042	9965
竹园镇	28513	5299	15458	7756	6248	23898
公平镇	31737	5431	17992	8314	6646	25327
朱衣镇	19099	3475	11082	4542	3622	17091
甲高镇	25465	5256	13951	6258	5074	23275
羊市镇	8300	1546	4618	2136	1771	7734
吐祥镇	37971	6682	22201	9088	7445	32475
兴隆镇	39829	7900	22309	9620	7637	34767
青龙镇	13702	2491	7422	3789	3120	12435
新民镇	17943	3612	9686	4645	3719	16055
永乐镇	17396	2740	9860	4796	3879	15935
安坪镇	22020	4057	12323	5640	4448	21025
五马镇	20771	3798	11492	5481	4455	19973
青莲镇	16571	2603	8551	5417	4317	15835
岩湾乡	3086	433	1570	1083	866	2910
平安乡	9883	1668	5089	3126	2507	9415
红土乡	10471	1564	5354	3553	2887	9942
石岗乡	11718	1454	6064	4200	3469	11299
康坪乡	5586	1031	2973	1582	1319	5272
太和土家族乡	8157	1333	4457	2367	1940	7603
鹤峰乡	9935	1921	5334	2680	2175	8935
冯坪乡	11431	2567	5827	3037	2398	10986
长安土家族乡	7267	1249	4001	2017	1644	6888
龙桥土家族乡	6519	1032	3615	1872	1475	6045
云雾土家族乡	2852	484	1651	717	607	2700
巫山县	**462462**	**87568**	**273493**	**101401**	**82205**	**332408**
高唐街道	135588	27318	90584	17686	13583	54141
龙门街道	17142	3376	11666	2100	1635	5816
庙宇镇	31472	6879	17105	7488	6020	28225
大昌镇	31633	6213	17592	7828	6637	27140
福田镇	25536	5445	13620	6471	5502	22983
龙溪镇	12362	2788	6568	3006	2425	11611
双龙镇	14076	2264	7672	4140	3455	12863
官阳镇	9628	1798	5098	2732	2260	9263
骡坪镇	21248	4485	11711	5052	3994	18633
抱龙镇	15302	2509	8026	4767	3952	14229
官渡镇	35525	6305	20019	9201	7693	31645
铜鼓镇	12302	1939	6328	4035	3253	11637
巫峡镇	27298	5246	17238	4814	3833	16046
红椿乡	3277	548	1816	913	755	3044
两坪乡	9766	1650	5500	2616	2121	8814
曲尺乡	7121	756	4038	2327	1874	6669
建平乡	5350	709	2678	1963	1612	5070
大溪乡	4315	538	2447	1330	1084	4066

表22 续表 19 单位：人

地区	总人口	分年龄人口				居住本乡、镇、街道，户口在本乡、镇、街道
		0-14岁	15-59岁	60岁及以上	#65岁及以上	
金坪乡	1909	297	1047	565	460	1758
平河乡	6466	1068	3335	2063	1681	6223
当阳乡	4015	716	2236	1063	881	3754
竹贤乡	2719	435	1460	824	663	2603
三溪乡	11205	1705	6105	3395	2737	10191
培石乡	4302	639	2187	1476	1222	3980
笃坪乡	10424	1573	5983	2868	2319	9727
邓家乡	2481	369	1434	678	554	2277
巫溪县	**388685**	**77541**	**220911**	**90233**	**70548**	**311441**
宁河街道	58665	12037	36519	10109	7663	28249
柏杨街道	41366	10405	26600	4361	3062	19102
城厢镇	12369	2331	6608	3430	2707	11723
凤凰镇	18314	3623	10811	3880	3113	13843
宁厂镇	2552	278	1376	898	729	2325
上磺镇	22913	4996	12556	5361	4174	20259
古路镇	20018	4095	10719	5204	4094	19230
文峰镇	32850	6629	18429	7792	6207	29036
徐家镇	10649	2081	5902	2666	2030	9707
白鹿镇	12131	2183	6788	3160	2529	11575
尖山镇	17572	3443	9843	4286	3421	14451
下堡镇	8979	1701	4728	2550	2000	8599
峰灵镇	14046	3079	7440	3527	2708	13680
塘坊镇	15055	2966	8083	4006	3204	13992
朝阳镇	10961	2026	5975	2960	2378	10419
田坝镇	6184	1113	3189	1882	1536	5833
通城镇	10088	1872	5291	2925	2314	9495
菱角镇	12680	2324	6710	3646	2842	12140
蒲莲镇	6973	1369	3749	1855	1477	6610
土城镇	5990	871	3182	1937	1501	5751
红池坝镇	10202	1916	5678	2608	2021	9768
胜利乡	6176	1041	3235	1900	1502	5973
大河乡	5497	883	3082	1532	1198	5120
天星乡	1638	204	925	509	413	1320
长桂乡	2279	312	1206	761	626	2169
鱼鳞乡	4135	704	2318	1113	830	3552
乌龙乡	3925	614	2127	1184	936	3681
花台乡	4314	812	2290	1212	967	4176
兰英乡	1730	281	957	492	413	1670
双阳乡	1304	132	715	457	376	1244
中梁乡	2419	392	1332	695	551	2274
天元乡	4711	828	2548	1335	1026	4475
石柱土家族自治县	**389001**	**70408**	**228225**	**90368**	**74238**	**269515**
南宾街道	91121	17727	59744	13650	10933	42330
万安街道	81587	17346	51870	12371	9855	35347
下路街道	21989	3596	12367	6026	4975	18775
西沱镇	23599	4805	13200	5594	4448	16756

表22 续表 20 单位：人

地区	总人口	分年龄人口				居住本乡、镇、街道，户口在本乡、镇、街道
		0-14岁	15-59岁	60岁及以上	#65岁及以上	
悦崃镇	9798	1886	5095	2817	2295	9061
临溪镇	12659	2349	6157	4153	3441	11276
黄水镇	8719	1357	5375	1987	1620	7012
马武镇	7265	1397	4027	1841	1585	6637
沙子镇	7887	1104	4494	2289	1919	7220
王场镇	5968	774	2870	2324	1966	5497
沿溪镇	7508	990	3762	2756	2306	7019
龙沙镇	7582	1386	3747	2449	2014	7119
鱼池镇	8384	1587	4437	2360	2008	7532
三河镇	16023	3200	8838	3985	3283	14108
大歇镇	9861	1437	5278	3146	2609	9380
桥头镇	5227	819	2696	1712	1419	4751
万朝镇	5082	552	2459	2071	1797	4805
冷水镇	4052	555	2485	1012	853	3665
黄鹤镇	3421	652	1862	907	761	2704
枫木镇	6642	1033	3752	1857	1499	6419
黎场乡	3954	421	1918	1615	1358	3776
三星乡	5077	568	2658	1851	1555	4963
六塘乡	5887	616	3368	1903	1592	5315
三益乡	2173	344	1034	795	659	2083
王家乡	4236	618	2087	1531	1284	4077
河嘴乡	5324	956	2450	1918	1567	5088
石家乡	4880	679	2624	1577	1309	4565
中益乡	4202	573	2434	1195	984	3988
洗新乡	2197	244	1247	706	596	2075
龙潭乡	2371	290	1421	660	598	2155
新乐乡	1858	250	1007	601	514	1773
金铃乡	1930	253	1170	507	456	1740
金竹乡	538	44	292	202	180	504
秀山土家族苗族自治县	**496194**	**110607**	**286592**	**98995**	**82155**	**402273**
中和街道	103387	22551	67483	13353	10254	62968
乌杨街道	48205	9550	32547	6108	4936	29887
平凯街道	45552	10016	27806	7730	6239	32894
官庄街道	25978	5858	14342	5778	4761	23002
清溪场镇	45392	9910	24272	11210	9493	41391
隘口镇	12055	2911	6118	3026	2516	11596
溶溪镇	13793	2708	8148	2937	2490	12410
龙池镇	24139	5621	12740	5778	4881	20459
石堤镇	10305	2401	5129	2775	2453	9286
峨溶镇	14307	4100	7137	3070	2711	13610
洪安镇	16416	4109	8373	3934	3368	15171
雅江镇	10185	2402	5230	2553	2155	9795
石耶镇	8046	1777	4493	1776	1520	7182
梅江镇	30127	7500	16086	6541	5408	28466
兰桥镇	11784	3047	6156	2581	2046	11248
膏田镇	6819	1434	3731	1654	1370	6526

表22 续表 21

单位：人

地　　区	总人口	分年龄人口				居住本乡、镇、街道，户口在本乡、镇、街道
		0-14岁	15-59岁	60岁及以上	#65岁及以上	
溪口镇	9314	1856	5270	2188	1883	8733
妙泉镇	5355	1210	2799	1346	1180	5037
宋农镇	4370	916	2232	1222	1055	4064
里仁镇	7176	1476	3610	2090	1830	6919
钟灵镇	13946	3026	7827	3093	2515	13367
孝溪乡	6424	1356	3356	1712	1449	6166
海洋乡	4158	962	1985	1211	1059	3899
大溪乡	4025	797	1964	1264	1100	3889
涌洞乡	4580	874	2337	1369	1171	4387
中平乡	5491	1159	2933	1399	1228	5221
岑溪乡	4865	1080	2488	1297	1084	4700
酉阳土家族苗族自治县	**607338**	**144660**	**337493**	**125185**	**102908**	**500480**
桃花源街道	67589	15983	42764	8842	6811	38418
钟多街道	79729	20842	49774	9113	6987	44026
龙潭镇	65311	15501	38136	11674	9607	52590
麻旺镇	35018	9107	17434	8477	7028	31489
酉酬镇	18031	4405	9306	4320	3626	15850
大溪镇	12985	3374	6748	2863	2343	11911
兴隆镇	11327	2786	5732	2809	2282	10514
黑水镇	12782	2905	6337	3540	2883	12061
丁市镇	20369	4550	11956	3863	3297	16911
龚滩镇	15009	3431	8205	3373	2802	13869
李溪镇	22487	5399	11980	5108	4327	21173
泔溪镇	11174	2712	5375	3087	2551	10122
酉水河镇	10450	2520	5168	2762	2279	9953
苍岭镇	9938	2008	5252	2678	2198	9339
小河镇	9781	2252	5027	2502	2159	9273
板溪镇	13720	2529	9132	2059	1710	9711
涂市镇	11715	2531	5883	3301	2767	11259
铜鼓镇	16463	3438	8694	4331	3646	15736
五福镇	8460	2355	4327	1778	1406	7937
万木镇	14108	3850	7275	2983	2492	13604
南腰界镇	12828	3328	6450	3050	2511	12419
可大乡	8708	2167	4393	2148	1798	8476
偏柏乡	9310	2169	4810	2331	1934	8979
木叶乡	5918	1439	3026	1453	1166	5578
毛坝乡	6879	1459	3447	1973	1616	6498
花田乡	4682	772	2290	1620	1335	4446
后坪乡	8271	1933	4219	2119	1817	7957
天馆乡	7740	1640	4108	1992	1708	7243
宜居乡	11505	2602	6062	2841	2404	11075
两罾乡	7691	1664	4128	1899	1603	7197
板桥乡	6210	1161	3459	1590	1358	5813
官清乡	7872	1643	4333	1896	1639	7595
车田乡	5168	1352	2682	1134	885	4810
腴地乡	5952	1577	2654	1721	1430	5669

表22　续表 22　　　　单位：人

地　　区	总人口	分年龄人口				居住本乡、镇、街道，户口在本乡、镇、街道
		0-14岁	15-59岁	60岁及以上	#65岁及以上	
清泉乡	5006	1122	2596	1288	1103	4749
庙溪乡	9562	2207	5046	2309	1862	9289
浪坪乡	6444	1744	3259	1441	1168	6138
双泉乡	7435	1510	3943	1982	1599	7182
楠木乡	3711	693	2083	935	771	3621
彭水苗族土家族自治县	**530599**	**109024**	**313901**	**107674**	**88530**	**379051**
汉葭街道	123498	26779	81342	15377	11987	48813
绍庆街道	71392	15480	46712	9200	7270	29140
靛水街道	27411	5839	16768	4804	4051	19906
保家镇	41991	8614	25842	7535	6271	33185
郁山镇	22693	4420	12692	5581	4632	20415
高谷镇	12062	2584	6400	3078	2530	11024
桑柘镇	19009	4529	10186	4294	3512	17309
鹿角镇	7473	1498	4064	1911	1655	6151
黄家镇	7704	1358	4145	2201	1888	7113
普子镇	15804	3582	7818	4404	3675	15272
龙射镇	12587	2520	6399	3668	3037	12012
连湖镇	13718	3269	7725	2724	2216	12692
万足镇	2656	307	1461	888	780	2197
平安镇	7444	1515	3869	2060	1710	6937
长生镇	4553	743	2428	1382	1134	4359
新田镇	14949	3200	7994	3755	3010	13622
鞍子镇	8109	1195	4572	2342	1960	7710
太原镇	6294	1348	3135	1811	1479	5903
龙溪镇	7875	1354	4279	2242	1867	7410
梅子垭镇	7546	1628	4235	1683	1400	7008
大同镇	5066	1256	2819	991	774	4484
岩东乡	3285	467	1497	1321	1105	3076
鹿鸣乡	11189	2310	5919	2960	2479	10679
棣棠乡	6824	1150	3833	1841	1536	6583
三义乡	3943	796	2121	1026	886	3750
联合乡	6116	1194	3145	1777	1473	5754
石柳乡	5598	1110	3106	1382	1135	5290
走马乡	9316	1753	5218	2345	1894	9030
芦塘乡	4180	797	2216	1167	1008	3811
乔梓乡	6412	1259	3599	1554	1294	6182
诸佛乡	7143	1223	3786	2134	1762	6810
桐楼乡	2974	553	1649	772	636	2882
善感乡	3671	593	1942	1136	987	3453
双龙乡	2502	342	1435	725	616	2385
石盘乡	1488	184	790	514	441	1439
大垭乡	2485	340	1296	849	729	2308
润溪乡	6171	847	3420	1904	1645	5793
朗溪乡	3604	461	1968	1175	1020	3437
龙塘乡	3864	627	2076	1161	1046	3727

表23 四川省乡、镇、街道人口

单位：人

地区	总人口	分年龄人口				居住本乡、镇、街道，户口在本乡、镇、街道
		0-14岁	15-59岁	60岁及以上	#65岁及以上	
四川省	**83674866**	**13471112**	**52039950**	**18163804**	**14167600**	**55583401**
成都市	**20937757**	**2780827**	**14392861**	**3764069**	**2851183**	**10146686**
锦江区	**902933**	**121442**	**619388**	**162103**	**117119**	**423876**
锦官驿街道	58521	5634	38479	14408	11246	33991
东湖街道	104327	13215	70885	20227	14744	64809
锦华路街道	88703	10414	62521	15768	11199	37052
春熙路街道	30974	4839	21158	4977	3690	12813
书院街街道	52436	5595	34801	12040	9187	26159
牛市口街道	101424	10422	67722	23280	17505	52122
沙河街道	81103	15632	52317	13154	9215	47774
狮子山街道	69106	8440	51667	8999	6536	26949
成龙路街道	179898	28041	123664	28193	19146	76633
柳江街道	58001	6590	41686	9725	7147	18839
三圣街道	78440	12620	54488	11332	7504	26735
青羊区	**955954**	**132837**	**641889**	**181228**	**134256**	**424788**
草市街街道	70656	7169	48897	14590	10795	26562
西御河街道	45333	4072	30787	10474	8250	19991
少城街道	93076	12107	59068	21901	16740	44206
草堂街道	63890	7397	39810	16683	12984	33776
府南街道	94445	11055	63421	19969	14770	40913
光华街道	132198	21658	84953	25587	18962	67834
金沙街道	75239	13986	48805	12448	8673	40121
黄田坝街道	71866	6894	47756	17216	13793	35992
苏坡街道	131939	21194	92015	18730	13188	50318
文家街道	25370	3096	18100	4174	3251	9658
蔡桥街道	120318	20903	85637	13778	8575	45275
康河街道	31624	3306	22640	5678	4275	10142
金牛区	**1265398**	**150889**	**890970**	**223539**	**162378**	**456382**
西安路街道	112715	10551	76512	25652	19229	48575
西华街道	139188	17938	106141	15109	10602	30464
荷花池街道	89203	8426	60317	20460	15138	37605
驷马桥街道	109604	10555	75351	23698	17254	43765
茶店子街道	140803	17616	95099	28088	20833	66319
抚琴街道	101959	9790	69764	22405	16324	39475
九里堤街道	57119	6163	40552	10404	7901	23940
五块石街道	58713	7541	42735	8437	5721	16018
营门口街道	79445	10378	54732	14335	10328	29579
金泉街道	140497	19551	100594	20352	14119	43033
沙河源街道	132442	19478	95857	17107	11707	36899
天回镇街道	82676	9940	57759	14977	11490	34124
凤凰山街道	21034	2962	15557	2515	1732	6586
武侯区	**1855186**	**240404**	**1335125**	**279657**	**204009**	**690643**
浆洗街街道	154689	15070	108165	31454	23681	62637
望江路街道	89054	6708	67179	15167	11776	34499
玉林街道	147190	13424	103877	29889	23216	57069
火车南站街道	84119	9530	59561	15028	10907	37041

表23 续表 1

单位：人

地　　区	总人口	分年龄人口				居住本乡、镇、街道，户口在本乡、镇、街道
		0-14岁	15-59岁	60岁及以上	#65岁及以上	
晋阳街道	92766	11835	66778	14153	10835	32694
红牌楼街道	142970	18273	101978	22719	16669	56565
簇桥街道	100674	15408	73146	12120	8691	27179
机投桥街道	119266	17028	88914	13324	9247	24272
金花桥街道	100809	13074	77306	10429	7323	16305
簇锦街道	127281	20285	90715	16281	11365	45382
华兴街道	47750	5576	36880	5294	3569	7904
芳草街街道	119417	15329	81439	22649	17204	56559
肖家河街道	80229	9196	57165	13868	10282	31303
石羊街道	231516	39976	162340	29200	19733	105611
桂溪街道	217456	29692	159682	28082	19511	95623
成华区	**1381894**	**166652**	**975155**	**240087**	**172415**	**539762**
猛追湾街道	126908	10996	87790	28122	21853	56857
双桥子街道	114837	9719	75663	29455	22445	55119
府青路街道	136643	15101	91254	30288	22552	71751
二仙桥街道	131332	12982	100765	17585	12731	41789
跳蹬河街道	115726	14702	78622	22402	16140	49342
双水碾街道	129312	16657	93873	18782	12899	36013
万年场街道	134333	16963	95316	22054	15183	56940
保和街道	161144	22363	114622	24159	16117	55765
青龙街道	161494	24421	115192	21881	14741	49795
龙潭街道	142057	18566	101909	21582	15155	56506
白莲池街道	28108	4182	20149	3777	2599	9885
龙泉驿区	**1346210**	**185312**	**963393**	**197505**	**148074**	**504450**
龙泉街道	371313	54487	254467	62359	47626	153908
大面街道	332055	48387	245107	38561	26633	108238
十陵街道	160009	17495	119438	23076	17590	56940
同安街道	78452	9691	57636	11125	8521	26044
西河街道	145018	22488	100333	22197	16989	48534
柏合街道	127416	16198	94011	17207	12742	46522
东安街道	59959	7156	46561	6242	4503	14378
洛带镇	24997	3456	16191	5350	4294	11211
洪安镇	33291	4384	21296	7611	6080	27428
山泉镇	13700	1570	8353	3777	3096	11247
青白江区	**490091**	**62316**	**327060**	**100715**	**76849**	**308387**
大弯街道	212949	28158	146002	38789	29455	106839
大同街道	40032	4509	28015	7508	5753	20168
弥牟镇	32538	3619	21857	7062	5551	21272
城厢镇	77544	8240	53201	16103	12636	52286
姚渡镇	58575	8001	36443	14131	10500	49671
清泉镇	39944	5623	24750	9571	7130	33090
福洪镇	28509	4166	16792	7551	5824	25061
新都区	**1558466**	**229496**	**1095777**	**233193**	**173719**	**654137**
大丰街道	330836	56298	245689	28849	19590	63994
三河街道	160622	26219	115004	19399	13599	47678
新都街道	283807	39247	205807	38753	28453	122756
新繁街道	196697	26971	133954	35772	27324	104323
石板滩街道	105061	16667	68039	20355	15143	77367

表23　续表 2

单位：人

地　区	总人口	分年龄人口 0-14岁	15-59岁	60岁及以上	#65岁及以上	居住本乡、镇、街道，户口在本乡、镇、街道
斑竹园街道	142495	19877	100198	22420	17025	63534
桂湖街道	258377	35308	177842	45227	34582	109057
清流镇	26929	2774	15851	8304	6612	22906
军屯镇	53642	6135	33393	14114	11391	42522
温江区	**967868**	**134523**	**687249**	**146096**	**107624**	**393288**
柳城街道	273120	35534	195632	41954	30832	102887
公平街道	148215	23052	104493	20670	14704	56167
涌泉街道	143926	25018	101252	17656	11608	50758
天府街道	121484	13627	97736	10121	6903	27659
金马街道	76710	10493	55026	11191	8525	30384
永宁街道	44735	5916	30489	8330	6663	21149
和盛镇	41912	4581	28876	8455	6749	26838
万春镇	85506	12344	54993	18169	14088	48625
寿安镇	32260	3958	18752	9550	7552	28821
双流区	**2659829**	**362297**	**1934157**	**363375**	**268537**	**1095391**
东升街道	439728	68617	312677	58434	42912	171220
西航港街道	398834	51936	309169	37729	25838	97731
华阳街道	444000	62260	321284	60456	41676	179016
中和街道	327811	40525	249962	37324	25533	107817
九江街道	182022	25723	138152	18147	13570	42009
黄甲街道	70123	5578	58396	6149	4625	18004
怡心街道	155046	21574	117823	15649	11058	53670
万安街道	80806	11357	58957	10492	7508	36903
正兴街道	56776	5793	42322	8661	6746	29434
兴隆街道	37879	5045	26507	6327	4809	22238
煎茶街道	27567	4169	16928	6470	5338	22169
新兴街道	77394	11527	51219	14648	11234	50113
籍田街道	58674	8469	34829	15376	12989	47619
太平街道	42280	6497	25108	10675	8474	35676
永兴街道	40857	6563	23538	10756	8464	35111
彭镇	95759	11567	65384	18808	15339	61209
黄龙溪镇	29345	3757	17884	7704	6532	21186
永安镇	35473	4126	23944	7403	6126	25370
黄水镇	59455	7214	40074	12167	9766	38896
郫都区	**1672025**	**209566**	**1245151**	**217308**	**162405**	**591907**
郫筒街道	325168	49970	225806	49392	36425	146895
安德街道	69028	8014	45965	15049	12293	43056
红光街道	190558	26153	146897	17508	12253	49669
犀浦街道	293004	40716	220990	31298	21805	82872
德源街道	65184	5095	53572	6517	5194	20220
安靖街道	151697	20323	117305	14069	10047	21514
团结街道	102127	10215	80237	11675	8817	25839
合作街道	156455	15506	127800	13149	9511	44649
西园街道	124657	10950	106418	7289	5005	21585
唐昌镇	68424	7930	41403	19091	15454	56653
三道堰镇	65009	6839	41950	16220	12555	29859
友爱镇	60714	7855	36808	16051	13046	49096

表23　续表 3

单位：人

地　　区	总人口	分年龄人口				居住本乡、镇、街道，户口在本乡、镇、街道
		0-14岁	15-59岁	60岁及以上	#65岁及以上	
新津区	**363591**	**44740**	**239060**	**79791**	**62748**	**219985**
五津街道	121025	16733	82190	22102	16569	53001
普兴街道	42514	5093	27942	9479	7501	29807
花桥街道	23603	2846	14128	6629	5288	18837
花源街道	43197	4226	31481	7490	6076	22051
兴义镇	27078	3294	15858	7926	6470	23640
安西镇	22042	2582	13785	5675	4648	16439
永商镇	45289	5506	28652	11131	8749	31110
宝墩镇	38843	4460	25024	9359	7447	25100
金堂县	**800371**	**117501**	**504879**	**177991**	**137359**	**567287**
赵镇街道	228053	35656	146492	45905	33945	127728
官仓街道	39911	5232	24288	10391	8009	36279
栖贤街道	106242	6861	88956	10425	7976	35591
高板街道	47804	7727	27052	13025	10357	43657
白果街道	18254	3131	10377	4746	3781	17196
淮口街道	101941	17387	65158	19396	14567	68023
五凤镇	16441	2301	9108	5032	3933	14913
三溪镇	23040	3990	12707	6343	4868	21767
福兴镇	29089	5101	15923	8065	6151	26268
金龙镇	16069	2540	8589	4940	3830	15061
赵家镇	24939	4301	14263	6375	4844	23260
竹篙镇	57193	9526	32329	15338	12151	52425
转龙镇	36083	5795	19814	10474	8318	34296
土桥镇	18078	2483	9962	5633	4708	16419
云合镇	17267	2437	9350	5480	4542	15786
又新镇	19967	3033	10511	6423	5379	18618
大邑县	**515962**	**64230**	**327618**	**124114**	**100033**	**336093**
晋原街道	111173	17406	74372	19395	14683	51846
沙渠街道	58550	8042	37529	12979	10465	35079
青霞街道	114110	13312	78701	22097	17218	57888
王泗镇	40345	4456	24134	11755	9682	33750
新场镇	32772	3596	18735	10441	8535	28636
悦来镇	22927	2243	12883	7801	6474	19508
安仁镇	105457	12308	64175	28974	23923	82202
䢺江镇	11847	1105	6631	4111	3485	10692
花水湾镇	5167	485	3016	1666	1414	4438
西岭镇	3492	300	1980	1212	1029	3119
鹤鸣镇	10122	977	5462	3683	3125	8935
蒲江县	**255563**	**32685**	**162296**	**60582**	**47520**	**207022**
鹤山街道	108242	15166	71040	22036	16980	77992
寿安街道	52836	6345	33384	13107	10635	43836
大塘镇	12612	1566	7679	3367	2575	10780
朝阳湖镇	12611	1417	7577	3617	2877	11584
西来镇	34974	3958	21360	9656	7635	32084
大兴镇	16040	1880	9984	4176	3196	14366
甘溪镇	9549	1243	5949	2357	1825	8834
成佳镇	8699	1110	5323	2266	1797	7546
都江堰市	**710056**	**88752**	**450574**	**170730**	**133653**	**432005**
奎光塔街道	81002	11287	51688	18027	13623	28308

表23 续表 4

单位：人

地区	总人口	分年龄人口				居住本乡、镇、街道，户口在本乡、镇、街道
		0-14岁	15-59岁	60岁及以上	#65岁及以上	
幸福街道	105972	14371	67161	24440	18130	40600
灌口街道	32989	2526	21307	9156	7236	15032
银杏街道	83217	11365	52336	19516	14612	34166
玉堂街道	50810	6662	32473	11675	9272	34144
蒲阳街道	45362	6072	29125	10165	8056	34822
聚源镇	73985	9435	47069	17481	14059	57694
天马镇	61344	7820	37639	15885	12726	51841
石羊镇	66568	8212	39226	19130	15240	59876
青城山镇	96864	9475	65413	21976	18007	65373
龙池镇	11943	1527	7137	3279	2692	10149
彭州市	**780399**	**98890**	**484285**	**197224**	**151999**	**566571**
天彭街道	231867	31635	150627	49605	37245	136541
隆丰街道	55026	6745	33136	15145	11532	47000
濛阳街道	108801	13058	69107	26636	20793	76125
致和街道	105426	13589	69780	22057	16803	64336
龙门山镇	16922	2036	9787	5099	4107	14693
丽春镇	58538	7427	35263	15848	12226	49832
九尺镇	49254	5767	28266	15221	11731	43779
通济镇	26448	3257	15183	8008	6411	22428
丹景山镇	23596	2899	13838	6859	5284	20095
敖平镇	34189	4147	19353	10689	8375	30210
桂花镇	34411	4139	20160	10112	8111	29503
白鹿镇	8470	739	4616	3115	2610	7514
葛仙山镇	27451	3452	15169	8830	6771	24515
邛崃市	**602973**	**75223**	**377466**	**150284**	**118954**	**460259**
文君街道	137445	18888	91000	27557	20387	80787
临邛街道	113653	14395	75191	24067	18482	73333
固驿街道	39743	4516	23149	12078	9596	35528
羊安街道	86024	10426	55342	20256	16332	65565
高埂街道	37547	4499	22589	10459	8454	32783
孔明街道	22111	2703	13618	5790	4547	19963
桑园镇	34221	3599	20460	10162	8222	31180
平乐镇	33685	3995	19996	9694	7801	30961
夹关镇	22396	3179	13041	6176	5051	19786
火井镇	16018	1785	9196	5037	4234	14613
临济镇	14095	1919	8163	4013	3302	12888
天台山镇	13793	1958	7801	4034	3338	12847
南宝山镇	10688	1204	6096	3388	2836	9923
大同镇	21554	2157	11824	7573	6372	20102
崇州市	**735723**	**83780**	**486335**	**165608**	**131562**	**483473**
崇阳街道	173816	20647	124955	28214	21409	77381
羊马街道	51508	5704	35121	10683	8582	35618
三江街道	55837	6639	36435	12763	9983	38593
江源街道	26992	3274	16809	6909	5503	21297
大划街道	37435	2030	31001	4404	3550	12464
崇庆街道	91774	11396	67589	12789	9801	41564
廖家镇	30422	3122	18332	8968	7210	25797
元通镇	27938	3242	15902	8794	7234	24490

表23 续表 5

单位：人

地　　区	总人口	分年龄人口				居住本乡、镇、街道，户口在本乡、镇、街道
		0-14岁	15-59岁	60岁及以上	#65岁及以上	
观胜镇	25538	2733	14620	8185	6764	22470
怀远镇	47925	5996	28706	13223	10366	39761
街子镇	40905	5150	24197	11558	9359	35125
文井江镇	5471	541	3180	1750	1431	4800
白头镇	44429	4870	25056	14503	11780	38431
道明镇	38753	4282	22616	11855	9447	33988
隆兴镇	36980	4154	21816	11010	9143	31694
简阳市	**1117265**	**179292**	**645034**	**292939**	**239970**	**790980**
简城街道	180021	27514	117067	35440	27471	78520
射洪坝街道	113210	19403	75636	18171	13499	35664
新市街道	22547	3579	12991	5977	4815	18015
东溪街道	34898	5988	21600	7310	5871	20372
平泉街道	26385	4069	13655	8661	7168	23293
石桥街道	24167	3288	14991	5888	4701	17560
赤水街道	30539	4955	16536	9048	7571	25716
石盘街道	44553	7485	25945	11123	9158	36117
养马街道	43865	6681	26222	10962	8868	33412
贾家街道	55424	9104	33737	12583	10115	40011
石板凳街道	24064	3827	14851	5386	4422	17037
三岔街道	40936	7358	25225	8353	6789	24345
草池街道	33701	5096	20231	8374	6890	23865
福田街道	11697	2065	6015	3617	2985	9869
玉成街道	19421	3189	10141	6091	5051	16935
丹景街道	11189	1734	5950	3505	2941	9531
杨家镇	14671	2367	7716	4588	3854	13367
禾丰镇	34104	5797	17077	11230	9657	30866
云龙镇	36221	5525	18050	12646	10932	33837
三星镇	31826	5439	16276	10111	8382	27031
镇金镇	22766	3574	11467	7725	6470	20587
石钟镇	20621	3085	10147	7389	6205	18854
施家镇	27619	4150	13551	9918	8406	25605
三合镇	12257	1862	6052	4343	3766	10777
平武镇	14053	2236	7200	4617	3965	12632
踏水镇	12213	1956	5986	4271	3642	11168
江源镇	22421	3678	11412	7331	6081	20426
涌泉镇	8809	1156	4448	3205	2759	8043
芦葭镇	27511	4589	14679	8243	6835	24405
青龙镇	15445	2607	7748	5090	4283	13248
高明镇	14584	2387	7765	4432	3689	13352
武庙镇	8897	1321	4695	2881	2382	8069
壮溪镇	7757	1158	3997	2602	2187	7200
宏缘镇	15327	2362	8039	4926	4058	13969
雷家镇	18049	2966	9492	5591	4697	16421
董家埂镇	18022	2712	9099	6211	5179	15953
海螺镇	17475	3030	9345	5100	4226	14908

表23　续表 6　　　　单位：人

地　　区	总人口	分年龄人口				居住本乡、镇、街道，户口在本乡、镇、街道
		0-14岁	15-59岁	60岁及以上	#65岁及以上	
自贡市	**2489256**	**392456**	**1416113**	**680687**	**530075**	**1772644**
自流井区	**481981**	**65506**	**301746**	**114729**	**84241**	**236885**
五星街街道	35179	3520	21352	10307	7855	16739
东兴寺街道	67008	7365	41150	18493	13977	32560
新街街道	14491	1399	9058	4034	3117	5725
郭家坳街街道	51184	5699	31190	14295	10163	21659
丹桂街道	65637	8715	39705	17217	13230	35577
学苑街道	73904	8209	52426	13269	9460	23245
舒坪街道	17724	2618	10626	4480	3369	13928
红旗街道	81855	14906	51723	15226	10158	38664
高峰街道	40928	7624	26232	7072	4891	17926
仲权镇	16633	2845	8960	4828	3670	15112
荣边镇	10081	1379	5454	3248	2602	9028
飞龙峡镇	7357	1227	3870	2260	1749	6722
贡井区	**226704**	**32147**	**127890**	**66667**	**52996**	**162946**
筱溪街道	55806	7204	34205	14397	10316	25242
贡井街道	11478	1000	6852	3626	2723	7196
长土街道	29590	4979	18601	6010	4290	12138
艾叶镇	11657	1325	6247	4085	3109	9803
建设镇	18518	2511	9746	6261	5172	16802
龙潭镇	19988	3087	10479	6422	5401	17672
桥头镇	9146	1206	4851	3089	2662	8375
五宝镇	19525	2952	10517	6056	5171	18074
莲花镇	12232	1768	6427	4037	3422	11368
成佳镇	38764	6115	19965	12684	10730	36276
大安区	**291645**	**43720**	**162997**	**84928**	**64503**	**209502**
大安街道	17623	2073	10178	5372	3831	8367
龙井街道	28217	3364	17012	7841	5675	10222
马冲口街道	19475	1339	11315	6821	5025	7615
凉高山街道	8748	987	5278	2483	1881	3675
和平街道	7886	1132	4943	1811	1352	4466
凤凰街道	18166	2226	11045	4895	3679	6763
大山铺镇	26283	3612	15582	7089	5379	19555
团结镇	7983	1125	4226	2632	2000	6986
三多寨镇	17451	2876	9175	5400	4246	15516
何市镇	32329	5744	17409	9176	7146	30538
新店镇	10475	1924	5128	3423	2704	9359
新民镇	18765	2342	10518	5905	4551	13797
牛佛镇	41775	7902	22102	11771	9046	38332
庙坝镇	15352	2656	8192	4504	3500	14388
回龙镇	21117	4418	10894	5805	4488	19923
沿滩区	**297365**	**50675**	**169176**	**77514**	**58327**	**232506**
卫坪街道	82726	14355	53063	15308	10793	43307
邓关街道	11702	1845	6439	3418	2574	8940
沿滩镇	37634	6566	21564	9504	7177	30639
兴隆镇	11538	1801	6408	3329	2515	10798
富全镇	14585	2684	7528	4373	3340	13738
永安镇	24216	3756	12849	7611	5752	22665
联络镇	12715	2211	6486	4018	3053	11897
王井镇	13245	2426	7024	3795	2837	10775

表23 续表 7

单位：人

地区	总人口	分年龄人口				居住本乡、镇、街道，户口在本乡、镇、街道
		0-14岁	15-59岁	60岁及以上	#65岁及以上	
黄市镇	17045	3044	8640	5361	4049	16082
瓦市镇	26621	4813	14054	7754	6090	25190
仙市镇	28693	4392	17085	7216	5640	22615
九洪乡	16645	2782	8036	5827	4507	15860
荣县	**469488**	**67685**	**262314**	**139489**	**118397**	**349868**
梧桐街道	40379	7521	25948	6910	5556	12686
青阳街道	51624	9106	33093	9425	7551	22281
旭阳镇	105027	15478	60870	28679	24220	70756
双石镇	35757	5067	19099	11591	9880	31064
鼎新镇	13344	1831	6907	4606	3936	12166
乐德镇	18217	2425	9401	6391	5598	16848
古文镇	7537	781	3893	2863	2475	6867
河口镇	17095	2043	9010	6042	5223	16132
新桥镇	14678	2183	7584	4911	4208	12889
正紫镇	6228	888	3219	2121	1867	5524
度佳镇	15454	2221	8042	5191	4556	13712
东佳镇	14463	1822	7311	5330	4516	13327
长山镇	23856	3691	12945	7220	6148	18614
保华镇	10677	1118	5623	3936	3464	9970
留佳镇	19890	2589	10530	6771	5754	18723
来牟镇	14843	1907	7526	5410	4599	13292
双古镇	18362	2234	9744	6384	5519	16894
观山镇	14137	1658	7041	5438	4608	12783
高山镇	15168	1908	7875	5385	4473	14032
东兴镇	6599	648	3451	2500	2172	5921
铁厂镇	6153	566	3202	2385	2074	5387
富顺县	**722073**	**132723**	**391990**	**197360**	**151611**	**580937**
富世街道	177605	31117	109023	37465	27598	102161
邓井关街道	48277	9038	28563	10676	7914	24644
东湖街道	56687	11160	31925	13602	10377	44136
琵琶镇	24355	4584	11914	7857	6178	23038
狮市镇	15260	2908	7675	4677	3650	14410
骑龙镇	29231	5904	14312	9015	6912	27842
代寺镇	37094	6759	18734	11601	8937	32817
童寺镇	33816	5937	17296	10583	8243	31975
古佛镇	26150	4391	13223	8536	6669	24760
永年镇	44594	8109	23701	12784	9804	41270
兜山镇	22687	4318	11589	6780	5118	21591
板桥镇	34341	6801	17715	9825	7663	30863
福善镇	17732	3398	8654	5680	4544	16833
李桥镇	17924	3112	9633	5179	4118	16813
赵化镇	32823	5891	16467	10465	8216	30461
安溪镇	22907	3809	11953	7145	5528	21500
飞龙镇	19315	3750	9222	6343	5025	18086
怀德镇	20825	4007	10478	6340	4947	19487
长滩镇	22627	4574	11348	6705	5325	21320
龙万乡	17823	3156	8565	6102	4845	16930

表23 续表 8 单位：人

地　区	总人口	分年龄人口				居住本乡、镇、街道，户口在本乡、镇、街道
		0-14岁	15-59岁	60岁及以上	#65岁及以上	
攀枝花市	**1212203**	**169669**	**802960**	**239574**	**192453**	**736222**
东区	**411427**	**51449**	**272049**	**87929**	**72261**	**185025**
大渡口街道	36606	5327	23023	8256	6935	16161
炳草岗街道	86327	13199	56495	16633	13529	43457
弄弄坪街道	66548	4563	34753	27232	23593	31403
瓜子坪街道	55071	5979	34709	14383	12152	33605
东华街道	120787	16843	88596	15348	11384	48316
银江镇	46088	5538	34473	6077	4668	12083
西区	**129406**	**13126**	**86763**	**29517**	**25170**	**72132**
清香坪街道	56457	6681	38659	11117	9407	30121
玉泉街道	19156	1581	12573	5002	4384	10875
河门口街道	6450	454	4287	1709	1468	3294
陶家渡街道	17411	1288	11154	4969	4337	10918
大宝鼎街道	4442	251	2851	1340	1217	2807
格里坪镇	25490	2871	17239	5380	4357	14117
仁和区	**265562**	**36142**	**179766**	**49654**	**38685**	**165253**
大河中路街道	43693	4666	30309	8718	7431	18083
仁和镇	94311	13295	65075	15941	12355	46197
平地镇	11487	1631	7429	2427	1773	10538
大田镇	7210	1038	4523	1649	1248	6443
福田镇	3772	565	2375	832	623	3332
同德镇	10436	1690	6481	2265	1693	9062
金江镇	20660	2639	14868	3153	2436	11180
布德镇	13336	2098	8409	2829	2163	11935
前进镇	19559	2501	13566	3492	2704	11420
大龙潭彝族乡	12969	1934	8396	2639	1888	11823
啊喇彝族乡	6780	967	4269	1544	1168	6357
太平乡	6763	1031	4471	1261	962	5706
务本乡	5940	861	3854	1225	981	5432
中坝乡	8646	1226	5741	1679	1260	7745
米易县	**227011**	**38499**	**148553**	**39959**	**31016**	**171789**
攀莲镇	72598	10680	49628	12290	9454	44114
丙谷镇	23889	3739	15364	4786	3678	19498
得石镇	5807	1132	3614	1061	804	5080
撒莲镇	27269	5005	17146	5118	3983	23194
白马镇	26097	4771	16686	4640	3698	23582
普威镇	10526	2226	6432	1868	1457	9056
草场镇	25765	4236	17199	4330	3369	17737
湾丘彝族乡	15138	2952	9776	2410	1907	11362
白坡彝族乡	6858	1089	4437	1332	1037	6480
麻陇彝族乡	6485	1641	3905	939	725	6057
新山傈僳族乡	6579	1028	4366	1185	904	5629
盐边县	**178797**	**30453**	**115829**	**32515**	**25321**	**142023**
桐子林镇	27522	3922	19214	4386	3357	14351
红格镇	30501	5311	19969	5221	4021	24305
渔门镇	24821	5161	15609	4051	3165	19043
永兴镇	21419	3509	13231	4679	3644	18942
新九镇	16835	2478	11654	2703	2105	12225

表23　续表 9　　　　单位：人

地　　区	总人口	分年龄人口				居住本乡、镇、街道，户口在本乡、镇、街道
		0-14岁	15-59岁	60岁及以上	#65岁及以上	
惠民镇	12461	1891	7511	3059	2312	11644
红果彝族乡	9783	1772	6691	1320	1058	8648
共和乡	6051	1107	3712	1232	981	5437
国胜乡	12512	1567	7632	3313	2656	11513
红宝苗族彝族乡	3567	654	2199	714	550	3342
温泉彝族乡	5458	1323	3413	722	565	5098
格萨拉彝族乡	7867	1758	4994	1115	907	7475
泸州市	**4254149**	**775590**	**2500341**	**978218**	**750754**	**3262699**
江阳区	**761576**	**114961**	**483131**	**163484**	**121643**	**463418**
南城街道	40927	4625	25525	10777	7851	23505
北城街道	40238	3298	28305	8635	6325	17515
大山坪街道	90623	10784	59280	20559	15242	43935
邻玉街道	15900	2540	9167	4193	3235	12295
蓝田街道	105667	15829	73209	16629	12030	41022
茜草街道	70852	9452	47299	14101	10294	36341
华阳街道	146625	28124	95754	22747	15398	74674
泰安街道	29313	4467	19261	5585	4217	16566
况场街道	35165	5715	20674	8776	6953	30154
黄舣镇	59169	8934	34723	15512	11925	51206
通滩镇	47733	8243	25828	13662	10959	44349
江北镇	19386	3261	10768	5357	4112	17492
方山镇	17657	2865	9759	5033	3821	16041
丹林镇	14993	2616	8065	4312	3279	13714
分水岭镇	27328	4208	15514	7606	6002	24609
纳溪区	**354846**	**58877**	**204109**	**91860**	**72793**	**277986**
安富街道	42945	7407	26419	9119	6978	24468
永宁街道	61762	9723	40507	11532	8908	26981
东升街道	13283	2186	8285	2812	2109	7524
大渡口镇	27259	4424	14761	8074	6313	24950
护国镇	44349	8116	24582	11651	9285	39951
打古镇	22278	3830	12256	6192	5013	20903
上马镇	19689	3291	11170	5228	4167	18308
合面镇	24632	4046	13590	6996	5574	23126
丰乐镇	21512	3299	11060	7153	5810	20240
白节镇	25198	4079	13388	7731	6280	23652
天仙镇	22358	3593	12447	6318	5034	20697
新乐镇	11514	1794	6524	3196	2494	10416
龙车镇	18067	3089	9120	5858	4828	16770
龙马潭区	**479697**	**71081**	**312548**	**96068**	**71454**	**252166**
小市街道	37141	4955	24729	7457	5289	11775
红星街道	114374	13831	82386	18157	13300	47412
莲花池街道	59287	10405	39933	8949	6115	21672
罗汉街道	37325	3663	24060	9602	7200	24104
鱼塘街道	55776	9648	37744	8384	6074	18469
安宁街道	48504	8170	32635	7699	5640	22707
石洞街道	37863	6202	22188	9473	7411	29228
特兴街道	30671	4825	16857	8989	7123	27175

表23　续表 10　　　　单位：人

地　区	总人口	分年龄人口				居住本乡、镇、街道，户口在本乡、镇、街道
		0-14岁	15-59岁	60岁及以上	#65岁及以上	
胡市镇	24094	3706	13833	6555	5011	19435
双加镇	19469	3178	10430	5861	4502	17008
金龙镇	15193	2498	7753	4942	3789	13181
泸县	**764362**	**127670**	**421410**	**215282**	**167705**	**666881**
玉蟾街道	122734	21482	78474	22778	17408	81165
福集镇	33473	5390	17460	10623	8395	31086
嘉明镇	29961	4818	17035	8108	6237	25121
喻寺镇	28365	5010	14626	8729	6786	26200
得胜镇	35002	5710	18121	11171	8944	33118
牛滩镇	30357	4809	16207	9341	7398	27490
兆雅镇	32722	4810	18944	8968	7042	26884
玄滩镇	64998	10229	36479	18290	14320	57700
太伏镇	49876	8823	25855	15198	11868	47456
云龙镇	39100	5770	22988	10342	8170	32657
石桥镇	27405	4932	14134	8339	6316	25568
毗卢镇	28037	4893	14577	8567	6499	26517
奇峰镇	30473	4849	15963	9661	7637	28056
潮河镇	36611	5897	19251	11463	9007	34896
云锦镇	46717	8221	24841	13655	10543	42603
立石镇	28354	5240	14658	8456	6332	26484
百和镇	32956	5570	17388	9998	7710	31140
天兴镇	17528	2867	9154	5507	4459	16543
方洞镇	28866	4968	14282	9616	7614	26644
海潮镇	20827	3382	10973	6472	5020	19553
合江县	**688731**	**121280**	**386800**	**180651**	**141399**	**550634**
符阳街道	165102	29202	106772	29128	21257	90041
临港街道	54027	8089	35837	10101	7866	34121
望龙镇	21099	4031	10593	6475	5155	19461
白沙镇	33467	5860	17706	9901	7739	30128
先市镇	29838	5209	16055	8574	6658	25682
尧坝镇	18587	3346	9157	6084	4924	17275
九支镇	55316	10877	31146	13293	10298	42923
凤鸣镇	21881	4008	10901	6972	5558	20836
榕山镇	11970	1895	5688	4387	3589	11382
白鹿镇	24126	4439	12157	7530	5944	22349
甘雨镇	17594	3058	9271	5265	4211	16339
福宝镇	22048	3642	12012	6394	5321	20524
先滩镇	20057	3543	10241	6273	5052	19121
大桥镇	55686	9745	29231	16710	13226	51591
车辋镇	13564	2293	6815	4456	3585	12467
白米镇	25309	4696	12736	7877	6273	24110
法王寺镇	18317	2979	9236	6102	4899	17139
神臂城镇	13086	2354	6601	4131	3251	12060
石龙镇	19455	3524	10250	5681	4533	17781
真龙镇	11448	1827	5636	3985	3136	10817
荔江镇	36754	6663	18759	11332	8924	34487
叙永县	**552979**	**117207**	**320995**	**114777**	**88122**	**477035**
叙永镇	136203	25625	86349	24229	17573	86069

表23 续表 11 单位：人

地 区	总人口	分年龄人口				居住本乡、镇、街道，户口在本乡、镇、街道
		0-14岁	15-59岁	60岁及以上	#65岁及以上	
江门镇	22447	4189	12500	5758	4564	20700
马岭镇	23886	4546	13501	5839	4530	20859
天池镇	13313	2603	7563	3147	2482	12201
水尾镇	20131	3598	12399	4134	3368	19174
两河镇	22900	4506	12943	5451	4127	21783
落卜镇	22339	4616	12898	4825	3840	20970
后山镇	16893	3548	9760	3585	2894	15803
分水镇	23806	5880	13378	4548	3537	22623
摩尼镇	35636	8767	19611	7258	5486	33109
赤水镇	23115	5450	12404	5261	3954	21976
龙凤镇	38714	7228	22336	9150	7128	36930
正东镇	22905	5573	13115	4217	3295	21235
观兴镇	16786	4183	9030	3573	2704	15906
向林镇	15348	2874	8823	3651	2958	14604
麻城镇	13815	3576	7298	2941	2249	12895
大石镇	13270	2704	7336	3230	2731	12502
黄坭镇	15249	3529	8266	3454	2673	14468
合乐苗族乡	8347	1972	4669	1706	1301	7979
白腊苗族乡	14838	3488	8374	2976	2269	14254
枧槽苗族乡	9052	2093	5294	1665	1359	8335
水潦彝族乡	17209	4857	9455	2897	2126	16230
石厢子彝族乡	6777	1802	3693	1282	974	6430
古蔺县	**651958**	**164514**	**371348**	**116096**	**87638**	**574579**
彰德街道	99614	21740	64242	13632	9882	67406
金兰街道	63877	15401	38257	10219	7640	49570
永乐街道	32607	9090	17585	5932	4405	30872
龙山镇	40356	10992	21631	7733	5815	38950
太平镇	26540	6693	15114	4733	3647	24561
二郎镇	46470	11378	27367	7725	5762	42656
大村镇	32777	8579	18208	5990	4497	30768
石宝镇	34641	9971	18087	6583	4930	32772
丹桂镇	26446	7160	13931	5355	4124	24781
茅溪镇	30925	8432	17161	5332	3987	28969
观文镇	24264	6676	13387	4201	3139	22831
双沙镇	35532	8721	19679	7132	5557	32219
德耀镇	13392	2904	7708	2780	2150	12598
石屏镇	25774	6897	14530	4347	3165	24252
皇华镇	25894	6924	13716	5254	3925	23983
东新镇	16393	3826	9344	3223	2471	15785
椒园镇	14990	4164	7861	2965	2329	14274
马蹄镇	15100	3557	7997	3546	2827	14320
黄荆镇	11367	2407	6694	2266	1830	10579
白泥镇	10180	2876	5257	2047	1576	9583
马嘶苗族乡	8540	2213	4549	1778	1351	8075
箭竹苗族乡	10917	2683	5986	2248	1778	9998
大寨苗族乡	5362	1230	3057	1075	851	4777

表23　续表 12　　　　单位：人

地　　区	总人口	分年龄人口				居住本乡、镇、街道，户口在本乡、镇、街道
		0-14岁	15-59岁	60岁及以上	#65岁及以上	
德阳市	**3456161**	**451296**	**2112656**	**892209**	**699883**	**2514646**
旌阳区	**828189**	**106470**	**540244**	**181475**	**138438**	**495087**
旌阳街道	137890	16627	88857	32406	24994	76097
旌东街道	108902	15600	70732	22570	16612	50331
八角井街道	129295	16491	92619	20185	14753	63902
东湖街道	134196	20906	92271	21019	15254	61928
天元街道	68404	8359	43816	16229	12314	50027
孝感街道	96882	13222	62270	21390	16689	55717
黄许镇	47599	4457	29370	13772	10857	43388
孝泉镇	30067	2744	17623	9700	7698	25801
柏隆镇	17058	1734	9502	5822	4655	15637
德新镇	23033	2460	13473	7100	5671	20947
双东镇	14639	1592	8241	4806	3815	13233
新中镇	8202	854	4609	2739	2156	6934
和新镇	12022	1424	6861	3737	2970	11145
罗江区	**209088**	**26034**	**127901**	**55153**	**43127**	**150633**
万安镇	89310	11102	63334	14874	11371	43100
鄢家镇	18085	2082	9365	6638	5316	16621
金山镇	40642	5494	23726	11422	8847	34811
略坪镇	17801	2004	9251	6546	5140	16453
调元镇	8452	965	4332	3155	2488	7834
新盛镇	19668	2787	9704	7177	5712	17853
白马关镇	15130	1600	8189	5341	4253	13961
中江县	**946019**	**153050**	**528459**	**264510**	**210071**	**808335**
凯江镇	173852	27635	116197	30020	22347	81573
南华镇	52445	9251	30360	12834	9944	45059
回龙镇	30970	5306	16597	9067	7243	29295
通济镇	20924	3636	11197	6091	4882	19517
永太镇	34989	5479	18532	10978	8772	33333
黄鹿镇	22937	3746	11787	7404	5962	21590
集凤镇	31206	3827	16488	10891	8774	29554
富兴镇	19123	2537	9922	6664	5405	18239
辑庆镇	44349	7373	24964	12012	9469	41699
兴隆镇	62828	11216	34874	16738	13021	59202
龙台镇	57048	9054	30838	17156	13639	52795
永安镇	17972	2607	9480	5885	4714	17212
玉兴镇	19941	3396	10805	5740	4494	19275
永兴镇	24403	3997	12859	7547	6042	22893
悦来镇	13821	2180	7008	4633	3771	13093
继光镇	22183	3262	11515	7406	6048	21351
仓山镇	58921	9552	31182	18187	14634	55516
广福镇	23153	3650	12071	7432	5981	21690
会龙镇	14814	2393	7548	4873	4054	14113
万福镇	15253	2688	7881	4684	3812	14531
普兴镇	16554	2988	8639	4927	4003	15950
联合镇	20913	3753	10544	6616	5362	20039
冯店镇	26694	4467	14168	8059	6572	25394
积金镇	12197	1756	6312	4129	3279	11645
太安镇	14081	2247	7345	4489	3646	13381

表23 续表 13

单位：人

地　　区	总人口	分年龄人口				居住本乡、镇、街道，户口在本乡、镇、街道
		0-14岁	15-59岁	60岁及以上	#65岁及以上	
东北镇	36708	6358	20058	10292	8150	34851
柏树乡	16163	2329	8339	5495	4424	15600
白果乡	16974	2613	8645	5716	4688	16444
永丰乡	13096	1885	6529	4682	3794	12530
通山乡	11507	1869	5775	3863	3145	10971
广汉市	**626132**	**71805**	**400764**	**153563**	**120016**	**421897**
雒城街道	168484	17627	114958	35899	27045	74715
新丰街道	91183	11745	60636	18802	14685	49694
金雁街道	30605	4103	20665	5837	4301	15942
三水镇	29668	3713	17395	8560	6721	26759
连山镇	47446	6027	27832	13587	10812	43129
高坪镇	30559	3068	17941	9550	7689	27470
向阳镇	38702	4174	25931	8597	7028	24311
小汉镇	38192	4630	23243	10319	8141	33268
金轮镇	34503	3755	20089	10659	8397	31923
金鱼镇	33884	4111	19821	9952	7771	30384
南丰镇	26462	2919	15821	7722	6071	22857
三星堆镇	56444	5933	36432	14079	11355	41445
什邡市	**406775**	**45362**	**250709**	**110704**	**87602**	**302148**
方亭街道	106126	14494	69659	21973	16890	60229
皂角街道	74540	7713	49156	17671	13863	39906
洛水镇	26984	2854	16205	7925	6353	22085
禾丰镇	19180	1791	11480	5909	4798	17132
马祖镇	41659	4370	24481	12808	10254	37038
马井镇	39400	3852	22851	12697	10058	37320
蓥华镇	19499	2169	11150	6180	5046	18330
南泉镇	20931	1920	11677	7334	5992	19074
湔氐镇	23408	2717	13195	7496	5975	21410
师古镇	35048	3482	20855	10711	8373	29624
绵竹市	**439958**	**48575**	**264579**	**126804**	**100629**	**336546**
剑南街道	67955	8438	42000	17517	13615	44249
紫岩街道	99981	10909	69033	20039	15457	49222
九龙镇	24416	2504	13612	8300	6648	22233
汉旺镇	58991	6070	33449	19472	15609	53257
麓棠镇	20261	2302	11365	6594	5225	18676
广济镇	20893	2332	11395	7166	5697	19066
玉泉镇	14998	1612	8348	5038	4008	13421
新市镇	28404	3117	17034	8253	6729	24736
孝德镇	46129	4767	26917	14445	11634	39020
富新镇	36771	4230	19981	12560	10071	33176
什地镇	18199	1981	9768	6450	5168	16736
清平镇	2960	313	1677	970	768	2754
绵阳市	**4868243**	**687723**	**3026351**	**1154169**	**893782**	**3271314**
涪城区	**1298524**	**184382**	**910789**	**203353**	**150140**	**532983**
城厢街道	105546	13003	66646	25897	19597	58002
工区街道	207462	28685	138866	39911	29751	94944
普明街道	180726	31588	126685	22453	15967	59002

表23　续表 14

单位：人

地　　区	总人口	分年龄人口				居住本乡、镇、街道，户口在本乡、镇、街道
		0-14岁	15-59岁	60岁及以上	#65岁及以上	
创业园街道	140853	23196	103835	13822	9341	34795
石塘街道	123631	15782	89181	18668	13720	48775
城郊街道	89958	11124	65695	13139	9290	26076
塘汛街道	135143	21317	96290	17536	12484	47313
丰谷镇	21307	3050	12898	5359	4217	15602
青义镇	119126	12498	93630	12998	9828	40770
吴家镇	28345	3721	17989	6635	5265	23642
杨家镇	20508	3137	11418	5953	4793	17885
新皂镇	29788	4040	19109	6639	5191	20567
永兴镇	96131	13241	68547	14343	10696	45610
游仙区	**561379**	**76926**	**356381**	**128072**	**99323**	**342821**
涪江街道	50559	7893	32569	10097	7207	20642
富乐街道	41892	6973	26895	8024	5889	18937
游仙街道	156031	22638	113637	19756	14283	45874
四川省科学城春雷街道	30944	2695	16932	11317	9426	23734
石马镇	26250	4067	16094	6089	4820	20581
新桥镇	26602	3611	14335	8656	6917	23450
魏城镇	43946	6339	23395	14212	11033	40389
沉抗镇	14456	1910	7986	4560	3632	13669
忠兴镇	24429	2868	12200	9361	7621	22586
松垭镇	32006	3434	24048	4524	3467	24152
小枧镇	56183	6766	39985	9432	7147	33727
信义镇	25598	3386	12692	9520	7711	24192
仙鹤镇	13759	1763	6832	5164	4197	13133
盐泉镇	18724	2583	8781	7360	5973	17755
安州区	**372962**	**56088**	**221947**	**94927**	**73078**	**286447**
桑枣镇	32208	4967	18173	9068	7132	28621
花荄镇	114931	18862	76471	19598	14459	56486
黄土镇	38285	5490	21621	11174	8790	34958
塔水镇	50964	7417	27352	16195	12622	47778
秀水镇	50129	7741	28409	13979	10627	43792
河清镇	35224	4523	19048	11653	9067	32756
界牌镇	20397	3269	13139	3989	3007	14804
雎水镇	22962	3084	12874	7004	5604	20552
千佛镇	4468	488	2701	1279	976	4193
高川乡	3394	247	2159	988	794	2507
三台县	**955811**	**148305**	**540090**	**267416**	**212437**	**818344**
潼川镇	126452	18756	81657	26039	19959	76927
塔山镇	31417	4856	16932	9629	7741	29699
龙树镇	11463	1819	6288	3356	2745	10853
石安镇	19828	2608	10972	6248	5043	18868
富顺镇	10357	1134	5517	3706	2939	10058
三元镇	10680	1252	5612	3816	3058	10340
秋林镇	9019	1058	4674	3287	2669	8590
新德镇	20242	3035	11299	5908	4623	19344
新生镇	23717	3468	12276	7973	6329	22146
鲁班镇	25274	3662	12662	8950	7194	24250

表23 续表 15　　　　单位：人

地区	总人口	分年龄人口				居住本乡、镇、街道，户口在本乡、镇、街道
		0-14岁	15-59岁	60岁及以上	#65岁及以上	
景福镇	31017	4782	16588	9647	7641	29831
紫河镇	19477	3006	9819	6652	5450	18824
观桥镇	30229	5017	15843	9369	7432	28251
郪江镇	18331	2919	9925	5487	4410	17325
中新镇	18648	2700	9878	6070	4913	17824
古井镇	34214	5077	18371	10766	8628	32936
西平镇	55028	8581	29789	16658	13292	52082
八洞镇	17161	3225	9137	4799	3893	16233
乐安镇	26975	4078	14640	8257	6679	25642
建平镇	23492	3644	12261	7587	6252	22216
中太镇	16041	2437	8481	5123	3938	15224
金石镇	28698	5152	15112	8434	6820	27564
新鲁镇	24223	4358	12396	7469	6093	23303
刘营镇	26848	3980	14935	7933	6366	25415
灵兴镇	17517	2574	9733	5210	4085	16749
芦溪镇	70387	11813	42285	16289	12786	60518
立新镇	18860	3070	10078	5712	4665	17843
永明镇	27832	4546	15496	7790	6143	26599
建中镇	11953	2012	6001	3940	3169	11483
老马镇	23033	3519	12267	7247	5736	22024
北坝镇	102554	16834	65663	20057	15231	55376
忠孝乡	11272	1488	6263	3521	2912	11015
断石乡	13572	1845	7240	4487	3603	12992
盐亭县	**370739**	**48807**	**210820**	**111112**	**86632**	**290842**
凤灵街道	82026	13279	53534	15213	11249	32642
云溪镇	23775	3100	14658	6017	4610	13618
玉龙镇	18659	2223	10029	6407	5047	17294
富驿镇	36267	5089	19832	11346	8782	32808
金孔镇	26567	2860	13702	10005	8066	24522
黄甸镇	21619	2397	11442	7780	6222	20353
巨龙镇	14303	1962	8112	4229	3317	12823
高渠镇	23412	2987	12807	7618	5969	22410
鹅溪镇	9959	1289	5692	2978	2348	9480
岐伯镇	19334	2253	11081	6000	4621	17505
文通镇	11834	1369	6511	3954	2997	11034
永泰镇	12446	1623	6256	4567	3668	11330
九龙镇	23590	2784	12265	8541	6781	21519
西陵镇	14796	1435	7765	5596	4403	13478
嫘祖镇	17657	2564	9237	5856	4697	16603
大兴回族乡	6681	800	3661	2220	1710	6182
莲花湖乡	7814	793	4236	2785	2145	7241
梓潼县	**276996**	**37874**	**162963**	**76159**	**59492**	**227504**
文昌镇	91984	15230	57925	18829	14392	58591
长卿镇	28727	3080	19593	6054	4732	19549
许州镇	28426	3547	15774	9105	7128	27199
黎雅镇	18209	2174	9881	6154	4973	17490
卧龙镇	7927	1066	4148	2713	2099	7615
观义镇	9061	1158	4897	3006	2339	8760

表23　续表 16　　单位：人

地　区	总人口	分年龄人口				居住本乡、镇、街道，户口在本乡、镇、街道
		0-14岁	15-59岁	60岁及以上	#65岁及以上	
玛瑙镇	9173	1185	4887	3101	2445	8828
石牛镇	14073	2008	7524	4541	3598	13407
自强镇	9860	1334	5516	3010	2309	9227
仁和镇	11618	1333	6284	4001	3093	11072
双板镇	7193	785	3971	2437	1928	6950
金龙镇	7195	850	3763	2582	2074	6895
文兴镇	5920	729	3348	1843	1483	5579
演武镇	4418	522	2529	1367	1076	4209
宏仁镇	12373	1454	6926	3993	3154	11735
宝石乡	10839	1419	5997	3423	2669	10398
北川羌族自治县	**174132**	**24850**	**105140**	**44142**	**34357**	**136176**
曲山镇	6067	802	3522	1743	1378	5605
擂鼓镇	13606	2208	8129	3269	2486	11944
永昌镇	73929	12053	46581	15295	11737	44296
通泉镇	9202	1038	5337	2827	2286	8482
永安镇	16067	2404	9110	4553	3577	14796
禹里镇	7391	862	4371	2158	1695	6823
桂溪镇	8203	1179	4937	2087	1614	6897
陈家坝镇	7370	1008	4196	2166	1688	6964
小坝镇	6262	694	3720	1848	1493	5862
漩坪乡	3360	257	1895	1208	959	3233
白坭乡	2404	227	1368	809	639	2300
片口乡	3818	443	2258	1117	867	3560
开坪乡	1554	119	861	574	441	1419
坝底乡	4544	501	2648	1395	1095	4223
白什乡	1585	112	936	537	426	1517
青片乡	1669	173	1029	467	367	1525
桃龙藏族乡	1901	189	1143	569	438	1813
马槽乡	1289	126	774	389	297	1232
都贯乡	3911	455	2325	1131	874	3685
平武县	**126357**	**15787**	**78501**	**32069**	**25254**	**104191**
龙安镇	36813	5664	24519	6630	5011	24821
古城镇	11298	1352	6924	3022	2379	9760
响岩镇	6091	669	3647	1775	1432	5415
大桥镇	4204	386	2421	1397	1163	3919
水晶镇	7552	1108	4407	2037	1667	6720
江油关镇	15032	1895	8977	4160	3238	13868
高村乡	3999	431	2535	1033	809	3312
坝子乡	4299	357	2473	1469	1158	3897
锁江羌族乡	7472	766	4348	2358	1838	7074
土城藏族乡	3327	365	1906	1056	870	3104
旧堡羌族乡	1791	157	1065	569	444	1695
阔达藏族乡	2648	339	1439	870	699	2434
黄羊关藏族乡	956	117	589	250	204	858
虎牙藏族乡	1485	226	854	405	325	1412
泗耳藏族乡	508	43	323	142	113	457
白马藏族乡	996	65	817	114	87	653
木座藏族乡	1303	76	990	237	176	756

表23　续表 17　　　　　　　　　　　　　　　　　　　　　　　　　　单位：人

地　　区	总人口	分年龄人口				居住本乡、镇、街道，户口在本乡、镇、街道
		0-14岁	15-59岁	60岁及以上	#65岁及以上	
木皮藏族乡	600	35	388	177	144	481
豆叩羌族乡	6508	682	3762	2064	1652	6084
平通羌族乡	9475	1054	6117	2304	1845	7471
江油市	**731343**	**94704**	**439720**	**196919**	**153069**	**532006**
中坝街道	131833	19172	85212	27449	20692	70384
太平镇	140898	21037	92838	27023	19948	74981
三合镇	100728	11737	64806	24185	18721	65100
含增镇	9600	904	5372	3324	2704	8042
青莲镇	26804	3565	15695	7544	5844	24852
彰明镇	16479	2308	9875	4296	3263	12020
龙凤镇	15193	1748	8321	5124	4068	14309
武都镇	37234	4329	21073	11832	9252	31165
大康镇	14396	1837	8204	4355	3296	12875
新安镇	18725	1936	10010	6779	5436	17614
战旗镇	9469	941	4976	3552	2850	8869
双河镇	19095	1944	10819	6332	5118	16324
永胜镇	25588	3464	13077	9047	7260	24316
小溪坝镇	15950	1992	8041	5917	4768	14437
河口镇	12463	1216	6739	4508	3630	11870
重华镇	15439	1989	7557	5893	4720	14345
厚坝镇	19501	2514	10228	6759	5434	16903
二郎庙镇	20684	2618	11611	6455	5158	18454
马角镇	7923	825	4574	2524	2031	7102
雁门镇	12092	1431	6836	3825	3047	11250
西屏镇	18903	2309	10999	5595	4354	17307
大堰镇	18426	1908	9690	6828	5417	17193
方水镇	20242	2633	11077	6532	5067	18799
枫顺乡	3678	347	2090	1241	991	3495
广元市	**2305657**	**354300**	**1386435**	**564922**	**433802**	**1746488**
利州区	**621978**	**97634**	**419162**	**105182**	**77516**	**319829**
东坝街道	151333	24084	104137	23112	17107	67737
嘉陵街道	63878	8767	42231	12880	9497	31140
河西街道	48974	7400	31784	9790	7336	28005
雪峰街道	68265	9241	52473	6551	4718	19589
南河街道	69441	12025	47322	10094	7030	22651
上西街道	26566	4224	18199	4143	2968	12089
万缘街道	35764	7268	24689	3807	2537	12689
荣山镇	15480	2126	9147	4207	3310	14322
大石镇	18116	3186	11538	3392	2494	14727
盘龙镇	24087	4211	15135	4741	3451	20070
宝轮镇	67649	10871	43186	13592	10267	48348
三堆镇	16402	2588	9672	4142	3099	13735
白朝乡	2897	291	1714	892	704	2640
金洞乡	4443	310	2842	1291	1028	4071
龙潭乡	8683	1042	5093	2548	1970	8016
昭化区	**134202**	**18061**	**76514**	**39627**	**30512**	**119037**
元坝镇	31360	4456	20203	6701	5146	22660

表23　续表 18　　　　单位：人

地　　区	总人口	分年龄人口				居住本乡、镇、街道，户口在本乡、镇、街道
		0-14岁	15-59岁	60岁及以上	#65岁及以上	
卫子镇	15090	1841	8494	4755	3700	13913
王家镇	9536	1133	5327	3076	2489	8913
磨滩镇	5364	609	2858	1897	1508	5135
柏林沟镇	6987	666	3841	2480	1961	6656
太公镇	10373	1442	5549	3382	2571	9691
虎跳镇	9378	1477	4790	3111	2364	8835
红岩镇	8158	966	4323	2869	2218	7622
昭化镇	18748	3078	10910	4760	3450	17475
青牛镇	2919	483	1489	947	732	2690
射箭镇	7688	826	4413	2449	1835	7320
清水镇	8601	1084	4317	3200	2538	8127
朝天区	**126506**	**17937**	**74589**	**33980**	**26635**	**111134**
朝天镇	34197	5413	21556	7228	5550	26177
大滩镇	9983	973	5923	3087	2426	9478
羊木镇	14272	2321	8146	3805	3008	11947
曾家镇	11523	1858	6981	2684	2066	9823
中子镇	14806	2182	8763	3861	3033	13866
沙河镇	9603	1041	5521	3041	2377	9155
两河口镇	6243	1003	3333	1907	1531	5899
云雾山镇	6087	627	3437	2023	1579	5890
水磨沟镇	3897	351	2136	1410	1141	3667
李家镇	8154	1096	4500	2558	2070	7856
麻柳乡	4045	539	2226	1280	1017	3868
临溪乡	3696	533	2067	1096	837	3508
旺苍县	**330108**	**49297**	**202235**	**78576**	**62165**	**270401**
东河镇	99603	16297	66501	16805	12678	57013
嘉川镇	35487	5726	21169	8592	6771	30918
木门镇	21894	3395	12309	6190	4900	20842
白水镇	16508	2011	9745	4752	4023	14908
张华镇	12141	1669	6850	3622	2954	11598
黄洋镇	13196	1850	7681	3665	2986	12016
普济镇	16094	2354	9366	4374	3468	14785
三江镇	15789	2730	9469	3590	2857	13735
五权镇	9892	1601	5637	2654	2081	9420
高阳镇	4888	505	2911	1472	1191	4670
双汇镇	8612	1132	5278	2202	1751	8356
英萃镇	7473	1086	4635	1752	1378	7078
国华镇	8729	1515	5073	2141	1712	7719
龙凤镇	6820	807	3807	2206	1844	6527
九龙镇	8793	1254	4788	2751	2187	8507
米仓山镇	3010	356	1825	829	644	2910
大德镇	8135	1160	4890	2085	1662	7568
大两镇	6281	785	3759	1737	1437	6115
水磨镇	7053	828	4359	1866	1499	6777
盐河镇	5959	676	3711	1572	1282	5695
天星镇	7555	898	4581	2076	1614	7308
燕子乡	3797	389	2367	1041	831	3665
檬子乡	2399	273	1524	602	415	2271

表23　续表 19

单位：人

地　区	总人口	分年龄人口				居住本乡、镇、街道，户口在本乡、镇、街道
		0-14岁	15-59岁	60岁及以上	#65岁及以上	
青川县	**156387**	**21256**	**96387**	**38744**	**29427**	**133052**
乔庄镇	35066	4681	23354	7031	5232	25731
青溪镇	10629	1574	6561	2494	1935	8824
房石镇	3626	446	1949	1231	953	3374
关庄镇	6682	972	3856	1854	1413	5982
凉水镇	7644	1033	4553	2058	1537	7198
竹园镇	22049	3279	13879	4891	3722	19061
木鱼镇	10987	1869	6581	2537	1932	8529
沙州镇	9028	955	5552	2521	1893	8293
姚渡镇	3868	503	2396	969	752	3321
三锅镇	10153	1378	6163	2612	2016	8721
建峰镇	7682	1023	4534	2125	1603	7290
乐安镇	5435	584	3212	1639	1247	4827
茶坝乡	3161	313	1876	972	755	2896
蒿溪回族乡	2369	330	1404	635	479	2196
曲河乡	2617	320	1502	795	609	2372
石坝乡	2138	192	1233	713	562	1968
大院回族乡	3372	486	1989	897	658	3257
七佛乡	3175	365	1847	963	713	2966
骑马乡	4169	610	2480	1079	857	3883
观音店乡	2477	342	1408	727	558	2336
唐家河国家级自然保护区	60	1	58	1	1	27
剑阁县	**423859**	**70240**	**239346**	**114273**	**86167**	**367169**
普安镇	63931	10954	38824	14153	10759	47420
龙源镇	12215	1866	6596	3753	2852	11568
盐店镇	9115	1435	4914	2766	2116	8473
柳沟镇	11210	1818	6089	3303	2554	10624
武连镇	11255	1468	6496	3291	2519	10189
东宝镇	7123	944	4063	2116	1595	6739
开封镇	30009	4350	16920	8739	6685	28070
元山镇	16389	2472	8887	5030	3742	15195
演圣镇	5538	734	2820	1984	1495	5232
王河镇	13552	1901	7446	4205	3219	12973
公兴镇	19176	3585	9814	5777	4360	17215
金仙镇	10789	1393	5718	3678	2750	10352
香沉镇	7849	1253	3978	2618	1994	7497
白龙镇	34115	6643	17817	9655	7207	30535
鹤龄镇	14639	2799	7623	4217	3103	12922
杨村镇	11879	1948	6392	3539	2686	10979
羊岭镇	10149	1394	5619	3136	2365	9776
江口镇	8524	1455	4724	2345	1717	8124
木马镇	10210	1661	5404	3145	2374	9582
剑门关镇	16227	2645	9152	4430	3280	15041
汉阳镇	5900	904	3313	1683	1279	5401
下寺镇	53123	10227	34780	8116	5873	34097
涂山镇	6560	1079	3460	2021	1516	6366
店子镇	5726	778	3117	1831	1404	5570
张王镇	5185	882	2705	1598	1212	4992

表23　续表 20　　单位：人

地　　区	总人口	分年龄人口				居住本乡、镇、街道，户口在本乡、镇、街道
		0-14岁	15-59岁	60岁及以上	#65岁及以上	
姚家镇	7583	1201	4129	2253	1760	7055
义兴镇	5916	904	3189	1823	1414	5688
秀钟乡	4725	578	2677	1470	1137	4457
樵店乡	5247	969	2680	1598	1200	5037
苍溪县	**512617**	**79875**	**278202**	**154540**	**121380**	**425866**
陵江镇	143446	26221	89105	28120	21456	81985
云峰镇	15383	1529	7423	6431	5076	14068
东青镇	15010	1954	7600	5456	4226	14403
白桥镇	10123	1586	5271	3266	2543	9667
五龙镇	10537	2020	5334	3183	2421	9426
永宁镇	6918	1106	3592	2220	1692	6132
鸳溪镇	7314	1023	3705	2586	1941	6941
三川镇	10213	1463	5084	3666	2913	9682
龙王镇	17677	2154	9119	6404	5116	16588
元坝镇	35444	4429	18739	12276	9722	32218
唤马镇	7670	1224	4049	2397	1890	7276
歧坪镇	22064	3558	11603	6903	5384	19779
白驿镇	14535	2029	7366	5140	4092	13878
漓江镇	11833	1820	5994	4019	3187	11337
文昌镇	13286	2090	7050	4146	3308	12393
岳东镇	14421	2080	7647	4694	3674	13815
石马镇	11055	1636	5857	3562	2820	10545
运山镇	7342	1185	3838	2319	1812	6599
东溪镇	23830	4345	11974	7511	5933	21632
高坡镇	13858	2178	7178	4502	3630	12996
龙山镇	24001	3916	12361	7724	6200	22408
亭子镇	5928	938	2987	2003	1537	5610
百利镇	8479	987	3877	3615	2883	7897
黄猫垭镇	8698	1225	4726	2747	2191	8281
河地镇	11620	1669	5712	4239	3392	10953
白鹤乡	7688	889	3603	3196	2517	7135
浙水乡	5721	665	2928	2128	1698	5320
月山乡	11288	1652	5470	4166	3341	10716
白山乡	6296	781	3482	2033	1641	5943
彭店乡	5498	807	2697	1994	1599	5192
桥溪乡	5393	715	2799	1879	1533	5020
苍溪九龙山自然保护区管理处	37	1	23	13	11	31
苍溪县三溪口森林经营所	11		9	2	1	
遂宁市	**2814196**	**436776**	**1668545**	**708875**	**558522**	**1954462**
船山区	**832863**	**132751**	**534566**	**165546**	**125580**	**406416**
南津路街道	45315	6876	29661	8778	6495	16960
凯旋路街道	37402	4935	23172	9295	7110	18130
镇江寺街道	43609	6292	26327	10990	8371	24908
育才路街道	40272	5805	25552	8915	6759	22522
介福路街道	46938	6101	30559	10278	7634	21030
嘉禾街道	82813	14287	53379	15147	11234	23053

表23　续表 21

单位：人

地　　区	总人口	分年龄人口				居住本乡、镇、街道，户口在本乡、镇、街道
		0-14岁	15-59岁	60岁及以上	#65岁及以上	
广德街道	22335	3285	14770	4280	3215	8887
富源路街道	72645	12476	49300	10869	7905	18978
灵泉街道	57460	9723	39800	7937	5678	19836
慈音街道	75609	12625	52989	9995	6882	24767
九莲街道	47880	8712	31504	7664	5617	16164
南强街道	29129	4187	19891	5051	3779	17941
西宁街道	24640	4364	17437	2839	2013	5316
杨渡街道	16238	2771	10036	3431	2695	12740
龙凤镇	15897	2456	9004	4437	3579	14854
仁里镇	8697	1110	4777	2810	2368	8011
永兴镇	29796	4961	17207	7628	6158	25080
河沙镇	11833	1768	5969	4096	3364	11193
新桥镇	29971	5374	16131	8466	6844	27028
桂花镇	16444	2274	8996	5174	4236	15456
老池镇	19317	3172	10127	6018	4668	18459
保升镇	27679	4701	18507	4471	3371	13843
北固镇	20345	2925	13810	3610	2821	11353
唐家乡	10599	1571	5661	3367	2784	9907
安居区	**431310**	**67065**	**237491**	**126754**	**102051**	**376569**
柔刚街道	32459	7128	19687	5644	4282	12713
凤凰街道	38459	7499	24261	6699	5182	18743
安居镇	11778	1527	6533	3718	3028	11238
东禅镇	26115	3956	13834	8325	6683	25149
分水镇	20329	2844	10741	6744	5431	19517
石洞镇	14795	1749	7901	5145	4172	14459
拦江镇	40472	6798	22271	11403	9129	38848
保石镇	19662	3052	10625	5985	4842	19050
白马镇	29890	4439	16134	9317	7549	28532
中兴镇	14440	2327	7859	4254	3350	13951
横山镇	30142	3675	15989	10478	8483	28705
会龙镇	10977	1380	5890	3707	2957	10573
三家镇	46514	6746	24225	15543	12794	45172
玉丰镇	15967	2314	8772	4881	3961	15080
西眉镇	41013	6303	22365	12345	9998	38398
磨溪镇	16966	2781	9348	4837	3861	16298
聚贤镇	10262	1358	5278	3626	2901	9433
常理镇	11070	1189	5778	4103	3448	10710
蓬溪县	**430344**	**66454**	**238254**	**125636**	**99734**	**358251**
普安街道	47330	7999	30127	9204	6959	17633
赤城镇	67511	10939	38838	17734	13651	46102
新会镇	7817	938	4107	2772	2131	7412
文井镇	23064	3189	12092	7783	6202	22220
明月镇	17501	2443	8991	6067	4969	16770
常乐镇	12665	1543	6418	4704	3895	12126
天福镇	19148	2786	10559	5803	4547	18755
红江镇	12970	2040	7190	3740	2916	12558
宝梵镇	9374	1154	5295	2925	2410	8799
大石镇	16241	2664	8773	4804	3847	14611

表23 续表 22

单位：人

地　　区	总人口	分年龄人口				居住本乡、镇、街道，户口在本乡、镇、街道
		0-14岁	15-59岁	60岁及以上	#65岁及以上	
吉祥镇	14156	1944	7548	4664	3855	13841
鸣凤镇	23428	3062	12548	7818	6187	22630
任隆镇	26052	4138	13900	8014	6457	23099
三凤镇	24251	3364	13230	7657	6155	23568
蓬南镇	53115	10820	28764	13531	10798	45650
群利镇	12020	1533	6505	3982	3114	11548
金桥镇	16201	2536	9101	4564	3685	14584
槐花镇	12852	1379	6553	4920	3978	12147
荷叶乡	7195	1021	3727	2447	1964	7006
高升乡	7453	962	3988	2503	2014	7192
大英县	**387299**	**66016**	**224189**	**97094**	**77455**	**280956**
盐井街道	146209	28166	94844	23199	17639	55162
蓬莱镇	41960	6637	23266	12057	9810	36046
隆盛镇	40846	6242	22130	12474	10193	39144
回马镇	24305	3558	13691	7056	5593	23477
天保镇	15085	2455	7693	4937	4043	14459
河边镇	36290	5772	19097	11421	9245	34869
卓筒井镇	18086	3090	9642	5354	4224	17294
玉峰镇	28362	4552	14333	9477	7644	27658
象山镇	20267	3337	10905	6025	4829	17341
金元镇	15889	2207	8588	5094	4235	15506
射洪市	**732380**	**104490**	**434045**	**193845**	**153702**	**532270**
太和街道	219709	34620	144777	40312	30377	104113
平安街道	74584	11339	49607	13638	9982	27874
武安镇	17338	2152	9509	5677	4592	16578
大榆镇	48208	6583	28712	12913	10374	41092
广兴镇	17203	2026	9319	5858	4712	16171
金华镇	38611	5389	22143	11079	8880	33276
沱牌镇	53144	8553	30649	13942	10913	47390
太乙镇	23065	3833	11981	7251	5870	21046
金家镇	24357	3379	13237	7741	6350	22735
复兴镇	16378	1991	8629	5758	4696	14960
天仙镇	19102	2041	9918	7143	5838	18107
仁和镇	17427	2373	8670	6384	5193	15570
青岗镇	17326	1858	9340	6128	5014	16018
洋溪镇	23284	2798	12502	7984	6306	21888
香山镇	10606	1444	5568	3594	2925	9940
明星镇	16352	2431	8624	5297	4286	15718
涪西镇	11475	1714	6140	3621	3032	11097
潼射镇	10626	1156	5816	3654	3052	10188
曹碑镇	9372	1006	4757	3609	2937	8959
官升镇	8823	977	4696	3150	2590	8103
文升镇	8763	910	4599	3254	2754	8012
东岳镇	16964	1829	8384	6751	5655	15951
瞿河镇	29663	4088	16468	9107	7374	27484

表23 续表 23

单位：人

地　区	总人口	分年龄人口				居住本乡、镇、街道，户口在本乡、镇、街道
		0-14岁	15-59岁	60岁及以上	#65岁及以上	
内江市	**3140678**	**488236**	**1859882**	**792560**	**629108**	**2339159**
市中区	**337106**	**47990**	**201776**	**87340**	**68909**	**233246**
城东街道	42985	5945	26306	10734	8058	19709
城西街道	26088	2989	15705	7394	5480	12136
玉溪街道	29184	3665	18370	7149	5531	15299
牌楼街道	46048	6671	29618	9759	7233	19053
乐贤街道	22221	3370	14590	4261	3204	12984
白马镇	40021	6071	23643	10307	8174	33455
史家镇	18715	2659	10446	5610	4522	16355
凌家镇	32812	4722	18631	9459	7864	30225
朝阳镇	17721	2642	9773	5306	4399	16567
永安镇	26869	4012	15255	7602	6325	25151
全安镇	23338	3671	13293	6374	5322	21715
龙门镇	11104	1573	6146	3385	2797	10597
东兴区	**754120**	**118547**	**465304**	**170269**	**134587**	**490264**
东兴街道	101233	17378	69203	14652	10934	33970
西林街道	192049	29430	133677	28942	21078	60750
新江街道	19236	2750	12133	4353	3374	13890
胜利街道	31357	5208	20181	5968	4701	19506
高桥街道	41324	6572	29556	5196	4054	15331
田家镇	49132	7251	27367	14514	11901	45798
郭北镇	26856	4231	15111	7514	6127	24542
高梁镇	22911	3777	11944	7190	5919	21403
白合镇	32282	5392	17087	9803	7922	30572
顺河镇	24047	3771	12754	7522	6140	22579
双才镇	32261	4877	17658	9726	8160	30497
杨家镇	13492	2011	7137	4344	3532	12819
椑木镇	70003	11125	39412	19466	15232	65465
石子镇	13811	2440	7119	4252	3501	12967
永兴镇	19584	2970	10589	6025	4881	18684
平坦镇	14296	2000	7582	4714	3824	13792
双桥镇	24170	3657	13032	7481	6212	23086
富溪镇	14398	2043	7894	4461	3704	13481
永福镇	11678	1664	5868	4146	3391	11132
威远县	**547059**	**79931**	**322690**	**144438**	**117321**	**419362**
严陵镇	217009	32558	140034	44417	34672	131374
新店镇	27866	4156	15013	8697	7200	24795
向义镇	22661	3104	12339	7218	5886	19653
界牌镇	16375	2418	8371	5586	4734	14839
龙会镇	24399	3354	13629	7416	6139	20247
高石镇	20277	2856	10601	6820	5604	18017
东联镇	25431	3772	13398	8261	6822	23984
镇西镇	52097	7343	27603	17151	14155	46559
山王镇	14937	1510	7282	6145	5061	13653
观英滩镇	13841	2122	7142	4577	3799	12850
新场镇	22529	3468	12172	6889	5832	20498
连界镇	57445	8791	36899	11755	9463	43909
越溪镇	17597	2245	10001	5351	4504	16108
小河镇	14595	2234	8206	4155	3450	12876

表23 续表 24

单位：人

地 区	总人口	分年龄人口				居住本乡、镇、街道，户口在本乡、镇、街道
		0-14岁	15-59岁	60岁及以上	#65岁及以上	
资中县	**845579**	**133264**	**492230**	**220085**	**178166**	**719724**
重龙镇	97125	14797	58161	24167	19232	75263
归德镇	27732	3792	15427	8513	7010	26226
鱼溪镇	36493	5656	20188	10649	8717	34203
铁佛镇	18533	3226	10254	5053	3933	17626
球溪镇	43319	6017	26307	10995	8941	35808
龙结镇	26736	4109	15889	6738	5371	25368
罗泉镇	19030	2596	10561	5873	4611	18306
发轮镇	36435	5393	20547	10495	8355	34867
银山镇	39356	6057	21953	11346	9281	36643
太平镇	34230	5158	19358	9714	8261	32710
水南镇	154825	27679	98837	28309	22079	86960
新桥镇	25994	3666	14327	8001	6569	24733
明心寺镇	19314	3226	10748	5340	4362	18484
双河镇	33423	4923	18769	9731	8013	31631
公民镇	30062	4568	17245	8249	6862	28331
龙江镇	33755	5660	19146	8949	7377	32217
双龙镇	44409	6787	25564	12058	9822	42374
高楼镇	38785	6296	20968	11521	9223	36541
陈家镇	19456	2878	10593	5985	4974	18679
孟塘镇	28307	4780	15496	8031	6726	27114
马鞍镇	17588	2878	10097	4613	3737	15929
狮子镇	20672	3122	11795	5755	4710	19711
内江经济开发区	**87914**	**13776**	**56599**	**17539**	**13488**	**43442**
壕子口街道	36247	5324	24071	6852	5267	11308
交通镇	27628	4421	18402	4805	3566	11946
靖民镇	24039	4031	14126	5882	4655	20188
隆昌市	**568900**	**94728**	**321283**	**152889**	**116637**	**433121**
古湖街道	148090	23512	94436	30142	22310	73495
金鹅街道	97430	15605	58839	22986	17309	59181
响石镇	27220	4922	13725	8573	6592	25581
圣灯镇	14742	2445	7784	4513	3481	12663
黄家镇	49444	8541	27518	13385	10305	44872
双凤镇	27370	4898	14528	7944	6026	25495
龙市镇	38082	6630	19690	11762	8886	35392
界市镇	28672	5122	14604	8946	6866	26965
石碾镇	27999	4895	13841	9263	7234	26478
石燕桥镇	32814	5061	17282	10471	8064	30621
胡家镇	27250	4756	13558	8936	7088	25473
云顶镇	23008	3763	11716	7529	5901	21656
普润镇	26779	4578	13762	8439	6575	25249
乐山市	**3160168**	**446056**	**1939933**	**774179**	**606448**	**2233084**
市中区	**814597**	**101836**	**530943**	**181818**	**137435**	**456185**
大佛街道	35319	4077	21977	9265	7090	22771
通江街道	256747	38379	173334	45034	32528	108183
海棠街道	128064	14048	79456	34560	26190	69737
绿心街道	85173	10537	59618	15018	10872	31537
全福街道	53799	7257	37136	9406	6678	20242

表23 续表 25

单位：人

地区	总人口	分年龄人口				居住本乡、镇、街道，户口在本乡、镇、街道
		0-14岁	15-59岁	60岁及以上	#65岁及以上	
牟子镇	21764	2417	14114	5233	4180	18362
土主镇	16401	1971	10249	4181	3153	12892
白马镇	17401	1433	9059	6909	5618	15591
茅桥镇	16796	1997	9032	5767	4483	14499
青平镇	9597	859	4983	3755	3049	8786
苏稽镇	67221	6733	46381	14107	11107	46050
水口镇	19684	2201	12126	5357	4252	16593
安谷镇	42634	5117	26689	10828	8437	33558
棉竹镇	14040	1848	9132	3060	2447	10297
平兴镇	13969	1456	8396	4117	3274	12633
悦来镇	7308	722	4298	2288	1818	6532
剑峰镇	8680	784	4963	2933	2259	7922
沙湾区	**144931**	**15873**	**89471**	**39587**	**31548**	**108745**
铜河街道	46487	6249	31590	8648	6690	21696
沙湾镇	9264	802	5540	2922	2423	6690
嘉农镇	18562	2195	11450	4917	3806	16128
太平镇	19158	1579	11124	6455	5150	17080
福禄镇	16459	1793	9508	5158	4060	15154
牛石镇	6072	618	3541	1913	1551	5458
葫芦镇	7074	684	4005	2385	1956	6560
踏水镇	15884	1415	9407	5062	4157	14529
轸溪镇	5971	538	3306	2127	1755	5450
五通桥区	**237933**	**25156**	**141018**	**71759**	**56390**	**194077**
竹根镇	78778	8229	48098	22451	17439	53147
牛华镇	39099	3945	22754	12400	9625	32792
金粟镇	20801	1931	12528	6342	4985	17373
金山镇	23019	2368	12443	8208	6677	20730
西坝镇	17841	2120	10506	5215	4118	16425
冠英镇	32443	4041	19623	8779	6890	29469
蔡金镇	10492	1042	6044	3406	2715	9820
石麟镇	15460	1480	9022	4958	3941	14321
金口河区	**38727**	**6471**	**24435**	**7821**	**6317**	**28675**
永和镇	19727	3429	13000	3298	2602	12589
金河镇	6515	731	3783	2001	1680	5802
和平彝族乡	4839	968	2867	1004	785	3914
共安彝族乡	4839	1087	3019	733	594	3907
永胜乡	2807	256	1766	785	656	2463
犍为县	**416673**	**59660**	**245491**	**111522**	**88448**	**325704**
玉津镇	141247	22255	91548	27444	21050	78303
孝姑镇	22564	3764	12788	6012	4756	19514
石溪镇	17897	2122	10321	5454	4385	15708
清溪镇	38547	6396	23235	8916	7126	31272
罗城镇	45019	5606	25185	14228	11510	39969
芭沟镇	15678	1471	9173	5034	4072	13916
龙孔镇	15388	2241	8065	5082	4065	14123
定文镇	15476	1789	8159	5528	4500	14406
舞雩镇	23062	2987	12874	7201	5679	21481
玉屏镇	12450	1398	6395	4657	3813	11605

表23 续表 26 单位：人

地　区	总人口	分年龄人口				居住本乡、镇、街道，户口在本乡、镇、街道
		0-14岁	15-59岁	60岁及以上	#65岁及以上	
大兴镇	13033	1882	7113	4038	3214	12363
九井镇	13357	1955	7482	3920	3117	12607
铁炉镇	12664	1922	6952	3790	2984	12011
寿保镇	18479	2091	9670	6718	5408	17271
双溪镇	11812	1781	6531	3500	2769	11155
井研县	**280641**	**36703**	**155741**	**88197**	**71891**	**216340**
研城街道	98174	16051	61463	20660	16247	50935
马踏镇	29286	3888	16067	9331	7600	25030
竹园镇	20941	2428	10716	7797	6414	19314
研经镇	11299	1212	5339	4748	3973	10154
周坡镇	19188	1982	9750	7456	6202	17522
千佛镇	11394	1355	5828	4211	3516	10534
王村镇	20752	2385	11048	7319	5938	18715
三江镇	9621	1253	5227	3141	2628	8807
东林镇	6081	631	2952	2498	2067	5514
集益镇	13784	1574	7127	5083	4138	12587
纯复镇	8799	773	4416	3610	2931	8029
宝五镇	10445	1131	5501	3813	3150	9560
镇阳镇	8798	718	4508	3572	2985	8366
高凤镇	7225	800	3509	2916	2405	6766
门坎镇	4854	522	2290	2042	1697	4507
夹江县	**305441**	**36121**	**187146**	**82174**	**65280**	**236783**
青衣街道	44957	5748	28347	10862	8569	29284
漹城街道	64411	10531	43063	10817	8113	28137
黄土镇	21566	2339	12832	6395	5105	19243
甘江镇	51414	5031	31026	15357	12209	47037
吴场镇	25696	2461	15629	7606	5927	24008
木城镇	29567	2608	16773	10186	8540	27288
华头镇	19157	2533	10478	6146	5056	17976
新场镇	32163	3412	19908	8843	6806	28671
马村镇	16510	1458	9090	5962	4955	15139
沐川县	**192313**	**33457**	**114760**	**44096**	**34560**	**157461**
沐溪镇	74530	14133	47107	13290	10219	49689
永福镇	10964	2146	6318	2500	2008	10233
大楠镇	12982	1791	7146	4045	3241	12161
箭板镇	6378	978	3569	1831	1451	5969
舟坝镇	11020	1778	6617	2625	2069	9978
黄丹镇	13365	1933	8088	3344	2609	11794
利店镇	17390	3384	10201	3805	2962	15279
富新镇	10965	1528	6253	3184	2480	10238
底堡乡	10146	1989	5381	2776	2173	9574
杨村乡	5505	893	3052	1560	1275	5047
高笋乡	6049	1015	3557	1477	1153	5609
茨竹乡	6072	889	3402	1781	1436	5542
武圣乡	6947	1000	4069	1878	1484	6348
峨边彝族自治县	**121554**	**29198**	**72481**	**19875**	**15740**	**95265**
沙坪镇	45556	9933	28560	7063	5529	27625
大堡镇	10638	3010	6004	1624	1326	9411

表23 续表 27

单位：人

地 区	总人口	分年龄人口				居住本乡、镇、街道，户口在本乡、镇、街道
		0-14岁	15-59岁	60岁及以上	#65岁及以上	
毛坪镇	9666	2313	5455	1898	1449	7659
五渡镇	6984	1115	4169	1700	1378	6181
新林镇	13650	3964	7770	1916	1536	12415
黑竹沟镇	5643	1841	3324	478	361	5119
红旗镇	6228	1384	3802	1042	822	5403
宜坪乡	4417	576	2517	1324	1087	3862
杨河乡	1988	633	1152	203	169	1921
新场乡	4051	492	2402	1157	921	3516
平等乡	3444	733	2062	649	516	3244
金岩乡	5372	1810	3074	488	394	5155
勒乌乡	3917	1394	2190	333	252	3754
马边彝族自治县	**188251**	**52400**	**112317**	**23534**	**18509**	**146307**
民建镇	59767	15234	37938	6595	4968	31310
荣丁镇	12201	3193	6879	2129	1680	9788
下溪镇	9010	2036	5155	1819	1462	7845
苏坝镇	15679	5311	9205	1163	935	14601
烟峰镇	8012	2597	4831	584	476	7045
劳动镇	15623	3362	9442	2819	2241	13365
莜坝镇	9097	1512	5171	2414	1938	8557
建设镇	9834	2884	5639	1311	1044	8068
民主镇	8825	2333	5100	1392	1076	8081
梅林镇	8466	3292	4610	564	457	8001
雪口山镇	10298	3341	5894	1063	870	9791
三河口镇	7567	2872	4125	570	456	7118
大竹堡乡	3688	1245	2081	362	285	3515
高卓营乡	6427	2002	3977	448	371	5625
永红乡	3757	1186	2270	301	250	3597
峨眉山市	**419107**	**49181**	**266130**	**103796**	**80330**	**267542**
胜利街道	143257	19279	95616	28362	21353	66118
峨山街道	23204	2671	15578	4955	3684	12812
绥山镇	77360	10343	50543	16474	12573	41208
高桥镇	12494	1009	7157	4328	3410	11099
罗目镇	16023	1623	9423	4977	3881	13617
九里镇	24333	2115	13775	8443	6782	20770
龙池镇	13303	1294	7374	4635	3691	12017
符溪镇	30904	3420	20428	7056	5274	24580
双福镇	28056	2871	16550	8635	6942	25059
桂花桥镇	27230	2674	15626	8930	7166	21895
大为镇	6589	505	3677	2407	1963	5925
黄湾镇	11348	976	7875	2497	1950	7726
龙门乡	5006	401	2508	2097	1661	4716
南充市	**5607565**	**881655**	**3268071**	**1457839**	**1160245**	**3957567**
顺庆区	**834294**	**110435**	**553542**	**170317**	**128428**	**406268**
中城街道	60876	6277	41086	13513	10263	32747
北城街道	67243	8844	41206	17193	12943	40903
西城街道	48250	5530	30658	12062	9040	27004
东南街道	58355	8862	37128	12365	8920	26949

表23 续表 28　　单位：人

地　区	总人口	分年龄人口				居住本乡、镇、街道，户口在本乡、镇、街道
		0-14岁	15-59岁	60岁及以上	#65岁及以上	
舞凤街道	164519	26967	111347	26205	18343	60427
新建街道	51700	5338	36596	9766	7244	18334
华凤街道	104757	11589	81404	11764	8127	27846
和平路街道	52725	6745	33074	12906	10017	30030
潆溪街道	71756	9471	52189	10096	7846	25249
荆溪街道	14484	2581	8780	3123	2358	9403
西山街道	34085	2647	26693	4745	3531	9849
搬罾街道	14662	2485	7749	4428	3450	13125
共兴镇	10254	1399	5056	3799	3128	9337
金台镇	13993	2113	7461	4419	3492	13025
芦溪镇	19461	3071	10250	6140	5002	17303
李家镇	18005	2466	8758	6781	5664	16680
双桥镇	15399	2288	7343	5768	4826	14963
渔溪镇	8596	1217	4394	2985	2331	8289
新复乡	5174	545	2370	2259	1903	4805
高坪区	**570415**	**88876**	**357132**	**124407**	**94296**	**356212**
白塔街道	146817	23569	102804	20444	14507	47326
清溪街道	72734	12588	48304	11842	8656	29530
小龙街道	34652	3856	26026	4770	3479	14680
龙门街道	55427	8301	35992	11134	8333	33457
青莲街道	23749	3242	17008	3499	2605	12625
都京街道	20484	2895	12277	5312	3947	13840
老君街道	13511	2246	7404	3861	2949	12992
螺溪街道	13194	2018	7116	4060	3102	12063
江陵镇	14146	2098	7622	4426	3445	13783
擦耳镇	8025	1131	4127	2767	2213	7742
东观镇	40665	6812	21787	12066	9341	38140
长乐镇	43144	7331	23253	12560	9836	39233
胜观镇	12101	1743	6318	4040	3238	11793
阙家镇	13916	2273	7057	4586	3653	13317
石圭镇	6291	823	3339	2129	1730	6053
青居镇	9165	1413	4806	2946	2239	8699
会龙镇	16655	2477	8864	5314	4244	16077
走马镇	17018	2846	8823	5349	4111	16555
佛门乡	8721	1214	4205	3302	2668	8307
嘉陵区	**531825**	**84124**	**319518**	**128183**	**99871**	**337289**
火花街道	139755	24828	95345	19582	14144	39832
都尉街道	11262	1533	7049	2680	2084	7433
文峰街道	7271	1061	3930	2280	1782	3408
西兴街道	8238	986	4393	2859	2288	7550
南湖街道	95201	18967	64435	11799	8205	21468
曲水镇	14068	2029	7472	4567	3702	13629
李渡镇	44554	7247	25182	12125	9654	41042
吉安镇	26739	3775	14371	8593	6995	26086
龙岭镇	10020	1381	5450	3189	2563	9795
金凤镇	19700	2907	10625	6168	4881	19199
安福镇	13072	1488	7332	4252	3424	12721
安平镇	17925	2789	10003	5133	4067	16207

表23 续表 29 单位：人

地区	总人口	分年龄人口				居住本乡、镇、街道，户口在本乡、镇、街道
		0-14岁	15-59岁	60岁及以上	#65岁及以上	
世阳镇	10393	1414	5313	3666	2988	9904
大通镇	19926	2475	10594	6857	5582	18792
一立镇	11253	1415	5756	4082	3398	10819
龙蟠镇	22814	2792	11763	8259	6585	22152
里坝镇	5223	628	2746	1849	1463	4977
金宝镇	10738	1316	5624	3798	2928	10328
三会镇	4197	469	2180	1548	1189	4053
双桂镇	11592	1070	5475	5047	4163	11287
七宝寺镇	7992	893	4111	2988	2351	7705
河西镇	5040	784	2587	1669	1315	4695
盐溪乡	8939	1222	4673	3044	2443	8505
大兴乡	5913	655	3109	2149	1677	5702
南部县	**817235**	**136912**	**450372**	**229951**	**187780**	**602836**
滨江街道	93659	17314	57636	18709	14612	43479
蜀北街道	167822	34807	108335	24680	18511	48412
满福街道	15949	2453	9401	4095	3283	12432
南隆街道	17987	2602	9738	5647	4731	16942
老鸦镇	12034	1900	6506	3628	2952	11621
永定镇	9100	1334	4490	3276	2765	8672
碑院镇	8144	1063	4251	2830	2381	7832
谢河镇	9745	1391	4815	3539	2996	9364
盘龙镇	15442	2012	7967	5463	4622	13882
铁佛塘镇	12463	1722	6122	4619	3952	11816
石河镇	8236	1302	3889	3045	2557	7705
王家镇	19204	3006	9752	6446	5343	16819
富利镇	9784	1380	4840	3564	3076	9000
楠木镇	19969	2978	10030	6961	5797	18922
长坪镇	13962	2374	7061	4527	3845	13442
东坝镇	27847	4578	14415	8854	7553	23969
河坝镇	11813	1478	5667	4668	4020	11110
定水镇	26733	4548	13533	8652	7212	24141
大王镇	8866	1127	4218	3521	3033	8453
黄金镇	14111	1537	6871	5703	4910	13051
流马镇	11206	1360	5648	4198	3632	10609
建兴镇	37318	5963	20332	11023	9185	31993
三官镇	8035	1064	3692	3279	2745	7429
伏虎镇	24591	4776	12638	7177	5787	20683
双佛镇	8019	1385	4114	2520	2056	7628
花罐镇	14319	2338	7470	4511	3665	13667
大桥镇	20337	3082	11103	6152	4988	18958
大河镇	13625	2007	6853	4765	3954	13072
万年镇	11940	1880	6032	4028	3297	11520
升钟镇	27774	4887	13600	9287	7631	25556
升水镇	10206	1556	5159	3491	2856	9680
大坪镇	13166	2123	6997	4046	3050	11961
神坝镇	10499	1517	5123	3859	3002	9957
八尔湖镇	10186	1204	5107	3875	3361	9598
石龙镇	11330	1346	5546	4438	3798	10872

表23　续表 30　　　　单位：人

地　　区	总人口	分年龄人口				居住本乡、镇、街道，户口在本乡、镇、街道
		0-14岁	15-59岁	60岁及以上	#65岁及以上	
西水镇	10565	1689	5110	3766	2948	9951
桐坪镇	11499	1606	6114	3779	2811	10679
五灵乡	9430	1697	4758	2975	2488	9085
小元乡	8541	1288	4475	2778	2276	8263
宏观乡	8924	1313	4392	3219	2754	8495
双峰乡	6329	939	3192	2198	1726	6111
太霞乡	6526	986	3380	2160	1619	6005
营山县	**620480**	**113891**	**338316**	**168273**	**136494**	**454517**
绥安街道	126502	26233	79048	21221	16244	43681
朗池街道	50531	11255	28842	10434	8058	24416
城南街道	57454	12119	34403	10932	8447	24790
渌井镇	14655	2354	7566	4735	3876	14066
东升镇	26385	4745	13970	7670	6168	22332
骆市镇	31396	5513	16391	9492	7766	29029
黄渡镇	15885	2625	7863	5397	4497	15222
小桥镇	26641	4835	14428	7378	6027	22707
灵鹫镇	19983	3204	10168	6611	5412	19525
老林镇	14426	2448	7619	4359	3590	13423
木垭镇	12828	2128	6728	3972	3322	12319
消水镇	15989	2736	8192	5061	4121	14640
双流镇	21020	3497	10611	6912	5591	19929
绿水镇	13931	2560	6766	4605	3883	13130
蓼叶镇	8318	1163	4269	2886	2341	8017
新店镇	14531	2290	7108	5133	4233	13759
回龙镇	35210	6007	18013	11190	9306	33241
星火镇	15257	2698	7444	5115	4276	14484
西桥镇	9803	1761	4677	3365	2844	9321
望龙湖镇	8190	1157	4091	2942	2528	7874
青山镇	9614	1605	4539	3470	2917	9273
木顶乡	9881	1443	4879	3559	2966	9666
明德乡	6396	907	3173	2316	1941	6119
太蓬乡	10303	1668	5132	3503	2949	9982
柏林乡	12840	2092	6286	4462	3627	12353
悦中乡	7691	1240	3873	2578	2093	7434
大庙乡	12430	1877	6151	4402	3635	12016
安化乡	3965	555	1923	1487	1219	3814
清水乡	8425	1176	4163	3086	2617	7955
蓬安县	**461485**	**73283**	**259163**	**129039**	**104728**	**386174**
周口街道	71755	12234	44279	15242	12056	41718
相如街道	72931	13169	47396	12366	9512	37361
锦屏镇	22810	2902	12594	7314	5944	21423
巨龙镇	23763	3145	12324	8294	6770	23151
正源镇	8353	1189	4509	2655	2160	8063
金溪镇	15591	2060	7926	5605	4665	15253
徐家镇	34460	5734	18219	10507	8835	32885
河舒镇	26454	4676	14143	7635	6209	25254
利溪镇	19393	2704	10566	6123	4782	19110
龙蚕镇	9635	1463	5229	2943	2332	9443

表23　续表 31　　　　单位：人

地　　区	总人口	分年龄人口				居住本乡、镇、街道，户口在本乡、镇、街道
		0-14岁	15-59岁	60岁及以上	#65岁及以上	
杨家镇	10678	1790	5765	3123	2607	10214
罗家镇	28202	4736	14733	8733	7063	27545
福德镇	18343	3090	9710	5543	4472	18070
银汉镇	9730	1549	5544	2637	2142	9566
兴旺镇	29765	4409	15231	10125	8423	28899
睦坝镇	9193	1221	4785	3187	2658	8947
平头乡	11596	1572	5912	4112	3363	11345
鲜店乡	5750	771	2860	2119	1759	5629
金甲乡	12913	1718	6816	4379	3717	12586
新园乡	14683	2341	7785	4557	3706	14345
石孔乡	5487	810	2837	1840	1553	5367
仪陇县	**729141**	**127947**	**408117**	**193077**	**157399**	**626383**
度门街道	16829	2793	9088	4948	4127	15526
金城镇	76850	14266	45454	17130	13728	58568
新政镇	138900	26590	88865	23445	18512	82145
马鞍镇	49951	9583	28846	11522	9369	40750
永乐镇	26827	4638	14912	7277	5976	25210
日兴镇	33896	6123	18076	9697	7863	32804
土门镇	21537	3638	11514	6385	5353	20633
复兴镇	25226	4574	14401	6251	5136	22502
观紫镇	16169	2586	8273	5310	4381	15638
先锋镇	7399	1259	3781	2359	1909	7178
三蛟镇	16012	2632	8619	4761	3821	15549
回春镇	12131	1785	6023	4323	3574	11845
柳垭镇	17779	2868	9547	5364	4373	17060
义路镇	18001	2882	9476	5643	4748	17612
立山镇	23688	4132	12952	6604	5241	22588
三河镇	16124	2658	8380	5086	4083	15524
瓦子镇	6415	1080	3360	1975	1601	6209
大寅镇	18705	2902	9607	6196	5116	18280
二道镇	12480	1828	6616	4036	3338	12108
赛金镇	13055	2440	7120	3495	2872	12539
丁字桥镇	18767	3379	9896	5492	4522	18086
大仪镇	10065	1514	5251	3300	2679	9882
张公镇	10132	1765	4992	3375	2819	9841
五福镇	9480	1707	4802	2971	2443	9213
杨桥镇	8840	1564	4591	2685	2151	8657
保平镇	12197	2000	6455	3742	3114	11734
文星镇	9100	1506	4642	2952	2464	8702
双胜镇	12988	2276	6860	3852	3159	12609
永光镇	9140	1456	4506	3178	2704	8773
思德镇	8062	1212	3972	2878	2377	7738
铜鼓乡	10764	1767	5730	3267	2672	10515
凤仪乡	7250	1213	3824	2213	1870	7031
福临乡	5934	980	3048	1906	1541	5633
来仪乡	6536	912	3350	2274	1864	6346
板桥乡	5433	746	2811	1876	1522	5317
芭蕉乡	4645	655	2422	1568	1296	4523
柴井乡	11834	2038	6055	3741	3081	11515

表23　续表 32　　　　单位：人

地　区	总人口	分年龄人口				居住本乡、镇、街道，户口在本乡、镇、街道
		0-14岁	15-59岁	60岁及以上	#65岁及以上	
西充县	**420023**	**59639**	**235813**	**124571**	**101506**	**315613**
南台街道	78904	12282	48398	18224	14502	39574
晋城街道	68555	11007	43446	14102	10996	32142
太平镇	8966	1250	4541	3175	2682	8136
大全镇	10174	1317	5248	3609	3037	9548
仙林镇	9605	1206	4925	3474	2911	9430
古楼镇	18209	2538	9010	6661	5628	17595
义兴镇	23093	3141	11824	8128	6735	21763
关文镇	9823	1190	4552	4081	3448	9475
凤鸣镇	18559	2454	9231	6874	5747	18127
青狮镇	12029	1440	5848	4741	3888	11754
槐树镇	15272	1975	7425	5872	4843	14530
鸣龙镇	7766	875	3933	2958	2385	7231
双凤镇	17988	2854	9417	5717	4656	15859
高院镇	11635	1555	5877	4203	3500	11388
仁和镇	16413	1866	8416	6131	5023	15975
多扶镇	30448	3781	20355	6312	5029	20205
莲池镇	5375	639	2847	1889	1530	5273
常林镇	26197	4425	14263	7509	6034	17459
占山乡	6262	769	3314	2179	1814	6045
祥龙乡	5986	735	3183	2068	1700	5828
车龙乡	8063	1133	4403	2527	2013	7890
东太乡	4858	556	2470	1832	1553	4760
罐垭乡	5843	651	2887	2305	1852	5626
阆中市	**622667**	**86548**	**346098**	**190021**	**149743**	**472275**
保宁街道	110519	14671	69055	26793	20495	77223
沙溪街道	39884	6055	24861	8968	6770	18558
七里街道	116999	21376	75763	19860	14518	43838
江南街道	34723	4917	19224	10582	8289	27965
河溪街道	23331	3124	12291	7916	6362	21098
彭城镇	11109	1837	5897	3375	2678	10487
柏垭镇	22158	2901	11026	8231	6586	21256
飞凤镇	10061	1244	4932	3885	3024	9637
思依镇	19987	3129	10032	6826	5372	19305
文成镇	17330	1515	8246	7569	6132	16520
二龙镇	14078	1244	6564	6270	5056	13394
石滩镇	13426	1348	6323	5755	4639	12639
老观镇	24659	2797	12090	9772	7828	23714
龙泉镇	6809	657	3411	2741	2147	6509
千佛镇	20902	2589	10705	7608	6084	19689
望垭镇	9633	1374	4514	3745	3079	9203
妙高镇	11684	1097	5366	5221	4227	11139
洪山镇	23962	3020	11640	9302	7552	23094
水观镇	19870	2566	9757	7547	6193	18962
金垭镇	9545	1063	4385	4097	3368	9035
玉台镇	9530	1112	4407	4011	3306	9110
木兰镇	9630	1638	4895	3097	2510	9214

表23 续表 33

单位：人

地 区	总人口	分年龄人口				居住本乡、镇、街道，户口在本乡、镇、街道
		0-14岁	15-59岁	60岁及以上	#65岁及以上	
五马镇	8677	841	4064	3772	3063	8303
天宫镇	11486	1566	5591	4329	3422	10951
桥楼乡	5074	786	2698	1590	1230	4857
博树回族乡	3689	339	1634	1716	1384	3406
峰占乡	5479	694	2588	2197	1752	5237
鹤峰乡	8433	1048	4139	3246	2677	7932
眉山市	**2955219**	**414057**	**1810388**	**730774**	**591500**	**2012817**
东坡区	**904412**	**122652**	**582346**	**199414**	**158068**	**524185**
通惠街道	94843	13331	66761	14751	11184	27406
大石桥街道	252778	46616	178060	28102	19657	63386
苏祠街道	99285	14397	66217	18671	14583	39453
太和镇	39107	4307	23764	11036	9359	33599
尚义镇	52520	5932	31035	15553	12874	45010
多悦镇	27122	2840	15462	8820	7409	24136
秦家镇	24084	2006	13693	8385	6759	22897
万胜镇	24685	2418	14499	7768	6301	22117
思蒙镇	48002	4480	28158	15364	12347	42507
修文镇	28584	2695	17044	8845	7354	25290
松江镇	24830	2782	14492	7556	6460	21981
崇礼镇	39676	5351	23251	11074	8815	32383
富牛镇	49339	4399	34851	10089	7873	30965
永寿镇	30383	3413	16234	10736	8967	28372
三苏镇	39876	4253	23556	12067	9575	37272
复兴镇	29298	3432	15269	10597	8551	27411
彭山区	**328236**	**38978**	**210967**	**78291**	**62473**	**197771**
凤鸣街道	88419	11651	55892	20876	16378	48059
青龙街道	27040	3051	16900	7089	5725	21629
观音街道	101024	12394	71776	16854	13135	37853
谢家街道	25806	2880	14366	8560	7138	23232
江口街道	22161	2274	12816	7071	5746	18390
锦江镇	26582	2530	18274	5778	4458	14541
公义镇	24478	2689	13585	8204	6822	22308
黄丰镇	12726	1509	7358	3859	3071	11759
仁寿县	**1110017**	**169902**	**645270**	**294845**	**243496**	**805019**
文林街道	128850	20566	84772	23512	18650	54987
普宁街道	91062	15936	61382	13744	10628	32566
怀仁街道	94939	17494	65559	11886	9141	27977
视高街道	94731	11955	64903	17873	14702	63069
文宫镇	52177	8200	27677	16300	13696	46268
禾加镇	31511	5004	16591	9916	7819	28401
龙马镇	26975	4106	13725	9144	7777	24467
方家镇	23916	3448	12263	8205	6898	22425
大化镇	21376	3768	11564	6044	5051	19561
高家镇	19244	3001	9406	6837	5800	17614
禄加镇	29567	4298	15578	9691	7972	27998
宝飞镇	26902	3829	14125	8948	7494	24857
彰加镇	19334	2154	9265	7915	6716	17868

表23 续表 34 单位：人

地 区	总人口	分年龄人口				居住本乡、镇、街道，户口在本乡、镇、街道
		0-14岁	15-59岁	60岁及以上	#65岁及以上	
慈航镇	17354	2214	8350	6790	5691	15251
汪洋镇	70334	11284	40679	18371	15249	59507
钟祥镇	24973	3586	12837	8550	7099	21154
始建镇	15527	1738	7574	6215	5210	14097
满井镇	25534	3485	13831	8218	6960	22502
富加镇	50226	8846	27192	14188	11872	40445
龙正镇	32743	4726	18592	9425	7835	27162
黑龙滩镇	32275	4706	18102	9467	7830	29662
北斗镇	27281	4384	14491	8406	6942	25552
宝马镇	10563	1498	5620	3445	2961	9351
珠嘉镇	11552	1733	5812	4007	3439	10822
曹家镇	11850	1405	5870	4575	3798	10941
谢安镇	13310	1863	6316	5131	4357	12306
新店镇	20120	2914	10604	6602	5309	18972
藕塘镇	25164	3267	12755	9142	7791	22908
板桥镇	13435	1646	7007	4782	3939	12574
贵平镇	30261	4757	14442	11062	9506	28075
虞丞乡	9392	1003	4690	3699	3079	8734
青岗乡	7539	1088	3696	2755	2285	6946
洪雅县	**295744**	**42917**	**176661**	**76166**	**61759**	**242923**
止戈镇	20249	3235	12264	4750	3688	16650
洪川镇	95445	15488	61041	18916	14807	59374
余坪镇	29030	3599	16012	9419	7797	27305
槽渔滩镇	14247	2055	8102	4090	3471	13459
中保镇	16565	2406	9213	4946	4127	15448
东岳镇	18508	2425	10184	5899	4842	17496
柳江镇	26197	3658	14784	7755	6382	24253
高庙镇	9138	1120	5497	2521	2068	8504
瓦屋山镇	11524	1566	7237	2721	2304	10994
七里坪镇	5625	638	3434	1553	1305	4944
将军镇	29519	4080	17625	7814	6279	25973
中山镇	19697	2647	11268	5782	4689	18523
丹棱县	**148820**	**20250**	**92225**	**36345**	**29036**	**120711**
仁美镇	26440	3494	15126	7820	6389	24850
杨场镇	22209	2620	13219	6370	5261	21019
张场镇	16779	2163	9509	5107	4140	15879
齐乐镇	77142	11289	50743	15110	11647	52975
顺龙乡	6250	684	3628	1938	1599	5988
青神县	**167990**	**19358**	**102919**	**45713**	**36668**	**122208**
青竹街道	102379	13710	66300	22369	17687	61281
汉阳镇	6335	520	3437	2378	1889	5971
瑞峰镇	8227	587	4631	3009	2521	7767
西龙镇	14051	1243	8299	4509	3632	12767
高台镇	13786	1393	7184	5209	4186	12729
白果乡	13523	1175	7416	4932	4131	12733
罗波乡	9689	730	5652	3307	2622	8960

表23 续表 35 单位：人

地区	总人口	分年龄人口				居住本乡、镇、街道，户口在本乡、镇、街道
		0-14岁	15-59岁	60岁及以上	#65岁及以上	
宜宾市	**4588804**	**859391**	**2785223**	**944190**	**723139**	**3393203**
翠屏区	**887359**	**139092**	**578897**	**169370**	**129302**	**513350**
西郊街道	91623	12512	64787	14324	10969	30861
安阜街道	92897	10552	68458	13887	10413	33090
白沙湾街道	135793	19727	100315	15751	11067	44835
象鼻街道	91804	16011	63686	12107	8902	39748
沙坪街道	41783	4616	32030	5137	4019	19856
合江门街道	39410	5554	24419	9437	6974	17469
大观楼街道	46791	5956	30728	10107	7595	19159
双城街道	29888	4394	19218	6276	4880	22025
李庄镇	33860	6530	19732	7598	5716	28723
菜坝镇	28057	5226	17200	5631	4407	24001
金坪镇	17621	3298	9570	4753	3663	15975
牟坪镇	15415	3235	8313	3867	3013	13962
李端镇	18214	3936	9668	4610	3631	16666
宗场镇	15656	2730	9339	3587	2884	13658
宋家镇	19581	4199	10872	4510	3509	17787
思坡镇	17215	2994	9595	4626	3605	15886
白花镇	67688	12602	35908	19178	15086	61507
双谊镇	18693	3119	10142	5432	4337	17342
永兴镇	24769	4379	13339	7051	5605	23042
金秋湖镇	40601	7522	21578	11501	9027	37758
南溪区	**332796**	**60575**	**197760**	**74461**	**57257**	**231706**
南溪街道	94077	15899	60494	17684	13404	51884
罗龙街道	22913	3894	13723	5296	4184	18578
仙源街道	67667	12725	45326	9616	6885	22648
刘家镇	17079	3125	9103	4851	3720	16002
江南镇	20576	3934	11290	5352	4093	19539
大观镇	27823	5326	14650	7847	6190	25039
汪家镇	15121	2774	8069	4278	3322	14201
黄沙镇	9123	1584	4807	2732	2104	8367
仙临镇	18381	3426	9047	5908	4722	17499
长兴镇	14099	2765	7166	4168	3271	13401
裴石镇	25937	5123	14085	6729	5362	24548
叙州区	**938157**	**162777**	**583206**	**192174**	**146440**	**616343**
柏溪街道	209041	36706	141850	30485	22803	97127
南岸街道	135689	19176	92101	24412	17843	52440
赵场街道	153104	25036	102106	25962	18603	76733
南广镇	26490	4548	16702	5240	3981	20720
观音镇	71669	12183	39845	19641	15781	61894
横江镇	35691	6697	19655	9339	7185	32850
柳嘉镇	32750	5147	19132	8471	7024	28188
泥溪镇	24417	4629	13157	6631	5151	22523
蕨溪镇	50454	9783	27843	12828	9853	45004
商州镇	17693	3661	9750	4282	3274	16534
高场镇	32369	5900	19993	6476	4985	26046
安边镇	18655	3516	11007	4132	3077	14403
双龙镇	31822	7152	16946	7724	5875	30206
合什镇	17632	2524	9321	5787	4781	16295

表23　续表 36　　　　　　　　　　　　　　　　　　单位：人

地　区	总人口	分年龄人口				居住本乡、镇、街道，户口在本乡、镇、街道
		0-14岁	15-59岁	60岁及以上	#65岁及以上	
樟海镇	59488	11332	32322	15834	12373	55580
龙池乡	6985	1413	3670	1902	1496	6381
凤仪乡	14208	3374	7806	3028	2355	13419
江安县	**424470**	**80979**	**243058**	**100433**	**77971**	**344545**
江安镇	109373	19612	71195	18566	13942	54209
红桥镇	18937	3876	10772	4289	3235	16972
怡乐镇	18862	3618	9671	5573	4520	17798
留耕镇	14535	2854	7546	4135	3293	13379
五矿镇	11642	2560	6766	2316	1752	10329
迎安镇	18442	3729	9590	5123	3980	17088
夕佳山镇	47660	9377	25578	12705	9896	43760
铁清镇	21146	4352	10884	5910	4531	19937
四面山镇	39572	7406	21963	10203	7769	35082
大井镇	21319	4478	12157	4684	3685	20403
阳春镇	64447	11414	36676	16357	12861	59735
大妙镇	9434	1997	4592	2845	2270	8730
仁和镇	9402	1735	4862	2805	2253	8992
下长镇	19699	3971	10806	4922	3984	18131
长宁县	**327904**	**64513**	**190689**	**72702**	**56270**	**267193**
长宁镇	129955	24800	82365	22790	17022	83621
梅硐镇	16802	3669	9153	3980	3098	15543
双河镇	28695	5675	16417	6603	5001	27083
硐底镇	14180	2874	8138	3168	2479	12994
花滩镇	15293	3023	8376	3894	3046	13553
竹海镇	28366	5421	15910	7035	5686	26510
老翁镇	15582	3082	8167	4333	3510	14885
古河镇	11169	2110	5793	3266	2649	10504
龙头镇	16040	3424	8928	3688	2965	14293
铜鼓镇	21386	4405	11538	5443	4122	19452
井江镇	9383	1861	4797	2725	2206	8959
铜锣镇	7431	1438	3856	2137	1735	6898
梅白镇	13622	2731	7251	3640	2751	12898
高县	**380893**	**74380**	**222547**	**83966**	**63415**	**319415**
文江镇	53900	10850	31720	11330	8625	44916
庆符镇	86293	16468	55482	14343	10643	57002
沙河镇	33700	6769	18780	8151	6050	30184
嘉乐镇	14767	3132	8062	3573	2830	13831
罗场镇	34014	7659	19265	7090	5425	30276
蕉村镇	20118	3875	11386	4857	3840	18725
可久镇	12371	2598	6646	3127	2419	11823
来复镇	42231	7851	24018	10362	7673	37348
月江镇	24125	3772	15105	5248	3973	20697
胜天镇	16525	3174	9043	4308	3108	15131
复兴镇	11143	2149	6171	2823	2087	9914
落润镇	13740	2703	7581	3456	2706	12733
庆岭镇	17966	3380	9288	5298	4036	16835
珙县	**339200**	**70328**	**200822**	**68050**	**52985**	**285273**
珙泉镇	31387	5990	19035	6362	4824	24873

表23 续表 37

单位：人

地　　区	总人口	分年龄人口				居住本乡、镇、街道，户口在本乡、镇、街道
		0-14岁	15-59岁	60岁及以上	#65岁及以上	
巡场镇	108216	19976	68994	19246	15189	77748
孝儿镇	37948	7735	20913	9300	7290	35733
底洞镇	21564	4725	12679	4160	3222	19116
上罗镇	40379	8470	23137	8772	6665	36307
洛表镇	23288	5531	12917	4840	3833	21711
洛亥镇	15545	3910	8612	3023	2380	14161
王家镇	16363	4284	9082	2997	2282	15275
沐滩镇	9803	1934	5521	2348	1826	8993
曹营镇	16047	3391	9457	3199	2502	14245
玉和苗族乡	4452	1040	2539	873	682	3997
罗渡苗族乡	10074	2274	5604	2196	1706	9470
观斗苗族乡	4134	1068	2332	734	584	3644
筠连县	**332805**	**78150**	**194787**	**59868**	**45475**	**286263**
筠连镇	125809	27156	77828	20825	15483	96718
腾达镇	18552	4166	10832	3554	2761	17528
巡司镇	58396	14283	33793	10320	7862	52696
沐爱镇	43786	9753	25380	8653	6798	39255
镇舟镇	17830	4366	9983	3481	2711	16749
蒿坝镇	13887	3673	7790	2424	1813	12467
大雪山镇	16435	4688	8570	3177	2419	15177
乐义乡	9478	2361	5091	2026	1553	8827
团林苗族乡	4279	1079	2273	927	713	4052
联合苗族乡	6823	1985	3692	1146	843	6491
高坪苗族乡	5839	1737	3175	927	686	5213
丰乐乡	11691	2903	6380	2408	1833	11090
兴文县	**380036**	**77965**	**227663**	**74408**	**56721**	**325667**
古宋镇	135352	27191	85368	22793	16921	98285
僰王山镇	46971	8939	27903	10129	7731	43005
共乐镇	31297	6981	18008	6308	4852	28794
莲花镇	17907	3425	10247	4235	3371	16823
九丝城镇	25833	5184	15046	5603	4352	23950
石海镇	11917	2261	7129	2527	1983	11168
周家镇	7485	1598	4408	1479	1162	6799
五星镇	20893	4446	11741	4706	3606	19973
大坝苗族乡	23407	5439	13235	4733	3598	21741
大河苗族乡	28826	6068	16930	5828	4454	27163
麒麟苗族乡	21133	4564	12192	4377	3396	19816
仙峰苗族乡	9015	1869	5456	1690	1295	8150
屏山县	**245184**	**50632**	**145794**	**48758**	**37303**	**203448**
锦屏镇	26188	5157	15538	5493	4301	24360
新市镇	16176	3267	9519	3390	2589	14492
中都镇	28457	5534	16069	6854	5293	25644
龙华镇	19462	3718	11083	4661	3613	18078
大乘镇	13786	3090	7569	3127	2416	12415
新安镇	16984	3331	9883	3770	2833	15752
书楼镇	16451	3281	9550	3620	2801	15542
屏山镇	86810	18096	54079	14635	11052	58966
夏溪乡	6366	1177	3925	1264	967	5628
屏边彝族乡	7616	2269	4466	881	640	6565
清平彝族乡	6888	1712	4113	1063	798	6006

表23 续表 38 单位：人

地 区	总人口	分年龄人口 0-14岁	15-59岁	60岁及以上	#65岁及以上	居住本乡、镇、街道，户口在本乡、镇、街道
广安市	**3254883**	**571240**	**1876579**	**807064**	**637052**	**2488201**
广安区	**744115**	**121095**	**455570**	**167450**	**129670**	**514516**
浓洄街道	36355	5430	25033	5892	4416	16200
北辰街道	83483	14584	54070	14829	11278	40694
广福街道	88318	15258	57694	15366	11512	50572
万盛街道	70792	12650	47296	10846	8073	29036
中桥街道	72841	13057	51549	8235	5887	24886
枣山街道	46556	8434	29152	8970	6788	32646
官盛镇	27185	4503	15436	7246	5682	25791
协兴镇	27747	4799	16298	6650	5169	23876
浓溪镇	10447	1543	5641	3263	2642	9371
悦来镇	15580	2120	8485	4975	3846	14555
兴平镇	16911	2232	8892	5787	4549	15833
井河镇	21480	3088	11490	6902	5448	20455
花桥镇	48428	7521	27089	13818	10886	45252
龙台镇	22702	3441	12063	7198	5858	21540
肖溪镇	21314	3076	11743	6495	5143	20839
恒升镇	21334	3406	11874	6054	4783	18056
石笋镇	21085	2786	11548	6751	5377	19073
白市镇	15138	2558	8145	4435	3546	13754
大安镇	11272	1573	6296	3403	2669	10389
穿石镇	13821	2252	7758	3811	3074	13125
大龙镇	19837	2554	10795	6488	5126	18912
东岳镇	10015	1278	5441	3296	2595	9650
龙安乡	5869	732	3204	1933	1534	5574
彭家乡	7454	1039	4103	2312	1782	6567
白马乡	8151	1181	4475	2495	2007	7870
前锋区	**232255**	**39988**	**135132**	**57135**	**45542**	**170621**
奎阁街道	12391	1398	9302	1691	1370	4612
大佛寺街道	26237	5111	16398	4728	3627	10600
龙塘街道	37710	7462	22828	7420	5802	18837
新桥街道	5433	793	3376	1264	1012	4780
桂兴镇	8889	1365	4767	2757	2248	8151
观阁镇	22010	4007	11879	6124	4887	20196
广兴镇	13326	2261	7330	3735	2919	12123
代市镇	51760	9038	29681	13041	10359	41572
观塘镇	22117	3628	11807	6682	5435	19542
护安镇	10441	1571	5703	3167	2560	9236
龙滩镇	9249	1539	5069	2641	2124	8754
虎城镇	12692	1815	6992	3885	3199	12218
岳池县	**742747**	**129832**	**407961**	**204954**	**162614**	**603556**
九龙街道	173807	30766	107757	35284	27181	103414
朝阳街道	78890	15935	46723	16232	12438	43501
花园镇	21640	3721	11227	6692	5364	20378
坪滩镇	29106	5359	15397	8350	6673	26998

表23 续表 39

单位：人

地 区	总人口	分年龄人口				居住本乡、镇、街道，户口在本乡、镇、街道
		0-14岁	15-59岁	60岁及以上	#65岁及以上	
龙孔镇	22460	3514	11507	7439	6042	21546
镇裕镇	14314	2592	7268	4454	3620	13635
白庙镇	34292	4917	18809	10566	8600	33217
西溪镇	25346	4754	12233	8359	6768	23936
同兴镇	8149	1614	3958	2577	2058	7601
兴隆镇	13504	2495	6627	4382	3463	12563
秦溪镇	12191	1925	5676	4590	3737	11700
顾县镇	44284	7557	23011	13716	10978	41393
苟角镇	27131	4598	13440	9093	7375	24105
天平镇	15336	2075	7498	5763	4613	14798
石垭镇	29933	5449	16052	8432	6567	26091
乔家镇	14901	2359	7233	5309	4248	14182
罗渡镇	44983	7879	25735	11369	8931	39263
裕民镇	17422	2995	8698	5729	4618	16487
中和镇	17150	3084	9463	4603	3561	16253
新场镇	13083	1991	6268	4824	3968	12454
普安镇	21761	3542	10889	7330	5882	20334
临溪镇	8646	1611	4328	2707	2153	7928
西板镇	11347	1765	5874	3708	2984	10829
齐福镇	12510	2019	6596	3895	3067	11941
伏龙镇	20353	3732	10822	5799	4672	19172
黄龙乡	4080	607	1910	1563	1294	3926
鱼峰乡	6128	977	2962	2189	1759	5911
武胜县	**555897**	**92290**	**308126**	**155481**	**121535**	**456559**
沿口镇	171080	31941	102823	36316	27531	99561
中心镇	21511	2850	11422	7239	5716	19758
烈面镇	41894	7662	23445	10787	8418	33687
飞龙镇	29370	4867	15965	8538	6608	26996
乐善镇	26184	4076	14291	7817	6133	24414
万善镇	24441	3704	13677	7060	5567	21588
龙女镇	18933	2648	9655	6630	5268	17969
三溪镇	13266	2108	6953	4205	3309	12878
赛马镇	23951	3758	12287	7906	6325	22962
胜利镇	20116	3062	10873	6181	4859	19391
金牛镇	13567	2063	7344	4160	3292	13049
清平镇	10459	1341	5031	4087	3268	9897
街子镇	20352	3491	10870	5991	4769	19294
万隆镇	21596	3447	11108	7041	5640	20118
礼安镇	7676	1220	3997	2459	1944	7375
华封镇	15910	2836	8297	4777	3700	14979
宝箴塞镇	11495	1530	6026	3939	3151	11108
石盘镇	12126	1678	6458	3990	3197	11758
鸣钟镇	13811	2091	7326	4394	3426	13182
真静乡	7621	1174	3935	2512	1953	7143
猛山乡	9880	1565	5377	2938	2292	9587
双星乡	9815	1491	5047	3277	2641	9437
鼓匠乡	10843	1687	5919	3237	2528	10428

表23　续表 40

单位：人

地　区	总人口	分年龄人口				居住本乡、镇、街道，户口在本乡、镇、街道
		0-14岁	15-59岁	60岁及以上	#65岁及以上	
邻水县	**707537**	**137214**	**409967**	**160356**	**129175**	**542876**
鼎屏镇	239523	51250	151731	36542	27890	111606
城北镇	18495	2684	10534	5277	4272	18087
城南镇	12991	2121	7232	3638	2922	12419
柑子镇	21766	4216	11920	5630	4603	20554
观音桥镇	20092	3773	11035	5284	4238	19430
牟家镇	18061	3768	10013	4280	3400	17155
合流镇	18689	3365	10847	4477	3646	17329
坛同镇	32030	6790	17646	7594	6270	27912
高滩镇	26618	4127	15706	6785	5608	25287
九龙镇	42914	7715	23895	11304	9431	36670
御临镇	12515	1546	6509	4460	3722	12132
袁市镇	34618	6574	18289	9755	7869	31898
丰禾镇	51703	10325	28658	12720	10373	43520
八耳镇	7786	1357	4143	2286	1908	7556
石永镇	29882	5890	16369	7623	6230	27525
兴仁镇	21700	4492	11692	5516	4484	20076
王家镇	14589	2824	8295	3470	2869	13872
石滓镇	20047	3855	10934	5258	4287	18738
三古镇	10733	2215	5998	2520	2054	10407
两河镇	12252	2012	6598	3642	3007	11864
太和镇	14308	2646	7776	3886	3129	13732
椿木镇	4962	586	2981	1395	1177	4594
梁板镇	5659	808	2974	1877	1566	5442
复盛镇	10779	1728	6044	3007	2464	10438
黎家镇	4825	547	2148	2130	1756	4633
华蓥市	**272332**	**50821**	**159823**	**61688**	**48516**	**200073**
双河街道	114394	22418	72846	19130	14549	58408
古桥街道	12082	2302	6948	2832	2198	10649
华龙街道	18772	3619	10893	4260	3406	16295
天池镇	7925	1094	4334	2497	1988	6926
禄市镇	14237	2386	7893	3958	3227	13241
永兴镇	15686	2931	8117	4638	3606	14590
明月镇	12634	1954	7025	3655	2946	11138
阳和镇	15289	2810	8222	4257	3454	14462
高兴镇	26975	4959	14702	7314	5828	24267
溪口镇	13342	2412	7613	3317	2663	11388
庆华镇	19784	3824	10599	5361	4257	17768
红岩乡	1212	112	631	469	394	941
达州市	**5385422**	**931024**	**3249987**	**1204411**	**967394**	**3879032**
通川区	**905678**	**120103**	**618436**	**167139**	**126053**	**349991**
东城街道	178585	18523	126038	34024	26076	49677
西城街道	163420	18179	107834	37407	29286	49685
朝阳街道	262047	38944	194925	28178	19576	64068
凤西街道	40507	5004	30556	4947	3211	13035
凤北街道	59370	6546	44621	8203	5748	18675

表23　续表 41

单位：人

地　　区	总人口	分年龄人口				居住本乡、镇、街道，户口在本乡、镇、街道
		0-14岁	15-59岁	60岁及以上	#65岁及以上	
罗江镇	37272	5017	24471	7784	5323	22244
蒲家镇	21264	3932	11956	5376	4283	17511
复兴镇	34013	4990	22680	6343	4106	14897
双龙镇	22746	4118	12111	6517	5173	19728
江陵镇	12976	2232	6460	4284	3525	12156
碑庙镇	11891	2350	6054	3487	2824	11088
磐石镇	11794	1770	5850	4174	3378	11236
东岳镇	9681	1605	5278	2798	2251	8228
梓桐镇	7446	1374	3961	2111	1728	7212
北山镇	10060	2008	4381	3671	3111	9523
金石镇	9155	1384	4475	3296	2736	8788
青宁镇	7220	1149	3761	2310	1874	6301
安云乡	6231	978	3024	2229	1844	5939
达川区	**899728**	**147191**	**541200**	**211337**	**167765**	**612029**
三里坪街道	166396	28053	116700	21643	15808	49333
翠屏街道	129334	19539	92247	17548	13048	34882
石板街道	8869	986	5091	2792	2339	7190
明月江街道	5129	692	2737	1700	1405	4929
杨柳街道	54870	11109	37314	6447	4743	16133
亭子镇	27924	4609	15160	8155	6666	26503
福善镇	8714	1464	4448	2802	2304	7999
麻柳镇	67120	10925	37057	19138	15191	64896
大树镇	26604	4368	14578	7658	5947	25889
南岳镇	15025	2389	8189	4447	3508	14764
万家镇	32650	5018	18398	9234	7376	32088
景市镇	17504	3123	8809	5572	4324	16806
百节镇	28155	4504	14686	8965	7249	26845
赵家镇	20981	3183	11352	6446	5241	19910
河市镇	30933	5683	18853	6397	5049	15940
金垭镇	12033	1645	6063	4325	3480	11591
渡市镇	20421	3028	10801	6592	5453	19447
管村镇	31591	5861	16554	9176	7388	30150
石梯镇	28598	4653	14970	8975	7456	27159
石桥镇	53664	8758	28653	16253	13368	50467
堡子镇	11976	1915	6320	3741	3057	11272
平滩镇	9800	1564	5465	2771	2171	9646
双庙镇	19057	2650	9466	6941	5770	18437
赵固镇	9988	1525	5150	3313	2836	9623
桥湾镇	11591	1615	5866	4110	3409	11330
大堰镇	8369	1568	4336	2465	1994	7832
罐子镇	16741	2826	8557	5358	4361	16052
安仁乡	7879	1356	4031	2492	1998	7679
龙会乡	7267	1153	3944	2170	1769	7031
虎让乡	6003	717	3110	2176	1793	5812
米城乡	4542	712	2295	1535	1264	4394
宣汉县	**954090**	**199509**	**548416**	**206165**	**169647**	**817589**
东乡街道	79787	15285	47407	17095	13997	62747

表23　续表 42

单位：人

地　区	总人口	分年龄人口				居住本乡、镇、街道，户口在本乡、镇、街道
		0-14岁	15-59岁	60岁及以上	#65岁及以上	
蒲江街道	142393	29321	92738	20334	16342	87769
君塘镇	20368	3578	11043	5747	4889	19724
清溪镇	26496	5791	14294	6411	5316	25547
普光镇	68263	14205	38784	15274	12563	62130
天生镇	25404	4666	14410	6328	5268	24905
柏树镇	14873	2558	8274	4041	3374	14617
芭蕉镇	16787	3253	9060	4474	3657	16445
南坝镇	116334	27041	68109	21184	17585	88501
五宝镇	19115	3937	10547	4631	3843	18586
峰城镇	13734	2986	7167	3581	3016	12604
土黄镇	35230	7788	21080	6362	5111	27150
华景镇	18938	3923	10307	4708	3783	18282
樊哙镇	19804	4717	11224	3863	3198	18414
新华镇	15475	3177	8456	3842	3095	14865
黄金镇	20266	4424	11283	4559	3722	19726
胡家镇	41064	10522	22093	8449	6874	34816
毛坝镇	17017	3338	9626	4053	3296	16400
大成镇	18045	3840	9147	5058	4198	17744
下八镇	17771	3457	9355	4959	4249	17270
塔河镇	10064	1490	5732	2842	2391	9808
茶河镇	13044	1711	7119	4214	3577	12798
厂溪镇	19556	4328	10401	4827	3912	18663
红峰镇	21231	4419	12139	4673	3841	20936
白马镇	11357	2411	6230	2716	2252	11200
桃花镇	12693	2392	7133	3168	2648	12502
马渡关镇	27538	6596	14008	6934	5524	26620
庙安镇	7583	1247	4032	2304	1880	7269
上峡镇	14652	2430	8673	3549	3039	13450
南坪镇	10548	1941	5725	2882	2394	10329
老君乡	10798	2316	5766	2716	2256	10586
黄石乡	8926	1648	4909	2369	1973	8649
三墩土家族乡	11271	2749	6482	2040	1662	10425
漆树土家族乡	9533	2156	5268	2109	1716	9128
龙泉土家族乡	6442	1450	3604	1388	1138	6236
渡口土家族乡	6214	1289	3828	1097	910	5391
石铁乡	5476	1129	2963	1384	1158	5357
开江县	**414310**	**81297**	**232245**	**100768**	**81451**	**352580**
淙城街道	106390	22079	64795	19516	15005	64691
新宁镇	20827	3300	10935	6592	5597	18560
普安镇	56093	11106	32344	12643	10274	49704
回龙镇	22657	4036	12326	6295	5254	21787
永兴镇	25922	4962	13656	7304	5740	24634
讲治镇	30962	5733	16621	8608	6812	30069
甘棠镇	31515	6422	16377	8716	6997	29934
任市镇	58455	11476	33123	13856	11595	54461
广福镇	13350	2889	6777	3684	3041	12501
长岭镇	22529	4695	11819	6015	5008	21719

表23　续表 43

单位：人

地　区	总人口	分年龄人口				居住本乡、镇、街道，户口在本乡、镇、街道
		0-14岁	15-59岁	60岁及以上	#65岁及以上	
八庙镇	11517	2279	6050	3188	2622	10912
灵岩镇	8192	1259	4464	2469	1991	7974
梅家乡	5901	1061	2958	1882	1515	5634
大竹县	**841960**	**149929**	**501011**	**191020**	**154645**	**636299**
竹阳街道	146890	27378	95261	24251	18829	77614
东柳街道	41752	4724	32070	4958	3913	17329
白塔街道	131003	25039	84807	21157	16592	59684
乌木镇	12534	2135	6970	3429	2808	11138
团坝镇	10178	1496	5751	2931	2379	9448
杨家镇	23274	3880	12643	6751	5558	22141
清河镇	19661	3296	10579	5786	4670	18635
柏林镇	12604	2038	6883	3683	3038	11455
石河镇	52098	9201	28449	14448	12146	48143
中华镇	16585	2039	9274	5272	4284	15400
石桥铺镇	28445	5661	15335	7449	6155	26544
观音镇	39163	7131	21820	10212	8526	35149
周家镇	36344	7160	20500	8684	7200	33523
石子镇	15399	3187	8617	3595	2875	14209
文星镇	26797	5542	15310	5945	4795	23263
妈妈镇	15644	2461	8659	4524	3661	13568
高穴镇	17033	2824	9412	4797	3830	16478
欧家镇	11057	2007	6140	2910	2325	9180
庙坝镇	39453	7467	22664	9322	7628	34956
清水镇	21124	3268	12163	5693	4520	19774
月华镇	19863	3395	11132	5336	4407	18067
高明镇	13963	2721	7015	4227	3490	13511
童家镇	13527	2503	7032	3992	3264	13106
天城镇	7846	1530	4105	2211	1828	7588
四合镇	13416	2673	7575	3168	2545	13051
永胜镇	12162	2160	6511	3491	2957	11815
朝阳乡	9047	1442	4971	2634	2076	8745
安吉乡	10193	1525	5715	2953	2419	8558
八渡乡	6268	1001	3258	2009	1686	6137
杨通乡	7079	1392	3789	1898	1563	6955
川主乡	11558	1653	6601	3304	2678	11135
渠县	**917508**	**146503**	**538670**	**232335**	**189058**	**765717**
渠江街道	126903	21704	79652	25547	19128	65718
渠南街道	69920	12481	45485	11954	9075	25456
天星街道	48016	8478	31196	8342	6376	20310
临巴镇	54474	8908	31922	13644	11319	52843
土溪镇	48956	8365	28403	12188	10079	47751
三汇镇	56509	7799	32522	16188	13240	54606
文崇镇	10019	1400	5444	3175	2677	9698
涌兴镇	32553	5419	18249	8885	7576	31122
贵福镇	31541	5215	17727	8599	7196	30396
岩峰镇	19565	2837	11273	5455	4585	19327
静边镇	33376	5182	18707	9487	7753	32665

表23　续表 44　　　　单位：人

地　　区	总人口	分年龄人口				居住本乡、镇、街道，户口在本乡、镇、街道
		0-14岁	15-59岁	60岁及以上	#65岁及以上	
清溪场镇	25621	4231	13956	7434	6025	25120
宝城镇	17264	2677	9499	5088	4203	16900
有庆镇	32268	4772	18550	8946	7197	31039
鲜渡镇	10364	1247	5910	3207	2730	10267
琅琊镇	19679	3197	11318	5164	4277	17842
李渡镇	20451	3023	11867	5561	4491	19939
中滩镇	17519	2570	9912	5037	4156	17312
三板镇	10245	1594	5913	2738	2253	10111
丰乐镇	11522	1656	6409	3457	2959	11335
李馥镇	15794	2294	8913	4587	3788	15563
合力镇	20896	3585	12458	4853	3938	19560
青龙镇	13485	2279	7342	3864	3143	13245
卷硐镇	6629	1078	3938	1613	1352	6337
望溪镇	17949	2868	10610	4471	3661	17619
龙凤镇	10676	1791	5733	3152	2625	10604
新市镇	15830	2618	8394	4818	4002	15491
万寿镇	18248	2736	10597	4915	4050	17919
渠北镇	14236	2102	8159	3975	3322	14125
定远镇	10371	1449	5902	3020	2441	10226
东安镇	20361	2874	11818	5669	4752	19974
报恩乡	10110	1324	5699	3087	2658	9932
安北乡	7936	1174	4364	2398	2097	7863
大义乡	7277	754	3749	2774	2392	7182
巨光乡	12652	1863	7081	3708	3068	12425
望江乡	11233	1735	6341	3157	2552	10983
拱市乡	7060	1224	3658	2178	1922	6912
达州经济开发区	**45463**	**6573**	**28837**	**10053**	**8159**	**32348**
斌郎街道	33095	4537	21815	6743	5482	22186
幺塘乡	12368	2036	7022	3310	2677	10162
万源市	**406685**	**79919**	**241172**	**85594**	**70616**	**312479**
古东关街道	123834	23351	83116	17367	13503	52423
太平镇	8658	1275	5045	2338	1963	7348
青花镇	7953	1561	4471	1921	1631	6828
旧院镇	13237	3385	6936	2916	2387	11369
罗文镇	15634	3123	8411	4100	3406	14330
河口镇	16287	2988	9564	3735	3112	15743
草坝镇	12808	2674	7916	2218	1817	11510
竹峪镇	15139	2878	8224	4037	3354	14515
大竹镇	15503	3115	8442	3946	3344	14475
黄钟镇	13546	2417	7618	3511	2871	12533
官渡镇	15343	3289	8386	3668	2999	14046
白沙镇	23424	5372	13112	4940	4172	19598
沙滩镇	8997	1467	5020	2510	2138	8385
石窝镇	5968	1196	3394	1378	1182	5596
八台镇	9291	1759	5509	2023	1685	8306
石塘镇	8191	1675	4528	1988	1684	7693
铁矿镇	5077	985	2916	1176	986	4756

表23　续表 45

单位：人

地　　区	总人口	分年龄人口				居住本乡、镇、街道，户口在本乡、镇、街道
		0-14岁	15-59岁	60岁及以上	#65岁及以上	
大沙镇	7504	1276	4314	1914	1596	7110
魏家镇	5944	1280	3712	952	752	5551
白果镇	7634	1635	4111	1888	1662	7137
长坝镇	10757	1922	5956	2879	2363	10087
井溪镇	6246	1538	2986	1722	1491	5973
鹰背镇	5866	1277	3287	1302	1047	5584
永宁镇	8026	1250	4662	2114	1782	7732
固军镇	10577	2612	5448	2517	2167	10122
黑宝山镇	5678	819	3297	1562	1343	5228
蜂桶乡	2334	545	1241	548	456	2235
曾家乡	5506	858	2970	1678	1432	5301
玉带乡	6832	1361	3910	1561	1314	6503
庙子乡	3561	760	2030	771	607	3320
紫溪乡	1330	276	640	414	370	1142
雅安市	**1434603**	**220814**	**906108**	**307681**	**244069**	**1069876**
雨城区	**368909**	**49510**	**239017**	**80382**	**63847**	**241831**
东城街道	64782	5773	45639	13370	10446	31031
西城街道	24808	2921	15244	6643	5227	14577
河北街道	45020	5458	27910	11652	8972	26539
青江街道	78326	12351	54532	11443	8203	32852
大兴街道	16923	2380	11248	3295	2788	11639
草坝镇	39044	6071	23613	9360	7689	35589
上里镇	18540	2953	10939	4648	3804	17050
晏场镇	13122	2056	7462	3604	3123	12266
多营镇	15345	2378	9682	3285	2690	13233
碧峰峡镇	18183	2681	11098	4404	3621	15980
望鱼镇	8122	829	5129	2164	1859	7181
周公山镇	16132	2340	10064	3728	3160	14337
八步镇	10562	1319	6457	2786	2265	9557
名山区	**254632**	**38925**	**158919**	**56788**	**44865**	**206846**
永兴街道	22678	2894	15671	4113	3254	15904
蒙阳街道	53380	7985	35956	9439	7295	34834
百丈镇	28742	4496	17850	6396	5103	24883
车岭镇	18776	2993	10672	5111	3942	17388
马岭镇	11439	1620	6537	3282	2612	10363
新店镇	16824	2605	10090	4129	3308	14600
蒙顶山镇	19544	3485	12330	3729	3025	14097
黑竹镇	16622	2584	10125	3913	3179	14973
红星镇	20308	3378	12194	4736	3671	18191
中峰镇	9455	1425	5603	2427	1949	8443
茅河镇	10981	1622	6675	2684	2063	9912
前进镇	14412	2082	8361	3969	3151	12765
万古镇	11471	1756	6855	2860	2313	10493
荥经县	**131491**	**19546**	**84073**	**27872**	**22807**	**95964**
严道街道	71072	11769	46598	12705	10081	43715
花滩镇	13670	1884	8696	3090	2581	11600

表23　续表 46　　单位：人

地　　区	总人口	分年龄人口				居住本乡、镇、街道，户口在本乡、镇、街道
		0-14岁	15-59岁	60岁及以上	#65岁及以上	
龙苍沟镇	3657	261	2343	1053	867	3154
牛背山镇	3072	267	1986	819	705	2820
新添镇	9888	1521	5844	2523	2121	8464
青龙镇	6936	919	4272	1745	1486	5836
荥河镇	7216	734	4553	1929	1608	6572
五宪乡镇	5724	779	3539	1406	1170	5048
安靖乡	2690	247	1572	871	742	2447
民建彝族乡	3248	620	1998	630	529	2672
泗坪乡	2793	286	1862	645	533	2405
宝峰彝族乡	1525	259	810	456	384	1231
汉源县	**285558**	**45754**	**180277**	**59527**	**46491**	**231240**
富林镇	50143	8642	32795	8706	6584	30036
九襄镇	72229	11514	45856	14859	11821	56306
乌斯河镇	6969	1027	4534	1408	1121	5631
宜东镇	24749	3791	15692	5266	4113	23684
富庄镇	13297	2017	8455	2825	2179	12222
清溪镇	7659	1151	4881	1627	1303	7113
大树镇	15156	2801	9119	3236	2501	13235
皇木镇	4844	771	3006	1067	858	4560
唐家镇	33556	5564	20866	7126	5460	29180
富泉镇	11686	1773	7147	2766	2209	9797
安乐镇	7930	906	5052	1972	1530	6969
前域镇	11816	1881	7319	2616	2058	10309
富乡乡	5187	629	3219	1339	1099	4930
马烈乡	2370	236	1371	763	579	2223
河南乡	3452	612	2056	784	627	2936
晒经乡	2738	483	1613	642	492	2561
小堡藏族彝族乡	1694	371	969	354	265	1161
片马彝族乡	3211	556	1974	681	527	2891
坭美彝族乡	1387	373	809	205	161	1104
永利彝族乡	2111	294	1234	583	477	1931
顺河彝族乡	3374	362	2310	702	527	2461
石棉县	**114116**	**22652**	**70427**	**21037**	**15723**	**73603**
新棉街道	58863	12185	37660	9018	6493	26486
回隆镇	8104	1678	4896	1530	1172	6769
美罗镇	8279	1120	4803	2356	1822	7301
安顺场镇	12031	2422	7181	2428	1851	10136
蟹螺藏族乡	1905	335	1145	425	354	1609
永和乡	3214	592	1909	713	564	2618
栗子坪彝族乡	4276	1249	2576	451	342	3828
迎政乡	3756	458	2202	1096	832	3129
丰乐乡	1988	273	1176	539	411	1715
新民藏族彝族乡	4967	1030	2844	1093	816	4314
草科藏族乡	1861	292	1077	492	376	1631
王岗坪彝族藏族乡	4872	1018	2958	896	690	4067
天全县	**132033**	**21826**	**80661**	**29546**	**23815**	**97346**
城厢镇	54957	10998	34982	8977	7031	29874

表23　续表 47

单位：人

地　区	总人口	分年龄人口				居住本乡、镇、街道，户口在本乡、镇、街道
		0-14岁	15-59岁	60岁及以上	#65岁及以上	
始阳镇	24058	3979	14365	5714	4605	21530
思经镇	7966	1097	4697	2172	1720	7196
喇叭河镇	3922	225	3018	679	519	2031
小河镇	6117	781	3775	1561	1238	5142
仁义镇	10755	1262	6065	3428	2970	9875
新场镇	8174	1221	4539	2414	1934	7301
乐英乡	6247	1073	3567	1607	1269	5622
新华乡	4983	605	2932	1446	1223	4501
兴业乡	4854	585	2721	1548	1306	4274
芦山县	**99824**	**15721**	**61854**	**22249**	**18255**	**83888**
芦阳街道	46217	7944	29762	8511	6795	34933
飞仙关镇	8436	1270	5107	2059	1717	7568
双石镇	5428	666	3249	1513	1272	5048
太平镇	7884	1007	4611	2266	1890	7431
大川镇	4579	486	2827	1266	1100	4320
思延镇	8653	1367	5238	2048	1723	7618
龙门镇	14123	2401	8392	3330	2691	12733
宝盛乡	4504	580	2668	1256	1067	4237
宝兴县	**48040**	**6880**	**30880**	**10280**	**8266**	**39158**
穆坪镇	12601	2098	8666	1837	1400	7628
灵关镇	16697	2837	10726	3134	2579	14458
陇东镇	4748	410	2860	1478	1211	4267
蜂桶寨乡	2881	230	1776	875	695	2607
硗碛乡	3274	329	2146	799	600	3012
五龙乡	5113	526	3053	1534	1252	4723
大溪乡	2726	450	1653	623	529	2463
巴中市	**2712894**	**470675**	**1578740**	**663479**	**533704**	**2012031**
巴州区	**651534**	**114363**	**391183**	**145988**	**115553**	**361987**
东城街道	96097	17896	62787	15414	11619	34523
西城街道	89030	16123	59104	13803	10465	32735
回风街道	76416	15168	50390	10858	8079	28628
江北街道	87992	18186	56603	13203	9677	34609
宕梁街道	61491	11745	40391	9355	6994	20995
玉堂街道	22891	3475	13332	6084	4900	15190
大茅坪镇	4143	487	1932	1724	1443	3806
清江镇	31836	6310	16507	9019	7240	24186
水宁寺镇	20157	2961	10814	6382	5256	18953
化成镇	15795	2487	7483	5825	4812	14453
曾口镇	31674	4340	15751	11583	9744	29449
梁永镇	14553	2045	7112	5396	4410	13355
三江镇	7155	832	3063	3260	2770	6608
鼎山镇	30211	4150	15548	10513	8732	27502
大罗镇	7787	981	3679	3127	2518	7364
枣林镇	8124	1206	3988	2930	2407	7420
平梁镇	15935	2303	7928	5704	4663	14474
光辉镇	5018	485	2622	1911	1617	3936

表23 续表 48

单位：人

地区	总人口	分年龄人口				居住本乡、镇、街道，户口在本乡、镇、街道
		0-14岁	15-59岁	60岁及以上	#65岁及以上	
凤溪镇	8381	1079	4047	3255	2676	7996
天马山镇	7427	979	3429	3019	2519	6911
大和乡	5207	612	2580	2015	1684	4915
白庙乡	4214	513	2093	1608	1328	3979
恩阳区	**345728**	**52328**	**182796**	**110604**	**91499**	**291308**
登科街道	34566	5650	22100	6816	5528	18884
文治街道	36303	6189	23497	6617	5200	15875
司城街道	8647	1201	3961	3485	2937	8035
明阳镇	19497	2873	10481	6143	5137	16134
玉山镇	34651	4635	17788	12228	10176	32101
渔溪镇	35022	5709	16866	12447	10254	33661
花丛镇	20891	3219	10189	7483	6195	19950
柳林镇	26030	4424	13343	8263	6872	23634
下八庙镇	28674	4449	14492	9733	8032	27334
茶坝镇	12591	1942	6669	3980	3291	10798
上八庙镇	8750	1198	4187	3365	2823	8262
关公镇	11757	1277	5737	4743	4034	11280
兴隆镇	15210	2026	7592	5592	4697	14259
双胜镇	12773	1697	6326	4750	4000	12308
群乐镇	8449	1298	4086	3065	2494	8148
尹家镇	6871	1016	3265	2590	2194	6552
九镇	6591	1050	3076	2465	2068	6251
雪山镇	18455	2475	9141	6839	5567	17842
通江县	**521875**	**89158**	**308099**	**124618**	**101577**	**412634**
壁州街道	136686	27421	90750	18515	14411	60727
诺江镇	20245	2970	12271	5004	4043	13870
民胜镇	13462	2072	7034	4356	3549	11902
火炬镇	13019	1802	7051	4166	3426	12424
广纳镇	23679	3487	12865	7327	6067	21507
铁佛镇	45343	8372	25685	11286	8927	43646
麻石镇	12850	1658	7223	3969	3209	11784
至诚镇	14024	2590	8360	3074	2420	12420
洪口镇	20475	3639	11561	5275	4354	19343
沙溪镇	22347	4310	11736	6301	5196	20639
瓦室镇	9826	1578	5374	2874	2383	8559
永安镇	14539	2343	8452	3744	3133	13248
铁溪镇	10171	1742	5905	2524	2092	9363
涪阳镇	17276	3313	9662	4301	3550	13217
诺水河镇	18062	2804	10970	4288	3581	17037
毛浴镇	6794	771	3612	2411	2036	6351
泥溪镇	7352	1476	4107	1769	1471	6597
两河口镇	6353	953	3575	1825	1476	5990
板桥口镇	11238	1679	6832	2727	2262	10968
新场镇	10307	1668	5708	2931	2406	9789
杨柏镇	9616	1259	5143	3214	2660	9107
三溪镇	5822	833	3177	1812	1527	5503
春在镇	6614	721	3653	2240	1874	6155

表23 续表 49

单位：人

地 区	总人口	分年龄人口				居住本乡、镇、街道，户口在本乡、镇、街道
		0-14岁	15-59岁	60岁及以上	#65岁及以上	
龙凤场镇	10164	1664	5716	2784	2301	9807
空山镇	5317	955	3077	1285	1026	4874
唱歌镇	8617	1266	4759	2592	2109	8026
陈河镇	6685	895	3724	2066	1719	6275
青峪镇	7609	1044	4683	1882	1588	7313
兴隆镇	7086	905	4005	2176	1819	6826
烟溪镇	5520	725	3151	1644	1382	5266
长坪镇	6489	1035	3762	1692	1413	6120
松溪乡	5234	820	2916	1498	1272	5056
胜利乡	3054	388	1600	1066	895	2925
南江县	**467609**	**79298**	**275741**	**112570**	**89253**	**362240**
集州街道	124583	24666	80866	19051	14295	56874
沙河镇	18552	3259	11009	4284	3392	16138
长赤镇	52420	11058	30737	10625	8271	42794
正直镇	31272	5300	16417	9555	7610	28461
大河镇	17824	2386	10359	5079	4078	16437
光雾山镇	3861	517	2370	974	781	3139
下两镇	17723	3304	10098	4321	3423	14073
赶场镇	10650	1681	5889	3080	2469	10003
杨坝镇	5305	795	3023	1487	1202	5042
天池镇	10371	1477	5751	3143	2578	9873
关坝镇	4307	655	2536	1116	875	4034
红光镇	10913	2121	5936	2856	2244	8856
元潭镇	10202	1615	5411	3176	2549	9481
赤溪镇	8418	1166	4695	2557	2019	7980
八庙镇	9958	1537	5164	3257	2632	9242
双流镇	7608	1147	3944	2517	2060	7128
坪河镇	6285	1047	3677	1561	1270	5935
桥亭镇	8567	1087	5171	2309	1924	7490
和平镇	9412	1440	5304	2668	2079	9041
侯家镇	8351	1159	4927	2265	1803	8012
仁和镇	7631	1047	3914	2670	2238	7252
高塔镇	6212	755	3258	2199	1750	5886
兴马镇	8490	891	5114	2485	1995	8256
关门镇	4490	592	2125	1773	1492	4249
石滩镇	7089	980	3877	2232	1799	6798
高桥镇	9411	1431	5244	2736	2250	8656
贵民镇	5928	659	3596	1673	1397	5540
关路镇	8452	1328	4731	2393	1927	7904
云顶镇	5879	911	3105	1863	1491	5458
公山镇	19362	2190	12830	4342	3461	14647
团结乡	4312	656	2320	1336	1094	4073
神门乡	3771	441	2343	987	805	3488
平昌县	**658644**	**123646**	**376191**	**158807**	**127319**	**544893**
同州街道	157745	32439	101158	24148	18267	84344
金宝街道	49916	9620	30408	9888	7882	32627
江口街道	22719	3804	12238	6677	5408	20054

表23 续表 50

单位：人

地区	总人口	分年龄人口				居住本乡、镇、街道，户口在本乡、镇、街道
		0-14岁	15-59岁	60岁及以上	#65岁及以上	
响滩镇	36733	7110	20222	9401	7610	34698
西兴镇	19034	2870	10380	5784	4667	18411
佛楼镇	7215	1135	3500	2580	2128	6893
白衣镇	18180	3429	9450	5301	4350	16311
涵水镇	7278	1227	3536	2515	2121	6773
岳家镇	9464	1530	4854	3080	2555	8776
兰草镇	13440	2047	7529	3864	3133	13049
驷马镇	32559	5357	18297	8905	7225	30972
元山镇	19557	3474	10729	5354	4441	18152
云台镇	17078	2959	9342	4777	3838	15834
邱家镇	19505	4196	10438	4871	3788	18435
笔山镇	27138	6341	15401	5396	4171	26202
镇龙镇	18168	4241	9995	3932	3192	17693
得胜镇	24957	3901	14187	6869	5667	23194
灵山镇	9760	1686	5315	2759	2193	9370
土兴镇	17023	2585	9244	5194	4325	16563
望京镇	11757	2519	6533	2705	2141	11463
龙岗镇	11210	1638	6076	3496	2855	10844
板庙镇	14328	2324	7265	4739	3797	13682
泥龙镇	12675	2879	6918	2878	2267	12314
青云镇	9424	1709	4742	2973	2371	9076
大寨镇	13083	1911	7233	3939	3190	12662
土垭镇	7847	1214	4064	2569	2134	7448
澌岸镇	9363	1333	5032	2998	2528	9035
粉壁镇	7620	1279	4207	2134	1795	7239
三十二梁镇	7645	1074	3957	2614	2091	7349
江家口镇	13138	2692	7219	3227	2634	12728
岩口镇	13085	3123	6722	3240	2555	12702
巴中经济开发区	**67504**	**11882**	**44730**	**10892**	**8503**	**38969**
兴文街道	22723	4584	13964	4175	3284	14742
奇章街道	5619	779	2741	2099	1760	5221
时新街道	39162	6519	28025	4618	3459	19006
资阳市	**2308631**	**386696**	**1271182**	**650753**	**522148**	**1757939**
雁江区	**867119**	**137330**	**523543**	**206246**	**164597**	**573077**
莲花街道	67942	10011	45017	12914	9762	23505
三贤祠街道	95350	15525	61998	17827	13696	36756
资溪街道	60305	9246	38606	12453	9689	23885
狮子山街道	31601	6383	20877	4341	3179	9918
宝莲街道	66115	11833	46062	8220	6091	24526
雁江镇	31315	5258	21292	4765	3620	15791
松涛镇	69368	10405	49949	9014	6887	27795
宝台镇	21812	3353	12045	6414	5384	20363
临江镇	27344	4084	15919	7341	6046	24351
保和镇	32405	4626	17097	10682	8830	29857
老君镇	27294	4132	13864	9298	7721	25696
中和镇	34472	4988	19330	10154	8512	30591

表23 续表 51　　　　单位：人

地　　区	总人口	分年龄人口				居住本乡、镇、街道，户口在本乡、镇、街道
		0-14岁	15-59岁	60岁及以上	#65岁及以上	
丹山镇	60014	8727	31141	20146	16389	56813
小院镇	26183	4485	13532	8166	6695	24393
堪嘉镇	18423	3056	9487	5880	4739	17289
伍隍镇	30878	4899	17553	8426	6833	25919
石岭镇	23289	4020	12430	6839	5509	21704
东峰镇	22286	3656	12137	6493	5339	20773
南津镇	29286	4603	15479	9204	7410	27508
丰裕镇	50059	7578	27151	15330	12233	46935
迎接镇	21934	3295	12194	6445	5321	20136
祥符镇	19444	3167	10383	5894	4712	18573
安岳县	**950939**	**176941**	**490145**	**283853**	**228268**	**798069**
岳城街道	114508	22863	70190	21455	16467	56661
石桥街道	40481	8039	25908	6534	5019	18778
岳阳镇	62734	12585	35886	14263	11175	37950
鸳大镇	11975	1999	5460	4516	3673	11266
通贤镇	28863	4564	14142	10157	8344	26731
龙台镇	47955	10152	24849	12954	10601	39962
姚市镇	18371	3228	8624	6519	5402	17542
林凤镇	15089	2476	7381	5232	4321	14542
毛家镇	8994	1992	4134	2868	2331	8138
永清镇	27493	5098	14180	8215	6751	26687
永顺镇	14979	2687	7284	5008	4144	14198
石羊镇	50841	10874	25913	14054	11138	45905
两板桥镇	13583	2549	6619	4415	3613	12985
护龙镇	16045	2751	8024	5270	4321	15281
李家镇	32030	6434	15157	10439	8444	29712
元坝镇	16465	2906	7506	6053	4908	15740
兴隆镇	32801	5676	17988	9137	7256	27041
天林镇	17270	3147	7951	6172	4960	16546
镇子镇	23795	4426	11652	7717	6209	22127
文化镇	21517	4024	10269	7224	5777	20453
周礼镇	38591	7809	20224	10558	8254	35238
驯龙镇	18268	2796	8705	6767	5379	17142
华严镇	13066	2075	6626	4365	3516	12455
卧佛镇	19409	2583	8753	8073	6568	18623
长河源镇	20565	3204	9377	7984	6672	19883
忠义镇	12569	2202	6127	4240	3465	12163
护建镇	13662	2618	6356	4688	3829	13154
南薰镇	12403	2184	5768	4451	3572	11838
思贤镇	8984	1564	4316	3104	2513	8525
清流镇	8007	1374	3845	2788	2200	7683
协和镇	11769	2181	5635	3953	3221	11328
朝阳镇	10701	1490	5077	4134	3201	10194
乾龙镇	12755	2305	6145	4305	3509	12286
大平镇	17255	2693	8226	6336	5131	16758
来凤乡	9851	1603	4550	3698	2989	9274

表23 续表 52

单位：人

地区	总人口	分年龄人口				居住本乡、镇、街道，户口在本乡、镇、街道
		0-14岁	15-59岁	60岁及以上	#65岁及以上	
天马乡	8868	1446	4015	3407	2774	8375
云峰乡	9294	1616	4546	3132	2624	9011
岳新乡	8403	1632	3868	2903	2368	7960
东胜乡	7643	1431	3640	2572	2041	7417
高升乡	11706	2001	5752	3953	3262	11363
横庙乡	9319	1872	4469	2978	2456	8939
白塔寺乡	14491	2962	7005	4524	3686	14004
双龙街乡	9847	1997	4423	3427	2750	9583
合义乡	8870	1541	4203	3126	2521	8625
千佛乡	11333	1900	5756	3677	2911	10921
拱桥乡	7521	1392	3621	2508	2002	7082
乐至县	**490573**	**72425**	**257494**	**160654**	**129283**	**386793**
天池街道	63488	11307	39800	12381	9405	27437
南塔街道	103808	17041	63170	23597	18143	55361
石佛镇	18106	2100	8091	7915	6463	17242
回澜镇	24454	3500	11277	9677	7641	22591
石湍镇	16994	2420	8232	6342	5097	15709
童家镇	26963	3708	13659	9596	7806	25277
宝林镇	18502	2389	8971	7142	5996	17254
大佛镇	18068	2454	8320	7294	5991	17216
良安镇	33782	4978	17188	11616	9607	31635
金顺镇	18648	2877	9183	6588	5425	17727
中和场镇	11523	1817	5235	4471	3778	10781
劳动镇	17753	2261	8650	6842	5536	16801
中天镇	12647	1632	6068	4947	4052	11731
佛星镇	10937	1411	4997	4529	3643	10273
蟠龙镇	7180	886	3283	3011	2426	6805
东山镇	19132	2274	9292	7566	6106	18384
通旅镇	11346	1803	5387	4156	3339	10552
高寺镇	26487	3589	12884	10014	8180	25060
龙门镇	9768	1253	4336	4179	3453	8965
盛池镇	11899	1637	5255	5007	4161	11208
双河场乡	9088	1088	4216	3784	3035	8784
阿坝藏族羌族自治州	**822587**	**155212**	**549526**	**117849**	**88962**	**640715**
马尔康市	**58390**	**8470**	**41216**	**8704**	**6700**	**37730**
马尔康镇	35098	5272	25850	3976	2936	17446
松岗镇	1867	268	1107	492	392	1674
沙尔宗镇	1530	203	992	335	286	1379
梭磨乡	2017	250	1343	424	324	1781
白湾乡	2865	199	2208	458	358	1649
党坝乡	1695	124	1075	496	417	1530
木尔宗乡	1125	200	730	195	144	1012
脚木足乡	2559	289	1683	587	458	2300
龙尔甲乡	1265	128	861	276	218	1205
大藏乡	759	91	506	162	126	716
康山乡	1373	231	868	274	221	1249
草登乡	2675	386	1747	542	426	2457
日部乡	3562	829	2246	487	394	3332

表23　续表 53

单位：人

地　　区	总人口	分年龄人口				居住本乡、镇、街道，户口在本乡、镇、街道
		0-14岁	15-59岁	60岁及以上	#65岁及以上	
汶川县	**82971**	**12200**	**57888**	**12883**	**10056**	**55208**
威州镇	33045	5704	23048	4293	3221	20383
映秀镇	6439	883	4451	1105	881	4443
卧龙镇	2130	399	1407	324	241	1795
水磨镇	16991	1742	13436	1813	1456	7344
漩口镇	6625	935	4347	1343	1100	5547
三江镇	3335	563	2084	688	557	2899
耿达镇	2353	370	1556	427	352	1913
绵虒镇	7482	1006	4652	1824	1435	6631
灞州镇	4571	598	2907	1066	813	4253
理县	**36926**	**5145**	**25019**	**6762**	**5150**	**27571**
杂谷脑镇	12371	2012	8464	1895	1406	7429
米亚罗镇	2393	200	1710	483	389	1726
古尔沟镇	2290	173	1741	376	294	1443
薛城镇	5316	732	3482	1102	833	4677
桃坪镇	2160	278	1405	477	369	1784
朴头镇	3458	451	2452	555	426	2509
甘堡乡	1701	217	1106	378	303	1547
蒲溪乡	695	84	469	142	111	642
上孟乡	2430	407	1583	440	319	2230
下孟乡	2062	320	1337	405	315	1804
通化乡	2050	271	1270	509	385	1780
茂县	**95361**	**15956**	**63698**	**15707**	**11771**	**75100**
凤仪镇	44575	8535	29545	6495	4798	28244
南新镇	6939	1205	4518	1216	907	6273
叠溪镇	6623	944	4623	1056	767	5689
富顺镇	8477	1348	5587	1542	1205	8021
土门镇	8617	1218	5775	1624	1279	7628
洼底镇	1703	207	1174	322	241	1597
沙坝镇	4211	554	2809	848	656	4053
渭门镇	5302	767	3595	940	699	5134
黑虎镇	2004	282	1303	419	315	1964
沟口镇	4007	554	2746	707	502	3729
赤不苏镇	2903	342	2023	538	402	2768
松潘县	**66937**	**11606**	**45489**	**9842**	**7194**	**55006**
进安镇	16738	2663	11801	2274	1636	12237
川主寺镇	11001	1755	7874	1372	1015	8439
青云镇	4802	982	3203	617	426	4139
毛儿盖镇	4037	909	2577	551	411	3780
镇江关镇	2881	545	1883	453	313	2520
红土镇	2899	499	1943	457	348	2687
小河镇	3575	574	2182	819	628	3326
十里回族乡	3214	719	2020	475	343	3019
安宏乡	4014	722	2703	589	410	3305
镇坪乡	3014	497	2020	497	371	2674

表23 续表 54

单位：人

地区	总人口	分年龄人口				居住本乡、镇、街道，户口在本乡、镇、街道
		0-14岁	15-59岁	60岁及以上	#65岁及以上	
岷江乡	2578	419	1725	434	307	2190
大姓乡	1212	209	830	173	130	1141
白羊乡	1619	218	997	404	317	1511
小姓乡	1530	265	996	269	190	1393
燕云乡	978	219	593	166	124	898
黄龙乡	1335	160	1067	108	85	677
下八寨乡	1442	248	1021	173	133	1017
松潘林业局	68	3	54	11	7	53
九寨沟县	**66055**	**11183**	**45906**	**8966**	**6475**	**47226**
漳扎镇	10049	1095	8041	913	659	5329
南坪镇	29136	6201	19569	3366	2318	18278
双河镇	5072	850	3268	954	699	4701
黑河镇	3800	435	2707	658	476	3325
勿角镇	3292	420	2403	469	348	2557
永和乡	2426	407	1611	408	320	2283
白河乡	2128	391	1389	348	267	1899
保华乡	2071	292	1414	365	261	1921
郭元乡	3303	465	2225	613	450	2887
草地乡	950	138	657	155	116	811
玉瓦乡	1516	169	1037	310	239	1308
大录乡	2248	319	1523	406	321	1927
九寨沟风景名胜管理局	64	1	62	1	1	
金川县	**58068**	**8537**	**37647**	**11884**	**9261**	**45731**
观音桥镇	2980	421	1994	565	453	2357
安宁镇	2612	276	1648	688	529	2348
勒乌镇	18666	3032	12197	3437	2640	12694
马奈镇	1797	281	1088	428	329	1686
沙耳乡	4298	583	2513	1202	947	3715
庆宁乡	2037	219	1259	559	439	1504
咯尔乡	3452	426	2122	904	699	2965
河东乡	813	91	474	248	205	736
河西乡	2520	304	1573	643	530	2285
集沐乡	2163	34	1998	131	92	307
撒瓦脚乡	762	87	479	196	154	667
卡拉脚乡	826	93	492	241	186	761
俄热乡	3096	404	2259	433	327	2373
二嘎里乡	2565	504	1614	447	350	2388
阿科里乡	1583	492	992	99	70	1504
卡撒乡	2525	294	1543	688	544	2388
曾达乡	1761	188	1134	439	351	1689
独松乡	1363	187	845	331	263	1239
毛日乡	2249	621	1423	205	153	2125
小金县	**64813**	**9425**	**43755**	**11633**	**8536**	**49817**
美兴镇	23217	4360	15461	3396	2460	12437
四姑娘山镇	3010	408	2197	405	283	2279
两河口镇	3630	383	2570	677	489	3266

表23 续表 55

单位：人

地区	总人口	分年龄人口				居住本乡、镇、街道，户口在本乡、镇、街道
		0-14岁	15-59岁	60岁及以上	#65岁及以上	
达维镇	3194	413	2211	570	406	2869
沃日镇	2825	417	1843	565	413	2496
宅垄镇	3688	593	2433	662	515	3508
八角镇	3428	353	2282	793	584	3187
崇德乡	1617	204	1107	306	231	1522
新桥乡	2553	296	1675	582	443	2423
美沃乡	2540	306	1756	478	343	2377
沙龙乡	1095	119	777	199	150	1023
日尔乡	2600	319	1673	608	456	2227
结斯乡	2118	215	1497	406	302	1734
木坡乡	2382	299	1533	550	412	2186
抚边乡	3298	430	2266	602	439	3091
窝底乡	1581	167	1030	384	269	1466
汗牛乡	1115	90	764	261	195	1064
潘安乡	922	53	680	189	146	662
黑水县	**44564**	**6809**	**31146**	**6609**	**5099**	**38072**
芦花镇	13648	1652	10143	1853	1435	9295
卡龙镇	896	158	602	136	101	803
色尔古镇	2383	405	1598	380	307	1999
西尔镇	4954	760	3412	782	596	4544
木苏镇	3600	578	2390	632	486	3453
沙石多镇	1584	210	1087	287	218	1348
知木林镇	3012	492	2067	453	356	2912
扎窝镇	3825	746	2641	438	331	3532
瓦钵梁子乡	1030	114	798	118	94	990
石碉楼乡	2583	400	1808	375	295	2496
龙坝乡	1176	217	766	193	142	1128
洛多乡	1454	312	937	205	163	1395
维古乡	1317	179	903	235	176	1186
晴朗乡	2438	475	1568	395	296	2351
慈坝乡	664	111	426	127	103	640
壤塘县	**44679**	**13724**	**26612**	**4343**	**3280**	**39894**
南木达镇	4818	1705	2685	428	329	4503
中壤塘镇	5754	1982	3331	441	336	4956
岗木达镇	9359	2237	6294	828	610	7198
蒲西乡	2087	333	1359	395	300	1841
宗科乡	2343	542	1432	369	304	2245
石里乡	1709	373	1117	219	166	1590
吾伊乡	3295	993	1948	354	276	3088
上杜柯乡	4208	1269	2487	452	323	3859
茸木达乡	2388	846	1324	218	166	2233
尕多乡	5577	2187	2966	424	309	5464
上壤塘乡	3141	1257	1669	215	161	2917
阿坝县	**80467**	**21525**	**50718**	**8224**	**6212**	**63494**
阿坝镇	23895	4461	17057	2377	1759	12463
贾洛镇	8336	3044	4648	644	489	7872
麦尔玛镇	4887	1652	2785	450	331	4531

表23　续表 56

单位：人

地　区	总人口	分年龄人口				居住本乡、镇、街道，户口在本乡、镇、街道
		0-14岁	15-59岁	60岁及以上	#65岁及以上	
河支镇	5233	1637	3041	555	402	4941
各莫镇	8060	2313	4804	943	718	7317
安羌镇	5827	1633	3446	748	601	5325
麦昆乡	3444	901	2094	449	342	3056
龙藏乡	2401	655	1435	311	244	2227
求吉玛乡	2548	890	1479	179	141	2402
四洼乡	3107	827	1936	344	253	2611
安斗乡	2005	671	1155	179	127	1834
柯河乡	1641	534	952	155	123	1535
垮沙乡	1494	496	876	122	99	1388
查理乡	4749	994	3232	523	388	3336
茸安乡	2840	817	1778	245	195	2656
若尔盖县	**76712**	**18092**	**50593**	**8027**	**5992**	**66256**
达扎寺镇	15420	2947	11442	1031	713	8012
唐克镇	6066	1556	3955	555	393	5631
红星镇	6159	1385	4113	661	489	5303
辖曼镇	7857	1973	5117	767	589	7598
巴西镇	4914	1121	3132	661	502	4686
阿西镇	8211	1987	5280	944	716	7910
铁布镇	7059	1772	4345	942	743	6851
麦溪乡	5399	1435	3465	499	357	5228
嫩哇乡	3160	856	2029	275	217	3053
占哇乡	2489	737	1449	303	222	2384
降扎乡	2762	757	1698	307	221	2607
求吉乡	2837	581	1800	456	333	2684
包座乡	3009	636	1858	515	410	2957
白河牧场	1370	349	910	111	87	1352
红原县	**46644**	**12540**	**29839**	**4265**	**3236**	**39610**
邛溪镇	12317	2300	9066	951	692	8217
刷经寺镇	2120	234	1613	273	200	1370
瓦切镇	7005	2482	3966	557	389	6785
安曲镇	3847	1004	2365	478	364	3685
色地镇	7486	2545	4205	736	571	7073
龙日镇	2302	442	1585	275	223	1947
江茸乡	1429	380	897	152	125	1272
查尔玛乡	1934	561	1157	216	167	1863
阿木乡	3822	1112	2420	290	230	3154
麦洼乡	4382	1480	2565	337	275	4244
甘孜藏族自治州	**1107431**	**254580**	**726981**	**125870**	**92538**	**837651**
康定市	**126785**	**19408**	**93018**	**14359**	**10107**	**76902**
炉城街道	27144	3640	20311	3193	2212	15692
榆林街道	19365	2692	15166	1507	1017	7087
姑咱镇	21917	2305	17856	1756	1273	6296
新都桥镇	12161	2446	8361	1354	925	8842
塔公镇	9675	2266	6324	1085	811	8017
沙德镇	3608	767	2355	486	325	3199
金汤镇	4440	607	2966	867	644	3882

表23 续表 57

单位：人

地区	总人口	分年龄人口				居住本乡、镇、街道，户口在本乡、镇、街道
		0-14岁	15-59岁	60岁及以上	#65岁及以上	
甲根坝镇	5199	1080	3349	770	528	4789
贡嘎山镇	2844	600	1843	401	277	2781
鱼通镇	1712	238	1147	327	244	1610
雅拉乡	4647	565	3604	478	318	2582
麦崩乡	1328	131	870	327	235	1235
捧塔乡	2027	221	1428	378	285	1733
普沙绒乡	2293	455	1536	302	215	2117
吉居乡	1623	281	1102	240	190	1530
呷巴乡	3794	818	2518	458	304	3521
孔玉乡	3008	296	2282	430	304	1989
泸定县	**84204**	**13930**	**55183**	**15091**	**11450**	**59913**
泸桥镇	37239	5984	25087	6168	4466	21402
冷碛镇	9540	1426	6063	2051	1614	7958
兴隆镇	6611	838	4361	1412	1134	5235
磨西镇	6874	1251	4479	1144	914	5143
燕子沟镇	4604	1028	2848	728	568	3920
得妥镇	6330	1451	3854	1025	790	5432
烹坝镇	3116	500	1951	665	490	2848
德威镇	7973	1226	5293	1454	1106	6167
岚安乡	1917	226	1247	444	368	1808
丹巴县	**49872**	**7300**	**33264**	**9308**	**6797**	**40165**
章谷镇	14262	2430	9672	2160	1573	8181
巴底镇	4017	535	2539	943	675	3825
革什扎镇	3663	538	2354	771	565	3339
东谷镇	3561	550	2356	655	471	3070
墨尔多山镇	5600	611	3903	1086	796	4597
甲居镇	3206	434	2125	647	478	2859
格宗镇	2824	401	1850	573	427	2697
半扇门镇	3181	484	1971	726	535	3014
丹东镇	2964	442	2135	387	284	2239
巴旺乡	1643	214	1063	366	271	1552
梭坡乡	2324	283	1613	428	319	2260
太平桥乡	2627	378	1683	566	403	2532
九龙县	**53738**	**12494**	**34463**	**6781**	**4901**	**40780**
呷尔镇	18806	4191	12646	1969	1364	9985
烟袋镇	4367	1069	2707	591	427	3391
三垭镇	3798	1230	2082	486	364	3586
雪洼龙镇	3336	789	2072	475	334	3120
湾坝镇	5137	1560	3006	571	427	4823
汤古镇	1481	239	1022	220	158	1343
乌拉溪镇	2566	523	1662	381	275	2006
魁多镇	3784	679	2626	479	359	3049
乃渠镇	2070	357	1370	343	247	1782
三岩龙乡	1552	244	1000	308	236	1475
上团乡	389	34	292	63	50	371
八窝龙乡	732	90	493	149	107	695
子耳彝族乡	2758	673	1702	383	287	2576

表23 续表 58

单位：人

地区	总人口	分年龄人口				居住本乡、镇、街道，户口在本乡、镇、街道
		0-14岁	15-59岁	60岁及以上	#65岁及以上	
小金彝族乡	1550	480	888	182	139	1319
朵洛彝族乡	607	146	381	80	62	554
洪坝乡	805	190	514	101	65	705
雅江县	**51162**	**9925**	**36087**	**5150**	**3731**	**36499**
河口镇	12586	2302	8982	1302	894	6488
呷拉镇	9510	547	8472	491	327	2850
西俄洛镇	2850	710	1896	244	191	2605
红龙镇	3472	1193	2050	229	175	3331
麻郎措镇	2273	436	1518	319	215	2066
波斯河镇	1830	364	1209	257	202	1749
八角楼乡	2930	471	2007	452	344	2673
普巴绒乡	793	207	503	83	71	643
祝桑乡	2946	599	1928	419	302	2723
米龙乡	1604	334	1020	250	164	1502
八衣绒乡	2237	530	1429	278	213	2164
牙衣河乡	541	43	404	94	76	510
德差乡	1496	445	916	135	103	1287
柯拉乡	2699	929	1559	211	170	2610
瓦多乡	1821	415	1180	226	166	1778
木绒乡	1574	400	1014	160	118	1520
道孚县	**53378**	**11580**	**34949**	**6849**	**5213**	**47060**
鲜水镇	14808	2405	10419	1984	1491	11304
八美镇	5252	1149	3448	655	465	4394
亚卓镇	2396	315	1724	357	296	2230
玉科镇	2513	694	1573	246	207	2419
仲尼镇	1531	335	990	206	160	1435
泰宁镇	2371	543	1522	306	230	2217
瓦日镇	1368	243	931	194	139	1292
麻孜乡	3094	651	1978	465	339	2821
孔色乡	2604	524	1749	331	260	2415
葛卡乡	2371	586	1457	328	237	2289
扎拖乡	1302	319	826	157	121	1253
下拖乡	1072	276	677	119	97	996
木茹乡	1079	210	706	163	138	1032
甲斯孔乡	1679	436	1008	235	181	1481
七美乡	1552	463	950	139	106	1458
银恩乡	1793	473	1129	191	157	1739
龙灯乡	2438	728	1430	280	217	2342
色卡乡	3134	1043	1796	295	216	2997
沙冲乡	1021	187	636	198	156	946
炉霍县	**47185**	**11692**	**30053**	**5440**	**3902**	**37243**
新都镇	13988	2757	9832	1399	977	6620
朱倭镇	2277	502	1465	310	198	2073
虾拉沱镇	4845	1151	3031	663	445	4393
上罗柯马镇	2887	931	1669	287	234	2383
泥巴乡	2142	568	1292	282	203	1917
雅德乡	2662	710	1624	328	230	2516

表23 续表 59 单位：人

地　区	总人口	分年龄人口				居住本乡、镇、街道，户口在本乡、镇、街道
		0-14岁	15-59岁	60岁及以上	#65岁及以上	
洛秋乡	1944	656	1106	182	129	1803
仁达乡	2177	601	1278	298	214	2078
旦都乡	2612	644	1653	315	201	2452
充古乡	1594	366	1012	216	152	1442
更知乡	1442	382	874	186	139	1396
卡娘乡	1279	261	861	157	118	1079
宗塔乡	1998	538	1196	264	212	1949
宗麦乡	3060	895	1820	345	282	3029
下罗柯马乡	2278	730	1340	208	168	2113
甘孜县	**72698**	**17356**	**47870**	**7472**	**5204**	**52828**
甘孜镇	26570	5481	18469	2620	1749	12412
查龙镇	3475	984	2233	258	193	2687
来马镇	3415	814	2228	373	253	2816
呷拉乡	2128	482	1401	245	170	1675
色西底乡	1783	398	1179	206	149	1533
南多乡	1224	238	829	157	119	1004
生康乡	1761	346	1189	226	160	1578
贡隆乡	1392	284	937	171	125	1203
扎科乡	2823	620	1905	298	191	2510
昔色乡	2021	425	1372	224	149	1692
卡攻乡	1284	214	885	185	134	1030
仁果乡	1542	305	1038	199	135	1251
拖坝乡	3219	796	2047	376	273	2580
庭卡乡	1906	426	1285	195	136	1728
下雄乡	2072	556	1297	219	162	1948
四通达乡	2333	463	1573	297	215	2151
夺多乡	1182	246	779	157	107	1109
泥柯乡	1712	475	1025	212	154	1616
茶扎乡	4043	1380	2305	358	256	3866
大德乡	4078	1427	2379	272	198	3948
卡龙乡	2735	996	1515	224	176	2491
新龙县	**45698**	**13216**	**27855**	**4627**	**3371**	**40509**
如龙镇	10525	2260	7253	1012	707	7132
拉日马镇	5755	2089	3204	462	357	5412
大盖镇	3122	840	1911	371	278	3029
通宵镇	2785	822	1736	227	168	2699
色威镇	4235	1209	2471	555	415	3997
尤拉西镇	1778	454	1121	203	144	1685
沙堆乡	2075	620	1276	179	138	1949
绕鲁乡	1628	517	889	222	162	1538
博美乡	1893	583	1066	244	171	1792
子拖西乡	1584	473	949	162	119	1483
和平乡	1671	601	913	157	111	1601
洛古乡	1441	463	848	130	92	1376
雄龙西乡	3129	974	1818	337	234	2935
麻日乡	791	214	498	79	49	711
友谊乡	1440	528	808	104	78	1362
银多乡	1846	569	1094	183	148	1808

表23 续表 60

单位：人

地　区	总人口	分年龄人口				居住本乡、镇、街道，户口在本乡、镇、街道
		0−14岁	15−59岁	60岁及以上	#65岁及以上	
德格县	**88542**	**25139**	**54883**	**8520**	**6319**	**73937**
更庆镇	13080	2437	9402	1241	882	6399
马尼干戈镇	7395	2241	4570	584	418	6042
竹庆镇	7938	2439	4902	597	462	6509
阿须镇	3669	945	2347	377	298	3083
错阿镇	3390	1379	1740	271	204	3033
麦宿镇	3961	818	2597	546	402	3455
打滚镇	4106	1487	2265	354	277	3852
龚垭镇	2675	562	1747	366	287	2340
温拖镇	3333	1089	1901	343	239	3154
中扎科镇	4417	1274	2757	386	262	4126
岳巴乡	1896	579	1103	214	155	1759
八帮乡	2580	500	1827	253	198	2110
白垭乡	1061	228	692	141	103	984
汪布顶乡	1589	430	957	202	150	1493
柯洛洞乡	4935	1396	3016	523	411	4774
卡松渡乡	1337	335	832	170	144	1279
俄南乡	1208	369	724	115	81	1134
俄支乡	3575	1066	2144	365	286	3346
玉隆乡	2283	779	1312	192	140	2136
然姑乡	2841	1089	1563	189	131	2566
年古乡	3734	1221	2153	360	251	3479
浪多乡	3491	1128	1977	386	279	3181
亚丁乡	4048	1348	2355	345	259	3703
白玉县	**59524**	**13795**	**39660**	**6069**	**4780**	**46464**
建设镇	7450	1358	5420	672	485	4780
阿察镇	10434	1252	7707	1475	1147	3452
河坡镇	3532	783	2317	432	363	3218
盖玉镇	7070	1414	5239	417	323	5774
金沙乡	2287	572	1446	269	209	2226
绒盖乡	1600	401	1020	179	146	1480
章都乡	2447	569	1625	253	205	2307
麻绒乡	1838	455	1218	165	137	1783
热加乡	4417	1203	2607	607	512	4246
登龙乡	1867	453	1156	258	172	1784
赠科乡	4172	911	2775	486	373	3850
麻邛乡	3069	1023	1855	191	153	2578
辽西乡	1564	602	861	101	88	1472
纳塔乡	3967	1511	2189	267	221	3821
安孜乡	2839	1005	1619	215	181	2789
沙马乡	971	283	606	82	65	904
石渠县	**103633**	**34643**	**60712**	**8278**	**6359**	**91557**
尼呷镇	8056	1826	5775	455	316	5332
洛须镇	6342	1438	4222	682	503	4736
色须镇	8880	2712	5477	691	508	7893
虾扎镇	4683	1604	2752	327	274	4320

表23 续表 61

单位：人

地　　区	总人口	分年龄人口				居住本乡、镇、街道，户口在本乡、镇、街道
		0-14岁	15-59岁	60岁及以上	#65岁及以上	
温波镇	5083	1739	2881	463	374	4655
蒙宜镇	5067	1888	2750	429	322	4783
阿日扎镇	7298	2920	3866	512	403	6591
真达乡	2943	769	1864	310	246	2508
奔达乡	1856	505	1153	198	156	1630
正科乡	3274	911	1997	366	263	3005
德荣马乡	4353	1406	2603	344	260	4123
长沙贡马乡	4968	1764	2926	278	213	4608
呷衣乡	5672	1754	3382	536	389	5199
格孟乡	5069	1872	2820	377	298	4509
新荣乡	4084	1584	2156	344	267	3627
宜牛乡	2685	1083	1409	193	165	2414
起坞乡	5009	1865	2731	413	329	4576
长须贡马乡	4303	1583	2352	368	293	3969
长沙干马乡	4116	1568	2259	289	220	3792
长须干马乡	4106	1527	2301	278	228	3797
瓦须乡	5786	2325	3036	425	332	5490
色达县	**64681**	**18015**	**40806**	**5860**	**4592**	**46700**
色柯镇	13779	3322	9452	1005	744	6830
翁达镇	2006	530	1206	270	209	1791
洛若镇	10179	1150	7720	1309	1087	2856
泥朵镇	4817	1751	2773	293	229	4499
甲学镇	2106	527	1240	339	267	1871
克果乡	2590	969	1468	153	124	2484
然充乡	2829	976	1578	275	202	2580
康勒乡	2434	962	1316	156	115	2333
大章乡	3026	1002	1789	235	190	2714
大则乡	2933	1031	1696	206	164	2628
亚龙乡	2355	916	1284	155	118	2166
塔子乡	2849	937	1693	219	172	2497
年龙乡	2909	989	1690	230	192	2525
霍西乡	4829	1403	2962	464	365	4281
旭日乡	2405	700	1414	291	217	2229
杨各乡	2635	850	1525	260	197	2416
理塘县	**67293**	**18706**	**42691**	**5896**	**4159**	**43711**
高城镇	30351	7181	20642	2528	1710	9146
甲洼镇	1434	365	895	174	116	1303
格聂镇	2945	940	1761	244	197	2842
木拉镇	2729	555	1836	338	230	2402
君坝镇	2170	635	1318	217	163	1961
拉波镇	1463	276	984	203	141	1333
觉吾镇	1746	530	1027	189	129	1621
哈依乡	652	171	393	88	63	608
莫坝乡	679	224	388	67	46	632
亚火乡	1121	378	638	105	69	1100
绒坝乡	271	69	158	44	27	234
呷洼乡	808	165	541	102	77	701

表23 续表 62 单位：人

地区	总人口	分年龄人口				居住本乡、镇、街道，户口在本乡、镇、街道
		0-14岁	15-59岁	60岁及以上	#65岁及以上	
奔戈乡	2634	1060	1382	192	144	2552
村戈乡	3012	1060	1742	210	156	2739
禾尼乡	3828	1484	2132	212	160	3694
曲登乡	4323	1625	2389	309	235	4218
上木拉乡	1073	228	713	132	98	933
濯桑乡	1268	297	843	128	88	1130
藏坝乡	1000	297	602	101	66	914
格木乡	1678	569	988	121	101	1633
麦洼乡	753	153	483	117	88	706
德巫乡	1355	444	836	75	55	1309
巴塘县	**49967**	**11210**	**33226**	**5531**	**4115**	**32704**
夏邛镇	20637	4108	14190	2339	1738	7692
中咱镇	4097	929	2705	463	334	3554
措拉镇	1684	324	1185	175	151	1149
甲英镇	1876	469	1203	204	147	1658
地巫镇	2417	471	1617	329	216	2183
拉哇乡	278	50	195	33	21	97
竹巴龙乡	1484	292	986	206	146	1149
苏哇龙乡	2371	382	1655	334	238	1860
昌波乡	1474	344	942	188	145	1308
亚日贡乡	3039	780	1989	270	204	2765
波密乡	1825	626	1076	123	85	1593
莫多乡	1006	279	623	104	82	856
松多乡	1711	468	1063	180	138	1514
波戈溪乡	1912	655	1132	125	110	1735
茶洛乡	1364	341	860	163	119	1239
列衣乡	778	208	503	67	51	653
德达乡	2014	484	1302	228	190	1699
乡城县	**31407**	**5303**	**22449**	**3655**	**2534**	**23478**
香巴拉镇	11834	1895	8652	1287	887	7777
青德镇	4199	731	2802	666	463	3821
热打镇	3260	555	2379	326	225	2343
沙贡乡	2790	281	2283	226	142	1196
水洼乡	1974	382	1315	277	194	1823
然乌乡	1986	298	1444	244	178	1551
洞松乡	695	104	480	111	91	625
定波乡	1470	336	979	155	103	1363
正斗乡	1921	396	1287	238	161	1756
白依乡	1278	325	828	125	90	1223
稻城县	**32916**	**6084**	**23099**	**3733**	**2584**	**26085**
金珠镇	9816	1641	7344	831	546	6056
香格里拉镇	4353	578	3408	367	252	2569
桑堆镇	2772	645	1790	337	224	2604
吉呷镇	1241	195	877	169	113	1027
噶通镇	3176	658	2091	427	295	3022
省母乡	1418	296	926	196	149	1316
巨龙乡	1934	432	1252	250	164	1857

表23 续表 63

单位：人

地区	总人口	分年龄人口				居住本乡、镇、街道，户口在本乡、镇、街道
		0-14岁	15-59岁	60岁及以上	#65岁及以上	
邓坡乡	909	239	577	93	70	858
木拉乡	1512	304	1026	182	147	1412
赤土乡	2554	535	1688	331	250	2342
蒙自乡	1500	240	999	261	180	1411
各卡乡	723	120	494	109	69	660
俄牙同乡	1008	201	627	180	125	951
得荣县	**24748**	**4784**	**16713**	**3251**	**2420**	**21116**
瓦卡镇	1818	379	1183	256	183	1639
白松镇	3413	645	2338	430	316	3234
日雨镇	2629	483	1712	434	322	2426
太阳谷镇	7109	1327	5081	701	498	4628
徐龙乡	1211	190	809	212	166	1141
奔都乡	1445	250	953	242	191	1320
八日乡	1296	288	812	196	157	1210
古学乡	2173	387	1439	347	265	2013
贡波乡	1064	224	701	139	104	1029
茨巫乡	2590	611	1685	294	218	2476
凉山彝族自治州	**4858359**	**1342839**	**2911088**	**604432**	**460839**	**3556965**
西昌市	**955041**	**196774**	**617647**	**140620**	**105442**	**502565**
北城街道	84295	13598	55996	14701	11150	33914
西城街道	95686	14634	64545	16507	12473	37284
东城街道	107861	18725	71479	17657	12920	41995
长安街道	101252	16158	72546	12548	9230	35821
新村街道	18850	2283	14030	2537	2006	7474
海南街道	16890	4953	9902	2035	1495	13339
马道街道	37035	5785	25119	6131	4761	18442
礼州镇	72164	17877	43734	10553	7875	44728
安宁镇	81589	12873	57930	10786	7956	49439
川兴镇	50517	12426	31506	6585	5009	34915
黄联关镇	23900	6341	14139	3420	2522	15302
佑君镇	38217	9624	22559	6034	4627	26723
太和镇	20014	3967	12414	3633	2745	13192
安哈镇	36313	11239	20811	4263	3183	21826
阿七镇	15511	4655	8879	1977	1479	9046
樟木箐镇	30180	8663	17473	4044	3015	16392
琅环镇	19717	5777	11335	2605	2019	13713
巴汝镇	5824	1793	3363	668	522	4310
四合乡	14460	4848	8309	1303	958	7451
开元乡	12411	4124	7062	1225	886	6908
大兴乡	17805	5717	10104	1984	1470	11742
经久乡	16462	2700	11453	2309	1755	11137
裕隆回族乡	18294	3651	11172	3471	2604	13298
高草回族乡	15221	2937	9219	3065	2343	10830
马鞍山乡	4573	1426	2568	579	439	3344
木里藏族自治县	**122944**	**27212**	**81565**	**14167**	**10085**	**102579**
乔瓦镇	27423	6530	18070	2823	1845	14967

表23　续表 64

单位：人

地　区	总人口	分年龄人口				居住本乡、镇、街道，户口在本乡、镇、街道
		0-14岁	15-59岁	60岁及以上	#65岁及以上	
瓦厂镇	4648	869	3160	619	414	4171
茶布朗镇	3153	749	2025	379	276	2588
雅砻江镇	2830	329	2239	262	215	1762
水洛镇	5469	988	3786	695	508	4998
列瓦镇	7448	1856	4760	832	601	7004
博科乡	3792	751	2484	557	400	3594
宁朗乡	1981	387	1384	210	134	1825
依吉乡	3321	875	2093	353	260	3184
俄亚纳西族乡	5412	1175	3637	600	438	5224
牦牛坪乡	3554	951	2244	359	285	3367
屋脚蒙古族乡	2082	549	1289	244	190	2006
项脚蒙古族乡	2756	689	1746	321	230	2608
李子坪乡	3124	798	2044	282	193	2907
西秋乡	2299	418	1506	375	260	2162
克尔乡	2848	534	1948	366	242	2735
白碉苗族乡	4919	1088	3292	539	401	4662
三桷桠乡	3687	835	2432	420	290	3533
倮波乡	5334	1301	3423	610	446	4603
卡拉乡	3164	456	2205	503	362	2924
后所乡	4904	1164	3119	621	474	4499
沙湾乡	4511	930	3030	551	399	4145
固增苗族乡	3729	723	2632	374	262	3114
麦日乡	2636	532	1745	359	273	2495
东朗乡	2535	545	1669	321	247	2426
唐央乡	4149	1007	2756	386	290	3896
博窝乡	1236	183	847	206	150	1180
盐源县	**340898**	**78961**	**220460**	**41477**	**31194**	**260939**
盐井街道	71810	16010	48676	7124	5052	30019
卫城镇	21503	4685	13884	2934	2271	18943
梅雨镇	27805	6357	17648	3800	2802	20879
白乌镇	14794	3952	9163	1679	1305	13617
树河镇	13318	2545	8652	2121	1622	12234
黄草镇	13934	3580	8692	1662	1265	13211
平川镇	12303	3173	7622	1508	1173	9983
泸沽湖镇	19299	4276	12533	2490	1841	17856
官地镇	4089	1222	2481	386	295	3776
梅子坪镇	3477	1000	2108	369	280	3127
润盐镇	36095	8400	22915	4780	3635	30365
长柏镇	7435	1620	4630	1185	897	7016
甲米镇	6073	1535	3866	672	531	5646
棉桠镇	15854	4627	9518	1709	1378	14063
盐塘镇	10444	2731	6472	1241	990	9441
金河镇	12894	3997	7481	1416	1064	7450
龙塘镇	20833	4572	13275	2986	2186	16681
兴隆镇	6641	1	6573	67	60	6060
藤桥乡	5072	726	3223	1123	906	4738
田湾乡	5287	1110	3384	793	603	4962

表23 续表 65

单位：人

地 区	总人口	分年龄人口 0-14岁	15-59岁	60岁及以上	#65岁及以上	居住本乡、镇、街道，户口在本乡、镇、街道
右所乡	5462	1336	3463	663	484	4885
沃底乡	3206	827	2050	329	239	2937
大坡蒙古族乡	1613	335	1065	213	158	1471
洼里乡	1657	344	1086	227	157	1579
德昌县	**216533**	**49710**	**134564**	**32259**	**25005**	**146380**
德州街道	88075	19641	57012	11422	8651	45267
昌州街道	20921	4092	12961	3868	3049	17404
永郎镇	22025	4960	13452	3613	2810	15988
乐跃镇	17945	4356	10645	2944	2341	14189
麻栗镇	26035	7135	14907	3993	3153	19501
茨达镇	10091	2254	6178	1659	1313	8256
巴洞镇	16019	3326	9754	2939	2328	12811
黑龙潭镇	3075	823	1958	294	231	2471
铁炉镇	3764	1061	2244	459	332	3096
热河镇	4907	1105	3109	693	530	3920
南山傈僳族乡	1298	312	836	150	108	1177
金沙傈僳族乡	2378	645	1508	225	159	2300
会理县	**390531**	**67946**	**250000**	**72585**	**58322**	**311838**
城北街道	27038	5179	17115	4744	3745	23363
城南街道	45015	8451	29052	7512	5883	35417
古城街道	64267	10075	43983	10209	7796	25110
鹿厂镇	21762	3659	13652	4451	3629	19362
黎溪镇	28044	4460	17850	5734	4691	24976
通安镇	20317	3332	12930	4055	3360	18586
太平镇	12053	2415	7125	2513	2045	10958
益门镇	20006	4174	12313	3519	2789	16661
绿水镇	13704	1890	8967	2847	2298	11685
新发镇	14866	2067	9419	3380	2889	14035
云甸镇	15805	3156	9683	2966	2329	12001
关河镇	9437	1468	5804	2165	1746	8809
彰冠镇	35862	6015	23304	6543	5419	33111
木古镇	14574	2058	9269	3247	2724	13779
六华镇	7854	2207	4679	968	731	7250
小黑箐镇	10530	2042	6631	1857	1467	9408
内东乡	9460	1746	5799	1915	1542	8699
树堡乡	7194	971	4654	1569	1283	6861
新安傣族乡	7129	1096	4583	1450	1199	6533
槽元乡	5614	1485	3188	941	757	5234
会东县	**346082**	**76296**	**211727**	**58059**	**46142**	**257516**
鱼城街道	54676	14436	33558	6682	4993	17915
金江街道	47702	11812	31440	4450	3339	15614
鲹鱼河镇	18711	3629	11438	3644	2957	17212
铅锌镇	35808	7895	21292	6621	5246	32301
堵格镇	10784	1948	6577	2259	1811	9876
姜州镇	25920	4747	16235	4938	4013	23117
乌东德镇	14924	2775	9148	3001	2468	13971
淌塘镇	8735	2020	4868	1847	1523	7986

表23　续表 66　　　　单位：人

地　区	总人口	分年龄人口				居住本乡、镇、街道，户口在本乡、镇、街道
		0-14岁	15-59岁	60岁及以上	#65岁及以上	
铁柳镇	16929	3127	10547	3255	2677	15850
嘎吉镇	14455	2697	8640	3118	2595	13327
满银沟镇	8499	1926	4663	1910	1539	7742
新街镇	13285	2521	7816	2948	2358	12314
鲁吉镇	14915	3654	8666	2595	2054	13888
大崇镇	16508	3293	10297	2918	2278	15173
松坪镇	9978	2070	6048	1860	1546	9307
老君滩乡	7265	1988	4020	1257	1018	6889
江西街乡	11053	2083	6579	2391	1856	10427
溜姑乡	7709	1666	4818	1225	1008	6859
野租乡	8226	2009	5077	1140	863	7748
宁南县	**184293**	**40530**	**116186**	**27577**	**20817**	**143194**
松新镇	19835	4835	12204	2796	2106	15963
竹寿镇	14729	2402	9376	2951	2264	13554
华弹镇	14837	2806	9085	2946	2221	14130
白鹤滩镇	17172	2999	12615	1558	1150	10475
西瑶镇	6925	1162	4392	1371	1077	6274
大同镇	6166	1005	4063	1098	861	5720
骑骡沟镇	7061	1967	4113	981	731	6403
跑马镇	8267	3051	4554	662	460	7549
幸福镇	6604	1529	3956	1119	855	5541
石梨镇	8505	1813	5245	1447	1122	7739
六铁镇	8787	3248	4837	702	524	8080
宁远镇	58420	11875	37648	8897	6612	35420
俱乐镇	6985	1838	4098	1049	834	6346
普格县	**180052**	**67651**	**97308**	**15093**	**11330**	**128151**
普基镇	42233	13299	25037	3897	2973	16567
荞窝镇	17398	6670	9323	1405	1076	11913
螺髻山镇	15603	5759	8490	1354	1031	12731
永安乡	7616	2883	4062	671	521	5581
向阳乡	5019	2167	2528	324	248	4229
文坪乡	2313	781	1319	213	170	2147
黎安乡	2456	929	1317	210	154	2354
花山乡	10032	3447	5500	1085	774	4344
东山乡	4794	1908	2529	357	247	4476
大坪乡	5975	2199	3204	572	408	5085
辉隆乡	387	158	201	28	19	357
洛乌沟乡	299	100	170	29	16	266
雨水乡	6127	2619	3116	392	286	5686
甘天地乡	99	35	51	13	9	77
洛乌乡	6443	2723	3307	413	314	5151
孟甘乡	5603	2312	2899	392	300	5144
特兹乡	3695	1668	1764	263	193	3439
吉乐乡	3935	1637	2016	282	198	3468
特口乡	1570	710	740	120	80	1441
耶底乡	127	47	57	23	19	113
夹铁乡	7497	3123	3812	562	415	6570

表23 续表 67

单位：人

地　　区	总人口	分年龄人口				居住本乡、镇、街道，户口在本乡、镇、街道
		0-14岁	15-59岁	60岁及以上	#65岁及以上	
瓦洛乡	4601	2039	2210	352	275	4280
哈力洛乡	1623	712	797	114	88	1483
菜子乡	1314	598	640	76	59	1193
祝联乡	727	270	376	81	63	655
刘家坪乡	4472	1914	2285	273	183	3749
月吾乡	21	3	14	4	2	18
特补乡	6740	2592	3574	574	447	5821
五道箐乡	4282	1652	2249	381	280	3426
特尔果乡	2847	1138	1471	238	189	2494
大槽乡	3185	1199	1690	296	220	2958
马洪乡	147	46	85	16	13	132
洛甘乡	7		7			7
红莫依达乡	865	314	468	83	60	796
布拖县	**185553**	**75663**	**94723**	**15167**	**11430**	**159906**
特木里镇	39704	14695	22120	2889	2114	21749
龙潭镇	7683	2775	4196	712	530	6869
拖觉镇	13529	5498	6771	1260	922	12676
木尔乡	6206	2605	3063	538	395	5931
九都乡	6972	2726	3575	671	522	6682
拉达乡	4410	1896	2184	330	253	4238
乌科乡	1920	814	946	160	117	1843
沙洛乡	4376	1891	2143	342	265	4153
洛古乡	3249	1422	1611	216	156	3085
补尔乡	8086	3337	3960	789	616	7748
觉撒乡	3147	1378	1506	263	197	2982
美撒乡	4814	2151	2304	359	284	4491
拉果乡	4160	1775	2061	324	237	3924
乌依乡	2921	1199	1412	310	256	2819
浪珠乡	1281	561	651	69	54	1218
包谷坪乡	4070	1773	1926	371	291	3878
合井乡	6892	3016	3377	499	402	6577
罗家坪乡	4035	1825	1943	267	206	3865
牛角湾乡	6119	2628	3061	430	317	5945
补洛乡	5525	2368	2710	447	329	5240
火烈乡	5744	2367	2849	528	405	5551
乐安乡	9384	4041	4519	824	588	9013
四棵乡	479	188	242	49	34	431
地洛乡	9800	4043	4976	781	585	8875
俄里坪乡	4234	1784	2096	354	271	3998
瓦都乡	2684	1118	1344	222	151	2553
采哈乡	3057	1268	1544	245	182	2940
委只洛乡	3214	1268	1680	266	212	3087
联补乡	3764	1497	1926	341	281	3634
基只乡	4094	1756	2027	311	258	3911
金阳县	**170063**	**65302**	**91147**	**13614**	**9807**	**135045**
天地坝镇	27463	9434	16005	2024	1411	13196
派来镇	10723	3727	6007	989	717	8319

表23　续表 68　　　　单位：人

地　区	总人口	分年龄人口				居住本乡、镇、街道，户口在本乡、镇、街道
		0-14岁	15-59岁	60岁及以上	#65岁及以上	
芦稿镇	3239	803	2013	423	275	2698
对坪镇	11342	3978	6210	1154	775	9421
桃坪乡	6032	2271	3294	467	350	5792
热水河乡	2825	986	1570	269	188	2668
马依足乡	13616	5494	7220	902	657	7094
红峰乡	1342	511	740	91	65	1215
尔觉西乡	2656	1108	1349	199	150	2401
热柯觉乡	1929	712	1035	182	136	1821
甲依乡	2139	879	1073	187	139	1968
木府乡	4061	1474	2226	361	255	3726
寨子乡	1523	656	751	116	83	1430
则祖乡	2465	1089	1200	176	133	2356
基觉乡	5073	2084	2599	390	284	4902
小银木乡	6443	2691	3316	436	328	5974
春江乡	3311	796	2121	394	283	2483
红联乡	5972	2373	3094	505	334	5668
青松乡	4884	2203	2385	296	203	4663
放马坪乡	5774	2425	2941	408	297	5411
梗堡乡	3713	1742	1783	188	129	3493
山江乡	2560	904	1383	273	198	1937
洛觉乡	6159	2693	3001	465	362	5748
向岭乡	3365	1461	1682	222	174	3055
谷德乡	1378	671	628	79	55	1249
高峰乡	378	146	195	37	29	334
老寨子乡	3223	1441	1545	237	186	2995
德溪乡	6096	2401	3250	445	303	4394
南瓦乡	6946	2789	3638	519	405	6168
依莫合乡	957	365	519	73	59	883
土沟乡	4047	1724	1993	330	245	3638
丙底乡	3346	1266	1768	312	236	3147
依达乡	2750	1065	1420	265	212	2587
丝窝乡	2333	940	1193	200	151	2211
昭觉县	**252435**	**99460**	**133245**	**19730**	**14720**	**201124**
新城镇	43920	15585	25871	2464	1715	19534
城北乡	22206	9448	11044	1714	1286	7794
树坪乡	1332	535	681	116	82	1244
谷曲乡	7963	3280	4105	578	434	7429
达洛乡	2611	1126	1270	215	159	2477
龙恩乡	4306	1996	2011	299	222	3880
美甘乡	4497	2005	2150	342	253	4127
四开乡	16107	6585	8315	1207	901	15363
大坝乡	8017	3298	4020	699	509	7378
地莫乡	13415	5689	6759	967	706	12581
柳且乡	6367	2563	3302	502	366	6090
博洛乡	3531	1434	1806	291	221	3336
库莫乡	606	204	326	76	59	552
解放乡	4751	1726	2564	461	350	4426

表23 续表 69 单位：人

地　　区	总人口	分年龄人口				居住本乡、镇、街道，户口在本乡、镇、街道
		0-14岁	15-59岁	60岁及以上	#65岁及以上	
三岗乡	3512	1289	1888	335	249	3355
洒拉地坡乡	7553	2829	4079	645	484	7222
三岔河乡	4530	1792	2355	383	309	4280
尼地乡	1407	463	797	147	113	1330
碗厂乡	3113	1180	1658	275	211	2821
塘且乡	2672	979	1446	247	195	2479
久特洛古乡	2840	1176	1392	272	200	2635
齿可波西乡	8513	3617	4196	700	555	7837
特口甲谷乡	1322	489	702	131	104	1230
竹核乡	11002	4000	6056	946	714	10134
阿并洛古乡	6673	2674	3395	604	457	6350
格吾乡	1570	563	872	135	94	1499
特布洛乡	5754	2289	2960	505	368	5411
庆恒乡	7951	3239	4082	630	471	7419
拉一木乡	5124	1981	2739	404	315	4894
色底乡	1075	420	569	86	68	938
补约乡	1296	514	666	116	96	1172
比尔乡	6918	2854	3552	512	400	6555
库依乡	5057	2011	2547	499	395	4696
金曲乡	1310	503	663	144	111	1166
宜牧地乡	971	404	484	83	57	905
波洛乡	953	372	492	89	62	881
央摩租乡	2009	777	1057	175	128	1907
则普乡	3930	1581	2071	278	210	3650
永乐乡	1993	890	940	163	107	1845
且莫乡	1661	565	921	175	134	1499
甘多洛古乡	1407	515	748	144	117	1056
支尔莫乡	973	381	506	86	74	841
龙沟乡	1166	442	631	93	74	1041
日哈乡	4599	1740	2412	447	319	4201
哈甘乡	3952	1457	2145	350	266	3664
喜德县	**158139**	**53162**	**90079**	**14898**	**11470**	**116390**
光明镇	38858	12511	23127	3220	2425	18151
冕山镇	15533	4959	8955	1619	1293	13213
红莫镇	12771	4088	7405	1278	1012	11212
两河口镇	9921	3443	5451	1027	804	8828
米市镇	2036	659	1098	279	204	1885
洛哈镇	2057	597	1204	256	198	1903
尼波镇	4477	1644	2410	423	319	4051
拉克乡	11922	3973	6717	1232	967	8645
则约乡	3392	1223	1866	303	237	2175
贺波洛乡	9112	3361	4961	790	637	7494
鲁基乡	13578	4885	7601	1092	832	11095
李子乡	13953	4780	7975	1198	879	10035
北山乡	3624	1225	2047	352	275	2965
西河乡	742	236	445	61	49	468
且拖乡	4219	1531	2248	440	329	3677

表23 续表 70

单位：人

地区	总人口	分年龄人口				居住本乡、镇、街道，户口在本乡、镇、街道
		0-14岁	15-59岁	60岁及以上	#65岁及以上	
博洛拉达乡	1463	497	808	158	113	1020
沙马拉达乡	3507	1285	1891	331	249	3293
巴久乡	769	270	406	93	68	712
洛莫乡	424	122	234	68	52	345
依洛乡	1296	383	768	145	109	1146
热柯依达乡	738	263	401	74	59	676
额尼乡	1404	470	775	159	127	1248
乐武乡	2343	757	1286	300	233	2153
冕宁县	**369166**	**99286**	**219020**	**50860**	**39242**	**285968**
高阳街道	83368	21477	52110	9781	7490	50371
漫水湾镇	48812	14792	28139	5881	4439	32367
大桥镇	11671	3732	6637	1302	995	10852
复兴镇	21977	4418	13670	3889	3050	19603
泸沽镇	57448	15289	34524	7635	5940	44255
彝海镇	14755	5017	8203	1535	1144	13768
石龙镇	25403	6099	15155	4149	3155	23152
河边镇	17138	4621	9684	2833	2215	14807
锦屏镇	7870	1287	4789	1794	1403	6725
里庄镇	3874	1049	2254	571	411	3300
惠安镇	8267	2123	4809	1335	1015	7447
宏模镇	13331	2928	7828	2575	2041	11805
泽远镇	11523	3534	6465	1524	1208	10097
若水镇	29726	9356	16520	3850	3037	25010
棉沙镇	5376	1741	2958	677	533	4707
磨房沟镇	3847	1035	2299	513	397	3372
和爱藏族乡	1725	344	1071	310	246	1585
新兴乡	1602	205	1025	372	279	1444
健美乡	1453	239	880	334	244	1301
越西县	**301865**	**104720**	**168186**	**28959**	**21769**	**229805**
越城镇	68103	21407	40145	6551	4857	34472
中所镇	10611	2908	6004	1699	1243	7549
新民镇	15486	5025	8828	1633	1238	10505
乃托镇	7269	2431	4225	613	480	6698
普雄镇	21633	7613	12285	1735	1349	18291
大瑞镇	20424	6871	11301	2252	1653	12217
竹阿觉镇	5897	2229	3144	524	407	5424
书古镇	4763	1779	2585	399	311	4523
依洛地坝镇	7998	2804	4471	723	554	7457
南箐镇	10965	4330	5753	882	680	9356
新乡乡	987	349	552	86	70	907
马拖乡	12787	4728	6852	1207	903	11642
丁山乡	6087	1596	3524	967	708	5064
大花乡	8243	3076	4478	689	525	7215
河东乡	10806	3653	6015	1138	844	9681
西山乡	7310	2905	3927	478	350	5134
板桥乡	7565	2783	4074	708	536	6797
瓦岩乡	6860	3002	3389	469	352	5672

表23　续表 71　　　　单位：人

地　　区	总人口	分年龄人口				居住本乡、镇、街道，户口在本乡、镇、街道
		0-14岁	15-59岁	60岁及以上	#65岁及以上	
大屯乡	8349	2333	4985	1031	764	7328
保安藏族乡	2312	735	1321	256	201	2035
白果乡	3884	1203	2299	382	279	3337
梅花乡	1449	487	815	147	104	1228
拉普乡	6604	2585	3523	496	376	6146
铁西乡	4282	1595	2318	369	284	3523
尔觉乡	4827	1911	2536	380	294	4157
四甘普乡	4520	1785	2363	372	283	4209
贡莫乡	6711	2604	3508	599	464	6023
拉白乡	2450	1086	1167	197	148	2287
乐青地乡	6220	2470	3215	535	432	5910
德吉乡	488	181	262	45	38	418
尔赛乡	3353	1280	1738	335	253	3118
保石乡	1894	758	992	144	108	1758
五里箐乡	5372	2215	2732	425	322	4949
瓦普莫乡	1491	525	813	153	122	1395
申果乡	303	93	170	40	23	250
瓦曲觉乡	67	13	42	12	10	20
申普乡	2222	897	1139	186	134	2100
拉吉乡	1273	475	696	102	70	1010
甘洛县	**205991**	**66449**	**120184**	**19358**	**13974**	**164170**
新市坝镇	73807	23422	44354	6031	4269	43497
田坝镇	22208	4460	13973	3775	2806	20040
海棠镇	9697	2792	5794	1111	804	8871
吉米镇	11087	4590	5650	847	599	10165
斯觉镇	13153	5422	6789	942	702	12103
普昌镇	35095	13976	18765	2354	1643	31803
玉田镇	8213	2350	5005	858	635	7650
乌史大桥镇	7330	1759	4756	815	590	6704
苏雄镇	5937	1336	3970	631	444	5203
新茶乡	3365	815	2047	503	391	3158
团结乡	4397	1250	2569	578	433	4059
嘎日乡	8372	3325	4437	610	445	7850
沙岱乡	3330	952	2075	303	213	3067
美姑县	**238624**	**93212**	**129292**	**16120**	**12085**	**212427**
巴普镇	19234	6061	12052	1121	815	15074
觉洛乡	6640	2839	3362	439	329	6372
井叶特西乡	7714	2934	4247	533	377	7396
合姑洛乡	4427	1830	2287	310	241	4321
巴古乡	7672	3024	4146	502	378	7200
农作乡	5942	2428	3081	433	326	5731
佐戈依达乡	9764	4006	5219	539	402	9441
子威乡	3739	1512	1926	301	231	3427
依洛拉达乡	3532	1433	1834	265	199	3457
典补乡	7341	2925	3923	493	382	6995
哈洛乡	2319	917	1241	161	114	2265
牛牛坝乡	23770	9479	12801	1490	1040	13565

表23 续表 72

单位：人

地 区	总人口	分年龄人口				居住本乡、镇、街道，户口在本乡、镇、街道
		0-14岁	15-59岁	60岁及以上	#65岁及以上	
尔合乡	3149	1169	1677	303	234	3061
竹库乡	3102	1200	1649	253	193	2800
候古莫乡	9299	3798	4874	627	452	9006
候播乃拖乡	8234	3499	4195	540	401	7864
采红乡	3990	1680	2044	266	195	3798
苏洛乡	4012	1626	2096	290	212	3874
九口乡	10999	4424	5841	734	553	10608
洛俄依甘乡	7565	2815	4164	586	433	7234
拉木阿觉乡	10742	3904	6023	815	588	7754
洛莫依达乡	2933	1121	1591	221	158	2782
柳洪乡	5609	2154	2991	464	362	5377
乐约乡	4287	1816	2206	265	199	3861
尔其乡	3524	1372	1890	262	212	3350
瓦古乡	2058	736	1136	186	159	1961
峨曲古乡	6391	2573	3402	416	322	5332
炳途乡	4367	1735	2338	294	213	4187
拖木乡	5101	2141	2644	316	245	4955
尼哈乡	1636	625	906	105	79	1592
龙门乡	10373	4328	5395	650	510	10173
依果觉乡	8756	3294	4879	583	443	8042
洒库乡	8713	3498	4637	578	441	8454
瓦西乡	4268	1610	2337	321	261	4079
树窝乡	2801	1008	1638	155	132	2631
龙窝乡	4621	1698	2620	303	254	4408
雷波县	**240149**	**80505**	**135755**	**23889**	**18005**	**198968**
锦城镇	41424	11574	25715	4135	3168	22375
西宁镇	14743	5355	8244	1144	888	11985
汶水镇	12004	3880	6705	1419	1062	9913
黄琅镇	22046	6662	12345	3039	2192	20298
金沙镇	19824	6605	11361	1858	1406	13641
永盛镇	15324	4607	8658	2059	1541	14400
渡口镇	16337	4377	9452	2508	1877	15381
马颈子镇	12847	5249	6804	794	609	12020
上田坝镇	5513	2154	2977	382	295	4944
瓦岗镇	9624	3684	5123	817	618	9028
宝山镇	13370	5231	7211	928	681	12190
箐口乡	7226	2498	3911	817	625	6644
柑子乡	3931	1195	2229	507	404	3596
桂花乡	6711	2711	3531	469	377	6273
山棱岗乡	5914	2270	3266	378	269	5592
谷堆乡	6051	2285	3364	402	302	5434
拉咪乡	1862	761	971	130	112	1733
千万贯乡	7211	2522	4011	678	544	6661
莫红乡	7650	3169	3902	579	416	7141
巴姑乡	5329	1836	3041	452	333	4865
卡哈洛乡	5208	1880	2934	394	286	4854

表24 贵州省乡、镇、街道人口

单位：人

地　区	总人口	分年龄人口				居住本乡、镇、街道，户口在本乡、镇、街道
		0-14岁	15-59岁	60岁及以上	#65岁及以上	
贵州省	**38562148**	**9242038**	**23388753**	**5931357**	**4456455**	**26709127**
贵阳市	**5987018**	**1111270**	**4079523**	**796225**	**566932**	**2632030**
南明区	**1047792**	**166929**	**727028**	**153835**	**107763**	**353016**
新华路街道	21106	2575	13468	5063	3703	10223
西湖路街道	31284	3833	20493	6958	5318	16247
水口寺街道	38280	5966	24374	7940	5643	15099
中华南路街道	25876	2941	16755	6180	4457	10844
河滨街道	15521	1489	10458	3574	2632	5876
遵义路街道	31410	3668	20709	7033	5224	13900
兴关路街道	51630	6344	34577	10709	7815	21269
沙冲路街道	35182	5353	23603	6226	4254	10937
望城街道	57680	9021	38989	9670	6655	15355
太慈桥街道	69650	11668	45431	12551	8647	26807
湘雅街道	33563	4476	23187	5900	4218	12358
油榨街道	55079	6956	35911	12212	9159	24444
中曹司街道	42155	6244	28360	7551	5142	12776
二戈街道	41230	4861	29128	7241	5372	17014
龙洞堡街道	35412	2578	29936	2898	2039	4135
花果园街道	62413	9657	45548	7208	4839	18567
小车河街道	139188	27984	98673	12531	7819	40198
五里冲街道	60885	12289	43903	4693	2954	18633
后巢乡	90855	19021	63414	8420	5500	22348
云关乡	80148	14383	59828	5937	4034	18707
小碧布依族苗族乡	16175	2867	11911	1397	949	7940
永乐乡	13070	2755	8372	1943	1390	9339
云岩区	**1056819**	**179764**	**724508**	**152547**	**105985**	**364826**
大营路街道	106810	15143	71166	20501	14775	41437
黔灵东路街道	33039	3440	23551	6048	4278	13525
文昌阁街道	47259	6142	31074	10043	7024	22994
盐务街街道	49208	7080	34148	7980	5761	22584
普陀路街道	23585	2650	15449	5486	3807	11562
八鸽岩街道	32048	4049	18483	9516	6993	20245
毓秀路街道	34295	3613	23025	7657	5373	15978
威清门街道	17887	1836	11542	4509	3246	7669
市西河街道	25334	2936	17727	4671	3208	8013
头桥街道	86697	13648	58455	14594	10065	25389
三桥路街道	60990	11728	41424	7838	5254	19920
马王街道	60969	10093	43248	7628	5743	19545
金关街道	63726	10462	49305	3959	2766	10393
茶园路街道	30594	6832	21284	2478	1517	8312
杨惠街道	34276	8832	22764	2680	1690	14080
渔安街道	87480	20274	56994	10212	6478	35172
水东路街道	33426	7252	23049	3125	1929	10100
黔灵镇	229196	43754	161820	23622	16078	57908
花溪区	**966276**	**161491**	**693520**	**111265**	**80764**	**406605**
贵筑街道	36922	8036	25161	3725	2478	17145

表24 续表 1

单位：人

地　　区	总人口	分年龄人口				居住本乡、镇、街道，户口在本乡、镇、街道
		0-14岁	15-59岁	60岁及以上	#65岁及以上	
阳光街道	53225	8360	36199	8666	6344	23652
清溪街道	38688	5821	27742	5125	3864	12047
溪北街道	102014	10522	84752	6740	4865	22034
黄河路街道	158901	28899	103300	26702	19712	69322
平桥街道	114767	22599	76070	16098	11782	34807
小孟街道	78447	11957	58117	8373	5948	32944
金筑街道	27593	5530	19409	2654	1841	9969
青岩镇	33559	7668	21090	4801	3385	28810
石板镇	38963	8228	26473	4262	3118	20516
党武镇	130147	7630	118471	4046	2849	24152
麦坪镇	19022	4631	11547	2844	2108	15446
燕楼镇	13695	3132	8400	2163	1496	11678
孟关苗族布依族乡	43168	8089	31117	3962	2808	18156
湖潮苗族布依族乡	24363	5985	15305	3073	2192	18327
久安乡	12989	3066	7991	1932	1451	10821
高坡苗族乡	19654	7260	9648	2746	2138	18692
黔陶布依族苗族乡	8892	2141	5204	1547	1113	7865
马铃布依族苗族乡	7319	1704	4207	1408	1016	6700
羊艾农场	3948	233	3317	398	256	3522
乌当区	**336363**	**65256**	**224738**	**46369**	**33527**	**155250**
观溪路街道	41736	8510	27270	5956	4148	16119
新光路街道	33749	6449	22779	4521	3081	10848
新创路街道	44910	8903	29411	6596	4686	17329
龙广路街道	38740	7299	25376	6065	4627	16161
高新路街道	57972	10274	42889	4809	3273	14366
东风镇	50790	9110	36422	5258	3738	26049
水田镇	15443	3591	9169	2683	1956	12308
羊昌镇	10814	2434	6219	2161	1661	8862
下坝镇	11369	2700	6275	2394	1838	10191
新场镇	15896	2859	10379	2658	2000	10121
百宜镇	8806	1863	4973	1970	1517	7820
新堡布依族乡	4311	897	2529	885	686	3625
偏坡布依族乡	1827	367	1047	413	316	1451
白云区	**456250**	**86414**	**324712**	**45124**	**32017**	**161438**
泉湖街道	86675	17095	58083	11497	8070	34364
大山洞街道	49013	10540	33905	4568	3245	16942
云城街道	30026	5999	22169	1858	1176	7342
龚家寨街道	36860	4877	25078	6905	5326	15902
都拉营街道	16546	3327	11347	1872	1241	5410
艳山红镇	85991	18768	61354	5869	3970	17885
麦架镇	78017	11328	61594	5095	3611	25094
沙文镇	44132	8156	32121	3855	2750	21530
都拉布依族乡	15932	3224	11227	1481	1038	6887
牛场布依族乡	13058	3100	7834	2124	1590	10082
观山湖区	**642634**	**122528**	**452226**	**67880**	**45448**	**254446**
宾阳街道	32888	2398	29481	1009	666	4091
云潭街道	26437	5031	19637	1769	1176	8149
金华园街道	100561	21971	68050	10540	6868	36979

表24 续表 2

单位：人

地　　区	总人口	分年龄人口				居住本乡、镇、街道，户口在本乡、镇、街道
		0-14岁	15-59岁	60岁及以上	#65岁及以上	
长岭街道	78112	13371	56810	7931	4938	24989
观山街道	43944	7044	34170	2730	1834	10458
世纪城街道	135578	27840	91093	16645	10902	55191
金阳街道	96700	18292	66412	11996	7984	39682
金华镇	71618	12982	50957	7679	5584	36790
朱昌镇	38271	8695	24841	4735	3460	22720
百花湖镇	18525	4904	10775	2846	2036	15397
开阳县	**343871**	**76541**	**204156**	**63174**	**47077**	**226114**
硒城街道	64099	15836	40820	7443	5306	25124
云开街道	79171	19399	50630	9142	6572	27493
紫兴街道	19339	4936	11264	3139	2294	11929
双流镇	15307	3223	9081	3003	2264	13418
金中镇	8483	1106	6014	1363	1051	5877
冯三镇	16562	2820	9302	4440	3394	15078
楠木渡镇	22051	4391	12023	5637	4269	20414
龙岗镇	28337	7134	15600	5603	4176	24337
永温镇	12864	2892	7543	2429	1834	11257
花梨镇	10708	1621	5754	3333	2527	9339
南龙乡	7800	1082	4234	2484	1891	7347
宅吉乡	8292	1651	4249	2392	1813	7860
龙水乡	4187	501	2148	1538	1199	3868
米坪乡	3163	497	1715	951	753	2677
禾丰布依族苗族乡	9742	1973	5341	2428	1865	8856
南江布依族苗族乡	12282	2713	6698	2871	2204	11177
高寨苗族布依族乡	14976	3382	8212	3382	2487	14015
毛云乡	6508	1384	3528	1596	1178	6048
息烽县	**219835**	**51205**	**129102**	**39528**	**30140**	**159577**
永阳街道	73481	17228	47305	8948	6584	33001
永靖镇	16895	4054	9660	3181	2375	13852
温泉镇	13853	3022	7945	2886	2181	11700
九庄镇	19558	4689	10578	4291	3327	17562
小寨坝镇	25824	5945	15382	4497	3393	20255
西山镇	11927	2784	6625	2518	1986	10575
养龙司镇	15468	3475	8422	3571	2747	13874
石硐镇	16269	3970	8929	3370	2629	14548
鹿窝镇	9187	2037	4837	2313	1793	8537
流长镇	12711	2863	6894	2954	2336	11586
青山苗族乡	4662	1138	2525	999	789	4087
修文县	**288090**	**69905**	**175335**	**42850**	**31887**	**201894**
龙场街道	68810	17381	43370	8059	5868	39440
阳明洞街道	39107	9754	24761	4592	3282	25436
景阳街道	31060	8079	19398	3583	2559	17794
扎佐街道	31841	6280	22245	3316	2453	16490
久长街道	28289	6945	16807	4537	3307	23418
六广镇	15223	3692	8430	3101	2370	13568
六屯镇	10230	2424	5546	2260	1767	9242
洒坪镇	10617	2491	5840	2286	1738	9324
六桶镇	16389	4221	8672	3496	2686	14309

表24 续表 3 单位：人

地 区	总人口	分年龄人口				居住本乡、镇、街道，户口在本乡、镇、街道
		0-14岁	15-59岁	60岁及以上	#65岁及以上	
谷堡镇	15557	3414	8832	3311	2574	14064
小箐镇	14236	3544	7836	2856	2133	12698
大石布依族乡	6731	1680	3598	1453	1150	6111
清镇市	**629088**	**131237**	**424198**	**73653**	**52324**	**348864**
青龙山街道	197675	42924	136074	18677	12633	76818
巢凤街道	37707	6878	26832	3997	2960	13554
滨湖街道	98940	6748	89570	2622	1777	17546
红枫湖镇	47173	10769	29174	7230	5183	31465
站街镇	62779	15155	38859	8765	6264	47292
卫城镇	43114	11096	24378	7640	5521	37108
新店镇	32345	8391	17867	6087	4350	28822
暗流镇	14018	3696	7421	2901	2231	12508
犁倭镇	25375	6790	14180	4405	3207	22776
麦格苗族布依族乡	17560	4656	9997	2907	2147	15584
王庄布依族苗族乡	18594	4536	11328	2730	1990	14718
流长苗族乡	33808	9598	18518	5692	4061	30673
六盘水市	**3031602**	**797154**	**1824560**	**409888**	**300112**	**2133233**
钟山区	**674249**	**163700**	**441314**	**69235**	**50146**	**285033**
黄土坡街道	93158	24099	59310	9749	6974	35278
红岩街道	30169	6053	20287	3829	3006	10237
荷泉街道	60343	13271	40649	6423	4472	18031
荷城街道	77264	19706	50694	6864	4842	20878
杨柳街道	65580	16969	40536	8075	6376	26070
凤凰街道	148853	35119	101471	12263	8354	47265
德坞街道	58754	13594	39377	5783	3963	20951
月照街道	15908	4200	9911	1797	1361	11633
双戛街道	21531	3781	16359	1391	1006	10637
大河镇	27793	7203	16919	3671	2797	22941
汪家寨镇	34382	8331	21193	4858	3785	26890
大湾镇	40514	11374	24608	4532	3210	34222
六枝特区	**536873**	**152378**	**297046**	**87449**	**64616**	**421702**
九龙街道	97957	23735	61563	12659	9220	47817
银壶街道	54753	14440	33091	7222	5303	26218
塔山街道	30254	7813	18494	3947	3016	17995
岩脚镇	40759	11956	21482	7321	5282	37875
木岗镇	18355	5095	9874	3386	2585	16303
大用镇	14853	3973	7681	3199	2422	13945
关寨镇	27621	8657	14088	4876	3492	26459
牂牁镇	11650	3515	6137	1998	1469	10966
新华镇	20632	6242	11303	3087	2250	19372
龙河镇	27473	8436	14336	4701	3447	26377
新窑镇	32831	10138	16989	5704	4230	29184
郎岱镇	40843	13129	20318	7396	5426	36933
梭戛苗族彝族回族乡	15849	5893	7703	2253	1628	14610
牛场苗族彝族乡	15612	4978	7848	2786	2196	14718
新场乡	27058	8488	14081	4489	3430	25974
中寨苗族彝族布依族乡	21048	5964	10607	4477	3324	19706
落别布依族彝族乡	22987	5545	13071	4371	3278	21669
月亮河彝族布依族苗族乡	16338	4381	8380	3577	2618	15581

表24 续表 4

单位：人

地 区	总人口	分年龄人口				居住本乡、镇、街道，户口在本乡、镇、街道
		0-14岁	15-59岁	60岁及以上	#65岁及以上	
水城县	**746407**	**201068**	**444000**	**101339**	**78359**	**584416**
双水街道	83437	26483	51830	5124	3589	16023
尖山街道	11541	3134	6916	1491	1171	9069
老鹰山街道	22319	5517	13714	3088	2455	15138
董地街道	12775	3666	7414	1695	1286	11656
新桥街道	16186	5280	9290	1616	1210	13670
以朵街道	18973	3627	13918	1428	1106	9598
红桥街道	28198	6932	19113	2153	1620	12763
石龙街道	21922	5359	15256	1307	913	7780
海坪街道	13651	3470	8043	2138	1702	12680
比德镇	17857	4847	10070	2940	2311	16810
化乐镇	22749	5976	13287	3486	2708	20542
蟠龙镇	27904	7312	15966	4626	3720	25857
阿戛镇	32003	7634	18630	5739	4537	29707
勺米镇	15243	3843	9097	2303	1862	13765
玉舍镇	29800	7799	18367	3634	2825	24804
都格镇	18774	4407	11341	3026	2359	16896
发耳镇	33679	9116	19735	4828	3639	28294
鸡场镇	18642	4738	10559	3345	2491	17585
木果镇	29954	9005	16900	4049	3055	27711
保华镇	22226	5448	13125	3653	2842	21002
陡箐镇	26811	7529	15134	4148	3220	25272
米箩镇	20545	4544	12115	3886	3071	19034
南开苗族彝族乡	31993	8760	18293	4940	3888	29882
青林苗族彝族乡	12733	3794	7083	1856	1453	12026
金盆苗族彝族乡	23914	7318	13728	2868	2205	22617
坪寨彝族乡	7374	1815	4236	1323	1023	6835
龙场苗族白族彝族乡	16917	4803	9477	2637	2065	15688
营盘苗族彝族白族乡	13597	3805	7496	2296	1800	12642
顺场苗族彝族布依族乡	16841	4790	9170	2881	2256	16056
花戛苗族布依族彝族乡	13319	3732	7646	1941	1413	12330
杨梅彝族苗族回族乡	16605	4072	9664	2869	2246	15343
新街彝族苗族布依族乡	8549	2145	4700	1704	1374	8125
野钟苗族彝族布依族乡	14216	3709	8178	2329	1828	13263
果布戛彝族苗族布依族乡	11116	3020	6322	1774	1377	10625
猴场苗族布依族乡	14044	3639	8187	2218	1739	13328
盘州市	**1074073**	**280008**	**642200**	**151865**	**106991**	**842082**
亦资街道	104205	26483	70762	6960	4303	44258
翰林街道	77618	19964	50184	7470	4993	31237
两河街道	51620	12538	33132	5950	4179	35713
红果街道	32678	8374	21322	2982	1909	19635
胜境街道	42494	10397	26941	5156	3479	33375
刘官街道	25792	6707	14231	4854	3466	23007
民主镇	22921	6163	12440	4318	3067	21232
大山镇	44996	13426	24229	7341	5156	40734
保田镇	31159	8420	17123	5616	4000	29380

表24　续表 5　　　　单位：人

地　区	总人口	分年龄人口				居住本乡、镇、街道，户口在本乡、镇、街道
		0-14岁	15-59岁	60岁及以上	#65岁及以上	
石桥镇	52724	15015	30022	7687	5360	48722
响水镇	24223	6821	14174	3228	2309	20532
柏果镇	84566	21553	52309	10704	7595	70528
新民镇	26607	7628	13982	4997	3493	25150
盘关镇	53745	13197	32947	7601	5359	44022
竹海镇	37408	10249	20030	7129	5300	34974
英武镇	22659	6123	11986	4550	3290	21028
鸡场坪镇	80133	22584	46671	10878	7667	73161
双凤镇	65804	14197	41181	10426	7335	48801
丹霞镇	41463	9317	24543	7603	5404	35757
乌蒙镇	14795	3844	7943	3008	2301	14179
普田回族乡	8835	2344	4763	1728	1254	8356
坪地彝族乡	27232	7509	15730	3993	2972	25630
淤泥彝族乡	26605	7256	15780	3569	2519	23215
普古彝族苗族乡	19602	5349	10807	3446	2554	18635
旧营白族彝族苗族乡	16489	4024	8490	3975	2904	15583
羊场布依族白族苗族乡	26115	7181	14044	4890	3495	24203
保基苗族彝族乡	11585	3345	6434	1806	1328	11035
遵义市	**6606675**	**1474357**	**4005793**	**1126525**	**886482**	**4377749**
红花岗区	**971337**	**187622**	**647569**	**136146**	**102334**	**453049**
老城街道	36703	6578	21983	8142	6090	23703
万里路街道	30309	5059	19316	5934	4359	11895
中华路街道	38993	6929	26491	5573	3973	13827
迎红街道	53299	9359	35477	8463	6169	18933
延安路街道	41144	6960	27449	6735	4870	15410
舟水桥街道	22030	4006	14922	3102	2452	7203
中山路街道	17441	2910	10842	3689	2725	8661
北京路街道	14040	2536	9627	1877	1374	4528
长征街道	113100	26395	77829	8876	6332	22068
礼仪街道	34518	8173	23028	3317	2430	15585
南关街道	68335	14012	47854	6469	4706	22519
忠庄街道	114774	22539	78189	14046	10017	37898
新蒲街道	90262	9382	76073	4807	3548	24932
新中街道	55513	13099	36156	6258	4469	24549
巷口镇	13442	2977	8367	2098	1622	9928
海龙镇	12039	2349	7152	2538	1986	10191
深溪镇	31698	6597	19823	5278	4092	25584
金鼎山镇	25320	5165	14847	5308	4214	22192
新舟镇	56294	12219	32906	11169	8936	47164
虾子镇	56619	12001	34444	10174	8059	45162
三渡镇	10184	1923	5428	2833	2267	9190
永乐镇	21463	3676	12015	5772	4671	19442
喇叭镇	13817	2778	7351	3688	2973	12485
汇川区	**627721**	**130371**	**400113**	**97237**	**75082**	**346257**
上海路街道	104325	18279	69509	16537	11945	50388
洗马路街道	42003	6834	26806	8363	6028	16102
大连路街道	108295	21849	74205	12241	9113	30452

表24 续表 6

单位：人

地　　区	总人口	分年龄人口				居住本乡、镇、街道，户口在本乡、镇、街道
		0-14岁	15-59岁	60岁及以上	#65岁及以上	
高桥街道	52041	10586	36627	4828	3433	16393
董公寺街道	90227	20661	61525	8041	5953	31905
高坪街道	65316	14685	39933	10698	8655	51263
团泽镇	31123	6341	17478	7304	5943	28872
板桥镇	18261	4064	10299	3898	3229	16158
泗渡镇	25957	6124	14457	5376	4471	23184
沙湾镇	14091	2911	7713	3467	2871	12861
山盆镇	37399	9590	20070	7739	6351	34789
芝麻镇	10872	2763	5808	2301	1867	10143
松林镇	16672	3477	9594	3601	2888	13962
毛石镇	11139	2207	6089	2843	2335	9785
播州区	**761491**	**171798**	**466785**	**122908**	**95584**	**492607**
南白街道	81242	18132	54141	8969	6694	35919
播南街道	32434	7776	20567	4091	3158	16935
影山湖街道	27428	4375	20252	2801	2189	10257
桂花桥街道	84433	20940	57554	5939	4178	15735
龙坑街道	104380	24133	70493	9754	7073	33887
三岔镇	25135	5323	14375	5437	4269	21795
苟江镇	17143	3755	10126	3262	2490	14698
三合镇	43889	9909	24795	9185	7323	39951
乌江镇	11448	2338	6508	2602	1974	9058
龙坪镇	25462	4953	14059	6450	5090	22828
团溪镇	35097	7961	19243	7893	6120	30349
铁厂镇	8649	1769	4744	2136	1647	7672
西坪镇	17877	3429	9584	4864	3820	16803
尚嵇镇	29772	7088	17035	5649	4283	25299
茅栗镇	15991	3793	8358	3840	2975	15024
新民镇	14007	3564	7305	3138	2396	13082
鸭溪镇	52495	11959	32181	8355	6660	42517
石板镇	20563	4234	11540	4789	3914	18788
乐山镇	15328	3577	8307	3444	2780	14088
枫香镇	25963	5982	14688	5293	4255	23089
泮水镇	28802	6452	16533	5817	4816	25503
马蹄镇	23472	5846	12598	5028	4154	21395
平正仡佬族乡	13375	2916	7752	2707	2163	11444
洪关苗族乡	7106	1594	4047	1465	1163	6491
桐梓县	**529471**	**123881**	**311152**	**94438**	**74367**	**395052**
海校街道	81093	20023	50688	10382	7830	37651
娄山关街道	105671	25116	67575	12980	9739	52720
楚米镇	24517	4971	15634	3912	3109	18962
新站镇	17542	3586	10314	3642	2932	14869
松坎镇	12895	2686	7470	2739	2172	10786
高桥镇	16841	4403	8528	3910	3036	16160
水坝塘镇	11173	2442	6179	2552	2145	10415
官仓镇	22522	5523	11867	5132	4089	20816
花秋镇	30846	8458	15853	6535	5163	29377
羊磴镇	8482	1811	4572	2099	1714	7764
九坝镇	23808	5578	13831	4399	3423	21433

表24 续表 7

单位：人

地区	总人口	分年龄人口				居住本乡、镇、街道，户口在本乡、镇、街道
		0-14岁	15-59岁	60岁及以上	#65岁及以上	
大河镇	6928	1236	4225	1467	1217	6046
夜郎镇	14314	3091	7792	3431	2781	13466
木瓜镇	17093	3752	9770	3571	2831	15762
坡渡镇	11273	2359	5848	3066	2465	10592
燎原镇	32982	7661	20771	4550	3560	24328
狮溪镇	17075	3843	8948	4284	3614	15651
茅石镇	10162	2224	5998	1940	1534	9168
尧龙山镇	13602	2738	7349	3515	2828	12619
风水镇	16513	4038	9263	3212	2537	15499
容光镇	13670	3721	7273	2676	2089	12774
芭蕉镇	5177	1262	2695	1220	994	4790
小水乡	7257	1556	3980	1721	1371	6622
黄莲乡	3620	923	2063	634	499	3262
马鬃苗族乡	4415	880	2666	869	695	3520
绥阳县	**379677**	**88565**	**218150**	**72962**	**56443**	**295942**
洋川街道	138637	34034	87770	16833	12548	77200
郑场镇	25535	5645	14133	5757	4397	24273
旺草镇	31129	8475	15105	7549	5922	29184
蒲场镇	32108	7841	18310	5957	4761	26467
风华镇	42207	10350	23940	7917	6209	36507
茅垭镇	13157	2611	6722	3824	3057	12542
枧坝镇	12218	2276	6907	3035	2395	11126
宽阔镇	11342	2117	6265	2960	2256	10324
黄杨镇	11600	2320	6270	3010	2289	10924
青杠塘镇	12679	2753	6588	3338	2541	11603
太白镇	11319	2748	5901	2670	2053	10401
温泉镇	14861	3214	7944	3703	2941	13967
坪乐镇	8454	1445	4689	2320	1870	7863
大路槽乡	5411	1053	2685	1673	1333	5084
小关乡	9020	1683	4921	2416	1871	8477
正安县	**396159**	**93642**	**220838**	**81679**	**64640**	**305888**
凤仪街道	111933	29178	70405	12350	9312	50153
瑞濠街道	27850	6636	16684	4530	3621	21650
瑞溪镇	15443	3442	7838	4163	3332	14451
和溪镇	17687	3793	8817	5077	4073	16867
安场镇	39421	10371	21850	7200	5698	30172
土坪镇	24638	6063	12480	6095	4748	23102
流渡镇	16389	3741	8069	4579	3591	15648
格林镇	13187	2483	6854	3850	3134	12086
新州镇	14440	2599	7824	4017	3320	13752
庙塘镇	12250	2753	6751	2746	2185	11352
小雅镇	16012	3428	8184	4400	3537	15002
中观镇	12367	2311	6504	3552	2837	11719
芙蓉江镇	9154	1943	4437	2774	2223	8650
班竹镇	12935	2997	6973	2965	2354	12114
碧峰镇	9570	1947	4777	2846	2283	9131
乐俭镇	6938	1775	3256	1907	1486	6459
杨兴镇	8069	1411	4368	2290	1809	7511

表24 续表 8

单位：人

地区	总人口	分年龄人口				居住本乡、镇、街道，户口在本乡、镇、街道
		0-14岁	15-59岁	60岁及以上	#65岁及以上	
桴焉镇	8812	1941	4729	2142	1757	8174
谢坝仡佬族苗族乡	7528	1714	4011	1803	1480	7029
市坪苗族仡佬族乡	11536	3116	6027	2393	1860	10866
道真仡佬族苗族自治县	**243846**	**51825**	**142110**	**49911**	**40824**	**176451**
玉溪镇	114234	27123	70853	16258	13168	61845
三江镇	5286	794	2886	1606	1300	5043
隆兴镇	13676	2454	7578	3644	2963	13048
旧城镇	11368	2614	5617	3137	2542	10427
忠信镇	8776	1458	4837	2481	2065	8234
洛龙镇	11704	2042	6618	3044	2514	11032
阳溪镇	5401	949	2793	1659	1418	5135
三桥镇	11739	1910	6300	3529	2891	11207
大磏镇	10223	1609	5727	2887	2439	9659
平模镇	5919	969	2998	1952	1656	5570
河口镇	9198	1509	4792	2897	2398	8699
上坝土家族乡	25822	6199	15736	3887	3155	16540
棕坪乡	6075	1277	3212	1586	1238	5815
桃源乡	4425	918	2163	1344	1077	4197
务川仡佬族苗族自治县	**308466**	**76341**	**175473**	**56652**	**46139**	**234096**
丹砂街道	52541	15290	32789	4462	3405	18543
都濡街道	57497	14619	35018	7860	6217	34412
大坪街道	31986	7860	19544	4582	3768	24194
丰乐镇	17102	3572	9427	4103	3326	16337
黄都镇	17217	4487	8847	3883	3192	16149
涪洋镇	18110	4352	8960	4798	3967	17269
镇南镇	12998	3068	6963	2967	2386	11773
砚山镇	6397	1065	3428	1904	1582	6197
泥水镇	19015	3958	10216	4841	4072	17227
茅天镇	14586	3450	7712	3424	2865	13738
柏村镇	7499	1582	3950	1967	1587	7171
泥高镇	16212	3918	8806	3488	2834	15556
分水镇	10144	2241	5331	2572	2122	9858
蕉坝镇	13742	3764	7309	2669	2211	13047
红丝乡	7296	1765	3964	1567	1264	6955
石朝乡	6124	1350	3209	1565	1341	5670
凤冈县	**304156**	**68258**	**179655**	**56243**	**46790**	**228596**
龙泉镇	111053	26808	73117	11128	8745	50187
进化镇	20754	4232	11983	4539	3817	19656
琊川镇	14876	3293	7869	3714	3205	13674
蜂岩镇	15897	3327	8280	4290	3681	15086
永和镇	12701	2780	6870	3051	2579	12110
花坪镇	15302	2528	9677	3097	2548	12011
绥阳镇	19127	4486	10334	4307	3726	18017
土溪镇	16473	3562	8654	4257	3652	15703
永安镇	15936	3734	8813	3389	2659	14783
何坝镇	18526	4017	10957	3552	2951	15996
天桥镇	13227	3071	7268	2888	2474	12444
王寨镇	12331	2897	6366	3068	2618	11740
新建镇	10225	2082	5603	2540	2076	9798
石径乡	7728	1441	3864	2423	2059	7391

表24 续表 9

单位：人

地区	总人口	分年龄人口				居住本乡、镇、街道，户口在本乡、镇、街道
		0-14岁	15-59岁	60岁及以上	#65岁及以上	
湄潭县	**372865**	**78461**	**222411**	**71993**	**58065**	**283326**
湄江街道	147159	31001	98554	17604	13645	76599
黄家坝街道	41855	9225	24409	8221	6602	35871
鱼泉街道	8731	1783	4597	2351	1928	8020
永兴镇	32812	6612	18800	7400	6007	30005
复兴镇	16833	3779	8535	4519	3660	15960
马山镇	15135	3591	7786	3758	2965	14009
高台镇	11709	2423	5905	3381	2839	11021
茅坪镇	6249	1449	3247	1553	1262	5801
兴隆镇	19961	3955	11063	4943	4221	18166
新南镇	12933	2756	7067	3110	2523	12407
石莲镇	14475	2828	7968	3679	2951	13446
西河镇	13583	2800	7284	3499	2826	12695
洗马镇	12261	2561	6440	3260	2591	11554
抄乐镇	9305	1818	5088	2399	2062	8479
天城镇	9864	1880	5668	2316	1983	9293
余庆县	**223952**	**50069**	**128216**	**45667**	**37149**	**171274**
子营街道	56402	12691	37483	6228	4876	27763
龙溪镇	28120	7467	15207	5446	4311	22342
构皮滩镇	21630	4483	11616	5531	4452	18990
大乌江镇	17023	3443	8763	4817	4001	16023
敖溪镇	16527	3641	9083	3803	3183	13597
龙家镇	11020	2188	5798	3034	2508	10334
松烟镇	21527	4790	12057	4680	4000	18177
关兴镇	11173	2312	6092	2769	2384	10223
白泥镇	32429	7525	17692	7212	5723	26286
花山苗族乡	8101	1529	4425	2147	1711	7539
习水县	**584947**	**151748**	**336340**	**96859**	**77174**	**427833**
东皇街道	87621	24273	55318	8030	6103	41828
九龙街道	38076	9494	24981	3601	2755	16716
杉王街道	82413	23226	52955	6232	4596	31713
马临街道	14062	3739	8397	1926	1513	11180
土城镇	24422	5565	13193	5664	4612	22092
同民镇	12678	3499	6426	2753	2149	11794
醒民镇	11390	3193	5836	2361	1865	10492
隆兴镇	13635	3086	7375	3174	2609	12972
习酒镇	26983	5227	17133	4623	3711	21281
回龙镇	18745	4099	10427	4219	3418	17281
桑木镇	13464	3366	7105	2993	2509	12575
永安镇	14304	3966	7032	3306	2617	13626
良村镇	29028	7744	16577	4707	3871	24142
温水镇	39989	12029	21220	6740	5227	33158
仙源镇	17755	4701	9559	3495	2786	16604
官店镇	16646	4359	8699	3588	2947	15758
寨坝镇	16810	3619	8783	4408	3571	15001
民化镇	11123	2487	6179	2457	1927	9821

表24 续表 10 单位：人

地　　区	总人口	分年龄人口				居住本乡、镇、街道，户口在本乡、镇、街道
		0-14岁	15-59岁	60岁及以上	#65岁及以上	
二郎镇	14298	3350	7520	3428	2745	13137
二里镇	12584	3352	6444	2788	2259	11753
三岔河镇	11729	3105	5877	2747	2308	10771
大坡镇	17527	4630	8936	3961	3201	16629
桃林镇	13383	3334	7105	2944	2374	12756
程寨镇	9656	2332	4940	2384	1950	9199
双龙乡	8321	2028	4517	1776	1430	7794
坭坝乡	8305	1945	3806	2554	2121	7760
赤水市	**247287**	**51082**	**143233**	**52972**	**42450**	**167995**
市中街道	66102	13139	42233	10730	8035	31726
文华街道	38755	7497	26047	5211	3984	12886
金华街道	9668	1628	5874	2166	1634	6239
天台镇	16347	2780	10019	3548	2977	11938
复兴镇	11869	2242	6706	2921	2379	10297
大同镇	11326	2261	6183	2882	2392	10552
旺隆镇	11444	2517	5652	3275	2733	10660
葫市镇	8974	1725	4906	2343	1904	7337
元厚镇	7783	1884	3889	2010	1674	7265
官渡镇	18244	4524	9141	4579	3733	16446
长期镇	13815	3289	6385	4141	3446	13063
长沙镇	12348	3190	5825	3333	2730	10421
两河口镇	3181	544	1851	786	626	2967
丙安镇	3276	569	1833	874	732	2984
宝源乡	4904	985	2663	1256	1065	4624
石堡乡	4068	1037	1778	1253	1022	3858
白云乡	5183	1271	2248	1664	1384	4732
仁怀市	**655300**	**150694**	**413748**	**90858**	**69441**	**399383**
盐津街道	151981	39835	102635	9511	6768	42452
中枢街道	112705	26171	77626	8908	6462	34534
苍龙街道	32557	7008	21605	3944	3000	20583
坛厂街道	25516	5917	15415	4184	3215	21899
鲁班街道	55535	10870	38239	6426	4868	33481
长岗镇	15440	2979	9034	3427	2729	13698
五马镇	22121	4908	12847	4366	3282	20192
茅坝镇	25452	5883	14281	5288	3986	23106
九仓镇	16332	3712	8923	3697	2858	15111
喜头镇	17433	4036	9862	3535	2726	16312
大坝镇	19181	3822	10817	4542	3528	17754
三合镇	15080	2998	7929	4153	3400	13560
合马镇	7510	1441	4189	1880	1516	6648
火石镇	13114	2913	6849	3352	2719	12378
学孔镇	16371	4509	8897	2965	2337	14946
龙井镇	11640	3020	5964	2656	2045	10820
美酒河镇	5043	837	2707	1499	1214	4625
高大坪镇	20852	5013	11332	4507	3517	19586
茅台镇	63923	12861	40423	10639	8219	50776
后山苗族布依族乡	7514	1961	4174	1379	1052	6922

表24　续表 11　　单位：人

地　区	总人口	分年龄人口				居住本乡、镇、街道，户口在本乡、镇、街道
		0-14岁	15-59岁	60岁及以上	#65岁及以上	
安顺市	**2470630**	**620736**	**1456943**	**392951**	**286962**	**1873159**
西秀区	**870441**	**191040**	**541557**	**137844**	**100581**	**583029**
南街街道	11660	1744	7467	2449	1779	4569
东街街道	8475	1458	5068	1949	1436	4877
西街街道	12442	2010	8482	1950	1422	3814
北街街道	17320	2283	11504	3533	2443	6408
东关街道	124671	24829	80839	19003	13285	70877
华西街道	77469	16931	50551	9987	6757	38030
西航街道	136359	24464	95851	16044	11399	50824
新安街道	33037	7291	20848	4898	3531	18963
宋旗镇	32406	7490	20597	4319	3238	20529
幺铺镇	40490	9815	23952	6723	5123	34747
宁谷镇	37932	9825	22774	5333	3922	34261
龙宫镇	18906	4581	11056	3269	2410	17641
双堡镇	23895	6144	12652	5099	3715	21099
大西桥镇	32079	7143	18698	6238	4856	29687
七眼桥镇	46629	11560	26764	8305	6292	42330
蔡官镇	51327	11249	33128	6950	5338	38478
轿子山镇	43768	11362	25504	6902	5216	35967
旧州镇	29686	6934	17352	5400	3947	27013
新场布依族苗族乡	9401	2107	5260	2034	1516	8606
岩腊苗族布依族乡	13470	4247	7028	2195	1535	12410
鸡场布依族苗族乡	13016	3775	6883	2358	1655	10893
杨武布依族苗族乡	18400	4382	9629	4389	3229	16421
东屯乡	17447	4405	9321	3721	2862	16273
黄腊布依族苗族乡	10306	2376	5311	2619	2021	9440
刘官乡	9850	2635	5038	2177	1654	8872
平坝区	**347060**	**81187**	**210115**	**55758**	**41062**	**249837**
安平街道	46217	10834	29220	6163	4401	24636
鼓楼街道	42714	9603	27656	5455	3805	23563
白云镇	19934	5030	10523	4381	3288	18535
高峰镇	27988	6718	15981	5289	4089	24414
天龙镇	19971	4918	11528	3525	2640	17245
夏云镇	42815	9938	26492	6385	4703	25497
马场镇	60054	11383	40112	8559	6437	40446
乐平镇	33151	8517	18844	5790	4215	28799
齐伯镇	12106	3256	6547	2303	1678	11214
十字回族苗族乡	25665	6772	14468	4425	3170	21213
羊昌布依族苗族乡	16445	4218	8744	3483	2636	14275
普定县	**376285**	**105039**	**213597**	**57649**	**42844**	**313476**
定南街道	66110	17122	40492	8496	6285	47438
穿洞街道	14372	3925	7933	2514	1825	13543
黄桶街道	34321	8289	21350	4682	3459	27817
玉秀街道	47410	15148	27922	4340	2938	23862
马官镇	25705	6816	14268	4621	3513	23983
化处镇	33628	10029	17157	6442	4920	31908
马场镇	32681	9196	18243	5242	3902	30919
白岩镇	31969	8761	18240	4968	3845	29178

表24 续表 12

单位：人

地 区	总人口	分年龄人口				居住本乡、镇、街道，户口在本乡、镇、街道
		0-14岁	15-59岁	60岁及以上	#65岁及以上	
坪上镇	19797	5820	10665	3312	2467	18857
鸡场坡镇	23688	6750	12772	4166	3026	22093
补郎苗族乡	14401	4183	7384	2834	2146	13567
猴场苗族仡佬族乡	14331	4311	7318	2702	1979	13625
猫洞苗族仡佬族乡	17872	4689	9853	3330	2539	16686
镇宁布依族苗族自治县	**299696**	**76097**	**174016**	**49583**	**35766**	**241811**
白马湖街道	43960	11071	27309	5580	3857	24483
环翠街道	36178	9278	22613	4287	2912	17502
丁旗街道	31278	7588	18234	5456	3986	28824
双龙山街道	17133	4236	9665	3232	2382	15818
宁西街道	16592	4547	9317	2728	2016	12527
黄果树镇	17005	4566	9764	2675	1903	13872
马厂镇	16327	3756	9408	3163	2284	15539
良田镇	16181	4373	9301	2507	1796	15337
扁担山镇	8087	2211	3883	1993	1489	7561
募役镇	12629	3086	7168	2375	1740	11952
江龙镇	24918	5883	14198	4837	3550	23087
本寨镇	12365	3079	6815	2471	1824	11688
六马镇	20988	5248	12329	3411	2462	19964
沙子乡	8626	2140	4856	1630	1156	8035
革利乡	9972	2827	5186	1959	1472	8658
简嘎乡	7457	2208	3970	1279	937	6964
关岭布依族苗族自治县	**283497**	**82447**	**155801**	**45249**	**32191**	**235211**
顶云街道	34181	8860	21340	3981	2820	22739
关索街道	28854	8570	16323	3961	2644	17596
龙潭街道	27399	8055	16124	3220	2160	15183
百合街道	11509	3974	5821	1714	1246	9897
永宁镇	20342	6320	10659	3363	2430	19023
岗乌镇	13310	4268	6535	2507	1850	12385
上关镇	14774	4326	7809	2639	1892	13897
坡贡镇	12279	3431	6344	2504	1796	11613
白水镇	14143	3855	7803	2485	1779	12741
新铺镇	13473	3890	7335	2248	1522	12788
沙营镇	12623	3604	6658	2361	1736	11904
花江镇	50750	14965	27411	8374	6035	47559
断桥镇	16836	4289	8927	3620	2616	15663
普利乡	13024	4040	6712	2272	1665	12223
紫云苗族布依族自治县	**293651**	**84926**	**161857**	**46868**	**34518**	**249795**
松山街道	36404	9522	22102	4780	3436	26477
五峰街道	38289	10312	24325	3652	2583	22306
云岭街道	14846	4756	8411	1679	1141	9591
格凸河镇	18250	5476	9746	3028	2234	16989
猴场镇	26400	8092	13639	4669	3514	24628
猫营镇	33599	9436	17862	6301	4750	31115
板当镇	27123	7669	14405	5049	3692	25463
宗地镇	23216	7823	11731	3662	2847	21925
大营镇	18545	5722	9709	3114	2304	17358
坝羊镇	13847	3363	7600	2884	2043	12959
火花镇	16576	4633	8555	3388	2573	15767
白石岩乡	10434	2956	5615	1863	1335	9810
四大寨乡	16122	5166	8157	2799	2066	15407

表24 续表 13

单位：人

地区	总人口	分年龄人口				居住本乡、镇、街道，户口在本乡、镇、街道
		0-14岁	15-59岁	60岁及以上	#65岁及以上	
毕节市	**6899636**	**1954390**	**3990483**	**954763**	**711111**	**5596537**
七星关区	**1305066**	**376363**	**750856**	**177847**	**133508**	**960632**
市西街道	69363	17914	43412	8037	5708	27193
市东街道	48169	11949	31468	4752	3330	15657
三板桥街道	24661	7170	15202	2289	1613	13404
大新桥街道	11767	3388	6827	1552	1183	10040
观音桥街道	26883	6794	17763	2326	1719	15143
洪山街道	56290	12226	38453	5611	3952	21583
麻园街道	72709	19236	47590	5883	3975	25322
碧阳街道	86134	23079	56958	6097	3798	35918
德溪街道	22721	5309	15657	1755	1312	10708
碧海街道	27676	7320	16061	4295	3184	23608
青龙街道	18434	5383	10379	2672	1964	15374
柏杨林街道	19942	7040	10360	2542	1957	14709
鸭池镇	63332	14817	41613	6902	5306	45208
梨树镇	41292	9238	28273	3781	2882	22648
岔河镇	29420	8603	15989	4828	3788	27211
朱昌镇	35094	10318	19263	5513	4362	31749
田坝镇	14811	4821	7557	2433	1890	13938
长春堡镇	37837	12162	19814	5861	4604	35185
撒拉溪镇	40167	13041	20701	6425	4991	38158
杨家湾镇	35655	11473	18795	5387	4219	33495
放珠镇	20199	6395	10379	3425	2581	19118
青场镇	25233	8420	13245	3568	2724	23609
水箐镇	21442	7484	11462	2496	1829	20266
何官屯镇	29189	9335	15520	4334	3303	27167
对坡镇	19443	6433	9567	3443	2563	18200
大银镇	18473	6555	9233	2685	1993	17586
林口镇	22436	7038	11460	3938	3076	20694
生机镇	23379	7427	11579	4373	3359	21825
清水铺镇	22151	6341	11243	4567	3499	20804
亮岩镇	16182	5107	7928	3147	2350	15075
燕子口镇	29850	8738	15792	5320	3978	26889
八寨镇	20305	6810	10132	3363	2403	18834
田坝桥镇	13319	4218	7048	2053	1574	12422
海子街镇	22705	7076	12055	3574	2607	20017
小坝镇	17674	5438	9409	2827	2085	15960
层台镇	19843	6676	9734	3433	2592	18517
小吉场镇	34440	10011	17776	6653	4968	31832
普宜镇	18478	5373	9784	3321	2562	15742
龙场营镇	13340	3837	6997	2506	2021	11993
千溪彝族苗族白族乡	12926	4026	6676	2224	1815	12211
阴底彝族苗族白族乡	24683	8696	12310	3677	2858	23394
野角乡	15627	5082	8037	2508	1936	14717

表24 续表 14

单位：人

地　区	总人口	分年龄人口				居住本乡、镇、街道，户口在本乡、镇、街道
		0-14岁	15-59岁	60岁及以上	#65岁及以上	
大河乡	13331	4105	6955	2271	1729	12675
团结彝族苗族乡	14776	4755	7482	2539	2014	13904
阿市苗族彝族乡	14482	4494	7280	2708	2085	13301
大屯彝族乡	11317	3191	5830	2296	1873	10599
田坎彝族乡	7486	2021	3808	1657	1394	7030
大方县	**857578**	**248180**	**486762**	**122636**	**93989**	**708680**
红旗街道	73160	19966	46621	6573	4684	39066
顺德街道	35634	10215	22245	3174	2408	18566
慕俄格古城街道	19964	5186	12927	1851	1330	9387
九驿街道	30201	7552	20457	2192	1651	19708
归化街道	20736	3838	15732	1166	930	9875
鹏程街道	17256	4379	10533	2344	1767	13752
双山镇	42083	12831	24576	4676	3700	28775
猫场镇	29280	9536	15983	3761	2797	27922
马场镇	31834	9184	17220	5430	3986	29435
羊场镇	19810	5488	10916	3406	2622	17420
黄泥塘镇	42421	11493	23253	7675	5911	39886
六龙镇	20752	5756	11370	3626	2678	18893
达溪镇	19107	6056	9789	3262	2632	17780
瓢井镇	21653	6978	10982	3693	2895	20496
长石镇	25504	7972	13482	4050	3298	23746
对江镇	24287	6556	12778	4953	3879	23070
东关乡	16945	5047	9694	2204	1640	13993
竹园彝族苗族乡	18136	6014	9454	2668	1987	16484
响水白族彝族仡佬族乡	24512	7020	13342	4150	3152	22472
文阁乡	19998	6334	11193	2471	1961	18151
绿塘乡	12218	3664	6746	1808	1389	11293
鼎新彝族苗族乡	29532	9232	15701	4599	3495	27810
牛场苗族彝族乡	24632	7118	12926	4588	3431	23561
小屯乡	13479	3872	7082	2525	1994	12753
理化苗族彝族乡	28941	8784	14831	5326	4106	27492
凤山彝族蒙古族乡	13709	3736	8174	1799	1331	11345
安乐彝族仡佬族乡	10856	3145	6105	1606	1204	10130
核桃彝族白族乡	22239	6766	11910	3563	2747	20729
八堡彝族苗族乡	22037	6680	11382	3975	3090	20689
兴隆苗族乡	17237	5839	8592	2806	2158	16441
果瓦乡	8912	2726	4592	1594	1337	8340
大山苗族彝族乡	10347	3428	5281	1638	1374	9433
雨冲乡	11588	3282	6678	1628	1284	10689
黄泥彝族苗族满族乡	9907	2404	5712	1791	1442	9057
大水彝族苗族布依族乡	9165	2500	5117	1548	1188	8406
沙厂彝族乡	9022	2525	5043	1454	1146	7843
普底彝族苗族白族乡	11723	3247	6990	1486	1131	9565
百纳彝族乡	16701	4891	9539	2271	1667	13907
三元彝族苗族白族乡	11916	3703	6236	1977	1527	11297
星宿苗族彝族仡佬族乡	10144	3237	5578	1329	1040	9023
黔西县	**732008**	**190381**	**430512**	**111115**	**82317**	**556077**
莲城街道	87896	22121	58184	7591	5026	37972

表24 续表 15

单位：人

地　　区	总人口	分年龄人口				居住本乡、镇、街道，户口在本乡、镇、街道
		0-14岁	15-59岁	60岁及以上	#65岁及以上	
水西街道	60795	15895	37501	7399	5261	33531
文峰街道	53114	12461	35676	4977	3479	24754
杜鹃街道	39167	10659	23966	4542	3202	19732
锦绣街道	19925	5928	11441	2556	1882	15732
金碧镇	30970	8167	17314	5489	4013	27960
雨朵镇	16755	4250	9154	3351	2540	15460
大关镇	17013	4529	9219	3265	2413	15068
谷里镇	19294	4754	11219	3321	2501	16337
素朴镇	22373	5834	12531	4008	3105	20183
中坪镇	18512	4531	10364	3617	2766	17157
重新镇	23848	5687	13643	4518	3530	21442
林泉镇	21868	5761	12332	3775	2773	19886
金兰镇	13750	3668	7778	2304	1682	12797
甘棠镇	22996	5643	13565	3788	2824	19744
洪水镇	17755	4807	9937	3011	2243	16263
锦星镇	17371	4345	9480	3546	2594	16237
钟山镇	28867	7605	16347	4915	3848	25633
协和镇	17708	4816	9732	3160	2359	15298
观音洞镇	25723	7683	13711	4329	3280	23917
五里布依族苗族乡	14218	4214	7745	2259	1668	13182
绿化白族彝族乡	11542	3098	6320	2124	1651	10278
新仁苗族乡	14776	4549	7754	2473	1849	13660
铁石苗族彝族乡	11753	2970	6411	2372	1837	10902
太来彝族苗族乡	17606	4407	9812	3387	2551	15846
永燊彝族苗族乡	14125	3574	7698	2853	2128	12985
中建苗族彝族乡	7028	1809	3902	1317	1030	6305
花溪彝族苗族乡	9775	2380	5792	1603	1193	8266
定新彝族苗族乡	11395	2770	6258	2367	1867	10448
金坡苗族彝族满族乡	12546	3429	7454	1663	1223	10745
仁和彝族苗族乡	14340	3374	8361	2605	2037	13336
红林彝族苗族乡	17204	4663	9911	2630	1962	15021
金沙县	**544033**	**133918**	**325402**	**84713**	**68092**	**420926**
西洛街道	33126	6811	22265	4050	3312	20320
岩孔街道	25429	6332	13938	5159	4175	22775
五龙街道	18547	4524	11006	3017	2483	13635
鼓场街道	101832	25103	65950	10779	8070	54123
民兴街道	36532	8737	23715	4080	3246	22771
安底镇	20525	5061	11742	3722	2975	18071
沙土镇	50930	12566	30594	7770	6292	41272
禹谟镇	22498	5744	12629	4125	3393	20272
岚头镇	10986	2865	6115	2006	1594	9867
清池镇	14371	4029	7379	2963	2423	13312
柳塘镇	13963	3371	8159	2433	1952	12497
平坝镇	18975	4715	10709	3551	2945	17354
源村镇	16327	3829	9347	3151	2654	15049
高坪镇	13505	3319	8399	1787	1448	10190
化觉镇	13330	3247	7758	2325	1908	11862
茶园镇	16303	3990	9066	3247	2677	15139

表24　续表 16

单位：人

地　区	总人口	分年龄人口				居住本乡、镇、街道，户口在本乡、镇、街道
		0-14岁	15-59岁	60岁及以上	#65岁及以上	
木孔镇	11317	2706	6671	1940	1590	9994
长坝镇	13665	3584	7346	2735	2185	12463
后山镇	9103	2129	4970	2004	1687	8457
石场苗族彝族乡	17484	4492	9625	3367	2669	16401
桂花乡	8703	2208	4822	1673	1334	8069
太平彝族苗族乡	7995	2284	4185	1526	1238	7447
安洛苗族彝族满族乡	15116	4132	8734	2250	1740	13385
新化苗族彝族满族乡	20141	4700	12852	2589	2061	14264
大田彝族苗族布依族乡	6617	1689	3893	1035	825	5689
马路彝族苗族乡	6713	1751	3533	1429	1216	6248
织金县	**815661**	**235144**	**459620**	**120897**	**89059**	**670269**
双堰街道	82157	21045	54156	6956	4769	41094
文腾街道	67276	19356	42444	5476	3696	28695
金凤街道	11843	3358	6554	1931	1446	11088
三甲街道	26550	7597	14738	4215	3045	24773
绮陌街道	27847	7746	16203	3898	2806	20401
八步街道	30841	8010	17876	4955	3650	27979
惠民街道	25071	7412	15218	2441	1819	10282
桂果镇	18774	5202	10220	3352	2466	17394
牛场镇	27929	7471	15437	5021	3722	26063
猫场镇	40695	11682	22116	6897	5193	37347
化起镇	26102	7194	14309	4599	3377	24420
龙场镇	18251	5415	9779	3057	2274	16313
以那镇	24707	6554	13575	4578	3446	22927
三塘镇	32996	11773	16972	4251	3033	30117
阿弓镇	25238	7834	13529	3875	2907	23658
珠藏镇	33480	9794	18508	5178	3882	30680
中寨镇	13507	3927	7217	2363	1750	12470
马场镇	17151	4704	9426	3021	2201	15625
板桥镇	14009	3467	7411	3131	2305	13030
白泥镇	18045	5974	9085	2986	2206	16902
少普镇	27192	8374	14557	4261	3140	24767
熊家场镇	17347	5114	9176	3057	2402	16433
黑土镇	14625	4212	7847	2566	1939	13946
自强苗族乡	8728	2432	4751	1545	1130	8251
大平苗族彝族乡	11847	3378	6330	2139	1583	11147
官寨苗族乡	19945	5774	10793	3378	2513	18692
茶店布依族苗族彝族乡	20434	5675	11249	3510	2645	19159
金龙苗族彝族布依族乡	26502	7519	14525	4458	3263	25308
后寨苗族乡	18400	6263	9591	2546	1873	17198
鸡场苗族彝族乡	31074	10489	16197	4388	3408	29515
实兴乡	13005	3632	6959	2414	1784	12299
上坪寨乡	10920	3009	5818	2093	1624	10117
纳雍乡	13173	3758	7054	2361	1762	12179
纳雍县	**716703**	**221395**	**394978**	**100330**	**75310**	**600585**
雍熙街道	65492	18883	39251	7358	5339	36984
文昌街道	52976	15100	33318	4558	3256	24548
居仁街道	17257	4267	10548	2442	1845	13857

表24　续表 17

单位：人

地　　区	总人口	分年龄人口				居住本乡、镇、街道，户口在本乡、镇、街道
		0-14岁	15-59岁	60岁及以上	#65岁及以上	
宣慰街道	15959	5014	8892	2053	1539	11845
利园街道	21609	7243	12286	2080	1490	15524
珙桐街道	18871	3727	13761	1383	1028	8710
中岭镇	23923	7327	13363	3233	2454	21365
阳长镇	43739	14136	23615	5988	4484	38957
维新镇	24884	7803	13477	3604	2714	22434
龙场镇	28410	9857	14451	4102	3033	26499
乐治镇	19382	5963	9946	3473	2573	18080
百兴镇	27542	8285	14541	4716	3581	25232
张家湾镇	25698	8515	12664	4519	3497	24514
勺窝镇	18568	5328	9742	3498	2615	17388
寨乐镇	28809	8999	15326	4484	3426	27019
玉龙坝镇	26592	7645	14245	4702	3572	25321
沙包镇	18286	5038	9685	3563	2747	17409
水东镇	21400	6868	11207	3325	2526	20356
曙光镇	26313	7868	13785	4660	3524	24985
新房彝族苗族乡	25745	8996	12902	3847	3008	24351
库东关彝族白族苗族乡	15090	4865	8115	2110	1610	14006
董地苗族彝族乡	20172	6452	11113	2607	1914	19291
化作苗族彝族乡	24187	7912	12740	3535	2696	22577
姑开苗族彝族乡	23354	8177	12014	3163	2374	21898
羊场苗族彝族乡	23399	7401	12976	3022	2262	22155
锅圈岩苗族彝族乡	20335	6996	10534	2805	2085	19148
昆寨苗族彝族白族乡	16752	5717	8637	2398	1801	15589
左鸠戛彝族苗族乡	8361	2527	4587	1247	924	7842
猪场苗族彝族乡	13598	4486	7257	1855	1393	12701
威宁彝族回族苗族自治县	**1280116**	**355621**	**777537**	**146958**	**102414**	**1106822**
海边街道	61577	14065	44303	3209	1951	22752
五里岗街道	45139	11772	29583	3784	2593	15102
六桥街道	90122	19549	62859	7714	5296	54372
陕桥街道	24270	7254	14842	2174	1528	22505
开华街道	25089	6452	16396	2241	1570	12090
雄山街道	16114	4139	10381	1594	1088	6450
草海镇	31855	9860	18725	3270	2219	30582
么站镇	29725	8327	17728	3670	2657	28698
金钟镇	43287	13802	24738	4747	3463	40299
炉山镇	54711	18296	31445	4970	3497	53156
龙场镇	47880	13524	28234	6122	4365	46519
黑石头镇	39884	10755	23706	5423	3767	34942
哲觉镇	33937	8850	19701	5386	3794	32669
观风海镇	32660	9760	19175	3725	2491	31726
牛棚镇	36902	10411	22568	3923	2632	35658
迤那镇	35776	10310	21999	3467	2405	33919
中水镇	35020	8926	21214	4880	3603	33111
龙街镇	37378	11365	21388	4625	3104	35956
雪山镇	37089	9928	22300	4861	3321	35647
羊街镇	34733	10053	20429	4251	2998	32756

表24 续表 18 单位：人

地 区	总人口	分年龄人口				居住本乡、镇、街道，户口在本乡、镇、街道
		0-14岁	15-59岁	60岁及以上	#65岁及以上	
小海镇	51964	14981	31335	5648	3905	49357
盐仓镇	26458	8333	14996	3129	2169	25453
东风镇	36077	11989	20374	3714	2601	34794
二塘镇	18496	5237	10998	2261	1610	17205
猴场镇	21371	5940	12610	2821	1986	20286
秀水镇	22749	5876	14043	2830	1981	22237
双龙镇	27836	7938	17093	2805	1929	27077
麻乍镇	32356	8776	18796	4784	3323	31371
兔街镇	25228	7074	14669	3485	2454	24279
海拉镇	23393	6118	13579	3696	2557	22795
玉龙镇	22713	6283	13324	3106	2240	21873
哈喇河镇	15394	3892	9168	2334	1658	14697
斗古镇	17505	5208	10263	2034	1392	16525
金斗镇	24576	6941	13838	3797	2754	23585
岔河镇	16946	4157	9748	3041	2124	16252
黑土河镇	15034	4353	9120	1561	1055	14500
新发布依族乡	31765	8087	19092	4586	3274	30877
石门乡	14656	4859	8044	1753	1256	13965
云贵乡	15089	4390	8985	1714	1158	14303
板底乡	12095	3921	6592	1582	1107	11780
大街乡	15267	3870	9156	2241	1539	14702
赫章县	**648471**	**193388**	**364816**	**90267**	**66422**	**572546**
双河街道	48075	12265	31136	4674	3330	28073
白果街道	11341	3392	6374	1575	1197	11045
汉阳街道	40194	10710	25212	4272	3154	30856
金银山街道	28349	8238	17194	2917	2083	20627
七家湾街道	25381	7264	15347	2770	2047	20756
妈姑镇	28937	8658	16230	4049	2955	25049
财神镇	27761	8658	14701	4402	3186	26555
六曲河镇	24891	7407	13900	3584	2652	21902
野马川镇	37198	9950	21265	5983	4474	33845
罗州镇	20683	6548	11194	2941	2188	19906
平山镇	20277	5618	11159	3500	2704	17708
哲庄镇	18967	5593	10138	3236	2471	17565
古基镇	16015	4848	8465	2702	2091	15426
朱明镇	20960	6342	11091	3527	2499	20126
德卓镇	18125	5188	10132	2805	2015	17310
达依乡	11975	3568	6675	1732	1285	11494
水塘堡彝族苗族乡	13556	4286	7387	1883	1348	12688
兴发苗族彝族回族乡	20748	6961	11159	2628	1949	19131
松林坡白族彝族苗族乡	20164	6448	10840	2876	2196	19032
雉街彝族苗族乡	12809	3888	7061	1860	1385	12099
珠市彝族乡	18109	5950	9995	2164	1576	16612
双坪彝族苗族乡	29577	9671	15874	4032	2989	28393
铁匠苗族乡	15332	4543	8761	2028	1413	14384
辅处彝族苗族乡	11157	3296	6020	1841	1352	10467
可乐彝族苗族乡	28432	8600	15629	4203	3021	26762

表24 续表 19 单位：人

地　　区	总人口	分年龄人口				居住本乡、镇、街道，户口在本乡、镇、街道
		0-14岁	15-59岁	60岁及以上	#65岁及以上	
河镇彝族苗族乡	25619	8083	13878	3658	2633	24561
安乐溪乡	11131	3717	5771	1643	1174	10414
结构彝族苗族乡	12829	3844	7042	1943	1378	12008
古达苗族彝族乡	18272	6240	9016	3016	2263	17138
威奢乡	11607	3614	6170	1823	1414	10614
铜仁市	**3298468**	**785209**	**1934113**	**579146**	**456851**	**2500373**
碧江区	**442076**	**92913**	**295338**	**53825**	**39452**	**215884**
环北街道	50663	12487	33500	4676	3139	20752
河西街道	110383	25105	73016	12262	8675	49043
灯塔街道	32925	7868	21398	3659	2745	15650
川硐街道	55786	6964	45338	3484	2522	16314
锦江街道	53295	9883	36084	7328	5322	28349
铜兴街道	45945	10408	31151	4386	3038	16656
正光街道	30344	7106	20489	2749	2108	10026
坝黄镇	21170	4464	11935	4771	3727	20137
云场坪镇	1983	364	1011	608	493	1740
漾头镇	3922	833	2062	1027	811	3571
桐木坪侗族乡	5595	1114	3012	1469	1164	5215
滑石侗族苗族土家族乡	10011	2344	5536	2131	1600	9530
和平土家族侗族乡	12125	2325	6862	2938	2243	11580
瓦屋侗族乡	6176	1394	3044	1738	1382	5700
六龙山侗族土家族乡	1753	254	900	599	483	1621
万山区	**160624**	**36729**	**97503**	**26392**	**20523**	**118076**
谢桥街道	22133	3868	15754	2511	1917	11410
茶店街道	10210	2578	5744	1888	1484	8989
仁山街道	28295	7155	18667	2473	1790	12343
丹都街道	29310	6156	19702	3452	2734	22867
万山镇	12168	2198	7375	2595	2033	7772
高楼坪侗族乡	11920	3052	6421	2447	1961	10973
黄道侗族乡	7798	2054	3681	2063	1602	7289
敖寨侗族乡	5205	1027	2783	1395	1133	4642
下溪侗族乡	4579	958	2437	1184	928	3991
鱼塘侗族苗族乡	15542	4167	8194	3181	2425	14997
大坪侗族土家族苗族乡	13464	3516	6745	3203	2516	12803
江口县	**184764**	**43216**	**107318**	**34230**	**25869**	**141904**
双江街道	65369	16532	41227	7610	5407	35967
凯德街道	22286	5693	13016	3577	2728	14175
闵孝镇	15210	3198	8274	3738	2860	14309
太平镇	11540	2499	6628	2413	1847	10670
坝盘镇	15127	3348	8295	3484	2626	14527
民和镇	15506	3260	8538	3708	2841	14709
桃映镇	15702	3932	7919	3851	2983	14688
怒溪镇	10906	2431	5927	2548	1998	10444
德旺土家族苗族乡	8991	1539	5273	2179	1739	8551
官和侗族土家族苗族乡	4127	784	2221	1122	840	3864

表24 续表 20

单位：人

地 区	总人口	分年龄人口				居住本乡、镇、街道，户口在本乡、镇、街道
		0-14岁	15-59岁	60岁及以上	#65岁及以上	
玉屏侗族自治县	**150457**	**35829**	**89472**	**25156**	**19235**	**115819**
皂角坪街道	28975	6475	18580	3920	2856	17961
平溪街道	33012	8170	20351	4491	3382	19560
大龙街道	19123	4458	11747	2918	2232	15461
麻音塘街道	17837	4546	10384	2907	2229	15383
新店镇	8765	1973	4804	1988	1530	8064
朱家场镇	14552	3183	8270	3099	2428	13389
田坪镇	22122	5424	12115	4583	3604	20241
亚鱼乡	6071	1600	3221	1250	974	5760
石阡县	**297086**	**64909**	**174248**	**57929**	**45817**	**247621**
汤山街道	40173	8833	25999	5341	4025	24568
泉都街道	47472	10245	31678	5549	4218	25774
中坝街道	10658	2130	6072	2456	1963	10019
本庄镇	28127	6711	15931	5485	4281	26106
白沙镇	17373	4120	9234	4019	3289	16431
龙塘镇	22663	5246	12717	4700	3815	21777
花桥镇	11786	2172	6902	2712	2115	10957
五德镇	10473	2139	5784	2550	2046	9923
河坝镇	11114	2290	6183	2641	2075	10536
国荣乡	8053	1654	4175	2224	1820	7575
聚凤仡佬族侗族乡	14341	3705	7865	2771	2146	13427
龙井仡佬族侗族乡	16201	3819	8777	3605	2888	15567
大沙坝仡佬族侗族乡	12127	2466	6815	2846	2356	11484
枫香仡佬族侗族乡	5294	1037	2871	1386	1106	4956
青阳苗族仡佬族侗族乡	6757	1349	3719	1689	1357	6140
石固仡佬族侗族乡	8555	1632	4976	1947	1521	7909
坪地场仡佬族侗族乡	11936	2250	6746	2940	2324	11250
甘溪仡佬族侗族乡	8774	1977	4799	1998	1631	8433
坪山仡佬族侗族乡	5209	1134	3005	1070	841	4789
思南县	**457745**	**104160**	**260351**	**93234**	**76625**	**368040**
思唐街道	64447	13960	43007	7480	5942	34822
关中坝街道	30554	6473	19448	4633	3623	16443
双塘街道	22950	5383	14244	3323	2736	16451
塘头镇	34947	7735	19914	7298	5993	29436
许家坝镇	28159	6508	16288	5363	4417	22575
大坝场镇	17045	4339	8684	4022	3314	15261
文家店镇	10603	2341	6064	2198	1836	8826
鹦鹉溪镇	16753	4257	8663	3833	3028	15727
合朋溪镇	11200	2911	5891	2398	1994	9951
张家寨镇	13696	3522	6877	3297	2628	12760
孙家坝镇	11683	3160	5756	2767	2317	10965
青杠坡镇	17081	4758	8792	3531	2974	15250
瓮溪镇	19647	3976	11519	4152	3359	17424
凉水井镇	13722	2400	7786	3536	2864	12738
邵家桥镇	25621	4601	15983	5037	4257	18685
大河坝镇	10917	2498	5375	3044	2570	10058
亭子坝镇	8563	2400	4284	1879	1523	8043
香坝镇	15274	3567	8340	3367	2735	14055

表24 续表 21 单位：人

地　　区	总人口	分年龄人口				居住本乡、镇、街道，户口在本乡、镇、街道
		0-14岁	15-59岁	60岁及以上	#65岁及以上	
长坝镇	7753	1951	4047	1755	1441	7314
板桥镇	10136	2410	5376	2350	1918	9795
思林土家族苗族乡	5823	1315	2674	1834	1516	4839
胡家湾苗族土家族乡	7626	1649	3827	2150	1837	7025
宽坪苗族土家族乡	7658	1954	3709	1995	1648	6312
枫芸土家族苗族乡	8415	1718	4492	2205	1871	7890
三道水土家族苗族乡	11439	2382	6450	2607	2189	10781
天桥土家族苗族乡	7452	1454	3753	2245	1878	7035
兴隆土家族苗族乡	7663	1600	3837	2226	1904	7256
杨家坳苗族土家族乡	10918	2938	5271	2709	2313	10323
印江土家族苗族自治县	**294490**	**68395**	**166154**	**59941**	**48954**	**229171**
峨岭街道	67457	16901	42477	8079	6360	36548
龙津街道	59672	14941	37094	7637	6016	34105
中兴街道	6087	1104	2915	2068	1744	5894
板溪镇	13425	2587	6729	4109	3497	13003
沙子坡镇	11995	2831	5805	3359	2794	11398
天堂镇	13335	3084	6609	3642	3087	12373
木黄镇	25223	6637	13094	5492	4418	23520
合水镇	15884	3624	8386	3874	3158	14944
朗溪镇	7441	1416	4037	1988	1620	7097
缠溪镇	10007	2171	5289	2547	2103	9532
洋溪镇	8880	1767	4945	2168	1748	8473
新寨镇	12057	2379	6452	3226	2711	11726
杉树镇	6095	886	2901	2308	1940	5832
刀坝镇	15885	3562	7856	4467	3695	14944
紫薇镇	7146	1548	4013	1585	1304	6604
杨柳镇	6947	1496	3795	1656	1341	6518
罗场乡	6954	1461	3757	1736	1418	6660
德江县	**393596**	**98237**	**232240**	**63119**	**49867**	**296799**
青龙街道	98041	23281	68684	6076	4448	49602
玉水街道	35133	9193	23172	2768	2081	17759
安化街道	42954	12337	26367	4250	3178	28150
煎茶镇	29076	7199	16362	5515	4408	25550
潮砥镇	8239	1654	3826	2759	2275	7844
枫香溪镇	17049	4350	9137	3562	2903	15693
稳坪镇	10002	2487	4993	2522	2020	9098
复兴镇	20228	5181	10444	4603	3696	19000
合兴镇	14725	3263	8072	3390	2778	14051
高山镇	10689	2905	5999	1785	1437	10000
泉口镇	12835	3913	6433	2489	2021	12025
长堡镇	14060	3459	7150	3451	2724	13363
共和镇	10476	2293	5406	2777	2150	9779
平原镇	8064	1947	4243	1874	1538	7506
荆角土家族乡	7527	1908	3660	1959	1534	7067
堰塘土家族乡	8840	1929	4693	2218	1773	8069
龙泉土家族乡	7337	1764	3946	1627	1232	6806
钱家土家族乡	6775	1622	3516	1637	1324	6376

表24 续表 22

单位：人

地　区	总人口	分年龄人口				居住本乡、镇、街道，户口在本乡、镇、街道
		0-14岁	15-59岁	60岁及以上	#65岁及以上	
沙溪土家族乡	5209	963	2725	1521	1214	4740
楠杆土家族乡	7552	1665	3933	1954	1615	7046
长丰土家族乡	8081	2285	3985	1811	1511	7519
桶井土家族乡	10704	2639	5494	2571	2007	9756
沿河土家族自治县	**429893**	**118813**	**236476**	**74604**	**60032**	**361223**
团结街道	66690	18599	42632	5459	4187	35464
和平街道	40288	11128	25106	4054	3095	24971
沙子街道	15865	3778	8174	3913	3109	15239
黑水镇	12167	3331	6118	2718	2254	11721
谯家镇	28663	8089	14633	5941	4697	27687
夹石镇	23446	6466	11386	5594	4506	22646
淇滩镇	22111	5000	12647	4464	3594	19509
官舟镇	45026	13551	24628	6847	5466	38299
土地坳镇	14735	4429	7549	2757	2236	13059
思渠镇	12974	3552	6502	2920	2464	12392
客田镇	11402	3435	5833	2134	1788	11047
洪渡镇	7128	1473	4608	1047	875	5881
中界镇	13125	3236	6665	3224	2578	12402
甘溪镇	19367	5827	9131	4409	3493	18679
板场镇	22704	6951	11485	4268	3418	21555
泉坝镇	12015	3591	6184	2240	1814	11547
中寨镇	11623	3797	5679	2147	1748	11224
黄土镇	11507	3010	6539	1958	1625	10935
新景镇	10809	2715	5936	2158	1783	10323
塘坝镇	11518	2802	6282	2434	2032	11071
晓景乡	8866	2029	4649	2188	1809	8376
后坪乡	7864	2024	4110	1730	1461	7196
松桃苗族自治县	**487737**	**122008**	**275013**	**90716**	**70477**	**405836**
大兴街道	25362	6201	15681	3480	2666	17950
蓼皋街道	117425	27429	77123	12873	9592	66247
世昌街道	14256	3593	7674	2989	2444	13676
太平营街道	18230	4331	10861	3038	2398	15814
九江街道	6579	1434	3470	1675	1271	6262
盘石镇	12952	3448	7051	2453	2035	12265
盘信镇	20274	5192	11392	3690	2883	18945
大坪场镇	14394	3813	7369	3212	2456	13466
普觉镇	19577	5819	9823	3935	3038	18543
寨英镇	20796	5767	10913	4116	3035	19893
孟溪镇	24977	7114	13251	4612	3450	20804
乌罗镇	14709	3779	7752	3178	2502	13665
甘龙镇	15485	3963	7516	4006	3219	14571
长兴堡镇	14507	3607	7567	3333	2671	12989
迓驾镇	13413	3144	7402	2867	2295	12657
牛郎镇	11019	2366	6299	2354	1825	10413
黄板镇	14081	3380	7104	3597	2831	13460
平头镇	13534	3657	7139	2738	2040	12969
大路镇	17076	4170	8830	4076	3085	16005

表24 续表 23

单位：人

地区	总人口	分年龄人口				居住本乡、镇、街道，户口在本乡、镇、街道
		0-14岁	15-59岁	60岁及以上	#65岁及以上	
木树镇	9683	2207	4933	2543	2052	9341
冷水溪镇	9355	2094	4761	2500	1933	8745
正大镇	16553	4425	9042	3086	2473	15724
长坪乡	8408	2365	4168	1875	1524	8039
妙隘乡	8105	2026	3940	2139	1674	7680
石梁乡	6336	1484	3155	1697	1395	6019
瓦溪乡	4933	1082	2496	1355	1108	4720
永安乡	7752	2015	3806	1931	1533	7252
沙坝河乡	7966	2103	4495	1368	1049	7722
黔西南布依族苗族自治州	**3015112**	**775752**	**1795734**	**443626**	**316929**	**2295473**
兴义市	**1004132**	**234811**	**642216**	**127105**	**88826**	**620463**
黄草街道	77449	14749	52281	10419	6967	36499
兴泰街道	37173	9712	24346	3115	1999	11717
桔山街道	175474	38159	123069	14246	8841	61759
丰都街道	68860	13976	49345	5539	3839	36943
坪东街道	45376	10940	29903	4533	2964	19055
木贾街道	33652	8238	22044	3370	2396	17781
下五屯街道	53155	12570	35267	5318	3590	26954
万峰林街道	18041	4311	10975	2755	2033	15981
洒金街道	43643	10316	29027	4300	2928	12869
马岭街道	38384	9833	23189	5362	3949	28552
顶效街道	29057	7049	18428	3580	2537	22542
木陇街道	40243	9378	27992	2873	1939	17050
敬南镇	27656	6221	16020	5415	3936	25621
泥凼镇	18233	4773	9652	3808	2839	17163
南盘江镇	13289	3196	7339	2754	2019	12438
捧乍镇	21186	5503	11194	4489	3337	19847
鲁布格镇	8820	2150	4848	1822	1347	8392
三江口镇	7856	2140	4197	1519	1092	7560
乌沙镇	25992	6187	15228	4577	3239	23533
白碗窑镇	18542	4283	10950	3309	2375	17156
威舍镇	14071	3676	8152	2243	1613	11750
清水河镇	24391	6142	14456	3793	2816	22914
郑屯镇	22253	5712	12883	3658	2656	19541
万屯镇	38931	10332	22860	5739	4120	34197
鲁屯镇	22869	5832	14046	2991	2118	18632
仓更镇	8654	2174	4667	1813	1316	7814
七舍镇	15048	3823	8466	2759	1951	14132
则戎镇	17525	3879	10181	3465	2633	16346
猪场坪镇	15137	3668	8392	3077	2260	14395
沧江乡	5808	1511	3069	1228	869	5403
洛万乡	8609	2157	4957	1495	1055	8059
雄武乡	8755	2221	4793	1741	1253	7868
兴仁市	**425770**	**115880**	**246040**	**63850**	**46124**	**355068**
东湖街道	48514	12540	31722	4252	2843	26307
城南街道	27840	7531	16958	3351	2443	18688

表24　续表 24　　　　单位：人

地　　区	总人口	分年龄人口				居住本乡、镇、街道，户口在本乡、镇、街道
		0-14岁	15-59岁	60岁及以上	#65岁及以上	
真武山街道	22403	5576	14295	2532	1793	15131
城北街道	17976	4650	11007	2319	1583	11991
陆官街道	23876	5599	15594	2683	1902	16375
薏品田园街道	11036	3043	6438	1555	1121	8146
屯脚镇	22826	6584	12425	3817	2771	21192
巴铃镇	44639	12613	24944	7082	5245	41426
百德镇	26349	6821	14661	4867	3550	25194
雨樟镇	23060	5969	13458	3633	2613	21713
潘家庄镇	20531	6177	11045	3309	2503	18944
回龙镇	27082	7467	14382	5233	3882	25803
下山镇	24758	7101	13875	3782	2730	23351
新龙场镇	18031	5533	9705	2793	1983	17041
大山镇	21307	6243	11153	3911	2899	20306
马马崖镇	16183	4740	8197	3246	2316	15498
波阳镇	17345	4803	9359	3183	2301	16605
鲁础营回族乡	12014	2890	6822	2302	1646	11357
普安县	**242958**	**66474**	**137961**	**38523**	**27036**	**212831**
盘水街道	38297	10205	22751	5341	3625	31314
南湖街道	19457	4525	12707	2225	1531	11875
茶源街道	13586	4160	7573	1853	1255	11274
九峰街道	10923	2730	6401	1792	1244	10359
龙吟镇	13645	3960	7350	2335	1633	12590
江西坡镇	7683	1997	4220	1466	1052	7095
地瓜镇	13813	3652	7703	2458	1788	12836
楼下镇	25849	6986	14682	4181	2861	23069
兴中镇	11030	2987	5973	2070	1487	10178
青山镇	40896	11108	23281	6507	4651	37463
罗汉镇	12586	3645	6608	2333	1728	11920
新店镇	16032	4816	8721	2495	1715	14928
白沙乡	7688	2381	3861	1446	1038	7048
高棉乡	11473	3322	6130	2021	1428	10882
晴隆县	**234162**	**67823**	**130005**	**36334**	**25861**	**192881**
东观街道	24368	5781	15764	2823	2014	16661
莲城街道	28009	7654	17054	3301	2319	20835
三宝街道	12404	3988	7164	1252	850	87
腾龙街道	4631	1647	2426	558	390	975
沙子镇	10373	2815	5799	1759	1227	9531
碧痕镇	13006	3884	6979	2143	1552	12348
大厂镇	14244	3972	7978	2294	1627	13258
鸡场镇	20275	6088	10705	3482	2471	19100
花贡镇	15621	4694	8421	2506	1745	14303
中营镇	13968	3968	7319	2681	1970	13220
光照镇	16172	4490	8729	2953	2126	15070
茶马镇	24227	7540	12361	4326	3102	23192
长流乡	13993	4042	7285	2666	1964	13178
紫马乡	9392	2916	4915	1561	1073	8618
安谷乡	13451	4342	7089	2020	1422	12505
三宝彝族乡	28	2	17	9	9	

表24　续表 25

单位：人

地　　区	总人口	分年龄人口				居住本乡、镇、街道，户口在本乡、镇、街道
		0-14岁	15-59岁	60岁及以上	#65岁及以上	
贞丰县	**307313**	**84218**	**173360**	**49735**	**35985**	**254890**
永丰街道	36621	9236	21680	5705	4054	26408
珉谷街道	35128	8982	22068	4078	2819	20971
丰茂街道	26792	6480	17631	2681	1842	15517
龙兴街道	13140	4326	6784	2030	1434	12119
双峰街道	15140	5155	7723	2262	1637	13131
龙场镇	18433	5156	10328	2949	2108	15883
者相镇	19969	5845	10751	3373	2426	17372
北盘江镇	23976	6664	13358	3954	2819	22188
白层镇	11391	2680	6139	2572	1868	10727
鲁贡镇	14023	4209	7175	2639	2068	13513
小屯镇	22449	5925	12254	4270	3100	21187
长田镇	15832	4485	8639	2708	1922	14589
沙坪镇	11857	3715	6271	1871	1419	10850
挽澜镇	10392	2734	5811	1847	1364	9552
连环乡	10214	2594	5324	2296	1723	9858
平街乡	13523	3980	6834	2709	2039	12953
鲁容乡	8433	2052	4590	1791	1343	8072
望谟县	**235243**	**57777**	**139267**	**38199**	**28227**	**193269**
王母街道	44130	11045	28493	4592	3174	24657
平洞街道	15815	4029	9581	2205	1561	12665
新屯街道	15184	3227	8778	3179	2391	14407
蟠桃街道	22513	6046	14007	2460	1797	11962
乐元镇	14869	3678	8248	2943	2123	14080
打易镇	16616	4711	8935	2970	2267	15805
乐旺镇	11149	3045	6127	1977	1496	10240
桑郎镇	6908	1635	3977	1296	976	6408
麻山镇	9972	2321	5830	1821	1370	9446
石屯镇	20151	4948	10842	4361	3302	19066
蔗香镇	9568	2076	5913	1579	1131	9134
郊纳镇	10851	2657	6119	2075	1625	10099
大观镇	9659	1910	5962	1787	1341	8985
边饶镇	15392	3698	8965	2729	1968	14560
昂武镇	4526	977	2767	782	597	4201
油迈瑶族乡	7940	1774	4723	1443	1108	7554
册亨县	**189709**	**49845**	**111231**	**28633**	**20365**	**145451**
者楼街道	18267	4094	12341	1832	1292	9575
纳福街道	21501	5094	14599	1808	1240	10238
高洛街道	26427	7155	15121	4151	2986	9660
丫他镇	10682	2934	6257	1491	1021	9924
巧马镇	10893	2873	6267	1753	1226	10182
秧坝镇	10868	2911	6176	1781	1167	10296
岩架镇	11069	3213	6154	1702	1164	10568
八渡镇	3804	897	2213	694	442	3489
冗渡镇	23570	6378	12708	4484	3208	21539
坡妹镇	30723	8349	16668	5706	4335	29150

表24 续表 26

单位：人

地　　区	总人口	分年龄人口				居住本乡、镇、街道，户口在本乡、镇、街道
		0-14岁	15-59岁	60岁及以上	#65岁及以上	
双江镇	11734	3145	7037	1552	1130	11081
弼佑镇	5264	1439	2792	1033	697	5054
百口乡	4907	1363	2898	646	457	4695
安龙县	**375825**	**98924**	**215654**	**61247**	**44505**	**320620**
招堤街道	35940	8139	21854	5947	4327	28454
栖凤街道	55305	13252	35524	6529	4597	32057
钱相街道	15832	4270	8983	2579	1953	14803
五福街道	23053	6032	13436	3585	2619	21275
春潭街道	44641	12216	24923	7502	5429	40667
龙广镇	41348	11109	22995	7244	5328	36661
德卧镇	30139	7995	16833	5311	3857	27538
万峰湖镇	8948	2235	4797	1916	1429	8504
木咱镇	8324	2430	4305	1589	1154	7818
洒雨镇	17772	5057	9442	3273	2469	16678
普坪镇	29375	8736	16067	4572	3306	26839
龙山镇	16049	4005	8748	3296	2300	14940
新桥镇	20019	5536	11332	3151	2299	17484
海子镇	16532	4785	9363	2384	1682	15307
笃山镇	12548	3127	7052	2369	1756	11595
黔东南苗族侗族自治州	**3758622**	**921683**	**2194430**	**642509**	**492289**	**2719141**
凯里市	**709057**	**148783**	**463539**	**96735**	**73461**	**353344**
城西街道	50389	9901	34580	5908	4271	18625
大十字街道	148015	30632	100783	16600	11690	53969
西门街道	66715	14762	44706	7247	5355	19840
洗马河街道	67536	14389	46052	7095	5236	21960
湾溪街道	32092	6790	21087	4215	3142	13098
鸭塘街道	28947	5279	20752	2916	2210	11448
开怀街道	35454	6392	25463	3599	2751	14033
白午街道	60996	13822	41275	5899	4430	18680
白果井街道	18181	3985	12009	2187	1668	7413
三棵树镇	26099	5942	15301	4856	3835	23480
舟溪镇	23442	3118	16856	3468	2723	14320
旁海镇	17830	4406	9300	4124	3328	16818
湾水镇	13538	3141	7038	3359	2657	12596
炉山镇	25632	5573	15237	4822	3795	20907
万潮镇	10746	1912	6185	2649	2168	9521
龙场镇	15398	2868	9101	3429	2738	13865
碧波镇	18056	4287	10157	3612	2876	16784
下司镇	16804	4022	9760	3022	2395	14701
凯棠镇	12633	3557	6631	2445	1935	12023
大风洞镇	20554	4005	11266	5283	4258	19263
黄平县	**244125**	**54912**	**137917**	**51296**	**41227**	**208067**
新州镇	76957	17719	47426	11812	9249	55076
旧州镇	40559	9189	23283	8087	6524	33482
重安镇	32118	6341	17975	7802	6400	30191
谷陇镇	40613	11301	20373	8939	7191	38857

表24 续表 27 单位：人

地　　区	总人口	分年龄人口				居住本乡、镇、街道，户口在本乡、镇、街道
		0-14岁	15-59岁	60岁及以上	#65岁及以上	
平溪镇	8802	1874	4667	2261	1826	8140
野洞河镇	9243	1567	5080	2596	2137	8747
浪洞镇	8672	1652	4549	2471	1994	8139
上塘镇	7668	1383	4257	2028	1612	6913
一碗水乡	7219	1360	4140	1719	1397	6862
纸房乡	4771	856	2529	1386	1109	4490
翁坪乡	7503	1670	3638	2195	1788	7170
施秉县	**125518**	**30701**	**71373**	**23444**	**18446**	**99041**
城关镇	61221	15223	37223	8775	6634	37491
杨柳塘镇	11486	3045	5740	2701	2180	11117
双井镇	12343	3480	5979	2884	2323	11691
牛大场镇	15186	3065	9079	3042	2424	14614
马号镇	11664	3327	5737	2600	2122	11233
白垛乡	4996	927	2848	1221	988	4740
甘溪乡	4926	967	2639	1320	1049	4685
马溪乡	3696	667	2128	901	726	3470
三穗县	**162798**	**43637**	**89332**	**29829**	**22799**	**118490**
文笔街道	59892	16113	36708	7071	5137	29265
武笔街道	22739	6619	12502	3618	2739	14126
八弓镇	7088	1513	3875	1700	1321	6244
台烈镇	14449	4042	7366	3041	2469	13827
瓦寨镇	9997	2768	4962	2267	1723	9098
桐林镇	9727	2330	4978	2419	1848	9093
雪洞镇	6542	1427	3216	1899	1471	6219
长吉镇	12108	3375	5654	3079	2400	11447
良上镇	8400	2593	4141	1666	1289	8049
滚马乡	5777	1437	2855	1485	1200	5387
款场乡	6079	1420	3075	1584	1202	5735
镇远县	**189715**	**45036**	**107205**	**37474**	**28289**	**151247**
舞阳镇	67808	15238	42171	10399	7549	43540
蕉溪镇	12077	3174	5905	2998	2187	11459
青溪镇	23521	5933	12739	4849	3683	20144
羊坪镇	17286	4413	9530	3343	2553	12388
羊场镇	12454	2866	6768	2820	2267	11369
都坪镇	10047	2027	5301	2719	2083	9562
金堡镇	9932	2465	5196	2271	1748	9422
江古镇	11003	2840	5347	2816	2120	10458
涌溪乡	9695	2399	5521	1775	1342	7864
报京乡	5855	1589	3123	1143	888	5638
大地乡	5863	1246	3323	1294	1041	5521
尚寨土家族乡	4174	846	2281	1047	828	3882
岑巩县	**168441**	**40517**	**95511**	**32413**	**25067**	**117169**
澌水街道	49740	13132	31961	4647	3358	14257
思旸镇	18619	4121	10749	3749	2920	12890
水尾镇	11621	2868	6106	2647	2008	10783
天马镇	10611	2376	5622	2613	2065	9857
龙田镇	9597	2044	4953	2600	2058	8912

表24 续表 28

单位：人

地 区	总人口	分年龄人口				居住本乡、镇、街道，户口在本乡、镇、街道
		0-14岁	15-59岁	60岁及以上	#65岁及以上	
大有镇	15483	3822	8055	3606	2765	10661
注溪镇	9435	2128	4900	2407	1897	8991
凯本镇	7391	1684	3900	1807	1436	6963
平庄镇	7033	1614	3636	1783	1405	6633
客楼镇	4967	1054	2671	1242	973	4710
天星乡	7957	1682	4360	1915	1520	7432
羊桥土家族乡	15987	3992	8598	3397	2662	15080
天柱县	**273588**	**67636**	**148444**	**57508**	**43694**	**215141**
凤城街道	82558	19986	52599	9973	7360	39419
邦洞街道	24383	5929	13230	5224	3912	22479
社学街道	11046	2506	5772	2768	2090	10452
联山街道	28203	7715	15826	4662	3457	21266
坪地镇	10094	2069	4881	3144	2441	9716
蓝田镇	17327	4582	8254	4491	3367	16815
瓮洞镇	10667	2924	4873	2870	2153	10191
高酿镇	12742	2536	6674	3532	2728	12288
石洞镇	11194	2052	5732	3410	2670	10771
远口镇	12530	3114	6237	3179	2484	11712
坌处镇	6569	1471	3069	2029	1604	6302
白市镇	17957	4853	8474	4630	3554	16575
渡马镇	10287	2867	4805	2615	1977	9813
江东镇	6489	1755	2856	1878	1487	6244
竹林镇	6740	1876	2993	1871	1453	6526
注溪乡	2875	891	1304	680	511	2729
地湖乡	1927	510	865	552	446	1843
锦屏县	**155182**	**37605**	**87068**	**30509**	**22427**	**111061**
三江镇	62050	15708	38362	7980	5763	26495
茅坪镇	2260	455	1193	612	463	2029
敦寨镇	18464	4739	10363	3362	2407	14485
启蒙镇	11661	2634	5975	3052	2258	11079
平秋镇	5727	1264	2665	1798	1426	5363
铜鼓镇	5937	1224	3118	1595	1212	5581
平略镇	6182	1300	3400	1482	1090	5800
大同乡	6557	1610	3145	1802	1399	6162
新化乡	5811	1501	2985	1325	987	5387
隆里乡	3662	915	1978	769	563	3335
钟灵乡	5764	1412	3024	1328	953	5423
偶里乡	4517	1090	2275	1152	868	4256
固本乡	5675	1409	3010	1256	857	5388
河口乡	6096	1307	3232	1557	1141	5675
彦洞乡	4819	1037	2343	1439	1040	4603
剑河县	**188507**	**50708**	**108164**	**29635**	**23196**	**135269**
仰阿莎街道	71579	20447	43639	7493	5803	26037
柳川镇	13760	3841	7828	2091	1647	12238
岑松镇	16449	4457	9500	2492	1941	14467
南加镇	7233	1307	3916	2010	1580	6671
南明镇	9872	2218	5155	2499	2025	9367

表24 续表 29

单位：人

地　区	总人口	分年龄人口				居住本乡、镇、街道，户口在本乡、镇、街道
		0-14岁	15-59岁	60岁及以上	#65岁及以上	
革东镇	8634	2332	4249	2053	1676	8284
太拥镇	10442	2281	6330	1831	1386	9927
磻溪镇	6802	1473	3416	1913	1506	6418
久仰镇	14395	4209	8218	1968	1516	14059
南哨镇	7921	2262	4387	1272	999	7626
南寨镇	8406	1935	4675	1796	1398	7807
观么镇	6453	2229	3248	976	765	6155
敏洞乡	6561	1717	3603	1241	954	6213
台江县	**122861**	**32429**	**71035**	**19397**	**14972**	**94803**
台拱街道	28116	8164	16422	3530	2680	16917
萃文街道	30122	7626	18967	3529	2706	18672
施洞镇	10299	2942	5345	2012	1618	9406
南宫镇	8825	2268	4841	1716	1389	8385
革一镇	12058	2928	7338	1792	1345	9628
方召镇	8943	2483	4593	1867	1430	8549
排羊乡	4028	852	2150	1026	788	3728
台盘乡	11947	2957	6928	2062	1544	11430
老屯乡	8523	2209	4451	1863	1472	8088
黎平县	**412813**	**108938**	**230577**	**73298**	**54508**	**310042**
德凤街道	85917	22248	55004	8665	6044	34937
高屯街道	16290	3510	9173	3607	2633	14727
龙形街道	43289	11404	27176	4709	3239	7690
中潮镇	20698	5273	11447	3978	2906	18633
孟彦镇	7591	1810	3701	2080	1577	6991
敖市镇	8940	2316	4755	1869	1349	8056
九潮镇	15536	4324	7987	3225	2410	14683
岩洞镇	9927	2505	5260	2162	1716	9473
水口镇	24837	7543	12250	5044	3677	23298
洪州镇	18774	5286	9833	3655	2870	17858
尚重镇	19043	5203	10031	3809	2666	18046
双江镇	16112	4289	8795	3028	2394	15425
肇兴镇	14882	3976	7513	3393	2615	14034
龙额镇	15289	4229	7622	3438	2689	14580
永从镇	11191	3190	5613	2388	1856	10689
茅贡镇	10830	3133	5560	2137	1747	10468
地坪镇	14349	4442	6862	3045	2319	13890
顺化瑶族乡	2838	693	1466	679	483	2710
雷洞瑶族水族乡	8722	2300	4571	1851	1405	8465
罗里乡	6579	1307	3445	1827	1384	6246
坝寨乡	8438	2326	4552	1560	1256	8030
口江乡	7075	1858	3826	1391	1130	6753
德顺乡	8678	1830	4846	2002	1540	8227
大稼乡	6660	1515	3534	1611	1133	6319
平寨乡	5833	1445	3280	1108	762	5542
德化乡	4495	983	2475	1037	708	4272
榕江县	**297572**	**78226**	**174982**	**44364**	**32661**	**240246**
车民街道	43577	11145	27846	4586	3329	24823

表24 续表 30

单位：人

地区	总人口	分年龄人口				居住本乡、镇、街道，户口在本乡、镇、街道
		0-14岁	15-59岁	60岁及以上	#65岁及以上	
古州镇	79522	20587	49596	9339	6729	52638
忠诚镇	20855	5196	12104	3555	2549	18661
寨蒿镇	13531	3386	7396	2749	2003	12488
平永镇	12159	2866	6960	2333	1694	11228
乐里镇	16713	4061	9657	2995	2245	15844
朗洞镇	15565	4142	8757	2666	1909	14778
栽麻镇	13228	3642	7359	2227	1712	12783
平江镇	9096	2294	5251	1551	1105	8666
八开镇	15603	5430	8060	2113	1613	15006
崇义乡	3641	821	1888	932	699	3476
三江水族乡	9001	2768	4730	1503	1150	8556
仁里水族乡	6739	1739	3776	1224	884	6023
塔石瑶族水族乡	6479	1512	3788	1179	896	5609
定威水族乡	4086	1125	2360	601	477	3843
兴华水族乡	7003	2324	3677	1002	775	6651
计划乡	8711	2422	4778	1511	1175	7719
水尾水族乡	2043	558	1165	320	248	1946
平阳乡	5271	1026	3077	1168	903	4940
两汪乡	4749	1182	2757	810	566	4568
从江县	**313887**	**89942**	**176858**	**47087**	**37118**	**264387**
丙妹镇	66481	17648	41945	6888	5338	40917
贯洞镇	32535	8109	18865	5561	4416	20835
洛香镇	20572	4704	12537	3331	2698	16940
下江镇	28830	8854	15833	4143	3168	27706
宰便镇	11302	3343	6182	1777	1396	10426
西山镇	11299	3179	6076	2044	1695	10819
停洞镇	21634	7828	10532	3274	2500	20637
往洞镇	16635	5688	8749	2198	1688	16028
庆云镇	7942	2177	4255	1510	1242	7734
斗里镇	8879	2857	4195	1827	1449	8623
东朗镇	15512	6112	7035	2365	1793	14981
加鸠镇	12052	3617	6645	1790	1374	11369
高增乡	12447	3135	6957	2355	1949	11960
谷坪乡	11755	3620	6666	1469	1163	11353
刚边壮族乡	8662	2351	4939	1372	1123	7974
加榜乡	8510	1985	5161	1364	1125	8228
秀塘壮族乡	4573	936	2573	1064	816	4171
翠里瑶族壮族乡	8349	2181	4462	1706	1360	8079
加勉乡	5918	1618	3251	1049	825	5607
雷山县	**124835**	**28580**	**75680**	**20575**	**16229**	**89540**
丹江镇	59623	14675	36979	7969	6317	30201
西江镇	17552	3727	10823	3002	2404	15178
永乐镇	14346	3168	8342	2836	2230	12968
郎德镇	5746	1201	3215	1330	1030	5474
大塘镇	12650	2544	7717	2389	1896	11482
望丰乡	7129	1321	4117	1691	1341	6854
达地水族乡	5239	1420	2999	820	570	4960
方祥乡	2550	524	1488	538	441	2423

表24　续表 31　　　　单位：人

地　区	总人口	分年龄人口				居住本乡、镇、街道，户口在本乡、镇、街道
		0-14岁	15-59岁	60岁及以上	#65岁及以上	
麻江县	**131081**	**29750**	**76233**	**25098**	**19783**	**107173**
杏山街道	37753	8260	24496	4997	3861	22441
金竹街道	16918	4350	9679	2889	2353	13654
谷硐镇	16819	3754	9281	3784	2992	15373
宣威镇	24952	5862	13643	5447	4157	23594
龙山镇	12686	2868	6904	2914	2340	11823
贤昌镇	12063	2441	6985	2637	2128	11208
坝芒布依族乡	9890	2215	5245	2430	1952	9080
丹寨县	**138642**	**34283**	**80512**	**23847**	**18412**	**104121**
金泉街道	17633	4366	10710	2557	1946	3083
龙泉镇	52875	12937	32879	7059	5407	36656
兴仁镇	20692	5231	11061	4400	3352	19563
排调镇	12933	2813	7427	2693	2036	12349
扬武镇	23905	6504	12535	4866	3878	22451
雅灰乡	3534	829	2045	660	515	3326
南皋乡	7070	1603	3855	1612	1278	6693
黔南布依族苗族自治州	**3494385**	**801487**	**2107174**	**585724**	**438787**	**2581432**
都匀市	**529688**	**89856**	**347761**	**92071**	**67155**	**332437**
广惠街道	72867	11893	48457	12517	9038	38822
文峰街道	69688	11963	43810	13915	10017	36395
小围寨街道	63977	10262	42601	11114	8067	42089
沙包堡街道	123564	20054	87391	16119	11461	52171
绿茵湖街道	38009	4931	28501	4577	3400	25886
墨冲镇	30066	5874	16584	7608	5643	28100
平浪镇	19792	4365	10232	5195	3885	18408
毛尖镇	12085	2549	6525	3011	2272	11220
匀东镇	80655	13941	53097	13617	10094	61611
归兰水族乡	18985	4024	10563	4398	3278	17735
福泉市	**297899**	**68418**	**184087**	**45394**	**34279**	**217296**
金山街道	98131	21174	66986	9971	7193	49685
马场坪街道	51423	11992	31572	7859	5914	38708
凤山镇	17525	3933	9805	3787	2943	16481
陆坪镇	29578	6255	16643	6680	5071	27336
龙昌镇	19847	4326	12160	3361	2572	16892
牛场镇	50469	13010	29838	7621	5864	39802
道坪镇	21492	5118	12067	4307	3355	19985
仙桥乡	9434	2610	5016	1808	1367	8407
荔波县	**154896**	**35970**	**94904**	**24022**	**19020**	**112193**
玉屏街道	72658	16702	48118	7838	5898	36512
朝阳镇	9740	1873	6211	1656	1322	8342
茂兰镇	9444	2299	5275	1870	1561	8417
甲良镇	17400	4104	9256	4040	3213	16084
佳荣镇	10102	2711	5670	1721	1411	9543
小七孔镇	17735	4276	9985	3474	2751	16729
瑶山瑶族乡	7672	1841	4710	1121	922	6809
黎明关水族乡	10145	2164	5679	2302	1942	9757

表24 续表 32

单位：人

地区	总人口	分年龄人口				居住本乡、镇、街道，户口在本乡、镇、街道
		0-14岁	15-59岁	60岁及以上	#65岁及以上	
贵定县	**250146**	**52941**	**153171**	**44034**	**32441**	**186539**
金南街道	58208	10889	39018	8301	5978	31739
宝山街道	49016	9089	32292	7635	5530	29051
新巴镇	6426	1297	3450	1679	1307	5891
德新镇	16931	4701	8857	3373	2450	15670
盘江镇	25167	4082	16582	4503	3370	17952
沿山镇	19230	4459	10468	4303	3207	17804
昌明镇	45135	10818	25710	8607	6321	40878
云雾镇	30033	7606	16794	5633	4278	27554
瓮安县	**395536**	**93802**	**235673**	**66061**	**49625**	**264019**
雍阳街道	60860	14820	40386	5654	4103	25680
瓮水街道	109704	29696	69402	10606	7546	44694
平定营镇	13209	2749	7456	3004	2330	12259
中坪镇	15691	3083	8643	3965	3072	14301
建中镇	17913	4133	9356	4424	3426	16986
永和镇	14830	2391	8316	4123	3254	13950
珠藏镇	30269	7184	16110	6975	5167	27399
玉山镇	13268	3072	6974	3222	2500	12004
天文镇	9687	1884	5178	2625	1969	8962
银盏镇	49123	10930	30928	7265	5475	31864
猴场镇	37388	8275	20516	8597	6545	33817
江界河镇	16655	4123	8691	3841	2873	15719
岚关乡	6939	1462	3717	1760	1365	6384
独山县	**264266**	**58510**	**154919**	**50837**	**38850**	**217292**
井城街道	75442	15293	49888	10261	7496	47005
百泉镇	29827	5872	17766	6189	4775	24527
影山镇	12964	2738	7265	2961	2191	12014
基长镇	31403	7287	17087	7029	5615	29362
下司镇	16659	3731	9275	3653	2796	15693
麻尾镇	35496	9083	19226	7187	5495	32622
麻万镇	23387	5329	13619	4439	3424	18873
上司镇	25243	5576	13469	6198	4775	24229
玉水镇	13845	3601	7324	2920	2283	12967
平塘县	**234417**	**58531**	**129170**	**46716**	**36249**	**198163**
金盆街道	59491	14057	38027	7407	5569	34152
平舟镇	15919	3603	8217	4099	3206	14907
牙舟镇	19861	4782	10502	4577	3587	18813
通州镇	22322	5725	11995	4602	3543	20770
大塘镇	17427	4994	9062	3371	2488	15895
克度镇	28576	8269	15012	5295	4253	26217
塘边镇	20092	5394	10521	4177	3413	19129
甲茶镇	16447	4158	7846	4443	3469	15806
者密镇	17541	3793	9128	4620	3613	16652
掌布镇	9295	2345	4861	2089	1503	8693
卡蒲毛南族乡	7446	1411	3999	2036	1605	7129

表24 续表 33

单位：人

地区	总人口	分年龄人口				居住本乡、镇、街道，户口在本乡、镇、街道
		0-14岁	15-59岁	60岁及以上	#65岁及以上	
罗甸县	**257551**	**69925**	**142234**	**45392**	**35327**	**199227**
斛兴街道	71397	19811	43921	7665	5675	33276
龙坪镇	38354	8844	22149	7361	5786	29914
边阳镇	61315	17340	33205	10770	8341	55202
沫阳镇	22334	5492	10888	5954	4802	21236
逢亭镇	12869	3898	6479	2492	1889	11480
罗悃镇	14889	4344	7355	3190	2547	13967
茂井镇	7164	1520	3606	2038	1651	6741
红水河镇	8875	2482	4525	1868	1426	8243
木引镇	15165	4954	7332	2879	2301	14346
凤亭乡	5189	1240	2774	1175	909	4822
长顺县	**201540**	**50634**	**115359**	**35547**	**26039**	**172382**
长寨街道	73285	16970	45768	10547	7620	54209
广顺镇	54146	14648	29937	9561	6912	48112
摆所镇	23453	5506	12498	5449	3974	22089
代化镇	15438	4307	8147	2984	2240	14845
白云山镇	15916	3849	9003	3064	2329	14740
鼓扬镇	13739	3444	7170	3125	2332	13085
敦操乡	5563	1910	2836	817	632	5302
龙里县	**236221**	**51723**	**150557**	**33941**	**24649**	**154084**
冠山街道	100289	23032	64797	12460	8890	50108
龙山镇	26890	6105	17036	3749	2748	21758
醒狮镇	18234	4046	10772	3416	2488	15383
谷脚镇	38514	5886	29031	3597	2511	20292
湾滩河镇	27567	7972	14201	5394	4052	25170
洗马镇	24727	4682	14720	5325	3960	21373
惠水县	**395878**	**91954**	**241694**	**62230**	**45285**	**297580**
涟江街道	133891	26219	93845	13827	9753	66778
濛江街道	58899	14115	36761	8023	5621	43480
明田街道	17365	4442	10510	2413	1763	13742
好花红镇	38669	8406	22944	7319	5341	34711
摆金镇	45226	13766	24675	6785	5031	42729
雅水镇	19563	4810	10337	4416	3267	18624
断杉镇	24039	5838	12428	5773	4344	22942
芦山镇	13476	3098	7091	3287	2427	12530
王佑镇	14165	3233	6878	4054	3049	13523
羡塘镇	15432	3825	8014	3593	2697	14662
岗度镇	15153	4202	8211	2740	1992	13859
三都水族自治县	**276347**	**79223**	**157645**	**39479**	**29868**	**230220**
三合街道	48172	12310	30752	5110	3773	26445
凤羽街道	28637	7260	18869	2508	1870	11634
大河镇	36743	9183	20571	6989	5203	35210
普安镇	25872	6606	13963	5303	4014	24748
都江镇	27821	7872	15212	4737	3433	27004
中和镇	50771	17325	27007	6439	5018	49343
周覃镇	36504	11441	19534	5529	4285	34698
九阡镇	21827	7226	11737	2864	2272	21138

表25 云南省乡、镇、街道人口

单位：人

地 区	总人口	分年龄人口				居住本乡、镇、街道，户口在本乡、镇、街道
		0-14岁	15-59岁	60岁及以上	#65岁及以上	
云南省	**47209277**	**9237474**	**30933773**	**7038030**	**5073259**	**34771204**
昆明市	**8460088**	**1267713**	**5974188**	**1218187**	**887222**	**3997296**
五华区	**1143085**	**158866**	**812303**	**171916**	**123855**	**428809**
华山街道	60654	7047	41464	12143	9597	28193
护国街道	26974	2477	18476	6021	4725	11660
大观街道	48914	6206	30141	12567	9796	29930
龙翔街道	49022	5538	33418	10066	7862	21720
丰宁街道	110310	13478	77344	19488	13955	41164
莲华街道	169058	21440	121355	26263	18909	69205
红云街道	189481	29876	132638	26967	18465	68444
黑林铺街道	180948	26646	132891	21411	14513	51911
普吉街道	135034	21076	99952	14006	9483	32156
西翥街道	40001	5924	27622	6455	4722	27876
昆明国家高新技术产业开发区	132689	19158	97002	16529	11828	46550
盘龙区	**987955**	**139384**	**695524**	**153047**	**111238**	**399643**
拓东街道	36941	4172	23439	9330	7432	20830
鼓楼街道	37732	4253	24874	8605	6697	17824
东华街道	94936	12398	64243	18295	13973	43169
联盟街道	156870	23308	107410	26152	18797	63843
金辰街道	164875	24835	113358	26682	19117	69066
青云街道	179664	23004	134240	22420	15771	51046
龙泉街道	155744	22151	117174	16419	10945	43519
茨坝街道	86047	12286	62821	10940	8079	25506
双龙街道	11841	1715	8654	1472	1049	6793
松华街道	7601	1092	4771	1738	1289	6677
滇源街道	30011	5460	18280	6271	4574	27768
阿子营街道	25693	4710	16260	4723	3515	23602
官渡区	**1602279**	**241839**	**1193933**	**166507**	**117630**	**419545**
关上街道	220097	29506	163765	26826	19053	60284
太和街道	68632	7641	46023	14968	11576	28538
吴井街道	64901	8031	42063	14807	11221	29836
金马街道	188886	26988	137118	24780	18006	45071
小板桥街道	231934	36455	180126	15353	10298	43178
官渡街道	183624	32184	135504	15936	10666	50848
矣六街道	255639	46281	188728	20630	13599	53860
六甲街道	81499	12442	62704	6353	4321	17208
大板桥街道	136672	16732	109488	10452	7009	47038
阿拉街道	87545	12687	67371	7487	5371	19874
昆明经济技术开发区	82850	12892	61043	8915	6510	23810
西山区	**960746**	**134428**	**663711**	**162607**	**117081**	**386918**
西苑街道	53148	8252	33522	11374	8520	23070
马街街道	101761	12906	73308	15547	11112	31055
金碧街道	104151	11787	67413	24951	18815	52305
永昌街道	76502	12294	50672	13536	9749	31830
前卫街道	129550	20997	88990	19563	13116	48481
福海街道	164346	21341	121761	21244	14389	48507

表25　续表 1　　　　单位：人

地　　区	总人口	分年龄人口				居住本乡、镇、街道，户口在本乡、镇、街道
		0-14岁	15-59岁	60岁及以上	#65岁及以上	
棕树营街道	66517	9227	43680	13610	10308	25229
碧鸡街道	39166	5209	27383	6574	4875	16526
海口街道	69019	8493	47231	13295	10332	40166
团结街道	34643	5187	23745	5711	4119	24575
昆明滇池国家旅游度假区	121943	18735	86006	17202	11746	45174
东川区	**260744**	**49501**	**163634**	**47609**	**34993**	**199455**
铜都街道	109160	22171	69940	17049	12315	71629
碧谷街道	51230	8731	32521	9978	7528	37459
汤丹镇	18002	3394	11024	3584	2644	16355
因民镇	6474	833	4902	739	533	3822
阿旺镇	25585	5050	14990	5545	3931	23921
乌龙镇	14417	2453	8408	3556	2720	13420
红土地镇	13233	2360	7915	2958	2192	12158
拖布卡镇	22457	4488	13802	4167	3102	20580
舍块乡	186	21	132	33	28	111
呈贡区	**649501**	**87873**	**507885**	**53743**	**37624**	**182214**
龙城街道	65860	11368	47218	7274	5120	19161
洛龙街道	44684	7426	32041	5217	3687	16169
斗南街道	39921	6786	28893	4242	3162	13854
乌龙街道	59510	11904	39702	7904	5384	24709
吴家营街道	128438	7807	115528	5103	3450	18590
雨花街道	78632	8707	65579	4346	2755	13205
七甸街道	33806	3970	26917	2919	2250	13414
洛羊街道	120768	18739	94820	7209	4744	21203
大渔街道	23084	3541	15716	3827	2883	15507
马金铺街道	54798	7625	41471	5702	4189	26402
晋宁区	**346268**	**50870**	**242558**	**52840**	**39582**	**225508**
昆阳街道	127302	15949	93568	17785	13109	71887
宝峰街道	20440	3196	13990	3254	2395	14018
晋城镇	121802	20123	83688	17991	13609	79830
二街镇	17728	2519	12289	2920	2118	12580
上蒜镇	34727	5673	23312	5742	4340	26035
六街镇	10935	1644	7213	2078	1693	9669
双河彝族乡	7498	1092	4911	1495	1092	6407
夕阳彝族乡	5836	674	3587	1575	1226	5082
富民县	**149506**	**24804**	**98107**	**26595**	**20034**	**112366**
永定街道	50325	7612	34659	8054	6172	31554
大营街道	40373	6757	26891	6725	4972	28113
罗免镇	11866	2069	7563	2234	1660	10904
赤鹫镇	7612	1251	4668	1693	1271	6990
东村镇	12388	2232	7905	2251	1689	10628
款庄镇	18171	3341	11083	3747	2825	16385
散旦镇	8771	1542	5338	1891	1445	7792
宜良县	**384875**	**61584**	**242535**	**80756**	**59292**	**294508**
匡远街道	108313	17280	69550	21483	15927	69376
汤池街道	47292	7478	28598	11216	8527	39562
南羊街道	72892	11520	48311	13061	9326	44457
北古城镇	48902	7597	30929	10376	7702	41946

表25　续表 2

单位：人

地　　区	总人口	分年龄人口				居住本乡、镇、街道，户口在本乡、镇、街道
		0-14岁	15-59岁	60岁及以上	#65岁及以上	
狗街镇	48709	8336	28840	11533	8044	44505
竹山镇	16432	2586	9796	4050	3069	15521
马街镇	13495	2390	8003	3102	2326	12689
耿家营彝族苗族乡	14702	2278	9438	2986	2200	13371
九乡彝族回族乡	14138	2119	9070	2949	2171	13081
石林彝族自治县	**240827**	**41366**	**159886**	**39575**	**29572**	**193270**
鹿阜街道	120112	21059	81179	17874	13452	82806
石林街道	34684	6044	22781	5859	4254	30388
板桥街道	23671	3848	14920	4903	3708	21834
西街口镇	17506	2941	11920	2645	1963	15816
长湖镇	13862	2127	9266	2469	1871	13372
圭山镇	19744	3591	12856	3297	2476	18315
大可乡	11248	1756	6964	2528	1848	10739
嵩明县	**410929**	**60127**	**299569**	**51233**	**38369**	**240968**
嵩阳街道	96027	18460	64048	13519	10100	68282
杨桥街道	50433	9717	33499	7217	5428	36275
小街镇	62629	11665	40093	10871	8337	53055
杨林镇	62876	10242	42311	10323	7673	44584
牛栏江镇	42600	7643	26266	8691	6527	37506
嵩明杨林经济技术开发区	12248	1088	10857	303	145	206
云南省嵩明职业教育基地	84116	1312	82495	309	159	1060
禄劝彝族苗族自治县	**378881**	**64971**	**244209**	**69701**	**53147**	**298226**
屏山街道	101735	21581	68114	12040	8909	50523
崇德街道	27749	3301	21478	2970	2171	14586
撒营盘镇	28427	4655	17247	6525	5121	27172
转龙镇	24143	4597	14470	5076	3948	22886
茂山镇	23062	3348	14489	5225	4018	22084
团街镇	17305	2662	10897	3746	2948	16204
中屏镇	13393	2004	8354	3035	2434	12611
皎平渡镇	14342	2184	9029	3129	2320	13471
乌东德镇	15730	1914	11144	2672	2022	10719
翠华镇	25835	4458	15993	5384	3973	24800
九龙镇	29231	5136	18076	6019	4588	27935
云龙乡	6406	1020	3931	1455	1085	6029
汤郎乡	9804	1634	6422	1748	1315	9357
马鹿塘乡	10093	1325	5852	2916	2156	9496
则黑乡	15245	2234	9023	3988	3086	14722
乌蒙乡	9748	1532	5802	2414	1969	9299
雪山乡	6633	1386	3888	1359	1084	6332
寻甸回族彝族自治县	**460739**	**91520**	**293419**	**75800**	**56371**	**400715**
仁德街道	89186	17372	60941	10873	7958	59689
塘子街道	22681	4332	14456	3893	2937	20528
金所街道	34751	7360	22586	4805	3506	29861
羊街镇	36108	7222	22285	6601	5028	32899
柯渡镇	24680	4506	15019	5155	3853	23122
倘甸镇	42822	8124	27553	7145	5501	36359

表25 续表 3

单位：人

地　　区	总人口	分年龄人口				居住本乡、镇、街道，户口在本乡、镇、街道
		0-14岁	15-59岁	60岁及以上	#65岁及以上	
功山镇	30417	6242	18466	5709	4276	28841
河口镇	26832	4976	16896	4960	3697	25549
七星镇	15141	2735	9810	2596	1987	13886
先锋镇	17643	3814	10787	3042	2259	16169
鸡街镇	26885	5131	17138	4616	3428	25528
凤合镇	29740	6218	17832	5690	4169	28235
六哨乡	16636	3572	10791	2273	1587	15618
联合乡	9288	1822	5675	1791	1300	8761
金源乡	21048	4553	12368	4127	3050	20267
甸沙乡	16881	3541	10816	2524	1835	15403
安宁市	**483753**	**60580**	**356915**	**66258**	**48434**	**215151**
连然街道	159975	25193	116674	18108	12653	66195
金方街道	107959	11021	76490	20448	15559	53540
八街街道	30631	4162	19220	7249	5487	22491
温泉街道	10838	1419	7128	2291	1683	7967
青龙街道	8919	1097	6323	1499	1152	5275
禄脿街道	12273	1763	8040	2470	1877	8237
草铺街道	31784	4123	24837	2824	2035	12301
太平新城街道	43124	6895	30566	5663	3818	15450
县街街道	78250	4907	67637	5706	4170	23695
曲靖市	**5765775**	**1287060**	**3618313**	**860402**	**625892**	**4538925**
麒麟区	**996279**	**184772**	**679818**	**131689**	**94752**	**503299**
南宁街道	70073	13095	47284	9694	7052	26195
建宁街道	58550	9965	38484	10101	7606	25730
白石江街道	92796	18682	60007	14107	10436	38464
寥廓街道	69749	13491	43706	12552	9340	32696
西城街道	63057	11803	44354	6900	4549	23208
益宁街道	94785	22081	65419	7285	4812	23278
文华街道	80140	10412	64330	5398	3650	19312
太和街道	30872	5654	20669	4549	3291	13964
潇湘街道	71776	13729	50068	7979	5332	25774
翠峰街道	62057	7975	50447	3635	2517	19507
三宝街道	54348	9595	35575	9178	6751	46308
沿江街道	52576	6463	39898	6215	4618	31239
珠街街道	37499	6723	23273	7503	5587	35030
越州镇	62840	12592	39663	10585	7767	55236
东山镇	69664	18130	41575	9959	7024	63459
茨营镇	25497	4382	15066	6049	4420	23899
沾益区	**405305**	**71307**	**267903**	**66095**	**47089**	**327102**
西平街道	53532	8294	37646	7592	5530	32336
龙华街道	75876	12342	55895	7639	5018	35330
金龙街道	33557	6101	21879	5577	3966	31610
花山街道	36230	7032	23149	6049	4291	30202
白水镇	28911	5228	18787	4896	3547	26064
盘江镇	27539	4750	17238	5551	4039	26761
炎方乡	33861	6247	21187	6427	4663	32808

表25 续表 4 单位：人

地　　区	总人口	分年龄人口				居住本乡、镇、街道，户口在本乡、镇、街道
		0-14岁	15-59岁	60岁及以上	#65岁及以上	
播乐乡	27454	5023	16939	5492	3795	26789
大坡乡	36760	6424	23459	6877	5035	35392
菱角乡	36404	6841	22475	7088	5137	35301
德泽乡	15181	3025	9249	2907	2068	14509
马龙区	**193137**	**32078**	**131786**	**29273**	**21371**	**156115**
通泉街道	59790	11376	41845	6569	4599	34789
鸡头村街道	15756	2346	11085	2325	1674	11896
王家庄街道	14668	2305	9826	2537	1814	14072
张安屯街道	7645	1120	5168	1357	1039	7326
旧县街道	26586	4176	18253	4157	3119	24177
马过河镇	12297	1812	8292	2193	1621	11657
纳章镇	10618	1603	7059	1956	1444	9924
马鸣乡	12055	1782	8254	2019	1507	10652
大庄乡	11231	1594	7635	2002	1469	10381
月望乡	22491	3964	14369	4158	3085	21241
陆良县	**599266**	**131591**	**376679**	**90996**	**67783**	**501893**
中枢街道	100669	20616	66522	13531	10331	71197
同乐街道	57605	12554	41105	3946	2783	12643
板桥镇	79176	18402	47175	13599	10082	73961
三岔河镇	94746	21013	57056	16677	12622	89990
马街镇	88318	19155	53892	15271	11369	84310
召夸镇	27802	6910	17013	3879	2877	26440
大莫古镇	41316	8413	25719	7184	5322	39788
芳华镇	26524	5313	16614	4597	3491	25197
小百户镇	35061	6899	22648	5514	4025	33452
活水乡	21605	5570	13098	2937	2129	20601
龙海乡	22234	5828	13291	3115	2202	21566
陆良华侨管理区	4210	918	2546	746	550	2748
师宗县	**376902**	**98795**	**228456**	**49651**	**36120**	**320905**
丹凤街道	56949	14026	37347	5576	4081	33018
漾月街道	57759	14326	37009	6424	4729	37225
大同街道	30976	7441	19411	4124	2940	27173
雄壁镇	43257	12244	25329	5684	4081	42260
葵山镇	31212	8050	18149	5013	3769	30217
彩云镇	31910	8672	18759	4479	3246	30646
竹基镇	38826	10129	21983	6714	4873	37577
龙庆彝族壮族乡	35145	10172	20307	4666	3363	34147
五龙壮族乡	27900	7456	16247	4197	3103	26755
高良壮族苗族瑶族乡	22968	6279	13915	2774	1935	21887
罗平县	**535565**	**136968**	**320412**	**78185**	**56173**	**439077**
罗雄街道	91631	22378	57450	11803	8450	56799
腊山街道	80547	19356	53095	8096	5691	34705
九龙街道	60454	14310	35431	10713	7708	58308
板桥镇	40477	9735	23676	7066	5168	37446
马街镇	52566	15069	29949	7548	5443	50930
富乐镇	36129	9566	20553	6010	4348	34883
阿岗镇	67531	20500	38701	8330	5914	64669
大水井乡	19845	4391	11576	3878	2844	18525

表25　续表 5　　　　单位：人

地　　区	总人口	分年龄人口				居住本乡、镇、街道，户口在本乡、镇、街道
		0-14岁	15-59岁	60岁及以上	#65岁及以上	
鲁布革布依族苗族乡	14230	3668	8588	1974	1409	13180
旧屋基彝族乡	7836	1872	4364	1600	1201	7518
钟山乡	22455	4931	13365	4159	2969	21726
长底布依族乡	12031	2945	6912	2174	1530	11454
老厂乡	29833	8247	16752	4834	3498	28934
富源县	**675229**	**179303**	**408749**	**87177**	**62264**	**606562**
中安街道	91361	21327	59349	10685	7542	67169
胜境街道	54265	12376	35878	6011	4252	36680
营上镇	63267	18007	37306	7954	5635	61040
黄泥河镇	51838	14865	29500	7473	5562	48203
竹园镇	42748	11825	25570	5353	3813	40756
后所镇	57051	15499	34237	7315	5294	54492
大河镇	70317	18216	43001	9100	6267	67692
墨红镇	53708	12817	33228	7663	5356	51166
富村镇	76856	22252	44282	10322	7339	73578
十八连山镇	59959	17000	34735	8224	6039	56674
老厂镇	41797	12032	24637	5128	3739	37606
古敢水族乡	12062	3087	7026	1949	1426	11506
会泽县	**794279**	**183357**	**474588**	**136334**	**98269**	**666593**
古城街道	71963	15203	47126	9634	6861	46281
宝云街道	53621	10481	35911	7229	5162	36695
金钟街道	41077	9669	26733	4675	3266	24475
以礼街道	31379	7002	20440	3937	2849	5503
钟屏街道	31599	8741	17943	4915	3422	9572
娜姑镇	47316	10128	28228	8960	6313	46081
迤车镇	65034	16165	38429	10440	7506	63131
乐业镇	50363	11974	29251	9138	6479	49149
矿山镇	15066	3337	8892	2837	2090	14180
者海镇	73218	17211	42970	13037	9594	69279
大井镇	28961	6281	16830	5850	4334	27988
待补镇	31916	7365	18202	6349	4589	29936
大海乡	13665	2921	7821	2923	2033	13265
老厂乡	14152	3418	8119	2615	1825	13792
五星乡	21703	5281	12704	3718	2617	21087
大桥乡	22827	6454	12651	3722	2639	21898
纸厂乡	15585	4315	8801	2469	1712	15224
马路乡	18773	4316	11342	3115	2281	18053
火红乡	21205	5462	11879	3864	2840	20387
新街回族乡	20179	4467	11318	4394	3243	19650
雨碌乡	23752	5432	13173	5147	3936	23059
鲁纳乡	14070	3118	7697	3255	2508	13486
上村乡	22271	4812	12211	5248	3794	21681
驾车乡	19939	4382	11897	3660	2609	19080
田坝乡	24645	5422	14020	5203	3767	23661
宣威市	**1189813**	**268889**	**729922**	**191002**	**142071**	**1017379**
宛水街道	35156	7264	23536	4356	3230	19899
西宁街道	64947	14149	43689	7109	5133	36590
双龙街道	80947	20061	53299	7587	5546	36866

表25 续表 6

单位：人

地区	总人口	分年龄人口				居住本乡、镇、街道，户口在本乡、镇、街道
		0-14岁	15-59岁	60岁及以上	#65岁及以上	
虹桥街道	18438	3736	12273	2429	1745	13910
丰华街道	42908	9025	28835	5048	3882	20778
板桥街道	56272	10716	35162	10394	7719	50118
来宾街道	45448	9735	28267	7446	5523	41969
凤凰街道	16601	3762	10386	2453	1704	14606
复兴街道	33335	7921	21596	3818	2672	12850
格宜镇	41961	9497	25240	7224	5351	40615
田坝镇	51550	11700	30536	9314	7010	49128
羊场镇	39951	8156	23940	7855	6052	38646
倘塘镇	65518	16103	39801	9614	7006	62700
落水镇	30330	5921	18245	6164	4611	29420
务德镇	34558	7240	20508	6810	5009	33886
海岱镇	48329	10328	29615	8386	6313	44917
龙场镇	40985	9993	23994	6998	5165	39866
龙潭镇	45987	10632	27477	7878	5760	45417
热水镇	57566	11310	34626	11630	8602	56274
宝山镇	47125	11639	27745	7741	5814	45681
东山镇	39442	7922	24089	7431	5623	38212
杨柳镇	34122	8652	20019	5451	4164	33127
普立乡	27153	7084	14912	5157	3794	26405
西泽乡	30710	6597	17605	6508	4936	29952
得禄乡	26693	6077	15495	5121	3787	25840
双河乡	25369	6251	15355	3763	2801	24073
乐丰乡	40254	10480	23768	6006	4492	39066
文兴乡	40308	10225	23575	6508	4982	39195
阿都乡	27850	6713	16334	4803	3645	27373
玉溪市	**2249502**	**360147**	**1516846**	**372509**	**288027**	**1655281**
红塔区	**588738**	**87326**	**408100**	**93312**	**70910**	**345802**
玉兴街道	77133	11101	52211	13821	10413	37538
凤凰街道	97392	12758	71960	12674	9178	36833
玉带街道	77429	12244	55035	10150	7396	28271
北城街道	59077	9126	38440	11511	8904	49995
春和街道	69110	9309	48849	10952	8529	51407
李棋街道	69384	11371	48439	9574	7111	32320
大营街街道	51678	8527	33586	9565	7545	41790
研和街道	51131	7251	35126	8754	6790	37585
高仓街道	24230	3745	16522	3963	3201	18591
小石桥彝族乡	5047	846	3275	926	720	4677
洛河彝族乡	7127	1048	4657	1422	1123	6795
江川区	**253295**	**41490**	**166465**	**45340**	**36876**	**218045**
大街街道	94719	15663	64389	14667	11699	70512
江城镇	56956	9052	36782	11122	9321	52474
前卫镇	39461	6122	25227	8112	6689	36839
九溪镇	22938	3923	14805	4210	3519	21622
路居镇	22055	3660	14011	4384	3461	20566
安化彝族乡	7393	1265	4825	1303	1014	6962
雄关乡	9773	1805	6426	1542	1173	9070

表25 续表 7

单位：人

地 区	总人口	分年龄人口				居住本乡、镇、街道，户口在本乡、镇、街道
		0-14岁	15-59岁	60岁及以上	#65岁及以上	
通海县	**289891**	**49450**	**190073**	**50368**	**39099**	**232352**
秀山街道	89341	15371	59991	13979	10608	57487
九龙街道	32508	5469	20844	6195	4914	28298
杨广镇	45334	7752	29345	8237	6224	41375
河西镇	47152	7740	30440	8972	7154	41943
四街镇	40763	6732	26545	7486	5828	35575
纳古镇	12449	2806	8264	1379	1043	7989
里山彝族乡	8281	1320	5600	1361	1054	6716
高大傣族彝族乡	8777	1412	5601	1764	1432	8009
兴蒙蒙古族乡	5286	848	3443	995	842	4960
华宁县	**190425**	**31722**	**125673**	**33030**	**24889**	**168943**
宁州街道	83592	13648	56276	13668	10318	70129
盘溪镇	46853	7650	30833	8370	6220	43005
华溪镇	12848	2312	8602	1934	1452	11386
青龙镇	38355	6529	24208	7618	5796	36179
通红甸彝族苗族乡	8777	1583	5754	1440	1103	8244
易门县	**151671**	**21222**	**102711**	**27738**	**21433**	**116656**
龙泉街道	80833	12349	56393	12091	9204	51885
六街街道	19575	2945	12952	3678	2951	17676
绿汁镇	9040	968	5751	2321	1725	8095
浦贝彝族乡	11669	1255	7766	2648	2106	10713
十街彝族乡	7938	850	5115	1973	1569	7488
铜厂彝族乡	14120	1704	9232	3184	2429	13060
小街乡	8496	1151	5502	1843	1449	7739
峨山彝族自治县	**143903**	**20654**	**97649**	**25600**	**20359**	**113527**
双江街道	62106	8652	44068	9386	7391	40303
小街街道	21652	3361	14219	4072	3369	19245
甸中镇	13609	1871	8459	3279	2624	13015
化念镇	11909	2152	7888	1869	1353	9739
塔甸镇	10018	1520	6520	1978	1640	9381
岔河乡	7855	768	5516	1571	1227	5932
大龙潭乡	8640	1037	5575	2028	1607	8247
富良棚乡	8114	1293	5404	1417	1148	7665
新平彝族傣族自治县	**262771**	**43822**	**177382**	**41567**	**31431**	**195471**
桂山街道	46639	7922	31786	6931	5359	22923
古城街道	27622	5270	18663	3689	2752	14841
扬武镇	23427	3571	16881	2975	2176	17053
漠沙镇	37974	6003	25105	6866	5060	32780
戛洒镇	42587	6951	30451	5185	3810	28921
水塘镇	18882	3714	12278	2890	2255	17467
平甸乡	9371	1507	6102	1762	1365	8707
新化乡	15861	2388	10381	3092	2324	14900
建兴乡	11160	2011	6946	2203	1690	10367
老厂乡	10910	1590	7030	2290	1754	10249
者竜乡	9971	1690	6419	1862	1443	9538
平掌乡	8367	1205	5340	1822	1443	7725
元江哈尼族彝族傣族自治县	**195647**	**36523**	**130264**	**28860**	**22048**	**141062**
红河街道	53520	10260	37823	5437	4047	22541

表25 续表 8

单位：人

地区	总人口	分年龄人口				居住本乡、镇、街道，户口在本乡、镇、街道
		0-14岁	15-59岁	60岁及以上	#65岁及以上	
澧江街道	31691	5952	22080	3659	2715	17568
甘庄街道	21786	4063	14357	3366	2498	17964
曼来镇	22986	3878	14988	4120	3298	21309
因远镇	21361	4066	13429	3866	2910	19725
龙潭乡	4318	493	2927	898	730	4171
羊街乡	11824	2349	7288	2187	1726	11370
那诺乡	11372	2989	6479	1904	1396	10981
洼垤乡	5874	654	3739	1481	1213	5648
咪哩乡	10915	1819	7154	1942	1515	9785
澄江市	**173161**	**27938**	**118529**	**26694**	**20982**	**123423**
凤麓街道	36185	5972	24848	5365	4115	17112
龙街街道	50470	8617	33707	8146	6435	41193
右所镇	36623	6196	24248	6179	4799	28349
阳宗镇	31110	3876	23573	3661	3024	19496
海口镇	9240	1643	5920	1677	1263	8647
九村镇	9533	1634	6233	1666	1346	8626
保山市	**2431211**	**448839**	**1548973**	**433399**	**306172**	**2045218**
隆阳区	**903081**	**160388**	**586237**	**156456**	**112307**	**722189**
兰城街道	51934	8371	35432	8131	5787	31002
永昌街道	102696	15616	75677	11403	7829	45933
九隆街道	65814	10947	42894	11973	8626	33627
青华街道	30276	5282	20792	4202	3101	20973
河图街道	29713	5584	18476	5653	4200	27732
永盛街道	68882	10508	49917	8457	6094	44120
板桥镇	83367	14748	52001	16618	12464	75577
汉庄镇	39731	7291	25208	7232	5303	37007
蒲缥镇	43038	7641	26277	9120	6468	40348
瓦窑镇	31592	6165	19843	5584	3944	29606
潞江镇	65409	11857	41948	11604	8129	60998
金鸡乡	21763	3894	13189	4680	3516	20775
辛街乡	48236	9180	29816	9240	6788	44310
西邑乡	44701	8549	27136	9016	6441	42606
丙麻乡	23480	4040	14330	5110	3746	22310
瓦渡乡	19830	3662	12006	4162	3011	19163
水寨乡	11158	2200	6625	2333	1712	10568
瓦马彝族白族乡	20158	3787	12069	4302	3040	19432
瓦房彝族苗族乡	27883	5512	16959	5412	3762	26127
杨柳白族彝族乡	32568	6841	19795	5932	4231	31487
芒宽彝族傣族乡	40852	8713	25847	6292	4115	38488
施甸县	**293022**	**54760**	**180040**	**58222**	**41919**	**262093**
甸阳镇	53956	9898	34639	9419	6745	40390
由旺镇	31985	5543	19230	7212	5320	29996
姚关镇	32773	6858	19652	6263	4575	29688
仁和镇	44272	8049	26360	9863	7294	41019
太平镇	25795	4524	15961	5310	3855	24740

表25　续表 9　　　　　　　　　　　　　　　　　　　　　　单位：人

地　　区	总人口	分年龄人口				居住本乡、镇、街道，户口在本乡、镇、街道
		0-14岁	15-59岁	60岁及以上	#65岁及以上	
万兴乡	12513	2508	7615	2390	1728	11911
摆榔彝族布朗族乡	5961	1223	3614	1124	793	5702
酒房乡	20039	3728	12171	4140	2897	19145
旧城乡	15633	2608	10732	2293	1526	12329
木老元布朗族彝族乡	4607	879	2763	965	656	4369
老麦乡	16755	3585	9629	3541	2560	16194
何元乡	13438	2576	8165	2697	1888	12937
水长乡	15295	2781	9509	3005	2082	13673
龙陵县	**272769**	**59441**	**164054**	**49274**	**34345**	**239390**
龙山镇	65192	13658	42433	9101	6167	44469
镇安镇	37729	7910	22422	7397	5148	35126
勐糯镇	18168	3934	11503	2731	1779	15417
腊勐镇	17482	3468	10409	3605	2469	16545
象达镇	31598	7222	18209	6167	4414	29650
龙江乡	24685	5078	14283	5324	3749	23720
碧寨乡	18904	4030	11080	3794	2838	17972
龙新乡	27836	6655	15811	5370	3854	26469
平达乡	23465	5789	13328	4348	2937	22623
木城彝族傈僳族乡	7710	1697	4576	1437	990	7399
昌宁县	**319858**	**52005**	**207751**	**60102**	**42617**	**283913**
田园镇	77023	11203	53856	11964	8877	54361
漭水镇	21223	3112	12720	5391	3828	20481
柯街镇	28818	4711	18968	5139	3547	26172
卡斯镇	34483	6446	21620	6417	4357	32739
勐统镇	21162	3818	13351	3993	2888	20132
温泉镇	21056	3335	13184	4537	3317	20113
大田坝镇	18002	2841	10975	4186	3030	17368
鸡飞镇	15804	2307	10229	3268	2308	14931
翁堵镇	12250	2021	7668	2561	1825	11800
湾甸傣族乡	17416	3008	11653	2755	1765	15580
更戛乡	22445	4223	14351	3871	2729	21377
珠街彝族乡	10999	1765	7110	2124	1411	10544
耈街彝族苗族乡	19177	3215	12066	3896	2735	18315
腾冲市	**642481**	**122245**	**410891**	**109345**	**74984**	**537633**
腾越镇	176636	30393	121445	24798	17065	108588
固东镇	39812	7562	25166	7084	4916	37647
滇滩镇	25207	5231	15974	4002	2650	23269
猴桥镇	25919	5390	16809	3720	2493	22006
和顺镇	15832	1265	13110	1457	1037	5333
界头镇	58380	11904	35953	10523	7090	56276
曲石镇	39024	7222	24964	6838	4620	36306
明光镇	32722	6498	20397	5827	3839	31271
中和镇	34241	7226	20515	6500	4456	32523
芒棒镇	34639	6838	20877	6924	4812	32632
荷花镇	21911	4405	12817	4689	3194	20703
马站乡	23889	4635	14896	4358	3026	22689
北海乡	20481	3973	12606	3902	2683	18886
清水乡	13865	2657	8428	2780	1957	12582

表25 续表 10

单位：人

地区	总人口	分年龄人口				居住本乡、镇、街道，户口在本乡、镇、街道
		0-14岁	15-59岁	60岁及以上	#65岁及以上	
五合乡	26828	5823	15290	5715	4037	26031
新华乡	13721	2918	8122	2681	1911	13303
蒲川乡	23587	4832	14238	4517	3120	22390
团田乡	15787	3473	9284	3030	2078	15198
昭通市	**5092611**	**1295275**	**3149431**	**647905**	**475490**	**4325998**
昭阳区	**911766**	**224238**	**580781**	**106747**	**76792**	**680622**
凤凰街道	163287	37358	109073	16856	11825	97462
龙泉街道	85209	18127	54551	12531	9177	52580
太平街道	138318	31564	95605	11149	7709	74693
旧圃镇	65747	16016	41283	8448	6089	59249
永丰镇	46255	11432	29552	5271	3736	41076
北闸镇	60091	15375	37498	7218	5262	43415
盘河镇	18252	4480	11239	2533	1959	17162
靖安镇	52183	15221	30314	6648	4918	32013
洒渔镇	49965	12572	30609	6784	4784	47254
乐居镇	26620	6579	16283	3758	2579	23818
苏家院镇	31973	8321	19039	4613	3288	30185
大山包镇	8232	2097	5304	831	604	7671
炎山镇	9099	1920	5613	1566	1193	8511
布嘎回族乡	26886	7814	16350	2722	2043	25716
守望回族乡	41274	11340	25354	4580	3289	37247
小龙洞回族彝族乡	30178	8783	18398	2997	2220	28441
青岗岭回族彝族乡	22013	5593	13648	2772	2037	20166
苏甲乡	19086	5339	11011	2736	2004	18043
大寨子乡	9173	2253	5342	1578	1209	8576
田坝乡	7925	2054	4715	1156	867	7344
鲁甸县	**398447**	**108678**	**244350**	**45419**	**32429**	**320588**
文屏镇	122611	32678	77697	12236	8790	57792
水磨镇	32703	10543	18490	3670	2550	31830
龙头山镇	42825	10676	26986	5163	3757	40758
小寨镇	17066	4100	10874	2092	1480	16184
江底镇	22163	6010	13414	2739	1908	21353
火德红镇	17399	5390	9891	2118	1546	16695
龙树镇	29180	8288	17235	3657	2525	28373
新街镇	13919	4330	8095	1494	1072	13009
梭山镇	21424	5407	13090	2927	2113	20233
乐红镇	23306	5852	14393	3061	2207	22195
桃源回族乡	30402	8600	18321	3481	2507	29333
茨院回族乡	25449	6804	15864	2781	1974	22833
巧家县	**462173**	**106353**	**287261**	**68559**	**50646**	**403818**
白鹤滩镇	131838	26862	89114	15862	11891	91114
大寨镇	31387	6325	20084	4978	3752	26742
小河镇	27181	6392	16505	4284	3203	26173
药山镇	29772	7022	17428	5322	3858	28670
马树镇	25834	6282	15595	3957	2720	24238
老店镇	43206	10758	25478	6970	4957	41626
茂租镇	14246	3546	8444	2256	1678	13711

表25　续表 11

单位：人

地　　区	总人口	分年龄人口				居住本乡、镇、街道，户口在本乡、镇、街道
		0-14岁	15-59岁	60岁及以上	#65岁及以上	
东坪镇	20448	5228	11910	3310	2475	19450
新店镇	21068	5134	12159	3775	2870	20229
崇溪镇	27580	6431	16878	4271	3188	26815
金塘镇	12961	2779	8013	2169	1715	12038
蒙姑镇	15276	3445	9391	2440	1825	14165
红山乡	15013	3804	9111	2098	1525	14239
包谷垴乡	20852	5678	12176	2998	2157	20135
中寨乡	9958	2484	5747	1727	1299	9525
炉房乡	15553	4183	9228	2142	1533	14948
盐津县	**317463**	**73036**	**198547**	**45880**	**33861**	**275072**
盐井镇	71791	14792	47999	9000	6517	43632
普洱镇	45644	11018	27892	6734	4984	42441
豆沙镇	17408	4212	10425	2771	1965	16175
中和镇	26062	5683	16043	4336	3345	24703
庙坝镇	38666	10068	23225	5373	3845	36555
柿子镇	19985	4855	12101	3029	2216	18406
兴隆乡	27752	6485	16845	4422	3340	26544
落雁乡	21867	5461	13332	3074	2305	20792
滩头乡	21764	4713	13953	3098	2264	20500
牛寨乡	26524	5749	16732	4043	3080	25324
大关县	**209116**	**47599**	**132694**	**28823**	**21099**	**188277**
翠华镇	46324	10124	30682	5518	4068	34503
玉碗镇	9769	2287	6213	1269	983	9149
吉利镇	13659	3029	8350	2280	1681	12882
天星镇	47100	10844	29684	6572	4602	44999
木杆镇	20353	4810	12213	3330	2520	19223
悦乐镇	23711	5015	15142	3554	2527	22625
寿山镇	19152	4431	12138	2583	1940	17942
高桥镇	15210	3558	9525	2127	1624	14168
上高桥回族彝族苗族乡	13838	3501	8747	1590	1154	12786
永善县	**349157**	**81688**	**216631**	**50838**	**37875**	**297327**
溪洛渡镇	116676	26748	74612	15316	11525	78534
桧溪镇	12196	2836	7634	1726	1295	10947
黄华镇	39600	8741	24753	6106	4541	36748
茂林镇	20467	5768	12077	2622	1863	18948
大兴镇	21252	4818	12896	3538	2717	20403
莲峰镇	27884	6440	17435	4009	2902	26160
务基镇	17882	4033	10729	3120	2371	17183
码口镇	19991	4740	12213	3038	2227	19350
团结乡	9687	2178	5799	1710	1321	9133
细沙乡	13583	3166	8276	2141	1629	12886
青胜乡	7900	1623	4941	1336	986	7551
马楠苗族彝族乡	9986	2349	6377	1260	929	9368
水竹乡	6553	1681	3981	891	657	5815
墨翰乡	16269	3753	9778	2738	2041	15539
伍寨彝族苗族乡	9231	2814	5130	1287	871	8762
绥江县	**135468**	**28061**	**85671**	**21736**	**16168**	**120708**
中城镇	77514	15762	49645	12107	8945	66322

表25　续表 12

单位：人

地　　区	总人口	分年龄人口				居住本乡、镇、街道，户口在本乡、镇、街道
		0-14岁	15-59岁	60岁及以上	#65岁及以上	
南岸镇	9994	1955	6232	1807	1369	9438
新滩镇	16478	3740	10215	2523	1871	15093
会仪镇	17746	3953	10959	2834	2143	16828
板栗镇	13736	2651	8620	2465	1840	13027
镇雄县	**1349795**	**379696**	**817092**	**153007**	**113188**	**1216453**
乌峰街道	38926	11018	24310	3598	2649	30317
南台街道	98958	28343	63038	7577	5436	53470
旧府街道	69669	18977	43903	6789	5063	45583
泼机镇	91146	25644	53720	11782	8905	87915
黑树镇	24721	7777	14053	2891	2195	23645
母享镇	53382	15832	31078	6472	4835	50584
大湾镇	47123	12720	29084	5319	3966	44571
以勒镇	70846	21500	41722	7624	5703	65164
赤水源镇	59588	17591	35847	6150	4576	55402
芒部镇	49938	13714	31084	5140	3722	45980
雨河镇	41701	11682	25234	4785	3471	39681
罗坎镇	61756	15429	38382	7945	5843	59468
牛场镇	38638	10582	23966	4090	2990	37019
五德镇	58066	14173	36366	7527	5262	55082
坡头镇	59378	17049	34569	7760	5915	57046
以古镇	28681	8052	17281	3348	2495	27485
场坝镇	49526	14401	28941	6184	4587	47780
塘房镇	53580	16288	31052	6240	4739	50287
中屯镇	49611	13022	29552	7037	5324	47455
木卓镇	26350	6763	16478	3109	2255	25261
盐源镇	26931	7195	16193	3543	2572	25866
碗厂镇	21032	5673	13028	2331	1673	19794
坪上镇	36748	9842	22611	4295	3143	35429
鱼洞乡	18600	5431	11130	2039	1527	17903
花朗乡	19038	4858	11592	2588	2035	18256
尖山乡	28630	8752	16780	3098	2281	27407
杉树乡	18958	4632	12063	2263	1685	18229
花山乡	26534	8131	15569	2834	1979	24938
果珠彝族乡	40066	11457	24296	4313	3160	39171
林口彝族苗族乡	41674	13168	24170	4336	3202	40265
彝良县	**503376**	**131929**	**309252**	**62195**	**44306**	**445644**
角奎镇	134606	34430	84415	15761	11236	96304
洛泽河镇	51238	13257	31703	6278	4620	48406
牛街镇	32100	7949	20029	4122	3024	29400
海子镇	26271	6974	16139	3158	2151	24581
荞山镇	30983	8063	19018	3902	2749	30138
龙安镇	18079	4489	10678	2912	2002	17231
钟鸣镇	14698	3643	8927	2128	1495	13766
两河镇	17456	4460	10293	2703	1902	16623
小草坝镇	20560	5212	12730	2618	1857	19519
龙海镇	15784	3832	9776	2176	1586	14347
龙街苗族彝族乡	37924	9720	23822	4382	3057	36489
奎香苗族彝族乡	40751	11693	24404	4654	3178	39165

表25 续表 13

单位：人

地区	总人口	分年龄人口				居住本乡、镇、街道，户口在本乡、镇、街道
		0-14岁	15-59岁	60岁及以上	#65岁及以上	
树林彝族苗族乡	21489	6099	13065	2325	1643	20611
柳溪苗族乡	17230	5141	10143	1946	1456	15934
洛旺苗族乡	24207	6967	14110	3130	2350	23130
威信县	**352318**	**93055**	**210097**	**49166**	**37705**	**302727**
扎西镇	144259	39132	89465	15662	11870	104840
旧城镇	21827	5210	12819	3798	3041	20738
罗布镇	39205	10335	22859	6011	4596	37815
麟凤镇	30217	7917	17419	4881	3673	27642
长安镇	21636	5585	12368	3683	2873	20911
庙沟镇	14928	3904	8595	2429	1832	14049
水田镇	12954	3403	7570	1981	1545	12288
双河苗族彝族乡	23060	6175	13238	3647	2795	22060
高田乡	22595	5887	13063	3645	2812	21548
三桃乡	21637	5507	12701	3429	2668	20836
水富市	**103532**	**20942**	**67055**	**15535**	**11421**	**74762**
云富街道	61450	11913	41535	8002	5830	36082
向家坝镇	16198	3213	9781	3204	2400	14857
太平镇	12626	2824	7548	2254	1687	11505
两碗镇	13258	2992	8191	2075	1504	12318
丽江市	**1253878**	**213592**	**857987**	**182299**	**132894**	**919272**
古城区	**288787**	**38646**	**217606**	**32535**	**23652**	**117621**
西安街道	75738	9552	57227	8959	6425	29828
大研街道	18472	1995	14435	2042	1532	7397
祥和街道	65570	10052	49468	6050	4147	15623
束河街道	59529	6828	47981	4720	3368	14245
金山街道	27674	4096	20766	2812	2044	13104
开南街道	8638	1394	5662	1582	1223	7806
文化街道	3593	441	2527	625	443	2760
金安镇	4761	678	3196	887	703	4158
七河镇	17615	2644	11622	3349	2588	16048
大东乡	4952	646	3304	1002	783	4614
金江白族乡	2245	320	1418	507	396	2038
玉龙纳西族自治县	**224039**	**35866**	**149553**	**38620**	**28443**	**163471**
黄山镇	68591	12342	48705	7544	5225	18868
石鼓镇	17253	2442	11005	3806	2815	15689
巨甸镇	16517	2305	10698	3514	2560	15749
白沙镇	8077	1450	5198	1429	1098	7154
拉市镇	14547	2292	9440	2815	2102	13376
奉科镇	5132	633	3397	1102	900	4738
鸣音镇	5429	806	3613	1010	776	5004
太安乡	7617	1238	5079	1300	956	7062
龙蟠乡	8878	1141	5878	1859	1399	7749
黎明傈僳族乡	12950	2031	8361	2558	1867	12212
鲁甸乡	14907	2408	10151	2348	1680	14287
塔城乡	6826	823	4550	1453	1085	6402
大具乡	6196	944	3892	1360	1056	5776
宝山乡	5273	797	3431	1045	832	4990

表25 续表 14

单位：人

地　区	总人口	分年龄人口				居住本乡、镇、街道，户口在本乡、镇、街道
		0-14岁	15-59岁	60岁及以上	#65岁及以上	
石头白族乡	7108	1149	4643	1316	891	6903
九河白族乡	18738	3065	11512	4161	3201	17512
永胜县	**336832**	**56515**	**221552**	**58765**	**41713**	**309858**
永北镇	61932	10022	42387	9523	6902	46224
仁和镇	20667	3778	13808	3081	2158	19537
期纳镇	28875	4347	18158	6370	4591	27556
三川镇	47808	7696	29212	10900	7706	46084
程海镇	33241	5461	21058	6722	4861	31925
涛源镇	31031	5562	20547	4922	3622	30061
鲁地拉镇	11514	2055	8257	1202	802	11029
片角镇	20332	3557	13622	3153	2220	19372
顺州镇	24769	3675	16462	4632	3181	24073
羊坪彝族乡	5696	1379	3740	577	439	5566
六德傈僳族彝族乡	12670	2372	8451	1847	1295	11806
东山傈僳族彝族乡	6551	1313	4572	666	454	6251
光华傈僳族彝族乡	12074	1978	8020	2076	1373	11761
松坪傈僳族彝族乡	7184	1258	4927	999	680	6582
大安彝族纳西族乡	12488	2062	8331	2095	1429	12031
华坪县	**159695**	**26063**	**107366**	**26266**	**19216**	**131249**
中心镇	52734	9129	35758	7847	5777	39398
荣将镇	31574	5495	20660	5419	3868	26256
兴泉镇	15877	2335	10607	2935	2169	14135
石龙坝镇	16788	2189	12120	2479	1773	12296
新庄傈僳族傣族乡	15408	2498	10235	2675	1944	14182
通达傈僳族乡	7514	1205	5046	1263	994	7188
永兴傈僳族乡	12060	2022	7910	2128	1568	10472
船房傈僳族傣族乡	7740	1190	5030	1520	1123	7322
宁蒗彝族自治县	**244525**	**56502**	**161910**	**26113**	**19870**	**197073**
大兴镇	83760	19254	57099	7407	5500	45946
永宁镇	20360	4272	13613	2475	1804	18856
红桥镇	17064	4013	10966	2085	1605	16098
战河镇	20372	5042	13259	2071	1679	18742
拉伯乡	8556	1513	5901	1142	891	8282
翠玉傈僳族普米族乡	11937	2349	7944	1644	1179	11542
宁利乡	12081	2832	7756	1493	1102	10990
金棉乡	5984	1151	3928	905	700	5508
西川乡	8357	2109	5342	906	689	8143
西布河乡	13212	3172	8595	1445	1103	12784
永宁坪乡	4859	1162	3172	525	426	4757
跑马坪乡	8184	1923	5440	821	650	7275
蝉战河乡	4319	1180	2716	423	345	4244
新营盘乡	19086	4817	12210	2059	1623	17669
烂泥箐乡	6394	1713	3969	712	574	6237
普洱市	**2404954**	**451543**	**1574002**	**379409**	**260489**	**1839260**
思茅区	**416188**	**69919**	**295204**	**51065**	**34729**	**185357**
思茅街道	161883	25525	116318	20040	13682	61089
南屏镇	157457	25450	115773	16234	10738	52562

表25 续表 15

单位：人

地 区	总人口	分年龄人口				居住本乡、镇、街道，户口在本乡、镇、街道
		0-14岁	15-59岁	60岁及以上	#65岁及以上	
倚象镇	46770	9064	31662	6044	4014	32269
思茅港镇	16886	3571	10938	2377	1644	12345
六顺镇	12868	2601	8263	2004	1395	9158
龙潭彝族傣族乡	9096	1873	5631	1592	1182	7559
云仙彝族乡	11228	1835	6619	2774	2074	10375
宁洱哈尼族彝族自治县	**162711**	**26956**	**104204**	**31551**	**22996**	**128569**
宁洱镇	81904	14194	54205	13505	9664	58155
磨黑镇	16462	2518	10547	3397	2361	14060
德化镇	8335	1260	5325	1750	1341	7584
同心镇	12964	2115	8245	2604	1901	10933
勐先镇	14433	2308	8403	3722	2936	12806
梅子镇	7813	1366	4818	1629	1193	6994
德安乡	6644	1112	3911	1621	1147	6025
普义乡	6869	1032	4300	1537	1146	5645
黎明乡	7287	1051	4450	1786	1307	6367
墨江哈尼族自治县	**281554**	**53544**	**175496**	**52514**	**37793**	**237992**
联珠镇	96313	19157	61728	15428	11240	67665
通关镇	21775	3487	13749	4539	3392	17713
龙坝镇	17673	3651	10806	3216	2094	16961
新安镇	12737	2147	7891	2699	1982	11679
团田镇	12071	2466	7481	2124	1408	11385
新抚镇	13194	2477	8180	2537	1810	12393
景星镇	13403	2364	7974	3065	2304	12738
鱼塘镇	9636	1649	5731	2256	1657	8453
文武镇	13504	2589	8312	2603	1857	12826
坝溜镇	15096	2933	9270	2893	2011	14406
泗南江镇	13976	2648	8591	2737	1978	12774
雅邑镇	15627	2700	9581	3346	2434	14508
孟弄彝族乡	8951	1584	5715	1652	1236	7988
龙潭乡	7257	1407	4141	1709	1263	6700
那哈乡	10341	2285	6346	1710	1127	9803
景东彝族自治县	**303109**	**51696**	**194929**	**56484**	**39226**	**269029**
锦屏镇	77655	13285	53059	11311	7957	52112
文井镇	53258	9165	33343	10750	7283	50589
漫湾镇	15184	2720	9711	2753	1883	14583
大朝山东镇	20466	3417	12913	4136	2748	19787
花山镇	21759	3683	13413	4663	3358	21160
大街镇	17429	3106	10839	3484	2489	16884
太忠镇	17498	2932	11215	3351	2387	17020
文龙镇	14658	2478	9576	2604	1676	13557
安定镇	14477	2674	9115	2688	1810	14034
景福镇	14202	2296	8720	3186	2353	13699
曼等乡	10508	1658	6485	2365	1718	10202
龙街乡	15784	2495	10081	3208	2253	15378
林街乡	10231	1787	6459	1985	1311	10024
景谷傣族彝族自治县	**277417**	**53262**	**176241**	**47914**	**32875**	**235801**
威远镇	95795	18312	63661	13822	9497	67587
永平镇	63162	12527	39630	11005	7600	57736

表25　续表 16

单位：人

地　　区	总人口	分年龄人口				居住本乡、镇、街道，户口在本乡、镇、街道
		0-14岁	15-59岁	60岁及以上	#65岁及以上	
正兴镇	14672	2471	9310	2891	2016	13672
民乐镇	22697	4473	14370	3854	2608	20229
凤山镇	15289	2694	9361	3234	2185	14543
景谷镇	13692	2519	8490	2683	1763	12843
碧安乡	16429	3278	9765	3386	2344	15535
益智乡	10019	1855	6297	1867	1282	9469
半坡乡	7557	1434	4535	1588	1108	7101
勐班乡	18105	3699	10822	3584	2472	17086
镇沅彝族哈尼族拉祜族自治县	**179503**	**32428**	**113908**	**33167**	**23278**	**150021**
恩乐镇	41954	7774	28864	5316	3708	24718
按板镇	15571	2579	9848	3144	2241	13914
勐大镇	31321	5420	18941	6960	4804	28767
者东镇	24381	4648	15370	4363	3009	21873
九甲镇	11944	2361	7030	2553	1814	11415
古城镇	11337	2024	7131	2182	1555	10499
振太镇	26566	4759	16416	5391	3806	24054
和平镇	10356	1800	6779	1777	1274	9086
田坝乡	6073	1063	3529	1481	1067	5695
江城哈尼族彝族自治县	**111033**	**22029**	**72471**	**16533**	**11222**	**80286**
勐烈镇	38220	7947	25567	4706	3073	20677
整董镇	10142	1986	6659	1497	979	7520
曲水镇	13366	2586	8980	1800	1183	10735
宝藏镇	7243	1332	4504	1407	1024	6385
康平镇	21873	4696	14287	2890	2059	17085
国庆乡	9675	1707	5986	1982	1338	8404
嘉禾乡	10514	1775	6488	2251	1566	9480
孟连傣族拉祜族佤族自治县	**144693**	**31512**	**96041**	**17140**	**10425**	**106570**
娜允镇	60181	12116	41456	6609	4091	33974
勐马镇	29864	6683	19544	3637	2159	24117
芒信镇	15511	3566	10121	1824	1076	12972
富岩镇	12319	3329	7345	1645	1018	11263
景信乡	12546	2543	8303	1700	1027	11321
公信乡	14272	3275	9272	1725	1054	12923
澜沧拉祜族自治县	**441455**	**89618**	**288376**	**63461**	**41899**	**369510**
勐朗镇	99551	18819	68669	12063	8029	55585
上允镇	41298	8071	27400	5827	3779	36495
糯扎渡镇	28679	5709	19136	3834	2542	24914
惠民镇	17677	3565	11628	2484	1607	15118
东回镇	13997	3100	9083	1814	1133	12962
发展河哈尼族乡	13218	2524	8576	2118	1501	12360
谦六彝族乡	36877	8160	23287	5430	3588	34944
糯福乡	15791	3377	10387	2027	1238	14766
东河乡	9895	1716	6326	1853	1293	9122
大山乡	13292	2805	8076	2411	1760	12360
南岭乡	19824	4135	12401	3288	2280	18555
雪林佤族乡	12424	3456	7435	1533	930	11400
木戛乡	13651	2267	8998	2386	1513	12954
酒井哈尼族乡	11711	2387	7524	1800	1166	10874

表25　续表 17　　　　单位：人

地　　区	总人口	分年龄人口				居住本乡、镇、街道，户口在本乡、镇、街道
		0-14岁	15-59岁	60岁及以上	#65岁及以上	
拉巴乡	12579	2852	7977	1750	1105	11673
竹塘乡	29552	5775	19481	4296	2684	26960
富邦乡	16388	3077	10428	2883	1856	15636
安康佤族乡	11351	2478	7320	1553	997	10758
文东佤族乡	12510	2867	7444	2199	1513	11581
富东乡	11190	2478	6800	1912	1385	10493
西盟佤族自治县	**87291**	**20579**	**57132**	**9580**	**6046**	**76125**
勐梭镇	23995	4692	16764	2539	1567	18196
勐卡镇	14096	3328	8997	1771	1119	12389
翁嘎科镇	9947	2396	6402	1149	723	9228
中课镇	10187	2397	6624	1166	758	9433
新厂镇	11664	3422	7101	1141	729	10564
力所拉祜族乡	10390	2291	6907	1192	756	9612
岳宋乡	7012	2053	4337	622	394	6703
临沧市	**2257991**	**457185**	**1462720**	**338086**	**236911**	**1894678**
临翔区	**370947**	**68575**	**251423**	**50949**	**36468**	**260086**
凤翔街道	138995	22014	99879	17102	12048	78326
忙畔街道	81112	14075	58945	8092	5695	42481
博尚镇	32608	6921	19930	5757	4308	30209
南美拉祜族乡	5122	983	3400	739	506	4303
蚂蚁堆乡	27439	6360	16692	4387	3227	26266
章驮乡	17930	4004	11115	2811	2019	17251
圈内乡	25656	5269	15585	4802	3559	23986
马台乡	20721	4523	12581	3617	2545	18240
邦东乡	13804	2875	8773	2156	1541	12271
平村彝族傣族乡	7560	1551	4523	1486	1020	6753
凤庆县	**385420**	**73673**	**243784**	**67963**	**47295**	**351894**
凤山镇	88862	15635	60144	13083	9346	66191
鲁史镇	21851	4005	13260	4586	3114	20869
小湾镇	22215	4555	13564	4096	2815	21395
营盘镇	37884	7301	24155	6428	4362	36733
三岔河镇	22786	4403	14338	4045	2769	22211
勐佑镇	41980	8219	26068	7693	5403	40036
雪山镇	24348	4707	15039	4602	3273	23409
洛党镇	31362	6166	19260	5936	4091	30419
诗礼乡	20173	3967	12185	4021	2762	19521
新华彝族苗族乡	20427	4195	12641	3591	2377	19673
大寺乡	27265	5031	16857	5377	3823	26574
腰街彝族乡	7817	1665	4969	1183	775	7069
郭大寨彝族白族乡	18450	3824	11304	3322	2385	17794
云县	**389180**	**77235**	**249567**	**62378**	**45539**	**344116**
爱华镇	115047	21956	78072	15019	10738	79929
漫湾镇	18242	3552	11599	3091	2145	17549
大朝山西镇	14648	3379	8955	2314	1575	13911
涌宝镇	33865	7050	21032	5783	4442	32229
茂兰镇	33938	6784	21328	5826	4043	33109

表25 续表 18 单位：人

地区	总人口	分年龄人口				居住本乡、镇、街道，户口在本乡、镇、街道
		0-14岁	15-59岁	60岁及以上	#65岁及以上	
幸福镇	39449	7962	25554	5933	4341	37546
大寨镇	27155	5808	16548	4799	3503	26197
忙怀彝族布朗族乡	15946	3281	9882	2783	2066	15487
晓街乡	30173	5822	18951	5400	4120	29291
茶房乡	25171	5047	14749	5375	4140	24474
栗树彝族傣族乡	16941	3540	10342	3059	2258	16568
后箐彝族乡	14931	2933	9162	2836	2063	14536
幸福农场	202	35	133	34	28	185
新城农场	3472	86	3260	126	77	3105
永德县	**328864**	**66788**	**210470**	**51606**	**37416**	**293416**
德党镇	67885	12558	44882	10445	7690	53846
小勐统镇	43939	9605	27017	7317	5160	40812
永康镇	54369	10085	36331	7953	5712	46199
勐板乡	23068	4780	13966	4322	3119	22216
亚练乡	23069	4485	14904	3680	2607	22020
乌木龙彝族乡	24411	5292	15354	3765	2628	23533
大雪山彝族拉祜族傣族乡	19934	4485	12674	2775	2062	18618
班卡乡	16975	3849	10291	2835	2097	16322
崇岗乡	29537	6665	18496	4376	3361	27249
大山乡	19491	3873	12472	3146	2368	17913
勐底农场	6186	1111	4083	992	612	4688
镇康县	**172879**	**40366**	**108308**	**24205**	**17168**	**143415**
凤尾镇	16247	3646	10222	2379	1788	13290
勐捧镇	37911	9338	22567	6006	4075	35318
南伞镇	55436	13078	36604	5754	3954	36203
忙丙乡	16431	3467	9957	3007	2255	15644
勐堆乡	17910	4047	11092	2771	1849	16736
木场乡	15768	3850	9344	2574	1988	14817
军赛佤族拉祜族傈僳族德昂族乡	13176	2940	8522	1714	1259	11407
双江拉祜族佤族布朗族傣族自治县	**164756**	**34852**	**107121**	**22783**	**15372**	**134454**
勐勐镇	51908	10412	34665	6831	4532	38670
勐库镇	33973	7806	21747	4420	2939	31079
沙河乡	38524	7907	25803	4814	3256	26181
大文乡	12608	2834	7560	2214	1537	11960
忙糯乡	14801	3306	9236	2259	1574	14125
邦丙乡	12942	2587	8110	2245	1534	12439
耿马傣族佤族自治县	**285683**	**62407**	**186809**	**36467**	**23554**	**235770**
耿马镇	59116	11544	40391	7181	4648	43537
勐永镇	27601	7116	16845	3640	2522	25859
勐撒镇	29474	6893	18833	3748	2463	26598
孟定镇	90715	20296	60336	10083	6354	71732
大兴乡	9491	2255	5869	1367	906	8326
芒洪拉祜族布朗族乡	6641	1423	4172	1046	680	6345
四排山乡	13977	3040	9180	1757	1161	13012
贺派乡	15393	3531	9775	2087	1326	14726
勐简乡	13997	2914	9328	1755	1154	11293
耿马华侨农场	3891	736	2461	694	445	3171
勐撒农场	6239	1265	3850	1124	623	4511
孟定农场	9148	1394	5769	1985	1272	6660

表25 续表 19 单位：人

地区	总人口	分年龄人口				居住本乡、镇、街道，户口在本乡、镇、街道
		0-14岁	15-59岁	60岁及以上	#65岁及以上	
沧源佤族自治县	**160262**	**33289**	**105238**	**21735**	**14099**	**131527**
勐董镇	42654	7981	29954	4719	3068	26507
岩帅镇	26095	5512	16752	3831	2455	24029
勐省镇	14886	2985	9948	1953	1247	13361
芒卡镇	11832	2501	7732	1599	989	10059
单甲乡	9466	2167	6174	1125	747	8230
糯良乡	11631	2528	7323	1780	1167	10733
勐来乡	11061	2577	6633	1851	1164	10432
勐角傣族彝族拉祜族乡	11560	2394	7387	1779	1170	10786
班洪乡	8050	1830	4942	1278	855	7595
班老乡	7588	1862	4797	929	622	6671
勐省农场	5439	952	3596	891	615	3124
楚雄彝族自治州	**2416747**	**383951**	**1606487**	**426309**	**314980**	**1929234**
楚雄市	**631530**	**94674**	**439413**	**97443**	**70647**	**404296**
鹿城镇	274511	37816	197506	39189	28670	143201
东瓜镇	148210	23564	106719	17927	12378	62424
吕合镇	15615	2217	9947	3451	2614	14702
紫溪镇	12663	2038	8482	2143	1523	11526
东华镇	21448	3146	14136	4166	3134	19901
子午镇	23305	3381	14872	5052	3579	21916
苍岭镇	26258	3399	17960	4899	3607	25058
三街镇	17708	3207	11094	3407	2505	17137
八角镇	11753	1964	7364	2425	1789	11274
中山镇	18546	3124	11860	3562	2594	17842
新村镇	10891	1689	6893	2309	1680	10479
西舍路镇	15628	2681	10060	2887	2191	15047
树苴乡	13173	2241	8202	2730	2088	12680
大过口乡	13390	2880	8767	1743	1226	12980
大地基乡	8431	1327	5551	1553	1069	8129
双柏县	**133884**	**19487**	**90404**	**23993**	**17253**	**111445**
妥甸镇	49218	7748	33932	7538	5383	32461
大庄镇	19828	2392	13459	3977	2903	16941
法脿镇	16941	2217	11105	3619	2573	16423
鄂嘉镇	22128	3929	14390	3809	2840	21363
大麦地镇	7759	974	5474	1311	901	6956
安龙堡乡	6796	791	4601	1404	984	6500
爱尼山乡	8154	1020	5402	1732	1249	7915
独田乡	3060	416	2041	603	420	2886
牟定县	**149437**	**22284**	**96202**	**30951**	**24094**	**128645**
共和镇	73530	11171	48898	13461	10557	56588
新桥镇	15541	2201	9230	4110	3154	14876
江坡镇	17544	2503	11185	3856	3003	16146
凤屯镇	11951	1777	7634	2540	1933	11351
蟠猫乡	6797	1017	4227	1553	1196	6535

表25 续表 20

单位：人

地　　区	总人口	分年龄人口				居住本乡、镇、街道，户口在本乡、镇、街道
		0-14岁	15-59岁	60岁及以上	#65岁及以上	
戌街乡	10480	1538	6609	2333	1810	9961
安乐乡	13594	2077	8419	3098	2441	13188
南华县	**203704**	**34691**	**134353**	**34660**	**25642**	**181627**
龙川镇	84955	14211	56906	13838	10355	65483
沙桥镇	26266	4641	17036	4589	3464	25682
五街镇	16014	3492	10507	2015	1455	15643
红土坡镇	10060	1534	6540	1986	1453	9790
马街镇	14083	2138	9214	2731	2000	13885
兔街镇	11368	1870	7420	2078	1480	11098
雨露白族乡	10606	1706	7046	1854	1358	10344
一街乡	13964	2614	8905	2445	1748	13730
罗武庄乡	8910	1522	5775	1613	1219	8673
五顶山乡	7478	963	5004	1511	1110	7299
姚安县	**164165**	**25423**	**104847**	**33895**	**26017**	**147823**
栋川镇	78611	12634	49721	16256	12517	67166
光禄镇	22288	3354	13407	5527	4343	21489
前场镇	14233	2299	9286	2648	1932	13511
弥兴镇	14808	2139	9499	3170	2414	13832
太平镇	7631	1199	4982	1450	1119	7223
官屯镇	12407	1923	8181	2303	1787	11598
适中乡	3893	564	2485	844	662	3786
左门乡	3751	540	2582	629	446	3651
大河口乡	6543	771	4704	1068	797	5567
大姚县	**228961**	**36650**	**146139**	**46172**	**34413**	**202847**
金碧镇	93281	14072	60142	19067	14684	72900
石羊镇	20795	3333	12816	4646	3391	20176
六苴镇	9908	1351	6526	2031	1493	8665
龙街镇	15511	2529	9185	3797	2892	15028
新街镇	17271	2705	10264	4302	3177	16772
赵家店镇	12587	1749	8161	2677	2076	11788
三岔河镇	10531	1786	6722	2023	1461	10172
桂花镇	9553	1751	6286	1516	1048	9194
昙华乡	6492	1190	4156	1146	815	6208
湾碧傣族傈僳族乡	13897	2531	9322	2044	1393	13436
铁锁乡	8901	1630	5892	1379	949	8643
三台乡	10234	2023	6667	1544	1034	9865
永仁县	**97985**	**15172**	**65785**	**17028**	**12486**	**79549**
永定镇	40470	6677	27903	5890	4354	26405
宜就镇	13029	1854	8443	2732	1969	12309
中和镇	7262	899	4804	1559	1133	6817
莲池乡	12642	2093	8497	2052	1518	10612
维的乡	8998	1390	5851	1757	1317	8607
猛虎乡	7274	1155	4747	1372	974	6943
永兴傣族乡	8310	1104	5540	1666	1221	7856
元谋县	**201510**	**34215**	**133835**	**33460**	**24160**	**155218**
元马镇	86934	15041	59841	12052	8634	50703
黄瓜园镇	31880	5305	20779	5796	4153	27566

表25　续表 21

单位：人

地　区	总人口	分年龄人口				居住本乡、镇、街道，户口在本乡、镇、街道
		0-14岁	15-59岁	60岁及以上	#65岁及以上	
羊街镇	14223	2501	9247	2475	1891	13622
老城乡	21975	3800	14131	4044	2996	20309
物茂乡	13609	2101	8918	2590	1780	12083
江边乡	5599	939	3483	1177	858	5368
新华乡	5401	814	3321	1266	935	5085
平田乡	12353	2078	7941	2334	1631	11291
凉山乡	2271	490	1506	275	190	2191
姜驿乡	7265	1146	4668	1451	1092	7000
武定县	**239059**	**43961**	**154791**	**40307**	**29572**	**206629**
狮山镇	101843	19335	67208	15300	11250	74864
高桥镇	25008	4232	15984	4792	3529	24253
猫街镇	21028	3744	13580	3704	2639	20295
插甸镇	17627	3241	11115	3271	2359	16619
白路镇	10725	1957	7028	1740	1276	10149
万德镇	11085	2009	7025	2051	1484	10730
己衣镇	10362	1729	6746	1887	1410	9873
田心乡	12965	2385	8060	2520	1884	12413
发窝乡	10769	2076	6917	1776	1311	10285
环州乡	8693	1501	5552	1640	1232	8433
东坡傣族乡	8954	1752	5576	1626	1198	8715
禄丰县	**366512**	**57394**	**240718**	**68400**	**50696**	**311155**
金山镇	99257	15291	68665	15301	11609	68491
仁兴镇	31407	5514	20238	5655	3983	29337
碧城镇	40454	6904	25825	7725	5655	37571
勤丰镇	24128	3955	15770	4403	3079	20982
一平浪镇	27794	3625	17233	6936	5424	23906
广通镇	34405	4877	23056	6472	4745	28989
黑井镇	11298	1540	7090	2668	2000	10679
土官镇	10920	1674	7210	2036	1507	9651
彩云镇	16038	2582	10384	3072	2186	14984
和平镇	18175	3014	11706	3455	2559	17252
恐龙山镇	13980	2372	8941	2667	1986	13136
中村乡	14081	2332	9157	2592	1934	12717
高峰乡	8390	1374	5607	1409	981	7798
妥安乡	16185	2340	9836	4009	3048	15662
红河哈尼族彝族自治州	**4478422**	**940831**	**2868988**	**668603**	**477679**	**3579540**
个旧市	**419314**	**70401**	**271007**	**77906**	**53628**	**287571**
城区街道	174369	23059	108145	43165	29748	119908
沙甸街道	17931	3723	11877	2331	1615	13015
大屯街道	74921	13486	50377	11058	7588	45713
锡城镇	24189	5085	16343	2761	1819	11955
鸡街镇	50326	9264	32744	8318	5735	39324
老厂镇	12886	1704	10137	1045	703	4954
卡房镇	33587	7824	21418	4345	3008	25534
蔓耗镇	6017	1368	4028	621	432	4273
贾沙乡	16049	2999	10281	2769	1923	14309

表25　续表 22

单位：人

地　区	总人口	分年龄人口				居住本乡、镇、街道，户口在本乡、镇、街道
		0-14岁	15-59岁	60岁及以上	#65岁及以上	
保和乡	9039	1889	5657	1493	1057	8586
开远市	**323031**	**56365**	**213653**	**53013**	**37929**	**229368**
乐白道街道	122762	19742	84452	18568	12913	76470
灵泉街道	91101	14525	58128	18448	13875	55431
中和营镇	31830	6754	20740	4336	3081	30332
小龙潭镇	16634	2934	11477	2223	1544	11403
大庄回族乡	14331	2852	9127	2352	1643	13345
羊街乡	33029	6747	21168	5114	3512	29728
碑格乡	13344	2811	8561	1972	1361	12659
蒙自市	**585976**	**107039**	**407226**	**71711**	**48775**	**353521**
文澜街道	166608	27629	113624	25355	17480	89419
雨过铺街道	36713	5699	26955	4059	2776	22932
观澜街道	87539	18357	59965	9217	5741	48122
文萃街道	105553	16871	81551	7131	4495	34187
草坝镇	37574	7504	24429	5641	3905	29102
新安所镇	45124	6237	33220	5667	4084	30379
芷村镇	30708	6901	19562	4245	2980	27600
鸣鹫镇	18555	4621	11678	2256	1510	17664
冷泉镇	19722	4306	12552	2864	2136	18350
期路白苗族乡	13276	3031	8199	2046	1414	12699
老寨苗族乡	9636	2481	5866	1289	900	8738
水田乡	5317	1088	3315	914	675	5030
西北勒乡	9651	2314	6310	1027	679	9299
弥勒市	**538083**	**100166**	**355237**	**82680**	**60796**	**442057**
弥阳镇	216466	39146	149218	28102	20319	141299
新哨镇	55867	11433	36178	8256	6398	47579
虹溪镇	33959	5708	21135	7116	5383	32267
竹园镇	48796	9177	31267	8352	6108	46093
朋普镇	41028	7029	26748	7251	5177	37870
巡检司镇	23234	3837	15113	4284	3065	22120
西一镇	21587	3929	13850	3808	2856	20946
西二镇	33302	6628	20949	5725	4334	32311
西三镇	19533	3450	12593	3490	2565	18995
东山镇	16958	4407	10299	2252	1717	16355
五山乡	15598	2820	10345	2433	1758	14875
江边乡	11755	2602	7542	1611	1116	11347
屏边苗族自治县	**129448**	**28910**	**81374**	**19164**	**13645**	**112718**
玉屏镇	35585	7081	23281	5223	3617	25125
新现镇	18334	4268	11333	2733	1937	17027
和平镇	19836	4410	12122	3304	2389	18696
白河镇	20973	4858	13547	2568	1814	19196
白云乡	10849	2509	6468	1872	1381	10186
新华乡	13562	3354	8247	1961	1407	12862
湾塘乡	10309	2430	6376	1503	1100	9626
建水县	**534205**	**94942**	**349681**	**89582**	**66046**	**432738**
临安镇	232160	39426	158654	34080	24499	149144
官厅镇	27125	6001	16220	4904	3576	26345

表25 续表 23

单位：人

地 区	总人口	分年龄人口				居住本乡、镇、街道，户口在本乡、镇、街道
		0-14岁	15-59岁	60岁及以上	#65岁及以上	
西庄镇	29220	4444	18237	6539	4890	26581
青龙镇	13141	2694	8218	2229	1596	12006
南庄镇	46790	8956	30462	7372	5315	43266
岔科镇	19679	3496	12480	3703	2772	18919
曲江镇	60303	10608	38373	11322	9065	56602
面甸镇	33928	6627	21308	5993	4171	31702
普雄乡	10853	2164	6946	1743	1222	9858
李浩寨乡	12449	1995	7971	2483	1963	12019
坡头乡	16726	3230	10488	3008	2188	15945
盘江乡	9093	1468	5813	1812	1365	8560
利民乡	12180	2227	7919	2034	1528	11575
甸尾乡	10558	1606	6592	2360	1896	10216
石屏县	**271951**	**52535**	**169715**	**49701**	**37912**	**237182**
异龙镇	108124	20060	69335	18729	14004	81485
宝秀镇	39482	7126	23706	8650	6732	36919
坝心镇	22243	3940	13110	5193	3974	21016
龙朋镇	23865	4696	15089	4080	3217	22794
龙武镇	17215	3295	10854	3066	2448	16458
哨冲镇	15801	3569	9820	2412	1976	15010
牛街镇	24066	5803	14649	3614	2692	23327
新城乡	7854	1394	4922	1538	1097	7515
大桥乡	13301	2652	8230	2419	1772	12658
泸西县	**389138**	**90010**	**242724**	**56404**	**41866**	**335749**
中枢镇	149350	32182	96919	20249	15126	107235
金马镇	49936	12660	30280	6996	5003	46810
旧城镇	48279	12321	28975	6983	5151	46361
午街铺镇	40141	8638	24761	6742	5020	38516
白水镇	45935	10852	28856	6227	4657	43537
向阳乡	22053	5559	12922	3572	2728	21122
三塘乡	15348	3534	9264	2550	1924	14816
永宁乡	18096	4264	10747	3085	2257	17352
元阳县	**359155**	**97466**	**212148**	**49541**	**34887**	**328558**
南沙镇	41358	9406	28358	3594	2397	22068
新街镇	65819	18261	37855	9703	6805	61471
牛角寨镇	25025	6390	14544	4091	2849	24684
沙拉托乡	18178	5827	9587	2764	1988	17809
嘎娘乡	16579	5080	9291	2208	1586	16245
上新城乡	21763	6906	12384	2473	1679	21310
小新街乡	24286	7001	14397	2888	1984	23654
逢春岭乡	27924	7372	16455	4097	2898	26892
大坪乡	20575	5189	12783	2603	1853	19413
攀枝花乡	16062	4660	9044	2358	1711	15850
黄茅岭乡	16161	4063	9800	2298	1602	15400
黄草岭乡	26862	7314	15360	4188	3038	26003
俄扎乡	17151	5067	9633	2451	1758	16748
马街乡	21412	4930	12657	3825	2739	21011

表25 续表 24 单位：人

地 区	总人口	分年龄人口				居住本乡、镇、街道，户口在本乡、镇、街道
		0-14岁	15-59岁	60岁及以上	#65岁及以上	
红河县	**284607**	**90736**	**156334**	**37537**	**26417**	**257157**
迤萨镇	48374	12457	30720	5197	3671	29130
甲寅镇	22075	6572	11893	3610	2729	21666
宝华镇	18333	5438	9893	3002	2166	17597
乐育镇	19586	5937	10660	2989	2159	18998
浪堤镇	26467	9513	13542	3412	2429	25630
洛恩乡	23947	9203	12075	2669	1766	23383
石头寨乡	13073	3749	7111	2213	1679	12699
阿扎河乡	32094	9914	17135	5045	3584	30378
大羊街乡	18544	6577	9572	2395	1685	17933
车古乡	12744	4749	6675	1320	895	12313
架车乡	19580	6894	10430	2256	1460	18758
垤玛乡	16061	5893	8576	1592	1017	15496
三村乡	13729	3840	8052	1837	1177	13176
金平苗族瑶族傣族自治县	**331377**	**78333**	**210910**	**42134**	**29024**	**297169**
金河镇	85350	19228	55685	10437	7183	65731
金水河镇	21322	5337	13445	2540	1690	19979
勐拉镇	30296	7222	19508	3566	2454	28081
老勐镇	15549	3809	9671	2069	1535	14449
铜厂乡	28301	7198	17183	3920	2899	27147
老集寨乡	24223	6209	14741	3273	2294	23494
者米拉祜族乡	22214	6318	13558	2338	1546	21365
阿得博乡	12372	2555	8159	1658	1159	11311
沙依坡乡	16792	3668	10543	2581	1786	15620
大寨乡	13891	2991	9210	1690	1100	11692
马鞍底乡	16142	3512	10526	2104	1269	15702
勐桥乡	22797	5320	15109	2368	1466	21195
营盘乡	22128	4966	13572	3590	2643	21403
绿春县	**210166**	**53966**	**129503**	**26697**	**18347**	**197604**
大兴镇	54872	14139	34470	6263	4285	47124
牛孔镇	28388	7418	17247	3723	2453	27771
大黑山镇	16636	3284	10883	2469	1755	15786
平河镇	29408	8467	17509	3432	2362	28608
戈奎乡	22029	7183	12436	2410	1679	21265
大水沟乡	15289	3054	9881	2354	1582	14773
半坡乡	9609	2141	6284	1184	782	8949
骑马坝乡	11541	2529	7209	1803	1264	11263
三猛乡	22394	5751	13584	3059	2185	22065
河口瑶族自治县	**101971**	**19962**	**69476**	**12533**	**8407**	**68148**
河口镇	44998	7624	32316	5058	3408	21231
南溪镇	17900	3630	11931	2339	1602	12447
老范寨乡	4016	862	2702	452	276	3470
桥头苗族壮族乡	14812	3595	8812	2405	1650	13509
瑶山乡	10472	2199	6970	1303	836	9532
莲花滩乡	9773	2052	6745	976	635	7959

表25 续表 25 单位：人

地　　区	总人口	分年龄人口				居住本乡、镇、街道，户口在本乡、镇、街道
		0-14岁	15-59岁	60岁及以上	#65岁及以上	
文山壮族苗族自治州	**3503218**	**871977**	**2143647**	**487594**	**350366**	**2852507**
文山市	**623772**	**135618**	**409682**	**78472**	**54600**	**379616**
开化街道	123099	24286	83626	15187	10770	55143
卧龙街道	139055	30803	93499	14753	9660	68176
新平街道	124353	25199	89314	9840	6332	43512
古木镇	28494	6521	18253	3720	2630	19969
平坝镇	22122	4577	13041	4504	3334	19989
马塘镇	32894	7760	20426	4708	3319	29183
德厚镇	33036	8125	20315	4596	3192	31101
小街镇	13554	2823	7546	3185	2381	12683
薄竹镇	24742	6856	14075	3811	2663	22827
追栗街镇	9211	1989	5570	1652	1205	8475
东山彝族乡	9225	2081	5781	1363	1006	8315
柳井彝族乡	11119	2460	6596	2063	1530	10588
新街乡	8289	1655	4622	2012	1492	7770
喜古乡	9261	2152	5362	1747	1250	8777
坝心彝族乡	4524	1015	2540	969	678	4043
秉烈彝族乡	19978	4862	12338	2778	2015	19055
红甸回族乡	10816	2454	6778	1584	1143	10010
砚山县	**476587**	**121033**	**293935**	**61619**	**43184**	**405606**
江那镇	119665	26153	80715	12797	8970	74980
平远镇	94291	25036	59134	10121	7333	81640
稼依镇	37255	9193	23156	4906	3434	34081
阿猛镇	47165	13996	26389	6780	4625	45127
阿舍彝族乡	22386	6765	12980	2641	1835	21326
维摩彝族乡	46636	12098	27793	6745	4610	44400
盘龙彝族乡	27831	6850	16630	4351	3064	26652
八嘎乡	23660	5345	13663	4652	3244	22890
者腊乡	24402	6630	13887	3885	2742	23776
蚌峨乡	11323	3324	6103	1896	1326	10863
干河彝族乡	21973	5643	13485	2845	2001	19871
西畴县	**203630**	**42245**	**123234**	**38151**	**28348**	**184863**
西洒镇	39648	7887	25160	6601	4916	32196
兴街镇	45462	9396	27975	8091	5970	39615
蚌谷乡	15015	2890	8881	3244	2474	14442
莲花塘乡	17956	3364	11209	3383	2461	16601
新马街乡	13239	2578	7976	2685	1957	12700
柏林乡	8673	1828	5120	1725	1255	8343
法斗乡	19419	3972	11181	4266	3198	18736
董马乡	14916	3201	8670	3045	2365	14068
鸡街乡	29302	7129	17062	5111	3752	28162
麻栗坡县	**243587**	**56059**	**146387**	**41141**	**30485**	**217049**
麻栗镇	57320	11112	38217	7991	5882	40529
大坪镇	18108	3370	10988	3750	2734	17288
董干镇	40985	11532	23064	6389	4850	39432
天保镇	15368	2908	9903	2557	1887	13526
猛硐瑶族乡	13125	3044	8110	1971	1443	12486

表25 续表 26

单位：人

地区	总人口	分年龄人口				居住本乡、镇、街道，户口在本乡、镇、街道
		0-14岁	15-59岁	60岁及以上	#65岁及以上	
下金厂乡	7853	1720	4416	1717	1290	7465
八布乡	17833	4421	10345	3067	2187	16859
六河乡	13586	3229	7645	2712	1929	13085
杨万乡	15292	3955	8725	2612	1855	14319
铁厂乡	22057	5081	12549	4427	3424	20766
马街乡	22060	5687	12425	3948	3004	21294
马关县	**318704**	**78355**	**186095**	**54254**	**38924**	**261092**
马白镇	99930	23744	63107	13079	9226	56431
八寨镇	30952	6700	17957	6295	4461	28493
仁和镇	22513	5681	12275	4557	3283	21274
木厂镇	17319	4266	9307	3746	2672	16274
夹寒箐镇	30503	8844	16316	5343	3884	29047
小坝子镇	12221	3748	6539	1934	1364	11595
都龙镇	29926	8330	17394	4202	2997	27259
金厂镇	8192	2662	4367	1163	845	7732
坡脚镇	15609	3444	8803	3362	2500	14710
南捞乡	9450	1994	5602	1854	1332	8893
大栗树乡	20490	4387	11489	4614	3333	19560
篾厂乡	11785	2513	6781	2491	1846	11153
古林箐乡	8738	1857	5411	1470	1067	8012
健康农场管理区管理委员会	1076	185	747	144	114	659
丘北县	**468172**	**128724**	**282553**	**56895**	**42344**	**398591**
锦屏镇	120971	30446	78287	12238	8981	65671
曰者镇	30866	8654	17999	4213	3309	29321
双龙营镇	58671	15362	35195	8114	6020	56390
八道哨彝族乡	30726	8663	18192	3871	2825	28995
天星乡	39521	11590	23055	4876	3463	36768
平寨乡	26483	7505	15155	3823	2783	25857
树皮彝族乡	41368	11419	25243	4706	3464	40188
腻脚彝族乡	27449	7741	16747	2961	2304	26374
新店彝族乡	18540	5953	10649	1938	1462	17746
舍得彝族乡	14417	4396	8235	1786	1362	13955
官寨乡	33701	9938	19192	4571	3481	32715
温浏乡	25459	7057	14604	3798	2890	24611
广南县	**771948**	**215189**	**455418**	**101341**	**71631**	**676701**
莲城镇	160961	38034	104460	18467	13108	99569
八宝镇	74011	20987	43169	9855	6955	63646
南屏镇	31470	9535	17487	4448	3279	30261
珠街镇	34712	10455	19702	4555	3234	32505
那洒镇	46836	13314	27079	6443	4454	44993
珠琳镇	60740	18068	35080	7592	5272	56781
坝美镇	52500	12352	32555	7593	5410	50016
董堡乡	13416	3502	7557	2357	1737	13048
旧莫乡	50425	14081	28644	7700	5478	49226
杨柳井乡	23367	5668	13631	4068	2979	22330
板蚌乡	13919	4169	7948	1802	1341	13435
曙光乡	29662	9811	16172	3679	2587	27390

表25　续表 27　　　　单位：人

地　区	总人口	分年龄人口				居住本乡、镇、街道，户口在本乡、镇、街道
		0-14岁	15-59岁	60岁及以上	#65岁及以上	
黑支果乡	48882	15648	26759	6475	4583	47005
篆角乡	23448	7027	13083	3338	2381	22379
五珠乡	21640	6572	12019	3049	2189	20600
者兔乡	37509	11719	21255	4535	3078	36592
者太乡	16631	5254	9496	1881	1274	15987
底圩乡	31819	8993	19322	3504	2292	30938
富宁县	**396818**	**94754**	**246343**	**55721**	**40850**	**328989**
新华镇	100792	24021	66407	10364	7151	49336
归朝镇	32417	7562	19628	5227	3877	30492
剥隘镇	15610	3472	9859	2279	1662	14770
里达镇	18057	4589	10797	2671	2032	17204
田蓬镇	50900	13504	29780	7616	5778	48668
木央镇	47433	13581	27362	6490	4817	45457
板仑乡	23756	4565	15654	3537	2632	20669
谷拉乡	19260	3986	11840	3434	2551	18528
者桑乡	12050	2637	7536	1877	1377	10900
那能乡	14839	3135	9447	2257	1696	13884
洞波瑶族乡	28852	5909	18250	4693	3437	27912
阿用乡	13995	3242	8592	2161	1558	13378
花甲乡	18857	4551	11191	3115	2282	17791
西双版纳傣族自治州	**1301407**	**228963**	**906398**	**166046**	**105021**	**804733**
景洪市	**642737**	**103536**	**457784**	**81417**	**52782**	**340914**
允景洪街道	155753	22476	117006	16271	10710	55506
江北街道	67738	10772	51549	5417	3445	15219
嘎洒镇	73652	11038	52536	10078	6626	45428
勐龙镇	93293	15982	62201	15110	9601	79323
勐罕镇	40060	6716	26984	6360	4083	29652
勐养镇	20591	3566	14393	2632	1680	15103
普文镇	28123	4695	19106	4322	2974	17277
景哈哈尼族乡	22709	4634	15137	2938	1881	16616
景讷乡	14797	2982	9660	2155	1404	10755
大渡岗乡	15052	2697	9989	2366	1461	8625
勐旺乡	12454	2725	8055	1674	1103	9029
基诺山基诺族乡	13127	2452	8668	2007	1352	10799
景洪农场	4848	863	3271	714	502	1968
东风农场	6744	1221	4270	1253	851	1700
橄榄坝农场	1481	255	958	268	168	698
勐养农场	6816	1192	4443	1181	773	3467
大渡岗农场	3826	658	2447	721	382	2092
西双版纳州旅游度假区管理委员会	36560	5229	27824	3507	2184	10164
景洪工业园区	25113	3383	19287	2443	1602	7493
勐海县	**353720**	**66972**	**238672**	**48076**	**29569**	**274996**
勐海镇	95689	16225	68865	10599	6402	51362
打洛镇	25491	5002	16919	3570	2280	20173
勐混镇	32467	6140	21731	4596	2739	29079
勐遮镇	54355	10779	35278	8298	4763	49054

表25 续表 28 单位：人

地 区	总人口	分年龄人口				居住本乡、镇、街道，户口在本乡、镇、街道
		0-14岁	15-59岁	60岁及以上	#65岁及以上	
勐满镇	18962	3810	12440	2712	1677	17153
勐阿镇	22540	4244	14988	3308	2158	19071
勐宋乡	23184	4291	15565	3328	2020	20025
勐往乡	13255	2674	8753	1828	1141	12145
格朗和哈尼族乡	15441	2680	10176	2585	1735	13887
布朗山布朗族乡	22629	5525	14737	2367	1477	19640
西定哈尼族布朗族乡	22200	4555	14106	3539	2366	19259
黎明农场	7507	1047	5114	1346	811	4148
勐腊县	**304950**	**58455**	**209942**	**36553**	**22670**	**188823**
勐腊镇	77425	13813	54351	9261	5884	40071
勐捧镇	50980	9614	33913	7453	4286	37109
勐满镇	22626	4383	15270	2973	1857	16055
勐仑镇	31603	4754	23604	3245	2009	16718
磨憨镇	24990	5306	16833	2851	1743	16848
勐伴镇	12750	3029	8375	1346	830	10369
关累镇	30059	5743	20988	3328	2061	17952
易武镇	21615	5026	14413	2176	1439	13413
象明彝族乡	14558	3159	9690	1709	1130	9642
瑶区瑶族乡	9717	2049	6665	1003	636	7088
勐腊农场	1771	294	1274	203	145	396
勐捧农场	4919	979	3320	620	372	2030
勐满农场	854	132	571	151	110	359
勐醒农场	1083	174	675	234	168	773
大理白族自治州	**3337559**	**557626**	**2212105**	**567828**	**418121**	**2800138**
大理市	**771128**	**111552**	**537700**	**121876**	**87150**	**501098**
下关街道	146517	21217	100965	24335	17403	77860
太和街道	145226	21072	104884	19270	13584	77734
满江街道	103298	13818	78382	11098	7649	46605
大理镇	95442	11867	68899	14676	10461	59340
凤仪镇	67766	10052	46299	11415	8164	53101
喜洲镇	54779	8518	34372	11889	8724	50104
海东镇	32411	3942	24413	4056	2882	20347
挖色镇	16431	2730	9920	3781	2656	15012
湾桥镇	21130	3163	13318	4649	3499	19562
银桥镇	27090	4335	17283	5472	3984	24664
双廊镇	17899	3208	11765	2926	2124	16055
上关镇	36565	6492	23053	7020	5175	34467
太邑彝族乡	6574	1138	4147	1289	845	6247
漾濞彝族自治县	**97610**	**17499**	**65902**	**14209**	**10368**	**87235**
苍山西镇	43601	7697	29841	6063	4397	36612
漾江镇	13993	2604	9270	2119	1575	12787
平坡镇	7276	1157	4911	1208	878	6639
顺濞镇	5780	1048	3948	784	587	5323
富恒乡	7293	1464	4789	1040	750	7030
太平乡	6090	1181	4095	814	570	5854
瓦厂乡	4130	686	2780	664	480	3990
龙潭乡	5477	1006	3664	807	603	5211
鸡街乡	3970	656	2604	710	528	3789

表25 续表 29

单位：人

地　区	总人口	分年龄人口				居住本乡、镇、街道，户口在本乡、镇、街道
		0-14岁	15-59岁	60岁及以上	#65岁及以上	
祥云县	**406642**	**64500**	**265614**	**76528**	**58958**	**353331**
祥城镇	140010	22161	96417	21432	16151	99702
沙龙镇	24336	3887	15080	5369	4195	23608
云南驿镇	68858	10174	42689	15995	12700	66575
下庄镇	43128	6387	27993	8748	6887	39330
普棚镇	21740	3833	14209	3698	2687	20863
刘厂镇	29903	4135	19444	6324	5105	28268
禾甸镇	34984	5853	21765	7366	5813	33552
米甸镇	23678	4877	14674	4127	3000	22877
鹿鸣乡	10618	1874	6686	2058	1437	10270
东山彝族乡	9387	1319	6657	1411	983	8286
宾川县	**341319**	**61695**	**224112**	**55512**	**39964**	**299161**
金牛镇	119780	22050	81394	16336	11657	90981
宾居镇	32318	5491	20330	6497	4725	30671
州城镇	41620	7287	26589	7744	5775	39700
大营镇	24167	4449	15141	4577	3273	22486
鸡足山镇	27946	5022	18427	4497	3218	25103
力角镇	30122	5575	19793	4754	3454	28345
平川镇	28202	5045	18019	5138	3618	27151
乔甸镇	19789	3355	12987	3447	2522	18387
钟英傈僳族彝族乡	8264	1532	5608	1124	747	7528
拉乌彝族乡	9111	1889	5824	1398	975	8809
弥渡县	**261205**	**41661**	**167745**	**51799**	**39133**	**238738**
弥城镇	85894	14039	56297	15558	11736	69893
红岩镇	36506	5997	22501	8008	5936	35408
新街镇	37341	6213	23206	7922	6086	36268
寅街镇	34409	5497	21706	7206	5668	33060
苴力镇	20224	3054	13458	3712	2858	18659
密祉镇	12167	2101	7560	2506	1819	11662
德苴乡	18612	2448	12330	3834	2849	18168
牛街彝族乡	16052	2312	10687	3053	2181	15620
南涧彝族自治县	**192942**	**34169**	**125972**	**32801**	**23698**	**171735**
南涧镇	58291	10092	39849	8350	6054	41812
小湾东镇	15504	2997	10120	2387	1664	14778
公郎镇	25987	5136	16366	4485	3169	25200
宝华镇	23002	3800	14919	4283	3202	22156
无量山镇	28290	5059	18214	5017	3759	27607
拥翠乡	14384	2337	9035	3012	2111	13738
乐秋乡	13259	2242	8396	2621	1854	12843
碧溪乡	14225	2506	9073	2646	1885	13601
巍山彝族回族自治县	**267474**	**46902**	**174902**	**45670**	**33349**	**248590**
南诏镇	49234	7598	33312	8324	6184	39842
庙街镇	51629	8639	33598	9392	7038	49401
大仓镇	42756	7634	27473	7649	5650	40059
永建镇	46038	8283	30392	7363	5359	43583

表25　续表 30　　　　单位：人

地　　区	总人口	分年龄人口				居住本乡、镇、街道，户口在本乡、镇、街道
		0-14岁	15-59岁	60岁及以上	#65岁及以上	
巍宝山乡	10446	1825	6687	1934	1336	10053
马鞍山乡	13414	2652	8606	2156	1533	13121
紫金乡	11757	2410	7506	1841	1289	11393
五印乡	20311	3719	13191	3401	2401	19845
牛街乡	9547	1875	6263	1409	1007	9188
青华乡	12342	2267	7874	2201	1552	12105
永平县	**164613**	**29539**	**109068**	**26006**	**19555**	**148135**
博南镇	58650	10087	40185	8378	6307	46627
杉阳镇	33006	6105	20743	6158	4847	31712
龙街镇	20672	4071	13501	3100	2296	19996
龙门乡	10211	1900	6516	1795	1316	9907
北斗彝族乡	11621	2011	7799	1811	1279	10642
厂街彝族乡	16048	2843	10773	2432	1833	15466
水泄彝族乡	14405	2522	9551	2332	1677	13785
云龙县	**182977**	**32035**	**119165**	**31777**	**23467**	**165199**
诺邓镇	29288	4494	20388	4406	3254	20146
功果桥镇	24741	4477	15727	4537	3560	23158
漕涧镇	31037	5835	19736	5466	3915	28471
白石镇	11641	2105	7656	1880	1375	11155
宝丰乡	14686	2342	9467	2877	2089	14219
关坪乡	9774	1646	6487	1641	1199	9076
团结彝族乡	9083	1850	5774	1459	1010	8758
长新乡	18966	3216	12646	3104	2273	17946
检槽乡	12255	2108	7752	2395	1817	11865
苗尾傈僳族乡	14250	2612	9061	2577	1952	13555
民建乡	7256	1350	4471	1435	1023	6850
洱源县	**248147**	**46885**	**158227**	**43035**	**31175**	**231495**
茈碧湖镇	57023	10407	37314	9302	6688	49278
邓川镇	15412	2640	10173	2599	1858	12994
右所镇	47758	8943	30212	8603	6362	46446
三营镇	35221	6694	22904	5623	3907	32956
凤羽镇	23378	4331	14048	4999	3721	22924
乔后镇	17290	3335	10743	3212	2295	16827
牛街乡	19833	3795	12439	3599	2640	18818
炼铁乡	20122	4022	12751	3349	2456	19513
西山乡	12110	2718	7643	1749	1248	11739
剑川县	**160471**	**28355**	**105272**	**26844**	**19930**	**146167**
金华镇	54234	8569	36784	8881	6707	45439
老君山镇	15377	3303	9718	2356	1778	14917
甸南镇	29796	4979	19266	5551	4123	28106
沙溪镇	20811	3743	13629	3439	2559	19252
马登镇	17298	3403	10888	3007	2185	16219
羊岑乡	10874	2295	6964	1615	1195	10487
弥沙乡	7426	1248	4928	1250	857	7228
象图乡	4655	815	3095	745	526	4519
鹤庆县	**243031**	**42834**	**158426**	**41771**	**31374**	**209254**
云鹤镇	39100	7157	26983	4960	3633	20125

表25　续表 31　　　　　　单位：人

地　区	总人口	分年龄人口				居住本乡、镇、街道，户口在本乡、镇、街道
		0-14岁	15-59岁	60岁及以上	#65岁及以上	
辛屯镇	31127	5977	19402	5748	4403	30200
松桂镇	26105	4198	16807	5100	3837	24573
黄坪镇	32915	6442	21585	4888	3399	30645
草海镇	37838	7422	23816	6600	5062	34809
西邑镇	14328	2135	10345	1848	1300	10614
龙开口镇	21321	3524	13993	3804	2812	20145
金墩乡	27887	4276	17122	6489	5049	26226
六合彝族乡	12410	1703	8373	2334	1879	11917
德宏傣族景颇族自治州	**1315709**	**280180**	**862322**	**173207**	**112066**	**896500**
瑞丽市	**267638**	**48702**	**195693**	**23243**	**14407**	**113101**
勐卯镇	194525	34375	147331	12819	7824	59624
畹町镇	11895	2127	8004	1764	1137	8055
弄岛镇	13499	3139	8773	1587	956	10040
姐相乡	15772	3444	10261	2067	1160	13187
户育乡	7769	1586	5161	1022	626	5700
勐秀乡	12055	2387	8038	1630	1002	8312
瑞丽农场管理委员会	9950	1359	6544	2047	1460	6778
畹町农场管理委员会	2173	285	1581	307	242	1405
芒市	**439931**	**89622**	**289090**	**61219**	**39733**	**295464**
芒市勐焕街道	157376	27197	112941	17238	11238	72124
芒市镇	53030	10272	36312	6446	4109	34906
遮放镇	43545	9639	27490	6416	3854	38625
勐戛镇	19735	4699	10738	4298	2894	18405
芒海镇	4924	1300	2882	742	490	4101
风平镇	84647	18269	53547	12831	8235	60088
轩岗乡	23230	5548	14168	3514	2246	18652
江东乡	14210	3519	7615	3076	2203	13403
西山乡	9470	2173	5818	1479	939	8508
中山乡	7527	1950	4252	1325	914	7001
三台山德昂族乡	6409	1580	3908	921	535	5494
五岔路乡	10990	2850	6273	1867	1287	10462
芒市遮放农场管理委员会	4838	626	3146	1066	789	3695
梁河县	**134268**	**28415**	**81036**	**24817**	**17034**	**112388**
遮岛镇	30246	5682	20792	3772	2522	15374
芒东镇	24872	6011	14542	4319	2888	23239
勐养镇	14965	3151	9447	2367	1510	13919
平山乡	11208	2664	6152	2392	1734	10792
小厂乡	6696	1475	3720	1501	1113	6359
大厂乡	5466	1234	2945	1287	955	5173
九保阿昌族乡	11830	2414	7115	2301	1551	9972
曩宋阿昌族乡	15726	3097	8771	3858	2660	14959
河西乡	13259	2687	7552	3020	2101	12601
盈江县	**292508**	**71049**	**182278**	**39181**	**25052**	**231589**
平原镇	94139	19164	64893	10082	6422	53452
旧城镇	20068	4816	12279	2973	1831	18456
那邦镇	2307	600	1459	248	154	976
弄璋镇	38981	9877	23471	5633	3514	36371

表25　续表 32　　　　单位：人

地　区	总人口	分年龄人口				居住本乡、镇、街道，户口在本乡、镇、街道
		0-14岁	15-59岁	60岁及以上	#65岁及以上	
盏西镇	19949	5767	11217	2965	1891	18610
卡场镇	8524	2582	5061	881	553	7051
昔马镇	8768	2355	4837	1576	1082	7329
太平镇	23626	5622	14435	3569	2295	21419
新城乡	16021	3794	9636	2591	1575	14790
油松岭乡	10498	2541	6034	1923	1310	9633
芒章乡	10373	2975	6005	1393	887	9582
支那乡	13100	4117	7477	1506	890	12110
苏典傈僳族乡	7652	2331	4521	800	520	6898
勐弄乡	7371	2050	4115	1206	854	6857
铜壁关乡	5075	1321	3042	712	489	4489
盈江县农场管理委员会	6056	1137	3796	1123	785	3566
陇川县	**181364**	**42392**	**114225**	**24747**	**15840**	**143958**
章凤镇	64510	13894	43708	6908	4385	41667
陇把镇	10644	2449	6445	1750	1186	9071
景罕镇	26931	6367	16760	3804	2422	23197
城子镇	21430	5086	13048	3296	2074	18136
户撒阿昌族乡	20714	6020	11782	2912	1696	19279
护国乡	3577	909	2130	538	370	3188
清平乡	8358	2190	4983	1185	723	7594
王子树乡	9782	2483	5728	1571	1053	9279
勐约乡	5650	1459	3487	704	456	4429
陇川农场管理委员会	9768	1535	6154	2079	1475	8118
怒江傈僳族自治州	**552694**	**124812**	**360823**	**67059**	**46382**	**406890**
泸水市	**203977**	**42640**	**136459**	**24878**	**16928**	**141961**
六库镇	82735	14254	59618	8863	5807	50562
鲁掌镇	11210	2439	6967	1804	1238	9946
片马镇	3100	805	2034	261	164	1674
上江镇	50179	12014	32652	5513	3787	26683
老窝镇	12851	2176	8266	2409	1783	11884
大兴地镇	13555	2753	8568	2234	1513	12669
称杆乡	15022	3769	9284	1969	1277	14322
古登乡	7326	1969	4476	881	628	6710
洛本卓白族乡	7999	2461	4594	944	731	7511
福贡县	**114372**	**32621**	**69163**	**12588**	**8702**	**94129**
上帕镇	45658	12569	28541	4548	3100	29406
匹河怒族乡	9944	2477	6162	1305	899	9326
子里甲乡	11092	3957	6144	991	739	10526
架科底乡	11185	4352	5882	951	703	10344
鹿马登乡	14277	3764	8562	1951	1321	13688
石月亮乡	13340	3554	8155	1631	1113	12445
马吉乡	8876	1948	5717	1211	827	8394
贡山独龙族怒族自治县	**38471**	**7412**	**26910**	**4149**	**2714**	**28911**
茨开镇	17128	3097	12354	1677	1091	10833
丙中洛镇	6105	1221	4195	689	416	5116
捧当乡	5242	987	3610	645	420	4466
普拉底乡	5344	979	3674	691	479	4571
独龙江乡	4652	1128	3077	447	308	3925

表25　续表 33　　　　单位：人

地　　区	总人口	分年龄人口				居住本乡、镇、街道，户口在本乡、镇、街道
		0-14岁	15-59岁	60岁及以上	#65岁及以上	
兰坪白族普米族自治县	**195874**	**42139**	**128291**	**25444**	**18038**	**141889**
金顶镇	87314	18277	59257	9780	6834	40593
啦井镇	11931	2507	7635	1789	1325	11122
营盘镇	21729	4435	14048	3246	2272	20089
通甸镇	17903	3729	11536	2638	2011	16413
河西乡	9833	2071	6292	1470	1068	9188
中排乡	13053	2821	8354	1878	1256	12061
石登乡	18498	4646	11332	2520	1720	17673
兔峨乡	15613	3653	9837	2123	1552	14750
迪庆藏族自治州	**387511**	**67780**	**270543**	**49188**	**35547**	**285734**
香格里拉市	**186412**	**30612**	**134310**	**21490**	**15484**	**117127**
建塘镇	95163	14737	74348	6078	3950	36489
小中甸镇	9311	1806	6254	1251	914	8795
虎跳峡镇	15930	3117	10772	2041	1415	13348
金江镇	13400	2260	8167	2973	2269	12822
上江乡	9459	1517	6025	1917	1431	8752
三坝纳西族乡	13052	2106	8400	2546	1956	11886
洛吉乡	3703	708	2377	618	453	3425
尼西乡	5829	1030	3811	988	766	5418
格咱乡	7811	1210	5723	878	646	5665
东旺乡	5252	1044	3332	876	636	5009
五境乡	3625	542	2504	579	465	3112
迪庆扶贫民族经济开发区	3877	535	2597	745	583	2406
德钦县	**54736**	**8997**	**37383**	**8356**	**6172**	**46374**
升平镇	10001	1689	7413	899	643	6345
奔子栏镇	8894	1427	5957	1510	1141	7803
佛山乡	3103	490	2015	598	438	2865
云岭乡	4950	776	3349	825	653	4425
燕门乡	6361	1162	4129	1070	783	5973
拖顶傈僳族乡	8422	1456	5514	1452	1050	7945
霞若傈僳族乡	7946	1286	5394	1266	898	7208
羊拉乡	5059	711	3612	736	566	3810
维西傈僳族自治县	**146363**	**28171**	**98850**	**19342**	**13891**	**122233**
保和镇	41264	7766	28639	4859	3450	24803
叶枝镇	9341	1797	6290	1254	890	8777
塔城镇	13196	2258	8744	2194	1604	12501
永春乡	11606	2038	7727	1841	1365	10682
攀天阁乡	11936	2251	8000	1685	1252	11451
白济汛乡	22050	5161	14220	2669	1897	21090
康普乡	8607	1672	5748	1187	849	7899
巴迪乡	6488	1059	4507	922	704	5801
中路乡	10764	2000	7670	1094	745	8638
维登乡	11111	2169	7305	1637	1135	10591

表26 西藏自治区乡、镇、街道人口

单位：人

地区	总人口	分年龄人口				居住本乡、镇、街道，户口在本乡、镇、街道
		0-14岁	15-59岁	60岁及以上	#65岁及以上	
西藏自治区	**3648100**	**894865**	**2442251**	**310984**	**206963**	**2597456**
拉萨市	**867891**	**143069**	**651141**	**73681**	**48170**	**363600**
城关区	**473586**	**61406**	**371806**	**40374**	**26077**	**116654**
八廓街道	23829	4565	16786	2478	1654	10143
吉日街道	27726	5339	19874	2513	1623	11656
吉崩岗街道	20752	3926	15109	1717	1095	8470
扎细街道	39694	4546	30704	4444	2985	8332
公德林街道	58415	5497	48085	4833	3216	19634
嘎玛贡桑街道	40118	5240	31458	3420	2276	6228
两岛街道	10673	1044	8913	716	463	897
金珠西路街道	59656	6077	49154	4425	2758	9358
蔡公堂街道	49785	5676	42178	1931	1241	9559
夺底街道	34116	4995	25442	3679	2296	7199
娘热街道	42701	5630	31765	5306	3477	9108
纳金街道	66121	8871	52338	4912	2993	16070
堆龙德庆区	**125647**	**17668**	**100197**	**7782**	**4889**	**42162**
东嘎街道	38978	5018	31669	2291	1404	7714
乃琼街道	21164	3293	16272	1599	1004	10156
羊达街道	12276	1593	9902	781	487	3710
柳梧街道	34582	3412	29906	1264	760	6528
古荣镇	7563	1837	5058	668	430	4986
马镇	4627	961	3183	483	330	3746
德庆镇	6457	1554	4207	696	474	5322
达孜区	**31686**	**6686**	**21774**	**3226**	**2054**	**23241**
德庆镇	13268	2709	9333	1226	788	8171
塔杰乡	2823	636	1867	320	206	2390
章多乡	4414	854	3098	462	292	3271
唐嘎乡	4590	1111	3016	463	276	3973
雪乡	2441	550	1578	313	179	2087
帮堆乡	4150	826	2882	442	313	3349
林周县	**50596**	**12844**	**31844**	**5908**	**4191**	**44330**
甘丹曲果镇	10530	2517	6967	1046	735	8037
春堆乡	4705	1145	2904	656	481	4350
松盘乡	3847	974	2448	425	288	3443
强嘎乡	5276	1300	3246	730	517	4898
卡孜乡	5518	1442	3454	622	439	4830
边交林乡	4567	972	3038	557	365	4003
江热夏乡	4414	1079	2810	525	372	4050
阿朗乡	3575	1046	2048	481	359	3330
唐古乡	4774	1475	2840	459	330	4363
旁多乡	3390	894	2089	407	305	3026
当雄县	**47900**	**14323**	**29720**	**3857**	**2661**	**41632**
当曲卡镇	7305	1571	5325	409	297	4627
羊八井镇	6025	1766	3787	472	323	4866
格达乡	4253	1218	2677	358	227	3917

表26 续表 1 单位：人

地 区	总人口	分年龄人口				居住本乡、镇、街道，户口在本乡、镇、街道
		0-14岁	15-59岁	60岁及以上	#65岁及以上	
宁中乡	7738	2341	4593	804	569	7335
公塘乡	5137	1481	3112	544	394	4836
龙仁乡	4226	1359	2461	406	276	3871
乌玛塘乡	8304	3091	4702	511	335	7877
纳木湖乡	4912	1496	3063	353	240	4303
尼木县	**29989**	**7505**	**19299**	**3185**	**2110**	**26321**
塔荣镇	8480	1849	5800	831	575	6638
吞巴镇	2451	551	1657	243	146	2022
麻江乡	2474	753	1539	182	113	2318
普松乡	1907	521	1179	207	131	1757
卡如乡	1245	327	769	149	109	1074
尼木乡	6129	1560	3850	719	489	5646
续迈乡	4334	1118	2667	549	354	4036
帕古乡	2969	826	1838	305	193	2830
曲水县	**41851**	**7433**	**30327**	**4091**	**2726**	**28199**
曲水镇	9378	1613	6702	1063	746	7123
达嘎镇	7981	1612	5372	997	653	6563
才纳乡	9963	1662	7578	723	491	4616
南木乡	3259	663	2237	359	235	2623
聂当乡	7645	1095	6032	518	321	3997
茶巴拉乡	3625	788	2406	431	280	3277
墨竹工卡县	**49511**	**13172**	**31737**	**4602**	**3062**	**38866**
工卡镇	10964	2546	7542	876	582	6332
扎雪乡	6151	1978	3424	749	539	5626
门巴乡	4000	1239	2483	278	195	3338
扎西岗乡	6591	1903	3975	713	447	6165
日多乡	2121	655	1311	155	90	1928
尼玛江热乡	7423	2111	4508	804	525	6472
甲玛乡	6562	1152	5041	369	238	3668
唐加乡	5699	1588	3453	658	446	5337
拉萨经济技术开发区	**11804**	**1296**	**10119**	**389**	**236**	**1048**
拉萨市经济技术开发区管委会	11804	1296	10119	389	236	1048
西藏文化旅游创意园区	**4689**	**698**	**3735**	**256**	**158**	**1075**
西藏文化旅游创意园区	4689	698	3735	256	158	1075
达孜工业园区	**632**	**38**	**583**	**11**	**6**	**72**
达孜县工业园区	632	38	583	11	6	72
日喀则市	**798153**	**209900**	**516838**	**71415**	**44772**	**675134**
桑珠孜区	**158290**	**33231**	**111968**	**13091**	**7971**	**105916**
城南街道	72119	11662	55315	5142	3162	37536
城北街道	22345	3623	16971	1751	1017	11858
曲布雄乡	6489	1592	4331	566	355	5267
曲美乡	6619	1888	4118	613	396	5966
聂日雄乡	5351	1573	3255	523	316	5000
甲措雄乡	13367	3939	8120	1308	764	12585

表26 续表 2

单位：人

地 区	总人口	分年龄人口				居住本乡、镇、街道，户口在本乡、镇、街道
		0-14岁	15-59岁	60岁及以上	#65岁及以上	
纳尔乡	1982	583	1180	219	132	1820
东嘎乡	9154	2722	5483	949	593	8634
边雄乡	4453	1301	2702	450	269	4112
江当乡	7257	1860	4739	658	420	5251
年木乡	3927	1028	2493	406	243	3369
联乡	5227	1460	3261	506	304	4518
南木林县	**83531**	**23753**	**51989**	**7789**	**4981**	**76820**
南木林镇	13516	3288	9218	1010	632	10604
达那乡	2609	705	1646	258	173	2482
卡孜乡	6219	1725	3904	590	352	5587
多角乡	5079	1426	3093	560	363	4753
秋木乡	2466	701	1515	250	146	2351
艾玛乡	10606	3265	6357	984	595	9775
土布加乡	5832	1753	3490	589	382	5586
查尔乡	2453	794	1397	262	188	2374
索金乡	3707	1022	2279	406	265	3530
达孜乡	4364	1310	2631	423	294	4227
奴玛乡	3462	994	2125	343	222	3268
热当乡	7675	2290	4628	757	517	7435
拉布普乡	2290	699	1448	143	82	2208
普当乡	3374	968	2084	322	206	3236
仁堆乡	1597	441	1016	140	91	1516
芒热乡	3244	911	2038	295	183	3120
甲措乡	5038	1461	3120	457	290	4768
江孜县	**68650**	**17617**	**43467**	**7566**	**4614**	**58249**
江孜镇	16228	3374	11361	1493	877	9161
纳如乡	4001	1077	2431	493	319	3811
卡麦乡	4242	1204	2550	488	332	4037
卡堆乡	4678	1238	2856	584	361	4503
藏改乡	2337	696	1362	279	144	2199
日朗乡	1162	326	705	131	88	1101
达孜乡	2712	759	1644	309	187	2541
热索乡	3231	872	2019	340	205	3119
重孜乡	4176	1132	2499	545	325	3990
龙马乡	1693	443	1067	183	115	1542
加克西乡	598	135	406	57	44	563
紫金乡	3525	1002	2159	364	186	3248
江热乡	4796	1321	2997	478	294	4396
年雄乡	3281	920	1980	381	211	3096
康卓乡	2547	724	1569	254	168	2053
金嘎乡	2470	563	1523	384	236	2329
日星乡	2223	551	1387	285	193	2101
车仁乡	2694	707	1692	295	185	2514
热龙乡	2056	573	1260	223	144	1945
定日县	**58173**	**17897**	**35737**	**4539**	**2881**	**53356**
协格尔镇	12122	3387	7975	760	466	9537
岗嘎镇	8418	2512	5198	708	489	7993

表26　续表 3　　单位：人

地　区	总人口	分年龄人口				居住本乡、镇、街道，户口在本乡、镇、街道
		0-14岁	15-59岁	60岁及以上	#65岁及以上	
扎西宗乡	7511	2344	4488	679	404	7112
绒辖乡	950	268	577	105	74	865
曲当乡	6770	2348	3999	423	257	6488
措果乡	3684	1225	2168	291	178	3568
曲洛乡	3242	988	1980	274	180	3098
长所乡	3918	1335	2233	350	209	3769
尼辖乡	1905	578	1203	124	88	1795
扎果乡	2597	760	1633	204	132	2465
克玛乡	4227	1278	2577	372	237	4029
盆吉乡	1384	466	773	145	99	1316
加措乡	1445	408	933	104	68	1321
萨迦县	**48766**	**13096**	**31151**	**4519**	**2708**	**44662**
萨迦镇	5969	1296	4194	479	305	4358
吉定镇	7075	1991	4411	673	385	6595
雄麦乡	2478	721	1545	212	120	2401
麻布加乡	4086	1147	2617	322	177	3926
雄玛乡	5484	1542	3421	521	313	5208
扎西岗乡	4355	1191	2779	385	221	4218
扯休乡	7008	1966	4422	620	389	6291
赛乡	3276	917	2003	356	204	3143
拉洛乡	2191	454	1498	239	164	1971
查荣乡	3722	1028	2280	414	261	3538
木拉乡	3122	843	1981	298	169	3013
拉孜县	**56355**	**15458**	**35983**	**4914**	**2990**	**47347**
曲下镇	12683	2880	8963	840	520	6021
拉孜镇	5920	1650	3685	585	320	5691
扎西宗乡	2883	844	1797	242	157	2722
曲玛乡	4620	1371	2831	418	247	4440
彭措林乡	4182	1261	2525	396	262	3937
扎西岗乡	6347	1932	3839	576	358	6098
柳乡	3867	1161	2298	408	259	3680
热萨乡	3503	945	2210	348	209	3120
锡钦乡	6053	1727	3825	501	298	5813
芒普乡	2983	801	1880	302	168	2867
查务乡	3314	886	2130	298	192	2958
昂仁县	**55108**	**16107**	**33836**	**5165**	**3353**	**51081**
卡嘎镇	9933	2473	6585	875	547	8101
桑桑镇	4662	1290	2997	375	231	4323
达若乡	697	228	430	39	24	650
贡久布乡	1368	457	819	92	54	1296
措迈乡	1758	592	1054	112	73	1658
雄巴乡	834	288	495	51	41	786
查孜乡	1466	570	793	103	69	1403
阿木雄乡	872	269	534	69	46	805
如萨乡	894	340	495	59	36	852
孔隆乡	917	311	552	54	34	849
尼果乡	1656	598	969	89	55	1554

表26 续表 4　　　　单位：人

地 区	总人口	分年龄人口				居住本乡、镇、街道，户口在本乡、镇、街道
		0-14岁	15-59岁	60岁及以上	#65岁及以上	
日吾其乡	5250	1602	3159	489	310	5041
多白乡	5458	1597	3255	606	416	5256
切热乡	1439	435	918	86	56	1324
秋窝乡	7043	1954	4273	816	548	6734
达居乡	4312	1330	2477	505	334	4151
亚木乡	6549	1773	4031	745	479	6298
谢通门县	**45573**	**13037**	**28141**	**4395**	**2736**	**42444**
卡嘎镇	8116	2043	5295	778	493	6616
达木夏乡	4754	1520	2820	414	242	4623
查布乡	1697	550	1007	140	74	1636
春哲乡	1286	389	784	113	72	1226
则许乡	786	230	503	53	37	734
娘热乡	1375	411	869	95	58	1207
措布西乡	1920	615	1166	139	89	1807
纳当乡	1444	406	924	114	74	1400
青都乡	765	189	529	47	29	722
切琼乡	746	267	416	63	28	716
美巴切勤乡	1296	409	778	109	74	1230
列巴乡	1594	490	957	147	87	1542
塔丁乡	2050	586	1233	231	142	1979
荣玛乡	2343	679	1424	240	151	2234
通门乡	2824	835	1652	337	227	2689
达那普乡	2377	610	1496	271	174	2299
达那答乡	3598	985	2210	403	235	3413
南木切乡	1086	320	677	89	60	1055
仁钦则乡	5516	1503	3401	612	390	5316
白朗县	**44564**	**12735**	**27298**	**4531**	**2910**	**41483**
洛江镇	8582	2292	5552	738	490	6961
嘎东镇	7551	2185	4652	714	435	7225
巴扎乡	5386	1651	3206	529	323	5151
玛乡	4485	1226	2718	541	370	4352
旺丹乡	4115	1202	2453	460	288	3967
曲奴乡	3313	991	1990	332	210	3163
杜琼乡	3293	942	1991	360	243	3158
强堆乡	2470	732	1486	252	153	2376
嘎普乡	2118	622	1241	255	166	2038
者下乡	1997	564	1210	223	154	1918
东喜乡	1254	328	799	127	78	1174
仁布县	**33530**	**8197**	**21387**	**3946**	**2610**	**28285**
德吉林镇	7105	1815	4613	677	430	5170
康雄乡	3988	936	2608	444	290	3325
普松乡	1837	503	1073	261	177	1740
帕当乡	3597	785	2373	439	292	2961
然巴乡	1875	488	1140	247	177	1753
查巴乡	3981	1001	2452	528	365	3867
切娃乡	4829	1039	3284	506	332	3614
姆乡	3609	977	2168	464	291	3422

表26　续表 5　　　　　单位：人

地　　区	总人口	分年龄人口				居住本乡、镇、街道，户口在本乡、镇、街道
		0-14岁	15-59岁	60岁及以上	#65岁及以上	
仁布乡	2709	653	1676	380	256	2433
康马县	**20864**	**5018**	**13690**	**2156**	**1313**	**18710**
康马镇	4082	793	2993	296	174	2713
南尼乡	2146	584	1342	220	146	2026
少岗乡	2184	532	1356	296	172	2066
康如乡	1740	398	1087	255	148	1637
萨玛达乡	1849	457	1189	203	125	1753
嘎拉乡	3395	802	2216	377	232	3271
涅如堆乡	1999	526	1309	164	96	1921
涅如麦乡	1626	431	1049	146	95	1544
雄章乡	1843	495	1149	199	125	1779
定结县	**20362**	**5556**	**13364**	**1442**	**923**	**18132**
江嘎镇	4432	981	3191	260	178	3155
陈塘镇	2649	978	1483	188	144	2431
日屋镇	1024	299	664	61	27	917
确布乡	1656	465	1064	127	91	1568
定结乡	1544	380	1035	129	82	1475
多布扎乡	1636	412	1102	122	74	1567
扎西岗乡	1991	514	1335	142	85	1873
琼孜乡	2435	673	1566	196	114	2318
萨尔乡	2166	602	1408	156	91	2058
郭加乡	829	252	516	61	37	770
仲巴县	**26897**	**8557**	**16795**	**1545**	**1071**	**23744**
帕羊镇	3912	1142	2500	270	203	3107
拉让乡	3098	693	2227	178	124	1820
琼果乡	1196	311	828	57	39	1123
亚热乡	1465	511	908	46	27	1360
布多乡	692	215	443	34	26	667
偏吉乡	1966	537	1300	129	88	1869
纳久乡	1491	437	960	94	65	1417
吉拉乡	33	6	27			4
霍尔巴乡	1430	471	912	47	33	1345
隆格尔乡	4066	1502	2331	233	152	3770
吉玛乡	2283	883	1279	121	75	2202
仁多乡	2372	839	1391	142	99	2265
帕江乡	2893	1010	1689	194	140	2795
亚东县	**15449**	**2837**	**10887**	**1725**	**1070**	**11234**
下司马镇	4426	675	3347	404	249	2451
帕里镇	2547	578	1656	313	194	2292
下亚东乡	1936	210	1538	188	113	858
上亚东乡	1311	261	778	272	173	1021
康布乡	1252	254	869	129	75	1045
堆纳乡	2985	639	2015	331	211	2708
吉汝乡	992	220	684	88	55	859
吉隆县	**17536**	**4757**	**11656**	**1123**	**746**	**14578**
宗嘎镇	4615	1186	3193	236	144	3679
吉隆镇	4446	1040	3119	287	196	3071

表26 续表 6

单位：人

地　　区	总人口	分年龄人口				居住本乡、镇、街道，户口在本乡、镇、街道
		0-14岁	15-59岁	60岁及以上	#65岁及以上	
差那乡	2994	857	1897	240	165	2829
折巴乡	2674	797	1766	111	65	2453
贡当乡	1143	392	687	64	51	1041
萨勒乡	1664	485	994	185	125	1505
聂拉木县	**17009**	**4723**	**11013**	**1273**	**846**	**15119**
聂拉木镇	3569	776	2568	225	148	2731
樟木镇	314	7	302	5	3	18
亚来乡	1715	499	1087	129	83	1602
锁作乡	3691	1129	2230	332	216	3498
乃龙乡	1572	471	948	153	103	1521
门布乡	3349	1026	2063	260	181	3122
波绒乡	2799	815	1815	169	112	2627
萨嘎县	**16220**	**4644**	**10642**	**934**	**614**	**14269**
加加镇	3924	969	2823	132	95	2748
昌果乡	1597	501	1024	72	48	1497
雄如乡	2265	668	1478	119	77	2132
拉藏乡	1753	499	1158	96	62	1637
如角乡	1168	405	706	57	39	1099
达吉岭乡	1350	411	876	63	41	1219
旦嘎乡	1642	435	1057	150	89	1531
夏如乡	2521	756	1520	245	163	2406
岗巴县	**11276**	**2680**	**7834**	**762**	**435**	**9705**
岗巴镇	3804	816	2774	214	118	2859
昌龙乡	2105	495	1457	153	88	1889
直克乡	1327	335	900	92	48	1232
孔玛乡	1516	402	1004	110	69	1418
龙中乡	2524	632	1699	193	112	2307
昌都市	**760966**	**219649**	**476519**	**64798**	**46123**	**642197**
卡若区	**148511**	**35385**	**99857**	**13269**	**9494**	**109563**
城关镇	58032	10782	42474	4776	3227	35836
俄洛镇	14879	2690	11470	719	519	7326
卡若镇	9672	1470	7435	767	480	4896
芒达乡	3547	1096	2044	407	294	3327
约巴乡	4250	1457	2396	397	302	4007
妥坝乡	10753	3245	6659	849	611	9155
拉多乡	9313	3286	5106	921	737	8950
面达乡	7220	2231	4249	740	585	6807
嘎玛乡	4412	1404	2540	468	352	4159
柴维乡	6967	1957	4124	886	658	6649
日通乡	5161	1668	2919	574	429	4980
如意乡	3199	987	1877	335	243	2966
埃西乡	3248	862	1967	419	309	3027
若巴乡	3504	991	2110	403	295	3269
沙贡乡	4354	1259	2487	608	453	4209
江达县	**92800**	**24932**	**59677**	**8191**	**6167**	**79394**
江达镇	13145	3238	8990	917	665	8081

表26　续表 7　　单位：人

地　　区	总人口	分年龄人口				居住本乡、镇、街道，户口在本乡、镇、街道
		0-14岁	15-59岁	60岁及以上	#65岁及以上	
岗托镇	3483	855	2230	398	300	3279
卡贡乡	3910	1135	2369	406	317	3725
岩比乡	3294	836	2092	366	268	3149
邓柯乡	7047	2354	4180	513	398	6487
生达乡	12451	4073	7567	811	624	11752
娘西乡	2563	793	1553	217	151	2286
字嘎乡	10172	2716	6550	906	665	9187
青泥洞乡	7182	1168	5558	456	369	3993
汪布顶乡	8635	2319	5431	885	683	8142
德登乡	6348	1590	4103	655	479	5879
同普乡	7404	2073	4535	796	591	6933
波罗乡	7166	1782	4519	865	657	6501
贡觉县	**40009**	**10996**	**25371**	**3642**	**2699**	**35273**
莫洛镇	14887	3981	9650	1256	948	12321
相皮乡	6665	1873	4096	696	493	6081
哈加乡	5209	1319	3253	637	493	4794
雄松乡	752	204	440	108	83	707
拉妥乡	2201	620	1432	149	96	1936
阿旺乡	1752	504	1132	116	88	1461
木协乡	1023	345	598	80	65	962
罗麦乡	1384	447	852	85	63	1335
沙东乡	891	277	538	76	50	841
克日乡	720	219	452	49	36	692
则巴乡	3247	837	2161	249	175	2935
敏都乡	1278	370	767	141	109	1208
类乌齐县	**58856**	**18407**	**35736**	**4713**	**3324**	**51132**
类乌齐镇	7851	2717	4559	575	396	7576
桑多镇	17767	5017	11371	1379	982	11888
甲桑卡乡	4216	1326	2574	316	230	4035
长毛岭乡	8127	2725	4799	603	437	7776
岗色乡	2603	882	1518	203	146	2382
吉多乡	5122	1698	2974	450	318	4919
宾达乡	2424	652	1502	270	192	2299
卡玛多乡	5574	1900	3223	451	319	5329
尚卡乡	2759	777	1729	253	161	2633
伊日乡	2413	713	1487	213	143	2295
丁青县	**98677**	**35156**	**57092**	**6429**	**4502**	**90754**
丁青镇	20439	6240	12999	1200	817	16202
尺犊镇	11922	4371	6708	843	609	11514
觉恩乡	11714	4252	6436	1026	754	11504
沙贡乡	4422	1658	2421	343	246	4310
当堆乡	6958	2357	4131	470	319	6774
桑多乡	3627	1213	2065	349	230	3504
木塔乡	1736	667	963	106	78	1611
布塔乡	3289	1442	1688	159	99	3205
巴达乡	2720	993	1567	160	118	2599
甘岩乡	2515	901	1482	132	101	2391

表26 续表 8

单位：人

地区	总人口	分年龄人口				居住本乡、镇、街道，户口在本乡、镇、街道
		0-14岁	15-59岁	60岁及以上	#65岁及以上	
嘎塔乡	4706	1693	2739	274	184	4636
色扎乡	12099	4944	6507	648	463	11654
协雄乡	12530	4425	7386	719	484	10850
察雅县	**57065**	**16119**	**35525**	**5421**	**3808**	**48976**
烟多镇	16042	4214	10362	1466	1020	10415
香堆镇	8726	2725	5211	790	530	7887
吉塘镇	3133	761	1937	435	317	2993
宗沙乡	4529	1240	2939	350	233	4202
卡贡乡	1614	366	1005	243	173	1508
荣周乡	4722	1454	2800	468	319	4658
巴日乡	3711	1197	2236	278	179	3541
阿孜乡	1753	507	1172	74	45	1639
王卡乡	3551	924	2225	402	296	3367
新卡乡	1073	280	666	127	100	994
肯通乡	2122	635	1327	160	117	1962
扩达乡	5048	1500	3028	520	416	4809
察拉乡	1041	316	617	108	63	1001
八宿县	**43538**	**12470**	**27288**	**3780**	**2571**	**39546**
白玛镇	8044	1660	5730	654	452	5598
帮达镇	2136	564	1351	221	159	1972
然乌镇	4164	1126	2649	389	256	3989
同卡镇	4635	1377	2773	485	331	4502
郭庆乡	6220	2215	3556	449	328	6031
拉根乡	2110	541	1382	187	131	1942
益庆乡	3085	1027	1848	210	142	2992
吉中乡	1774	606	1011	157	115	1674
卡瓦白庆乡	754	250	430	74	56	697
吉达乡	4322	1262	2633	427	259	4159
夏里乡	1130	342	709	79	52	1065
拥乡	1416	453	846	117	69	1356
瓦乡	658	174	431	53	32	619
林卡乡	3090	873	1939	278	189	2950
左贡县	**46608**	**13810**	**28756**	**4042**	**2726**	**42996**
旺达镇	10644	2923	6817	904	608	8394
田妥镇	6820	2347	3932	541	371	6447
扎玉镇	6438	1783	4142	513	342	6187
东坝乡	1817	510	1080	227	168	1743
仁果乡	3787	1252	2202	333	246	3590
绕金乡	1953	528	1272	153	99	1888
碧土乡	2178	577	1407	194	124	2103
美玉乡	4629	1514	2716	399	275	4480
中林卡乡	6020	1750	3734	536	336	5909
下林卡乡	2322	626	1454	242	157	2255
芒康县	**79001**	**21206**	**49821**	**7974**	**5687**	**59084**
嘎托镇	25260	6705	16368	2187	1533	10296
如美镇	4279	1034	2746	499	349	3651
索多西乡	4242	1045	2679	518	354	3887

表26　续表 9　　　　单位：人

地　区	总人口	分年龄人口				居住本乡、镇、街道，户口在本乡、镇、街道
		0-14岁	15-59岁	60岁及以上	#65岁及以上	
莽岭乡	2848	880	1715	253	190	2744
宗西乡	4679	1216	3020	443	305	3933
昂多乡	2111	653	1280	178	127	1953
措瓦乡	5882	1891	3496	495	345	5409
洛尼乡	2515	690	1498	327	251	2408
戈波乡	1136	385	655	96	68	1004
帮达乡	4985	1359	3098	528	402	4765
徐中乡	4584	1172	2932	480	330	4304
曲登乡	2917	761	1910	246	167	2687
木许乡	2056	475	1265	316	248	2029
纳西民族乡	4689	1032	3005	652	457	3900
竹巴龙乡	3548	1093	2083	372	277	3100
曲孜卡乡	3270	815	2071	384	284	3014
洛隆县	**53185**	**16763**	**32366**	**4056**	**2869**	**48852**
孜托镇	15981	4890	10060	1031	697	12823
硕督镇	5184	1649	3070	465	336	5091
康沙镇	5327	1786	3144	397	263	5197
马利镇	4529	1630	2500	399	304	4357
达龙乡	1162	368	677	117	89	1098
新荣乡	3353	1018	1973	362	289	3231
白达乡	678	177	447	54	36	630
玉西乡	1144	373	680	91	61	1078
腊久乡	5474	1521	3609	344	234	5312
俄西乡	6851	2311	4041	499	329	6659
中亦乡	3502	1040	2165	297	231	3376
边坝县	**42716**	**14405**	**25030**	**3281**	**2276**	**36627**
边坝镇	4943	1695	2812	436	314	4798
草卡镇	11087	3514	6820	753	530	6640
沙丁乡	3820	1318	2174	328	223	3687
金岭乡	4549	1550	2621	378	272	4055
加贡乡	1074	330	684	60	47	983
马武乡	2857	1003	1701	153	108	2725
热玉乡	2041	529	1296	216	139	1938
尼木乡	3180	1288	1628	264	186	3038
马秀乡	1761	524	1092	145	101	1651
拉孜乡	4133	1468	2369	296	195	3981
都瓦乡	3271	1186	1833	252	161	3131
林芝市	**238936**	**49347**	**170736**	**18853**	**12069**	**148295**
巴宜区	**84254**	**13419**	**65499**	**5336**	**3294**	**31000**
白玛岗街道	32932	4790	26605	1537	860	9210
觉木街道	24671	3106	20421	1144	677	5582
林芝镇	3486	757	2230	499	335	2152
百巴镇	4373	1221	2714	438	288	3715
八一镇	9097	1455	7069	573	348	3210
鲁朗镇	2228	478	1530	220	158	1540
更章门巴民族乡	1551	402	994	155	113	1252
布久乡	3546	727	2401	418	282	2532
米瑞乡	2370	483	1535	352	233	1807

表26 续表 10

单位：人

地　　区	总人口	分年龄人口				居住本乡、镇、街道，户口在本乡、镇、街道
		0-14岁	15-59岁	60岁及以上	#65岁及以上	
工布江达县	**32874**	**8924**	**21054**	**2896**	**1923**	**26552**
工布江达镇	7441	1824	5061	556	379	3853
金达镇	4953	1516	3041	396	258	4538
巴河镇	2827	625	1925	277	193	2321
朱拉乡	3016	793	1882	341	229	2721
错高乡	2433	525	1665	243	154	2078
仲萨乡	2348	577	1510	261	175	2125
江达乡	2452	669	1493	290	183	2189
娘蒲乡	3150	1108	1814	228	136	2833
加兴乡	4254	1287	2663	304	216	3894
米林县	**26176**	**5703**	**18150**	**2323**	**1515**	**18281**
米林镇	6440	1089	4830	521	332	3539
派镇	2515	556	1728	231	159	1906
卧龙镇	4964	1294	3283	387	258	3882
丹娘乡	1871	443	1204	224	152	1540
南伊珞巴民族乡	776	171	538	67	45	516
扎西绕登乡	3993	824	2831	338	226	2704
里龙乡	2396	638	1550	208	123	1938
羌纳乡	3221	688	2186	347	220	2256
墨脱县	**14889**	**3386**	**10518**	**985**	**594**	**10259**
墨脱镇	5756	1106	4346	304	188	3245
加热萨乡	595	170	385	40	27	457
甘登乡	285	49	221	15	8	154
达木珞巴民族乡	1132	316	740	76	47	916
帮辛乡	1274	365	791	118	82	1072
格当乡	1519	365	1040	114	72	1141
德兴乡	1602	420	1048	134	70	1347
背崩乡	2726	595	1947	184	100	1927
波密县	**34858**	**7863**	**24010**	**2985**	**1920**	**25728**
扎木镇	11203	2143	8207	853	531	4941
倾多镇	4847	1195	3244	408	258	4347
松宗镇	1929	412	1294	223	147	1624
易贡乡	2411	542	1595	274	190	1785
玉普乡	1689	465	1128	96	60	1523
康玉乡	1758	391	1254	113	76	1617
多吉乡	2883	643	1988	252	159	2639
玉许乡	5368	1429	3422	517	338	4974
八盖乡	1414	330	961	123	75	1209
古乡	1356	313	917	126	86	1069
察隅县	**28237**	**6459**	**19235**	**2543**	**1673**	**22566**
竹瓦根镇	7787	1550	5663	574	381	4763
上察隅镇	3544	845	2383	316	197	2902
下察隅镇	6213	1453	4107	653	431	5155
察瓦龙乡	6158	1512	4096	550	359	5598
古拉乡	1915	517	1254	144	91	1732
古玉乡	2620	582	1732	306	214	2416

表26 续表 11

单位：人

地区	总人口	分年龄人口				居住本乡、镇、街道，户口在本乡、镇、街道
		0-14岁	15-59岁	60岁及以上	#65岁及以上	
朗县	**17648**	**3593**	**12270**	**1785**	**1150**	**13909**
朗镇	6301	1157	4711	433	280	3841
仲达镇	2144	447	1404	293	172	1839
洞嘎镇	2753	578	1906	269	183	2285
拉多乡	2090	505	1357	228	144	1939
金东乡	1690	342	1111	237	155	1499
登木乡	2670	564	1781	325	216	2506
山南市	**354035**	**68060**	**245617**	**40358**	**26579**	**272449**
乃东区	**81608**	**12589**	**60912**	**8107**	**5175**	**48865**
泽当街道	53524	7181	42170	4173	2554	23932
昌珠镇	7200	1347	4932	921	598	5921
亚堆乡	5749	1136	3820	793	514	5302
索珠乡	2142	384	1466	292	195	1881
多颇章乡	2582	542	1693	347	246	2395
结巴乡	4553	873	3044	636	437	4054
颇章乡	5858	1126	3787	945	631	5380
扎囊县	**36656**	**7287**	**24246**	**5123**	**3471**	**30008**
扎塘镇	12480	2331	8577	1572	1063	8625
桑耶镇	5940	1021	4156	763	519	4584
扎其乡	7810	1641	4898	1271	834	7229
阿扎乡	2376	433	1642	301	204	2104
吉汝乡	8050	1861	4973	1216	851	7466
贡嘎县	**53701**	**11237**	**36373**	**6091**	**4173**	**38110**
吉雄镇	5988	1113	4189	686	480	3998
甲竹林镇	10943	1764	8236	943	609	6295
杰德秀镇	4933	1151	3050	732	518	4208
岗堆镇	11641	2634	7866	1141	781	5249
江塘镇	4201	984	2647	570	401	3889
朗杰学乡	5466	1231	3457	778	542	5127
昌果乡	4007	714	2840	453	297	3252
东拉乡	3733	949	2370	414	271	3518
克西乡	2789	697	1718	374	274	2574
桑日县	**18041**	**3047**	**12927**	**2067**	**1374**	**13786**
桑日镇	4963	860	3546	557	373	3948
增期乡	5665	842	4398	425	268	3604
白堆乡	1998	323	1426	249	161	1508
绒乡	5415	1022	3557	836	572	4726
琼结县	**15199**	**2998**	**9824**	**2377**	**1626**	**13234**
琼结镇	4777	772	3308	697	487	3702
加麻乡	3671	792	2265	614	407	3401
下水乡	2889	602	1845	442	301	2556
拉玉乡	3862	832	2406	624	431	3575
曲松县	**12962**	**2596**	**8907**	**1459**	**963**	**11218**
曲松镇	5914	1112	4068	734	492	4957
罗布沙镇	1113	176	859	78	43	732

表26　续表 12

单位：人

地　区	总人口	分年龄人口				居住本乡、镇、街道，户口在本乡、镇、街道
		0-14岁	15-59岁	60岁及以上	#65岁及以上	
下江乡	1609	353	1077	179	108	1504
邱多江乡	2247	520	1524	203	132	2104
堆随乡	2079	435	1379	265	188	1921
措美县	**12132**	**2350**	**8235**	**1547**	**1024**	**10738**
措美镇	5053	887	3506	660	445	4226
哲古镇	4579	1039	3031	509	327	4322
乃西乡	1346	199	884	263	176	1125
古堆乡	1154	225	814	115	76	1065
洛扎县	**19865**	**4055**	**13617**	**2193**	**1435**	**16525**
洛扎镇	6195	1213	4343	639	412	4680
拉康镇	2397	387	1761	249	161	1666
扎日乡	4843	1138	3178	527	346	4515
色乡	2142	407	1472	263	186	1801
生格乡	2577	558	1683	336	223	2433
边巴乡	1371	285	934	152	92	1229
拉郊乡	340	67	246	27	15	201
加查县	**23534**	**5041**	**16264**	**2229**	**1453**	**18217**
加查镇	3633	854	2435	344	212	3014
安绕镇	8736	1546	6491	699	472	4883
拉绥乡	3092	683	2043	366	246	2924
崔久乡	703	192	470	41	27	632
坝乡	1518	463	970	85	53	1399
冷达乡	2898	661	1892	345	224	2692
洛林乡	2954	642	1963	349	219	2673
隆子县	**33570**	**6934**	**22766**	**3870**	**2391**	**30255**
隆子镇	8371	1563	5786	1022	640	7059
日当镇	7287	1570	4934	783	471	6632
列麦乡	1949	333	1327	289	185	1765
热荣乡	3771	820	2633	318	155	3573
三安曲林乡	2959	656	2001	302	195	2700
准巴乡	429	66	309	54	43	362
雪萨乡	4006	1013	2514	479	308	3720
扎日乡	739	164	508	67	44	642
玉麦乡	266	64	190	12	6	231
加玉乡	3183	555	2146	482	311	3019
斗玉珞巴民族乡	610	130	418	62	33	552
错那县	**13932**	**2136**	**9831**	**1965**	**1285**	**11633**
错那镇	3285	463	2499	323	230	2241
卡达乡	1526	195	1051	280	189	1393
觉拉乡	3571	435	2439	697	446	3178
浪坡乡	392	52	295	45	23	281
曲卓木乡	3724	764	2502	458	295	3536
库局乡	452	86	320	46	26	388
麻麻门巴民族乡	309	45	226	38	23	153
贡日门巴民族乡	225	32	164	29	21	160
吉巴门巴民族乡	227	36	161	30	20	161
勒门巴民族乡	221	28	174	19	12	142

表26 续表 13

单位：人

地区	总人口	分年龄人口				居住本乡、镇、街道，户口在本乡、镇、街道
		0-14岁	15-59岁	60岁及以上	#65岁及以上	
浪卡子县	**32835**	**7790**	**21715**	**3330**	**2209**	**29860**
浪卡子镇	5200	1024	3730	446	306	3880
打隆镇	4769	1202	3146	421	252	4499
张达乡	3460	831	2227	402	259	3298
伦布雪乡	5960	1451	3944	565	361	5634
多却乡	5308	1438	3360	510	343	5102
普玛江塘乡	1020	253	710	57	36	941
阿扎乡	1734	387	1155	192	129	1569
卡龙乡	1801	405	1161	235	165	1684
白地乡	1840	404	1194	242	174	1683
卡热乡	1743	395	1088	260	184	1570
那曲市	**504838**	**172537**	**298754**	**33547**	**23657**	**412200**
色尼区	**104490**	**32696**	**65151**	**6643**	**4594**	**70372**
那曲镇	40658	11048	27125	2485	1719	14734
罗玛镇	6430	1766	4198	466	317	5626
古露镇	4224	1286	2667	271	189	3624
达萨乡	8662	2872	5221	569	380	7388
油恰乡	5911	2305	3352	254	176	5225
香茂乡	6375	1961	3998	416	287	5458
那么切乡	8531	2884	5058	589	396	7700
达前乡	4344	1507	2558	279	186	3730
劳麦乡	4843	1979	2588	276	202	4425
孔玛乡	4865	1421	3030	414	285	4011
尼玛乡	4832	1733	2732	367	269	4248
色雄乡	4815	1934	2624	257	188	4203
嘉黎县	**38797**	**14539**	**22058**	**2200**	**1506**	**28789**
阿扎镇	11764	4594	6596	574	406	4047
嘉黎镇	2559	909	1469	181	130	2350
尼屋乡	2221	616	1424	181	115	1965
藏比乡	2185	870	1213	102	67	2056
措多乡	5039	2113	2654	272	186	4789
夏玛乡	3923	1507	2215	201	135	3712
林堤乡	1467	483	901	83	60	1288
麦地卡乡	3499	1290	1990	219	144	3279
绒多乡	3864	1339	2289	236	153	3204
鸽群乡	2276	818	1307	151	110	2099
比如县	**72618**	**29293**	**38519**	**4806**	**3503**	**62365**
比如镇	17244	6693	9581	970	715	9993
夏曲镇	13811	6014	6958	839	605	13138
白嘎乡	9224	3537	5028	659	477	8689
达塘乡	6834	2829	3526	479	339	6366
恰则乡	2032	869	1028	135	92	1889
扎拉乡	2882	1144	1537	201	144	2730
羊秀乡	6786	2728	3617	441	338	6536
香曲乡	3751	1364	2048	339	241	3547
良曲乡	4232	1713	2194	325	245	3944
茶曲乡	5822	2402	3002	418	307	5533

表26　续表 14

单位：人

地　区	总人口	分年龄人口				居住本乡、镇、街道，户口在本乡、镇、街道
		0-14岁	15-59岁	60岁及以上	#65岁及以上	
聂荣县	**35163**	**11586**	**21231**	**2346**	**1733**	**29381**
聂荣镇	6968	2308	4192	468	355	2910
尼玛乡	4457	1289	2829	339	239	4150
色庆乡	4914	1326	3287	301	215	4612
桑荣乡	1749	540	1075	134	104	1628
下曲乡	2898	831	1821	246	174	2711
白雄乡	3986	1504	2205	277	197	3751
索雄乡	1934	700	1115	119	93	1811
当木江乡	2852	1211	1513	128	101	2741
查当乡	3487	1244	2033	210	155	3310
永曲乡	1918	633	1161	124	100	1757
安多县	**39683**	**11937**	**25068**	**2678**	**1817**	**32527**
帕那镇	10172	2710	6764	698	459	4906
强玛镇	4641	1541	2807	293	198	4469
扎仁镇	7275	2282	4412	581	417	6989
雁石坪镇	3191	952	2048	191	138	2828
多玛乡	1811	494	1198	119	85	1620
玛曲乡	2785	940	1683	162	112	2630
滩堆乡	1155	361	716	78	60	1050
帮爱乡	1431	417	923	91	58	1309
玛荣乡	1121	357	710	54	28	1008
扎曲乡	1142	375	692	75	44	1067
色务乡	87	34	49	4	4	16
措玛乡	3111	947	1944	220	144	2940
岗尼乡	1761	527	1122	112	70	1695
申扎县	**21768**	**6118**	**13882**	**1768**	**1207**	**18821**
申扎镇	5449	1378	3712	359	242	3473
雄梅镇	3710	1118	2289	303	206	3503
下过乡	2261	634	1435	192	136	2140
卡乡	1506	422	958	126	87	1378
巴扎乡	1807	420	1161	226	150	1694
塔尔玛乡	3632	1116	2244	272	186	3422
买巴乡	1415	414	878	123	87	1316
马跃乡	1988	616	1205	167	113	1895
索县	**52923**	**20204**	**29100**	**3619**	**2552**	**44984**
亚拉镇	14844	5352	8496	996	724	9150
荣布镇	8319	3324	4438	557	390	7876
若达乡	2436	950	1246	240	186	2257
加勤乡	5926	2259	3286	381	272	5623
赤多乡	3260	1308	1730	222	146	3111
西昌乡	4011	1442	2288	281	192	3734
江达乡	3908	1490	2154	264	175	3575
热瓦乡	1622	595	875	152	116	1531
嘎美乡	5800	2412	3017	371	255	5560
嘎木乡	2797	1072	1570	155	96	2567

表26 续表 15

单位：人

地 区	总人口	分年龄人口				居住本乡、镇、街道，户口在本乡、镇、街道
		0-14岁	15-59岁	60岁及以上	#65岁及以上	
班戈县	**39309**	**11800**	**24747**	**2762**	**1939**	**36223**
普保镇	8056	2267	5282	507	359	6552
北拉镇	4773	1417	2989	367	260	4331
德庆镇	3902	1226	2404	272	166	3742
佳琼镇	2794	841	1757	196	141	2670
尼玛乡	2285	707	1397	181	137	2164
保吉乡	2132	578	1384	170	132	1999
青龙乡	3663	1005	2399	259	191	3512
马前乡	2473	823	1469	181	123	2365
门当乡	5377	1737	3261	379	259	5170
新吉乡	3854	1199	2405	250	171	3718
巴青县	**56200**	**20382**	**32229**	**3589**	**2684**	**49742**
拉西镇	14280	5215	8206	859	672	10511
杂色镇	7796	2664	4530	602	470	7419
雅安镇	4714	1484	2870	360	258	4280
江绵乡	5859	2242	3248	369	247	5523
玛如乡	6921	2623	3852	446	323	6409
阿秀乡	2433	778	1478	177	145	2236
贡日乡	2099	730	1259	110	71	1960
岗切乡	4747	1721	2753	273	209	4492
巴青乡	2768	943	1643	182	134	2515
本塔乡	4583	1982	2390	211	155	4397
尼玛县	**33006**	**10449**	**20131**	**2426**	**1640**	**29135**
尼玛镇	8491	2639	5276	576	397	5631
卓尼乡	1941	617	1188	136	84	1855
达果乡	1916	661	1142	113	73	1853
阿索乡	1824	617	1085	122	90	1738
荣玛乡	24	3	20	1	1	10
中仓乡	2599	738	1629	232	151	2470
来多乡	2236	718	1351	167	116	2135
申亚乡	2081	694	1249	138	86	2067
卓瓦乡	1793	579	1098	116	78	1723
俄久乡	2671	977	1509	185	131	2594
文部乡	1720	487	1053	180	125	1636
甲谷乡	2347	797	1412	138	90	2242
军仓乡	1509	387	956	166	118	1439
吉瓦乡	1854	535	1163	156	100	1742
双湖县	**10881**	**3533**	**6638**	**710**	**482**	**9861**
措折罗玛镇	3148	1037	1861	250	170	2973
协德乡	2674	992	1518	164	114	2604
雅曲乡	108	30	76	2	1	42
嘎措乡	53	3	50			27
措折强玛乡	100	27	71	2	2	66
多玛乡	3006	869	1963	174	123	2458
巴岭乡	1792	575	1099	118	72	1691

表26　续表 16　　单位：人

地　　区	总人口	分年龄人口				居住本乡、镇、街道，户口在本乡、镇、街道
		0-14岁	15-59岁	60岁及以上	#65岁及以上	
阿里地区	**123281**	**32303**	**82646**	**8332**	**5593**	**83581**
普兰县	**12242**	**2713**	**8538**	**991**	**658**	**8522**
普兰镇	7777	1379	5689	709	471	4897
巴嘎乡	2163	594	1435	134	93	1648
霍尔乡	2302	740	1414	148	94	1977
札达县	**8454**	**1788**	**5975**	**691**	**462**	**5651**
托林镇	4221	795	3178	248	162	1990
萨让乡	390	66	269	55	29	325
达巴乡	1143	331	713	99	66	1031
底雅乡	773	179	515	79	55	685
香孜乡	1131	264	734	133	91	1004
曲松乡	452	97	315	40	29	358
楚鲁松杰乡	344	56	251	37	30	258
噶尔县	**31052**	**5902**	**23640**	**1510**	**939**	**12089**
狮泉河镇	24112	4144	18999	969	592	6731
昆莎乡	2718	584	1935	199	134	1795
左左乡	1189	347	752	90	48	1027
门士乡	2214	628	1402	184	120	1872
扎西岗乡	819	199	552	68	45	664
日土县	**11167**	**3001**	**7390**	**776**	**495**	**7850**
日土镇	4704	969	3469	266	168	2068
热帮乡	2538	893	1483	162	101	2360
日松乡	1676	521	989	166	108	1535
东汝乡	944	265	621	58	38	781
多玛乡	1305	353	828	124	80	1106
革吉县	**18012**	**5802**	**10964**	**1246**	**850**	**16158**
革吉镇	5690	1649	3697	344	234	4545
雄巴乡	3641	1234	2152	255	181	3414
亚热乡	3173	957	1980	236	160	3050
盐湖乡	3413	1208	1951	254	161	3164
文布当桑乡	2095	754	1184	157	114	1985
改则县	**25327**	**8093**	**15448**	**1786**	**1255**	**20345**
改则镇	9209	2538	6037	634	454	5243
物玛乡	2427	842	1390	195	145	2179
先遣乡	1973	746	1109	118	73	1859
麻米乡	4236	1465	2457	314	222	4080
洞措乡	2294	701	1398	195	143	2148
古姆乡	1990	626	1244	120	80	1868
察布乡	3198	1175	1813	210	138	2968
措勤县	**17027**	**5004**	**10691**	**1332**	**934**	**12966**
措勤镇	7449	2022	4884	543	388	4024
磁石乡	2092	632	1279	181	125	1925
曲洛乡	2542	876	1479	187	128	2383
江让乡	2281	596	1485	200	148	2158
达雄乡	2663	878	1564	221	145	2476

表27 陕西省乡、镇、街道人口

单位：人

地　区	总人口	分年龄人口				居住本乡、镇、街道，户口在本乡、镇、街道
		0-14岁	15-59岁	60岁及以上	#65岁及以上	
陕西省	**39528999**	**6852205**	**25085592**	**7591202**	**5266597**	**26145959**
西安市	**12183280**	**1893754**	**8334613**	**1954913**	**1329886**	**6520425**
新城区	**617986**	**82503**	**413304**	**122179**	**84231**	**286484**
西一路街道	35396	5204	22448	7744	5614	16741
长乐中路街道	120129	15908	77148	27073	19722	68328
中山门街道	30076	2944	20708	6424	4163	13660
韩森寨街道	121989	16720	81305	23964	17221	62784
解放门街道	18974	2859	11927	4188	2748	10685
自强路街道	20877	2342	15487	3048	1938	6204
太华路街道	103099	15091	70461	17547	10709	36905
长乐西路街道	42782	4423	29152	9207	6489	20596
胡家庙街道	124664	17012	84668	22984	15627	50581
碑林区	**756840**	**93830**	**510171**	**152839**	**107195**	**403427**
南院门街道	27988	2942	19679	5367	3640	14819
柏树林街道	50374	6651	32522	11201	7963	26126
长乐坊街道	83243	9702	55335	18206	12403	42307
东关南街街道	84163	9437	59431	15295	10522	37084
太乙路街道	170741	23070	112589	35082	24766	99085
文艺路街道	94662	10575	64464	19623	14139	51519
长安路街道	82194	9420	57093	15681	10630	40032
张家村街道	163475	22033	109058	32384	23132	92455
莲湖区	**1019102**	**148267**	**688556**	**182279**	**122878**	**469733**
青年路街道	49650	7095	30492	12063	8497	27930
北院门街道	73755	8493	47971	17291	11792	41534
北关街道	79425	10809	54308	14308	9330	34693
红庙坡街道	215570	36891	147370	31309	19013	93113
环城西路街道	67313	8750	45298	13265	9356	31846
西关街道	135714	16050	95375	24289	16543	59828
土门街道	90728	13024	60168	17536	12565	42865
桃园路街道	141778	18870	95220	27688	19461	67106
枣园街道	165169	28285	112354	24530	16321	70818
灞桥区	**1020259**	**163223**	**714734**	**142302**	**93073**	**467238**
纺织城街道	114537	16360	71758	26419	16974	64425
十里铺街道	177877	28111	131075	18691	11173	50391
红旗街道	84604	15682	56072	12850	8266	44160
席王街道	241105	43217	171238	26650	16526	78934
洪庆街道	88313	14740	55982	17591	12838	63168
狄寨街道	90324	6736	75647	7941	5502	29808
灞桥街道	88617	14286	62132	12199	8404	46022
新筑街道	83685	14308	58499	10878	7325	49276
新合街道	51197	9783	32331	9083	6065	41054
未央区	**1891363**	**315902**	**1351220**	**224241**	**143622**	**744801**
张家堡街道	288553	39942	211255	37356	24453	122849
三桥街道	299303	51373	210321	37609	24031	107023
辛家庙街道	145744	32704	95623	17417	11167	75670
徐家湾街道	150372	27517	103482	19373	12788	62913

表27　续表 1

单位：人

地　　区	总人口	分年龄人口				居住本乡、镇、街道，户口在本乡、镇、街道
		0-14岁	15-59岁	60岁及以上	#65岁及以上	
大明宫街道	208151	32611	144229	31311	19683	74370
谭家街道	105469	20453	72399	12617	8123	42558
草滩街道	46556	8341	33432	4783	3054	19286
六村堡街道	87048	11358	67523	8167	5197	34458
未央宫街道	170701	30116	121190	19395	12166	58318
汉城街道	207243	37959	148574	20710	12758	91298
未央湖街道	143781	16992	116520	10269	6558	34034
建章路街道	38442	6536	26672	5234	3644	22024
雁塔区	**2046737**	**321820**	**1477434**	**247483**	**164809**	**858180**
小寨路街道	170092	18414	121610	30068	21259	75328
大雁塔街道	106194	15784	70176	20234	14314	57045
长延堡街道	296004	41282	214714	40008	27338	121104
电子城街道	294395	40823	212914	40658	29256	122410
等驾坡街道	171491	26909	124366	20216	12811	49586
鱼化寨街道	75219	10994	58741	5484	3283	24035
丈八沟街道	377866	62278	281937	33651	21527	162412
曲江街道	274187	57884	189091	27212	16621	135331
杜城街道	116072	19683	85947	10442	6144	41972
漳浒寨街道	165217	27769	117938	19510	12256	68957
阎良区	**303284**	**45493**	**199191**	**58600**	**42126**	**202346**
凤凰路街道	62356	8227	44134	9995	7407	30732
新华路街道	84219	12643	55373	16203	12200	48649
振兴街道	46648	7034	33188	6426	4369	22769
新兴街道	13572	2099	8237	3236	2281	11323
北屯街道	19354	3154	12112	4088	2907	17617
武屯街道	30440	4651	18509	7280	5089	27996
关山街道	46695	7685	27638	11372	7873	43260
临潼区	**675961**	**102908**	**430573**	**142480**	**99072**	**518825**
骊山街道	135468	22140	90159	23169	16353	67969
秦陵街道	39893	6016	26774	7103	4799	24907
新丰街道	31382	4409	19452	7521	5343	27814
代王街道	41723	5600	24895	11228	8014	37170
斜口街道	82317	10021	62079	10217	6854	46328
行者街道	34175	5937	21357	6881	4650	23192
零口街道	25817	3905	15153	6759	4607	25000
相桥街道	26757	4211	15282	7264	5034	25240
雨金街道	17509	2698	10417	4394	3139	16209
新市街道	25060	3924	15378	5758	3963	24283
徐杨街道	20300	3510	12019	4771	3272	18848
西泉街道	24686	4157	15676	4853	3342	21610
栎阳街道	24113	3885	14416	5812	4015	23103
马额街道	16289	2247	9889	4153	2985	14660
何寨街道	22183	3332	12759	6092	4306	21368
交口街道	18892	3029	11004	4859	3392	18101
油槐街道	17224	2706	9692	4826	3304	16601
北田街道	24361	3621	15814	4926	3344	20586
铁炉街道	12268	2053	7073	3142	2193	11793
任留街道	19169	3223	11471	4475	3151	18512

表27　续表 2

单位：人

地　　区	总人口	分年龄人口				居住本乡、镇、街道，户口在本乡、镇、街道
		0-14岁	15-59岁	60岁及以上	#65岁及以上	
穆寨街道	6598	943	3942	1713	1204	6283
小金街道	4679	716	2847	1116	787	4494
仁宗街道	5098	625	3025	1448	1021	4754
长安区	**1751296**	**267630**	**1238822**	**244844**	**166391**	**908886**
韦曲街道	568998	87593	413475	67930	45849	211042
郭杜街道	239123	37316	180058	21749	13234	67034
滦镇街道	66505	9593	45708	11204	7668	48417
引镇街道	36377	5446	22614	8317	5822	32024
王寺街道	35746	7240	23410	5096	3538	26342
马王街道	29152	4891	17844	6417	4476	25219
太乙宫街道	37024	3673	29110	4241	2996	18437
东大街道	47059	5454	34718	6887	4812	30214
子午街道	29404	5110	17866	6428	4355	25949
斗门街道	65595	12652	41301	11642	8003	54968
细柳街道	160069	21063	124564	14442	9734	49095
杜曲街道	40670	6887	25321	8462	5866	34201
大兆街道	36144	7049	21975	7120	4943	30060
黄良街道	28737	3421	21125	4191	2880	18635
兴隆街道	92047	13072	68350	10625	7224	42435
王曲街道	43662	5461	31549	6652	4487	27278
鸣犊街道	31471	5184	18519	7768	5446	29246
王莽街道	27493	4672	15997	6824	4729	25233
五台街道	11502	2018	6960	2524	1712	10394
高桥街道	34794	4845	24991	4958	3457	22799
五星街道	25071	4211	15798	5062	3480	19857
灵沼街道	25023	4369	14866	5788	4161	23023
杨庄街道	15253	2672	8819	3762	2679	14171
砲里街道	13006	1964	7336	3706	2631	12314
魏寨街道	11371	1774	6548	3049	2209	10499
高陵区	**441814**	**81590**	**281702**	**78522**	**55492**	**285976**
鹿苑街道	96341	16777	62961	16603	11455	63556
泾渭街道	104382	21440	66687	16255	11421	49680
崇皇街道	42396	8601	27905	5890	3914	23499
姬家街道	92232	15950	60191	16091	12201	54691
耿镇街道	35962	6722	22017	7223	4975	30336
张卜街道	30070	5043	18255	6772	4710	27897
通远街道	40431	7057	23686	9688	6816	36317
鄠邑区	**609181**	**86708**	**396549**	**125924**	**87176**	**459497**
甘亭街道	168181	25949	114012	28220	18972	95005
余下街道	58691	5615	39928	13148	9445	41654
玉蝉街道	33507	5263	19923	8321	5706	31623
五竹街道	45579	4759	33494	7326	5050	28482
大王街道	31959	5223	19632	7104	4982	29000
秦渡街道	47465	6581	30784	10100	6926	39109
草堂街道	49565	5932	35979	7654	5130	32071
庞光街道	23135	3672	13472	5991	4144	21534
祖庵镇	24620	4235	14778	5607	3758	23050
蒋村镇	29369	4638	17227	7504	5245	27880

表27　续表 3

单位：人

地　区	总人口	分年龄人口				居住本乡、镇、街道，户口在本乡、镇、街道
		0-14岁	15-59岁	60岁及以上	#65岁及以上	
涝店镇	28123	4362	16592	7169	5156	26472
甘河镇	22618	3740	13333	5545	3872	20661
石井镇	22960	3156	13653	6151	4346	21406
渭丰镇	23409	3583	13742	6084	4444	21550
蓝田县	**491975**	**81186**	**296004**	**114785**	**81089**	**416832**
蓝关街道	81159	14300	52262	14597	10377	49037
洩湖镇	30697	4516	17986	8195	5789	28844
华胥镇	31655	4318	19942	7395	4984	26654
前卫镇	24534	3745	13629	7160	5057	23278
汤峪镇	37263	6405	21828	9030	6384	35478
焦岱镇	19103	3060	11249	4794	3418	17274
玉山镇	22874	4120	13777	4977	3530	21452
三里镇	59110	10527	36807	11776	8227	36933
普化镇	40443	6750	24145	9548	6614	39383
葛牌镇	9613	1409	5793	2411	1784	9262
灞源镇	11950	2217	6922	2811	1998	10762
九间房镇	11348	1965	6497	2886	2068	10958
蓝桥镇	8030	1289	4775	1966	1380	7730
辋川镇	12466	1819	7371	3276	2336	11803
厚镇	11668	2050	6969	2649	1835	11292
三官庙镇	20856	3438	12395	5023	3454	20552
安村镇	23594	3597	13031	6966	5190	22766
孟村镇	19693	2963	11068	5662	4115	18251
小寨镇	15919	2698	9558	3663	2549	15123
周至县	**557482**	**102694**	**336353**	**118435**	**82732**	**498200**
二曲街道	87626	17532	56793	13301	9113	60517
哑柏镇	41550	7205	25383	8962	6231	37870
终南镇	54880	10442	32060	12378	8481	51965
马召镇	34202	6314	20267	7621	5364	29273
集贤镇	28158	4994	17107	6057	4248	27631
楼观镇	45967	8773	27446	9748	6877	43330
尚村镇	42755	7800	25805	9150	6263	39516
广济镇	32944	5663	19831	7450	5206	29792
厚畛子镇	1570	186	970	414	301	1421
青化镇	20620	3675	12204	4741	3374	20036
竹峪镇	17862	3111	10108	4643	3382	17223
翠峰镇	18752	3056	10765	4931	3582	18130
四屯镇	35286	6372	20845	8069	5745	34187
司竹镇	21612	4175	12620	4817	3337	20673
九峰镇	25180	4304	14875	6001	4116	24514
富仁镇	40374	7966	24284	8124	5622	34918
骆峪镇	5163	806	3146	1211	888	4817
陈河镇	880	133	521	226	180	729
板房子镇	936	114	531	291	209	891
王家河镇	1165	73	792	300	213	767

表27 续表 4

单位：人

地 区	总人口	分年龄人口				居住本乡、镇、街道，户口在本乡、镇、街道
		0-14岁	15-59岁	60岁及以上	#65岁及以上	
铜川市	**698322**	**104063**	**443181**	**151078**	**103257**	**502670**
王益区	**135298**	**15542**	**85149**	**34607**	**24091**	**94364**
七一路街道	22137	2897	13801	5439	3708	14220
红旗街街道	33540	3792	21715	8033	5678	22385
桃园街道	19751	2340	12649	4762	3244	11363
青年路街道	14757	1587	9355	3815	2654	10410
王家河街道	18107	1727	11474	4906	3528	12687
王益街道	6952	862	4385	1705	1126	4937
黄堡镇	20054	2337	11770	5947	4153	18362
印台区	**133940**	**17689**	**85089**	**31162**	**22263**	**100121**
城关街道	31535	5339	20955	5241	3610	16556
三里洞街道	14621	2003	9270	3348	2371	7257
王石凹街道	5651	425	3301	1925	1432	5022
印台街道	12288	1680	7806	2802	1909	9821
陈炉镇	9253	699	5480	3074	2227	8072
红土镇	13282	2004	8126	3152	2195	12026
广阳镇	20043	2672	11813	5558	4052	18661
金锁关镇	19257	1475	13421	4361	3288	15236
阿庄镇	8010	1392	4917	1701	1179	7470
耀州区	**357370**	**59538**	**227380**	**70452**	**46698**	**250612**
永安路街道	29247	4236	18746	6265	4358	18517
天宝路街道	24956	4392	16311	4253	2882	13100
咸丰路街道	63809	11354	40057	12398	8186	37735
正阳路街道	95957	17731	64176	14050	8837	50072
锦阳路街道	15638	2618	9472	3548	2280	14569
坡头街道	13956	2349	8556	3051	2017	12872
董家河镇	10046	1340	6035	2671	1877	9003
庙湾镇	13625	1611	8413	3601	2416	12067
瑶曲镇	12609	1594	8394	2621	1784	10392
照金镇	6725	1131	4442	1152	755	5578
小丘镇	22497	3933	13123	5441	3609	21258
孙原镇	11403	1541	6774	3088	2151	10467
关庄镇	15027	2502	9329	3196	2052	14261
石柱镇	21875	3206	13552	5117	3494	20721
宜君县	**71714**	**11294**	**45563**	**14857**	**10205**	**57573**
宜阳街道	22374	4645	14445	3284	2289	12944
彭镇	8155	1021	5026	2108	1460	7611
五里镇	8719	1104	5223	2392	1616	8180
太安镇	7881	1003	5288	1590	1101	6139
棋盘镇	5333	916	3384	1033	727	4988
尧生镇	7990	1177	4906	1907	1266	7438
哭泉镇	4704	613	3024	1067	757	4412
云梦乡	6558	815	4267	1476	989	5861
宝鸡市	**3321853**	**532960**	**2036162**	**752731**	**524953**	**2425280**
渭滨区	**535833**	**82651**	**349200**	**103982**	**73320**	**298504**
金陵街道	26347	2872	16642	6833	4823	16154
经二路街道	35888	5180	21552	9156	6659	19624
清姜街道	61999	7836	37360	16803	12828	43712
姜谭街道	39696	6004	24728	8964	6672	23846

表27　续表 5　　　　单位：人

地　区	总人口	分年龄人口				居住本乡、镇、街道，户口在本乡、镇、街道
		0-14岁	15-59岁	60岁及以上	#65岁及以上	
桥南街道	127030	16656	85856	24518	17869	53584
马营镇	133059	27816	86112	19131	12306	76635
石鼓镇	20743	2627	14877	3239	2192	11945
神农镇	25781	3995	17614	4172	2717	12029
高家镇	21625	2722	13400	5503	3656	17836
八鱼镇	43665	6943	31059	5663	3598	23139
金台区	**460950**	**68119**	**298935**	**93896**	**62745**	**236795**
中山东路街道	34613	5296	22429	6888	4576	13054
西关街道	76534	11963	51299	13272	8603	29510
中山西路街道	15366	2313	9588	3465	2445	8216
群众路街道	51310	6492	36736	8082	5294	15309
东风路街道	51311	5652	29834	15825	11151	38806
十里铺街道	53132	6938	34968	11226	7596	29112
卧龙寺街道	59408	11744	39356	8308	5212	26154
陈仓镇	63535	10133	41711	11691	7596	25257
蟠龙镇	25911	3605	15466	6840	4585	23416
金河镇	18756	2597	10937	5222	3576	17303
硖石镇	11074	1386	6611	3077	2111	10658
陈仓区	**479179**	**74730**	**296440**	**108009**	**74639**	**393506**
虢镇街道	59975	10880	38949	10146	6985	35513
东关街道	25703	3079	16842	5782	4022	20023
千渭街道	64947	10891	41760	12296	8722	33133
阳平镇	32055	4598	19049	8408	5874	31172
千河镇	40063	6051	25752	8260	5592	32529
磻溪镇	35055	5757	21403	7895	5495	31925
天王镇	24875	3776	15280	5819	3997	23250
慕仪镇	23270	3025	13741	6504	4465	22498
周原镇	29939	4094	17569	8276	5654	28111
贾村镇	25903	3511	14427	7965	5660	24789
县功镇	30651	4973	18697	6981	4778	29101
新街镇	11822	2131	7170	2521	1738	11436
坪头镇	9831	1176	5717	2938	2084	9205
香泉镇	8045	1400	4814	1831	1225	7775
赤沙镇	9758	1608	6022	2128	1325	9478
拓石镇	11972	1997	7469	2506	1711	11539
凤阁岭镇	7110	1298	4528	1284	851	6798
钓渭镇	28205	4485	17251	6469	4461	25231
凤翔县	**386156**	**60530**	**225416**	**100210**	**70385**	**314440**
城关镇	126443	23771	78024	24648	17000	63709
虢王镇	20981	2783	11980	6218	4474	20536
彪角镇	37762	4958	21240	11564	8054	36824
横水镇	26659	3340	15061	8258	5880	26181
田家庄镇	16323	2346	9282	4695	3309	15845
糜杆桥镇	22718	3439	12870	6409	4528	22323
南指挥镇	23595	3677	12982	6936	4812	23113
陈村镇	31940	5096	17437	9407	6665	30608
长青镇	12544	1818	7292	3434	2360	12240
柳林镇	41951	5920	24308	11723	8329	39514
姚家沟镇	3429	245	2414	770	587	2246
范家寨镇	21811	3137	12526	6148	4387	21301

表27 续表 6

单位：人

地区	总人口	分年龄人口				居住本乡、镇、街道，户口在本乡、镇、街道
		0-14岁	15-59岁	60岁及以上	#65岁及以上	
岐山县	**365209**	**54960**	**211391**	**98858**	**70359**	**294063**
凤鸣镇	93873	14731	54600	24542	17424	67744
蔡家坡镇	148082	26296	90328	31458	21830	107377
益店镇	18000	1896	9744	6360	4537	16701
蒲村镇	12929	1434	6855	4640	3364	12536
青化镇	15607	1976	8405	5226	3819	15188
枣林镇	21600	2709	11933	6958	5038	21045
雍川镇	27974	2977	15055	9942	7159	27151
故郡镇	9829	950	5139	3740	2760	9526
京当镇	17315	1991	9332	5992	4428	16795
扶风县	**313231**	**52059**	**177199**	**83973**	**60183**	**271992**
城关街道	90573	17453	53541	19579	13999	60079
天度镇	26686	3341	14952	8393	5959	25490
午井镇	25436	3761	13672	8003	5765	24777
绛帐镇	53572	9719	30213	13640	9778	51781
段家镇	16224	2630	8672	4922	3613	15393
杏林镇	31580	4776	17010	9794	6980	30499
召公镇	23454	3927	12792	6735	4825	22617
法门镇	45706	6452	26347	12907	9264	41356
眉县	**281211**	**50025**	**168263**	**62923**	**43616**	**226226**
首善街道	96401	18769	62186	15446	10461	55850
横渠镇	35802	6376	19746	9680	6742	34144
槐芽镇	18751	3241	11454	4056	2748	15668
汤峪镇	28770	4770	16548	7452	5176	26978
常兴镇	33015	5098	18579	9338	6652	30457
金渠镇	30743	5300	18690	6753	4790	27010
营头镇	14303	2527	8046	3730	2616	13610
齐镇	23426	3944	13014	6468	4431	22509
陇县	**208482**	**45805**	**122418**	**40259**	**27201**	**173671**
城关镇	89198	20834	53863	14501	9575	59905
东风镇	20880	4200	11764	4916	3457	19985
八渡镇	4891	736	2804	1351	952	4662
东南镇	32139	7079	18422	6638	4457	30324
温水镇	24387	5463	14102	4822	3227	23621
天成镇	10415	2309	5935	2171	1518	9884
曹家湾镇	12096	2616	7073	2407	1651	11564
固关镇	5688	1062	3261	1365	948	5340
河北镇	5373	856	3132	1385	920	5167
新集川镇	3415	650	2062	703	496	3219
千阳县	**99510**	**17309**	**59323**	**22878**	**16090**	**73774**
城关镇	49547	10282	30320	8945	6153	26143
崔家头镇	4231	522	2410	1299	935	4076
南寨镇	13825	1945	7822	4058	2883	13380

表27 续表 7

单位：人

地　　区	总人口	分年龄人口				居住本乡、镇、街道，户口在本乡、镇、街道
		0-14岁	15-59岁	60岁及以上	#65岁及以上	
张家塬镇	10510	1350	5892	3268	2409	10163
水沟镇	11555	1845	6911	2799	1960	11061
草碧镇	8418	1218	5108	2092	1468	7570
高崖镇	1424	147	860	417	282	1381
麟游县	**73297**	**10004**	**49747**	**13546**	**9340**	**50036**
九成宫镇	34399	6142	22439	5818	3934	19029
崔木镇	7058	571	5038	1449	1022	5596
招贤镇	6716	594	4798	1324	883	5341
两亭镇	11788	1078	9015	1695	1191	7317
常丰镇	4205	422	2736	1047	756	4073
丈八镇	3701	345	2425	931	690	3475
酒房镇	5430	852	3296	1282	864	5205
凤县	**79165**	**10574**	**51979**	**16612**	**11790**	**60977**
双石铺镇	32435	5372	22013	5050	3570	20817
凤州镇	10419	1219	6573	2627	1907	8567
黄牛铺镇	4408	517	2770	1121	797	4014
红花铺镇	2375	246	1455	674	490	2104
河口镇	7664	926	4822	1916	1321	7082
唐藏镇	3290	357	2047	886	637	2895
平木镇	5815	570	3747	1498	1022	5559
坪坎镇	2541	138	1987	416	288	1262
留凤关镇	10218	1229	6565	2424	1758	8677
太白县	**39630**	**6194**	**25851**	**7585**	**5285**	**31296**
咀头镇	23897	4091	16076	3730	2545	17525
桃川镇	4152	569	2577	1006	714	3765
鹦鸽镇	6079	972	3555	1552	1083	5673
靖口镇	1959	218	1235	506	377	1805
太白河镇	1533	128	1187	218	152	821
黄柏塬镇	1092	109	662	321	230	937
王家堎镇	918	107	559	252	184	770
咸阳市	**4983340**	**866026**	**3109039**	**1008275**	**707599**	**3669360**
秦都区	**834374**	**134566**	**570788**	**129020**	**88204**	**403110**
人民路街道	41963	5393	26892	9678	6904	22896
西兰路街道	60654	8677	37809	14168	10378	35406
吴家堡街道	36856	4528	26100	6228	4512	13606
渭阳西路街道	93067	13578	62015	17474	12362	49909
陈杨寨街道	140286	24871	98764	16651	10327	57200
古渡街道	92546	15555	63280	13711	9133	30864
上林街道	82171	17721	55482	8968	5449	37371
钓台街道	82506	8803	66186	7517	5059	35010
马泉街道	45628	6878	32182	6568	4720	15502
渭滨街道	96126	16977	64644	14505	10047	48051
双照街道	37780	6984	22888	7908	5479	33913
马庄街道	24791	4601	14546	5644	3834	23382

表27 续表 8 单位：人

地区	总人口	分年龄人口 0-14岁	15-59岁	60岁及以上	#65岁及以上	居住本乡、镇、街道，户口在本乡、镇、街道
杨陵区	**253871**	**42889**	**174582**	**36400**	**25664**	**144736**
杨陵街道	46182	9103	29463	7616	5320	32480
李台街道	129318	17840	98806	12672	9065	51858
大寨街道	29580	6584	18356	4640	3139	14501
五泉镇	20798	3809	11742	5247	3704	19490
揉谷镇	27993	5553	16215	6225	4436	26407
渭城区	**480334**	**69816**	**324448**	**86070**	**60139**	**250389**
中山街道	32651	4169	21437	7045	4890	14431
文汇街道	73144	7341	52862	12941	9826	26949
新兴街道	50610	6327	31026	13257	9071	29256
渭阳街道	147111	22460	102893	21758	14806	51729
渭城街道	24260	3339	16009	4912	3497	14614
窑店街道	26761	4842	16887	5032	3503	21828
正阳街道	34631	5613	22117	6901	4811	28650
周陵街道	43982	7841	29847	6294	4240	26128
底张街道	29064	4671	19901	4492	3087	21359
北杜街道	18120	3213	11469	3438	2408	15445
三原县	**357250**	**57854**	**214554**	**84842**	**58684**	**295214**
城关街道	121809	20389	76062	25358	18012	83682
陂西镇	36507	6270	20710	9527	6582	34310
独李镇	18317	3122	10406	4789	3224	17765
大程镇	33564	5232	19793	8539	5744	31583
西阳镇	19884	2973	12358	4553	3076	17288
鲁桥镇	21236	3540	12433	5263	3551	20162
陵前镇	35641	5254	20897	9490	6444	34237
新兴镇	21356	3113	12410	5833	3926	20641
嵯峨镇	14098	1707	8071	4320	3181	13040
渠岸镇	34838	6254	21414	7170	4944	22506
泾阳县	**460108**	**81943**	**278205**	**99960**	**69779**	**395622**
泾干街道	111135	20189	72531	18415	12865	71672
永乐镇	26759	4367	16547	5845	4227	22875
云阳镇	45965	8522	26966	10477	7209	43621
桥底镇	23728	3834	13623	6271	4348	22429
王桥镇	20311	3294	11778	5239	3651	19441
口镇	16986	3038	9832	4116	2907	15987
三渠镇	36672	6468	21206	8998	6255	34578
高庄镇	30870	5525	19879	5466	3759	25871
太平镇	26341	4588	15308	6445	4545	25034
崇文镇	23328	4731	14140	4457	3176	20925
安吴镇	33318	5914	19267	8137	5654	31859
兴隆镇	29695	5329	16774	7592	5255	28307
中张镇	35000	6144	20354	8502	5928	33023
乾县	**456680**	**82138**	**268611**	**105931**	**75421**	**411407**
城关街道	125410	23925	79194	22291	15781	88718
薛录镇	29240	4435	16603	8202	5859	28598
梁村镇	26532	4679	15169	6684	4793	25982
临平镇	30210	5737	17099	7374	5255	29526

表27 续表 9

单位：人

地区	总人口	分年龄人口				居住本乡、镇、街道，户口在本乡、镇、街道
		0-14岁	15-59岁	60岁及以上	#65岁及以上	
姜村镇	22609	4049	12780	5780	4199	22060
王村镇	23506	4604	13033	5869	4063	23070
马连镇	20636	3746	11890	5000	3509	20243
阳峪镇	23505	4383	13514	5608	3934	23026
峰阳镇	14789	2773	8656	3360	2352	14461
注泔镇	15477	2411	8990	4076	2940	15099
灵源镇	16674	2574	9426	4674	3408	16138
阳洪镇	18755	2934	10847	4974	3628	17996
梁山镇	20376	4017	11905	4454	3046	20007
周城镇	19564	3664	11014	4886	3465	19121
新阳镇	18576	3397	10681	4498	3296	18234
大杨镇	30821	4810	17810	8201	5893	29128
礼泉县	**365555**	**56962**	**217582**	**91011**	**65382**	**307698**
城关街道	141526	25492	88197	27837	19977	91837
史德镇	23270	3031	13183	7056	5134	22598
西张堡镇	17938	2703	10176	5059	3693	16905
阡东镇	23704	3677	13661	6366	4499	23091
烽火镇	21307	3307	12122	5878	4085	20756
烟霞镇	24742	3393	14527	6822	4889	22899
赵镇	18821	2473	10169	6179	4505	18207
叱干镇	18369	2526	11524	4319	3089	17815
南坊镇	15807	2481	9728	3598	2473	15256
石潭镇	15524	1963	8677	4884	3602	15064
昭陵镇	25201	2947	14587	7667	5574	24549
骏马镇	19346	2969	11031	5346	3862	18721
永寿县	**160230**	**31728**	**98734**	**29768**	**20119**	**144978**
监军街道	56383	11043	35999	9341	6253	44987
店头镇	22254	3763	13315	5176	3522	21215
常宁镇	30319	6720	18188	5411	3652	29208
甘井镇	13775	2924	8275	2576	1722	13354
马坊镇	23629	4669	14664	4296	2917	22927
渠子镇	10736	2123	6337	2276	1570	10357
永平镇	3134	486	1956	692	483	2930
长武县	**148404**	**26685**	**90301**	**31418**	**22003**	**109141**
昭仁街道	56241	12563	34043	9635	6405	30838
相公镇	14634	2300	8426	3908	2853	13812
巨家镇	9486	1769	5244	2473	1762	8949
丁家镇	6174	908	3787	1479	1033	5134
洪家镇	13805	2176	7732	3897	2749	12902
亭口镇	27587	4032	18531	5024	3638	20252
彭公镇	15528	2103	9677	3748	2658	12569
枣园镇	4949	834	2861	1254	905	4685
旬邑县	**211932**	**43104**	**125185**	**43643**	**30484**	**185047**
城关街道	41053	9372	26291	5390	3699	23290
土桥镇	33551	6465	19943	7143	5011	32107
职田镇	18337	4025	10057	4255	2957	17185
张洪镇	24490	4447	14469	5574	3896	23369

表27 续表 10

单位：人

地区	总人口	分年龄人口				居住本乡、镇、街道，户口在本乡、镇、街道
		0-14岁	15-59岁	60岁及以上	#65岁及以上	
太村镇	34416	7270	19549	7597	5308	33013
郑家镇	14597	2901	8752	2944	2031	13131
湫坡头镇	16439	3303	9041	4095	2891	15996
底庙镇	12941	2557	7290	3094	2191	12590
马栏镇	8142	1523	4583	2036	1438	7762
清塬镇	7966	1241	5210	1515	1062	6604
淳化县	**141756**	**22022**	**88236**	**31498**	**21738**	**126851**
城关街道	30593	5334	20177	5082	3443	21041
官庄镇	23340	3853	14366	5121	3514	22794
方里镇	19416	2550	11500	5366	3773	18656
润镇	17808	2781	10849	4178	2867	17009
车坞镇	7250	1148	4447	1655	1186	6025
铁王镇	11196	1805	7048	2343	1593	10613
石桥镇	11380	1570	7059	2751	1975	10671
十里塬镇	20773	2981	12790	5002	3387	20042
武功县	**317733**	**61033**	**182235**	**74465**	**53319**	**284469**
普集街道	86025	17760	52570	15695	11102	62896
苏坊镇	19160	3365	10719	5076	3670	18290
武功镇	28131	4821	15565	7745	5553	26224
游凤镇	13649	2186	7482	3981	2822	13249
贞元镇	44595	8842	24529	11224	7946	43047
长宁镇	39861	7673	22483	9705	6932	38473
小村镇	53120	10073	30079	12968	9603	50057
大庄镇	33192	6313	18808	8071	5691	32233
兴平市	**494887**	**87864**	**295463**	**111560**	**80081**	**408436**
东城街道	88262	15079	55281	17902	12838	62811
西城街道	108802	18071	69160	21571	15677	67494
店张街道	22479	3521	13178	5780	4100	20989
西吴街道	38670	6977	23769	7924	5741	32992
马嵬街道	27401	5338	15308	6755	4740	26274
赵村镇	22513	4552	12153	5808	4194	21165
桑镇	23076	4625	12791	5660	4043	21596
南市镇	25488	4192	14735	6561	4599	24162
庄头镇	25415	4622	14786	6007	4294	23880
南位镇	31633	5548	18421	7664	5409	30433
阜寨镇	36843	6698	21757	8388	6099	34961
丰仪镇	21251	4014	11812	5425	3862	19910
汤坊镇	23054	4627	12312	6115	4485	21769
彬州市	**300226**	**67422**	**180115**	**52689**	**36582**	**202262**
城关街道	124750	33095	79619	12036	7947	41197
豳风街道	9261	1404	6058	1799	1309	7121
北极镇	25014	4585	14254	6175	4389	22666
新民镇	45641	9954	26133	9554	6555	41557
龙高镇	20602	4025	12006	4571	3105	19695
永乐镇	12842	2676	6995	3171	2225	12158
义门镇	23339	4450	13363	5526	3930	21715
水口镇	15692	3062	8605	4025	2899	14981
韩家镇	10552	1908	6091	2553	1844	9736
太峪镇	12533	2263	6991	3279	2379	11436

表27 续表 11 单位：人

地 区	总人口	分年龄人口				居住本乡、镇、街道，户口在本乡、镇、街道
		0-14岁	15-59岁	60岁及以上	#65岁及以上	
渭南市	**4688744**	**789027**	**2825916**	**1073801**	**740713**	**3775773**
临渭区	**920044**	**145840**	**577518**	**196686**	**135048**	**677918**
人民街道	65496	9700	44238	11558	8022	38762
杜桥街道	104010	19077	68626	16307	11060	58342
解放街道	33500	4862	21779	6859	4834	14272
向阳街道	49231	8350	30769	10112	6977	32253
站南街道	89241	9526	63897	15818	11399	48222
双王街道	22844	4797	13989	4058	2749	18978
良田街道	23053	4103	15373	3577	2351	13107
崇业路街道	60034	11463	40778	7793	5114	21840
辛市街道	21277	3669	13270	4338	3041	18496
龙背街道	15701	2552	8781	4368	3032	15259
阳曲街道	21633	3964	12280	5389	3690	20808
信义街道	20053	3420	11226	5407	3715	19546
白杨街道	34433	3555	27809	3069	2048	13513
桥南镇	16587	2404	10229	3954	2778	15305
阳郭镇	34627	5488	20730	8409	5766	33047
故市镇	38998	6093	21871	11034	7561	37476
下邽镇	47751	7789	26246	13716	9210	45665
三张镇	23410	3417	13967	6026	4166	22649
交斜镇	18925	3318	10470	5137	3451	18479
崇宁镇	19103	2673	11428	5002	3457	17890
孝义镇	16729	2678	9289	4762	3273	16120
蔺店镇	32638	5098	17876	9664	6526	31888
官底镇	24832	4509	13247	7076	4753	24165
官路镇	17229	2750	10007	4472	3046	16286
丰原镇	18468	2581	10647	5240	3690	18044
阎村镇	23471	3701	14152	5618	3892	21732
官道镇	26770	4303	14544	7923	5447	25774
华州区	**268620**	**43134**	**159016**	**66470**	**46208**	**225151**
华州街道	45444	7271	28677	9496	6625	28892
杏林镇	37153	6055	23435	7663	5484	22169
赤水镇	32730	5266	18127	9337	6384	32027
高塘镇	35297	5466	20371	9460	6589	34559
大明镇	23735	3760	13418	6557	4610	23095
瓜坡镇	25146	3983	14606	6557	4607	23262
莲花寺镇	20123	3539	11653	4931	3384	17658
柳枝镇	22214	3614	12609	5991	4141	21499
下庙镇	15337	2558	8120	4659	3135	14762
金堆镇	11441	1622	8000	1819	1249	7228
潼关县	**125317**	**21600**	**79491**	**24226**	**16050**	**98793**
城关街道	69718	12563	45100	12055	7953	47228
秦东镇	15342	2593	9273	3476	2339	14658
太要镇	15763	2567	9980	3216	2133	14369
桐峪镇	8640	1270	5664	1706	1145	7258
代字营镇	15854	2607	9474	3773	2480	15280

表27 续表 12

单位：人

地区	总人口	分年龄人口				居住本乡、镇、街道，户口在本乡、镇、街道
		0-14岁	15-59岁	60岁及以上	#65岁及以上	
大荔县	**592888**	**104236**	**343270**	**145382**	**99762**	**515500**
西城街道	74446	14335	47085	13026	8873	36810
东城街道	57326	9656	35595	12075	8298	36798
许庄镇	41190	5771	23554	11865	8420	38318
朝邑镇	43148	7040	23608	12500	8467	40564
安仁镇	40122	6325	22692	11105	7611	38707
两宜镇	27945	3276	15487	9182	6432	26636
羌白镇	46343	8831	26708	10804	7315	45092
官池镇	51162	11219	29166	10777	7221	48809
冯村镇	19823	3431	11014	5378	3739	19216
双泉镇	21351	3016	12244	6091	4274	20733
下寨镇	29428	5506	16688	7234	4843	28636
韦林镇	32139	6387	18149	7603	5253	30851
范家镇	22455	2998	13055	6402	4473	21704
苏村镇	23143	5438	12452	5253	3459	22533
赵渡镇	23545	4327	14000	5218	3665	22715
埝桥镇	23261	4047	13242	5972	4093	22033
段家镇	16061	2633	8531	4897	3326	15345
合阳县	**360683**	**58197**	**212486**	**90000**	**61727**	**281875**
城关街道	152520	29333	98056	25131	16535	80277
甘井镇	18410	2876	10697	4837	3365	18020
坊镇	27472	4137	15346	7989	5404	26710
洽川镇	7029	1233	4010	1786	1231	6709
新池镇	17833	2710	9497	5626	3812	17276
黑池镇	29080	4341	16015	8724	6136	28318
路井镇	24291	3058	12822	8411	5987	23458
和家庄镇	12497	1211	6158	5128	3714	12046
王村镇	13623	1732	7128	4763	3463	12895
同家庄镇	18729	2388	10727	5614	3765	18099
百良镇	24887	3480	14084	7323	5043	24509
金峪镇	14312	1698	7946	4668	3272	13558
澄城县	**304089**	**47400**	**179727**	**76962**	**54157**	**237346**
城关街道	119842	24168	75899	19775	13790	62640
冯原镇	27590	3511	15420	8659	6128	26625
王庄镇	28573	3483	16640	8450	6001	27654
尧头镇	7320	731	3912	2677	1963	6874
赵庄镇	23009	2978	13161	6870	4804	22501
交道镇	12218	1413	6349	4456	3077	11711
寺前镇	18851	2040	10321	6490	4710	18036
韦庄镇	25523	3488	14338	7697	5338	23667
安里镇	13674	1683	7840	4151	2882	13326
庄头镇	27489	3905	15847	7737	5464	24312
蒲城县	**662603**	**117369**	**390905**	**154329**	**106198**	**558777**
奉先街道	122469	23108	79946	19415	13303	59961
紫荆街道	73691	14988	44665	14038	9444	49238

表27 续表 13 单位：人

地 区	总人口	分年龄人口				居住本乡、镇、街道，户口在本乡、镇、街道
		0-14岁	15-59岁	60岁及以上	#65岁及以上	
罕井镇	36461	5454	20750	10257	7266	34010
孙镇	53758	8939	31913	12906	8941	49866
兴镇	21269	3843	12062	5364	3725	20754
党睦镇	33062	5953	18091	9018	6066	32306
高阳镇	14068	2538	8016	3514	2411	13688
永丰镇	19122	2996	10600	5526	3772	18650
荆姚镇	60700	10142	33944	16614	11442	59874
苏坊镇	24006	3906	13657	6443	4504	23541
龙阳镇	20890	3557	11994	5339	3616	20475
洛滨镇	18976	2373	10801	5802	4035	18588
陈庄镇	22186	4089	13190	4907	3503	20589
桥陵镇	52898	9642	30576	12680	8700	50707
尧山镇	34144	6138	18894	9112	6245	32955
椿林镇	26890	4858	15743	6289	4379	26237
龙池镇	28013	4845	16063	7105	4846	27338
白水县	**223832**	**36913**	**136414**	**50505**	**34800**	**186468**
城关街道	83834	15330	53291	15213	10701	54242
尧禾镇	25424	3949	15070	6405	4380	24641
杜康镇	14644	2660	8716	3268	2220	14056
西固镇	22810	3262	13055	6493	4348	22015
林皋镇	24876	4256	15180	5440	3856	23976
史官镇	18564	2504	11218	4842	3232	17733
北塬镇	9205	1310	5364	2531	1746	8844
雷牙镇	24475	3642	14520	6313	4317	20961
富平县	**642452**	**111517**	**378801**	**152134**	**105472**	**565834**
城关街道	177553	35364	110001	32188	22262	120033
庄里镇	64485	9014	39669	15802	11107	58077
张桥镇	24415	4216	14185	6014	4222	23835
美原镇	33740	6068	18508	9164	6435	33075
流曲镇	41833	7125	23875	10833	7482	40486
淡村镇	31917	5739	17981	8197	5574	30544
留古镇	25828	4462	14962	6404	4372	25057
老庙镇	33224	6198	18918	8108	5570	32515
薛镇	40602	6507	23118	10977	7512	39051
到贤镇	31130	4844	17565	8721	6077	30079
曹村镇	32555	4818	19150	8587	6060	31497
宫里镇	28532	4279	16961	7292	5045	27773
梅家坪镇	20943	3307	12324	5312	3677	19832
刘集镇	30107	5129	16855	8123	5773	29350
齐村镇	25588	4447	14729	6412	4304	24630
韩城市	**383097**	**63758**	**244955**	**74384**	**51687**	**259209**
新城街道	178711	32135	120669	25907	17612	85161
金城街道	42410	6748	26569	9093	6392	30521
龙门镇	41519	6999	27170	7350	5356	29963
桑树坪镇	18705	2406	11237	5062	3609	16508
芝川镇	37265	5615	21495	10155	6944	35218
西庄镇	36307	5983	21790	8534	6048	34549
芝阳镇	19498	2811	11187	5500	3778	18865
板桥镇	8682	1061	4838	2783	1948	8424

表27 续表 14 单位：人

地　　区	总人口	分年龄人口				居住本乡、镇、街道，户口在本乡、镇、街道
		0-14岁	15-59岁	60岁及以上	#65岁及以上	
华阴市	**205119**	**39063**	**123333**	**42723**	**29604**	**168902**
太华路街道	53995	10583	34141	9271	6351	38873
岳庙街道	49595	9550	30905	9140	6147	36738
孟塬镇	15550	3256	8908	3386	2319	14647
华西镇	13957	2658	8171	3128	2275	13060
罗敷镇	34870	5964	19853	9053	6412	31442
华山镇	37152	7052	21355	8745	6100	34142
延安市	**2282581**	**481349**	**1445797**	**355435**	**235166**	**1371112**
宝塔区	**640951**	**138267**	**421711**	**80973**	**51281**	**269518**
宝塔山街道	54931	10692	37240	6999	4486	19384
南市街道	106766	22140	71994	12632	8118	31459
凤凰山街道	44392	10337	28089	5966	3778	17259
枣园街道	39164	7053	28722	3389	2136	14608
桥沟街道	146815	33476	98389	14950	9246	52491
河庄坪镇	12984	2850	8532	1602	1017	8568
李渠镇	28630	6507	18318	3805	2387	16997
姚店镇	26871	6143	16600	4128	2636	17564
青化砭镇	13753	2638	8003	3112	2026	11641
蟠龙镇	9316	1410	5561	2345	1568	7029
柳林镇	78132	17600	51906	8626	5343	21460
南泥湾镇	6267	1116	3719	1432	943	5596
临镇	9663	1760	5807	2096	1351	8924
甘谷驿镇	7682	1473	4603	1606	1060	6231
万花山镇	28870	7442	18062	3366	2086	10844
川口镇	13725	3367	8525	1833	1153	7867
麻洞川镇	6226	1068	3794	1364	861	5592
冯庄乡	6764	1195	3847	1722	1086	6004
安塞区	**163135**	**37005**	**101568**	**24562**	**15893**	**98540**
真武洞街道	19271	5040	11924	2307	1463	7571
金明街道	27329	6593	17574	3162	2077	10166
白坪街道	34217	9864	21511	2842	1741	9140
砖窑湾镇	9699	2115	5920	1664	1065	8977
沿河湾镇	13225	2665	8061	2499	1602	10789
招安镇	18278	3747	11274	3257	2218	16144
化子坪镇	10433	2075	6542	1816	1197	8686
坪桥镇	7191	844	4519	1828	1193	5981
建华镇	9826	1710	5966	2150	1414	8420
高桥镇	9469	1838	5674	1957	1241	8792
镰刀湾镇	4197	514	2603	1080	682	3874
延长县	**117965**	**22976**	**71446**	**23543**	**15502**	**91240**
七里村街道	59991	13374	37828	8789	5747	35961
黑家堡镇	8820	1835	5199	1786	1124	8364
郑庄镇	8481	1539	4854	2088	1369	8109

表27　续表 15

单位：人

地　　区	总人口	分年龄人口				居住本乡、镇、街道，户口在本乡、镇、街道
		0-14岁	15-59岁	60岁及以上	#65岁及以上	
张家滩镇	8379	1118	4823	2438	1583	7757
交口镇	10129	1600	5840	2689	1821	9736
雷赤镇	8020	1222	4745	2053	1405	7708
罗子山镇	8186	1278	4645	2263	1535	7829
安沟镇	5959	1010	3512	1437	918	5776
延川县	**139713**	**27785**	**85710**	**26218**	**17496**	**93661**
大禹街道	64902	14801	41369	8732	5667	32356
永坪镇	36940	7557	23070	6313	4080	25808
延水关镇	9405	1376	5315	2714	1933	8591
文安驿镇	9942	1650	5625	2667	1806	9512
杨家圪台镇	5798	824	3269	1705	1216	5592
贾家坪镇	4134	601	2197	1336	948	3883
关庄镇	5088	605	2884	1599	1086	4635
乾坤湾镇	3504	371	1981	1152	760	3284
志丹县	**155129**	**37055**	**97717**	**20357**	**13138**	**91967**
保安街道	93282	25554	59719	8009	5056	40053
杏河镇	10178	1717	6272	2189	1423	8672
顺宁镇	10910	1850	6889	2171	1449	8908
旦八镇	10461	2576	6371	1514	1020	7085
金丁镇	5655	874	3224	1557	1047	5237
永宁镇	6783	1319	4085	1379	905	6313
义正镇	8044	1427	4975	1642	1038	7502
双河镇	9816	1738	6182	1896	1200	8197
吴起县	**146167**	**34474**	**89446**	**22247**	**15162**	**75110**
吴起街道	108950	29469	68102	11379	7519	43368
铁边城镇	9623	1505	5917	2201	1551	7829
周湾镇	4440	617	2340	1483	1045	4098
白豹镇	6609	891	3883	1835	1247	5515
长官庙镇	2215	299	1189	727	524	1928
长城镇	3308	478	1760	1070	742	3026
五谷城镇	5023	546	2972	1505	1076	3870
吴仓堡镇	3647	458	2019	1170	841	3366
庙沟镇	2352	211	1264	877	617	2110
甘泉县	**76929**	**17039**	**47481**	**12409**	**8030**	**50690**
美水街道	48261	12165	30859	5237	3356	24411
下寺湾镇	6109	1238	3648	1223	792	5311
道镇	8874	1476	5092	2306	1529	8346
石门镇	7220	1040	4129	2051	1333	6688
桥镇乡	3090	558	1767	765	504	2889
劳山乡	3375	562	1986	827	516	3045
富县	**142891**	**30767**	**87482**	**24642**	**16585**	**115932**
茶坊街道	70477	16186	43856	10435	7029	50379
羊泉镇	27175	5864	15810	5501	3672	25580
张村驿镇	10110	1632	6564	1914	1297	8328
张家湾镇	7400	1598	4493	1309	858	6605
直罗镇	7797	1522	4774	1501	1038	6936
牛武镇	6189	1181	3897	1111	767	5396
寺仙镇	7260	1474	4259	1527	1031	6808
北道德乡	6483	1310	3829	1344	893	5900

表27　续表 16

单位：人

地　　区	总人口	分年龄人口				居住本乡、镇、街道，户口在本乡、镇、街道
		0-14岁	15-59岁	60岁及以上	#65岁及以上	
洛川县	**201663**	**41777**	**124793**	**35093**	**24458**	**156812**
凤栖街道	71115	16723	45481	8911	6295	37054
旧县镇	11994	2264	7092	2638	1886	11326
交口河镇	14599	2427	10165	2007	1394	8665
老庙镇	22420	4210	13378	4832	3287	21470
土基镇	16352	3489	9495	3368	2326	15860
石头镇	25950	5461	15489	5000	3349	24862
槐柏镇	17742	3400	10680	3662	2546	17178
永乡镇	16413	2808	9960	3645	2621	15502
菩提镇	5078	995	3053	1030	754	4895
宜川县	**112090**	**20718**	**70676**	**20696**	**14034**	**83961**
丹州街道	59186	13562	37857	7767	5355	32566
秋林镇	11850	1634	7395	2821	1898	11499
云岩镇	20196	3091	12535	4570	3024	19595
集义镇	7258	786	4374	2098	1492	7073
壶口镇	5179	546	3233	1400	912	5031
英旺乡	3488	414	2199	875	585	3383
交里乡	4933	685	3083	1165	768	4814
黄龙县	**41198**	**6687**	**25914**	**8597**	**6005**	**31382**
石堡镇	21788	3905	14088	3795	2649	14469
白马滩镇	4565	523	2611	1431	1054	4016
瓦子街镇	1034	97	698	239	144	760
界头庙镇	4996	727	3056	1213	846	4576
三岔镇	5128	974	3071	1083	727	4694
圪台乡	1546	166	984	396	279	1137
崾崄乡	2141	295	1406	440	306	1730
黄陵县	**127015**	**21607**	**85157**	**20251**	**13961**	**81248**
桥山街道	54169	10021	36293	7855	5483	33718
店头镇	37427	6049	27263	4115	2772	16803
隆坊镇	14097	2628	8466	3003	2005	12818
田庄镇	8411	1158	4855	2398	1675	7784
阿党镇	8185	1257	4670	2258	1585	7614
双龙镇	4726	494	3610	622	441	2511
子长市	**217735**	**45192**	**136696**	**35847**	**23621**	**131051**
瓦窑堡街道	149312	35178	96436	17698	11288	69557
杨家园则镇	16421	2556	9510	4355	2841	15237
玉家湾镇	4737	680	2736	1321	929	4516
安定镇	7562	1096	4307	2159	1434	6969
马家砭镇	8212	1262	4597	2353	1652	7967
南沟岔镇	5346	835	2997	1514	1060	4829
涧峪岔镇	8093	1205	4657	2231	1562	7773
李家岔镇	7723	1151	4422	2150	1555	7070
余家坪镇	10329	1229	7034	2066	1300	7133

表27 续表 17

单位：人

地区	总人口	分年龄人口				居住本乡、镇、街道，户口在本乡、镇、街道
		0-14岁	15-59岁	60岁及以上	#65岁及以上	
汉中市	**3211462**	**516563**	**1914258**	**780641**	**568810**	**2538420**
汉台区	**618204**	**86010**	**396569**	**135625**	**96320**	**379178**
北关街道	128079	18114	84097	25868	18046	69419
东大街街道	23318	2746	14184	6388	4774	12413
汉中路街道	68219	9852	42860	15507	11088	38295
中山街街道	47974	7059	30187	10728	7569	24915
东关街道	55512	5623	40798	9091	6564	20996
鑫源街道	13154	1833	8178	3143	2222	10622
七里街道	82774	12901	56100	13773	9219	40095
龙江街道	34554	5245	20646	8663	6077	28021
铺镇	43762	6612	25792	11358	8229	37806
武乡镇	23123	3632	13133	6358	4584	21553
河东店镇	22748	2446	14794	5508	4044	14476
宗营镇	27506	3104	18085	6317	4517	19144
老君镇	23863	3017	15206	5640	3981	20159
汉王镇	11180	1743	6076	3361	2471	9832
徐望镇	12438	2083	6433	3922	2935	11432
南郑区	**466244**	**77777**	**271231**	**117236**	**84921**	**383193**
汉山街道	68135	11923	42485	13727	9814	53114
中所营街道	31000	5648	20022	5330	3483	12780
圣水镇	21126	3330	11795	6001	4358	20079
大河坎镇	76805	12523	51553	12729	8977	41759
协税镇	14676	2466	8171	4039	2922	13822
梁山镇	29671	4873	16827	7971	5679	28324
阳春镇	12706	2076	6487	4143	3037	12158
高台镇	18346	2914	10121	5311	3906	15823
新集镇	38409	6708	19817	11884	8650	36673
濂水镇	12078	2258	6310	3510	2554	11626
黄官镇	20693	3850	10486	6357	4696	19594
青树镇	21161	3913	11632	5616	4036	20477
红庙镇	16630	3058	8646	4926	3715	15953
牟家坝镇	17181	2491	9459	5231	3800	16337
法镇	11983	1791	6376	3816	2808	11446
湘水镇	8021	1042	4261	2718	2015	7633
小南海镇	7573	899	4038	2636	2037	7277
碑坝镇	7954	1010	4460	2484	1911	7324
黎坪镇	5397	797	3217	1383	1048	5157
福成镇	3569	394	2023	1152	908	3349
两河镇	6782	1165	3465	2152	1630	6580
胡家营镇	16348	2648	9580	4120	2937	15908
城固县	**442035**	**75130**	**254463**	**112442**	**82898**	**364688**
博望街道	82106	14285	51308	16513	12168	52958
莲花街道	63838	11666	39253	12919	9359	31201
龙头镇	21941	3767	12037	6137	4384	21133
沙河营镇	14807	2584	8149	4074	2954	14178
文川镇	13167	2222	7163	3782	2815	12193
柳林镇	26475	4766	15179	6530	4587	24826
老庄镇	18661	3012	10298	5351	3889	17551

表27　续表 18　　单位：人

地　区	总人口	分年龄人口				居住本乡、镇、街道，户口在本乡、镇、街道
		0-14岁	15-59岁	60岁及以上	#65岁及以上	
桔园镇	28879	4630	15921	8328	6138	28062
原公镇	30174	4817	16617	8740	6366	29302
上元观镇	27625	5002	14689	7934	5872	26979
天明镇	18889	3074	10295	5520	4122	18046
二里镇	18182	2856	9875	5451	4053	17569
五堵镇	14641	2472	8200	3969	2943	13831
双溪镇	5360	681	3100	1579	1177	5071
小河镇	5149	680	2895	1574	1167	5002
董家营镇	20746	3759	11073	5914	4507	20066
三合镇	15126	2717	8499	3910	2864	14557
陕西飞机工业(集团)有限公司	16269	2140	9912	4217	3533	12163
洋县	**345354**	**60246**	**199293**	**85815**	**63011**	**281881**
洋州街道	89638	17982	56690	14966	10406	49365
纸坊街道	30451	6240	17582	6629	4853	19679
戚氏街道	21505	4056	12084	5365	3898	20358
龙亭镇	22513	3728	12633	6152	4552	21486
谢村镇	42840	6618	22965	13257	10263	40419
马畅镇	12961	2231	6824	3906	2988	12400
溢水镇	8350	1286	4453	2611	2003	8115
磨子桥镇	34821	5556	19546	9719	7040	31126
黄家营镇	9327	1341	5220	2766	2079	9116
黄安镇	14620	2262	7781	4577	3347	14104
黄金峡镇	6672	1061	3866	1745	1246	6499
槐树关镇	18938	3145	10570	5223	3863	18226
金水镇	10342	1532	5981	2829	2104	10024
华阳镇	5206	804	3039	1363	939	4791
茅坪镇	4276	652	2457	1167	833	4169
八里关镇	2122	248	1198	676	486	2032
桑溪镇	6184	827	3774	1583	1134	5475
关帝镇	4588	677	2630	1281	977	4497
西乡县	**321535**	**58426**	**184676**	**78433**	**56127**	**255501**
城北街道	108961	22456	68333	18172	12491	59100
城南街道	29246	6069	16487	6690	4741	22512
杨河镇	24990	4479	14012	6499	4561	23646
柳树镇	17541	3335	9585	4621	3264	16865
沙河镇	18516	3042	10506	4968	3543	17175
私渡镇	6333	990	3411	1932	1406	6040
桑园镇	8052	1179	4271	2602	1845	7677
白龙塘镇	7794	824	4192	2778	2111	7405
峡口镇	15036	2599	8505	3932	2803	14368
堰口镇	29220	4669	16213	8338	6005	27216
茶镇	7646	1113	4234	2299	1669	7384
高川镇	15703	2742	7762	5199	3915	15129
两河口镇	9398	1666	4773	2959	2260	9043
大河镇	3386	455	1900	1031	787	3273
骆家坝镇	6848	1166	3845	1837	1320	6633
子午镇	6201	688	3342	2171	1595	5736
白勉峡镇	6664	954	3305	2405	1811	6299

表27 续表 19

单位：人

地　区	总人口	分年龄人口				居住本乡、镇、街道，户口在本乡、镇、街道
		0-14岁	15-59岁	60岁及以上	#65岁及以上	
勉县	**344935**	**48609**	**204756**	**91570**	**66115**	**295035**
勉阳街道	96827	14102	62807	19918	13966	66385
武侯镇	15712	1769	9548	4395	3221	13480
周家山镇	27065	4008	15317	7740	5482	25324
同沟寺镇	12143	1852	6900	3391	2355	11792
新街子镇	19616	2754	10838	6024	4337	18595
老道寺镇	27122	3869	14859	8394	6125	26319
褒城镇	8857	1292	4805	2760	2002	8353
金泉镇	10424	1334	5784	3306	2480	9786
定军山镇	39418	5405	24603	9410	6829	29611
温泉镇	13843	2053	7771	4019	2818	13581
元墩镇	10469	1512	5895	3062	2287	10247
阜川镇	13334	1966	7524	3844	2858	13024
新铺镇	19494	2768	10976	5750	4344	19064
茶店镇	10227	1460	5758	3009	2207	9760
镇川镇	8906	1128	4836	2942	2088	8674
漆树坝镇	3831	531	2036	1264	962	3665
张家河镇	4085	480	2479	1126	866	3966
长沟河镇	3562	326	2020	1216	888	3409
宁强县	**256373**	**39667**	**156276**	**60430**	**45861**	**221039**
汉源街道	61929	11460	40260	10209	7365	39936
高寨子街道	18280	3518	10670	4092	3089	14807
大安镇	30981	4681	17916	8384	6524	29460
代家坝镇	18800	2420	11500	4880	3749	17775
阳平关镇	26407	3590	16566	6251	4618	23807
燕子砭镇	18414	2525	11371	4518	3391	17588
广坪镇	6998	912	4468	1618	1226	6386
青木川镇	5353	733	3342	1278	934	4956
毛坝河镇	8222	1219	4645	2358	1827	7941
铁锁关镇	10563	1732	5956	2875	2302	9959
胡家坝镇	11323	1836	6208	3279	2596	10898
巴山镇	6341	974	3610	1757	1356	6074
巨亭镇	7804	828	4931	2045	1524	7543
舒家坝镇	5668	656	3301	1711	1362	5478
太阳岭镇	4593	598	2897	1098	845	4310
安乐河镇	6078	806	3748	1524	1165	5822
二郎坝镇	4994	697	2866	1431	1129	4832
禅家岩镇	3625	482	2021	1122	859	3467
略阳县	**143989**	**20854**	**90520**	**32615**	**23545**	**120444**
兴州街道	57058	8687	38202	10169	7234	40278
横现河街道	4407	614	2784	1009	733	3924
接官亭镇	10126	1471	6244	2411	1778	8578
西淮坝镇	2721	408	1644	669	432	2568
两河口镇	3462	589	1939	934	703	2947
金家河镇	3984	578	2371	1035	750	3662
徐家坪镇	8790	1200	5452	2138	1442	8428

表27 续表 20　　单位：人

地　区	总人口	分年龄人口				居住本乡、镇、街道，户口在本乡、镇、街道
		0-14岁	15-59岁	60岁及以上	#65岁及以上	
白水江镇	6578	1022	3949	1607	1149	6308
硖口驿镇	7213	997	4346	1870	1371	6576
马蹄湾镇	2094	242	1278	574	405	1994
乐素河镇	5101	587	3241	1273	959	4839
郭镇	9727	1849	5942	1936	1360	8956
黑河镇	7426	918	4258	2250	1697	6752
白雀寺镇	6920	762	4127	2031	1467	6693
仙台坝镇	2575	324	1444	807	631	2401
五龙洞镇	3377	363	2007	1007	752	3225
观音寺镇	2430	243	1292	895	682	2315
镇巴县	**210871**	**40629**	**118148**	**52094**	**39568**	**185729**
泾洋街道	50909	9764	32839	8306	5992	32980
渔渡镇	11808	2601	6264	2943	2316	10828
盐场镇	11043	2479	5987	2577	1971	10794
观音镇	13911	2663	7344	3904	2980	13366
巴庙镇	11377	2108	5806	3463	2614	11143
兴隆镇	13304	2274	7092	3938	3052	12890
长岭镇	9273	1651	4847	2775	2141	8887
三元镇	12119	2320	6645	3154	2409	11568
简池镇	9718	1898	5296	2524	1931	9018
碾子镇	8258	1564	4404	2290	1659	7890
小洋镇	8011	1487	4224	2300	1813	7324
青水镇	4472	799	2447	1226	930	4286
赤南镇	10623	2364	5744	2515	1958	10352
平安镇	6599	1179	3482	1938	1437	6399
杨家河镇	3867	577	2041	1249	891	3578
巴山镇	6724	1277	3650	1797	1449	6426
黎坝镇	6009	1209	3136	1664	1279	5737
仁村镇	4928	1040	2623	1265	982	4801
大池镇	3630	658	1982	990	789	3374
永乐镇	4288	717	2295	1276	975	4088
留坝县	**35325**	**4895**	**22081**	**8349**	**6065**	**29942**
紫柏街道	11232	1801	7404	2027	1433	7635
马道镇	3718	480	2226	1012	751	3476
武关驿镇	3525	372	2153	1000	744	3231
留侯镇	2103	267	1296	540	384	1952
江口镇	7630	1144	4625	1861	1346	7048
玉皇庙镇	3444	377	2161	906	672	3221
火烧店镇	2548	346	1563	639	462	2338
青桥驿镇	1125	108	653	364	273	1041
佛坪县	**26597**	**4320**	**16245**	**6032**	**4379**	**21790**
袁家庄街道	10948	2027	7185	1736	1186	7438
陈家坝镇	2829	427	1661	741	524	2606
大河坝镇	4478	758	2601	1119	813	4073
西岔河镇	2625	356	1513	756	565	2395
岳坝镇	2286	335	1331	620	479	2205
长角坝镇	2368	298	1325	745	592	2064
石墩河镇	1063	119	629	315	220	1009

表27 续表 21

单位：人

地 区	总人口	分年龄人口				居住本乡、镇、街道，户口在本乡、镇、街道
		0-14岁	15-59岁	60岁及以上	#65岁及以上	
榆林市	**3624750**	**775935**	**2254627**	**594188**	**403266**	**1698094**
榆阳区	**967639**	**228658**	**627230**	**111751**	**72973**	**378920**
鼓楼街道	43509	10844	27916	4749	3232	13841
青山路街道	67594	16301	44552	6741	4318	21277
上郡路街道	90793	21083	60346	9364	5909	24138
新明楼街道	19595	4281	12013	3301	2393	8581
驼峰路街道	88597	23315	58344	6938	4507	23604
崇文路街道	67141	13919	48494	4728	2958	14637
航宇路街道	66555	17680	43604	5271	3273	21571
长城路街道	64624	14912	44035	5677	3437	17158
金沙路街道	72467	19304	47542	5621	3454	22044
朝阳路街道	31701	7409	21006	3286	2147	7108
沙河路街道	51842	14594	33520	3728	2153	23917
明珠路街道	49611	12999	33338	3274	1805	20549
鱼河镇	18085	4589	10701	2795	1809	9953
上盐湾镇	8770	1264	4271	3235	2273	7855
镇川镇	21100	4411	12460	4229	2897	12154
麻黄梁镇	9970	1660	6342	1968	1316	7330
牛家梁镇	20774	4142	13299	3333	2184	12794
金鸡滩镇	18465	3107	12833	2525	1672	10549
马合镇	7563	1507	4158	1898	1333	6901
巴拉素镇	8521	1326	5223	1972	1349	6405
鱼河峁镇	8990	1716	4583	2691	1916	7625
青云镇	38683	10350	24109	4224	2731	12568
古塔镇	6574	1096	3401	2077	1454	5989
大河塔镇	7651	922	3875	2854	2020	6259
小纪汗镇	12697	2285	8021	2391	1630	9085
芹河镇	27303	6632	17502	3169	2091	10965
孟家湾乡	9211	1781	5310	2120	1506	8114
小壕兔乡	9137	1639	5392	2106	1445	7840
岔河则乡	4939	911	2681	1347	926	4497
补浪河乡	8009	1468	4381	2160	1538	7025
红石桥乡	7168	1211	3978	1979	1297	6587
横山区	**283918**	**62811**	**170732**	**50375**	**34250**	**136639**
城关街道	16683	3028	9807	3848	2679	12624
怀远街道	33152	10324	20422	2406	1509	4816
夏州街道	66651	18316	42325	6010	4074	18635
怀仁路街道	23943	7584	14988	1371	769	1310
崇德路街道	32682	8308	22374	2000	1094	1909
石湾镇	7039	1006	4200	1833	1255	6047
高镇	6638	848	3329	2461	1719	6296
武镇	6983	695	3388	2900	2063	6685
党岔镇	13821	2658	7447	3716	2595	12783
响水镇	10333	1766	5373	3194	2255	9449
波罗镇	11026	1617	6527	2882	2006	9447

表27 续表 22

单位：人

地区	总人口	分年龄人口				居住本乡、镇、街道，户口在本乡、镇、街道
		0-14岁	15-59岁	60岁及以上	#65岁及以上	
殿市镇	7860	961	4181	2718	1859	6943
塔湾镇	5602	714	2902	1986	1325	5140
赵石畔镇	8684	894	4496	3294	2231	8162
魏家楼镇	6587	759	3494	2334	1650	6122
韩岔镇	11086	1343	5560	4183	2974	10048
白界镇	9707	1342	6612	1753	1199	5669
雷龙湾镇	5441	648	3307	1486	994	4554
府谷县	**255397**	**51171**	**164007**	**40219**	**27762**	**101571**
府谷镇	166269	41338	106994	17937	11685	51885
黄甫镇	8038	427	4358	3253	2415	5310
哈镇	2912	185	1174	1553	1174	2710
庙沟门镇	15846	2619	10585	2642	1830	8314
新民镇	13059	1510	9781	1768	1195	4888
孤山镇	5540	817	3192	1531	1072	3903
清水镇	6127	335	3300	2492	1884	4109
大昌汗镇	9151	1452	6504	1195	789	3904
古城镇	3156	277	1415	1464	1087	2897
三道沟镇	5172	367	3758	1047	696	2147
老高川镇	12334	1411	9305	1618	1094	5152
武家庄镇	2923	172	1275	1476	1121	2560
木瓜镇	2439	168	945	1326	988	2250
田家寨镇	2431	93	1421	917	732	1542
靖边县	**389002**	**96186**	**239789**	**53027**	**35418**	**172835**
张家畔街道	256020	71702	161648	22670	14977	69435
东坑镇	39407	9245	22958	7204	4862	30209
青阳岔镇	4189	540	2391	1258	878	3239
宁条梁镇	13309	2788	7615	2906	1949	11144
周河镇	4623	589	2786	1248	849	3931
红墩界镇	5152	863	2729	1560	1063	4681
杨桥畔镇	13278	1774	9000	2504	1664	8127
王渠则镇	5441	607	3171	1663	1097	4481
中山涧镇	4123	601	2346	1176	784	3710
杨米涧镇	4087	272	2673	1142	793	2809
天赐湾镇	3872	524	2203	1145	763	3253
小河镇	3486	507	2052	927	634	2864
龙洲镇	5003	825	2764	1414	951	4453
黄蒿界镇	4368	790	2443	1135	729	3992
海则滩镇	5472	910	3174	1388	916	4764
席麻湾镇	6039	931	3309	1799	1229	5508
镇靖镇	11133	2718	6527	1888	1280	6235
定边县	**339077**	**69099**	**216756**	**53222**	**35324**	**159576**
定边街道	182893	45801	118968	18124	11724	47305
贺圈镇	34293	7395	21986	4912	3188	15716
红柳沟镇	7142	877	4407	1858	1232	6300
砖井镇	13110	1497	8584	3029	2006	10990
白泥井镇	21094	4066	12815	4213	2847	15530
安边镇	12450	2078	7421	2951	2089	8846

表27 续表 23

单位：人

地　区	总人口	分年龄人口				居住本乡、镇、街道，户口在本乡、镇、街道
		0-14岁	15-59岁	60岁及以上	#65岁及以上	
堆子梁镇	5579	739	3073	1767	1217	5157
白湾子镇	4696	743	2914	1039	748	3742
姬塬镇	6597	480	4655	1462	993	4250
杨井镇	9433	1278	5832	2323	1509	7755
新安边镇	3114	241	2039	834	561	2408
张崾先镇	3579	318	2169	1092	796	3017
樊学镇	4279	219	3148	912	593	2655
盐场堡镇	5310	690	3368	1252	829	4070
郝滩镇	8575	1236	5069	2270	1520	7583
石洞沟镇	4934	390	2576	1968	1329	4648
冯地坑镇	4521	476	3291	754	488	2756
油房庄乡	3932	301	2460	1171	764	3604
学庄乡	3546	274	1981	1291	891	3244
绥德县	**255294**	**49775**	**148187**	**57332**	**39325**	**155173**
名州镇	127069	31637	78391	17041	11375	50819
薛家峁镇	5746	651	3069	2026	1436	5531
崔家湾镇	7649	959	3982	2708	1869	7197
定仙墕镇	4550	444	2377	1729	1223	4350
枣林坪镇	3973	246	2113	1614	1154	3764
义合镇	10988	1240	5733	4015	2804	9985
吉镇	4623	461	2313	1849	1338	4402
薛家河镇	5769	529	3072	2168	1561	5574
四十里铺镇	19012	3204	10227	5581	3892	17728
石家湾镇	7066	615	3680	2771	1905	6808
田庄镇	5716	654	2982	2080	1426	5425
中角镇	8132	737	4005	3390	2389	7776
满堂川镇	7283	560	3646	3077	2180	6951
张家砭镇	31814	7176	19549	5089	3294	13253
白家硷镇	5904	662	3048	2194	1479	5610
米脂县	**141324**	**26142**	**80724**	**34458**	**24044**	**96140**
银州街道	70630	16846	44467	9317	6345	31596
桃镇	7996	777	3931	3288	2349	7771
龙镇	7865	880	3819	3166	2343	7568
杨家沟镇	5449	521	2601	2327	1660	5202
杜家石沟镇	6369	747	3161	2461	1738	6173
沙家店镇	7143	802	3384	2957	2147	6935
印斗镇	9905	897	4792	4216	2843	9367
郭兴庄镇	4456	554	2274	1628	1179	4251
城郊镇	21511	4118	12295	5098	3440	17277
佳县	**113035**	**15101**	**61094**	**36840**	**26474**	**99063**
佳州街道	25723	5140	14894	5689	3999	19009
坑镇	10649	1159	5777	3713	2686	10079
店镇	5508	511	2780	2217	1659	5196
乌镇	10448	835	5196	4417	3192	9852
金明寺镇	6376	636	3194	2546	1875	5971
通镇	12104	2152	6665	3287	2289	11048
王家砭镇	7643	1314	4169	2160	1547	6581

表27　续表 24　　　　单位：人

地　　区	总人口	分年龄人口				居住本乡、镇、街道，户口在本乡、镇、街道
		0-14岁	15-59岁	60岁及以上	#65岁及以上	
方塌镇	2904	240	1425	1239	926	2627
朱家坬镇	4232	502	2279	1451	1035	4021
螅镇	8192	684	4331	3177	2284	7763
朱官寨镇	5293	530	2614	2149	1570	5038
刘国具镇	9441	1017	5362	3062	2169	7495
木头峪镇	4522	381	2408	1733	1243	4383
吴堡县	**53938**	**9820**	**31570**	**12548**	**8734**	**34544**
宋家川街道	35878	8625	22343	4910	3228	17496
辛家沟镇	2662	152	1315	1195	881	2523
郭家沟镇	3358	238	1756	1364	971	3154
寇家塬镇	5391	393	2778	2220	1601	5133
岔上镇	3767	231	1898	1638	1164	3567
张家山镇	2882	181	1480	1221	889	2671
清涧县	**115645**	**18555**	**64927**	**32163**	**22402**	**85500**
宽州镇	61203	12546	36861	11796	8066	33313
石咀驿镇	8737	871	4449	3417	2497	8456
折家坪镇	7991	1173	4356	2462	1721	7525
玉家河镇	6482	711	3337	2434	1694	6133
高杰村镇	4076	384	2111	1581	1079	3890
李家塔镇	5848	591	3030	2227	1565	5668
店则沟镇	4285	460	2144	1681	1209	4126
解家沟镇	8415	719	3983	3713	2618	8140
下廿里铺镇	8608	1100	4656	2852	1953	8249
子洲县	**138612**	**22443**	**76287**	**39882**	**27827**	**106128**
双湖峪街道	41621	10715	25574	5332	3546	18363
何家集镇	6429	759	3537	2133	1417	6138
老君殿镇	6320	981	3431	1908	1296	5802
裴家湾镇	8085	1038	4390	2657	1865	7713
苗家坪镇	16532	2607	8918	5007	3525	12111
三川口镇	7038	623	3434	2981	2146	6725
马蹄沟镇	12465	1363	6263	4839	3473	11643
周家硷镇	7283	836	3717	2730	1902	6700
电市镇	8927	913	4453	3561	2503	8497
砖庙镇	3303	340	1666	1297	922	3145
淮宁湾镇	7106	763	3593	2750	1964	6720
马岔镇	8809	1035	4816	2958	2056	8066
驼耳巷乡	4694	470	2495	1729	1212	4505
神木市	**571869**	**126174**	**373324**	**72371**	**48733**	**172005**
滨河新区街道	55641	13900	38465	3276	1913	5180
西沙街道	69317	16592	46486	6239	4080	6724
麟州街道	132752	34990	83504	14258	9493	42609
迎宾路街道	69184	17828	42975	8381	5480	21776
永兴街道	3818	503	2126	1189	824	2451
西沟街道	7804	1221	5062	1521	1041	3393
高家堡镇	14495	2603	7409	4483	3276	9878
店塔镇	21434	3242	15531	2661	1699	6640
孙家岔镇	15049	1411	11302	2336	1597	5575

表27 续表 25

单位：人

地　　区	总人口	分年龄人口				居住本乡、镇、街道，户口在本乡、镇、街道
		0-14岁	15-59岁	60岁及以上	#65岁及以上	
大柳塔镇	72837	16463	50956	5418	3241	14493
花石崖镇	2251	213	872	1166	900	2011
中鸡镇	8052	1248	4517	2287	1660	6247
贺家川镇	5860	759	2605	2496	1890	5236
尔林兔镇	8563	1462	4538	2563	1808	7319
万镇	3110	265	1208	1637	1210	2601
大保当镇	26923	4304	19571	3048	1969	11046
马镇	3384	290	1380	1714	1318	2871
栏杆堡镇	3483	314	1322	1847	1456	2914
沙峁镇	3711	412	1583	1716	1314	3210
锦界镇	44201	8154	31912	4135	2564	9831
安康市	**2493436**	**472547**	**1497817**	**523072**	**372438**	**1980226**
汉滨区	**894853**	**170325**	**560564**	**163964**	**115149**	**638775**
老城街道	39344	6086	25392	7866	5488	18541
新城街道	201821	37887	133679	30255	20925	108547
江北街道	75684	11492	50680	13512	9223	37840
建民街道	128966	26175	88109	14682	9805	69410
关庙镇	43320	8627	27668	7025	4937	33362
张滩镇	24181	4820	15061	4300	3058	21116
瀛湖镇	21332	4025	12627	4680	3357	20226
五里镇	60390	12830	35647	11913	8519	52924
恒口镇	120376	25918	68987	25471	17807	108723
吉河镇	15317	2806	9452	3059	2192	12161
流水镇	11928	2056	6922	2950	2047	11092
大竹园镇	10342	2195	5753	2394	1671	9879
洪山镇	10576	1935	5610	3031	2175	9998
茨沟镇	11552	2128	6533	2891	2072	11098
大河镇	16263	3217	8853	4193	3041	14899
沈坝镇	6512	1230	3520	1762	1235	6231
双龙镇	9743	2050	5341	2352	1726	9256
叶坪镇	2814	492	1646	676	500	2730
中原镇	8849	1721	4857	2271	1655	8526
县河镇	14574	2447	8885	3242	2335	13970
紫荆镇	4753	838	2685	1230	903	4598
早阳镇	14502	2310	8533	3659	2722	13971
关家镇	7726	1205	4440	2081	1499	7436
石梯镇	8840	1399	5271	2170	1594	8611
坝河镇	6184	1120	3584	1480	1091	6006
牛蹄镇	3896	732	2087	1077	812	3675
晏坝镇	7484	1276	4360	1848	1358	6854
谭坝镇	7584	1308	4382	1894	1402	7095
汉阴县	**240188**	**50822**	**136635**	**52731**	**36747**	**196952**
城关镇	95811	20595	58958	16258	11080	61911
涧池镇	35757	8531	19574	7652	5305	32382
蒲溪镇	18886	4089	10102	4695	3229	17299
平梁镇	23338	4778	12538	6022	4288	22282

表27 续表 26

单位：人

地区	总人口	分年龄人口				居住本乡、镇、街道，户口在本乡、镇、街道
		0-14岁	15-59岁	60岁及以上	#65岁及以上	
双乳镇	10282	2338	5525	2419	1708	9289
铁佛寺镇	7861	1283	4275	2303	1592	7635
漩涡镇	20874	4353	11191	5330	3840	19850
汉阳镇	14269	2661	7536	4072	2983	13739
双河口镇	8847	1562	4673	2612	1784	8470
观音河镇	4263	632	2263	1368	938	4095
石泉县	**153221**	**26187**	**91649**	**35385**	**24993**	**115685**
城关镇	80887	14364	52235	14288	9659	49400
饶峰镇	6932	1059	3734	2139	1564	6601
两河镇	5834	844	3355	1635	1178	5448
迎丰镇	3818	599	2060	1159	840	3608
池河镇	16139	3060	8924	4155	2861	14036
后柳镇	8904	1480	4993	2431	1787	8277
喜河镇	8810	1387	4645	2778	2061	8193
熨斗镇	9163	1839	4780	2544	1916	8533
云雾山镇	4114	323	2379	1412	1060	3363
中池镇	5661	871	3017	1773	1254	5413
曾溪镇	2959	361	1527	1071	813	2813
宁陕县	**59905**	**9624**	**37012**	**13269**	**9480**	**47852**
城关镇	30154	5214	19315	5625	3957	21216
四亩地镇	3145	455	1986	704	503	2556
江口镇	7236	1247	4333	1656	1212	6467
广货街镇	3590	496	2204	890	602	3310
龙王镇	2726	380	1568	778	568	2585
筒车湾镇	3786	570	2246	970	687	3407
金川镇	2489	345	1465	679	492	2308
皇冠镇	1394	210	822	362	260	1282
太山庙镇	3114	399	1696	1019	757	2769
梅子镇	1576	236	966	374	288	1332
新场镇	695	72	411	212	154	620
紫阳县	**260971**	**51898**	**151330**	**57743**	**42401**	**230374**
城关镇	53654	10410	33791	9453	6684	32724
蒿坪镇	23016	5186	13202	4628	3184	21564
汉王镇	11646	2646	6711	2289	1638	10951
焕古镇	9779	1591	5870	2318	1712	9381
向阳镇	16813	3152	9717	3944	2883	16029
洞河镇	10558	1755	6045	2758	1976	9951
洄水镇	9588	1856	5475	2257	1612	9119
双桥镇	12343	2329	7081	2933	2115	12080
高桥镇	14561	2884	8265	3412	2575	14121
红椿镇	13017	2755	7176	3086	2258	11925
高滩镇	20288	4038	11042	5208	4052	19503
毛坝镇	14381	2876	8032	3473	2720	13312
瓦庙镇	10891	2369	6053	2469	1912	10698
麻柳镇	9561	1963	5351	2247	1802	9282
双安镇	13133	2616	7688	2829	2020	12666
东木镇	9572	1750	5261	2561	1874	9203

表27　续表 27

单位：人

地　　区	总人口	分年龄人口				居住本乡、镇、街道，户口在本乡、镇、街道
		0-14岁	15-59岁	60岁及以上	#65岁及以上	
界岭镇	8170	1722	4570	1878	1384	7865
岚皋县	**135006**	**23349**	**79579**	**32078**	**23045**	**104732**
城关镇	55262	10828	34750	9684	6718	29556
佐龙镇	10508	1868	5960	2680	1873	10107
滔河镇	5070	657	2685	1728	1316	4897
官元镇	4122	697	2245	1180	881	4049
石门镇	8970	1462	4966	2542	1827	8403
民主镇	18669	2913	10977	4779	3520	16882
大道河镇	3289	504	1951	834	582	3150
堰门镇	5290	833	2943	1514	1086	5021
蔺河镇	5591	882	3129	1580	1148	5321
四季镇	3435	497	1832	1106	808	3286
孟石岭镇	6470	987	3540	1943	1422	6271
南宫山镇	8330	1221	4601	2508	1864	7789
平利县	**181286**	**32934**	**104693**	**43659**	**31337**	**162801**
城关镇	63573	12499	39644	11430	8080	49949
兴隆镇	8515	1369	4854	2292	1679	8158
老县镇	13105	2216	7651	3238	2272	12599
大贵镇	8723	1453	4847	2423	1783	8306
三阳镇	8823	1338	4939	2546	1814	8491
洛河镇	11066	1795	6093	3178	2305	10688
广佛镇	17169	3159	9384	4626	3302	16674
八仙镇	20396	3623	11062	5711	4171	19560
长安镇	15020	2865	8379	3776	2674	14063
正阳镇	5641	1065	2785	1791	1341	5383
西河镇	9255	1552	5055	2648	1916	8930
镇坪县	47356	8871	27347	11138	8202	39713
城关镇	18617	3625	11897	3095	2181	12842
曾家镇	7450	1342	3909	2199	1618	7179
牛头店镇	4086	681	2156	1249	923	3816
钟宝镇	6197	1233	3362	1602	1207	5871
上竹镇	2867	475	1577	815	629	2625
华坪镇	2154	442	1160	552	438	2031
曙坪镇	5985	1073	3286	1626	1206	5349
旬阳县	**357876**	**63722**	**216052**	**78102**	**55867**	**305021**
城关镇	93125	17671	61678	13776	9434	51881
棕溪镇	17229	2582	10000	4647	3254	16899
关口镇	10394	1614	6161	2619	1860	9947
蜀河镇	26885	4947	15946	5992	4323	24677
双河镇	21044	4153	11849	5042	3736	20438
小河镇	22028	4516	13240	4272	3112	20943
赵湾镇	11278	1825	6564	2889	2140	10634
麻坪镇	8197	1267	4861	2069	1437	7890
甘溪镇	12095	1799	7390	2906	2118	11721
白柳镇	11333	1934	6947	2452	1768	9941
吕河镇	22036	3676	13260	5100	3560	20566
神河镇	12081	1929	6999	3153	2311	11534

表27 续表 28

单位：人

地　　区	总人口	分年龄人口				居住本乡、镇、街道，户口在本乡、镇、街道
		0-14岁	15-59岁	60岁及以上	#65岁及以上	
铜钱关镇	17330	3117	9509	4704	3427	16946
段家河镇	9486	1369	5512	2605	1891	9257
仙河镇	15101	2819	8604	3678	2692	14919
金寨镇	10116	1540	5938	2638	1861	9835
桐木镇	10081	1904	5853	2324	1677	9815
构元镇	7578	1276	4484	1818	1347	7353
石门镇	7113	1232	3779	2102	1518	6927
红军镇	8363	1551	4711	2101	1541	8067
仁河口镇	4983	1001	2767	1215	860	4831
白河县	**162774**	**34815**	**92956**	**35003**	**25217**	**138321**
城关镇	45336	9927	29268	6141	4266	26806
中厂镇	9876	1907	5280	2689	1930	9334
构朳镇	10096	2013	5682	2401	1769	9399
卡子镇	8097	1439	4287	2371	1708	7720
茅坪镇	20282	4432	11003	4847	3512	19207
宋家镇	9697	2128	4864	2705	1992	9469
西营镇	11838	2852	6549	2437	1728	10474
仓上镇	12848	2974	6916	2958	2120	12439
冷水镇	16737	3266	9262	4209	3124	16175
双丰镇	7134	1649	3738	1747	1261	6911
麻虎镇	10833	2228	6107	2498	1807	10387
商洛市	**2041231**	**419981**	**1224182**	**397068**	**280509**	**1664599**
商州区	**472978**	**91413**	**290497**	**91068**	**63880**	**372040**
城关街道	133518	24912	89671	18935	13303	77106
大赵峪街道	14348	2867	8796	2685	1778	12200
陈塬街道	23521	4835	15820	2866	1850	13979
刘湾街道	44372	8892	28843	6637	4384	20892
夜村镇	34828	7268	19528	8032	5637	34223
沙河子镇	34892	7392	20149	7351	5099	32785
杨峪河镇	25912	5455	14873	5584	3876	22411
金陵寺镇	11552	2286	6606	2660	1896	11318
黑山镇	8125	1616	4637	1872	1307	7954
杨斜镇	23187	4447	13057	5683	4132	22733
麻街镇	9256	1719	5344	2193	1606	9069
牧护关镇	22894	4396	12875	5623	4167	22598
大荆镇	27518	4955	16494	6069	4287	26716
腰市镇	21629	3994	12616	5019	3374	21337
板桥镇	15183	2481	8715	3987	2914	14941
北宽坪镇	8315	1243	4761	2311	1610	8115
三岔河镇	6743	1199	3698	1846	1383	6635
闫村镇	7185	1456	4014	1715	1277	7028

表27 续表 29

单位：人

地　区	总人口	分年龄人口				居住本乡、镇、街道，户口在本乡、镇、街道
		0-14岁	15-59岁	60岁及以上	#65岁及以上	
洛南县	**365736**	**73207**	**219882**	**72647**	**48338**	**318431**
城关街道	88072	18695	55756	13621	8838	64075
四皓街道	40491	7605	25857	7029	4632	27946
景村镇	31004	6168	18016	6820	4556	30006
古城镇	31098	6625	18078	6395	4306	29255
三要镇	12981	2702	7493	2786	1914	12378
灵口镇	20174	4009	11499	4666	3211	19404
寺耳镇	8851	1396	5657	1798	1177	7971
巡检镇	9063	1663	5513	1887	1295	8518
石坡镇	16860	2820	9791	4249	2884	16304
石门镇	20587	4199	12160	4228	2722	19682
麻坪镇	11354	2226	6544	2584	1729	10978
洛源镇	11322	2376	6572	2374	1693	11005
保安镇	18349	3838	10505	4006	2642	17293
永丰镇	23956	4850	14026	5080	3261	22944
柏峪寺镇	10657	1842	6222	2593	1733	10128
高耀镇	10917	2193	6193	2531	1745	10544
丹凤县	**247259**	**51889**	**146360**	**49010**	**34199**	**210604**
龙驹寨街道	104077	23184	63238	17655	12258	77635
庾岭镇	9552	1539	5678	2335	1629	9299
蔡川镇	7810	1204	4621	1985	1365	7596
峦庄镇	15545	2870	9185	3490	2371	15181
铁峪铺镇	10891	2071	6494	2326	1592	9963
武关镇	11690	2100	6738	2852	2054	11293
竹林关镇	24613	5633	14581	4399	3110	24000
土门镇	7420	1508	4362	1550	1121	7147
寺坪镇	7828	1292	4522	2014	1409	7559
商镇	27870	6299	15731	5840	4102	21734
棣花镇	15788	3435	8781	3572	2492	15214
花瓶子镇	4175	754	2429	992	696	3983
商南县	**203796**	**43876**	**122309**	**37611**	**26815**	**153302**
城关街道	101007	24252	64524	12231	8301	56821
富水镇	15782	3248	9134	3400	2316	14076
湘河镇	11286	2317	6180	2789	2028	10774
赵川镇	10921	2003	6069	2849	2127	10119
过风楼镇	13715	2397	8050	3268	2403	12779
试马镇	11758	2350	6457	2951	2158	11153
清油河镇	8712	1756	4887	2069	1455	8343
十里坪镇	7982	1182	4266	2534	1956	7626
金丝峡镇	16091	3139	9103	3849	2882	15418
青山镇	6542	1232	3639	1671	1189	6193
山阳县	**359967**	**81108**	**210700**	**68159**	**49374**	**296969**
城关街道	112683	28395	70529	13759	9299	60848

表27 续表 30

单位：人

地 区	总人口	分年龄人口				居住本乡、镇、街道，户口在本乡、镇、街道
		0-14岁	15-59岁	60岁及以上	#65岁及以上	
十里铺街道	21101	5035	11922	4144	2928	20198
高坝店镇	29161	6744	16709	5708	4128	28317
天竺山镇	9505	1886	5355	2264	1709	9116
中村镇	17338	3972	10010	3356	2332	15520
银花镇	10431	2493	5846	2092	1484	9847
西照川镇	11210	2279	6086	2845	2124	10676
漫川关镇	22257	4611	13044	4602	3412	20129
南宽坪镇	13955	2928	7965	3062	2369	13625
户家塬镇	22972	4738	12779	5455	4088	22314
杨地镇	14212	3072	7852	3288	2489	13756
小河口镇	13105	2544	7286	3275	2443	12765
色河铺镇	16174	3183	9280	3711	2741	15643
板岩镇	16021	3012	9282	3727	2764	15677
延坪镇	6684	1247	3759	1678	1259	6394
两岭镇	6090	1350	3428	1312	931	5935
王阎镇	5890	929	3232	1729	1315	5774
法官镇	11178	2690	6336	2152	1559	10435
镇安县	**253786**	**50543**	**151305**	**51938**	**38464**	**210181**
永乐街道	92052	21297	59303	11452	8105	56910
回龙镇	8317	1816	4846	1655	1207	7946
铁厂镇	10207	1935	5788	2484	1931	9785
大坪镇	11919	1995	6704	3220	2438	11688
米粮镇	21508	3571	12259	5678	4116	20792
茅坪回族镇	8271	1750	4691	1830	1344	8035
西口回族镇	12604	2537	7313	2754	2041	12197
高峰镇	14682	2662	8447	3573	2674	14209
青铜关镇	15117	3056	8593	3468	2645	14658
柴坪镇	12287	2254	6712	3321	2575	11858
达仁镇	8935	1554	4924	2457	1852	8637
木王镇	9617	1525	5376	2716	2055	9231
云盖寺镇	11358	2370	6444	2544	1880	9609
庙沟镇	5358	654	2952	1752	1354	5104
月河镇	11554	1567	6953	3034	2247	9522
柞水县	**137709**	**27945**	**83129**	**26635**	**19439**	**103072**
乾佑街道	40353	9865	25555	4933	3326	22284
营盘镇	7484	1216	4376	1892	1369	6924
下梁镇	24985	5129	16161	3695	2671	14022
小岭镇	8547	1476	5158	1913	1417	7093
凤凰镇	11562	2250	6498	2814	2114	10504
红岩寺镇	11392	2242	6526	2624	1974	10835
曹坪镇	10554	1838	6067	2649	1936	9799
杏坪镇	14273	2437	8003	3833	2852	13415
瓦房口镇	8559	1492	4785	2282	1780	8196

表28　甘肃省乡、镇、街道人口

单位：人

地　　区	总人口	分年龄人口				居住本乡、镇、街道，户口在本乡、镇、街道
		0-14岁	15-59岁	60岁及以上	#65岁及以上	
甘肃省	**25019831**	**4853543**	**15905297**	**4260991**	**3147817**	**17603083**
兰州市	**4359446**	**618719**	**3018648**	**722079**	**509990**	**1912678**
城关区	**1484016**	**200235**	**1043275**	**240506**	**166512**	**542216**
酒泉路街道	43784	5690	29316	8778	6174	20178
张掖路街道	42947	5876	28265	8806	6269	21973
雁南街道	107955	13369	80981	13605	9325	25136
临夏路街道	39924	4898	27374	7652	5397	17112
雁北街道	78598	11398	57186	10014	6743	26095
五泉街道	49937	6319	33900	9718	6710	21569
白银路街道	46989	5593	32874	8522	6038	20553
皋兰路街道	46950	6403	30411	10136	7406	25220
广武门街道	50770	7450	32696	10624	7540	28310
伏龙坪街道	12060	1521	8582	1957	1359	5246
靖远路街道	90413	15346	61280	13787	9370	29452
草场街街道	85784	11103	60086	14595	9852	30731
火车站街道	64066	8110	44730	11226	7474	24978
拱星墩街道	96555	13012	70615	12928	9036	28137
东岗街道	77627	8132	60724	8771	5994	17730
团结新村街道	53730	6991	35927	10812	7703	24929
东岗西路街道	36402	5151	24418	6833	5027	17227
铁路东村街道	38314	4817	24243	9254	6315	20721
铁路西村街道	33770	4876	21485	7409	5160	16214
渭源路街道	59146	6260	42482	10404	7790	28298
盐场路街道	69111	9003	50096	10012	6665	18674
嘉峪关路街道	56226	7703	38474	10049	7014	17781
焦家湾街道	37012	5062	25106	6844	4634	11052
青白石街道	52369	9395	37456	5518	3445	13760
雁园街道	80596	11612	60155	8829	5840	23091
高新区	32981	5145	24413	3423	2232	8049
七里河区	**712271**	**100816**	**490737**	**120718**	**84207**	**289550**
西园街道	85366	14597	57956	12813	8956	23467
西湖街道	78637	10535	53234	14868	10507	37480
建兰路街道	56042	7607	36413	12022	8815	27846
敦煌路街道	75233	10450	49040	15743	11184	36144
西站街道	44019	5021	29788	9210	6387	19580
晏家坪街道	31303	4396	21993	4914	3227	9806
龚家湾街道	58718	8392	40345	9981	7063	22092
土门墩街道	43370	5528	30593	7249	4988	14842
秀川街道	88139	12405	63427	12307	8033	23029
阿干镇	13410	1823	8126	3461	2565	10548
八里镇	35807	5939	24431	5437	3617	15042
彭家坪镇	53634	5674	43720	4240	2830	16749
西果园镇	29190	5024	19842	4324	3000	16582
黄峪镇	13734	2695	8405	2634	1906	11741
魏岭乡	5669	730	3424	1515	1129	4602

表28 续表 1

单位：人

地区	总人口	分年龄人口				居住本乡、镇、街道，户口在本乡、镇、街道
		0-14岁	15-59岁	60岁及以上	#65岁及以上	
西固区	**407010**	**56591**	**270170**	**80249**	**56985**	**180989**
陈坪街道	80826	13647	56616	10563	6892	30530
先锋路街道	52113	5611	32766	13736	10157	29442
福利路街道	58880	5883	37673	15324	11425	34164
西固城街道	70656	10926	47317	12413	8702	24386
四季青街道	38033	5908	26579	5546	3636	11793
临洮街街道	49138	7550	33068	8520	5823	13108
西柳沟街道	18178	2769	12261	3148	2279	5907
新城镇	9375	1054	5718	2603	1782	5839
东川镇	11665	920	7148	3597	2921	9660
河口镇	7091	834	4267	1990	1347	6341
达川镇	4559	710	2863	986	727	4177
柳泉镇	4100	504	2472	1124	786	3507
金沟乡	2396	275	1422	699	508	2135
安宁区	**439566**	**57664**	**323674**	**58228**	**41429**	**163156**
培黎街道	69922	7624	53367	8931	6429	23218
西路街道	94808	10472	68903	15433	12166	38223
沙井驿街道	25262	3901	17769	3592	2491	10198
十里店街道	47842	7799	32727	7316	5094	21509
孔家崖街道	58488	6835	44453	7200	4916	21843
银滩路街道	57572	7534	43656	6382	4293	18611
刘家堡街道	44617	7203	32489	4925	3247	15847
安宁堡街道	41055	6296	30310	4449	2793	13707
红古区	**143795**	**23481**	**94035**	**26279**	**19301**	**91924**
窑街街道	10023	1395	6356	2272	1769	6900
矿区街道	9526	1308	5628	2590	2075	6252
华龙街道	73044	12960	49025	11059	7962	40167
海石湾镇	16543	2431	10712	3400	2530	9960
花庄镇	10926	1764	6935	2227	1548	9395
平安镇	13915	2105	9232	2578	1850	10811
红古镇	9818	1518	6147	2153	1567	8439
永登县	**285549**	**48034**	**172341**	**65174**	**46594**	**209334**
城关镇	88342	17205	57665	13472	9429	31597
红城镇	14424	2319	8233	3872	2833	12773
中堡镇	12366	1956	7143	3267	2358	10508
武胜驿镇	16122	2359	9776	3987	2937	14353
河桥镇	22761	3921	13879	4961	3591	19526
连城镇	22196	3694	13524	4978	3565	20275
苦水镇	16667	2285	9128	5254	3783	15923
大同镇	12499	1987	6768	3744	2684	11717
龙泉寺镇	10681	1800	5651	3230	2297	10010
树屏镇	8622	1089	5589	1944	1417	6416
上川镇	17608	3221	10237	4150	2909	16417
柳树镇	13981	2235	7884	3862	2666	12670
通远镇	6234	776	3628	1830	1334	5698
坪城乡	5814	652	3466	1696	1302	5362
民乐乡	15229	2408	8597	4224	3000	14460
七山乡	2003	127	1173	703	489	1629

表28 续表 2

单位：人

地　区	总人口	分年龄人口				居住本乡、镇、街道，户口在本乡、镇、街道
		0-14岁	15-59岁	60岁及以上	#65岁及以上	
皋兰县	**125157**	**18821**	**80819**	**25517**	**18727**	**75886**
石洞镇	67394	12324	43620	11450	8450	37324
忠和镇	18778	2244	13728	2806	1940	7942
什川镇	13015	1876	7258	3881	2947	11532
九合镇	10432	1015	7025	2392	1743	6638
水阜镇	5661	585	2993	2083	1542	5103
黑石镇	9877	777	6195	2905	2105	7347
榆中县	**473882**	**70696**	**323261**	**79925**	**59120**	**261780**
城关镇	133603	25028	90658	17917	13099	62390
夏官营镇	49192	3371	39701	6120	4555	19836
高崖镇	6082	757	3367	1958	1565	5655
金崖镇	25595	3866	15728	6001	4482	19680
和平镇	98451	12251	78332	7868	5517	32241
甘草店镇	9735	1318	5562	2855	2172	8738
青城镇	10390	1038	5277	4075	3076	9832
定远镇	50574	10773	33503	6298	4335	20044
连搭镇	20525	2956	12297	5272	3941	17288
新营镇	11034	1696	6425	2913	2256	10553
贡井镇	2730	288	1555	887	666	2476
小康营乡	15011	2311	8273	4427	3289	14206
马坡乡	12591	2036	6952	3603	2713	12158
清水驿乡	10586	1291	5576	3719	2820	9780
龙泉乡	5860	760	3313	1787	1376	5657
韦营乡	2358	187	1313	858	673	2216
中连川乡	2712	260	1477	975	786	2539
园子岔乡	3230	216	1987	1027	768	3136
上花岔乡	2600	225	1456	919	702	2416
哈岘乡	1023	68	509	446	329	939
兰州新区	**288200**	**42381**	**220336**	**25483**	**17115**	**97843**
中川镇	151730	27224	111216	13290	8604	41741
秦川镇	47163	9469	30533	7161	5039	35410
西岔镇	89307	5688	78587	5032	3472	20692
嘉峪关市	**312663**	**49732**	**215296**	**47635**	**34935**	**154936**
市辖区	**312663**	**49732**	**215296**	**47635**	**34935**	**154936**
雄关街道	167883	27690	115356	24837	18158	73328
钢城街道	130590	20602	90669	19319	14173	71396
新城镇	6632	713	4290	1629	1232	5308
峪泉镇	3424	366	2355	703	528	1476
文殊镇	4134	361	2626	1147	844	3428
金昌市	**438026**	**61929**	**296535**	**79562**	**59934**	**239400**
金川区	**260385**	**37746**	**179083**	**43556**	**33137**	**127953**
滨河路街道	39310	5143	27433	6734	5111	15440
桂林路街道	42626	6481	30814	5331	3894	23004
北京路街道	12788	1313	8223	3252	2564	6663
金川路街道	41921	5629	27070	9222	7396	23262
新华路街道	65638	12244	47128	6266	4274	25106

表28　续表 3

单位：人

地　　区	总人口	分年龄人口				居住本乡、镇、街道，户口在本乡、镇、街道
		0-14岁	15-59岁	60岁及以上	#65岁及以上	
广州路街道	23977	3371	15953	4653	3772	11286
宁远堡镇	21128	2405	14229	4494	3320	11966
双湾镇	12997	1160	8233	3604	2806	11226
永昌县	**177641**	**24183**	**117452**	**36006**	**26797**	**111447**
城关镇	83799	15020	58066	10713	7933	28796
河西堡镇	37856	4643	25547	7666	5950	31446
新城子镇	5235	154	2652	2429	1834	4946
朱王堡镇	17868	2371	11335	4162	2927	16349
东寨镇	4604	155	2871	1578	1188	3841
水源镇	10905	1015	7078	2812	1963	10301
红山窑镇	5417	154	2931	2332	1707	5103
焦家庄镇	5297	131	2792	2374	1812	4442
六坝镇	5097	468	3278	1351	1016	4733
南坝乡	1563	72	902	589	467	1490
白银市	**1512110**	**285816**	**938550**	**287744**	**211097**	**1037859**
白银区	**337645**	**53722**	**221647**	**62276**	**45896**	**182633**
人民路街道	49038	7927	31870	9241	6680	25047
公园路街道	71306	11274	46247	13785	10834	41311
四龙路街道	41961	6691	27082	8188	6202	25318
工农路街道	35542	5224	23308	7010	4943	19690
纺织路街道	83347	14667	58525	10155	7157	34828
水川镇	12279	804	6333	5142	3811	11318
四龙镇	7201	1042	4150	2009	1490	6133
王岘镇	19733	3550	13618	2565	1746	6612
强湾乡	8334	1128	5004	2202	1622	5709
武川乡	8904	1415	5510	1979	1411	6667
平川区	**200869**	**40537**	**128422**	**31910**	**22882**	**118224**
长征街道	33495	5968	21651	5876	4392	18593
电力路街道	34404	7571	23203	3630	2602	10135
红会路街道	3378	334	2260	784	552	2235
兴平路街道	54951	12942	34898	7111	4952	26176
王家山镇	11086	2031	7520	1535	1130	6879
水泉镇	25522	5096	15129	5297	3688	22568
共和镇	12591	1986	8070	2535	1783	11553
宝积镇	14207	2897	8869	2441	1737	9658
黄峤镇	7071	1176	4511	1384	1007	6638
种田乡	2367	320	1296	751	574	2174
复兴乡	1797	216	1015	566	465	1615
靖远县	**373050**	**76285**	**226734**	**70031**	**50718**	**300741**
北湾镇	32674	6205	19510	6959	5030	31583
东湾镇	28756	5412	16652	6692	4827	25930
乌兰镇	109075	25102	69743	14230	10370	62145
刘川镇	24585	4499	15351	4735	3333	20850
北滩镇	32522	7175	19255	6092	4277	28000
五合镇	24752	5338	15221	4193	2996	22811
大芦镇	11827	2094	6952	2781	2020	11225
糜滩镇	17910	3567	10482	3861	2814	15798

表28 续表 4

单位：人

地　区	总人口	分年龄人口				居住本乡、镇、街道，户口在本乡、镇、街道
		0-14岁	15-59岁	60岁及以上	#65岁及以上	
高湾镇	16413	3073	10255	3085	2166	15824
平堡镇	10662	1743	5972	2947	2177	10011
东升镇	18560	3775	11488	3297	2331	15508
双龙镇	5981	935	3358	1688	1289	5695
三滩镇	17590	3592	10143	3855	2849	15128
兴隆乡	4923	746	2749	1428	1100	4667
石门乡	4665	553	2623	1489	1146	4297
靖安乡	7126	1579	4155	1392	982	6690
永新乡	4554	865	2522	1167	900	4261
若笠乡	475	32	303	140	111	318
会宁县	**401581**	**78190**	**238447**	**84944**	**64239**	**305337**
会师镇	114130	30421	70197	13512	10075	48035
郭城驿镇	28042	5889	16889	5264	3863	21964
河畔镇	20237	4138	12193	3906	2893	14983
头寨子镇	16478	2821	9599	4058	3018	15679
太平店镇	11646	1919	6750	2977	2217	10937
甘沟驿镇	11825	1571	7006	3248	2443	11087
侯家川镇	6760	1040	3975	1745	1393	6575
柴家门镇	20900	3534	13265	4101	3150	11466
汉家岔镇	9759	1558	5430	2771	2142	9367
刘家寨子镇	8601	1528	4925	2148	1557	8142
白草塬镇	13607	2252	8215	3140	2257	12921
大沟镇	10342	1597	6039	2706	2114	9644
四房吴镇	8562	1372	4801	2389	1822	8190
中川镇	9409	1584	5243	2582	1983	8991
老君坡镇	11478	1698	6512	3268	2446	11173
平头川镇	6493	858	3718	1917	1462	6275
丁家沟镇	10521	1552	6087	2882	2227	10257
杨崖集镇	10933	1561	6317	3055	2451	10604
翟家所镇	10182	1299	5911	2972	2319	9873
韩家集镇	7048	909	3844	2295	1790	6797
土门岘镇	4340	604	2503	1233	907	4133
新塬镇	7206	1229	4335	1642	1264	6937
草滩镇	6469	978	3985	1506	1057	6223
新庄镇	5397	619	3046	1732	1315	5121
新添堡回族乡	8592	2281	4533	1778	1333	8331
党家岘乡	10344	1782	6085	2477	1932	9854
八里湾乡	8232	929	4595	2708	2135	7952
土高山乡	4048	667	2449	932	674	3826
景泰县	**198965**	**37082**	**123300**	**38583**	**27362**	**130924**
一条山镇	104704	24055	66866	13783	9772	46673
芦阳镇	16425	2501	9580	4344	3108	13539
上沙沃镇	5825	858	3592	1375	1003	5188
喜泉镇	11301	1471	6679	3151	2358	10349
草窝滩镇	12772	1516	7837	3419	2545	11085
红水镇	12366	2248	7678	2440	1586	11092
中泉镇	6652	663	3788	2201	1555	6164
正路镇	5012	409	2886	1717	1184	4593
寺滩乡	8874	935	5407	2532	1836	8123
五佛乡	8064	1252	4679	2133	1438	7655
漫水滩乡	6970	1174	4308	1488	977	6463

表28　续表 5

单位：人

地　　区	总人口	分年龄人口				居住本乡、镇、街道，户口在本乡、镇、街道
		0-14岁	15-59岁	60岁及以上	#65岁及以上	
天水市	**2984659**	**620206**	**1857154**	**507299**	**384911**	**2464908**
秦州区	**656689**	**120739**	**429374**	**106576**	**79293**	**440631**
大城街道	27053	4050	18260	4743	3480	14311
七里墩街道	70005	10398	45871	13736	10317	44275
东关街道	22171	3542	14840	3789	2823	15423
中城街道	18415	3078	12132	3205	2405	8526
西关街道	38886	6909	24815	7162	5467	24066
石马坪街道	46922	7981	31173	7768	5571	28890
天水郡街道	88415	13527	65982	8906	6424	23166
玉泉镇	73313	16276	49948	7089	5006	32833
太京镇	26293	5251	17059	3983	2927	22338
藉口镇	27160	5476	17134	4550	3385	24912
皂郊镇	30321	5493	20020	4808	3598	27286
汪川镇	23932	5031	13972	4929	3700	22410
牡丹镇	10988	1613	6478	2897	2245	9876
关子镇	20777	4555	12472	3750	2857	19427
平南镇	22239	4944	12932	4363	3287	21087
天水镇	21799	4689	13330	3780	2815	20819
娘娘坝镇	19980	4463	12202	3315	2497	18987
中梁镇	12979	2164	8237	2578	1796	11608
杨家寺镇	6833	979	4132	1722	1367	5828
齐寿镇	13965	3037	8418	2510	1921	13203
大门镇	14349	3833	8006	2510	1920	12802
秦岭镇	5886	704	3486	1696	1350	5495
华歧镇	14008	2746	8475	2787	2135	13063
麦积区	**556102**	**104357**	**355400**	**96345**	**70285**	**445211**
道北街道	46994	8571	30963	7460	5366	29970
北道埠街道	32670	5782	20845	6043	4346	18169
桥南街道	70360	12669	47132	10559	7607	44446
社棠镇	32715	6591	20388	5736	4002	25651
马跑泉镇	69793	12839	47827	9127	6458	50427
甘泉镇	38888	8239	25054	5595	3954	35812
渭南镇	28319	5312	16274	6733	5206	26031
东岔镇	8266	1735	4868	1663	1218	7988
花牛镇	59215	10447	40069	8699	6348	45025
中滩镇	24267	4315	13896	6056	4621	22880
新阳镇	20843	3450	12498	4895	3769	19780
元龙镇	17602	3896	10887	2819	1976	16903
伯阳镇	19756	4267	12356	3133	2223	19016
麦积镇	16928	3821	10684	2423	1721	16350
石佛镇	26061	4757	14829	6475	4894	25238
三岔镇	12982	2756	8190	2036	1350	12576
琥珀镇	9210	1495	5638	2077	1610	8783
利桥镇	3628	605	2311	712	526	3369

表28　续表 6

单位：人

地　区	总人口	分年龄人口				居住本乡、镇、街道，户口在本乡、镇、街道
		0-14岁	15-59岁	60岁及以上	#65岁及以上	
五龙镇	14017	2188	8375	3454	2588	13521
党川镇	3588	622	2316	650	502	3276
清水县	**240597**	**57745**	**143402**	**39450**	**28894**	**197374**
永清镇	93800	24441	58243	11116	7913	55974
红堡镇	17132	3909	10107	3116	2285	16181
白驼镇	9494	2180	5519	1795	1355	9130
金集镇	8850	1620	5260	1970	1449	8506
秦亭镇	11621	3426	6446	1749	1246	11351
山门镇	6694	1617	4025	1052	769	6460
白沙镇	14147	3524	8528	2095	1523	13535
王河镇	7150	1529	4241	1380	1040	6977
郭川镇	10047	1609	5839	2599	1989	9824
黄门镇	8945	2298	5005	1642	1199	8521
松树镇	6036	1327	3272	1437	1107	5849
远门镇	5792	1014	3421	1357	1009	5502
土门镇	7250	1029	4303	1918	1415	7016
草川铺镇	6727	1873	3764	1090	816	6569
陇东镇	7519	2079	4183	1257	930	7262
贾川乡	6320	1167	3550	1603	1203	6081
丰望乡	6063	1348	3622	1093	765	5853
新城乡	7010	1755	4074	1181	881	6783
秦安县	**416337**	**72754**	**260260**	**83323**	**64884**	**366251**
兴国镇	117939	25073	77117	15749	12051	75257
莲花镇	25382	4304	15857	5221	4039	24783
西川镇	26235	4509	16537	5189	3968	24372
陇城镇	20152	4420	11879	3853	3027	19692
郭嘉镇	23390	2648	14186	6556	5148	22887
五营镇	23301	4489	13820	4992	3931	22856
叶堡镇	24709	3927	15432	5350	4185	24233
魏店镇	16720	1939	10111	4670	3765	16303
安伏镇	19787	2636	12417	4734	3834	19207
千户镇	15359	2336	9732	3291	2521	15130
王尹镇	17673	3007	10766	3900	2943	17442
兴丰镇	13934	2383	7921	3630	2863	13672
中山镇	18123	2876	11225	4022	3182	17846
刘坪镇	14402	2229	9185	2988	2279	14028
王铺镇	15360	2170	9404	3786	2996	15110
王窑镇	12576	1696	7787	3093	2434	12352
云山镇	11295	2112	6884	2299	1718	11081
甘谷县	**506801**	**111904**	**309691**	**85206**	**66228**	**465529**
大像山镇	107906	25662	67612	14632	10881	87821

表28 续表 7

单位：人

地 区	总人口	分年龄人口				居住本乡、镇、街道，户口在本乡、镇、街道
		0-14岁	15-59岁	60岁及以上	#65岁及以上	
新兴镇	101641	23157	61785	16699	12916	88529
磐安镇	61577	13294	37808	10475	8177	59697
六峰镇	36656	8595	21816	6245	4764	35682
安远镇	34308	7265	20811	6232	4991	32247
金山镇	29866	5499	18865	5502	4278	29354
大石镇	20433	3853	12172	4408	3522	20063
礼辛镇	12602	2452	7453	2697	2250	12347
武家河镇	14986	3569	9356	2061	1577	14666
大庄镇	13577	2876	8257	2444	1978	13310
古坡镇	6366	1700	3527	1139	887	6239
八里湾镇	22138	4597	13334	4207	3286	21744
西坪镇	11090	1864	6826	2400	1918	10904
谢家湾乡	14059	2643	8175	3241	2660	13759
白家湾乡	19596	4878	11894	2824	2143	19167
武山县	**363727**	**84102**	**220191**	**59434**	**46485**	**335393**
城关镇	80410	19244	50955	10211	7701	62572
洛门镇	73210	15607	45671	11932	9264	66843
鸳鸯镇	19161	4049	11627	3485	2717	18821
滩歌镇	28390	6964	16505	4921	4012	27748
四门镇	21717	5101	12967	3649	2886	21383
马力镇	32758	8412	19343	5003	3911	31901
山丹镇	16566	3454	9764	3348	2644	16236
温泉镇	12637	2818	7349	2470	1947	12422
桦林镇	12888	2786	7815	2287	1807	12739
龙台镇	7466	1814	4035	1617	1313	7330
榆盘镇	9998	2013	6151	1834	1499	9769
高楼镇	13409	3474	7642	2293	1775	13225
杨河镇	13052	3513	7331	2208	1681	12783
嘴头乡	10091	1774	6051	2266	1795	9984
沿安乡	11974	3079	6985	1910	1533	11637
张家川回族自治县	**244406**	**68605**	**138836**	**36965**	**28842**	**214519**
张家川镇	87780	25111	52090	10579	8007	63792
龙山镇	28711	7732	16525	4454	3569	25985
恭门镇	17603	4851	9808	2944	2272	17129
马鹿镇	9266	2729	5141	1396	1048	9014
梁山镇	8179	1953	4523	1703	1366	8006
马关镇	15901	3866	9153	2882	2276	15625
刘堡镇	8930	2550	4913	1467	1175	8702
胡川镇	11602	3556	6411	1635	1272	11068
大阳镇	13610	3748	7454	2408	1828	13255
川王镇	8484	2509	4538	1437	1193	8322
张棉乡	6906	1923	3846	1137	906	6774
木河乡	10922	3484	5677	1761	1428	10719
连五乡	7666	2165	3930	1571	1232	7514
平安乡	3697	998	2106	593	470	3629
阎家乡	5149	1430	2721	998	800	4985

表28 续表 8

单位：人

地　　区	总人口	分年龄人口				居住本乡、镇、街道，户口在本乡、镇、街道
		0-14岁	15-59岁	60岁及以上	#65岁及以上	
武威市	**1464955**	**258475**	**933399**	**273081**	**198862**	**1067577**
凉州区	**885277**	**164539**	**565669**	**155069**	**111867**	**614556**
东大街街道	57635	11024	37604	9007	6613	32186
西大街街道	60138	10132	40188	9818	7154	31983
东关街街道	43340	9310	29116	4914	3475	17229
西关街街道	51825	8926	36848	6051	4438	19898
火车站街街道	41936	7696	29108	5132	3619	16830
地质新村街街道	3812	575	2448	789	622	2512
荣华街街道	25841	5140	17978	2723	1913	7281
宣武街街道	41670	8701	29086	3883	2634	11617
黄羊河街道	5416	768	3726	922	729	3589
黄羊镇	45786	9019	29378	7389	5380	35980
武南镇	33534	4815	21552	7167	4966	26679
清源镇	16177	2931	9466	3780	2703	14496
永昌镇	30870	5495	18831	6544	4829	26923
双城镇	21506	3802	12612	5092	3644	20061
丰乐镇	9404	1696	5707	2001	1500	8685
高坝镇	55237	10699	36134	8404	6003	41393
金羊镇	42942	8745	28419	5778	4127	29603
和平镇	17989	3455	11944	2590	1777	11896
羊下坝镇	9980	1769	5763	2448	1781	9330
中坝镇	12254	2373	7346	2535	1776	11209
永丰镇	6028	1098	3612	1318	927	5467
古城镇	13083	2246	7476	3361	2528	12411
张义镇	12466	2220	6824	3422	2637	11342
发放镇	17891	3202	10813	3876	2780	16239
西营镇	11255	2052	6378	2825	1962	10544
四坝镇	8372	1303	4939	2130	1516	7856
洪祥镇	12991	2285	7610	3096	2194	12232
谢河镇	10930	1964	6266	2700	1878	10243
金沙镇	16222	3394	10612	2216	1556	11086
松树镇	9112	1802	5456	1854	1383	8647
怀安镇	9527	1931	5873	1723	1259	8765
下双镇	6480	1073	3650	1757	1294	5975
清水镇	11873	1988	6944	2941	2181	11228
河东镇	10150	1788	6038	2324	1553	9441
五和镇	7359	1517	4347	1495	1059	6954
长城镇	11802	2197	7048	2557	1841	11106
吴家井镇	5533	1061	3329	1143	885	4933
金河镇	9923	1904	5910	2109	1552	9329
韩佐镇	5808	1065	3501	1242	912	5294
大柳镇	7630	1222	4386	2022	1483	7082
柏树镇	11425	2359	6646	2420	1669	10116
金塔镇	9172	1703	5241	2228	1611	8634
九墩镇	4636	672	2781	1183	885	4228
金山镇	3429	532	2154	743	576	3110
新华镇	9320	1706	5467	2147	1653	8705
康宁镇	5120	902	2958	1260	945	4853
九墩滩指挥部	6797	1401	4012	1384	1025	6050
邓马营湖生态建设指挥部	3651	881	2144	626	440	3306

表28　续表 9　　单位：人

地　　区	总人口	分年龄人口				居住本乡、镇、街道，户口在本乡、镇、街道
		0-14岁	15-59岁	60岁及以上	#65岁及以上	
民勤县	**178470**	**19506**	**117359**	**41605**	**32179**	**135556**
三雷镇	71047	12389	48799	9859	7698	36103
东坝镇	5688	348	3756	1584	1251	5515
泉山镇	6751	415	4231	2105	1580	6492
西渠镇	11399	603	7094	3702	2917	11022
东湖镇	5851	231	3485	2135	1730	5472
红砂岗镇	2143	46	1989	108	55	310
昌宁镇	5462	466	3636	1360	995	5023
重兴镇	4434	371	2699	1364	1064	4204
薛百镇	7912	512	4979	2421	1901	7546
大坝镇	7832	481	4981	2370	1818	7460
苏武镇	16512	1570	10574	4368	3344	14673
大滩镇	5538	286	3434	1818	1386	5310
双茨科镇	5860	313	3706	1841	1406	5651
红沙梁镇	4297	196	2543	1558	1157	4142
蔡旗镇	5907	690	3667	1550	1145	5431
夹河镇	4249	285	2756	1208	943	4039
收成镇	6893	279	4532	2082	1652	6617
南湖镇	695	25	498	172	137	546
古浪县	**250177**	**48784**	**152190**	**49203**	**35335**	**204907**
古浪镇	51088	10394	33618	7076	5197	27785
泗水镇	13553	2582	7906	3065	2162	12873
土门镇	22238	3921	13314	5003	3567	20273
大靖镇	33620	7033	20581	6006	4213	25547
裴家营镇	10334	1951	6148	2235	1558	9230
海子滩镇	15281	3024	9223	3034	2105	14588
定宁镇	10316	1976	5995	2345	1608	9831
黄羊川镇	6174	1212	3556	1406	1035	5779
黑松驿镇	1754	219	1172	363	269	1124
永丰滩镇	7156	1343	4355	1458	1095	6451
黄花滩镇	23189	4796	13726	4667	3395	20982
西靖镇	30409	5692	17950	6767	4961	27569
民权镇	7856	1485	4297	2074	1526	7301
直滩镇	11833	2374	7126	2333	1643	11069
古丰镇	2963	493	1702	768	544	2701
新堡乡	116	5	75	36	29	54
干城乡	233	17	148	68	50	146
横梁乡	142	10	95	37	30	73
十八里堡乡	1922	257	1203	462	348	1531
天祝藏族自治县	**151031**	**25646**	**98181**	**27204**	**19481**	**112558**
华藏寺镇	74237	13476	49650	11111	7811	42241
打柴沟镇	10798	1807	7125	1866	1358	9628
安远镇	3797	621	2320	856	631	3526
炭山岭镇	7016	1052	4820	1144	826	5874
哈溪镇	9298	1705	5459	2134	1520	8630
赛什斯镇	4704	705	2791	1208	889	4408
石门镇	2956	363	1975	618	467	2581

表28 续表 10

单位：人

地 区	总人口	分年龄人口				居住本乡、镇、街道，户口在本乡、镇、街道
		0-14岁	15-59岁	60岁及以上	#65岁及以上	
松山镇	12633	1977	7939	2717	1902	11932
天堂镇	7981	1398	5099	1484	1059	7517
朵什镇	4981	800	3076	1105	830	4500
西大滩镇	3181	496	1935	750	569	3003
抓喜秀龙镇	2177	275	1478	424	302	2096
大红沟镇	2332	403	1332	597	416	2149
祁连镇	1328	153	844	331	249	1189
东坪乡	735	80	447	208	147	608
赛拉隆乡	119	12	85	22	15	99
东大滩乡	746	94	497	155	114	665
毛藏乡	606	67	442	97	76	567
旦马乡	1406	162	867	377	300	1345
张掖市	**1131016**	**190071**	**738095**	**202850**	**148707**	**746633**
甘州区	**519096**	**82120**	**349888**	**87088**	**64040**	**311746**
东街街道	51388	8979	35021	7388	5241	20096
南街街道	58470	10265	39557	8648	6126	23948
西街街道	60566	7777	44044	8745	6554	23688
北街街道	29448	4863	20122	4463	3244	12390
火车站街道	24922	3667	16688	4567	3372	10318
梁家墩镇	14333	2300	9651	2382	1745	12803
上秦镇	16238	2422	10314	3502	2682	14478
大满镇	15868	1930	9711	4227	3186	15137
沙井镇	23916	3430	15591	4895	3600	22680
乌江镇	15328	1893	9776	3659	2770	14717
甘浚镇	14913	1970	9821	3122	2341	14259
新墩镇	88220	18099	61773	8348	5718	31274
党寨镇	19320	2647	12512	4161	3168	18259
碱滩镇	14566	1889	9253	3424	2478	13411
三闸镇	9989	1244	6249	2496	1901	9576
小满镇	13399	1644	8635	3120	2389	12881
明永镇	9075	1352	6065	1658	1215	8149
长安镇	17576	3040	11743	2793	2105	14487
龙渠乡	6079	680	3761	1638	1280	5740
安阳乡	6856	1041	4139	1676	1268	6635
花寨乡	2837	357	1485	995	783	2696
靖安乡	4015	518	2601	896	694	3863
平山湖蒙古族乡	453	15	329	109	82	261
张掖经济技术开发区	1321	98	1047	176	98	
肃南裕固族自治县	**27762**	**3782**	**19634**	**4346**	**3093**	**19861**
红湾寺镇	6530	896	4753	881	665	3373
皇城镇	5585	904	3822	859	634	5315
康乐镇	2304	293	1668	343	239	1852
马蹄藏族乡	2467	368	1643	456	315	2352
白银蒙古族乡	438	55	295	88	66	366
大河乡	4149	570	2931	648	424	2372

表28 续表 11

单位：人

地区	总人口	分年龄人口				居住本乡、镇、街道，户口在本乡、镇、街道
		0-14岁	15-59岁	60岁及以上	#65岁及以上	
明花乡	3412	501	2311	600	411	2481
祁丰藏族乡	2634	184	2023	427	302	1561
甘肃省绵羊育种场	201	9	154	38	34	157
张掖宝瓶河牧场	42	2	34	6	3	32
民乐县	**192476**	**39471**	**118742**	**34263**	**24254**	**143868**
洪水镇	88042	20446	56300	11296	7766	46356
六坝镇	15126	3034	9107	2985	2080	14278
新天镇	17395	3350	10264	3781	2739	16926
南古镇	17113	3358	10069	3686	2779	16675
永固镇	6158	786	3658	1714	1252	5875
三堡镇	10017	2007	5953	2057	1458	9766
南丰镇	7225	875	4601	1749	1266	7016
民联镇	11164	2184	6385	2595	1696	10894
顺化镇	8251	1430	4714	2107	1606	8051
丰乐镇	8224	1542	4807	1875	1351	8030
民乐生态工业园区	3761	459	2884	418	261	1
临泽县	**115946**	**18386**	**74644**	**22916**	**17036**	**95819**
沙河镇	56323	11625	36771	7927	5838	39128
新华镇	10718	1429	6916	2373	1635	10217
蓼泉镇	8400	808	5223	2369	1847	8105
平川镇	10511	1105	6418	2988	2280	10151
板桥镇	10110	1147	6275	2688	2015	9665
鸭暖镇	11894	1312	7630	2952	2311	11563
倪家营镇	6279	705	4275	1299	907	5773
国营临泽农场	1252	190	825	237	157	813
五泉林场	230	42	158	30	18	200
小泉子治沙站	9		8	1	1	
园艺场	74	11	37	26	13	71
良种繁殖场	146	12	108	26	14	133
高台县	**125705**	**18634**	**81725**	**25346**	**18994**	**85646**
城关镇	52537	10607	35182	6748	4974	20320
宣化镇	6912	554	4149	2209	1691	6593
南华镇	10162	1329	6342	2491	1919	9056
巷道镇	19321	2585	12772	3964	3016	15571
合黎镇	5299	450	3237	1612	1254	4919
骆驼城镇	9318	1476	6095	1747	1116	8147
新坝镇	9972	860	6559	2553	1802	9561
黑泉镇	6541	495	3936	2110	1681	6234
罗城镇	5387	269	3243	1875	1519	5208
甘肃高台工业园区	256	9	210	37	22	37
山丹县	**150031**	**27678**	**93462**	**28891**	**21290**	**89693**
清泉镇	110841	23194	70359	17288	12645	52332
位奇镇	9063	979	5519	2565	1912	8920
霍城镇	4651	588	2354	1709	1222	4539
陈户镇	7476	1043	4347	2086	1498	7125
大马营镇	3635	250	1956	1429	1105	3482
东乐镇	6976	1156	4114	1706	1250	6662

表28　续表 12

单位：人

地　区	总人口	分年龄人口				居住本乡、镇、街道，户口在本乡、镇、街道
		0-14岁	15-59岁	60岁及以上	#65岁及以上	
老军乡	2126	176	1295	655	480	1851
李桥乡	1914	168	1058	688	509	1855
国营山丹农场	676	32	462	182	149	570
中牧公司山丹马场	2673	92	1998	583	520	2357
平凉市	**1848607**	**362203**	**1135367**	**351037**	**265748**	**1365879**
崆峒区	**504265**	**95263**	**323569**	**85433**	**64259**	**316774**
东关街道	99975	18018	70992	10965	7930	31933
中街街道	65354	11709	42838	10807	7694	29709
西郊街道	115207	22048	74739	18420	13280	62348
崆峒镇	16394	2848	10591	2955	2251	13681
白水镇	15020	2477	8357	4186	3217	14075
草峰镇	17427	2791	10143	4493	3563	16475
安国镇	9100	1495	5484	2121	1724	8535
柳湖镇	41006	8411	26693	5902	4430	26074
四十里铺镇	37178	6862	23181	7135	5527	32735
花所镇	8831	1615	4747	2469	1957	8262
索罗乡	7554	1444	4335	1775	1364	7162
香莲乡	3295	418	1873	1004	799	3041
西阳乡	8189	1921	4878	1390	1109	7967
大秦乡	7362	1934	4035	1393	1154	7082
白庙乡	8824	2013	5105	1706	1330	8407
寨河乡	8755	2000	4963	1792	1434	8195
大寨乡	12239	2492	7024	2723	2168	11582
上杨乡	3838	850	2207	781	648	3601
麻武乡	1789	204	1075	510	411	1665
峡门乡	12495	2876	7439	2180	1736	11719
平凉崆峒山大景区管理委员会	4433	837	2870	726	533	2526
泾川县	**222210**	**43384**	**128223**	**50603**	**38146**	**183346**
城市社区街道	43363	9865	28460	5038	3541	19021
城关镇	24284	5051	14486	4747	3549	19246
玉都镇	16157	3277	8951	3929	2997	14705
高平镇	19337	3156	10868	5313	3956	18091
荔堡镇	16915	3416	8978	4521	3439	16044
王村镇	14870	2812	8140	3918	3006	14241
窑店镇	10224	1674	5754	2796	2039	9569
飞云镇	9540	1528	5331	2681	2026	9039
丰台镇	15150	3210	8429	3511	2661	14124
党原镇	19090	3749	10535	4806	3603	18219
汭丰镇	5700	1070	3216	1414	1119	5257
太平镇	8260	1538	4554	2168	1685	7876
罗汉洞乡	7560	1178	4102	2280	1774	7102
泾明乡	6970	1187	3807	1976	1543	6343
红河乡	3582	503	1934	1145	905	3341
张老寺农场	1208	170	678	360	303	1128
灵台县	**156224**	**30303**	**92592**	**33329**	**24327**	**120053**
城市社区管理委员会地区	33941	8027	22585	3329	2181	10822
中台镇	11652	2384	7252	2016	1526	7704

表28　续表 13

单位：人

地　区	总人口	分年龄人口				居住本乡、镇、街道，户口在本乡、镇、街道
		0-14岁	15-59岁	60岁及以上	#65岁及以上	
邵寨镇	9502	1793	5335	2374	1709	8475
独店镇	17598	3132	9682	4784	3554	16650
什字镇	19374	3651	11225	4498	3311	16903
朝那镇	11566	2172	6828	2566	1895	10250
西屯镇	8640	1383	4717	2540	1885	8135
上良镇	8797	1570	4990	2237	1637	8214
百里镇	5731	817	3497	1417	1056	5182
蒲窝镇	4813	767	2548	1498	1119	4623
新开乡	4567	808	2458	1301	1012	4327
梁原乡	10805	2179	6297	2329	1665	10075
龙门乡	2641	431	1579	631	459	2461
星火乡	6348	1179	3460	1709	1234	6017
万宝川农场	249	10	139	100	84	215
崇信县	**82138**	**16252**	**52252**	**13634**	**10095**	**61142**
城市社区管理委员会街道	28167	6794	18564	2809	1906	14965
锦屏镇	18630	3405	11401	3824	2975	16520
新窑镇	12229	1869	8691	1669	1199	8228
柏树镇	7130	1223	4128	1779	1392	6830
黄寨镇	5501	971	3131	1399	1046	5343
黄花乡	5025	770	3285	970	713	3999
木林乡	5456	1220	3052	1184	864	5257
庄浪县	**335684**	**70075**	**201767**	**63842**	**49378**	**285633**
水洛街道	48438	11899	32167	4372	2984	18346
水洛镇	37927	8505	23576	5846	4381	29853
南湖镇	19704	4281	11490	3933	3131	16106
朱店镇	25789	4989	15495	5305	4181	24896
万泉镇	20471	3733	12463	4275	3379	19903
韩店镇	15633	3121	9535	2977	2313	14916
卧龙镇	18083	3290	10407	4386	3507	17478
阳川镇	16405	2694	10041	3670	2910	15918
盘安镇	17732	4178	10153	3401	2537	17242
大庄镇	12646	2145	7741	2760	2211	12245
通化镇	14123	3070	7872	3181	2476	13666
永宁镇	10810	2215	6389	2206	1738	10497
良邑镇	13955	2961	8210	2784	2095	13546
岳堡镇	8586	1496	4776	2314	1846	8258
柳梁镇	13080	2411	7417	3252	2583	12674
南坪镇	16752	4108	9699	2945	2156	15568
杨河乡	8370	1659	4576	2135	1665	8045
赵墩乡	9110	1579	5131	2400	1944	8699
郑河乡	8070	1741	4629	1700	1341	7777
静宁县	**365637**	**69204**	**221142**	**75291**	**59192**	**275392**
城区街道	94023	25496	59498	9029	6558	37506
城关镇	23886	7909	13821	2156	1585	6783
威戎镇	20984	4042	12249	4693	3695	18968
界石铺镇	14056	1863	8243	3950	3265	13377
八里镇	13728	2538	8166	3024	2280	10141
李店镇	14305	2396	8952	2957	2335	12502

表28　续表 14

单位：人

地　　区	总人口	分年龄人口				居住本乡、镇、街道，户口在本乡、镇、街道
		0-14岁	15-59岁	60岁及以上	#65岁及以上	
古城镇	17821	2665	10462	4694	3689	17172
仁大镇	16285	2089	10294	3902	3156	15642
甘沟镇	20885	3136	12562	5187	4151	19449
城川镇	10186	1425	5958	2803	2282	9512
曹务镇	10003	1492	5765	2746	2141	9653
雷大镇	11255	1442	6839	2974	2424	10760
四河镇	13047	2078	7765	3204	2506	12438
细巷镇	10223	1458	5874	2891	2289	9769
双岘镇	7886	924	4767	2195	1764	7546
治平镇	9439	1312	5767	2360	1958	9030
红寺镇	8895	1228	5188	2479	1964	8592
原安镇	7697	917	4464	2316	1784	7353
司桥乡	5827	482	3358	1987	1510	5585
余湾乡	6857	1001	4204	1652	1328	6612
贾河乡	6176	659	3959	1558	1248	5902
深沟乡	4772	634	2811	1327	1100	4455
新店乡	5161	622	3040	1499	1208	4930
三合乡	5979	733	3497	1749	1429	5753
灵芝乡	6261	663	3639	1959	1543	5962
华亭市	**182449**	**37722**	**115822**	**28905**	**20351**	**123539**
东华街道	72413	17102	47944	7367	4926	34615
东华镇	23673	5025	15267	3381	2382	15415
安口镇	16849	2567	10518	3764	2837	13475
西华镇	21712	4486	13327	3899	2826	17306
马峡镇	7568	1329	4400	1839	1296	7026
策底镇	8517	1437	5569	1511	1045	6979
上关镇	6769	1230	3843	1696	1136	6473
河西镇	5204	909	3039	1256	892	4966
神峪乡	8800	1867	5321	1612	1124	7939
山寨乡	7864	1512	4484	1868	1370	7443
砚峡乡	699	41	459	199	139	525
甘肃华亭工业园区	2381	217	1651	513	378	1377
酒泉市	**1055706**	**158457**	**719420**	**177829**	**127293**	**602577**
肃州区	**455611**	**65967**	**310870**	**78774**	**57403**	**259877**
东北街街道	44880	8015	30753	6112	4369	17117
东南街街道	64166	10575	43814	9777	7295	30339
工业园街道	48868	6300	38493	4075	2836	11728
新城街道	58776	10490	41936	6350	4112	24168
西北街街道	35105	5473	23982	5650	4181	15944
西南街街道	26080	3555	17620	4905	3771	12493
玉管局生活基地街道	42257	4833	29268	8156	5727	31622
西洞镇	6353	892	4073	1388	1007	5279
清水镇	12271	1511	7905	2855	2008	11478
总寨镇	13622	1881	8450	3291	2463	11205
金佛寺镇	10747	1318	6561	2868	2152	10035
上坝镇	12528	1447	7693	3388	2494	11259
三墩镇	12220	1252	7189	3779	2968	11523

表28 续表 15

单位：人

地区	总人口	分年龄人口				居住本乡、镇、街道，户口在本乡、镇、街道
		0-14岁	15-59岁	60岁及以上	#65岁及以上	
银达镇	15430	1669	9100	4661	3533	14368
西峰镇	5724	751	3892	1081	789	4376
泉湖镇	11728	1666	7582	2480	1867	7680
果园镇	10337	1269	6882	2186	1604	9104
下河清镇	6714	933	4486	1295	904	4828
铧尖镇	5608	621	3397	1590	1227	5363
东洞镇	5608	731	3421	1456	1112	5113
丰乐镇	4072	522	2564	986	693	3847
黄泥堡乡	803	85	489	229	173	767
酒泉经济技术开发区	1453	138	1124	191	105	227
十号基地	261	40	196	25	13	14
金塔县	**121766**	**15223**	**82843**	**23700**	**17513**	**79401**
中东镇	5768	589	3265	1914	1438	5108
鼎新镇	5982	545	3560	1877	1386	5182
金塔镇	53192	8365	36084	8743	6536	32259
东坝镇	12936	1605	8019	3312	2446	11394
航天镇	8207	1183	5103	1921	1365	6654
大庄子镇	5294	592	3321	1381	1014	4460
西坝镇	6438	761	3907	1770	1305	5285
古城乡	5986	673	3482	1831	1359	5197
羊井子湾乡	3943	789	2480	674	492	3622
工业园区管委会	14020	121	13622	277	172	240
瓜州县	**129299**	**22980**	**87000**	**19319**	**13337**	**81127**
渊泉镇	45618	8132	32197	5289	3678	18480
柳园镇	3624	244	3165	215	98	184
三道沟镇	6792	929	4544	1319	906	5178
南岔镇	6573	737	4343	1493	1016	5130
锁阳城镇	3254	328	2166	760	494	2661
瓜州镇	7137	1436	4522	1179	772	3975
西湖镇	10861	1499	7247	2115	1442	7584
河东镇	4112	511	2767	834	594	3464
双塔镇	9862	2322	6140	1400	1025	8305
腰站子东乡族镇	7461	1882	4720	859	600	6528
布隆吉乡	2961	368	1981	612	437	2200
七墩回族东乡族乡	3369	1028	1955	386	285	2857
广至藏族乡	6750	1359	4240	1151	775	6291
沙河回族乡	4954	1104	3141	709	476	3769
梁湖乡	5971	1101	3872	998	739	4521
肃北蒙古族自治县	**15093**	**1678**	**11684**	**1731**	**1154**	**8283**
党城湾镇	10151	1567	7052	1532	1049	7462
马鬃山镇	4043	41	3899	103	46	301
盐池湾乡	195	22	153	20	12	139
石包城乡	704	48	580	76	47	381
阿克塞哈萨克族自治县	**10970**	**1993**	**7721**	**1256**	**808**	**6045**
红柳湾镇	10156	1970	6970	1216	784	6013
阿克旗乡	97	3	84	10	8	28
阿勒腾乡	95	1	86	8	2	3
阿伊纳乡	56	1	52	3	3	
阿克塞县工业园区管理委员会	566	18	529	19	11	1

表28　续表 16　　　　单位：人

地　区	总人口	分年龄人口				居住本乡、镇、街道，户口在本乡、镇、街道
		0-14岁	15-59岁	60岁及以上	#65岁及以上	
玉门市	**137736**	**23102**	**94038**	**20596**	**14569**	**81273**
新市区街道	49384	8818	35049	5517	3875	17809
玉门镇	9853	1808	6592	1453	967	5504
赤金镇	7449	832	4677	1940	1401	6846
花海镇	8809	1359	5498	1952	1418	7969
老君庙镇	11280	851	8522	1907	1353	5248
黄闸湾镇	5654	703	3600	1351	1004	4693
下西号镇	6474	819	4157	1498	1010	5071
柳河镇	5650	681	3653	1316	962	4747
昌马镇	2037	161	1471	405	292	1768
柳湖镇	3661	692	2430	539	370	3184
六墩镇	2119	435	1390	294	204	1820
小金湾东乡族乡	7305	2646	4064	595	428	6015
独山子东乡族乡	7226	2587	4063	576	430	6200
国营饮马农场	2175	301	1434	440	321	1622
国营黄花农场	3546	396	2375	775	523	2742
甘肃矿区	5114	13	5063	38	11	35
敦煌市	**185231**	**27514**	**125264**	**32453**	**22509**	**86571**
七里镇	13181	1807	8952	2422	1687	8190
沙州镇	55071	9343	37989	7739	5349	23697
肃州镇	22946	3733	15340	3873	2679	15251
莫高镇	9420	1083	5967	2370	1626	6793
转渠口镇	18531	2751	12361	3419	2425	11450
阳关镇	3230	350	2113	767	524	2469
月牙泉镇	20025	2957	14332	2736	1844	11085
郭家堡镇	4043	401	2360	1282	930	3631
黄渠镇	5338	543	3319	1476	1080	3847
青海石油管理局生活基地	33446	4546	22531	6369	4365	158
庆阳市	**2179716**	**474683**	**1312068**	**392965**	**283900**	**1609689**
西峰区	**513856**	**108548**	**336945**	**68363**	**49238**	**252757**
北街办事处街道	61308	14353	40475	6480	4684	18751
南街办事处街道	106574	23160	70951	12463	8745	43946
西街办事处街道	52865	11866	36640	4359	2980	13701
肖金镇	32225	6787	18538	6900	5287	28416
董志镇	91744	19659	59580	12505	8962	46331
后官寨镇	41471	8081	27412	5978	4304	24882
彭原镇	35730	7262	22255	6213	4454	25786
温泉镇	63724	12020	45162	6542	4675	25975
什社乡	16100	2864	9081	4155	3020	14324
显胜乡	12115	2496	6851	2768	2127	10645
庆城县	**235154**	**49352**	**147464**	**38338**	**27147**	**171912**
庆城镇	73747	17699	49243	6805	4599	29318
驿马镇	34047	7597	20445	6005	4249	28302
三十里铺镇	16708	3040	10271	3397	2393	14679
马岭镇	17701	3195	11152	3354	2319	15850
玄马镇	12886	2176	8005	2705	1915	11327

表28 续表 17

单位：人

地 区	总人口	分年龄人口				居住本乡、镇、街道，户口在本乡、镇、街道
		0-14岁	15-59岁	60岁及以上	#65岁及以上	
白马铺镇	12253	2742	7339	2172	1517	10669
桐川镇	12917	2860	7816	2241	1624	11439
赤城镇	12571	2574	7454	2543	1827	11670
高楼镇	7409	1362	4442	1605	1166	6753
太白梁乡	7242	1428	4415	1399	1065	6459
土桥乡	3831	683	2385	763	593	3492
蔡口集乡	3795	745	2307	743	564	3344
南庄乡	5220	606	3203	1411	1046	4823
翟家河乡	4383	802	2704	877	584	4099
蔡家庙乡	10444	1843	6283	2318	1686	9688
环县	**304687**	**63732**	**188670**	**52285**	**36489**	**224431**
环城镇	108166	26194	70232	11740	7987	50258
曲子镇	23499	4747	14498	4254	2925	19877
甜水镇	11575	2648	7350	1577	1049	7771
木钵镇	16882	3499	10051	3332	2308	15642
洪德镇	17263	3125	10672	3466	2370	14853
合道镇	14234	2618	8110	3506	2535	13555
虎洞镇	9619	1878	5773	1968	1389	7425
毛井镇	9912	1931	5951	2030	1434	8728
樊家川镇	7186	1246	4396	1544	1059	6537
车道镇	14505	2636	8758	3111	2245	13116
天池乡	11452	2106	6653	2693	1956	10988
演武乡	8255	1593	4828	1834	1351	7599
八珠乡	8245	1646	4804	1795	1241	7820
耿湾乡	11278	2186	6748	2344	1640	10478
秦团庄乡	4719	805	2811	1103	750	4272
山城乡	5926	1127	3598	1201	865	5330
南湫乡	3089	478	1969	642	447	2857
罗山川乡	5148	1028	3084	1036	687	4760
小南沟乡	7061	1076	4345	1640	1173	6613
芦家湾乡	6673	1165	4039	1469	1078	5952
华池县	**119346**	**25910**	**73448**	**19988**	**13205**	**82404**
悦乐镇	11475	2241	6905	2329	1607	9072
柔远镇	47753	11990	30821	4942	3153	22055
元城镇	5082	1150	3087	845	568	3397
南梁镇	5234	1224	3302	708	417	3953
城壕镇	7897	1287	4777	1833	1214	7093
五蛟镇	10724	2283	6408	2033	1368	9076
上里塬乡	4245	966	2362	917	585	3812
王咀子乡	3806	678	2254	874	618	3601
白马乡	2768	457	1581	730	542	2484
怀安乡	3659	592	2048	1019	727	3351
乔川乡	3338	565	1837	936	636	3045
乔河乡	3199	513	1942	744	511	2759
山庄乡	3747	803	2222	722	432	3273
林镇乡	3457	639	2098	720	454	2762
紫坊畔乡	2962	522	1804	636	373	2671

表28 续表 18

单位：人

地　区	总人口	分年龄人口				居住本乡、镇、街道，户口在本乡、镇、街道
		0-14岁	15-59岁	60岁及以上	#65岁及以上	
合水县	**135908**	**30926**	**80339**	**24643**	**17735**	**108042**
西华池镇	53059	13447	33123	6489	4570	32328
老城镇	8266	1775	4878	1613	1175	7033
太白镇	6471	1342	3960	1169	772	5858
板桥镇	11501	2127	6836	2538	1836	10458
何家畔镇	11678	2592	6551	2535	1845	11149
吉岘镇	9078	2008	4990	2080	1537	8289
肖咀镇	8401	2017	4424	1960	1422	7976
固城镇	5546	926	3334	1286	928	4456
段家集乡	7253	1615	3904	1734	1287	6790
太莪乡	4446	921	2563	962	697	4144
店子乡	6702	1542	3633	1527	1126	6314
蒿咀铺乡	3507	614	2143	750	540	3247
正宁县	**173243**	**41330**	**97216**	**34697**	**24810**	**150515**
山河镇	52009	13844	31204	6961	4961	36269
榆林子镇	22668	5426	12507	4735	3343	21215
宫河镇	19690	4477	10551	4662	3387	18516
永和镇	17297	3906	9502	3889	2771	16562
永正镇	15766	3485	8577	3704	2676	15230
周家镇	16474	3685	8988	3801	2767	15004
湫头镇	12033	2823	6503	2707	1923	11273
西坡镇	8919	2066	4655	2198	1526	8473
五顷原乡	4752	1044	2737	971	684	4547
三嘉乡	3635	574	1992	1069	772	3426
宁县	**336316**	**75455**	**183330**	**77531**	**56459**	**305696**
新宁镇	37657	7836	24533	5288	3867	26029
平子镇	20134	4606	10178	5350	3914	19139
早胜镇	27960	6249	15170	6541	4756	24951
长庆桥镇	6328	1161	3830	1337	1002	5560
和盛镇	32480	7855	18315	6310	4539	27188
湘乐镇	13966	3146	7307	3513	2467	13479
新庄镇	26705	6048	15148	5509	3946	25081
盘克镇	25087	6153	13125	5809	4109	24205
中村镇	21970	4631	11038	6301	4724	21324
焦村镇	29686	6332	16518	6836	5114	28514
米桥镇	12652	2919	6168	3565	2513	12126
良平镇	15066	3443	7412	4211	3071	14218
太昌镇	10159	2170	5511	2478	1878	9610
春荣镇	25003	6058	12264	6681	4953	24377
南义乡	12767	2855	6729	3183	2321	12168
瓦斜乡	8299	1566	4598	2135	1573	7950
金村乡	4597	1101	2310	1186	829	4370
九岘乡	5800	1326	3176	1298	883	5407
镇原县	**361206**	**79430**	**204656**	**77120**	**58817**	**313932**
城关镇	59118	13455	37465	8198	6029	34587
屯字镇	32186	7107	17423	7656	5854	29282
孟坝镇	33761	8086	19587	6088	4664	28486

表28 续表 19

单位：人

地 区	总人口	分年龄人口				居住本乡、镇、街道，户口在本乡、镇、街道
		0-14岁	15-59岁	60岁及以上	#65岁及以上	
三岔镇	13662	3044	7872	2746	2043	11613
平泉镇	29537	6179	16732	6626	5153	26872
开边镇	13155	2538	7151	3466	2698	12521
太平镇	21289	4771	11796	4722	3546	20244
临泾镇	22161	4723	11976	5462	4243	21335
新城镇	22672	4772	12743	5157	3988	21262
上肖镇	21049	5159	10624	5266	3920	20171
新集镇	14827	3557	8226	3044	2265	13838
马渠镇	9152	2040	5085	2027	1542	8654
庙渠镇	11933	2547	6525	2861	2221	11389
南川乡	10391	1970	5341	3080	2422	9861
方山乡	8376	1773	4629	1974	1515	7938
殷家城乡	5739	1181	3398	1160	901	5168
武沟乡	8405	1834	4624	1947	1439	7966
郭原乡	10957	2163	6098	2696	2059	10384
中原乡	12836	2531	7361	2944	2315	12361
定西市	**2524097**	**505024**	**1568425**	**450648**	**339194**	**2076964**
安定区	**422383**	**75756**	**264908**	**81719**	**61454**	**270121**
中华路街道	56058	12385	35751	7922	5741	21207
永定路街道	91918	19274	61903	10741	7709	40312
福台路街道	47893	10304	32250	5339	3668	11050
凤翔镇	44869	8540	28654	7675	5712	28214
内官营镇	39603	6565	24174	8864	6539	37072
巉口镇	15986	2023	9102	4861	3778	13670
称钩驿镇	9327	1071	5273	2983	2372	8831
鲁家沟镇	7240	724	4270	2246	1733	6665
西巩驿镇	10257	1284	5670	3303	2551	9442
宁远镇	10546	1253	6288	3005	2428	9736
李家堡镇	12948	1655	7615	3678	2879	12175
团结镇	9023	1475	5391	2157	1718	8718
香泉镇	14947	2932	8782	3233	2449	13952
符家川镇	8339	1354	4782	2203	1628	7812
葛家岔镇	5224	614	2951	1659	1275	4979
白碌乡	1978	159	1102	717	578	1869
石峡湾乡	4894	653	2794	1447	1131	4544
新集乡	6731	705	3827	2199	1691	6441
青岚山乡	8410	827	4888	2695	2108	8029
高峰乡	4407	614	2703	1090	822	4249
石泉乡	7386	836	4038	2512	1964	6978
杏园乡	4399	509	2700	1190	980	4176
通渭县	**323648**	**53060**	**205388**	**65200**	**52716**	**299768**
平襄镇	84562	20662	53490	10410	8145	64362
马营镇	29062	4578	18203	6281	5068	28680
鸡川镇	11428	1092	7059	3277	2748	11249
榜罗镇	25440	3177	16648	5615	4563	25143
常家河镇	22211	2916	14002	5293	4282	21953

表28 续表 20

单位：人

地　　区	总人口	分年龄人口				居住本乡、镇、街道，户口在本乡、镇、街道
		0-14岁	15-59岁	60岁及以上	#65岁及以上	
义岗川镇	14324	2356	8931	3037	2456	14024
陇阳镇	10331	1514	6629	2188	1723	10133
陇山镇	10408	1213	6821	2374	1905	10274
陇川镇	10026	1261	6333	2432	1956	9812
碧玉镇	12081	1490	7646	2945	2488	11879
襄南镇	14111	1654	8885	3572	2971	13882
什川镇	13958	2154	8927	2877	2311	13783
华家岭镇	11437	1690	7377	2370	1853	11227
北城铺镇	15158	2338	9712	3108	2543	14919
新景乡	7688	764	4928	1996	1604	7564
李家店乡	9312	1083	5587	2642	2137	9116
第三铺乡	11190	1562	6996	2632	2173	11038
寺子川乡	10921	1556	7214	2151	1790	10730
陇西县	**427373**	**92309**	**259265**	**75799**	**58245**	**349185**
巩昌镇	169040	42035	104167	22838	16897	113754
文峰镇	77506	17914	47556	12036	9076	62666
首阳镇	33659	7167	20302	6190	4797	30324
菜子镇	24381	5370	14016	4995	3946	23621
福星镇	20965	3540	12842	4583	3623	20399
通安驿镇	15142	2433	8908	3801	2981	14536
云田镇	13402	2250	7831	3321	2652	12931
碧岩镇	11287	2292	6543	2452	1962	10941
马河镇	7478	1213	4356	1909	1441	7255
柯寨镇	7479	1273	4517	1689	1363	7279
双泉镇	7760	1286	4694	1780	1400	7505
权家湾镇	4746	535	2725	1486	1184	4575
渭阳乡	7943	1158	4767	2018	1635	7700
宏伟乡	6518	825	3731	1962	1537	6231
和平乡	7530	1180	4448	1902	1474	7290
德兴乡	6415	869	4019	1527	1245	6237
永吉乡	6122	969	3843	1310	1032	5941
渭源县	**277608**	**49604**	**175922**	**52082**	**39002**	**251221**
清源镇	61769	12472	39996	9301	6900	46690
莲峰镇	33507	5869	20976	6662	5197	32430
会川镇	43200	8980	26908	7312	5360	36899
五竹镇	10037	1513	6382	2142	1642	9835
路园镇	14803	2581	9340	2882	2229	14333
北寨镇	10933	1537	6801	2595	2037	10462
新寨镇	14170	2109	9193	2868	2141	13650
麻家集镇	12800	2653	7893	2254	1592	12552
锹峪镇	12064	1976	7505	2583	1954	11491
庆坪镇	10181	1586	6549	2046	1533	9923
祁家庙镇	12291	1768	8071	2452	1812	12076
上湾镇	14516	2221	9259	3036	2132	14181
大安乡	7104	964	4463	1677	1261	6920
秦祁乡	5401	536	3464	1401	1101	5191
峡城乡	6439	1262	3838	1339	995	6321
田家河乡	8393	1577	5284	1532	1116	8267

表28　续表 21

单位：人

地　　区	总人口	分年龄人口				居住本乡、镇、街道，户口在本乡、镇、街道
		0-14岁	15-59岁	60岁及以上	#65岁及以上	
临洮县	**480149**	**94911**	**294753**	**90485**	**65011**	**384267**
洮阳镇	181276	42867	110804	27605	19376	96939
八里铺镇	22904	3966	13854	5084	3781	21812
新添镇	35121	6150	21372	7599	5591	33686
辛店镇	26053	4630	16051	5372	3776	25361
太石镇	22842	4004	13712	5126	3642	21819
中铺镇	15284	2319	10169	2796	2037	13493
峡口镇	9748	1598	5939	2211	1603	9490
龙门镇	16218	2422	10394	3402	2474	15351
窑店镇	14949	2349	9498	3102	2317	14434
玉井镇	24456	3986	14978	5492	4021	23925
衙下集镇	31579	6524	18901	6154	4351	30917
南屏镇	22604	4906	13510	4188	2956	22128
红旗乡	9024	1305	5547	2172	1601	8533
上营乡	11709	2066	7136	2507	1807	11438
康家集乡	10986	2013	6988	1985	1470	10682
站滩乡	8573	1222	5212	2139	1607	8328
漫洼乡	6528	1005	4074	1449	1041	6197
连儿湾乡	10295	1579	6614	2102	1560	9734
漳县	**167309**	**39204**	**102431**	**25674**	**19797**	**139612**
武阳镇	48958	13222	30513	5223	3890	29400
三岔镇	16430	3731	9740	2959	2308	15486
新寺镇	17990	4233	10821	2936	2269	15837
金钟镇	14433	3363	8854	2216	1646	14104
盐井镇	12270	2948	7294	2028	1601	9732
殪虎桥镇	8537	1749	5040	1748	1399	8310
大草滩镇	8316	1868	5204	1244	995	7685
四族镇	8643	2063	5190	1390	1031	8050
石川镇	7392	1448	4306	1638	1266	7226
贵清山镇	7134	1404	4406	1324	1039	6966
马泉乡	6694	1286	4290	1118	899	6519
武当乡	6435	1253	4121	1061	829	6322
东泉乡	4077	636	2652	789	625	3975
岷县	**425627**	**100180**	**265758**	**59689**	**42969**	**382790**
岷阳镇	91659	21404	60059	10196	7180	57505
蒲麻镇	20479	4435	12595	3449	2477	20001
西寨镇	14509	3923	8312	2274	1662	14196
梅川镇	39041	9702	24330	5009	3613	37262
西江镇	21922	4853	13630	3439	2481	21591
闾井镇	28418	6280	18142	3996	2954	27583
十里镇	36898	9218	22414	5266	3767	35808
茶埠镇	19806	4721	12240	2845	1965	19404
中寨镇	28161	6131	17964	4066	2928	27451
清水镇	24608	6229	14845	3534	2480	24106
寺沟镇	19268	4699	11820	2749	2029	18910
麻子川镇	9726	2461	5866	1399	1007	9513

表28　续表 22　　　　单位：人

地　　区	总人口	分年龄人口				居住本乡、镇、街道，户口在本乡、镇、街道
		0-14岁	15-59岁	60岁及以上	#65岁及以上	
维新镇	12591	2544	7845	2202	1514	12256
禾驮镇	14919	3376	9372	2171	1515	14617
马坞镇	7401	1823	4071	1507	1169	7265
秦许乡	19579	4680	12107	2792	2147	19156
申都乡	8029	1706	5029	1294	890	7841
锁龙乡	8613	1995	5117	1501	1191	8325
陇南市	**2407272**	**518226**	**1493967**	**395079**	**302958**	**2047359**
武都区	**546616**	**120340**	**340279**	**85997**	**67010**	**409581**
钟楼街道	27846	7627	17967	2252	1645	9387
吉石坝街道	8410	766	7226	418	301	2968
江北街道	8912	2154	6132	626	366	1271
江南街道	25322	6404	16527	2391	1765	11945
城关镇	96947	26227	60718	10002	7236	46691
安化镇	22874	4707	13721	4446	3434	21515
东江镇	29316	8095	18995	2226	1575	10683
两水镇	32114	7221	20383	4510	3467	25044
汉王镇	25398	5091	16399	3908	3130	22929
洛塘镇	19821	4633	11059	4129	3445	18495
角弓镇	17838	4093	10865	2880	2195	17245
马街镇	22445	4541	13967	3937	3083	20998
三河镇	9713	2036	5790	1887	1470	8832
甘泉镇	7779	1340	4788	1651	1313	7518
鱼龙镇	10830	1699	6381	2750	2190	10457
琵琶镇	9802	2044	5606	2152	1797	9359
外纳镇	15024	2648	9186	3190	2573	14195
马营镇	11117	1935	6838	2344	1840	10749
柏林镇	9247	1745	5765	1737	1397	8928
姚寨镇	4776	973	2845	958	753	4511
佛崖镇	10374	2104	6356	1914	1508	9851
石门镇	9974	2235	6054	1685	1316	9616
五马镇	5159	1175	2942	1042	881	4871
裕河镇	3776	787	2295	694	553	3572
汉林镇	6777	1215	4199	1363	1080	6562
桔柑镇	4938	989	2928	1021	784	4635
隆兴镇	6217	934	3570	1713	1371	5925
黄坪镇	7027	1220	4332	1475	1133	6768
五库镇	8112	1309	4892	1911	1538	7599
三仓镇	8529	1388	5137	2004	1670	8249
坪垭藏族乡	5377	1571	3060	746	579	5265
蒲池乡	10852	1962	6691	2199	1787	10488
池坝乡	4153	755	2592	806	632	4037
龙坝乡	4306	859	2425	1022	862	4084
龙凤乡	7767	1370	4786	1611	1232	7573
磨坝藏族乡	3954	707	2453	794	637	3822
玉皇乡	6060	996	3654	1410	1133	5861
郭河乡	8857	1359	5486	2012	1545	8580
枫相乡	5771	903	3452	1416	1171	5573
月照乡	3105	523	1817	765	623	2930

表28 续表 23

单位：人

地 区	总人口	分年龄人口				居住本乡、镇、街道，户口在本乡、镇、街道
		0-14岁	15-59岁	60岁及以上	#65岁及以上	
成县	**241587**	**53126**	**151777**	**36684**	**26932**	**198856**
城关镇	96659	22380	63941	10338	7177	63693
黄渚镇	6806	1138	4655	1013	762	4794
红川镇	9414	2011	5677	1726	1251	8704
小川镇	16061	3759	9688	2614	1945	14906
纸坊镇	9320	2016	5634	1670	1317	8969
抛沙镇	21574	4771	13348	3455	2586	19180
店村镇	13678	3045	8192	2441	1701	13119
王磨镇	5862	1069	3542	1251	972	5634
陈院镇	8546	1879	5022	1645	1242	8112
沙坝镇	8514	2016	4906	1592	1244	8196
黄陈镇	8262	1591	4971	1700	1307	7910
鸡峰镇	12546	2352	7632	2562	1904	12165
苏元镇	6284	1422	3731	1131	857	6037
索池镇	7394	1632	4414	1348	1018	7188
宋坪乡	3952	731	2369	852	631	3797
二郎乡	2650	508	1586	556	441	2558
镡河乡	4065	806	2469	790	577	3894
文县	**196906**	**36659**	**123537**	**36710**	**28066**	**168719**
城关镇	44971	10732	28952	5287	3892	30455
碧口镇	16486	3184	10735	2567	1895	12004
尚德镇	7971	1304	4643	2024	1655	7397
中寨镇	16528	3104	10221	3203	2413	15950
临江镇	7145	1214	4719	1212	962	5830
桥头镇	16465	3275	10111	3079	2364	15629
梨坪镇	8219	1599	4857	1763	1390	7905
天池镇	5210	1083	3128	999	780	5005
堡子坝镇	9662	1514	5759	2389	1800	9337
石坊镇	8432	1278	5526	1628	1225	7511
石鸡坝镇	12594	2023	8135	2436	1877	11536
丹堡镇	5884	840	3634	1410	1093	5576
中庙镇	8295	1413	5024	1858	1414	7842
范坝镇	6438	839	3949	1650	1244	6233
铁楼藏族乡	7092	1136	4233	1723	1333	6865
刘家坪乡	1127	139	720	268	197	1093
玉垒乡	3104	343	1943	818	654	2958
口头坝乡	4239	628	2549	1062	831	4089
尖山乡	4111	557	2878	676	527	2724
舍书乡	2933	454	1821	658	520	2780
宕昌县	**254944**	**52417**	**161271**	**41256**	**31768**	**233354**
城关镇	46783	10511	31092	5180	3694	32918
哈达铺镇	25734	5990	15991	3753	2830	25077
理川镇	17173	3925	10670	2578	2005	16525
南阳镇	9776	1761	6138	1877	1491	9422
官亭镇	7922	1264	5001	1657	1386	7694

表28 续表 24

单位：人

地　区	总人口	分年龄人口				居住本乡、镇、街道，户口在本乡、镇、街道
		0-14岁	15-59岁	60岁及以上	#65岁及以上	
沙湾镇	19609	4264	11934	3411	2638	19053
阿坞镇	9302	2074	5630	1598	1207	9116
南河镇	6545	1262	4155	1128	877	6034
八力镇	8121	1723	5213	1185	910	7937
临江铺镇	4386	879	2651	856	691	4212
两河口镇	8112	1441	5016	1655	1300	7663
木耳乡	5588	1150	3520	918	686	5432
庞家乡	7034	1500	4458	1076	791	6814
何家堡乡	6447	1459	4005	983	752	5633
贾河乡	6715	1217	4211	1287	1018	6453
将台乡	5441	851	3630	960	774	5293
车拉乡	8985	1688	5676	1621	1271	8728
新城子藏族乡	6099	1229	3758	1112	834	5768
好梯乡	5397	968	3489	940	746	5230
韩院乡	9235	1731	5975	1529	1141	9029
竹院乡	3798	702	2367	729	574	3654
兴化乡	6801	1177	4395	1229	1004	6525
甘江头乡	5745	1045	3698	1002	817	5471
新寨乡	9273	1758	5383	2132	1660	8928
狮子乡	4923	848	3215	860	671	4745
康县	**162418**	**32798**	**100420**	**29200**	**21613**	**144594**
城关镇	34138	7568	22673	3897	2759	22910
平洛镇	8683	1701	5291	1691	1316	8364
大堡镇	8120	1639	4845	1636	1133	7744
岸门口镇	7867	1538	4836	1493	1137	6950
两河镇	3614	584	2233	797	601	3398
长坝镇	10826	2146	6691	1989	1474	10040
云台镇	8594	1679	5266	1649	1134	8275
阳坝镇	9611	1631	6093	1887	1442	8985
王坝镇	7173	1480	4417	1276	905	6630
碾坝镇	8121	1720	4687	1714	1328	7799
豆坝镇	4724	1085	2615	1024	849	4521
望关镇	5277	933	3293	1051	818	5056
大南峪镇	8232	1725	4909	1598	1112	7920
周家坝镇	9484	1904	5581	1999	1483	9105
寺台镇	4436	877	2662	897	615	4248
白杨镇	4717	947	2866	904	715	4511
铜钱镇	3447	687	2114	646	466	3302
三河坝镇	4702	814	3015	873	675	4549
迷坝乡	4245	777	2624	844	582	4106
店子乡	3673	812	2079	782	630	3580
太石乡	2734	551	1630	553	439	2601
西和县	**351069**	**84307**	**213312**	**53450**	**41486**	**319028**
汉源镇	49940	12384	32691	4865	3388	35384
长道镇	20695	5039	12152	3504	2661	19936
何坝镇	27869	6685	16657	4527	3463	26823
姜席镇	20559	4914	11868	3777	2920	19725

表28 续表 25

单位：人

地　　区	总人口	分年龄人口				居住本乡、镇、街道，户口在本乡、镇、街道
		0-14岁	15-59岁	60岁及以上	#65岁及以上	
石峡镇	9196	2199	5544	1453	1166	8531
洛峪镇	25949	6158	15416	4375	3528	24917
西峪镇	26846	6235	17163	3448	2671	21847
马元镇	10096	2519	5741	1836	1427	9752
大桥镇	7411	1678	4345	1388	1139	7077
十里镇	33236	7734	20516	4986	3821	32022
石堡镇	20330	5124	11964	3242	2579	19649
兴隆镇	16168	3763	9809	2596	2017	15355
苏合镇	14447	3620	8436	2391	1892	14053
卢河镇	20937	5164	12663	3110	2358	18789
稍峪镇	15525	3759	9520	2246	1755	14829
西高山镇	12186	3160	6956	2070	1640	11630
晒经乡	3383	791	1941	651	519	3254
蒿林乡	7318	1583	4481	1254	1078	7043
太石河乡	4663	952	2752	959	842	4351
六巷乡	4315	846	2697	772	622	4061
礼县	**424135**	**93834**	**260808**	**69493**	**54885**	**392207**
城关镇	78714	18977	51522	8215	6107	58036
盐官镇	41784	9568	25656	6560	5127	40302
石桥镇	27601	6005	16714	4882	3806	26730
白河镇	16114	3754	9889	2471	1949	15287
宽川镇	23119	5067	13584	4468	3511	22652
永兴镇	19891	4115	12306	3470	2637	19006
祁山镇	13936	2913	8681	2342	1832	13716
红河镇	8969	1950	5128	1891	1487	8727
永坪镇	15501	3213	9685	2603	1988	15144
中坝镇	15723	3705	9347	2671	2136	15383
罗坝镇	8547	1559	5538	1450	1207	7781
雷坝镇	7521	1452	4650	1419	1178	7107
崖城镇	8324	1834	4977	1513	1232	8123
洮坪镇	10932	2367	6384	2181	1754	10561
龙林镇	17318	3385	10864	3069	2495	16908
固城镇	8274	1819	5019	1436	1198	7988
江口镇	7377	1490	4496	1391	1118	7174
湫山镇	8193	2035	4520	1638	1299	7966
白关镇	13948	3554	8009	2385	1881	13489
桥头镇	9635	2151	5764	1720	1385	9335
王坝镇	9281	1957	5679	1645	1378	8823
滩坪镇	9138	1822	5617	1699	1396	8997
马河乡	9086	2029	5438	1619	1228	8784
上坪乡	5851	1187	3658	1006	791	5703
雷王乡	9373	2146	5413	1814	1503	9085
沙金乡	5491	1294	3196	1001	786	5212
草坪乡	5499	900	3594	1005	820	5411
肖良乡	5232	890	3172	1170	988	5107
三峪乡	3763	696	2308	759	668	3670

表28 续表 26

单位：人

地区	总人口	分年龄人口				居住本乡、镇、街道，户口在本乡、镇、街道
		0-14岁	15-59岁	60岁及以上	#65岁及以上	
徽县	**189888**	**38141**	**117524**	**34223**	**25360**	**149353**
城关镇	60128	14312	38797	7019	4863	32027
伏家镇	21822	4342	13465	4015	2994	19808
江洛镇	15365	3102	9335	2928	2240	14320
泥阳镇	11681	2619	6862	2200	1603	10997
柳林镇	8082	1088	5456	1538	1178	6272
嘉陵镇	5647	725	3390	1532	1161	5300
永宁镇	7110	1129	4185	1796	1340	6800
银杏树镇	12225	2190	7530	2505	1895	11349
水阳镇	12860	2456	8029	2375	1770	9011
栗川镇	9882	1952	5679	2251	1684	9508
麻沿河镇	6745	1372	3821	1552	1214	6366
高桥镇	4884	742	2953	1189	907	4658
大河店镇	5732	834	3386	1512	1156	5520
榆树乡	4054	680	2419	955	738	3868
虞关乡	3671	598	2217	856	617	3549
两当县	**39709**	**6604**	**25039**	**8066**	**5838**	**31667**
城关镇	14969	2960	9822	2187	1490	9323
站儿巷镇	2902	421	1781	700	519	2631
西坡镇	3055	463	1814	778	568	2875
杨店镇	2897	450	1789	658	479	2707
显龙镇	2352	367	1409	576	415	2260
云屏镇	2087	271	1233	583	477	1955
左家乡	1875	307	1161	407	284	1794
鱼池乡	1817	265	1122	430	312	1751
兴化乡	1518	218	922	378	280	1449
张家乡	1242	173	755	314	236	1088
泰山乡	709	80	429	200	148	670
金洞乡	4286	629	2802	855	630	3164
临夏回族自治州	**2109750**	**595321**	**1228010**	**286419**	**213638**	**1717403**
临夏市	**355968**	**78351**	**228886**	**48731**	**35296**	**180062**
城南街道	20464	3934	13538	2992	2139	10147
城北街道	41172	7126	27086	6960	5021	23350
东关街道	22809	5751	13827	3231	2324	8473
西关街道	29139	6824	18119	4196	3124	13724
八坊街道	10132	2385	6120	1627	1237	5179
红园街道	29794	6202	19279	4313	3020	12322
东区街道	78895	18394	51700	8801	5984	27966
城郊镇	28190	6525	18288	3377	2482	12163
枹罕镇	34499	8941	20627	4931	3819	30605
南龙镇	36463	8422	22869	5172	3824	21427
折桥镇	24411	3847	17433	3131	2322	14706
临夏县	**322628**	**85334**	**184114**	**53180**	**40257**	**291646**
韩集镇	32461	9335	18839	4287	3204	16382
土桥镇	17626	3507	10964	3155	2311	11858
马集镇	14032	4445	7396	2191	1633	13609
莲花镇	5481	959	3392	1130	814	5294

表28　续表 27

单位：人

地　区	总人口	分年龄人口				居住本乡、镇、街道，户口在本乡、镇、街道
		0-14岁	15-59岁	60岁及以上	#65岁及以上	
新集镇	17855	4266	10707	2882	2237	17283
尹集镇	27759	7623	15773	4363	3313	26844
刁祁镇	21886	6901	11536	3449	2660	21393
北塬镇	14383	2950	8525	2908	2128	13729
黄泥湾镇	9877	2565	5692	1620	1250	9445
营滩乡	11269	3565	6126	1578	1260	10842
掌子沟乡	7064	2071	3941	1052	810	6511
麻尼寺沟乡	18968	5989	10377	2602	1963	18046
漠泥沟乡	11391	3882	5788	1721	1314	11121
漫路乡	15881	4433	8983	2465	1922	15474
榆林乡	12834	3724	7127	1983	1485	12522
井沟乡	12828	3647	7066	2115	1644	12500
坡头乡	5239	1105	3173	961	719	5077
桥寺乡	8401	1362	5232	1807	1330	8122
先锋乡	12288	2225	7303	2760	2043	11926
河西乡	7618	2196	4068	1354	1067	7436
安家坡乡	8930	2336	5060	1534	1147	8631
南塬乡	6951	1182	4406	1363	986	6764
红台乡	13173	3379	7578	2216	1731	12721
路盘乡	3972	826	2356	790	578	3794
民主乡	4461	861	2706	894	708	4322
康乐县	**255955**	**76224**	**145684**	**34047**	**24786**	**225759**
附城镇	62123	19027	37363	5733	4027	35960
苏集镇	17342	4967	9528	2847	2079	17004
胭脂镇	21674	6818	12011	2845	2142	21443
景古镇	12113	2679	7380	2054	1437	11869
莲麓镇	9347	2104	5721	1522	1056	8995
康丰乡	15147	4546	8468	2133	1528	14311
虎关乡	19879	5774	11196	2909	2123	19409
流川乡	14693	4876	7998	1819	1388	14477
白王乡	12607	4040	6909	1658	1240	12408
八松乡	9690	2164	5734	1792	1308	9498
鸣鹿乡	11346	3298	6280	1768	1300	11059
八丹乡	9034	3101	4799	1134	831	8924
上湾乡	18246	6201	9685	2360	1791	17972
草滩乡	13804	4571	7293	1940	1466	13630
五户乡	8910	2058	5319	1533	1070	8800
永靖县	**180650**	**34919**	**113367**	**32364**	**23696**	**134465**
刘家峡镇	82403	17321	53512	11570	8207	41804
盐锅峡镇	15499	2096	9664	3739	2854	14635
太极镇	16663	2844	10435	3384	2551	15453
西河镇	7995	1339	4900	1756	1271	7549
三塬镇	12975	2061	8037	2877	2128	12456
岘塬镇	7007	1110	4387	1510	1093	6755
陈井镇	5225	579	3289	1357	1009	5045
川城镇	5378	1796	2900	682	524	5091
王台镇	4260	1116	2397	747	537	4041

表28 续表 28

单位：人

地　区	总人口	分年龄人口				居住本乡、镇、街道，户口在本乡、镇、街道
		0-14岁	15-59岁	60岁及以上	#65岁及以上	
红泉镇	1785	332	1073	380	280	1716
关山乡	3852	375	2411	1066	773	3743
徐顶乡	2790	233	1994	563	411	1977
三条岘乡	2255	261	1397	597	463	2139
坪沟乡	1627	364	952	311	229	1507
新寺乡	4390	1342	2427	621	498	4229
小岭乡	4917	1557	2544	816	587	4777
杨塔乡	1629	193	1048	388	281	1548
广河县	**260596**	**88677**	**144342**	**27577**	**21342**	**231504**
城关镇	68049	22225	39044	6780	4982	48250
三甲集镇	55264	18694	30858	5712	4353	48703
祁家集镇	32239	10932	17674	3633	2838	31621
庄窠集镇	22495	7978	12038	2479	1977	22050
买家巷镇	21680	7273	11942	2465	2014	21157
齐家镇	22381	7885	12194	2302	1835	21880
水泉乡	17426	6118	9403	1905	1489	17142
官坊乡	7845	2833	4121	891	709	7743
阿力麻土东乡族乡	13217	4739	7068	1410	1145	12958
和政县	**204529**	**59846**	**117671**	**27012**	**20512**	**183196**
城关镇	44462	11140	27830	5492	3879	29697
三合镇	13060	3528	7894	1638	1193	10126
三十里铺镇	18730	5929	10328	2473	1950	18318
马家堡镇	14867	4520	8365	1982	1496	14223
买家集镇	11000	3096	6288	1616	1291	10599
松鸣镇	15379	4618	8665	2096	1615	15010
陈家集镇	11328	3669	6200	1459	1127	10924
罗家集镇	11720	3207	6632	1881	1421	11454
新营镇	13494	4328	7448	1718	1377	13233
梁家寺乡	14171	5263	7427	1481	1174	13937
卜家庄乡	9463	3032	5160	1271	994	9328
新庄乡	14350	3715	8391	2244	1724	14117
达浪乡	12505	3801	7043	1661	1271	12230
东乡族自治县	**290034**	**102866**	**155985**	**31183**	**23810**	**268069**
锁南镇	31466	10953	17503	3010	2200	20415
达板镇	31617	11107	17349	3161	2467	26931
河滩镇	24531	6187	14151	4193	3172	23846
那勒寺镇	26961	10490	13919	2552	1982	26166
唐汪镇	11117	2592	6490	2035	1558	10680
果园镇	16218	5943	8695	1580	1238	15885
汪集镇	12642	5111	6424	1107	861	12269
龙泉镇	13548	5292	7018	1238	919	13215
春台乡	7888	2847	4237	804	604	7532
柳树乡	5489	1866	2961	662	504	5340
东塬乡	11186	3589	6180	1417	1078	10949
坪庄乡	13673	4959	7380	1334	1036	13204
百和乡	10465	3787	5666	1012	790	10219
关卜乡	8099	2861	4354	884	670	7874

表28 续表 29

单位：人

地区	总人口	分年龄人口				居住本乡、镇、街道，户口在本乡、镇、街道
		0-14岁	15-59岁	60岁及以上	#65岁及以上	
赵家乡	9668	3719	4996	953	719	9457
五家乡	10869	4099	5756	1014	820	10626
沿岭乡	6210	2432	3188	590	421	6081
风山乡	5358	2011	2860	487	390	5116
车家湾乡	2201	818	1183	200	153	2153
高山乡	3542	1377	1803	362	291	3482
大树乡	7429	2929	3772	728	587	7219
北岭乡	4637	1773	2391	473	336	4536
考勒乡	8915	3620	4480	815	590	8699
董岭乡	6305	2504	3229	572	424	6175
积石山保安族东乡族撒拉族自治县	**239390**	**69104**	**137961**	**32325**	**23939**	**202702**
吹麻滩镇	50523	14769	30906	4848	3371	23542
大河家镇	27532	8930	15000	3602	2690	26394
居集镇	13423	3987	7546	1890	1402	12566
癿藏镇	15270	4799	8439	2032	1532	14430
刘集乡	13522	3695	7656	2171	1594	12856
石塬乡	8137	1907	4847	1383	1014	7778
柳沟乡	9008	2204	5362	1442	1059	8260
关家川乡	8339	2073	4842	1424	1053	8123
胡林家乡	11120	3242	6397	1481	1133	9810
安集乡	9419	1838	5875	1706	1211	9182
寨子沟乡	14179	4114	8175	1890	1433	12160
郭干乡	5282	1438	3000	844	641	5161
徐扈家乡	9464	3257	5081	1126	856	9222
中咀岭乡	10891	3594	5823	1474	1076	10713
小关乡	10086	3205	5521	1360	1067	9846
铺川乡	8789	2432	4974	1383	1063	8632
银川乡	14406	3620	8517	2269	1744	14027
甘南藏族自治州	**691808**	**154681**	**450363**	**86764**	**66650**	**559221**
合作市	**112173**	**21378**	**80726**	**10069**	**7427**	**65998**
当周街道	28043	3739	22863	1441	1026	10288
伊合昂街道	15372	2804	11161	1407	961	8149
坚木克尔街道	14946	3165	10307	1474	1054	9072
通钦街道	21279	4026	15637	1616	1037	10790
那吾镇	7325	1692	4815	818	661	6053
勒秀镇	8945	2430	5136	1379	1124	8127
佐盖曼玛镇	6273	1445	4060	768	635	5610
卡加曼乡	3127	543	2192	392	299	2455
卡加道乡	2758	579	1880	299	224	2052
佐盖多玛乡	4105	955	2675	475	406	3402
临潭县	**127387**	**29424**	**78231**	**19732**	**14286**	**112582**
城关镇	30341	7866	18680	3795	2798	23057
新城镇	20984	4982	12953	3049	2201	17997
冶力关镇	9775	2175	6091	1509	1063	8564
羊永镇	7137	1747	4407	983	710	6641
王旗镇	9052	1821	5452	1779	1246	8717

表28 续表 30

单位：人

地　区	总人口	分年龄人口				居住本乡、镇、街道，户口在本乡、镇、街道
		0-14岁	15-59岁	60岁及以上	#65岁及以上	
古战镇	4008	834	2455	719	549	3798
洮滨镇	6786	1516	3929	1341	950	6596
八角镇	4104	888	2448	768	548	3962
流顺镇	7308	1743	4374	1191	878	7071
店子镇	3679	888	2189	602	396	3545
羊沙镇	4602	759	3085	758	534	4109
术布乡	2893	540	1877	476	369	2587
卓洛乡	1693	466	960	267	206	1543
长川乡	7942	1913	4888	1141	890	7567
三岔乡	1768	370	1098	300	218	1678
石门乡	5315	916	3345	1054	730	5150
卓尼县	**95387**	**21614**	**60588**	**13185**	**10134**	**86296**
柳林镇	27041	6182	18170	2689	1928	20774
木耳镇	7896	1728	5005	1163	842	7231
扎古录镇	5749	1393	3568	788	630	5456
喀尔钦镇	8516	1753	5558	1205	936	8323
藏巴哇镇	6657	1271	4304	1082	817	6489
纳浪镇	5995	1362	3645	988	737	5839
洮砚镇	3688	677	2316	695	516	3587
阿子滩镇	5331	1162	3282	887	681	5091
申藏镇	5634	1315	3426	893	708	5514
完冒镇	3705	858	2339	508	412	3186
尼巴镇	4588	1349	2547	692	626	4503
刀告乡	4338	1126	2600	612	524	4256
恰盖乡	2782	640	1713	429	344	2694
康多乡	1985	480	1183	322	262	1914
杓哇土族乡	1482	318	932	232	171	1439
舟曲县	**125367**	**27238**	**79473**	**18656**	**14837**	**106293**
城关镇	29845	7037	19409	3399	2522	20663
大川镇	4885	948	2997	940	777	4356
峰迭镇	15428	3623	9882	1923	1505	9845
立节镇	4883	949	3152	782	627	4201
东山镇	7460	1414	4664	1382	1116	7261
曲告纳镇	11184	3086	6700	1398	1209	10870
博峪镇	3858	736	2653	469	372	3690
巴藏镇	4202	837	2676	689	531	4020
憨班镇	3920	761	2467	692	527	3777
坪定镇	3534	611	2239	684	531	3466
果耶镇	6687	1381	4120	1186	941	6565
武坪镇	3479	509	2294	676	588	3314
大峪镇	3812	660	2404	748	584	3686
江盘镇	5164	1158	3278	728	553	4188
拱坝镇	4769	1201	2849	719	619	4669
曲瓦乡	3518	609	2284	625	488	3333
南峪乡	3255	559	1977	719	589	3133
八楞乡	2963	617	1833	513	421	2909
插岗乡	2521	542	1595	384	337	2347

表28 续表 31

单位：人

地 区	总人口	分年龄人口				居住本乡、镇、街道，户口在本乡、镇、街道
		0-14岁	15-59岁	60岁及以上	#65岁及以上	
迭部县	**52192**	**10777**	**34472**	**6943**	**5510**	**42353**
电尕镇	21212	4038	14668	2506	1919	14108
益哇镇	4324	1089	2630	605	526	4034
旺藏镇	5906	1157	3804	945	737	5270
腊子口镇	3086	683	2093	310	236	2761
洛大镇	4815	962	3153	700	526	4391
卡坝乡	1990	384	1327	279	234	1803
达拉乡	1859	360	1191	308	265	1627
尼傲乡	1913	387	1218	308	264	1748
阿夏乡	1117	215	729	173	148	1030
多儿乡	3315	770	2061	484	396	3115
桑坝乡	2655	732	1598	325	259	2466
玛曲县	**57076**	**16029**	**37094**	**3953**	**3130**	**42622**
尼玛镇	22902	5537	15975	1390	1028	10780
曼日玛镇	5549	1565	3506	478	394	5250
阿万仓镇	6314	2019	3806	489	418	5997
齐哈玛镇	5511	1747	3277	487	399	5237
采日玛镇	4326	1309	2698	319	262	4192
欧拉镇	4166	1124	2755	287	226	3584
欧拉秀玛乡	3038	957	1876	205	163	2775
木西合乡	3910	1366	2310	234	195	3590
河曲马场	1094	326	718	50	35	1023
大水军牧场	116	20	87	9	7	105
高原生物研究所	150	59	86	5	3	89
碌曲县	**35871**	**8483**	**23877**	**3511**	**2825**	**28761**
郎木寺镇	4594	1114	3013	467	358	4060
玛艾镇	14416	3233	10190	993	775	9411
西仓镇	2614	504	1782	328	275	1831
尕海镇	4514	1115	2941	458	386	4245
双岔镇	4718	1230	2845	643	518	4491
拉仁关乡	2216	560	1428	228	198	2017
阿拉乡	2799	727	1678	394	315	2706
夏河县	**86355**	**19738**	**55902**	**10715**	**8501**	**74316**
拉卜楞镇	26256	5080	18304	2872	2152	17343
王格尔塘镇	3483	618	2401	464	367	2806
阿木去乎镇	12706	3378	7782	1546	1294	12109
桑科镇	6838	1810	4470	558	419	6514
甘加镇	7277	1663	4782	832	668	7125
麻当镇	4914	946	3161	807	630	4524
博拉镇	5820	1569	3347	904	734	5684
科才镇	3733	890	2478	365	286	3533
达麦乡	3095	643	1977	475	380	2909
曲奥乡	2391	565	1472	354	267	2262
唐尕昂乡	2334	486	1465	383	325	2220
扎油乡	3137	805	1824	508	438	3045
吉仓乡	4371	1285	2439	647	541	4242

表29　青海省乡、镇、街道人口

单位：人

地　区	总人口	分年龄人口				居住本乡、镇、街道，户口在本乡、镇、街道
		0-14岁	15-59岁	60岁及以上	#65岁及以上	
青海省	**5923957**	**1232956**	**3971599**	**719402**	**514093**	**3827791**
西宁市	**2467965**	**403700**	**1710014**	**354251**	**249669**	**1406592**
城东区	**489372**	**76574**	**343412**	**69386**	**48678**	**164986**
东关大街街道	28235	4429	18567	5239	3844	11596
清真巷街道	49663	8427	33663	7573	5423	19614
大众街街道	94705	15779	65673	13253	9706	30045
周家泉街道	41471	7793	28363	5315	3772	12101
火车站街道	31525	4650	22002	4873	3513	8823
八一路街道	75819	8959	56117	10743	7287	25298
林家崖街道	9758	1876	6517	1365	931	4157
乐家湾镇	91845	13629	65658	12558	8236	29528
韵家口镇	66351	11032	46852	8467	5966	23824
城中区	**325813**	**44514**	**229156**	**52143**	**36435**	**159881**
人民街街道	14850	2338	9670	2842	2026	9214
南滩街道	50583	7788	34162	8633	6044	32388
仓门街街道	15430	2188	10447	2795	2012	8891
礼让街街道	16199	1780	10624	3795	2715	9185
饮马街街道	29230	3865	20240	5125	3638	15113
南川东路街道	41303	5148	29118	7037	4963	18734
南川西路街道	70340	7826	51710	10804	7652	26872
总寨镇	80637	13165	56616	10856	7229	39072
南川工业园	7241	416	6569	256	156	412
城西区	**326866**	**49833**	**227432**	**49601**	**34081**	**166435**
西关大街街道	31598	4959	20513	6126	4312	21206
古城台街道	37096	5263	25271	6562	4655	21542
虎台街道	68308	10820	46546	10942	7813	39566
胜利路街道	23524	3411	15617	4496	3216	14212
兴海路街道	23348	3815	15383	4150	2967	13972
文汇路街道	50551	7516	36688	6347	4012	18823
通海路街道	52057	7973	37592	6492	4035	17608
彭家寨镇	40384	6076	29822	4486	3071	19506
城北区	**417701**	**55831**	**305635**	**56235**	**38779**	**173023**
朝阳街道	83989	12137	59845	12007	8505	31614
小桥大街街道	120561	16700	85795	18066	12614	56229
马坊街道	95456	13739	68132	13585	9220	41680
火车西站街道	21218	2939	15305	2974	1876	5899
大堡子镇	30182	4714	20906	4562	3170	19362
廿里铺镇	66295	5602	55652	5041	3394	18239
湟中区	**395043**	**78208**	**262240**	**54595**	**40721**	**334620**
康川街道	21856	5626	14089	2141	1676	16773

表29 续表 1

单位：人

地 区	总人口	分年龄人口				居住本乡、镇、街道，户口在本乡、镇、街道
		0-14岁	15-59岁	60岁及以上	#65岁及以上	
田家寨镇	26037	4921	16479	4637	3581	24431
上新庄镇	27335	6025	17652	3658	2672	25289
鲁沙尔镇	55631	10793	38184	6654	4953	41385
甘河滩镇	14684	2782	9658	2244	1667	13597
共和镇	21639	4046	14089	3504	2672	20652
多巴镇	78397	13937	54249	10211	7428	54656
拦隆口镇	33028	6015	21674	5339	3948	31098
上五庄镇	25356	6447	15742	3167	2421	23997
李家山镇	21917	4017	14587	3313	2393	20503
西堡镇	19840	3600	12952	3288	2414	18245
群加藏族乡	1582	308	1021	253	187	1464
土门关乡	12096	2121	7737	2238	1721	11427
汉东回族乡	6212	1254	4541	417	300	5978
大才回族乡	15641	4394	9727	1520	1201	14977
海子沟乡	10594	1842	6829	1923	1446	10116
甘河工业园	3198	80	3030	88	41	32
大通回族土族自治县	**403368**	**81938**	**267821**	**53609**	**38002**	**333494**
桥头镇	132938	24954	91029	16955	11949	82401
城关镇	20668	4254	13900	2514	1730	19101
塔尔镇	28345	8324	17241	2780	2063	27215
东峡镇	10726	1695	7322	1709	1201	10068
黄家寨镇	25331	4048	16742	4541	3293	21129
长宁镇	37047	6860	25000	5187	3564	32579
景阳镇	17876	3377	11487	3012	2125	17150
多林镇	6955	1240	4693	1022	707	6696
新庄镇	14486	4169	8866	1451	1082	14085
青林乡	8418	1465	5725	1228	868	7860
青山乡	11780	1908	8019	1853	1332	11361
逊让乡	9649	1706	6662	1281	913	9380
极乐乡	11205	2982	7131	1092	809	10774
石山乡	6510	2084	3736	690	475	6268
宝库乡	4608	713	3208	687	477	4404
斜沟乡	7076	1663	4673	740	537	6789
良教乡	17119	4558	10852	1709	1234	16216
向化藏族乡	4937	698	3296	943	660	4755
桦林乡	11515	2558	7404	1553	1122	11142
朔北藏族乡	16179	2682	10835	2662	1861	14121
湟源县	**109802**	**16802**	**74318**	**18682**	**12973**	**74153**
城关镇	53818	8751	36987	8080	5569	24207
大华镇	14199	2104	9479	2616	1759	12452
东峡乡	2925	445	1939	541	390	2701
日月乡	8499	1299	5669	1531	1108	7942
和平乡	7184	1069	4764	1351	960	6743
波航乡	5165	791	3424	950	637	4773

表29　续表 2

单位：人

地　　区	总人口	分年龄人口				居住本乡、镇、街道，户口在本乡、镇、街道
		0-14岁	15-59岁	60岁及以上	#65岁及以上	
申中乡	10940	1510	7316	2114	1489	8731
巴燕乡	5236	654	3493	1089	773	4907
寺寨乡	1836	179	1247	410	288	1697
海东市	**1358471**	**309407**	**856391**	**192673**	**137830**	**1058580**
乐都区	**240949**	**39491**	**158020**	**43438**	**31014**	**161716**
碾伯镇	126965	21793	86041	19131	13588	56824
雨润镇	10345	1527	6600	2218	1618	8848
寿乐镇	15115	2511	9660	2944	2052	14218
高庙镇	17016	2590	10410	4016	2935	15163
洪水镇	12061	1861	7475	2725	1984	10862
高店镇	5964	857	3738	1369	997	5337
瞿昙镇	12949	2339	8153	2457	1751	12266
共和乡	4696	765	2828	1103	794	4447
中岭乡	2442	269	1591	582	372	2340
李家乡	3550	421	2420	709	490	3348
下营乡	2984	499	1800	685	527	2800
芦花乡	1687	163	1234	290	207	1578
马营乡	4041	510	2697	834	586	3825
马厂乡	403	33	262	108	74	349
蒲台乡	6534	1080	4032	1422	997	6206
中坝乡	4005	701	2576	728	542	3774
峰堆乡	3406	550	2073	783	581	3275
城台乡	2265	318	1442	505	350	2141
达拉乡	4368	703	2841	824	566	4098
海东工业园区乐都工业园	153	1	147	5	3	17
平安区	**117883**	**22553**	**77513**	**17817**	**13028**	**69246**
平安镇	72407	13559	48516	10332	7551	33768
小峡镇	14732	3035	9497	2200	1573	8468
三合镇	7185	986	4600	1599	1233	6439
洪水泉乡	2022	429	1241	352	279	1759
石灰窑乡	4206	916	2591	699	517	3892
古城乡	6866	1540	4218	1108	791	6344
沙沟乡	6648	1606	4037	1005	712	6206
巴藏沟乡	2563	472	1582	509	365	2369
曹家堡临空综合经济园平安园区	1254	10	1231	13	7	1
民和回族土族自治县	**326964**	**77410**	**203923**	**45631**	**33094**	**263699**
川口镇	110085	23897	72305	13883	9872	58054
古鄯镇	15857	3375	10098	2384	1699	15085
马营镇	16231	4465	9548	2218	1680	15585
官亭镇	13252	2894	8305	2053	1476	11411
巴州镇	16241	4266	9728	2247	1626	15443
满坪镇	11651	3014	6989	1648	1225	10980
李二堡镇	13542	3888	7906	1748	1303	13037
峡门镇	9044	1823	5752	1469	1064	8457

表29 续表 3

单位：人

地 区	总人口	分年龄人口				居住本乡、镇、街道，户口在本乡、镇、街道
		0-14岁	15-59岁	60岁及以上	#65岁及以上	
马场垣乡	17757	4199	11074	2484	1797	16384
北山乡	82	10	62	10	8	49
松树乡	4901	1037	2996	868	653	4673
西沟乡	16293	4116	10031	2146	1502	15837
总堡乡	8158	1598	5221	1339	953	7866
隆治乡	5066	837	3243	986	725	4872
大庄乡	8561	2829	4693	1039	785	8320
转导乡	10428	2832	6242	1354	1028	9994
前河乡	6358	1534	3744	1080	796	6046
甘沟乡	10749	2876	6303	1570	1144	10345
中川乡	17115	3928	10234	2953	2127	16278
杏儿乡	3581	984	2173	424	306	3471
核桃庄乡	8828	2394	5315	1119	889	8510
新民乡	3184	614	1961	609	436	3002
互助土族自治县	**337941**	**66448**	**223072**	**48421**	**33173**	**277742**
威远镇	97594	18612	67558	11424	7768	55529
丹麻镇	16620	3302	10893	2425	1645	16192
高寨镇	18471	4273	11459	2739	2021	11461
南门峡镇	13454	2347	8831	2276	1611	12829
加定镇	6606	1194	4456	956	653	5760
塘川镇	34527	7356	21699	5472	3701	32031
五十镇	14238	3093	9130	2015	1362	13637
五峰镇	19266	4088	12313	2865	1945	18669
台子乡	17646	3468	11576	2602	1769	16987
西山乡	13423	2688	8658	2077	1418	12974
红崖子沟乡	6392	1318	3910	1164	853	6112
巴扎藏族乡	5117	714	3845	558	371	3816
哈拉直沟乡	11522	2264	6980	2278	1608	11154
松多藏族乡	4170	837	2722	611	418	3903
东山乡	6893	1220	4667	1006	692	6641
东和乡	13435	2689	8746	2000	1338	12813
东沟乡	15823	3110	10576	2137	1435	15377
林川乡	17484	2984	11623	2877	1892	17004
蔡家堡乡	5129	884	3320	925	664	4848
曹家堡临空综合经济园互助园区	131	7	110	14	9	5
化隆回族自治县	**200474**	**60699**	**117216**	**22559**	**16536**	**172317**
巴燕镇	33146	9684	19871	3591	2665	24001
群科镇	36883	11751	21255	3877	2796	27655
牙什尕镇	13787	4361	7714	1712	1210	12731
甘都镇	25899	8931	13888	3080	2314	23568
扎巴镇	18156	5457	10723	1976	1393	16698
昂思多镇	14709	4051	8818	1840	1308	13763
雄先藏族乡	7391	1861	4645	885	607	6542
初麻乡	4734	1499	2787	448	350	4426

表29　续表 4　　单位：人

地　区	总人口	分年龄人口				居住本乡、镇、街道，户口在本乡、镇、街道
		0-14岁	15-59岁	60岁及以上	#65岁及以上	
查甫藏族乡	4421	992	2944	485	355	3840
塔加藏族乡	3475	862	2195	418	341	3351
金源藏族乡	5949	1529	3762	658	528	5619
二塘乡	7909	2317	4699	893	691	7521
谢家滩乡	5469	1500	3221	748	558	5199
德恒隆乡	7167	2536	3860	771	526	6562
沙连堡乡	4185	1345	2488	352	261	4041
阿什奴乡	2906	937	1670	299	223	2733
石大仓乡	4288	1086	2676	526	410	4067
循化撒拉族自治县	**134260**	**42806**	**76647**	**14807**	**10985**	**113860**
积石镇	45198	12952	27434	4812	3458	29473
白庄镇	21602	7935	11333	2334	1745	20763
街子镇	17834	6398	9683	1753	1302	16861
道帏藏族乡	10792	2983	6270	1539	1160	10291
清水乡	11867	4132	6431	1304	963	11250
岗察藏族乡	1780	520	1099	161	124	1705
查汗都斯乡	11799	4201	6384	1214	912	11144
文都藏族乡	8558	2241	5272	1045	810	7761
尕楞藏族乡	4830	1444	2741	645	511	4612
海北藏族自治州	**265322**	**53545**	**183971**	**27806**	**19214**	**186107**
门源回族自治县	**138335**	**28941**	**92927**	**16467**	**11196**	**104778**
浩门镇	53767	11439	36471	5857	3969	25108
青石咀镇	24987	6381	15740	2866	1917	23544
泉口镇	12687	2613	8445	1629	1105	12115
东川镇	11764	2182	7968	1614	1068	11270
北山乡	5107	850	3486	771	521	4892
麻莲乡	5198	1236	3235	727	511	5028
西滩乡	6751	1142	4666	943	665	6455
阴田乡	6791	1851	4157	783	547	6566
仙米乡	4392	482	3379	531	371	3713
珠固乡	3655	466	2699	490	328	3503
苏吉滩乡	1074	91	901	82	59	964
皇城蒙古族乡	973	87	815	71	45	846
门源种马场	1189	121	965	103	90	774
祁连县	**48538**	**9579**	**34212**	**4747**	**3353**	**33165**
八宝镇	30782	6643	20838	3301	2355	19095
峨堡镇	2571	420	1961	190	131	1867
默勒镇	5684	877	4393	414	294	4500
扎麻什乡	2623	440	1829	354	251	2365
阿柔乡	3063	615	2159	289	184	2343
野牛沟乡	2286	315	1861	110	73	1792
央隆乡	1529	269	1171	89	65	1203
海晏县	**37729**	**5871**	**28301**	**3557**	**2432**	**16433**
三角城镇	15423	2623	11001	1799	1211	5895

表29　续表 5

单位：人

地　　区	总人口	分年龄人口				居住本乡、镇、街道，户口在本乡、镇、街道
		0-14岁	15-59岁	60岁及以上	#65岁及以上	
西海镇	14687	2308	11448	931	628	3736
金滩乡	2222	191	1649	382	269	2125
哈勒景蒙古族乡	737	46	641	50	33	579
青海湖乡	1630	238	1251	141	107	1291
甘子河乡	3030	465	2311	254	184	2807
刚察县	**40720**	**9154**	**28531**	**3035**	**2233**	**31731**
沙柳河镇	16603	3654	11685	1264	881	10294
哈尔盖镇	9469	2077	6748	644	487	7720
伊克乌兰乡	3539	777	2482	280	228	3352
泉吉乡	5140	1157	3576	407	300	4724
吉尔孟乡	5969	1489	4040	440	337	5641
黄南藏族自治州	**276215**	**73316**	**179880**	**23019**	**18071**	**210625**
同仁县	**101519**	**24792**	**67182**	**9545**	**7621**	**74350**
隆务镇	46876	10229	32628	4019	3059	24959
保安镇	8354	1993	5161	1200	987	7691
多哇镇	7291	1979	4784	528	431	6585
兰采乡	4806	1620	2831	355	296	4517
双朋西乡	2900	636	1852	412	351	2557
扎毛乡	4589	1401	2796	392	330	4382
黄乃亥乡	2196	591	1346	259	218	1985
曲库乎乡	6199	1625	3929	645	507	5719
年都乎乡	9156	2267	6040	849	679	7527
瓜什则乡	4721	1191	3101	429	353	4227
加吾乡	4431	1260	2714	457	410	4201
尖扎县	**58173**	**14995**	**37261**	**5917**	**4414**	**40633**
马克堂镇	23639	5627	15667	2345	1750	11131
康扬镇	9153	2676	5526	951	669	7449
坎布拉镇	10679	2723	6856	1100	794	9204
贾加乡	1561	370	980	211	167	1447
措周乡	3464	978	2070	416	333	3272
昂拉乡	3053	821	1875	357	277	2024
能科乡	1131	306	705	120	93	1005
当顺乡	1293	342	838	113	91	1120
尖扎滩乡	4200	1152	2744	304	240	3981
泽库县	**75659**	**22848**	**48247**	**4564**	**3688**	**65963**
泽曲镇	21014	5853	14083	1078	854	13223
麦秀镇	11665	3761	7080	824	672	11265
和日镇	11508	3475	7322	711	568	10900
宁秀镇	15355	5159	9312	884	744	14946
王加乡	4202	1256	2661	285	237	4046
西卜沙乡	2751	790	1763	198	147	2660
多禾茂乡	9164	2554	6026	584	466	8923
河南蒙古族自治县	**40864**	**10681**	**27190**	**2993**	**2348**	**29679**
优干宁镇	21963	5659	14607	1697	1313	12026

表29 续表 6

单位：人

地 区	总人口	分年龄人口				居住本乡、镇、街道，户口在本乡、镇、街道
		0-14岁	15-59岁	60岁及以上	#65岁及以上	
宁木特镇	8292	2345	5408	539	418	7845
多松乡	2063	575	1364	124	100	1901
赛尔龙乡	2959	672	1990	297	255	2721
柯生乡	2828	800	1843	185	139	2528
托叶玛乡	2759	630	1978	151	123	2658
海南藏族自治州	**446996**	**108376**	**295926**	**42694**	**30852**	**329498**
共和县	**133409**	**28987**	**92557**	**11865**	**8234**	**92653**
恰卜恰镇	67780	13265	48592	5923	4103	33202
倒淌河镇	11894	3086	7852	956	700	11064
龙羊峡镇	5884	1007	4030	847	557	4937
塘格木镇	9693	2544	6250	899	583	9090
黑马河镇	4704	1121	3212	371	260	4174
石乃亥镇	6762	1711	4559	492	358	6300
江西沟镇	5847	1587	3843	417	301	5328
沙珠玉乡	3983	718	2737	528	358	3722
铁盖乡	3591	744	2438	409	265	3240
廿地乡	3954	1003	2559	392	289	3730
切吉乡	8526	2164	5758	604	441	7744
海南州绿色产业发展园区管理区委员会	566	4	558	4	2	1
巴卡台农场	184	29	136	19	15	106
安置农场	18	1	15	2	1	7
铁卜加草改站	23	3	18	2	1	8
同德县	**60268**	**16064**	**39555**	**4649**	**3542**	**48103**
尕巴松多镇	23477	6202	15609	1666	1258	17195
唐谷镇	10862	2979	7021	862	675	10110
巴沟乡	7101	1824	4479	798	582	6612
秀麻乡	10397	2919	6844	634	496	7649
河北乡	7478	1960	4932	586	445	6123
省牧草良种繁殖场	953	180	670	103	86	414
贵德县	**105645**	**22499**	**68289**	**14857**	**10537**	**76922**
河阴镇	39782	7281	26917	5584	3915	18903
河西镇	19408	4177	12081	3150	2241	17233
拉西瓦镇	5261	1101	3502	658	458	4800
常牧镇	13735	3769	8569	1397	1045	13192
河东乡	12868	2760	8082	2026	1441	9604
新街回族乡	3852	1014	2325	513	363	3550
尕让乡	10739	2397	6813	1529	1074	9640
兴海县	**75833**	**21556**	**48786**	**5491**	**4130**	**51579**
子科滩镇	37366	10462	24357	2547	1888	15765
河卡镇	13882	3699	9079	1104	790	12927
曲什安镇	3557	732	2472	353	242	3078
温泉乡	7497	2395	4685	417	350	6940
龙藏乡	4251	1394	2579	278	232	4050
中铁乡	5628	1823	3363	442	368	5337
唐乃亥乡	3652	1051	2251	350	260	3482

表29　续表 7

单位：人

地　　区	总人口	分年龄人口				居住本乡、镇、街道，户口在本乡、镇、街道
		0-14岁	15-59岁	60岁及以上	#65岁及以上	
贵南县	**71841**	**19270**	**46739**	**5832**	**4409**	**60241**
茫曲镇	16774	3637	11744	1393	970	9504
过马营镇	18033	4893	11786	1354	1050	15948
森多镇	14388	4224	9058	1106	896	13399
沙沟乡	6825	1738	4270	817	611	6502
茫拉乡	6276	1697	3997	582	422	5851
塔秀乡	9545	3081	5884	580	460	9037
果洛藏族自治州	**215573**	**63993**	**137708**	**13872**	**10573**	**154870**
玛沁县	**58117**	**13467**	**41178**	**3472**	**2597**	**33144**
大武镇	33695	6556	25367	1772	1269	11051
拉加镇	11890	3083	7868	939	740	10868
大武乡	3204	908	2133	163	125	2631
东倾沟乡	1589	459	1030	100	74	1451
雪山乡	1135	374	700	61	51	1069
下大武乡	1423	350	967	106	85	1229
优云乡	1593	486	1015	92	68	1411
当洛乡	3588	1251	2098	239	185	3434
班玛县	**31794**	**9887**	**19564**	**2343**	**1871**	**23600**
赛来塘镇	12029	3267	7887	875	683	5390
多贡麻乡	2212	838	1203	171	155	2134
马可河乡	2087	741	1224	122	101	1845
吉卡乡	2218	714	1353	151	123	2078
达卡乡	2942	902	1829	211	161	2724
知钦乡	2967	890	1880	197	159	2500
江日堂乡	2158	759	1194	205	168	2017
亚尔堂乡	1995	709	1132	154	116	1915
灯塔乡	3186	1067	1862	257	205	2997
甘德县	**41046**	**13073**	**25218**	**2755**	**2154**	**36185**
柯曲镇	11087	3010	7294	783	617	9480
上贡麻乡	3351	1185	1918	248	206	3148
下贡麻乡	6020	1505	4168	347	264	4067
岗龙乡	4384	1563	2458	363	295	4225
青珍乡	6073	2214	3446	413	318	5824
江千乡	3970	1343	2376	251	202	3770
下藏科乡	6161	2253	3558	350	252	5671
达日县	**40197**	**14342**	**23591**	**2264**	**1700**	**27032**
吉迈镇	15581	5026	9738	817	595	4743
满掌乡	2831	1115	1557	159	114	2598
德昂乡	3436	1305	1924	207	154	3231
窝赛乡	1421	501	835	85	61	1200
莫坝乡	1642	700	861	81	63	1522

表29 续表 8

单位：人

地　区	总人口	分年龄人口				居住本乡、镇、街道，户口在本乡、镇、街道
		0-14岁	15-59岁	60岁及以上	#65岁及以上	
上红科乡	3939	1372	2329	238	185	3745
下红科乡	3062	1091	1787	184	151	2706
建设乡	3506	1249	1983	274	214	2909
桑日麻乡	2880	1230	1539	111	83	2652
特合土乡	1899	753	1038	108	80	1726
久治县	**29929**	**8828**	**18902**	**2199**	**1648**	**24700**
智青松多镇	8630	2120	5941	569	422	5674
门堂乡	3200	834	2144	222	163	2344
哇赛乡	3700	1188	2200	312	242	3457
索呼日麻乡	5114	1675	3067	372	276	4745
白玉乡	5577	1724	3398	455	345	5007
哇尔依乡	3708	1287	2152	269	200	3473
玛多县	**14490**	**4396**	**9255**	**839**	**603**	**10209**
玛查理镇	7086	2076	4603	407	287	3396
花石峡镇	4663	1416	2943	304	225	4299
黄河乡	1587	525	990	72	54	1501
扎陵湖乡	1154	379	719	56	37	1013
玉树藏族自治州	**425199**	**133304**	**260223**	**31672**	**25691**	**290628**
玉树市	**141308**	**39177**	**91450**	**10681**	**8606**	**93811**
结古镇街道	17389	3718	12177	1494	1151	14240
扎西科街道	30654	7012	22015	1627	1306	6267
西杭街道	16533	3762	11478	1293	972	11293
新寨街道	20629	5140	13805	1684	1359	9453
隆宝镇	8177	2799	4822	556	448	7763
下拉秀镇	14546	5265	8261	1020	868	13783
仲达乡	2558	723	1506	329	279	2435
巴塘乡	5976	2104	3306	566	483	5003
小苏莽乡	9604	3390	5371	843	689	8971
上拉秀乡	9099	3574	4908	617	503	8792
安冲乡	2628	713	1591	324	272	2490
哈秀乡	3515	977	2210	328	276	3321
杂多县	**68759**	**26725**	**38132**	**3902**	**3265**	**32738**
萨呼腾镇	40037	15015	22742	2280	1877	12142
昂赛乡	2982	1232	1557	193	169	2864
结多乡	3488	1258	1975	255	221	3324
阿多乡	11434	4946	5976	512	428	4225
苏鲁乡	2466	1046	1248	172	146	2170
查旦乡	2423	886	1399	138	112	2315
莫云乡	2667	1028	1464	175	158	2555
扎青乡	3262	1314	1771	177	154	3143
称多县	**57159**	**16460**	**36076**	**4623**	**3643**	**50730**
称文镇	11225	2527	7686	1012	818	9108
歇武镇	5572	1595	3401	576	467	5351

表29　续表 9

单位：人

地　　区	总人口	分年龄人口				居住本乡、镇、街道，户口在本乡、镇、街道
		0−14岁	15−59岁	60岁及以上	#65岁及以上	
扎朵镇	10803	3351	6716	736	563	8304
清水河镇	8466	2518	5310	638	479	7877
珍秦镇	11044	3487	6776	781	613	10485
尕朵乡	6360	2079	3881	400	306	6047
拉布乡	3689	903	2306	480	397	3558
治多县	**34496**	**9918**	**21994**	**2584**	**2071**	**12537**
加吉博洛格镇	26209	7274	16774	2161	1717	4634
索加乡	1847	566	1176	105	86	1774
扎河乡	2379	868	1420	91	79	2317
多彩乡	1417	380	963	74	61	1316
治渠乡	1984	593	1278	113	93	1943
立新乡	660	237	383	40	35	553
囊谦县	**90307**	**30919**	**51905**	**7483**	**6239**	**80652**
香达镇	39178	12820	23303	3055	2494	31140
白扎乡	8409	2837	4768	804	661	8259
吉曲乡	8834	3281	4942	611	513	8564
娘拉乡	3412	1174	1879	359	312	3333
毛庄乡	5637	2081	3076	480	419	5411
觉拉乡	6260	2109	3572	579	498	5963
东坝乡	5254	1842	2969	443	375	5017
尕羊乡	2671	1148	1305	218	176	2503
吉尼赛乡	4718	1702	2630	386	328	4639
着晓乡	5934	1925	3461	548	463	5823
曲麻莱县	**33170**	**10105**	**20666**	**2399**	**1867**	**20160**
约改镇	18562	5403	11696	1463	1120	6845
巴干乡	4558	1516	2751	291	233	4284
秋智乡	2577	876	1537	164	138	2205
叶格乡	2144	672	1315	157	128	2008
麻多乡	2786	935	1694	157	119	2584
曲麻河乡	2543	703	1673	167	129	2234
海西蒙古族藏族自治州	**468216**	**87315**	**347486**	**33415**	**22193**	**190891**
格尔木市	**221863**	**44608**	**163678**	**13577**	**8803**	**73682**
昆仑路街道	63758	12516	47729	3513	2283	22991
黄河路街道	29183	3903	23789	1491	953	10185
金峰路街道	23631	5787	16508	1336	881	5404
河西街道	19516	3699	14383	1434	992	7011
西藏路街道	18384	3480	14172	732	405	3812
郭勒木德镇	44099	11033	29583	3483	2281	20932
唐古拉镇	1934	449	1348	137	85	1576
大格勒乡	982	158	678	146	98	863
乌图美仁乡	3154	93	2893	168	99	610
察尔汗工行委	5259	112	4986	161	73	34
格尔木农垦有限公司	11963	3378	7609	976	653	264

表29 续表 10

单位：人

地　区	总人口	分年龄人口				居住本乡、镇、街道，户口在本乡、镇、街道
		0-14岁	15-59岁	60岁及以上	#65岁及以上	
德令哈市	**88227**	**15432**	**65585**	**7210**	**4796**	**37017**
河西街道	34812	5944	26498	2370	1575	12279
河东街道	20184	3606	15170	1408	900	9684
火车站街道	15562	2598	11867	1097	758	3507
尕海镇	4145	805	2760	580	372	3328
怀头他拉镇	1565	187	1136	242	173	1275
柯鲁柯镇	9214	1740	6250	1224	814	6080
蓄集乡	2745	552	1904	289	204	864
茫崖市	**18856**	**1582**	**16734**	**540**	**328**	**4564**
花土沟镇	15477	1361	13661	455	265	3461
茫崖镇	1510	153	1319	38	34	869
冷湖镇	1869	68	1754	47	29	234
乌兰县	**31507**	**5553**	**22797**	**3157**	**2149**	**18544**
希里沟镇	16227	3230	11314	1683	1163	8504
茶卡镇	3667	368	3071	228	145	1609
柯柯镇	8483	1659	5818	1006	678	6633
铜普镇	2919	289	2423	207	134	1637
海西州莫河畜牧场	211	7	171	33	29	161
都兰县	**68273**	**14160**	**47589**	**6524**	**4350**	**41674**
察汉乌苏镇	21299	4200	15259	1840	1212	10091
香日德镇	23020	5288	15141	2591	1725	17984
夏日哈镇	3261	560	2368	333	238	2848
宗加镇	10702	2194	7689	819	542	2121
热水乡	2366	562	1625	179	118	2227
香加乡	1772	285	1325	162	113	1544
沟里乡	1814	379	1296	139	97	1314
巴隆乡	4039	692	2886	461	305	3545
天峻县	**23203**	**4805**	**16672**	**1726**	**1237**	**11929**
新源镇	15277	3218	10796	1263	889	4819
木里镇	797	110	659	28	18	501
江河镇	1450	343	1012	95	73	1346
快尔玛乡	847	164	644	39	30	782
舟群乡	707	171	507	29	19	629
织合玛乡	949	196	682	71	53	886
苏里乡	825	146	637	42	34	787
生格乡	853	181	613	59	41	789
阳康乡	647	103	497	47	36	575
龙门乡	851	173	625	53	44	815
大柴旦行政委员会	**16287**	**1175**	**14431**	**681**	**530**	**3481**
柴旦镇	12450	1104	10763	583	444	3273
锡铁山镇	3837	71	3668	98	86	208

表30　宁夏回族自治区乡、镇、街道人口

单位：人

地　区	总人口	分年龄人口				居住本乡、镇、街道，户口在本乡、镇、街道
		0-14岁	15-59岁	60岁及以上	#65岁及以上	
宁夏回族自治区	**7202654**	**1468004**	**4760508**	**974142**	**692824**	**3820865**
银川市	**2859074**	**516731**	**1976565**	**365778**	**251960**	**1227535**
兴庆区	**808282**	**141118**	**557195**	**109969**	**77094**	**353184**
凤凰北街街道	54386	9120	36033	9233	6456	27935
解放西街街道	38812	6355	24549	7908	5760	21531
文化街街道	34537	4497	23233	6807	4862	16282
富宁街街道	35527	4958	23635	6934	4991	16325
新华街街道	39071	5900	27497	5674	4031	15221
玉皇阁北街街道	42882	6714	29820	6348	4439	16957
前进街街道	35959	5909	24558	5492	3963	17419
中山南街街道	50273	7029	37467	5777	3839	17384
银古路街道	79937	15889	56367	7681	5024	25620
胜利街街道	60131	9785	43080	7266	5077	21695
丽景街街道	122204	24619	84926	12659	8000	54399
掌政镇	45913	6701	34275	4937	3321	20661
大新镇	134066	25427	90452	18187	13572	53126
通贵乡	11207	1773	7044	2390	1824	9551
月牙湖乡	23377	6442	14259	2676	1935	19078
西夏区	**449559**	**68840**	**329723**	**50996**	**35692**	**156831**
西花园路街道	87898	15853	60419	11626	7732	39738
北京西路街道	54288	9766	36971	7551	5198	20207
文昌路街道	31303	4954	21308	5041	3794	12911
朔方路街道	52792	4905	42112	5775	4294	16068
宁华路街道	45735	6903	33012	5820	4195	13684
贺兰山西路街道	99860	9141	84440	6279	4297	23645
怀远路街道	34376	5822	24134	4420	3048	9411
兴泾镇	25508	7361	15954	2193	1497	16169
镇北堡镇	17799	4135	11373	2291	1637	4998
金凤区	**643952**	**122584**	**440383**	**80985**	**52294**	**323612**
满城北街街道	69365	11125	48525	9715	6541	30112
黄河东路街道	127579	25298	86199	16082	10278	64526
长城中路街道	210878	39712	148278	22888	14315	92804
北京中路街道	40559	6578	27818	6163	4140	19985
上海西路街道	144670	27265	96777	20628	13192	78873
良田镇	33059	9235	20895	2929	2034	27020
丰登镇	17842	3371	11891	2580	1794	10292
永宁县	**321618**	**63728**	**215461**	**42429**	**30242**	**138987**
团结西路街道	69008	13488	47360	8160	5866	17917
杨和镇	30750	3971	22212	4567	3290	16698
李俊镇	17400	1764	10604	5032	3808	15362
望远镇	118671	25328	81962	11381	7553	35540
望洪镇	15907	1135	9837	4935	3707	13819
闽宁镇	47526	14445	28864	4217	3053	28404
胜利乡	13550	1486	9439	2625	1898	8373
黄羊滩农场	2903	500	1636	767	557	1409
玉泉营农场	5903	1611	3547	745	510	1465

表30　续表 1　　　　单位：人

地　　区	总人口	分年龄人口				居住本乡、镇、街道，户口在本乡、镇、街道
		0-14岁	15-59岁	60岁及以上	#65岁及以上	
贺兰县	**341507**	**65332**	**229718**	**46457**	**31402**	**134786**
富兴街街道	222796	46724	152768	23304	14919	60597
习岗镇	31045	4817	22488	3740	2431	10487
金贵镇	28877	4627	18191	6059	4326	20052
立岗镇	11705	1122	6923	3660	2752	9817
洪广镇	20536	3062	13568	3906	2810	14174
常信乡	12167	980	7134	4053	2898	10151
南梁台子管委会	9962	3181	5960	821	579	7286
暖泉农场	4107	790	2517	800	606	2056
宁夏原种场	159	22	101	36	26	24
京星农牧场	153	7	68	78	55	142
灵武市	**294156**	**55129**	**204085**	**34942**	**25236**	**120135**
城区街道	133309	30954	89261	13094	9522	38834
东塔镇	29409	6580	19370	3459	2412	12141
郝家桥镇	25185	4914	15551	4720	3569	21881
崇兴镇	19310	2748	11815	4747	3594	16643
宁东镇	50721	6131	42330	2260	1412	7017
马家滩镇	6915	272	6283	360	243	1494
临河镇	3384	344	2436	604	429	2176
梧桐树乡	9684	883	6116	2685	1833	8850
白土岗乡	9207	1483	6462	1262	930	6054
灵武农场	7032	820	4461	1751	1292	5045
石嘴山市	**751389**	**115843**	**508393**	**127153**	**91081**	**384824**
大武口区	**298292**	**44757**	**204509**	**49026**	**35472**	**160378**
长胜街道	21409	2919	14350	4140	2967	9816
朝阳街道	60368	10002	40865	9501	6826	35256
人民路街道	38984	6147	26733	6104	4455	17113
长城街道	32079	4660	22094	5325	4013	19076
青山街道	48807	7080	32854	8873	6648	26852
石炭井街道	225	1	142	82	44	130
白芨沟街道	2407	12	2340	55	35	102
沟口街道	4907	168	3594	1145	829	3701
长兴街道	5610	602	3888	1120	819	3053
锦林街道	32519	5055	19959	7505	5227	15513
星海镇	50977	8111	37690	5176	3609	29766
惠农区	**178891**	**23920**	**124724**	**30247**	**21802**	**85617**
育才路街道	26496	4253	19005	3238	2356	14045
南街街道	26318	2934	18475	4909	3575	13023
中街街道	13618	1817	9810	1991	1403	6215
北街街道	3800	638	2659	503	361	1545
河滨街道	8026	437	6729	860	574	2011
火车站街道	3960	290	3274	396	238	629
红果子镇	18679	2229	13411	3039	2155	7025
尾闸镇	23352	3112	14942	5298	3995	9414
园艺镇	37876	6138	25919	5819	4245	16906
庙台乡	2417	143	1500	774	505	2016
礼和乡	5803	861	3552	1390	996	5355
燕子墩乡	8546	1068	5448	2030	1399	7433

表30 续表 2 单位：人

地区	总人口	分年龄人口				居住本乡、镇、街道，户口在本乡、镇、街道
		0-14岁	15-59岁	60岁及以上	#65岁及以上	
平罗县	**274206**	**47166**	**179160**	**47880**	**33807**	**138829**
城关镇	174150	32797	119395	21958	15927	55294
黄渠桥镇	7828	976	4452	2400	1624	7097
宝丰镇	7203	1038	4120	2045	1407	6789
头闸镇	5283	413	2882	1988	1267	4870
姚伏镇	8266	633	4820	2813	1852	7277
崇岗镇	7009	948	4548	1513	1024	4293
陶乐镇	11188	2476	6475	2237	1644	8276
高庄乡	7428	805	4098	2525	1710	6655
灵沙乡	9143	1462	5174	2507	1855	8539
渠口乡	6951	672	4181	2098	1397	6143
通伏乡	6491	765	3828	1898	1335	6028
高仁乡	3099	291	1940	868	596	2688
红崖子乡	14766	3337	9567	1862	1281	10897
前进农场	5401	553	3680	1168	888	3983
吴忠市	**1382713**	**317406**	**887886**	**177421**	**127259**	**781509**
利通区	**460790**	**95205**	**305130**	**60455**	**44038**	**229125**
金积镇	30002	5561	18811	5630	4021	23495
金银滩镇	21058	4166	13277	3615	2698	17163
高闸镇	11226	1297	7273	2656	1978	9809
扁担沟镇	22174	5510	13840	2824	2018	15576
上桥镇	34322	8199	22502	3621	2804	16446
古城镇	50470	11293	34114	5063	3505	16824
金星镇	115404	24833	77535	13036	9342	45531
胜利镇	68814	13761	45493	9560	7074	25281
东塔寺乡	22781	4076	14604	4101	2983	13334
板桥乡	58776	11823	41487	5466	3912	23803
马莲渠乡	11536	2057	6955	2524	1897	10635
郭家桥乡	12448	2532	7674	2242	1739	11108
孙家滩管委会	1779	97	1565	117	67	120
红寺堡区	**197604**	**55621**	**123738**	**18245**	**13131**	**112627**
新民街道	49956	14762	32514	2680	1849	13111
红寺堡镇	49721	14776	29949	4996	3582	31911
太阳山镇	14431	2618	10557	1256	855	7082
大河乡	24925	7572	15012	2341	1711	17590
新庄集乡	33685	8836	20244	4605	3386	25273
柳泉乡	24622	7053	15228	2341	1735	17659
红寺堡工业园区管委会	264	4	234	26	13	1
盐池县	**159209**	**29074**	**105548**	**24587**	**16851**	**74305**
花马池镇	21506	3352	13678	4476	3040	13805
大水坑镇	16167	2369	10824	2974	2028	10746
惠安堡镇	14899	2402	10020	2477	1712	8818
高沙窝镇	6002	665	3937	1400	962	4428
盐州路街道花马池镇	79318	18677	52983	7658	5262	21267
王乐井乡	6218	451	3666	2101	1484	5461
冯记沟乡	7018	637	5141	1240	835	3965
青山乡	3998	259	2537	1202	819	3029
麻黄山乡	4083	262	2762	1059	709	2786

表30 续表 3

单位：人

地区	总人口	分年龄人口				居住本乡、镇、街道，户口在本乡、镇、街道
		0-14岁	15-59岁	60岁及以上	#65岁及以上	
同心县	**320801**	**97103**	**191598**	**32100**	**22969**	**236589**
豫海镇	116912	35358	73504	8050	5743	62075
河西镇	41926	13741	23934	4251	2958	36631
韦州镇	20910	5315	12897	2698	1995	17203
下马关镇	34900	8933	20537	5430	3920	31394
预旺镇	11240	3220	6374	1646	1204	9899
王团镇	33757	12237	18542	2978	2087	30525
丁塘镇	40485	12748	23782	3955	2807	29914
田老庄乡	1934	473	1049	412	320	1763
马高庄乡	5055	1456	2922	677	475	4814
张家塬乡	2672	345	1588	739	513	2075
兴隆乡	11010	3277	6469	1264	947	10296
青铜峡市	**244309**	**40403**	**161872**	**42034**	**30270**	**128863**
裕民街道	103375	19048	72445	11882	8714	35002
小坝镇	11103	1221	7046	2836	1991	7016
大坝镇	13104	1016	8239	3849	2739	10367
青铜峡镇	29463	5584	19168	4711	3567	18016
叶盛镇	8352	863	4873	2616	1819	7770
瞿靖镇	14639	1109	9170	4360	3107	10682
峡口镇	14098	2476	8298	3324	2399	12586
邵岗镇	21358	4362	12548	4448	3116	14058
陈袁滩镇	27703	4610	19240	3853	2711	13045
树新林场	1114	114	845	155	107	321
固原市	**1142142**	**275630**	**708611**	**157901**	**117956**	**782196**
原州区	**471329**	**115484**	**299470**	**56375**	**41323**	**251340**
南关街道	54915	13972	35168	5775	4234	19955
古雁街道	160780	37479	109120	14181	10006	45381
北塬街道	72424	18034	47397	6993	5046	26723
三营镇	31651	9678	18241	3732	2780	23595
官厅镇	7068	1342	4271	1455	1113	5524
开城镇	16355	3626	9945	2784	2074	14433
张易镇	18779	3311	11366	4102	3034	17550
彭堡镇	18644	4022	10976	3646	2742	17098
头营镇	32112	7542	19110	5460	4049	27924
黄铎堡镇	24174	7478	13674	3022	2313	21906
中河乡	19461	5654	11294	2513	1865	17868
河川乡	5325	1139	3168	1018	800	4850
炭山乡	3861	1030	2198	633	486	3396
寨科乡	5780	1177	3542	1061	781	5137
西吉县	**315827**	**84355**	**189616**	**41856**	**31751**	**252349**
吉强镇	110177	29610	70779	9788	7367	58432
兴隆镇	37072	11382	21151	4539	3462	34948
平峰镇	10941	1608	6567	2766	2190	10325
将台堡镇	18151	4376	10873	2902	2113	16700
新营乡	13914	2254	8718	2942	2155	12993
红耀乡	4260	739	2577	944	689	3866
田坪乡	5777	808	3671	1298	1004	5298
马建乡	8995	1967	5370	1658	1284	8537
震湖乡	9785	1533	5980	2272	1681	9053

表30 续表 4 单位：人

地　　区	总人口	分年龄人口				居住本乡、镇、街道，户口在本乡、镇、街道
		0-14岁	15-59岁	60岁及以上	#65岁及以上	
兴平乡	10427	3411	5716	1300	1001	9934
西滩乡	6803	2186	3720	897	696	6563
王民乡	5584	1699	3072	813	641	5204
什字乡	15212	5137	8263	1812	1408	14583
马莲乡	13379	4127	7505	1747	1343	12875
硝河乡	10601	3291	5927	1383	1051	10162
偏城乡	13655	3950	7860	1845	1390	12993
沙沟乡	8374	2865	4414	1095	840	7717
白崖乡	5922	1648	3441	833	651	5671
火石寨乡	6798	1764	4012	1022	785	6495
隆德县	**109451**	**21605**	**67140**	**20706**	**15630**	**85827**
城关镇	47553	10663	30363	6527	4944	28638
沙塘镇	7141	737	4317	2087	1590	6335
联财镇	6079	1008	3715	1356	1042	5496
陈靳乡	1971	246	1196	529	390	1822
好水乡	2788	325	1712	751	553	2543
观庄乡	9880	1669	6048	2163	1582	9395
杨河乡	8905	2922	4887	1096	875	8374
神林乡	4154	411	2565	1178	903	3814
张程乡	6367	1859	3646	862	629	5891
凤岭乡	3931	472	2322	1137	842	3663
山河乡	519	38	271	210	164	387
温堡乡	8579	1078	5152	2349	1765	8072
奠安乡	1584	177	946	461	351	1397
泾源县	**85023**	**20511**	**51349**	**13163**	**9879**	**72181**
香水镇	36745	9339	23342	4064	3068	27147
泾河源镇	13150	3525	7547	2078	1605	12258
六盘山镇	6873	868	4166	1839	1346	6182
新民乡	8882	2348	5103	1431	1030	8386
兴盛乡	6564	1624	3834	1106	834	6225
黄花乡	6461	1670	3621	1170	877	6091
大湾乡	6348	1137	3736	1475	1119	5892
彭阳县	**160512**	**33675**	**101036**	**25801**	**19373**	**120499**
白阳镇	65655	15246	42634	7775	5915	37045
王洼镇	14694	2600	9723	2371	1788	10714
古城镇	17934	4451	10633	2850	2202	16302
红河镇	10424	1873	6202	2349	1669	9592
新集乡	18836	4603	11153	3080	2372	17892
城阳乡	9742	1417	6084	2241	1642	9125
冯庄乡	2775	283	1766	726	552	2417
小岔乡	1966	229	1259	478	370	1796
孟塬乡	6221	889	3863	1469	1045	5808
罗洼乡	3262	483	2268	511	384	2182
交岔乡	2626	585	1601	440	341	2327
草庙乡	6377	1016	3850	1511	1093	5299
中卫市	**1067336**	**242394**	**679053**	**145889**	**104568**	**644801**
沙坡头区	**399796**	**74008**	**265898**	**59890**	**42060**	**207022**
滨河镇	107611	19443	75013	13155	9324	44234

表30　续表 5　　　　　单位：人

地　区	总人口	分年龄人口				居住本乡、镇、街道，户口在本乡、镇、街道
		0-14岁	15-59岁	60岁及以上	#65岁及以上	
文昌镇	148536	30421	102785	15330	10668	49491
东园镇	18752	2271	12119	4362	3004	15171
柔远镇	10718	876	6294	3548	2553	9472
镇罗镇	9899	847	5759	3293	2264	8919
宣和镇	34670	7864	20812	5994	4196	22797
永康镇	17456	3085	10579	3792	2598	12982
常乐镇	11236	1958	6698	2580	1873	10099
迎水桥镇	12962	1281	8043	3638	2575	11113
兴仁镇	22256	5311	13713	3232	2324	18824
香山乡	4538	558	3116	864	617	3808
中卫山羊选育场	327	89	196	42	32	112
中卫工业园区	835	4	771	60	32	
中宁县	**334022**	**73780**	**213012**	**47230**	**33684**	**180930**
宁安镇	128521	26936	86728	14857	10496	50570
鸣沙镇	8365	648	4842	2875	2150	7494
石空镇	17909	2427	11727	3755	2676	10564
新堡镇	32961	6482	22634	3845	2674	12963
恩和镇	11491	2186	6573	2732	2031	6352
大战场镇	67263	20449	40039	6775	4632	36351
舟塔乡	10291	1044	6329	2918	2039	9101
白马乡	4323	292	2611	1420	1008	3900
余丁乡	4837	305	2961	1571	1100	4138
喊叫水乡	14151	4192	8277	1682	1313	13384
徐套乡	12565	3523	7475	1567	1207	11525
太阳梁乡	21345	5296	12816	3233	2358	14588
海原县	**333518**	**94606**	**200143**	**38769**	**28824**	**256849**
海城镇	19691	5574	11760	2357	1702	14822
李旺镇	29379	9360	16759	3260	2475	26502
西安镇	15686	3054	9874	2758	1999	14845
三河镇	42784	10377	27129	5278	3871	32231
七营镇	23901	6602	14056	3243	2367	21043
史店乡	10895	2599	6623	1673	1276	10591
树台乡	12870	3014	7952	1904	1450	12174
关桥乡	18436	4969	10597	2870	2146	17800
高崖乡	21770	6728	12787	2255	1658	20446
郑旗乡	10003	3299	5575	1129	861	9376
贾塘乡	19131	5918	10921	2292	1796	18053
曹洼乡	4081	987	2402	692	562	3826
九彩乡	2800	739	1628	433	336	2557
李俊乡	5322	1515	3112	695	549	4976
红羊乡	5852	1126	3768	958	687	5578
关庄乡	3865	531	2642	692	501	3592
甘城乡	3106	634	1781	691	522	2768
种羊场	1505	276	935	294	197	1254
南华山自然保护区管理处	24		23	1	1	
老城管理办公室	82417	27304	49819	5294	3868	34415

表31 新疆维吾尔自治区乡、镇、街道人口

单位：人

地 区	总人口	分年龄人口				居住本乡、镇、街道，户口在本乡、镇、街道
		0-14岁	15-59岁	60岁及以上	#65岁及以上	
新疆维吾尔自治区	**25852345**	**5806156**	**17129180**	**2917009**	**2005885**	**16879473**
乌鲁木齐市	**4054369**	**590500**	**2926704**	**537165**	**370224**	**1527761**
天山区	**652792**	**111559**	**448265**	**92968**	**64593**	**277017**
燕儿窝街道	16919	2175	12733	2011	1391	4897
胜利路街道	56741	8264	41807	6670	4598	23695
团结路街道	34937	7253	23426	4258	2856	15456
解放南路街道	20052	3499	12860	3693	2578	9997
新华南路街道	35745	5657	24254	5834	3970	16805
和平路街道	30797	4882	21216	4699	3196	12139
解放北路街道	10903	2087	6666	2150	1550	6255
幸福路街道	64658	12018	43662	8978	6253	29549
东门街道	29747	4388	19540	5819	4232	15318
新华北路街道	33348	4399	22791	6158	4503	14960
青年路街道	27884	4677	18401	4806	3611	15113
碱泉街道	67537	8595	46470	12472	9308	30667
延安路街道	47810	11322	32238	4250	2585	20695
红雁街道	15991	2425	11730	1836	1137	3655
南草滩街道	489	61	351	77	48	24
东泉路街道	41014	5706	29144	6164	4159	13458
二道桥片区	21655	4736	14124	2795	1796	9358
黑甲山片区	23464	4713	16132	2619	1695	7908
大湾片区	12713	2652	8994	1067	695	4122
赛马场片区	31060	6265	21007	3788	2478	11684
南湾街片区	27879	5430	19744	2705	1867	10861
大巴扎片区	1449	355	975	119	87	401
沙依巴克区	**799539**	**110484**	**571733**	**117322**	**83052**	**305817**
长江路街道	25189	3344	17450	4395	3130	10713
和田街街道	60806	7620	40220	12966	9509	34035
扬子江路街道	42548	4934	28092	9522	6978	22759
友好南路街道	25132	2242	16748	6142	4411	12918
友好北路街道	42229	5336	30100	6793	4836	20658
八一街道	83519	7791	63479	12249	8761	33046
炉院街街道	96862	16545	67774	12543	8793	36680
西山街道	51381	8038	36160	7183	5043	17289
雅玛里克山街道	54224	8482	38588	7154	5005	17759
红庙子街道	70814	10393	50614	9807	7129	29653
长胜东街道	3271	567	2252	452	315	1901
长胜西街道	136	9	117	10	7	8
长胜南街道	716	55	608	53	28	
火车南站街道	30	1	28	1	1	
仓房沟片区街道	21079	3481	15676	1922	1218	3609
环卫路街道	40469	6417	27504	6548	4689	15814
骑马山街道	32153	4779	23549	3825	2389	9865
平顶山街道	45208	6582	32119	6507	4544	17738
兵团农十二师一零四团	75860	11198	57184	7478	5088	17480
兵团十二师西山农场	27913	2670	23471	1772	1178	3892

表31　续表 1　　　　单位：人

地　　区	总人口	分年龄人口				居住本乡、镇、街道，户口在本乡、镇、街道
		0-14岁	15-59岁	60岁及以上	#65岁及以上	
新市区	**1011440**	**133446**	**744627**	**133367**	**90570**	**411580**
北京路街道	37115	4468	26380	6267	4559	16866
二工街道	58101	6808	42568	8725	5890	21503
三工街道	51963	6644	36994	8325	6063	21526
石油新村街道	76851	11913	53317	11621	7855	30618
迎宾路街道	52617	8047	35674	8896	6363	23094
喀什东路街道	104200	13975	79175	11050	7072	48471
八家户街道	47212	7071	34879	5262	3254	12160
银川路街道	64515	9451	44406	10658	7639	29723
南纬路街道	52823	7496	33581	11746	8659	32504
杭州路街道	61181	6929	46071	8181	5961	20402
鲤鱼山街道	21416	2281	15320	3815	2697	10408
百园路街道	11841	1542	8860	1439	988	3551
正扬路街道	59720	1563	54711	3446	1609	47475
机场街道	24827	2818	18548	3461	2308	8762
友谊路街道	32150	4526	23975	3649	2429	8051
高新街街道	45713	6570	33862	5281	3429	15880
长春中路街道	46739	7756	32856	6127	3760	18447
安宁渠镇	37370	5828	27239	4303	2868	15399
二工乡	71828	8759	58813	4256	2545	7703
地窝堡乡	11086	2060	8050	976	626	3869
青格达湖乡	5295	638	3461	1196	864	3950
六十户乡	8608	1086	5920	1602	1184	5372
十二师养禽场街道	28269	5217	19967	3085	1948	5846
水磨沟区	**549576**	**73204**	**408958**	**67414**	**45224**	**167087**
水磨沟街道	34845	5475	24811	4559	2978	13622
六道湾街道	73920	8612	55063	10245	6910	23019
苇湖梁街道	26238	3936	18141	4161	2925	10787
八道湾街道	2266	70	2031	165	91	63
新民路街道	63575	8271	46023	9281	6157	26886
南湖南路街道	71027	8505	55194	7328	4815	17262
南湖北路街道	38606	5202	29526	3878	2538	9044
七道湾街道	18754	2363	14133	2258	1495	4933
榆树沟街道	40308	4594	31295	4419	2745	9314
石人子沟街道	3114	642	1955	517	370	2390
水塔山街道	31205	4056	21435	5714	4312	17227
华光街街道	32802	5081	22164	5557	4133	15198
龙盛街街道	28966	4471	21191	3304	2075	7315
振安街街道	61865	10372	46837	4656	2802	6426
河马泉街道	22085	1554	19159	1372	878	3601
头屯河区	**419022**	**60069**	**309648**	**49305**	**33070**	**147547**
钢城片区街道	49831	6385	34306	9140	6800	32015
火车西站片区街道	38587	4916	26292	7379	5134	15847
王家沟片区街道	10819	1105	8934	780	490	1821
乌昌路片区街道	1294	89	1127	78	45	96
北站西路片区街道	1631	157	1274	200	145	191

表31 续表 2

单位：人

地 区	总人口	分年龄人口				居住本乡、镇、街道，户口在本乡、镇、街道
		0-14岁	15-59岁	60岁及以上	#65岁及以上	
中亚北路片区街道	31306	5742	21778	3786	2506	14758
中亚南路片区街道	32619	4496	21939	6184	4423	16936
嵩山街片区街道	33269	4519	26505	2245	1192	6638
高铁片区街道	47882	8762	35118	4002	2388	19748
白鸟湖片区街道	35989	2935	31055	1999	1130	2868
西湖片区街道	35444	5488	27611	2345	1386	4892
北站东路片区街道	9449	1774	7008	667	356	2231
两河片区街道	4553	998	3063	492	299	3168
乌鲁木齐站片区街道	90	1	78	11	2	
区直辖村级区划	11841	2123	8924	794	503	2215
兵团十二师三坪农场	24683	3777	17850	3056	2058	9213
兵团十二师五一农场	22717	2484	16996	3237	2261	7450
新疆兵团十二师头屯河农场	27018	4318	19790	2910	1952	7460
达坂城区	**35540**	**5094**	**25031**	**5415**	**4036**	**17788**
艾维尔沟街道	4142	637	3348	157	108	724
乌拉泊街道	5660	582	3274	1804	1535	2933
达坂城区盐湖街道	2149	223	1548	378	306	762
达坂城镇	9435	1049	7537	849	562	3090
东沟乡	3942	684	2479	779	549	3181
西沟乡	3107	552	1963	592	440	2441
阿克苏乡	3293	805	2112	376	227	2686
柴窝堡管委会	3812	562	2770	480	309	1971
米东区	**512870**	**86027**	**364938**	**61905**	**43334**	**171344**
石化街道	29364	3677	19470	6217	4195	17416
地磅街道	21115	2833	14860	3422	2546	6474
卡子湾街道	71940	9918	51678	10344	7585	22728
古牧地东路街道	54395	10116	39053	5226	3695	18374
古牧地西路街道	104162	21184	73314	9664	6377	25631
南路街道	46528	8838	33292	4398	3218	10839
永祥街街道	4830	729	3704	397	248	559
盛达东路街道	10967	427	10140	400	192	869
古牧地镇	67359	12075	47664	7620	5195	21424
铁厂沟镇	13589	2112	10012	1465	993	4131
长山子镇	17998	2959	10991	4048	2969	14155
羊毛工镇	12835	2275	7804	2756	2073	10756
三道坝镇	9600	923	6245	2432	1802	5852
柏杨河乡	13767	1428	11503	836	503	3557
芦草沟乡	34163	6513	24994	2656	1725	8522
兵团梧桐镇分部	258	20	214	24	18	57
乌鲁木齐县	**73590**	**10617**	**53504**	**9469**	**6345**	**29581**
清水泉片区管委会街道	1741	282	1294	165	89	
谢家沟片区管委会街道	1450	217	1048	185	109	373
水西沟镇	19063	2607	14105	2351	1541	6554
板房沟镇	17260	2566	12331	2363	1635	7734
永丰镇	13328	1689	9672	1967	1392	4808
萨尔达坂乡	8125	1126	5971	1028	700	3495
甘沟乡	8144	1358	5883	903	575	4252
托里乡	4479	772	3200	507	304	2365

表31　续表 3

单位：人

地　　区	总人口	分年龄人口				居住本乡、镇、街道，户口在本乡、镇、街道
		0-14岁	15-59岁	60岁及以上	#65岁及以上	
克拉玛依市	**490348**	**70825**	**351132**	**68391**	**47527**	**249887**
独山子区	**84395**	**13604**	**59059**	**11732**	**8330**	**47754**
金山路街道	21768	2974	15410	3384	2577	8740
西宁路街道	37240	5389	26231	5620	4012	21603
新北区街道	25387	5241	17418	2728	1741	17411
克拉玛依区	**337188**	**48198**	**241287**	**47703**	**32969**	**171548**
天山路街道	56407	9019	37818	9570	6848	31881
胜利路街道	48059	5947	32677	9435	7184	24926
昆仑路街道	83961	12898	58813	12250	8147	45680
银河路街道	41420	6620	29478	5322	3626	18566
金龙镇街道	11707	1495	8934	1278	989	3369
五五新镇街道	14	2	11	1	1	1
迎宾街道	69349	9044	54163	6142	3498	29677
古海街道	3353	87	2802	464	274	174
小拐乡	1214	197	814	203	128	856
兵团一二九团分部	12964	1542	9662	1760	1295	9644
兵团一三六团	8740	1347	6115	1278	979	6774
白碱滩区	**50825**	**7010**	**36818**	**6997**	**4790**	**24248**
中兴路街道	45112	6438	32012	6662	4606	23621
三平路街道	5713	572	4806	335	184	627
乌尔禾区	**17940**	**2013**	**13968**	**1959**	**1438**	**6337**
柳树街街道	5334	523	4499	312	181	547
乌尔禾镇	1964	96	1714	154	92	397
兵团一三七团乡	10642	1394	7755	1493	1165	5393
吐鲁番市	**693988**	**154886**	**466868**	**72234**	**47993**	**486829**
高昌区	**317443**	**73327**	**211314**	**32802**	**21610**	**229211**
老城路街道	23022	4412	16109	2501	1626	8621
高昌路街道	47858	9467	33704	4687	3121	21622
葡萄沟街道	26165	5024	18783	2358	1527	11759
红柳河街道	2220	313	1468	439	312	1660
七泉湖镇	7290	1364	4900	1026	800	5593
大河沿镇	14831	516	13522	793	453	11994
亚尔镇	64540	16500	41481	6559	4039	50275
艾丁湖镇	19200	5112	12016	2072	1361	17817
葡萄镇	23108	5956	15017	2135	1448	17447
恰特喀勒乡	28103	7780	17139	3184	2102	25928
二堡乡	13848	4015	8374	1459	990	12896
三堡乡	16843	4943	10126	1774	1203	15565
胜金乡	24185	6838	14626	2721	1861	22773
原种场	2378	706	1426	246	171	2199
兵团二二一团	3852	381	2623	848	596	3062
鄯善县	**242310**	**55773**	**162106**	**24431**	**16236**	**176441**
鄯善镇	68436	12921	49843	5672	3824	30293
七克台镇	14388	2730	9713	1945	1327	11815

表31　续表 4

单位：人

地　　区	总人口	分年龄人口				居住本乡、镇、街道，户口在本乡、镇、街道
		0-14岁	15-59岁	60岁及以上	#65岁及以上	
火车站镇	12709	1633	10294	782	520	2184
连木沁镇	31993	8324	20293	3376	2111	29407
鲁克沁镇	35016	9569	21983	3464	2277	31838
辟展镇	25898	6428	16457	3013	2001	21615
迪坎镇	8242	2236	5110	896	595	7396
东巴扎回族乡	3395	638	2140	617	402	2828
吐峪沟乡	24249	6931	14939	2379	1632	22748
达朗坎乡	14456	3789	8957	1710	1163	13719
南山矿区	126		120	6	1	
园艺场	3402	574	2257	571	383	2598
托克逊县	**134235**	**25786**	**93448**	**15001**	**10147**	**81177**
托克逊镇	50837	10149	36272	4416	3039	18773
库米什镇	1738	126	1471	141	89	380
克尔碱镇	6417	337	5790	290	170	1693
阿乐惠镇	6597	309	6155	133	71	15
伊拉湖镇	14246	3069	9210	1967	1331	11796
夏镇	22058	4808	13908	3342	2253	19449
博斯坦镇	16325	3704	10181	2440	1664	15299
郭勒布依乡	16017	3284	10461	2272	1530	13772
哈密市	**673383**	**105505**	**468608**	**99270**	**69271**	**339283**
伊州区	**569388**	**88757**	**394334**	**86297**	**60444**	**290517**
东河街道	79503	12188	53971	13344	9255	37605
西河街道	81836	15611	55167	11058	7460	35040
城北街道	69580	9114	47469	12997	9249	34689
丽园街道	60773	8436	43816	8521	5977	24511
石油新城街道	32285	4067	22815	5403	3630	19179
雅满苏镇	458	4	443	11	7	3
七角井镇	1678	115	1381	182	128	462
星星峡镇	822	1	808	13	5	1
二堡镇	8481	1271	5418	1792	1314	6668
陶家宫镇	19882	3268	13077	3537	2452	13477
五堡镇	9800	2915	5631	1254	878	8941
三道岭镇	22637	2450	15242	4945	3812	18648
沁城乡	4198	378	3064	756	582	2146
乌拉台哈萨克民族乡	3261	832	2056	373	248	2955
双井子乡	1021		997	24	3	11
大泉湾乡	7050	808	4799	1443	971	4730
回城乡	9518	1895	6207	1416	939	4649
花园乡	9070	1833	5652	1585	1130	7167
南湖乡	6557	106	6198	253	186	656
德外里都如克哈萨克乡	1400	304	967	129	83	1049
西山乡	3829	647	2562	620	422	2672
天山乡	6574	1454	4267	853	588	5356
白石头乡	2011	317	1494	200	142	1098
柳树沟乡	826	145	562	119	75	530
现代农业园区管理委员会	2645	358	1893	394	247	1554

表31　续表 5

单位：人

地　　区	总人口	分年龄人口				居住本乡、镇、街道，户口在本乡、镇、街道
		0-14岁	15-59岁	60岁及以上	#65岁及以上	
哈密工业园区	3784	60	3649	75	29	25
东郊开发区管理委员会	1574	470	964	140	93	1255
兵团红星一场	28090	4359	19937	3794	2777	11829
兵团红星二场	6207	726	4222	1259	959	4684
兵团红星四场	7635	1277	5467	891	609	5929
兵团黄田农场	10098	1617	6729	1752	1349	8400
兵团火箭农场	57404	10070	41700	5634	3742	17010
兵团柳树泉农场	8901	1661	5710	1530	1103	7588
巴里坤哈萨克自治县	**65531**	**11392**	**44140**	**9999**	**7004**	**36198**
巴里坤镇	17391	3548	11925	1918	1410	6496
博尔羌吉镇	823	16	773	34	21	54
大河镇	5887	719	3264	1904	1375	4380
奎苏镇	4421	549	2717	1155	854	3716
三塘湖镇	3821	84	3476	261	166	581
萨尔乔克乡	3903	1019	2440	444	254	2933
海子沿乡	5176	1394	3212	570	345	4719
下涝坝乡	2665	655	1807	203	111	2337
石人子乡	2853	331	1567	955	689	2310
花园乡	4596	781	2912	903	630	2328
大红柳峡乡	3288	330	2836	122	56	1242
八墙子乡	1469	360	962	147	83	859
良种繁育场	133	11	82	40	29	87
黄土场开发区	1457	378	942	137	89	
巴里坤县山南开发区	1354	187	899	268	195	
兵团红山农场	6294	1030	4326	938	697	4156
伊吾县	**38464**	**5356**	**30134**	**2974**	**1823**	**12568**
伊吾镇	5957	1116	4378	463	298	2032
淖毛湖镇	12917	1846	10263	808	481	3139
盐池镇	3027	595	2042	390	245	2283
苇子峡乡	477	42	364	71	41	269
下马崖乡	1003	142	730	131	97	578
吐葫芦乡	2028	319	1396	313	205	1071
前山哈萨克民族乡	2306	515	1578	213	131	1892
伊吾县工业加工区	4631	45	4472	114	36	44
伊吾县山南开发区管委会	1239	216	801	222	154	1
兵团淖毛湖农场	4879	520	4110	249	135	1259
昌吉回族自治州	**1613585**	**241319**	**1121331**	**250935**	**177408**	**817818**
昌吉市	**607441**	**92047**	**427935**	**87459**	**60348**	**261394**
宁边路街道	22788	3895	15412	3481	2503	8659
延安北路街道	43303	7638	28564	7101	5325	21463
北京南路街道	83684	11708	56498	15478	11280	37573
建国路街道	124136	21557	87617	14962	9476	39335
中山路街道	74632	12579	54219	7834	4968	18471
绿洲路街道	121593	18095	84724	18774	12869	47304
硫磺沟镇	3147	172	2687	288	191	242
三工镇	16152	1777	11199	3176	2296	9103

表31　续表 6

单位：人

地　区	总人口	分年龄人口				居住本乡、镇、街道，户口在本乡、镇、街道
		0-14岁	15-59岁	60岁及以上	#65岁及以上	
榆树沟镇	8757	1754	5505	1498	1038	6834
二六工镇	9317	1871	5837	1609	1196	6806
大西渠镇	26712	2453	21433	2826	1865	20424
六工镇	12078	1273	8096	2709	1972	6542
滨湖镇	6584	566	4291	1727	1267	4512
佃坝镇	3954	350	2391	1213	876	2818
阿什里哈萨克民族乡	6050	1431	3967	652	381	5435
庙尔沟乡	3790	950	2485	355	200	3382
新疆昌吉国家农业科技园区管理委员会	846	12	771	63	42	28
昌吉国家高新技术产业开发区	11801	205	11374	222	100	545
兵团蔡家湖镇分部	461	12	394	55	38	356
兵团共青团农场	14818	1202	12186	1430	960	12693
兵团军户农场	12838	2547	8285	2006	1505	8869
阜康市	**181144**	**27865**	**125492**	**27787**	**19849**	**85803**
博峰街道	44831	7967	30201	6663	4854	17218
阜新街道	16983	2943	11675	2365	1627	5345
准东街道	33209	5628	22759	4822	3363	14301
甘河子镇	5742	766	4251	725	565	2356
城关镇	18498	3077	12608	2813	1981	9001
九运街镇	10814	1447	6713	2654	1933	7588
滋泥泉子镇	9130	1305	5707	2118	1565	7511
上户沟哈萨克民族乡	15936	1641	12873	1422	951	7238
水磨沟乡	7328	518	6341	469	256	1928
三工河哈萨克民族乡	2272	399	1557	316	190	1665
兵团农六师土墩子农场	4122	570	2923	629	431	2777
兵团六运湖农场	5243	914	3262	1067	767	3361
兵团二二二团农场	7036	690	4622	1724	1366	5514
呼图壁县	**192638**	**30166**	**131707**	**30765**	**21962**	**116450**
呼图壁镇	70093	12492	48134	9467	6609	26514
大丰镇	9022	1255	6359	1408	957	5675
雀尔沟镇	8935	1878	6294	763	440	6850
二十里店镇	9178	1277	5922	1979	1402	6904
园户村镇	14135	2292	9289	2554	1839	9069
五工台镇	13183	1906	8936	2341	1604	8619
石梯子哈萨克民族乡	6389	1252	4617	520	329	4860
国有林管理中心	420	49	319	52	34	348
呼图壁种牛场	5801	765	3914	1122	871	3667
兵团一零五团	11212	1605	7949	1658	1139	7814
兵团一零六团	3260	383	2407	470	349	2803
兵团芳草湖总场	41010	5012	27567	8431	6389	33327
玛纳斯县	**192098**	**25082**	**131752**	**35264**	**25993**	**130581**
玛纳斯镇	54981	8976	37645	8360	6021	23913
乐土驿镇	7313	1052	4642	1619	1239	5766
包家店镇	10040	1183	6827	2030	1460	7440
凉州户镇	4750	642	3092	1016	691	3287
北五岔镇	4038	353	2858	827	597	3069

表31　续表 7

单位：人

地　　区	总人口	分年龄人口				居住本乡、镇、街道，户口在本乡、镇、街道
		0-14岁	15-59岁	60岁及以上	#65岁及以上	
六户地镇	4174	338	3014	822	621	2942
兰州湾镇	5753	659	3788	1306	912	4300
广东地乡	4271	432	2733	1106	826	2931
清水河子哈萨克民族乡	4446	789	3173	484	284	3437
塔西河乡	3066	742	1983	341	218	2672
旱卡子滩乡	3316	658	2164	494	315	2544
玛电工业区	1748	219	1281	248	189	541
园艺场	6942	1001	4772	1169	853	3655
自治区林业厅玛纳斯平原林场	2101	155	1624	322	240	785
新疆农业科学院玛纳斯县试验站	6	1	4	1	1	
兵团农六师新湖农场	24948	3184	16928	4836	3689	21371
兵团一四七团	12314	990	8734	2590	2039	9588
兵团一四八团	16086	1462	11280	3344	2415	14065
兵团一四九团	10206	919	7068	2219	1763	8540
兵团一五零团	11599	1327	8142	2130	1620	9735
奇台县	**219811**	**35082**	**147861**	**36868**	**26227**	**117491**
奇台镇	98844	18322	68066	12456	8843	30256
老奇台镇	5400	480	3328	1592	1222	4400
半截沟镇	9425	1436	5699	2290	1594	8779
吉布库镇	6847	964	4197	1686	1244	6175
东湾镇	4146	407	2515	1224	882	3590
西地镇	6446	662	3978	1806	1233	5436
碧流河镇	4082	272	2443	1367	954	3740
三个庄子镇	2012	181	1280	551	402	1737
西北湾镇	20862	3528	13366	3968	2765	13408
坎尔孜乡	3524	823	2098	603	406	3118
五马场乡	5847	1554	3617	676	446	5524
古城乡	10259	1706	7058	1495	987	4468
乔仁乡	11806	683	10731	392	173	2140
七户乡	2358	96	1384	878	618	2187
塔塔尔乡	3088	794	1926	368	247	2871
兵团奇台农场	20731	2210	13260	5261	4080	16509
兵团农六师北塔山牧场	4134	964	2915	255	131	3153
吉木萨尔县	**153197**	**19612**	**112165**	**21420**	**15093**	**64299**
吉木萨尔镇	62227	11033	43219	7975	5555	20520
三台镇	6457	995	3825	1637	1207	5041
泉子街镇	4559	626	2658	1275	916	4006
北庭镇	4196	565	2483	1148	842	3419
二工镇	11338	1699	7514	2125	1504	6915
大有镇	7201	1151	4227	1823	1257	6598
庆阳湖乡	3644	556	2151	937	664	3128
老台乡	5731	725	3871	1135	801	4235
新地乡	3121	489	2024	608	429	2527
五彩湾工业园区	35090	612	34147	331	102	54
兵团农六师红旗农场	9633	1161	6046	2426	1816	7856
木垒哈萨克自治县	**67256**	**11465**	**44419**	**11372**	**7936**	**41800**
木垒镇	26834	4621	18094	4119	2988	10634

表31 续表 8

单位：人

地 区	总人口	分年龄人口				居住本乡、镇、街道，户口在本乡、镇、街道
		0-14岁	15-59岁	60岁及以上	#65岁及以上	
西吉尔镇	2689	181	1633	875	638	2445
东城镇	5415	736	3271	1408	1001	5027
新户镇	7046	1217	4318	1511	1097	3352
英格堡乡	2284	76	1362	846	613	2151
照壁山乡	2925	375	1856	694	478	2456
雀仁乡	4799	777	3528	494	279	3139
白杨河乡	1747	367	1108	272	169	1546
大石头乡	7488	1551	5407	530	286	5494
大南沟乌孜别克乡	2754	730	1787	237	153	2482
博斯坦乡	3275	834	2055	386	234	3074
博尔塔拉蒙古自治州	**433467**	**76287**	**297176**	**60004**	**42061**	**218546**
博乐市	**246706**	**43198**	**170465**	**33043**	**23312**	**103431**
青得里街道	26999	4432	18915	3652	2632	7658
顾力木图街道	31500	5644	21564	4292	3085	10132
南城区街道	34995	5803	26557	2635	1780	4937
青达拉街道	50423	7548	35697	7178	5337	18849
克尔根卓街道	35109	6794	23894	4421	3064	11656
小营盘镇	15786	2977	9548	3261	2263	13384
达勒特镇	9018	1558	5645	1815	1225	7293
乌图布拉格镇	12304	2117	8570	1617	1123	8461
青得里镇	18085	4416	11480	2189	1464	12769
贝林哈日莫墩乡	4172	502	2782	888	601	3079
阿热勒托海牧场	5795	1101	3856	838	583	4464
五台工业园区	607	3	572	32	18	1
兵团八十六团分部	1913	303	1385	225	137	748
阿拉山口市	**11097**	**1316**	**9328**	**453**	**266**	**1016**
阿拉套街道	5121	591	4300	230	134	592
艾比湖镇	5976	725	5028	223	132	424
精河县	**125968**	**22991**	**84517**	**18460**	**12942**	**79056**
精河镇	42906	8264	28911	5731	4155	17628
大河沿子镇	21157	4706	12878	3573	2495	18349
托里镇	14234	2386	9885	1963	1311	9471
托托镇	2186	352	1452	382	260	1739
茫丁乡	9493	1804	6208	1481	993	6433
阿合其农场	5089	1003	3319	767	553	4025
八家户农场	9002	1657	6038	1307	912	6047
精河工业园区	1475	169	1205	101	57	
兵团八十三团	16884	2176	12109	2599	1822	12818
兵团九十一团	3542	474	2512	556	384	2546
温泉县	**49696**	**8782**	**32866**	**8048**	**5541**	**35043**
博格达尔镇	11650	2439	8023	1188	794	4479
哈日布呼镇	10650	1957	6740	1953	1366	7647
安格里格镇	5447	959	3421	1067	749	4652
查干屯格乡	3633	509	2365	759	495	3204
扎勒木特乡	1780	362	1268	150	73	1488
塔秀乡	2896	384	1754	758	489	2393

表31 续表 9

单位：人

地 区	总人口	分年龄人口				居住本乡、镇、街道，户口在本乡、镇、街道
		0-14岁	15-59岁	60岁及以上	#65岁及以上	
呼和托哈种畜场	4638	826	3178	634	431	4184
昆得仑牧场	1926	381	1348	197	110	1646
兵团八十七团	3450	450	2278	722	549	2895
兵团八十八团	3626	515	2491	620	485	2455
巴音郭楞蒙古自治州	**1509233**	**288023**	**1043973**	**177237**	**119908**	**817052**
库尔勒市	**779352**	**138058**	**551256**	**90038**	**61399**	**336725**
团结街道	44886	8494	30551	5841	4051	20778
萨依巴格街道	101997	15852	68810	17335	12645	54613
天山街道	44242	7353	31199	5690	4231	17248
新城街道	166034	22828	128488	14718	9942	56590
建设街道	74197	14488	51590	8119	5311	33302
朝阳街道	43355	7759	30548	5048	3304	15421
梨香街道	65859	9902	47918	8039	5548	27140
塔什店镇	7878	997	5822	1059	743	2596
上户镇	10809	2001	7379	1429	871	5938
库尔勒市西尼尔镇	1175	159	855	161	94	425
铁克其乡	92260	20371	63350	8539	5571	29708
恰尔巴格乡	39737	7511	27964	4262	2844	14650
英下乡	22573	5305	15000	2268	1403	11452
库尔勒市兰干乡	7239	1735	4545	959	609	5760
和什力克乡	6095	1622	3707	766	484	5264
哈拉玉宫乡	8803	2701	5088	1014	681	7782
阿瓦提乡	10968	3173	6598	1197	742	9983
库尔勒市托布力其乡	6945	1817	4306	822	550	5979
普惠乡	2102	461	1411	230	142	1600
库尔楚园艺场	4206	683	3129	394	238	2117
包头湖农场	2298	407	1579	312	209	1360
普惠农场	7199	1256	5181	762	501	2969
巴州阿瓦提农场	5652	781	4092	779	485	2494
巴州奶牛场	235	37	173	25	20	166
普惠牧场	1505	217	1159	129	91	697
经济牧场	610	98	438	74	41	427
良种场	493	50	376	67	48	266
轮台县	**137327**	**31581**	**92547**	**13199**	**8389**	**92036**
轮台镇	63331	14494	43352	5485	3449	33931
轮南镇	6960	70	6673	217	82	70
群巴克镇	13400	3298	8713	1389	869	11300
阳霞镇	11862	3425	7228	1209	794	10808
哈尔巴克乡	10861	2733	6801	1327	897	9539
野云沟乡	3679	751	2559	369	214	2755
阿克萨来乡	4830	1274	2968	588	382	4417
塔尔拉克乡	4281	1192	2590	499	331	3839
草湖乡	1706	327	1209	170	125	1108
铁热克巴扎乡	10192	2738	6330	1124	723	9037
策达雅乡	6225	1279	4124	822	523	5232

表31 续表 10 单位：人

地区	总人口	分年龄人口 0-14岁	15-59岁	60岁及以上	#65岁及以上	居住本乡、镇、街道，户口在本乡、镇、街道
尉犁县	**101866**	**19914**	**70315**	**11637**	**7840**	**65622**
尉犁镇	34935	8295	23575	3065	2066	17011
团结镇	3905	741	2502	662	432	2010
兴平镇	11067	2146	7486	1435	927	6904
塔里木乡	5245	1093	3493	659	421	4289
墩阔坦乡	4238	930	2865	443	277	3069
喀尔曲尕乡	3528	871	2220	437	294	2904
阿克苏普乡	2107	494	1405	208	138	1736
古勒巴格乡	4154	872	2697	585	389	3551
兵团三十一团	8295	1300	5794	1201	853	6703
兵团三十三团	14104	1792	10735	1577	1084	9187
兵团三十四团	10288	1380	7543	1365	959	8258
若羌县	**43045**	**6908**	**32219**	**3918**	**2429**	**19670**
若羌镇	17479	3746	12181	1552	1042	8740
依吞布拉克镇	3917	9	3797	111	18	6
罗布泊镇	1046	5	1032	9	4	
瓦石峡镇	7933	1390	5706	837	499	4741
铁干里克镇	8424	960	6599	865	511	3401
吾塔木乡	4043	781	2733	529	345	2722
铁木里克乡	163	13	141	9	5	53
祁曼塔克乡	40	4	30	6	5	7
且末县	**69236**	**16154**	**46402**	**6680**	**4290**	**49293**
且末镇	28500	6410	19326	2764	1845	16524
奥依亚依拉克镇	2102	545	1381	176	122	1664
塔提让镇	3466	699	2485	282	174	2642
塔中镇	906	4	832	70	39	1
阿羌镇	3478	880	2379	219	140	2696
阿热勒镇	2513	494	1718	301	192	2132
琼库勒乡	4391	1120	2715	556	338	3836
托格拉克勒克乡	6267	1607	4028	632	408	5068
巴格艾日克乡	4083	1041	2653	389	266	3450
英吾斯塘乡	5458	1520	3369	569	340	5048
阿克提坎墩乡	3495	750	2414	331	208	2619
阔什萨特玛乡	2485	611	1640	234	136	2121
库拉木勒克乡	2092	473	1462	157	82	1492
焉耆回族自治县	**122961**	**23869**	**82172**	**16920**	**11462**	**88741**
焉耆镇	51221	10103	34360	6758	4672	27545
七个星镇	10592	2153	6680	1759	1171	8707
永宁镇	17590	4011	11022	2557	1759	12263
四十里城子镇	15988	1365	13116	1507	876	15580
北大渠乡	7698	1863	4652	1183	810	7137
五号渠乡	10270	2286	6438	1546	1040	8587
查汗采开乡	3100	763	1835	502	348	2954
包尔海乡	4423	905	2788	730	524	4156
王家庄牧场	796	171	475	150	102	707
苏海良种场	1283	249	806	228	160	1105

表31　续表 11

单位：人

地　　区	总人口	分年龄人口				居住本乡、镇、街道，户口在本乡、镇、街道
		0-14岁	15-59岁	60岁及以上	#65岁及以上	
和静县	**147859**	**31164**	**98106**	**18589**	**12593**	**96337**
和静镇	82847	18604	55257	8986	6036	41405
巴伦台镇	4044	495	3292	257	156	1537
巴润哈尔莫敦镇	15697	3602	9592	2503	1630	13751
哈尔莫敦镇	13327	3075	8199	2053	1396	12358
巴音布鲁克镇	2414	409	1861	144	79	2059
巩乃斯镇	1111	127	930	54	30	629
乃门莫敦镇	5736	1333	3466	937	672	5228
协比乃尔布呼镇	8672	1831	5424	1417	986	7942
克尔古提乡	542	101	380	61	34	499
阿拉沟乡	1024	89	872	63	40	590
额勒再特乌鲁乡	2649	289	2215	145	73	1614
巴音郭楞乡	1899	350	1385	164	90	1795
兵团二十一团	7897	859	5233	1805	1371	6930
和硕县	**59299**	**11491**	**39623**	**8185**	**5643**	**33535**
特吾里克镇	32954	6235	22123	4596	3287	16838
塔哈其镇	5408	948	3642	818	555	3339
曲惠镇	2786	602	1816	368	260	2211
乌什塔拉回族民族乡	13256	3111	8522	1623	1020	7943
苏哈特乡	2297	291	1562	444	312	1405
乃仁克尔乡	1090	87	900	103	48	481
新塔热乡	1508	217	1058	233	161	1318
博湖县	**48288**	**8884**	**31333**	**8071**	**5863**	**35093**
博湖镇	20850	3671	13990	3189	2373	10636
本布图镇	6861	1446	4281	1134	844	6259
塔温觉肯乡	4811	929	2957	925	648	4455
乌兰再格森乡	1550	252	1015	283	203	1407
才坎诺尔乡	3480	571	2102	807	533	3227
查干诺尔乡	5661	1408	3471	782	555	5213
博斯腾湖乡	1053	132	829	92	51	344
兵团二十五团	4022	475	2688	859	656	3552
阿克苏地区	**2714422**	**673072**	**1784058**	**257292**	**172473**	**1984257**
阿克苏市	**715319**	**160474**	**487290**	**67555**	**44365**	**394312**
兰干街道	69792	13101	48496	8195	5307	29600
英巴扎街道	78543	16407	55155	6981	4455	36272
红桥街道	33631	8296	21908	3427	2227	20210
新城街道	123049	21933	85949	15167	10544	60311
南城街道	45933	8267	33781	3885	2456	14616
柯柯牙街道	39101	7278	28003	3820	2394	17524
多浪街道	39627	11654	25394	2579	1621	21554
喀拉塔勒镇	39013	12540	22883	3590	2364	35669
阿依库勒镇	47533	17939	25407	4187	2780	43653
依干其乡	49310	12114	32896	4300	2837	28818

表31　续表 12

单位：人

地　　区	总人口	分年龄人口				居住本乡、镇、街道，户口在本乡、镇、街道
		0-14岁	15-59岁	60岁及以上	#65岁及以上	
拜什吐格曼乡	25716	8408	14769	2539	1850	23481
托普鲁克乡	17186	5241	10453	1492	1011	14801
库木巴什乡	24510	8828	13743	1939	1320	22082
实验林场	20126	3296	15154	1676	1072	4714
纺织工业城	50813	4298	43461	3054	1705	20101
经济技术开发区	7523	672	6391	460	272	437
柳源农场	3913	202	3447	264	150	469
库车市	**530328**	**127472**	**350753**	**52103**	**34934**	**399275**
热斯坦街道	7339	1821	4568	950	604	6313
萨克萨克街道	17602	4090	11648	1864	1166	12323
新城街道	70856	16126	47599	7131	4944	37843
东城街道	58533	8148	46728	3657	2363	23013
乌恰镇	54354	13470	35950	4934	3090	37634
阿拉哈格镇	37959	11399	22269	4291	3011	36914
齐满镇	34842	10114	20559	4169	2862	34209
墩阔坦镇	18240	5051	11374	1815	1316	16869
牙哈镇	31673	8411	19834	3428	2239	29175
乌尊镇	34387	9172	21977	3238	2157	28956
伊西哈拉镇	31205	8034	20259	2912	1790	26274
二八台镇	8127	1213	6193	721	495	3892
玉奇吾斯塘乡	25094	6839	15037	3218	2241	24144
比西巴格乡	27267	7684	16571	3012	2027	26357
哈尼喀塔木乡	34849	9295	21808	3746	2602	33569
阿克吾斯塘乡	15416	4342	9316	1758	1295	14672
阿格乡	10149	846	8849	454	248	2168
塔里木乡	12327	1387	10140	800	480	4938
库车经济技术开发区	109	30	74	5	4	12
温宿县	**266002**	**62283**	**179584**	**24135**	**16112**	**205808**
温宿镇	89293	16869	65698	6726	4053	47751
吐木秀克镇	13355	3581	8400	1374	944	12292
克孜勒镇	32059	6984	22129	2946	1976	30595
阿热勒镇	20352	6100	12257	1995	1436	19076
佳木镇	18335	4912	11681	1742	1132	15859
托甫汗镇	5901	1441	3823	637	481	4805
共青团镇	10946	2572	7250	1124	729	9061
柯柯牙镇	10231	1650	7484	1097	710	6617
托乎拉乡	11862	3188	7490	1184	810	10801
恰格拉克乡	15245	4412	9414	1419	1056	14136
依希来木其乡	17953	4955	11254	1744	1141	15968
古勒阿瓦提乡	14434	4311	8588	1535	1239	13685
博孜墩柯尔克孜族乡	6036	1308	4116	612	405	5162
沙雅县	**278516**	**65154**	**186092**	**27270**	**19120**	**221903**
沙雅镇	77657	16624	54763	6270	4284	46516
托依堡勒迪镇	42371	8740	29487	4144	2850	40035
红旗镇	29476	8289	17748	3439	2493	28138
英买力镇	30024	8152	18597	3275	2383	28838

表31　续表 13

单位：人

地　区	总人口	分年龄人口				居住本乡、镇、街道，户口在本乡、镇、街道
		0-14岁	15-59岁	60岁及以上	#65岁及以上	
沙雅县哈德墩镇	2508	180	2235	93	42	625
古勒巴格镇	30898	7476	20145	3277	2266	23456
海楼镇	23991	6264	14979	2748	1973	21501
努尔巴格乡	10989	2905	6691	1393	1033	10189
塔里木乡	6520	1367	4532	621	427	5076
盖孜库木乡	8853	1289	7012	552	328	4303
央塔克协海尔乡	11874	3224	7444	1206	882	11173
沙雅县塔河管理委员会	3355	644	2459	252	159	2053
新和县	**194473**	**54271**	**120887**	**19315**	**13382**	**159283**
新和镇	51491	11784	35583	4124	2663	32541
尤鲁都斯巴格镇	20396	6140	11889	2367	1761	19160
依其艾日克镇	31310	9219	18941	3150	2170	27276
塔什艾日克镇	18110	5423	10793	1894	1299	15320
排先拜巴扎乡	17926	5474	10390	2062	1486	16390
渭干乡	20040	6219	11638	2183	1542	18929
玉奇喀特乡	22255	6860	12986	2409	1681	20898
塔木托格拉克乡	9299	2756	5624	919	668	8310
央塔库都片区管委会乡	3646	396	3043	207	112	459
拜城县	**231113**	**56771**	**150255**	**24087**	**16276**	**186786**
拜城镇	75235	16072	52101	7062	4634	45028
铁热克镇	3039	420	2436	183	121	1393
察尔其镇	14953	4080	9202	1671	1137	13610
赛里木镇	13472	3845	7957	1670	1122	12274
黑英山乡	11199	2725	7194	1280	909	9806
克孜尔乡	7480	1982	4651	847	561	6652
托克逊乡	12914	3660	7680	1574	1078	12387
亚吐尔乡	15364	4073	9519	1772	1252	13935
康其乡	14309	4320	8405	1584	1083	13757
布隆乡	7686	2036	4749	901	670	7169
米吉克乡	16923	3389	12055	1479	994	15128
温巴什乡	13336	3628	8170	1538	1083	12791
大桥乡	7929	2108	4897	924	582	7185
老虎台乡	11850	3074	7661	1115	745	11286
大宛其管理委员会	5424	1359	3578	487	305	4385
乌什县	**205571**	**60898**	**128135**	**16538**	**10742**	**173869**
乌什镇	50649	17432	30034	3183	1903	34996
阿合雅镇	35548	11386	21469	2693	1704	33953
依麻木镇	23145	7659	13614	1872	1287	21655
阿克托海乡	21736	5140	14702	1894	1187	18215
亚科瑞克乡	14157	3650	9043	1464	1045	13027
阿恰塔格乡	16126	4607	10067	1452	957	13649
英阿瓦提乡	16027	3764	10819	1444	961	13742
亚曼苏柯尔克孜族乡	8167	2304	5104	759	507	7028
奥特贝希乡	20016	4956	13283	1777	1191	17604

表31 续表 14

单位：人

地　　区	总人口	分年龄人口				居住本乡、镇、街道，户口在本乡、镇、街道
		0-14岁	15-59岁	60岁及以上	#65岁及以上	
阿瓦提县	**242481**	**70292**	**150883**	**21306**	**14241**	**201765**
阿瓦提镇	53215	13973	35008	4234	2766	33862
乌鲁却勒镇	48343	14253	29835	4255	2858	45179
拜什艾日克镇	32940	10554	19305	3081	2085	30882
塔木托格拉克镇	19930	5517	12496	1917	1344	18656
英艾日克镇	32141	11479	18011	2651	1745	30884
阿依巴格乡	38453	10387	24466	3600	2350	29371
多浪乡	7822	2171	4998	653	448	6253
巴格托格拉克乡	9637	1958	6764	915	645	6678
柯坪县	**50619**	**15457**	**30179**	**4983**	**3301**	**41256**
柯坪镇	14208	3799	9200	1209	833	8018
盖孜力克镇	12259	4009	6839	1411	930	11576
阿恰勒镇	8162	2439	4883	840	542	7454
玉尔其乡	10438	3547	5605	1286	864	9765
启浪乡	5552	1663	3652	237	132	4443
克孜勒苏柯尔克孜自治州	**622222**	**184369**	**383342**	**54511**	**36633**	**496325**
阿图什市	**290936**	**87030**	**176151**	**27755**	**18328**	**234074**
幸福路街道	28168	7201	18515	2452	1630	14984
光明路街道	68007	17776	44681	5550	3667	41041
新城街道	5061	445	4401	215	108	640
上阿图什镇	46940	14665	26927	5348	3505	44545
松他克乡	39397	13581	22127	3689	2362	36056
阿扎克乡	40447	13546	22897	4004	2622	38170
阿湖乡	16806	5169	9598	2039	1348	16063
格达良乡	17039	6228	9033	1778	1186	16107
哈拉峻乡	16315	4562	10172	1581	1141	14710
吐古买提乡	8265	2393	5203	669	457	8008
兵团农三师红旗农场	4491	1464	2597	430	302	3750
阿克陶县	**226005**	**71011**	**137029**	**17965**	**12254**	**190041**
阿克陶镇	74013	20951	47820	5242	3514	45080
奥依塔克镇	5275	1338	3501	436	303	4519
玉麦乡	31862	10139	18863	2860	1943	30861
皮拉勒乡	43748	14781	25141	3826	2614	42126
巴仁乡	36032	14195	19475	2362	1607	35135
喀热开其克乡	4628	1444	2773	411	271	4454
加马铁热克乡	11984	3903	6871	1210	863	11604
木吉乡	2922	645	2154	123	87	2480
布伦口乡	4554	932	3311	311	195	4079
克孜勒陶乡	3212	832	2069	311	216	2975
恰尔隆乡	516	33	443	40	28	187
塔尔塔吉克民族乡	3527	803	2324	400	293	3183
托尔塔依农场	2312	627	1413	272	215	2076
阿克达拉牧场	694	151	467	76	50	639
原种场	679	228	374	77	50	622
苗圃	47	9	30	8	5	21

表31 续表 15

单位：人

地　　区	总人口	分年龄人口				居住本乡、镇、街道，户口在本乡、镇、街道
		0-14岁	15-59岁	60岁及以上	#65岁及以上	
阿合奇县	**44369**	**11763**	**28767**	**3839**	**2630**	**34564**
阿合奇镇	19396	5137	12623	1636	1104	11441
库兰萨日克乡	3867	905	2614	348	244	3347
色帕巴依乡	3085	794	1986	305	211	2901
苏木塔什乡	3917	1026	2556	335	253	3608
哈拉奇乡	7854	2283	4823	748	517	7478
哈拉布拉克乡	6250	1618	4165	467	301	5789
乌恰县	**60912**	**14565**	**41395**	**4952**	**3421**	**37646**
乌恰镇	25817	6183	17557	2077	1454	10662
康苏镇	1290	362	829	99	65	1078
乌鲁克恰提乡	3255	822	2186	247	158	2689
吾合沙鲁乡	1805	216	1487	102	56	785
膘尔托阔依乡	6091	1543	4042	506	375	5168
黑孜苇乡	4428	601	3551	276	180	2127
托云乡	1431	313	1038	80	43	1233
铁列克乡	2852	763	1854	235	175	2589
巴音库鲁提乡	2784	633	1922	229	152	1791
波斯坦铁列克乡	8396	2502	5017	877	613	7233
吉根乡	1704	392	1189	123	88	1487
兵团托云牧场	1059	235	723	101	62	804
喀什地区	**4496377**	**1398715**	**2715590**	**382072**	**257122**	**3784122**
喀什市	**782662**	**213137**	**501880**	**67645**	**43581**	**556066**
恰萨街道	62873	13888	42722	6263	4025	35507
亚瓦格街道	34432	9599	21833	3000	1811	24255
吾斯塘博依街道	56158	15585	34181	6392	4025	45223
库木代尔瓦扎街道	54108	10527	37704	5877	3888	33670
西域大道街道	43867	9594	29962	4311	2774	30113
东湖街道	40820	8781	28025	4014	2708	27496
迎宾大道街道	18409	4608	12359	1442	922	12150
西公园街道	34461	9048	23099	2314	1394	16461
乃则尔巴格镇	55577	18071	33081	4425	2714	46387
夏马勒巴格镇	31746	9421	19820	2505	1604	23349
多来特巴格乡	105918	25040	75399	5479	3383	51759
浩罕乡	68648	21913	42025	4710	2918	45563
色满乡	21633	7070	12641	1922	1290	19870
荒地乡	13803	4337	8355	1111	695	12409
帕哈太克里乡	15726	5107	9346	1273	853	14449
伯什克然木乡	39438	13160	22670	3608	2482	37329
阿瓦提乡	32775	10753	18703	3319	2260	30905
英吾斯坦乡	39408	12553	22456	4399	3006	37366
阿克喀什乡	12862	4082	7499	1281	829	11805
疏附县	**263014**	**79073**	**160507**	**23434**	**15712**	**232068**
托克扎克镇	44053	10918	29814	3321	2174	28129
兰干镇	19302	6114	11433	1755	1139	18538
吾库萨克镇	25689	6230	17586	1873	1272	17193
乌帕尔镇	34749	10091	21334	3324	2252	33645

表31　续表 16

单位：人

地　区	总人口	分年龄人口				居住本乡、镇、街道，户口在本乡、镇、街道
		0-14岁	15-59岁	60岁及以上	#65岁及以上	
塔什米里克乡	31013	10695	17711	2607	1702	29879
铁日木乡	5571	1809	3302	460	310	5090
布拉克苏乡	39010	12827	22529	3654	2475	38116
萨依巴格乡	23715	7829	13607	2279	1553	23166
站敏乡	22851	7201	13320	2330	1509	22053
木什乡	15598	4950	8984	1664	1211	15173
县种畜场	99	5	72	22	10	2
县园艺场	517	178	294	45	34	501
县林场	397	151	203	43	36	390
县良种场	314	70	201	43	30	187
疏附广州工业城	136	5	117	14	5	6
疏勒县	**355544**	**107864**	**216195**	**31485**	**21255**	**313217**
疏勒镇	77469	16466	55519	5484	3571	45628
罕南力克镇	25104	8377	14598	2129	1409	24214
牙甫泉镇	26887	9000	15295	2592	1704	26145
巴仁乡	31118	9654	18590	2874	1924	29996
洋大曼乡	16519	4921	9825	1773	1278	16002
亚曼牙乡	16066	5096	9231	1739	1194	15375
巴合齐乡	22241	6994	13141	2106	1401	21854
塔孜洪乡	29116	9252	17221	2643	1806	28398
英尔力克乡	21281	7581	11877	1823	1282	20610
库木西力克乡	21816	7106	12511	2199	1553	21086
塔尕尔其乡	9250	2970	5470	810	525	8971
艾尔木东乡	12297	3827	7222	1248	853	11876
阿拉力乡	11896	4198	6642	1056	764	11589
阿拉甫乡	22098	8446	11669	1983	1355	21446
英阿瓦提乡	10619	3740	5909	970	608	10019
高新技术产业孵化园区管委会	1767	236	1475	56	28	8
英吉沙县	**276641**	**98692**	**156114**	**21835**	**14220**	**251425**
英吉沙镇	52352	13929	35007	3416	2159	36299
乌恰镇	37252	13201	20833	3218	2040	36129
芒辛镇	24687	9308	13338	2041	1393	23879
萨罕镇	29402	12261	14617	2524	1750	28687
城关乡	17484	5922	9971	1591	1041	15377
乔勒潘乡	10393	3616	5746	1031	659	9945
龙甫乡	6012	1959	3471	582	430	5499
色提力乡	9709	3677	5027	1005	703	9113
英也尔乡	13548	5322	7000	1226	847	13062
克孜勒乡	25704	10483	13499	1722	1075	25091
托普鲁克乡	12372	4982	6635	755	453	12039
苏盖提乡	22324	8631	12160	1533	898	21800
艾古斯乡	8437	2787	4888	762	486	8008
依格孜也尔乡	5356	2187	2852	317	208	5163
兵团东风农场	1609	427	1070	112	78	1334
泽普县	**214543**	**60594**	**134048**	**19901**	**13040**	**184537**
泽普镇	48823	11603	33483	3737	2335	33750

表31 续表 17

单位：人

地　区	总人口	分年龄人口				居住本乡、镇、街道，户口在本乡、镇、街道
		0-14岁	15-59岁	60岁及以上	#65岁及以上	
奎依巴格镇	23035	4455	16100	2480	1562	15718
波斯喀木乡	17139	5434	10193	1512	957	15684
泽普县依玛乡	19282	6307	11168	1807	1178	18367
古勒巴格乡	18126	6006	10208	1912	1359	17466
赛力乡	15733	4906	9335	1492	996	15103
依肯苏乡	18568	5772	10975	1821	1241	17947
图呼其乡	13537	4021	8221	1295	847	12761
奎依巴格乡	12231	3659	7428	1144	765	11263
阿克塔木乡	7493	2246	4524	723	450	7081
阿依库勒乡	11264	3411	6696	1157	778	10729
布依鲁克塔吉克族乡	3115	791	2001	323	221	2845
桐安乡	3819	1214	2307	298	209	3663
泽普县良种场	1993	674	1150	169	121	1861
国营林场	385	95	259	31	21	299
莎车县	**860800**	**288863**	**504847**	**67090**	**46243**	**769877**
叶尔羌街道	38261	9887	26251	2123	1482	20837
城中街道	23928	7666	14677	1585	918	18887
城东街道	50320	16931	30545	2844	1722	43970
城西街道	47247	11476	33266	2505	1466	29238
城北街道	27070	5098	20540	1432	860	14501
莎车镇	27288	9245	16140	1903	1139	24269
恰热克镇	24671	8150	14290	2231	1571	23706
艾力西湖镇	35761	12978	19729	3054	2139	34871
荒地镇	32215	12373	16938	2904	2084	31371
阿瓦提镇	24277	8237	13729	2311	1723	23758
白什坎特镇	42975	13656	25582	3737	2792	38399
依盖尔其镇	28678	10425	15735	2518	1759	27984
古勒巴格镇	26076	8541	15688	1847	1173	24004
米夏镇	38087	13715	21779	2593	1749	36327
托木吾斯塘镇	18131	6533	10163	1435	1005	17538
塔尕尔其镇	37408	14093	20460	2855	1841	36633
乌达力克镇	31968	11198	17890	2880	2089	30845
阿拉买提镇	22361	7973	12152	2236	1780	21794
阿扎特巴格镇	14538	4895	8315	1328	936	13939
阿热勒乡	19742	6831	11158	1753	1205	18836
恰尔巴格乡	13633	4695	7696	1242	840	13136
英吾斯塘乡	11076	3806	6283	987	721	10751
阿尔斯兰巴格乡	19647	6910	11092	1645	1115	19024
孜热甫夏提塔吉克族乡	9642	3105	5769	768	529	9240
亚喀艾日克乡	8976	2960	5292	724	500	8688
喀群乡	17299	6150	9719	1430	988	16870
霍什拉甫乡	15165	6093	8079	993	664	14403
达木斯乡	5977	2241	3287	449	333	5310
伊什库力乡	32730	12315	17649	2766	1970	32016
拍克其乡	20664	7479	11238	1947	1430	20068
阔什艾日克乡	17128	6340	9375	1413	976	16704
墩巴格乡	19511	6242	11389	1880	1313	17662

表31 续表 18

单位：人

地区	总人口	分年龄人口				居住本乡、镇、街道，户口在本乡、镇、街道
		0-14岁	15-59岁	60岁及以上	#65岁及以上	
巴格阿瓦提乡	18022	6615	9752	1655	1249	17627
喀拉苏乡	15487	5296	8792	1399	1016	15224
莎车县良种繁育场	1699	506	1017	176	119	1652
莎车县第一林场(国营苗圃)	277	77	177	23	19	252
莎车县国营二林场	91	30	53	8	6	47
工业园区管委会	2495	277	2066	152	83	11
英阿瓦提管理委员会	6650	2567	3627	456	326	6358
永安管理委员会	13629	5258	7468	903	613	13127
叶城县	**525436**	**166593**	**318853**	**39990**	**26649**	**440780**
喀格勒克镇	130146	36410	85159	8577	5158	76021
恰尔巴格镇	25253	7548	16006	1699	1127	21931
乌夏巴什镇	22626	7691	13139	1796	1253	22065
洛克乡	23180	7856	13626	1698	1160	22685
伯西热克乡	39293	14755	22057	2481	1655	38721
铁提乡	18361	6115	10877	1369	989	17048
恰萨美其特乡	18587	5819	11475	1293	815	17228
吐古其乡	23368	7679	14011	1678	1107	22459
江格勒斯乡	29433	9888	16933	2612	1885	28525
加依提勒克乡	25239	8053	14942	2244	1515	24517
巴仁乡	10171	3155	6065	951	681	9804
乌吉热克乡	21464	7059	12463	1942	1337	20763
夏合甫乡	21201	6648	12708	1845	1319	20564
依力克其乡	15344	5034	8948	1362	917	14714
依提木孔乡	37020	11917	22036	3067	2119	34883
宗朗乡	6807	2227	4001	579	405	6586
柯克亚乡	7107	2400	4177	530	363	6727
西合休乡	5382	1540	3285	557	413	5220
棋盘乡	5433	2150	2964	319	232	5100
萨依巴格乡	23289	7726	13672	1891	1256	22555
阿克塔什农场	12307	4020	7041	1246	794	2
良种场	877	224	589	64	36	622
林场	1144	318	739	87	43	928
叶城工业园区	995	16	968	11	3	
兵团叶城牧场	1409	345	972	92	67	1112
麦盖提县	**224154**	**64091**	**139243**	**20820**	**14126**	**188448**
麦盖提镇	64220	15612	43843	4765	3044	38374
巴扎结米镇	20531	6074	12537	1920	1253	18621
希依提墩乡	14051	4343	8368	1340	930	13180
央塔克乡	27175	8317	16279	2579	1763	26058
吐曼塔勒乡	21947	6715	12985	2247	1604	21101
尕孜库勒乡	22170	6728	12884	2558	1837	20959
克孜勒阿瓦提乡	23513	7412	13801	2300	1619	22486

表31 续表 19

单位：人

地区	总人口	分年龄人口				居住本乡、镇、街道，户口在本乡、镇、街道
		0-14岁	15-59岁	60岁及以上	#65岁及以上	
库木库萨尔乡	12440	3494	7617	1329	880	10813
昂格特勒克乡	5244	1613	3053	578	389	4958
库尔玛乡	11308	3426	6814	1068	726	10683
胡杨林场	271	37	226	8	4	64
园艺场	658	169	413	76	43	590
五一林场	626	151	423	52	34	561
岳普湖县	**162675**	**49341**	**95682**	**17652**	**13037**	**142928**
岳普湖镇	43720	11031	29305	3384	2391	28144
艾西曼镇	14671	4813	8086	1772	1295	14345
铁热木镇	20954	6650	11805	2499	1970	20169
也克先拜巴扎镇	16852	5458	9282	2112	1532	16085
岳普湖乡	13299	4153	7467	1679	1206	12743
阿其克乡	21509	7435	11672	2402	1765	20961
色也克乡	19202	5704	11024	2474	1901	18438
巴依阿瓦提乡	10045	3307	5688	1050	791	9751
阿洪鲁库木乡	2423	790	1353	280	186	2292
伽师县	**424821**	**146424**	**239589**	**38808**	**26856**	**374436**
巴仁镇	69892	18655	47192	4045	2659	34547
西克尔库勒镇	787	2	768	17	5	2
夏普吐勒镇	31719	11607	16951	3161	2090	30536
卧里托格拉克镇	45263	17851	23449	3963	2708	44226
克孜勒博依镇	41224	14602	22495	4127	2841	40018
和夏阿瓦提镇	50165	18378	26703	5084	3741	49002
铁日木乡	19770	5591	12525	1654	1197	14642
英买里乡	29808	10220	16542	3046	2087	29021
江巴孜乡	32699	11304	18189	3206	2201	31610
米夏乡	26398	9823	13595	2980	2122	25780
克孜勒苏乡	36719	13697	19283	3739	2682	35885
古勒鲁克乡	24880	9546	13045	2289	1497	24276
玉代克力克乡	15497	5148	8852	1497	1026	14891
巴楚县	**366141**	**114620**	**221535**	**29986**	**20198**	**299552**
巴楚镇	95449	22558	67800	5091	3227	50398
色力布亚镇	45624	15681	25819	4124	2824	42458
阿瓦提镇	19960	6282	11354	2324	1653	18827
三岔口镇	802	42	709	51	30	105
恰尔巴格乡	26702	9677	14867	2158	1397	25427
多来提巴格乡	28623	9595	16632	2396	1579	25669
阿纳库勒乡	25114	8187	15062	1865	1229	20581
夏马勒乡	10200	3182	6130	888	580	8896
阿克萨克玛热勒乡	28944	10247	16205	2492	1699	26616
阿拉根乡	27614	9779	15193	2642	1823	25928
琼库恰克乡	35582	12129	19858	3595	2480	34112
英吾斯坦乡	21527	7261	11906	2360	1677	20535
塔什库尔干塔吉克自治县	**39946**	**9423**	**27097**	**3426**	**2205**	**30788**
塔什库尔干镇	10159	2258	7237	664	374	4007
塔吉克阿巴提镇	3188	817	2113	258	180	2972

表31　续表 20

单位：人

地　区	总人口	分年龄人口				居住本乡、镇、街道，户口在本乡、镇、街道
		0-14岁	15-59岁	60岁及以上	#65岁及以上	
塔什库尔干乡	6977	1632	4750	595	400	5795
塔合曼乡	3128	796	2047	285	174	2901
科克亚尔柯尔克孜族乡	1055	243	737	75	51	911
提孜那甫乡	3241	775	2173	293	189	3110
达布达尔乡	3438	874	2286	278	178	3189
马尔洋乡	995	228	663	104	75	843
瓦恰乡	2273	529	1500	244	154	2152
班迪尔乡	1943	458	1295	190	114	1760
库科西鲁格乡	1971	483	1273	215	145	1804
大同乡	1578	330	1023	225	171	1344
和田地区	**2441231**	**843907**	**1418242**	**179082**	**117273**	**2101121**
和田市	**501028**	**163691**	**306404**	**30933**	**19458**	**351197**
努尔巴格街道	36134	8570	24667	2897	1769	20949
古江巴格街道	41557	11826	26730	3001	1856	23261
古勒巴格街道	49852	10533	36293	3026	1846	21611
纳尔巴格街道	39204	12740	23832	2632	1624	27717
拉斯奎镇	36590	13452	20559	2579	1663	32996
玉龙喀什镇	30949	11168	17796	1985	1248	25484
吐沙拉镇	46033	18208	24623	3202	2049	44067
肖尔巴格乡	57880	20053	34416	3411	2238	42282
伊里其乡	75734	29728	42522	3484	2231	52239
古江巴格乡	44908	14586	27842	2480	1576	31091
吉亚乡	27354	10583	14909	1862	1130	25079
阿克恰勒乡	4770	1807	2706	257	171	4409
北京工业园区	8544	260	8210	74	38	12
和田市京和物流园区	1519	177	1299	43	19	
和田县	**342603**	**125331**	**192288**	**24984**	**15898**	**317232**
巴格其镇	63624	24905	34358	4361	2921	60082
罕艾日克镇	50678	21034	26002	3642	2346	48918
英阿瓦提乡	31537	11685	17748	2104	1316	28822
英艾日克乡	11680	4633	6200	847	572	11056
布扎克乡	30349	11445	16602	2302	1543	28898
拉依喀乡	33126	12243	18394	2489	1602	31101
朗如乡	19587	7475	10718	1394	934	18266
塔瓦库勒乡	29667	12751	14787	2129	1292	28570
伊斯拉木阿瓦提乡	24091	9936	12539	1616	1061	22967
色格孜库勒乡	10018	3864	5461	693	473	9261
喀什塔什乡	7177	2351	4336	490	294	6351
吾宗肖乡	7385	2783	4082	520	355	6674
和田县经济新区	23684	226	21061	2397	1189	16266
墨玉县	**571648**	**214281**	**315205**	**42162**	**27577**	**522669**
喀拉喀什镇	121724	37272	78321	6131	3727	87329
扎瓦镇	55417	22065	29135	4217	2627	53912
奎牙镇	45379	17294	24277	3808	2310	44157
喀尔赛镇	42501	16509	22266	3726	2521	41128
普恰克其镇	39345	16251	20253	2841	1940	38341

表31　续表 21

单位：人

地　　区	总人口	分年龄人口				居住本乡、镇、街道，户口在本乡、镇、街道
		0-14岁	15-59岁	60岁及以上	#65岁及以上	
阿克萨拉依乡	29586	11146	15963	2477	1643	28653
乌尔其乡	18976	7461	9976	1539	1084	18120
托胡拉乡	21222	8217	11295	1710	1077	20578
萨依巴格乡	36586	13495	20443	2648	1771	34753
加汗巴格乡	21592	8505	11426	1661	1112	21044
芒来乡	24460	9683	12932	1845	1165	23787
阔依其乡	29089	12455	14516	2118	1405	28401
雅瓦乡	34807	14453	17041	3313	2383	33900
吐外特乡	25987	10273	13643	2071	1408	25132
英也尔乡	13286	4788	7359	1139	752	12298
喀瓦克乡	11691	4414	6359	918	652	11136
皮山县	**281573**	**94164**	**164677**	**22732**	**15634**	**253229**
街道	39552	10109	27278	2165	1323	21371
固玛镇	34058	11195	20337	2526	1697	31625
杜瓦镇	8229	2770	4734	725	524	7947
赛图拉镇	933	77	821	35	22	265
木吉镇	25690	8938	14662	2090	1428	24784
阔什塔格镇	16016	5550	8883	1583	1145	15493
桑株镇	31168	10241	17726	3201	2401	30064
克里阳乡	5871	1883	3432	556	388	5540
科克铁热克乡	39765	15587	21291	2887	1864	38957
乔达乡	13509	4526	7720	1263	893	12975
木奎拉乡	23671	8590	13052	2029	1345	23053
藏桂乡	18989	6533	10997	1459	978	18440
皮亚勒玛乡	7781	2392	4683	706	483	7253
皮西那乡	8366	3105	4447	814	615	8091
巴什兰干乡	5265	1873	2931	461	357	5014
垴阿巴提塔吉克民族乡	904	223	585	96	63	803
康克尔柯尔克孜民族乡	1806	572	1098	136	108	1554
洛浦县	**286900**	**102839**	**162525**	**21536**	**14636**	**259603**
城区街道	38089	11748	23841	2500	1618	26262
洛浦镇	26028	7893	16356	1779	1191	19429
山普鲁镇	32652	13588	16648	2416	1658	31468
杭桂镇	43198	15068	24470	3660	2441	42076
布亚乡	35013	13562	19114	2337	1652	33815
恰尔巴格乡	46337	17860	24641	3836	2572	45168
多鲁乡	35499	13714	18839	2946	2097	34444
纳瓦乡	14815	6014	7786	1015	743	14503
拜什托格拉克乡	8683	2811	5276	596	406	7751
阿其克乡	1519	531	856	132	88	1422
洛浦县北京工业园区	5067	50	4698	319	170	3265
策勒县	**157792**	**45270**	**97459**	**15063**	**10262**	**141402**
策勒镇	45409	11155	30662	3592	2325	33835
固拉合玛镇	26723	8285	15791	2647	1848	25768
策勒乡	31649	10258	18290	3101	2080	30523
达玛沟乡	19572	5806	11853	1913	1264	18824

表31　续表 22　　　　单位：人

地　　区	总人口	分年龄人口				居住本乡、镇、街道，户口在本乡、镇、街道
		0-14岁	15-59岁	60岁及以上	#65岁及以上	
恰哈乡	12562	3571	7592	1399	1016	11908
乌鲁克萨依乡	4528	1236	2808	484	359	4264
奴尔乡	10843	3138	6440	1265	939	10210
博斯坦乡	6506	1821	4023	662	431	6070
于田县	**257038**	**87662**	**151114**	**18262**	**11683**	**221380**
木尕拉镇	62074	18892	39024	4158	2629	44814
先拜巴扎镇	17459	6653	9465	1341	873	16740
加依乡	18555	6775	10427	1353	865	17559
科克亚乡	18685	6885	10380	1420	862	17783
阿热勒乡	15709	6324	8455	930	549	14135
阿日希乡	6401	2434	3462	505	314	6070
兰干乡	21645	9112	11234	1299	791	20552
斯也克乡	20082	8133	10629	1320	843	19481
托格日尕孜乡	10856	4079	6066	711	470	10206
喀拉克尔乡	12605	4278	7155	1172	775	12163
奥依托格拉克乡	32350	6982	23111	2257	1450	22342
阿羌乡	7443	2446	4183	814	580	7079
英巴格乡	8141	3034	4570	537	364	7681
希吾勒乡	4026	1357	2291	378	272	3776
达里雅布依乡	1007	278	662	67	46	999
民丰县	**42649**	**10669**	**28570**	**3410**	**2125**	**34409**
尼雅镇	16608	3773	11545	1290	765	10807
尼雅乡	4514	1040	2960	514	317	4103
若克雅乡	6628	1630	4479	519	312	6176
萨勒吾则克乡	5186	1201	3542	443	277	4365
叶亦克乡	6887	2458	4019	410	303	6662
安迪尔乡	2476	496	1773	207	132	1997
亚瓦通古孜乡	350	71	252	27	19	299
伊犁哈萨克自治州	**2778869**	**612100**	**1836105**	**330664**	**228316**	**1970520**
伊宁市	**778047**	**154669**	**531873**	**91505**	**62701**	**451330**
萨依布依街道	61552	9208	41948	10396	7836	32645
墩买里街道	36231	6668	24512	5051	3483	22670
伊犁河路街道	30319	5996	20060	4263	2838	20244
喀赞其街道	23417	4763	14761	3893	2670	16352
都来提巴格街道	24978	5522	15629	3827	2533	16994
琼科瑞克街道	21169	4759	13832	2578	1642	13502
艾兰木巴格街道	98166	16114	71645	10407	6986	51959
解放路街道	58461	8344	43796	6321	4368	25807
巴彦岱镇	33381	7515	21618	4248	2974	22976
潘津镇	27933	8364	16795	2774	1774	25483
英也尔镇	19181	4566	12752	1863	1205	14977
达达木图镇	34538	8524	22289	3725	2422	26795
汉宾乡	16971	3695	11496	1780	1154	9289
塔什科瑞克乡	47131	11411	30998	4722	3009	23958
喀尔墩乡	50282	11707	33735	4840	3169	22266
托格拉克乡	8387	2315	5086	986	646	7045

表31 续表 23

单位：人

地　　区	总人口	分年龄人口				居住本乡、镇、街道，户口在本乡、镇、街道
		0-14岁	15-59岁	60岁及以上	#65岁及以上	
克伯克于孜乡	18620	3046	14304	1270	881	9604
伊宁市边境经济合作区	148709	28842	103815	16052	11329	78148
伊犁河南岸新区	18621	3310	12802	2509	1782	10616
奎屯市	**229122**	**30824**	**162373**	**35925**	**26798**	**97712**
团结路街道	29830	3916	19879	6035	4794	15340
乌东路街道	37242	4399	27377	5466	4103	12743
北京路街道	54586	6919	39008	8659	6583	25691
乌鲁木齐西路街道	10940	1557	7682	1701	1287	5181
火车站街道	13413	2043	9882	1488	1017	4187
开干齐乡	1782	236	1360	186	119	1051
兵团一三一团	18100	2006	12634	3460	2520	9155
天北新区	63229	9748	44551	8930	6375	24364
霍尔果斯市	**71466**	**11812**	**50088**	**9566**	**7022**	**43736**
卡拉苏街道	3396	611	2654	131	71	540
亚欧东路街道	3750	588	2997	165	112	381
亚欧西路街道	8937	1848	6718	371	222	1608
工业园区街道	1636	45	1564	27	12	77
伊车嘎善乡	17970	3492	11292	3186	2326	15880
兵团六十一团	12708	1796	8496	2416	1908	10646
兵团六十二团	23069	3432	16367	3270	2371	14604
伊宁县	**365307**	**96183**	**228742**	**40382**	**27797**	**312513**
吉里于孜镇	52286	12129	35146	5011	3397	31275
墩麻扎镇	13470	3607	8542	1321	878	10699
英塔木镇	30529	8610	18780	3139	2106	27755
胡地于孜镇	22007	6177	13464	2366	1567	18206
巴依托海镇	17280	4799	10589	1892	1308	15771
阿热吾斯塘镇	18339	5000	11182	2157	1462	16855
萨木于孜镇	16280	4063	10285	1932	1362	14949
喀什镇	20741	5481	13038	2222	1519	19148
吐鲁番于孜乡	14157	4051	8649	1457	941	12929
喀拉亚尕奇乡	10548	2780	6842	926	624	8934
武功乡	8843	2225	5526	1092	741	7974
萨地克于孜乡	4528	1086	2755	687	481	4179
愉群翁回族乡	39974	10832	24103	5039	3494	37654
维吾尔玉其温乡	15858	4213	9709	1936	1363	13919
麻扎乡	12065	3422	7379	1264	884	10805
温亚尔乡	26273	7528	16165	2580	1779	24717
阿乌利亚乡	22683	6499	14016	2168	1485	20035
曲鲁海乡	11038	2805	7012	1221	826	9754
兵团七十团中心团场	8408	876	5560	1972	1580	6955
察布查尔锡伯自治县	**157764**	**35220**	**102167**	**20377**	**13660**	**121644**
察布查尔镇	42791	8587	29348	4856	3192	21238
爱新色里镇	7243	1219	4763	1261	893	6608
孙扎齐牛录镇	7635	1639	4830	1166	766	5702
绰霍尔镇	5624	1045	3581	998	644	4395
加尕斯台镇	13828	3813	8603	1412	851	12962
琼博拉镇	6768	1612	4413	743	475	5950

表31 续表 24

单位：人

地区	总人口	分年龄人口				居住本乡、镇、街道，户口在本乡、镇、街道
		0-14岁	15-59岁	60岁及以上	#65岁及以上	
堆齐牛录乡	11828	2551	7499	1778	1308	10069
纳达齐牛录乡	3840	685	2480	675	448	2778
扎库齐牛录乡	11865	2475	7553	1837	1215	10140
米粮泉回族乡	4142	908	2666	568	376	3681
坎乡	11685	3335	7184	1166	759	11070
阔洪奇乡	8045	2281	4961	803	523	7532
海努克乡	14668	4093	9237	1338	853	13960
安班巴格良繁场	1280	203	852	225	134	985
都拉塔口岸	461	29	417	15	7	
兵团六十七团分部	276	13	245	18	10	135
兵团六十九团	5785	732	3535	1518	1206	4439
霍城县	**243303**	**56207**	**154065**	**33031**	**23202**	**199163**
水定镇	40592	8967	26172	5453	3813	32375
清水河镇	57820	12453	38901	6466	4512	37833
芦草沟镇	30220	7261	18174	4785	3363	27549
惠远镇	19042	4482	11660	2900	2086	16953
萨尔布拉克镇	24137	5939	14792	3406	2459	22277
兰干乡	25328	6510	15977	2841	1836	20826
三道河乡	8654	2313	5148	1193	787	8050
三宫乡	11660	2895	7068	1697	1215	10479
大西沟乡	9881	2499	5963	1419	1020	9034
果子沟牧场	5750	1500	3555	695	475	5367
良种繁育中心	2332	460	1400	472	343	2027
兵团六十六团分部	7887	928	5255	1704	1293	6393
巩留县	**175766**	**44134**	**111971**	**19661**	**13558**	**141356**
巩留镇	42057	9359	28699	3999	2789	23334
阿克吐别克镇	10787	3167	6689	931	600	9078
库尔德宁镇	9623	2299	6053	1271	828	8971
东买里镇	25144	6715	15418	3011	2147	22799
阿尕尔森镇	22769	6005	14191	2573	1804	21675
提克阿热克镇	12362	3442	7499	1421	966	10815
吉尔格郎乡	6102	1554	3832	716	479	5403
塔斯托别乡	20742	5656	12812	2274	1489	18120
综合农场	2592	591	1643	358	247	2097
阔什阿尕什羊场	4248	1108	2634	506	348	3914
牛场	8190	2010	5163	1017	698	7063
良凡场	3574	892	2212	470	309	2627
林场	1082	307	669	106	68	854
兵团七十三团	6494	1029	4457	1008	786	4606
新源县	**306525**	**66997**	**204893**	**34635**	**23468**	**243261**
新源镇	76644	16184	52828	7632	5210	42043
则克台镇	20836	5326	13251	2259	1521	16824
阿热勒托别镇	27471	7549	17023	2899	1910	25707
塔勒德镇	21337	5617	13413	2307	1543	19890
那拉提镇	25713	6622	16618	2473	1599	22889

表31 续表 25

单位：人

地 区	总人口	分年龄人口				居住本乡、镇、街道，户口在本乡、镇、街道
		0-14岁	15-59岁	60岁及以上	#65岁及以上	
肖尔布拉克镇	14795	1354	11933	1508	857	13970
喀拉布拉镇	18963	5032	11818	2113	1418	17214
阿勒玛勒镇	14392	3567	8894	1931	1356	13268
坎苏镇	9756	2600	6131	1025	692	8763
别斯托别乡	42489	7393	30782	4314	2728	33792
吐尔根乡	10205	2544	6455	1206	828	9100
种羊场	6585	1548	4235	802	498	6091
公安农场	249	6	237	6	6	49
兵团七十一团	7995	623	5205	2167	1748	6772
兵团七十二团	9344	1038	6307	1999	1560	6938
昭苏县	**146887**	**37659**	**95758**	**13470**	**8757**	**116191**
昭苏镇	35766	8501	24215	3050	1975	19843
喀夏加尔镇	10226	2915	6503	808	484	9652
阿克达拉镇	7846	2156	4825	865	577	7125
喀拉苏镇	11859	3375	7418	1066	714	10919
洪纳海镇	10138	2794	6354	990	607	6731
乌尊布拉克乡	15113	3885	9861	1367	865	11508
萨尔阔布乡	10908	3297	6837	774	483	10357
察汗乌苏蒙古族乡	7746	1978	4988	780	461	6585
夏特柯尔克孜族乡	12014	3618	7384	1012	640	11388
胡松图喀尔逊蒙古族乡	7456	1855	4870	731	469	6750
天山西部林业局昭苏林场	405	79	271	55	32	209
兵团七十四团	2552	363	1924	265	193	2022
兵团七十五团	1958	286	1458	214	149	1470
兵团七十六团	7669	1567	5200	902	657	6985
兵团七十七团	5231	990	3650	591	451	4647
特克斯县	**148945**	**39673**	**94323**	**14949**	**9960**	**121078**
特克斯镇	47827	11507	31891	4429	2937	28738
乔拉克铁热克镇	27446	8020	16517	2909	1951	25892
喀拉达拉镇	15913	4476	9690	1747	1146	14817
齐勒乌泽克镇	16640	4998	10189	1453	921	15668
喀拉托海镇	10571	2895	6664	1012	673	9912
呼吉尔特蒙古民族乡	7330	1618	4883	829	540	4774
阔克苏乡	1462	391	840	231	152	1271
阔克铁热克柯尔克孜民族乡	13368	3823	8245	1300	921	12886
特克斯县马场	3697	941	2351	405	279	3400
兵团七十八团	4691	1004	3053	634	440	3720
尼勒克县	**155737**	**38722**	**99852**	**17163**	**11393**	**122536**
尼勒克镇	44585	10128	29387	5070	3470	26317
乌拉斯台镇	9412	2345	6031	1036	682	8120
乌赞镇	13573	3577	8481	1515	964	10706
木斯镇	14400	3629	9655	1116	665	11477
苏布台乡	6535	1775	4060	700	476	6062
喀拉苏乡	13776	3978	8549	1249	809	12446
加哈乌拉斯台乡	7465	1993	4607	865	578	6880

表31 续表 26

单位：人

地 区	总人口	分年龄人口				居住本乡、镇、街道，户口在本乡、镇、街道
		0-14岁	15-59岁	60岁及以上	#65岁及以上	
科克浩特浩尔蒙古民族乡	11181	2547	6937	1697	1149	9932
克令乡	11082	2957	7008	1117	713	10466
喀拉托别乡	8346	2264	5154	928	600	7315
胡吉尔台乡	8658	2046	5623	989	672	7683
种蜂场	3058	801	1911	346	237	2098
兵团七十九团	3666	682	2449	535	378	3034
塔城地区	**1108747**	**183836**	**755281**	**169630**	**121339**	**720955**
塔城市	**158098**	**24440**	**108323**	**25335**	**18308**	**89778**
和平街道	27490	4525	18916	4049	2991	10110
杜别克街道	37465	6009	25938	5518	3920	16924
新城街道	25889	4099	18441	3349	2411	12330
二工镇	16607	2500	11130	2977	2025	10095
恰夏镇	7044	1289	4574	1181	853	6074
喀拉哈巴克乡	5514	776	3532	1206	897	4432
阿西尔达斡尔民族乡	4795	625	3175	995	687	4011
阿不都拉乡	3798	571	2430	797	615	3172
也门勒乡	5226	864	3499	863	628	3808
恰合吉牧场	1964	368	1322	274	177	1392
博孜达克农场	3317	485	2238	594	441	2798
窝依加依劳牧场	3506	718	2399	389	247	2680
地区种牛场	787	142	551	94	53	657
兵团第九师一六二团	3737	356	2464	917	689	2984
兵团农九师一六三团	5588	566	3997	1025	791	3985
兵团农九师一六四团	5371	547	3717	1107	883	4326
乌苏市	**262906**	**41661**	**180797**	**40448**	**28731**	**172183**
南苑街道	29191	5483	19151	4557	3304	13967
虹桥街道	20369	3974	13035	3360	2408	10880
新市区街道	56007	8810	41720	5477	3648	25149
西城街道	2471	386	1776	309	194	722
奎河街道	5094	663	3772	659	446	307
白杨沟镇	527	26	430	71	59	365
哈图布呼镇	13250	2608	8686	1956	1429	10566
皇宫镇	6851	1081	4333	1437	1006	6269
车排子镇	3760	634	2531	595	393	3012
甘河子镇	5477	702	3525	1250	822	4504
百泉镇	5794	874	3837	1083	726	3854
四棵树镇	7014	1628	4193	1193	849	5767
古尔图镇	8005	1628	5354	1023	669	7010
西湖镇	3989	448	2615	926	680	3439
西大沟镇	4686	624	2968	1094	824	3890
八十四户乡	13625	2601	8702	2322	1552	8845
夹河子乡	2068	264	1300	504	364	1731
九间楼乡	3278	455	2157	666	483	2964
石桥乡	3343	536	2294	513	364	2914
头台乡	2589	352	1753	484	361	2050

表31 续表 27

单位：人

地区	总人口	分年龄人口				居住本乡、镇、街道，户口在本乡、镇、街道
		0-14岁	15-59岁	60岁及以上	#65岁及以上	
吉尔格勒特郭愣蒙古民族乡	3269	565	2122	582	447	2728
塔布勒合特蒙古民族乡	1714	259	1288	167	102	1150
甘家湖牧场	2933	509	2094	330	198	2517
巴音沟牧场	1622	264	1223	135	72	1255
赛力克提牧场	833	99	577	157	91	716
兵团一二三团生活区	15618	1604	11169	2845	2141	13437
兵团一二四团生活区	12043	1489	8377	2177	1618	9096
兵团一二五团分部生活区	11809	1260	8595	1954	1479	10197
兵团一二六团生活区	7149	868	5121	1160	873	5844
兵团一二七团生活区	7434	917	5180	1337	1044	6380
兵团一二八团分部生活区	1094	50	919	125	85	658
额敏县	**188642**	**34754**	**127643**	**26245**	**18433**	**120450**
额敏镇	86369	16180	59529	10660	7685	40151
玉什喀拉苏镇	6024	1323	3967	734	443	4860
杰勒阿尕什镇	7269	1540	4760	969	631	5683
上户镇	6888	1358	4499	1031	634	6028
玛热勒苏镇	8250	1678	5352	1220	800	6719
喀拉也木勒镇	5357	1328	3476	553	294	4820
郊区乡	16873	3049	11448	2376	1647	9028
额玛勒郭楞蒙古民族乡	2090	333	1348	409	274	1780
喇嘛昭乡	1064	223	727	114	53	874
霍吉尔特蒙古民族乡	2318	438	1507	373	243	1800
二道桥乡	1443	305	963	175	100	1202
二支河牧场	3807	833	2526	448	269	3146
加尔布拉克农场	1916	257	1288	371	282	1372
阔什比克良种场	1417	265	894	258	172	1195
萨尔也木勒牧场	3254	838	2074	342	189	2955
也木勒牧场	5614	1205	3772	637	435	4639
塔城地区种羊场	3628	851	2290	487	311	3134
吾宗布拉克牧场	881	155	644	82	44	776
兵团农九师一六五团	4129	515	2826	788	582	3417
兵团农九师一六六团	4880	462	3431	987	784	4461
兵团农九师一六七团	4608	486	3127	995	803	3936
兵团农九师一六八团	7049	659	4777	1613	1305	5929
兵团农九师团结农场	3514	473	2418	623	453	2545
沙湾县	**301046**	**42329**	**204514**	**54203**	**40175**	**213911**
三道河子镇	86885	15199	60195	11491	8305	36362
四道河子镇	6799	907	4465	1427	1061	5670
老沙湾镇	5228	483	3515	1230	913	4699
乌兰乌苏镇	9283	1192	5581	2510	1896	8325
安集海镇	10275	1608	6567	2100	1560	8673
东湾镇	6829	1024	4464	1341	972	5380
西戈壁镇	7451	1642	4714	1095	755	6595
柳毛湾镇	5288	596	3683	1009	732	4139
金沟河镇	10607	1850	6947	1810	1342	7816

表31 续表 28

单位：人

地区	总人口	分年龄人口				居住本乡、镇、街道，户口在本乡、镇、街道
		0-14岁	15-59岁	60岁及以上	#65岁及以上	
商户地乡	3608	386	2379	843	611	3214
大泉乡	10541	1746	6794	2001	1433	6599
博尔通古乡	6143	1592	3860	691	442	5383
牛圈子牧场	2569	639	1643	287	159	2221
博尔通古牧场	4042	1187	2470	385	251	3173
良种场	710	74	501	135	96	516
兵团北泉镇分部	5415	270	3711	1434	1136	4301
兵团一二一团	27601	2892	18962	5747	4371	22035
兵团一三三团	16100	1830	11360	2910	2102	14364
兵团一三四团	13407	1556	9496	2355	1710	11035
兵团一四一团	7595	876	5403	1316	976	6349
兵团一四二团	20409	1706	14385	4318	3279	17739
兵团一四三团	24065	2200	15730	6135	4798	20172
兵团一四四团	10196	874	7689	1633	1275	9151
托里县	**85451**	**19470**	**57155**	**8826**	**5773**	**56617**
托里镇	41018	9482	27106	4430	3064	22056
铁厂沟镇	9216	1872	6401	943	574	4665
庙尔沟镇	4603	930	3330	343	162	3513
多拉特乡	9400	2312	6221	867	530	7632
乌雪特乡	6303	1416	4178	709	448	5953
库普乡	6211	1514	4096	601	352	5713
阿克别里斗乡	5560	1351	3648	561	361	4789
兵团农九师一七零团	3140	593	2175	372	282	2296
裕民县	**50819**	**9661**	**33707**	**7451**	**5211**	**32809**
哈拉布拉镇	23229	4761	15661	2807	2044	10431
吉也克镇	4791	989	3030	772	500	4131
哈拉布拉乡	5703	1025	3604	1074	719	3965
新地乡	3457	576	2191	690	453	3080
阿勒腾也木勒乡	4307	1030	2787	490	304	4048
江格斯乡	2539	377	1716	446	275	2250
察汗托海牧场	1838	318	1327	193	115	1488
兵团农九师一六一团	4955	585	3391	979	801	3416
和布克赛尔蒙古自治县	**61785**	**11521**	**43142**	**7122**	**4708**	**35207**
和布克赛尔镇	21984	4869	15018	2097	1397	8996
和什托洛盖镇	13734	2340	9580	1814	1242	7042
夏孜盖乡	1343	164	946	233	160	961
铁布肯乌散乡	1536	227	1082	227	120	1319
查干库勒乡	1860	296	1309	255	155	1650
巴音傲瓦乡	1396	226	1022	148	76	1002
莫特格乡	2459	469	1735	255	149	1075
查和特乡	2444	549	1745	150	107	1786
伊克乌图布拉格牧场	2322	473	1600	249	147	2009
那仁和布克牧场	1098	162	809	127	67	944

表31　续表 29

单位：人

地　　区	总人口	分年龄人口				居住本乡、镇、街道，户口在本乡、镇、街道
		0-14岁	15-59岁	60岁及以上	#65岁及以上	
巴尕乌图布拉格牧场	520	63	370	87	46	410
布斯屯格牧场	1132	175	815	142	65	997
兵团一八四团	7545	1293	5335	917	627	5408
新疆屯南煤业有限责任公司	2412	215	1776	421	350	1608
阿勒泰地区	**648173**	**133442**	**438963**	**75768**	**51705**	**418953**
阿勒泰市	**221454**	**38933**	**151424**	**31097**	**21983**	**123869**
金山路街道	24897	3943	17238	3716	2718	11908
解放路街道	13228	2008	8783	2437	1775	7332
团结路街道	18310	2992	12696	2622	1862	9691
恰秀路街道	29760	4479	22007	3274	2220	8275
北屯镇	65425	10398	45455	9572	7139	27410
阿苇滩镇	7633	1609	4926	1098	675	6550
红墩镇	10448	2142	6616	1690	1132	9105
切木尔切克镇	9861	2351	6203	1307	832	8935
阿拉哈克镇	9719	2530	6355	834	525	8171
汗德尕特蒙古族乡	2646	505	1773	368	214	2309
拉斯特乡	2151	384	1438	329	206	1773
喀拉希力克乡	4097	1039	2637	421	267	3802
萨尔胡松乡	3713	989	2336	388	219	3473
巴里巴盖乡	3111	715	2002	394	254	2697
切尔克齐乡	5691	1396	3708	587	386	3433
喀拉尕什牧场	1390	199	946	245	188	1084
阿克吐木斯克牧场	2879	590	1911	378	242	2489
兵团一八一团	6495	664	4394	1437	1129	5432
布尔津县	**72894**	**15075**	**49756**	**8063**	**5502**	**49197**
布尔津镇	34402	6541	23877	3984	2816	16593
冲乎尔镇	11079	2363	7625	1091	700	8927
窝依莫克镇	12037	2814	7872	1351	925	10785
阔斯特克镇	3283	714	2126	443	299	2809
杜来提乡	6018	1390	3934	694	457	5533
也格孜托别乡	3494	842	2270	382	240	3081
禾木哈纳斯蒙古族乡	2581	411	2052	118	65	1469
富蕴县	**99748**	**24159**	**66250**	**9339**	**6001**	**65233**
库额尔齐斯镇	42322	9400	28609	4313	2856	20220
可可托海镇	3517	720	2362	435	300	2290
恰库尔图镇	3197	911	2055	231	138	1724
喀拉通克镇	5685	1219	4014	452	290	2111
杜热镇	15965	4379	10426	1160	740	13170
吐尔洪乡	9268	2353	5978	937	589	8484
库尔特乡	7466	1985	4848	633	372	6437
克孜勒希力克乡	4939	1456	3070	413	262	4532
铁买克乡	3255	666	2219	370	230	2781
喀拉布勒根乡	4134	1070	2669	395	224	3484
福海县	**75537**	**13945**	**52374**	**9218**	**6198**	**54510**
福海镇	32049	5621	22158	4270	3013	16831

表31 续表 30

单位：人

地 区	总人口	分年龄人口				居住本乡、镇、街道，户口在本乡、镇、街道
		0-14岁	15-59岁	60岁及以上	#65岁及以上	
喀拉玛盖镇	8711	2315	5499	897	574	8074
解特阿热勒镇	8547	1779	5460	1308	829	7483
阔克阿尕什乡	6686	1637	4333	716	458	5993
齐干吉迭乡	10083	1223	8153	707	407	9588
阿尔达乡	1982	279	1325	378	235	1353
地区一农场	1647	212	1174	261	197	1051
兵团一八二团	4876	768	3542	566	398	3902
兵团一八三团分部	651	89	489	73	58	20
兵团一八八团分部	305	22	241	42	29	215
哈巴河县	**82524**	**18570**	**55193**	**8761**	**6059**	**59091**
阿克齐镇	33533	6864	23102	3567	2486	16634
萨尔布拉克镇	10319	2598	6781	940	623	9305
齐巴尔镇	7136	1787	4708	641	441	6076
库勒拜镇	10946	2886	7001	1059	733	9329
萨尔塔木乡	8341	2015	5346	980	656	7611
加依勒玛乡	7765	1611	5137	1017	698	6314
铁热克提乡	2086	542	1373	171	110	1849
兵团一八五团	2398	267	1745	386	312	1973
青河县	**61680**	**15793**	**40407**	**5480**	**3523**	**44504**
青河镇	23772	5379	15950	2443	1622	12700
塔克什肯镇	3784	971	2553	260	167	3020
阿热勒托别镇	7958	1992	5277	689	434	6602
阿格达拉镇	4446	1693	2621	132	71	2673
阿热勒镇	8881	2301	5718	862	544	7729
萨尔托海乡	3907	1083	2511	313	178	3544
查干郭勒乡	4616	1223	2963	430	281	4211
阿尕什敖包乡	4316	1151	2814	351	226	4025
吉木乃县	**34336**	**6967**	**23559**	**3810**	**2439**	**22549**
托普铁热克镇	16556	3366	11377	1813	1182	8232
吉木乃镇	1882	398	1331	153	91	1669
喀尔交镇	2870	652	1935	283	170	2506
乌拉斯特镇	6055	1169	4087	799	512	4207
托斯特乡	3144	678	2130	336	204	2749
恰勒什海乡	527	100	376	51	32	416
别斯铁热克乡	1566	367	1056	143	84	1387
兵团一八六团	1736	237	1267	232	164	1383
自治区直辖县级行政区划	**1573931**	**249370**	**1121807**	**202754**	**146632**	**946044**
石河子市	**498587**	**59457**	**354935**	**84195**	**62938**	**237403**
新城街道	57894	5955	37716	14223	11154	33058
向阳街道	66624	6657	49222	10745	8356	30202
红山街道	71430	8381	48533	14516	10978	39439
老街街道	73986	9162	49434	15390	11915	41683
东城街道	138040	18134	104584	15322	10360	49027
北泉镇	57378	7998	40445	8935	6658	31554
石河子镇	28555	2944	20898	4713	3287	9479
兵团一五二团	4680	226	4103	351	230	2961

表31　续表 31　　　　单位：人

地　区	总人口	分年龄人口				居住本乡、镇、街道，户口在本乡、镇、街道
		0-14岁	15-59岁	60岁及以上	#65岁及以上	
阿拉尔市	**328241**	**52139**	**244924**	**31178**	**20944**	**197132**
金银川路街道	36959	6272	27869	2818	1763	8663
幸福路街道	54427	7599	43652	3176	1987	10060
青松路街道	7850	1184	6013	653	452	1642
金银川镇	21144	3929	14389	2826	2004	17647
新井子镇	11564	1961	8271	1332	976	9606
甘泉镇	13662	2396	9770	1496	918	11198
永宁镇	6353	1178	4313	862	593	5390
沙河镇	20872	3275	14940	2657	1822	16190
双城镇	12563	1872	9469	1222	800	9506
花桥镇	11173	2379	7648	1146	777	8771
幸福镇	21120	2972	15921	2227	1566	18399
金杨镇	8968	1722	6292	954	634	7089
托喀依乡	3051	789	1980	282	187	2570
工业园区	11640	344	11062	234	112	6838
兵团七团	12089	1822	8778	1489	980	9279
兵团八团	10119	1657	7334	1128	755	7680
兵团十团	17101	2399	13229	1473	1015	13585
兵团十二团	18140	3174	12999	1967	1354	15042
兵团十六团	14699	2619	10447	1633	1113	10427
兵团九团	10100	1951	7388	761	509	5198
西工业园区	4647	645	3160	842	627	2352
图木舒克市	**263245**	**64667**	**178404**	**20174**	**13504**	**191678**
锦绣街道	22790	3590	17686	1514	1014	7677
前海街道	20535	4846	14542	1147	715	4176
永安坝街道	4498	247	4091	160	80	2081
草湖镇	14717	2788	10428	1501	1042	8608
龙口镇	3690	854	2524	312	203	2905
前海镇	26582	4791	19195	2596	1727	21187
永兴镇	3687	679	2767	241	145	2500
兴安镇	2427	654	1646	127	71	1878
嘉和镇	14705	4180	9345	1180	859	12754
河东镇	6194	1217	4128	849	576	5128
夏河镇	25082	5996	17212	1874	1275	21927
兵团四十四团	34250	9265	22693	2292	1518	23161
兵团四十九团	13761	3480	9081	1200	820	12149
兵团五十一团	44340	14181	27027	3132	2068	41448
兵团五十三团	24861	7806	15276	1779	1182	23258
兵团图木舒克市喀拉拜勒镇	1126	93	763	270	209	841
五家渠市	**141065**	**19662**	**99669**	**21734**	**15937**	**62923**
军垦路街道	29984	4233	19008	6743	5216	18539
青湖路街道	16194	1842	11186	3166	2448	7495
人民路街道	41552	5734	29869	5949	4130	17437
梧桐镇	22029	3579	15653	2797	2074	10140
蔡家湖镇	9187	1215	6477	1495	1119	6586

表31 续表 32

单位：人

地 区	总人口	分年龄人口				居住本乡、镇、街道，户口在本乡、镇、街道
		0-14岁	15-59岁	60岁及以上	#65岁及以上	
兵团一零一团	18299	2979	13829	1491	910	2719
五家渠经济技术开区	3820	80	3647	93	40	7
北屯市	**20414**	**2837**	**14803**	**2774**	**1978**	**12921**
双渠镇	6419	984	4614	821	586	4928
丰庆镇	3531	413	2542	576	425	2723
海川镇	10464	1440	7647	1377	967	5270
铁门关市	**104746**	**13321**	**76164**	**15261**	**11305**	**79900**
博古其镇	28894	3534	20994	4366	3169	19684
双丰镇	15736	1116	13390	1230	858	14629
河畔镇	15776	1989	10496	3291	2546	13857
高桥镇	9662	1361	6423	1878	1431	8547
天湖镇	9435	1089	6486	1860	1441	6694
开泽镇	8367	1604	5523	1240	934	7238
米兰镇	8583	996	6679	908	624	4881
金山镇	2677	418	2102	157	89	1187
南屯镇	5616	1214	4071	331	213	3183
双河市	**54731**	**8336**	**38939**	**7456**	**5289**	**38933**
双桥镇	8935	1365	6334	1236	890	7383
石峪镇	6817	1003	4574	1240	902	5405
博河镇	14147	2448	9878	1821	1275	8545
双乐镇	6227	872	4433	922	637	5376
双河市核心区	2502	91	2378	33	16	286
兵团八十九团	16103	2557	11342	2204	1569	11938
可克达拉市	**69524**	**9824**	**47610**	**12090**	**9130**	**54051**
榆树庄镇	8019	821	5603	1595	1289	6892
苇湖镇	20951	3659	13806	3486	2598	18815
长丰镇	7168	851	4657	1660	1273	5732
可克达拉市核心区	5140	489	4422	229	145	1231
兵团六十六团	16818	1768	11400	3650	2761	11497
兵团六十七团	11428	2236	7722	1470	1064	9884
昆玉市	**63487**	**16160**	**43358**	**3969**	**2708**	**50568**
老兵镇	5417	1434	3452	531	353	4039
昆泉镇	26382	8719	15556	2107	1535	24698
昆牧镇	2305	556	1579	170	112	1962
玉泉镇	5759	1423	3838	498	336	4162
昆玉市核心区	6690	262	6335	93	37	4652
兵团二二四团	16061	3742	11782	537	327	11035
北京皮墨工业园区	7563	286	7151	126	45	4672
胡杨河市	**29891**	**2967**	**23001**	**3923**	**2899**	**20535**
兵团一二五团	204	11	173	20	10	98
兵团一二八团	8896	819	6736	1341	1037	5474
兵团一二九团	1024	122	774	128	94	877
兵团一三零团	19767	2015	15318	2434	1758	14086